北京體育科學學會組織編寫

教練訓練指南

Coaches Guide To Exercise Training

主　編　李誠志
副主編　馮煒權
　　　　過家興
　　　　駱勤方
校印者　陳和睦

文史哲出版社
1994　台北

出版緣由

　　多年來政府推展體育的兩大方向，一為提倡全民體育；一為積極培養優秀選手。

　　在提倡全民體育方面，其目的在使人瞭解運動的重要，運動應為每個人每天生活的一部份，運動是促進健康最有效的途徑，希望全民養成運動的習慣，如此，不但可以培養個人良好的體適能，更可以調劑身心，使生活更有情趣。

　　在培養優秀選手方面，在國際體壇競爭激烈的今天，「體育即國力」已經成為大家的共識，為此，如何在國際體壇展現實力，進而佔一席之地是十分重要的。然而，迄至今日，我們的選手在國際體壇上，除了極少數的項目，如田徑有楊傳廣、紀政，舉重有蔡溫義等人的傑出表現，團體項目除棒球、女子跆拳道的成績還算可觀之外，其餘項目的表現並不理想，而能在亞運中獲得金牌者也很少，探其原因，除外在因素之外，主要是因為我們在訓練上很少採用科學方法去選才、訓練及評估。所謂「必須要有好的教練，才能培養出好的選手。」因此，如何積極培養優秀教練，以提升教練水準、實為當務之急。

　　在另一方面，大陸多年來都在全力支持體育發展，建立良好制度，尤其在培養優秀教練及選手方面，績效卓著，近年來多項運動在國際體壇上都佔有重要地位，例如一九九二年巴塞隆那奧運總分名列第三，令世界各國刮目相看。筆者亦多次赴大陸參觀優秀選手之培訓，對於教練專業及投入之精神，十分感佩。筆者認為若能促進兩岸體育交流，對於雙方必有莫大的助益。有鑑於此，當去年筆者獲得大陸最新出版，風行全國，被稱為運動訓練聖經之「教練員訓練指南」一書，閱讀後如獲至寶。於是透過于仙貴先生與北京人民體育出版社駱勤芳女士聯繫，經過半年的努力，終於獲得該社同意授權將此書在台灣發行，筆者由衷感謝。深信由於這本鉅著的出版、將對台灣的教練，提供最佳的參考書籍，對兩岸體育交流深具意義及影響。

　　本書得以出版，緣於于仙貴先生的引薦，人民體育出版駱勤芳女士的多方協助，原來的大陸簡體字版，今均改為台灣通用之正體字，由於兩岸的用詞頗有差異，體育運動術語方面又涉及專業的領域，所幸，適時請到文化大學客座教授，大陸籍留德生物力學博士劉宇先生的熱心協助，悉心校勘，才使本書得以呈現最佳的品質。

　　語云：「他山之石，可以攻錯」，為促進兩岸體育學術交流，筆者能促使這本巨著在台發行，提供教練、選手、體育教師最好的參考書，以服務體育界，深感榮幸，希望讀者及各界專家給予支持與指正。

序　言

　　筆者任教於國立台灣師大，也擔任師大游泳代表隊教練多年，在兼任全國泳協及全國體總強化委員之工作期間，與各地運動教練多所接觸，深深地感覺到辛苦的教練們極需一本完整的理論與實際兼顧，包含各種運動項目之教練參考書，以供教練從事訓練工作時，隨時可以參考進修，提高教練品質。一年前當我閱讀過大陸出版之「教練員訓練指南」，一書後，如獲至寶，因為它是我所看過所有中文教練參考書中，資料最新，內容最豐富，且最實用的一本書，於是決定設法將它引進台灣，經過一年的努力，終於美夢成真。本書的出版將提供教練、選手及體育教師最佳的參考資料。

　　本書係由北京體育科學學會結合大陸體育界近百位各項目領域之專家學者及教練共同努力之創作，全書具有下列三大特色：

　　1.內容最豐富：本書內容包括奧運比賽項目共卅四項，其中有關運動科學訓練基本概念就有五百頁之多，內容極為豐富，而有關各運動單項的介紹亦有專家與現任傑出教練共同執筆十分難得。原書共1672頁一百多萬字。內容極為豐富完整，是一本不可多得的好書。

　　2.資料最新穎：本書於一九九二年十一月出版，提供了最新運動科學訓練的資訊，其資料大都是前所未見的。

　　3.實用價值最高：本書是由近百位各領域與各項目之專家學者及現任傑出教練共同完成的經典之作，結合理論與實際經驗，切合實際訓練需要，極富實用性。

　　本書得以出版，首先要感謝大陸于仙貴先生的引薦，人民體育出版社同意授權在台發行。運動宿將著名畫家謝孝德教授慨允設計精緻的封面，國文系主任賴明德博士協助修辭，在此特致謝意。

　　本書在排印的過程中，一、二校感謝八十三年師大第二專長班孫國慶等全體老師的細心校對，他們把電腦處理後之文詞及簡體字重新校正。三校工程最大，共聘請廿七位各領域項目之著名專家、學者、教練分別就各人專長領域校訂，由衷地感謝各位專家之鼎力相助，其分工如下；運動科學訓練原理（林正常博士）、心理訓練（吳萬福教授）、運動傷害（林世澤博士）、籃球（朱裕厚教授）、羽球（樊正治教授）、田賽（吳阿民教授）、徑賽（雷寅雄教授）、柔道（劉輝煌教練）、排球（林竹茂教授）、網球（劉一民博士）、拳擊（陳金銘教練）、游泳（武育勇教授）、足球（高庸教授）、桌球（黃國義教授）、划船（高政賢教練）、跳水（陳聰獻教練）、手球（林輝雄教授）、角力（郭慎教授）、自由車（彭劍勇教練）、體操（詹振福教練）、舉重（郭慎教授、蔡溫義教練）、射擊（杜台興教練）、輕艇（陳來成教練）、射箭（林圭璋教練）、擊劍（陳秋尉教練、黃金珠教練）

　　四校時由劉宇教授、彭鈺人教授及筆者作最後校正及整理工作。尤其劉宇教授係大陸籍，現為文化大學客座教授，專長生物力學，適時請他就大陸與台灣用語不同之處，協助修訂，以提高本書的閱讀品質和效率。

　　另者，文史哲出版社負責人彭正雄先生、宇晨電腦排版公司負責人林錦洲先生、林瑛梓小姐在排版、印刷及發行上協助良多、也在此一併致謝，最後本書得以完成，幕後最大精神支柱為內子楊麗月女士。總之，本書得以順利完成出版，得力於上述諸位專家學者及教練等的大力協助，大家通力合作而完成，也真正發揮了我們運動員的團隊精神。

　　本書因出版時間匆促、錯誤在所難免、尚祈各界先進不吝指正，俾便再版時得以修正。

陳和睦謹識
民國八十三年六月一日
於國立台灣師大體育系

序

　　由北京體育科學學會組織近百位專家、教練共同編寫的《教練訓練指南》（以下簡稱《指南》）一書出版了，對此，謹表示衷心的感謝與祝賀。《指南》的出版為我國體育界廣大教練、科研人員、體育教師和體育管理幹部，又提供了一部運動訓練的專著，這是運動訓練理論不斷發展的表現。

　　在“振興體育要依靠科學技術進步，體育科學技術必須面向體育運動的發展”的方針指引下，近幾年我國廣大體育科技工作者深入運動訓練實踐，取得了豐碩的成果，為促進運動技術水準的提高做出了積極的貢獻；廣大教練是運動訓練的主力軍，在運動訓練實踐中積累了許多寶貴的經驗，為我國競技體育的迅速發展建立了功勳。

　　體育理論與運動訓練實踐的結合，是攀登世界運動技術高峰的必經之路。運動訓練需要理論指導，而運動訓練的實踐又充實、豐富和發展了體育理論，不斷促進着體育運動技術水準的提高。《指南》就是運動訓練理論與實踐結合的產物，它的出版一定會對我國體育運動訓練水準的提高起到積極的促進作用。

　　現在北京申辦2000年奧運會為舉國上下所關注，成千上萬關心祖國體育事業的人為之獻策獻力，北京體育科學學會組織編寫的這部《指南》就是為此所做的一個奉獻，他們的工作是有意義有價值的。

　　當前，我們要進一步貫徹落實鄧小平同志關於“科學技術是第一生產力”的指示，體育界的廣大教練、科研人員、管理幹部都應在各自的崗位上為發展體育科技工作創造一流的工作。我相信在改革開放的大好形勢下，我國的體育管理、訓練及科研工作必定會躍上一個新的臺階。

前　　言

　　競技體育發展表明，運動技術水準的提高都是教練和運動員本人充分運用當代科學知識與技術手段的體現。教練是實踐訓練工作的主體，因此，培養和造就一批有豐富實踐經驗及掌握現代科學知識的優秀教練，是推動與發展我國競技體育事業的一項具有意義的任務。優秀教練的成長，不僅需要實踐與探索，也需要學習和借鏡。基於這種考慮，北京市體委特委託北京體育科學學會在全國範圍內組織了近百名有關學科的知名學者、教授及有影響的教練，共同努力奮戰一年，將我國第一部專門為教練編寫的有權威性的《教練訓練指南》（以下簡稱《指南》）呈獻給廣大讀者，以此向第七屆全國運動會獻禮，並為北京申辦2000年奧運會奉獻微薄之力。

　　《指南》一書期望能為讀者提供先進的運動訓練理論知識和實踐經驗，真正達到“指南”的作用，因此本書首先注重科學性、先進性、實用性，並力求觀點明確，內容翔實，文字規範，以便於閱讀。

　　《指南》所涉及的內容廣泛，包括了十多個有關學科的先進理論和21個奧運會項目的訓練經驗，其內容分為四部分。

　　第一篇為運動訓練科學基礎。作者均為國內各有關科學的知名學者與教授，他們針對教練在訓練中遇到的一些主要問題，深入淺出地闡明了運動生理、運動生化、運動生物力學、運動心理學以及運動營養學等在運動訓練實踐中的應用。

　　第二篇為運動訓練原理。主要作者為我國長期從事訓練學研究的專家。本篇簡要論述了現代訓練的主要特徵、科學選材與訓練原則方法等問題，為教練員訓練提供了理論依據。

　　第三篇為專項運動訓練，這是本書篇幅最大的部分，共含34個奧運會項目（其中田徑分為13個子項編寫）。作者大多為我國各個項目的著名教練和教授專家。他們在總結本人及國內外訓練的成功經驗基礎上，闡述了各個項目訓練中的關鍵問題，如本專項現代訓練的特點、發展趨勢；專項選材特徵；多年訓練計劃與實踐；專項機能素質與技術的特徵及專項員荷量與員荷強度的基本特徵參數與控制等，使讀者不但對各專項訓練的精髓有所掌握，而且對專項訓練的安排也有所遵循。

第四篇為常見運動傷害預防。作者均為著名的運動醫學專家。他們以通俗的語言介紹了常見運動傷害的預防和處理，是教練必須掌握的基本知識。

總之，《指南》着眼於體育科學理論落腳於運動訓練實踐，是教練的必讀書籍，同時還可供廣大體育工作者、科技人員、運動員、體育專業師生參考。

本書在編寫過程中得到了國家體委領導及有關部門、中國體育科學學會以及北京市體委領導和有關部門的大力支持與熱情指導，在此表示衷心的感謝。

李誠志、馮煒權、過家興、駱勤方、章九智、于仙貴、楊峰、浦鈞宗、李良標、趙明琳、李棟參加了本書稿的一、二審工作，邢文華參加了二審工作，終審由李誠志、馮煒權、過家興、駱勤方、于仙貴、趙明琳等同志完成，姚長根、孫麗珍參與了本書編寫的組織工作。

由於編者水準有限，加之時間倉促，難免差錯與疏漏，敬希專家、讀者不吝賜教。

北京體育科學學會

1992年6月

《教練訓練指南》編委會：

主　編：李誠志

副主編：馮煒權　過家興　駱勤方

成　員（以姓氏筆劃爲序）：

于仙貴　韋九智　馮煒權　過家興　邢文華

李誠志　李　棟　李良標　楊　峰　駱勤方

趙明琳　浦鈞宗

秘書長：趙明琳（兼）

撰稿人（以姓氏筆劃爲序）：

于仙貴　萬德光　王衛星　王文敎　王國鈞

王德英　白二宇　白金申　馮煒權　馮樹勇

田懷程　田兆鐘　田德祥　過家興　喬居庠

邢文華　劉世華　劉治仁　劉淑惠　呂　紅

李良標　李崇華　李俊生　李鏡銹　李建新

延　峰　楊　峰　楊則宜　岑浩望　陳吉棣

陳福壽　余維立　邱鐘惠　張　路　張大陸

張長存　張武忠　張武紀　張惠欣　周　明

周益明　周琴璐　林　炤　兪章炎　趙亞平

趙國瑞　柯　華　侯福臨　祖振榮　浦鈞宗

郭慶芳　翁慶章　錢萬輝　夏偉恩　高　鶚

高　健　高洪銀　高敬萍　徐開財　徐菊生

陶志翔　殷新喜　黃　健　黃世杰　黃輔周

梁承鈺　梁彥學　曾凡輝　彭希記　彭美麗

葛新發　溫一靜　寶文浩　熊斗寅　蔡俊伍

闞福林　滿　君　黎玉琪　薄雲霄

繪　圖：葉　萊

內文設計：張義霄

目　錄

第一篇　運動訓練科學基礎

十一、同化激素及其促激素藥物對運動員的影響…… 137

十二、體育資訊在運動訓練中的應用 ……………… 149

第二篇　運動訓練原理

一、現代運動訓練的主要特徵 ………………………… 156

二、運動員科學選材 …………………………………… 169

第三篇　專項運動訓練

第四篇　常見運動傷病預防和處理

第一篇

運動訓練科學基礎

體育科學是多學科交叉的綜合性科學。在當前大量的研究成果面前，我們只選擇了在運動訓練中與教練關係最為密切，最基本的、應用最多的、又是必備的知識，以專題的方式進行論述。內容的選擇在保證科學性前題下突出實用性，並注意內容的先進性，分專題由在該學科領域中有造詣的專家撰寫，可能存在文字表達風格不統一，專題間系統性不強等問題，但作為教練在訓練工作中這些內容都是必備的基礎知識。

一　運動器官系統的結構與功能

運動器官系統由骨、關節(又稱骨連結)和骨骼肌三部分構成的。在人體運動時骨起槓桿作用,關節起樞紐作用,肌肉收縮產生力,實現身體或身體某一部分的運動。此外,骨骼系統還有支持身體和保護腦髓和內臟器官等重要功能。

(一)人體的基本面和基本軸

人體整個身體、或某一環節,均可在一定面內繞某一軸進行活動。假設這三個面和三個軸均相互正交,並與身體有相應確定的關係(圖 1-1-1)。

1、基本面

沿人體前後方向,將身體分為左右兩部分的平面稱矢狀面。

沿人體左右方向,把身體分為前後兩部分的平面稱額狀面。

將身體分為上下兩部分,並與地面平行的平面稱水平面。

矢狀面、額狀面和水平面三者相互垂直(正交)。

2、基本軸

三個基本軸相互垂直,並位於三個基面正交綫上,由後向前為矢狀軸(位於矢狀面內與額狀軸垂直);由右向左為額狀軸(位於額狀面內與矢狀面垂直);由下向上為垂直軸(與水準面垂直)。

(二)人體全身骨骼及骨性標誌

全身骨的數目,成人有 206 塊,青少年在骨化完成之前,骨的數目少於成人。全身骨可分為顱骨,軀幹骨和四肢骨三部分。各骨之間借軟骨、韌帶或關節連結起來。全身的骨多數是成對的,少數是不成對的(圖 1-1-2)。

(三)全身各環節的活動形式

每一個環節的活動形式,與其所屬關節的形態結構密切相關。因此每一個環節在關節處,能夠繞幾個軸產生活動,取決於關節的結構特點。身體各環節的活動總共有 5 種形式(見圖 1－1－4)。

1、屈伸

環節繞額狀軸在矢狀面內活動,環節向前轉動為屈,向後為伸(膝關節和踝關節的運動方向相反)。

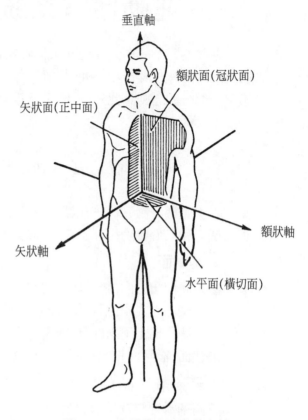

圖 1-1-1　人體基本面和基本軸

注:除第四圖外,其餘各圖均引自《運動解剖學圖譜》顧德明,
繆進昌編著 1986 年 4 月

2、水平屈伸

上臂(或大腿)在肩關節(或髖關節)處外展 90 度後,向前運動為水平屈,向後運動為水平伸。

3、外展內收

環節繞矢狀軸在額狀面內運動。環節向正中面靠近為內收,遠離為外展。

4、回旋(旋轉)

環節繞垂直軸轉動。環節轉向外側稱旋外(旋後),轉向內側稱旋內(旋前)。

5、環轉

凡可繞兩個軸(額狀軸與矢狀軸)發生轉動的環節,均可繞其中間軸作環轉運動。環節遠側端作圓周運動。

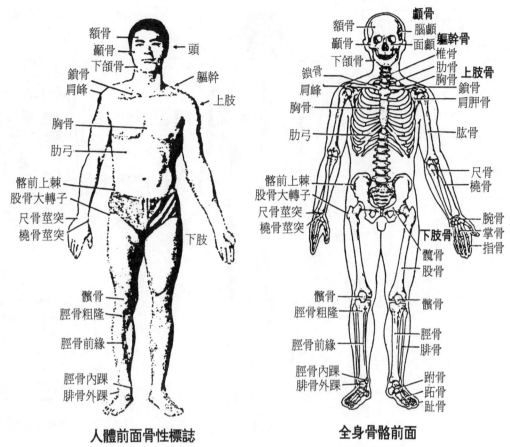

圖 1-1-2　全身骨骼及骨性標誌前面觀

(四)人體全身肌肉及肌性標誌

人體骨骼肌主要分布於軀幹和四肢,一般附着於骨骼,故稱骨骼肌。骨骼肌在人體上大多呈對稱分布,約 434 塊。在分析人體運動中常用的約有 75 對。其他一些肌肉控制面部表情、吞咽和發音等(圖 1-1-5,6)。

成人骨骼肌男性約占體重的 40%,女性約占 35%。經系統體育鍛鍊的人可達 50%左右。

(五)活動各關節的肌肉及發展力量素質的手段

1、上肢帶關節

在近固定時使肩胛骨作上提與下降、前伸與後縮、上回旋與下回旋的運動。此外、還可使鎖骨外側端與肩胛骨一起進行環轉運動(圖 1-1-7)。

＊凡用黑體字者,表示該肌起主要作用(下同)。

2、肩關節

在近固定時,可使上臂在肩關節處作屈與伸、外展與內收、旋內與旋外、

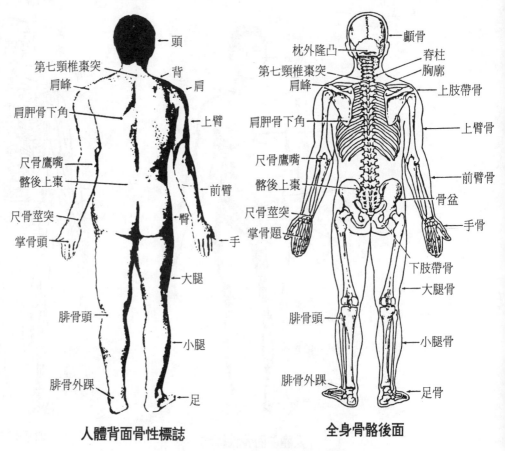

圖 1-1-3　全身骨骼及骨性標誌後面觀

水平屈與水平伸的運動。此外,還可作環轉運動(圖1-1-8)。

3、肘關節

在近固定時可使前臂在肘關節處作屈與伸的運動;活動橈尺關節的肌群,可使前臂作旋內與旋外運動(圖1-1-9)。

4、髖關節

人體站立時,下肢肌在遠固定條件下進行工作的。但在走、跑和跳過程中在做抬腿和擺動時,下肢肌是在近固定條件下進行各種活動。

活動髖關節的肌群在近固定時,可使大腿在髖關節處作屈與伸、外展與內收、旋內與旋外運動。此外、還可作環轉運動。在遠固定時,可使骨盆運動(圖1-1-10)。

5、膝關節

在近固定時,可使小腿在膝關節處作屈與伸,屈膝時可使小腿作旋內與旋外活動(圖1-1-11)。

6、踝關節

在近固定時,可使足在踝關節處作屈與伸、內翻和外翻的活動(圖1-1

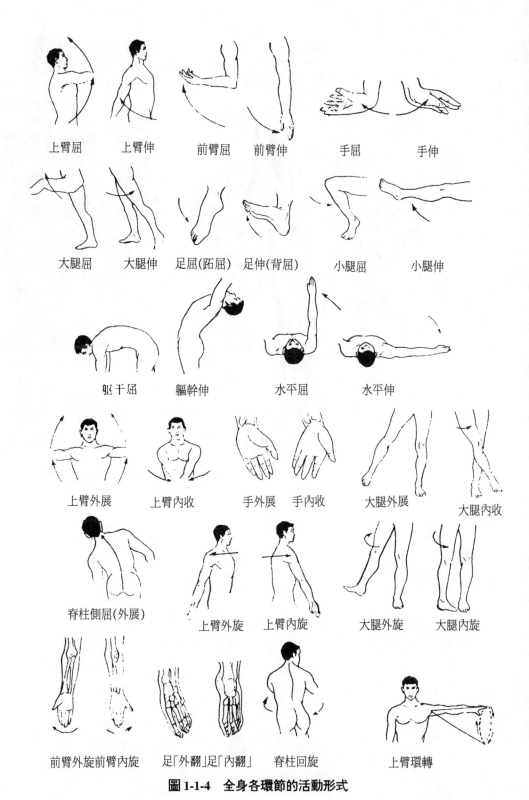

上臂屈　上臂伸　前臂屈　前臂伸　手屈　手伸

大腿屈　大腿伸　足屈(跖屈)　足伸(背屈)　小腿屈　小腿伸

軀幹屈　軀幹伸　水平屈　水平伸

上臂外展　上臂內收　手外展　手內收　大腿外展　大腿內收

脊柱側屈(外展)　上臂外旋　上臂內旋　大腿外旋　大腿內旋

前臂外旋前臂內旋　足「外翻」足「內翻」　脊柱回旋　上臂環轉

圖 1-1-4　全身各環節的活動形式

－12)。

（李良標）

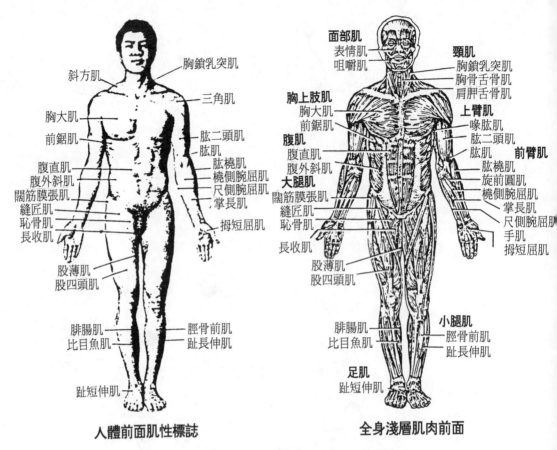

人體前面肌性標誌

斜方肌
胸大肌
前鋸肌
腹直肌
腹外斜肌
闊筋膜張肌
縫匠肌
恥骨肌
長收肌
股薄肌
股四頭肌
腓腸肌
比目魚肌
趾短伸肌

胸鎖乳突肌
三角肌
肱二頭肌
肱肌
肱橈肌
橈側腕屈肌
尺側腕屈肌
掌長肌
拇短屈肌
脛骨前肌
趾長伸肌

全身淺層肌肉前面

面部肌
表情肌
咀嚼肌

胸上肢肌
胸大肌
前鋸肌

腹肌
腹直肌
腹外斜肌

大腿肌
闊筋膜張肌
縫匠肌
恥骨肌
長收肌
股薄肌
股四頭肌

腓腸肌
比目魚肌

足肌
趾短伸肌

頸肌
胸鎖乳突肌
胸骨舌骨肌
肩胛舌骨肌

上臂肌
喙肱肌
肱二頭肌
肱肌

前臂肌
肱橈肌
旋前圓肌
橈側腕屈肌
掌長肌
尺側腕屈肌
手肌
拇短屈肌

小腿肌
脛骨前肌
趾長伸肌

圖 1-1-5   人體前面的肌肉及肌性標誌

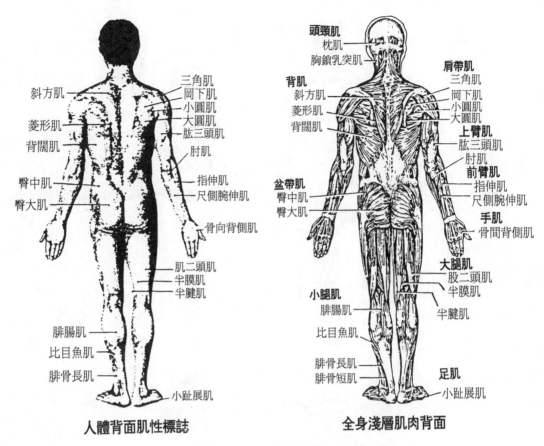

斜方肌
菱形肌
背闊肌
臀中肌
臀大肌

三角肌
岡下肌
小圓肌
大圓肌
肱三頭肌
肘肌
指伸肌
尺側腕伸肌
骨向背側肌
肌二頭肌
半膜肌
半腱肌

腓腸肌
比目魚肌
腓骨長肌

小趾展肌

人體背面肌性標誌

頭頸肌
　枕肌
　胸鎖乳突肌

背肌
　斜方肌
　菱形肌
　背闊肌

盆帶肌
　臀中肌
　臀大肌

小腿肌
　腓腸肌
　比目魚肌
　腓骨長肌
　腓骨短肌

肩帶肌
　三角肌
　岡下肌
　小圓肌
　大圓肌

上臂肌
　肱三頭肌
　肘肌

前臂肌
　指伸肌
　尺側腕伸肌

手肌
　骨間背側肌

大腿肌
　股二頭肌
　半膜肌
　半腱肌

足肌
　小趾展肌

全身淺層肌肉背面

圖 1-1-6　人體背面肌肉及肌性標誌

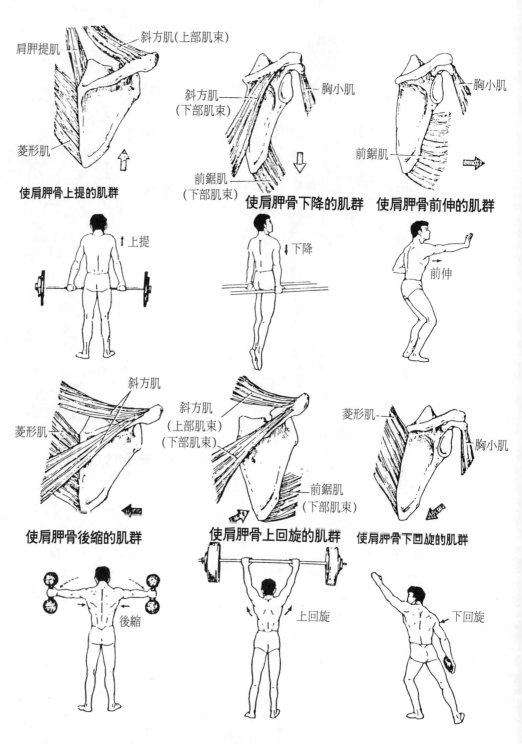

使肩胛骨上提的肌群　　肩胛提肌　斜方肌(上部肌束)　菱形肌

使肩胛骨下降的肌群　斜方肌(下部肌束)　胸小肌　前鋸肌(下部肌束)

使肩胛骨前伸的肌群　胸小肌　前鋸肌

上提　　下降　　前伸

使肩胛骨後縮的肌群　菱形肌　斜方肌

使肩胛骨上回旋的肌群　斜方肌(上部肌束)(下部肌束)　前鋸肌(下部肌束)

使肩胛骨下回旋的肌群　菱形肌　胸小肌

後縮　　上回旋　　下回旋

圖 1-1-7　活動上肢帶關節的肌群及發展力量素質的手段

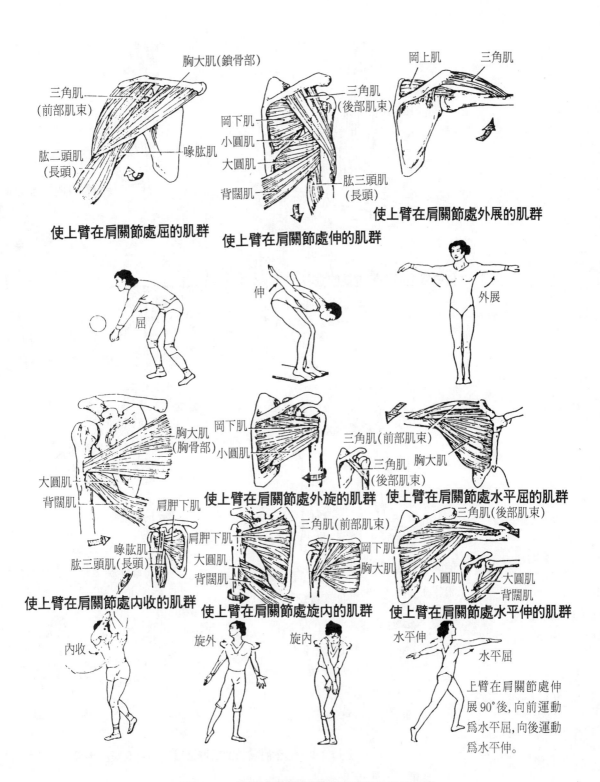

圖 1-1-8　活動肩關節的肌群及發展力量的手段

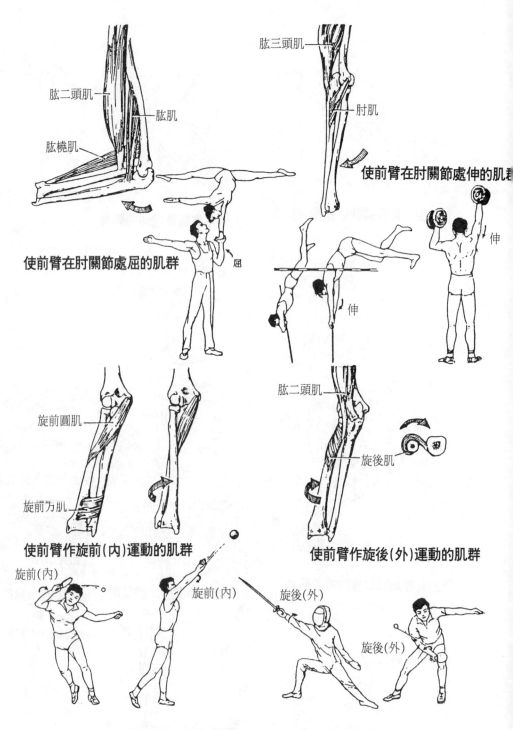

肱三頭肌

肱二頭肌

肱肌

肘肌

肱橈肌

使前臂在肘關節處伸的肌群

使前臂在肘關節處屈的肌群

屈

伸

伸

旋前圓肌

肱二頭肌

旋後肌

旋前方肌

使前臂作旋前(內)運動的肌群

使前臂作旋後(外)運動的肌群

旋前(內)

旋前(內)

旋後(外)

旋後(外)

圖 1-1-9　活動肘關節的肌群及發展力量素質的手段

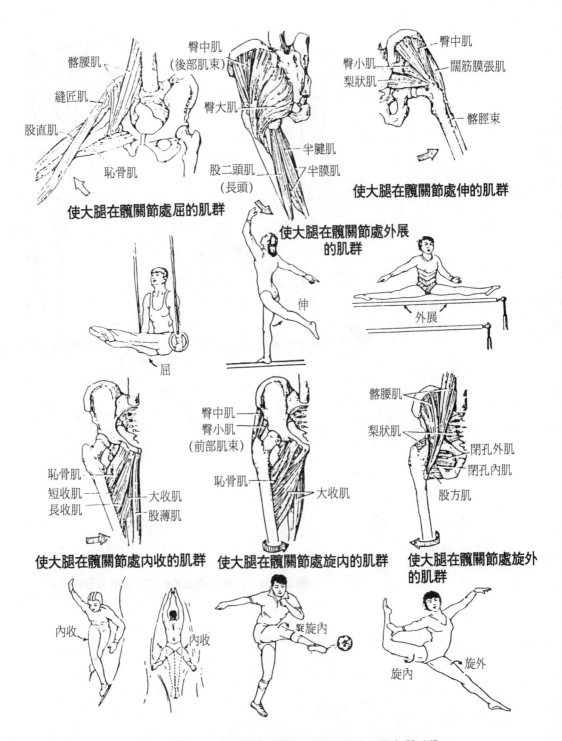

圖 1-1-10　活動髖關節的肌群及發展力量素質手段

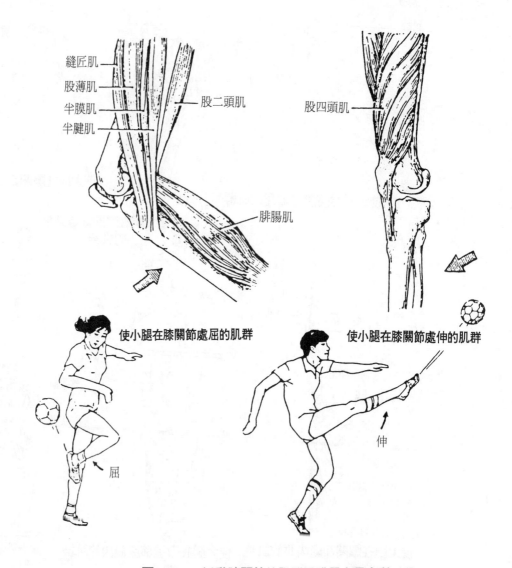

縫匠肌
股薄肌
半膜肌
半腱肌

股二頭肌

股四頭肌

腓腸肌

使小腿在膝關節處屈的肌群

使小腿在膝關節處伸的肌群

屈

伸

圖 1-1-11　活動膝關節的肌群及發展力量素質手段

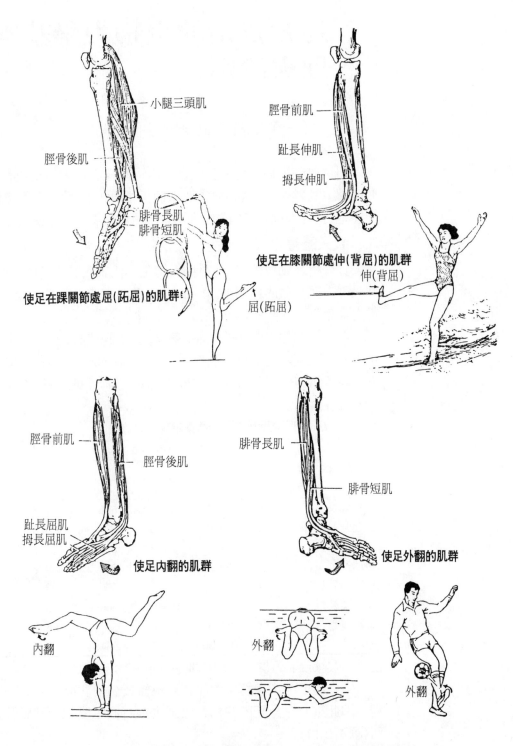

小腿三頭肌

脛骨後肌

腓骨長肌
腓骨短肌

使足在踝關節處屈(跖屈)的肌群

屈(跖屈)

脛骨前肌

趾長伸肌

拇長伸肌

使足在膝關節處伸(背屈)的肌群

伸(背屈)

脛骨前肌

脛骨後肌

趾長屈肌
拇長屈肌

使足內翻的肌群

腓骨長肌

腓骨短肌

使足外翻的肌群

內翻

外翻

外翻

圖 1-1-12　活動踝關節的肌群及發展力量素質手段

二 運動技術的生物力學基本原理與診斷

(一)人體運動與作用力關係

肌肉收縮力使人體產生活動,如抬腿、擺臂等。但要使整個人體產生運動,如跑步、跳遠等,還必須通過人體與地面的相互作用所獲得的外力作用才能進行。因此肌肉收縮力與外力作用是實現人體運動的兩個重要條件。

1、人體重心

在分析運動技術時,往往以人體重心代表人體。所謂人體重心,就是地球吸引力對人體的作用點。因此人體重心實質上就是一個外力作用點,即重力作用點。

保持基本站立姿勢的人體,身體重心的位置大約處於第二腰椎所在的水平面的高度。男子重心高度大約是身高的56%,女子為55%。臥姿人體重心向頭部方向移動1%。不同項目的運動員的身體重心高度略有差別(表1-2-1)。

表1-2-1   運動員和非運動員身體重心的位置

受　試　者	抽樣數	重心位置高度				與非運動員相比重心位置之差‰
		厘米		‰		
		$\bar{x}$	σ	$\bar{x}$	σ	
非運動員－Ⅰ	26	99.04	4.1	565.4	11.3	－
非運動員－Ⅱ	18	100.3	3.9	568.9	5.6	＋3.5
滑冰運動員	12	99.4	1.4	558.6	8.6	－6.8
足球運動員	16	99.3	3.7	560.7	9.2	－4.7
短跑運動員	10	98.6	3.1	560.1	3.0	－5.3
拳擊運動員	12	97.9	3.7	566.9	5.9	＋1.5
賽艇運動員	6	104.6	2.6	569.0	8.1	＋3.6
總抽樣	100	99.50	3.7	564.4	9.3	－1.0

注:引自《運動生物力學》,李良標等編著,1991年6月

當身體姿勢或身體各環節相對位置發生變化時,重力作用點起相應改變。因此重心在身體內的相對位置也跟着發生變化,有時可以處在身體外面(圖1-2-1)。

2、運動時人體受力及簡化

了解人體受力狀況以及對運動技術產生的影響,是運動技術的生物力學分析的一個重要內容。

(1)運動時人體受力圖的畫法

圖 1-2-1　身體重心隨各環節位置的變化而改變

注：資料來源同表一

　　依據運動時人體受力的實際情況，畫上全部的外力，稱人體受力圖。受力圖的畫法如下(圖 1-2-2)。

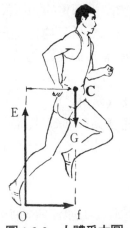

圖 1-2-2　人體受力圖

G-人體重力, F-彈性力, f-摩擦力, c-人體重心, o-支撐點。

　　A.重力畫在人體重心上。人體運動總是受到重力作用。因此首先畫上重力 G，重力作用點位於人體重心，其方向沿懸垂向下(指向地球中心)。

　　B.在人體與外界接觸點上畫彈性力與摩擦力

　　(A)彈性力 F 應與地面垂直，如圖 1-2-2 運動員腳對支撐點用力時，地面產生彈力反作用人體。所以彈性力有時也叫作支撐反作用力，正壓力等。

　　(B)摩擦力 f 與支撐面平行，其方向由足與支撐面之間的運動趨勢決定(與運動趨勢相反)。

　　(2)作用力移向人體重心的方法

　　由於有多個力作用於人體，因此由人體受力圖還不能一目了然地看出作用力的效應。因此可以運用力系簡化的方法，將作用於人體不同部位的力系、進行簡化成一個力和一個力偶矩，並作用於人體重心上(也可作用於人體任何部位)。

　　在進行力系簡化時首先畫人體受力圖(圖 1-2-3)，然後根據力的平移定理，將作用於人體(手)的正壓力 N 及摩擦力 f 移至重心。為了使力的作用等效，還加上兩力力偶矩 M_1 及 M_2(圖 1-2-3)。然後將作用於人體的力系及力偶系簡化(合成)，最後得到在人體重心部位只受到一個力 R(稱主向量)及一個力偶矩 M(稱主矩)的作用(圖 1-2-3)。

3、評估作用力效果的基本力學原理

　　人體或器械運動速度的變化快慢，或者獲得某種運動速度，如標槍出手速度、跳高踏跳後人體騰起速度等，都必須有力的作用。我們可以用某些力學原理來說明、評估其原理。

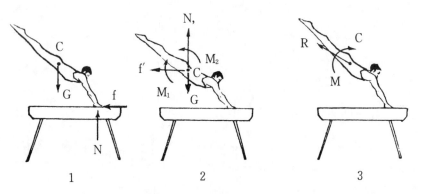

圖 1-2-3　力系簡化

(1)人體運動速度變化的原理　　根據牛頓第二定律,人體運動速度的變化,說明人體運動產生了加速度,加速度大說明速度改變大,加速度小說明速度改變小。在體育活動中人體運動加速度現象普遍存在,如短跑運動員的起跑後的加速跑,投擲標槍時投擲臂的加速鞭打動作等,都是人體或標槍由慢到快的加速運動過程。在 30 公尺處短跑運動員的速度爲 10 公尺/秒(假想加速跑開始時的速度爲零),加速跑的時間爲 3.5 秒。則其加速度的大小可用下式計算:

$$a = \triangle v / \triangle t = 10/3.5 = 2.86(米/秒^2)$$

測得標槍出手時水平方向的速度爲 35 米/秒,最後用力開始時標槍水平方向的速度爲 7 米/秒,最後用力時間爲 0.35 秒,則鞭打動作在水平方向的加速度爲:

$$a = 35 - 7/0.35 = 80(公尺/秒^2)$$

因此在完成運動技術時運動員的加速運動的能力,是影響動作質量或運動成績的基本條件之一。

(2)獲取人體運動速度的原理　　標槍投擲遠度主要取決於標槍出手速度的大小,而跳高高度,則取決於踏跳後運動員身體騰起初速度的大小。因此在許多運動項目中,人體或器械的運動速度大小,對運動成績起決定性作用。

動量定理可說明運動員獲取速度的原理。即運動員在踏跳力的衝量(踏跳力與踏跳時間的乘積 Ft)作用下,運動員身體的動量(身體質量與速度的乘積 mv)發生了變化(增加),並且其增加的值與衝量相等。因此踏跳時運動員的一系列技術動作:如運用助跑速度、兩臂及擺動腿的有力擺動、伸直軀幹等,其目的是產生盡可能大的踏跳力衝量。

如圖 1-2-4 所示,測得體重爲 65 公斤某跳高運動員,踏跳垂直力隨時間變化曲綫圖(又叫 $F_y - t$ 曲綫圖)。垂直力曲綫與時間坐標所圍成的面積,相當於垂直力的衝量。因此由 $F_y - t$ 曲綫圖求得踏跳垂直力的衝量爲 280 牛頓·秒。那麼依據動量定理,就可以計算出踏跳後運動員的身體騰起

速度。將測得的有關力學量代入公式, 即

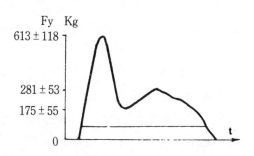

圖 1-2-4　跳高踏跳垂直分力隨時間曲綫圖(Fy－t 曲綫圖)

$\because \quad \triangle mv = F_y t$

$\therefore \quad v = F_y t / m$

$\qquad = 280/65$

$\qquad = 4.31 (公尺/秒)$

由計算可知, 在踏跳垂直力的衝量作用下, 身體獲得的騰起速度爲 4.31 公尺/秒。

$\qquad$ m－運動員的身體質量

$\qquad$ v－運動員身體騰起垂直速度

$\qquad$ F_y－踏跳力的垂直分力

$\qquad$ t－踏跳時間。

由騰起速度可計算出運動員騰起高度 H:

$$H = v^2/2g$$

$$= 4.31^2/2 \times 9.8$$

$$= 0.95 (公尺)$$

設運動員騰起時刻身體重心高度爲 110 公分, 那麼加上騰起高度, 運動員身體騰起最高點可達 2.05 公尺。也就是說該運動員在 280 牛頓·秒的衝量作用下, 可跳過約 2.05 公尺的高度。因此某些運動項目, 運動員所進行的動作技術的目的, 就是通過產生盡可能大的力的衝量的方法, 獲取運動員自身或器械的最大速度。如田徑中投擲項目中的最後用力動作, 就是將運動員全身各環節(下肢、軀幹及投擲臂)的作用力, 傳遞和集中到投擲臂作用於器械, 以便產生盡可能大的投擲力的衝量, 使器械獲得盡可能大的動量及速度。

(3)影響動作技術效果的力的三要素　　運動員對器械施力或與外界相互作用時, 如排球的發球, 跑步及跳遠的蹬地動作等等, 其動作技術的作用力的效果取決於力的三要素。

A, 力的作用點　　力的作用點部位的不同, 直接影響動作技術的作用力的性質和效果。如在排球發球時, 擊球點對準球心, 則排球飛行時不產生旋轉。這是發飄球的重要條件之一。如果擊球點不通過重心,則排球飛行時產生旋轉。划船時兩手握在槳把端點,比握在中間省力(或能產生更大的划槳力矩),是由於前者划槳力作用點遠離槳的支點,力臂較大。因此可以產生較大的划槳力矩的原因。

　　B,力的作用方向　　力的作用方向的不同,同樣也對動作技術的性質和效果產生重要影響。如乒乓球的旋轉球,就是由於球拍用力方向不通過乒乓球球心形成的。所謂"削得越薄"球旋轉越快,實質上就是球拍擊球方向越偏離球心的結果。足球的"香蕉球",也就是運用踢球力不通過球心使足球飛行中旋轉,導致球左右兩側的空氣壓力不平衡結果(圖1-2-5)。

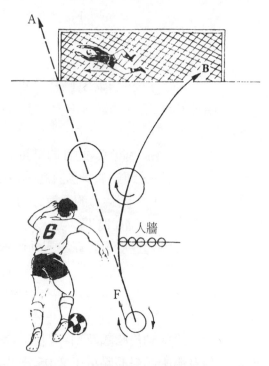

圖 1-2-5　香蕉球產生原理示意圖
A,踢球方向;B 球的飛行軌迹

　　在投擲項目中要求合理的投擲角,在跑步要求合理的蹬地角,就是指用力方向合理,才能產生好的動作效果。

　　C,力的作用大小　　在其它條件相同時,作用力越大,作用力效果也越大。所以在需要產生很大作用力的運動項目中,運動員充分利用肌肉的力學性能、身體各環節的合理配合,以及其它條件使動作產生盡可能大的作用力。如排球扣球時,運動員先做出充分的背弓姿勢,使身體前部的肌肉及韌帶充分拉張,而儲存彈性勢能。以便在做扣球動作時增大收腹力量,更有力地帶動扣球臂做鞭打式的猛烈的大力扣球。

(二)肌肉力學性能與運動技術

　　肌肉是由蛋白質組成的活機器,肌肉收縮使人體各環節產生活動,完成各式各樣的動作,其中包括千變萬化的體育動作。肌肉有其特殊的力學性質,在體育活動中,如果運動員能利用這些特性,就會有利於動作的完成和提高動作效果。

1、提高肌肉預張力原理

　　肌肉與肌腱的重要力學特性就是具有彈性,當它們受牽拉時產生彈力。因此在完成動作時,首先使肌肉受到牽拉或伸長,預先增加其張力(稱預張力),就會增加肌肉的收縮力。因為這時肌肉的收縮力等於肌纖維的收縮力與肌肉及肌腱的彈性力之和。

　　提高肌肉的預張力的方法有兩種:

　　(1)肌肉收縮前的預拉長原理　　增加肌肉收縮前的初長度。如扣排球時首先向後揮臂和做背弓,其目的是增大動作的幅度的同時,使做扣球動作的肌肉預先拉長而產生彈力,從而增加扣球力量。田徑投擲動作中的超越器械動作,踢球時的向後擺腿,以及許多準備性動作均有拉長肌肉增大肌肉的彈性力的作用。

　　(2)動能的利用與轉化原理　　增加肌肉預張力,除運用牽拉肌肉的方法外,還有一種更為積極而有效的方法。這就是運用對反向動作的制動,使反向動作的動能,轉化為肌肉與肌腱的彈性勢能。然後在後繼的功能性動作中彈性勢能轉化為動作的動能(反向動作是指完成某一動作的準備性動作,如踢球時先向後擺腿,而向前踢球則稱功能性動作)。從另一角度看反向動作的動能轉化為彈性勢能,實際上就是提高肌肉與肌腱的彈性力的過程,也就是提高了功能性動作之前的肌肉預張力。

　　運用上述動能轉化、對於提高肌肉預張力有明顯的效果。因此它組成了動作技術的重要環節。如由直立下蹲作原地縱跳,比由半蹲開始作縱跳跳得高的原因,主要是前者通過反向動作的動能轉化更多地提高了肌肉的預張力。而後者主要通過牽拉股四頭肌的方法提高肌肉預張力。跳高等項目的助跑,投擲項目的超越器械動作,體操項目的預擺等反向動作是組成運動成績的重要因素,都與提高肌肉預張力有關。蘇聯有一運動員原地縱跳成績為 1.65 米,而通過兩步助跑的縱跳成績提高到 1.83 米。這一實例說明增大反向動作的動能向勢能轉化,對於提高肌肉的預張力有明顯效果。又如男跳高運動員用 7.5 米/秒的速度助跑,踏跳結束時身體水平速度為 2 米/秒。因此踏跳的緩衝動作階段,在反向動作的動能轉化過程中,必須有約 300 公斤的踏跳水平制動力才能完成。因此在緩衝動作階段提高肌肉的預張力的數值是相當可觀的。

2、減少反向動作與功能性動作之間的轉換時間

反向動作有增大功能性動作幅度的作用,因此使完成功能性動作的肌肉預先被拉長、增加了肌肉的預張力。根據肌肉力學性質,被拉長的肌肉的彈性力,有隨時間而下降的特性(稱肌肉鬆弛)。因此當反向動作完成之後,應立刻進行功能性動作,以便避免肌肉彈性力的下降,而充分利用肌肉的預張力完成動作(表1-2-2)。因此減少反向動作與功能性動作之間的轉換時間,是運動技術的重要因素之一。如跳高踏跳的緩衝階段時間過長,會影響踏跳動作質量,影響跳高成績。而緩衝動作時間過長,往往是由於緩衝動作(反向動作)與蹬伸動作(功能性動作)之間轉換時間過長造成的。

表1-2-2　　停頓時間對原地起跳高度的影響

受試者體重 (千克)	身長(厘米)	停頓後的跳起高度 (厘米)	不停頓跳起高度 (厘米)
68.37±6.64	176.39±5.05	49.49±5.86	53.23±6.47

(引自B.M.扎齊奧爾斯基,受試者31人,1981年)

反向動作與功能性動作之間轉化時間的長短,可表徵肌肉的離心收縮轉化為向心收縮的能力,被運動員們所採用的深跳練習,可較好地訓練上述轉化能力。

3、肌肉功率特徵與運動素質訓練原則

許多運動項目的動作質量及運動成績,取決於運動員的肌肉收縮的功率,肌肉收縮的功率等於肌肉收縮力與收縮速度的乘積($P = FV$)。對不同專項運動員肌肉收縮功率的測定結果表明,肌肉功率具有明顯的專項特點,即速度類運動員的功率肌肉收縮速度占優勢,力量類運動員肌肉收縮力占優勢(圖1-2-6)。形成上述特點的原因一個是遺傳因素;另一個是專項定向適應性訓練的結果。

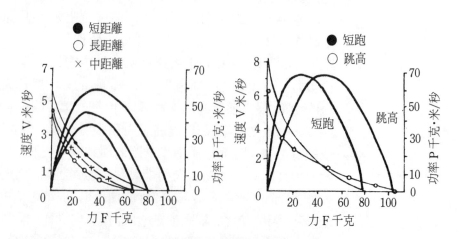

圖1-2-6　肌肉收縮功率的專項特點

根據肌肉功率含有專項定向適應性訓練因素的特徵。因此維爾霍商斯基(蘇)提出運動素質訓練動態適應性原則:即運動素質訓練手段的生物力學特徵,如動作幅度、速度、方向、負荷及重點區等,應與專項動作技術的生物力學特徵相適應,兩者之間越適應,則運動素質的訓練的效果向專項動作轉移效率越高。如運動員站立做負荷抬腿練習發展專項力量素質的效果,不如斜仰臥做抬腿練習的效果好(圖1-2-7)。

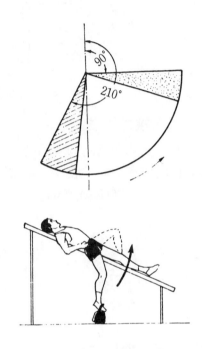

圖 1-2-7　運動素質訓練動態適應性示意圖
(引自運動生物力學, 1990)
上圖為跑, 跳屈大腿的有效範圍
下圖為動作重點區選擇得比較合理的練習

運動素質訓練動態適應性內容:(1)動作的幅度與方向:(2)運動的有效幅度及重點區;(3)作用力及負荷的大小;(4)最大作用力的發揮速率;(5)肌肉工作形式。

(三)人體基本運動的生物力學原理

人體最簡單的、不可再分的活動稱人體基本運動。如兩臂的推、拉、鞭打運動;下肢的緩衝、蹬伸運動;全身的軀幹扭轉、擺動及相向運動等。它們活動的生物力學原理如下。

1、槓桿原理

人體只有單個環節活動時,可用槓桿模型說明其活動規律與原理(圖

1-2-8)。

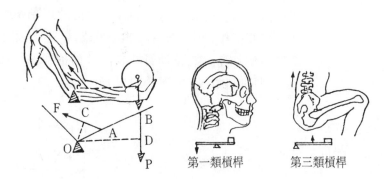

第一類槓桿　　第三類槓桿

圖 **1-2-8**　人體活動槓桿原理說明圖

2、複槓桿原理

　　當一個關節的兩個環節同時活動時,可用末端負載複槓桿模型說明其活動(伸)原理。如上肢及下肢當肘關節與膝關節的關節角較大時,其伸展活動符合該原理(圖 1-2-9)。

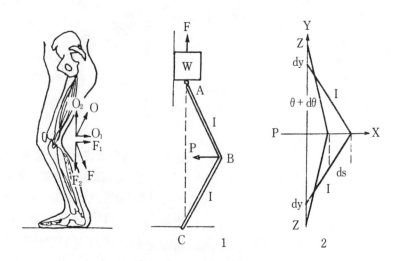

圖 **1-2-9**　複槓桿圖解

　　設下肢蹬伸活動時,力 P(由髖、踝雙關節肌產生)使膝關節向右移動時,使股骨上端產生向上的舉力 F。經分析得:

$$F = 0.5P \cdot tg\theta$$

　　上式說明,伸膝關節所產生的舉力 F,與 P 及膝關節角 θ 的關係。因為當膝關節接近伸直時 tgθ 值相當大,因此很小的力 P,就可產生很大的舉力 F。所以複槓桿的機械利益是相當大的。因此人體上、下肢能產生極大的打擊力和蹬地力。

3、關節活動順序性原理

　　人體四肢由近端至遠端,各關節所配置的肌肉由強變弱,即其生理橫斷面逐個依次減小。因此把配置肌肉的生理橫斷面大的稱大關節,反之稱小關節。

　　關節活動順序性原理主要表現在,當需要克服大阻力,或需要表現出快速運動時,雖然人體各關節同時用力,但其中大關節總是首先產生活動,並依據關節的大小,表現出一定的先後順序。顯現出大關節帶動小關節活動的順序性原理。如做縱跳實驗時,表現出首先是髖關節,然後是膝關節、踝關節的活動順序(圖 1-2-10)。

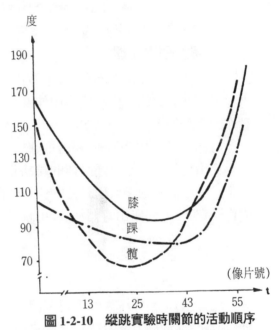

圖 1-2-10　縱跳實驗時關節的活動順序

　　這一原理的實際意義,要求在完成動作技術過程中,主動加強大關節用力,充分發揮大關節的潛力,會有利於技術動作的完成。如踝關節的力量為膝關節力量的 80%,那麼在跳高、跳遠踏跳過程中,踝關節產生活動的時刻必須晚於膝關節。踝關節的活動應在膝關節活動的基礎上進行。否則如果出現所謂"提踵過早",就會降低起跳效果。

4、鞭打活動原理

　　在克服阻力或自體位移過程中,上肢諸環節依次加速與制動,使末端環節產生極大速度或打擊力的動作形式稱鞭打動作。

　　如在投球(圖 1-2-11)或投擲標槍時,身體的軀幹、上臂、前臂及手等環節表現出依次加速與制動。當近端環節制動時,其角動量向鄰近的遠端環節傳遞。由於末端環節的轉動慣量很小,角動量的不斷傳遞結果,使末端環節(如手)獲得極大速度。因此當需要產生極大打擊力或速度的動作,運動員們都採用鞭打動作完成活動。

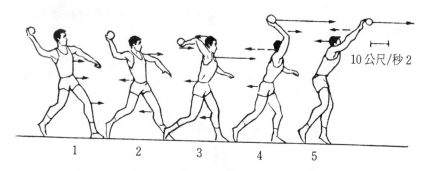

圖 1-2-11　投球時身體各環節加速度變化

（引自李良標等編《運動生物力學》北京體育學院出版社，1991 年 6 月）

5、緩衝動作原理

在抵抗外力作用的過程中，下肢由伸展狀態轉為較為屈曲狀態的動作過程稱下肢的緩衝動作。它是由伸展下肢的肌群作離心收縮完成的。緩衝動作的意義如下。

(1)減少外力作用　　在落地、踏跳或體操的兩臂推馬動作過程中，都產生緩衝動作。由於上述動作的規格化，因此在緩衝過程中人體動量變化一定。由於緩衝動作可延長力的作用時間。因此由動量定理可知，當動量變化一定時，力的作用時間延長，可減少外力對人體的作用。

當 $\triangle mv = c$

則 $Ft = \triangle mv$

$F = \triangle mv / t$

(2)緩衝是動作技術的重要環節　　人們往往把緩衝動作作為準備性動作環節，從消極方面看待它。其實不然，如跳高、跳遠的成績取決於踏跳力的垂直分力衝量。而在緩衝階段它們垂直分力衝量占總衝量的 87%。說明緩衝動作是運動技術的重要環節。

(3)準備作用　　蹬伸動作是緩衝動作的繼續。因此緩衝動作的作用還包括為後繼動作提供適宜的空間和時間。

(4)非代謝能的利用　　緩衝動作能夠將動作的動能轉化為勢能、並在後繼動作中轉化為動能。這個動能並非由肌肉中能量物質的消耗產生的，因此節省了人體的能量消耗，使動作經濟而有效。如在短跑比賽時，小腿腓腸肌被拉長了 3－4 厘米，此時踝關節活動幅度為 34－38 度。而在蹬伸階段，腓腸肌的肌腹長度幾乎不變，以等長性收縮發揮肌力，因此主要由肌腱及肌肉中彈性成分的彈性力完成蹬伸動作。

6、擺動動作原理

(1)擺動動作的配合形式　　在完成跳躍動作時，當踏跳腿進行踏跳動作時，兩臂及擺動腿進行加速度擺動。擺動環節的豎直加速度呈如下規律性變化：在踏跳的緩衝階段，加速度值急劇增加，並在最大緩衝時刻達到最大值;轉入蹬伸階段,加速度值開始減小,踏跳結束時,甚至可達負值(圖1-2-12)。

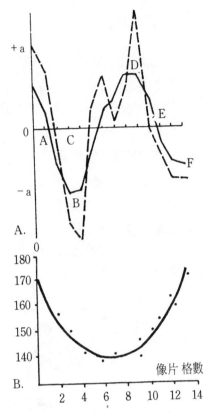

圖 1-2-12　跳高起跳時擺動動作與踏跳動作的配合形式

A.擺動腿重心豎直方向加速度圖;B、踏跳腿膝關節角度變化圖(引自《運動生物力學》,李良標等編 1991 年 6 月)

　　擺動動作的上述配合形式,反映了踏跳動作與擺動動作的合理配合關係。這種關係符合人體結構與性能特點。因為在緩衝階段踏跳動作的肌肉作離心式收縮,所以能負擔因擺動動作而引起的額外負荷,有利於踏跳力的增加。而在蹬伸階段加速度值減少,減小了因擺動動作對踏跳腿的額外負荷。這與蹬伸階段由於踏跳動作的肌肉作向心收縮,肌力發揮較小的特性相一致。因此有利於蹬伸動作的完成。

　　(2)擺動動作的作用

　　A.提高身體重心相對高度　　作擺動動作時,擺動環節的質量向上移動,因此人體重心位置也相應升高。在跳高時其升高的數值,可占人體騰起高度 25％左右(表 1-2-3)。

表1－2－3   擺動動作對人體重心位置的影響(單位:厘米)

性別	擺臂	擺腿	提踵	合計
女生	5.02	6.40	7.27	18.69
男生	6.37	6.11	5.06	17.54

引自宋啓萊,1977年

B.增加踏跳力   當擺動環節向上作加速度擺動時,必然對施力部位(軀幹)產生反作用力。這個力的大小為:－F＝ma(m為擺動環節的質量;a為擺動環節的加速度)。此力通過踏跳腿的肌肉用力作用於地面,從而增大了踏跳力。

7、相向運動原理

當人體處於騰空狀態進行活動時,由於人體兩端不受約束,因此人體活動在形式上表現出所謂"相向運動"特點(人體兩部分同時相互接近或分開的運動形式稱相向運動)。如跳起騰空時向左前方大力傳球時,會出現左腿不由自主地向右擺動(圖1-2-13)。當跳遠落地前做舉腿動作時,軀幹會同時產生前傾動作。

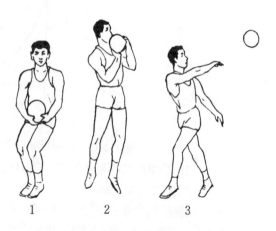

圖1-2-13 大力傳球時的相向運動

在體育活動中,利用相向運動的規律完成一些技術動作。如跨欄運動員過欄向前擺起跨腿時,同側臂必須伸直大幅度地向後擺臂,以抵消前擺起跨腿的作用,使運動員處於平衡狀態(圖1-2-14)。

(四)分析運動技術的一般方法

分析運動技術通常遵循如下的方法步驟:

1、了解運動技術的一般過程

(1)劃分動作技術的範圍   確定了動作技術的開始與結束時刻,就把動作技術的範圍確定下來了。

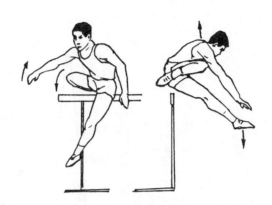

1-2-14　過欄時的相向運動使運動員保持平衡

(2)劃分動作階段　　當動作範圍確定後,應着手劃分動作階段,爲分析動作提供方便。如跑步動作周期的一個單步由騰空與支撐兩個動作階段組成(圖十五)。在支撐時期依據水平支撐力的性質,又可分爲前蹬(或前支撐,圖十五,①－②)與後蹬(或後支撐,圖十五,②－④)兩個動作階段。如果依據伸膝肌群的收縮形式,又可分爲緩衝(圖1-2-15,①－③)與蹬伸(圖十五,③－④)兩個動作階段。

動作階段的劃分依據:

A.肌肉工作形式等解剖學條件。如跑步的緩衝與蹬伸階段。

B.作用力的性質。如跑步的前蹬階段與後蹬階段。

C.動作方向。如前擺階段與後擺階段等。

D.動作的性質與任務。如投擲的預擺、最後用力階段;跳遠的助跑、起跳、騰空及落地等動作階段。

E.人體工作環境。依據人體與外界的關係,區分爲支撐、騰空等階段。

(3)確定動作的特徵畫面　　不同動作階段的臨界點,稱動作技術的特徵畫面。如跑步的着地與離地時相,垂直與最大緩衝時相等(圖1-2-15),①、④、②、③)。

特徵畫面可表徵各動作階段的基本力學特徵與動作質量,以及解剖學工作形式。

(4)明確各動作階段的作用及其相互影響　　各動作階段都同屬於一個完整動作不可缺少的有機組成部分,都是爲完成完整動作的任務和達到其目的服務的。因此它們之間存在着必然的聯繫與因果關係。如跑步的蹬伸動作是緩衝動作的繼續,而緩衝程度影響後蹬角的大小及蹬伸動作的幅度與時間,而蹬伸動作的膝關節伸直程度,會影響動作頻率。

2、明確動作技術本身所需達到的目的任務

賽跑運動員的成功,取決於跑步的平均速度,而平均速度又取決於平均步長 $\bar{L}$ 與步頻 $\bar{f}$,即

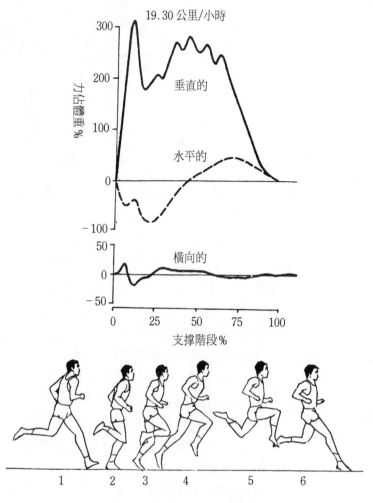

圖 1-2-15　動作階段及蹬地力

$$\bar{V} = \overline{L} \cdot \bar{f}$$

因此跑步技術本身的目的任務是力求達到盡可能大的步長與步頻, 或兩者合理的結合。跳高、跳遠的目的任務是使人體獲得最大的高度與遠度。由分析知, 起跳結束時運動員的騰起水平速度 V_x 是通過助跑獲得的, 起跳只能使水平速度減小; 而騰起垂直速度 V_y, 是通過踏跳垂直力的衝量產生的 (圖 1-2-16)。因此不論跳高或跳遠的起跳任務, 都是如何獲得身體垂直方向上的騰起速度 V_y, 但水平速度的損失應保持在合理的範圍內。

3、明確動作技術的關鍵環節

凡對完成動作技術的目的任務起重要作用的動作階段, 稱動作技術的重要環節, 或關鍵性環節。

如跳高或跳遠的起跳動作分為緩衝與蹬伸兩個階段, 欲比較那一個階段更重要時, 可以從起跳力的測試材料中找答案, 如跳遠及跳高起跳力垂直

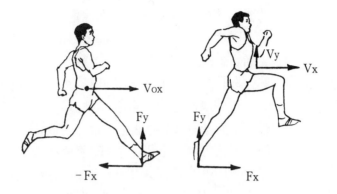

圖 **1-2-16**　起跳時人體運動速度的變化

$$V_x = V_{0x} + (\frac{-F_{x1} \cdot t_1}{m} + \frac{F_{x2} \cdot t_2}{m})$$

$$V_y = \frac{F_y \cdot t}{m}$$

$$V_x < V_{0x}$$

分力衝量中，緩衝階段占 87％以上。也就是說人體騰起速度的 87％以上是依靠緩衝階段的技術動作獲得的。因此緩衝階段應是起跳動作的關鍵環節。

4、揭示動作技術的生物力學特徵及規律

動作技術的運動學參數，一般是通過影片解析取得；動力學參數通過測力臺等設備測量得到。

對所得數據進行處理、分析圖整理、得出測試結果。然後對測試結果進行分析研究，得出本質的、規律性數據材料，最後成為動作技術的生物力學研究結果。

5、做出結論

做結論是對研究結果的進一步歸納、提煉和昇華。而結論的具體內容，又與研究的目的任務相適應。結論內容的範圍可參考以下幾方面或某一方面的內容：提示動作技術的測試結果；揭示動作技術的生物力學原理；揭示高水準運動員動作技術的生物力學特徵；動作技術的生物力學診斷。

（五）運動技術的生物力學診斷

1、運動技術生物力學診斷的概念和內容

運用運動生物力學的理論與方法，對運動員所完成的運動技術進行分析研究，並對其進行評估，最後將評估意見向教練或有關方面提出報告，供教練員的訓練提供參考。這一工作過程與性質類似醫生看病，因此稱運動技術生物力學診斷。

　　對運動技術進行評估或診斷,包括兩個方面的內容:一方面對其所採用的動作技術的適用性與先進性進行評價;另一方面對其所完成的動作技術的各環節的合理性與質量進行評價。比如對某跳高運動員的跳高技術進行診斷。通過觀察及拍影片,了解到他採用背越式Ⅰ型起跳技術。由於背越式跳高技術的先進性已被實踐肯定,因此對所採用的技術是否先進不必評價。但該技術是否符合該運動員的個人特點,即對技術的適應性進行評價。經了解該運動員踏跳腿肌肉的快肌纖維所占比例為62%,快肌不占很大優勢。因此爆發力不可能很好,所以在適應性方面建議運動員採用較適合於爆發力較差的背越式Ⅱ型起跳技術更為合適;又通過對影片解析數據的分析,對跳高技術的各環節的合理性及質量進行評估。如發現擺動不夠快速有力、過竿時擺動腿抬起過高的缺點。因此得出擺動動作與擺動腿過竿不合理、質量不高的評議,並提出如何改進的建議。最後把上述兩方面的評估意見提供給教練,並與教練討論評估意見的正確性及實施辦法。

2、運動技術生物力學診斷的方法

　　運動技術生物力學診斷是一項創造性工作,診斷的客觀性與正確性,取決於人們對運動項目的了解,知識水準和分析能力。

　　依據診斷的目的任務,確定相應的測試手段和分析方法。包括下述幾個環節:

　　(1)人體運動參數的測試與採集　　運用攝影,測力臺及肌電測試,可獲取人體運動的有關力學量。肌電則可取得與肌肉用力有關的參數及各肌群之間相互配合的協作關係的信息。肌力及肌肉功率的測定,則可獲得運動員的運動素質發展水準及其特點。

　　(2)對測試材料及數據進行處理,獲得測試結果。

　　(3)依據運動生物力學理論、文獻資料、並結合運動員的個人特點,對測試結果進行分析研究,並作出診斷結論。

　　(4)將診斷結論反饋給教練或有關方面。

3、確定診斷指標的依據

　　根據運動技術生物力學診斷的目的任務,依據下述原則選擇和確定診斷指標。

　　(1)選擇對決定運動成績起主要作用的動作技術環節進行診斷。

　　(2)選擇最能揭示運動技術質量的有關力學量及有關參數作為診斷指標。

　　(3)所選擇的指標應與測試手段的性能相適應。

　　如影片解析所獲取的加速度誤差比速度誤差大。因此選用速度指標較可靠。

（李良標）

三　力量、速度與神經肌肉的機能

（一）肌肉收縮是產生肌肉力量的動力

　　人體(包括整個動物界)如果沒有肌肉收縮就不能生存。心臟跳動、呼吸、消化等都是肌肉收縮,當然,體育活動更是明顯的肌肉收縮。

1、肌肉收縮

　　關於肌肉收縮問題,自五十年代赫克斯利(Huxley 1954)提出肌絲滑行學說之後,人們才有了較為明確的了解。肌肉是由許多肌纖維(肌細胞)構成,肌纖維又由許許多多的肌原纖維組成,而肌原纖維又由許多排列整齊的串聯的肌節組成,肌節中包括能收縮的蛋白,這種蛋白又叫肌絲(圖 1-3-1)。肌絲分為兩種:一種是粗肌絲又叫肌球蛋白;一種是細肌絲叫肌動蛋白。肌肉收縮時細肌絲向粗肌絲滑進,並深入粗肌絲,細肌絲之間甚至可以重疊(圖 1-3-2)。由於肌絲互相接近,而使"肌節"縮短。許多串聯的肌節縮短,就可使整條肌纖維縮短。

　　粗、細絲之間滑行是一個極為複雜的過程,簡單說來,當神經衝動(命令)到達肌肉時,使肌質網釋放鈣離子,鈣離子使粗肌絲上的"突起"與細肌絲的適當部位形成"橫橋"。橫橋在能源物質三磷酸腺苷(ATP)供能的情況下扭轉(約旋轉45°角),產生拉力使細肌絲向粗肌絲方向滑進。圖 1-3-3 表示橫橋(S-1)如何扭轉的想像圖,圖中"1"表示橫橋形成開始扭轉,"2"表示在扭轉當中,"3"表示扭轉將結束,"——→"表示滑動的方向。圖中還可看到橫橋的頸部(S-2)具有彈性,是肌肉彈性成分的一部分。

　　當神經衝動不再繼續到達肌肉時,鈣離子就被吸回到肌質網中(這一過程也需要能量,消耗 ATP),從而使橫橋斷開,肌肉放鬆。

　　肌肉的收縮與放鬆都要消耗能量,其直接的能源是三磷酸腺苷(ATP)。

2、粗、細肌絲"橫橋"的扭轉是產生肌肉力量的"發源地"

　　肌肉收縮是產生肌肉力量的動力,而原動力又來源於橫橋的"扭轉",因此,滑行學說創始人赫克斯利把橫橋稱為"張力發生器"。這種張力發生器就像內燃機的"氣缸"。氣缸越大越多馬力也越大;同樣,橫橋越多,力量也會越大。

　　一個橫橋的扭轉所產生的力量是很小的,其彈性牽張大約只有 10 納米,最少要有 100 億個串聯的橫橋才能產生 1 克的力量。由此可知,一個舉重運動員,要舉起 1-2 百公斤的重量,需要橫橋的數量是非常多的。

　　每個橫橋的活動都有其固有的周期,大約在橫橋形成 1/100 或 1/10 秒

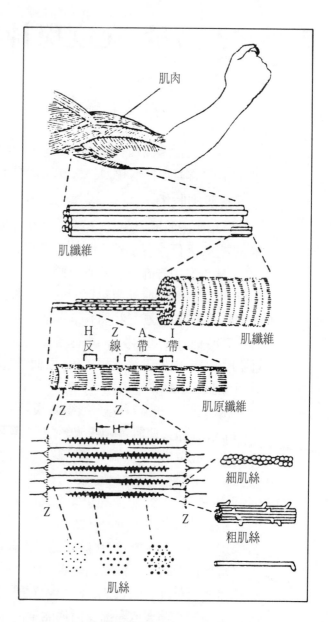

肌肉

肌纖維

肌纖維

H　Z　A　I
反　線　帶　帶

肌原纖維

細肌絲

粗肌絲

肌絲

圖1-3-1　骨骼肌的結構(引自 Vander, 1975)

之後, 就要脫開, 不斷地形成(連接)、扭轉(牽拉)、脫開, 其後又是一個新的周期。一個收縮, 不是形成一個橫橋, 而是許多, 當第一個橫橋形成、扭轉、脫開之後, 接着就與下一個細肌絲的適當部位形成第二橫橋, 當其脫開之後又形成第三個橫橋, 這樣就可以形成多個橫橋。其情況和拔河隊拉繩相似。雖然橫橋以每秒 5－10 次的頻率有節奏地形成、扭轉與脫開, 每一瞬間都有幾乎同樣多的橫橋處在這種狀態。因此, 肌肉收縮是一個連貫的過程。

3、骨骼肌纖維的類型及其與肌力的關係

　　從生理機能來分, 人體的骨骼纖維有兩大類型:慢肌纖維, 又叫 I 型肌

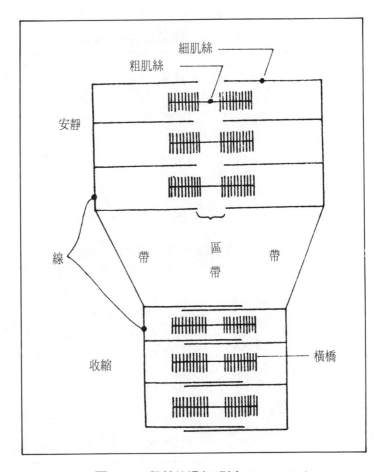

圖 1-3-2　肌絲的滑行(引自, Fox, 1984)

纖維；快肌纖維，又叫 II 型肌纖維。因爲快
(II)肌纖維又有三個亞型(II a, II b, II c)，
故有人認爲人體的骨骼肌纖維有四種類
型。快肌纖維收縮的速度快、力量大，而慢
肌纖維收縮的速度慢、力量小，它們的主要
特點，見表 1-3-1。不難看出，與力量和速
度關係密切的是快肌纖維。

4、肌肉收縮、肌力與作功的關係

　　近年來，運動訓練學家和運動生理學
家對做負功的離心或叫退讓性收縮，給予
了較大的關心。因爲，人體工作的薄弱環
節，可能是離心收縮的能力較弱。對訓練
的適應(包括力量的提高)主要可能表現在
對離心收縮的適應。但是由於初次進行這
一收縮容易造成肌肉損傷，而使其應用受

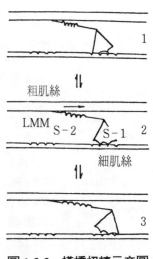

圖 1-3-3　橫橋扭轉示意圖
(引自 Aidley, 1983)

到了限制。但應該看到這一方法是很有潛力的(表1-3-2)。

表1-3-1　　快、慢肌纖維的生理特點

肌肉收縮速度	快肌纖維 快	慢肌纖維 慢
肌肉收縮力量	大	小
疲勞出現	快	慢
代謝特點	無氧	有氧
肌紅蛋白	少	多
肌糖原	多	少

表1-3-2　　肌肉收縮、肌力及作功的關係

肌肉收縮形式	等長收縮 靜力性收縮	等張收縮 動力性收縮	
		向心(克制)性 離心(退讓)性	牽張—縮短周期
肌力	最大肌力	快速肌力	爆發力
作功	零功	向心性作正功 離心性作負功	功率 *

* 有爭議。

5、訓練的強度與肌纖維的關係

用最大肌力(靜力性最大肌力)的 30％以下的強度,訓練的是慢肌纖維,而用最大肌力的 60％以上的強度訓練的是快肌纖維。那麼,用 30－60％之間的強度、快、慢肌纖維可能都可得到訓練。在訓練實踐中,力量性項目要用 70－80％的強度進行訓練以提高力量,而耐力性項目,則用小強度(一般在 30％最大肌力以下)長時間訓練以提高耐力,中等強度(30％－50％最大肌力)可使兩種肌纖維均得到訓練,使肌肉體積增大。

(二)決定肌肉收縮速度的因素

橫橋活動周期的快、慢決定着肌肉收縮的速度

前面講過:肌肉收縮時既產生一定的力量,也有一定的"速度"。它們都與粗、細肌絲間橫橋這個"張力發生器"有關。如果說橫橋形成後的"扭轉"是以產生力量爲主,那麼,橫橋活動周期(即橫橋的形成、扭轉、脫開)的快、慢則決定着肌肉收縮的速度。

橫橋活動周期的速度與其有關的"酶"的反應速度有關。

(三)肌肉收縮的力量與速度之間的關係

1、在同一時間內肌肉的力量與速度成負相關的關係

在同一時間要發揮最大的肌力,收縮的速度就要變慢;要發揮出較快的速度,負荷(阻力)就要減小。將肌肉的力量與速度的這種關係繪成曲綫,則近似於"雙曲綫"(圖1-3-4)。

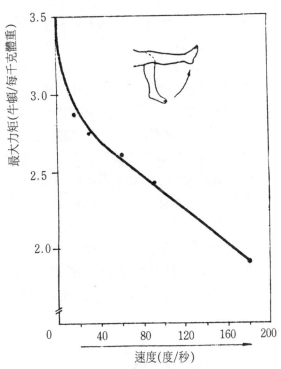

圖1-3-4　肌肉力量—速度曲綫

(引自 Fox, 1984)

從圖1-3-4中看出:最大的肌力是在速度爲"0"時測出的,也就是在等長收縮時發揮出最大的力量。隨着速度加快,力量就逐漸下降。從理論上講,當力量(也就是外界的阻力)下降爲"0"時,速度才能達到最高。但是力量(阻力)不會爲"0",因爲肌肉本身就是一種阻力,在人體更是如此,所以圖1-3-4中肌力沒有降到"0",速度也未達到最大。

肌肉的力量與速度呈上述關係是由於在快速收縮中橫橋形成的數量減少之故。因爲在快速收縮中,只有那些活動周期快的橫橋參與活動,那些活動周期慢的橫橋來不及活動,收縮就已結束。收縮的速度越快,橫橋形成的數量越少,力量也就越小。

2、力量提高會促進速度提高

經過訓練,運動員的肌肉力量增加時,速度也會提高。這是因爲在短期內運動員的體重(也就阻力,負荷)沒有增加或沒有明顯地增加。力量增加,負荷不變,就等於力量不變而負荷減小。負荷(阻力)減小了,收縮的速度自然會提高。力量不變而減輕體重(負荷)也可提高速度。

同樣,通過訓練,運動員提高了對肌肉的支配能力,由於能動員更多的肌纖維參與收縮、每一條肌纖維的負荷相對地減少了,當然,速度也就會提

高了。

　　從肌肉的力量—— 速度曲綫中也可看出,力量與速度是不可分的,它們之間有一個內在的規律。力量性項目是曲綫的一個"極",而速度性項目,是另一個"極",其他項目均在曲綫的某一個部位,也就是都有一個合適的力量、速度的比例。

（四）肌肉的初長度與肌肉力量

　　肌肉的初長度是指肌肉收縮之前的長度。一般說,在適當的初長度下肌肉的收縮效果最好,這與粗、細肌絲之間形成"橫橋"數量有關。圖 1-3-5 表示肌肉收縮力量與肌節長度的關係。在收縮之前肌節的長度如果是 3.6 微米,即粗肌絲(肌球蛋白)與細肌絲(肌動蛋白)的第一個橫橋剛剛形成。這時的長度是最適初長度,因爲在以後的收縮中,當所有的橫橋均已形成,也就是肌節縮短爲 2.2 微米時,它的力量達到最高。如果在收縮之前肌肉的長度不是在 3.6 微米,而是在 2.9 微米,即長度較短,那麼,新形成的橫橋數量,只有一半,其收縮的力量也只有最適長度的一半。因此,在作動作之前要使肌肉伸長,各種"預備姿勢"就是爲了使肌肉拉到一個適當的長度。從動物實驗得知,肌肉收縮前的長度與安靜相比,延長 1/5 時收縮的力量最大,人體由於受關節角度的限制,大多達不到這種程度。

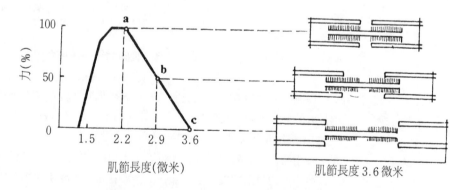

圖 1-3-5　收縮力、肌節長度和肌絲重叠之間的關係。左:在單條肌纖維及其肌節的不同長度時,於强直時能產生的最大等長力。橫坐標:肌節長度;縱坐標:所發生的力相當於肌纖維的靜息長度或在肌節的長度爲 2.2 微米時,所產生的最大力的百分比。右:肌節長度爲 2.2, 2.9 和 3.6 微米時肌節中肌球蛋白和肌動蛋白絲的重叠情况。(引自施密特, 1991)

(五)肌肉力量與肌梭、腱器官的關係

　　肌肉有兩種特殊的感覺器官：肌梭和腱器官。肌梭主要是感受肌肉長度的變化；腱器官主要感受肌肉的張力的改變。

　　當肌肉快速地被拉長時，刺激了肌梭的感受部分，通過脊髓的牽張反射，使肌肉收縮，以保持肌肉長度的恆定。各種起跳前的"擺動"，就是利用這種牽張反射，使肌肉的收縮力量加強。在肌肉快速收縮之前，先快速地牽拉肌肉，一方面可使肌肉處於一種合適的"初長度"，另一方面可通過牽張反射進一步提高肌肉收縮的力量。這種通過脊髓反射增強肌肉力量的方法是一種節省"精力"的"技巧"，可達到事半功倍的效果。

　　腱器官，存在於肌腱之中，較大的肌肉力量可引起它的興奮，它的作用與肌梭相反，不是增加肌力，而是減弱肌力。這種作用也是通過脊髓反射，其目的是保護肌肉不致因力量過大而受損傷。圖 1-3-6 表示它們之間的關係。附帶說明：腱器官(即 I_b 的傳入纖維)之所以與肌梭起不同的作用是因為它在脊髓中不是直接地與 a 運動神經細胞相通而是通過一個"中間"神經細胞。

　　從肌肉力量的角度出發，可以認為，肌梭使肌力增加而腱器官使肌力減弱。

　　侯克(Houk, 1974)曾對影響肌肉力量的因素進行過分析，他認為有三種因素起作用：①肌肉成分(包括神經的適應與肌肉的肥大)；②長度反饋成分，它是由肌梭來完成的正反饋；③力量反饋成分，它是由腱器官來完成的負反饋。因此，肌肉發揮出來的總的力量是以上三種因素的代數和。圖 1-3-7 表示三種因素之間的關係：肌肉收縮時肌力由"o"上升到"a"，當肌肉受到快速牽拉其長度由"L_0"到"L_1"時，肌力由"a"上升到"b"，這是初長度延長時增加的肌力。但是當肌肉的長度由

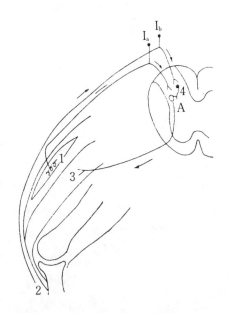

圖 1-3-6　肌肉收縮與肌梭、腱器官的關係
1.肌梭，2.腱器官，3.肌肉(梭外肌纖維)
I_a-肌梭傳入神經，I_b-腱器官

"L_0"到"L_1"時，是一種牽張(肌梭)反射，是正反饋，實際的肌力可到"c"。同時由於肌力作用於腱器官，它是一種負牽張反射是負反饋，故真正的肌力下降到"d"。其最後的結果是肌力由"F_0"上升到"F_1"。

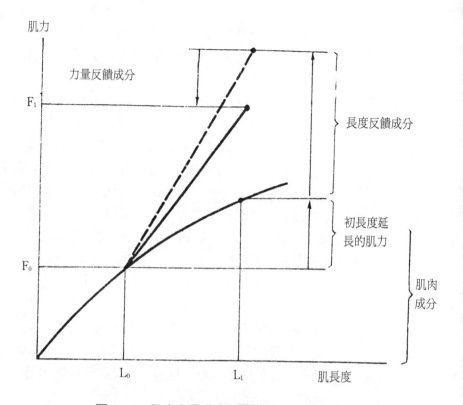

圖 1-3-7　肌肉力量成分的關係(仿 Houk, 1974)

　　不難想像,運動員在訓練過程中,肌梭的正反饋作用會得到加強而腱器官的負反饋作用會減弱,這樣可較大地發揮肌肉的力量。

　　上述肌肉力量三種成分的關係說明,增加肌力除提高肌肉本身(梭外肌纖維)的功能外,還注意肌肉的初長度和牽張反射的作用。

(六)肌肉力量的訓練與增強

1、肌内力量的訓練與增強

　　肌纖維不變粗(即不肥大)也可增加力量,但不會最大限度地增加肌肉力量。這是因爲使肌肉力量增加要有兩個主要因素,一個是神經因素,一個是肌肉因素。神經因素是發展力量的第一階段,在這個階段,肌力的增加主要靠神經對肌纖維的"動員",用增加肌纖維活動的數量來提高肌肉的力量。肌肉因素是發展肌力的第二階段,在這個階段神經對肌纖維的動員達到了"最高"界限,而客觀需要只是以"數量"得不到滿足時,就促使肌纖維在"質量"上加快"適應",使粗、細肌絲(收縮蛋白)的數量增加,這樣也就使肌纖維變粗了。

　　如果訓練停留在第一階段,就會只增加肌力而不使肌纖維變粗。根據哈肯寧(Hakkinen, 1983)的研究,力量發展的第一階段持續四週,它是在大強度(最大肌力的 80－100％)隔天一次訓練下獲得的。

2、肌纖維的訓練

根據哈肯寧的研究,如果進行大強度的向心收縮(最大肌力的 80－100％的強度,占全部訓練的 75％)與離心收縮(最大肌力的 100－120％,占全部訓練的 25％)相結合的訓練,每周三次(隔日一次)到第八周時肌纖維開始變粗。

3、速度訓練中的"超負荷"訓練法

提高跑速的方法有二:一是提高步長,一是提高步頻。而提高步頻較爲容易,方法也較多。其中用"牽引"的辦法,即牽着運動員向前跑,和"懸吊"的辦法,即將運動員的部分體重用懸吊的方法承擔起來,進行跑的訓練,兩種方法,一個目的,就是減輕體重,體重對運動員來說是一個阻力。根據肌肉的力量(阻力)與速度的關係,只要把阻力減小,肌肉收縮的速度就會加快。這種減輕阻力,以最大限度地提高肌肉收縮的速度,是速度訓練中的"超負荷"訓練法。

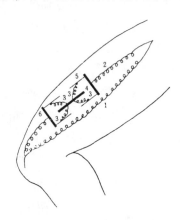

4、充分利用肌組織的彈性能

肌組織有兩大成分即:①收縮成分(粗,細肌絲);②彈性成分。收縮成分本身也有彈性成分(見圖 1-3-8,橫橋頸部彈性示意圖 1-3-3)。

圖 1-3-8　肌肉的收縮成分與彈性成分

1.並聯彈性成分,2.串聯彈性成分 3.肌球蛋白頸的彈性成分,4.肌球蛋白絲,5.肌動蛋白絲,6.Z 綫(Z 綫間爲肌小節)1、2 爲彈性成分,4.5 爲收綫成分,3 既是收縮成分,又有彈性成分

可以把肌肉看作一個橡膠般的粘彈性體,拉長時可把力量儲存起來,縮回時又可把力量釋放出來。肌肉在收縮前被拉長,與其初長度牽張反射以及彈性均有關。對肌肉的拉長速度要快,慢了對向心收縮的影響減弱。

彈性成分有串聯(肌腱、橫橋)與並聯(肌膜)之分。圖 1-3-8 是彈性成分與收縮成分(Z 綫之間的肌節)示意圖。在肌節中可看到橫橋的彈性作用。

對彈性成分的訓練,就是將其拉長然後縮短。因此離心(延長、退讓)性收縮越來越引起教練的重視。將離心收縮與向心收縮,結合在一起的牽張——縮短周期性活動,更結合運動實際,其意義更大。

5、對肌肉力量潛力的估計

比勒在實驗室用 100Hz 的電刺激,使肌肉產生最大收縮的力量要比用意志支配的靜力性最大收縮的力量高出 30％至 40％,他們認爲此種方法,

可以估計人體力量的潛力。由於高強度的電刺激有痛疼感覺,他們用退讓性收縮來代替電刺激,看到退讓性力量要比靜力性力量高出 10% - 40%,因此提出"退讓性診斷法"。實踐證明,退讓性診斷法可行性強,但準確性還有待進一步提高。

(七)電刺激法—— 增強肌力的輔助手段

用電刺激受傷的肌肉能有效地防止其萎縮,進而可加速肌力的恢復。用電刺激健康的肌肉特別是運動員的肌肉能否增加肌肉力量,實驗的結果各異。1971 前蘇聯的庫茨(kotz)首先發表 3 篇電刺激法用於增加運動員肌肉力量的文章。其後,加拿大、法國、意大利、美國等有關人員也相繼開展了這一工作。1978 年,我國研究者進行了這項工作,證實:電刺激可以使一般人和運動員的肌肉力量得到增加,但刺激的方法、時間不同,其效果也不同。

在電刺激的方法上,以下幾個問題值得參考:

(1)電刺激脈衝的頻率　經驗證明,採用中頻(1000 - 10000Hz,雙向交流)電流,刺激較深,不適感覺較低,其效果要比高頻或低頻均好。庫茨採用 50Hz 調制的 2500Hz 的脈衝效果較好,故有人稱其爲"庫茨電流"。也有用 80Hz 調制 2500Hz,效果也很好。

(2)電極的大、小　阿龍(Alon, 1985)比較了四種不同面積的電極:3×3cm,6×6cm,9×9cm,5×12.6cm,從中看出面積大的電極刺激時痛疼較小,並對增加肌力較有效。

(3)電極放置的部位　電極放置的部位,一般有三種:①一個(刺激)電極放在肌腹,另一個放在肌腱上;②兩個電極在肌肉的起止點各放置一個;③一個電極放於肌肉的起(止)點,另一個(刺激)電極放在同一肌的"運動點"上。運動點是指支配該肌的運動神經離皮膚最近的"點"。由於"近",故電阻較小,相對電流較強,收縮效果最好而不適感最小。第三種放置法效果最好,但找"運動"點較費時間。

(4)肌肉的長度　把被刺激的肌肉拉長比不拉長的效果要好,至於拉長多少爲宜、尙無定論,這與肌肉的"初長度"的原理有關。以股四頭肌爲例有學者提出大、小腿之間約 $10° - 30°$較好。(膝伸直爲 $0°$)。

(5)每次刺激的時間　大多採用庫茨的辦法,即 10 秒刺激,停 50 秒,共 10 次爲一次訓練,簡稱 $10 \times 5 \times 10$。

(6)每週訓練的次數　每週 3 次(隔日一次)或 2 次(隔 2 日一次)。

(7)電刺激的不良影響　有學者研究認爲,電刺激可增強肌肉力量,而對人體的協調活動可能起不良的影響。這是由於:①用電刺激代替神經刺激引起肌肉收縮,與運動單位自然的募集次序不同,神經支配的募集是以"體積原則",先動員慢的小的運動單位後動員快的大的運動單位,而電刺激則相反,先引起快運動單位收縮,刺激強度增加後再引起慢運動單位收縮(募集)。②自然的神經支配肌梭也同時參與活動,而電刺激時,肌梭不參與活動。

（郭慶芳）

四　耐力訓練和心肺功能

(一)心肺功能與有氧代謝運動能力

當超過 2 分半以上的人體最大運動時,有氧代謝供能比例即超過總能量消耗的 50% 以上,隨着運動時間的延長,相對強度逐漸下降,有氧代謝的供能可以達到總的能量需求的 99%。(如馬拉松跑)。

長時間有氧耐力運動在很大程度依賴於呼吸、循環系統的機能水準。

肌肉細胞有氧代謝所需的氧氣是通過呼吸循環系統的活動首先把空氣中的氧氣吸入到肺,再通過氣體的擴散原理進入到血液與紅血球中的血紅蛋白相結合,而後經過血液循環的活動輸送到活動的肌肉組織,在這裡氧氣從毛細血管的血液中再次通過擴散釋放到肌細胞內,從而供給肌肉細胞進行糖和脂肪的氧化。與此同時再把細胞內代謝產生的 CO_2 及其它代謝廢物排出體外。所以人們把從外界空氣中的氧通過呼、循環系統的活動輸送到活動肌肉的過程叫做氧運輸系統。概括起來,氧運輸系統包括兩個氧的輸送系統(肺的通氣系統;血液循環的氧運輸系統);和兩個擴散系統(肺的擴散和組織的擴散)

人體的耐力水準很大程度上決定於氧運輸系統各個環節的活動限度。而且呼吸器官和循環系統的活動完全與肌肉活動對氧的需求相適應。

骨骼肌是人的運動工具,它區別於其它組織的最大特點,就是它的代謝率變化幅度比其它組織大。骨骼肌運動時代謝率比安靜時高出 50 倍。肌肉代謝率變化如此之巨大,自然就給肌肉本身的功能帶來一系列複雜的問題。譬如肌肉活動時所需的燃料和氧氣的消耗必須以 50 倍的增長速度保證供應;肌肉劇烈運動局部產熱速度,和熱的驅散速度;CO_2 及其它代謝產物的生成和排泄速度必定也以相應的倍數增加,這樣才能保持活動肌肉細胞內環境的相對穩定。這是維持肌細胞正常氧化代謝進行的必要條件。否則肌肉不能持久工作。而這種內環境相對穩定的維持就完全依賴循環和呼吸系統活動的密切配合和協同活動,以保證肌細胞自始至終間接地,迅速地與外界環境保持着不斷的氣體交換。這就是心肺功能在有氧代謝活動中所起的重要作用。

(二)運動中常用的心肺功能指標

呼吸器官在實現氧運輸過程中有兩方面作用:
實現空氣進出於肺的氣體運動—— 肺的通氣功能。

實現空氣在肺泡裡與肺泡毛細血管中血液之間的氣體交換作用——肺的擴散功能。

1、肺通氣量、肺活量

(1)肺通氣量

外界空氣有節奏地吸入或者呼出的氣量稱做肺的通氣。以每分鐘爲單位計算的呼吸氣量稱之爲通氣量。每分通氣量等於呼吸頻率(次/分)乘上每次呼吸的深度,亦稱"潮氣量"。安靜呼吸頻率隨年齡而異,5歲時平均爲26次,15-20歲時平均爲20次,成年後平均爲16次。平靜時成年人呼吸深度(潮氣量)平均爲500毫升,呼吸深度亦隨年齡、性別和訓練水準而有差異。呼吸頻率和呼吸深度隨着人體代謝水準變化而變化,代謝提高時兩者俱增。如劇烈運動時,呼吸頻率可增至40-60次,呼吸深度可增加到肺活量的50%(肺話量:最大吸氣後作最大呼氣所呼出的氣量稱肺活量)。成年人運動時呼吸深度達到2升或更高,每分通氣量可增至80-100升或更多。訓練有素的耐力運動員(男子)可高達每分180-200升。

運動過程中,人體可以自發地調節自已的呼吸深度和呼吸頻率使之以最適宜的呼吸效率保持肺通氣量在適當水準,此時呼吸肌耗能最節省。基於此,運動員最好採用本人最習慣的呼吸方式進行呼吸是最有效的。有些運動項目;如游泳,自行車和划船至於跑步等,呼吸活動與運動的動作節奏相適應。

(2)肺活量

肺活量是通常用來評定呼吸器官功能和體質狀況的常用指標。肺活量與性別、年齡、身高體重、呼吸肌發達程度以及肺和胸壁的彈性等因素有關,個體差異較大。在25歲前肺活量大致隨身高的長度立方而變化。近年來有人認爲肺活量是靜態的功能指標,它不能準確地反映人的訓練狀態和訓練水準。不過採用肺活量除以體重的相對值來反映功能水準仍有一定價值。

時間肺活量是在最大吸氣後以最快速度進行呼氣,記錄在一定時間內所能呼出的氣量,即時間肺活量。時間肺活量的優點在於克服了普通測定肺活量不計時間的缺點。譬如肺氣腫的患者與正常人的普通肺活量二者比較可能沒有顯著差異(二人身體大小相近)。而時間肺活量則會有顯著差異。時間肺活量是呼出氣量占肺活量的百分比計算的。如正常人第一秒爲83%,第二秒爲96%,第三秒爲99%。其中以第一秒的意義最大,其數量多少,反映肺的氣流通暢程度和肺的彈性回縮能力。據此認爲要求運動員快呼快吸的那些運動項目,其百分值較高。

(3)肺最大通氣量

該指標是評定肺通氣功能的另一指標。具體測量方法是,以適宜快和深的呼吸頻率、呼吸深度測定15秒的通氣量乘4即稱爲肺最大通氣量(亦稱隨意肺最大通氣量)。採該指標可以評價受試者的通氣儲備能力。通氣儲備能力低的人,難以勝任劇烈持久的運動。通常表示通氣儲備是以肺最大通氣量減最大運動負荷時的通氣量除上肺最大通氣量乘 100。計算公式如下:

通氣儲備%＝最大肺通量－運動時的最大通氣量/最大肺通氣量×100

(4)通氣閾

在遞增運動負荷過程中,當負荷達到一定強度時,肺通量和二氧化碳排出量在與耗氧平行增長時發生向上偏離的拐點。這一"拐點"可以作爲簡單有效地判斷人體運動中血乳酸堆積的起始點,即所謂"無氧閾"。這就是用氣體代謝法測定無氧閾的無損傷方法,亦稱通氣閾(如圖 1-4-1 所示)。這一方法已廣泛應用於訓練中控制運動強度和有氧能力訓練程度的評定。

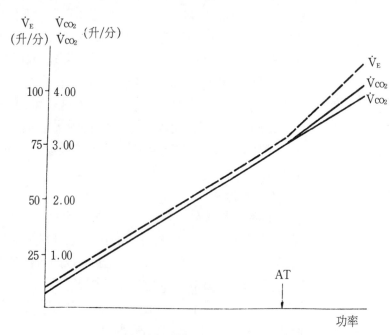

圖 1-4-1　作功功率與耗氧, CO_2 排出量以及通氣量的關係

(引自 Appenzeller 編《運動醫學》1988)

2、心輸出量

心臟的主要功能就是通過心臟的不停地跳動,推動着血液沿着血管系統中循環的流動着。心臟的收縮則是血液流動的原動力。

心輸出量就是左心室在每分鐘向主動脈泵出的血量稱爲心輸出量。它是反映身體活動時代謝需求的循環系統功能的基本指標,也是衡量心臟功能十分重要的標誌。

每分心輸出量是心臟的每搏量與每分鐘心率的乘積,即:心輸出量＝心搏出量×心率。

心臟的每分輸出量依據年齡、性別、身體大小和身體所處的狀態不同而有變化。正常成年人安靜時每搏輸出量約爲 50－70 毫升,心率平均爲 75 次/分,心輸出量 4.5 升/分左右。一般女子的心輸出量比同體重的男子低 10％左右。劇烈運動時的心輸出量一般人只能達到 23－25 升/分。而優秀的耐力運動員最大心輸出量達到 36 升/分,最高者達 42.3 升/分。

3、心搏量

心搏量是心輸出量的決定因素尤其是最大負荷時,因爲最大負荷時所達到的最大心率有訓練者與無訓練者無明顯差異,而最大心輸出量卻有很大差別,這種差別主要是由於心搏量的不同(如表 1-4-1 所示)。

表 1-4-1　　一般人和有訓練者心輸出量的比較

		一般人	有訓練者
安靜值	心率(次/分)	70	50
	心搏量(毫升)	70	90
	心輸出量(升/分)	5.0	4.5
最大值	心率(次/分)	190	190
	心搏量(毫升)	120	200
	心輸出量(升/分)	22.8	38.0

(引自池上晴夫著《運動處方》1982)

通過測定最大耗氧時的氧脈搏(即心臟每跳一次所攜帶的氧量被肌細胞攝取的數量)可以粗略反映心搏量的大小,所以用負荷中的氧脈搏可評定心搏量的大小。具體計算即最大耗氧/最大心率($Vo_2max/H \cdot Rmax = ml/$次)。

最大心輸出量是決定輸氧系統運氧的最重要的因素。心輸出量的增加主要決定於心搏量的增加。而心搏量的增加在負荷中與心室舒張程度,保證有較多的血液充盈有密切關係。

據有關資料,運動中心搏量增加出現平臺是在負荷強度爲 40－50％ Vo_2max,負荷強度繼續增加心搏量亦不會上升了。不過心肌收縮力量處在最適宜狀態是運動強度爲 75％ Vo_2max,的時候(見圖 1-4-2)。

4、心率

心率係指一分鐘心臟跳動的次數。健康成年人安靜心率約爲 75 次/分,運動時心率是隨着負荷的增加而呈綫性上升的。

有訓練的和沒有訓練者心率比較時,有良好訓練者心率明顯減慢、尤其是從事耐力項目的運動員出現心動徐緩,平均只有 40－50 次,比正常平均心率每分鐘少 15－20 次。

心率是反映人體生理機能最容易測定的指標,也是體育和訓練中最有用和最容易獲得的反映身體機能狀態的指標。

心率是隨着運動強度的增長呈綫性上升的,當心率隨運動強度增長到

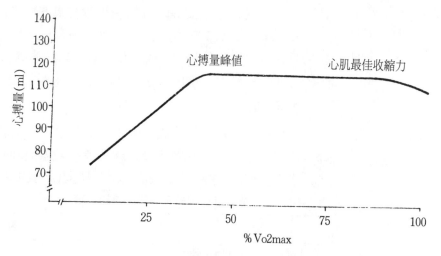

圖 1-4-2　受試者遞增員荷時心搏量的變化

(引自 Astrand 等 1979)

一定限度時,心率即達到最大,即使運動強度繼續增加心率也不會再上升此即爲最大心率。對於運動員的最大心率可以直接測定,即運動員進行 3－5 分鐘的全力運動(跑步或踏車)心率即可達到其最大值。

最大心率是隨着年齡的增長而逐漸減少。對年老、幼少及身體虛弱者不便進行劇烈運動時可以採 220－年齡＝最大心率來計算。譬如 10 歲兒童的最大心率等於 220－10＝210 次。25 歲成年人的最大心率爲 195 次/分(220－25＝195)。

一般來說,就訓練而言,發展運動員的有氧能力時,運動強度需要達到最大心率的70％。而 70％的最大率相當於最大耗氧的50－55％。表 1-4-2 是最大心率百分比與最大耗氧百分比的對應值。

表 1-4-2　最高心率與最大耗氧百分比的對應關係

最高心率%	VO$_2$max%
50	25
60	42
40	56
80	70
90	83
100	100

(引自 william 等著《運動生理學》1986)

用心率控制訓練強度的另一種方法是採以下公式計算其訓練的有效心率閾值:

心率閾值＝安靜心率＋75％(最大心率－安靜心率)

例如;安靜爲 55 次/分;最大心率爲 195 次/分

心率閾值＝55＋75％(195－55)＝55＋105＝160 次/分。訓練當中測

定運動後即刻 10″心率在 27 次/10″即爲心率閾值。

　　心率在訓練當中的實際應用的另一途徑是尋找出無氧閾乳酸出現拐點時的心率水準,以此心率控制訓練過程中的強度。

　　心率在無氧閾強度時大致相當於最大耗氧的 75％,而這個強度如前所述,對心臟的血液充盈最大,使心肌收縮力量處於最佳狀態,從而達到心臟的最佳訓練效應。

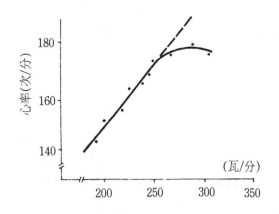

圖 1-4-3　逐級遞增負荷中功率與心率關係的圖例

(引自 Jensen 著《賽艇運動員無氧閾和無氧能力的測定和應用》)

　　近些年來一些學者應用心率來確定無氧閾值,通常稱之謂脈搏閾。受試者完成某些運動形式(如跑步、自由車、滑雪、滑冰、划船,競走等)的遞增負荷過程中測定其心率與速度或功率之間的關係變化來確定脈搏閾。具體說就是找出心率與速度(或功率)並行變化的偏離點,即脈搏閾。圖 1-4-3 是心率與功率間關係典型圖。

　　Droghetti 等人對 14 名運動員(6 名滑雪運動員;3 名自由車運動員;2 名滑冰運動;3 名賽艇運動員以及 5 名競走運動員)的脈搏閾和用血乳酸測定的無氧閾基本一致。圖 1-4-4 是對一名賽艇運動員的脈搏閾與乳酸閾的關係。

　　在訓練中如能夠較準確地測出運動員的脈搏閾這種無損傷方法,無疑對訓練有重要的適用價值。

　　在對運動員進行機能評定中,測定安靜時(清晨基礎狀態)的心率也有重要的意義。

5、最大攝氧量

　　單位時間內運輸到活動肌肉而能被肌肉所利用的最大氧量稱爲最大攝氧量。最大攝氧量、最大吸氧量、最大耗氧以及最大有氧能力都是表示人體有大塊肌群參與下,劇烈運動持續 3 分鐘以上,氧運輸系統的功能達到最大動員程度,活動肌肉所能利用和消耗的最大氧量。由於最大攝氧量的高低很大程度上取決最大心輸出量的多少。二者有非常密切的相關。所以最大

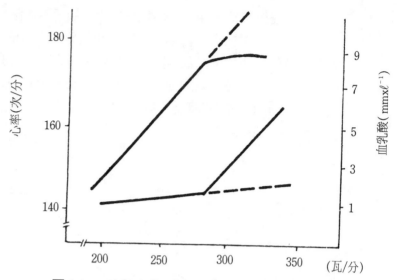

圖 1-4-4   功率-心率；功率-血乳酸水準之間的相互關係
（引自 Jensen 著《賽艇運動員無氧閾和無氧能力的測定和應用》）

攝氧也是反映心肺功能的重要指標。

　　最大有氧能力受年齡和性別的影響。男女兒童在青春期前,最大有氧能力無性別差異。性成熟之後,女性的最大有氧能力只有男性的 70 – 75％。不論男女年齡到 18 – 20 歲最大有氧能力發展到頂峰。以後則隨年齡的增長逐漸下降,到 65 歲時最大攝氧量只有 25 歲青年的 75％,也可以說 65 歲的老年男子與 25 歲女性的最大耗氧相近似。

　　值得指出,最大有氧能力的個體差異是相差很懸殊的。有人對雙卵雙生的研究表明,二者年齡雖然相同,但是身體機能的適應性顯示出很大的個體差別。此種適應差異應歸結於先天的遺傳因素,因此每個人接受訓練的可訓練性也就不盡相同,一般來說,通過訓練最大有氧能力提高可以達到 20 – 40％。

　　由此可見,優秀的耐力運動員最大耗氧以體重計的相對值可以達到 70 – 80 毫升/公斤·分。未經過訓練的一般成年人其相對值平均只有 40 毫升/公斤·分左右。因此那些卓越的耐力運動員在他們從事系統耐力項目訓練之前的起始的最大耗氧值就比普通人要高的多,所以經過多年的系統耐力訓練最大氧耗可以達到 80 毫升/公斤·分以上。

　　迄今爲止,據 Astuncl 等人報導,男子最大有氧能力絕對值(升/分)最高達 7.4 升/分,是一名速度滑雪運動員,他的相對值達到 94 毫升/公斤·分。女子最高值爲 4.5 升/分,相對值爲 74 毫升/公斤·分,也是一名速度滑雪運動員。

　　由上所述,要想在耐力項目上取得優異成績,必須具備比較高的有氧代謝能力。沒有高水準的有氧能力,很難在耐力運動方面取得優異成績。但是從另方面講即便有很高的有氧能力也不能保證一定能夠取得最好成績,因為在耐力運動中其運動成績不僅取決於最大有氧能力;而且還取決於其它因素。譬如長時間保持最大有氧能力高百分比的能力;即利用最大耗氧百分比的能力,而又不至於產生過量乳酸的堆積。

無訓練的人,只能以其 50％的最大耗氧的運動強度進行比較長時間的運動;經過良好訓練的運動員此種能力可以達到 60－70％的最大耗氧,而優秀的耐力運動員(馬拉松,長距離滑雪)可以本人最大耗氧的85％的能力進行數小時之久的運動,血乳酸幾乎不增加或略有上升。這就是我們通常所說的,運動員隨着訓練水準的提高,最大耗氧盡管沒有增長多少,而利用有氧能力百分比的能力明顯升高。

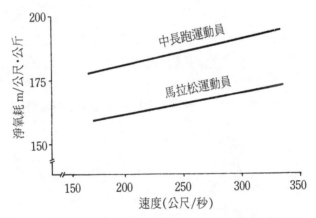

圖 1-4-5　馬拉松運動員和中長跑運動員氧運輸系統的效率比較

(引自 Fox 著《運動生理學》1979)

耐力項目優異成績的取得,除了上述兩個因素外,還應當考慮的另一個重要因素:即耐力運動中的能量節省化,即運動過程中的耗氧節約情況,換句話就是運動的效率的優劣。

關於長跑運動員的跑步效率研究表明,馬拉松運動員和中長跑運動員以相同速度跑步時,馬拉松運動員的耗氧量比中跑運動員要少(圖 1-4-5)。

馬拉松運動員的運動效率比中長跑運動員高 5-10％。計算表明,整個馬拉松跑程中,馬拉松運動員要比中長跑運動員用同樣的跑速跑馬拉松距離時要節省 25－30 升氧,這樣馬拉松運動員跑的過程中氧運輸系統的活動緊張度要比中長跑運動員小得多,因而是耐力運動取得優異成績的因素之一。這也就可以解釋,在一些優秀耐力運動員中取得第一名者未必就是有氧能力最高者。

相反在一些較短的距離項目方面,運動過程中的能量節省化未必就是運動成績的決定因素。

(喬居庠)

五 有氧代謝和無氧代謝能力訓練

（一）有氧代謝、無氧代謝和運動能力

運動能力是身體各種機能活動的集中表現。物質和能量代謝是各組織器官機能活動的基礎,應用運動時物質和能量代謝的規律來安排訓練,掌握恢復過程,合理安排營養等,是迅速提高運動能力的有效途徑,尤其在某些體能類項目,如跑、游泳、自由車、划船、滑雪等。

人體運動時能量輸出的基本過程為無氧代謝過程和有氧代謝過程。這兩個代謝過程和運動能力的關係是和運動專項相適應的,即不同運動項目要求不同的代謝過程作為其能量供應的主要基礎。不同代謝過程的主要內容見表 1-5-1:

表 1-5-1　　無氧代謝和有氧代謝供能過程概要

代謝過程	直接供能物質	供 ATP 恢復的物質和代謝
無氧代謝		
磷酸原系統	ATP	$CP(CP + ADP \rightarrow ATP + C)$
糖酵解系統	ATP	肌糖原……→乳酸
有氧代謝		
有氧化系統	ATP	糖、脂肪、蛋白質 }……→CO_2, H_2O、尿素等

說明:	ATP:三磷酸腺苷	CP:磷酸肌酸.
	ADP:二磷酸腺苷	C:肌酸.

從表 1-5-1 中可見,任何運動直接的能量供應物質是 ATP,其它物質和代謝過程都是為了供 ATP 被消耗後的恢復。一切運動過程供能都由無氧和有氧代謝過程不同的比例組成。因此,代謝過程能決定運動能力的大小。

不同代謝過程轉化為運動能力時取決於下面三個主要因素,即:(1)代謝能力;(2)不同代謝過程的輸出功率;(3)身體對能量的利用效率。這三個因素是密切相關的,為了便於掌握分述如下:

1、有氧代謝和無氧代謝能力的大小

運動員的有氧代謝和無氧代謝能力決定於如下三個方面:(1)能源物質的貯量,即 ATP、CP、肌糖原等在骨骼肌中的數量。(2)代謝過程的調節能力,包括代謝過程酶活性在訓練影響下的改變,神經、激素等對代謝的調節,內環境變化時酸鹼平衡和各器官間的協調等。(3)運動後恢復過程的代謝能力。運動後恢復過程不是運動時消耗過程簡單的逆反應;科學合理地安排休息、營養和各種消除疲勞的措施都可以加速恢復過程。旨在提高代謝

能力的訓練階段,要考慮上述三個方面。當然,在訓練的影響下,代謝能力也相應提高。人體骨骼肌代謝能力的綜合表現見表 1-5-2。

表 1-5-2　　運動時人體骨骼肌的代謝能力

代謝過程	貯量 (mmol·Kg⁻¹D)	可合成 ATP 量 (mmol·Kg⁻¹D)	可供運動時間	
			極量運動	70%VO₂max 強度 (分)
無氧代謝 磷酸原系統				
ATP	25	}100	6-8秒	0.03
CP	77			0.5
糖酵解系統				
肌糖原	365	~250 (或總量1030)	2~3分	0.6~6.9
有氧代謝				
肌糖原	365	13000	1~2小時	93
脂肪	49	不受限制		10600

說明:1.mmol·Kg⁻¹D:每千克干肌肉毫摩爾數。2.可用合成 ATP 量是按人體 20 千克肌肉、15 千克體脂、運動員 VO₂max 為 4.0 升/分計算

(引自 Sahlin 1986; Hultman 等。1990)

　　在不同運動項目中,ATP 被消耗後,必須儘快恢復 ATP 的供應才能維持運動能力,因此 ATP 再合成代謝速率十分重要,提高 ATP 再合成速率和代謝調節能力的酶、激素有關,如肌酸激酶、磷酸果糖激酶、腎上腺素等。在表 1-5-3 中可見 100 公尺跑肌肉能量需求的速率小於 ATP 和 CP 供能的最大速率,因此,其能量系統在磷酸原系統區內(圖 1-5-1)。200 公尺跑時能量系統除了磷酸原外還要依靠糖酵解系統,400 公尺跑、100 公尺游泳時,磷酸原、糖酵解和有氧代謝系統是相互作用的。但在 800 公尺、1500 公尺跑和大多數游泳項目中,糖酵解和有氧代謝系統顯然是主要的,1500 公尺游泳和馬拉松跑有氧代謝系統是主要的。教練可以從圖 1-5-1 或表 1-5-2、3 中找出自己專項的供能代謝主要屬於什麼系統。

表 1-5-3　　不同距離跑時能量需求和可供數量及速率

跑	能量需求		可供能量及速率	
	速率 (~p·mol·min⁻¹)	數量 (~pmol)	最大速率 (~p·mol·min⁻¹)	數量 (~p·mol)
100 公尺	2.6	0.43	4.4	0.67(ATP+CP)
400 公尺	2.3	1.72		
800 公尺	2.0	3.43	2.35	1.50(糖酵解)
1500 公尺	1.7	6.0	0.85~1.14	84(糖氧化)
馬拉松	0.9~1.0	150.0	0.4~0.6	4000(脂肪氧化)

說明:1.~Pmol·min⁻¹:每分鐘的 ATP 摩爾數。

　　　 2.~Pmol:ATP 摩爾數。

(引自 Hultman 等。1986)

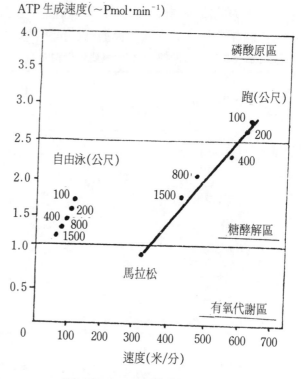

ATP 生成速度($\sim$Pmol·min^{-1})

圖 1-5-1　不同距離跑和游泳能量代謝的分佈(Fox 1984)

2、有氧代謝和無氧代謝的功率

　　不同能源物質供能的輸出功率不同, 表現出的運動能力也不同(其表 1-5-4), 每千克肌肉每秒可以 11.2 毫摩爾 ATP 輸出功率;CP 為 8.6;肌糖原酵解生成乳酸時, 最大輸出功率只是 ATP 的 1/2。有氧代謝時, 肌糖原氧化為 CO_2 和 H_2O, 只是糖酵解為乳酸的 1/2;如果用脂肪酸供能又只是糖氧化的 1/2。因此, 運動時選擇什麼能源物質供能, 或什麼能源物質供能比例增多, 運動能力就隨之改變。在訓練中如 100 公尺跑、50 公尺游泳、跳躍、投擲等應盡量發展磷酸原系統(ATP、CP)供能能力;跑 400 公尺、100 公尺游泳應盡力提高糖酵解供能, 中長跑、馬拉松跑、1500 公尺游泳也要有良好的糖酵解代謝能力, 因為這是變速、終點衝刺時能量的來源。競技運動能力越強的運動員, 無氧代謝輸出功率的能力就越大, 參與運動比賽供能的百分比就越多。因此, 無氧代謝輸出功率是關鍵時刻拼搏戰勝對手的物質基礎。如果跑 100 公尺、50 公尺游泳時, ATP、CP 不足, 轉而利用糖酵解供能, 輸出功率下降一半、速度自然也下降。

3、有氧和無氧代謝能量利用效率

　　運動時能量利用效率是指通過代謝輸出的功率轉變為作功能力的多少;或身體因完成不同的動作, 作功能力的表現。運動訓練的任務之一, 是盡可能提高能量的利用效率, 爭取獲得最好的運動成績。表 1-5-5 列舉的是運動員縱跳最大功率(W_1), 跑樓梯時平均最大功率(W_2)和最大有氧代謝時的功率(W_3)。可見,不同項目的運動員,完成同樣運動時,輸出的能量轉變爲有效的功率值是不同的,這與專項訓練的特點、身體素質和動作技術的合理性都有關,在發展代謝能力時不可忽視以上因素。

表 1-5-4　　不同能源物質的輸出功率

代謝過程	最大功率 ($mmolATP \cdot Kg^{-1} \cdot S^{-1}$)	達最大功率 時間	氧需 ($mmolO_2 \cdot ATP^{-1}$)
無氧代謝			
ATP	11.2	少於1秒	0
CP	8.6	少於1秒	0
肌糖原…→乳酸	5.2	少於5秒	0
有氧代謝			
糖…→CO_2, H_2O	2.7	3分	0.167
脂肪酸…→$CO_2 H_2O$	1.4	30分	0.177

說明:1.$mmolATP \cdot Kg^{-1}S^{-1}$:每千克肌肉每秒動用 ATP 毫摩爾數。

2.$mmolO_2 \cdot ATP^{-1}$:每生成1毫摩爾 ATP 需氧量的毫摩爾數。

(引自 Sahlin 1986.)

表 1-5-5　　運動員縱跳(W_1),跑樓梯(W_2)、最大有氧代謝(W_3)功率

	W_1 (瓦/千克體重)	W_2 (瓦/千克體重)	W_3 (瓦/千克體重)
高山滑雪 (n=11)	66.6	17.5	4.3
越野滑雪 (n=8)	55.6	15.1	6.1

(引自 Prampero 等。1981)

從運動時能量供應的需求來看,糖酵解供能的效率比有氧代謝好。其原因有二:第一,運動時糖酵解系統和有氧代謝系統釋放的能量都是爲了保證 ATP 的再合成,較大強度運動時,由糖酵解系統釋放能量使 ATP 再合成的速率較快,可恢復被消耗的 ATP 數量 1/2,而有氧代謝供能只能恢復 1/3,因此,短時間運動時糖酵解系統供能越多,ATP 就越多,工作能力就越強。第二,葡萄糖由糖酵解系統供能時生成乳酸,釋放的能量爲:47~56.7千卡,可用以生成 ATP 的效率爲38.8~46.8%;而當葡萄糖有氧氧化時,共可釋放 686 千卡,可用以生成 ATP 的效率爲 61%。但是,由於糖酵解速率快,糖酵解生成的乳酸還可以保留約有 50% 的有效能量從以後的氧化過程中被利用。因此,應當重視發展運動員糖酵解系統的供能能力,這不但對2-3分鐘最大強度的運動項目十分重要,而且對長跑、球類等耐力性項目中的優秀的運動員在加速、衝刺時,糖酵解系統供能能力格外重要,鄭麗娟在 11 屆亞運會前由於加強糖酵解系統能力的訓練,在最後衝刺時戰勝對手,取得 1500 公尺金牌。在游泳比賽中,各項距離都處於糖酵解系統供能的區域中(圖 1-5-1),因此,游泳運動員應加強糖酵解系統能力的訓練。在短中跑和足籃球等項目訓練中,應當引起足夠的重視。

(二)用血乳酸值掌握運動時不同代謝能力

供給運動時能量的有氧和無氧代謝過程,包括供能物質和一連串的代謝過程,乳酸是這個代謝體系中一個重要的中間產物(見圖 1-5-2)。運動時和運動後肌肉中的乳酸,與血液乳酸相平行,因此,可以用測定血乳酸濃度的變化來反映肌肉中乳酸濃度的變化。

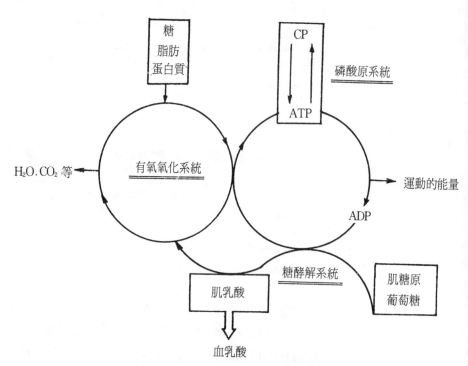

圖 1-5-2   運動時供能體系和血乳酸的地位

(引自馮煒權 1987)

從圖 1-5-2 中可見,血乳酸的變化和動用的能量系統有關,運動時以動用磷酸原系統供能為主時,血乳酸較少,一般不超過 4 毫摩爾/升,以糖酵解系統供能為主時,可達 15 毫摩爾/升左右;以有氧氧化系統供能為主時,則在 4 毫摩爾/升左右。表 1-5-6 是綜合不同時間最大強度運動時血乳酸的近似值,可見長於 35 秒至 10 分左右的全力運動時血乳酸值最高,其它長時間全力運動時,血乳酸值則較低,因此,在訓練時測定血乳酸值的變化,可以掌握運動強度和訓練過程中運動員代謝能力的變化,如訓練一個階段後,運動員完成同樣強度耐力運動時,血乳酸值下降,是有氧代謝能力提高的表現,可以加大訓練強度;通過對比賽和訓練時血乳酸數值的比較,也可以了解訓練時強度是否達到比賽時的要求。

表 1-5-6　　　運動員在不同時間運動時能量系統利用概況

機能系統	全力運動時間					
	<35秒	35秒-2分	>2-10分	>10-35分	35-90分	90-360分
心率(次/分)		185-200	190-210	180-190	175-190	150-180
最大攝氧量(%)	>100%	100	95-100	90-95	80-95	60-70
能量供應(%)						
有氧代謝	<5	20	60	70	80	95
無氧代謝	>95	80	40	30	20	5
肌糖原分解%	<10	10	30	40	60	80
血乳酸(毫摩爾/升)	<10	18	20	14	8	4

(引自 Neumann. 1988)

(三)不同運動項目運動後血乳酸水準

1、安靜時血乳酸水準

在正常情況下,人體大多數組織依靠有氧代謝途徑供能,只有少數組織依靠糖酵解供給部分或大部分能量,如:皮膚、視網膜、睪丸、腎上腺髓質和血細胞,在有氧時也進行強烈的糖酵解,在酵解過程中生成的乳酸迅速進入血液,故在正常情況下,血中乳酸維持一定濃度,休息時動脈血爲 0.4～0.8 毫摩爾/升,靜脈血爲 0.45～1.30 毫摩爾/升。運動員在安靜時血乳酸水準和正常人無差異,從六十年代我國開展對運動員血乳酸研究以來,測定運動員血乳酸的安靜值與正常人相近(表 1-5-7)。但是,運動員在比賽期或賽前,安靜時血乳酸可比平常訓練日高 2～3 倍,這是由於賽前緊張,兒茶酚胺類物質分泌增多,使糖酵解代謝加強的結果,如摔跤運動員在賽期開始時晨安靜時血乳酸值爲 1.00 毫摩爾/升,在比賽期中可升至 2.96 毫摩爾/升,故在賽期研究運動員血乳酸時應注意這一情況。

表 1-5-7　　　我國運動員安靜時血乳酸數值

對象		人次	血乳酸(mmol/L)	研究者
健康成人		50	1.53±0.39	楊天樂等 1964
	男	10	1.45±0.68	楊奎生等 1983
	女	10	1.26±0.87	
北京體院學生(男)		150	1.38	馮煒權等 1960
游泳	男	13	1.22±0.41	許豪文等 1983
	女	23	1.02±0.22	
摔跤	男	35	1.51±1.21	宋成忠等 1983
500公尺				
障礙跑	男	10	2.19	林建棣等 1986

(引自馮煒權等 1990)

2、運動後血乳酸水準

　　運動時和運動後血乳酸的變化,是骨骼肌等組織中乳酸生成速率,血乳酸進入血液的速率和血液中乳酸消失速率之間平衡的表現,因此,不同強度和時間的運動,由於有氧和無氧代謝所占的比例不同,血乳酸數值也會不同。表 1-5-8 是我國運動員不同距離跑的血乳酸值,供參考。

表 1-5-8　　不同距離賽跑後血乳酸值

距離(公尺)	血乳酸(mmol/L)
100	9.46 ± 1.33
400	11.78 ± 1.28
800	15.19 ± 1.87
1500	13.33 ± 2.42
5000	12.70 ± 1.92
10000	11.90 ± 2.63
馬拉松	$4.08 - 6.33$

(引自楊奎生等 1987)

　　從表 1-5-8 中可見,800 公尺跑後最高,但亦有報告 400 公尺跑後血乳酸可達 19.08 毫摩爾/升。從運動時身體供能代謝過程特點來看,400 公尺和 800 公尺跑後血乳酸可能達到最高水準。因此,對這些專項運動員訓練方法應盡可能立足於提高訓練後的血乳酸水準。

　　在不同距離自由泳比賽後,以 200 公尺賽後血乳酸值最高,可達 15.5 毫摩爾/升;100 公尺自由泳後血乳酸水準也較高,達 14.8 毫摩爾/升(表 1-5-9)。可見糖酵解在短距離游泳時十分重要,是運動時能量的主要來源。1500 公尺屬長距離游泳,屬有氧代謝項目,但血乳酸水準仍較高,對無氧代謝仍有較高的要求。在分析比賽時血乳酸水準時,要考慮到比賽時最後衝刺和情緒因素的影響,賽後血乳酸值比賽程中血乳酸值高,有學者曾測定 10 名游泳運動員在各種姿勢 100、200 公尺的血乳酸值,訓練時全力游後平均爲 10.2 ± 2.36 毫摩爾/升,而在賽後則高至 14.0 ± 1.95 毫摩爾/升。

　　不同姿勢游泳比賽後血乳酸值差別無顯著性,以 200 公尺結果爲例,測出的結果如表 1-5-10,但和運動員水準有關,如在 1980 年對 100 公尺和 200 公尺四種姿勢男運動員的血乳酸值進行測定時,發現蝶泳與其它三種泳式有顯著差異,結果爲:蛙泳(13.3 毫摩爾/升),仰泳(12.9 毫摩爾/升),自由泳(12.8 毫摩爾/升),蝶泳(11.9 毫摩爾/升)。因此,分析血乳酸變化時要結合訓練程度,運動強度等實際情況。

　　自六十年代以來,我國研究者對不同運動項目比賽後的血乳酸水準進行了測定,歸納列表如表 1-5-11,供參考。

表 1-5-9　　我國運動員不同距離自由泳比賽後血乳酸

距離(公尺)	血乳酸(mmol/L)	研究者
100	14.8	翁慶章等 1988
200	15.5	
400	13.2	
1500	9.4	

(引自翁慶章等 1988)

表 1-5-10　　我國運動員不同姿勢 200 公尺游泳比賽後血乳酸

姿　　勢	血乳酸(mmol/L)	研究者
自由泳	15.53	翁慶章等 1988
蝶　泳	15.24	
蛙　泳	15.08	
仰　泳	11.8	
200 公尺混合泳	15.0	

(引自翁慶章等 1988)

表 1-5-11　　某些運動項目比賽後血乳酸值

項　　目			血乳酸(mmol/L)	研究者(年)
速滑	500 公尺	男	15.46 ± 2.24	杜國璽等
		女	14.92 ± 1.91	(1984)
	1000 公尺	男	15.64 ± 1.95	
		女	16.47 ± 1.64	
	1500 公尺	男	18.32 ± 1.78	
		女	17.14 ± 2.49	
	3000 公尺	女	16.66 ± 2.12	
	5000 公尺	男	17.03 ± 1.90	
	10000 公尺	男	16.58 ± 2.69	
自由車	1000 公尺爭先賽		10.67 ± 0.58	繆素堃等
	1 公里計時賽		12.07 ± 1.21	(1983)
	4 公里追逐賽		16.44 ± 2.51	
	10 公里計分賽		15.77 ± 2.99	
	100 公里個人賽		7.10 ± 1.55	
	180 公里個人賽		6.38 ± 2.20	
角　力 男	自由式		$+13.30 \pm 4.97$	宋成忠等
	古典式		$+10.29 \pm 2.38$	(1983)
	中國式		$+10.50 \pm 2.18$	
羽毛球	男		5.23 ± 1.35	繆素堃等
	女		3.09 ± 1.31	(1983)
舉　重			10.32 ± 3.12	劉佩清等(1986)
			7.08 ± 2.2	席翼(1987)
武術(長拳)			13.57 ± 9.12	溫力
			14.87 ± 3.45	(1984)
足　球	男:上半場		4.9 ± 1.49	何家才等
	下半場		4.5 ± 1.45	(1979)
	女:上半場		$3.69 \pm 0.93 \sim 2.4 \pm 0.77$	尤春英等
	下半場		$2.69 \pm 0.25 \sim 4.9 \pm 0.53$	(1984)
	前後衛:上半場		$3.84 \pm 0.92 \sim 3.34 \pm 1.06$	
	下半場		$2.00 \pm 0.49 \sim 2.58 \pm 0.94$	
定向越野			2.75	林建棣等
500 公尺障礙			15.11	(1984)

(引自馮煒權 1990)

(四)不同項目運動對有氧代謝和無氧代謝能力的需求

根據運動時物質和能量代謝體系,可把某些競技運動分屬為五種代謝類型(圖1-5-3),即:1.磷酸原代謝類型;2.磷酸原代謝和糖酵解代謝類型;3.糖酵解代謝類型;4.糖酵解和有氧代謝類型。5.有氧代謝類型。其分屬的運動項目見圖1-5-3。

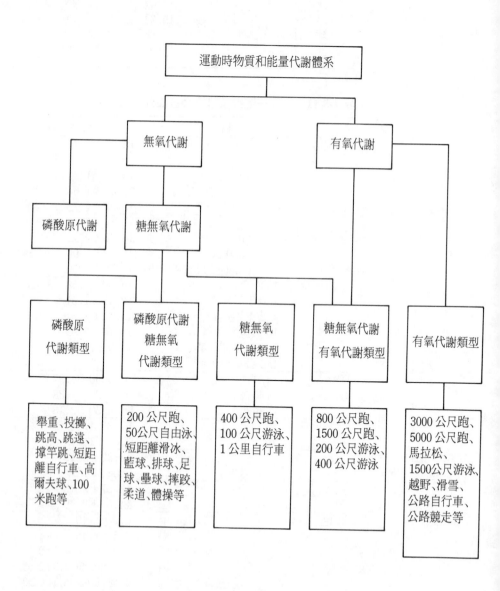

圖1-5-3 某些運動項目的代謝類型

(引自馮煒權 1987)

表 1-5-13　　各種運動活動及其主要的能量系統

運　動　活　動	各能量系統所占比例(%)		
	ATP-CP 和 乳酸系統	乳酸系統和 有氧系統	有氧系統
棒　　球	80	20	－
籃　　球	85	15	－
擊　　劍	90	10	－
草地曲棍球	60	20	20
足　　球	90	10	－
高爾夫球	95	5	－
體　　操	90	10	－
冰　　球			
a、前鋒、防衛	80	20	－
b、守門員	95	5	－
長曲棍球			
a、守門員,防衛、進攻手	80	20	－
b、中鋒	60	20	20
娛樂性運動	－	5	95
划　　船	20	30	50
滑　　雪			
a、障礙滑雪、跳、下坡	80	20	－
b、越野滑雪	－	5	95
英式足球			
a、守門員、邊鋒,前鋒	80	20	－
b、前衛,巡邊員	60	20	20
壘　　球	80	20	－
游泳和潛水			
a、50 公尺自由泳、潛水	98	2	－
b、100 公尺、100 碼(各種姿勢)	80	15	5
c、200 公尺、200 碼(各種姿勢)	30	65	5
d、400 公尺、440 碼 500 碼自由泳	20	55	25
e、1500 公尺, 1650 碼	10	20	70
網　　球	70	20	10
田　　徑			
a、100 公尺、110 碼 　200 公尺、220 碼	98	2	－
b、田賽項目	90	10	－
c、400 公尺, 440 碼	80	15	5
d、800 公尺, 880 碼	30	65	5
e、1500 公尺, 1 英里	20	55	25
f、2 英里	20	40	40
g、3 英里, 5000 公尺	10	20	70
h、6 英里越野跑、10,000 公尺	5	15	80
i、馬拉松	－	5	95
排　　球	90	10	－
角　　力	90	10	－

　　每種運動項目對不同供能系統能力的需求百分比見表 1-5-13、14、15。應當說明,這只是一個估計值,運動員在不同訓練階段、不同訓練水平時都會有所改變,越是優秀的 100 公尺運動員磷酸原系統(ATP-CP 系統)和糖酵解系統供能占的百分比越高,甚至可達 99% 以上;而馬拉松運動員隨着訓練水準提高,糖酵解系統占的比例增加,這利於途中加速和終點衝刺時的能量需求。因此,要根據運動員的實際情況,根據其專項和運動身體特點制定有氧代謝和無氧代謝的訓練內容。

表 1-5-14　　不同距離游泳比賽的主要能量系統

時　間	常用比賽距離	磷酸原系統(%)	糖酵解系統(%)	有氧氧化系統(%)
10～20 秒	25～50 碼/公尺	78	20	2
40～60 秒	100 碼/公尺	25	65	10
1.5～2 分	200 碼/公尺	10	65	25
3～5 分	400 公尺～500 碼	7	40	53
5～6 分	400 公尺～500 碼	7	38	55
7～10 分	800 公尺～1000 碼	5	30	65
10～12 分	1000 碼	4	25	70
14～18 分	1500 公尺～1650 碼	3	20	77
18～22 分	1500 公尺～1650 碼	2	18	80

(引自 Maglischo. 1982)

表 1-5-15　　不同距離自由車比賽的主要能量系統

項　目	成　績	磷酸原系統(%)	糖酵解系統(%)	有氧氧化系統(%)
	時:分			
100 公里公路	3:55～4:10	－	5	95
100 千公尺場地	2:05～2:15	5	10	85
100 千公尺團體計時	2:10～2:20	－	15	85
25 英哩團體	0:52～0:60	5	15	80
	分:秒			
10 英哩場地	20:0～25:0	10	20	70
400 公尺個人追逐	4:45～5:05	20	55	25
1000 公尺	1:07～1:13	80	15	5
衝刺	0:11～0:13	98	2	－

(引自 Burke. 1986)

（五）不同訓練方法對提高不同代謝供能能力的效果

從表 1-5-16 中可見，不同訓練方法對發展不同能量系統的代謝能力是不同的，可以作爲訓練時選擇適宜方法的參考（表 1-5-17）。

表 1-5-16　各種訓練方法的定義及其對提高各種能量系統的比例

訓練方法	定　義	提高比例（%）		
		ATP-CP 和糖酵解	糖酵解和有氧氧化	有氧氧化
加速快跑	在 50－120 碼段落中，從慢跑開始逐漸加速到快跑	90	5	5
持續快跑	快步長跑（或游泳）	2	8	90
持續慢跑	慢步長跑（或游泳）	2	5	93
穴形快跑	兩次快跑之間以加一個慢跑或走，故稱穴	85	10	5
間隙快跑	50 碼快跑與 60 碼慢跑相交替，跑的總距離是 3 英里	20	10	70
間歇訓練	兩次工作間期之間有一個休整期	0－80	0－80	0－80
慢　跑	慢步持續走（或跑）一個中等距離（例如 2 英里）	－	－	100
重覆跑	相似於間歇訓練，但工作間期與休整期的時間比較長	10	50	40
速度游戲（法特萊克）	在自然條件下（不是正規田徑場）交替快跑與慢跑	20	40	40
快跑訓練	重覆全速快跑，兩次快跑之間的間歇期長短以完全恢復爲標準	90	6	4

表 1-5-17　　各種運動活動中應用短距離快跑和耐力訓練方法的參考表

運動活動	加速快跑	持續快跑	持續慢跑	穴形快跑	間隙快跑	間歇訓練	慢跑	重覆跑	速度游戲(法特萊克)	快跑訓練
棒球				✓		✓				✓
籃球				✓		✓				✓
擊劍	✓			✓		✓				✓
草地曲棍球						✓				
足球	✓			✓		✓				✓
高爾夫球	✓									
韻律	✓			✓		✓				✓
冰球										
a、前鋒、防衛				✓		✓				
b.守門員	✓					✓				✓
長曲棍球										
a.守門員、防衛進攻手				✓		✓				
b.中鋒						✓				
娛樂性運動			✓			✓	✓			
划船						✓		✓	✓	
滑雪										
a.障礙滑雪、跳、下坡					✓	✓				
b.越野滑雪	✓	✓								
英式足球										
a.守門員、邊鋒、前鋒				✓		✓				
b.前衛、巡邊員						✓				
壘球				✓		✓				✓
游泳和跳水										
a.50公尺自由泳,跳水	✓									✓
b.100公尺和100碼(各種姿勢)				✓		✓				
c.200公尺和220碼(各種姿勢)						✓				
d.400公尺和440碼自由泳						✓		✓	✓	
e.1500公尺和1650碼自由泳					✓	✓				
網球						✓				
田徑										
a.100公尺,100碼	✓									✓
b.200公尺,200碼	✓			✓		✓				✓
c.田賽項目	✓			✓		✓				✓
d.400公尺,440碼				✓		✓				
e.800公尺,880碼						✓				
f.1500公尺,1英里						✓		✓	✓	
g.2英里						✓		✓	✓	
h.3英里,5000公尺					✓	✓				
i.6英里,10000公尺				✓	✓	✓				
j.馬拉松			✓	✓						
排球	✓			✓		✓				✓
角力	✓			✓		✓				✓

(引自 Fox, 1979)

也可結合運動員的專項特點,參考表 1-5-18 中不同數量運動時無氧代謝和有氧代謝所占的比例,制定訓練方法和手段,如表 1-5-19 籃球訓練強度和時間的選擇。

表 1-5-18　　不同時間極量運動時無氧代謝和有氧代謝供能比例

最大強度運動時間	無氧代謝(%)	有氧代謝(%)
10 秒	87	13
1 分	60	40
2 分	40	60
5 分	20	80
10 分	9	91
30 分	3	97
60 分	1	90

(引自 Gollnick 等 1973)

表 1-5-19　　籃球訓練強度和休息間歇

能量系統	運動時間	強度	休息間歇
磷酸原系統	5～15 秒	高	長於 30 秒
糖酵解系統	15 秒～1 分	高	4～5 分
有氧氧化系統	3 分	中	3 分
	30 秒～1 分	高～中	30 秒～1 分

(引自 Yarr 1975)

(六)用血乳酸為指標掌握科學的訓練方法

由於血乳酸在不同強度運動時能反映出能量系統供能情況,因此,要發展某一能量系統的能力時,可用血乳酸為指標,評定訓練方法和強度是否合適,根據目前大量的研究成果,概括為表 1-5-20,可根據訓練任務選擇適宜的方法,並通過測定血乳酸來監督。在目前運動訓練中,應用較多和成效最大的是在耐力訓練中,現介紹如下。

表 1-5-20　　提高不同能量系統能力訓練時適宜的血乳酸值

能量系統	磷酸原系統	糖酵解系統		有氧氧化系統
適宜的運動項目舉例	100 公尺跑、舉重、投擲、跳躍等	400～800 公尺跑、100～200 公尺游泳	1500～3000 公尺跑、400 公尺游泳	長跑、馬拉松、競走、公路自由車
訓練方法和主要手段	無氧-低乳酸訓練:1. 最大重覆力量訓練, 2. 10 秒最大速度跑 30 秒以上,間歇休息	最大乳酸訓練:1～2 分鐘最大強度訓練,4～5 分鐘間歇休息	乳酸耐受力訓練:1～2 分鐘大強度訓練,4～5 分間歇休息	乳酸閾訓練:持續快跑
訓練後適宜血乳酸值 (毫摩爾/升)	4～6	25～30	8～12	4

(引自馮煒權 1987)

1、血乳酸是評定耐力的敏感指標

血乳酸在運動訓練中應用日益廣泛,被認爲是掌握運動強度、評定身體對訓練的適應和測定運動能力的一個"標尺"。尤其是評價耐力素質的有效指標,所以在周期性的耐力項目中,如中長跑、自由車、游泳、賽艇、滑雪等訓練中,已經成爲不可缺少的科學訓練手段。血乳酸和運動耐力的相關性比最大攝氧量(VO_2max)還要高。

在耐力訓練中,過去常用 VO_2max 或用心率推算 VO_2max 來評定訓練效果,在耐力訓練開始時,耐力提高和 VO_2max、心率相關性較高,但隨着訓練水準提高,用血乳酸進行評定時靈敏度就更高了。一般人耐力訓練 4～16 周後,VO_2max 提高 7%,血乳酸的變化爲 16%,在優秀運動員中,14 周訓練後 VO_2max 沒有變化,但血乳酸變化爲 5%,其它受試者變化亦一致,因此,血乳酸指標較爲敏感。

2、耐力訓練中血乳酸變量(無氧閾、乳酸閾、OBLA、拐點)幾種表示法的涵義

近年來,無氧閾這一名詞成了爭論的焦點。在"無氧"一詞中,認爲機體在運動時不可能完全無氧,缺氧也不是進行次極限運動肌肉生成乳酸的原因。在漸增負荷中,血乳酸增加也不能證明存在一個"閾"值。血乳酸增加是乳酸生成和乳酸消除間關係的最後結果。因此,在無氧閾、乳酸閾的名詞上存在爭論。這裡不打算介紹有關爭論的材料,只說明當前在實際應用時這兩個名詞涵義,尤其從運動生化方面多加說明。

無氧閾(AT):從運動時血乳酸的變化爲出發點,Kinderman 等(1979)將無氧閾定義爲:運動時,當血乳酸加速積累前的能量代謝水準,這時伴隨着出現各種呼吸變化。而 Wasserman 等,從氣體代謝變化認爲無氧閾是人在運動負荷中達到代謝性(乳酸性)酸中毒時的攝氧量或功率水準。

因此,在耐力訓練中無氧閾的測定有血乳酸測定方法和標準,也有氣體代謝測定方法及標準。

乳酸閾(LAT):這個概念是根據血乳酸濃度變化和運動強度變化關係而提出的。血乳酸的濃度是乳酸進入血液和離開血液平衡的結果。當肌肉運動強度逐漸加大時,存在隨運動強度加大而出現由一段過渡而急劇上升的階段,存在兩個非綫性的偏離點,即在 2mmol/L 左右時出現第一次偏離;在 4mmol/L 左右時出現第二次偏離。目前,在國內外較爲廣泛地應用血乳酸在 4mmol/L 時作爲實驗室或運動現場測定時的乳酸閾值。乳酸閾是指血乳酸達 4mmol/L 所對應的攝氧量、功率或運動速度等。

個體無氧閾(IAT):Stegmann 和 Kinderman(1981)等認爲相當於 4mmol/L 的乳酸閾沒有考慮到運動時乳酸動力學的個體特點,應根據運動時和運動後血乳酸動力學的特點求出每個運動員乳酸閾值,稱爲個體無氧

閾。Stegmann 等測定了 64 名體育系學生和運動員, 個體無氧閾值範圍爲 2.1~4.6mmol/L。

血乳酸積累起點(OBLA):Jacobs(1981)以遞增運動負荷時, 當血乳酸濃度達 4mmol/L 稱作爲血乳酸積累起點(OBLA)。大量研究證明運動員在 4mmol/L 時跑速與耐力高度相關, 故成爲掌握耐力訓練的重要手段。

血乳酸拐點:在遞增強度運動時, 當血乳酸從平穩的變化轉爲明顯劇增的拐點, 稱爲血乳酸拐點。Wasserman 和楊奎生曾採用這一名詞, 並以此來評定無氧閾值。

表 1-5-21　　不同項目運動員穩態運動達到 4mmol/L 血 LA 時的運動強度

運動項目	強　　度	試驗方式	文獻來源
男子皮艇	220 瓦	划臂	Teseh, 1984
女子皮艇	137 瓦		
男子舉重	100 瓦		
男子長跑	5.15 公尺/秒	跑臺、坡度 1.4%	Hess, 1984
男子中跑	4.78 公尺/秒		
男子 400 公尺跑	4.02 公尺/秒		
男子 400 公尺跑	4.50 公尺/秒	跑臺、水準	Svedenbag 等 1984
男子 800 公尺跑	4.96 公尺/秒		
女子 800 公尺跑	3.99 公尺/秒	跑臺、坡度 1.4%	Fohrenbach, 1984
男子 1500 公尺跑	5.2 公尺/秒	跑臺、水準	Svede bag, 1984
男子 5000 公尺跑	5.6 公尺/秒		
女子 1500 公尺跑	4.26 公尺/秒	跑臺、坡度 1.4%	Foernbaeh, 1981
男子馬拉松	5.5 公尺/秒	跑臺、水準	Svedebag, 1984
男子超馬拉松	5.5 公尺/秒	跑臺、水準	Jacobs, 1980
男子現代五項目	4.7 公尺/秒	跑臺、坡度 1.4%	Hess, 1983
男子冰球	3.72 公尺/公尺		
男子曲棍球	4.21 公尺/秒		
女子曲棍球	3.40 公尺/秒		
男子划船	292 瓦	功率車	
男子划船	340 瓦	功率車	Roth, 1981
男子職業自由車	317 瓦	功率車	Hess, 1983
男子職業自由車	390 瓦	功率車	Roth, 1981
男子游泳	1.35 公尺/秒	自由泳	Olbrecht

(引自 Jacobs, 1986)

3、不同項目運動員穩態運動血乳酸達 4mmol/L 時的運動強度

由於運動員血乳酸在 4mmol/L 時跑速與耐力跑成績相關 J、Karisson (1981)曾報告 18 名男性馬拉松運動員的 OBLA 與跑速相關係數達 0.95(r ＝0.95、P＜0.001)爲便於參考現將收集到的國內外研究血乳酸在 4mmol/L 時的運動強度列出(表 1-5-21~24)供訓練時參考。

表 1-5-22　　各項自由車運動員乳酸閾值（4mmol/L）比較

作　者	年代	對　　象	性別	例數	4mmol/L 乳酸閾	方　　法
繆素堃等	1985 1986	優秀場地運動員	男	10	255.5±29.2	每級 3 分鐘, 遞增 50 瓦, 血乳酸測定 用巴氏改良法
		優秀公路運動員	男	7	281.8±36.6	
		優秀場地運動員	女	14	198.1±23.3	
		優秀公路運動員	女	7	205.2±26.9	
		優秀公路運動員	男	4	309.1±19.9	
繆素堃等	1985	少年場地運動員	男	21	243.5±49.6	同上
		少年公路運動員	男	16	262.4±49.6	
		少年場地運動員	女	10	191.2±17.8	
		少年公路運動員	女	7	195.7±23.4	
Hess, c 等	1983	職業自由車運動員	男	31	320	每 3 分鐘遞增 50 瓦, 血乳酸採用 Mader 改良 Gutman 酶學法
		世界職業自由車運動員	男	5	330－430	
		業餘自由車運動員	男	63	300(270－330)	
		業餘優秀運動員	男	5	394	
Huber 繆素堃	1984	西德優秀運動員	男	6	394.1±57.5	每 3 分鐘遞增 50 瓦

表 1-5-23　　場自由車運動員乳酸閾測值（4mmol/L）

組　別	性別	例數	乳酸閾速度(Km/h)	方法與條件
優秀公路運動員	男	5	41.92±0.91	3×10Km 個人公路 T32℃1－2 級風
同上	男	8	40.84±0.80	4×10Km 團體公路 7－8℃(1－2 級風)
優秀場地運動員	男	13	37.05±1.47	4×4Km 個人場地 T20℃2－3 級風
少年場地運動員	男	14	35.78±0.89	4×3Km 個人場地 T26－27℃
少年場地運動員	女	7	33.34±1.28	4×3Km 個人場地 T26－27℃2－3 級風

表 1-5-24　　划船運動員 LAT(血乳酸達 4mmol/L)時的功率(W)

項　目	功率(W)	負　荷　方　式	作　者	時　間
男　皮	220	上肢轉動曲柄	Tesoh 等	1984
女　皮	137	上肢轉動曲柄		
男　賽	292	功率自由車	Hess 等	1983
男　賽	340	功率自由車	Roth 等	1981
輕　艇	282	功率自由車	Nickelson	1982
男　賽	207	功率自由車	喬居庠等	1986
女　賽	143.5	功率自由車		
男　皮	166	功率自由車		
划　船	200	功率自由車	黃鏘等	1987
青年男賽	183.6	划船測功儀	尤春英等	1987
青年女賽	183.7	划船測功儀		

4、耐力訓練中怎樣應用血乳酸指標?

(1)OBLA 和 RPE 配合訓練

RPE 是運動自覺量表(Rating of Perceived Exertion),在進行有氧代謝訓練時,在運動場上可將血乳酸測定和主觀感覺結合起來掌握運動強度,當血乳酸超過 4mmol/L 時,受試者主觀感覺又達到 RPE 的值 6 時,說明運動強度過大(圖 1-5-4)。

(2)HR₄ 訓練

乳酸閾心率(HR_4)訓練是指運動強度達血乳酸 4mmol/L 時的心率。因此,在測定乳酸閾時同時測定心率,找出 HR_4 的值。在訓練課中就可以用心率來掌握血乳酸 4mmol/L 時的訓練強度,不用每次訓練課中都測血乳酸,但經過一個訓練階段後要測定以了解訓練對乳酸閾影響,和評定訓練效果(圖 1-5-5)。如運動員在訓練季度的開始 HR_4 可能為 160 次/分,經一個階段訓練後可改變為 165 次/分。下表 1-5-26 是測定我國划船運動員的 HR_4 值。

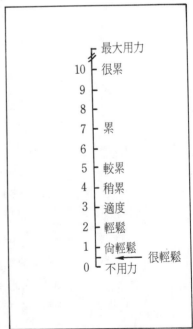

圖 1-5-4　運動自覺量表(RPE)

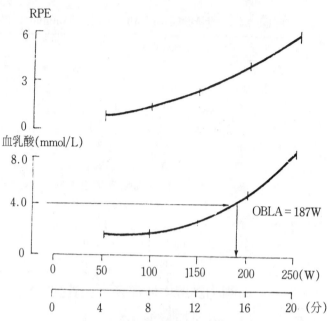

1-5-5　遞增強度負荷時 OBLA 和 RPE 的關係

表 1-5-26　　劃船運動員 LAT(血乳酸達 4mmol/L)時心率(b/min)

項　　目	例數	HR(b/min)	負荷方式	作　　者	時　　間
劃　　船	25	138.2±15	功率自由車	黃鏑等	1987
男　　賽	14	153.5±6.5	功率自由車	喬居庠等	1986
女　　賽	16	162.0±14.2	功率自由車		
男　　皮	6	154.3±7.1	功率自由車		
劃　　船	25	167.0±10.2	功率自由車	Nickelson	1982
青年男賽	18	179.6±12.4	劃船測功儀	尤春英等	1987
青年女賽	22	181.9±8.06	劃船測功儀		

（3）耐力訓練強度的安排

耐力訓練的強度怎樣掌握,能不能定量化指導訓練。kindaermann 等認為,在測定個人的乳酸閾後,可以此爲標準掌握訓練強度,提出耐力訓練強度的三種安排:

標準乳酸閾訓練(又稱強化耐力訓練),乳酸閾強度訓練相當於激烈的耐力訓練,在每次訓練課中以這種強度跑 30－45 分鐘,效果較好,用這種強度訓練把每週跑 200 公里縮短爲 150 公里能更快地提高競技能力。據報導 3 名西德國家女子中長跑運動員以兩種強度在跑臺上進行 47 週訓練,前 30 週用 4.5mmol/L 對應速度訓練,競技能力未能提高,後來把強度降至 3.5mmol/L 對應速度訓練,結果乳酸閾值和比賽成績大幅度提高。又如我國運動員崔××,乳酸閾速度爲 3'30"/公里,當用少於或等於乳酸閾強度跑量由 5.1%增 8.8%時,萬公尺成績由 30'01"提高至 29'25"7。無氧閾強度耐力訓練一般每週安排 1～2 次即可。

廣泛性耐力訓練,強度低於乳酸閾強度 10～15%,訓練時間每次不應少於 30 分鐘。

　　恢復性耐力訓練：強度低於乳酸閾強度的 20－25％，訓練時間每次也不應少於 30 分鐘。

　　上面三種強度耐力訓練，教練應在測定乳酸閾速度後有計劃地，針對性地進行安排。

5、怎樣在田徑場測定乳酸閾？

　　楊奎生根據現場測定的特點，提出選用 5×2400 公尺的方法（表 1-5-27）。因爲受試者達到勻速時，需要教練用口令調整，這可能要花 2 圈時間才達到，故選用 5×2400 公尺（每次跑 6 圈）。跑前受試者先進行 10 分鐘準備活動。

表 1-5-27　　田徑場上測定乳酸閾試驗程序

性別	段落組 (公尺)	起始速度 (公尺/秒)	遞增速度 (公尺/秒)	最後一級速度 (公尺/秒)	間歇 (分)	取　血
男	5×2400	3.0	0.5	5.0	2	每組跑後 2 分鐘末取血
女	5×2400	2.5	0.5	4.5	2	

　　將 5 級強度跑後血乳酸值繪在座標紙上（圖 1-5-6），然後在 4mmol/L 上求出對應的速度，或按公式用內插法求出乳酸閾值。

$$乳酸閾 = \frac{(4 - LA_2)(V_2 - V_1)}{LA_2 - LA_1} + V_2$$

　　例如 V_1 和 V_2 和 LA_2 分別爲 4mmol/L 範圍相近的跑速和跑後血乳酸濃度。如某運動員：$V_1 = 4.00$ 公尺/分，$LA_2 = 4.95$ mmol/L，$LA_1 = 3.00$mmol/L，LA2＝4.52mmol/L 代入公式

$$乳酸閾 = \frac{(4 - 3)(4.93 - 4)}{4.52 - 3} + 4 = 4.63\ 公尺/秒$$

　　如果長期隨運動隊進行監測，對運動員已了解其乳酸閾的範圍，則可採用兩點法，即在乳酸閾左右的範圍內選擇跑速，跑兩次 2400 公尺，取血，將求出數值按上法求出乳酸閾（圖 1-5-7）。

　　兩點法雖簡化了測試程序，但往往不易選擇合適程度，如兩強度相差太大時，血乳酸相差過大，而強度差太小時，血乳酸相鄰太近，容易出現較大誤差。楊奎生又提出了三點法，並可將數據輸入計算機，按計算程序求出乳酸閾。

6、怎樣測定游泳運動員的乳酸閾？

　　測定游泳運動員的乳酸閾值，和田徑場上的方法相同，即採用遞增負荷法及兩點法。根據游泳的特點，目前國內外介紹採用的負荷爲：4～5×400

公尺,逐次增速。民主德國 **O**
·馬德森介紹,在 **4×500** 公尺
時,逐次增速,間歇 **15** 分鐘,
前 **2** 次 **400** 公尺游,乳酸稍高
於安靜值,第 **3** 個 **400** 公尺乳
酸值達到 **4mmol/L** 然後,提
高速度,使達到個人最高乳酸
耐受水準,我國翁慶章提出的
方法更爲具體(表 **1-5-29**)。

　　將測定結果作圖,則可求
出乳酸閾速度(V_1)(圖 1-5-8)

　　在游泳項目中,同樣也可
以採用兩點法,或稱爲兩級負
荷試驗。採用 2×500 公尺或

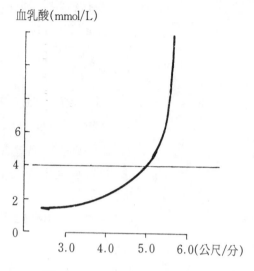

圖 1-5-6　乳酸閾測定示意圖

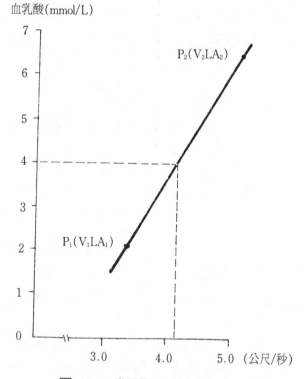

圖 1-5-7　乳酸閾二點測試法

2×400 公尺或 **2×300** 公尺,第一級試驗速度要求血乳酸比 **4mmol/L** 略
高,第二級速度盡可能接近最快游速,將測出的血乳酸值作圖,上下延至
4mmol/L 和 **12mmol/L** 處,求出的速度便是提高有氧耐力和無氧耐力的最
低訓練速度(圖 **1-5-9**)。

表 1-5-29　　遞增強度測定乳酸閾方法

項　目	級數	分　組	強度要求	要求乳酸值 (mmol/L)	組間隔	取血時間
4×400	1	1×400	80~85％	2~3	3分	1分
	2	1×400	85~90％	4~6	5分	3分
	3	1×400	90~95％	5~8	20分	3分
	4	1×400	全力	不限		4、7、10分

(引自翁慶章 1988)

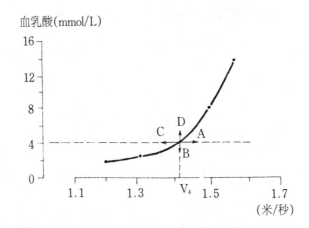

圖 1-5-8　　乳酸曲綫示意圖

分別 1.64 碼/秒和 1.72 碼/秒。

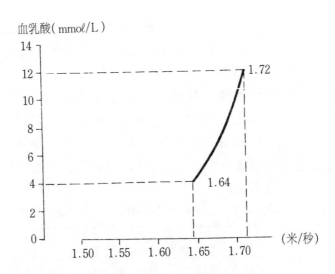

圖 1-5-9　　血乳酸兩級速度試驗(MagliScho 1982)

7、怎樣用血乳酸指標安排游泳訓練負荷?

聯邦德國 O·馬德森等提出,在耐力訓練時,血乳酸在監測有氧代謝強度非常重要,因為游得太快時,體內無氧代謝占比例加大。血乳酸增多,對有氧代謝能力訓練效果就差;但游得太慢,也收不到預期的訓練效果。不同運動員身體代謝能力也不同,不能在訓練中用同一強度進行訓練。如下圖1-5-10中可見,A、B兩名運動員有氧代謝能力不同。A和B的V_4速度不同,A要趕上B和V_4速度,血乳酸值則為7mmol/L。如按這強度訓練就會強度過大,而不能堅持訓練。因此。應當測定個體無氧閾,精確測定個體無氧閾有一定困難,所以O·馬德森等提出一個粗略劃定個體無氧閾的辦法,就是根據一般測定V_4速度的方法,因為有氧代謝能力越好,V_4速度越快,這時血乳酸值就越低。

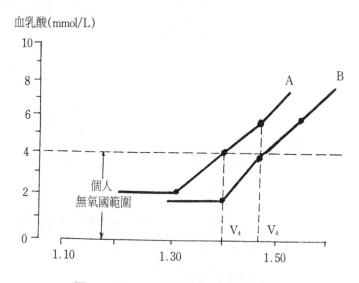

圖 1-5-10   A、B 兩運動員血乳酸曲綫比較

在 100、200、400、公尺游泳訓練中,如間歇時間為 10 秒,30 秒時,連續平均百公尺時間,根據血乳酸可以分四種強度安排(表 1-5-30)

強度 1:低於中等強度,能量供應主要是脂肪酸,因此血乳酸值在 1～2mmol/L 之間,主要用於乳酸無氧閾強度的訓練後恢復。

強度 2:為中等速度,能量供應主要依靠脂肪酸和糖原,訓練時血乳酸值在 1.5～2.5mmol/L。這種強度主要用於 3000～5000 公尺游或長距離連續游。

表 1-5-30   游泳耐力訓練的強度與成績的換算

距　　離	間歇(秒)	強度 1	強度 2	強度 3	強度 4
100 公尺	10	1:12.5	1:10.6	1:08.6	1:08.0
	30	1:11.0	1:09.1	1:07.2	1:06.3
200 公尺	10	2:27.8	2:24.4	2:20.6	2:18.4
	30	2:25.8	2:22.4	2:18.6	2:16.8
400 公尺	10	4:55.0	4:51.0	4:44.2	4:42.5
	30	4:55.6	4:49.8	4:44.2	4:38.2
連續游20～45 分		百公尺平均時間		1:11.4	1:09.6

強度 3：屬乳酸閾速度，能量供應主要是糖原，訓練時血乳酸在 2～5mmol/L 之間。這是提高有氧耐力最有效的強度。

強度 4：強度較大，能量完全依靠糖原酵解供應。血乳酸值要求比乳酸閾高 1～1.5mmol/L，這種強度用於總量較小(2000～2500 公尺)，休息較長(30～45 秒)的練習組，這種強度對有多年訓練，水準較高的運動員較爲適宜。

最近，我國陳運鵬提出(1990 年)，"最佳負荷是訓練負荷的核心，訓練過程是尋求負荷對象最佳負荷的過程。"當前游泳訓練主要以能量代謝學說作爲安排訓練負荷的原則。下表 1-5-31 是陳運鵬提出當前採用的方法。

表 1-5-31　　游泳訓練員荷安排和血乳酸值監測

性　　質	強度(% 最好成績)	血乳酸(mmol/L)	占總量%
有氧耐力訓練	85～90	3	55
有氧無氧混合訓練	90～95	4～9	20～25
無氧訓練　速　度	105～120	5～9	
速度耐力	105～115	10 以上	4～10
摸擬訓練	100 以上	10 以上	
有氧閾無氧閾	80～90	<4	55
最大有氧能力	90	8	20
糖酵解能力	90	>10 以上	10
比賽速度	100 以上	>10 以上	
速　　度	105～120	5～9	1～2

(引自陳運鵬，1990)

8、怎樣測定自由車運動員的乳酸閾？

自由車運動員的乳酸測定可分爲實驗室測定和場地測定。我國繆素坤等應用的方法爲(1987)：

實驗室測定：方法如下表 1-5-32 所示，先進行準備活動 5 分鐘左右，然後按以下程序進行。

表 1-5-32　　自由車運動員實驗室乳酸閾測試程序

性別	起始功率 (W)	每級時間 (分)	遞增功率 (W)	最後負荷	取　血
男	100	3	50	力竭	每級末及運動後 3
女	50	3	50	力竭	分

(引自繆素堃等，1987)

將測定結果的每級末血乳酸值和相應功率在坐標紙上可繪出血乳酸功率曲綫，或按內插法公式求出乳酸閾值。

$$乳酸閾 = \frac{(LV_2 - V_1)(4 - L_1)}{(L_2 - L_1)} + V_1$$

V_1、V_2 爲血乳酸接近 4mmol/L 時兩級功率，$L_1 L_2$ 分別爲相應兩級的血乳酸值。

運動現場測定:

可分爲賽車場或公路上測定。

(1)賽車場上測定:可用 4×3～4 公里,等級負荷強度分別以運動員最近最好成績的 75～80%、85%、90%、95% 速度,匀速騎行,終點不衝刺,級間間歇 3、3.5 分鐘。每級騎行終點(滑行 100 公尺)取耳血,第 4 級後 1、3、5 分取血。

(2)公路上測定:公路運動員採用 4×6～10 公里的遞增負荷,強度要求最近最好成績的 75～80%、85%、90%、95% 速度,匀速騎行,第 1、2、3 級後 1 分鐘內取血,第 4 級後 1、3 分鐘取血測乳酸。

將所測各級強度的時速,血乳酸濃度和心率水準。按內插法計算出 4mmol/L 血乳酸速度,或繪製乳酸—— 速度曲綫。

9、怎樣用血乳酸指標安排自由車運動員的耐力訓練?

根據繆素堃在《血乳酸和運動訓練—— 應用手冊》一書提出的材料,在自行車耐力訓練中,先按上述方法求出 4mmol/L 乳酸閾的速度,然後以相當於 3 和 4mmol/L 預測速度騎行 10 公里,總時間爲 17～18.5 分,兩次騎行間歇 1 小時,每次試驗前,後 5 公里末停下 30～60 秒採耳血測血乳酸。教練按預計時速給運動員報時,實際完成時速與預計時速相差少於 ± 0.7%,運動後血乳酸值表 1-5-33 所示,說明以 3mmol/L 時速度匀速騎行後,男女運動員的實際血乳酸範圍爲 3.9～4.75mmol/L 前後 5 公里相差不超過 0.25mmol/L。但以 4mmol/L 乳酸閾速度運動時,前後 5 公里的血乳酸差達 0.8mmol/L。因此,建議以相當於 3mmol/L 乳酸速度作爲場地自由車運動一段耐力訓練的有效強度,以 4mmol/L 或大於 4mmol/L 的速度作爲有氧無氧混合訓練的強度。

表 1-5-33　　低於和相當於 4mmol/L 乳酸閾速度的穩態測驗

組　　別	例數	完成時速 (Km/n)	預測乳酸濃度 (mmol/L)	實測乳酸濃度(mmol/L) 前 5Km	後 5Km
男子少年組	6	34.7±0.9	3	4.5±0.8	4.75±0.9
女子少年組	5	32.7±1.4	3	4.0±1.2	3.9±1.3
男子少年組	6	36.2±0.9	4	5.2±1.2	5.6±1.2
女子少年組	5	33.9±0.6	4	5.6±0.9	6.4±1.3

(引自繆素堃等,1990)

10、怎樣測定划船運動員的乳酸閾?

划船運動員乳酸閾的測定方法很多,我們可以根據運動員的情況設計負荷強度和時間,強度的選擇一般可採用三級,第一級在有氧代謝範圍;第二級在無氧閾左右;第三級超過無氧閾,每級負荷三分鐘,每級結束 30 秒休

息時測定血乳酸和心率,通過繪製乳酸—— 功率曲綫,找出乳酸無氧閾,即
4mmol/L 閾,下面我們舉二個測定方法(如表 1-5-34 和 1-5-35)供參考。

表 1-5-34　　划船運動員在測功計上測定乳酸閾的方法

組　別	阻力(Kg)	起始負荷(W)	遞增負荷(W)	每級負荷時間(W)	取血時間
男子/男子青年組輕量級	3.0	200	50	3	每 級 間 歇 30 秒 時 取 血
女子/女子青年組輕量級	2.5	150	50	3	

(引自尤春英,1990)

表 1-5-35　　划船運動員在自由車功率計測定乳酸閾的方法

性別	負荷級數	時間(分)	阻力(Kg)	轉速(次/分)	間歇(秒)	取　血
男	1	4	3.0	600	30	每級負荷結束 30 秒採血,最後一級負荷 1、3、5 分鐘取血
	2	4	3.0	650	30	
	3	4	3.0	700	30	
	4	4	3.0	750	30	
	5	2	3.0	800	30	
	6	2	3.0	最大		
女	1	4	2.5	500	30	同上
	2	4	2.5	550	30	
	3	4	2.5	600	30	
	4	4	2.5	650	30	
	5	2	2.5	最大		

(引自尤春英.1990)

11、血乳酸指標在划船訓練中的應用?

我國划船訓練中很重視應用乳酸閾來掌握訓練強度,先測定划槳頻率
的乳酸閾,以乳酸閾頻率作爲有氧代謝訓練中最高划槳頻率。如上海陳×
×乳酸閾划槳頻率爲 25.5 槳/分,以此頻率來指導訓練,取得了良好的效
果。

中國賽艇隊以血乳酸 4mmol/L 心率作爲有氧代謝訓練的強度。在選
拔隊員參加 11 屆亞運會時,把乳酸閾速度的大小作爲評定耐力,選拔隊員
的科學指標之一,把運動能力和運動成績等各種因素科學地結合起來,綜合
地評價一個運動員。

12、怎樣測定個體無氧閾?

1981 年 Stegman 等從運動時不同個體間血乳酸動力學不同,提出了測
定個體無氧閾的方法,根據血乳酸濃度的大小是反映活動肌肉和血液間乳

酸的擴散率和消除率的結果,當血乳酸升高時是擴散率大於消除率的結果,如消除率等於擴散率時,這時的運動強度認為是個體無氧閾強度值(tm)。當強度增加時,血乳酸濃度增加,在運動結束時達最大(A),而在運動後恢復期中血乳酸消除率增加而下降,在下降中存在一點與 A 平行相交的血乳酸值(B),在 A 與 B 間相連成平行綫,從乳酸動力學變化中可推算出個體無氧閾值,在 B 和血乳酸曲綫切點處(C)(圖 1-5-11)。

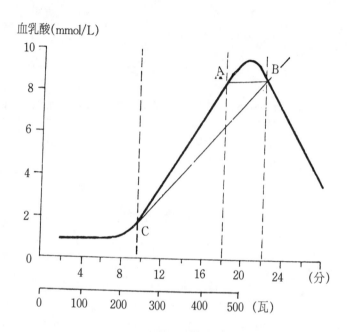

圖 1-5-11　優秀划船選手遞增負荷時血乳酸動力學

(引自 Srigman 等 1981)

在測定個體無氧閾時,必須採用逐級遞增負荷,不同功率計或運動場和取血時間如下表 1-5-36:

表 1-5-36　遞增負荷測定個體無氧閾方法

功率計	性別	起始功率	遞增負荷	取　血　時　間
跑　臺	男女	3.0M/S 2.5M/S	0.5M/S	1.安靜時。
自由車	男女	50W	50W	2.每級負荷後即刻。 3.最後一級負荷後及恢復期2、 5、10 分鐘。
田徑場	男女	8KM/h	2KM/h	

將負荷數值和時間作為橫坐標值,以各血乳值為縱坐標值,用曲綫板平滑坐標上各血乳酸值的點,繪出血乳酸動力學變化曲綫,從 A、B 值求出 C 點值,即為個體無氧閾值。

13、怎樣用血乳酸指標來評定運動員有氧和無氧代謝能力？

(1)應用乳酸閾(血乳酸 **4mmol/L**)、(**AT₄**)跑速來評定有氧耐力

Mader(1976)提出可以用血乳酸 4mmol/L 時的跑速作爲有氧代謝能力的評定,他提出的標準如下:

①一般非耐力運動員　　AT₄　爲3.0 ± 0.5m/sec

②低水準耐力運動員　　AT₄　　3.5 ± 4.0m/sec

③中等水準耐力運動員　AT₄　　$4.0 - 4.7$m/sec

④高水準耐力運動員　　AT₄　　$4.8 - 5.2$m/sec

⑤頂尖耐力運動員　　　AT₄　　$5.3 - 5.6$m/sec

測試程序爲每 5.5 分鐘遞增速度 0.4m/s,跑臺坡度爲 1%。

我國運動員是否符合這個標準,有待於開展研究,因爲不同條件、測定程序、儀器、技術等都可能造成差異,應當制定我國運動員標準,以利於選材和評定訓練效果。

1988 年 G. Neumsnn 在專項運動能力中把耐力分爲短時間耐力(STE)。中等時間耐力(MTE)和長時間耐力(LTE)。在長時間耐力中又按不同運動時間分爲四個階段,在每種強度耐力運動時各機能系統的特點和血乳酸濃度各有不同的特點。如在 35 秒至 2 分鐘的短時間耐力運動中,血乳酸值在 18mmol/L,但比＞2～10 分鐘運動時間略低,因爲血乳酸的濃度受肌糖原濃度、肌乳酸生成速率、乳酸進入血液和從血液中消除等因素影響,較長時間、運動強度又較大的運動,血液乳酸可以達到一個較高的水準;在長於 90 分鐘的運動中,體內幾乎完全依靠有氧代謝過程來供應能量,肌糖原大量被有氧代謝分解,血乳酸值就較低。

(2)糖酵解能力的評定

在 1988 年奧林匹克運動醫學手冊中提出可用 1986 年 Szogy 提出的測定方法來評定糖酵解能力,其程序是:

①測定安靜時血乳酸

②準備活動

③在自由車功率計上以 100 轉/分, 600 瓦進行 45 秒最大用力運動。記錄 45 秒完成的總功(TWP)。

④運動後 6 分鐘取血測血乳酸。

⑤按下公式計算乳酸能商(LQ)

$$LQ = \frac{TWP45\ \text{秒}(KJ)}{\triangle 45\ \text{秒乳酸値}(mmol/L)}$$

$\triangle$45 秒乳酸値＝運動後 6 分血乳酸值－安靜値

LQ 值越高說明糖酵解能力越強。

(3)磷酸原能力的評定

和糖酵解能力評定方法一樣,只在作功時間上不同,其程序爲:

①測定安靜時血乳酸

②準備活動

③在自由車功率計上以 100 轉/分、600 瓦最大用力運動 15 秒,在第 5 秒時要達最大功率,記錄 15 秒完成總功(TWP)

④運動後第 6 分鐘取血測定血乳酸。

⑤按下面公式計算磷酸原商(AQ)

$$AQ = \frac{TWP15\ 秒(KJ)}{\triangle 15\ 秒乳酸值(mmol/L)}$$

△15 秒乳酸值＝15 秒乳酸值－安靜值

AQ 值越高說明 ATP、CP 的貯備量越多。

(馮煒權)

六　高原訓練

（一）概況

　　當前運動成績的水準越來越高,人們在加大運動負荷方面已作了很大的努力。在數量上,由於訓練時間的限制,幾乎到了很難再增加的地步,於是在謹慎增加負荷的同時,着眼於提高訓練的難度,給予身體更強烈的刺激,以調動人體的最大潛力。高原訓練就是基於這種設想逐漸開展起來的一種訓練方法。

　　在1968年墨西哥奧運會前,由於主辦地點墨西哥市地處高原,海拔2240米。許多國家考慮到從平原到高原比賽,身體必然會受到低氧條件的制約,而影響運動能力的發揮,於是在六十年代初期,不少國家大多數想在奧運會取得獎牌的選手都事先找高原地帶進行訓練,以取得在高原比賽的適應。這樣在六十年代,出現了一個高原訓練的高潮。事後,墨西哥奧運會的運動成績也證明了原先對高原訓練的好處。在此次奧運會上,高原運動員大顯身手,凡屬長距離耐力項目的優勝者主要是來自高原地區,特別是非洲黑人的長跑運動員。

　　以後一系列的國際比賽進一步顯示高原訓練的優越性。英國廣播公司1975年曾往肯尼亞調查,發現中跑成績優秀者的出生在維多利亞湖畔海拔1500–2000公尺的高原地區。

　　中國從六十年代初期,即在長跑方面進行了高原訓練,近年來擴展到足球、游泳、自由車、競走、速滑等項目。

　　目前國際上的高原訓練大都針對着中長跑、競走、游泳、滑冰、滑雪、自行車和划船等。

　　歷年來,各有關國家進行高原訓練的高度、時間、項目及所處的年代等可從下表(表1-6-1)中獲得概略的動向。

　　高原訓練對於運動時間短,持續時間僅幾秒到一、二十秒的速度性項目從理論上講沒有明顯益處,因為速度性項目對於耐受缺氧的能力的要求不高,認為高原訓練所獲的動用氧氣的能力對短距離的運動項目的針對性不大。但是,據1990年美國《田徑技術》雜誌報導,蘇聯的100公尺短跑運動員在高原上進行了訓練,也是有好處的。此外,日本體育界正在與加拿大合作與加興建其海外長期的高原訓練基地。美國過去對高原訓練存在着爭議,近年來對此在積極進行研究,並在田徑、游泳、自由車等項目中加以運用,可見高原訓練正處於方興未艾之勢。

表 1-6-1　　各國運動高原集訓的高度和時間

報告的作者	國　家	高度(公尺)	集訓時間	項目	年　代
朝比夸一男	日本	1500	10 天		
克歷斯切夫	保加利亞	2300	15 天	划船	50 年代
菲波洛夫	蘇聯	2592	30 天	中跑	56 年
岑浩望	中國	1893	3.5 - 4.5 月	中長跑	62 年
巴西足球隊	巴西	2450		足球	70 年
謝拉菲莫娃	蘇聯	2000		游泳	72 年
池上晴夫	日本	2700	<2 周	田徑	62 年
同上		2400	<2 周	游泳	84 年
奧地利滑雪隊	奧地利	2700		滑雪	
東德自由車	民主德國	1000 - 3000	2 周	自由車	86 年
美國游協	美國	1844	3 - 4 周	游泳	87 年
翁慶章	中國	1893	3 - 4 周	游泳	86 - 90

(二)高原自然環境對人體的影響

　　高原自然環境總的特點是低壓、低氧、寒冷、溫度低、風沙大、日照時間長、日夜溫差大、太陽幅射量及宇宙射綫幅射量高。其中對人體影響最大的是由於大氣壓力降低所致的低氧。

　　大氣對地面和物體具有一定的壓力,在海平面上 0℃ 時,壓力爲 760 毫公尺汞柱,但壓力隨高度的變化而改變。向上升高時,由於空氣逐漸稀薄,氣壓呈規律地降低。在高原隨着大氣壓及其氧分壓降低而出現了低氧環境。關於高度與氣壓、含氧量等參數見下表 1-6-2:

表 1-6-2　　高度、氣壓、氧分壓、空氣密度、含氧量
　　　　　　血氧飽和度、沸點溫度對照表

高度公尺	氣壓 mmHg	氧分壓 mmHg	空氣密度 kg/m³	含氧量 %	血氧飽和度 %	沸點 ℃
0	760	159	1.180	100	95	100
1000	675.8	140	1.096	89	94	97
1600	629.3	131	1.031	84	93	95
2000	600.0	125	0.990	81	92	94
2200	585.8	122	0.951	78	91	92
2400	571.5	118	0.951	78	91	92
3000	530.0	110	0.892	73	90	90

　　由上表可見,在 2000 公尺的高原上(略高於昆明 1890 公尺)空氣中的含氧量下降近二成,血氧由於身體攝氧能力的調節作用只下降了 3% 左右。但是到 3000 公尺的高度上,就分別下降得比較顯著了。根據在高原實測的人體最大攝氧量,高度越高,下降得越多,到 3100 公尺下降爲 56%,可見超

過3000公尺的高度,完成高強度訓練的能力因之下降得太多是不可取的,目前認為高原訓練最適宜的高度為1800－2200公尺之間。

(三)高原訓練的生理基礎

高原訓練對人體有兩種負荷。一種是運動缺氧的負荷,這在平原也有的;另一種是高原缺氧的負荷,這是平原所沒有的。這兩種負荷的相加,乃造成比平原更為深刻的缺氧刺激,人體對這種刺激所產生的適應,從而調動了身體的機能潛力。所以高原訓練是一種特殊條件下的強化訓練。

1、高原訓練的特點

(1)高原訓練的時間短,一般只有3－4週,而強度相對偏大。從運動員的感受來說,比實際負荷要高一個等級,如在高原進行中等強度的訓練,在感受上相當於平原的中上強度。部分訓練手段的強度在95%以上或接近最高強度,這對運動員是有較大難度的。一旦運動員能完成接近本人在平原的主項最高強度時,回到平原後,突破原最高強度,提高成績的可能性則較大。

(2)由於高原訓練通常安排在賽前的一個階段,乃成為本訓練週期的最後一個高峰。

(3)為本訓練週期的一個重要環節,訓練內容要考慮到承上啟下,並與賽前訓練有密切關係。如果高原訓練之結束距比賽之間隔不長(一般為三週),則高原訓練的組成將含有部分賽前訓練內容。

2、高原訓練的生理基礎

近年來對優秀游泳運動員高原訓練研究中見到高原缺氧能促使紅細胞增生和血紅蛋白增加,從而提高了身體輸氧能力。此外還能促進氧合血紅蛋白離解的一種2－3二磷酸甘油酸增多,以有利於氧向組織擴散。從血紅蛋白在高原訓練後的回升超過訓練前,多數可持續二周以上,亦說明高原訓練的超量恢復情況。游泳運動員在高原作接近極量的運動時,血乳酸濃度比在平原時要高得多,有的幾乎要高出一倍,最高可達到20毫摩爾/升,這樣就能達到在平原難以達到的高乳酸水準,從而提高肌肉耐受高乳酸的能力,這對於運動時間持續在1－2分鐘左右的速度耐力性項目有明顯好處。

從前些年我國中長跑運動員在昆明經過三個月的訓練後,所測試最大攝氧量的能力提高5%,肺活量提高7%,極限負荷提高4－5%,呼吸商提高7%。這些都表明高原訓練對提高呼吸功能、最大攝氧能力以及耐缺氧能力從而增強糖酵解能力都有一定好處,是提高運動能力的基礎。

為了比較高原訓練與平原訓練的效果,美國游泳協會運動醫學學部在1987年對此作了研究,將參加美國奧林匹克節的12名游泳運動員分成實驗組和對照組,分別在高原和平原執行同樣的訓練計劃,歷時四周半,訓練前後的測試結果表明,高原實驗組的體重減輕,最大攝氧量增加,血乳酸曲綫得到更多的右移(有氧代謝能力提高),游起來感到省力,200 公尺和 400公尺的成績提高得多,這些都比平原組要顯著,說明高原訓練對平地比賽有益。

此外,在動物試驗也證明,經低氧適應加運動後,在生理機能和結構上發生了一系列變化,如大鼠的心臟功能增強,心肌對能量利用的效率提高,酶的活性升高,骨骼肌毛細血管數增加,肌纖維的相對表面積密度增加等。

高原訓練在理論上雖有好處,但是在實際運用上,還有一些有待解決的問題,如果對其中某些因素掌握不好,也會導致失敗。如日本游泳隊於1984 年參加奧運會之前,在墨西哥進行了高原訓練,之後在洛杉磯賽場上成績不佳,據筑波大學的研究人員在訪華時介紹,其原因是在高原的訓練量偏大,下山後體力恢復不過來。又如 1990 年在加拿大訓練和訪問歸來的國家的游泳隊教練周明稱,加拿大對於高原訓練已作了大量的實驗室研究,但實際應用上尚有待起步,可見從理論到實踐仍有待探索。

(四)高原訓練的有關諸因素

有些運動員通過高原訓練後,沒有長成績,有些人甚至還出現下降。於是有人對高原訓練的效果產生了疑慮,提出了高原訓練是否真正有效的問題。誠然,要看到高原訓練的難度比平原訓練要大,駕馭高原訓練並非易事。

要使高原訓練達到一定效果,必須處理好下列有關的八個因素。即訓練地點的海拔高度、訓練的持續時間、強度、離開高原至比賽的時間間隔、保持的時間、高原訓練前後的負荷結構、提高再次高原訓練的效果及高原訓練的輔助訓練等。

1、高原訓練的適宜高度

理論上及有關資料表明,1000 公尺～3000 公尺的高原訓練都有效果。實際上大多數的高原訓練的高度都在 1500～2700 公尺。範圍這麼大,到底在此之間是否還有最佳點? 有人提出此問題,並認為 2000～2500 公尺的高度最佳,而最高的高度不宜超過 2700 公尺。在 2000～2500 公尺的高度訓練對提高運動水準以及運動員的耐力、速度都有好處,不僅對田徑運動員而言,對其它多種項目也都有好處。蘇聯教練認為 1400～2500 公尺之間的高度可以取得最好效果。專家們普遍認為在 3000 公尺以上的高度訓練有不利影響,但並不排斥在 3000 公尺左右的高度進行短暫停留,不過作長期大負荷的訓練是有困難的。

我國運動員目前的高原訓練高度多在 1890 公尺(昆明,中長跑、游泳、足球等)及 2360 公尺(西寧多巴,中長跑、競走、自由車等)。

總之,適宜的高度應具備兩個條件:即此高度能對機體產生深刻的缺氧刺激;同時又能承受比較大的訓練量和強度。

2、持續的時間

從平原到高原訓練的時間最少要三週,因爲從平原到高原要有一個適應過程。高度偏高適應的時間要延長一些,如在昆明需 3－5 天,到多巴則需 5－7 天。如果適應的時間太短,會影響高原訓練的效果。如果在比較低的高度(如 1500 公尺),適應期就可短一些。單純從生理學的角度看,在高原停留的時間長一些,也許更加有利。但也應考慮到,從平原到高原的人,在高原有心理負擔,還有經濟因素,所以安排高原訓練也不一定要很長。

蘇聯方面認爲,在中等高度(2000 公尺左右)上,高原訓練的時間以 45－50 天爲合適。高原訓練需要有比較充分的休息時間,所以訓練的次數要比平原多,每天訓練的次數,不超過四次爲宜。

近幾年來,一些國家在田徑訓練中,也把中度高度的訓練作爲重要的一環。每年都安排 3－4 週,如原東德爲四週,日本爲三、四週。蘇聯還試驗過這樣一種辦法:把高原訓練的週期折開,以 20 天爲一個階段,分爲兩個 10天,訓練 10 天後,再下到平原訓練一週,然後又回到高原訓練 10 天。像這種作法,西德和瑞士也用過,這種訓練法被稱之爲"兩頭高、中間低的一個月高原、平原往返訓練"。

已經在高原居住的運動隊,在安排上可考慮先在高原練一個冬訓階段(3－4 個月),到春季下到平原訓練和參加比賽,夏季回到高原訓練,秋季再下到平原比賽。

如果高原訓練是爲了適應高原比賽,高原訓練的時間就要求長一些。如果運動員要到高原比賽,又沒有條件事先進行高原訓練的話,在賽前的一個短時間內到高原做一短暫停留也是有好處的。如 1986 年的世界杯足球賽,在墨西哥高原比賽(高度爲 2240 公尺),大多數的國家都事先進行過高原訓練,就是沒有條件的國家,事先也進行過短暫的高原適應,否則在高原球場上持續跑 90 分鐘,會堅持不下來的。

3、強度

在高原訓練中,強度最難掌握,從訓練角度講,強度是重要因素。

(1)高原訓練的強度大小要根據運動員本身訓練水準的高低來定;

(2)根據比賽的目標來定,如 800 公尺跑要在比賽中達到什麼預期水準,在訓練中則要求有部分手段要接近比賽的要求;

(3)高原訓練的強度和下山後的強度要銜接起來,下山後的平原強度要比高原的強度高。

高原訓練要分爲幾個階段來完成:

第一階段—— 適應階段

年青的運動員(指年齡小, 訓練年限短), 大約需一週, 高水準的運動員, 只需 3－4 天, 在一週內田徑運動員主要安排慢跑至中速跑, 逐漸增加跑的距離, 而不增加跑的速度。

第二階段—— 爬坡階段

經過適應之後, 比較習慣高原缺氧時, 逐漸增加強度。

對於年青運動員大約需要 5－8 天, 高水準的運動員要 2－4 天, 在此期間可安排中等至中上強度的負荷。

第三階段—— 正常訓練至負荷高峰的階段

從適應階段和爬坡階段要經過一週半至二週, 才能達到正常訓練至高峰的階段。對於訓練水準高, 尤其對高原訓練有經驗的運動員, 此一過程可縮短到一週練完。但是, 無論如何到高原訓練不能像在平原一樣, 一上山就正常訓練, 這樣身體會負擔不了。

在安排上:跑二～三個 200 公尺運動員是可以完成的, 如果要求跑 10 個 200 公尺, 那就要延長間隔的休息時間。要想保持一定的運動負荷, 可增加訓練課的次數, 才能保證接近或達到平原的總量, 保證在高原長時間的訓練。如游泳訓練可將平原的日兩課量, 在高原分解為日三課。總之, 可在時間和距離上先後要求接近平原的水準, 二者不要開始就同時要求。

4、高原訓練後出成績的時間

下山後, 什麼時候出成績, 對此有不同的意見, 這與高原訓練的時間、強度都有密切關係。一般講, 初回平原, 由於高原訓練中的疲憊以及人體對於低海拔的平原也有個從不適應到適應及調整的過程。所以下山後, 人的機能狀況有一段短時的低谷, 這是正常的現象和反應, 在游泳和田徑中不少見, 即在運動能力的恢復和提高過程中, 可以有起伏, 要注意捕捉最佳點。

原民主德國認為在高原的訓練強度(3 週)比較大, 下山後, 第一週是下降的, 10－14 天好轉, 18－21 天是最佳狀態。

蘇聯的研究指出, 在高原上經過 2－5 週, 強度不是很大的訓練後, 訓練末期有個減負荷過程, 下山後, 有三個時期能夠提高成績。第一個時期, 下山後的 2－6 天(然後有一個下降);第二個時期, 14－24 天;第三個時期;35－45 天。

需要注意, 上述原民主德國與蘇聯的意見是有差別的, 估計與他們的訓練強度有關, 前者偏高些。

我國游泳界下山後至比賽的間隔, 與原民主德國的類同, 最近部分隊組又有些變動, 即將間隔由三週擴展至五－六週, 其用意是利用高原訓練的獲益, 首先着眼於提高下山後的訓練水準, 下山後再練三－四週, 然後作賽前調整才參加比賽。

高原訓練越緊張, 運動員訓練得越累, 提高成績出現得越晚。短距離運動員出成績的時間比長距離運動員要來得快,長距離運動員要晚一些。

5、高原訓練後的保持時間

出成績的時間與保持的時間二者是有關係的,但又不是一回事。高原訓練後的獲益可保持一段時間,中間有起伏,到後來則會下降,並不經常處在最佳點,而最佳點的持續時間比較短,而保持的時間比較長,這當中是有區別的。

有資料指出,高原訓練的效果可以保持到 45－50 天。

通常把高原訓練作為這個訓練季度的結尾,也就是在高原訓練之後到比賽之間,就不再安排大的階段的訓練。例如:1971 年蘇聯為蘇、美田徑對抗賽,作了高原訓練,根據慣例分析可能是五週左右,回到平原後,在第 40－41 天,它取得了 800 公尺～1500 公尺的好成績。同年,蘇聯有 10 個長跑運動員完成了高原訓練,在第 41～42 天,即第 6 週時,以 13'40″之內,跑完了 5000 公尺。從此意義上講,中長跑運動員出成績也是比較晚的。原民主德國和蘇聯都認為:第二週是下降的,第三週是上升的,第四週末是下降的。從蘇聯的模式看,它還有一個第三高峰(35－45 天),而民主德國沒有提到。

6、高原訓練前後的負荷結構

下山後到比賽之前如何練,負荷量要保持在不高不低之間,在下山後頭 2－3 天一定要減量和減強度,然後在一週多的時間裡把強度逐漸拉起來直到最高點,再作一週的賽前調整後參加比賽。

在整個高原訓練期間的負荷,應略低於高原訓練前的水準(在實際感受上卻超過了),頂多只接近最高點,在這個訓練階段,要求在耐力的基礎上又加上相當強度的量,如田徑、游泳在高原訓練的目的是提高耐力訓練、有氧代謝訓練的水準以及耐受高血乳酸的無氧代謝的能力。在高原訓練後,在此基礎上加強專項力量、速度訓練,經過專項訓練的拔高來達到一個新的高峰。

7、如何提高再次高原訓練的效果

高原訓練可一年進行幾次,一般大的比賽如全運會、亞運會、奧運會都在秋季。為此要求:

(1)每一次高原訓練的組成是不一樣的,要逐次加碼;

(2)要逐漸縮短高原訓練中的適應期和爬坡期。

與此同時訓練強度要逐漸加上去,從再次高原訓練來講,有幾個訓練參數要求提高,間歇要求縮短,強度要求提高,但是負荷也不能太大。總的意思是,一年中進行一次以上的高原訓練,那麼第二、第三次的高原訓練是逐步升級的。

8、高原訓練中的輔助訓練

高原訓練中最易丟失的就是強度,往往完不成高強度,尤其是成段的而不是零碎的高強度。因此下山後,速度就顯得不好。爲了彌補這個不足,在高原上應作一些力量性的訓練,以保持專項肌肉的力量,這樣可以和下山後的力量、速度訓練貫穿起來,發展肌肉的爆發力,較快地恢復和提高速度素質。在高原上力量訓練可以天天練。

在高原訓練的諸因素中,其中最主要的是前四種,也就是說要在適當的高度上,練適當的時間,練適當的強度和選擇至比賽間的適當間隔。其中最難的掌握的是適當的強度,即負荷旣不過大,又要足夠。要達到這種適當,需要藝術加科學。除了教練的經驗,運動員的感受和反應,最重要的是要有科學測試及從回饋信息中對強度的控制。

(五)高原訓練中的身體機能評定

中國的田徑、游泳運動員在過去一、二十年中,進行過一些高原訓練,但是那些嘗試,成敗都有,即使成功的訓練,提高的幅度也不盡人意。如今回顧還是在訓練安排和強度控制上未能完全符合於客觀規律,以致成效不大或事與願違。

近幾年來,在機能評定方面,我們經過實際測試和篩選,認爲血乳酸、超音心動圖、尿蛋白和血紅蛋白等,可以有效的監測高原訓練的負荷並使之達到最佳化。常用和有益的指標還有最大攝氧量和血尿素氮等。

在高原訓練中對血乳酸的側試,應在每次重要的訓練課中都測,這幾乎是天天測。有代表性的是作定量負荷游(遞增強度測試)或作規定動作負荷游,如游 8×100 公尺(3×100 公尺,2×100 公尺、1×100 公尺,1×100 公尺,1×100 公尺,分 5 級強度),按 80% 左右的強度,從低到高乃至全力游,每級游後測血乳酸。以測得的幾組游速與血乳酸值,標記在坐標紙上,繪出幾個乳酸── 速度交會點,連此幾點成一曲綫,即乳酸── 速度曲綫。如訓練情況正常和有進步時,則此曲綫將偏向右移,即游速增快而血乳酸值降低,這是理想的結果。如訓練情況不正常,則曲綫會左移,即游速減慢和血乳酸增高,這是機能不佳的表現。如優秀游泳運動員黃曉敏在 1988 年高原訓練的游速和血乳酸值均比 1987 年同期同樣負荷的指標要好。我們預計她可以游出新的好成績,結果她在漢城奧運會上獲得了銀牌,超過了前一年本人最好成績,這種符合率我們約可測到 85% 左右。

超音心動圖檢查是利用超聲反射的振幅信號和頻移信號提供心血管系統的解剖和血流信息,是一種無創傷性的對心臟進行定性和定量的新診斷技術。可以檢查心臟結構,測出心室的厚度,心臟容量的大小及心臟功能,如輸血功能、排血的效能。如高原訓練得當,則心臟的有關參數要改善;如訓練不當或訓練量過大或不足,則機能下降或無進步。如訓練側重在耐力,則心臟容量要增大,如側重在速度和力量,則心臟厚度要增加。這樣也可以檢驗訓練中的敎學設想和存在那些不足,以便調整內容。如 1988 年春,優秀游泳運動員楊文意在高原訓練後,她的上述各項心血管結構和功能的參數都有明顯地全面提高,是全隊最突出的一個,當時我們向她的敎練預報時稱,楊文意已具有創造優秀成績的生理基礎,果然在此測試 10 天後,在第三屆亞洲游泳錦標賽上,以 24 秒 98 的優異成績,創當年女子 50 公尺自由泳的世界記錄,並保持至巴塞羅那奧運會前。

對尿蛋白測定,可採用對運動員休息一夜在安靜狀態尿中排出的痕量蛋白進行檢測,認爲夜尿能靈敏地反應出運動員訓練一天後的疲勞程度。這是由於腎臟局部處於人的整體環境之中,全身機能發生的重大變化均可引起局部器官受到不同程度的影響,夜尿蛋白升高提示,在緊張訓練後,腎臟功能在相當一段時間尚未得到完全的恢復。在實際訓練中,國家游泳隊曾數次根據所測的尿蛋白數據在現場臨時改變個別或組的高原訓練計劃。

運動過程也是機體一系列化學反應釋放能量的過程,從能量代謝的角度來看,就是要順應人體正常生理的基礎上進行科學訓練而減少盲目性,利用有效的時間去最大限度地提高運動能力。由於高原訓練的難度比平原要大,因此醫學測試的任務就是從訓練中所獲得的數據信息迅速回饋,用以掌握下一步的訓練使之達到科學化和最佳化。

(六)高原訓練的效果

近幾年來,由於吸取了過去的敎訓,吸收了國外的某些有益經驗,加強了高原訓練中的科學測試,國家游泳隊採用高原訓練的效果大大的提高了。在 1986 年後,國家游泳隊在經過每年 2-3 次高原訓練後的歷次重要國際比賽中,都較大範圍的取得了優異成績。如 1986 年漢城亞運會我國游泳健兒取得了 10 塊金牌,8 塊銀牌,7 塊銅牌。1988 年第三屆亞洲游泳錦標賽上,我國選手取得 20 塊金牌,首次超過日本,位居亞洲第一。1988 年在漢城奧運會上,實現了游泳獎牌零的突破,部分運動員進入了世界游泳先進行列,取得了 3 塊銀牌,1 塊銅牌,還有 5 項進入決賽到 4-8 名。1990 年在北京亞運會上,取得了空前的 23 塊金牌。1992 年巴塞羅那奧運會上,奪得金牌的莊泳、林莉等也是經過賽前高原訓練的。

誠然,一項優異運動成績的誕生是多種因素綜合而成的,但是緊密安排在賽前且爲期至少 3-4 週的高原大運動量訓練,無疑必然對比賽成績起直接的明顯影響。問題是起好作用還是壞影響,這正是我們在研究和待解決中的課題。

這幾年,我國的游泳隊從高原訓練中獲得的好處可以在運動成績的提高和身體機能測試中得到驗證。目前已把高原訓練列爲重大比賽前的必修課程。

　　我國雲南昆明海拔 1893 公尺, 青海西寧 2260 公尺, 貴州六盤水 1840
公尺, 新疆天池 1950 公尺, 都是適宜高原訓練的好地方。

　　曾來中國執教的原民主德國游泳敎練克勞斯‧魯道夫說過, 在他們國家
一個優秀的敎練要有 20 次高原訓練的經驗, 一名優秀運動員要有 10 次高
原訓練的體驗, 而在高原訓練中進行科學測試也是必不可少的。

　　現在, 中國游泳集訓隊已有一批敎練和運動員已接近和達到上述高原
訓練經歷的高水準要求。我們深信, 在各種科學測試的配合下, 高原訓練將
進行得更加科學化和更有成效。在不斷地提高訓練水準的基礎上, 可以預
期, 他們將不斷地攀登上世界體壇高峰。

（翁慶章）

七 運動員心理狀態分析

(一)心理狀態與心理發展

心理狀態是特定時間內人的心理活動的總特徵。如注意的"分心"與集中狀態;思維的明確性、準確性與"靈感"狀態;情緒的穩定與激動狀態;意志的果斷與猶豫狀態等。運動員的訓練、競賽和日常生活,都是在一定的心理狀態下進行的,且成爲制約其活動質量與效率的因素;而敎練的訓練與競賽安排,實質上也在影響着運動員的心理狀態。

如果敎練在訓練中一貫要求運動員精力集中於技術與戰術任務,運動員經常在全神貫注中完成訓練要求,其注意穩定性就會鞏固;如果敎練平時不斷要求運動員訓練刻苦、勤奮,運動員接受要求並努力表現於訓練之中,其勤奮、認眞、刻苦的性格態度特徵即可形成並表現在習慣化的行爲方式中。敎練員持續以良性刺激影響和制約動員的心理狀態,就可使其從瞬息變化的運動態過程向穩定的個性(個性傾向性、個性心理特徵與自我意識)發展。

1、調控心理狀態的要素

(1)人的心理狀態

①心理負荷狀態。信息接收、加工、控制反應時的精神能量消耗。

②心理適應狀態。某時刻主體心理因素與行爲和客觀環境保持平衡的水準。如感覺適應。

③心理緊張狀態。某一時刻情緒緊張與身心激活程度。

④心理平衡狀態。主體心理需求與社會生活條件的一致性(人際關係、心理環境)。

(2)調節心理狀態的要素

①活動調節。活動內容增減、活動強度變化、活動形式改變。

②心理調節。用心理技巧改變個體的心理狀態。如認知調節、情緒調節、個性調節等,主要指他人從外部進行影響、訓練與調節。

③改善心理環境。改善人際關係和被覺察到的物質和社會環境。

④自我調節。自己主動使用心理訓練方法進行調節。

(二)運動員訓練心理狀態分析

1、運動訓練心理狀態特點

運動訓練是有計劃地提高和保持運動員競技能力的實踐活動。它與運動競賽緊密聯繫：訓練中提高或保持的競技能力必通過運動競賽才能表現為運動成績，被社會所承認。因此，運動員訓練心理狀態與平素人們為鍛煉身體、愉悅心情、健身益壽的訓練心理狀態不同。其特點：

(1)緊張性。為承受較大身心負荷的激活水準；

(2)緊迫性。與某次具體比賽任務相聯繫的緊迫感；

(3)目的性。自我成就的心理要求轉化為訓練目標滲透於訓練之中；

(4)堅韌性。耐受困難、大運動量與挫折的心理應力；

(5)專注性。集中精力、排除干擾、專注訓練；

(6)壓力感。意識到比賽壓力、感受焦慮不安。

當上述特性綜合到適宜程度、對訓練起促進作用時，即為積極健康的訓練心理狀態。

2.運動訓練消極心理狀態

指對訓練起抑制和破壞作用的心理狀態。包括緊張心理狀態與消沉心理狀態。

緊張心理狀態有明顯焦慮、驚慌反應，注意失調、動作忙亂。出現此種狀態原因有：(1)高期望低水準(能力)；(2)動作連續失誤或技能處於高原期；(3)臨近比賽，對自己技術不放心；(4)人際關係(教學關係、隊友之間)緊張；(5)處於有威脅的狀態(如選拔組隊、淘汰)；(6)運動員特質焦慮水準高。

消沉心理狀態表現為精神不振、消極沮喪、活動的靈活性受阻、效率低、難於完成訓練任務。出現此種狀態的原因有：(1)長期從事訓練、進步甚微；(2)比賽失敗陰影籠罩；(3)身心疲勞，傷病多；(4)厭煩訓練；(5)高原期心理反應。

3.不良訓練心理狀態的調整

(1)厭煩訓練的心理狀態

在長期艱苦訓練中，運動員在某個時期對訓練不感興趣、產生厭煩情緒致使訓練質量降低的消極狀態，包括強烈的躲避傾向。

表現：

缺乏訓練欲望，到了場地感到精疲力盡，興奮水準低、易分心、反應遲鈍、動作失調，嚴重者一到場地就煩躁、心慌、甚至出現植物神經失調現象(噁心、出汗、心悸)。

解決辦法：

①對在精神上或身體上出現過度疲勞的運動員，應幫助加強恢復措施、消除疲勞。如通過按摩、熱水浴等消除身體疲勞；通過心理放鬆、催眠放鬆、音樂療法消除精神疲勞。當過度疲勞明顯消除，精力旺盛、體力好轉，訓練慾望就可能加強。

②改善或改變訓練條件，變化訓練手段，增加活動的豐富性。

③正確的心理誘導。幫助運動員認識訓練與比賽中的進步、長處與不足,明確努力方向,增強訓練與比賽的自信心。

④教練技巧。教練應有對運動員進行鼓勵、鼓動的技巧,且自己也能角色投入,以充沛的精力、飽滿的熱情投入訓練,活躍訓練氣氛。對運動員針對情況分別給予指導。對失去信心的要幫助確定現實的目標與訓練計劃;對心境欠佳的要幫助排憂解難,從不良心境中解脫出來;對惰性大的要堅持嚴格要求,等等。

⑤運動員的自我要求。通過自我分析發現問題,通過自我認知(包括與人比較)找出差距和努力方向,樹立具體目標,通過訓練日記進行自我檢查與自我激勵。

(2)高原期的消極心理反應

運動員在掌握複雜技能中,在練習後期的一定階段出現成績暫時停頓或下降稱"高原現象"。此時運動員往往由於缺乏對技能發展規律的正確認識而出現消極的心理狀態。

表現:

急躁、蠻幹、惶恐、焦慮、過分緊張;或表現爲消極悲觀、煩惱沉悶、缺乏信心、情緒低沉。

解決辦法:

①講解技能發展規律,樹立可期待的前景目標。使運動員理解技能發展的高原期決不是技能的極限。引用具體事實說明繼續訓練、堅持不懈地練習,就可能跨越"高原",走向技能發展的第二高峰。通過認知調整,樹立現實的奮鬥指標,就會接受現實、振作精神、冷靜思考、努力實踐,有效地降低消極心態而向積極方面轉化。

②加強訓練的技術指導。認眞分析形成"高原現象"的技術與心理原因,尋求對策,強調因人而異的細緻安排和認眞指導。如形成'高原現象'的原因可能有:感覺機能和中樞機能對動作的控制和調節作用減弱;提高練習成績的新的活動結構和方法尙未形成;練習方法不當,一時無法突破困難;生理、心理疲勞;意志品質差,缺乏繼續提高的勇氣和信心;自滿情緒;可能正在進行潛在學習,成績尙未顯示出來等。分析情況,有針對性地確定訓練重點。在訓練中,避免高焦慮狀態下練習,加強保護幫助,避免傷害事故的發生和錯誤動作的重覆。

③加強心理訓練,在頭腦中演練好動作。觀摩好動作後的表象訓練或對自己以往好動作的表象演練,有助於技術水準的提高,能起到意想不到的積極強化作用。

④消除心理、生理疲勞的措施。

⑤鼓勵和積極強化。教練要敏銳發現運動員的技術進步,及時鼓勵,能起到積極強化和增強信心的作用。

⑥加強動機教育和意志品質的培養。使運動員增強成就動機水準、提高勇氣和信心,以頑強的意志和積極進取精神投入訓練。

(3)對大運動量的不良心理狀態

根據項目特點和不同階段的訓練任務所安排的恰當的加大負荷的訓練可引起機體更加明顯的生物適應,取得更好的訓練效果。然而,有些運動員經不起科學的大負荷訓練的考驗而出現消極的心理狀態。

表現:

害怕訓練,把訓練課當成沉重的負擔;害怕受傷、恐懼訓練量完不成或完成後難以恢復;訓練中企圖減量或勉強應付;食慾不振、睡眠欠佳、情緒低沉、反應變慢。嚴重者事業心動搖、企圖改行退役。

解決辦法:

①認知訓練。使運動員掌握訓練學、運動生理學知識,了解科學安排的大負荷訓練對機體的生物適應和提高運動能力的積極意義。在認知基礎上內化為心理需要,並轉化為運動員接受大負荷訓練的動機,即可激起訓練願望。

②合理安排運動量。遵照循序漸進原則和運動員具體情況,根據項目要求合理安排運動量。使之從生理上不斷提高對大負荷的承受力。

③訓練手段的變化。在科學的大負荷不變的情況下變化手段、豐富內容、激起訓練興趣。

④做好大負荷訓練後的恢復工作,使運動員及時消除疲勞、機體狀況良好,注意防傷防病和傷病的醫治。

⑤意志訓練。教練的訓練要求應變成運動員的自訓計劃。提高自我要求,明確每次訓練課所應完成的具體指標,自覺克服困難、完成負荷。針對運動員意志的薄弱環節,提出激發動機、提高克服困難的勇氣、堅持性、自制力等意志訓練內容,通過訓練實踐去提高意志品質。

(4)單調感

訓練中由於同一種刺激和動作無休止地重覆所引起的不快感,長期接受此種刺激就會出現煩躁、焦慮、緊張、易怒等消極心理反映,降低訓練質量。

表現:

厭煩感,大腦處於抑制狀態,精神疲倦、缺乏活力,對訓練感到索然乏味,動作感受性降低,動作混亂,嚴重者可發展成身心疾患。

克服辦法:

①訓練方法的新異性。刺激的不同組合具有相對新異性。具有相對新異性的訓練方法能激起運動員對訓練的好奇心和新鮮感。但注意保證完成預定訓練任務。

②訓練條件的變化。如游泳或跳水運動員對訓練場館產生厭煩、噁心、

可暫時停止幾次水中訓練,安排陸上進行的能引起興趣的身體練習(如球類),長跑運動員可到寬闊宜人的自然界去練習,或到其它場館進行。此舉能有效消除因刺激單一而引起的心理飽和。

③目標設置。各項訓練都有單調之處,如運動員對自己設置了具體目標,有了新的追求,就使每一次的訓練帶上了新意,屬足心理就能控制、訓練情緒能夠提高。

④心理放鬆。運用心理訓練手段消除精神疲勞,誘發積極愉悅情緒。

⑤興趣的培養和理想、信念教育。

通過設疑、創設條件、積極誘導、鼓勵、價值激勵等手段誘發和培養興趣。靠'強烈的興趣和頑強的入迷'能有效維持對訓練的認識需要和積極的情緒狀態。將思想教育和心理誘導有機結合,使運動員樹立為祖國、為人民竭盡全力貢獻才智是自己的追求與理想,從根本上提高訓練的動力和心理耐力,會有效克服單調感。

(5)精神性疲勞

在技術性複雜或競爭激烈的運動項目中,運動員從事長期艱苦訓練後因精神負擔過重而造成大腦神經細胞的疲勞。

表現:

情緒低落、體力不支、注意渙散、思維遲緩,訓練效率低、錯誤明顯增加。對人對事淡漠、遇事急躁、缺乏耐心、厭倦懈怠。心理疲勞的持續發展將導致頭疼、眩暈、心血管和呼吸系統功能紊亂、食欲減退、消化不良、睡眠障礙等神經機能症狀。盡管神經疲勞表現多種多樣,多數精神性疲勞者伴有身體疲勞症狀,體檢完全正常卻主訴有疲勞感;少數運動員身體感覺尚好,就是心情煩躁、不想訓練。

克服方法:

①心理調節。應用心理訓練方法進行放鬆練習。可使用放鬆練習、氣功放鬆、催眠放鬆練習、音樂放鬆練習、生物反饋放鬆訓練等。

②積極性休息。安排文娛活動,到大自然中漫步野游、進行輕鬆的游戲活動等。

③調整訓練負荷。從強度、訓練量和節奏安排上適當降低要求,再逐漸加量。

④對營養、休息、治療等恢復措施給予重視,並與心理調節手段密切結合。

⑤注意賽後調整。比賽後勝者易過於興奮、浮躁,敗者易懊惱沮喪、痛苦,兩者都易引起精神性疲勞並潛存下來,故應及時安排輕鬆的活動內容,認真進行調整。

⑥心理諮詢。主要針對訓練中存在的心理問題、比賽後出現的問題或人際關係發生矛盾衝突、情緒異常等進行有針對性的諮詢,解決心理障礙。

(6)挫折的消極效應

訓練或比賽中遇到了與需要和願望相悖的刺激,使運動員的目標行為受阻,在主觀上體驗到一種失意、不滿或消沉的狀態。運動挫折可能產生建設性效應和破壞性效應。前者是指運動員遇挫後並不氣餒,而是倍加努力、堅定地實現目標,或調整目標使其有實現的更大可能。後者是指由於挫折體驗而降低了心理活動積極性和訓練效率,甚至發生行為偏差或導致身心疾患的出現。因此,後者應予調整。

表現:

①攻擊反應。挫折後難以控制的情緒反應破壞了動作的一致性和連續性,過分的攻擊性不適時宜、不分場合地集中於對手、隊友或教練。

②逃避反應。尋找理由逃避訓練,不願參加或力圖拒絕比賽,表現為退避和妥協。

③淡漠反應。缺乏活力、心灰意冷、動作抑制、思維遲滯。是攻擊反應的間接表現形式。

解決方法:

①提高對挫折兩重性的認識。挫折不可避免,故應對挫折採取認可和接受態度;認識到正確對待挫折是提高運動成績、事業取得成功的重要心理條件,從而努力提高心理耐力。

②樹立恰當的抱負水準。即樹立通過努力能夠實現的目標值,它將推動運動員竭盡全力為實現目標而訓練,能起到強化興趣和增強動機的作用。

③提高技術水準與實踐能力。通過技術進步與比賽成功提高自信心,增強挫折耐受力。

④心理渲泄與心理諮詢。挫折後的消極思緒應允許渲泄,緩解情緒緊張;通過心理諮詢幫助其以正確的態度和對策去解決,以避免形成消極的自我防衛機制和不健康的人格特徵。

⑤正確的歸因教育。挫折的發生可由主客觀因素所引起,又可能有穩定和不穩定因素之分。運動員如能正確分析挫折發生的主客觀原因(如比賽失敗由於賽前準備不充分,屬歸因於主觀的不穩定因素;如認為是能力低,屬歸因於主觀的穩定因素)就能找到解決挫折的對策。而過多歸咎於客觀原因(如教練水準低、器械條件差)就可能怨天尤人或束手無策。

(三)運動員競賽心理狀態分析

競賽是體育運動的核心,是競技體育的重要內容。沒有競賽就沒有競技運動。而競賽對運動員不僅是體力和技術的競爭,更是心理的抗衡。因此,研究運動員競賽心理狀態、做好比賽的心理工作對促使他們正常發揮技術水準至關重要。

1、比賽的積極心理狀態(戰鬥準備狀態、最佳競技狀態)

指運動員在比賽前與比賽中積極、振奮、樂觀的狀態,能使心理活動處於較高水準,增力情緒占優勢,潛在能力能夠發揮,是創造良好運動成績的理想狀態。

(1)綜合國內外的研究,最佳心理狀態的表現

①感到全身放鬆、協調,肌肉不發僵、不顫抖,感到既有力,又輕鬆。

②心情愉快、鎮靜,能冷靜沉着地分析形勢和處理問題。心理上能做到亂中求靜,行為上能實現動中求穩。

③無過重焦慮,不擔心失敗,不害怕對手,情緒始終高昂。

④確信自己技術、心理上的優勢,相信自己的能力一定能發揮出來。

⑤興奮適中。既不感到興奮難以抑制,又不感到低沉,是適度、穩定的身心激活水準。

⑥全身能量充分動員,強而有力,無疲勞感。

⑦興致勃勃、精力充沛、思維敏捷、反應迅速。

⑧動作自如,行為有序,感到動作不費力,輕鬆自如、有條不紊。

⑨注意力集中於當前比賽。不為過去懊喪或得意,也不擔心比賽結局。

⑩頭腦清醒。能清晰回憶動作過程和用語言準確描述。

(2)形成積極比賽心理狀態的成分

積極的比賽心理狀態的出現是身體、情緒和心理反映能力的良性狀態的最佳匹配和協調發展。它是由以往的訓練和比賽中長期準備而來的。

①身體技術狀態。強壯的體魄、精湛的技術是最佳競技狀態的物質基礎。尤其是大腦活動機能狀況良好,肌肉、關節、內臟狀態正常,二者協調統一保證有機體能量充分發揮。

②情緒狀態。積極增力情緒為主,情緒振奮又能夠控制、興致勃勃又從容鎮定,中等強度的適宜興奮水準。

③心理反映水準。注意集中,良好的抗干擾能力,主動地控制對信息的處理,有各種比賽策略和充分的應變措施,能在瞬息萬變的運動情境中迅速巧妙地選取與客觀現實相符的行動方案,有強大的精神力。

(3)促使積極的比賽心理狀態形成

①科學安排賽前訓練

賽前訓練安排一要考慮有利於強化好的技術動作。對技術上尚存一些問題的運動員要有針對性地重點解決不足之處,不過多強調動作不滿意或糾纏壞動作的原因;二是組織模擬訓練。如認真安排近似於比賽環境條件的實景模擬(包括場地、器材、氣候、時間、觀眾、對手、裁判等因素),使運動員承受更大負荷或更為困難的條件的超量模擬,以語言、表象為工具在頭腦中逼真描繪未來比賽情景的語言形象模擬;三是臨賽前的減量練習,注意減量、放鬆或安排部分休息時間。以上安排的作用是有利於提高運動員的自

信心,提高比賽適應能力,促進神經細胞獲得有效的工作能力,有助於比賽時機體與心理的重新動員。

②做好賽前心理診斷

約從賽前一個月就要注意了解運動員對此次比賽的心理問題,做出準確診斷以利於心理諮詢、心理調節的進行。為較準確地把握運動員的"心理氣候",診斷方法有:

a談話。由運動員所信任的教練、領隊或心理學工作者以關切的態度、平等的地位與運動員進行交談,並注意與運動員的行為表現結合加以綜合判斷。

b問卷。用回答問題的方式表述個人賽前的心理狀態(包括動機、自信心、注意、應激控制、自我意象狀態)和身體感覺,然後由主測者根據評分標準進行評定。我國近幾年用過的《身心狀態調查表》有一定參考價值。

附:運動員心理狀態評定量表:

1.總的說來你的感覺如何? (一個月內)

(1)情緒極佳

(2)情緒很好

(3)基本良好

(4)波動大

(5)多半低落

(6)情緒很低

2.你有過神經過敏嗎? (近一個月)

(1)極其嚴重以至不能工作和料理事物

(2)非常嚴重

(3)相當嚴重

(4)有些嚴重

(5)有一點嚴重

(6)一點也不嚴重

3.你是否嚴格控制了自己的行為、思緒、情緒或情感?

(1)是的,的確如此

(2)是的,多半如此

(3)是的,一般是這樣

(4)不太好

(5)不,有些失調

(6)不,非常失調

4.你是否感到這樣悲哀,信心不足,無依無靠,或感到問題如此之多,以致不知什麼是有價值的、應當做的?

(1)完全如此,以致快要放棄自己的努力

(2)非常如此

(3)相當如此

(4)有些這樣

(5)有一點

(6)根本沒有

5.你是否經歷或感到過緊張、應激或壓力重重?

(1)是的,我幾乎不能忍受

(2)是的,有相當的壓力

(3)是的,有些比平時壓力大

(4)是的,有一些,但和平時差不多

(5)有一點

(6)根本沒有

6.你對自己的個人生活感到幸福、滿意或高興嗎?

(1)極其高興

(2)很高興

(3)相當高興

(4)滿意

(5)有點不滿

(6)很不高興

7.你有理由想知道自己是否失去了理智,或對自己行為舉止、談吐、思維、感覺和記憶等都無法控制了?

(1)根本不是

(2)只有一點想知道

(3)有一些想知道,但不足以為它憂慮

(4)有些,並且為它感到擔心

(5)有些,並且相當關心

(6)是的,非常如此,非常關心

8.你是否感到焦慮、憂慮或心煩意亂?

(1)極為如此

(2)非常如此

(3)相當有些

(4)有些

(5)有一點

(6)根本沒有

9.你是否在醒來時感到清新,精神很好?

(1)每天都是

(2)幾乎每天

(3)相當經常

(4)沒有一半時間感到這樣

(5)很少

(6)根本沒有

10.你是否患過什麼疾病,有過什麼身體失調、疼痛或為你的身體健康感到恐懼?

(1)所有時間

(2)大多時間

(3)相當時間

(4)有些時間

(5)有一點時間

(6)根本無

11.你的日常生活是否充滿了樂趣?

(1)所有時間

(2)大多時間

(3)相當時間

(4)有些時間

(5)有點時間

(6)根本無

12.你是否感到沮喪和情緒低落?

(1)所有時間

(2)大多時間

(3)相當時間

(4)有些時間

(5)有一點點

(6)根本無

13.你一直感到情緒穩定、自信心很強嗎?

(1)所有時間

(2)相當時間

(3)大多時間

(4)有些時間

(5)有一點

(6)根本無

14.你是否感到疲勞、甚至精疲力竭?

(1)所有時間

(2)相當時間

(3)大多時間

(4)有些時間

(5)有一點

(6)根本無

15.你對自己的健康關心或憂慮的程度如何?

```
+ · · · · · + · · · · · +
0           10
根本不關心  很關心
```

16.你的放鬆或緊張程度是多少?

```
+ · · · · · + · · · · · +
0           10
非常放鬆   非常緊張
```

17.你的精力、幹勁如何?

```
+ · · · · · + · · · · · +
0           10
根本無精力  精力旺盛
無精打采
```

18.你的抑鬱程度和快樂程度如何?

```
+ · · · · · + · · · · · +
0           10
非常抑鬱   非常快樂
```

根據評分表評出分數後,評定標準是:

71~100 分爲積極健康水準;

56~70 分爲有些問題,存在可導致應激的因素;

55 分以下爲嚴重問題,有臨床意義,需要進行心理治療。

在分值評定時不可忽視教練的意見和本人認可的程度。

c 實驗測定。通過實驗儀器的測量了解運動員的賽前情緒緊張水準。如利用肌電、皮電反饋儀測定(在賽前 1~3 天)時,若基值高於平時或放鬆速度明顯減慢,可視爲緊張水準偏高。用握力計復制半力若與標準值相差 5 千克以上,時間估計(10 秒)與標準值相差 1~1.5 秒以上就可診斷有過度緊張的趨向。

③心理諮詢與心理訓練

爲比賽服務的心理諮詢主要解決心理診斷中發現的心理問題,樹立正確的比賽態度,重點是解決比賽的正確心理定向。

對上述量表的調查評分表

評分方法 成績 調查次數	第一次	第二次	第三次
1　　6－（　　）			
2　　（　　）－1			
3　　6－（　　）			
4　　（　　）－1			
5　　（　　）－1			
6　　6－（　　）			
7　　6－（　　）			
8　　（　　）－1			
9　　6－（　　）			
10　（　　）－1			
11　6－（　　）			
12　（　　）－1			
13　6－（　　）			
14　（　　）－1			
15　6－（　　）			
16　6－（　　）			
17　（　　）－1			
18　（　　）－1			
總　計			

　　通過認知指導使其認知結構發生某些調整和變化，認識到比賽應做到：多想動作(技術、戰術)、少想結果；以我爲主；專注於當前而不沉溺過去和擔心未來。從心理學上認識以上幾點就是發揮心理能動作用的體現。心理控制點理論認爲，主體更多控制可控制的因素，排除不可控因素的影響，就能較易於發揮水準。比賽中的可控與不可控因素是：

	可控因素	不可控因素
控制對象	自己	他人
控制時間	當前(現在)	過去、未來
控制事物	動作(技術)	結果

　　在正確比賽態度的基礎上，諮詢者可給運動員提供具體的心理控制策略。如意向控制法：控制視域、控制注意、控制表象活動。

　　給出簡短有效的控制語(或斷語)，進行自我控制、自我鼓動。

　　應用具體的心理調節技能，如調息、自我暗示放鬆、表象練習、氣功調節等。

④寫出比賽方案

要求運動員自己或與教練一起制定本次比賽的準備方案。包括：本次比賽的目標(成績發揮水準或技術要求)、賽前身體準備(技術、飲食、衣着、住行、休息)；情緒準備(自己喜歡的情緒調劑方式；放鬆技術、技術動作的內心演練、斷語或召喚語、簡單的身體技術練習手段等)；心理準備(按時間順序逼真地想像比賽進程及賽前如何按步就班地進入比賽，寫出賽前活動安排提綱和比賽的程序安排)；賽中可能遇到的問題與困難，解決的措施。認真寫出方案之時就是實施方案的開端。計劃與方案是規劃自己行為、預先接觸比賽的有效手段，由於它填補了"現在和將來之間的一片空白"，又使完整的目標分割成幾個部分，使人從做好第一件事開始去接近第二件事，直至最後，因此，它能使人降低過高的焦慮。

通過科學安排訓練積蓄身心能量和適應比賽需要的技術；通過心理診斷為心理諮詢和心理訓練提供準確的參照信息；通過心理諮詢和心理訓練使運動員有正確的比賽心理定勢和良好的調節水準；通過比賽方案的制定與實施使運動員成為規劃和實現比賽行動的主體。四方面的綜合就易於使運動員在成就動機、自信心、專注、情緒控制和自我意象五個方面做好準備，駕馭自己努力實施，贏得比賽。

2、比賽的消極心理狀態

(1)過度緊張

運動員對比賽的過度焦慮、激動、擔憂、興奮的狀態。

表現：

過度緊張在賽前和開賽之初往往表現為驚慌期待性反應，在賽中有時表現為抗議性反應。在即將到來的比賽之前或開賽之初，伴隨驚慌期待性機能症反應的症狀是：①手忙腳亂、極度興奮、多餘動作產生；②臉色變化，說話聲調不同往常，有時口吃；③思維混亂、語無倫次，缺乏完整性和邏輯性；④離群索居，不願與人交往；⑤對教練的忠告漫不經心，心不在焉；⑥賽前失眠，食慾不振；⑦小便頻數。

在賽中過度緊張致使運動員不能對比賽態勢及對手做出完全相符的反應時，可能表現為抗議性行為。如不服從、無紀律性、粗暴態度、帶有破壞趨勢及攻擊性動作。①對比賽對手粗暴反抗、侮辱對手、有意無意採取比賽規則禁止的動作；②指向裁判時，斷然不同意裁決，並加以指責；③指向觀眾時，進行示威性呼喊；④指向教練和隊友時，態度粗暴、不執行決定。

但有時過度緊張又會表現為身心活動的過分抑制。如緊張性木僵、重覆不正常動作或姿勢的"作態"；刻板動作；無條件順從指令的被動服從等。

原因：

①過敏性緊張：對比賽場地、器材、氣候、觀眾、裁判等不適應、不放心；害怕對手，強調對手實力，對自身實力信心不足；以往失敗陰影縈繞腦際；以

及由心理—— 社會因素誘發的憂心忡忡、挫折感、失敗感和自尊心的嚴重損傷引起的多種原因。

②現實性緊張:面臨比賽,渴望獲得他人認可或相應的社會地位(在本項目中的名望),由客觀上存在的對自尊心的威脅所引起。

③道德性緊張:比賽意義重大,擔心完不成任務對不起祖國、人民,過分地感受比賽形勢的嚴峻,擔心自我表現(比賽成績)與社會要求不一致,心理壓力過大。

解決方法:

①通過模擬訓練預先接觸比賽情境,使之'習慣化',在與'模擬對手'的對陣中,保持隊員高水準的競技狀態,以縮小訓練與比賽的差距和提高適應比賽的能力。幫助運動員做好技術和心理上的準備,使之逐漸認識這次比賽我有實力。

②心理諮詢與認知調整

運動員的過度緊張往往是由於對比賽刺激因素和本人參賽條件做出了具有威脅性意義的評價後產生的,因此,它是認知的消極思維的結果。即:

```
環境刺激——→消極思維——→喚醒 = 應激
  (E)          (NT)       (A)    (S)
```

心理諮詢就是要改變運動員的消極思維而成爲積極思維。他們常見的不合理思維是:①完美化—— 對自己的高度期望,認爲自己必須全勝,一旦失敗就認爲自己毫無價值,陷入絕望和痛苦;②低挫折耐受性和自憐。認爲比賽的緊張和'殘酷'自己無法忍受;③要求絕對化—— 環境、條件必須象我所要求的那樣完美;敎練、隊友、裁判都要友好待我,否則就煩惱;④過去經驗決定論—— 過去的經驗是現在行爲的決定因素,念念不忘以往的失敗,未戰先衰。

諮詢者首先要幫助運動員冷靜捕捉和識別致使其過度緊張的消極想法是什麼,認識是通向改變的第一步;其次,對不合理思維進行內部辯論,用積極想法說服自己;第三,要明確現在應該做什麼,對可能出現的問題準備好應變對策;最後,利用鼓動性語言進行自勵自控。

諮詢過程包括與運動員一起制定合理的比賽目標和比賽的行爲程序和思維程序,使其把整個目標分割成若干個具體目標,行動逐步接近目標,便加強了信心。

③掌握控制情緒的基本功能—— 冷化控制、轉化控制、激化控制

冷化控制。包括自我暗示放鬆(降低肌肉緊張和中樞神經系統的興奮性);生物反饋訓練(通過生物反饋儀的回授降低機體的心率、血壓、呼吸頻率、皮電值,促使精神緊張消除)信息迴避法(減少有干擾作用的信息輸入);行爲適應調節法(通過不同速度、幅度、方向的動作練習使之變得輕鬆起來)。

轉化控制。有意改變注意指向性或通過另一種活動來緩解情緒緊張。如聽音樂、看畫冊、小說，做簡單的工藝手工操作等，用刺激替代或意識轉移達到控制緊張的目的(時間要恰當)。

激化控制。用刺激或激勵的方法，在提高認識基礎上達到緩解緊張的目的。運動員往往被某種雜念所困擾，圍於某種不良刺激之中，敎練有時用一句刺激很強的話去激他，反而可使他擺脫窘境(請將不如激將)；運動員的自激也同樣能達到控制的目的。

(2)厭倦淡漠

過度訓練和頻繁參賽所引起的對比賽的消極心理反映及衰弱狀態。

表現：

參加比賽願望消失，失去比賽的狠勁，訓練和比賽時，出現全身衰弱現象。易疲勞，食寐不佳、輕度頭疼，容易激動。部分運動員會出現疑病反應，這是比厭倦更爲惡劣的反應：產生大量不愉快的肉體感覺以及對其多疑的理解中，他們的注意力集中在不舒適的感覺上，形象地描述這種感受，尋求同情或拒絕參賽。

原因：

過度的訓練、競賽負荷；傷病和身心疲勞；以往比賽失敗後的消極陰影；懾於對手實力強大，未戰先衰；缺乏信心；心情過於緊張由興奮轉向抑制。

克服方法：

①依個人情況，以較小規模的負荷進行訓練，賽前一周安排減量訓練。

②適當的休息和放鬆，安排調整性活動。

③認眞對待運動員傷病

④創造和諧的團體氣氛和良好的人際關係。

⑤心理諮詢。進行動機激勵；樹立比賽目標；建立自信心，提高挫折耐受力。在諮詢過程中，不僅由諮詢者提供幫助，還應讓運動員盡量傾吐內心，進行合理的'渲泄'，妥善地使用心理防御機制，對提高適應能力很有幫助。

⑥戰績回憶訓練。回憶過去某次比賽的勝利與成功，體會以往進入最佳狀態時的良好感受，使躍躍欲試迎接比賽的激情回到運動員的身邊。

(3)盲目自信與信心不足

有的運動員對自己力量估計過高，對即將到來的比賽困難估計不足表現爲盲目自信。他們不願冷靜分析思考問題，總相信能輕易取勝和僥倖成功；不積極動員全身心的力量參加比賽和克服困難，表現浮躁。而一遇挫折情緒立即消沉，束手無策。

有的運動員對自身力量估計過低，擔心自己的弱項或動作的薄弱環節，對比賽信心不足。表現焦慮不安、害怕對手、想贏怕輸、做動作猶豫、遲疑、唯恐失誤。

克服方法:

①進行有針對性的心理訓練

在賽前訓練中除有意識地安排適應性訓練、模擬訓練外,可把想像訓練放在首位。在頭腦中想像動作及完成動作的典型條件,做到動作預覺和情境預見,並且爛熟於心。對信心不足者可喚起對技術的自信和樂觀的情緒,對過於自信者可把注意力引向技術的要點和細節,克服浮躁的缺點,同時還可用提問和回答的方式,強化其技術概念。

②精心安排賽前訓練

對信心不足者教練應有預見性地安排動作難點或薄弱環節的練習,提高動作熟練程度和成功率,以增強信心。當動作質量已經提高,就要增加緊張的訓練氣氛,使其接近比賽情境。在賽前訓練中製造一定的心理壓力,使運動員做有效的心理動員。

對盲目自信者與信心不足者均可在以上基礎上增加干擾條件,進行實景模擬,或變換場地器械,或增加一些易於分心的因素,並適當提高難度,如要求首戰成功,隨堂訓練打分(按比賽標準)。臨近比賽時,要組織好試用比賽場地的練習,要求按自己制訂的比賽方案中的動作程序重點練習。動作的準確和較高的成功率是信心的物質基礎。

③指導運動員寫好比賽方案

除一般程序外,還包括關鍵動作的技術要領以及出現意外情況的補救辦法。比賽方案的撰寫過程,就是一次詳細的比賽情況思維模擬訓練和認真的心理動員。

④培養正確的認識方法

引導運動員首先學會分析自己,了解自己的長處與短處;學會分析過去比賽成功與失敗的主客觀原因和穩定與不穩定因素;學會分析交戰雙方實力對比。對信心不足和盲目自信的運動員,都應該學會全面地認識與分析問題,針對具體比賽,用對比的方法寫出來。

⑤個性指導

盲目自信者往往是對自己評價過高,驕傲、輕敵、浮躁;缺乏信心的運動員多比較自卑,畏難膽怯、果斷性差、缺乏銳氣。應針對不同個性特點,結合比賽表現與結果的分析,對運動員進行個性指導。

(劉淑慧)

八　運動性疲勞和恢復過程

（一）運動性疲勞的概念

1982年第五屆國際運動生化學術會上，根據當時的研究成果，對運動性疲勞提出了一個較爲恰當的概念是："機體生理過程不能持續其機能在一特定水準上和/或各器官不能維持預定的運動強度。"

在運動訓練中可將疲勞分爲中樞疲勞和末梢疲勞兩大類型。

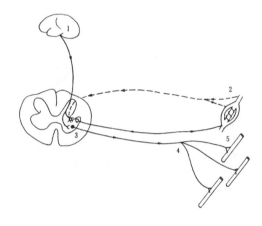

圖1-8-1　中樞疲勞部位：1.棘突衰減；2.傳入抑制；3.運動神經興奮性降低；4.神經分支點興奮性喪失；5.神經肌肉突觸間傳達衰減。

（引自 Green. 1990）

1、中樞疲勞

疲勞可發生在中樞和肌肉。中樞運動神經紊亂可改變運動神經的興奮性，從而影響神經肌肉接點處的棘突動作電位；運動神經興奮性改變還可使神經衝動發放的頻率減少或衰減，結果引起疲勞。圖1-8-1是中樞發生疲勞的主要部位。

2、末梢疲勞

根據目前的材料，可在兩個水準上分析末梢疲勞的特點，即在肌纖維水準（細胞水準）上分析末梢疲勞的特點。

（1）肌細胞疲勞

肌細胞疲勞時，肌細胞一般反應在肌細胞興奮或收縮過程及放鬆過程時生理生化變化上。興奮過程的變化包括肌纖維膜受阻和/或 T 管對動作電位復原、再現的支配；T 管和肌漿網間偶聯的衰減等。圖1-8-2中表示出的9個部位中,任何的一種因素衰減都可以影響肌纖維的活動,最終表現爲調節蛋白(肌鈣蛋白)和肌球蛋白、肌動蛋白橫橋的連接,造成產生力量過程的機能改變而表現爲疲勞。

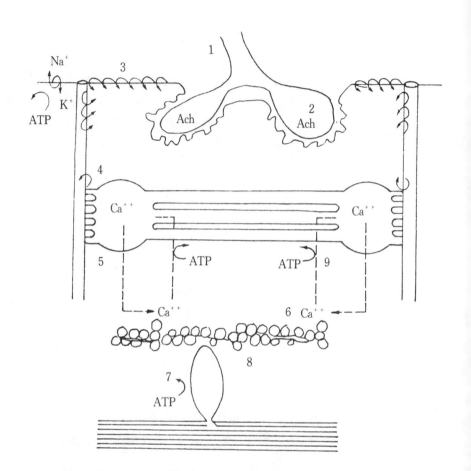

圖1-8-2　末梢疲勞的部位:1.**突觸前衰減**;2.**運動末梢動作電位傳遞抑制**;3.**維持動作電位的肌纖維膜衰減**;4.T **管和肌漿網間興奮偶聯喪失**;5.**從肌漿網釋放** Ca^{2+} **減少**;6.**肌鈣蛋白結合** Ca^{2+} **親合力下降**;7.**橫橋循環受損**;8.**橫橋分離減慢**;9.**肌漿網重聚合鈣減少**。　　　　　　　　　　　　　　　　　　(引自 Green. 1990)

(2)物質、能量代謝和疲勞

物質、能量代謝和疲勞的關係,根據目前的主要研究成果,主要表現在如下兩個方面:①能源物質的貯量、動用和恢復;②代謝過程的調節和改善;包括酶、激素、代謝產物和細胞內外環境的改變對代謝的調節。

人體運動時產生力量的直接能量物質是 ATP,從能量過程的觀點來看,要求 ATP 再合成保持和 ATP 利用相同的速率。在疲勞時肌力下降,最明顯的是 ATP 再合成的速率下降。肌肉中再合成 ATP 主要有三個過程;第一是由 CP 再合成,但它可用的能量很少,只能滿足短時間突然增加的能量需求;第二是脂肪再合成 ATP 速率、能力最低,但其總貯量大;第三是糖可在所有運動時,不論是無氧最大肌肉收縮或有氧時力量產生過程中,都可供 ATP 再合成。因此,在採用電刺激肌肉研究肌肉力量變化與能源物質和代謝產物變化的關係時,可把疲勞簡單地定義爲"肌力下降"。由圖 1-8-3 可以了解 ATP 轉換速率、能源物質貯量、代謝產物(乳酸)和肌力的變化。

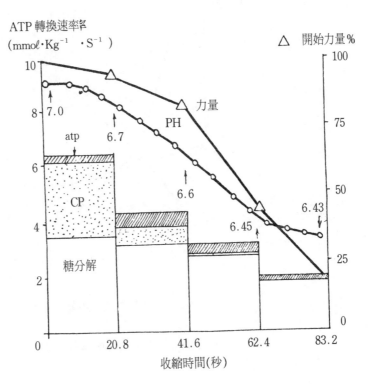

圖 1-8-3　人體股直肌在電刺激時 ATP 轉換速率和肌力下降關係

(引自 Hnltman 等 1987)

在肌力下降時,ATP 轉換速率下降,能源物質 CP 下降最明顯,乳酸增加和肌肉 PH 值下降(圖 1-8-4)使 ATP 的利用和能量釋放過程受抑制,這時,由於 ATP 分解使無機磷酸增多,抑制肌動蛋白和肌球蛋白間橫橋循環,使肌肉收縮力量下降,造成疲勞發生。

從上述可見,運動性疲勞的發生從中樞到骨骼肌細胞、再到細胞內的物質能量代謝過程,中間任何一個環節或這些過程綜合變化,都可以造成疲勞。因此,近年來提出的疲勞控制鏈或運動性疲勞的突變理論,都力圖從多方面說明疲勞的原因,使疲勞的理論更完善化,以便更科學地掌握疲勞的產生和消除間的關係,更快地提高訓練效果。

(二)不同時間全力運動時疲勞的特點

不同時間最大強度運動時發生疲勞的原因和特點可歸納爲表 1－8－1。

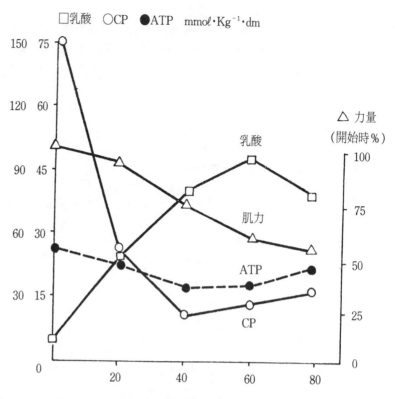

圖 1-8-4　人體股直肌在電刺激時某些化學成份變化

（引自 Hultman 1987）

表 1-8-1　不同時間全力運動時疲勞特點

運　動　時　間	疲　勞　的　特　點
0～5 秒	神經肌肉接點處,CP、ATP 減少
5～10 秒	ATP、CP 減少,快肌中乳酸堆積
30 秒～15 分	ATP、CP 大量消耗,血乳酸上升最高,3～4 分鐘運動時肌肉中酸性加強,PH 下降。
15～60 分	ATP、CP 大量消耗,肌糖原消耗最大,體溫升高。
1～5 小時	肌糖元→0,肝糖原大量消耗,血糖下降,體溫上升,脫水,電解質紊亂。
5～6 小時以上	能量物質大量消耗,代謝失調,體溫上升,脫水,電解質紊亂,身體結構變化。

　　從表 1-8-1 中可見,在不同時間全力運動時,疲勞發生的主要原因不同。如 3～4 分鐘全力運動時,肌肉和血液乳酸值最高;60 分鐘左右全力運動時,肌糖原消耗最多;超過 60 分鐘全力運動時,肌糖原大量消耗,失水和電解質紊亂,體溫上升最明顯。因此,在運動時延緩疲勞的發生,運動後加速疲勞的消除,都要根據產生疲勞的原因,針對性採取相應的措施。

(三)不同代謝類型運動項目的疲勞特點

　　按不同運動項目的物質能量代謝特點,可將運動項目分爲五種代謝類型。在不同代謝類型的運動項目中疲勞的特點也不同,將這些特點歸納爲表 1-8-2,供訓練時參考。不同運動項目的疲勞存在一定的規律性,短時間最大強度運動的疲勞是由於肌細胞內代謝變化導致 ATP 轉換速率下降或一部分運動單位不能參加收縮所致。長時間中等強度運動疲勞往往與能源貯備動用過程受抑制有關。靜力性運動疲勞和短時間最大強度運動時疲勞相似,但中樞性和肌細胞水準上的疲勞更明顯。

表 1-8-2　　不同代謝類型運動項目的恢復和疲勞特點

	磷酸原 代謝類型	磷酸原代謝 糖無氧代謝 類　型	糖無氧代謝 類　型	糖無氧代謝 －有氧代謝 類　型	有氧代謝 類　型
半時反應 (恢復50％時間)	20 ～ 30 秒	…………	15～20分	…………	5～10分
恢復100％時間	2~3分	…………	1~2小時	…………	30~60分
疲勞因素					
ATP 減少 % CP 減少 %	30 90 以上	90	20～30 75～90	30 65	不變 50
乳酸積累	少	中	最多	較多	少
PH 值下降	少	少	PH=6.6 (肌肉)	PH=6.6 (肌肉)	少
肌糖原消耗	－	－	少	中	75～90％以上
離子變化	－	Ca⁺⁺減少 (肌細胞)	Ca⁺⁺減少 (肌細胞)	K⁺↑(細胞外) Na⁺↑(細胞內)	脫水離子 平衡紊亂
營養和運動能力	?	?	糖	糖和鹼性食物	糖、水、鹽

(四)運動時供能物質的消耗和恢復過程—— 超量恢復學說

　　運動時和運動後供能物質量的變化,是消耗和恢復過程保持平衡的結果。運動時以消耗過程爲主,恢復過程跟不上消耗過程,表現爲能源物質數量下降;運動後休息期,以恢復過程爲主,消耗過程下降,因此,能源物質逐漸恢復,達到或超過原來水準。研究運動時和運動後休息期供能物質變化與運動能力的關係時,不可避免地要涉及到兩個基本問題,即 1,供能物質數量變化的規律;2)供能物質數量變化與代謝調節、身體機能相適應的變化規律。這兩個問題是密切相連,但又有其不同的研究領域。關於對運動時供能物質的消耗和恢復過程的超量恢復學說的研究始於蘇聯的 Ямополеская(1950)，她以不同電刺激頻率使青蛙肌肉收縮相同次數後，在不同時間測定肌糖原含量的變化，證明了：①在適宜的刺激強度下，肌肉收縮肌糖原消耗隨刺激強度增大而增加；②在恢復期中有一個階段會出現被消耗的物質超過原來數量的恢復階段，稱為超量恢復；③超量恢復和消耗過程有關，在一定範圍內，消耗越多，超量恢復越明顯。隨後，蘇聯許多運動生化工作者對肌肉中磷酸肌酸、肌肉蛋白質、肌紅蛋白、磷脂、酶活性的超量恢復過程進行了研究，證明了超量恢復過程的客觀存在，並且不同的物質超量恢復速度不同，如磷酸肌酸超量恢復比肌糖原早。因此，蘇聯在運動生化的研究中提出了：①運動時消耗物質數量的超量恢復原理；②運動後恢復期中消耗的物質恢復異時性原理。超量恢復的基本規律可用(圖 1-8-5.6)表示。

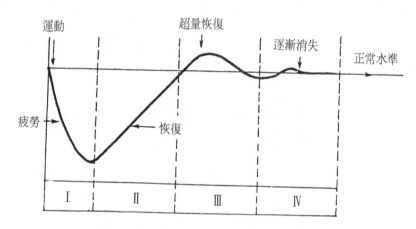

圖 1-8-5 消耗和恢復過程的規律示意圖。
Ⅰ：消耗和出現疲勞階段
Ⅱ：休息期的恢復階段
Ⅲ：超量恢復階段
Ⅳ：超量恢復逐漸消失

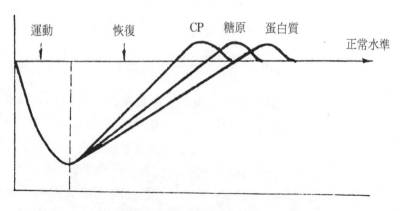

圖 1-8-6 超量恢復的異時性原理

　　根據物質的消耗和恢復過程的規律,在訓練可供應用有如下幾方面:

1、訓練課中休息間歇的掌握

　　在訓練課中,運動員身體的恢復不可能達到完全恢復或超量恢復,如何選擇最適宜的休息間歇以保證完成訓練任務,又取得良好的訓練效果,是訓練課中值得注意的問題。目前 CP 研究較爲清楚的是磷酸原($ATP-CP$)的恢復。在運動時消耗了的 ATP 和大部分在 2~3 分鐘內恢復。但是,一次最大量的 ATP-CP 消耗的練習,休息 2~3 分鐘時間太長了,在訓練中當恢復至原數量二分之一時,就可以維持預定的運動強度,因此就選擇恢復期中重合成運動時用去數量的 1/2 所需的時間—— 半時反應;如果在運動肌中生成大量的乳酸,則選擇透過肌膜最大量的氫離子 1/2 的時間,作爲適宜休息間歇的最適宜時間。目前研究結果認爲:

　　—— 10 秒全力運動的半時反應時間爲 20~30 秒。因此,最適宜休息間歇不應短於 30 秒。

　　—— 30 秒全力運動的半時反應爲 60 秒,因此,最適宜的休息間歇爲 60 秒左右。

　　—— 1 分鐘全力運動後,半時反應約爲 3~4 分鐘,因此,休息時間要長達 4~5 分鐘。

　　—— 最大乳酸生成的成組練習爲 4×100 公尺跑後,血乳酸消除的最佳半時反應爲 15 分鐘左右,活動性休息有助於乳酸的消除。

表 1-8-3　　力竭運動後物質的恢復時間

恢　復　過　程	可取的恢復時間	
	最小	最長
肌肉中磷酸原恢復	2 分	3 分
氧合血紅蛋白恢復	1 分	2 分
肌糖原恢復		
長時間運動後	10 小時	46 小時
間歇訓練後	5 小時	24 小時
肌肉和血液中乳酸消除		
活動性休息	30 分	1 小時
靜坐性休息	1 小時	2 小時

(引自 Fox 1979)

2、訓練期中休息間歇的掌握

　　在訓練期應根據訓練目的、身體內消耗的主要能源物質,選擇最適宜的休息間歇,並在這期間,增加被消耗能源物質的補充或其它有關的措施,以加速恢復過程,力竭性運動後物質的恢復時間可見表 1-8-3。

3、肌糖原的超量恢復(糖原填充法)

　　增加肌糖原能提高速度耐力或耐力的運動成績。在訓練期不能過多地補充糖類食物,因爲過多地食糖會使糖轉變爲脂肪貯存。故採用糖原填充法,就是膳食與運動配合以導致肌糖原貯備大大增加的方法,以適應比賽時需要。以馬拉松跑運動員在賽前一周至三日前,以較快速跑 20 公里,大量消耗肌糖原,然後降低運動量和強度,賽前 3～4 天連續吃大量糖類食物,如澱粉、蜂蜜、蔗糖或葡萄糖等,每日量達到 600 克左右爲宜,這樣在賽前肌糖原數量可出現明顯的超量恢復,由原來每千克濕肌含肌糖原 1～2 克增至 3～4 克,有助於運動員創造優異的運動成績(圖 1-8-7)。

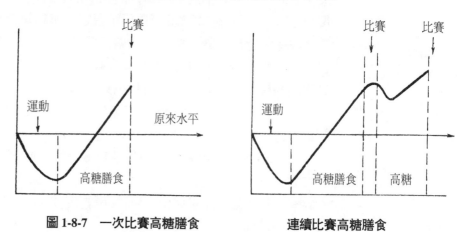

圖 1-8-7　一次比賽高糖膳食　　　　**連續比賽高糖膳食**

(五)運動時供能物質的消耗和恢復過程調節與適應—— 應激學說的應用

運動訓練最重要的目的之一是提高運動能力。因爲運動成績與完成專項比賽有關各系統機能能力的協調性、合理性、及時獲得最大功率的表現力密切相關。可見,在細胞水準決定運動員競技能力的基本條件是:①相適應的細胞結構;②相適應的能量保證;③相應的機能調節能力,在整體機能調節水準上則主要決定於:①神經系統對各器官的調節和運動相適應;②內分泌系統的體液調節和運動的適應;③免疫系統對運動的適應等。因此,運動訓練促使運動能力提高是一個適應和發展的過程。應當從分子、細胞、組織、體液和神經系統的角度對運動訓練進行全面系統的研究和認識。1936年 Hans Seley(韓恩‧塞里)首創應激、全身適應綜合症及適應性疾病的理論—— 應激學說,和運動訓練所引起的身體變化、恢復和適應過程的規律有一致性,美國 Counslman(康西爾曼)、Maglischo(馬格利肖)和蘇聯的 Viru(維魯)等,在游泳訓練和激素的研究中,都應用應激學說的基本原理來掌握訓練強度、恢復過程和機能適應,成爲運動訓練的一個重要理論問題。

1、運動應激的特點

Seley 是病理生理學家,他從病理學的研究提出應激(Stress)的概念:

"應激反應是功能活動或損傷作用下引起的所有非特異性變化的總和。這個定義包括在作用終止後(恢復)或者甚至作用繼續時(適應)的復員。"引起應激的刺激稱為激源(Stressor)，也可叫異乎尋常的刺激，如感染、中毒、創傷、神經緊張、劇烈運動、失水、出血、冷凍、缺氧或窒息等都是不同的激源。機體對激源的反應有兩種表現。第一種是按激源的不同，機體產生不同的特異性反應；第二種是對任何激源作出共同、千篇一律的、不具有特異性的反應，這種非特異性反應總稱為應激。激烈運動、長時運動的失水、在高原上訓練的缺氧等都屬於應激。而非激烈運動的散步、慢跑、做廣播操等健身運動，對身體來說不會造成應激。故應激反應在運動員日常訓練和比賽中不斷出現，使機體處於高度的應激狀態之中。由激烈運動而產生的應激及隨後的適應及恢復過程可分為三個階段：

第一階段：動員階段。這是身體對應激的最初反應，是運動員機體各系統的全面動員階段，如運動員心率加快，腎上腺素分泌增加，肝糖原分解增加，腎上腺皮質細胞中顆粒減少，組織呈分解狀態，晨安靜時血尿素增加，尿膽原升高等。這時身體適應尚未獲得。

第二階段：適應階段。機體對激源表現出代償性反應，運動員安靜時心率減少，腎上腺皮質肥厚，富於分泌顆粒，體內開始合成代謝較強，晨血尿素下降，血紅蛋白增加，說明運動員對訓練適應，進入恢復期。

第三階段：衰竭階段。如果激源繼續強烈地作用(如運動負荷量或強度持續增加)，則適應階段所獲的適應性再度消失，或動員階段的反應繼續，直至機能衰竭，運動員會出現過度訓練。

2、運動應激的規律

現代體育科學研究表明，應激學說的研究重點是內分泌系統，尤其是垂體——腎上腺皮質，垂體——性腺系統激素。激素通過改變酶活性、細胞膜的通透性，從而對運動負荷後恢復過程調控、提高競技能力的能量供應以及細胞結構和機能調節能力發展有很大作用。為了提高競技能力而使用合成類固醇，使激素對運動成績的影響更受人注目，這是人工製造的類似雄性激素的分子，但因其能嚴重地干擾身體機能而被禁用。但激素和提高競技能力的關係，已成為今天運動訓練中的重要課題。

激烈運動的應激作用可通過內外感受器和傳入神經通路，或通過內分泌系統，支配身體的適應性恢復過程。一般適應性過程基本包括三個組成部分：①機體能源貯備動員能力；②機能調節能力(包括酶和結構蛋白增加)；③機體防禦能力的動員(如提高免疫力，體內環境調節能力)。其間關係如圖1-8-8。由激烈運動引起非特異性的適應，達到上述三個方面的能力提高，而不發展到衰竭反應，進入長期適應。這就要求激烈運動的強度要大而且又適當地超負荷，注意節奏，身體始終處於對負荷應激的動員和適應階段，從而提高運動能力。

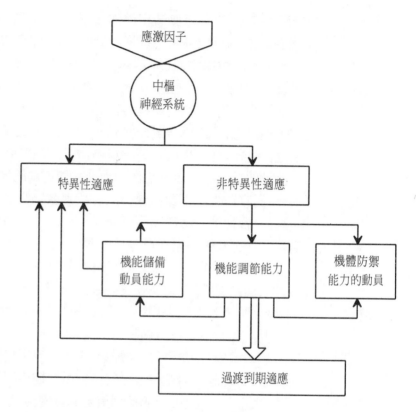

圖 1-8-8　非特異性適應機理示意圖。
（引自 Viru 1985）

3、運動應激的應用

運動應激的核心是通過激素調節，由激素影響酶活性從而改善機能貯備和機能調節能力，提高機體的防禦能力。

(1)運動應激與激素變化

運動訓練中根據運動員的具體情況確定適宜的運動量，即應用最有效的運動強度刺激來提高運動能力。負荷量的決定是以對運動員的身體狀態隨時作出準確的評定爲依據的。目前，歐美有些國家已經用激素水準控制訓練強度。許多研究都說明，不論什麼運動負荷後，血清皮質醇都上升，如100公里跑後增加100％；短跑後增加34％，有訓練者增加比無訓練者少，這是應激的基本反應。但血清睪酮的變化規律是，在短時間的極量運動後血清睪酮和雙氫睪酮增加，而長時間負荷後即刻下降，我國徑賽運動員在訓練時血睪酮和血皮質醇的變化數值可見表 1-8-4。

在正常情況下，皮質醇與睪酮間保持平衡，但在長時間運動後或連續進行大運動量負荷後會出現"高血皮質醇—— 低血睪酮"激素調節系統的紊亂，這種狀態一般要求在三天後要恢復正常，否則會引起機能衰竭，導致應激的衰竭階段—— 運動員出現過度訓練，血清睪酮下降，皮質醇上升，肌酸激酶活性升高，最大乳酸值下降(表 1-8-5)。在訓練中，也可以採用跑 15 公里或 45 分鐘跑後 1 小時取血,皮質醇增加,血睪酮下降者爲太累;皮質醇、血睪酮、生長激素及肌酸激酶皆正常,表明運動量和強度是適當的。

表 1-8-4　　徑賽運動員在大強度速度訓練後血睪酮、皮質醇變化

	血睪酮(納克%)	血皮質醇(納克%)
晨安靜值	635.56	12.56
三天大強度訓練後	535.00	14.03
六天大強度訓練後	490.00	13.67
說明:表中數值是 9 名運動員平均值		

(引自歐陽孝　1990)

表 1-8-5　　長跑運動員過度訓練時 5000 公尺跑後血生化變化

	最大乳酸 (毫摩爾/升)	睪酮 (納摩爾/升)	皮質醇 (納摩爾/升)	肌酸激酶 (單位/升)
正常時	8.9	14	15	174
過度訓練	7.1	11	19	282
恢復期	9.7	13	19	165

(引自 Gundersen 1985)

皮質醇屬異化激素,它能抑制蛋白質合成,抑制下丘腦—— 垂體—— 性腺系統和睪丸間質細胞分泌睪酮;加速糖原、脂肪和蛋白質的分解,有利於運動時提供能量。睪酮屬同化激素,它能加速糖原、蛋白質合成,增加紅血球數量,提高攻擊性,增加勇氣,能加快身體恢復過程,又能影響心理、情緒。故男運動員血清睪酮在 500 納克%,女運動員在 100 納克%以上時,往往能表現出良好的運動能力和運動成績,個別優秀舉重運動員血睪酮常在 1000 納克%左右。因此,在訓練期如能經常測定血睪酮和皮質醇,求出其間的適宜比值,使睪酮和皮質醇經常保持平衡,機體處於適宜的應激狀態中,以便提高訓練效果。

(2)運動應激與免疫系統的變化

在激烈的大強度訓練中,人體免疫系統其最大適應潛力才能表現出來,當適應了這種激烈的運動刺激才能提高機能能力。圖 1-8-8 便表明了免疫系統處於應激後適應和恢復期機體防御能力改善的狀態之中。

運動員在大運動量期間免疫力的變化和應激過程中三個階段的變化是一致的。蘇聯蘇菲達里尼茨基對 1500 名運動員多年的訓練負荷及心理情緒等刺激反應進行研究,並將運動員對運動應激時的免疫力變化分爲三個階段:

第一階段:運動量增加,工作能力提高,免疫能力增強。

第二階段:運動量增加,工作能力提高,免疫力處於穩定狀態,這時免疫系統的貯備潛力表現得特別明顯。

第三階段:運動量繼續加大,工作能力可能提高或保持原有水準,但免疫力迅速下降,這時體液、內分泌、細胞免疫指標均處於適應狀態,發病率急劇的增加。表明機體免疫貯備耗竭,免疫力處於極低的危險階段,運動員機能下降,容易發生各種感染性疾病。

J. M. Weiss 在研究運動應激和免疫系統關係時也提出(1988):1)過強的運動應激導致免疫抑制;2)適度的應激導致免疫力加強;3)長期的身體訓練慢性應激也能使免疫加強。

這些研究結果都說明在安排運動量時要與個人機能貯備能力相適應,不能超過極限量,因此,應用運動免疫能力變化來評定訓練狀態是科學訓練的一個重要方面。當運動強度過大,運動員免疫力下降時主要表現爲:1)訓練開始時某些激素增加(如血清腎上腺素、去甲腎上腺素、皮質醇等),繼而腎上腺素等下降,皮質醇增加。免疫球蛋白訓練開始時上升,繼而下降,免疫力降低,這是平衡失調的表現;2)血中酸鹼度下降,從而降低了免疫力,運動時血酸鹼度(pH)可降至 7.0 左右,肌肉細胞內可降至 6.6 左右;3)體內能量物質減少,無機鹽減少,免疫力可降低。免疫力的下降在免疫系統中,初期表現爲自然殺傷細胞(NK 細胞)減少,免疫球蛋白減少;在衰竭階段,在激素作用下,細胞受體大大增加,積極地結合免疫球蛋白,在 1~2 小時內可將血液內免疫球蛋白完全吞食,出現免疫球蛋白消失的—— 運動免疫缺乏症。因此,在大運動量訓練中可以連續觀察免疫球蛋白和細胞免疫能力的變化,來評定應激和適應過程。

(六)超量恢復學說和應激學說對訓練的指導意義

超量恢復學說主要是從運動時能源物質的消耗和結構蛋白的變化和恢復過程的規律,說明運動能力提高的機理。在超量恢復的機理研究中,也涉及調節過程的酶活性、激素的作用,細胞內肌漿、綫粒體在運動時和運動後的代謝狀態。超量恢復學說爲大運動量訓練、訓練的節奏性、系統性等提供理論基礎。應激學說在運動訓練中的應用,主要是針對不同專項、不同性質的激烈超負荷運動時機體產生的應激反應,並以垂體—— 腎上腺皮質激素調節爲核心,從機體能源貯備和動員能力、代謝和機能調節能力、身體防禦能力三個主要方面研究運動訓練對身體的生理、心理適應和提高過程的規律。同樣爲超負荷的大運動量訓練、訓練期適應和運動能力提高提供理論指導。兩種學說從不同角度說明運動負荷要適當地達到最大,安排適宜的休息間歇,掌握好大、中、小運動負荷節奏,運用最有效的恢復手段,使身體不斷適應強烈的負荷應激。

(馮煒權)

九　運動員控制體重的醫學問題

(一)運動員的減輕體重和控制體重

有些項目的運動員,雖然體重和體脂符合正常標準,但爲了提高競技能力,需在比賽前快速減輕體重,或在長期訓練過程控制體重。這些運動項目基本上可歸納爲兩大類:一類如舉重、摔跤、柔道以及一些按不同的體重級別進行比賽的項目,運動員賽前採取傳統的減輕體重的措施,而且年齡最小、體重最輕的運動員所減輕的體重數值占其原體重的百分數往往最高。這是爲了參加低於其本人正常體重的級別進行比賽。

另一類運動項目如體操、跳水、長跑等,運動員需長期控制或間以減輕體重。這樣做可以達到以下目的:

(1)在需要舉起或移動身體的運動中,較小的體重具有生物力學的有利因素。

(2)期望獲得單位體重的最大肌肉力量比。

(3)減少運動中耗氧量和能量的消耗。

(4)保持體型細長。

控制體重,特別是控制體脂肪處於較低的水準可取得好成績。但長期控制體重必須注意所採取的措施,若有不當,便會損害健康和運動能力。

1、人體體重的組成和體重變化的基本原理

人體的體重由兩部分組成。

體重 = 淨體重(LBM) + 脂肪體重(BG)

體脂肪 % = 脂肪體重/總體重 × 100。

淨體重 = 總體重 − 體脂 % × 體重

淨體重包括肌肉、皮膚、骨骼、器官、體液及其它非脂肪組織。有資料報導淨體重與體力、有氧能力及最大吸氧量呈正相關。運動員爲比賽減輕體重的理想方法是盡可能減去多餘的脂肪而保留淨體重及糖原貯備,因此監測運動員減輕和控制體重期的身體成分十分必要。影響體重的兩個基本要素是熱能攝入量與消耗量。在成年人熱能攝入量 = 消耗量時,則體重基本保持不變,也即熱能平衡。當熱能攝入量 > 消耗量時,則體重增加,即熱能正平衡。而熱能攝入量 < 消耗量時,則體重減輕,即熱能負平衡。兒童青少年運動員處於生長發育階段,其熱能攝入量應 > 消耗量,多攝入的這一部分能量用於生長發育。生長發育期熱能負平衡,會使生長發育受到抑制。體重的變動必須通過變動熱能平衡的措施以達到減輕或增加的目的。

2、運動員身體成分的特點

經常參加體育運動,可使淨體重(主要指肌肉組織)增加,體脂肪減少。訓練水準和運動項目不同其身體成分也各異。鄭四勤等報導體育院校學生的體脂%顯著低於一般大學生,分別是 $9.83 \pm 2.7\%$ 和 $11.76 \pm 3.8\%$。陳吉棣等報告優秀體操運動員的體脂為 $9.80 \pm 0.08\%$,顯著低於省市體操運動員 $10.54 \pm 0.22\%$ 的水準。不同運動項目中馬拉松、長跑、體操、跳高的體脂%較低,為 $1.4 - 9.9\%$(男);$8.4 - 16.8\%$(女)。短跑、足球、游泳、划船、壘球等其次,在 $8.2 - 15.4$(男);$12.4 - 16.6\%$(女)。而投擲運動員的體脂相對較高,男、女分別為 $29.4 - 30.9\%$ 和 $27.0 - 33.8\%$。運動員在外傷或停訓情況下,體脂增加,淨體重(肌肉)成分減少。

3、運動員的適宜體重

運動員的適宜體重常較難確立,往往是通過對優勝運動員體重和體成分的觀察得來,也即是從經驗取得的。有人提出所謂最佳體重的設想是:

(1)最好成績時的體重。

(2)獲得最大力量、速度和耐力時的體重。

(3)獲得最佳能力時最小體脂百分比時的體重。

美國 Lamb 建議可通過確定"理想"的體脂%方法確定"理想"體重,而"理想"體脂也是通過對優秀運動員測試或反復觀察而取得的。其計算式如下:

$$\text{"理想"的體重} = \frac{100 \times \text{測體重當時的淨體重}}{100 - \text{"理想"的體脂\%}}$$

例如 90 公斤重的運動員,瘦體重為 72 公斤,其願望達到的理想體脂為 13%,當時測量實際體脂為 20%,代入公式為 $\frac{100 \times 72}{100 - 13} = 82.8$ 公斤,這就是說,體重為 90 公斤的運動員,應減去 7.2 公斤,他的"理想"體重為 82.8 公斤。

我國有人根據國際比賽中前八名運動員身高和體重關係來確定適宜體重,如採用身高(厘公尺)-體重(公斤)>110 時的體重為適宜體重。

男女成人體脂分級水準(18 - 30 歲)

體脂水準分級	男	女
極好的狀態	6 - 10%	10 - 15%
良　　好	11 - 14%	16 - 19%
可　接　受	15 - 17%	20 - 24%
脂　肪　過　多	18 - 19%	25 - 29%
肥　　胖	>20%	>30%

(引自 Williams 1985.)

"適宜"體重的判斷必須考慮體脂的水準。有時運動員體重比同年齡正常人高,但體脂水準低,這與肌肉等淨體重成分高有關。而肌肉百分比與運動員的肌力和力量呈正比,因此,當體重增加是由於肌肉增長所致,則無必要減體重,但體重超重脂肪％高時應注意控制體重。下表爲青年成人體脂分級標準,供參考。

(二)運動員常用的減體重措施及其醫學問題

1、運動員採用的減體重措施

　　歸納起來有兩個方面。一是限制進食量(限制部分飲食、或半饑餓、或全饑餓),在此同時還限制水份攝取量(部分或全部限制)。另一方面是增加消耗量,常採用增加運動量的措施。此外,運動員採用的是脫水措施(包括穿不透氣的尼龍服運動達到大量出汗、服用利尿藥以大量排尿來減少體內水分),甚至服用瀉藥、食慾抑制劑以及自我催吐等。

　　由於運動項目及習慣的不同,具有代表性的減體重措施大致爲以下三類:

　　(1)舉重比賽中,運動員只進行一次性比賽。目前一般在賽前的1－3天進行快速減輕體重,主要採用的方法是限制飲食,限飲水,並結合發汗和服用利尿藥等措施。研究表明,舉重運動員所採用的綜合減體重措施在2.5天內可減輕體重3.17±0.73公斤,相當於原體重的3—10％。

　　(2)摔跤比賽要進行幾天,運動員在第一局或第二局獲勝,還要進行決賽,因此需要在幾天之內維持"低於其正常"時的"低"體重,並在脫水狀態進行比賽,難度較大。運動員常在賽前1.5月開始限制飲食和水份攝入量,間斷服用利尿藥,但是大部分體重也是在賽前的最後幾天內減去,體重減輕量可爲原體重的3～20％。

　　(3)女子體操、跳水項目要求運動員借長期服用低熱能膳食控制體重,但有時也間斷採用脫水措施,少數運動員還採用服利尿藥、瀉藥、食慾抑制劑或催吐以期達到"不切實際"的低體重目標。

2、快速減體重的醫學問題

(1)脫水

　　是快速減體重最早出現的醫學問題。減輕體重可使體內的水分、脂肪和蛋白質等成分丟失。減體重速度越快,則體內水分的損失量越多。當飲食的控制量不變,攝入水分量減少時,會增加體內水份的丟失,此時的人體組成譜會發生改變;而當使用高溫或運動脫水,則將使體內水分丟失更加嚴重,因爲體內電解質隨排汗而損失。

　　脫水早期時血容量減少。有資料報導當人體體重減輕3～8％時,血漿容量可減少6～25％。根據Costill報告,肌細胞內水分含量隨肌糖原水準的降低同時減少,體重每減少1％,肌肉內水分會減少1.2％。根據舉重運動員減體重期血紅蛋白及紅血球壓積容量水準估算,當體重減少了 $5\pm1\%$ 時,血容量丟失約 10%,高溫或運動發汗脫水也會明顯的使血漿量、總血量及分布到活躍的肌肉組織的水分及營養減少。運動員在脫水情況下表現口唇乾裂、眼窩塌陷、皮膚彈性減低及容易激惹。

(2)心臟血管系統負荷增加

體液損失會導致心輸出量、每搏輸出量、耗氧量減少,亞極限運動負荷時心率增加及心功能減低。舉重運動員的研究結果表明;快速減體重可使運動員的收縮血壓減低、脈率增加、脈壓差縮小、部分運動員心電圖改變(包括 ST 段輕度下降、PR 及 QT 間期延長),這些變化均由於脫水引起的血容量減少所致。

(3)腎系統負荷加重

脫水會引起腎血流量及腎小球濾過率的減少,並伴有尿電解質的改變(包括尿鉀釋放增加、尿納減少及鉀、鈉濃度差的增加)以及循環中亮氨酸氨基肽酶水準增加。

研究資料報導了運動員在快速減體重時,尿量驟然減少為正常量的 1/2 或更少。與正常不減體重情況對比,摔跤運動員在減體重期的尿具有比重大、克分子滲透壓濃度高、PH 低、鈉濃度減少及鉀濃度增高等特徵。比賽後,尿的變化有所恢復。快速減體重期尿液的變化提示饑餓、限制水分,及氧的利用率減低可能與脫水引起的腎缺血有關。這些一時性的改變是否會引起永久性的損害尚需追訪才能確定。

(4)體蛋白質與無機鹽丟失

有資料報導人體饑餓期每日蛋白質的丟失量為 60 克。對舉重運動員氮平衡的研究表明,快速減體重期的蛋白質丟失量為 30～56 克/日,此時運動員的血清白蛋白水準減低,球蛋白的相對百分數增加,白蛋白/球蛋白值下降。採用低熱量飲食減體重,除了熱能和蛋白質短缺外,無機鹽和維生素的攝入量也明顯減少,約為正常膳食的 1/3 或更少,但無機鹽仍繼續排出,尤其是鉀鹽的排出量較多。正常飲食時,運動員的尿鉀排出量平均為 1.87 ± 0.27 克/日,而限制飲食後的排出量仍在 1.36 ± 0.60 克/日,提示減體重期有必要補充少量鉀鹽。比較鈉、鈣、鎂等攝入量和排出量,均表明無機鹽確有丟失。

(5)體溫調節過程受到損害

減體重引起體液的丟失大部分來自血漿及細胞內液。脫水給人體的冷卻系統帶來問題。血容量減少時使肌肉到皮膚或呼吸系統的熱傳導受阻。此外,血漿容量減少時汗液蒸發量減少甚至"關閉"。因此,處於脫水狀態的運動員在熱環境運動時體溫很容易升高。有資料報導,每當體重減輕 1%,肛溫會升高 $0.17～0.28℃$。

(6)肌肉和肝糖原貯備耗損

Mamin 1980 年曾報告當體重減輕量爲原體重的 8％時,肌糖原量減少 48％。在快速減體重第 1～2 天,由於糖原貯備耗損,蛋白質和脂肪的分解以及無機鹽丟失的聯合效應,可出現低血糖及酮症。

(7)對運動能力的影響

部分饑餓及脫水措施減體重對運動能力會帶來一定影響。資料報導,輕度減體重,當體重的減輕量爲 3％時,即會影響運動能力。在次極限強度運動,可出現心率加快、心輸出量及心搏量減少等改變,並分析可能與心肌收縮力減低有關。極低熱量的膳食可導致有氧運動耐力、速度、協調、判斷和肌力的降低,但快速減體重對無氧能力的影響尚有不同的研究結果。減體重對最大吸氧量以氧債的影響則取決於減體重的程度和持續時間。

對運動員減體重期調研觀察,發現快速減體重的運動員多數均有脫水體徵:如口乾、眩暈、無力、不安、易激惹及壓抑感等,運動員處於一種應激狀態。

以上說明,快速減體重可引起一系列的效應,對運動員的健康和運動能力有一定的影響。需要強調指出的是快速減體重必定會造成脫水,在比賽當日稱體重後,到賽前短短幾小時內補充,不能獲得水平衡(即體內水分恢復)。4－5 小時內攝入液體在恢復血漿容量方面是無效的。不少研究報導提出最大的體重丟失量是每周減輕體重 1 公斤,基本上不會影響體液和糖原貯備。運動員應至少在賽前的 2－3 天(理想的 3－5 天)前達到比賽體重。當需要減輕體重達 5 公斤時,應重新考慮體重級別。運動員不宜在賽前短時間內失去大量體重。Strauss 觀察到減體重會影響運動員體內睪酮的水準。

3、長期控制體重的醫學問題

對於女子體操、跳水、長跑項目,目前研究公認,淨體重與運動能力呈正相關,優秀運動員的體脂比一般運動員少,研究運動員適宜體重與運動能力時,監測運動員的體成分勢在必行。

據 1983 年在上海舉行的全國體操比賽調研數據:優秀運動員體脂的百分數爲 10％左右,一般運動員爲 12％左右。分析運動員體成分與運動成績的關係;見到當運動員體脂％水準相似時,運動成績優秀者的體重、淨體重、淨體重/身高及身高(cm)一體重(Kg)數均高於成績較差的。因此,不應過分強調"小"體重及"低"身高是取得良好成績的必備條件。通過對女子體操運動員控體重情況下體成分和營養的研究觀察,過度控制飲食造成的不良影響有:

(1)生長發育延緩

女子體操運動員的身高與體重顯著小於同年齡的城市青少年學生。分析此種情況與選材時偏向於選擇"矮、小、瘦"的運動員,及入隊後控制體重有關。系統的體力訓練和控制飲食對生長發育長遠的影響尚需要進一步研究。

(2)月經紊亂

對進行控制體重的 24 名女子體操運動員月經來潮情況調查表明:運動員中月經自然來潮的年齡爲 15.6±1.58 歲;由於月經初潮延遲,服藥來潮的年齡爲 17.8±0.57 歲。24 人中 15 歲以後來潮的有 14 人;也即約半數以上運動員的初潮年齡比城市靑少年學生晚 1-1.5 年,這與大運動量訓練及控制體重雙重影響有關。

(3)營養不良

對控制體重的運動員進行營養調查,結果表明運動員採用的控制飲食措施,造成熱能短缺,蛋白質及無機鹽營養不足(部分運動員處於蛋白質及鉀、鈣、鎂等無機鹽負平衡),血紅蛋白水準低,維生素和微量元素缺乏。

(4)精神負擔及壓力

長期採用低熱能膳食及脫水措施使運動員處於一種精神應激狀態。運動員感到饑餓和口渴,難以堅持,但由於考慮到控制體重是"事業的需要"一般都能自覺地限制飲食及飲水,並可造成一種"自覺"對食物及肥胖的病理性厭惡,甚至可發展成爲"神經性厭食"的情況。

(5)便秘

由於食物及液體攝入量過少,使胃腸道缺少應有的正常刺激造成便秘。

(6)自我感覺無力

此感覺與長期控體重所致的綜合影響有關。

(7)對運動能力的影響

此影響取決於是否造成淨體重丟失、脫水和營養缺乏。

(8)其它

長期採用限制飲食措施控制體重還會造成運動員骨密度減低和鈣丟失。

(三)致病性的控制體重行爲及其對健康的影響

1、致病性的控制體重行爲

每日服用瀉藥,或自我催吐,或使用食慾抑制劑、利尿劑等措施用以減輕體重,持續一個月,稱爲採用致病性的控制體重行爲。此種行爲多見於女子體操和女子長跑等項目的運動員。加拿大資料報導,女子體操運動員採用致病性控體重的人數高達 74%。這一行爲可造成營養缺乏、低血糖、低血鉀,運動的力量、速度和耐力以及反射受損害,結果可導致嚴重的外傷和危及生命的生理功能不全。

2、致病性控制體重行為的早期表現和識別

(1)運動員常有自我感覺體重超重,但其實際體重在平均值以下。

(2)運動員重復表達"失體重"的益處。

(3)運動員的體重變化波動大,其體重與攝取食物量不一致(有秘密進食情況)。

(4)有嘔吐表現(眼結膜充血,發現有嘔吐物等)。

(5)無其它醫學原因的輕度頭痛或不平衡表現。

(6)有使用食慾抑制劑的證據,如短時間內容易激動,伴有冷漠、嗜睡及心情抑制等。

(7)主訴"腫"或水存留而找不到其它醫學方面的原因,如月經前水腫。

(8)發現過量的瀉藥或瀉藥包裝物和腹瀉症狀。

(9)無目的地進行過量體力活動(活動量不在訓練計劃之內)。

(10)有飲食紊亂情況,有體力表現方面的變化,或有營養不良的表現(如口角潰瘍、消瘦、脫髮等)。

3、對發生致病性控體重行為應採取的措施

(1)識別運動員中飲食行為異常的人群,對他們關懷並提供諮詢和幫助(專家、醫生諮詢並提供解決辦法)。

(2)對教練、隊醫和運動員講解適宜營養的重要性、合理控制體重技術和致病性控制體重行為對健康的危害。

(3)診斷由致病性控體重行為引起的症狀,進行必要的防治措施。

(4)關心並監測致病性控體重行為的再發生。

(四)神經性厭食

神經性厭食是一種自我強迫性饑餓的綜合症。發生於舞蹈演員、女子體操運動員等人群。他們因期望職業的成就和保持纖細苗條的體型,過度注意體重,採用控制飲食的措施失去體重,並錯誤地認為自己的體重超重或過胖,恐懼失去對體重的控制,拒絕或不願正常進食。神經性厭食的病因可能與複雜的生物學、心理學和社會文化因素的相互作用有關。由於其帶來嚴重的合併症,可嚴重地影響到全身各系統(如肌肉骨骼系統、神經系統、心血管系統)的功能,因此早期識別、診斷和防治十分重要。

1、神經性厭食的早期症狀常不特異,但下列幾種症狀同時出現一段時間(幾週),應引起注意

(1)迴避進食。

(2)在進食時常表示已經吃過一些食物。

(3)逐漸限制食物類型。

(4)提出不需要吃某些食物的理由。

(5)飲食行爲變化,包括把食物分割成較小的部分,長時間咀嚼等。

(6)快速吞食大量食物,食後很快離開公共或社交場合。

(7)容易激動或抑制。

(8)運動能力變得古怪和不穩定。

2、神經性厭食的常見症狀

(1)精神不正常的一些表現。

(2)過度追求消瘦,恐懼變胖並失去對飲食的興趣。

(3)拒絕維持正常體重,對自己的體形不滿。

(4)對自我有高度期望,但對自己的生活感到無能爲力。

(5)具有困擾—— 強迫性的性格特徵。

(6)行爲特徵:限制食物攝入量和不正常的飲食行爲,過度運動,及/或貪食,吐,濫用瀉藥或利尿藥以及隔絕社交活動等。

3、神經性厭食症的診斷和防治

(1)厭食者體重損失量至少應達到原體重的25%。

(2)對飲食持有痛苦無情的態度,不顧及或懼怕饑餓、不正視營養需要不足會致病的事實。

(3)公開表明拒食和丟失體重是一種樂趣。

(4)期望保持極瘦的體形。

(5)秘密貯存食品。

(6)無厭食或體重丟失的醫學原因。

(7)無可查的精神紊亂,尤其是情感性的紊亂,精神分裂症,強迫觀念與行爲及恐懼性的神經官能症(單純拒食不能定爲強迫觀念或恐懼性疾病)。

對神經性厭食症患者的關鍵措施在早期診斷和識別,與對致病性行爲者的措施基本一致。較嚴重的神經性厭食者應就醫診治。

(五)運動員增加體重的措施

人體可以通過增加脂肪或肌肉組織使體重增加,但運動員增加體重的目標是增加肌肉而非脂肪。飲食量超過需要,多餘的熱量可以變爲脂肪貯存,因此增加體內脂肪量比較容易;而增加肌肉體重必須在一段時間內進行一定強度的連續性的力量訓練(抗阻力性的、無氧性的力量訓練),並且在對體力應激獲得適應後才能使肌肉增長。肌肉的增加需借蛋白質合成來實現,因此蛋白質的需要量應達到總熱量的10－15%,即1.5克/公斤體重。單純借多吃蛋白質或氨基酸對肌肉、肌力或體力能力的增加是無效的,多餘的蛋白質會在體內變爲脂肪,而且過多的蛋白質營養對健康和運動能力有害。高蛋白飲食包括大量的肉、奶、蛋,會增加在中老年期患冠心病的危險。而且在高蛋白飲食後,對攝取糖類食物的慾望減少,從而影響到適宜的糖原貯備,訓練中潛力的發揮和適宜性也將減低,運動員會經常疲勞,呼出氣和尿中可產生一種水果的氣味(這是一種酮症的表現,意味着運動員攝取的糖類過少)。

運動員體重的增長率及增長肌肉組織的部位取決於訓練的質量和數量,運動員的性別、體型以及遺傳因素。

運動員參加適當的力量訓練時,一定要攝取充足的熱量和全面營養的膳食,比平時應適當增加一些食量,定期監測體重和體脂(體脂可通過皮摺厚度或水下稱重法),不宜過食,尤其當食物體積增加時可引起胃腸道不適,可採用濃縮食品及加餐措施。每週增長體重量一般不宜超過 1 公斤。要求單純增長肌肉組織有一定困難,會有少量脂肪伴隨肌肉的增長同時增加,可在肌肉增長後再減去多餘脂肪。限制脂肪體重過多增長的辦法是控制增體重的速度,即每週不超過 1 公斤。

(六)運動員減體重期的飲食與營養措施

研究報導,每減輕 1 公斤體重約需要虧空熱能 7000－8000 卡。運動員在快速減體重時,其所減輕的體重不可能是氧化脂肪的結果,而是體液和瘦體重組織丟失的結果,而且減體重速度越快,脫水的程度也將越嚴重,脫水會損傷運動員的健康和運動能力。因此,合理減體重措施中關鍵的問題是減體重的速度和安全平衡的營養。

1、運動員快速減體重期的飲食與營養措施

(1)應供給運動員安全的熱能營養,每日熱能的供給量至少應 1200－2400 卡/日,具體可根據運動員的體重和運動量安排。

(2)男運動員體脂的最低水準為 5％－7％。女運動員體脂的低限水準為 6－10％。當運動員體脂低於此水準時,不宜再減輕體重。

(3)運動員適宜的減體重速度是每週 1 公斤,為使減少的體重成分中體脂達到最高水準,每週減體重的速度不可超過 1.5－2.0 公斤。減體重過快不僅造成脫水和淨體重丟失,減體重的效果也不鞏固。

(4)禁止使用利尿劑或藥物減體重,利尿劑已為國際奧委會所禁用。

(5)減體重期運動員應攝取低熱能但營養平衡的膳食。適當加強蛋白質營養,使其達到總熱能的 18±2％ 水準,或每公斤體重 2 克。減少食物中的脂肪(免去黃油或花生公尺,巧克力,油炸食物等含脂肪高的食物)食物中脂肪量可減為 1.4 克/公斤體重。保證充足的無機鹽、維生素和微量元素。必要時可採用一些為運動員研制的減體重期強化食品。國內研制補充強化食品的作法是使運動員的熱能攝入量達到安全水準,補充優質蛋白質,充足

的無機鹽及維生素。運動員補充強化食品後,快速減體重期的脫水程度減輕,預防了低血糖和酮症的發生,心血管系統的負擔減輕,營養狀況(通過氮平衡、無機鹽平衡及尿維生素排出量檢查)得到改善。此外,運動員的體力改善,肌肉抽搐的發生率明顯降低。

2、運動員長期控制體重的飲食與營養

國內研究工作表明,體操、跳水等運動員,在能夠進行正常訓練,體重和體脂正常時,或體重在生長發育期有一定增長,而體脂無明顯增加情況下,不必減輕或控制體重。在體脂水準處於 10% 以下,不鼓勵控制體重。

生長發育期的青少年運動員,即使在控制體重期也應滿足熱能需要量的 90%,保持一日三餐,改變一些飲食習慣,保證平衡膳食的前提下,免去零食,不吃或少吃含脂肪或精制含糖量高的食物(例如油炸食物、巧克力、冰琪淋,花生等)停用點心或加餐以及含糖量高的飲料。

(陳吉棣)

十　運動員的合理營養

　　運動員在激烈競爭中欲取勝,不僅要進行刻苦的訓練,而且必須有合理的營養作爲後盾。運動員的營養需要既與常人有共同點,又有其特殊性。

(一)營養的基本概念

1、平衡膳食

　　要求膳食中含有人體必需的營養素,含量配比適當,即攝入的營養物質必須維持機體代謝平衡。

2、營養素

　　平衡膳食中具有保持最佳運動成績所需要的全部營養素。這些營養素可分爲六大類:糖、脂肪、蛋白質、維生素、礦物質和水。它們分別在人體中具有的生理功能是:糖主要作爲能源;脂肪既可提供能量又是大多數細胞結構的組成部分;蛋白質與組織的構成,生長發育有關,除此以外還構成調節能量代謝的酶以及特殊情況下作爲能源使用;維生素主要與酶一起調節機體代謝過程;礦物質除了構成體組織外,對代謝也有調節作用。表 1-10-1 列舉了人體生命所必需的各種營養素。

　　以上營養素除了維持正常的代謝功能之外,有些營養素對運動中能量生成有其特殊重要性。

(二)各類運動項目的營養特點與膳食結構

1、耐力型項目

　　如長跑、馬拉松、長距離游泳、滑雪、公路自由車等,在運動中的能量來源屬有氧代謝型。其強度小,雖單位時間內的能量消耗不大,但持續時間長,運動中無間歇,因此運動的總熱能消耗很大。訓練比賽以有氧代謝方式爲主,此時慢肌纖維是以糖原和脂肪作爲能源。隨有氧運動強度增加,慢肌纖維動用糖原多於脂肪。由於肌糖原只能維持約 1.5 小時較大強度的有氧運動,因此如何增加肌糖原的儲備是提高該類項目運動水準的關鍵。

　　(1)營養特點:是高熱量、高糖、適宜的蛋白質、低脂肪、高維生素及礦物質。

　　假如一名體重爲 60 公斤的耐力運動員跑步一小時的熱量消耗 50 - 100 千卡,游泳一小時達 180 - 1550 千卡,騎自由車一小時達 24 - 600 千卡。如果每日訓練 3 - 4 小時,運動消耗熱量高達 710 - 5700 千卡。運動員一日的總熱能消耗除了運動消耗外,還包括維持基礎代謝及日常生活、生長發育、食物特殊動力等幾方面的熱能消耗。因此這位耐力運動員在大運動量訓練期平均每天大致需 3000－4000 千卡熱量補充其消耗,通過補充合理膳食才能維持熱量平衡。

表 1-10-1　　人體必需營養素(略)

營　養　素	成　　份
糖	單糖,雙糖,多糖(包括纖維素)
脂肪	亞油酸,脂肪酸
蛋白質 (必需氨基酸)	異亮氨酸,亮氨酸,賴氨酸,蛋氨酸,苯丙氨酸, 蘇氨酸,色氨酸,纈氨酸,組氨酸(兒童必需)
維生素	水溶性:vitB1、vitB2、vitB6、vtB12、vitpp、vitc、泛酸、葉酸、生物素 脂溶性:vitA、vitD、vitE、vitK。
礦物質	巨量元素;鈣、氯、鎂、磷、鉀、鈉、硫。 微量元素:鉻、鈷、銅、鐵、錳、鉬、鎳、錫 釩、鋅、氟、碘、硒、硅。
水	

(引自 Williams 1984 年)

熱量補充來源於蛋白質、脂肪、糖三種熱源物質。糖在其中所占發熱量應較多(表 1-10-2)。往往在實際配餐中糖發熱比偏低,脂肪過高,其比例失調可能導致體內糖儲備減少,對耐力素質及成績的提高不利。蛋白質的攝入量大約按 1－1.55 克/公斤體重計算。根據 60 千克體重的高水準運動員每日攝蛋白質 1.55 克/公斤體重計算,蛋白質每日總量 96 克,發熱量 384 千卡,占每日 3000 千卡消耗量或需要量的 13%,基本符合推薦需要量的要求。

表 1-10-2　　高水準耐力運動員熱源質供給比例(占總發熱量比%)

	蛋白質	脂肪	糖
推薦量	13－15	25	61－62
實際調查	7.9－17.9	40.3－44.6	41.8－47.5

(引自陳吉棣 1985,周琴璐 1986)

由表 1-10-2 中可知對運動員營養調查的結果往往與推薦量有較大距離。尤其是糖比例過低、脂肪過高。

維生素在運動中雖不能作為能源,但是它們對調節糖和脂肪釋放能量過程是必需的。此外,它們還協助調節神經系統的功能並保證能量補充系統的適宜狀態。由於耐力項目的熱能消耗量大,因此對維生素 B_1 需要量增加,每增加 1000 千卡熱能應供給 0.5 毫克。又由於訓練中出汗導致水溶性維生素的丟失,因此耐力運動員維生素 B_1 供給量為 3.0 毫克－5.0 毫克/天,大運動量時 5－10 毫克/天。表 1-10-3 列出運動員在一般運動量和大運動量時一些維生素的供給量。

對維生素與運動能力關係的研究證明,給營養狀態良好的個體再補充維生素對運動能力無作用。例如給運動員補充除維生素 K 以外的全部維生素,劑量爲推薦需要量的 10 倍,4 個月以後測量最大吸氧量和無氧耐力跑能力均未發現有任何改善。有時甚至有害,如補充烟酸就有可能降低耐力能力。平衡膳食中應包括足夠的維生素供給,額外補充的是食物中供應不足的部分。

表 1-10-3　　運動員維生素供給量(每日)

維生素	A(國際單位)	B₁(毫克)	B₂(毫克)	C(毫克)	PP(毫克)
一般運動量	5000	3～5	2	100～150	20～25
大運動量比賽	5000－8000	5～10	2.5～3	150～200	25～40

(引自高言誠 1985)

運動時礦物質與能量代謝的關鍵酶有關,礦物質濃度的變動與疲勞,內環境穩定等因素有關。一般情況下運動員需要量與正常人無顯著不同,但加大運動量,耐力訓練或大量出汗時礦物質的需要量增加。某些微量元素如鋅、銅、鐵等與運動的關係越來越受到人們的重視,長期運動訓練可能使運動員血清鐵鋅、銅水準下降,因而影響運動能力。表 1-10-4 及表 1-10-5 表示礦物質的需要量,其中鋅和銅尚無明確推薦量,因此用國內營養調查報告中的數據推論代替。

表 1-10-4　　運動員礦物質供給量(巨量元素)

礦　物　質	鉀(克)	鈉(克)	鈣(克)	鎂(毫克)
一般情況	3	15	0.8－1.0	300～500
大運動量、比賽期	4－6	20	1－1.5	500～800

表 1-10-5　　運動員礦物質供給量(微量元素)

礦　物　質	鐵(毫克) 男	女	鋅(毫克)	銅(毫克)
運動員供給量	20～25	25～30	25	3.5
常人供給量	15(c)	18(c)	15(w)	2.0－3.0(w)

注:C(中國),W(WHO世界衛生組織)

(2)膳食結構特點:根據上述的項目代謝需要其膳食結構也應具有高糖、高蛋白、低脂、高維生素、適量礦物質的特點。一個 60 公斤體重的優秀耐力運動員在大運動量訓練期及調整期的膳食構成舉例(見表 1-10-6)。

表 1-10-6　　優秀耐力運動員膳食結構舉例(公斤體重)

品種(兩)	糧食 細	粗	豆製品	瘦豬肉	魚鷄肉	內臟	蛋	奶	糖	乾果	菌藻	油	水果	蔬菜
大運動量	11	2	2	1-2	5	1	2	10	1	0.5	0.5	1	10	10
調整	9	1	1	1	4	1	2	10	0.5	0.3	0.3	15	10	10

(根據 Williams 推薦量,本文作者建議)

2、力量型項目

如舉重、投擲等項目,大級別的摔跤、柔道、拳擊運動員其營養特點相近,可歸此類。該項目在運動中單位時間內強度較大,間歇較多,總運動時間不長,但由於體重大,總能量消耗可較高。由於該項目以肌肉體積及力量大小為運動能力及成績高低的最重要因素,因此蛋白質供給量較高。

(1)營養特點:應是高蛋白質,適宜脂肪、適量糖及高維生素、高礦物質。一名體重 100 公斤的投擲運動員,一小時的訓練中熱量消耗是 1100 千卡,一日總熱量消耗 4000－5000 千卡。熱源物質供給熱量比例以蛋白質 18－20％,脂肪 30－35％、糖 50％為宜。在實際供給中如果每天攝入 250 克蛋白質(2.5 克/公斤體重)時,發熱量占總發熱量的四分之一,明顯高於推薦量,與此同時脂肪相應攝入增多,甚至達總熱量 40％,糖只占 35％。近年來的營養調查中共同的問題均是蛋白質、脂肪太高,糖太低。其結果不僅於健康不利,易發生高血脂症,而且對運動能力的提高也不利。因此力量性項目運動員,在攝入足夠蛋白質的同時,應減少脂肪攝入量、並注意保持或增加食物中糖含量。其它維生素、礦物質攝入需要量與耐力項目差別不大。

(2)膳食結構特點:優秀力量運動員在訓練期的膳食構成可參考表 1－10-6。但是在蛋白質和糖供給方面有區別,如一個 80 公斤體重的力量型運動員每日攝入主食可降至 1 斤,但高蛋白食品如鷄、魚可升至 1 斤半,這樣蛋白質攝入總量大約在 200 克左右。其他食物攝入大致相同。

3、速度型項目

如短跑、短距離以無氧代謝為主的運動。運動強度大,熱能消耗率高,但因氧債量大,運動中必須有較長的間歇,因此訓練的總時間不長,熱能消耗不高。該項目要求肌肉爆發力強,快肌比例較大,肌肉發達但肌肉總體積及橫斷面不宜過大以免體重過重。運動中供能以 ATP-CP(三磷酸腺苷── 磷酸肌酸)和糖酵解系統為主,ATP 和肌糖原是主要供能物質。

(1)營養特點:是適宜的熱量及蛋白質、糖、低脂肪、高維生素、高礦物質。一名運動員在跑 100 公尺全程時熱能消耗 35 千卡,100 公尺游泳為 100 千卡。因為是極限強度的運動,運動後血乳酸值升高,間歇時間長,訓練時間並不長,所以總熱量消耗不大。攝入總熱量不宜過多,以免體重過大,影響位移速度。三大熱源物質比例以蛋白質 15－18％,脂肪 30－35％,糖 50－55％為宜。其蛋白質攝入略高於耐力型,低於力量型,前蘇聯主張每日供給蛋白質 2.4－2.5 克/公斤體重,日本主張 2.0 克/公斤體重,我們認為應結合訓練內容,如果以增長力量素質為主的時期,應加大蛋白質供給量,大約是 2.4－2.5 克/公斤體重。高強度無氧訓練為主時期不宜過多食入蛋白質,以免酸性產物過多對機體不利。糖供給雖低於耐力型項目,但過低也減少快肌糖原儲備,對無氧運動能力不利。除維生素 B_1 供給量略低於耐力型運動項目外,其它維生素以及礦物質供給量與耐力運動員無很大差別。參見表 1-10-3。表 1-10-4。

(2)膳食結構特點:參考表 1-10-6,應特別注意攝入含磷的食物,如鷄蛋黃、動物腦,可提供 ATP 合成的原料。多食用鹼性食物如水果、蔬菜。

4、靈敏技巧型項目

擊劍、體操、跳水、乒乓等項目在運動過程中神經活動較緊張,熱能消耗不大,訓練中既有有氧訓練,又有無氧訓練,對耐力、肌肉爆發力等素質均有較高要求。

營養特點及膳食結構接近於速度型項目。應注意對視力及神經系統有關的營養素攝入如含維生素 A 較高的肝和含維生素 B_1 較高的雜糧等食物。因爲該類項目運動員年齡偏小,處於生長發育期者應多攝入含蛋白質較多的魚、鷄,含鈣多的奶製品、蛋黃、豆製品及深綠色蔬菜蝦皮等。

5、混合型項目

如籃、排、足球及網球的訓練,比賽中是以有氧與無氧代謝運動方式交替進行爲特點。超過 40 分鐘的比賽中,運動員的耐力素質的優劣直接影響技術、戰術的發揮。在平日訓練中力量訓練期營養需要與力量型運動員接近,比賽期應與耐力運動員接近。例如足球運動員在一場比賽中連續跑動 90 分鐘,有短時間高速衝刺、也有慢跑,尤其在下半場時肌糖原含量下降,使快肌纖維動用糖原速率減慢,運動員不能維持原有的高速度奔跑能力,直接影響技戰術發揮。因此賽前一週和賽中的飲食應使糖供能占總發熱量 60％左右爲宜。

(三)運動員在特殊情況下的營養特點與膳食結構

1、熱環境下運動員的營養需要

(1)熱環境下代謝特點:人體在熱環境下即使不運動熱能代謝也會增加,尤其在環境溫度 29.4℃－37.8℃時,人體爲保持正常體溫,加強了調節過程,如心率加快,出汗增加等生理學反應以增加散熱,這種生理過程的增強引起能量消耗的增加,如果調節不足以充分保持體溫平衡時,體溫開始升高,熱能消耗也增加。專家們認爲環境增加 1℃時,能量供給應增加 0.5％。高溫下蛋白質需要量增加,因爲運動中大量出汗,每 100 毫升汗液中含氮 20－70 毫克,丟失的氮量相當可觀,又因失水和體溫增高引起蛋白質分解代謝增加。除此以外還引起水鹽丟失,一次馬拉松可丟失 4 公斤體重,足球運動員一小時汗液可達 2－7 升,占體重 10％,同時丟失氯化鈉 25 克/天及其它多種無機鹽元素。在汗中有水溶性維生素 C 及 B 族,由於熱能的增加,維生素 B_1 的需要量增加,高溫環境使人體對維生素 A 的需要量增加。

在高溫環境下不僅營養素需要量增加,而且由於高溫時人體消化酶分泌減少,酸度下降胃排空加速使食物得不到充分消化,攝食中樞因高溫受到抑制、口渴通過飲水中樞抑制攝食中樞,以上原因造成運動員的食慾不振更易造成夏訓中的營養不良。

(2)營養與飲食結構特點:爲保證高溫下訓練的運動員健康及提高運動成績,可採取以下相應措施做好營養供給工作。

運動中水和無機鹽的補充:高溫中補充水分存在三種不同處理方法,限制飲水、憑口渴隨意飲水及按出汗量飲水,三種方式對比研究結果證明按出汗量補充水分的方式最好,這種補充方法應以保證水準衡及少量多次爲原則、可採用復水合和超水合二種補水技術。復水合技術是補足運動中丟失的水份,即每 10－15 分鐘或 30 分鐘給於 100－200 毫升 13℃ 左右的飲料,運動時間在 90 分鐘之內供給涼開水即可,時間再長可給予含糖或低聚糖飲料。在很長時間如超馬拉松、鐵人三項,公路自由車等項目中還應補充電解質。超水合是在運動或比賽前 20－30 分鐘左右攝入 450 毫升的涼飲料,使胃有足夠的排空時間而不致於引起利尿反應。注意水合用的飲料最好是低滲飲料,也有用等滲,不可用高滲液。

運動後的營養補充,特別是剛進入高溫訓練的頭幾天需要補充無機鹽,以後機體會漸漸調節並適應。除用飲料補充電解質外,還可採用鹽漬食品和含鉀豐富的牛肉、魚、水果、綠葉蔬菜等。

夏季不易缺維生素 C, 但易缺 B 族和 A, 要注意雜糧和動物內臟的供給,必要時才補充維生素製劑及維生素強化食品。

在膳食中注意用不同湯類的供應、如綠豆湯、油少氨基酸含量高的肉湯、既補水、鹽,又補氨基酸。進餐前先喝少量湯可促進食慾。

2、高原環境下運動員的營養

近年來各項目運動員進行高原訓練以及登山運動員在高海拔地區的運動日益增多,爲保證訓練效果及提高運動成績,必須注意高原地區的特點。一般認爲海拔 2000 公尺以上地區開始對人體有一定影響,3000 公尺以上對人體有明顯影響。

(1)高原環境下的代謝特點:如在海拔 3000 公尺時,大氣壓從海拔 0 公尺的 760 毫米汞柱降到 530 毫米汞柱,氧分壓則從 159 毫米汞柱降到 111 毫米汞柱,大氣氣溫隨高度增加而降低。對人體營養代謝和食慾的影響主要是缺氧和寒冷。起初缺氧可引起高原適應不全症,在習慣後, 缺氧爲第二位、寒冷爲第一位。高原地區熱能代謝增加的原因有基礎代謝增加、寒冷使人體散熱增加,防寒服增加體力負荷導致熱能消耗增加;高原缺氧初期蛋白質分解代謝增強,出現負氮平衡、蛋白質攝入應充分;在缺氧狀態下高脂膳食生成酮體增多,使有氧耐力降低,運動又使缺氧加重,更不利於耐力的恢復,因此應攝入低脂膳食;進食高糖膳食的時候使動脈血含氧量增加,因此高糖膳食對人體缺氧耐力有提高;由於高原時尿量增多,鉀排出量增多,鉀丟失和鈉儲留是引起急性高原反應的重要因素,因此應攝入高鉀低鈉飲食。同時初期因造血機能增強、鐵需要量增加。維生素 B_1、B_2、C 和 PP 與缺氧時呼吸酶活性有關,攝入量也應增加。

　　由於缺氧影響消化道生理功能,使胃液分泌減少、胃液酸度和胃蛋白酶活性降低,因此可出現食慾減退,噁心嘔吐腹脹、腹瀉等症狀隨習慣而減退,因此運動員上高原後在習慣期應減少運動量,使機體順利度過習慣期後再加大運動量、以免過度疲勞。

　　(2)高原環境中運動員的合理膳食:應該是高糖、高蛋白質、低脂肪及高維生素及合適比例的礦物質,接近於耐力運動員(參見表 1-10-6)。膳食中注意含鉀、鐵多的蔬菜、穀類和肉類。含各種維生素的動物內臟、奶、蛋、蔬菜。由於高原上用高壓鍋烹調,維生素損失較多,因此適當給予維生素製劑是有必要的。另外注意供應熱食,以免冷食進入胃腸消化不完全。

(四)供給營養素的相應食物參考資料

1、維生素的食物來源

見表 1-10-7。

2、礦物質的食物來源

見表 1-10-8。

表 1-10-7　　維生素的食物來源

維生素	食　物　來　源
B_1	黑麵包及粗糧、土豆、豆類、豬肉、蔬菜、花生、肝
B_2	牛奶及奶製品、肉、肝、蛋、綠葉蔬菜
尼克酸	肉、家禽、肝、魚、黑面包及粗製穀物、豆類、綠葉蔬菜、花生
泛酸	肝、腎、酵母、粗製穀物、蜂王漿、新鮮蔬菜,奶、
B_6	同泛酸還有香焦、花生、鷄蛋、肉
葉酸	肝、綠色蔬菜、酵母、腎、粗糧、土豆、水果
B_{12}	魚、帶殼水生動物、肉、家禽、肝、奶蛋,
生物素(H)	肝、腎、蛋、奶、魚、花生
C	蔬菜、水果、土豆
A	肝、魚、奶、蛋、人造黃油、奶油、
胡蘿蔔素	胡蘿蔔、深綠葉蔬菜、土豆、桔子
E	肝、蛋、粗糧、菜籽油、人造黃油、黃油、
D	魚、肝、蛋、奶、人造黃油
K	肝、綠葉蔬菜、奶酪、黃油

(引自英國《食物營養與運動成績》1991)

表 1-10-8　　無機鹽的食物來源

礦物質	食　物　來　源
巨量元素	
鈣	奶製品、沙丁魚、蛤、牡蠣、蘿蔔、芥末、花椰菜、豆
鎂	花生、豆、完整穀物、大豆、巧克力、玉米、胡蘿蔔、海菜、綠色食物
磷	含蛋白質豐富的食物、奶、肉、家禽、魚、蛋、花生、豆、穀類
微量元素	
鋅	牡蠣、麥胚、牛肉、小牛肝、紅色家禽肉、全穀製品(麥片)
銅	動物內臟、帶殼水生物、麥片、豆類、巧克力、花生。
硒	穀物、肉、家禽、魚、奶製品
鉻	磨菇、果脯、花生、蘆筍、動物內臟、麥片
鐵	動物內臟、蛤、乾、花生瓜子、紅色肉、深綠色蔬菜

(同表 7 來源)

(周琴璐)

十一　同化激素及其促激素藥物對運動員的影響

　　從五十年代中期不同類型的蛋白同化激素（或稱合成類固醇）如大力補、諾龍等問世起，運動員使用和濫用同化激素類藥逐步成爲一個嚴重的問題。到 1960 年幾乎所有項目都有人使用合成類固醇，以增大肌肉和增加力量。1976 年合成類固醇被列入國際奧委會禁用藥物範圍並開始實施對這類藥物的檢測以後，又有人開始試用目前尙無理想的檢測手段的生長激素和絨毛膜促性腺激素等。

　　按有機化學結構分類，同化激素及其促激素可以分成兩類，即類固醇（或稱甾體）類和肽類激素。類固醇類激素包括睾酮及其衍生物—— 各類合成類固醇；肽類激素包括生長激素和絨毛膜促性腺激素。它們通過對雄激素的作用間接地促進機體的合成代謝。

（一）蛋白同化激素類藥物

1、蛋白同化激素的分類及其在運動中的濫用

　　早在 1954 年蘇聯就有使用合成類固醇的報導。正常男子，特別是那些參加力量和體能是決定成敗的關鍵的項目比賽的運動員，合成類固醇的使用逐年增加。最初幾乎只限於舉重和投擲運動員，以後迅速擴展到橄欖球、健美和所有可以成名的競技項目。舉重和健美運動員中，使用蛋白同化激素的人最多，可高達 90％以上；男子田徑（鉛球、標槍和鐵餅）和橄欖球運動員中百分比略低一些，約 70～80％；短跑和十項全能運動員中使用的人較少，約 40～50％；耐力運動員中僅 10％。使用蛋白同化激素的女運動員比男運動員要少一些，力量運動員約 20％；耐力運動員僅 10％。當今，蛋白同化激素的使用十分流行。據估計，在美國使用者在一百萬人以上，其中包括許多不同年齡的男女運動員，從成年職業運動員到靑春期的高中生，每年花費高達一億美元。

　　1976 年蒙特利爾奧運會上，蛋白同化激素第一次被列入禁用藥物範圍。這屆奧運會上蛋白同化激素的尿檢陽性率高達 3％，而其他類藥物的陽性率僅 0.2％。1984 年洛杉機奧運會上，藥物檢測中查出的 12 例陽性，蛋白同化激素 11 例，占 91.6％。1986 年漢城亞運動會和 1988 年漢城奧運會的檢查結果也是如此。1990 年亞運會檢出的 3 例陽性全是蛋白同化激素。加拿大短跑名將強生在 1988 年奧運會上尿檢呈康力龍陽性一事轟動了世界，成爲體育界有史以來最大的醜聞之一。

　　蛋白同化激素有 60 餘種，運動員中用得最多的是大力補（Methadiencne

或 Dianabol），其次是氧代甲基雙氫睪酮（Oxandrolone），康復龍（Oxymetholone)乙基雌烯三醇(Ethylestrencl)、康力龍(Stanozolol)和氟羥甲基睪酮(Fluoxymesterone)。運動員除口服以外也通過皮下或肌肉注射的方式使用蛋白同化激素。因爲與口服比較,注射用藥的次數少而且對肝臟毒性小。這些注射劑包括苯丙酸諾龍（Nandrolone phenpropiorate 或 Durabolin)、癸酸諾龍（Nandrolcne decanoate 或 Deca-Durabolin)、庚酸睪酮 (Testosterone enanthate)和環戊基丙酸 Testosterone Cypionate 睪酮(或 Depc - Testosterone)。

運動員中的蛋白同化激素使用,大體有如下幾個特點:

(1)幾週期使用

爲配合訓練和比賽,蛋白同化激素的使用幾週期進行。最短的 3 週,最長的 26 週。每週期後停用一段時間。

(2)用藥量遠遠大於醫學上的治療推薦量

一個成年男子 24 小時由睪丸產生的雄激素是 4－10mg。運動員的蛋白同化激素使用量是 24 小時 10－15mg、25mg、49mg 和 300mg、Butkett 的調查表明,運動員的用量一般都是推薦治療量的 7－8 倍。最高的康復龍的使用量是推薦治療量的 20 倍。口服藥大力補最高時可以用到 400mg/日,是治療量的 40 倍,運動員常常每週注射 2 次癸酸諾龍,而治療的用量是 3－4 週注射一次。

(3)"堆積"用藥方法

爲了達到蛋白同化激素藥物的最強效果,最大限度地減小對機體潛在的危害和藥物檢查中被檢測出來的可能性,通過增多同期用藥的種類使每種藥的用量相對減少,採用所謂的"堆積"用藥方法。通常同時採用口服和肌肉注射的方式使用 2－4 種或更多種藥物。

(4)爲重大比賽安排周密的用藥方案

爲在重大比賽中取得優異成績,採用"堆積"方式用藥之外,還在不同的時期配以輔助藥物如生長激素,絨毛膜促性腺激素、利尿劑和無機鹽片等,形成一個周密的用藥方案。力圖通過這些輔助藥物調整自身內分泌系統,達到賽前最佳狀態,同時加速體內類固醇藥物的排泄,以逃避興奮劑檢測。

目前尚無科學依據證明這些用藥方案可以提高運動成績,也未證明"堆積"方案與別的方案比較受類固醇藥物的損害要小。但是一般認爲,多種藥物的相互反應可能會帶來更大的潛在的副作用。

2、蛋白同化激素的生理和藥理作用

(1)對生長、性器官和副性徵的發育及男性性行的作用

在雄激素的作用下,可發生下列變化:①骨骼變粗,肌肉發達,身高迅速增高。到青春期後階段,骨骺開始閉合,生長近於停止;②皮膚變厚,皮脂腺增生,皮膚表面有油脂分泌。如果皮脂腺因堵塞而招致感染,則可發生痤

瘡;③皮下脂肪消失,因而皮下靜脈顯得很清楚;④腋毛、陰毛出現,呈典型
男子型的體毛分布。鬍鬚的生長比較晚,可分布於嘴唇周圍和下巴等處。
如有禿髮遺傳素質,可見額部髮際後縮,頂部頭髮變細而稀少;⑤乳腺有一
定程度的發育,觸診可捫及圓盤狀的堅實組織,以後逐漸消退;⑥喉頭增大,
聲帶變厚,以致聲音變得低沉和粗厚。

　　青春期及青春期以後,雄激素對睾丸有直接刺激作用。雄激素可延緩
大鼠由於垂體切除引起的睾丸萎縮,使精子生成維持一段時間。

　　雄激素對細精管的精子產生以及精子通過副睾和輸精管的成熟過程都
有重要作用。精囊和前列腺的發育和分泌功能,也需要有雄激素的刺激。
此外,睾酮尚有促進外生殖器(陰莖和陰囊)發育的作用。

　　(2)同化作用

　　雄激素和同化類固醇可促進蛋白質合成代謝,減少分解代謝,因而使肌
肉發達和體重增加。

　　(3)促紅血球生成作用

　　蛋白同化激素制劑具有刺激紅血球生成的作用。注射雄激素後,網織
紅細胞計數,血紅蛋白及骨髓的紅血球生成均可提高。

　　(4)增強免疫功能和抗感染作用

　　蛋白同化激素制劑可加速機體對多種抗原刺激(包括傷寒沙門氏菌、白
喉素毒、麻疹抗原以及異種血清蛋白)的抗體形成反應,並有類似糖皮質激
素的抗炎作用和抑制纖維母細胞成熟轉化爲纖維細胞的作用。

3、蛋白同化激素的強力作用

　　(1)對體成分的作用

　　Lamb 綜合了 19 篇文獻,其中的 12 篇的結果是,如果兩組都從事力量
訓練,則服用類固醇時的體重增長明顯地高於服安慰劑時,多 0.3－3.7 公
斤,平均多 2.2 公斤。但是,在另外 7 篇論文中未見到同樣的結果。以上論
文的研究週期爲 3－12 週,服用類固醇的量高的達大力補 100mg/日。不同
的劑量、膳食、受試者的訓練狀態和訓練方式,都可能是導出不同結果的原
因。

　　Alen 1982－1987 年對 14 名以往在力量訓練中有使用蛋白同化激素歷
史的力量項目運動員進行爲期三個月的實驗研究,運動員在力量訓練的同
時採用"堆積"法聯合使用大力補,苯丙酸諾龍、康力龍和睾酮(其用量爲推
薦治療量的 1.5－3 倍)。結果可以看到體重明顯增加,體脂百分數明顯下
降,而瘦體重平均增加 5.5 公斤(佔體重的 6.9%)。

　　(2)對肌肉體積大小和力量的作用

　　服用類固醇,最大臥推能力可提高 8 公斤,而下蹲能力可提高 11 公斤。
Alen 發現,在 24 週訓練期內使用蛋白同化激素的運動員股外側肌肌纖維
平均面積明顯增大,而且增大的主要是慢肌纖維。

(3)對有氧能力的作用

人們對蛋白同化激素提高有氧能力的期望從理論上講可能是源於它個的促紅血球生成的生理作用。對此芬蘭 Alen 觀察了 6 名力量項目運動員26 週訓練期內使用蛋白同化激素後血液學改變。他發現紅血球增加,血球壓積容量(HCT)升高 9.6%,但是血紅蛋白濃度和平均紅血球容積(MCV)不變,因而平均紅血球血紅蛋白濃度(MCHC)反而明顯下降,這就使載氧能力無法提高。因而對於沒有貧血的運動員使用蛋白同化激素並不能起到增強有氧運動能力的作用。

4、蛋白同化激素的副作用

(1)主觀毒性副反應

主觀毒性副反應主要是運動員用藥後自身的主訴和徵狀。有學者研究了 155 名男運動員,其中有 52 名有這種副反應,占總數的 35.5%(表 1-11-1)這些副反應以性慾增加、攻擊性增強、肌肉痙攣及性慾減退為多見。這些症狀在 52 名有主觀毒性副反應的運動員中分別占 30.8%、30.8%、21.2%及 15.4%。

主觀副反應的出現率與所用的蛋白同化激素的種類有關。在 155 名運動員中,除 29 名使用多種類固醇藥物以外,其餘 126 名運動員分別使用大力補、康復龍、癸酸諾龍、氧代甲基雙氫睾酮和甲基睾酮,其主觀副反應以氧代甲基雙氫睾酮為最高,康力龍為最低(表 1-11-2)。

表 1-11-1　服用蛋白同化激素運動員的主觀副反應

主觀副反應	運動員人數	占有主觀副反應人數的%
性慾增加	16	30.8
攻擊性增強	16	30.8
肌肉痙攣	11	21.2
性慾減低	8	15.4
乳房增大	4	7.7
痤瘡	3	5.8
興奮增盛	3	5.8
頭痛	3	5.8
頭暈噁心	2	3.8
欣快感	2	3.8
水腫	1	1.9
皮疹	1	1.9
尿道炎	1	1.9
陰囊痛	1	1.9
毛髮過度增生	1	1.9

表 1-11-2　　運動員服用不同的蛋白同化激素後出現主觀副反應的人數

合成類固醇名稱	服用人數	出現副反應人　數	占服藥人數的%
大力補 methandienone(口服)	85	21	24.7
甲基睾酮 methyltestosterone(口服)	4	2	50.0
康力龍 Stanozolol(口服)	13	0	0
氧代甲基雙氫睾酮 oxandrolone(口服)	11	11	100.0
癸酸諾龍 nandrolone decanoate(肌注)	13	3	23.5

(2)對垂體一性腺軸的副作用

正常人體的睾酮和精子的生成受下丘腦-垂體-睾丸軸的控制。如圖 1-11-1 所示，大腦中的下丘腦以脈衝的方式分泌下丘腦促性腺釋放激素(GnRH)，這一分泌受大腦中多種神經傳遞體的控制。GnRH 刺激垂體腺分泌兩種促性腺素，即促黃體素(LH)和卵泡刺激素(FSH)。LH 刺激睾丸分泌睾酮，而 FSH 促進精子生成。分泌的睾酮可產生負反饋在下丘腦水準調節 GnRH 的釋放，並隨之調節前垂體釋放促性腺素。

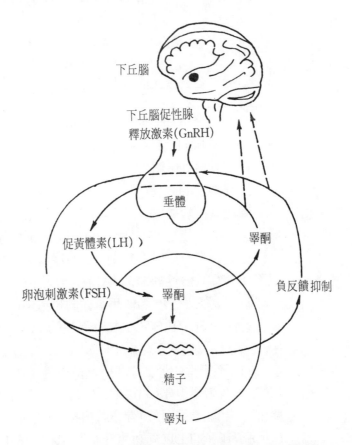

圖 1-11-1　下丘腦-垂體-睾丸軸的刺激和調節機制

使用蛋白同化激素將抑制垂體釋放卵泡刺激素(FSH)和促黃體素

(LH),從而導致睪丸萎縮和自身睪酮生成的減少。

據 6 篇對 77 名運動員使用蛋白同化激素對垂體-性腺系統影響的研究報告表明,大力補 10 毫克/日,連服 9 週就能引起精子數減少 27%,其中人正常結構的精子從 73% 下降到 42%;20 毫克/日以上,連服 2 週可引起血漿促性激素和睪酮含量減少(表 1-11-3)。

表 1-11-3　　蛋白同化激素對運動員垂體-性腺系統的影響

合成類固醇	運動員人數	用藥量	用藥時間(週)	促性激素下降人數	血漿睪酮降低人數	精子數減少的人數
甲基雙氫睪酮 (mesterolone)	10	75-100 mg/日	4	0	10	–
癸酸諾龍 (nandrolone decanoate)	3	1mg/kg 體重/週	9	0	–	–
大力補 (methandienone)	12	5-10 mg/日	4	0	12	–
	12	10mg/日	3	–	–	0
	15	15mg/日	9	–	–	15
	6	20mg/日	52	4	4	–
	9	20-35 mg/日	2	9	9	–
	11	100mg/日	6	0	11	–
	1	100mg/日	–	1	1	–
共計	79			14	47	15

也有學者研究表明,大力補 100 毫克/日,連服 6 週,只見到血漿睪酮的減少,而未見到血漿促性激素的減少。

(3)對肝臟的副作用

對肝功能的影響

環戊基丙酸睪酮、庚酸睪酮和一些其他的注射用雄性/合成類固醇與肝臟損害無關。但是,幾乎所有的口服合成類固醇制劑都可以引起肝功能異常。這些異常包括磺溴酞鈉(BSP)泄留、血清谷草轉氨酶(SGOT)、谷丙轉氨酶(SGPT)、鹼性磷酸酶(ALP)、乳酸脫氫酶(LDH)和膽紅素水準增高。一些研究調查了 149 名使用蛋白同化激素的運動員,主要分析 4 個指標,即非特異性的 SGPT、SGOT 和特異性的 LDH、ALP,他們發現,149 名運動員中 70 名肝功試驗(下略為 LFTs)不正常,占總調查人數的 47.0%,而在 70 名 LFTs 不正常的運動員中,非特異性 LFTs 不正常者占 81.4%,特異性 LFTs 異常者僅占 18.60%(表 1-11-4)。因而他們認為,非特異性 LFTs 的變化可能是由於運動員骨骼肌損害所致,而並非真正的肝細胞功能障礙;相反與肝有關的 LDH 同功酶升高而 sGOT 正常者倒可能是肝細胞功能受損。

不同的蛋白同化激素對 LFTs 的影響不同。76 名口服大力補的運動員僅 2 名特異性 LFTs 不正常,而服用氧代甲基雙氫睪酮的 1 名運動員特異性 LFTs 均不正常(表 1-11-5)。

表 1-11-4　　服用蛋白同化激素運動員肝功能異常情況

肝功能指標	異常運動員人數	占有異常的運動員總數(70 人)的%
非特異性肝功能指標		
sGPT	27	38.6
sGOT	30	42.8
合計	57	81.4
特異性肝功能指標		
與肝有關的 LDH 同功酶	11	15.7
鹼性磷酸酶(ALP)	2	2.9
合計	13	18.6

表 1-11-5　　服用蛋白同化激素對肝功能的影響

藥　物　名　稱	服用運動員人數	給藥途徑	非特異性肝功能異常人數	特異性肝功能異常人數
大力補(methandienone)	76	口服	28	2
氧代甲基雙氫睪酮 (oxandrolone)	11	口服	0	11
甲基異睪酮(methenolone)	24	口服	0	0
康力龍(stanozolol)	9	口服	0	0

還有文章報導,使用蛋白同化激素可以造成高膽紅素血症,因此血清膽紅素也可以作爲一個了解蛋白同化激素對肝功能的副作用的指標。

②肝病性紫癜(Pekiosis hepatis)和肝腫瘤

肝腫瘤與貧血、腎病、陽萎、垂體功能低下等病時使用蛋白同化激素有關。這些腫瘤大多數進展慢,停止類固醇治療以後很快萎縮,但也有死亡的報告。Johnson 在他的文章中介紹了病人在使用幾種口服類固醇制劑時可並發肝病性紫癜、肝細胞瘤和急性骨髓性白血病(表 1-11-6)。

動物實驗研究結果認爲,蛋白同化激素是一種低致癌物質,在現有的其他致癌物質存在時,它可以誘發腫瘤生長,促進腫瘤生長。

(4)對脂肪代謝和心血管系統的副作用

①脂肪代謝異常和冠心病

蛋白同化激素可以降低血中高密度脂蛋白膽固醇(HDLC)的水準,而升高甘油三酯(TG)和低密度脂蛋白膽固醇(LDLC)的水準。

冠狀動脈粥樣硬化性心臟病的發病率與血中低密度脂蛋白膽固醇(LDLC)和甘油三酯(TG)的濃度呈正相關,而與高密度脂蛋白膽固醇(HCLC)的濃度呈負相關。因爲高密度脂蛋白膽固醇(HDLC)可以將過剩的膽固醇帶到肝臟生成其他的產物,從而對血管壁起保護作用。

表 1-11-6　　與服用蛋白同化激素有關的肝腫瘤

藥物名稱		劑量	使用時間（月）	併發症
屬名	商品名			
康復龍	Ora-Testryl	10－250	10－51	紫癜性肝炎
Oxymetholone	Adroyd	mg/日		肝細胞病
	Anadrol 50			急性骨髓性白血病
	Anapolon			
甲基睾酮	Oreton Methyl	20－50	1－165	肝細胞瘤
Methyl testosterone	Metandren	mg/日		
	Android			
康力龍	Winstrol	15mg/日	18	肝細胞病
Stanazolol				
大力補	Dianabol	10－15	12－80	肝細胞瘤
Methadienone		mg/日		
氟羥甲基睾酮	Halotestin	15－80	4－16	紫癜性肝炎
Fluoxymesterone	Ultandren	mg/日		
	Ora-Testryl			
乙諾酮	Nilevar	20－30	1.5－9	紫癜性肝炎
Norethandrolone		mg/日		

②高血壓

使用蛋白同化激素可引起高血壓,其原因是蛋白同化激素引起水、無機鹽和氮滯留,體內氮和水有一定的比例,氮滯留又進一步增加了體水量,這種水、鹽、氮滯留的狀況導致水腫,過多的體液使血壓升高。

使用蛋白同化激素可以導致動脈粥樣硬化、高血壓和凝血機能障礙,這是三個導致心臟受侵和心衰的主要原因。

(5)對肌肉、韌帶和肌腱的副作用

長期使用蛋白同化激素可使結締組織——韌帶和肌腱失去彈性。在使用同化激素約三年以後,韌帶和肌腱一旦過度拉長,就會造成撕裂。

使用蛋白同化激素的運動員會感到肌肉發脹發緊和變硬,甚至痙攣,這似乎與水鹽的滯留有關。因而當運動員從事高強度力量訓練時,常常會發生肌肉拉傷,特別是那些訓練技術不熟練的運動員,肌肉增長的超常速度與技術熟練程度的差距越來越大,也就更容易造成肌肉和(或)肌腱、韌帶的損傷,致使他們的競技體育壽命過早夭折。

(6)精神上的副作用和成癮性

同化激素可以產生一系列的精神上的副作用,大多數運動員,尤其是使用低劑量同化激素的運動員,這種副作用可以很小,但是,少數人可以出現嚴重的情感(或)精神病症狀,有的人還可能表現出使用暴力和進行犯罪活動。

　　長時間反覆多次使用蛋白同化激素,也會帶來藥物成癮和藥物依賴等問題。

　　(7)對男運動員的副作用

　　使用蛋白同化激素的男子,可以明顯見到以下的副作用:

　　①性慾增強或低下、肌肉痙攣、乳房女性化、興奮增盛、陰囊痛等。

　　②血液中高密度脂蛋白膽固醇和高密度脂蛋白-2 亞膽固醇片斷明顯下降。

　　③睾丸萎縮,其體積減少 18%。同時還伴有精子生成減少,和精液體積減小。

　　④血液檢查可見肝功能的改變。

　　⑤明顯的皮脂腺分泌增加和皮疹。

　　(8)對女運動員的副作用

　　合成類固醇對女子的影響是破壞性的,幾乎所有的副作用都是不可逆的。研究中已經證明的副作用是:由於聲帶變厚而使聲音變低;陰蒂增大;臉部毛增多;禿頭;皮膚增厚;經閉;過度的攻擊行為;與肝功能相關的副作用。

(二)人體生長激素

　　人體生長激素,大多數書中縮寫為 HGH(本書下面亦同)。HGH 是由垂體前葉嗜酸性細胞分泌的多肽類激素。分子量為 21,000,由 191 個氨基酸組成的直鏈分子。

1、HGH 的代謝和生理

　　人體的垂體含 5~10 毫克 GH。成年男子每天產生 0.4－1 毫克 GH,青少年和女性略高於此數。HGH 由垂體前葉分泌後進入大循環,血清 GH 水準為 0.3~0.5 微克/升。正常情況下,HGH 的分泌受其他激素、運動、睡眠、進食、服藥等各種刺激的影響而波動,對這些刺激反應的大小受年齡性別、身體成熟狀況的影響。

　　一般來說,無論是長距離還是短距離的高強度運動都使 GH 水準升高,年齡較大的和未經訓練的女性運動後 GH 升高的水準高於有訓練的男子。高強度運動造成的 GH 分泌的增加可能與精神應激有關。

　　HGH 對機體代謝的作用分即刻和遲發兩部分,其即刻作用與胰島素相似,即刻作用包括:增加肌肉和肝臟對氨基酸的攝取和氨基酸摻入蛋白質;刺激肌肉和脂肪組織的葡萄糖攝入;在脂肪組織中有脂解作用。

　　在使用生理劑量的 HGH3~4 小時內就會出現以上對代謝的作用。

　　HGH 的遲發作用發生在 4 小時以後,其包括:增加游離脂肪酸由脂肪組織中的動員,繼而刺激甘油三酯分解;提高兒茶酚胺脂解作用的敏感性;

抑制葡萄糖的攝取和利用。

HGH 在人體內有多種生物學作用但主要功能是促進蛋白合成和細胞生長，HGH 的合成作用很複雜，在不同的組織中也不相同。HGH 對身體組織的合成作用導致血漿氨基酸水準下降，血尿素氮減少，這將引起氮滯留和正氮平衡。HGH 通過腎臟的鈉泵的作用，使電解質鉀、鈉、氮滯留、血漿磷水準升高，通過腎臟的滯留和胃腸道吸收的增加，保存體鈣和造成鎂的正平衡。

幾乎所有器官的生長發育都要依賴 GH，軀體生長的加速受促進生長的多肽物質的調節，這些多肽物質也依賴 GH。在青少年中，HGH 對骨骼的作用表現為長骨生長和骨骼肌增加。

2、HGH 在體育中的使用

HGH 分兩種，一種是從屍體的垂體中提取的；另一種是細菌 DNA 再合成的工業製品。在發明 DNA 再合成方法之前，只能從屍體的垂體中提取 HGH，其量只占垂體淨重的 10％，因而十分稀少和昂貴。從 1963 年開始到七十年代初期，美國總共只生產了 20 萬單位(即 100 克)。八十年代也只生產了 90 萬單位(即 450 克)，因而每年只能有大約 2500 名 GH 缺乏的兒童能以接受 HGH 治療，只占患病兒童總數的四分之一。

研究發現，由遺傳控制的大腸桿菌合成的蛋白質有 1％ 多是生長激素，因此 10 升細菌懸浮體可產生 10 克 GH。1985 年美國食品與藥物管理局 (FDA)批准了工業生產 DNA 再合成的 GH 投入市場。

有幾個方面的誘惑使運動員試圖使用 HGH，一方面是力量項目的運動員如舉重、柔道和田徑項目的田賽運動員最喜歡試用 HGH，許多人相信 HGH 將起雄性合成類固醇一樣的有益作用，使肌肉增大又十分安全。另一方面是因 HGH 雖然是國際奧委會的禁用藥物，但由於尚無有效的檢測手段，可以無顧忌的使用。

據美國華盛頓食品與藥物管理中心的調查報告，運動員的 HGH 使用量可以高達推薦治療量的 20 倍。

沒有公開發表的證據表明，使用 HGH 可以提高運動能力。有幾個動物實驗發現，給大鼠使用大劑量的 GH21 天，可以使股四頭肌的重量和橫截面積增大，然而每克組織的肌張力卻減小。因而有人認為，肌肉體積的增大可能是由於結締組織的增生。

3、hGH 的副作用

使用 HGH 會帶來一系列醫學和道德問題。巨人症就是一個在不知不覺中發生的不可逆的病變，這可能是 HGH 廣泛使用的有害健康的主要問題，雖然沒有 HGH 使用引起巨人症的例子，但是由於 HGH 的早期作用使運動員面貌變得粗魯、皮膚粗糙和頜首增厚等肢體末端肥大症的早期徵候例子並不少見。特別與運動員相關的是典型的肢體末端肥大症發展成肌病、末梢神經痛和心臟病(包括冠心病和心肌病),盡管血 GH 水準可以恢復正常,肌痛卻是不可逆的,長期使用 HGH 還會導致糖尿病、關節炎等併發症和使生命縮短。

　　垂體提取的 HGH 可能帶有一種海綿狀病毒,它會引起克羅伊茨費爾特－雅各布綜合症(痙攣性假麻痹),這是一種罕見的致命的腦病,表現爲錐體和錐體外系部分變性,併發進行性痴呆。有時還出現肌肉消瘦、震顫、指痙病以及陣攣性口吃。目前對這種病尚無特異的診斷和治療方法。

(三)絨毛膜促性腺激素(HCG)

　　絨毛膜促性腺激素(HCG)不是男性激素,而只是一種源於孕婦的尿液中的物質,HCG 由胎盤的滋養層細胞分泌進入母體的血漿,由尿排出體外,HCG 是一種天然的蛋白質激素,其功能在於維持黃體,從而使機體繼續分泌孕酮和雌激素,以助於維護妊娠的子宮和胎兒,停止月經。HCG 由兩個亞單位構成,其 α 亞基在結構上與垂體分泌的促黃體素(LH)和卵泡刺激素(FSH)相近似,所以在正常男子的尿液中可以測到極微量的 HCG。(小於 5 國際單位/升)。

1、HCG 在體育中的使用

　　由於 HCG 的 α 亞基結構與 LH 相似,所以它同 LH 一樣可刺激睾丸間質細胞使其產生雄激素。爲什麼男運動員不直接用雄激素,而要間接地通過使用 HCG 來刺激機體產生雄激素呢? 其主要目的在於逃避興奮劑檢查。從 1982 年開始,國際奧委會醫學委員會禁止運動員使用睾酮,並採用測定尿液中睾酮與表睾酮的比例來鑒別運動員是否使用了睾酮,因爲 HCG 在刺激睾酮生成的同時也刺激表睾酮的生成,所以使用 HCG 以後不造成尿液中睾酮與表睾酮比例的改變,使檢測者無法發現運動員使用了藥物。1983 年 Brooks 等進行了一項實驗,給三名正常男子注射 250mg 油劑庚酸睾酮,注射後 24 小時血漿中的睾酮水準增高 3－5 倍,但是這一濃度很快就下降,到第 15 天已經下降到低於注射庚酸睾酮以前的水準,這時他們又給受試者注射 5000 國際單位 HCG,注射後血漿睾酮水準升高 2－3 倍,而且能維持一周或更長一些時間。

2、HCG 的禁用和檢測

　　1988 年 HCG 被列入國際奧委會醫學委員會的禁用藥物之列,各國學者開始對其檢測方法進行了研究,目前雖然沒有確定一個切實可行的檢測方法,但研究的進展還是可喜的。目前的方法有兩種,即檢測尿中 HCG 的濃度和尿中睾酮與促黃體素(LH)的比值。前面已經提到 HCG 並非男性激素,因而在男子尿中的濃度極低,不同測試方法的正常值不盡相同,但一般卻不超過 5 國際單位/升。注射 HCG 以後尿中的睾酮與表睾酮的比例不發生改變,但睾酮(T)與促黃體素(LH)的比例(T/LH)會低於正常,這是由於 LH 與 HCG 的 α 亞基結構上的相似會造成 LH 體抗體與 HCG 有交叉反應,注射的 HCG 會被 LH 抗體作爲 LH 來識別而使所測得的 LH 值增高,T/LH 也就會下降。1986 年 Brooks 等對某次比賽的一個項目的 42 份尿樣進行了 T/LH 比例的分析和 HCG 濃度的測試,結果顯示 2 人的 T/LH 低,與此同時,他們的尿中 HCG 濃度分別高達 242 和 154 國際單位/升,他們的檢測提示這兩名運動員賽前可能使用了 HCG。次年,他們又對這次比賽的 740 份男性尿液進行了 HCG 含量的測定,21 份尿樣呈陽性,HCG 濃度爲 30－119 國際單位/升(他們採用的方法男子正常範圍應爲 1.2－3.9 國際單位/升),陽性率高達 3％,更驚人的是這 21 人中 19 人集中於 2 個項目。1987 年他們又對一次國際比賽中的 149 份男性尿樣進行了以上兩種方法的分析檢測,未發現陽性。

3、HCG 的副作用

當男子濫用 HCG 到一定量時,會產生類似早孕反應的噁心嘔吐。長期濫用 HCG 的男子可產生體脂分布的改變,造成乳房女性化。

(楊則宜)

十二　體育資訊在運動訓練中的應用

現代運動訓練一刻也離不開訊息和情報,無論是訓練理論和方法手段的採納,新技術的應用,場地器材的改進,規則、規程的修改,比賽對手的技術情況等等,只有掌握最新、最準確的訊息和情報,才能取得訓練的成功與競賽的勝利。

(一)體育資訊的概念

資訊是一種經過傳遞的、有使用價值的知識。體育資訊是指針對體育運動某種特定的需要而及時傳遞的反映體育運動現象和規律的知識。

(二)體育資訊在訓練中的應用

現代運動訓練最顯著的特點是運用多學科的知識進行綜合訓練,這就需要教練與科研人員合作,在訓練過程進行各種測試,以獲取、存貯、處理、傳遞和控制各種有關訊息,不斷進行綜合運算和反饋,使訓練控制達到最佳化。資訊不僅在訓練過程本身,而且在訓練理論的發展與交流,競賽水準的預測,技術動作的診斷與設計,場地器材的更新以及競賽中的"知己知彼",都十分重要。

1、傳播最新訓練理論與方法,掌握運動訓練最新動向

近半個多世紀以來,由於高科技在運動訓練上的應用和訓練理論本身的發展,運動技術水準提高速度加快,運動訓練理論與方法也不斷更新。有專家預言,"高級運動員的訓練法有周期性變化,大約每隔15－20年會出現新的、原則性的、可以說是革命性的變革,它將導致運動成績的飛躍。"

我國自五十年代開始就翻譯出版了蘇聯的大量體育科學資料,聘請蘇聯顧問專家來我國擔任諮詢工作和教學訓練工作,派出留學生赴蘇聯學習最新體育理論與科技知識。六十年代以後,體育資訊部門注意收集、研究和介紹國外體育資訊,如現代運動訓練中的負荷內容的定向化,多年訓練的程序化,負荷量度的個體化,提高訓練效率,有效控制比賽次數及比賽強度,採用多種手段加速負荷後的恢復,心理訓練的專訓化,女子項目訓練的"男子化",運動訓練理論與方法縱橫多向的借鏡與移植等。

我國游泳成績提高快的主要原因之一是由於國家游泳隊能及時掌握國際游泳訓練的最新發展動向,把全年訓練分為3個週期,這樣高潮迭起,有利於大幅度提高成績。在訓練的組織管理上運用心理學和行為科學來激勵

運動員的自覺性,重視現代恢復手段的運用。

2、引進最新技戰術和訓練方法

掌握並研究應用國際競技體育最新的技戰術和相應的訓練方法是在重大國際比賽中取勝的關鍵。

國家乒乓球隊自五十年代末以來,一直重視收集外國選手技戰術的資訊,設有專人從事資訊資料工作,不斷收集外國優秀隊員技戰術的強點與特點和訓練水準、身體狀況、心理素質等資訊,建立外國運動員檔案,在重大比賽前研究這些資料,制定對策進行模擬訓練。例如,1961 年第 26 屆世界乒乓球錦標賽前,收集研究日本乒乓球新技術—— 弧圈球資訊。發現這種弧圈球是一種加轉上旋球,落點和球路難以捉摸,但只要快速反擊,可以制服。

1982 年世界杯體操賽前夕,體操運動員李寧從錄影中看到蘇聯體操選手科羅廖夫在自由體操中做了托馬斯全旋倒立分腿轉體 360°的動作,新穎而獨特,立即學習並加以改進,編入自己成套自由體操動作中,以 9.9 分獲得世界冠軍。

3、知己知彼, 有的放矢

競賽資訊並不限於競賽期間,賽前賽後資訊的作用更為重要。競賽資訊應分為三個階段:

(1)賽前資訊:

賽前資訊要靠長期積累,例如我們要和古巴女排進行比賽,必須了解古巴女排的建隊歷史,人員變動情況,每個隊員的技戰術特長,身高、體重、彈跳力等運動素質和心理素質,全隊戰績和個人戰績,特別是近期的戰績。對教練的個性和指揮特點也應該進行了解。這些資料來源一方面依靠國外報刊雜誌的評論與報導;另一方面,依靠我隊在重大比賽中的直接接觸和技術統計。在有條件的地方應建立人物或全隊檔案,並以電腦貯存,以備一時之需。

賽前資訊要求很高的準確性,不要被一些假資訊所迷惑。例如在一次重大國際籃球賽中,對方故意宣傳某某主力隊員因病不能參賽,但正式比賽時,發現這個隊員安然無恙。以賽前訓練或現場熱身賽來判斷對方實力並不可靠,因為有經驗的教練往往會製造假象。為此,對於資訊素材還要研究分析,必須做到"去蕪取精,去偽存真"。

(2)賽期資訊:賽期資訊也可以稱為現場資訊,這不僅對於臨場有立竿見影的作用,而且也為建立檔案獲得最可靠的第一手資料。賽期資訊的及時性最為突出,有的比賽就只一場定勝負,但不少比賽有預決賽、循環賽、地區賽等等,這些比賽正是為下一場決賽提供最可靠的技戰術資訊。

現場資訊對於科學研究也十分重要。集體對抗性比賽有技戰術問題,而個人比賽則有技術動作問題。優秀運動員的技術動作是十分珍貴的資料,它可以作爲訓練的借鏡,也可與本隊隊員的技術動作進行比較分析。可借助於圖片分析儀或錄影分析儀,也可以通過黑白攝影製成連續動作圖片。

(3)賽後資訊:古諺說:"前事不忘,後事之師"。每次賽後,許多評論對於總結經驗敎訓十分重要,還可從中探索某一專項的發展趨勢,從而爲未來的訓練制訂長遠規劃和戰略措施。同時,還要注意其它國家的發展動向和採取的措施,以資借鏡。

競賽資訊來源於競賽,服務於訓練,反映了資訊的先行作用。

4、引進最新科技成果,提供科學訓練

訓練科學是一門綜合學科,包括許多學科的知識。現代運動訓練已進入多學科綜合訓練的時代,科學技術在訓練上是十分重要的,可以認爲,沒有科技就沒有競技體育的高水準,沒有科技就沒有驚心動魄的劇烈競賽,"奧林匹克運動場上的競爭實質上是各國科技的競爭"已成爲公認的事實。

科技成果也是一種資訊,是一種可以應用的資訊。在場地器材和技術動作方面,科技成果的應用與發展也是層出不窮、日新月異的,如塑膠跑道的出現,撐竿跳跳竿和標槍器械的革新,自行車材料與結構的更新和體操器械的不斷改進,以及乒乓球拍、網羽球拍的發展,體育科研儀器逐步向微型化發展,自動化、電腦化程度的提高等等,這都是體育科技資訊,引進這些訊息,並在運動實踐中應用,便推動了運動技術水準的提高。

(三)體育資訊的蒐集和分析

資訊往往是分散的,不引人注意的束鱗西爪,而蒐集資訊則要善於聚沙成塔,集腋成裘,要有資訊意識。

1、體育資訊的蒐集

蒐集體育資訊可分專業與業餘兩種,專業蒐集由專門人員進行,建立情報資料室,負責報刊文獻著錄,製作檢索卡片,將資料定期編印成冊,提供有關人員查閱。

業餘蒐集是指個人根據需要和所接觸的資料進行蒐集,一般採取製作檢索卡片(有題目索引和內容摘要兩種,視材料價值而定),還可以蒐集剪報,把報刊上對自己業務有關的消息、報道、資料、評論等等。剪貼分類保存,以便查考。

不論是專業蒐集還是業餘蒐集,都應盡可能地擴大蒐集面,不僅相關項目需蒐集,不同項目也要蒐集,因爲在訓練理論和方法上,旣有共通性,又有特性。

2、體育資訊的分析研究

在大量蒐集體育資訊的基礎上,還需對資訊進行分析研究。從資訊學

術語來說,原始資料稱爲一次文獻,經過加工的索引或文獻摘要稱爲二次文獻,情報研究分析的材料稱爲三次文獻或高次文獻。

關於體育資訊的分析研究,大體上有以下兩種形式:

(1)專項專題資訊研究:按專項中的一個專題,進行比較微觀的分析研究。例如對短跑起跑技術的文獻綜述,背向式跳高技術的訓練要領,籃球的身高問題,排球的攔網技術和訓練,足球的射門技術等等,這種研究內容較專、技術性很強。

(2)專項發展趨勢研究:往往在一次大型國際比賽以後,技戰術將發生週期性的變化,從宏觀上分析研究某項目的發展動向,提供給領導決策和敎練制訂選材與訓練計劃參考。這類資訊材料如:從××屆奧運會看男子競技體操的發展趨勢;從××屆世界錦標賽看高水準游泳運動員的年齡趨勢;從××屆亞運會看亞洲田徑實力水準等等。這些研究分析無疑對本國競技體育的發展起諮詢作用。

無論是資訊蒐集還是資訊分析研究,都必須掌握資訊的時效性、針對性和廣泛性。

(四)聲像資訊在訓練中的應用

體育聲像資訊,亦稱爲體育視聽資訊,對運動訓練有特殊的作用,因此各國都十分重視聲像資訊在運動訓練中的應用。聲像資訊與文獻資訊在內容和方法上均不盡相同,重要是由於載體各異,但在許多資訊原理上還是一致的。聲像資訊的內容應包括電影膠片、幻燈片、錄音帶、錄影帶等感光或磁性材料。目前常用的是錄影。這類資訊快速、準確、形象、直觀,在訓練和競賽中非常實用、有效,爲其它形式所不及。

運動訓練需要提供的聲像資訊內容有:運動素質訓練,技術訓練,戰術訓練,心理訓練,訓練安排等等。

國際國內重大比賽都是蒐集聲像資訊的好機會,因爲所有優秀運動員都要在賽場上大顯身手,展示他們的技術和戰術。目前空間技術的發展,爲蒐集聲像資訊提供了極爲有利的條件,爲了更全面和有重點地蒐集資訊,還可派專人到比賽現場錄影。

聲像手段可以直接運用於訓練,爲提高運動訓練水準服務。例如當世界上還未出現單槓三周下的下法時,科研人員發現李月久做兩周下的騰空高度比其他運動員都高,在這方面很有潛力,即用高速攝影機拍攝李月久的動作,制成圖片進行技術分析,把運動軌跡、速度、加速度、角速度、位移和力量等都進行了計算,認爲李月久做單槓三周下是有條件的,於是提出了改進辦法,結果很快就創造了三周下的難新動作。在競賽方面,聲像資訊更大有用武之地。如國家女排在研究人員幫助下,通過多次對重大比賽進行錄影,把中國女排的主要競爭對手美國、日本女排重點隊員在場上不同位置的不同打法和戰術配合，以及個人技術特點記錄下來，然後分類編輯並進行數據統計和分析，供中國女排參考，爲中國女排完成奧運會任務起到積極作用。

（熊斗寅）

第二篇

運動訓練原理

原理是指某一學科或領域中，被人們認爲具有普遍意義的、規律性的理論知識。本篇就是力圖闡明運動訓練領域中具有普遍意義的、規律性的基本理論知識。這裡所説的普遍意義的主要涵義是，競技運動各個項目訓練過程帶有的共同性規律，而不是某一、兩個運動項目的特殊規律。這些理論知識對各運動項目的訓練，都在不同程度上具有普遍指導意義。問題的關鍵在於要能緊密結合各專項運動訓練過程的特點，有目的的、創造性地運用，才能取得應有的效果。

一　現代運動訓練的主要特徵

　　如果從在希臘雅典舉行的第一屆現代奧林匹克運動會算起,迄今已近一百年。按運動訓練對運動成績提高所起的主要作用來劃分,歷經了自然發展(19世紀末到20世紀20年代)、技術革新(20世紀30到50年代)、大運動量訓練(50年代到70年代初)階段,70年代開始進入了科學化訓練(亦稱多學科綜合應用)階段。

　　隨着世界範圍新技術革命浪潮的不斷發展,90年代的運動訓練步入了訓練科學化的高峰。運動成績的提高,不僅需要刻苦的訓練,而更依賴於最新科學技術在運動訓練過程中的應用。這種應用主要反映在探索尚未被人們發現和認識的運動訓練過程的某些客觀規律,同時更好地去駕馭已被人們所認知的運動訓練的客觀規律。這裡所概括歸納的現代運動訓練的主要特徵,在很大程度上反映了運動訓練過程的客觀規律性,認識和把握這些特徵,聯繫自身的專項訓練,加以比較分析,有助於加深對規律的認識,提高訓練的科學化水準。

(一)強調運動員競技能力整體、全面的提高

　　競技能力是運動員有效地參加訓練和比賽所具備的本領。它是由運動員的體能、技能、智能和心理能力等綜合構成的。運動員的競技能力主要是通過訓練獲得的。通過運動訓練使運動員獲得的對訓練和比賽的適應程度,也即競技能力的提高水準,通常稱之為訓練水準。

　　訓練水準是由身體訓練水準、技術訓練水準、戰術訓練水準、智能訓練水準和心理訓練水準等五個方面構成的。這五方面水準的高低反映了運動員競技能力的強弱,也反映了訓練效果的優劣。在訓練過程中,訓練水準的這五個方面是相互聯繫、相互促進和相互制約的,並始終處於不斷變化的相對平衡狀態。某一方面的提高,會對其它方面提出新的要求,隨即這種暫時的平衡狀態即被打破,建立新的平衡,從而使原有的訓練水準向新的高度轉化。相反,如果某一方面沒有提高,甚至衰退,其它方面的水準也將難以進一步發展,從而使訓練水準整體性下降。運動訓練就是要促使這五個方面協調地不斷提高,向新的更高水準發展。現代高水準競賽激烈競爭的實踐也使人們認識到,運動員要想單純依據競技能力某一方面的特長,在世界大賽中取勝已越來越困難了,並且某一方面的薄弱和水準偏低,都會限制競技能力的整體提高和發揮,都會影響在比賽中戰勝強手,奪取桂冠。

　　固然各個專項具有不同的特徵,對運動員的競技能力也有不同的要求,但當代世界高水準運動員,都在保持和提高本專項競技能力的特殊要求和

本身特長的同時,朝着競技能力整體、全面提高的方向發展。如體能類週期性耐力項目運動員,在訓練中不但要求保持高度發展的有氧供能能力,也即耐力水準這一專項競技能力在身體訓練方面的特殊要求,同時也非常注重無氧供能能力,也即速度和速度耐力水準的提高。我國優秀女子中長跑運動員王秀婷、鄭麗娟的成功,就是有力的例證;技能類同場對抗項目,如足球、籃球在高速度、激烈對抗、全攻全守的比賽中,要求訓練朝着身體、技術、戰術、心理等各方面高水準的協調方向發展,任何一方面的欠缺,都很難立足於強手之林。我國足球至今與世界水準有很大的差距,不是那一個方面的問題,從訓練的角度看,是競技能力各方面的整體水準不高。南美的技術型、歐洲的體能型,兩者發展的合二而一,有機融合,形成了現今足球訓練和競賽水準的高度發展。

運動員競技能力整體全面提高是現代高水準競賽取勝的決定因素,在訓練過程中必須對構成競技能力的諸方面進行全面訓練,不可偏廢,使之達到與某一高度運動成績相應的水準。但這並不是要求在訓練全過程的各個時期和階段都齊頭並進的安排,而是要根據專項和運動員的個人特點,在多年訓練的不同階段、全年訓練各大週期的不同時期有重點的發展,最終實現競技能力整體全面的提高,創造優異運動成績。

(二)運動負荷不斷增大,突出重視負荷強度、尤其是專項負荷強度的增加,並十分強調負荷安排的定向化

從生物學角度看,訓練就是對運動員有機體系統訓練施加負荷刺激,刺激的結果使有機體產生適應性變化,形成一個生物學改造過程,提高機體各器官系統的機能。負荷大、刺激深,就能促使生物學改造過程加快,機能得到迅速提高。因此在現代高水準運動員的訓練中,運動負荷不斷增大。據研究,最近 6—7 年間,高水準運動員的訓練和比賽負荷增加了近四倍。以極限負荷量統計,世界高水準運動員一年訓練達 600—700 次,平均每天近兩次,個別項目在某一階段甚至一周訓練最多達 20—24 次,36—38 小時。游泳訓練在 70 年代一年的負荷量為 2000 公里左右,88 年達到 1800—3400公里,美國優秀游泳選手比昂迪,日游量達 15000 公尺,我國優秀游泳選手日游量也達 12000—15000 公尺。世界馬拉松優秀女運動員、24 屆奧運會冠軍莫塔,月跑量達 1000 公里,而我國男子馬拉松優秀運動員月跑量才達780—800 公里。羅馬尼亞女子 800—1500 公尺中跑運動員,年跑量達4600—5000 公里,週跑量 126—135 公里,每天訓練 2—4 次。技能類競技體操優秀選手每天訓練 6—8 小時,籃、足、排三大球的訓練,每天最高也達4—6 小時。

在運動負荷中,負荷強度是最重要的因素,負荷強度對機體刺激產生的適應性影響大,痕跡深。加拿大學者博南曾對負荷量和負荷強度做過三種不同安排的實驗研究:

第一種,以 100% 強度,每週訓練一次,15 分鐘;

第二種,以 75% 的強度,每週訓練 3 次,每次 60 分鐘,共 180 分鐘;

第三種,以 50% 的強度,每週訓練 5 次,每次 120 分鐘,共 600 分鐘。

上述三種安排方案,顯然第一種是突出強度,第三種是突出量。而實驗結果,第一種和第三種安排所取得的效益是一樣的,但第三種比第一種安排所花時間多 40 倍。

保加利亞的舉重之所以稱霸世界,主要原因之一是訓練中重視負荷強度,尤其是專項強度。其國家隊教練阿巴日耶夫認為,高級舉重運動員的訓練效果,取決於高強度的練習數量。我國廣東舉重隊訓練的實踐經驗,要求運動員每天都應舉起自己當天所能達到的極限負荷。例如該隊優秀運動員梁××(60 公斤級),賽前訓練階段的一次突出專項強度的訓練課,全課共 75 分鐘。其本人實力,挺舉 150 公斤,抓舉 134 公斤(曾是亞洲紀錄)。訓練課的安排,在做完準備活動後:

第一項抓舉。(50 公斤×2)+(70 公斤×2)+(80 公斤×2)+(90 公斤×2)+100 公斤+110 公斤+120 公斤+130 公斤+135 公斤+120 公斤+120 公斤。組間間歇 2 至 3 分鐘。每組負重逐漸增加,直至最大限度。練習時間共 23 分鐘,負重共 2405 公斤。

第二項挺舉。(50 公斤×2)+(50 公斤×2)+90 公斤+90 公斤+120 公斤+140 公斤+150 公斤+155 公斤+157.5 公斤。組間間歇 2 至 3 分鐘,每組負重也是逐步增加,直至最大限度。練習時間 24 分鐘,負重共 945 公斤。

第三項坐蹲。(本人最大強度為 200 公斤)。(140 公斤×4)+(160 公斤×4)+(180 公斤×4)+(200 公斤×4)+(200 公斤×3)。組間間歇 2 至 3 分鐘,練習時間共 15 分鐘,負重 3320 公斤。

最後做整理放鬆活動。

全課訓練全部是專項手段,安排少而精,總負荷達 6670 公斤,突出了專項大強度訓練,其間最高心率達 198 次/分,而且每項練習都達到了其本人的極限強度。

負荷安排的定向化是指在訓練中,要根據運動員的個體情況和訓練的具體任務,確定負荷的內容、性質和數量、強度。每個運動員承受負荷的能力是不一樣的,訓練過程的每個時期、階段、小週期,直到每次課的具體任務也不盡相同。要取得負荷刺激的最大效果,必須在負荷的內容和性質上有針對性的加以選擇。例如,發展運動員的無氧供能能力,採用跑的手段,就必須用短距離、高強度的重覆訓練;發展運動員的力量耐力,採用負重練習,就必須用中、小負荷,多次數和組數的訓練安排。

當代高水準運動員的訓練,無不在增加負荷,突出負荷強度和負荷定向化方面挖掘有機體的潛力,力求創造世界水準的運動成績。

(三)負荷後的恢復成為現代運動訓練不可缺少的重要內容

沒有負荷就沒有訓練。但由於運動負荷的不斷增大,運動員有機體的疲勞加深,要使運動員承擔新的、更大的負荷,僅靠有機體的自然恢復已遠遠不能適應這一發展的需要。因而,在現代運動訓練中,採取各種手段和措施,加快有機體的恢復過程,已成為訓練過程計劃安排和實施的一項重要組成部分。可以說,沒有恢復就沒有負荷,也就沒有訓練。

從訓練實踐中可以看到,由於負荷的增大,運動員的傷病現象也不斷增加。據前蘇聯學者研究,近幾年高水準運動員的傷病增加了 30%,少年運動員的傷病增加了 40%。訓練中過度疲勞的發生比過去增多。這個問題的解決,一方面靠科學地安排運動負荷,另一方面就要靠各種有效地恢復措施。世界上競技體育發達的國家,在其訓練基地或訓練中心裡,都設有專門的恢復中心,備有消除疲勞的先進設備。加強和改善這方面的投入,就是對運動訓練的直接投資。我國廣東省近些年許多運動項目的成績在全國名列前矛,與其重視並在訓練基地有良好的消除疲勞、促進恢復的設施也是分不開的。

加速消除疲勞和恢復過程的方法、手段多種多樣,發展迅速。根據我國國情和各省市的具體條件,應盡可能的改善條件增加投入。做為一名教練應努力學習掌握其中一些能做到的恢復手段,但首先要重視應用訓練方法學的恢復手段,即在訓練過程中,合理地安排訓練內容、手段、負荷和恢復的時間,有節奏的安排訓練和比賽負荷,加強每次課和每個訓練小週期的恢復整理活動,探尋有效地恢復性練習。據有關研究,如果每個小週期都有恰當的恢復時間,運動負荷可以提高 5—10%。而每次訓練課結束時的放鬆整理活動,對加速運動員疲勞消除的積極影響和作用,是早已為科學研究和實踐證實了的有效辦法。對此不能吝惜時間,簡單從事,日積月累定能取得滿意的效果。

(四)訓練中更多地採用專項練習手段,並更加注重模擬比賽狀態

專項練習是比賽技術動作相似的一些專門動作或者就是比賽技術動作本身。例如,田徑徑賽項目跑的運動員,跑這個動作就是比賽動作,高抬腿

跑、後蹬跑、跨步跑等各種動作，就是與比賽動作相似的專門練習手段。高水準運動員由於已經過多年系統訓練，有着雄厚的一般訓練基礎，在現代訓練中，他們安排更多的是專門練習，以更直接的適應比賽動作的需要。如競技體操、跳水、舉重等項目高水準運動員，他們的訓練多採用比賽所規定的動作練習。像保加利亞舉重運動員訓練所採用的練習，主要集中在抓舉、挺舉、前後深蹲、寬窄上拉、架上挺、高抓、高翻這 9 個動作上，很少其它練習。因為這些練習都是比賽動作或是與比賽動作相似的練習，或是對發展比賽動作所需肌肉力量最有效地一些練習。廣東舉重隊訓練的專門練習也主要集中在上述這些動作上。我國女子鉛球近幾年躍居世界前矛，與其在訓練中採用與推鉛球發力所需要的絕對力量和爆發力相近的各種力量練習及發展專項力量有密切關系；我國游泳所取得的輝煌成績，也與在訓練中更多採用游泳的各種專項練習和陸上與游泳動作用力要求相一致的專門力量練習分不開的。

專項練習手段的選擇，在現代高水準運動員的訓練中，十分注重少而精、最優化。為此選擇時必須注意以下三點：

1、練習的動作結構與比賽動作結構在技術要求上相似

如標槍鞭打動作的各種專門練習，與標槍投擲最後出手的動作在技術上是相似的；排球扣球的各種專門練習與扣球動作的技術要求應是雷同和一致的；高抬腿和後蹬跑與跑的週期性動作結構中支撐腿後蹬、擺動腿前擺、高抬的技術要求是一樣的。

2、專門練習動作的肌肉用力與比賽動作的肌肉用力相似

這可多採用專門的力量練習器材，並模擬比賽動作，有針對性的發展某部位的肌肉力量。如北京市朝陽區體委研制的擺動腿力量練習器，模擬跑的動作中擺動腿的動作，並牽引一定的重量，以發展擺動腿的肌肉力量。

3、練習過程完成動作的供能特徵與比賽動作完成過程的供能特徵相似，以提高專項所需的供能能力

運動訓練的一個重要特點就是運動成績的表現性。訓練的效果要通過正式比賽創造出優異運動成績表現出來，才有社會價值，才能為人們所承認。訓練就是為了比賽，而運動員在平時訓練中表現出的好成績，並不能完全在正式的重大比賽中表現出來，其中原因眾多，但運動員對比賽的適應能力卻是一個非常重要的原因。提高運動員對比賽的適應能力，除了通過比賽以外，更多的是要通過日常的訓練加以解決。因而在現代運動訓練中非常注重模擬比賽的訓練，設置各種條件使訓練接近比賽狀態，提高訓練的實戰化程度，這在大賽前的準備階段應用得更多。

模擬比賽狀態進行訓練包括各個方面，如比賽的對手，比賽的場地器材，地理位置、海拔高度、氣侯、比賽的程序，以及觀眾的氣氛等等。從訓練的角度看,最重要的是模擬比賽的負荷,以及緊張激烈地程度,這在球類、摔跤等同場對抗類項目中更爲重要。特別是技、戰術的應用和發揮,如不能按比賽的要求去完成,在正式比賽時往往難以實施。例如在現代足球訓練中,世界各強隊的訓練均採取在激烈對抗、衝撞、逼搶的狀態下練習技術和戰術,發展體能。

(五)訓練的定量化

訓練的定量化是對訓練過程中身體、技術、戰術、運動負荷等名項指標的一種數的界定。訓練的定量化是提高訓練科學化水準,克服訓練盲目性的一個重要環節。在現代高水準運動員的訓練中,都十分重視這一環節。凡能定量的各種指標,均在多年、全年、各不同類型的週期,以及訓練課的計劃和實施過程中予以定量。各種指標的定量不僅明確了訓練所要達到的目標,而且是訓練過程各階段檢查評定訓練效果、及時調控訓練計劃和實施變更的重要依據。

訓練的定量化體現在運動員形態的改善,機能的提高,運動素質的發展,技術各個環節的參數,戰術的套路,運動負荷的量和強度,心理品質,智商等各項指標的具體數據上。上述各項內容的具體指標是很多的,在訓練中大都根據專項的特點和保證專項運動成績提高的相關程度加以選擇,而不是多多益善。例如運動素質,根據我國男子體操教學訓練大綱所確定的指標有:轉肩、體前屈、立定跳遠、30 秒懸重舉腿、擺動引體向上,連續提慢起倒立、30 公尺跑;而根據我國籃球教學訓練大綱所確定的指標有:100 公尺、5.08 公尺×6 折回跑、雙搖跳繩、助跑單腳跳摸高、原地雙腳跳摸高、元寶收腹、立定跳遠、指臥撐、體前屈、多組變距折返跑;根據我國田徑教學訓練大綱鉛球項目確定的指標有:前拋(鉛球)、後拋(鉛球)、立定跳遠、立定三級跳遠、30 公尺蹲踞式起跑、100 公尺蹲踞式起跑、1500 公尺跑、臥推、抓舉、深蹲、挺舉。以上述實例中可清晰的看出,這些運動素質指標的選擇,都是根據專項的特點和對提高專項成績所起的重要作用來確定的。

各項指標數據的定量,首先要進行診斷性測試,而後根據訓練最終所期望達到的目標,分階段的提出,以通過訓練逐步實現。如表 2-1-1 我國優秀女子游泳運動員莊泳多年訓練指標的量化,就是一個值得參考的實例。

(六)訓練的綜合化

訓練的綜合化不但是人們所熟知的將多學科的知識和科研成果應用於運動訓練過程,而且體現在運動訓練過程本身綜合運用各種訓練方法和各項訓練內容,以及在單元訓練時間裡身體、技術、戰術等訓練的綜合進行。

表 2-1-1　　莊泳 1987－1989 年度各項訓練指標參數

年　　　度		1987	1988	1989
	主要比賽任務	六屆全運會	漢城奧運會	泛太平洋錦標賽
成績指標	100 自	56″50	55″50	55″00
	200 自	2′02″50	2′00″00	1′58″50
負荷指標	總量(萬公尺)	240－260	240－260	180－200
	強度(%)	60－65	70－75	70－80
	最大課量(公尺)	8000	8500	8500
	最大周量(公尺)	80000	85000	8000
	每日課次	1－4	1－4	1－4
	每周課次	12－14	12－16	12－14
	年訓練日	280－300	300－320	300－320
	比賽次數	50－60	60－70	60－70
各種供能負荷指標	磷酸原供能(公尺)	30000	38500	45000
	糖酵解供能(公尺)	10000	13000	15000
	有氧無氧混合供能(公尺)	200000	250000	225000
	無氧閾(公尺)	450000	550000	450000
	有氧供能(公尺)	700000	250000	550000
機能評定指標	速度 25 公尺	11″60	11″40	11″20
	50 公尺	26″50	26″00	25″50
	速度 10×50 公尺	29″00	28″50	28″00
	8×100 公尺	1′04″00	1′03″00	1′02″00
	耐力 400 公尺	4′30″00	4′20″00	4′16″00
	1500 公尺	18′00″00	17′45″00	17′45″00
	耐力 3000 公尺	36′30″06	36′00″00	36′00″06
	模擬游 100 公尺	56″00	55″50	55″00

(據周明)

　　現代運動訓練的綜合化特徵是由訓練所要解決任務的多元化和整體全面提高運動員競技能力的要求所確定的。況且,任何一種訓練方法、內容和手段,僅能在提高運動員競技能力的某一方面起重要作用,不可能用單打一的內容、方法、手段去全面提高運動員的整體競技能力。

　　現代運動訓練綜合化體現在運動訓練方法上,一方面是改進和創造適應專項特點和運動員個體需要的新的運動訓練方法,其科學依據就是各學科對人體在運動過程中變化奧秘探索的科研成果。例如有氧訓練法、無氧訓練法、缺氧訓練法等,就是根據有機體在運動活動過程中,生理和生化變化的規律而創造出來的。近些年出現的模式訓練法、高原訓練法,力量訓練中的超等長訓練法、制動訓練法、電刺激法等等,也都是訓練方法的創新成果。另一方面,就是把持續訓練法、反覆訓練法、間歇訓練法、循環訓練法、比賽法等常用的基本訓練方法組合起來,綜合運用。如間歇訓練法與變換訓練法的組合運用,間歇的時間不變,但每次或每組練習的距離、強度加以變換；循環訓練與連續、反覆、間歇訓練法的組合，形成連續循環訓練法，反覆循環訓練法、間歇循環訓練法。這種訓練方法的綜合運用，最重要的是要具有針對性，與所要解決的訓練任務相一致，並適合運動員和專項特點。前蘇聯國家田徑隊原總教練奧瓦涅曾經說過：“無論現在還是將來，只有那些在衆多已爲人知的訓練方法中，找到僅僅適合於自己的方法，找到適合於自己但又可能是不合常情途徑的人，才可能創造世界紀錄。”

　　現代運動訓練綜合化體現在訓練內容上，主要是在一個訓練大週期的各個訓練時期，雖然任務有所不同，重點有所突出，但是身體、技術、戰術、心理訓練等各項內容均同步進行，改變了單打一的狀況。例如在準備期不但進行身體訓練，而且也進行技、戰術訓練；在賽前訓練階段，技、戰術訓練固然是重點，但身體訓練，仍然占有相當的比例。如，爲準備參加第13屆足球世界杯賽，原聯邦德國隊教練貝肯鮑爾說，賽前4個月都對隊員進行了體質訓練。各項訓練內容的同步進行還體現在通過一定的手段，把身體、技術、戰術訓練融合起來，既練了技術，又練了身體，還練了戰術。

　　現代運動訓練綜合化體現在單元訓練時間里，通常是身體、技術、戰術綜合進行，這一方面是調整負荷，控制好不同訓練內容負荷後所需要的不同恢復時間，並使機體各部位、各器官系統的工作交替進行，使運動員能夠承擔大負荷訓練，另一方面也是盡量避免訓練的單調乏味，激發運動員練習的積極性。在一次訓練課的單元訓練時間里是這樣，在一周的訓練時間里也可以如此。例如意大利的AC公尺蘭足球隊，在其周的訓練安排中，技術訓練約8小時，佔周訓練總時間的26.7%，戰術訓練約9小時，占週訓練總時間的30%，身體訓練及恢復性輕松訓練約8小時，佔周訓練總時間的26.7%，比賽5小時，占周訓練總時間的16.6%。（引自《中國體育報》1991年6月24日第三版《說說足球訓練問題》竺義功。）

（七）年度訓練中訓練的大週期增多，每個大週期的訓練時間縮短

　　自70年代以來隨着競技體育的迅速發展，各運動項目的比賽，不受季節氣侯、場地條件的影響，即使是嚴寒的冬季也能在室內進行比賽。再加上競技體育商品化和運動員職業化的強烈影響，在全年里已幾乎沒有什麼“比賽淡季”，比賽次數比以往成倍的增加。前蘇聯國家田徑隊，從1月份參加世界室內田徑錦標賽後，比賽一直延續到10月，國際級優秀短跑運動員冬季參加室內比賽，夏季比賽長達4.5-5個月；田徑的跳躍、投擲運動員和中跑運動員一年參加多種比賽最多達50次，長跑運動員最多達29次，原聯邦德國甲級足球隊的每年賽期達8個月，每個隊至少要踢38場球，擊劍協會每年舉辦48次大賽，其中國內比賽11次，國際比賽37次；世界水準的公路

自由車優秀運動員的賽季也長達 8－8.5 個月；美國職業棒球天天有比賽，籃球比賽每周兩次，其它如網球、羽毛球的各種比賽也頻繁不迭。如此之多的比賽，給現代運動訓練的年度安排提出了新的課題，在一個年度中怎樣畫分週期、安排訓練，才能適應這一新形勢的要求？

在過去，一個年度中各運動項目一般劃分一至兩個大訓練週期，如我國各項目優秀運動員的訓練，通常圍繞春、秋兩次的全國性比賽，安排兩個訓練大週期。而現在各種國內外比賽次數增多，要求運動員要能較長時間的保持良好的競技狀態，連續不斷的參加比賽，並創造好成績。這種一、二個大週期的全年訓練安排，已不能完全適應現今高水準運動員的訓練和參賽要求，即：圍繞每次重大比賽進行短時間的準備，就能出現最佳競技狀態，賽後經調整就能很快的恢復，緊接着再參加下一次重要比賽的需要。這樣，圍繞每次重要比賽的週期就要縮短，全年訓練的大週期就要增多，形成全年訓練過程的多週期安排。例如前蘇聯國家游泳隊全年訓練就劃分為三個週期（表 2-1-2）。

表 2-1-2　　前蘇聯國家游泳隊全年週期劃分

	調整時期	開始訓練期	強化訓練期	比賽期
第一週期 9.15－12.21 第二週期 1.1－3.9 第三週期 3.25－7.27	調整恢復，改進技術，發展速度耐力，進行水陸綜合訓練。	進行專項和主項訓練，提高機體機能。	在專項訓練的基礎上最大限度的提高機體機能，但以不損害技術與速度為前提。	準備和參加比賽，為機體創造超量代償的條件

（引自《蘇聯現代游泳訓練理論和實踐中的
若干問題》中國體育科技 84.8 月，由作者繪製）

全年訓練安排三個以上大週期，每個大週期只有 3－4 個月的時間，在這段時間內，要有效的進行準備，形成最佳競技狀態，參加比賽，創造出好成績，這對訓練的科學水準提出了更高的要求，而且要有更加有效的調整恢復手段和理想的訓練、比賽條件加以保證，特別是運動員要有很雄厚的訓練和比賽能力，才有可能取得理想的效果。

盡管優秀運動員在全年中參加比賽的次數增加，年度中大週期的數量增多，每個大週期的時間相對縮短，但都是圍繞最重要的大比賽(如全運會、年度里的全國錦標賽、冠軍賽、洲際運動會、世界錦標賽、杯賽，以及奧運會)劃分的。有些大比賽如果準備不及，一般不宜勉強參加，更不宜要求運動員在每個比賽中都出成績，奪桂冠。例如 1984 年原聯邦德國優秀游泳運動員格羅斯，為充分準備參加第 23 屆奧運會，就放棄了當年 5 月份的歐洲游泳錦標賽，而按他的成績完全可能在歐洲游泳錦標賽上奪得桂冠。正是由於放棄了這次比賽，有更充裕的時間進行參加奧運會的準備訓練，從而在奧運會上打破 200 公尺自由泳和 100 公尺蝶泳兩項世界紀錄，奪得桂冠。

　　所以現代雖然有全年劃分多個訓練大週期的情況出現,但就任何一個運動隊和運動員個體來說,到底劃分幾個爲宜,則要根據專項的特點,自身的訓練水準和參加重大比賽的任務確定。而且做爲一個大週期,必須經歷準備性訓練——　比賽——　調整恢復這一完整過程。

(八)重視及時獲取運動員的回饋訊息

　　運動訓練是一個動態的發展過程,在這一過程中運動員是訓練的主體,教練員的主導作用最主要的是及時掌握運動員在訓練過程中的回饋訊息,科學的安排和指導訓練過程。運動員的回饋訊息是教練制定計劃,實施和調控訓練的直接依據。因此在現代運動訓練中,教練無不十分重視及時準確的獲取運動員的回饋訊息。

　　運動員的回饋訊息通常包括形態、機能,運動素質在訓練過程中的動態變化;技術、戰術的掌握及在比賽中的應用發展情況;對施加的訓練負荷和比賽負荷的適應程度;比賽中競技能力的發揮和成績;心理品質在訓練和比賽中的表現(其中注意與放鬆和自我控制能力在比賽中的表現尤爲重要)等。

　　運動員回饋訊息的及時獲得,主要通過定期和不定期的診斷測試上述各項指標,還可通過運動員日記、教練日記,以及與運動員的日常接觸和談話中了解和掌握。對運動員在負荷後回饋訊息準確及時的獲取,對科學安排運動負荷尤關緊要。現今在各項目的訓練中,通過血乳酸的測試,調控運動負荷是很流行的一種方法。這不但在週期性體能類項目中得到廣泛應用,而且在其它一些項目的訓練中也受到青睞,據報導參加第13屆足球世界杯和幾乎所有歐洲俱樂部中,均進行血乳酸的測定,以準確掌握運動員承受負荷和恢復的情況。我國划船、輕艇這幾年取得的長足進步,也是與訓練中應用血乳酸測試,及時獲取運動員負荷後的機體訊息,科學地調控訓練負荷分不開的。

　　獲取運動員各方面的回饋訊息,不僅需要教練堅持長期的收集和積累信息,建立有關檔案資料,進行分析,而且需要科研人員和醫務監督人員的配合協作,在這方面世界高水準運動隊都有專門的配備,這是人所共知的。

(九)注重心理訓練

　　近些年運動訓練和比賽的實踐,使人們越來越深刻的認識到運動員心理品質的重要性。特別是在旗鼓相當、勢均力敵的重大比賽中,運動員競技能力的發揮,其心理品質的優劣對比賽的勝負起關鍵性作用。爲此,在現代運動訓練中從選材開始,就很注重心理選材,力求篩選那些個性心理特徵和心理過程特點符合專項需要的運動員。目前國內外有些高水準運動隊配有專門的心理專家,配合教練進行心理訓練,包括開展心理診斷、咨詢和各種心理訓練。有關心理訓練內容請參見本書第一篇和本篇的專題論述。

心理訓練中取得效果的重要前提,一是運動隊和運動員個人的實力水準,若實力不如對手,再好的心理訓練方法和手段也難奏效,二是不能給運動員施加過多的壓力,例如,提出不切實際的比賽指標,反而會造成運動隊和運動員心理過度緊張。

現代運動訓練中的心理訓練如何與專項特點相結合,選用針對運動員個性心理特徵和心理過程有效地的訓練方法和手段,還是迫切需要探索和解決的課題。

(十)科學選材、早期培養

優秀苗子十科學訓練＝成功,選材的成功是訓練成功的一半,已是人們的共識。所以在現代運動訓練中,十分重視科學選材,把科學選材做為訓練過程的開始。要充分應用各種科學手段和方法,通過各種渠道和途徑,把具有天賦的優秀苗子篩選出來。在這方面前蘇聯、民主德國和保加利亞等國,都取得了許多有益的、值得借鏡的做法和經驗。我國從 80 年代初開始的科學選材研究工作,迄今也取得了長足的進展,近兩年製定的十幾個項目的教學訓練大綱中,也都規定了選材的具體標準。本篇亦有專題論述。

早期培養,進行多年系統訓練是培養高水準優秀選手的必經之路。世界競技體育強國雖然採取的途徑各異,但早期培養卻是共同的。這是由於各運動項目優秀運動員達到高水準運動成績和所需要的訓練年限有其一定的規律性。通常要經過 10 年左右的系統訓練才能達到運動成績的高峰,而達到運動成績高峰的年齡各項目又有不同特徵,表 2-1-3 是 20-22 屆奧運會參加者年齡,表 2-1-4 是 23 屆奧運會一些主要項目前 8 名優秀運動員的年齡,從這兩張表的實例中,盡管有大器晚成者,但減去十年左右的系統訓練時間,不難見到早期培養的重要性。

表 2-1-3　　20－22 屆奧運會一些主要項目參加者年齡(歲)

奧運會屆次	參加者年齡		決賽者平均年齡		金牌得主平均年齡	
	男	女	男	女	男	女
20 屆(1972)	19－42	16－34	25.5	24.5	25.9	24.9
21 屆(1976)	18－40	17－35	25.6	24.4	25.6	25.4
22 屆(1980)	19－42	16－39	25.6	24.9	25.4	25

表 2-1-4　　23 屆奧運會一些項目前 8 名優秀運動員的年齡(歲)

項　　目		冠　軍		第三名		第八名	
		男	女	男	女	男	女
田	100	23	27	22	25	22	24.38
	400	23	24	—	24.33	22.14	24.25
	1500	27	27	25.33	29.33	26	27.63
	3000	–	34	–	27.33	–	26.50
	5000	23	–	25.33	–	25.13	–
	10000	25	–	30	–	27.88	–
	馬拉松	37	27	32	27.66	31	29
	跳　高	22	28	20.66	28.66	23	25.88
徑	跳　遠	23	22	23.33	22.66	23.63	22.71
	鉛　球	25	24	25	27.66	23.87	26.5
	鐵　餅	31	33	33.66	28	30.37	28.13
	標　槍	25	28	27.33	24.66	25.50	25.50
游泳 （自由泳）	100	25	16	22.36	18.66	20.09	19.40
	200	20	19	23	19	21.90	19
	400	21	18	18.33	18	19.40	17.40
	1500	18	–	19	–	19	–
射擊	小口徑步槍 60 發臥射	31	–	31.33	–	34.60	–
	汽步槍 10 公尺	21	18	33.33	21.66	38.30	22.20
競 技 體 操	個人全能	27	16	23.33	15.66	24	17.30
	自由體操	20	17	22	22	23	–
	跳　馬	20	17	23.33	17	24	17.50
	單　槓	27	–	25.66	–	23.80	–
	雙　槓	26	–	26	–	24.30	–
	高　低　槓	–	21	–	18.33	–	18
	平　衡　木	–	14	–	18.33	–	18.70
籃　　球		21.30	22.40	24.16	21.66	–	–
排　　球		26.80	22.80	24.20	23.26	–	–
足　　球		25.30	–	23.36	–	–	–
手　　球		27.10	23.10	25.86	22.10	–	–
花　　劍		22	25	23.66	25.66	25.10	24.30
韻律體操		–	21	–	19.33	–	19

　　各運動項目的早期培養開始年齡,各個國家大同小異,表 2-1-5 和表 2-1-6 分別例舉了前蘇聯和我國一些主要項目早期培養的開始年齡,可做參照。

表 2-1-5 　　　我國一些項目早期培養的開始年齡(歲)

項目	年齡	項目	年齡	項目	年齡	項目	年齡	項目	年齡
田徑	9－11	跳水	7－8	武術	7－8	籃球	11－12	排球	11－12
游泳	7－8	體操	7－8(女) 8－9(男)	舉重	11－12	足球	9－11	乒乓球	7－8

表 2-1-6 　　　前蘇聯一些項目早期培養的開始年齡(歲)

項目	年齡	項目	年齡	項目	年齡	項目	年齡	項目	年齡
田　徑	11－12	技巧	8－9	籃球	10－12	游泳	7－8	舉重	13－14
自 行 車	12－13	韻律 體操	7－8	足球	10－12	水球	10－12	柔道	10－12
速度滑冰	10－11	體操	7－8(女) 8－9(男)	手球	10－12	擊劍	10－12	網球	9－10

〔注〕: 表 2-1-3—表 2-1-4 均系作者根據 22－23 屆奧運會成績統計和調研有關資料匯集整理而成

　　總之,科學選材,早期培養,是現代運動訓練的重要特徵之一,誰抓得早,抓得好,誰就能培養出高水準的優秀運動員。

　　　　　　　　　　　　　　　　　　　　　　　　　　　　　(過家興)

二　運動員科學選材

　　隨着現代競技運動技術水準的不斷提高,運動員科學選材問題,已越來越引起教練的廣泛關注。但是,什麼是運動員科學選材,進行科學選材的主要理論依據是什麼,如何選擇和確定選材的指標,以及選材的具體方法步驟等等,卻是當前急待統一認識的幾個問題。

(一)什麼是科學選材

1、選材的基本內涵

　　什麼是運動員選材? 人們各自有着不同的理解。據筆者所見有關文獻資料,盡管由於人們站在不同的角度對選材做了不盡相同的解釋,但仔細分析卻有以下共同點:

　　(1)選材的主要對象是兒童少年;

　　(2)選材的主要目的是充分認識和發掘兒童少年的天賦能力(即運動才能的潛在能力),通過系統地訓練,創造優異的運動成績;

　　(3)選材與成績的預測是密不可分的。

　　以上三個方面,就是運動員選材的基本內涵。這一基本內涵,在某種意義上又決定了運動員科學選材的理論基礎,選材指標的確定,以及選材的具體方法步驟等等。

2、科學選材的任務

　　科學選材,就是要在充分研究和認識兒童少年生長發育規律及其遺傳特徵的基礎上,根據不同運動項目的特點和要求,綜合運用有關學科的知識,採用調查、測試、評價和預測等科學方法,把具有發展前途的天才兒童、少年選拔出來,進行科學的訓練,以達到高水準的運動成績。

　　(1)通過調查測試,獲取有關兒童少年運動員現實狀態的各種訊息。對一個兒童少年運動員來說,他是否具備了從事某個專項運動的天賦條件,其運動的潛在能力如何,是通過各種形態學的、遺傳學的、生理學的、心理學的和運動能力的特徵客觀地反映出來的。要把握這些特徵的現實狀態,就要利用各種科學的測試和實驗手段,通過各種具體指標的測量,並對測量的結果進行科學的分析,才能準確地、定量地描述出來。

　　同時,通過對各個運動專項優秀運動員人群的調查測試、可以建立該專項優秀運動員的理想狀態模式。

　　(2)通過對測試結果的評價,確定兒童少年運動員現實狀態的水準。這裡,有兩種不同的評價方法。

①把某個體實際測量結果與某個專項少年運動員群體的選材標準進行比較,從而確定該個體所處的水準。如果達到了標準中規定的優秀以上的等級,則說明他具備了從事這一專項運動的較優越條件和發展的潛力。我們把這種評價叫做相對評價。

②把某個體實際測量結果與某個專項優秀運動員群體的特徵數據進行比較,從而確定該個體距離成為一個優秀運動員所存在的差距。如果與優秀運動員的特徵數據越接近,說明他通過科學系統訓練達到高水準運動成績的可能性越大,潛在能力越強。我們把這種評價叫做絕對評價。

(3)通過科學的預測,把握成材可能性的大小。這種科學的預測,是建立在對某個體現實狀態準確而可靠的測試和已有的優秀運動員模型特徵基礎上,通過一定數學方法實現的。這對那些能夠客觀測量運動成績的項目來說,原則上可以進行較準確的預測。如田徑、游泳、自由車等。

這裡要特別強調二點:其一,所謂科學選材,雖然是相對經驗選材而言的,但我們在進行運動員選材時,切不可忽視教練長期積累的選材經驗。只有把科學的測試、評價、預測和教練的經驗有機地結合起來,才能在更大程度上提高選材的成功率。其二,運動員科學選材,只為成材提供了可能性,而成材的現實性,還要靠科學的訓練。因此,選材和育才是兩個相互制約而又緊密聯繫的重要環節,必須處理好二者的關係。

(二)運動員科學選材的理論基礎

1、遺傳與選材

遺傳學,是研究遺傳與變異,即研究父母與子女間在特徵性狀上相似的現象和差異現象規律的一門科學。

目前,遺傳與變異的觀點,已滲透到運動員科學選材領域,逐步形成了《運動才能遺傳學》。它的理論,指導着運動員科學選材工作的深入和發展。在世界 50 億人口中,各運動單項只產生一個世界冠軍。而能夠登上世界冠軍領獎臺的人,必然是那些最具有運動天才的佼佼者。而構成世界冠軍運動能力的性狀,大都受到遺傳因素的影響。因此,應用遺傳學的理論、觀點、方法和手段進行科學選材是不可缺少的內容。作為一個教練,學習和掌握一點有關遺傳學方面的基本知識,對進行科學選材和科學訓練,是非常必要的。

(1)運動能力的遺傳

德國學者格拉姆在研究運動能力遺傳問題時概括地指出:"在運動能力的遺傳中,具有卓越運動才能的親代,只要不是極端的個體,其子代中有 50% 的人會具有優秀的運動才能,而且還有可能超越親代個體,親緣越遠,這種可能性越大"。在我國運動實踐中,也早已證明這一事實的存在。例如:姜玉民和李景明夫婦,50—60 年代分別爲我國田徑界短跑和跳高優秀選手,其長子李豐,是我國優秀短跑運動員、亞洲冠軍。其次子李彤,少年時代在田徑上表現出多種運動才能,成年後在 110 公尺高欄中、以 13″34 的優異成績創造了亞洲紀錄,並進入世界水準。舉重的陳氏家族,先後出了陳鏡開、陳滿林和陳偉強三個世界紀錄創造者。因此,在科學選材過程中,重視遺傳因素的重要影響,重視親代的運動經歷,是發現其天賦能力的重要手段。

(2)運動能力遺傳的物質基礎

人體細胞中的細胞核裡,有遺傳物質的載體—— 染色體,它貯存着大量的遺傳訊息。染色體主要由脫氧核糖核酸(DNA)、蛋白質、核糖核酸(RNA)和鹼性與酸性蛋白質組成,構成一個大分子的雙螺旋長鏈結構,鏈上有遺傳的基本物質—— 基因。

人類細胞中的染色體有 23 對, 共 46 條。染色體按前大、後小的順序編號。其中,1—22 對爲常染色體,第 23 對染色體男女有別,爲性染色體。女性爲兩條相似的染色體,稱 x 染色體。男性除有一條 x 染色體外,還有一條較小的 y 染色體。人類染色體上總共含有結構基因 10—100 萬個之間。如此大量的基因控制着人體各種酶、蛋白質的合成,又通過生理生化過程表現出某一性狀,從而決定着人體生理和生化的特徵和某些器官的結構與功能。

攜帶着遺傳訊息的基因,均以兩種遺傳方式留給後代。凡是遺傳性狀受一對等位基因控制的,稱爲單基因遺傳,其遺傳性狀是非連續的,又可稱爲質量性狀。質量性狀一般不受環境因素影響。如人類中血型、色盲、血紅蛋白等,都屬於質量性狀。凡是遺傳性狀受一對以上基因控制的,稱爲多基因遺傳。其遺傳性狀的變異是連續的,並有一個過渡的中間型。這種連續分布的性狀又稱爲數量性狀。如人類的身高、體重等。與人體運動能力有關的性狀,絕大部分是通過多基因遺傳的。如運動員的形態、機能、素質等都屬於數量性狀。

(3)運動能力的遺傳規律

運動能力的遺傳,以多基因遺傳方式爲主,具有性狀遺傳的三大特性,即連續性、相關性和階段性。

①運動能力性狀遺傳的連續性

在親代中,運動能力的遺傳性狀,有 50％ 以上能在子代中表現出來。如陳氏家族的舉重能力在兩代人中表現。姜氏的短跑能力又在兩個兒子身上表現出來。這就是運動能力性狀遺傳連續性的表現。這不僅已被運動實踐證明,同時也被理論研究所證實。因此,在選材工作中,對於家系調查中的連續性特徵,應給予充分的重視。

②運動能力性狀遺傳的相關性

現代遺傳學認爲:"一個基因有多種效應,多個基因也可完成同一效應。

從而使基因和性狀縱橫相關。它們之間既能相互促進,又相互制約"。在運動實踐中,人體運動能力水準的高低,均受到人體形態、心肺功能、神經、肌纖維類型等因素的影響,它們之間存在着緊密的相關關係。既能相互促進又相互制約。因此,在選材時,必須對運動員的才能表現作出全面綜合的評價。因爲這是由運動能力性狀遺傳的相關性所決定的。

③運動能力性狀遺傳的階段性

人類運動能力的遺傳性狀,是先天的、受遺傳基因控制的。但它絕不意味着人一出生就能即刻表現出來。因爲它受到遺傳性狀發展變化的時間規律所制約。

a.由於遺傳有顯性遺傳與隱性遺傳之分,有些遺傳性狀,可能隔代表現。

b.即使是顯性遺傳,往往也要到生長發育的一定年齡階段,才能表現出它的遺傳優勢。

c.由於個體發育的差異,同類性狀在不同個體中的表現,不僅在時間上、強度上,均有差別,且存在個體階段性變化特點。

對於雙生子的研究證實,在生長發育最快時期(即出生後 1—2 年)及青春發育前期(即突增期)這兩個階段,機體對外界環境因素的影響比較敏感,特別是在青春發育前期。研究者還證明,構成人體運動能力的各因素,在生長發育的突增期,遺傳因素作用顯著。在相對緩慢時期,遺傳因素的作用則不明顯。這說明在青春發育期中,在運動訓練的"刺激"和"誘發"作用下,運動能力的諸因素能充分表現,而這一階段的表現,爲我們進行科學選材提供了重要依據。

由於運動能力性狀遺傳的階段性,所以運動員的選材是在生長發育過程中,在運動訓練的作用下不斷發掘、不斷篩選,最終才能將運動天才篩選出來。而這一發掘和篩選最重要的階段,仍是對外界因素最敏感、遺傳作用最顯著的青春期。

(4)運動能力的變異

在一些家庭中,非運動員父母,卻生出了一個具有卓越運動天才的後代,如朱建華、楊文意、莊泳等。而同是運動員的父母,卻生出一個不具有運動天才的子代。這就是運動能力變異的表現。

由於遺傳,人類能保證子代與親代的相似,維持人種的穩定。同樣,由於變異,人類才能不斷的進化與發展。因此,遺傳與變異是一對矛盾,是辯證的統一。遺傳是相對穩定的,而變異則是絕對的。

產生變異的原因有三:

①基因突變。是指某個基因在特殊情況下,在結構和排列順序上發生改變而出現新的基因。如果基因發生了突變,必然會直接影響到它所控制性狀的表達。它既可能帶來良性轉變,也可能帶來劣性轉變。

②重組變異。它是指在受精過程中,遺傳物質重新組合,引起子代個體性狀的變異。決定子代個體性狀的 23 對染色體,一半來自母親的卵子,一半來自父親的精子。由於減數分裂,就會產生無數類型的精子和卵子,所以,受精後的染色體必然產生變異,其子代的性狀既似父,又似母,又不完全似父母。它既能重組成運動天才,又可能重組成運動才能低劣者。

③彷徨變異。是指由於環境因素引起的人體性狀或運動能力的變異。這種變異,與遺傳物質結構無關,是不易遺傳的。

凡發生變異的主要原因是由於遺傳物質發生改變的,這種變異可以遺傳。凡由環境影響而發生的變異,沒有引起遺傳物質改變的,只能在當代表現,這種變異一般是不能遺傳的。但是,由於量的積累,也可能引起質的改變,從而被保留下來,使不可遺傳的變異轉爲可遺傳的變異。

人體所有的數量性狀,如人體形態、運動素質、生理生化機能等,都不同程度地受到環境和訓練的影響而發生變異。許多人類遺傳學家認爲:遺傳只能爲運動能力的形成和發展提供生理、生化和組織器官結構的物質基礎,而環境和科學訓練對人體運動潛力的開發起着巨大誘發和促進作用。所以,環境是誘發變異的基本條件,而遺傳物質及其可發展的潛在能力,爲變異提供了可能性。

因此,在選材過程中,不僅要了解親代運動能力的表現,更要注意觀察子代在生長發育過程中,在環境影響和訓練作用下運動能力的表現。這些表現,不僅能幫助我們觀察運動能力的遺傳,更能反映出運動能力的變異,幫助我們更準確地把握運動員選材的科學性。

(5)運動能力的遺傳度

遺傳學的觀點認爲,一切人體的外在表現,都是遺傳基因和環境因素相互作用的結果。人類只有少數性狀,一經形成,就不再受環境的影響。但大多數性狀,均在不同程度上易受環境的影響而產生變異。有的性狀以遺傳因素爲主,有的環境因素很重要,有的兩者作用幾乎相等。爲了估計遺傳和環境對某一性狀表現所起作用的相對比重,就要計算這個性狀的遺傳度。遺傳度,是指某一特定性狀在總的變異中,有多大比例歸於遺傳因素,有多大比例歸於環境因素,一般用百分號(%)表示。凡性狀以遺傳因素爲主的,其遺傳度數值大。凡以環境因素爲主的,其遺傳度數值就小。在選材時,應特別重視那些遺傳度高而且是專項主要因素的指標,並且按照生長發育的規律,在生長發育敏感期的訓練中着重搶先誘導與發展,使其充分表現。對遺傳度低的性狀,在選材時可以適當從寬,但在該性狀發展最快的敏感期時,應適當從嚴。因爲在該性狀發展的敏感期,遺傳因素作用最明顯,該性狀應能充分表現。如這時在環境和訓練的作用下還不能充分表現的性狀,必須從嚴審定。同時,在選材時,即使是遺傳度低的性狀,雖然有後天環境與訓練的作用,可使其進一步發展,但由於遺傳的相關性作用,常常會因爲某一能力偏低,而影響整體能力的充分表現。因此,在選材時,必須有一定的要求標準,而不能完全忽視。

現將國內外研究的有關運動能力的遺傳度資料匯總如下,供廣大教練選材和訓練時參考。

①主要形態特徵的遺傳度

人體形態特徵,在遺傳學上稱爲體表性狀。它受多基因遺傳控制,其形成同樣受多種因素的影響。其中,遺傳因素是最主要的。但反映人體形態特徵的長、圍、寬、厚度的不同體表性狀,受遺傳因素影響的大小各異,男女之間也有明顯差別(表2-2-1)

表 2-2-1　　主要形態指標遺傳度(％)

指　標		男	女	指　　標	男	女
身	高	75	92	胸　　圍	54	55
坐	高	85	85	臂　　圍	65	60
臂	長	80	87	腿　　圍	60	65
腿	長	77	92	體　　重	63	42
足	長	82	82	去脂體重	87	78
頭	寬	95	76	心臟形態	82	82
肩	寬	77	70	肺 面 積	52	52
腰	寬	79	63	胸廓形態	90	90
盆	寬	75	85	隔肌形態	83	83
頭	圍	90	72			

根據表2-2-1,在選擇那些與專項特點關係密切的主要體型特徵指標時,要對遺傳度大的指標給予高度重視。

②幾項生理指標的遺傳度

運動能力水準的高低,常常受到生理機能水準的直接影響與制約。而生理機能水準的高低,不僅受生長發育過程中環境與訓練因素的影響,也受到遺傳因素的制約。因此,在選材過程中,對影響專項運動能力的生理機能指標的遺傳度,也必須給予充分重視。並且在選材開始直至成材過程中,通過定期的測試,才能最後作出判斷。

在表2-2-2幾種生理指標的遺傳度中,中樞神經系統的功能(神經過程的強度、靈活性、均衡性)是先天遺傳的,後天環境很難改變。最大攝氧量,直接關係運動員有氧耐力水準的高低。它的遺傳度在79—93.6％之間,平均86.3％。最大心率的遺傳度達85.9％。說明後天環境和訓練的因素對其影響較小,很難通過後天改變。因此,在對耐力項目運動員選材時,這些指標有着特殊意義,必須從嚴要求。

表 2-2-2　　幾項生理指標遺傳度（%）

指　　　　標	遺　傳　度
安靜心率	33
最大心率	85.9
肺通氣量	73
最大攝氧量	69—93.5
中樞神經系統(CNS)功能	90
月經初潮時間	90
血型	100
血壓	42

③幾項生化指標的遺傳度

人體生化過程與代謝特徵,必然會直接影響到人體生理機能、運動素質的表現。代謝能力的高低與代謝特徵的形成,主要是由遺傳決定的。但在它的形成過程中,也受到環境、運動訓練的影響。因此,在選材時,不僅要注意與運動專項特點直接有關的生化指標的遺傳度,而且還應注意通過科學訓練的促進,使之最終能形成運動專項所需要的代謝能力特點,最後才能獲得高水準的運動能力。

從表 2-2-3 幾項生化指標的遺傳度不難看出,它們的遺傳度都較高,說明先天遺傳占主要地位。ATP 和 CP 含量,均受遺傳控制。尤其是 CP,它的遺傳度為 67—89%。它們的含量多少,直接關係到在無氧條件下的能量供應。一般認為,肌肉中 CP 的含量及其再合成的速度,是人體速度素質的物質基礎。在以無氧代謝為主要特徵的運動項目選材時,應重視這一生化指標。

表 2-2-3　　幾項生化指標的遺傳度（%）

指　　　　標	遺　傳　度
CP、ATP	67—89
綫粒體數量	70—92
肌紅蛋白含量	60—85
血紅蛋白含量	81—99
血乳酸最大濃度	60—81
乳酸脫氫酶活性	65—87
紅白肌纖維比例	80
血睾酮	男 78　女 91

綫粒體是人體細胞內的重要細胞器。人體有氧代謝生成 ATP 的過程是在綫粒體內進行的。它的數量多少,質量好壞,直接關係人體有氧代謝的水準,與人體運動過程中的有氧耐力水準呈正相關,其遺傳度為 70—92%。

肌紅蛋白存在於肌肉細胞內,它與氧有較高的親合力,是肌肉內氧的貯存庫。肌肉工作時,它是最快的供氧源。它的含量多少,與細胞的有氧代謝能力密切相關,並直接影響人體的有氧耐力,其遺傳度爲 60—85％。

血紅蛋白的主要功能,是運輸氧和二氧化碳。它的含量高低,直接關係到人體物質代謝與能量代謝水準。因此,它和肌紅蛋白一樣,與人體耐力水準有一定關係。血紅蛋白的含量,特別是它的合成潛力,以及可能達到的最高值,雖然受多種因素影響,但起主導作用的是遺傳因素,它的遺傳度高達81—99％。在高級選材時,以及育材過程中,必須給予高度重視。

血乳酸的最大濃度和乳酸脫氫酶的活性,直接與糖酵解代謝有關。在不同強度、不同距離影響下的血乳酸濃度的變化,可反映出人體無氧代謝與有氧代謝能力的水準。乳酸脫氫酶和不同同工酶的活性,能說明糖酵解生成乳酸能力和乳酸氧化的能力。而血乳酸最大濃度和乳酸脫氫酶的活性,均明顯受先天遺傳的影響,其遺傳度均較高,分別爲 60—81％ 和 65—87％。

在這裡,特別應當強調的是在高級選材時,即進入專業隊這一層次的選材中,應特別重視上述生化指標的測試與評價。

④幾項運動素質的遺傳度

運動素質的各種性狀,是受多基因遺傳控制的。在它形成的過程中,同樣還要受到環境、訓練等因素的影響。因此對各素質遺傳度(表 2-2-4)的了解具有重要意義,在評價時應特別注意遺傳的相關性原則。

表 2-2-4　　幾項運動素質的遺傳度(％)

	指　　　標	遺　傳　度
速　度	反應速度	75
	動作速度	50
	動作頻率	30
	反應潛伏時	86
力　量	絕對力量	35
	相對力量	64
耐　力	無氧耐力	85
	有氧耐力	70
柔　韌	柔韌性	70

從表 2-2-4 中可以看出幾種運動素質的遺傳度。

a.反應潛伏時,是指人體受到刺激後,神經過程產生反應的潛伏時間。它的遺傳度最高爲 86％,是生來就有的,後天基本不能改變,選材時應特別注意。

b.反應速度,是指人體受到刺激到產生動作反應的時間。它的遺傳度爲 75％。在挑選運動員時應注意,爆發力好的,一般反應時也快。而反應時快的(與潛伏時間有關),不一定爆發力好(受肌纖維類型等因素制約)。

c.動作速度。由於受動作技巧複雜性和熟練程度影響,它的形成可看做是遺傳與後天訓練的結合,其遺傳度爲 50％。選材時,要同時注意其反應時和反應速度快慢。

d.動作頻率,國外文獻報道,它的遺傳度僅30％。但國內學者測試的60公尺跑步頻與10秒鐘高抬腿次數,結果表明,兒童少年與成人無顯著性差異。說明頻率在後天很難改變,主要還是受遺傳因素制約。

e.相對力量的遺傳度相對較高,爲64％。而絕對力量主要是靠後天訓練和體重中瘦體重的增加。因此,選材時應更重視相對力量大小。特別是那些需要力量又不能過度增加體重的項目。

f.耐力,影響耐力的遺傳度均較高,其中無氧耐力的遺傳度(85％)明顯高於有氧耐力(75％)。

g.柔軟性,它的遺傳度爲70％,後天發展受到限制。因此,凡對柔軟性要求較高的運動項目,其關鍵部位的關節柔軟性必須着重考慮。其中,不同關節柔軟性的遺傳度又不同。髖關節爲98％,脊柱爲79％,肘關節爲81％。

⑤智力與個性特徵的遺傳度

運動員的智力與個性特徵,主要受遺傳因素的影響。一旦形成,就相當穩定,很難改變。一個優秀運動員,必須具有良好的智力與突出的個性,這樣才能使他們在任何不同困難條件下,去戰勝困難,戰勝對手,在競技體育的大舞臺上去充分表現自己,奪取勝利。

有關文獻對智力遺傳度的報道不一,分別爲65％、75％和85％,一般人均在70％左右。

表2-2-5是幾項個性特徵的遺傳度。

表 2-2-5　幾項個性特徵的遺傳度(％)

個性指標(GO)	遺傳度	個性指標(N、F、G)	遺傳度
基本情緒	75	動作速度	93
		判斷果斷性	96
活　　力	79	對反對的抵抗	95
		柔順性	91
思考能力	72	運動衝動	90
		好奇性	87
心理狀態	60	衝動協調	86
		意志堅強性	83
意志堅強	77	對矛盾的反應	80
		運動制約	65

2、生長發育與選材

認識與掌握兒童少年生長發育的規律和在不同生長發育階段上的各種特徵,準確而科學地鑒別發育程度、發育類型等,是科學選材理論基礎的重要組成部分。

(1)兒童少年生長發育的一般規律

人體的生長發育,是一個長達20年左右的連續、統一的過程。在生長發育過程中,由於受遺傳、環境、營養、疾病等因素的影響,不可避免地存在着較大的性別、年齡、種族、地區和個體差異,但同時又都遵從着共同的規律。人的生長發育過程,是由微小的量變不斷發展到質的突變的複雜變化過程。它不僅表現爲身體形態各部比例和體型的不斷變化,各器官系統形狀、結構的變化,而且還表現爲各器官系統功能的逐漸分化和機能能力的不斷改善與提高。

對生長發育,人們往往只想到身體形態結構的改變,生理機能的提高,而忽略了伴隨這種形態結構和功能的變化而產生的心理變化及運動素質和運動能力的變化。在兒童少年生活活動過程中,由於條件和環境不斷變化,以及身體形態和生理機能的不斷變化,這就必然會產生新的需求與原有水準之間的矛盾。而正是在矛盾不斷鬥爭與統一的過程中,同時也促進了心理的發育與發展,促進了運動素質和運動能力的提高。所以,身體形態、生理機能、運動素質與運動能力、心理是構成生長發育過程的幾個重要方面。它們同寓於生長發育的統一過程之中,互相依存、互相影響、互相制約。

①生長發育波浪性和階段性

人體的生長發育,不是直綫上升的,是時快時慢交替進行的。在生長發育的整個過程中,既有一定的連續性,又有一定階段性。以青春發育突增期開始爲界,大體可以劃分爲兩大階段。第一階段爲 10 歲前,第二階段爲 11—20 歲左右。在這兩個階段中,出現兩次生長發育高峰。第一個生長發育高峰,在出生後第 1—2 年,又稱第一次突增期;第二個生長發育高峰,在 10—14 歲又稱第二次突增期或青春發育前期,(圖 2-2-1)。男孩突增期爲 12—14 歲,突增高峰爲 13 歲。女孩突增期爲 10—12 歲,突增高峰爲 11 歲。之後,男孩 15 歲、女孩 12 歲以後進入青春發育中、後期,即性成熟階段。進入性發育階段的主要標誌,男孩是首次遺精,女孩是月經初潮。

各器官系統的生理機能發育,以及運動素質和運動能力的提高,也表現出明顯的波浪性和階段性。如神經系統的發育,在頭 10 年中特別迅速。6 歲時,腦部發育已達成人的 90%。淋巴系統的發育,頭 10 年也表現出特殊的速度,12 歲時淋巴系統已達成人的 200%。這主要是由於兒童時期機體對疾病抵抗力弱,需要有強有力的淋巴系統保護。而運動系統、呼吸系統、循環系統等的發育,也是後 10 年顯著加快。生長發育的第二次突增開始時,男子 12 歲,運動素質與運動能力已達成人的 77.2%。女子 10 歲,已達成人的 90.8%。第二次突增期間,即青春發育前期,是發展運動素質和提高運動能力的"敏感期"。這無論對於選材還是訓練,都是一個非常重要的年齡段。

②生長發育的不均衡性

人體的形態生長,各器官系統機能的改善,以及運動素質和運動能力的提高,雖在一個統一過程之中,但是生長發育的速度是不均衡的。主要表現

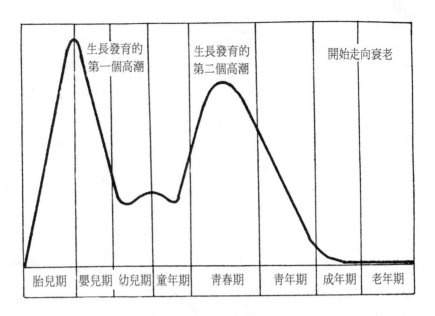

生長發育的
第一個高潮

生長發育的
第二個高潮

開始走向衰老

| 胎兒期 | 嬰兒期 | 幼兒期 | 童年期 | 青春期 | 青年期 | 成年期 | 老年期 |

圖 2-2-1　人類生長發育的兩次高潮

在它們各自固有的發育程序上。

a.身體形態的生長發育程序

首先,在生長發育的第一個突增期,胎兒從一個特大的頭顱(占身長 1/2),較長的軀幹和肢體(上下肢),發育成具有比較勻稱比例的幼兒,表現了"頭尾"發育規律。而 7 歲以後,則遵循着從肢體遠端到近端的"向心"發育規律,即按足—— 小腿—— 下肢—— 手—— 上肢—— 軀幹的生長發育程序。

其次,在生長發育過程中,由於骨骼發育快於肌肉的發育,所以表現為人體各部長度指標的增長速度領先於圍、寬度指標。若從生長發育的相對速度比較,第一階段(頭 10 年),人體各部長度指標增長速度比圍、寬度指標快。而第二階段(後 10 年),則圍、寬度指標的增長速度,要比長度指標快。

b.各器官系統機能的發育程序

人體各器官系統機能的發育,也有早、晚、快、慢之分,同樣是不均衡的,也表現了一定的發育程序。最先發育的是神經系統,其次是淋巴系統,然後是運動系統、呼吸系統、循環系統、泌尿系統、消化系統,最後是生殖系統。就各器官系統的自身而言,發育的速度也是不均衡的。神經系統和淋巴系統前 10 年發育速度特別快,後 10 年則逐漸減慢,甚至減退(淋巴系統)。全身其他系統和生殖系統,前 10 年發育速度較緩慢,而後 10 年則發育特別迅速(圖 2-2-2)。

c.運動素質自然增長的程序

兒童少年在生產發育過程中,各種運動素質的自然增長由於受形態、機能發育的影響和制約,增長速度也有快有慢,過渡到穩定階段和出現高峰的時間也有早有晚。

在不受訓練因素影響的自然增長情況下,速度、靈巧、柔軟等素質發展

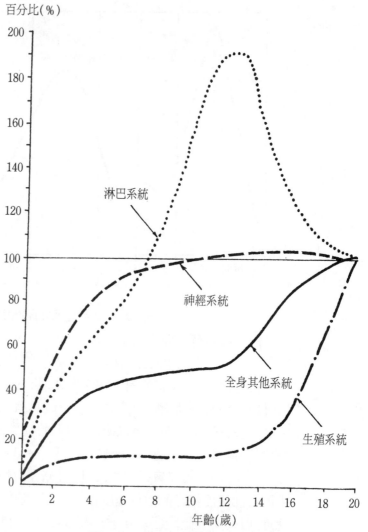

百分比(%)

淋巴系統

神經系統

全身其他系統

生殖系統

年齡(歲)

圖 2-2-2　身體各部及器官發育的情況

較早,其次是力量和一般耐力,發展最晚的是速度耐力和力量耐力。各種運動素質發展不平衡,是與形態、機能發育密切相關的。速度素質和靈巧協調素質的發展與提高,在很大程度上取決於神經過程的靈活性和反應速度、動作速度和位移速度。而在兒童少年時期,特別是兒童時期,神經系統發育較早。因此,在這一時期,速度素質和靈巧素質提高較快。力量素質,主要取決於肌肉橫斷面積的大小。而從身體形態發育的程序上看,人體各部長度指標的增長領先於圍、寬度指標的增長,且較早地進入穩定階段。在生長發育的第二個突增期,由於四肢長骨的迅速發育,身高等各長度指標增長較快,肌纖維細長,肌肉橫斷面積小,肌肉力量較差。當身高及人體各部長度指標的增長速度減慢下來之後,人體各部圍、寬度指標的增長速度開始加快。經過一個時期的增長,肌纖維逐漸變粗,肌肉橫斷面積加大,肌肉力量增強,但仍需要一個較長的過程才能進入穩定階段。這是力量發展較晚、進入穩定階段較晚的重要原因。速度耐力和力量耐力,是以無氧代謝能力為基礎的。由於兒童少年正處在迅速生長發育階段,安靜時氧化過程比成人旺盛,耗氧量多,但血紅蛋白和肌紅蛋白的含量相對比成人少,心肺機能較弱,無氧代謝供應能量的能力較差,負氧債的能力較小,所以速度耐力的提高受到一定限制。加之力量增長較晚,力量耐力的發展也較晚。

　　了解這一點,對選材的年齡,各年齡段上選材指標的確定,以及合理地安排訓練,都有十分重要的意義。它提示我們,在那些以速度、靈巧和協調為主要專項素質的運動項目上,選材的年齡可適當提早,並在訓練中優先發展這些素質。在那些以力量、耐力、速度耐力、力量耐力為主要專項素質的運動項目中,選材的年齡可適當推遲,且應在訓練中合理地安排運動負荷。

　　c.生長發育的統一性

　　身體形態、生理機能、心理發育、運動素質和運動能力的提高,是在機體由量變到質變的統一發展過程中進行的。一定的形態結構,表現為一定的生理機能。運動素質又是身體形態和生理機能在運動能力上的具體反映。在生長發育過程中,伴隨各器官系統生理機能的變化以及運動素質和運動能力的提高,又必然會產生一定的心理過程和個性心理特徵。它們之間的統一,體現了結構與機能的統一。

　　具體表現在:增長速度的基本趨勢一致;不同階段,運動素質的自然增長速度與形態、機能的發育速度密切相關;同一發育階段,運動素質的自然增長與形態發育有一定內在聯繫。

　　掌握和了解生長發育的統一性,對於在選材中全面地、合理地確定和選擇選材指標,把握評價指標的綜合性特點,有着重要意義。

　　(2)發育程度

　　兒童少年在生長發育過程中,一直存在着兩個不同的年齡。一個是生活年齡(又稱日曆年齡),另一個是生物年齡(通常用發育程度來表示)。由於受遺傳、環境等因素的影響,生活年齡與生物年齡並不一致,有的可以相差幾年。所以,生活年齡並不能真實地反映一個人的成熟程度。而能真實反映人體成熟程度的是生物年齡。在生長發育過程中,運動能力與發育程度是密切相關的。因此,用生活年齡來選材,以至制訂選材分組標準,顯然不能真實地反映和評價其運動能力的優劣,且會錯誤地將那些發育程度偏大、運動能力提早表現的兒童少年誤認為某一生活年齡的優秀運動人才,而優先被選入運動隊或少體校培養。卻將那些可能更有才能、而暫時還未充分發育或由於發育期高潮持續時間長而推遲成熟的"大器晚成"者排斥在外。實踐證明,前者的運動能力,是由於提早發育與提早成熟而暫時領先,而後者才可能是真正的登峰人材。這就是用生活年齡選材的弊病所在。所以,在選材工作中,只有區別了兒童少年的發育程度,並以發育程度分組(即用骨齡分組),才能對兒童少年形態、機能、素質、心理、技術、成績等做出客觀而正確的評價。我們的目標是選出那些生活年齡與生物年齡相一致(或略偏小)而形態、機能、素質、心理、技術、成績等確是某一生物年齡中水準高者。因此,學會與掌握鑒別發育程度的方法,是選拔優秀運動員接班人的關鍵。

當前,評價發育程度的方法有三種:

①用骨齡評價發育程度,是國內外普遍採用的最準確的方法。國外主要採用的有 TW₁ 標準、TW₂ 標準和 G—P 標準。國內主要採用 CHN 標準(尚未推廣)。統一拍攝不利肢全部手骨、腕骨和橈、尺骨遠側端後前位 x 光片。根據骨化中心出現的時間與數量、骨骺與骨干愈合的時間、程度評出骨齡,作爲評價發育程度的依據。

最近,由國家體委統一組織制訂的兒童少年田徑、游泳、體操、舉重、籃球、排球、乒乓球、羽毛球和足球運動員中級選材標準,就是以骨齡爲主要分組標誌,分別制訂評分和評價標準的。

②用第二性徵出現順序評價發育程度(表 2-2-6)。由於第二性徵的出現個體差異較大,因此,只能評價出一個範圍,供選材時參考。

③用陰毛、睪丸、乳房分度法推測骨齡,評價發育程度。該方法有一定準確性,特別是對男性兒童少年,準確性更大。而對女性兒童少年用乳房分度法推測,其準確性尚待進一步研究。

表 2-2-6　少年兒童第二性徵出現的年齡順序

發育程度	女	男
8	骨盆增闊、臀部變圓	
9	皮脂腺分泌增多	
10 11	乳部開始發育出現乳節	睪丸開始增長、陰莖開始增長
12	生殖器增大、陰毛開始生長	喉節增大
13	陰道分泌物由鹼性變成酸性、出現月經初潮	睪丸明顯增大,陰莖充分增長,第一次出現一過性乳節、出現陰毛
14	月經開始趨向規律化,腋毛開始生長	聲音開始變粗
15	骨盆明顯變寬、變長	陰囊色素增深,開始長胡須、睪丸增長完成、出現遺精。
16~17	月經規律化,長骨停止增長、出現痤瘡。	陰毛成男子型,出現痤瘡、出現精子、長骨生長停止。

(3)青春期發育高潮持續時間

兒童少年的發育程度只能說明其現實狀態,還不能預測和估計未來,更不能預測他們內在發育的潛力大小。

在發育高潮階段,運動能力的自然增長,能得到充分表現。因此發育高潮持續時間越長,運動能力的自然增長也就表現得越充分。只有那些靠自然增長將自己的運動能力在發育高潮中推向更高水準的兒童少年,經過科學訓練的誘發與促進,才能充分表現自己的全部優勢,最終創造優異的運動成績。也就是說,在選材時,必須對發育程度進行鑒別,評價其運動能力的真實水準,進一步鑒別發育高潮持續的時間長短,最後分型,才能進一步估計與預測未來。每個教練必須掌握下述的基本知識和鑒別、分型方法:

①青春發育高潮到來的特徵

青春發育期是少年向成年轉變的關鍵時刻。在這一階段中,人體身高突增,體重明顯增加,形態逐漸趨向成人。內臟器官機能趨於完善,生殖器官接近成熟並出現第二性徵。但是,由於遺傳、環境、營養、疾病等因素的影響,青春期突增開始年齡早晚,存在着明顯的個體差異。雖然青春發育的啓動原因尚未完全搞清,但開始發育時,男少年骨齡爲 13 歲,女少年骨齡爲 11 歲,並同時出現拇指種子骨骨化中心,乳房開始發育,第一次出現乳節,男性是一過性的,但出現率仍在 70—80% 以上。這些標誌的出現,可作爲即將進入青春發育高潮階段的信號。根據這些信號出現的早晚,可將開始進入發育期的時間分爲三種情況:

a.凡是男少年在 10—11 歲、女少年在 8—9 歲開始出現以上標誌(或更早),一般是認爲提早開始發育。

b.凡男少年在 13—14 歲、女少年在 11—12 歲開始出現上述標誌的,一般認爲是正常時間開始發育。

c.凡男少年在 15—16 歲、女少年在 13—14 歲才開始出現上述標誌的(或更晚),一般認爲是推遲開始發育。

②青春發育期高潮持續時間的長短

從進入青春發育高潮,到發育趨於穩定,一般歷時四年左右。有少數人可能會更長或更短,存在明顯的個體差異。這可從他們的骨發育程度的變化反映出來。因爲生長發育高潮持續時間的長短,可因骨骼成熟的早晚而異。而這種差異,可能是遺傳特徵的表現,也可能是受不同環境的影響所致。

用 G—P 骨發育標準評價我國兒童少年,其發育期高潮持續時間的長短,也同樣出現以下三種情況:

a.在 3 個生活年齡中跨過 4 個骨齡年,這是發育期高潮持續時間正常的表現。

b.在 2 個或更少的生活年齡中跨過 4 個骨齡年,這是發育期高潮持續時間縮短的表現。

c.在 4 個生活年齡中跨過 4 個骨齡年或更少的,這是發育期高潮延長的表現。

我們還可以從第二性徵出現順序的變化來區別青春發育期高潮持續時間的長短。任何第二性徵的提早出現,均意味着青春發育期高潮持續時間將會縮短;任何第二性徵出現時間的推遲,都意味着青春發育期高潮持續時間的延長或發育推遲；第二性徵的出現按正常順序進行，說明發育期高潮持續時間正常。

③青春發育期的分型對成材的影響

雖然在青春發育期中存在着明顯的個體差異，但仍可以根據開始發育時間的早晚和發育期高潮持續時間的長短這兩個因素，將在青春發育期中的兒童少年分成 9 種不同發育類型（表 2-2-7）。

提早開始發育的縮短型，由於開始發育年齡早，起點低，發育期又短，提高幅度小，他們只能是兒童組中的強者，很難成材。提早開始發育的正常型，其最後成材的可能性與前者一樣。而提早開始發育的延長型，雖然提早開始發育，但只要他們起點水準高，加上發育期的延長彌補了提早發育的不足，可以最後成材，但這種類型較少見。

表 2-2-7　　九種不同發育類型

	提早開始發育的，其發育期高潮持續時間的長短存在三種情況：
提早開 始發育	①發育期高潮持續時間縮短。 ②發育期高潮持續時間正常。 ③發育期高潮持續時間延長。
	正常時間開始發育的，同樣其發育期高潮持續時間的長短也存在三種情況：
正常時間 開始發育	①發育期高潮持續時間縮短。 ②發育期高潮持續時間正常。 ③發育期高潮持續時間延長。
	推遲開始發育的，也存在三種情況：
推遲開 始發育	①發育期高潮持續時間縮短。 ②發育期高潮持續時間正常。 ③發育期高潮持續時間延長。

推遲開始發育的三種類型中，除縮短型取決於起點水準高低外，其它二種，很難成材。他們雖有瘦長的體型，但肌肉系統軟弱無力，不具備運動員所需的力量和爆發力。這是由於推遲開始發育的結果。

正常年齡開始發育的，其中發育期高潮縮短型，由於比一般少年提早成熟，運動能力得到提早表現，而成為中學時期的強者，少年組的冠軍。在這類少年中，除那些運動能力起點特別高的個別人外，大多數在最後成材時將遇到困難。

成材率最高的，是在正常年齡開始發育的延長型少年，成材率高達 66.7％，他們的運動能力要到青春發育後期才能充分表現。

上述事實表明，青春期開始早晚，對成材的影響固然重要，但更重要的是青春發育期高潮持續時間的長短。凡能最終成材的，大多數是那些在正常年齡開始發育，並且發育期高潮持續時間延長，達到 G—P 骨齡標準而推遲成熟者。

(4)激素水準

　　在運動員選材中,還應高度重視內分泌與選材的關係。

　　因為,在生長發育過程中,丘腦——垂體——性腺軸的調節變化,直接影響到發育與運動能力。而一個人運動能力的表現,又與發育程度密切相關(表 2-2-8),並與性成熟緊密相連。因此,在選材中,我們還應注意性激素的水準,特別是與運動能力關係密切的睪酮水準。對那些發育正常,並不提前或發育有所延遲,內分泌水準特別是睪酮水準能保持在該發育階段正常值上限的兒童少年,由於他們的內分泌功能是完善的,且處較高水準。這將為其正常發育與運動能力的充分表現提供良好的基礎。選材時要特別關注。

表 2-2-8　　發育程度與兒童少年運動能力相關係數表

	背　力	握　力	縱　跳	立定跳遠	60 公尺跑
男	0.710	0.868	0.778	0.869	0.844
女	0.732	0.805	0.608	0.682	0.676

　　表 2-2-9 和表 2-2-10 是按骨齡分組建立的激素水準正常值範圍,供選材是參考。

表 2-2-9　　男性兒童少年幾種激素平均水準和變異範圍

骨　齡	類		別	
	血清睪酮 (毫微克 /100 毫升)	雌二醇 (微微克 /毫升)	促孵泡激素 (毫國際單位 /毫升)	促黃體激素 (毫國際單位 /毫升)
8—10	114.7±19.24 (70~150)	21.9±17.51 (12~54)	1.26±0.51 (0.45~2.2)	4.25±0.86 (2.1~5.9)
11—12	106.7±54.3 (35—200)	22.6±15.4 (6~72)	2.04±1.1 (0.45~4.01)	5.33±0.79 (3.5~7.0)
13—14	337.0±91.3 (125~500)	55.7±17.4 (27~90)	1.18±0.89 (0.37~4.7)	5.02±1.05 (3.5~7.8)
15—16	585±112.3 (385~770)	50.5±19.1 (15~81)	1.48±0.4 (0.75~2.28)	6.34±0.77 (5~8)
17—18	666±145.5 (370~900)	47.3±26.2 (10~87)	1.70±1.00 (0.48~4.97)	6.33±1.03 (3.3~8.7)

(三)選材指標的確定和選材的基本方法與步驟

1、選材指標的確定

(1)選材指標的典型特徵

　　反映一個人潛在運動能力的各種特徵,大體上可以分為以下兩種類型;即保守性特徵和非保守性特徵;代償性特徵和非代償性特徵。所謂保守性特徵,是指那些不屬於訓練範疇的特徵,即受遺傳因素影響較大的特徵。例如,身體的各種長度指標,反應時、最大攝氧量、血型、神經類型等等。而非保守性特徵,是指那些在後天環境和訓練影響下發生變化的指標。例如力量素質。所謂代償性特徵,是指那些水準低的特徵可以用水準高的特徵補償的一類特徵。例如,籃球運動員身材矮小,籃下威脅小、但是它可以用準確的投籃來補償。而非代償性特徵,則是指那些不能被其它特徵補償的一類特徵。例如,中長跑、自行車、滑冰等(長距離)運動員最大攝氧量水準低,而任何一項技術都不能代償。但是,在絕大多數情況下,我們所遇到的是局部代償特徵。例如,某些素質發展水準低於其它素質時,可以得到其它高水準素質的代償。如果太低,也得不到其它高水準素質的代償。決定運動成績的各種因素的代償,多出現在情況多變的運動項目,如球類運動等。

表 2-2-10　女性兒童少年幾種激素平均水準和變異範圍

骨　齡	類		別	
	血清睪酮 (毫微克 /100 毫升)	雌二醇 (微微克 /毫升)	促卵泡激素 (毫國際單位 /毫升)	促黃體激素 毫國際單位 /毫升
8—10	18.25±6.9 (9~41)	32.9±10.6 (7.5~54)	1.21±0.67 (0.5~3.4)	4.18±0.65 (2.6~6.2)
11—12	31.8±13.5 (16~56)	53.0±24.5 (16.5~96.0)	2.76±1.38 (0.73~5.23)	6.2±1.64 (4.9~12.2)
13—14	61.9±14.4 (32~94)	118.0±68.5 (29~295)	1.69±0.85 (0.41~3.74)	6.16±2.73 (4~14)
15—16	62.7±19.8 (18~95)	118.0±62.1 (34~270)	2.32±1.21 (0.61~5.22)	7.29±1.83 (4.6~12.5)
17—18	60.4±14.8 (20~87)	110.6±82.9 (20~293)	2.31±1.29 (0.77~5.89)	7.91±2.75 (4.5~20)

運動員科學選材所需要的典型特徵,是那些保守性的、非代償性指標。這些指標,對於反映其運動天才的潛在能力和預測未來,才是最有意義的。

(2)確定選材指標的原則

確定選材指標,是科學選材的關鍵。所選指標是否具有科學性、典型性和可行性,是直接關係到能否選準,評價是否客觀的問題。而要滿足上述要求,就必須在認識和了解人體生長發育規律和遺傳規律的基礎上,充分考慮以下幾個基本原則:

①選材指標的綜合性。因為構成競技能力的七個要素(即形態、機能、素質、心理、技術、戰術和智力)是綜合性的,而且在人的生長發育過程中互相影響、互相制約。因此,要對兒童少年運動員競技能力的現狀進行診斷,並對未來的發展潛力進行預測,所選指標必須能夠較全面地反映各方面的訊息。然後,在對其競技能力進行綜合評價時,根據每類指標對於專項的相對重要程度及貢獻大小,分別給以不同的權重。

現行的中級選材標準中、指標一般分為形態、機能、素質(一般和專項)、心理、專項成績或基本技術、敎練評定六大類指標。每類指標中，再選擇那些與專項特點關係密切的指標，構成了完整的選材指標體系。

②選材指標的典型性。一方面，選材指標必須突出專項特點，盡量選擇那些與專項成績關係密切、對專項成績影響和作用大指標，即典型指標。另一方面，又必須注重那些能夠反映運動潛在能力的、受遺傳因素影響相對更大的指標，即如前述的保守性、非代償性指標。用這些指標去選材，才能做到科學、有效，提高選優率。

③選材指標的科學性。即選擇那些盡量可用一定計量單位描述的定量指標或可以進行量化處理的定性指標。因爲多數定量指標需要實際進行測量，因此，它又必須符合體育測量學的可靠性、有效性和客觀性的要求。在確定這些指標前，應對指標的可靠性、有效性和客觀性進行嚴格的論證和檢驗。這樣，選材評價的結果，才能客觀地反映被選對象的實際能力和水平。

④可行性和可接受性。要求選材指標盡量少而精、簡易可行。同時，能爲廣大敎練和兒童少年所接受。另外，還應考慮目前的現實條件，如儀器設備、人員素質等。尤其是初、中級選材指標，更應從這個實際出發，既科學、合理，又簡便易行。

(3)九個主要運動項目的中級選材指標

1990—1991 年，由國家體委科敎司、群體司領導，國家體委科學選材中心組具體指導，分別由北京體育學院、國家體委科研所、上海市體科所、廣東省體科所、湖北省體科所、福建省體科所和烏魯木齊市體科所研究的田徑、游泳、體操、舉重、籃球、排球、乒乓球、羽毛球和足球兒童少年運動員中級選材評價標準，已經完成。這些項目的中級選材評價標準，是經過二年時間、按照嚴格的科研程序，經過專家調查、實際測試、統計篩選、試用檢驗等具體步驟研制而成的。現將上述項目的選材指標提供給廣大敎練，以供選材時參考。(表 2-2-11 至表 2-2-16)

表 2-2-11　　兒童少年田徑運動員選材指標(跑類項目)

	短　跑	跨　欄　跑	中　長　跑
形態類指標	身高 體重/身高×1000 下肢長 A/身高×100 (下肢長 B—小腿長 A)/小腿長 A×100 踝圍/跟腱長×100 下肢長 C/下肢長 H×100	身高 體重/身高×1000 下肢長 A/身高×100 (下肢長 B—小腿長 A)/小腿長 A×100 踝圍/跟腱長×100	身高 體重/身高×1000 下肢長 A/身高×100 (下肢長 B—小腿長 A)/小腿長 A×100 踝圍/跟腱長×100
機能類指標	肺活量/體重 心功指數(30 秒 30 次蹲起)	肺活量/體重 心功指數(30 秒 30 次蹲起)	肺活量/體重 心功指數(30 秒 30 次蹲起) 最大攝氧量/體重
素質類指標	60 公尺跑 立定三級跳遠(12—15 歲) 或立定十級跳遠(16—17 歲) 後拋鉛球 步頻	60 公尺跑 步頻 後拋鉛球 立定十級跳遠 400 公尺跑(彎道欄增設項目)	60 公尺跑 十級跳遠 後拋鉛球 步頻
心理類指標	聲反應時	聲反應時	聲反應時
專項類指標	100 公尺跑成績 400 公尺跑成績	專項成績(80 公尺或100 公尺或110 公尺或400 公尺欄)跨欄跑與平跑成績差值	800 公尺跑(12—14 歲)或 1500 公尺跑(15—17歲)
教練評定	協調性、靈活性;接受能力和智力水準;跑的技術是否自然、合理、放鬆;意志品質、比賽和訓練作風。	節奏性、協調性和靈活性;智力與接受能力;技術合理、熟練程度;意志品質、比賽和訓練作風;臨場發揮	同短跑

注:引自北京體育學院《兒童少年田徑運動員選材標準》

表 2-2-12　　兒童少年田徑運動員選材指標(跳類項目)

	跳遠和三級跳遠	跳　　高	撐竿跳高
形態類指標	身高 體重/身高×1000 下肢長 A/身高×100 (下肢長 B—小腿長 A)/小腿長 A×100 踝圍/跟腱長×100	同跳遠和三級跳遠但評分標準不同	身高 體重/身高×1000 下肢長 A/身高×100 踝圍/跟腱長×100 指距身高 骨盆寬/肩寬×100

	跳遠和三級跳遠	跳　　高	撐竿跳高
機能類指標	心功指數（30 秒 30 次蹲起）	心功指數（30 秒 30 次蹲起）	心功指數（30 秒 30 次蹲起）
素質類指標	60 公尺跑 立定跳遠 後抛鉛球 四步助跑五級跨步跳遠	30 公尺跑 助跑摸高 後抛鉛球 四步助跑五級跨步跳遠	60 公尺跑 立定跳遠 引體向上 四步助跑五級跨步跳遠
心理類指標	視—手反應時	視—手反應時	視—手反應時
專項類指標	跳遠或三級跳遠專項成績	跳高專項成績	撐竿跳高成績
教練評定：協調性、靈活性、智力與接受能力；跑跳技術是否自然、合理、放鬆；意志品質、比賽和訓練作用。		同跳遠和三級跳遠	同跳遠和三級跳遠

注：引自北京體育學院《兒童少年田徑運動員選材標準》

表 2-2-13　　　兒童少年田徑運動員選材指標（投類項目）

	鉛　　球	鐵　　餅	標　　槍
形態類指標	身高 指距-身高 體重/身高×1000 骨盆寬/肩寬×100 手長	同鉛球	身高 指距-身高 體重/身高×1000 骨盆寬/肩寬×100 上臂圍松緊差
機能類指標	心功指數（30 秒 30 次蹲起）	同鉛球	心功指數（30 秒 30 次蹲起）
素質類指標	30 公尺跑 立定跳遠 後抛鉛球 原地推鉛球或原地擲鐵餅 臥推 深蹲	同鉛球	30 公尺跑 立定跳遠 擲小疊球(125g) 後抛鉛球 後橋（12—15 歲） 抓舉（16—17 歲） 雙手投實心球（16—17 歲）
心理類指標	被動反應時	被動反應時	被動反應時
專項類指標	鉛球專項成績 滑步推與原地推差值	鐵餅專項成績 旋轉投與原地投差值	標槍專項成績 助跑投與原地投差值
教練評定：協調性、靈活性；投擲技術自然、放鬆與合理性；智力與接受能力；意志品質、比賽和訓練。		同鉛球	同鉛球

注：引自北京體育學院《兒童少年田徑運動員選材標準》

表 2-2-14　　兒童少年體操、游泳、舉重運動員選材指標

	體　操	游　泳	舉　重
形態類指標	身高 體重/身高×1000(女) 胸圍/身高×100(男) 指距─身高 骨盆寬/肩寬×100 下肢長 B/身高×100	身高 體重/身高×1000 指距-身高 (肩寬-骨盆寬)/骨盆寬×身高(體型指數) 手長×手寬(手面積指數)	身高 體重/身高×1000 拇指長 髂寬/肩寬×100(髂寬指數) 睪丸體積 骨盆寬/肩寬×100 坐高/身高×100 上臂松緊圍差
機能類指標	心功指數(30 秒 30 次蹲起)	憋氣時間 心功指數(30 秒 30 次蹲起)	血睪酮水準
素質類指標	30 公尺跑 立定跳遠 引體向上 30 秒懸垂舉腿	縱跳 體後屈 立體體前屈 踝關節屈伸度(屈、伸) 提倒立(直臂屈體慢起手倒立)	縱跳
心理類指標	智商(僧人法) 綜合反應最優組時間 綜合反應總錯次		
專項類指標	專項技術按體操教學訓練大綱考核動作考核	四式 50 公尺手、腿基本動作計時游 四式 50 公尺配合計時游 400 公尺、800 公尺、1500 公尺自由泳計時游 100 公尺、200 公尺個人混合泳計時游 四式 10 公尺出發計時游	後蹲 總成績

| 教練評定:肘關節直、肩關節開、膝關節直、腳面直、不塌腰(5分),然後依不同缺陷程度扣分。最多扣分不能超過5分。總體印象。包括形態、氣質及其它方面(2分)。其中好的2分、中等1分、差的0分。 | 水性全面觀察 | 外形、技術合理性、意志品質等 |

意志品質,臨場發揮(2分)。其中好的2分、中等1分,差的0分。

協調性、接受能力(2分)。其中好的2分、中等1分、差的0分。

基本技術的全面性和規範性(2分)。其中好的2分、中等1分、差的0分。技術和素質有無特長或特短(2分)。有特長無特短2分;無特長無特短或有特長也有特短1分;無特長有特短0分。

注:分別引自國家體委科研所等單位《兒童少年體操運動員選材標準》和廣東省體科所《兒童少年游泳、舉重運動員選材標準》

表 2-2-15　　兒童少年籃、排、足球運動員選材指標

	籃　球	排球	足　球	
			守門員	鋒衛綫隊員
形態類指標	身高 指距	身高 指距-身高 下肢長 A/身高×100 跟腱長/小腿長加足高 B×100 骨盆寬/髖寬×100	身高 指距-身高	身高 體重/身高×1000
機能類指標	視野 心功指數(30秒30次蹲起)	肺活量/體重	肺活量	肺活量/體重 心功指數(30秒30次蹲起)

	籃　　球	排球	足　　球	
			守門員	鋒衛綫隊員
素質類 指標	100 公尺跑 助跑摸高 收腹舉腿 十字跳 1500 公尺跑	60 公尺跑 助跑摸高 20 次仰臥起坐計時 36 公尺移動 助跑摸高	30 公尺跑 靈敏測驗(滑步摸地) 立定跳遠 引體向上(男) 屈臂懸垂(女)	30 公尺跑 靈敏測驗(3 公尺往返) 立定跳遠 12 分鐘跑
心理類 指標	手動穩定性(九孔儀) 綜合反應	被動反應	神經類型(808 量表) 視—手反應時 視—腳反應時	神經類型(808 量表) 視—腳反應時
專項類 指標	2 分鐘投籃測驗 對牆傳球測驗 綜合運球測驗 防守移動測驗	發球測驗 傳球測驗 墊球測驗	持球踢準測驗 撲定點球發球測驗 守定點球射門測驗	運球繞杆測驗 接球傳準測驗 門牆射準測驗
教練評定	形態發育潛能和體質狀況,包括預測身高、身體勻稱度,健康狀況;運用技術能力,包括籃球意識、技術規範、臨場發揮;思想意志品質,包括思想意識、集體主義、拼搏精神。	發育程度及預測;身體素質水準與掌握技術動作協調性;意志品質及訓練比賽作風。	防守意識;進攻意識;戰術意識;基本技術規範;機敏,反應能力等	同守門員

注:分別引自北京體育學院、上海體科所、烏魯木齊體科所
《兒童少年籃、排、足球運動員選材標準》

表 2-2-16　　兒童少年乒乓、羽毛球運動員選材指標

	乒　乓　球	羽　毛　球
形態類指標	身高 體重/身高×1000	身高 體重/身高×1000 上肢長 前臂長/上肢長×100 下肢長 B/身高×100
機能類指標	心動指數(30 秒 30 次蹲起)	肺活量/體重 心功指數(30 秒 30 次蹲起)
素質類指標	30 公尺跑	50 公尺跑

	乒 乓 球	羽 毛 球
	立定跳遠	立定跳遠
	45 秒跳繩(單搖)	800 公尺或 1500 公尺跑
	羽毛球擲遠	單搖跳繩或雙搖跳繩
	400 公尺跑	羽毛球擲遠
		5 次兩側跑
		5 次直綫進退跑
心理類指標	神經類型(808 量表)	視動簡單反應時;視動選擇反應時間、錯次;
	光反應時	操作思維(時間、步數);動作控制能力;
	綜合反應平均時	
	綜合反應最優組	10 秒腳踏測驗
專項類指標	對牆擊球測驗	
	移步換球測驗	
教練評定	手法、步法、實戰應用	手法、引拍(軌迹、翻拍)、擊球(擊球點、發力);隨前(回位、回收);步法(站位、重心);起動(準、快);移動(合理、連貫);回動(回位、恢復重心);戰術意識和基本技術應用情況。

注:分別引自湖北省體科所和福建省體科所
《兒童少年乒乓、羽毛球運動員選材標準》

以上九個項目兒童少年運動員中級選材指標,原則上適用於選拔進重點業餘體校的隊員。若選拔進入省、市體工隊的隊員。除主要形態指標和心理指標、專項素質、技術指標大體相同外,還應加測些實驗室機能指標,如跑臺最大攝氧量、無氧功率、肌纖維百分比、血乳酸、血紅蛋白、血液睾酮等指標。特別要重視那些遺傳度較大的指標。另外,在上述 9 個項目選材指標中,雖有些指標在不同項目中大同小異,但評定標準、要求及權重各不相同。因爲受篇幅限制,關於這些指標的測試方法及評定標準,詳見曾凡輝、王路德、邢文華主持編寫的《運動員科學選材》。同時,在確定這些指標大與小的特定含義時,應注意不同指標的要求不同,不同項目對同一指標要求也不同。有的指標則是測試值越大越好,有些指標則在一定範圍爲好。例如,克托萊指數(體重/身高×1000),對於球類、體操、田徑的跑跳項目,可能是在一定範圍爲好,而對於投擲運動員,可能是更大一點好。又如身高,對於田徑的跳躍、跨欄,投擲、籃排球等項目來說,可能是越高越好。而對於體操、乒乓球、羽毛球等項目,可能中等或中下身材爲好。因爲專項形態條件在有些項目中並無典型意義。例如,體操明星李月久、婁雲、陳翠婷,足壇名星蘇格拉底、古力特、馬拉多納,乒壇明星鄧亞萍等等,決定他們達到競技水準頂峰的,並不是身材,而是良好的身體素質、心理品質和高超的技藝。

2、選材的基本方法與步驟

(1)家系調查

由於父母某些遺傳性狀(如形態、機能、代謝特徵、運動素質、心理品質等),均能在子女身上再現,並能通過遺傳變異,有所發展。因此,在選材工作中,進行家系調查並運用遺傳學的觀點與方法來分析、判斷和觀察被選者運動能力發展趨勢受家系影響大小的可能性,對盡量減少失誤,提高預測判斷的準確性有重要意義。調查的內容有:

①父母、祖父母、外祖父母、兄弟姐妹的形態特徵,如身高、體重、體型等。

②父母、祖父母、外祖父母、兄弟姐妹的健康水準,有無患過慢性疾病,特別是遺傳度較高的疾病。

③父母、祖父母、外祖父母、兄弟姐妹的運動能力、興趣愛好,特別是體育愛好和運動經歷等。更應注意體育世家和運動員後代,能否再現親代特徵或超越親代運動能力。

④被選者在家系中,長相特別像誰,對其所像的親代,應着重了解與調查,可能他們之間有更多相似的遺傳聯繫。

⑤被選者生育史調查

a 生時是否早產、難產、順產。一般早產易出現體質弱表現。由於難產導致窒息,可能在心血管系統中留下隱患。而這些問題,在青春發育期前不易顯示,進入青春發育期後,逐漸與正常的健康人拉開距離。所以,選材時應適當考慮。

b.被選者出生時父母的年齡與社會經濟背景。一般父母親年齡越大,其所生育的子女體質相對較差。而在經濟背景較差時,由於受營養條件的影響,出生時父母親年齡大小的影響就更明顯。

c 期間父母的健康狀況,特別是母親的健康狀況。因為它關係到孕期的內環境,其好壞直接對後代健康產生影響。

d.被選者胎次。一般認為頭胎沒有以後幾胎好。而太後則會影響其體質。

e.是否雙胞胎,在生長發育期、特別是青春發育期的營養和體質狀況如何。

(2)體格檢查

體格檢查的目的,是進一步了解被選者的健康狀況,有無影響運動能力發展的各類疾病和身體缺陷。體格檢查的內容有:

①肌肉系統。包括體重是否在正常值範圍,有無過度肥胖和嚴重體重不足;肌肉發育發達程度,兩側肌群是否對稱等。

②骨骼系統。骨發育程度;站立位時兩側肩、髖、四肢發育是否對稱;胸廓形態是否正常,有無雞胸、桶胸、漏斗胸等畸形;脊柱有無異常前後彎曲、

側彎等;上肢內外旋、內外展,手腕活動等是否異常;下肢有無 X 形腿、O 型腿和扁平足。

③心血管系統。心率是否正常,有無過緩過速或早搏等(可借助於心電圖檢查);有無心臟雜音;血壓是否正常,有無高血壓或低血壓症狀等。

④呼吸系統。胸透、肺功能檢查等,排除呼吸系統疾患。

⑤肝功能檢查。

⑥尿常規。

⑦血液常規檢查。

⑧個人病史。

(3)鑒別發育程度和分型

這一環節,在選材過程中尤爲重要。主要方法有:

①拍攝骨齡片,確定發育年齡(方法同前)

②用第二性徵出現順序評價發育程度(方法同前);

③對青春期發育高潮持續時間長短進行鑒別與分型(方法同前)。

(4)測試

在完成上述選材基本步驟後,測試就是非常重要的一環了。因爲,通過對被選者各種選材指標的實際測試,是獲取有關被選者運動能力現實狀態各種訊息的必不可少的手段。測試的內容,應依據初選、中選和終選等不同層次有所區別和側重。越是層次高,測試的指標和內容越要突出專項特點。

在測試這一環節中,測試數據的準確性和可靠性非常重要。因此,必須按照事先統一制定的標準化和規範化的測試方法、測試程序、測試要求嚴格進行。因爲測試數據的可靠性,直接關係到最後評價結果是否客觀、準確。這一點,教練應予高度重視。

(5)評價

對測試結果進行綜合評價,並結合家族調查、一般體格檢查和發育程度鑒別結果進行綜合分析、判斷,是選材工作步驟的最後一個環節。

對測試結果進行評價時,首先依據被選者的骨齡,項目、性別,找到相應選材指標的評分標準查分(見《運動員科學選材》),再將各單項指標得分相加成總分,對照總分的等級評價標準,評出及格、良好、優秀等級。再將評價結果結合其他方面的情況,做出判斷,決定是否入選。

這種評價,一方面可以對其現實狀態的水準做出判斷。另一方面,還可根據達到評分表中最高成績的程度,判斷其運動的潛在能力和今後發展前途。因爲,選材評分標準的最高一檔,均接近國內優秀運動員或國際前 6 名水準。

(6)試訓觀察與選育結合

鑒於目前選材指標研究的水準,其科學性也只能說是相對的。因此,選的是否準,有無發展前途,還要經過一段試訓,以便進一步觀察其訓練的可塑性及運動能力提高的幅度。只有將選材和育材有機地結合起來, 才能提高選材和成材的成功率, 並在選育結合的過程中, 進一步完善選材指標、評定標準和方法。

(邢文華、曾凡輝)

三　運動訓練過程的一般模式

（一）運動訓練過程的基本結構

　　運動訓練過程是指在一定的時間跨度裡、按一定的次序進行的訓練活動。時間跨度的大小決定了運動訓練過程的長短,但無論運動訓練時間的跨度大或小,都是按其特有的次序組織安排訓練活動的。長至十幾年的多年訓練,短至一堂訓練課均是訓練過程,都是按照對運動員現實狀態的診斷、制訂訓練計劃、確定各項具體指標和訓練目標,實施訓練計劃、檢查評定等這樣幾個基本環節的次序進行的(圖 2-3-1),最終實現訓練目標。

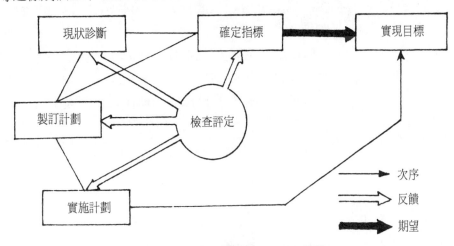

圖 2-3-1　運動訓練過程的基本結構

(引自《運動訓練學》北京體院出版社,1986 年 6 月)

　　1.現狀診斷:主要是對運動員的身體、技術、戰術、心理、運動成績、發展潛力,運用各種方法和手段進行了解和測試,並對原來訓練的成效和問題加以分析,以準確的掌握運動員的現狀,科學地制訂訓練計劃,確定訓練指標和要達到的目標;

　　2.制訂訓練計劃:根據對運動員現狀診斷所掌握的信息,以及訓練和參加比賽的任務,制訂切合實際的訓練計劃;

　　3.確定訓練指標:在制訂訓練計劃的同時,確定身體、技術、戰術訓練的各項具體指標,這些指標在訓練過程中必須努力完成,才可能實現訓練的最終目標;

　　4.實施計劃:這是運動訓練過程中最具體、最重要的一個環節。訓練計劃的完成,指標的達到,目標的實現,都要經過計劃的實施去落實;

　　5.檢查評定:定期或不定期的進行檢查性測試,以評定實施計劃的訓練實際效果,發現訓練過程中的問題,這些問題是那個環節產生的故障,就及時反饋給那個環節,並採取相應措施予以糾正或調整,以逐步向訓練目標逼近,最終實現訓練目標。

上述訓練過程的五個環節,環環相扣,教練員只有把握好每個環節,才能使訓練順利進展,完成訓練過程的各項任務。

（二）多年訓練過程階段的劃分和年齡特徵

多年訓練可分為全過程的和區間性的。全過程的多年訓練一般是從選材,直到運動員創造優異運動成績,最終退出競技體壇,這個過程長達十幾年甚至二十幾年;區間性的多年訓練通常圍繞全運會、亞運會、奧運會等重大比賽的間隔年限,確定其時間跨度。各省市代表隊基本上以全運會4年為一個週期,按排區間性多年訓練過程。這裡所要闡述的是全過程的多年訓練。

由於全過程多年訓練的時間跨度很大,從選材開始,運動員機體大都歷經生長發育直到成熟,甚至到衰退期(圖2-3-2),其間各年齡階段都有不同的特點和規律,所要解決的訓練任務也不盡相同。因此全過程的多年訓練必須劃分階段,有計劃、有步驟的進行。

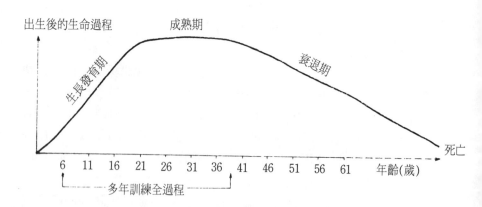

圖 **2-3-2**　（據《體育理論》人民體育出版 1987 年第二版改制）

全過程多年訓練究竟應劃分幾個階段? 各階段如何命名? 在年齡和訓練安排上各有什麼特點? 現今國內外學者、專家均有不同的見解,訓練實踐中的劃分方法也不盡相同(表2-3-1),此外也均未明確提出該階段的訓練年限和年齡特徵。這主要是由於各運動項目早期開始系統訓練,以及達到最佳運動成績的年齡和所需要的訓練年限,都有本項目的特徵。根據原蘇聯的資料,例舉一些運動項目達到運動健將和國際運動健將的年齡,以及所需的訓練年限可資參考(表 2-3-2)。

表 2-3-1　　多年訓練全過程的階段劃分

國別	姓名	多年訓練全過程的階段劃分		
原蘇聯	馬特維也夫	基礎訓練階段	預備性訓練階段	
			初期專項訓練階段	
		最高競技水準訓練階段	頂峰前訓練階段	
			最高成績訓練階段	
		保持運動壽命階段		
原民主德國	哈雷／惠格爾	初期訓練階段	基礎訓練階段	
			建設訓練階段	
			銜接訓練階段	
		高水準競技訓練階段		
原聯邦德國	葛歐瑟	基礎訓練階段		
		建設訓練階段		
		競技訓練階段		
		高水準競技訓練階段		

(引自《體育理論》人民體育出版社 1987 年第二版)

表 2-3-2　　達到運動健將的年齡及訓練年限

項目	運動健將				國際運動健將	
	達到的年齡		所需訓練年限		達到的年齡	
	男	女	男	女	男	女
田　　徑	22.4	20.7	5.8	5.5	26	24.1
游　　泳	16.8	15.1	5.3	4.4	18	17.6
舉　　重	21.9	–	6.9	–	26.3	–
自 行 車	19.4	–	5.7	4.2	22.7	–
划　　船	22.4	–	5.2	5.2	23.6	–
輕　　艇	20.3	20.4	–	–	23.1	22.3
自由式角力	20.6		–	–	24.4	–
拳　　擊	21.3	–	5.8	–	21.4	–
跳　　水	18.3	17.3	–	–	20.5	17.4
射　　箭	26.5	22.5	–	–	27.2	22.4
擊　　劍	19.7	20.2	6.8	6.2	24.4	23.0
籃　　球	20.7	20.4	–	–	24.0	22.6
排　　球	21.2	20.3	–	–	25.4	25.6
網　　球	19.3	18.4	9	7.3		
體　　操	20.1	16.4	7.7	6.8	23.7	18.5
射　　擊	20.7	19.0	–	–	20.7	20.2

(據《運動訓練學》北京體育學院出版社 1980 年版改制)

　　有些技能類項目如跳水、韻律體操、開始專項訓練的年齡較小,達到最佳運動成績的時間也較早,因而這些項目多年訓練全過程各階段的年齡範圍也較小。例如保加利亞的藝術體操多年訓練劃為四個階段,各階段的年齡都處於生長發育期(表 2-3-3)。

表 2-3-3　　　保加利亞藝術體操多年訓練的階段劃分

多年訓練的階段	年齡範圍
準備訓練階段	5—9 歲
基礎訓練階段	9—11 歲
提高運動技巧階段	11—13 歲
高水準訓練階段	13 歲以上

(轉引自《體育理論》人民體育出版社 1987 年二版)

　　各運動項目全過程多年訓練階段的劃分總的來說應依據如下兩點考慮:

**　　1、各運動項目的特點,主要是該項目到達最佳運動成績所需要的訓練年限以及年齡特徵。**

　　一般來說體能類田徑項目,技能類同場對抗性項目如籃球、足球,所需訓練年限較長,達到運動成績高峰的年齡也相對較大,而技能類項目如競技體操、跳水、藝術體操等所需訓練年限相對較短,達到運動成績高峰的年齡也較小,保持運動壽命的時間相對也較短。因而這兩種項群各運動項目全過程多年訓練階段的劃分與年齡特徵不盡相同。

**　　2、各年齡階段生長發育的特徵,亦即其生長發育的規律。**

　　根據《中國學生體質與健康研究》(人民教育出版社 1988 年 7 月)對 7—22 歲漢族學生近 50 萬人的抽樣統計:

　　(1)在身高、體重、胸圍等 6 項形態發育指標方面

　　7—11 歲男生,7—9 歲、女生處於勻速增長階段;12—15 歲男生、10—12 歲女生處於快速增長(突增)階段;14—18 歲男生、13—18 歲女生處於緩慢增長階段;19—21 歲男、女生處於穩定階段。7—18 歲城鄉男女學生的身高、體重、胸圍三項主要形態指標最大增長值,除男生的胸圍增長最大值出現在 14 歲外,其它指標均出現在 13 歲。

　　(2)在脈搏、肺活量等五項機能指標方面

　　脈搏隨年齡的增長逐年下降,19 歲後男女生的脈搏頻率基本穩定。男女生 7—9 歲、12 歲和 18 歲時下降幅度較大,其中 18 歲下降幅度最大、血壓也隨着年齡的增長,均值逐年升高,19 歲以後基本穩定。肺活量的均值男女學生均隨着年齡的增長逐年增長,男生在 12—15 歲、女生在 10—12 歲年增長幅度較大。女生 19 歲,男生 21 歲肺活量的增長基本趨於穩定。

　　(3)在速度、力量、耐久力等 5 項身體素質指標方面

　　7—20 歲男生、7—13 歲女生的速度素質基本上隨年齡的增長而逐年增

長,14—18 歲女生基本處於停滯狀態,男生 20 歲、女生 19 歲達到最高水準,男生 21 歲、女生 20 歲以後趨於穩定。

　　爆發力素質,7—19 男生、7—13 歲女生均隨年齡增長而逐年提高,14—18 歲女生基本處於停滯狀態,男女生 19 歲達到最高水準(鄉村男生 22 歲);男生 12—15 歲、女生 7—10 歲提高最快,19 歲以後趨於穩定。

表 2-3-4　　我國幾個運動項目多年訓練全過程的階段劃分

項　目	階段劃分	年　齡
籃 球	準備階段	7—8 歲
	初級基礎訓練階段	9—12 歲
	全面基礎訓練階段	13—17 歲
	早期高水準訓練階段	18 歲以後
羽 球	啓蒙教學階段	7—9 歲
	基礎訓練階段	8、9—13、14 歲
	提高訓練階段	13、14—18、19 歲(男) 17、18 歲(女)
	突尖訓練階段	18、19—22、25 歲(男) 17、18—21、24 歲(女)
	保持訓練階段	據運動員個人情況定
競技體操	初級訓練階段	6—7 歲(女) 7—9 歲(男)
	中級訓練階段	8—9 歲(女) 10—12 歲(男)
	中級訓練階段後期	10—12 歲(女) 13—15 歲(男)
	高級訓練階段	13—14 歲(女) 16—17 歲(男)

8—12 歲不分階段,主要培養兒童對田徑運動的興趣,增強體質,促進發育。發展柔韌、協調、速度等運動素質,學習和掌握多種活動技能,……為培養優秀田徑運動員打下良好基礎。13 歲以後各項目才劃分訓練階段。

田 徑	基礎訓練階段	短跑 標槍 跳高	13—15 歲 13—15 歲 13—14 歲
	初級專項訓練階段	短跑 標槍 跳高	16—18 歲(男)16—17(女) 16—17 歲 15—17 歲
	專項提高階段	短跑 標槍 跳高	19—21 歲(男)18—20 歲(女) 18—19 歲 18—20 歲
	高級專項訓練階段	短跑 標槍 跳高	22 歲以後(男)21 歲以後(女) 20 歲以後 21 歲以後

　　　　　　　　　　　　　　　(據籃球、羽毛球、體操、田徑教學訓練大綱編制)

　　力量素質,男生 7—12 歲隨年齡的增長而逐年提高,18—20 歲達最高

水準,其間 15—16 歲增長速度最快,18—20 歲後略有下降;女生 7—12 歲
隨年齡的增長逐年提高,並達最高均值,13—18 歲有所下降,20 歲以後處於
停滯或下降狀態。

　　柔韌素質,7—12 歲男女生變化很小,趨於穩定狀態,13—18 歲是提高
的重要階段,男生 19 歲、女生 21 歲柔韌素質水準逐漸下降。

　　耐力素質,7—12 歲男女生均隨年齡的增長逐年提高,7—9 歲提高最
快,18—19 歲達最高值,14—18 歲女生有明顯下降,男、女生 20 歲以後增長
速度突降,並出現逐漸下降的趨勢。

　　根據我國多年訓練的實踐經驗,經科學研究,近年制訂的我國十幾個運
動項目的教學訓練大綱中,對多年訓練全過程的階段劃分,以及各階段的教
學訓練要求都有相應的規定,可按照執行。在此僅舉幾例,以資參考(表 2-
3-4)。

　　從上表可見,各運動項目多年訓練全過程階段的劃分,各階段的名稱以
及年齡都不盡相同,但歸納起來,從訓練學的角度,筆者認爲大致可以概括
成三個階段,即:基礎訓練階段,專項訓練提高階段和競技能力保持階段。
各省市運動隊伍的訓練大都處於後兩個階段。現將後兩個階段訓練安排的
主要特點概述於後。

(三)專項訓練提高階段和競技能力保持階段訓練安排的主要特點

1、專項訓練提高階段

　　本階段各運動項目運動員的年齡差異較大,技能類項目如跳水、競技體
操等年齡較小,而體能類項目如田徑、自行車、皮劃艇等年齡較大,一般均進
入了青年期。

　　本階段訓練年限約 6 年左右。訓練目標,是要在階段的中後期達到最
佳運動成績。

　　(1)專項訓練提高階段的任務

　　①提高運動員機體各器官系統的機能,發展專項負荷和比賽負荷能力;

　　②在各運動素質提高的基礎上,大力發展專項運動素質;

　　③精確掌握和熟練運用專項技、戰術。在技能類項目中發展高水準的
難新動作;

　　④培養專項訓練和比賽的良好心理品質,以及刻苦頑強訓練的意志和
優良作風。

　　(2)專項訓練提高階段內容選擇的主要特點

　　①以專項練習爲主,一般訓練的內容逐漸減小。專項練習的內容主要
是發展專項運動素質和提高專項技、戰術,即使安排一般訓練的內容,也應

選擇那些最有助於提高專項訓練水準的一般訓練練習。

　　②針對運動員個人特點的專項訓練內容要占重要位置,以發揮個人特長,彌補不足;

　　③各種心理訓練的內容要相應增加;

　　④適當安排專項訓練理論知識和規則的學習,以提高運動員自我控制訓練的能力。

　　(3)專項訓練階段採用方法手段的主要特點

　　①方法手段應更具有深刻的專項化特徵。要採用適合運動員個人特徵的最有效的專項訓練方法手段,並且要少而精;

　　②各種形式的比賽是本階段訓練的重要手段。因為比賽對提高運動員熟練的運用專項技、戰術,培養在正式重大比賽中的心理穩定性,積累和豐富比賽經驗具有十分重要的作用;

　　③適當的採用非專項訓練方法手段,可作為調節負荷,調整訓練,促進積極性恢復。

　　(4)專項訓練提高階段運動負荷安排的主要特點

　　①無論是負荷量還是負荷強度都有節奏的、以較快的速度和較大的幅度提高;

　　②在本階段開始仍要以負荷量的增長為前提,而到中後期,量和強度均應達到運動員個人所能承擔的最大限度,特別是專項負荷強度,因為如果沒有足夠的專項強度刺激,難以提高專項訓練水準;

　　③整個階段運動負荷的增加要有計劃,有節奏,形成一種波浪式的提高,特別是強度不宜提高過猛;

　　④加強負荷後各種恢復手段和措施的運用,以促進運動員的迅速恢復,以利承受日益增加的負荷。忽視恢復,必將對本階段訓練帶來不良影響。

2、競技能力保持階段

　　運動員達到最佳運動成績後,如不能再進一步提高,即進入此階段。競技能力保持時間的長短因項目和個人情況而異,沒有特定的時限。一般來說是由運動項目的特點和運動員個人原有的訓練基礎,以及訓練和社會條件而定。通常對靈敏、協調、速度、爆發力要求較高,技術復雜的技能類項目(如體操等),這階段的時間相對較短;而對耐力、力量、準確穩定性要求較高的項目(如射箭、射擊、長跑、馬拉松等),相對來說競技能力保持時間較長一些。如男子鏈球原蘇聯 36 歲的謝迪赫仍在 1991 年第三屆世界田徑錦標賽上奪得冠軍;而兩次奪得世界冠軍和奧運會冠軍的女子 3000 公尺跑運動員,原蘇聯的安娜,多洛夫斯基赫已 30 歲,並且是一個孩子的媽媽,也在這屆錦標賽上以 8′35″82 的優異成績奪得冠軍;23 屆奧運會男子手槍速射 25 公尺冠軍,日本的蒲池猛夫當年已經 48 歲。運動員在青少年時期如訓練基礎雄厚、扎實,保持競技能力的時間也相對較長。而訓練和社會條件的保障,也是得以較長保持競技能力時限的一個不可忽視的原因。

(1)競技能力保持階段訓練的主要目標

盡可能的使運動員保持最佳運動成績,延長運動壽命。其具體任務是

①維持已達到的各器官系統的機能,盡量減緩衰退的速度;

②保持專項運動素質水準;

③熟練已牢固形成的專項技、戰術,防止由於機能和專項運動素質衰退而產生的動力定型不穩定性,改進可能改進的專項技術細節;

④保持訓練熱情和訓練、比賽的心理穩定性。

(2)競技能力保持階段訓練內容選擇的主要特點

①仍以專項訓練內容為主,但要更多的穿插安排一般性訓練內容,以保持素質和維持機能水準;

②根據運動員個人特點,有針對性的選擇其多年訓練過程中已適應或習慣的各種訓練內容;

③增加訓練基礎理論和專項訓練知識的學習內容,使運動員更好地在訓練過程中進行自我調節和控制。

(3)競技能力保持階段訓練方法、手段採用的主要特點

①盡可能採用運動員感興趣的和習慣了的方法,手段,使用新的方法、手段要慎重;

②方法,手段可多樣化一些,並交叉採用,以調劑訓練,激發運動員訓練的熱情;

③由運動員個人選擇其認為最合適的方法手段,加強訓練的個別對待。

(4)運動負荷的安排上,本階段的主要特點

①以保持運動員的負荷能力為前提,不應企求增加負荷;

②負荷的量相對減少,每次訓練時間不宜拖的太長,而強度要相對穩定一些,更不能突擊加強度;

③特別注意負荷的調整節奏和加強負荷後的恢復。由於隨着年齡的增長,運動員承擔與過去相同甚至較低的負荷,但恢復所需的時間也會延長。

盡管這個階段運動員的專項運動成績能相對保持一段時間,但由於不可抗拒的機體自然發展規律,遲早均會出現下降趨勢,並將最終完成多年訓練的使命而退出競技舞臺。

（過家興）

四　運動訓練應遵循的幾個主要原則

　　運動訓練過程與任何事物一樣,有着不以人們的主觀意志爲轉移的客觀規律。運動訓練原則就是運動訓練過程主要的客觀規律的反映,是進行運動訓練必須遵循的準則。它是人們通過長期的運動訓練實踐,不斷地總結成功的經驗和失敗的敎訓並進行科學研究探索其中的規律,歸納、升華爲理論的認識,從而形成當前的運動訓練原則。

　　運動訓練原則不是人們的主觀臆造,也不是某一運動項目訓練的個別經驗,而是對各運動項目訓練具有普遍指導意義的客觀規律。不能反映運動訓練過程客觀規律,不具有普遍指導意義的某些經驗及對訓練過程某些現象的表面認識和要求,都不能稱其爲原則。

　　長期以來,隨着人們對運動訓練過程客觀規律認識的廣度和深度的發展,提出了許多訓練原則,現將有代表性的,並爲實踐所檢驗,爲訓練理論和實踐界所共識的一些原則,列表於下(表2-4-1),供參考。

　　表中列出的訓練原則,由於人們在認識的深度和廣度上有所差異,因而在概括上升到理論,用文字表述時也就有所不同,但都共同反映了運動訓練過程的一些客觀規律。隨着時代的發展,科學技術的不斷進步,以及運動訓練實踐經驗的愈加豐富,現在還沒有被人們發現和認識的訓練過程的客觀規律,將被人們發現和認識;現在認識還不夠深刻的,也將會愈來愈深刻,並提出一些新的原則。

　　現僅闡述運動訓練的幾個主要原則。

(一)一般訓練和專項訓練相結合的原則

1、對一般訓練和專項訓練相結合原則的理解

　　首先應當明確,運動訓練的主要手段就是身體練習,也就是人們通常所說的各種各樣的"動作"。在運動訓練中如果按身體練習對專項運動成績提高所起的作用分類,可分爲:一般性練習;專項性練習和比賽性練習三種。用於全面提高運動員身體機能、發展各運動素質的練習,屬於一般性練習;用於進一步提高專項技術和運動素質、而且與專項比賽動作在形式、結構、肌肉協調用力、供能特點上相類似的練習,屬於專項性練習。例如跑的運動員,經常採用高抬腿跑、後蹬跑、跨步跑等等;游泳運動員劃臂游、打水或蹬腿游和爲了提高劃臂和蹬腿的專項力量,在力量練習器上所做的與劃臂、蹬腿動作技術相似的力量練習等,都屬於專項性練習。而比賽性練習,是指按比賽規則要求,所進行的比賽動作和距離的練習。例如競技體操、跳水運動

員按比賽規定或自選動作所進行的成套、小聯合或單個動作的練習等。

表 2-4-1　　運動訓練原則的一些提法

書名、作者	運 動 訓 練 原 則
《運動訓練原理》原蘇聯馬特維也夫 1977 年	1.深刻地專項化和個別對待原則 2.運動員的一般訓練和專門訓練相結合的原則 3.訓練過程的不間斷性原則 4.循序漸進和趨向極限負荷的統一性原則 5.負荷的動態和波浪性原則 6.訓練過程的週期性原則
《運動訓練學》原民主德國哈雷 1977、1982 年	1.漸進增加負荷的原則 2.全年負荷原則 3.負荷分期及週期安排的原則 4.自覺性原則 5.系統性原則 6.直觀性原則 7.可接受性原則 8.持續性原則
《運動訓練學》中國體育科學學會運動訓練學學會組織編寫 1983 年	1.自覺性原則 2.直觀性原則 3.一般訓練和專項訓練相結合的原則 4.不間斷性原則 5.週期性原則 6.合理安排運動負荷的原則 7.區別對待原則
《運動訓練學》中國體育學院教材委員會運動訓練學教材組 1989 年	1.一般訓練與專項訓練相結合原則 2.系統的不間斷性原則 3.週期性原則 4.合理安排運動負荷原則 5.區別對待原則
《競技運動理論》原蘇聯普拉托諾夫等武漢體院組織譯 1990 年	1.爭取創造優異成績與加深專項化原則 2.訓練過程的不間斷性原則 3.循序漸進地加大運動負荷、並與最大負荷相統一原則 4.負荷的波浪型與多方案性原則 5.訓練過程的週期性原則 6.比賽與訓練結構的相互統一和聯繫原則

　　由此可以理解一般訓練(又稱全面訓練)是指用一般性身體練習,全面提高運動員各器官系統機能,發展各運動素質的訓練;而專項訓練是指用專項性練習和比賽性練習,提高專項水準所需要的各器官系統的機能、專項運動素質和技、戰術的訓練。兩者的主要區別在於訓練的目的和所採用的訓練手段不一樣。一般性訓練是為專項運動成績的提高打好身體機能和運動素質的堅實基礎;專項訓練則直接為提高專項運動成績服務。但兩者在訓練過程中的總目標是一致的。

　　一般訓練與專項訓練相結合的原則,就是指在運動訓練過程中,要根據專項特點,運動員的訓練水準和不同訓練時期、階段的任務,恰當地安排兩者的訓練比重。

2、一般訓練和專項訓練相結合原則所反映的主要規律

(1)有機體的統一整體性

眾所周知,有機體各器官系統之間是緊密聯繫,互相影響的。通過身體練習對各器官系統產生的適應性變化也是相互作用的。任何一種專項性和比賽性練習對機體機能的影響都有一定程度的局限性,而運動員創造專項運動成績的基礎是機體機能的全面改善和提高。進行一般訓練可補充專項訓練的不足,保證專項訓練的順利進行。

(2)動作技能的相互遷移

動作技能的實質是條件反射的形成,是大腦皮質建立的一種暫時性神經聯繫。運動生理學的研究證明這種暫時性神經聯繫建立得越多、越鞏固,也就是運動員掌握的動作技能越多、越牢固,從而建立新的暫時性神經聯繫、學習掌握新的動作技能,也就越快,越容易。尤其在動作結構、性質近似的練習中,更利於產生動作技能的積極遷移作用。一般訓練與專項訓練結合起來,就為運動員學習和掌握專項運動技術提供了極其有利的前提條件。

(3)運動素質的轉移

各運動素質不是孤立存在和發展的,它們之間存在着相互影響,相互促進和相互制約的關係。某一運動素質的發展對其它素質的發展產生不同的影響,例如下肢力量差的運動員就會影響其速度素質的發展,這就要通過發展下肢力量去發展速度;動作速度差的運動員,爆發力就難以得到提高。而且專項素質的提高,在很大程度上又依賴於一般素質的全面提高,如果一般耐力差,則專項耐力就難以達到高水準。一般訓練和專項訓練相結合有利於解決運動素質的發展問題。

(4)一般訓練對專項訓練的調節作用和專項訓練對提高運動成績的直接作用

專項訓練的內容、手段相對較窄,訓練過程中容易發生機體局部負擔過重和中樞神經系統的疲勞,一般訓練可採用多種多樣的一般性身體練習加以調節;由於專項訓練對掌握專項技、戰術,發展專項素質,提高專項成績起着直接的作用,兩者有機結合,才能取得最佳訓練效果。

3、一般訓練和專項訓練相結合原則在訓練過程中貫徹的要點

(1)在訓練過程中要將一般訓練放在恰當的位置

在基礎訓練和專項提高階段,一般訓練要為專項打好各運動素質發展的堅實基礎,為專項成績的提高做好充分準備。對青少年運動員還要促使他們正常、健康的生長發育。急功近利,過多的強化專項訓練,忽視一般訓練,基礎不牢,運動成績雖能獲得暫時的提高,但會直接影響未來的發展。我國許多運動員在青少年時期成績不錯,但到成年就停滯不前,過早夭折的

原因之一就在於此。優秀運動員要保持高水準運動成績,延緩機能和素質衰退,也要恰當安排一般訓練,以保證維持專項成績所需要的相應的機能、素質發展水準。

　　有的專家、學者認爲,專項訓練是任何一種運動項目運動員訓練水準的基礎,而有的則認爲對高水準運動員來說才是這樣。前者的觀點降低了一般訓練在訓練過程中所占的位置。筆者認爲,對於世界級水準的優秀運動員來說,由於他們經過多年系統的訓練,已有了一般訓練的堅實基礎,在他們的訓練中把專項訓練作爲進一步提高訓練水準的基礎是合理的;而對於青少年運動員、運動新手來說,以專項訓練爲基礎,不適當地強化專項訓練的內容和手段,忽視一般訓練,對他們日後的發展將是不利的,大量的訓練實踐和理論已有力的證明了這一點。關鍵不在於一般訓練和專項訓練哪一個是基礎,而在於要根據運動員和運動項目的具體情況和特點,以及訓練過程的不同時期與階段,將一般訓練放在一個適當的位置上。

　　(2)科學地確定一般訓練和專項訓練的比重

　　在訓練過程中科學地確定一般訓練和專項訓練的比重,就要根據不同層次運動員的訓練水準、專項特點和訓練不同時期、階段的任務,有比例的定量安排一般訓練和專項訓練的內容。在這裡沒有任何一種固定的、適用於各項目訓練的統一模式,但有其確定的基本要求:

　　—— 運動員的年齡越小,訓練水準越低,一般訓練的比重越大;運動員的年齡大,訓練水準高,專項訓練的比重就大;

　　—— 對機能與運動素質要求高、運動中能量消耗大的體能類項目,相對來說一般訓練的比重大;而那些基本技術多而複雜的項目,如跳水、競技體操等,則專項訓練比重大;

　　—— 多年訓練過程的基礎訓練和專項提高階段,一般訓練的比重大些,在訓練大週期的準備期的第一階段和過渡期,一般訓練的比重也較大;恢復調整小週期,多安排一般訓練;賽前階段的訓練,主要安排專項訓練。

　　在具體確定兩者比重時,對上述各方面都要全面考慮,細致分析,並通過實踐不斷總結經驗,找出其最佳比例關係。同時還要根據訓練實施的情況變化及時調整。

　　(3)一般訓練內容、手段的選擇,既要全面,又要符合專項需要,突出重點

　　全面就是要通過一般訓練的內容、手段,全面發展運動員機體機能和運動素質,打好專項提高的堅實基礎。但全面並不是內容、手段多多益善,而要符合專項需要,對發展專項素質和機能有重要影響的那些一般性身體練習,應重點突出地加以選用。如對速度力量類項目的運動員進行一般訓練,就應重點選擇動作快速、具有爆發性用力特點的一般性身體練習;對中長跑運動員的一般訓練,要發展他們的一般耐力,應多選擇對發展一般耐力有作

用,又對提高專項耐力有作用的一般性身體練習;而對競技體操、跳水等協調性要求很高的運動員進行一般訓練,則要更多的選擇那些能發展柔韌性和協調性的一般性身體練習。

(4)要確定與專項有關的最重要的機能和運動素質

由於各運動專項對機體各器官系統機能和運動素質的要求程度是不同的,弄清本專項最重要的機能與素質,對正確選擇一般訓練和專項訓練的內容有十分重要的意義,每個教練都應對此有充分的認識。表2-4-2所列,可供選擇一般和專項訓練內容時參考。

表2-4-2　器官系統機能和運動素質在各類運動項目中的重要程度

	運　動　項　目	很重要	重要	較重要
體能類	速度力量項目 器官系統機能	1、2、6	5、3、4	7、8、9、10、6
	速度力量項目 運動素質	1、2、4、7	5、3	8、6、9、10
	耐力性項目 器官系統機能	1、5、7、8、9	2、3、6、10	4
	耐力性項目 運動素質	7、8、5	6、1、2	3、4、9、10
技能類	表現性項目 器官系統機能	1、2、3、6	4、5、7、8、9	10
	表現性項目 運動素質	9、10、5	7、4、1、2	3、8、6
	對抗性項目 器官系統機能	1、2、3、6、4	5、7、8、9	10
	對抗性項目 運動素質	10、4、5、7	3、1、2	6、8、9

〔注〕器官系統機能　　　　　　　　　　　運動素質
1.運動分析器　　2.前庭分析器　　1.速度　　　　2.速度—力量
3.視覺分析器　　4.聽覺分析器　　3.最大力量　　4.爆發力
5.內分泌系統　　6.神經肌肉末梢器官　5.相對力量　　6.力量耐力
7.心血管系統　　8.呼吸系統　　　7.專項耐力　　8.一般耐力
9.新陳代謝　　　10.體溫調節　　　9.柔韌性　　　10.協調靈活性

(據娜巴尼柯娃等改制)

(二)系統的不間斷性原則

1、對系統的不間斷性原則的理解

系統的不間斷性原則是指從初期訓練到出現優異運動成績,直至運動壽命終結的長期訓練過程中,都要按照一定的順序、持續不斷地進行訓練。

所謂"按照一定的順序"就是說,在訓練的全過程,無論是訓練內容的選擇和安排,訓練手段和方法的使用,運動負荷的確定,以及訓練各時期、階段的任務和要求,都應根據它們的內在聯繫,有序地合理安排,循序漸進地逐步提高。例如各運動項目初期的技術訓練,首先都要安排基本技術訓練,抓好基本功,而後再逐步進行各種高難技術的訓練。因為基本技術是高難技術的基礎,它們之間的內在聯繫在於基本技術是學習掌握高難技術的前提;在身體訓練中,通常是在提高有氧代謝能力訓練的基礎上,提高無氧代謝能力,這一順序安排,是按不同供能系統之間的內在聯繫確定的。在高水準運動員的訓練中這種有序的安排也是不可違反的。

所謂"持續不斷地進行"就是說,訓練全過程不能練練、停停,除了有目的的安排負荷後的必要恢復時間外,訓練不應間斷。

2、系統的不間斷性訓練原則反映的主要規律

(1)各運動項目的技術、戰術,以及運動員運動素質的發展,都有各自的體系和內在聯繫,它反映了各運動項目由低到高、由易到難,由簡到繁發展的規律,也反映人對客觀事物認識過程的規律性。例如,足球運動員在未掌握好腳背外側踢球技術時,就要求他踢弧綫球,是難以做到的;運動員下肢力量發展不足,要提高他的移動速度,也是不現實的。只有按一定順序安排訓練全過程的各個方面,循序漸進地逐步提高,才能取得良好的訓練效果。

(2)運動員訓練水準的提高,創造優異成績的效應,是每次訓練課、訓練小週期、訓練階段、訓練年度效應積累的結果。同時後續的訓練課、訓練小週期……又鞏固和發展前一訓練課、訓練小週期……所取得的訓練效應,從而保證運動員在身體形態、生理機能、技術、戰術等各方面的適應性良好變化並得以一步步地提高。這種訓練效應積累、鞏固和發展的規律性,要求訓練過程必須持續不斷地進行。

(3)運動員技、戰術的掌握和運用是條件反射、動力定型的形成與自動化程度的提高,機體和機能的提高和運動素質的發展,也是長期訓練的結果。而運動訓練過程中負荷和恢復的安排,要確保技、戰術、機能和運動素質得到發展,訓練課、訓練小週期、中週期既可以在運動員充分恢復的狀態下開始重復,也可以在運動員處於未完全恢復的狀態下開始重復,但決不能在運動員各方面處於消退的狀態下才開始重復。這種消退狀態,主要是由於較長時期中斷訓練造成的。技、戰術的生疏,機能、素質的消退有其時間的規律性,例如力量的增長,若中斷力量訓練,其增長了的力量會按原來力量增長所花時間的三分之一的速度逐步消退。所以訓練是不能時斷時續的。

3、系統的不間斷性原則在訓練過程中貫徹的要點

(1)選擇訓練內容和手段,應充分研究它們的特點,把握好它們之間的內在聯繫。

一般來說,都要按由易到難,由簡到繁,由淺入深,由已知到未知的次序進行安排。這裡所說的難、易、簡、繁、淺、深都是相對而言的。由於運動員的訓練水準,項目本身的發展,訓練設備條件的不同,某些內容可以跳躍式的安排。例如,競技體操訓練中海綿坑的出現,保護腰帶和滑車的使用,許多高難度的翻轉動作技術較以前容易學習和掌握了,就無須一成不變,墨守成規。但無論在何種情況下,為達到高水準運動成績的關鍵技術動作,必須

首先高質量的掌握,才有可能突破高難技術。訓練過程的各時期、階段訓練具體任務的提出,也要循序漸進,一步步地提高要求;一蹴而就,是不可能的。

(2)要保證全年、多年的不間斷訓練,必須保證有足夠的訓練日和訓練次數

現代高水準運動員年訓練已達 600—700 次,1300—1500 小時,這樣,就使每次訓練課,每個訓練小週期、中週期、大週期的訓練都有機的聯繫起來,並在原有的水準上逐步提高,以使訓練效應長期積累,最終創造專項的最高成績。訓練的不中斷、不割裂,並非不需要在訓練過程中安排調整時間,恰恰相反,根據不同訓練水準的運動員以及訓練實施具體情況,必須安排必要的調整,但這種調整,都要以能保證運動員獲得的良好訓練適應不致消退爲原則。

(3)爲使訓練全過程系統的不間斷進行,還應將各級訓練的組織形式銜接起來

體育傳統項目學校、普通和重點業餘體校、體育運動學校、體工隊等各層次的訓練,從內容、負荷、考核指標等各方面有機的銜接起來,逐級提高,避免各級訓練脫節。在這方面,我國已制定了十幾個項目的教學訓練大綱,規定了各年齡組教學訓練的任務、內容,訓練的次數、時間,考核評定的內容、方法、指標,以及教學訓練的基本要求。各個層次的教練都應認眞鑽研大綱,貫徹大綱,就可能使各級訓練有機的銜接起來,從而取得更好的訓練效益。

(4)訓練過程中要充分注意並採取有力措施防止運動員發生傷病

運動員傷病是訓練系統不間斷進行的大敵,會使訓練長期中斷,影響訓練系統的不間斷進行,甚至會縮短運動員的運動壽命。爲此,必須預防運動員傷病的發生,一旦發生傷病,就要積極治療,調整訓練。帶傷帶病訓練,從長遠打算是不可取的。

(三)週期性原則

1、對週期性原則的理解

週期是周而復始、循環往復的意思。訓練過程的長短是訓練時間跨度的大小。在長期的訓練過程中,訓練的內容、方法、手段總是反復使用的,訓練也是周而復始進行的。當運動員在這種循環往復的訓練中適應以後,專項成績就得到了提高,從而又在新的起點上,提高訓練要求,重復或變換新的內容、方法和手段,施加新的運動負荷。訓練就是如此循環往復,不斷提高的過程。所以我們把週期性原則理解爲:運動訓練過程以周而復始、循環往復的方式進行,後一個循環在前一個循環的基礎上,不斷提高訓練要求,

使運動員創造優異的專項運動成績。

必須強調的是,訓練過程的循環往復不是在原有水準上的重復,在原地兜圈子,而是每一循環往復都在原有的基礎上提出新的訓練要求,並在不同程度上變換訓練內容、手段,使用不同的訓練方法和施加新的運動負荷,否則難以提高訓練水準。

根據現代運動訓練的實踐,訓練過程的週期按時間跨度加以分類,通常分為多年週期、大週期、中週期、小週期,以及訓練課五種類型,訓練中並以此制訂各種不同的訓練計劃(圖2-4-1)。

(1)多年週期。優秀運動員的訓練多以全運會和奧運會每4年舉行一次,確定4年為一個多年週期,更長些也可以兩屆全運會或奧運會8年的時間為多年週期,還可依據本項目的世界錦標賽舉辦的週期,確定多年週期。如世界乒乓球錦標賽每兩年舉行一屆,就可以兩年為一個多年週期。多年訓練計劃就根據多年週期制定。

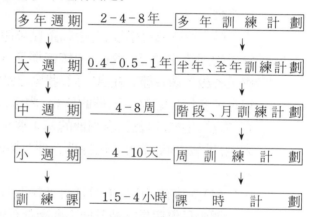

圖2-4-1　訓練週期類型與計劃

(2)大週期。一個完整的大週期無論其時間跨度長短,都應包括準備期、比賽期、過渡期(亦稱休整期)這樣三個時期。大周期時間的長短,各不同運動項目、不同水準的運動員,不盡相同。在一個年度中少則1—2個,多則三個以上。年度中安排三個以上大週期,多在高水準運動員的訓練中出現。如一年安排兩個大週期,每個大週期時間為半年,安排三個大週期,則每個大週期為4個月。年度訓練計劃,按年度所確定的大週期制定。如一年分為兩個大週期,就制定兩個大週期的訓練計劃。

(3)中週期。在我國的訓練實踐中又稱之為階段訓練,如冬訓階段、春訓階段。一個中週期的持續時間伸縮性較大,可安排4—8個星期,以此制訂中週期或階段訓練計劃。

(4)小週期。在訓練實踐中亦稱為周的訓練,通常以一周7天時間為一訓練小週期,這便於與生活、學習、工作和休息制度相一致,並以此制訂周的訓練計劃。但一個小週期並非7天不可,而應根據訓練實際的需要,可以縮短,也可以延長,其持續時間可以3—4天到7—10天不等。例如冬訓階段結束,安排一個恢復小週期,4天就可完成調整恢復的任務,那麼就可安排一個4天的恢復小週期。

(5)訓練課。訓練課是週期的基本單元,其時限可根據項目特點和具體訓練任務的不同,從1.5小時到4小時不等,以此制定課的訓練計劃,亦稱訓練課時計劃或教案。

運動訓練過程週期的上述各種類型,是環環相扣,緊密聯繫不可分割的。每次訓練課不僅要考慮本次課的訓練任務如何完成,而且還要考慮怎樣通過每次課的訓練實現小週期的任務,而每個訓練小週期的訓練又要考慮中週期訓練任務的完成,每個中週期的訓練則要考慮大週期訓練目標以及全年訓練任務的實現。這樣通過每個不同週期訓練效果的積累,最終實現多年系統訓練的預期目標。其間訓練的大週期是訓練過程上下銜接,循環往復進行的中心環節。

2、週期性原則反映的主要規律

訓練過程之所以要劃分週期,主要是由運動員的"競技狀態"形成發展規律所決定的。人們通過訓練實踐發現,任何一個運動員不可能在訓練過程中長期連續多次出現最佳運動成績,一般都是在年度的重大比賽中才表現出平時訓練的最佳成績,並呈現出一定的波動起伏狀態。而且在重大比賽出現最佳成績前都經過一段時間的準備性訓練。當出現最佳運動成績後,運動員機體產生疲勞,運動能力下降,這又要有段時間的調整與恢復。這種情況經過人們的研究探索,發現主要是運動員"競技狀態"形成發展的規律在起作用。為適應和駕馭競技狀態形成發展的規律,訓練過程就週期性的安排進行,以期使運動員能夠在重大比賽時出現競技狀態創造出優異成績。

(1)什麼是競技狀態

競技狀態就是指運動員創造優異運動成績所處的最適宜的準備狀態。這裡所謂的"優異運動成績"是對運動員本人的最佳運動成績而言;所謂"最適宜的準備狀態"也是就運動員本人賽前訓練的準備程度而言,準備的越充分、程度越高,參賽時創造本人最佳成績的可能性越大。

(2)競技狀態形成發展的階段性和週期性規律

競技狀態的形成發展不是自然的,而是通過訓練才會獲得。在訓練過程中競技狀態的形成發展有三個階段,並週期的呈現。

—— 獲得階段:經過一定時間的準備性訓練,使運動員機體機能不斷提高,一般和專項運動素質得到發展,形成新的或更加熟練的掌握原有的專項技、戰術,心理品質也得到提高,從而形成一個完整統一的、具有專項化特徵的綜合狀態,即獲得競技狀態。

—— 相對穩定階段:競技狀態獲得後,不是始終保持在一個水準上,可能有些小波動,通過訓練要進一步鞏固提高這個水準,而不使其有大的起伏,並相對保持一定的時間,在重大比賽中表現出最佳運動成績。

──　暫時消失階段:經過比賽和前期訓練疲勞的積累,運動員機能、素質、專項技、戰術會呈現出一種衰退狀況,表明競技狀態處於消失階段,但這是暫時的,經過恢復調整,再形成新的競技狀態,而進入下一個循環。

競技狀態的這種獲得──　相對穩定──　暫時消失的過程,以一種循環往復的形式出現。根據這一規律,在訓練過程就把一個訓練大週期劃分成準備期、競賽期、休整期三個時期,與競技狀態獲得、相對穩定、暫時消失三個階段相對應(圖 2-4-2)。

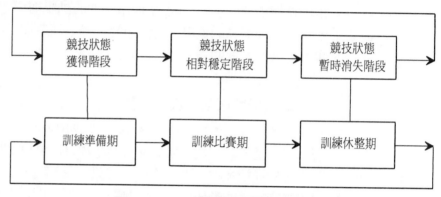

圖 2－4－2　訓練過程周期性循環

其中準備期的訓練保證運動員在比賽前獲得競技狀態;比賽期的訓練保證運動員已獲得的競技狀態保持一定的時間,並相對穩定,不出現大的起伏,在賽季的一系列比賽中創造優異運動成績;而休整期的訓練則保證運動員在最短時間裡得到恢復和調整,使暫時消失的競技狀態回升,而進入下一個週期的循環。

而各時期裡訓練的中週期、小週期和課的訓練安排,都是爲了保證該時期訓練任務的完成。

從這個角度上說,運動訓練過程之所以週期性的進行,就是爲了有效地控制競技狀態的形成和發展,訓練就是對競技狀態形成發展規律的駕馭,以使運動員能適時地在重大比賽期間出現最佳競技狀態,創造優異的專項運動成績。

3、週期性原則在訓練過程中貫徹的要點

(1)年度訓練劃分幾個大週期要根據重大比賽確定

在一個年度訓練中劃分幾個大週期,每個大週期中的準備期、競賽期、過渡期的起始和截止時間都要圍繞重大比賽確定,也就是說要保證在每個大週期的重大比賽中獲得最佳競技狀態,創造優異成績。運動員的競技狀態出現早了或晚了,錯過了比賽均是不可取的。

近些年來由於國內外各種重大比賽增多,要求高水準運動員在年度訓練中能多次和較長時間的出現和保持良好的競技狀態,以便能多次參加比

賽。一些運動項目(如游泳)將全年劃分成三個以上的多個訓練大週期,並縮短準備期的訓練時間,以適應參加多次重大比賽的要求,同時採取多種有效的恢復手段和措施,加速訓練和比賽後運動員疲勞的消除,壓縮過渡期的時間,迅速進入下一大週期的訓練。而且訓練中對各時期的訓練內容、手段的安排比重,負荷量和負荷強度的配合等加以變革,以適應高水準運動員在年度訓練中多次參加比賽、多次在比賽中表現最佳運動成績的發展趨勢。

我國絕大多數運動項目,根據我國競賽制度上半年和下半年安排兩次重大比賽的現狀,圍繞這兩次重要比賽,安排兩個訓練大週期,稱爲雙週期安排(圖 2-4-3)。

	準　備　期				競賽期	過渡期	準備期	(夏訓階段)	競賽期	
過渡期	冬訓階段		春訓階段							
月	11	12	1	2	3	4	5	6	7	8	9	10

圖 2-4-3　全年雙週期安排示意圖

這裡需要強調的是,在年度訓練中無論劃分幾個訓練大週期,都要使所劃分的大週期圍繞該大週期中的重要比賽,安排出足夠的使運動員形成競技狀態的準備性訓練時間,比賽後總要一定的調整恢復時間,以進入下一個訓練大週期的循環。而其它一般性的比賽,如邀請賽、友誼賽等等,應視爲訓練中的一種手段,而不應要求運動員在所有比賽中都要創造好成績,拿名次,否則將會影響在重大比賽中創造優異運動成績。高水準運動員如果在年度中有參加重大國際比賽的任務,那麼國內的比賽應服從國際比賽,在訓練的安排上要保證在國際比賽中出現最佳競技狀態,創造好成績。

(2)要從運動項目的特點和運動員的實際水準出發考慮週期的劃分

各運動項目對運動員機體機能有不同的要求,而且賽季時間以及每次比賽的時間長短都不盡相同,如體能類耐力性項目,中長跑、馬拉松跑、公路自行車等,準備性訓練和比賽要消耗巨大的體能,並需要相對較長的恢復時間,因而全年大週期安排得就少一些;而一些技能類對抗性項目如球類,相對來說比賽較多,賽期也較長,全年多採用雙週期;有些項目如游泳高水準運動員,採用三個以上多週期的安排也不鮮見。

高水準優秀運動員年度中參加比賽的次數較多,就要圍繞重大比賽,特別是國際比賽,安排相應次數的訓練大週期;而水準較低的青少年運動員年度訓練中的大週期可少一些,以一至兩個爲宜;對在校學習的業餘少年兒童運動員,則要根據他們學習的特點,如考試時間、寒暑假等具體條件安排,既可以學期爲階段,也可不劃分週期,因他們的訓練主要是打好基礎,即使參加一些比賽,其着眼點也在於鍛煉,而不是出成績,奪名次。

　　(3)要適當的確定、控制和調整一個訓練大週期中的準備、比賽、過渡三個時期的時限

　　一個訓練大週期中準備期訓練時間的長短,應以能否保證運動員獲得競技狀態爲準。不能因急於參加比賽而不適宜的壓縮準備期的時間,採用強化專項訓練的手段,加速競技狀態的形成,迎接比賽。這樣做,會影響日後的訓練,眼前的比賽也難以出現好成績,即使出現了好成績,也難以鞏固和進一步提高。如果確實準備性訓練的時間不夠,可相應調整既定的比賽指標,將其轉移到更大更重要的比賽中去。

　　比賽期同樣也不應不適當的延長。固然各運動項目比賽時間長短不同,但要以比賽期內最重要的比賽爲主要目標,而不應要求運動員多次參加其它比賽拿成績,因爲賽前訓練和比賽的負荷,特別專項負荷強度是很大的,疲勞的積累,競技狀態必然會逐步消失。多次比賽,中樞神經系統產生疲勞後,機體會自動產生保護性的抑制,如不適時停止比賽轉入過渡期,進行恢復調整,運動員就可能產生過渡疲勞,從而影響下一個大週期的訓練。

　　過渡期時限的確定,要以運動員能否得到較充分的恢復爲標準,對此不能吝惜過渡期所花費的時間,同時要盡可能採用各種有效的恢復措施和手段,加速疲勞的消除,縮短過渡期,轉入下一個大週期的訓練。

　　(4)做好年度訓練中幾個大週期的銜接,實現年度訓練的總目標

　　年度訓練中每個大週期的結束,都意味着向年度訓練總目標的逼進。因此在大週期轉換時,要認眞總結分析前一個大週期在身體、技術、戰術、心理訓練,以及運動負荷安排等方面成功的經驗和存在的主要問題,根據年度訓練的總目標,提出下一個大週期新的訓練要求和採取的方法、措施,以使每一個大週期都能在前一個大週期訓練的基礎上有新的提高。特別是在運動負荷的安排上不能斷裂,從而保證最終實現年度訓練的總目標。

　　(5)上好訓練課,安排好訓練小週期,保證大週期訓練任務的實現

　　訓練大週期的任務和目標,要通過每次訓練課、每個小週期訓練效果的積累,才能最終實現。訓練課和訓練小週期在訓練的時間、次數、內容、方法、手段的採用,運動負荷的確定等方面,根據訓練課和小週期的不同類型均有相應的規定性。

　　訓練課通常分爲身體訓練課、技、戰術訓練課、測驗比賽課、調整訓練課以及綜合訓練課五種類型。

　　顧名思義每種訓練課的主要任務、訓練手段和方法、運動負荷的安排都不盡相同。例如:

　　—— 身體訓練課,大都在訓練的準備期中安排,爲提高運動員的一般和專項身體訓練水準,內容、方法和手段可以多種多樣,但都要緊密結合專項提高的需要精心選擇,運動負荷比較大,甚至是極限負荷;

　　—— 技、戰術訓練課,多在準備期和比賽期中安排,在過渡期也有安排,

主要進行專項技、戰術訓練,多採用專項技、戰術練習和各種專項的輔助性及專門性練習,運動負荷視任務的不同而異,如爲學習掌握新技術、新戰術,負荷強度較小而負荷量較大,爲適應比賽的需要,鞏固和運用技、戰術,則負荷強度要大,並保持適當的量;

—— 綜合訓練課在各訓練時期安排都較多,是一種主要的課的類型。這種課雖然是綜合幾項內容,但往往要重點突出某一內容,並合理安排其訓練的順序,負荷要依所處的訓練時期和具體任務而定。

訓練小週期一般有基本訓練小週期、賽前誘導小週期、比賽小週期以及恢復小週期四種類型,這是依據訓練任務和內容的不同而劃分的。

—— 基本訓練小週期在訓練全過程是採用最多的一種,也是準備期訓練最主要的小週期類型。其任務是通過負荷使運動員機體產生訓練適應,整體提高競技能力,內容交替安排,負荷要有節奏,既可加量也可加強度,通常是在加量的基礎上加強度;

—— 賽前誘導小週期的主要任務是把訓練所獲得的競技能力集中到專項所確定的方向中去,力求使運動員機體適應比賽的要求和條件。內容主要是專項,採用的練習多爲專項的專門性練習、比賽性練習和進行實戰,負荷主要是提高專項負荷強度,使其接近、達到甚至超過比賽負荷強度,負荷量可以保持或減少;

—— 比賽小週期的任務是參加比賽,在比賽日力求創造優異運動成績。內容主要是專項練習,負荷安排要使負荷後的超量恢復在比賽日出現,因此賽前負荷何時開始調整異常重要。球類項目的比賽場次較多,持續時間相對也較長,其間可安排恢復性和保持性的訓練,負荷不能大,內容主要是技、戰術比賽性練習和一般性練習;

—— 恢復小週期的主要任務是消除運動員的疲勞,要採取有效手段和措施使運動員很快恢復。通常是降低負荷,特別是負荷強度,具體降負荷的幅度要視比賽和基本訓練小週期運動員疲勞積累的程度而定。訓練內容大都爲一般性練習。

上述各種類型的小週期,在大週期的各時期中,相互銜接,構成一個訓練中週期或訓練階段。例如,在準備期可安排:基本訓練小週期——基本訓練小週期——基本訓練小週期——恢復小週期,以四個訓練小週期組成一個訓練中週期或稱訓練階段,負荷逐步提高,強度逐步加大;在比賽期可安排:基本訓練小週期——基本訓練小週期——賽前誘導小週期——比賽小週期——恢復小週期,以五個訓練小週期形成一個比賽期的中週期,第二階段比賽還可重復這一安排或根據實際情況略加調整。

(四)合理安排運動員荷原則

1、對合理安排運動員荷原則的理解

運動負荷是以身體練習爲基本手段,對有機體施加的訓練刺激。機體對這種刺激所做出的反應表現在生理和心理兩個方面,通常所說的運動負荷是生理負荷,也即是機體在生理方面所承受的訓練刺激。

從生物學角度來說,運動訓練過程主要是對運動員機體施加負荷,有意識地打破機體內環境的平衡,使之發生向較高機能水準的轉化,獲得新的平衡,產生訓練適應。這種訓練適應的前提就是訓練過程中運動負荷安排的合理性。

所謂合理安排運動負荷的原則是指,在訓練過程中根據訓練任務和對象的水準,逐步地有節奏地加大運動負荷,直至最大限度。

對合理安排運動負荷主要應從以下三個方面理解:

(1)首先要從訓練任務和運動員的訓練水準出發考慮運動負荷安排的合理性

訓練過程不同時期和週期直至訓練課的任務是不同的,如在一個大週期中準備期和過渡期的訓練任務就有明顯的不同,過渡期訓練的主要任務是恢復調整,消除疲勞,使運動員順利地過渡到下一個大週期的準備期訓練中去,通常要降低負荷,尤其是負荷強度;而準備期訓練的主要任務是全面發展運動素質(包括專項素質),提高專項技、戰術水準,從而整體提高競技能力,因而負荷的量和強度均有節奏地不斷提高,接近比賽期,專項負荷強度可能增到極限;身體訓練課和學習掌握專項技、戰術的訓練課,其任務明顯不同,在負荷的安排上也不相同。

運動員承擔運動負荷的能力也存在着個體差異,這種差異不但反映在承受負荷能力的大小和恢復的快慢上,而且對負荷強度和負荷量的承受能力也不盡相同,有的能吃量,有的能吃強度,並且隨着訓練過程的發展,還會有所變化。因此只有根據訓練的不同任務和運動員的訓練水準安排運動負荷,才是合理的。

(2)運動負荷的增加要有節奏和逐步的提高

逐步增加就是無論是加量還是加強度,都要由小到大,呈現加大——→適應——→再加大——→再適應的過程,從而穩步提高運動員承受負荷的能力。因爲機體對負荷的適應是一個漸進的過程,只有機體對現有的運動負荷適應以後,才能承受新的、更大的負荷。訓練中跳躍式的增加負荷的方法,也必須在運動員已適應了現有負荷的基礎上才應採用,才能取得相應的效果。

有節奏的增加負荷就是運動負荷的安排要大、中、小相結合,使負荷和恢復有機的配合,呈一種波浪起伏的狀態。只有有節奏的安排負荷,並有必要的恢復時間,運動員機體才能經過調整去適應新的、提高了的負荷刺激。

(3)運動負荷的增加必須達到極限

只有極限負荷的刺激,才能將運動員機體的機能潛力充分挖掘出來,達

到參加激烈比賽,創造優異專項運動成績的要求。需要指出的是,所謂"極限負荷"是相對的,是針對每個運動員所能承受的最大負荷而言,沒有固定的、適用於不同運動員的統一模式,即使是同一個運動員,隨着訓練進程,其承受"極限負荷"的具體指標也會發生變化。所以"極限負荷"要根據運動員個體的不同情況而定。

　　從對合理安排運動負荷原則的理解可以清楚的知道,大運動量或者說大負荷訓練在訓練過程中是極爲重要的,但並不是越大越好,也不是始終大,而是要從不同時期訓練任務和不同運動員的訓練水準出發,逐步地增加,有節奏地安排,才是科學的、合理的。

2、合理安排運動負荷原則反映的主要規律

　　合理安排運動負荷原則,主要反映了如下兩條規律:

　　(1)超量恢復規律

　　根據運動生理學的研究,在一定範圍內運動負荷越大,對有機體的刺激越深刻,產生超量恢復的水準也越高,如此反復刺激從而使機體的機能得到更大的發展。所以訓練過程中必須安排極限負荷。然而要使機體在負荷刺激後產生的疲勞得到消除,能量物質得到恢復和超量恢復,就要在負荷後安排一定的間歇,使之獲得一定的恢復和超量恢復的時間,使負荷和恢復交替進行,才能取得積極的訓練效應。因此負荷的安排必需要有節奏。

　　(2)生物適應規律

　　訓練過程中對有機體施加運動負荷刺激所產生的訓練效應,實質上是一個生物適應過程。當有機體適應這一負荷後,機體的機能就會提高,並出現"節省化"現象。如果而否的訓練負荷不進一步增加,仍停留在原有的水準上,機體就不再產生新的適應,機能能力也就不能再提高。只有施加更強烈的負荷刺激,才能使機體在原有的基礎上產生新的適應,取得新的訓練效應。因此訓練過程中必須逐步地不間斷加大負荷。但是,如果負荷過大,刺激過深,機體又得不到足夠的適應時間,或者這種大負荷刺激超過了機體所能承擔的限度,非但不能產生新的適應,而且會產生過度疲勞,給機體造成損害,影響訓練和運動成績的提高。所以,訓練過程中必須針對運動員個體情況,合理地安排運動負荷。

3、合理安排運動負荷原則在訓練過程中貫徹的要點

　　(1)把握好構成運動負荷的基本因素及其相互之間的關係

　　運動負荷由負荷量和負荷強度兩個因素構成。構成負荷量和負荷強度又有各自不同的因素(圖 2-4-4)。

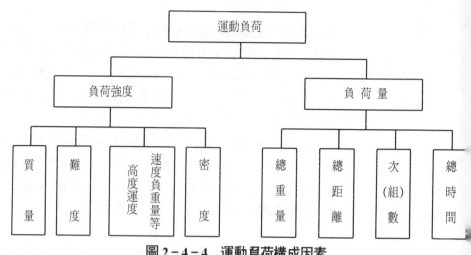

圖 2-4-4　運動負荷構成因素

　　量和強度的刺激引起機體的反應是不同的。一般來說，量的刺激比較緩和，機體的反應不太強烈，所產生的訓練適應程度較低，但比較穩定，刺激的痕遺消退較慢。而強度的刺激比較深刻，機體的反應也很強烈，所產生的訓練適應程度較高，但相對來說比量的刺激所產生的適應不太穩定，刺激的痕跡消退較快。

　　運動負荷中的量和強度是相互聯繫，不可分割的兩個方面。任何練習有一定的量就有一定的強度，反之，有一定的強度就有一定的量。有機體能承擔較大的負荷強度刺激，就能承擔較大數量而負荷強度較小的刺激；能承擔較大負荷量的刺激，就能承擔較小數量而負荷強度較大的刺激。量的增加能為強度的提高打下基礎，而強度的提高又為量的增加創造條件，兩者相輔相成，互為促進，從而形成運動負荷逐步提高的趨勢。

　　訓練過程中負荷強度直接反映了單位時間裡練習對有機體刺激的深刻程度，其產生的訓練適應，起着比負荷量刺激更為重要的作用。因為各運動項目的比賽，從運動負荷來說，主要是比專項強度，只有有機體適應了比賽的強度要求，才有可能取得勝利。盡管有些長距離、長時間的比賽項目，需要量的適應，但在同等距離和時間的比賽中，強度的適應起決定性作用。

　　圖 2-4-4 中構成負荷量的因素中的時間，是指練習所占用的總時間；次(組)數，是指單位練習時間裡完成動作的數量或組數；總距離是指單位時間裡練習距離的積累數；總重量是指單位時間裡負重量的積累。

　　組成負荷強度因素中的密度，是指練習與練習之間間隔時間的長短，或是在一次訓練課中實際練習時間占課的總時間的比例；高度、遠度、速度、負重量等，是指一次練習的用力程度。由於各運動項目的特點不同，所用指標也各異，例如，週期性項目的跑，以一次練習的確定距離所用的速度快慢確定其強度大小，而力量練習以每次練習的負重量來衡量其強度；跳高、跳遠、投擲則以每次練習的高、遠度確定其強度；難度是指練習動作的難易程度，這在競技體操、藝術體操、跳水等技能類項目中是常用的強度衡量指標，如競技體操中動作的難度分級;質量是指完成動作練習的質量高低。質量對強度產生的影響是兩方面的,有些動作難度大,練習完成的質量高,則負荷強度大,而另一些動作若完成的質量高,避免了多餘用力,節省能量消耗,強度反而小。

　　負荷量和負荷強度構成的諸因素之間是相互影響、相互制約的,其不同搭配和組合,形成不同的負荷結構,產生不同的負荷效應。而且其中某一因素變化,都可以使整個負荷性質發生相應的變化。訓練過程中教練主要通過各因素的變化來調整負荷。例如一堂訓練課,若要提高負荷水準,既可從量着手,增加練習的時間和次(組)數,也可從強度着手,增加練習的密度和難度,或者每次練習的速度、高遠度及負荷量。若課的時間不延長,而練習的次(組)數增多,則密度加大,強度也隨之增長。

　　(2)訓練過程運動負荷的加大必須循序漸進

　　訓練理論和實踐證明,訓練過程只有不斷加大運動負荷,才能加深對運動員有機體的刺激,提高其訓練適應水準,但這種加大不能一蹴即就,越大越好,不能超越運動員現有承擔"最大負荷"的能力,而應逐步增加,使運動員逐步適應。

　　現代運動訓練實踐中有教練和學者提出,要在運動訓練過程中,經常性地採用與比賽接近的負荷,使運動員長時間的保持競技狀態,隨時參加比賽,隨時創造好成績;還有的提出,要力求使大負荷量和大負荷強度同時出現,即使在參加重大的比賽期間也應如此。筆者認為,這主要是針對世界級高水準優秀運動員的訓練而言,因為他們已具有相當大的承擔極限負荷的能力,適應性強,恢復快。而對年青的一般水準的運動員來說,負荷的增加必須慎重,逐步提高。既有"極限負荷",又有中、小負荷的搭配,而不應持續進行時間很長的大負荷訓練。這對少年兒童運動員來說,更要慎重。只有在運動員適應了原有負荷的基礎上再逐步增加負荷強度,才能取得較好的訓練效應。而且恢復措施也必須跟上。

　　(3)在加大運動負荷過程中要處理好負荷量和負荷強度的關係

　　由於負荷量和負荷強度對機體的刺激所產生的影響是不同的,在訓練過程中兩者的增加或降低須適當配合,通常有三種主要配合形式,一是加量減強度或保持強度;二是加強度減量或保持量;三是既加量也加強度。這三種配合形式要根據訓練各時期、階段和課的具體任務選擇。在一個訓練大週期及其所包含的中、小週期裡,其配合一般呈現一種波浪起伏的狀態(圖2-4-5)。量和強度同時增加在高水準運動員的訓練中時有出現,但要慎重。

　　現今有的學者提出,高水準運動員準備期的訓練靠大負荷量和小強度奠定競技狀態的基礎是不能建立的;負荷量和負荷強度要同時達到最大值;要定期模擬比賽特有的負荷和緊張狀況。對此觀點,筆者認為應從運動員的實際水準和訓練的具體任務出發,以有利於形成競技狀態,盡快提高運動

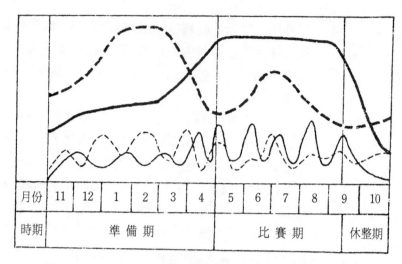

圖 2-4-5　全年訓練大週期負荷量和強度波浪起伏狀態示意

(引自(蘇)馬特維也夫)

成績爲前提。而突出強度,特別是專項強度,則是當今高水準運動員訓練中安排負荷的一個重要特徵,尤其在賽前訓練階段更要注意專項強度。爲把握好負荷強度,現根據蘇聯普拉托諾夫等有關資料整理,列出強度分級及相應指標,供參考(表 2-4-3)。

表 2-4-3　　強度分級及相應機能指標參數

強度分級	心率 (次/分)	血乳酸 (mmol/L)	最大吸氧量 (%)	供能性質
低強度(恢復性)	100—120	2—3	50—70	有　　氧
中強度(保持性)	140—150	3—4	50—70	有　　氧
大強度(提高性)	165—175	4—8	70—80	有氧無氧混合
高強度(提高性)	175—185	8—12	90—100	糖酵解供能
極限強度(提高性)	185 以上	12 以上	90—100	磷酸原供能

(4)掌握好負荷與恢復的關係

沒有負荷就沒有訓練水準的提高,而沒有恢復,也就不可能安排新的負荷。只有在機體承擔一定的負荷後,得到適當的恢復,消除疲勞,才能承擔新的負荷,使機能逐步得到提高。所以訓練中,課之間、小週期之間的負荷安排,均應在運動員機能得到恢復或基本恢復的基礎上進行。從理論上來說,訓練課之間間歇的時間不同,也即恢復情況不同,可產生不同的效應。

圖 2-4-6a 是訓練課之間的間歇時間過長,機能能力保持在原有水準上沒有提高;圖 2-4-6b 是訓練課之間間歇時間過短,疲勞沒有消除,並逐步積累,使機能能力呈現下降趨勢,圖 2-4-6c 是訓練課之間間歇時間適合,機能能力逐步提高。

在訓練實踐中要達到圖 2-4-6c 所示的安排效應,必須明確:

①訓練課負荷的大小與間歇時間長短是一種正比關係,課的負荷越大,

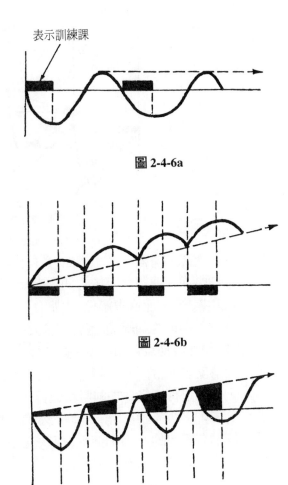

表示訓練課

圖 2-4-6a

圖 2-4-6b

圖 2-4-6c

(引自(蘇)雅可甫列夫等)

間歇時間也應相應延長;

②運動員承擔負荷的能力和恢復機能與課之間的間歇也呈一種正比關係,運動員承擔負荷的能力和恢復機能強,間歇時間可相應縮短;

③負荷的內容性質不同,所需恢復的時間也不一樣。

在高水準運動員的訓練實踐中,每天都有訓練,有時一天甚至安排兩、三次,三、四次訓練課,而且往往是在機體沒有完全恢復的狀態下進行的。這種情況是一種負荷積累效應,也就是在運動員機體未完全恢復狀態下連續幾次課的訓練,加深了對機體的刺激,從而提高其超量恢復的水準。(圖2-4-7)。要取得這樣的安排效果,必須做到:

①幾次課連續的負荷積累,一定要在運動員所能承擔的負荷能力範圍之內,不能使其產生過度疲勞;

②幾次課的負荷積累後,安排的間歇時間要足以保證有機體能達到恢復和超量恢復。如果沒有足夠的間歇時間,長期在沒有完全恢復的情況下連續訓練,遲早會產生過度疲勞,造成慢性機能衰竭;

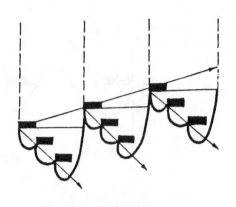

圖 2-4-7

(引自(蘇)瓦西里也夫等)

③幾次課的負荷要大小搭配,負荷內容要交替進行;

④在幾次課連續負荷後的間歇時間裡要在可能條件下,採用必要的恢復手段和措施,加速恢復過程,才能取得好的效果。

幾個小週期的訓練後,通常都要安排一個恢復調整小週期。

(5)加強醫務監督和恢復手段的運用

負荷安排不當,不重視恢復是造成運動傷病、過度疲勞的主要原因之一。因此要盡可能條件加強醫務監督,監測運動員負荷和恢復的情況,以使負荷的安排符合運動員所能承擔的水準。特別是防止過度訓練的發生。過度訓練都有一定的原因和症兆,反映在心理、機能和運動能力等方面。表2-4-4 和 2-4-5 列出的過度訓練的原因和症兆,可供參考。

在訓練中積極採用有效的恢復手段,有助於消除負荷後的疲勞,加快能量物質的再生,迅速產生新的訓練適應。恢復的手段多種多樣,但對於教練來說,要加強訓練課結束時的各種整理放鬆活動,對此不應吝惜時間,草率從事。同時教練應根據各種不同負荷內容、性質產生疲勞的特徵,創造出有效的整理放鬆練習和恢復小週期的調整措施。

表 2-4-4　　過度訓練的原因

訓　練　方　面	生　活　方　面	健　康　方　面
訓練方法不當	白天生活無規律	感冒發燒
訓練內容過於單調	夜間睡眠不足	扁桃腺炎
負荷強度增加過猛	嗜烟或酗酒	腸胃炎
負荷量過大	看電影、電視過多	卵巢炎
恢復時間太短	居住條件太差	各種傳染病
恢復方法不當	工作學習過於緊張	
比賽過於頻繁	隊友關係不好	
訓練目標過高	愛情不順利	
生病、受傷後過早訓練	家庭負擔重	
	營養不良	

(引自《運動訓練學》北京體育學院出版社 1986.6.)

表 2-4-5　　過度訓練的癥兆

心　理　方　面	機　能　方　面	運　動　能　力　方　面
冷漠孤僻	大量出汗、體重下降	速度、力量、耐力下降
沮喪抑鬱	臉色蒼白、頭痛失眠	易疲勞、恢復時間長
缺乏興趣	食欲不振、四肢無力	動作不協調、錯誤動作多
信心不足	脈搏加快、血壓升高	學習新動作能力差
少言寡語	血紅蛋白低、白細胞增多	不願訓練和比賽
記憶減退	尿蛋白、血尿	糾正錯誤能力差
注意渙散	神經機能嚴重失調	比賽易受干擾
煩燥不安	易感冒、嗓子痛、淋巴腫	技、戰術發揮不好
容易激動	肌肉拉傷、膝踝扭傷	運動成績下降

（過家興）

五　運動訓練主要方法的運用原理

　　運動訓練方法是教練在運動訓練過程中,為完成訓練任務、達到提高專項運動成績而採取的途徑和辦法。運動訓練的效果在很大程度上取決於教練採用訓練方法的優劣和運用的正確程度。現代運動訓練的新方法不斷出現,以及對原有訓練方法的革新和創造性運用,是運動成績迅速提高的重要因素之一。教練在訓練過程中都致力於尋找最有效的訓練方法,但這僅是問題的一個方面,而最關鍵的一個方面則是對已被訓練實踐廣泛證明有效的現有訓練方法的深入理解和正確運用。在這裡主要介紹持續訓練法、重覆訓練法、間歇訓練法、循環訓練法和競賽訓練法等這幾種基本常用訓練方法的主要特徵和運用。

(一)持續訓練法

　　持續訓練法是指在相對較長的時間裡,用較穩定的不太大的強度,不間歇地連續進行練習的方法。例如田徑的中長跑、公路自由車、皮划艇等週期性項目中常用的持續一定時間、距離,用勻速或變速進行的跑、騎和划的練習;球類等項目中的持續一定時間、不間歇的多球練習,體操等技能類項目單個或成套動作的不間斷的連續練習。法特來克練習法(又稱速度遊戲),也屬於持續訓練法的一個變種。

1、持續訓練法的主要特徵

　　(1)一次練習的時間相對較長,練習過程中不安排間歇,這就形成了一次練習的負荷量較大;

　　(2)由於一次練習連續進行,量比較大,因此練習的強度不太大,且相對比較穩定,通常沒有強烈的起伏,一般以運動員所能承擔的最大強度的61—71％的強度區間上下波動。

　　因此用這種方法進行練習,從改善機體機能來說,有利於心血管和呼吸系統機能的穩步發展,對提高一般耐力,有氧供能能力有良好的影響,並能調節大腦皮層興奮和抑制過程的均衡性;從技術訓練來說,對鞏固正確地技術動力定型和熟練地運用技術有積極作用。

2、持續訓練法的運用

　　這種訓練方法多用於各運動項目的身體訓練,以發展運動員的一般耐力。在週期性項目中,如提高強度,則可發展專項耐力,如中長跑、公路自由車等項目,當持續練習的強度達到81％時,對發展專項耐力就會產生積極作用;在技能類的球類、競技體操等項目中用於技術訓練,如多球的持續較長時間的練習,有助於掌握和鞏固提高動作技術。

運用持續訓練法必須:

(1)要控制好練習的負荷量和負荷強度。控制負荷量主要是控制練習的時間、距離的長短和次數的多少;控制負荷強度主要是控制練習的速度和單個動作連續練習的頻率。這要從練習所要達到的目的考慮。如為發展一般耐力,主要是延長練習時間,控制好強度,練習過程中心率維持在141—161次/分區間,如為提高週期性耐力項目的專項耐力水準,則可提高強度。持續練習的時間,以能保持所確定的強度為準。心率通常可維持在171次/分左右。

(2)要根據訓練的不同時期和階段,明確運用的目的。一般在準備期為發展或保持運動員的一般耐力水準,可逐步提高持續練習的強度到中等水準,為提高專項耐力,強度可提到中上水準;在比賽期可用小強度,心率控制在141—151次/分區間做為機體積極性恢復的手段,採用中等強度,心率在161—171次/分區間,則可保持所獲得的必要的耐力水準;在調整期採用小強度的持續練習主要做為積極性的恢復,並保證不使機體有氧供能水準下降。

(3)在青少年運動員的訓練中運用持續訓練法提高專項耐力水準。在提高強度時,對心血管系統的機能要求較高,因此持續練習的時間、距離不宜太長,也就是量不能太大,尤其是用超主項距離的持續練習,強度的提高要循序漸進。

(4)持續訓練法運用於非週期性項目的技術訓練時,持續練習的時間和次數的增減,以運動員在練習過程中保持正確的動作技術為準。當練習過程中技術不斷出現錯誤時,就應縮短練習時間,減少連續練習中的動作次數。

(二)重覆訓練法

重覆訓練法在各運動項目的訓練中都是最常用的一種訓練方法。它是在動作和負荷要求不改變的情況下,有間歇的反覆進行練習,而每次(組)練習之間的間歇,要在機體基本恢復後再開始下一次(組)練習的一種方法。重覆訓練法既是身體訓練,也是技、戰術訓練的一種主要練習方法。

重覆訓練法由四個因素構成:

—— 重覆練習的次數和組數(可變換)

—— 每次重覆練習的距離或時間(相對固定)

—— 每次練習的負荷強度(相對固定)

—— 每次(組)練習之間的間歇時間(機體基本恢復)

根據訓練的具體目的,確定上述四個因素的參數。

1、重覆訓練法的主要特徵

(1)每次重覆練習的動作和負荷要求不變。例如重覆一定距離的跑的練習,每次跑的動作均按正確技術要求進行,不改變動作,而每次跑都按予先確定的距離、時間及次數、組數,即負荷要求進行。如 31 公尺行進間重覆跑;距離是 31 公尺,每次跑要在 3″2 內完成,每組重覆練習 5 次,共 5 組,〔即(31 公尺×5)×5,每個 31 公尺跑 3″2〕。在訓練中這些確定的負荷要求一般是不變的。

(2)每次重覆練習的強度較大,通常採用接近比賽和比賽的強度,在週期性項目中可用運動員本人最大強度的 91—111％的強度。如採用短於主項距離的練習,強度可超過主項平均距離的最大強度。在技能類的競技體操和球類項目訓練中,單個或小套、全套動作的重覆練習,由於動作不變,其每個和每套練習的強度是固定的,如練習的次(組)數增加,則總的負荷強度亦加大。如用較小強度的重覆練習,則主要是學習或改進動作技術。

(3)每次(組)練習之間的間歇時間,以使運動員機體達到基本恢復為準,所以休息相對比較充分,以保證下次或下組練習完成既定的負荷強度。如以心率衡量,通常是在練習後心率恢復到 111 次/分以下或開始練習前的心率數時,才開始下一次或下一組的練習。

(4)每次(組)練習的間歇時間裡應積極性休息。一般運用走、慢跑、輕微的活動等方式進行積極性休息,以加速恢復過程。

2、重覆訓練法的運用

重覆訓練法在各運動項目的訓練中多用於身體和技、戰術訓練。在運用時必須:

(1)根據訓練課的具體任務,正確規定重覆練習的次(組)數和每次練習的強度。如進行身體訓練,通常要以最多的次(組)數和大強度重覆進行練習,以最大限度的提高運動員的體能。但還要視發展哪類運動素質,例如要用跑的手段發展移動速度,則距離相對較短,通常採用 31 公尺、61 公尺、81 公尺的距離,每次重覆跑的強度要達到運動員本人該距離最大強度的 95—111％,重覆的次(組)數,以不降低規定的跑速為準;如採用槓鈴負重練習發展運動員的絕對力量,則負重量應在其本人最大負重的 91％左右,一般不能低於 81％,重覆的次(組)數,以不能承擔既定的重量為準。如用於技術訓練,為學習或改進技術,每次重覆練習都應按規定的技術要求去完成,而每次重覆練習的強度不宜太大;為鞏固熟練技術,則不但對重覆練習的技術要求要十分嚴格,而且重覆練習的次(組)數要多,強度要大,甚至可以重覆練習到運動員可能出現技術變形時為止,這樣才能使動作技術熟練、準確、提高在比賽中的運用能力。另外還應根據重覆練習過程中的具體情況,適時提出新要求,以不斷改進提高技術。在戰術訓練中應用重覆訓練法亦應如此。

(2)不同運動項目運用重覆訓練法應有不同的安排和要求。如週期性短距離項目,運用重覆訓練法主要是發展速度素質,採用的距離不超過比賽的主項距離,每次練習的強度應達到比賽強度,甚至超過比賽強度。如練習距離等於比賽距離則強度可在91％左右;週期性中長距離項目運用重覆訓練法主要發展速度耐力,每次練習的距離可略短於比賽距離,但強度要大,重覆的次(組)數要多。

在非週期性項目中,重覆訓練法主要用於學習掌握、鞏固和改進提高技、戰術,重覆練習次(組)數的確定,以不降低練習的動作效果或預定的負荷要求爲限;如用於發展一般或專項素質,負荷強度要大,重覆練習的次(組)數也要多。這樣才能強化刺激的痕跡,加深疲勞程度。

每次練習強度的確定,要予先掌握運動員本人所能承擔的最大強度,這就要求教練隨着訓練的過程,定期或不定期的測試運動員的負荷能力,以予先準確的規定相應的強度,方能達到提高的效果。通常強度的確定應接近或達到運動員本人所能承擔的最大強度。

(3)每次(組)重覆練習之間的間歇必須比較充分,待運動員機體基本恢復後,再進行第二次(組)的練習,這樣才能保證達到每次練習預告確定的較大強度,取得練習的效果。

間歇時間的確定有兩種:一種是以心率在練習後降到111次/分以下,一種是每次休息時間以每次練習時間的2—3倍計算。每次練習強度不太大時,間歇時間約 1′31″旣可恢復到 111 次/分以下,每次練習強度大的,3′—5′的間歇時間對訓練有素的運動員來說也足夠了。

由於重覆訓練法是反覆練習同一動作,強度也比較大,訓練時比較單調乏味,對靑少年運動員來說容易影響練習的積極性,因此在運用時除了要使運動員明確訓練目的和對提高專項運動成績的作用外,可採取其它敎法措施,如結合遊戲比賽的方法,以提高他們練習的興趣,取得更好的練習效果。

(三)間歇訓練法

間歇訓練法是指在一次(組)練習之後,嚴格控制間歇時間,在運動員機體未完全恢復的情況下,就進行下一次(組)練習的方法。

間歇訓練法在形式上類似重覆訓練法,兩者都是在經過一定的間歇時間後再進行下一次練習。但間歇訓練法每次重覆練習之間的間歇時間有嚴格規定,要在運動員機體未完全恢復的狀態下就進行下一次練習,而重覆訓練法則要在間歇時間裡,使運動員機體基本恢復的狀態下才開始下一次練習。這是區分這兩種訓練方法的關鍵所在。另外不同的是,間歇訓練法每次重覆練習的負荷,如練習的距離、強度可以有變化,而重覆訓練則相對固定。間歇訓練法主要用於身體訓練。

間歇訓練法由五個因素構成：

—— 每次練習的時間和距離(可變換)；

—— 每次重覆的次數和組數(可變換)；

—— 每次練習的負荷強度(可變,但不超過91％以上強度)；

—— 每次(組)練習的間歇時間(機體未完全恢復)

—— 間歇時的休息方式(積極性休息爲主)。

1、間歇訓練法的主要特徵

(1)每次練習後的間歇都在運動員機體未完全恢復的狀態下,就開始下一次練習。訓練實踐中通常用心率評定。成年運動員一般在121—141次/分之間,少年運動員一般在111—121次/分之間。因爲當練習後心率恢復到121—141次/分時,機體處於未完全恢復狀態,而且此時心臟每搏輸出量達到最大值,耗氧量也達到最大值,緊接着就進行第二次練習,對機體施加新的強烈刺激,對增大心腦容積,提高心血管系統和呼吸系統的功能起着較大的作用。

(2)每次練習的負荷強度、距離、重覆練習的次(組)數,可以根據訓練的目的,所要解決的問題有針對性的進行安排和調整。由於每次練習安排的負荷強度可以不同,有的也將間歇訓練法分成大強度間歇訓練法和小強度間歇訓練法兩種不同的類型。

大強度間歇訓練法也稱強化間歇訓練法。在週期性項目中用大強度間歇訓練法,每次練習的負荷可達本人最大強度的91％以上,心率每分鐘可達181次以上。這種方法對提高運動員的無氧供能(磷酸原和糖酵解系統)能力,發展速度和速度耐力有很大作用。這種方法每次練習的距離和時間相對較短,一般都短於主項距離和練習時間。

小強度間歇訓練法也稱非強化間歇訓練法。在週期性項目中用小強度間歇訓練法,每次練習的負荷可達本人最大強度的81％或略小一些,心率每分鐘在161—181次之間。這種方法對提高糖酵解和有氧、無氧混合供能能力,發展速度耐力有較顯著作用。其練習的距離和時間可比大強度間歇訓練法稍長一些。

(3)間歇訓練法在每次(組)練習之間的間歇時間裡,通常採用積極性的方式進行休息。如慢跑和走,或做些輕微的活動,以加速負荷後乳酸的排除,增多練習的次(組)數。

2、間歇訓練法的運用

(1)要根據訓練的具體任務和運動員的個人情況,確定構成間歇訓練法的五個因素的具體參數。如進行身體訓練要發展運動員的糖酵解供能能力,採用跑的手段進行練習,則每次跑的練習距離可在111—411公尺之間,至多不超過 611 公尺,每次跑的負荷強度在本人最大強度的 81—91% 之間,3--4 次為一組,跑 4—5 組,次(組)間的間歇時間,以心率降到 121 次/分為準,間歇時間裡走或做輕鬆活動;如為發展運動員的力量耐力,採用槓鈴負重練習,則每次負重的強度不宜太大,可在本人最大負荷的 61% 左右,上不超過 81%,下不低於 41%,練習的次(組)數要多,8—12 次為一組,練 6—8 組,次(組)間的間歇時間,也以心率降到 121 次/分為準,間歇時間裡做輕微活動或肌肉放鬆練習。

(2)對間歇訓練法各因素具體參數的調節和變換,要充分考慮其相互間的影響和制約關系。每次練習的強度與練習的次(組)數緊密相關,每次練習的強度不太大,則練習的次(組)數可多一些,反則反之。為縮短間歇時間,則次(組)數可減少一些。

(3)間歇訓練每次練習距離和強度的變化可採用逐步遞增或逐步遞減的方案。逐步遞增就是每次練習的距離或強度逐步增加,通常是距離逐步遞增時強度相對固定,強度逐步遞增時,距離相對固定。如跑(111 公尺 + 211 公尺 + 311 公尺 + 411 公尺)×3,而每種距離跑的強度都固定為本人最大強度的 81%;(4×211 公尺)×4,每個 211 公尺的強度由本人最大強度的 71%——75%——81%——85%。逐步遞減就是每次練習的距離或強度逐步減少,通常是距離逐步遞減時,強度相對不變,強度遞減時,距離不變。當然也可兩者同時變化組合,如速度也就是強度不斷遞增,而每次練習的距離逐步遞減。

(4)間歇訓練次(組)之間的間歇時間,運用時也可相應變化。如逐次縮短間歇時間,以有意識的增加每次練習後乳酸的積累,提高機體抗乳酸的能力,發展專項耐力。而組間間歇可逐步增加一些,以保證以後各組的每次練習,能保持預定的強度。

(5)採用某種間歇訓練的方案,要使運動員有一定的適應時間,以觀察訓練的效果,而後再確定新的方案,調整各個因素。要防止變化過於頻繁。當變化各因素並確定其具體參數時,要預先進行測試,以使各因素的具體參數,特別是每次練習的強度,能準確地符合運動員的承受能力。

(6)由於間歇訓練的負荷較大,對機體各器官系統的機能要求也較高,因此在使用時要求運動員有一定的訓練基礎,並循序漸進的提高負荷,加強訓練過程中的監測。在少年運動員的訓練中,一開始使用間歇訓練法時,量和強度都不宜太大,並謹慎的提高。

運用間歇訓練法,變化其構成的五個因素可以發展各種供能能力,表 2-5-1 列出的指標參數可供訓練中參考。

（四）循環訓練法

循環訓練法是根據訓練的具體任務,建立若干練習站(點),運動員按照既定的順序、路綫,依次完成每個站(點)的練習,周而復始的進行訓練的方法(圖 2-5-1)。這種方法主要用於身體訓練,也可用於技、戰術訓練。

表 2-5-1　　發展不同供能能力時各組成因素的參考指標

發展能力指標 內容和組成因素	有氧氧化 供能能力	無氧氧化供能能力	
		磷酸原系統 供能能力	糖酵解供解能力
每次練習的強度	最高強度的 78—85%（一次練習結束時,訓練有素的運動員心率應為 181—131 次/1′）	接近極限（高強度的 95%）	最高強度的 91—95%（全程）（練幾次後可略低於此值）
練習的持續時間	不超過 1′—1′31″	3″—8″（21—71 米的跑, 8—21 米的游泳）	21″—2′（211—611 米跑, 51—211 米游泳）
間歇時間的長短	訓練有素的運動員為 15″—91″（不應超出 3′—4′）	每次練習間歇 31″,每組四—五次,組間休息 7′—11′	間歇逐步縮短 第一、二次練習之間 5′—8′ 第二、三次練習之間 3′—4′ 第三、四次練習之間 2′—3′｝組間 15″—21′
休息的方式	用低強度工作進行積極性休息(如慢跑)	只在組間作低強度工作,進行積極性休息(如慢走)	沒有必要做其他練習,但要避免完全靜止
重覆練習的次數(組數)	訓練有素的運動員間歇結束時應低於 121—141 次/1′,恢復不到這個數值則不再重覆	每次練習強度都不應降低,如降低就不宜再重覆	每組不多於 3—4 次。新手、低級別運動員為 2—3 組,訓練有素的運動員可達 4—6 組

（轉引自《運動訓練學》北京體院出版社 1989）

循環訓練法由以下四個因素構成:

—— 每站練習的內容;

—— 每站練習的負荷量和強度,

—— 站與站和每遍循環之間的間歇時間,

—— 站的數量和循環的遍數。

1、循環訓練法的類型

循環訓練法不是一種獨立的訓練方法,而是一種練習的組織形式,是前述幾種訓練方法的一種綜合運用,因而可將這種方法分成以下三種類型。

(1)持續循環訓練

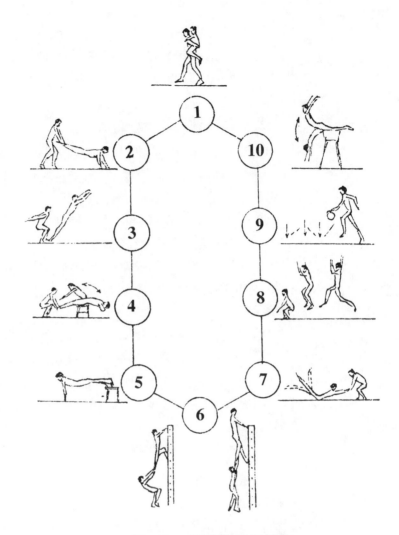

圖 2-5-1　循環訓練法示例圖

①背人走跑;②推小車;③蹲跳;④坐在凳上仰臥起坐前傾觸膝;⑤俯臥撐;⑥肋木上蹬腿拉臂克服同伴阻力;⑦背臥:兩腿做圓周運動;⑧槓鈴挺舉;⑨曲綫運球;11屈體後仰

(引自《運動訓練學》人民體育出版社 91 年 6 月)

按持續訓練法的要求,用相對較長的時間,站與站和每一遍循環之間不安排間歇,連續進行練習。持續循環訓練每站練習的負荷量可以較多,而強度不大。在身體訓練中這種類型主要用於發展一般耐力和力量耐力。

(2)重覆循環訓練

按重覆訓練法的要求,每站練習安排的負荷強度較大,站與站和每一遍循環之間的間歇時間較長,在機體基本恢復的狀態下,再開始下一站和下一循環的練習。在身體訓練中這種類型主要用於發展最大力量、絕對速度和速度耐力。

(3)間歇循環訓練

按間歇訓練法的要求,每站和每一遍循環之間的間歇時間嚴格控制,在機體未完全恢復的狀態下就進行下站或下一遍循環練習。每站練習的負荷強度可以較大,但量要適度,要根據強度的大小,調整每站重覆練習的次數和循環的遍數,在身體訓練中這種類型可用於發展力量耐力、速度力量和速度耐力。

2、循環訓練法的主要特徵

(1)循環訓練設多少站,每站的內容、負荷,均可根據訓練的目的和對象水準靈活的確定。因而這種方法雖然主要用於身體訓練,但也可用於技、戰術訓練,鞏固提高技、戰術水準;

(2)練習過程運動員一站接一站的按規定順序進行,沒有不必要的停滯現象。因此這種方法可加大運動密度;

(3)循環訓練每站的練習負荷,循環遍數,不但可以預先確定,而且便於在練習過種中,根據具體情況隨時加以調整,並能做到有針對性的對運動員區別對待;

(4)每站的內容,可按身體不同部位或不同系統器官的活動交替安排,有利於克服機體局部負擔過重,延緩疲勞,加大負荷;

(5)循環訓練法練習過程生動活潑、有趣,如果再運用遊戲和比賽方式進行,能提高運動員的練習情緒和積極性,適用於不同層次和水準的運動員。

3、循環訓練法的運用

(1)循環訓練法各站內容的選擇,要根據訓練的具體任務和場地器材設備條件確定。但由於練習是連續循環進行的,因此每站練習的內容應是運動員已基本掌握的,不宜選擇運動員不熟習的或技術比較復雜的練習。

(2)每站練習內容的順序,應根據該站練習對身體各部位肌肉用力的不同和對各器官系統活動的不同作用而交替安排,以期延緩疲勞的產生。例如圖中11站,就將下肢、上肢、腰腹等不同身體部位的練習交叉安排,有利於克服局部負擔過重。

(3)站的設立不要過多,一般11個左右為宜。運動負荷的安排,要從站數、每站練習的負荷量和強度,間歇時間、循環的遍數全面考慮。這既要從訓練的具體任務出發,又要顧及運動員承擔負荷的能力。而且由於循環訓練的負荷是逐站、逐遍積累的,所以每站負荷的確定不能太大,特別是運用連續循環訓練時,通常以運動員所能承擔大負荷量的51—71%為宜。

(4)練習過程中如須調節負荷,可從構成循環訓練的四個因素着手。即:變化站的練習內容;增加或降低每站練習的負荷量(次數、時間)或強度(速度,負重量);延長或縮短站間和每遍循環之間的間歇時間;加多或減少站數和循環的遍數。

(5)採用連續、重覆還是間歇循環訓練,要從訓練的內容考慮。如果進行身體訓練,一般多採用連續和間歇循環訓練,進行技、戰術訓練多用重覆循環訓練。

(6)練習過程中,要加強每站練習的質量要求。因爲在連續練習時運動員往往容易注重完成每站的練習數量,而忽視質量。如果運動員不能按規定的質量完成時,可要求運動員重覆該站的練習,直到按質完成後,方能進入下一站。

(7)循環訓練練習時的組織,可採用流水作業或分組輪換作業兩種方式進行。流水作業是按隊伍順序,一個接一個、一站接一站順次進行;分組輪換是將運動員分成幾組,組數與站數相等,每組先在一個站練習,而後各組輪換。分組輪換作業各站的練習時間應基本相同,防止各組互相等待。

(8)注意驗證一套循環訓練的效果。在使用的開始和一段時間後,應測定紀錄運動員完成練習的負荷數據,進行分析,並適時調節,以取得滿意的訓練效果。

(五)競賽訓練法

競賽訓練法是按一定的規則和要求,以比賽決定勝負的方式,進行訓練的方法。競賽訓練法適用於各運動項目的身體、技術、戰術訓練。並且是賽前訓練階段使用的一種重要訓練方法。

競賽訓練法包括以下幾種形式:

── 按正式競賽規則的比賽

── 簡化正式競賽規則和附加某些規則要求的比賽;

── 改變原有場地、器材標準的比賽。

例如,在小場地上的足球比賽,其場地可以根據需要縮小到某種程度,縮小球門,不設守門員,並規定傳接球只能用某幾項技術動作,時間31分鐘一場等等,以此達到訓練的某個目的。

1、競賽訓練法的主要特徵

(1)競賽訓練法顯著的一個特徵就是具有競爭性。對提高運動員訓練的興趣和積極性,培養進取精神,檢驗運動員的競技能力水準,對獲取比賽經驗有重要作用。

(2)無論哪種競賽訓練法的形式,都是在不斷變化的環境和條件下進行。這樣有利於運動員發揮自己的主動性和創造性,培養運動員的獨立思考和判斷能力。

(3)競賽訓練法可以根據訓練所要解決的任務,靈活的規定比賽的內容和形式,規則的確定也可靈活掌握並自行創造,在身體、技術、戰術訓練中都可應用。例如在技術訓練中,以比賽的方式進行練習,可將所學的技術動作做爲比賽內容,並制定評定勝負的標準。像籃球的投籃技術和準確性比賽,競技體操各項目落地動作穩定性比賽, 游泳的打腿游比賽等等。又如在球類戰術訓練中, 可以某種形式比賽某一、兩種戰術打法的成功率等等。

(4)競賽訓練法的負荷在同等條件下要比一般練習時的負荷大, 對機體機能的要求也高。例如進行上肢肌群的力量耐力的訓練, 運動員個人練習和採用比賽的方法進行練習, 其效果有明顯的不同(表2-5-2)。

2、競賽訓練法的運用

(1)競賽內容和方式的確定必須根據訓練的任務需要, 有明確的目的, 並確定相應的規則要求, 才能起到效果。例如, 為了熟練運

表2-5-2   個人練習與比賽形式練習的效果比較

練習形式	11′內重覆次數	練習後即刻心率	O₂債
個人練習	431	182/1′	7.5升
比賽形式練習	495	191/1′	9升

用某一戰術配合, 採用小場地的足球比賽, 規則就要明確規定必須使用該戰術配合射門才算得分, 否則還要判罰, 這樣才能解決該戰術配合在實戰狀態下的熟練運用問題。

(2)在技、戰術訓練中運用競賽訓練法, 比賽的內容應是運動員已掌握的。通過比賽在於熟練運用, 否則由於比賽時的緊張激烈和對手的各種干擾, 易破壞正確地技術動力定型, 戰術也很難配合出來。

(3)競賽訓練法是個人對個人或集體對集體的對抗, 只有對抗雙方實力比較相當時, 才能激發比賽雙方的情緒, 提高競爭的積極性, 達到預期的目的。因此運用競賽訓練法要恰當的分配比賽雙方的實力, 保證公平, 均衡的對抗。

(4)運用競賽訓練法的過程中, 運動員參與競爭要執行規則。往往運動員情緒較高, 竭力爭取戰勝對方, 有時易產生各種違反規則和要求的行為, 教練要注意加強引導, 嚴格執法, 按既定要求行事, 否則會影響比賽的效果。

(5)合理控制運動負荷。在訓練課的前半部如果運用競賽訓練法, 要注意比賽時的負荷控制和時間過程, 以免比賽時情緒過高, 負荷過大, 影響課的後半部訓練內容和任務的完成。

(6)大賽前的訓練階段運用競賽訓練法, 應多採用模似正式比賽的方式。嚴格按正式比賽的規則去進行, 並創造條件, 盡可能的模似正式比賽的對手、場地、器材、氣候等, 還可建立比正式比賽更復雜的條件。如公路自由車頂着大風或各種坡度的騎行比賽;球類項目的以人少對人多的比賽;比正式比賽時間長、局數多的比賽等等, 以提高運動員對即將到來的正式比賽的適應能力。

在訓練實踐中, 上述基本的訓練法是教練經常廣泛、反覆使用的, 這些方法各有其自身的特徵和作用, 運用時也有許多變化。但其中任何一種方

法都不是萬能的,都難以解決訓練過程中所碰到和所要解決的各種問題。教練應在深刻掌握各種訓練方法的特徵和作用的基礎上,創造性的選擇最適合自己訓練的專項和運動員具體情況的最有效的方法,並加以綜合運用,以發揮每種訓練方法的最佳效果。另外,由於訓練過程中要教會運動員各種身體練習的手段、技術和戰術,就要掌握好語言法、直觀法、分解法、完整法等各種教學方法,這也是提高訓練質量的重要一環。

（過家興）

六　運動技術訓練

（一）運動技術與協調能力

1、運動技術

通常將運動技術理解爲：能充分發揮運動員體能合理和有效地完成動作的方法。"合理"體現在完成動作的方法符合人體運動的規律，符合動作的生物力學原理；"有效"體現在能充分發揮運動員的體能，並使之轉化到運動成績的提高上去。

合理、有效地完成動作的方法，是一種理想的模式，是人們通過訓練實踐和科學研究創造出來的，並隨着訓練實踐和科學研究的發展而不斷創新；而且由於運動器材和場地設備的革新和完善，運動技術也要不斷的去適應和改變，以新的技術替代舊的技術。因此，合理和有效地完成動作的方法，即運動技術是相對的，有其一定的時限，隨着時間的推移、變化和發展。所以技術訓練不但要使運動員熟練的掌握現有的規範化的運動技術，而且要不斷革新和創造，探索新的技術，使完成多種多樣的動作更爲合理和有效。在競技體操、跳水等技能類項目中，這點尤爲重要。

在運動訓練理論和實踐中又常常將按一定技術要求完成動作的能力稱之爲"運動技能"，這實際上是運動員通過訓練非自動化的完成動作的能力，這種能力是在已掌握運動技術的前提條件下建立和發展起來的。也有的將"運動技能"理解爲運動動作的本身，如跑、跳、投、翻滾、射擊、投籃、射門等等各種各樣的專項運動動作。無論從能力還是從動作本身上去理解，掌握和提高"運動技能"都是技術訓練中的一項重要任務，形成運動技能有助於學習更新、更複雜的動作。技能建立的越多，運動員創造性思維和分析動作的能力越能得到提高。

當運動員掌握運動技術形成了牢固的動力定型，達到嫻熟運用自如的程度時，稱之爲"運動技巧。"這時動作的運動部分由中樞神經系統的低級部位控制，而思維部分由高級部位控制，動作達到了自動化。"運動技巧"最重要的特徵之一就是對運動動作的自動化控制，它可以使運動員不必去注意如何完成動作的細節，而是把注意集中到更好的完成訓練具體的主要任務上去。除此，運動技巧的特徵還有：

—— 動作協調、連貫、輕鬆自如，準確合理，優美而富有魅力；

—— 完成動作過程中的各種專門感覺，如速度感、頻率感、水感、球感、器械感、空間感、時間感等等都達到了很高的水準；

—— 動作的穩定性很高，即使在外在條件、環境不良干擾的情況下，或是內在的過於興奮,疲勞和心理狀態不佳的情況下,也能保持完成動作的合理性與有效性。

運動技巧的這些特徵,正是運動員在比賽中戰勝對手,創造優異專項運動成績所必需的。因此技術訓練的最終目的就是要使運動員掌握運動技術形成"運動技巧"。

2、協調能力

協調能力是指運動員在運動時,各運動部位配合一致,迅速、準確、合理、省力、機敏地完成練習(特別是在複雜情況和突然變化的條件下)的本領。

協調能力如進一步從結構上劃分,可以分成:

—— 掌握新動作的能力。協調能力強,學習和掌握新動作就快,就好;

—— 區分和控制多種動作特徵的能力。也就是在變化的情況下,運動員通過改變動作的時、空特徵和動力學特徵,保持動作完成速度的均勻和平穩性。這種能力對各專項比賽都是重要的,尤其是技能類項目更直接影響到運動成績;

—— 應變和配合的能力。這種能力在球類和一對一對抗性項目,如摔跤和拳擊、擊劍中特別重要,對比賽成績有很大影響。

從協調能力的特徵來看,它與運動員掌握運動技術,形成技能和技巧有密切的關系。在技術訓練過程中必須注意發展運動員的協調能力。協調能力提高了,技術訓練的水準也會相應提高。

再從對協調能力的理解來分析,協調能力也不是一種單純的運動素質,而是與機體各器官系統的機能、各運動素質、心理素質以及運動員的技能儲備有密切的關系,是它們綜合表現出的一種本領,是學習,掌握運動技術的基礎。

(1)協調能力的訓練貫穿於訓練過程的始終,其訓練的手段:

①要運動員練習不習慣的各種動作;

②反方向的完成各種動作;

③改變完成動作已習慣了的速度和節奏;

④給運動員提出創造性地改變完成動作的要求;

⑤改變完成動作的空間範圍;

⑥充分利用場地器械或自然環境條件,做各種複雜的動作;

⑦在與同伴的對抗中完成各種動作;

⑧運用運動員不習慣的組合動作進行練習;

⑨運用各種信號刺激,讓運動員做改變動作的各種練習;

⑩以遊戲和比賽的方式完成複雜的動作。

(2)協調能力訓練的注意事項

①根據專項特徵對協調能力的不同要求,有針對性的訓練。如週期性

項目主要是在位移過程中,機體各部位運動的協調能力;在競技體操等技能類項目中,主要是身體或身體某部位在空間運動的協調能力;在球類和一對一對抗性項目中,根據臨場對手的變化,及時應變和組合運用運動技能的協調能力等等。

　　②盡可能的增加運動員的運動技能儲備。因為運動技能儲備越多,就越能快速有效地完成對協調能力要求高的動作,並且學新動作也越易掌握。

　　③把協調能力的訓練與運動素質和技、戰術的訓練結合起來,因運動素質的發展必然會提高協調能力。而技、戰術訓練過程中注意發展運動員的時空感、用力感、平衡感、節奏感等多種專項感覺,對提高技、戰術水準有重要作用。反過來,技、戰術訓練也會進一步促進協調能力的發展了。

　　④協調能力的訓練過程中,要教會運動員克服不合理的肌肉緊張。因為任何一個動作的協調完成,都是肌肉在大腦中樞支配下緊張與放鬆合理交替運動的結果。肌肉不合理的緊張,就不可能協調的完成動作。

　　⑤把握好協調能力發展的快速期(即敏感發展期),以利運動員到高水準時能更快,更好地提高專項運動成績。協調能力的各個方面,在不同年齡階段其發展的快慢是不同的,快速發展期集中在 9—14 歲年齡段(圖 2-6-1)。根據圖 2-6-1 所示,把握好協調能的發展快速期,適時的加強訓練,能獲得最佳訓練效果。

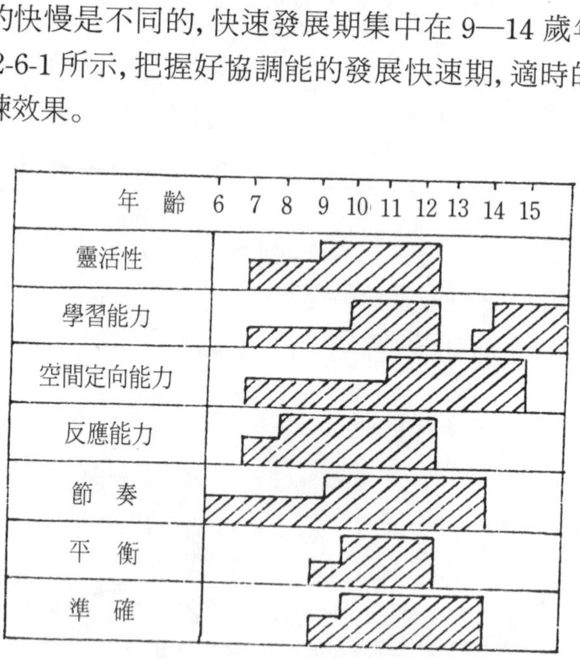

圖 2-6-1　協調和技術能力的發展敏感期
(轉引自《運動訓練學》人民體育出版社 91 年 1 月)

(二)技能形成過程各階段的特徵

　　運動技能的形成過程有其規律,表現出階段性特徵。一般包括相互聯繫的三個階段、五個時期(圖 2-6-2)。

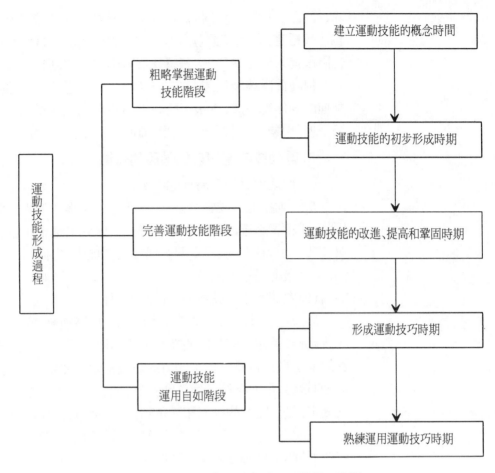

圖 **2-6-2**　**運動技能形成的三階段五時期**

1、粗略掌握運動技能階段的特徵

(1)建立運動技能概念時期的主要特徵

運動員掌握運動技能首先必須建立正確完整的技術概念。在這一時期由於運動員剛開始學習新動作,其特徵是對完成動作的方法,即技術的概念不清楚,在心理上雖產生了完成動作的意願,形成心理定向,但迫切希望明確掌握動作的方法,這種心理狀態促使機體作出相應的調整,爲實際練習做準備。

(2)運動技能初步形成時期的主要特徵

運動員明確了概念,並通過實際練習,初步掌握了動作。但動作表現不協調,練習時很緊張、很費勁,缺乏對身體的控制力,常常伴隨着許多多餘的動作,完成動作的質量低,在精確性、連貫性和穩定性上都很差。這主要是因爲大腦皮質興奮過程擴散處於泛化階段,肌肉內部和肌間不協調所致。

2、完善運動技能階段、即運動技能的改進提高和鞏固時期的特徵

運動員初步掌握動作後,經反覆練習,肌肉的運動感覺逐漸清晰和精確,克服了動作的牽強和不協調現象,動作的錯誤和多餘動作也逐步得到消

除,能在正常情況下比較輕鬆的按正確技術要求完成動作,質量也比較好
也比較穩定,形成了動力定型。這是由於大腦皮質興奮過程相對集中,由泛
化階段進入分化階段,本體感受器對動作的控制起主導作用。

　　但在此階段技術還存在一些缺陷,動作還不十分熟練,有時還會出現已
掌握的動作完不成,克服了的缺點還會重新發生的現象,這種現象稱爲"一
時不振"現象,通過訓練會逐步消除。

3、運動技能運用自如階段的特徵

　　(1)形成運動技巧時期的主要特徵

　　當運動技能形成動力定型,再經在各種條件下的反覆練習,動作得到鞏
固,完成練習準確、省力、輕鬆、自然,並達到了穩定和自動化程度,形成了運
動技巧。這時期大腦皮質興奮過程高度集中,內抑制加強,有較強的自控能
力,但隨機運用還不熟練。

　　(2)熟練運用運動技巧時期的主要特徵

　　形成運動技巧後就進入了本時期。此時運動員能在各種困難的條件下
完成動作,動作的質量旣使在有干擾的情況下也能達到要求,最重要的是能
在比賽中根據具體變化了的情況隨機應變的運用。並且有高度完善的時間
感、速率感、用力感等各種專門感覺,能依靠肌肉、韌帶、肌腱中感受器傳導
的基本信息,完善的控制和變化動作,甚至還會及時創造性的完成動作。

　　教練在技術訓練中應善於根據上述特徵,準確的判斷運動員動作掌握
處於那個階段和時期,及時採取相應的教學訓練方法,恰當的提出要求,取
得技術訓練的最佳效果。

(三)技能形成各階段教學訓練的主要方法

1、粗略掌握運動技能階段教學訓練的主要方法

　　本階段教學訓練的主要任務是建立運動技能的正確概念和初步形成運
動技能。爲建立正確的概念,主要採用語言法和直觀法。語言法中最主要
的是講解法,直觀法中最主要的是示範法。在高水準運動員中由於某些技
能難、新、復雜,經常採用圖片、電影、錄相做直觀手段。採用講解和示範時
要兩者結合,使運動員明確動作的技術結構和要領,充分利用運動員的視
覺、聽覺形成動作表象,建立正確完整的技術概念。

　　爲初步形成運動技能,主要採用分解法、完整法和重復訓練法。

　　分解法通常用於高難和成套動作。分解法先將動作分成幾個部分練
習,而後再將各部分銜接起來完整練習,從而初步掌握動作。分解成幾個部
分動作可採用單純分段練習,遞進分段練習,順進分段練習和逆進分段練習
的方式(圖 2-6-3—2-6-6)。

　　分解動作時要注意動作各部分之間的內在聯繫,不致改變完整動作的結構;要使運動員明確各部分動作在完整動作中的位置;分解動作是爲了完整掌握動作,因此要適時的轉入完整練習。

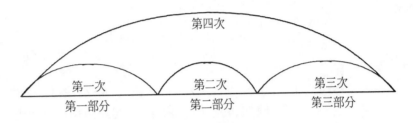

圖2-6-3　單純分段法

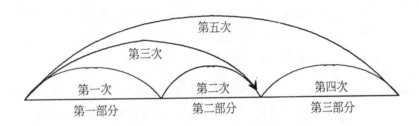

圖2-6-4　遞進分段法

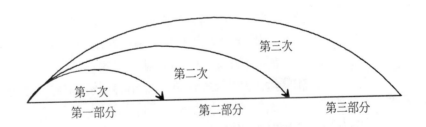

圖2-6-5　順進分段法

　　在採用完整法和重復訓練法練習時,要求運動員的注意力主要集中在動作的基本環節和動作的全過程,以及完成動作的方法上,不宜過多的考慮動作的技術細節和運動員的個人特點,對動作錯誤也要抓住主要的,予以防止和糾正。重點練習要有足夠的時間和次數,練習的強度不要大。同時要注意激勵運動員,增強他們掌握動作的信心。

　　在這階段還可採用發現法。發現法是美國心理學家布魯納所倡導的。這種方法主要是向運動員提出任務和問題,設置一定的情況,要運動員通過自己的探索和嘗試去掌握動作,並培養發現和解決問題的能力。

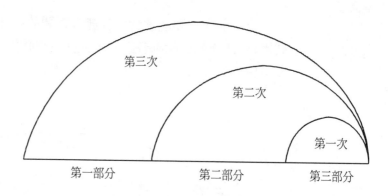

圖2－6－6　逆進分段法

發現法的應用步驟是：向運動員提出任務和問題，布置有利於運動員思考的情況──運動員積極思考和認眞的嘗試性的進行練習，從中探索完成動作的方法──組織運動員研究交流自己嘗試練習的體會和發現，分析完成動作的方法、要領，相互啓發和觀摩，再繼續練習──總結，敎練歸納完成動作的正確方法，並對運動員的練習效果進行積極評價。

發現法對高水準運動員的技術訓練是很有積極作用的一種方法。這在後兩個階段的敎學訓練中也可運用，只是提出的任務和問題不同而已。

2、完善運動技能階段教學訓練的主要方法

這階段敎學訓練的主要任務是在運動技能初步形成的基礎上，加以改進，提高和鞏固。主要採用完整法進行重復訓練，充分利用肌肉的本體感覺深入體會動作的要領和完成的方法，消除動作的緊張、牽強，以及多餘動作，保證動作的肌肉群協調合理的用力。要注意研究動作的細節和運動員個人技術特點，並認眞克服錯誤動作，那怕是一點細節也不能放過。

運用分解法也主要是爲了糾正動作某部分和環節的錯誤。

語言法和直觀法的運用，主要在於揭示動作完成的內在規律，提出難點和關鍵，以加深運動員對動作的理解，更好的掌握動作。

由於每個運動員掌握動作的情況不同，本階段要加強個別指導，有針對性的提出問題，找出解決問題的措施和辦法。此時也可適當的採用變換訓練法，使運動員在不同的條件下練習，從而進一步鞏固、提高已掌握了的動作。

練習的負荷要加大，不但要加量，而且要逐步加大強度，以鞏固動力定型，精益求精。

3、運動技能運用自如階段教學訓練的主要方法

本階段敎學訓練的主要任務是形成運動技巧，並能熟練的運用，最重要的是能在各種變化了的條件和情況下，靈活自如的運用，特別是在正式比賽中。

在方法上主要採用重復訓練法、變換訓練法和比賽法。

採用重復訓練法在於提高動作技術的精確程度,進一步鞏固動力定型,使其達到自動化,形成運動技巧。同時根據運動員個人特點和比賽實踐情況的要求通過重復練習改進技術動作。

採用變換訓練法在於提高動作運用中的應變能力,使運動員能夠在不利的困難條件和發生突發性變化的情況下,隨機應變的、有效地運用運動技能。變換練習的環境、條件、對手、時差等等都根據運動員的個人特點和專項的特點、尤其是專項比賽的特徵和運動員的薄弱環節有目的、有針對性的去選擇。

採用比賽訓練法在於提高運動技能在比賽中的實用性、應變性、形成可變技巧。這對三大球等對抗性項目特別重要。比賽可採用簡化正式比賽規則和附加規則的方法,以及摸擬比賽、測驗比賽、正式比賽等各種方法。

運動負荷要加大,強度可以是比賽或超比賽強度,特別是在機體疲勞的狀態下,也能正常的發揮技術。

本階段還應注意挖掘運動員的潛力,發揮其技術特長,形成個人"絕招"。

心理訓練中的念動訓練法也是本階段常用的方法。

(四)運動技能轉移

1、運動技能轉移及其種類

在技術訓練實踐中,當運動員掌握某一運動技能後,常常會影響另一技能的學習和掌握,對運動技能間這種相互影響的現象,我們稱之爲運動技能轉移。

運動技能的轉移有以下幾種:

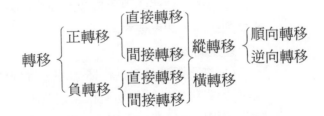

正轉移:是指掌握一種運動技能,對所學習的另一種運動技能產生積極影響。

負轉移:是指掌握一種運動技能,對所學習的另一種技能產生不良影響。

直接轉移:是指掌握一種運動技能,可以直接影響到對另一種技能的掌握與學習。

間接轉移:是指掌握一種技能,雖然不能直接影響到對另一種技能的掌握,但可起到間接的影響作用。

縱轉移:是指兩種不同的動作,但皆屬於同一項目之間的轉移。

橫轉移:是指兩種不同項目之間技能的轉移。

順向轉移:是指掌握一種較易動作,對學習較難動作的影響。

逆向轉移:是指學習新技能以後,對原已掌握的技能的影響。

2、運動技能轉移的原因與影響因素

運動技能之所以產生轉移的主要原因是,有些動作的結構基本相同或相似,其動作的要素(指身體姿勢、動作軌跡、動作時間、動作速度、動作力量、動作頻率、動作節奏等運動學和動力學特徵)也有共同點,當運動員掌握了某些運動技能,具有一定的技能貯備後,在學習新技能時,其產生的新刺激,與原有技能留下的刺激痕跡發生接觸,原有的痕跡被激活,並參與新刺激建立新的暫時性神經聯繫或對原有的舊聯繫進行改組,從而使已有的神經聯繫擴大,對學習新技能產生影響。這種影響如是積極的會促進新技能的掌握,如是消極的則會阻礙新技能的掌握。

影響技能轉移的因素主要有:

—— 運動員學習新技能時的心理狀態;

—— 原有運動技能貯備;

—— 運動員對動作結構正確理解的程度;

—— 訓練的條件和運動技能學習安排順序的合理程度;

—— 教練的指導水準。

在技術訓練中要根據上述技能轉移的原因和影響的主要因素,創造必要的前提,使技能發生正轉移,提高技術訓練的效果。

3、運用技能轉移的要點

運動技能轉移的現象貫穿於技術訓練的全過程,運用運動技能轉移是技術訓練的一個重要手段,必須予以重視。

運用的要點:

(1)深化運動員對動作概念的正確理解。運動員對動作概念理解的越深刻,對動作的結構和要素認識越清晰,區分動作的本領就越強,越便於他們利用相似動作產生正轉移,克服負轉移。

(2)根據條件反射的泛化原理,相似的動作可以引起類同的反應,因此要使運動員鞏固熟練的掌握原動作,再學習相似的新動作,就容易引起正轉移。

(3)在學習兩種易相互干擾的動作時,其間隔時間應長一些。

(4)培養運動員分辨貯備技能和新學技能的能力,這可避免負轉移。這種分辨能力是建立在對動作要素及完成動作的各種專門感覺基礎之上的。

對不同動作的要素認識清楚,完成動作的各種專門感覺敏銳,分辨能力就強。所以在技術訓練中要注意啓發運動員的積極思維,培養他們的技術分析能力。

(5)正確運用訓練方法,特別是語言法、直觀法和助力、阻力的運用,使運動員通過他們的聽覺、視覺和觸覺,細微的體會不同動作完成的區別,引導他們總結自己練習成功的經驗,從而自覺的遵循技能轉移的規律。

(過家興)

七 運動素質訓練

　　運動素質訓練是身體訓練最重要的內容。運動成績的提高,無不依賴運動素質的高度發展,各運動項目也不能例外。

　　運動素質是指運動員機體在運動時所表現出來的各種能力。通常包括力量、速度、耐力、柔軟等。有的也稱之為體能。這些能力是由機體的形態結構、各系統器官的機能水準、能量物質貯備及其代謝水準等所決定,而其發展和提高主要是通過訓練。

　　各運動項目成績的提高,不但要具備高度全面發展的一般素質,而且要有高度發展的專項運動素質。專項運動素質的確定及其訓練將在專項訓練篇各運動項目的素質訓練中分別論述,本篇主要論述各運動項目一般運動素質的訓練原理和主要方法。

(一)力量素質訓練

　　力量是各運動項目的基本素質。力量素質通常理解為人體或身體某部分肌肉在運動時克服阻力的能力。任何運動項目技術的掌握都要通過肌肉用力去實現,它是運動成績提高最重要的前提。例如,鏈球出手前快速旋轉需克服 180—190 公斤的拉力;排球重扣的力量達到 100 多公斤;提拉槓鈴的力量等於槓鈴本身重量的 135%。而且力量素質對速度、耐力等素質的發展與提高有着重要影響。必須高度重視運動員力量素質的訓練。

1、力量素質的種類

　　按不同的分類標準,可將力量素質分成不同的種類。各種不同種類的力量其訓練的原理和方法也是不同的。這裡按運動時肌肉克服阻力的表現形式,把力量素質分成最大力量、相對力量、速度力量、力量耐力四種。

　　(1)最大力量也稱絕對力量,是指無論體重大小,身體或身體某一部分肌肉克服最大阻力的能力。因為體重增加,最大力量一般也會得到相應的提高。

　　(2)相對力量是指每公斤體重所具有的最大力量。相對力量 = $\frac{最大力量}{體重}$,這一公式表述了體重與最大力量的關係。若最大力量不變而體重增加,則相對力量變小。相對力量對於競技體操、韻律體操、跳高等克服自身重量的項目有重要意義。這些項目的力量訓練既要增加最大力量,又要控制體重的增長;角力、柔道、拳擊等同場直接對抗性項目,有體重級別的限制,相對力量的發展,顯得越加重要。

　　(3)速度力量是指肌肉在運動時快速克服阻力的能力。速度力量是力量和速度有機結合的一種特殊力量素質。肌肉在運動時克服阻力的過程中,阻力越大,速度越慢。在許多運動項目中,運動員克服的阻力大多是恆定的,如田徑投擲項目的器械重量是恆定的,排球、籃球的球體重量也是恆定的,所以這些項目運動員的速度力量實際上是在恆定阻力條件下所表現出來的最大"動作速度",如排球扣球力量的大小,主要取決於揮臂甩腕的動作速度。因此這類項目的速度力量訓練主要是最大"動作速度"的訓練。

速度力量最典型的表現形式就是通常所說的爆發力。爆發力要求運動員在運動時,在盡可能短的時間內,爆發出盡可能大的力量。評定爆發力可用爆發力指數,即爆發力指數 $= \dfrac{盡可能大的力量}{盡可能短的時間}$,指數越大,爆發力越好。

爆發力在許多運動項目中是決定運動成績的重要因素。

(4)力量耐力是指運動時肌肉長時間克服一定阻力的能力。阻力越大,運動的時間越短,只有在克服一定的較小阻力的情況下,才能長時間地持續運動,或重復盡可能多的克服阻力的次數。力量耐力在那些持續時間長的運動項目中有重要意義。

如果按肌肉在克服阻力時的收縮形式分類,可分爲靜力性用力(等長收縮)和動力性用力(等張收縮)兩種。

2、最大力量訓練的原理和主要方法

首先要認識影響最大力的主要因素有哪些,才能有針對性的訓練,取得好的訓練效果。影響最大力量發展的因素很多,但最主要的有:

(1)肌肉的白肌纖維的數量

衆所周知白肌纖維的收縮速度快,達到最大張力的時間比紅肌纖維約快兩倍,表現出的力量大。肌肉中白肌纖維的含量越大,力量就越大。由於紅白肌纖維含量多受先天遺傳影響,訓練較難改變。

(2)肌肉的生理橫斷面大小

肌肉的生理橫斷面越大,力量越大。肌肉的生理橫斷面受肌纖維的粗細和數量制約。發展最大力量的訓練主要是增加肌肉的生理橫斷面。

(3)肌肉在克服阻力時肌纖維的初長度

肌纖維本身的長度對最大力量有重要影響,因爲肌纖維長,其橫斷面的增粗潛力大。而在克服阻力時的初長度長可加強肌肉的張力,肌纖維充分拉長,收縮力可提高 20—30％。

(4)神經肌肉的功能,也稱爲肌肉內協調能力

肌肉在克服阻力時,參加工作的運動單位越多,力量越大。但參加工作的運動單位受中樞神經系統發出的衝動頻率與強烈程度密切相關。衝動的頻率越快,越強烈,動員肌肉運動單位參加工作的數量越多,發出的力量也就越大。而神經衝動頻率的快慢和強烈程度,又多受刺激強度大小的影響,刺激(也就是阻力的大小)越強,衝動發出的頻率就越快,程度也越烈。所以

發展最大力量必須有較大的負荷刺激,也就是要有較大的阻力,即負重量。

　發展最大力量的訓練,主要有兩條途徑:一是通過增大肌肉生理橫斷面,增加肌肉收縮力量;二是改善肌肉的內協調能力,提高神經系統指揮肌肉工作的能力,動員更多的運動單位參加工作。這兩條途徑最常用的手段是以動力性向心工作形式進行的。

　(1)增加肌肉生理橫斷面的最大力量訓練

　為取得增加肌肉生理橫斷面發展最大力量的訓練效果,必須科學地確定負荷強度(即負重量)、練習重復的次數與組數、練習的持續時間和組間的間歇時間。

　①負荷強度。以負重量為指標。要採用本人最大極限負重量的60—85％的強度進行重復練習,這可促使肌肉功能性肥大,增加肌肉的生理橫斷面。100％的極限負荷強度應慎用和少用,一般可每周穿插進行1—2次。慎用在於減輕運動員的心理負擔和防止受傷,少用在於動員更多的運動單位參與工作,提高肌纖維的同步化工作程度和運動員的心理適應能力。

　②練習重復的次數與組數。每組4—8次,可做5—8組。最後幾組和次數必須堅持完成,這樣肌肉的能量供應才能得到充分改善,才可能造成肌肉橫斷面增大。因為最後幾組和次數的練習,參加工作的運動單位達到最多,與完成極限負荷用力時相似。

　③練習的持續時間。每次練習的動作速度要稍許慢一些,並使動作做得流暢,不停滯,通常在4秒鐘左右完成一次動作。這有利於工作的肌纖維變粗,肌肉橫斷面增大。

　④組間的間歇時間。以上一組練習後肌肉所產生的疲勞得到基本消除之後,再進行下一組練習為準。高水準運動員一般2—3分鐘左右即可,力量水準較低的運動員可適當延長。間歇時間裡,可做一些輕微活動和放鬆練習,加快恢復。

　(2)改善肌肉內協調能力的最大力量訓練

　①負荷強度。用本人最大極限負重量的85％以上強度。這種強度刺激能加速中樞神經系統發放衝動的頻率及增加其強烈程度,動員更多的運動單位參加工作。

　②練習的重復次數與組數。每組1—3次,可做5—8組。組次以完成既定強度的次數為準。但是,高水準運動員可根據具體情況適當增加練習的組數。

　③練習的持續時間。每次練習的動作速度要適當加快,帶一點"衝勁",通常在2秒鐘左右完成一次動作。

　④組間的間歇時間。一般在3分鐘左右,或再長一些。如果是局部肌肉參與工作,間歇時間可短一些,反之則長一些。總之要使負荷的肌肉得到恢復,再進行下一組練習。間歇時間裡也可做一些輕微活動和放鬆練習。

　　在訓練中,應先做增加肌肉生理橫斷面的訓練,有了一定的力量基礎,再進行肌肉內協調能力的訓練,這樣可防止受傷。

　　發展最大力量還可採用靜力性等長練習和等動性練習。

　　靜力性等長練習時,肌肉的張力發生變化,但長度基本不變,肢體不產生位移,肌肉可相對的保持較長時間的最大用力。靜力性等長練習通常多採用大強度和極限強度,也就是本人最大強度的100%。每次練習的持續時間為5—6秒鐘,在訓練課中全部靜力性等長練習一般不超過15分鐘。

　　等動性練習要借助等動練習器,預先標定練習的速度和肌肉的張力。等動性練習是在動作速度基本不變的情況下,肌肉在練習的全過程中都能發揮出較大的力量,因其在各個關節角度上用力基本上是均等的,具有等張和等長練習的優點。練習的強度要大,每組練習4—8次,可做5—8組,組間的間歇也應充分。

3、相對力量訓練的原理和主要方法

　　相對力量反映的是運動員最大力量與體重之間的關係,最大力量不變或變化很小,體重增加,則相對力量就變小;同樣,最大力量增加而體重不變,則相對力量就增大。因此,相對力量的訓練在一些有體重分級的項目和競技體操、韻律體操項目中,主要是一方面增加最大力量,一方面控制體重。

　　但是由於最大力量的增加,肌肉增粗,體重也會相應增加。曾有人研究發現,通過舉重訓練,力量和體重的增加為3比1。因此,為在最大力量增加的同時,控制體重增加,在相對力量的訓練中,主要通過提高肌肉的內協調功能來提高最大力量,這有助於控制體重的增加。其訓練的基本做法是:練習的負重量要大,一般是用85%以上的強度,以動員更多的運動單位參與工作,減少肌肉功能性肥大,練習的數量每組3次,6—10組,練習的動作要連貫,帶點爆發式用力,但間歇時間要充分一些。

　　為控制體重的增加,除日常注意控制飲食外,也可適當採用一些其它控制體重的方法(詳見第一篇第十專題)。

4、速度力量訓練的原理和主要方法

　　由於速度力量是力量和速度有機結合的一種特殊力量素質,具有速度和力量的綜合特徵。運動員在完成某一個動作時所用的力量大、速度快,則其所表現出的速度力量就大。圖2-7-1所示,高水準運動員完成某一動作所用的時間(t_1)短,最大力值(F_1)高,表現出的速度力量就大;而一般水準的運動員所用的時間(t_2)長,最大力值(F_2)低,表現出的速度力量就小。

　　而且負荷越大、速度越小,當負荷達到最大時,速度變成零,當負荷為零時,速度最大。其關係曲線見圖2-7-2。

　　所以只有使最大力量和速度兩方面都提高,才能取得速度力量訓練的最佳效果。但科學研究和實踐證明,訓練中提高力量相對比提高速度容易

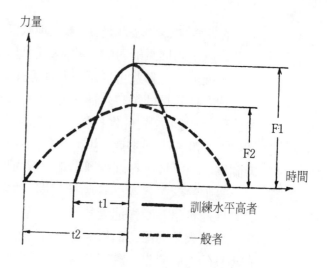

圖 2-7-1　力量和時間因素對速度力量的影響

（轉引自《運動訓練學》人民體育出版社 1990.6）

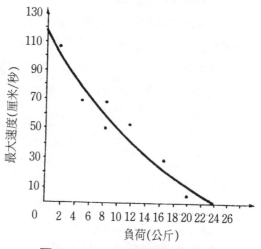

圖 2-7-2　速度和負荷的關係曲綫

（轉引自《運動訓練學》北京體育學院出版社 1986.6）

一些。因此,提高速度力量往往廣泛採用發展力量的練習,在力量提高的同時注意發展動作速度。

速度力量訓練的主要方法,一是負重練習,一是不負重練習。

(1)負重練習發展速度力量的方法

①負荷強度也就是負重量要適宜。若負重過大必然影響動作完成的速度;相反,負重過小又難以表現出速度力量。一般多採用本人最大力量的40—60％的強度,這可兼顧力量和速度兩方面的發展。練習中還應要求運動員盡量體會最大用力和最大速度感。如要發展爆發力,其強度伸縮性較大,既可用較大的負荷強度,也可用低於 40％的強度,在使用較大的負荷強度(如 70％)訓練時,要注意動作完成的速度,如動作速度變慢,動作變形,可減少重量或停止練習。

②練習的次數和組數。通常每組重復練習5—10次,做3—6組。但組數的確定應以運動員不降低完成動作的速度爲限。如動作速度下降,可停止練習。

③組間的間歇時間應較充分,但也不宜過長。間歇時間如過長,導致中樞神經系統興奮性下降,影響下一組練習。通常爲2—3分鐘。

④練習的動作要求協調、流暢、正確,並盡量與專項技術動作結合。

(2)不負重發展速度力量的方法

不負重練習可採用發展下肢速度力量克服自身體重的練習。如單、雙足跳臺階和跳深練習等;也可採用發展上肢和軀幹的練習,如投擲出手、排球扣球的鞭打、投等練習。用小重量(如壘球、小石塊投擲、小啞鈴,滑輪拉力器)以通過發展動作速度發展速度力量爲目的的訓練也可包括在內。

①跳深練習

主要用於發展下肢速度力量特別是爆發力。訓練實踐中多採用跳深和連續不停頓地跳過障礙物的方法。

跳深練習實際上是一種超等長的練習方法,也就是先使肌肉做離心工作(即拉長肌肉),緊接着做向心工作(即肌肉縮短),這可動員更多的運動單位參加工作,使肌肉產生短促而有力的收縮,表現出很大的爆發力。

跳深練習的高度一般可從50—60公分的高度跳下雙足落地後,立即往另一100公分左右的高度上跳,落地時主要用腳掌先觸地,而後到全腳,注意防止腳跟先着地,避免腳跟挫傷和脊椎震動過大造成運動損傷。以6—10次爲一組,做6—10組,組間間歇2—3分鐘。

連續跳越障礙物的高度要適宜,障礙物的間距以不停頓能連續跳過下一個障礙物爲準。跳臺階(樓梯)也要保持動作的連續性和具有爆發用力的特徵。這些練習可用雙足跳,也可單足跳。練習前要做好充分的準備活動,防止肌肉拉傷和踝關節扭傷。

②完成專項比賽性動作的快速練習。這種練習可以是徒手的也可以帶輕器械的。帶輕器械的重量一般不超過比賽器械的重量。其目的主要是通過發展動作速度來發展快速力量。練習可6—10次爲一組,做6—10組,組間間歇2—3分鐘。練習中要注意動作的快速有力,並符合專項比賽動作的技術要求。

5、力量耐力訓練的原理和主要方法

由於力量耐力主要是有氧供能,其發展不僅依靠肌肉力量的發展,而且要依靠血液循環、呼吸系統機能的改善和有氧代謝能力的提高,以滿足長時間工作的肌肉所需氧氣和能源的供給。

最大力量與力量耐力有關,不同運動員在完成同一負重時的重復次數,就取決於其最大力量的大小。最大力量大的運動員練習中重復的次數多,表現出的力量耐力好。所以力量耐力水準的提高,也依賴於最大力量的發

展。

力量耐力訓練的基本方法是:

(1)練習的強度。若是發展克服較大阻力的力量耐力,可採用本人最大力量的 75—80％的負荷進行重復練習;若是發展克服較小阻力的力量耐力,其最小負荷強度不能小於本人最大負荷強度的 35％,若低於 35％的負荷強度,則練習效果不大。

(2)練習的重復次數與組數。一般要達到極限的重復次數,即堅持做到不能再做爲止。這樣才能改善血液循環和呼吸系統的供氧能力和糖酵解供能機制,保證力量耐力的增長。練習的組數也應視具體情況而定,通常以保證每組達到極限的重復次數前提下,確定練習的組數。

(3)練習的持續時間。若是採用動力性練習,這由練習的次數和組數確定,以完成預定的次、組數爲其練習持續的時間;若是採用靜力性練習,單個動作的持續時間一般是 10—30 秒,這取決於負重的大小,負重大則持續時間短一些,負重小持續時間長一些。

(4)組間的間歇時間。要在未完全恢復的情況下就進行下一組練習,以達到疲勞積累、發展力量耐力的目的。如進行幾組練習後,運動員已相當疲勞了,就可適當延長組間休息時間。

最大力量、相對力量、速度力量和力量耐力的發展,受各種不同主要因素的影響,歸結起來可用圖 2-7-3 表示,訓練過程中可參照圖示,採取相應的方法發展不同種類的力量。

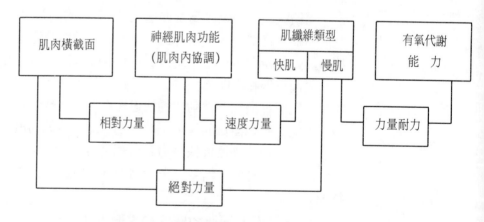

圖 2-7-3

(轉引自《運動訓練學》北京體育學院出版社 1986 年)

6、力量素質訓練應遵循的幾個基本要求

盡管各種不同力量訓練的原理和方法不盡相同,但下列幾個基本要求均是需要共同遵循的。

(1)力量訓練要保持經常

　　力量訓練可使肌肉克服阻力的能力較快增長,但一旦停止訓練消退得也較快,而且增長得快,消退得也快,慢慢增長,消退得也慢,若停止力量訓練,經訓練獲得的力量將按原增長速度的 1/3 消退。所以力量訓練要經常進行,並使其慢慢地穩步增長,這樣既可防止傷害事故發生,又可減慢力量消退速度。保持經常的力量訓練,非舉重項目的運動員,一般每周三次爲宜,即隔日一次。經實驗研究,隔日一次比每天練,最大力量增長的效果要好。

　　(2)要逐漸增加負重量

　　當通過力量訓練,力量獲得增長後,就要及時地增加負重量,才能使力量持續提高。若停留在原有的負重水準上,只能是增長力量耐力。這就需要不斷測定運動員的力量素質發展水準,及時增加負重量。但每次提高的幅度不宜過大,當運動員在某一負重量下能舉起 12 次時,負重量大約可增加 5%。

　　(3)力量訓練要全面並應有針對性

　　全面提高各肌肉群的力量,不但要使運動員的大肌肉群和主要肌肉群得到訓練,而且要發展小肌肉群和肢體遠端肌群的力量;若要發展某一肌肉群力量,則選擇的訓練手段要使主要用力的肌肉部位對準所要發展的肌肉群;同時要針對專項技術動作的肌肉用力部位發展專項力量,這可模擬專項技術動作進行專門的力量訓練。

　　(4)力量練習時要調整好呼吸,盡量少憋氣

　　憋氣用力時能有助發出較大的力量,而呼氣和吸氣時發出的力量相對較小。因此往往在力量訓練時,運動員會主動的憋氣提高力量。但用力憋氣會引起胸廓內壓力提高,導致腦血供應不足,產生不良後果。因此應盡量不憋氣,可用慢呼氣來協助最大用力。進行速度力量和力量耐力訓練時,最好是配合動作自然地呼吸。

　　(5)力量訓練後要注意放鬆

　　力量訓練後,用力肌肉部位會產生僵硬和酸脹感,必須重視並積極予以消除。採用按摩放鬆和做靜力牽拉練習是較有效的方法。

(二)速度素質訓練

　　速度素質是人體(或身體的某部分)進行快速運動的能力。速度素質不但直接決定某些運動項目的成績,如週期性項目就是直接以通過某段距離的時間來確定運動成績高低的,而且對其它運動素質的發展也起着很大的影響。速度素質是各運動項目的基本素質之一。

1、速度素質的種類

　　(1)反應速度。是指運動員對各種外界刺激(聲、光、觸等)快速應變的

能力,也即做出反應的潛伏時間。

(2)動作速度。是指運動員快速完成某一動作的能力。如鐵餅、鏈球投擲的旋轉動作時間。

(3)動作頻率。是指在單位時間裡運動員完成同一動作的次數。

而通常所說的移動速度,是指單位時間裡運動員通過一定距離的能力。它是上述三種速度素質綜合表現的一種快速運動能力,而且受力量、耐力、柔軟性和動作技術的影響。例如 100 公尺跑,運動員位移的快慢,受起跑的快慢(聽到槍聲後的反應速度),跑的動作頻率、腿部力量、柔軟性、跑的技術,以及過程的耐力等諸多因素的影響。

2、反應速度訓練的原理和主要方法

反應速度主要由反射弧各環節器官系統的機能、神經反射通路的傳導時間所決定。這受遺傳影響,後天訓練主要是開發其反應速度的潛力。例如,人的本能反應速度是 0.05 秒—— 0.09 秒,而優秀運動員最快反應速度是 0.05 秒—— 0.07 秒,比一般人快 0.02 秒—— 0.04 秒。世界上 100 公尺起跑最快的運動員是美國的伯勒爾,爲 0.117 秒,創 100 公尺世界紀錄的劉易斯是 0.136 秒。

聲覺、光覺、觸覺反應速度以觸覺最快,聽覺次之,光覺再次之。

反映速度除受遺傳影響外,外界刺激的強度也起很大作用。強度較大的外界刺激能引起較快的反應,但過大的刺激則可能造成抑制性反射,反應速度反而慢。另外,注意力的集中程度也影響反應速度。據研究測定,當肌肉處於待發狀態後的 1.5 秒到 8 秒之間,反應速度最快,比處於放鬆狀態時快 60％;準備活動作得充分,也會提高反應速度。這些在反應速度的訓練中都是要加以注意的。

反應速度訓練的主要方法有:

(1)利用突發信號的重復練習

即發出信號,要運動員做某一個相應動作,越快越好。這種練習,主要提高簡單反應速度。由於反應速度在很大程度上取決於運動員對信號回答反應動作的熟練程度,若動作熟練,信號一發出,神經系統與運動器官間的反射聯繫無需再用較多時間。因此,訓練中要更多的採用運動員不熟悉的動作,以提高練習效果。

(2)按信號做選擇性練習

一是發出的信號要變化並複雜一些;二是要運動員做相反的動作或按信號規定做不同的動作。例如,發出蹲下的信號,運動員做站立動作;信號1—4 數代表原地不動,向左、右和向後轉 4 個動作,運動員按信號數做相應動作,而後再變換號數和相應動作,反覆練習。還可按照對手的動作做出不同的反應練習。這種練習,有利於提高複雜反應速度。

(3)運動感覺法

由於反應速度與區別時間間隔的能力有密切關係,區別時間間隔的能力強,反應速度快。運動感覺法就是通過提高準確區別時間間隔的能力來提高反應速度。

這種練習方法分三個階段:

①要求運動員以最快速度對某一信號作出應答反應,教練記下時間,然後把時間告訴運動員;

②練習同第一階段,但練習後先讓運動員說出他估計所用的時間,然後教練員再告訴運動員實際所用時間,讓運動員比較其間的誤差;

③同樣練習,要運動員準確判斷所用的實際時間,若誤差縮小,說明其判斷時間間隔的能力提高了,從而促進了反應速度的提高。

(4)移動目標的反應練習

運動員對移動目標做出應答反應一般要經過四個步驟:

①看到和聽到目標移動的信號;

②對目標移動的方向、速度做出判斷;

③選擇確定應答的行動;

④實施應答行動。

上述四步組成了反射的潛伏期,其中以第一、二步反應的潛伏時間較長,而且其判斷的準確程度,直接影響第三步和第四步的效果。訓練中以第一、二步為重點,不時變換目標移動的方向和速度,提高運動員迅速看到目標並做出準確判斷的能力,以縮短全過程的反應時間,發展較複雜的反應速度。

(5)結合專項技術動作,做各種反應性練習,以及在複雜條件下,如間接、直接對抗、消極、積極防守的狀態下,變換完成各種專項技術動作練習。盡可能的模擬專項比賽中各種複雜變化的情況做各種反應練習。

3、動作速度和動作頻率訓練的原理和主要方法

動作速度是在完成某一動作的過程中表現出來的,如投擲的最後出手的動作速度,游泳的轉身動作速度等,因此它與動作技術聯繫緊密。動作的頻率在週期性項目(如跑、游泳、輕艇、自行車等)中,以同一動作重復次數的快慢表現出來,所以也同專項動作技術有關,兩者的訓練都離不開專項技術的提高。

動作速度和動作頻率的提高與力量和耐力素質的提高也密不可分。例如,在非週期性的力量速度項目中,像抓舉的發力、跳躍的蹬地等,都要有很大的力量才能表現出很快的動作速度;在週期性項目中同一動作的多次重復,而且要求在單位時間裡達到很高的頻率,則與耐力水準的高低直接相關。

因此動作速度和動作頻率的訓練,必須根據專項特徵,與專項技術訓練和其它素質的發展有效地結合起來。

動作速度和動作頻率還取決於運動神經中樞興奮與抑制的轉換速度即神經過程的靈活性,以及做動作的肌肉白肌纖維比例的大小。神經過程靈活性大,肌肉中白肌纖維含量多的人,更有利於動作速度和動作頻率的發展。

動作速度和動作頻率訓練的主要方法:

(1)採用與專項比賽動作相似,並能高速完成的動作進行重復練習

這種重復練習的方法有四個基本要求:

①選擇的動作應能以最高速度去完成。

②動作應是運動員已熟練掌握的,無需運動員在練習過程中分散精力去注意怎樣做動作,而是把精力高度集中到完成動作的速度與頻率上。

③練習中速度不應下降,一旦下降就可停止練習。一次練習的時間,不應超過 20 秒到 30 秒。

④練習的間歇時間要嚴格掌握。一方面應使機體能得到基本恢復,另一方面又不應間歇過長導致神經興奮性產生本質的下降,影響下一次練習。

(2)運用負重做專門的動作速度練習

例如負重跑、負重高抬腿跑、負重單、雙足跳,增加投擲器械重量的出手動作練習等等。這主要是利用負重而獲得的後效作用提高動作速度與頻率。因為負重完成動作後,一方面其留下的"慣性"作用,有助於提高下一個動作練習時的速度,另一方面負重動作練習後神經中樞的"剩餘興奮"在後一個動作練習過程中仍保持着運動指令,從而可提高後一動作練習的速度。但這種負重的重量要小一些,負重量大則不利於保持正確的技術動作,而且要與不負重練習結合一起進行,以利於將負重動作練習後的動作速度,很快轉移到不負重的專項動作上去。

除投擲項目外,其它項目由於專項比賽動作不負加重物,所以如採用專項比賽動作做練習,通常不負重,即使負輕重量也要及時轉入正常練習中去,以避免形成負重條件下的動作定型,而破壞了不負重時正常動作練習的技術。

(3)借助外力和減少外界環境阻力的練習

如自行車、跑、划船等項目採用的順風騎、順風跑、順風劃、借用風力,減少阻力,提高動作的速度和頻率;下坡騎、下坡跑、領騎、領跑、牽引跑、騎等等,以及競技體操等技能類項目,在克服自身體重的練習中,為增加動作速度,可採用助力減輕其體重,加快完成動作的速度等。

(4)採用聲響、燈光信號等外界刺激,加快動作速度和頻率的練習

例如,用聲響的快速節奏要運動員隨聲響節奏同步做動作;游泳隨燈光信號移動速度快速游進等練習,有助於提高運動員動作速度感,加快動作速度和頻率。

(5)縮小練習的時間和空間界限提高動作速度

　　由於動作速度主要受專項比賽完成動作的時間和空間的制約,因此可借助縮短練習的時間和縮小練習的空間,促使運動員以最快的速度完成動作。例如,在週期性項目中可縮短練習時間,在球類和角力等對抗性項目中,縮小場地,迫使運動員在縮小的場地上快速移動,從而達到提高動作速度和頻率的效果。

4、移動速度訓練的原理和主要方法

　　由於移動速度是速度素質綜合表現的一種快速運動能力,並受其它素質和技術的影響,因此其訓練除了要提高運動員的反應速度、動作速度和頻率外,還要相應發展力量等素質,以及正確而熟練地掌握技術動作。

　　提高反應速度和動作速度與頻率的訓練可參照前述內容進行,而爲提高移動速度所進行的力量素質訓練,也可參照前述力量訓練的內容。其中最主要的是提高最大力量和爆發力。有研究發現,短跑運動員若百公尺成績要由 10″9 提高到 10″,在其提高的諸因素中,最大力量的增加起 12.34% 的作用,爆發力的增加起 20.57% 的作用。所以在提高移動速度的訓練中,提高力量的訓練是很重要的途徑。

　　(1)最大力量訓練要全面發展全身各部位肌肉的力量

　　例如,跑的運動員最大力量訓練可採用負重屈伸、直腿抓舉、臥舉、下蹲、槓鈴負肩、俯臥挺身、提踵等各種練習,以促使各部位肌肉群力量的發展。其它項目的訓練也都要根據專項特點選擇最佳的內容和手段。

　　(2)速度力量爆發力的訓練

　　此訓練可多採用超等長練習,如以最快速度反覆原地縱跳、單足跳 30 公尺、立定跳遠、三級跳遠、上下跳臺階(單、雙足)以及跳深練習等。

　　但是通過力量訓練,運動員提高了的力量要轉化到移動速度中去,往往是在力量訓練的負荷減少後才表現出來。這種現象叫"延緩轉化"。而促使這種轉化要與專項技術結合起來訓練,並使運動員感到在移動的時候有一種"力"貫穿於全身,富於彈性,並產生一種有力的跨度感,同時移動的後程不感到疲乏和肌肉的酸痛感,這說明力量訓練的效果轉化到移動速度上去了。

　　(3)提高移動速度的另一基本途徑就是重復跑的練習

　　進行跑的練習要掌握好:

　　①跑的強度,通常要用 85—100% 強度,但這種強度在訓練中要有變化,如固定一種強度重復練習,易形成"速度障礙"。

　　②練習的持續時間不能長,應在 10 秒左右,若以距離來說,可爲 30 公尺—60 公尺—80 公尺。

　　③重復的次數和組數,以不影響強度的保持爲限。爲加長訓練的總時間,可適當增加訓練的組數,延長組間間歇,以保持每次練習的強度,從而增加練習總次數和總時間。

④組間歇時間應使運動員機體基本恢復,保證下組練習達到既定的強度。

在移動速度的訓練中,當移動速度的提高達到一定程度時,往往出現一種停滯現象,難以進一步提高,這就是通常所說的"速度障礙"或叫"高原現象"。這種現象出現的原因很多,主要是:技能的掌握在時間空間上形成了較穩定的動力定型;訓練中過早過多的採用專項強化的訓練手段發展移動速度;技術不合理;負荷過度等。為避免這一現象出現,應注意不要過多、過早的應用專項訓練的強化手段,而要先進行身體全面發展的訓練;負荷要有節奏,並注意重復練習後的肌肉高度放鬆。如這種現象一旦產生,可採取相應的手段去突破。如停止移動速度的專門訓練一段時間,採用其它多種多樣的轉移性練習,以使形成的動力定型逐步淡化;增加練習過程中的助力,如下坡跑、順風跑、牽引跑、領跑等,以破壞動作定型的時間特徵。

(三)耐力素質訓練

耐力素質通常理解為運動員有機體長時間工作抗疲勞的能力。

疲勞是訓練後的必然結果,沒有疲勞就沒有訓練。但疲勞又會使有機體的工作能力下降,而不能保持長時間的工作,所以疲勞又是訓練的障礙。運動員在訓練和比賽過程中抗疲勞的能力,反映了他的耐力素質水準。

疲勞由於工作的特徵不同,可產生感覺上的疲勞、感情上的疲勞和體力上的疲勞等等。運動訓練過程中由肌肉工作引起的體力上的疲勞,是耐力素質訓練所要克服的主要疲勞。耐力素質的發展對較長時間的運動項目成績的提高有重要意義。

1、耐力素質的種類

耐力素質可分為一般耐力和專項耐力。有的從器官系統分類,把耐力分為肌肉耐力和心血管系統耐力;從供能特徵角度又將心血管系統耐力分為有氧耐力和無氧耐力(包括磷酸原供能和糖酵解供能)。

(1)一般耐力

通常又理解為有氧耐力,是指有機體在長時間強度不大的工作中抗疲勞的能力。這種長時間的工作主要靠有氧代謝供能。這對專項運動成績在很大程度上取決於運動員有氧供能能力的項目來說有重要意義。例如,中長距離游泳、自行車、跳、划船等長距離項目,其專項運動成績的提高要依賴一般耐力的發展。一般耐力對那些主要靠無氧供能的項目來說,對專項成績的提高雖然不起直接作用,但通過一般耐力訓練可為提高專項運動負荷創造前提條件,為專項耐力的提高打下良好基礎。

(2)專項耐力

是指有機體克服專項運動負荷所產生的抗疲勞的能力。由於各專項特

徵不同,專項耐力也具有不同的特徵:

　　長距離和超長距離項目,如10000公尺跑、馬拉松跑、競走、100公里公路自行車等,其耐力在很大程度上是由運動員有氧供能能力所決定的,因此其專項耐力以有氧耐力爲特徵;

　　中等距離的項目,如800公尺跑、200公尺游泳等,其耐力有相當程度是由糖酵解供能所決定的,因此其專項耐力是以糖酵解也即是通常所說的速度耐力爲特徵;

　　短距離類的項目,如100—200公尺跑、50—100公尺游泳等,其耐力是由磷酸原供能和糖酵解供能所決定的,因此其專項耐力也主要以無氧耐力爲特徵;

　　拳擊、角力、柔道等一對一直接對抗性項目,由於在規則規定的比賽局數和時間裡,要求運動員以最大強度進行工作,其供能主要是糖酵解供能,而且具有"力量性"耐力的特點,因此其專項耐力不但具有糖酵解供能特徵,而具有力量耐力的特徵;

　　球類項目,比賽要求在規定的時間和局數內完成大量而又難以估計的強度很大的動作,而且有的比賽時間較長,如足球加延長期有2個小時,負荷量和強度都很大,其耐力具有無氧和無氧供能的特徵;

　　競技體操、跳水等技能類項目,在比賽中要完成難度很大的、數量很多的成套和單個動作,而且要求技術動作穩定,完美無缺,因此其專項耐力具有力量耐力和心血管系統耐力的特徵。

2、一般耐力訓練的原理和主要方法

　　一般耐力主要是有氧供能,因此影響一般耐力的主要因素是最大吸氧量、氧的利用率和心臟循環率(血液在單位時間裡流經心臟的數量),糖元儲備,以及動作的協調完善、力量分配合理,有機體的機能工作節省化等。運動員的意志品質對一般耐力也有直接影響。所以,提高一般耐力最主要的就是發展運動員的有氧供能水準,這可用長時間的跑和其它週期性項目爲手段,採用持續訓練法和間歇訓練法。

　　(1)採用持續訓練法發展一般耐力

　　①持續練習的時間要長,一般要在30分鐘以上;

　　②持續練習的負荷強度,如以負荷過程中的心率衡量,應控制在150—160次/分,按照芬蘭心理學家卡沃寧提出的進行有氧耐力訓練心率保持的公式是:負荷強度=安靜時心率+(最大心率－安靜心率)×60％。心率控制在這個水準可增加心血輸出量,最大吸氧量可達80％左右,並可產生心臟容積增大的效應;

　　③持續練習的方式,主要是不間歇的連續進行,可以匀速,也可變速。

　　持續練習時,培養運動員的呼吸能力,對一般耐力訓練是很重要的。要在練習過程中使呼吸節奏與動作節奏協調一致,避免發生紊亂,並注意加深呼吸的深度。這可減少能量消耗,堅持更長時間的負荷,有利於一般耐力的提高。

(2)採用間歇訓練法發展一般耐力

①練習的持續時間,控制在 1 分到 1 分 30 秒,這能保證在間歇時間裡吸氧量達到最大值,提高呼吸系統的功能;

②練習的強度,達本人最高強度的 85％,如以心率衡量可達 170—180 次/分。因為在這種強度工作後的 10 秒到 1 分 30 秒內,耗氧量能大大增加,心血輸出量也增加,從而促使有氧供能能力得到提高。這是近些年來通過間歇訓練發展有氧耐力的一種較有效的方法;

③間歇時間,45 秒到 1 分 30 秒,最多不要超過 3—4 分鐘。其休息時間之所以不能過長,主要是為了不使上一次練習後已進入工作狀態的肌肉微血管收縮,以保證間歇後的練習比較容易的進入工作狀態;

④間歇時的休息方式,以積極性休息如走和慢跑為好,這既可加速恢復,又可保持下次練習時神經系統的必要興奮性;

⑤練習的組數,在最多不超過 3—9 分鐘的間歇休息時間裡,心率不能恢復到 120—140 次/分時,就不再進行下一組練習。

3、專項耐力訓練的原理和主要方法

由於各專項特徵不同,其耐力特徵也不一樣,有的是以無氧耐力或有氧耐力為特徵,有的是以長時間堅持最大肌肉用力為特徵。因此專項耐力的訓練,必須針對專項所需耐力的特徵進行,這在專項訓練篇中有論述。這裡主要提兩點:

(1)訓練中要充分利用專項運動負荷的增加來發展專項耐力,並建立必要的專項耐力儲備;

(2)專項比賽均有特定的比賽時間、場次、局數或動作數量;據此專項耐力的訓練要達到和超過專項比賽的量和強度,以建立穩定的比賽能力,表現出良好的專項耐力水準。

(四)柔軟度訓練

柔軟度是指人的各個關節的活動幅度、肌肉和韌帶的伸展能力。肌肉和韌帶的伸展能力對關節的活動幅度有較多影響,但關節的活動幅度更受關節骨結構的制約。柔軟度在各專項中均有很重要的意義,只是專項不同對其要求也有所不同而已。

1、柔軟度的種類

柔軟度通常分為一般柔軟度和專項柔軟度兩種。

(1)一般柔軟度是指適應各項目一般身體、技術、戰術訓練所需要的柔

軟度。可以說它包括機體各關節的活動幅度和肌肉、韌帶的伸展性。

(2)專項柔軟度是指各專項所特殊需要的柔軟度。如體操和韻律體操運動員完成各種器械練習動作所必需的肩、髖、腰、腿等大幅度的活動範圍(像轉肩、下腰)和伸展性;蝶泳運動員肩和腰的專門柔軟性等。專門柔軟度是掌握和提高專項技術必不可少的素質。

由於身體各關節的活動幅度和各部位肌肉、韌帶的伸展性在各專項運動中都能表現出來,只是所要求的活動幅度和伸展性的大小不同,人們才能根據各專項對柔軟性的特殊需要將柔軟度分為一般和專項兩種。專項柔軟度是建立在一般柔軟度基礎上的。一般柔軟度發展得好,有利於專項柔軟度的提高。

2、柔軟度訓練的主要原理和方法

影響柔軟度的因素較多,但主要有:關節骨結構,它由遺傳所決定,是柔軟度訓練最不容易改變的因素;肌肉和韌帶的彈性,這與性別和年齡有關,一般來說女性比男性、少年兒童比成年人的彈性要好,而且在中樞神經系統處於興奮狀態下時,其彈性也會增加;關節周圍組織體積的大小對關節的活動幅度也有影響,關節周圍組織的體積大,會限制活動的幅度範圍;另外,心理緊張和疲勞程度以及外界的溫度,也會對柔軟性產生影響,心理緊張、疲勞深、外界溫度低,都不利於柔軟度的訓練和發展。

無論是一般和專項柔軟度的訓練都要針對上述因素科學地安排。並且由於關節骨結構難以改變,因此提高關節的活動幅度也主要是通過提高跨過關節的韌帶和肌肉的伸展性去實現。而肌肉和韌帶的伸展性能的提高又主要是由於用力拉伸的結果。

柔軟度訓練的基本方法是拉伸法,拉伸法又有動力拉伸和靜力拉伸兩種,這兩種方法又都可採用主動性和被動性兩種練習方式進行(圖2-7-4)。

(1)動力性拉伸法。是指有節奏的多次重復同一動作的練習,使有關部位的肌肉、韌帶逐漸拉長。例如,有節奏的重復體前屈拉伸腿後部肌群、韌帶和腰椎關節的練習,就屬動力性拉伸法。

(2)靜力性拉伸法。是指先通過動力拉伸,緩慢的將所需發展的部位肌肉和韌帶拉長,當拉長到一定程度時,就靜止不動一段時間,以持續刺激該部位的肌肉和韌帶,達到拉長的效果。例如扶把的靜止搬腿練習。

(3)主動性練習。是指在動力或靜力拉伸時,不依靠外力,而只是以自己的力量將肌肉、韌帶拉長。

(4)被動性練習。是指在動力或靜力拉伸時,依靠外力作用將肌肉、韌帶拉長。如教練用力幫運動員壓腿。

被動性練習拉伸肌肉、韌帶的程度,往往高於主動性練習,其相差的程度反映了其柔軟性發展的潛力。但是各運動項目比賽中所要求的柔軟性,

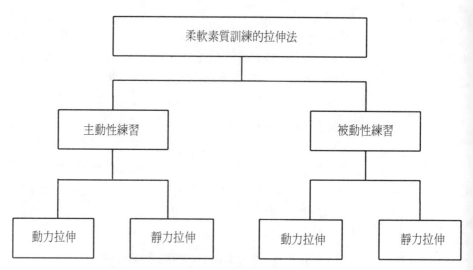

圖 **2-7-4**　柔軟度訓練的基本方法

都是運動員主動完成的,因此主動性柔軟的作用比被動性柔軟更大,被動性練習主要是將運動員的柔軟度潛力挖掘出來。

在運用拉伸法發展柔軟度的訓練中,要解決好練習的強度、重復的次數、組數、間歇時間和動作要求。

(1)練習的強度。柔軟度訓練的強度主要反映在用力的大小和負重的多少兩個方面。無論是主動或被動練習,其用力均需逐漸加大,加大的程度,以運動員的自我感覺爲依據,當感到脹痛難以忍受時爲止。這種火候的掌握與運動員的自覺、刻苦訓練的精神有關。

採用負重進行柔軟度訓練,一般可控制在 3—5 公斤重量之內,動力拉伸負重可輕些,靜力拉伸負重可重些,水準高的運動員比低的可略重一些。

增加練習的強度要逐漸實施,不可過快、過猛,防止拉傷。

(2)練習重復的次、組數。這在發展柔軟度和保持柔軟度階段是不同的,表 **2-7-1** 所列各關節練習的次數可供參考。每組可做 **10—12** 次,在約在 **6—12** 秒之間。在靜力拉伸時,可固定控制在 **30** 秒或 **30** 秒以上,這要視運動員的水準而定,組數亦如此。

表 **2-7-1**　　發展不同關節柔軟性兩個階段的練習重復次數

關　　　　　節		階	段
		發展階段(次數)	保持階段(次數)
脊　柱　關　節		90—100	40—50
髖　　關　　節		60—70	30—40
肩　　關　　節		50—60	30—40
腕　　關　　節		30—35	20—25
膝　　關　　節		20—25	20—25
踝　　關　　節		20—25	10—15

(引自原蘇聯普拉托諾夫)

(3)間歇時間。可根據運動員的感覺確定,並與練習的關節部位有關。

當運動員一組練習後感到基本恢復可進行下一組練習時就可開始,大關節練習後的間歇,要比小關節練習後的間歇時間長些。在間歇時間裡,可做一些放鬆活動和按摩。

(4)動作要求。做動作時,幅度要逐漸增大,並到位,以盡量拉長肌肉和韌帶,動作完成的速度,可以緩慢的速度也可以急驟式的速度進行,並相互交替。但由於在比賽中大多是急驟式的拉長肌肉和韌帶,因此在保持柔軟度的訓練階段應較多的運用後者。

由於柔軟度受多種因素的影響,爲取得最佳訓練效果,在訓練過程中還應注意:

1、結合專項特徵控制好柔軟度的發展水準

柔軟度的發展水準以能滿足專項運動的需要爲準,並有一定的"柔軟性儲備",以備在訓練和比賽中突然發生的急劇拉伸之用。過份的發展可能會導致關節和韌帶的變異,影響彈性和力量、技術的發揮。

2、柔軟度訓練要經常進行, 持之以恆

通過訓練,柔軟度可以得到較快的發展,但停止訓練,消退也較快。因此在訓練的全過程都應持續的安排一定比重的柔軟度訓練。

3、要做好準備活動和具有適宜的外界溫度

柔軟度訓練前,通過準備活動可提高肌肉的溫度,降低肌肉內部的粘滯性,防止拉傷。外界溫度以 18℃ 爲好,在這個溫度下進行練習,肌肉和韌帶的伸展性較好。

4、柔軟度練習要與其它素質訓練結合

柔軟度訓練要與其它素質訓練結合進行,特別是與力量素質訓練相結合,做到柔軟度的發展,使肌肉、韌帶柔而不軟,韌而不僵,剛勁有力;使關節的活動幅度掌握自如。

5、柔軟度要自小訓練

由於少年兒童與成年人相比,關節面角度大,軟骨厚,骨化沒有完成,韌帶組織也比較鬆韌,是發展柔軟度的好時機,而且在生長發育過程中發展起來的柔軟度不易消退,只要堅持訓練就能保持很長時間。

(過家興)

八 心理訓練

（一）心理訓練是科學訓練的重要組成部分

1、心理訓練在科學訓練中的作用

運動訓練科學化是當前提高運動成績的必經之路。心理訓練是科學化訓練的重要環節,它和身體訓練、技術訓練、戰術訓練共同構成現代運動訓練的完整體系。

心理訓練與身體訓練、技術訓練、戰術訓練相結合,能有效地提高身體、技術、戰術訓練的質量;發展運動員的專項心理品質;掌握調節心理狀態的方法以克服內外障礙,促進運動技能的發揮。

心理訓練是針對運動員的心理現實,有意識、有目的的施加積極影響,形成其良好的心理狀態、提高心理能力、發展心理品質的過程,即全面開發人腦、提高其反應能力的過程。而大腦做為接收信息、綜合判斷、發出指令調整行為的指揮中心,參與和調節着運動員的訓練與比賽行為。從身心統一觀點出發,只有把心理訓練與技戰術訓練、身體訓練聯繫起來、統一起來,才能形成一個具有明顯功能放大效益的整體訓練控制系統;才能全面挖掘運動員的身心潛能,以適應當代競技運動競爭日趨激烈之需要。

心理訓練的具體作用可歸納為:

(1)使運動員學會控制和調節自己的心理狀態,提高大腦對外部行為與內在活動的調節支配能力。

(2)培養堅強的意志品質、提高心理適應力,發展運動員的個性心理品質。

(3)提高運動員的感覺與思維修養,發展其與專項特點相符合的感知覺、表像、注意、思維、想像等智力水準。

(4)促進運動技術、戰術的掌握、鞏固與完善。

(5)消除精神疲勞和加速身體恢復。

(6)幫助克服心理障礙,保持良好心理狀態。

2、運動隊心理工作的兩個方面

心理訓練並不可能解決所有運動員的全部心理問題。按心理學的觀點進行分類,運動員的表現可分為正常行為與異常行為,並且構成一個連續體。我們的工作目標是發展運動員的超常心理品質、以達到超常行為。這就構成了運動隊心理工作的兩個方面:

(1)從異常行為到正常行為的改變,是屬於臨床運動心理學的範圍,包括對運動員較嚴重的心理障礙與心理疾病的診斷和治療(如支持療法、系統脫敏、認知疏導、渲洩等)，這在運動員中雖屬少數，但也不容忽視;

(2)另一些運動員(絕大多數)的心理發展在正常範圍，但面對要求極高、壓力極大的比賽或難度、險度很大的訓練往往感到緊張、焦慮、恐懼、信心不足等等，應幫助他們透過心理訓練從一般水準發展到超常水準，這屬於教育訓練運動心理學的範圍。

前者主要應由臨床運動心理學工作者主管，但必須有教練的協助與配合;後者卻主要應由教練主管，主導運動員的心理訓練與心理教育，所以，教練員應成為教育訓練運動心理學的行家，全面掌握心理訓練的理論、方法與技能。

3、心理技能訓練

由於心理活動是大腦的反應活動，具有內隱的特點，因此，對運動員的心理訓練必定是一個相當複雜和艱苦的訓練過程，它有時比技術訓練還要困難。

由於心理訓練的宗旨是提高運動員的適應(外部條件)能力與調控(內部活動)能力，而能力是以技能為前提的，所以，心理訓練的直接目的應是形成必要的心理技能。

又由於心理訓練的具體實施必須經歷學習階段(懂得某種心理訓練的必要性、可能性與訓練途徑)、獲得階段(通過練習、綜合練習、自我檢查與強化逐步掌握)和熟練運用階段(形成習慣定型)，它與一般技能形成過程相吻合，故心理訓練本質上是心理技能訓練。

(二)心理技能的訓練方法

1、放鬆技能訓練

是利用語言暗示、意念和想像的力量，有意識、有系統地訓練肌肉動作逐步達到鬆弛、呼吸減緩，從而使身體、情緒、心理均處於平靜狀態。具體訓練方法主要有:

(1)呼吸放鬆法

①深呼吸法:取舒適坐姿，輕閉雙眼，心情平靜，開始深深吸氣。吸氣時速度要慢，緩緩吸足，屏息1~2秒鐘再徐徐呼氣，呼比吸更慢。

②腹式呼吸法:取舒適坐姿或站姿，輕閉雙眼或半睜雙眼。先把氣從口和鼻子慢慢吐出，邊吐邊使腹部內凹，待全呼出後，閉上嘴，從鼻子慢慢吸進空氣，把腹部漸進鼓起來，吸足氣之後暫停，然後再把氣輕輕呼出、腹部凹進。呼氣時可默數"1、2、3……"。有人把這種腹部"一鼓、一停、一凹"的呼吸方法叫做三階段腹式呼吸，是一種很有效的放鬆和集中注意力的方法。

③內視呼吸法。閉目靜坐,舌尖貼住上顎,面部肌肉自然放鬆,取舒適放鬆姿勢。一面做慢而深長的腹式呼吸,一面想像吸氣時氣流從鼻孔徐徐進入鼻腔,同時想像氣流中有一小紅氣泡沿氣流行走路綫前進,從鼻腔經咽喉沿氣管到支氣管,直到胸腔。然後,氣流在想像中又繼續行到腹腔,再經右(左)髖部走到右(左)大腿—右(左)膝—右(左)小腿—右(左)腳底。稍停之後,想像氣流再攜帶小紅氣泡沿着原路返回,直到完全把氣體排出體外。下一次想像氣泡沿相反方向運行。每次練習 5～10 分鐘。

呼吸放鬆的上述三種方法,經堅持練習,形成通過調息來調節鎮定情緒的技能。

(2)肌肉放鬆法

根據大腦與骨骼肌雙向聯繫的特點,利用肌肉放鬆、重感、熱感來促使大腦入靜。掌握這種技能後,就可以通過對隨意活動的控制來調節某些不隨意機能,有效提高情緒的穩定性。

這種訓練方法練習的順序和要點是:

①取舒適的坐姿或臥姿,衣服寬鬆。感受身體的骨骼與肌肉的重量。輕輕閉上雙眼,深深緩慢吸氣,再慢慢呼出並感覺緊張隨之而去。第二次呼氣時體會緊張正被氣流帶走;第三次呼氣時想像緊張正在離開自己的肌肉。

②接着進行肌肉放鬆,順序是:

a.兩腳腳趾緊、並盡量彎曲,保持緊張時從一數到五,放鬆腳趾,體會緊張與放鬆感覺。

b.縮緊大腿、小腿、腳和腳趾的肌肉,保持緊張感覺從一數到五,然後放鬆並體會放鬆感覺。

c.緊臀部,緩慢地數五下,然後放鬆。

d.背部與腹部肌肉緊張,緩慢地數五下且越繃越緊,然後放鬆並體會放鬆感覺。

e.繃緊軀幹上部肌肉,聳起雙肩,使胸部和上背肌肉縮緊,體會緊張感覺並從一數到五,然後放鬆,體會所有緊張消失的感覺。

f.繃緊雙肩並握緊拳頭,體會緊張感覺並從一數到五,放鬆,手臂垂落身旁,體會放鬆感覺。

g.繃緊臉上肌肉、繃緊下頜,咬緊牙關、皺起頭皮,眼睛旁視。保持並慢數五下。舒展肌肉,放鬆頭皮、眼、嘴、牙關,體會放鬆感覺。

h.最後依上述順序使全身緊張,保持緊張並慢數到五。放鬆伸展,體會放鬆後的輕快感,讓放鬆的輕快感從頭流到腳,再重新返回來。

隨練習次數增加,放鬆技能的掌握,放鬆練習將越來越容易,越來越快。逐漸可做簡化放鬆練習。

(3)意像放鬆法

通過人的意念想像逐漸達到放鬆的目的。其練習方法是:舒適坐或臥姿,調節呼吸至慢而深沉,放鬆肌肉。想像愉悅靜謐的情景,如湖面微波蕩漾、湖邊樹葉沙沙作響、暖爐邊似睡非睡的舒適感覺、溫暖的陽光灑滿大地、沐浴在海邊的陽光下、寧靜的群山和藍色的湖泊,想像着在某個情景中自己放鬆的感覺、盡情享受着這種舒適的感覺。

練習之初可由他人誘導,再通過自我想像進行練習。

(4)舒爾茨簡化放鬆訓練法

主要借助於語言暗示來發展對身體各部位的感覺能力,使人逐漸進入放鬆狀態。在分步練習(標準練習)基礎上,把暗示語簡化,便於運動員掌握。公式如下:

①我非常安靜。

②我的右(左)手或腳感到很沉重。

③我的右(左)手或腳感到很暖和。

④我的心跳得平穩而有力。

⑤我的呼吸非常輕鬆、自然。

⑥我的胸腔感到很暖和。

⑦前額感到涼絲絲的很舒服。

練習時取臥姿或坐姿,全身放鬆舒適。按上述公式,每句話可重覆 3—4 遍,每次可進行 20～30 分鐘。該種練習應在運動員具備一定的放鬆技能後使用爲宜。

2、意像技能訓練

亦稱想像訓練、念動訓練、意像演練、視覺化技術等。是指運動員主動地有目的地利用自己頭腦中已形成的表像進行訓練的方法。它是一種在心靈深處的屏幕上觀察自己,喚起並指導所呈現的形象或動作的過程。從外表上看,並未進行明顯的身體動作或活動,在頭腦中卻在詳細描繪動作過程或細節。

意像是一種重要的心理能量。它能幫助運動員練習或獲得技能,加快學習新技術、改變不良習慣;演練比賽情境、預想行動方案;幫助獲得其它心理技能,諸如發展自我覺察力、建立自信心、改善注意力、控制情緒等。從技能學習來說,它能使學習過程縮短,對實際的技術訓練是一種輔助和補充,如籃球運動員訓練的重要目的之一是形成球感,有敏銳的專項知覺能力,能熟練地控制籃球、準確地投籃,這一切都是以以往訓練所形成的"內在意像"爲標準參照的。只有意像清晰、準確和可控制,才能在運動時靈敏地感知到姿勢動作和肌肉狀態的變化,及時糾正動作的誤差,保證動作的有效性。蘇聯的普尼教授指出:運用意像訓練提高意像能力可以提高動作精確度的34%。這是由於精確的意像將在動作之前、並伴隨動作過程,成爲獨特的"示範指導"。

(1)意像技能訓練的方法(指導提綱)

　　①以放鬆爲開始。

　　意像訓練是大腦和身體進行的一場"對話"，只有放鬆才能保證二者之間通道的暢通。因此，意像訓練以放鬆爲開始。選擇安靜的地點與時間，取舒適的姿勢(坐姿)，選用一種最適合自己的放鬆方法。

　　②基礎意像訓練——盡可能多地喚起參與運動時的各種感覺。

　　a.喚起視覺："看到了"場地、隊友、教練、籃球以及球的運行、投進籃筐……。

　　b.喚起聽覺："聽到了"訓練或比賽場上出現的各種聲響，運球、傳球、投球時的聲音。

　　c.喚起觸覺：球(或其它器械)的重量、溫度、表面粗糙程度的感覺。

　　d.喚起運動覺：不但感覺到了運動客體(如球或其它器械)的運動，更感受到自身在運動過程中姿勢動作和肌肉狀態的變化。

　　③意像清晰性練習

　　要把運動形式的感覺印象創造得盡可能眞實，產生與原有內容十分接近的意像，因此，它同樣涉及所有感覺。

　　a.先可以將某一靜物(如球或場地)做細緻描述，此種意像主要爲視覺成分。

　　b.繼而轉向動覺意像練習。在注意力很集中時，把記憶中實際的運動形式的每一個細節盡可能復現出來。如能從內向外進行視覺化，運動覺會更加清晰(即從內部感覺自己動作的內心演練)，意像更具體。

　　④意像控制能力訓練

　　意像訓練過程中，根據需要有控制地意像動作的某一瞬間、某一環節或身體某一部位的感覺。它是有意識的控制過程，是把意像凝聚於動作的某一部分，好似電影中的慢鏡頭或特寫。意像控制能力既是意像發展水準的標志，又對強化某一動作要領、糾正某一錯誤動作有益。如可意像緩慢地做動作，以加深體會關鍵動作的肌肉感覺，意像球變輕、變重後，控制球時用力的差異時可找出合理用力的感覺。

　　⑤提高意像的自我覺察力

　　在意像技能訓練之初，爲評定每個運動員的意像能力，可用量表得分或儀器(如肌電)測定，做爲起始水準的成績。

　　在進行意像清晰性和控制性練習中，要求運動員細緻復述、補充細節、使之更細膩地被自己所覺察。還可以採取連續記錄方法提高意像自我知覺能力，並與客觀評價方法(如儀器測定或量表得分)相比較、以技術的眞實提高相對照。

　　⑥意像技能訓練與技術訓練相結合

　　專門組織的意像訓練旨在掌握意像技能，但它不可能替代技術訓練。正確的安排應是將意像訓練與實際技術訓練交叉進行。首先，在專門組織的意像訓練中,要讓運動員逼真地想像真實訓練(或比賽)情況,如親臨其境;其次,在正式訓練(或比賽)之初或之中進行意像,要找到最好的動作感覺或解決技術難點;最後應把意像演練編制在動作程序之中成爲定型。

(2)意像技能訓練時應注意的問題:

①盡可能選擇安靜的環境,身心放鬆,注意集中。

②樹立現實、具體、符合實際情況的目標。可以是"解決問題型"的目標:如促使注意力集中、減少焦慮及身體的緊張感等;也可以是"內心演練型"的目標:想像自己進行或完成某種具體動作或技術的過程,選擇具體、明確的技術目標進行內心演練,使之成爲正常的身體、技術訓練目標的補充。

③用現在時態,使意像更生動、富有色彩。

④使用全部的感知覺。但在意像之初可能有一種(如視覺)是主要的,然後,隨演練的進步,再把其它感覺加進去。尤其運動覺不可缺少。

⑤以正確的速度進行意像練習。它應是同樣動作的重現,應與訓練時的動作速度相同。

⑥回憶最理想最成功的動作過程。

⑦長期堅持。每天 5～10 分鐘,每周 5～6 次。

⑧意像訓練可和實際技術練習交叉進行。

3、注意技能訓練

注意是心理活動對一定事物的指向和集中,它是心理活動的門戶,是心理過程正常進行的必要條件。運動員只有具備注意集中、分配、轉移等能力及適宜的注意廣度,才能保證訓練順利進行、比賽獲得成功。但不同項目、不同活動進程對注意有不同要求:射擊、射箭瞄準時要求窄度集中;球場上組織戰術時要求廣度集中;心理活動指向於自己的情感、思維和感知覺時是內部集中;在場地、器械上完成動作則需外部集中。在同一個項目中,由於活動要求不同,仍可能有注意力焦點由小放大或由大縮小的變化。根據需要恰當調節注意指向與範圍,合理的分配或轉移,就是注意技能訓練的目的。

另外,應了解保證運動成功的注意應是放鬆的專注,以保持靈活、機敏的狀態。因此,集中注意的技能與控制興奮水準的技能緊密聯繫。一般說,集中注意與興奮水準之間呈"倒 U"曲綫關係(圖 2-8-1),即:在興奮水平過高、過低的情況下,注意力將無法很好集中。

運動員如果在緊張的訓練或激烈的大賽時,往往經受過重的心理壓力,心神完全被憂慮、焦慮占據,就不可能集中注意。如果想學習從憂慮中轉移注意力,就要有意識地練習把思想轉到另一條思路,如集中於當前的任務、應採用的技術、策略或自己的呼吸、動作等。從認識轉換開始,使自己擺脫緊張,樹立積極而樂觀的態度,運用改善控制興奮性的技能,才能有效地集中注意。可見,注意技能訓練往往是綜合性的訓練過程。再配合專門組織

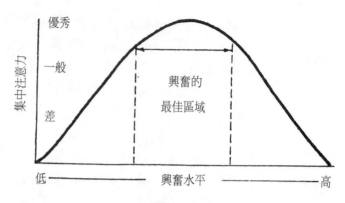

圖 2 - 8 - 1

的注意訓練才更有效。注意技能訓練的方法有：

(1)利用視覺集中注意力

①靜坐看某物，樹、雲……，力求全神貫注。

②放一排靶，看所有的靶，再把注意縮小到只看一個靶，再集中到看靶心，把視綫只同靶心中央連成一體，讓其它某物在背景中變得模糊，把自己同靶連成一體。1-2分鐘後閉上眼睛，在頭腦中重現剛才所看到的目標，愈逼真愈好。當感到有點分心或出現雜念時，再慢慢睜開雙眼，繼續注意目標。練習時間10分鐘。

目標物可以更換。如燈光、紅五星、圓圈、樹梢等。

(2)利用聽覺集中注意力

①聽到或想像一種聲音、如樹林中鳥叫、潺潺流水、鐘錶的嘀嗒聲，始終守住這個聲音。如果發現聲音不響了，再在意識中馬上'奏起'這一聲音。反覆練習5~10分鐘。

②分辨最小聲響練習法。將收音機或錄音機打開後，聽音樂(或講話)1分鐘，再把音量調小，直調到剛能聽到為止，再努力辨別講話內容或音樂旋律。聽不清可稍放大，聽清後再調小，練習5~10分鐘。

(3)利用呼吸集中注意力

①練習控制呼吸，讓呼吸慢、深和放鬆。

②臥姿呼吸練習。環境僻靜，躺下後臉朝上、頭朝北，使身體與地球磁場相吻合。雙腳自然並攏，兩手平放兩側。深深地、慢慢地、平穩地用鼻子吸氣，呼氣時感到有"能量"流遍全身，身體有明顯的"充電"似的感覺，注意集中了。

(4)利用意念(語言)集中注意力

①對關鍵動作要領的意念可起組織注意的作用。

②默想動作程序，想像一次完美的動作過程。

③重覆說你想要集中注意的焦點。

④只想當前，不想過去和未來。

(5)利用干擾條件來鍛練注意力

①在嘈雜環境中完成某一任務。如看書時打開收音機,提高"鬧中求靜"能力。

②播放專門錄制的反映比賽的錄音,或組織觀衆親臨現場,在干擾條件下進行訓練。

③在某一不良刺激誘發下產生焦慮、煩惱之時必伴隨注意分散,此時需要克服內心干擾,集中注意。

4、應激控制訓練

應激是一種身心動員狀態。它與人的生命活動相伴隨。但它既可能使機體精力充沛,又可能使人失去控制。對運動員來說,過度應激往往引起動作變形、運動效能下降,因此,應採取有針對性的控制技術,進行心理誘導與調節的訓練。

一般說,在應激水準較低、喚醒水準也低時,運動效能水準較低;應激水平提高,喚醒水準也隨之提高時,運動效能也提高,直至最佳水準;應激水準再提高、喚醒過度,開始對身心活動產生消極影響,運動效能下降。可見,過低或過度應激都應給予調整。但對運動員來說,緊張激烈的比賽、難險度很大的訓練,都更可能引起應激過度、消極感受掠走了他們的心理能量,導致消極與失敗的結局。所以,應激控制訓練主要是對過度應激的控制訓練。

過度應激往往是在某種較強刺激的作用之下產生。如競爭激烈的大型比賽就是使較多運動員產生應激的外部因素。但即使這種環境也仍有一些人並不導致消極應激。所以,過度應激實質上是一個人對環境認知的消極思維的結果,可見,認知在其中起着極大作用。一般說,應激形式有二:

應激形式 **1**

環境刺激	⟶	喚醒	⟶	消極思維	=	應激
(E)		(A)		(NT)		(S)

應激形式 **2**

環境刺激	⟶	消極思維	⟶	喚醒	=	應激
(E)		(NT)		(A)		(S)

無論是應激形式 1 還是 2,均是在環境因素作用下,主體的喚醒與消極思惟相互作用所形成的,常會形成起破壞作用的消極回饋環路。

根據應激成因,應激控制技術有三(表 2-8-1)。

表 2-8-1

應　激　因　素	控　制　技　術
環境刺激	"改變"環境
過度喚醒	身體應激控制技術
消極認知	認知應激控制技術

應激控制訓練的主要方法有：

(1)環境刺激控制訓練

①減少環境的不確定性

讓運動員明確訓練條件與要求，可能出現的問題與處理方法；明確比[賽]時間、地點、場次以及他應該達到的標準、注意事項等等；教練對運動員的[態]度前後一致、避免貶抑、恰當表達期望，使運動員感到坦然，心中有數。

②降低環境的重要性

如不要定死比賽中的名次指標，正確解釋訓練與比賽、此次比賽與今[後]比賽的關係，不以比賽名次來評價運動員的自身價值。

③使訓練條件逐漸複雜化，提高對環境的適應力

隨運動員的成長和技術的進步，不斷增加訓練難度(加大環境難度)，[使]訓練條件逐步接近比賽條件，使運動員對在比賽中可能遇到的困難發生“習慣化”反應，以能適應。如在射擊訓練中，在正規訓練的基礎上可在外加負荷下進行射擊(身體或身體加大晃動)；在強烈的側風下射擊；改變程度(己變從臥射開始的習慣)；不進行充分準備完成頭幾組射擊；設置干擾條件(觀衆、噪聲、槍支故障等)；考核性射擊、要求某一標準環數的射擊、有獎有罰射擊等以增加訓練時的心理負荷。

(2)身體應激控制訓練

①學會識別應激的徵兆。每人在應激時都伴有身體反應。如疲勞、心跳加速、口乾舌燥、失眠、臉部或身體肌肉顫抖、聳肩、咬牙、頸部緊張、出汗、腹部痙攣、胃部不適、嘔吐、尿頻、腹泄等症狀。但每人的身體反應都不同，應了解自己應激時的特殊反應、及早發現。當能較好意識到應激的最早信號就能當成放鬆練習的提示。

②運用放鬆技能。選用自己慣用的放鬆技能進行放鬆，使肌肉放鬆並影響心理放鬆。

③從稍緊張到放鬆；從緊張到放鬆；從高度緊張到放鬆；使放鬆技能嫺熟，隨時可用。

④適時適度放鬆到最佳激活程度，而不是越放鬆越好。放鬆訓練與比賽合理安排，要有一段間隔。

⑤將身體應激控制與認知應激控制相聯繫。

(3)認知應激控制訓練

認知應激控制訓練可分爲改變消極思維的訓練和積極性思維控制訓練兩個方面。

消極思維是產生破壞性應激的內部原因。取勝或失敗的運動員在強烈刺激情境下均可能產生消極思維。以積極的認知方法可以改變消極思維。這些方法包括：

①中斷思維

中斷思維是一個簡單的調節技巧。當頭腦中充滿消極的令人焦慮的想法、對活動帶來消極影響時,可採用中斷思維的方法。其步驟是:

第一步── 對自己大聲說:"停止!",同時在頭腦中想像一個大大的"停"字。

第二步── 立即在大腦中產生積極的、使人平靜的意像。為此,要求運動員在平時要列出 4~5 個(次)積極的使人鎮靜的場面或體驗,一旦需要立即憶及並盡量使其清晰。

第三步── 活動轉移。如眼望蔚藍的天空、白色的浮雲、挺拔的樹木、周圍的景物;耳聽動聽的音樂或做一些動作,集中精力於即將進行的動作要領上。

②合理思維

以合理的思維取代不合理的思維,使之從焦慮、恐懼、壓抑和自我貶低中解脫出來,達到對過度應激的有效控制。其步驟是:

第一步── 識別產生的不合理思維的內容。不合理思維的總特徵是對自己、對他人、對環境的要求絕對化、過分概括化。運動員常產生的不合理信念主要有四:

a.完美化── 對自己的高度期望。認為自己必須做得好,一旦失敗就陷於絕望,認為自己毫無價值。

b.對挫折的耐性低和自覺可憐。認為自己無法忍受為取勝而耐受長時間、大強度的單調訓練和負荷。

c.要求絕對化── 環境必須像我所要求的那樣完美,教練、裁判、隊友都要友好待我,否則就煩惱。

d.過去經驗決定論── 念念不忘自己失敗的經歷,以致在賽前無法集中思想,認為過去經驗是現在行為的決定因素,未戰先餒、喪失勇氣。

運動員應首先學會冷靜地捕捉和識別自己消極想法的內容。

第二步── 對不合理想法進行"內部辯論"。用理智的信念說服自己,並從過去的或周圍的事物中尋找合理支持,以加強辯駁的力量。如比賽場地的地面或照明有問題,運動員可能想:"場地這麼不好,我怎麼能打好?"但他可以用積極的想法說服自己:"場地條件確實不盡人意,我們無法改變。但對手和我條件一樣,我不怕。何況,我賽前在這裡練習過,我知道怎樣調整。"這樣,即使場地未變,他也首先能穩住情緒。

第三步── 明確現在應該幹什麼。把注意力集中於當前應做的第一件事情上,使之有良好的開端。把目標分割成部分,逐次實現。思維設計行動程序,行動加強信心。

第四步── 鼓動性語言。設計一些召喚語言。如肯定語句:"我能把握住自己";重覆積極語句:"我像磐石一樣穩定";召喚語:"戰鬥"、"堅持";口號:"滅對手的威風"、"堅持就是勝利!"

上面所列舉的四步可根據運動員的實際,全部或部分使用。

③自我談話

通過有層次地說理過程,對自己進行耐心說服使自己重新獲得積極的自我形象。如運動員賽前缺乏信心,認爲賽前訓練成績不佳或曾經中斷過。可通過自我談話解決:賽前訓練雖不盡人意,但我最近訓練的收獲是…;我這次參賽的目標是現實的;我的優點和長處是…,這是我的實力所在";"某次比賽中我的心理優勢明顯,表現在……";"我的對手同樣可能焦慮不安,因爲……";"我應繼續發揚我的優勢,具體做法1、2、3……"。自我談話實際是從消極的心理現實出發,把問題和解決問題的方法聯繫起來,實現認知結構轉換。

改變消極思維的訓練方法除上述的中斷思維和自我談話外,還有召喚性詞語、自我定向斷言等。其中,自我定向斷言能用新的自我意像代替舊的自我意像,因此能有效促進消極思維的改變。例如:

某籃球運動員技術好,但在極重要的比賽中罰球投中的百分比很小,以致教練不敢用他。他的態度是:"罰球時我從未投好過"。爲改變這一消極思維,要求運動員首先完成四個重要任務:

a.必須心甘情願地接受改變;

b.必須清楚需要改變的態度和習慣;

c.建立一個與舊自我意像相衝突的新的自我意像;

d.你必須用新的自我意像來代替舊的自我意像。

根據上述任務,這一隊員應明確,他的積極思維應是:"我是隊裡最好的罰球手"(新的態度),"每次投中球就對自己說:那才像我";"每次失球,就應該忘記錯誤。"(新的習慣)。然後使用定向斷言這一工具,通過復述導致成功的改變。書寫定向斷言的步驟是:

第一步── 明確目標……成爲我們隊裡最好的投球手

第二步── 建立時間範圍 明年 11 月 1 日

第三步── 列出達到目標後個人賦予的價值……我成爲籃球隊最好的罰球手,我將促使整個隊獲勝。

第四步── 列出獲得目標的計劃

　　a.在訓練和比賽中,每一次罰球前都調節好思想、情緒;

　　b.每次投中我都會說:這才像我。

　　c.每天記錄下表演分析

　　d.每天閱讀和默想我的定向斷言。

第五步── 書寫定向斷言……用第一人稱現在時,以'我'字開頭,寫下目標,如同你已經達到,接着列出賦予的價值、達到目標的計劃,最後再次強調目標,注明達到目標的日期。該籃球運動員的定向斷言卡片是:

　　××年11月1日

　　我是我們隊最好的罰球手,我每次開始就上場比賽,很高興能通過罰球來幫助我隊獲勝。在每次罰球前,我總是調節情緒、鞏固每一個好球,我會對自己說:"那才像我"。每天都記錄下表演分析、閱讀和想像我的定向斷言,我是我們隊最好的罰球手。

　　如此定向斷言總卡親手列出5個,分別放在生活中最常見的地方(衛生間梳妝鏡上、冰箱門上、臥室牆上、做成讀書的書籤等),每次來到時都閱讀它。把自己看成定向斷言中的人——以改變自己的自我意像。更重要的是在訓練和比賽中實踐它! 活動之後做下記錄分析並繼續閱讀它。逐漸讓新的習慣和態度確立,新的自我意像必然代替舊的自我意像(而不是二者的衝突),積極的思維控制技術形成,就能促進技術的表達——罰中更多的球。

　　定向斷言的真正力量在於它要求使用者做到了樹立目標、明確達到目標的價值、規定了時間範圍、通過改變態度或習慣來識明爲達到目標所制定的計劃,且每天通過復述來反覆重覆正面的圖象。因此,定向斷言是導致思維朝積極控制的永久性變化的工具(與思維中斷或召喚性詞語等相比),只要你認眞實施,就有可能成爲自己所期望的人,到那時,將終止閱讀定向斷言。

　　(3)積極性思維控制

　　此是指運動員面對訓練、競賽和生活現實能駕馭思想、更加積極地想問題並減少對運動效能進行消極評估次數的技巧。

　　由於思維與行爲效果緊密相連,如果對某事所想、所談、所寫越多(指眞實的想法),這一事物發生的可能性就越大:確信成功,往往成功;擔憂失敗,失敗就更易發生。因此,當積極性思維指向於活動時,表現在確定目標、制定計劃、建立技能練習的心理定勢、調節控制運動訓練過程、強化、提高技術水準;當積極性思維指向於自我時,表現在使自我形成良好的態度和習慣,或以新的自我意像取代舊的自我意像,提高精神控制力。

　　積極性思維更易於使運動員的意識(控制因素)、無意識(技術表演)和自我意像(自我態度和習慣)三者達到協調一致,促進比賽發揮。

　　所以積極性思維控制絕非僅是應激控制的認知策略,而是影響運動員訓練和比賽、乃至影響運動員心理發展的重要心理技能。

　　積極性思維控制包括培養積極思維和改變消極思維。又分別表現在對活動與對自我兩方面。積極思維控制訓練的主要方法有:

　　①樹立目標

　　樹立經過努力可能實現的目標就能激勵人爲之努力,使行動有了動力方向,並可避免因缺乏目標而產生的消極雜念和行爲動搖。樹立目標的技能包括:決定做什麼、實現目標的時間、爲什麼要樹立目標、達到目標的計劃、實現目標的價值(是否值得?)、實施計劃、從現在開始做起(執行計劃的第一步)、達到目標後再樹立新的目標。

有時,教練爲運動員樹立目標,運動員消極執行,產生消極思維:無法完成怎麼辦? 他(指敎練)爲什麼對我要求這麼高? ……因此,樹立目標應是運動員在教練指導下必須掌握的技能。

②編制動作程序

在每次訓練或比賽前,將動作程序在頭腦中認眞想清楚,所做的動作就成爲模擬思想的系列圖象,因此編制程序也叫思想綱要。它包括開始點、態度點、指導點、控制點、焦距點。例如在射擊中,開始點是指裝子彈時,射手就想象正面事物;態度點是指射手尋找最佳表演(命中 10 環)的感覺;指導點是想正確的平正準星、自然擊發、保持,結果命中 10 環;控制點是注意動作中最關鍵的部分—— 舉槍的穩定和力量的保持;焦距點是在擊發前意像正對着靶的準星上。

教會運動員在訓練中留心組織思想綱要,就能使思維活動與動作相結合,使之沒有時間去思考反面的事情,避免消極思維的干擾。

對運動員制定程序的要求包括期望階段(訓練和比賽前的思維活動)、行爲階段(訓練和比賽時的思維活動)、鞏固階段(訓練和比賽後的思維活動),即把積極的思維貫穿於準備、行動和回顧的全過程中。但是,隨運動員技術的成熟,在行爲階段思維的活動會越來越少,過多的思維反而起着阻礙的作用。

③制定臨場比賽的心理計劃

爲比賽應有多方面的準備,但通過積極思維進行心理準備才能帶動其他準備,並避免出現驚慌失措。臨場心理計劃主要包括:

a.做什麼—— 程序/策略;

b.爲什麼這樣做—— 希望產生什麼感覺/結果;

c.如果無效時怎麼辦—— 備用策略;

d.執行計劃情況—— 哪些方面做得不錯/哪些方面有待改進(比賽後塡寫)

針對個人不同情況制定的臨場心理計劃,能不斷提醒運動員在比賽中應注意的問題。在比賽前默誦比賽策略,使他們把精力集中於他們所能控制的事情上,而努力發揮自己的水準。

④對自己持肯定態度

運動員從早期開始就應形成對自己的肯定態度,如:我對自己成爲一名運動員深感驕傲;無論與誰比賽,我都會盡力打出自己的風格;我會盡力打出我的最高水準,贏得比賽。

同時,應結合自己在訓練、比賽活動中的表現,給予積極評價。如:"今天我做了百分之百的努力,發揮了自己的水準";"今天我對自己很有耐心";"今天我很自信,保持了健康和樂觀的態度"。"今天我允許自己失敗或犯錯誤,因爲我懂得必須冒險才能提高。"今天我對自己的表現負責"等等。

(三)心理技能訓練與技、戰術訓練結合

1、心理技能訓練滲透在技術訓練中

在技術訓練中結合意像訓練進行,如在做動作之前進行放鬆、意像成功的動作、體會成功動作的本體感覺等。具體實例如,在中長跑訓練中,課前規定跑速,讓運動員根據身體感覺、反應和當時的運動意像,按每圈(或每公里)報時,與實際速度相比較,調節感覺誤差。長年堅持可提高速度知覺的準確性、形式清晰的運動意像並提高技術訓練的質量。

2、心理技能訓練與動作程序化結合

在動作規範與操作程序中融合心理技能訓練,進行心理調節的放鬆訓練與念動訓練等。如射擊操作程序經常是:

放鬆入靜、強化正確動作的意像演練——→調好射擊姿勢——→舉槍——→瞄準——→到瞄區後邊瞄邊扣——→自然擊發——→回憶發射瞬間的景況(意像活動)——→預報(實質是根據意像對動作做出評價)——→看鏡子,做出反饋,核對誤差——→放鬆、入靜,之後可再進行意像或什麼也不想——→發發從零開始。

3、模擬實戰情況

這是一種模擬比賽的實戰訓練,爲運動員參加比賽做好適應性準備。特別是要讓運動員對於容易引起精神過度緊張和動作失調的各種刺激逐步產生適應,提高應付比賽的心理能力,形成良好的比賽定勢。在模擬實戰情況時,要求運動員將意像技能、應激控制技能、注意集中技能、思維控制技能全面合理地結合於技、戰術行爲之中,形成好的技能習慣,增強適應能力。

4、應用於比賽

爲發揮積極思維的控制作用,首先要寫臨場比賽心理計劃,在賽前兩周就要認眞考慮、寫出,並在賽前具體地演習。如短跑運動員的臨場計劃舉例(表2-8-2)。

有時運動員在寫心理準備計劃時,不用表格填寫的方法。但由於寫方案的過程就是在心理上對比賽的實施準備,因此,要詳盡些。應包括下述內容:對此次比賽的認識與自己的目標;賽前應做的物質與精神準備;比賽心理定向;比賽程序安排(什麼時間做什麼、怎麼做);應注意的環節;可能出現的問題與解決方法;心理控制策略等。

在比賽的心理準備中,重要的是解決比賽心理定向問題,即以怎樣的態度來控制自己的行爲、對待比賽中出現的問題。正確的定向應是以我爲主、想正確動作,不想結果,只專注當前、而不考慮過去和以後。從心理控制點

理論出發,可控的對象是自己(而不是他人);可控制的時間是現在(而不是過去和將來);可控制的因素是動作、技術,而不是比賽結果。只有把注意凝聚於可控因素,避開不可控因素,才能保持良好的心理狀態,具備發揮現有實力的信心;專注於比賽,情緒保持鎮靜、不無謂消耗心理、生理能量,保證技術動作的協調穩定。

表 2-8-2

程序/主要策略	期 望 結 果	備 用 策 略
一般準備活動: 長時間緩慢伸展活動	無拘束 放鬆、鎮靜	再做伸展練習, 相信自己能跑好
比賽準備: 使身體處於暖和、活躍 狀態;間歇做伸展活動 至比賽開始	自由自在	再加一件運動衫,自由慢 跑,放鬆
用全力模擬賽程的一 段,持續時間短,但要達 到出汗程度	有信心	想像以前發揮最好的一次 比賽——喚起那種感覺。 然後模擬跑 20m。
模擬大力起跑,然後模 擬使用提示語的起跑	已做好準備	如不可能進行模擬起跑, 就進行意像模擬起跑
想像並感覺自己跑得象 自己要求的那樣	在開始跑之前 進行最後提示	告訴自己你想要怎樣跑, 產生什麼感覺
走近起跑器: "呼吸""放鬆""做好準 備""警覺""堅強"	我已準備好	向自己提示以往的最好感 覺和尚未發覺的潛力—— 感覺象蝴蝶一樣輕盈、我 將會跑好
踏上起跑器: 作準備姿勢,"呼氣", "放鬆"	能自我控制	放鬆雙肩,注意力集中於 呼吸
預備姿勢,"發射"、"發 射"	即將飛離起跑器,很難阻 止自己,會象閃電一樣快	"爆炸""彈簧彈出""鬆發 條"

　　心理訓練的進程往往是從專門練習開始,通過心理練習形成心理技能;再結合於運動訓練之中、滲透在內,就能形成技術與心理相結合的合理動作定型(達到習慣化);再繼續在實戰中應用,提高運動員的適應能力,既有利於比賽的正常發揮,又能夠發展運動員的心理素質,促進他們個性的發展。

(劉淑慧)

九　運動訓練計劃的製訂

根據運動訓練過程的規律和專項特點,在對運動員現狀診斷和科學預測的基礎上,結合訓練的主客觀條件製訂一整套訓練計劃並組織實施,乃敎練最基本的工作內容。

在現代運動訓練中,訓練計劃所涉及的不僅是敎練和運動員,而且與醫務人員、科研人員以及行政管理、後勤工作人員有關。訓練計劃能使有關人員明確訓練目標與時限,統一認識與步驟。

(一)訓練計劃的類型與內容

根據訓練的時間跨度,訓練計劃一般分爲多年、年度、階段、週和課的計劃數種類型。不同類型訓練計劃的特點及相互關係,如(圖2-9-1)所示。多年訓練計劃由兩個以上年度計劃組成,年度計劃由若干階段計劃組成(即使全年訓練按單週期安排,實際上也分若干階段),階段訓練計劃由若干週計劃組成,而周計劃則包括若干次訓練課(或稱訓練單元)計劃。

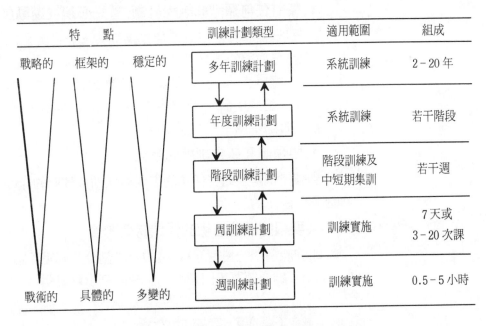

圖 2-9-1　運動訓練計劃的不同類型及其特點

(依田麥久　改制)

不論哪種類型的訓練計劃,其基本內容均可概括爲十個要點:

1. 運動員的現實狀態;
2. 訓練任務與指標;

3.訓練過程的階段劃分；

4.各階段的主要任務；

5.比賽的序列安排(周和課計劃可不包括)；

6.負荷動態變化的趨勢；

7.訓練方法與手段；

8.各訓練手段的負荷量度與要求；

9.恢復措施；

10.檢查評定的內容、時間及標準。

根據以上十點在訓練過程中的意義，又可將其歸結為準備性部分(1、2)、指導性部分(3、4、5、6)、實施性部分(7、8、9)和控制性部分(10)。通常在製訂多年和年度計劃時，應特別重視指導性部分，而在製訂具體的周、課計劃時，則應着重考慮實施性部分，如(圖2-9-2)所示。

（二）製訂訓練計劃的程序

訓練計劃是實現預定目標的過程與方法的設計，而確定目標則以回顧歷史和分析現狀為根據。

1、製訂任何類型的訓練計劃，首先必須從運動員的現狀分析入手

在分析現狀時，應注意不能割斷歷史——尤其是訓練史。運動員的現狀，既包括已取得的運動成績和具備的訓練水準，也包括影響運動成績的諸多指標：身體形態、機能、運動素質、心理素質、專項技術與專項意識以及意志品質等。這些指標，均應結合專項特點及發展趨勢來分析，以評估該運動員目前的實際水準及潛在運動能力。

2、要預測和確定訓練的目標

訓練目標是由比賽任務的需要與運動員教練的條件以及影響訓練的種種因素所決定的。

3、要根據欲達目標的預定時間跨度

即訓練週期的長短，做具體的階段劃分及確定各階段的具體內容。

下面，結合製訂不同類型的訓練計劃予以說明。

（三）多年訓練計劃

在奧運會或其它世界大賽的激烈競爭中，幾乎已不存在"初出茅廬"即可奪魁的可能性。儘管某些運動項目的優勝者平均年齡較小，但至少也經過了5—6年以上的系統訓練。在相當多的項目中，需8—10年甚至更長時間的系統訓練，方可在世界強手中占有一席之地。表2-9-1列舉的部分

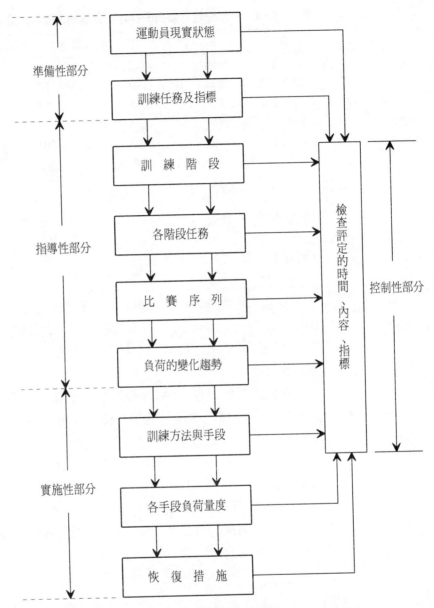

(圖2-9-2) 運動訓練計劃的基本內容及製訂計劃流程圖
(引自田麥久)

世界優秀田徑運動員開始訓練和創個人最佳成績的年齡對比,其成才之路平均走了十年半。表中所列運動員多為跳躍項目的名將,而在各類田徑項目中,跳躍運動員出成績的年齡居中等。因此,重視培養高水準運動員的多年訓練計劃,是毫無疑義的。

多年訓練計劃可分為全過程多年計劃和區間性多年訓練計劃。

1、全過程多年計劃

從運動員步入該項目訓練(實際上往往從專項選材階段開始),直至競技運動生涯結束的多年訓練計劃。

表 2-9-1　　　部分世界優秀田徑運動員開始訓練與創最佳成績年齡

姓　名	國　籍	項　目	開始訓練年齡	創最佳成績年齡
歐文斯	美國	短跑、跳遠	13	22
波士頓	美國	跳遠	13	25
布魯梅爾	蘇聯	跳高	14	21
阿弗杰延科	蘇聯	跳高	9	25
朱建華	中國	跳高	10	21
薩涅耶夫	蘇聯	三級跳遠	13	27
布勃卡	蘇聯	撐竿跳高	11	21 (第一次破世界紀錄時)
德勒克斯勒	德國	短跑、跳遠	12	20
貝科娃	蘇聯	跳高	14	26
西梅奧妮	意大利	跳高	14	25
安東諾娃	保加利亞	跳高	13	24

　　我國著名跳高教練胡鴻飛培養朱建華長達 15 年,係典型的全過程訓練範例。1973 年胡鴻飛將年方 10 歲的朱建華招至業餘體校試訓,經過十年磨練,朱建華 20—21 歲時三次打破男子跳高世界紀錄,直至 1988 年 25 歲退出比賽場。

　　在此漫長的過程中,胡鴻飛爲朱建華製訂並組織實施了各階段的訓練計劃。10—15 歲的訓練可列爲基礎訓練階段,16—19 歲爲專項提高階段,20—22 歲爲最佳競技階段(若不是出現傷病等原因,該階段及隨後的競技保持階段都理應延長)。胡鴻飛爲朱建華製訂的從啓蒙至成才的多年訓練計劃,即可列爲全過程多年訓練計劃。

　　然而,在我國現行的訓練體制條件下,運動員由啓蒙至退役始終在同一名教練門下訓練的情況並不多。因此,對大多數教練來說,一般爲製訂某運動隊或運動員的區間性多年訓練計劃。

2、區間性多年計劃

　　兩年以上的特定訓練期間的過程設計安排,即區間性多年訓練計劃。最常見的,則爲依據重大比賽(奧運會、亞運會、全運會等)的週期而做準備的四年訓練計劃。

　　爲了在數年後的重大比賽中取得理想的成績,自然需在製訂計劃時顧及諸多因素。其中,首先要確定每一年的主要任務以及爲完成該任務而需達到的競技水準和訓練負荷。處於專項提高階段的年靑運動員,一般來說要求競技水準和訓練負荷逐年上升。而處於競技保持階段的成年運動員,則這兩項指標均有可能持平或有所起伏。著名芬蘭長跑運動員維倫1968—1972 年和 1972—1976 年兩個四年訓練週期的成績與跑量變化曲綫非常典型地體現了這一特點(圖 2-9-3)。維倫 1972 年前處於專項提高階段,負荷量與競技水準逐年上升,在慕尼黑奧運會上取得 5000 公尺和

(圖 2 - 9 - 3)　維倫奧林匹克週期中多年訓練計劃的不同安排

10000 公尺兩項冠軍。他 **1972** 年後的四年訓練週期處於競技保持階段,其間的訓練安排呈波浪型(負荷量與成績成正比,但年度之間有起伏)。他在蒙特婁奧運會上再次榮獲兩面金牌,證明這樣的訓練計劃與實施是成功的。

3、專項提高階段的運動員多年訓練計劃的製訂

為達到每一年的競技水準指標(主要體現在專項最高成績及穩定成績上),必須掌握逐年的運動負荷。(圖 2 - 9 - 4)系運動負荷動態變化的模型。從中可清楚地看到,每年的運動負荷起點、最高點及最低點之間,都形成有機聯繫,逐年"步步高升"。實際上,該模型不僅表現了每年運動負荷的變化與聯繫,而且在相當程度上顯示了年度之間運動素質、專項能力及專項成績的對應關係。也就是說,下一年度開始時的訓練水準應比上一年開始時的訓練水準高;後一年高峰期的訓練水準也該高於前一年高峰期的訓練水準。對年青運動員的訓練,這種負荷逐漸遞增導致訓練水準穩定上升的安排,不僅是可能的,在一般情況下也是應該的。

儘管多年訓練計劃具有"框架"特徵,不便過早地對每年、每階段的訓練計劃安排非常詳盡、具體,但是高水準的教練完全有可能在對其專項特點深刻理解和認真檢討經驗的基礎上,針對運動員的現狀和對潛在能力的預測,為未來數年的專項指標、比賽安排、主要訓練手段以及負荷變化趨勢等,製訂比較具體的計劃。例如前蘇聯繫世界公認的撐竿跳高強國,他們為 17—20 歲的該項運動員製訂的多年訓練模式中,對各年度的訓練內容規定得相

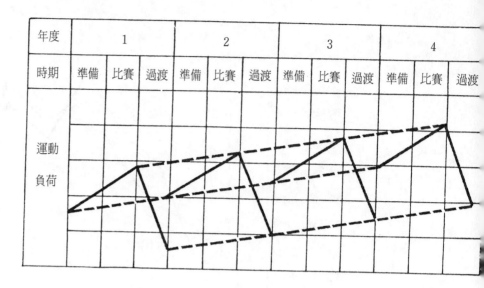

年度	1			2			3			4		
時期	準備	比賽	過渡	準備	比賽	過渡	準備	比賽	過渡	準備	比賽	過渡
運動負荷												

圖 2-9-4 四年訓練過程中負荷的變化趨勢

(Lewin 1974 DDR)

當具體, 旣有專項和素質指標, 亦包括採用的主要訓練手段及負荷變化(表 2-9-2)。

表 2-9-2 前蘇聯撐竿跳高運動員多年訓練計劃(專項指標與負荷變化)

指　　　　　標	17 歲	18 歲	19 歲	20 歲
專項最高成績(公尺)	4.40	4.80	5.10	5.35
當年 5 次最佳比賽成績平均值(公尺)	4.20	4.60	4.95	5.20
全年比賽次數(含副項)	18	18	20	20
40 公尺持竿跑	5″2	5″1	5″0	4″9
60 公尺跑	7″1	6″9	6″8	6″7
100 公尺跑	11″1	10″9	10″8	10″7
起跑練習(次)	200	250	300	250
助跑插穴起跳(次)	200	250	350	400
中短程助跑過杆(次)	400	400	300	200
中程助跑過杆(次)	400	500	50	600
全程身距過杆(次)	300	400	550	700
跑 80 公尺以內(公里)	25	30	35	40
跑 80—300 公尺人(公里)	45	50	55	60
跳遠(次)	250	300	350	350
跳躍練習(縱跳等)(公里)	6	7	8	10
負重彈跳練習(次)	1500	2000	2500	3000
負重半蹲練習(噸)	50	75	100	110
頸後推舉槓鈴重量(與體重％比)	50	52.5	55	60
技術模仿練習(小時)	50	55	60	60

在 1988 年漢城奧運會上, 蘇聯男子體操隊取得 8 枚金牌 3 枚銀牌 1 枚

銅牌的顯赫成績,該成績既體現了雄厚的實力,也是對其多年訓練計劃的最好驗證。

　　表2-9-3爲蘇聯男子體操隊在準備漢城奧運會的四年訓練中,主要訓練指標的變化。從中可見每年的訓練負荷起伏不大,呈逐年略有增加的趨勢。但值得注意的是,隨着奧運年的來臨,模擬訓練的次數明顯增多,測驗課也加多。

表2-9-3　前蘇聯男子體操隊 1985-1988 年主要訓練指標的變化(個人)

指　　　標		1985	1986	1987	1988
訓練日數		240—250	238—250	236—250	181—206
總時數(時)		1380—1410	1250—1560	1350—1510	1230—1272
訓練課次		501—510	623—648	610—665	456—469
量:動作數量(千)		104.5—120.2	110.8—114.8	125.5—126.6	80.2—95.8
成套數		884—907	903—907	939—960	706—769
跳馬		1018—1210	1064—1216	1006—1202	663—746
專項身體訓練動作數量(千)		31.6—38.2	30.8—38.5	31.6—37.4	38.9—39.8
重大比賽		3—8	3—9	3—8	3—9
小比賽		39—102	36—108	28—95	36—113
模擬訓練		12—27	32—50	36—58	38—56
測驗課		24—36	26—36	32—42	32—36
一日量的參數	成套	15	14	15	14
	跳馬	32	29	30	26
一週訓練參數	成套	50	52	9—42	8—40
	跳馬	168	132	12—132	15—128

　　注:年週期是 10 個月的統計數字　1988 年—8 個月

　　美國的羅伯特·里登 1990 年撰文論述競技狀態與訓練週期發展規律時,主張在四年週期的多年訓練計劃中,要求運動員必須在前三年達到較理想的素質和負荷量水準。最後一年的訓練,負荷量稍減小,重點模擬實際比賽的情況,熟練和提高具有個人特點的專項技術。其主要目的在於將前期獲得的訓練成果轉變爲實用的本領,訓練重點放在動作質量、技術和實戰能力的提高上。圖2-9-5表示青年女跨欄運動員在準備大賽的三年訓練中,一般素質和專項素質訓練比例的變化。從中可以看到,在前兩個年度的訓練中,一般素質的訓練明顯多於專項素質的訓練,而第三年則相反。這種變化帶有普遍規律,隨着訓練年限的增加,訓練水準逐漸提高,專項訓練所占的比重也越來越大。在集體項目中,還表現爲戰術訓練的比重在臨近大賽的年份明顯增大。這些,在製訂多年訓練計劃時都應力求基本定量化。

　　在製訂處於競技保持階段運動員的多年訓練計劃時,不僅要考慮到隨着年齡的增長,機能恢復過程要長於年青時,而且要注意保證一定的基本技術訓練。因爲技術水準再高的運動員也不可避免"動力定型"受機能、素質

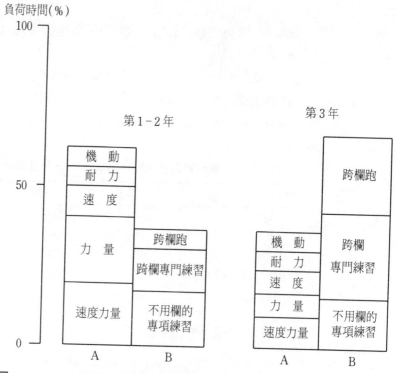

負荷時間(%)

圖 2-9-5　女子青年跨欄運動員一般素質(A)和專項素質(B)訓練比例
（根據羅伯特·里登　改制　1990）

狀況變化的影響。而且優秀運動員所謂的技術"爐火純青"只是相對而言，往往還有潛力，仍需不斷改善。

總之，任何項目任何水準運動員的多年訓練計劃，均應注意年度任務和運動負荷的節奏及各種訓練內容的比例關係。

（四）年度訓練計劃

年度訓練計劃是運動員該年度訓練任務、目的和進程的藍本，也是訓練管理部門檢查、檢討訓練情況的重要依據。在任何項目的訓練中，製訂年度訓練計劃都是教練非常重視的一項工作。

由於相當多的年度訓練安排都不是從一月初至十二月底，所以稱年度計劃比全年計劃更合適。年度訓練計劃是製訂階段訓練計劃的依據，在相當程度上又是修訂多年訓練計劃的根據。

製訂年度訓練計劃，首要的一點是明確該年在多年訓練過程中所處的位置和最基本的任務，然後根據上一年度訓練的實際情況，確定該年應達到的訓練水準、競技能力和成績指標。同時，按照本年度重要比賽的日程，劃分適宜的訓練週期，安排各階段的訓練內容和負荷。

與多年訓練計劃相比，年度訓練計劃在下列內容上要詳細、具體得多。

1. 競技狀態高峰出現的時間；
2. 參加比賽的目的和次數以及具體時間；

3.訓練負荷的主要構成因素的量度變化以及不同因素之間的關係;

4.採用主要訓練手段的搭配比例和安排的時序;

5.恢復措施。

年度內的訓練週期劃分,系製訂計劃的重點問題,也是多年來爭論最多的訓練理論問題之一。

教練在劃分年度內的訓練週期時,不能隨心所欲,而必須根據競賽日程和競技狀態形成與發展的規律,結合運動員的具體情況和訓練條件來決定。

依重要比賽的次數(及時間)和欲出現競技狀態高峰的頻次,年度訓練計劃可分為單週期、雙週期和多週期(亦稱單峰、雙峰和多峰)三種類型。

目前,我國大多數項目的全國性比賽上下半年各一次(錦標賽和冠軍賽,或聯賽的第一階段和第二階段),因此大多數運動隊或運動員的年度訓練按雙週期安排(圖2-9-6)。

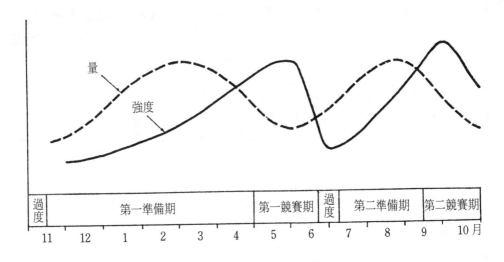

圖2-9-6　雙週期年度訓練計劃示意圖

即使在奧運年、亞運年,相當多的運動員為了入選國家隊,也須按選拔賽和國際大賽的日程爭取出現競技狀態的雙高峰。例如1990年許多運動員為了參加第十一屆亞運會,都力求在上半年的選拔賽中表現出好成績,然後進入第二準備期的緊張訓練,全力準備9月下旬至10月初的亞運會。事實證明這種安排是成功的。

1992年巴塞隆納奧運會定於7月份開幕,我國大多數項目的參賽名單在5月份基本確定。因此該年度的訓練比往年稍有提早,從1991年10月普遍進入冬訓。該年度訓練仍屬雙週期類型,只是出現高峰的月份分別在4—5月和7月。在第一週期的競賽期之後的過渡期較短,第二週期的準備期也僅兩個月左右。

安排雙週期年度訓練計劃,一般均很重視第一週期的準備期,即通常說的冬訓和春訓前期,時間長達3—5個月,不僅可大大提高運動素質,還有較充裕的時間學習、改進技術。而安排的難點往往在於第二週期的準備期,即通常稱之為夏訓階段。夏訓計劃安排欠妥,系國際大賽或下半年全國比賽成績低於上半年的重要原因。為了避免此種情況出現,應注意兩點:第一,第一競賽期之後的調整階段,要安排一定的負荷量。為了做心理調整而少練專項是必要的,但身體訓練的量不宜太小;第二,第二週期的準備期(夏訓),宜採用節奏鮮明的小週期叠加方式安排,即每個小週期重點明確,負荷大小分明,總負荷不低於第一週期準備期的2/3,其中一般身體訓練的比例亦不能太小(根據項目特點有所不同)。

單週期的年度訓練計劃多適於下列情況:

1.主要比賽集中在某一季節(例如冰雪項目),或青少年運動員的某些比賽安排(如不具備室內訓練比賽條件的北方省市水上項目);

2.某些項目(如球類)的聯賽兩個階段相隔時間很短,形成一個較大的競賽期。在兩個階段中稍做調整,但競技狀態仍保持在較高水準。這種安排,如(圖2-9-7)所示。

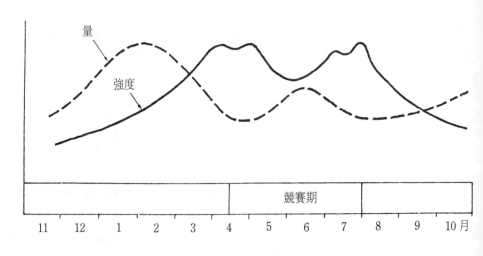

圖2-9-7　年度單週期雙高峰訓練示意圖

不論是雙週期還是單週期的年度訓練計劃,每個週期都包括三個時期:準備期、競賽期和過渡期。只不過每個時期的長短不同而已。取消過渡期的提法是不適宜的,隨着訓練水準的提高,參加競賽的次數和激烈程度逐漸上升,運動員為了消除體力和中樞神經系統的疲勞,需要積極變換訓練環境和酌減運動負荷,這對更好地投入下一個週期的訓練和爭取創造好成績是完全必要的。只不過調整的概念要明確,絕不意味着消極休息。

在不同的訓練時期,不僅訓練強度和數量各有側重,形成明顯的差異,而且在訓練的內容上也不同。這是由各時期不同的任務重點所決定的。

　　—— 準備期。訓練的主要目的是為了初步形成競技狀態，其任務就是要提高構成競技狀態諸因素的水準和使諸因素之間的聯繫融通，和諧並進。在跨度較長的準備期，安排訓練計劃時可將其分為2—3個小階段。第一個小階段身體訓練比重較大，以提高身體機能水準和運動素質水準為重點之一。技術訓練着重於基本技術和改進技術上的明顯缺點。該階段的各種練習數量多，範圍較廣，強度較低。但是相對而言，與專項越接近的練習，其強度越要控制不宜太高；與專項差異較大，不甚相關的身體訓練，強度可稍高，因為神經能量消耗較低，容易恢復。第二、三個小階段。應逐漸加強專項素質和專項技術訓練，戰術訓練的比例也明顯增大。在集體項目中，全隊的陣容應逐漸成型，教學比賽和針對性比賽大大超過了第一小階段。在最後一個小階段接近結束時，運動員的體能與專項素質水準應達到相當高的水準，技術比較穩定，心理狀態接近賽前的水準——有參賽欲望，而且比較自信。競技狀態初步形成。

　　—— 競賽期。主要任務是在比賽中創造優異成績，因此該期的訓練應圍繞專項比賽的要求安排。在一般情況下，準備期已為達到良好的競技狀態創造了物質與精神的基礎，進入競賽期則要促使競技狀態向最佳水準發展。該時期的負荷量小於準備期，而負荷強度明顯提高。身體訓練中的專項身體訓練占了主要地位，技術訓練中加強了完整技術的練習，戰術訓練的針對性更強。在集體項目中，全隊的戰術配合應日臻熟練、默契。在競賽期中參賽的次數依項目和運動員(隊)的級別而異，但是均應考慮通過教學比賽、熱身賽等來促進競技能力的進一步提高，在重大比賽前體能、技戰術及心理總體水準達到本人空前的高度。同時也要避免由於強度加得過快、過大造成競技狀態"夭折"，甚至出現病傷事故，給以後的訓練抹上陰影。

　　—— 過渡期。過渡期亦稱調整期，不宜稱為休整期。訓練應以消除前階段的大量消耗而造成的疲勞為主要任務。過渡期的長度因人(隊)而異，與前一階段的比賽激烈程度和次數成正比，也與前階段訓練的強度密切相關。該時期總負荷應保持中等或中下等，練習的大部分內容與專項"反差"鮮明為好，但可適當針對競賽中暴露的弱點從能力上進行彌補。該期切忌生活制度破壞，作息規律應與往常相同。

　　多週期的訓練計劃在近年來一些項目中日漸增多，並不乏成功範例。所謂多週期，即在一個年度內將訓練分為三個以上的大週期(每個大週期不一定長度相等)。這種劃分週期的方法顯示"生命力"的原因，一方面在於優秀運動員參加重要的比賽機會增多，尤其是冬季室內比賽的出現，使一年四季都有重要比賽；另一方面則因為相對短些的週期較容易控制，有利於提高訓練強度，提高訓練效益。但這多用於優秀運動員。

　　兩屆奧運會男子1500公尺自由泳金牌得主薩爾尼科夫(前蘇聯)，年度訓練分爲 5 個週期,每週期 10 周左右。中國游泳隊近幾年的訓練一般每年分爲 3—4 個訓練週期,每個週期由十幾周組成。

　　國內外某些優秀選手,一個年度內從冬至秋不停地參加比賽,負荷量和強度總體上起伏較小,訓練安排近似於契納等 1977 年提出的所謂"優秀運動員理想的分期模式"(圖 2-9-8)。該模式基本上還屬於雙週期的安排,但明顯地具有多週期安排的一些特點。按契納的設計,優秀運動員應在多年訓練的各個階段,都將負荷的量與強度保持在 80% 以上,並始終保持良好的競技狀態,能多次參加比賽,並表現出優異的成績。欲完全實現契納的這種設計,似乎不大可能,理論上有商榷之處,實踐中存在許多困難。但是隨着訓練水準的提高,競賽制度的變化,以及許多條件的改善,是值得深入研究和探索的。

　　例如我國優秀女子鉛球運動員黃志紅,1991 年年初的訓練強度即不低,3 月上旬參加世界室內田徑錦標賽,6 月初全國田徑錦標賽,7 月世界大學生運動會,8 月下旬在世界田徑錦標賽中奪得金牌,旋即轉戰歐洲獲得巡回大賽總分第一名,至 10 月的亞洲田徑錦標賽……在此期間僅重大比賽就有 13 場之多,一直處於邊練邊比賽的狀態。不僅在成績上實現了歷史性的突破,訓練安排也有新意。闞福林教練爲她製訂的年度訓練計劃,即與契納的模式有許多相仿之處。

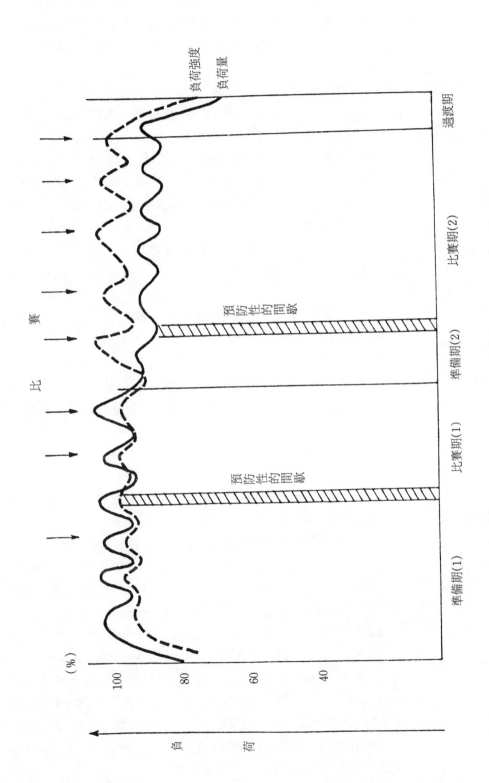

圖 2－9－8　世界最優秀的運動員理想的分期模式　（轉引自《運動訓練學》北京體院出版社 1986 版）

　　然而,一般運動員不能盲目模仿上述訓練安排,也不能認爲馬特維也[?]
的經典訓練週期理論已經過時。對大多數運動員(特別是年青運動員)[?]
說,訓練水準亟待提高,需要以較長的準備期練運動素質,磨基本技術。[?]
時,也未必具備常年比賽的條件。因此,教練應酌情選擇適宜的訓練週期[?]
分方法。

　　對青少年運動員來說,訓練的主要任務尚不在於馬上出成績,在年度[?]
練週期的劃分上,不一定依據比賽日程。應將比賽視作檢查階段訓練效[?]
及提高訓練強度的手段,而不以在比賽中爭勝負爲主要目的。業餘訓練[?]
學期的制約,往往寒暑假是比賽集中期,所以訓練週期的劃分也帶有這種[?]
點:學生考試期間爲調整期(一年 2—4 次),隨後是準備期或比賽期。因[?]
有些運動學校和業餘體校將年度訓練分爲四個階段來安排,每個階段包[?]
若干小週期。

　　不論如何劃分週期,至關重要的在於各階段之間的節奏以及銜接([?]
務、負荷及方法手段的側重與要求),注意其整體性、有序性、關聯性和動[?]
性。

　　管理與教育,是訓練的重要組成因素,因此必須包括在訓練計劃之中[?]
而且貫穿在訓練的所有階段。在製訂年度計劃時,要將此部分內容考慮[?]
內。

　　年度訓練計劃的格式很多,〈表 2 - 9 - 4—a. b. c. d〉列舉了目前某些單[?]
位常用的表格,教練應根據訓練項目和對象的實際情況選用或設計圖表。

(五)階段訓練計劃

　　階段訓練計劃可稱爲中週期訓練計劃,通常由數周至數月組成。中週[?]
期由若干個小週期構成,又是大週期的構成單位。因此階段計劃在製訂年[?]
度訓練計劃時已對其任務、時間跨度及負荷水準等有了基本安排。

　　在製訂階段訓練計劃時,很重要的一點是根據項目特點和該階段的主
要任務,確定小週期之間的序列與節奏。例如前邊曾談到世界游泳名將薩
爾尼科夫的年度訓練計劃一般分爲 5 個階段。每階段 10 周左右。在這 10
周中,訓練內容與負荷是很明確的,不可隨意安排。他在前兩周以速度和技
術爲主;第 3—4 周以陸上力量和水中力量爲主;第 5—6 周則是量與強度皆
大的水中訓練,周游量 10—12 萬公尺;然後是減量約 50% 的兩周;第 9 周
比賽;最後一周調整,積極恢復疲勞。中國游泳隊年度訓練計劃由 3—4 個
階段計劃組成,最後 10 周的大致安排爲:第 1—2 周以速度、力量和有氧耐
力訓練爲主;第 3—4 周有氧、無氧混合訓練爲主;第 5—7 周高原訓練;最後
3 周減量準備比賽。

表 2−9−4−a　　年度訓練計劃

年度主要任務＿＿＿項目＿＿＿運動員(隊)＿＿＿＿性別＿年齡＿訓練年限＿＿＿

＿＿＿

＿＿＿

類　別	運動員現實狀態分析	年度訓練的目標狀態
運動成績		
機 能		
素 質		
技　術		
戰　術		
形　態		
心　理		
智　能		
負★　課　次		

時　期 ★★	準　備　期	比　賽　期	過　渡　期
階　段			
時　間			
主要任務			
比賽安排			
負荷變化的總趨向			
主要手段 及負荷要求			
恢復措施			

檢查評定的內容時間

　　★ 負荷欄下空格內填上負荷的主要指標,例如跑的公里數,訓練的時間,整套動作的次數等。

　　★★ 如果安排雙週期,則分為六格。

　　　　　　　　　(引自《運動訓練學》,北京體院出版社 1986 年)

表 2 - 9 - 4-b 　　　　　隊(組)　　　　年度訓練計劃

主教練　　　　

上年度基本情況分析:						

本年度主要任務及措施:	全　　年					
	訓練日	預計比賽成績	訓練內容比例			
			身體訓練		技術	戰術
			一般	專項		
本年度主要比賽名稱、時間、地點:						

階段	起止日期	訓練日	擬解決的主要問題	主要陣容配備及重點培養的年青隊員:
				有何訓練創新設想:
				備注:訓練負荷變化在階段計劃中體現

表 2－9－4c

全年訓練負荷的計劃安排及量化標準

階段劃分	分																												
月份	份																												
運動量運動強度負荷曲線（藍）（紅）	大																												
	中																												
	小																												
訓練週別		1	2	3	4	1	2	3	4	1	2	3	4	1	2	3	4	1	2	3	4	1	2	3	4	1	2	3	4
負荷量分配																													
日負荷量分配	大																												
	中																												
	小																												
課負荷量的量化標準	大																												
	中																												
	小																												

表 2 - 9 - 4 - d 　　　　　班　　組　　年度訓練計劃

教練：

	姓名	性別	年齡	歷史最好成績	上年度成績	主要優缺點
運動員情況分析						

訓練指導思想	成績指標		階段劃分與 起止日期	訓練課次	比賽安排
	姓名	成績			
				訓練比重	
				一般身體	%
				專項身體	%
				技　術	%
					%

主 要 訓 練 任 務 、 措 施 與 方 法

科研計劃與課題計劃		姓名＼項目	一般素質指標	專項素質指標
全年負荷座標				

年　月　日　填寫

　　不同訓練水準、不同運動項目的運動員,在階段訓練週期內的負荷變化不可能有統一的模式。但有一個原則是基本相同的,即先施加負荷使機體產生一定深度的疲勞,爾後減負荷使機體能在不太長的時間內得以恢復,並有助於競技能力的提高。也就是說,負荷變化應符合超量恢復的理論,又能在預定的階段內實現狀態的轉移。

　　下邊列舉幾種常見的負荷變化組合方式(以 6 個小週期組成該階段為例),(圖 2-9-9)。

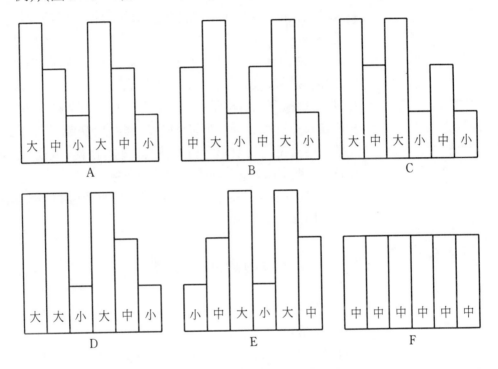

圖 2-9-9　階段訓練中的小週期負荷組合方式

　　圖 2-9-9 中的 a、b 兩種,實際上是前後兩個小階段的重覆,負荷增減順序和兩個小階段的負荷總量也相等;c、d 兩種的特點是前半段負荷大於後半段,有意給機體施加較深的刺激後,再稍加調整,其中 d 種的階段總負荷最大,適用於強化訓練階段;e 種雖然總負荷與前 3 種相等,但前後半段的節奏不同,其特點是由小負荷逐漸遞增,常用於需適應一段方可承受大負荷的運動員;f 種看上去負荷不變,而實際上靠負荷數量與強度的對比關係和小週期內的負荷節奏來調整。

　　在各種比賽前進行的中短期集訓,其集訓計劃可視為一個階段的訓練計劃。這種計劃的製訂在很大程度上取決於比賽的任務和集訓人員的具體情況,以及集訓的物質條件。一般來說,集訓的目的主要是為了在比賽中取得好的成績,因此安排訓練的關鍵在於集訓後期使運動員形成良好的競技狀態。

對處於正常的系統訓練過程中的運動員,其集訓準備的比賽,往往與全年訓練計劃中的比賽任務一致,因此不需要做大的調整。若負責集訓的仍是原來的教練,情況就更簡單了。而對於缺乏系統訓練的青少年運動員和中斷訓練較長時間的老運動員,其集訓計劃的製訂則比較復雜。除了事先的調查了解之外,必須在集訓的開始階段有一個適應期,不僅適應運動負荷,而且使教練與運動員相互適應。對於單項運動員,應注意照顧其原有的訓練特點,促進專項能力的提高。集體項目則要把重點放在篩選、配備陣容和戰術,加強模擬訓練和應變能力的訓練,力爭最大限度地發揮每個運動員的特長。

有的集訓並不是爲了比賽,例如近年來舉辦的某些項目夏令營、冬令營之類。這些活動一爲選材,二爲提高基本技術、基本素質。製訂這種階段計劃,要根據運動員年齡小、來自不同單位、時間較短等特點,結合集訓的主要任務來安排。計劃中應包括較多的觀摩、交流以及運動素質測驗。比賽成績需結合特定的要求進行評定(如基本技術、戰術,相關素質等)。有條件時,應將科研課題與訓練計劃結合考慮。

表2—9—5—a、b爲集體項目與個人項目的階段訓練計劃格式,教練員可作爲參考。

(六)週訓練計劃

儘管週訓練計劃並非一定以7天爲週期循環,但由於目前世界上大多數國家的社會生活和工作制度仍然以星期六爲周末,星期日公休,因此週訓練計劃不免以7天作爲時限。在運動學校和運動隊中,製訂與檢查周計劃,乃訓練及管理上的常規工作。

週訓練計劃是最常用的、典型的小週期訓練計劃。根據訓練水準和項目、任務的不同,一周的訓練由3個訓練單元至20個左右的訓練單元組成。在正規訓練的條件下,周計劃一般包括6次以上的訓練課計劃,即每天不少於一次訓練課(少年兒童應逐漸達此程度)。

與大、中週期訓練計劃相比,周計劃的下列內容已十分具體:

1.本周的主要任務及周負荷的量級;

2.訓練單元的次數及安排的時間、地點;

3.每次訓練課的內容、練習方法手段及負荷量(數量與強度均有詳盡要求);

4.恢復措施。

表2－9－5－a　　___隊_____階段訓練計劃　　　　　　主教練_____

	類　別		主要訓練內容	訓練方法與措施	訓練單元	比重(％)
上階段訓練的基本情況分析						
本階段任務與訓練重點						
訓練安排	身體訓練	一般				
		專項				
	技　術					
	戰　術					
比賽安排	名稱					
	名次指標					
訓練負荷曲綫						
訓練進度						
備注						

___年___月___日　製訂

表 2−9−5−b　　　　班　　　組個人階段訓練計劃　　　　　　　教練：_____

姓　名		上階段成績		本階段參加重大 比賽成績名次指標		
本階段起止日期				訓練課次		訓練比重

訓練比重	身體	％
	技術	％

情況分析	本階段訓練任務及 解決的主要問題	措施與辦法

一　般　素　質　指　標			專　項　素　質　指　標			科研措施及課題計劃

比賽的類別	比　賽　目　的	時間	成績	

本階段負荷量座標	重大比賽賽前四至六周負荷量座標

備　注

年　　月　　日　填寫

　　根據該周所處的不同訓練階段及面臨的主要任務,通常將周計劃分爲基本訓練周、賽前準備周、比賽周和恢復周等四種類型。各種類型的周計劃,在不同項目的教科書中有大量介紹。

　　近年來,教練們依據專項特點,結合多年的訓練實踐經驗,進行了卓有成效的探索,促進了訓練水準的提高,也豐富了訓練理論。

　　例如,中國游泳隊根據近年來該項運動員訓練週期劃分的規律和訓練特點,針對一個訓練階段的任務,把小週期計劃分爲六種類型:準備階段小週期;有氧耐力階段小週期;無氧耐力階段小週期;賽前小週期;比賽小週期和恢復小週期(詳見第三篇游泳)。

　　又如,跳高教練胡鴻飛在朱建華的訓練中,則成功地採用以相對集中的力量解決重點任務的方法。在某個階段,一周的訓練以提高一種能力爲主,如力量周、速度周、彈跳周等;或以解決一項任務(問題)爲重點,如技術周等。其特點是週訓練任務單一而手段多樣。

　　在集體項目中,處在不同訓練階段,可安排身體訓練周、基本技術周、模擬訓練及戰術配合周等等。

　　無論哪一種安排方法,小週期的結構和內容都是至關重要的。這兩個基本因素的確定及組合方式的優劣,制約着訓練效果。

　　周計劃循環在許多項目的訓練中經常採用,尤其多見的是結構和內容相仿,負荷上增減。

　　在一周內的節奏則更被廣泛重視,旣注意每次訓練課的內容搭配,又注重每次課負荷的變化。其根據爲超量恢復的理論和避免局部負擔過重而疲勞積累及出現傷病事故。

　　但因項目的不同,教練在考慮內容搭配與負荷變化時的重點有所側重,計劃表示的方式也不一樣。體能類的項目多以負荷變化爲主,例如自行車、中長跑等;技能等的項目更重視內容的搭配,如體操、乒乓球等。一份完整的周訓練計劃,旣要體現內容,又要表明負荷變化,二者均從屬於本周主要任務的需要,又與上週訓練情況密切相關。

　　表2-9-6爲常用的周計劃表格之一,供參考。

　　比賽前及比賽周的訓練計劃,有其更鮮明的特點,將在後面"賽前訓練計劃"中詳述。

　　恢復階段的週訓練計劃,其目的在於通過變換訓練內容和減小訓練負荷,消除或減輕運動員生理、心理上的疲勞,爲達到超量恢復和投入下階段的緊張訓練作準備。

　　恢復周的訓練計劃,其要點與前階段相比,有三個鮮明的"反差":

1.訓練負荷有明顯差別;

2.練習內容有明顯差別;

3.訓練環境有明顯差別。

表 2-9-6　　　　　　　　周　訓　練　計　劃

__年__月__日至__年__月__日　　第__階段第__周　　運動量：大、中、小

訓練任務		總訓練時	時　分
負荷量曲綫		訓練比重安排	技　　術　　%　　小時 戰　　術　　%　　小時 一般素質　　%　　小時 專項素質　　%　　小時 理　　論　　%　　小時
訓　練　小　結			

時　間	早　　操	課
月日　星期一		
月日　星期二		
月日　星期三		
月日　星期四		
月日　星期五		
月日　星期六		
月日　星期日		

其中,負荷的差別主要在於減小訓練強度;內容的差別在於少安排專項練習或不進行專項技術訓練;環境的改變旣包括練習的環境變化(最好遠離比賽場地和日常練專項的場地),也包括語言環境(敎練和有關領導避免多談論比賽任務等)的改變。總的原則是將心理恢復放於更重要的位置。此外,視條件盡量運用積極的恢復措施,如桑那浴,電動按摩等。

(七)課訓練計劃

課計劃是構成小、中、大週期訓練計劃的最基本實施方案。每次訓練課可稱爲一個訓練單元。課訓練計劃又稱敎案。

訓練課短者不足一小時,長者可達 4—5 小時。時間長短旣因項目不同,又因任務而異。

每次訓練課的計劃應包括三部分:

1. 準備部分;
2. 基本部分;
3. 整理(恢復)部分。

1、準備部分

準備部分包括一般準備部分和專門準備部分。前者主要爲克服生理惰性和防止受傷;後者主要爲完成基本部分創造心理和機能條件。爲了提高訓練效益,提倡在準備活動中盡量增加專項色彩的"濃度"。例如籃球、足球運動員先稍活動一下關節和伸展肢體後,即開始運球跑(注意逐漸增加路綫與速度的變化),而不是千篇一律地先慢跑後做操等等。

準備活動的內容與順序值得進一步研究。在 1991 年世界田徑錦標賽的考察中發現,許多明星(劉易斯等)在賽前不是先慢跑若干分鐘再進行柔軟性練習,而是以較長時間的伸展練習(包括活動關節)開始,然後以加速跑爲主(強度由小至大)。

2、基本部分

在通常 1.5—3 小時左右的訓練課中,基本部分的內容可有一個,也可包括 2—3 個,根據本課任務(與本周任務有關)而定,但主次必須分明。

課的基本內容,一般在週訓練計劃中已有較明確的規定,但每次訓練課前仍需認眞準備敎案。首先應根據上一次訓練課的完成情況,來確定本次訓練是否可按原計劃進行。在各類訓練計劃中,課計劃是最詳盡具體的,亦可能爲變動程度最大的。其次,要進一步確定每個練習的數量、強度和間歇時間。許多敎練在敎案中對練習的種類、數量和強度都有明確規定,而往往忽略了練習的密度,對練習的間歇時間缺乏明確要求。河北女子跳遠組的敎練藏長虹在力量訓練中,對每組練習的間歇控制得很嚴格,這是該組運動員專項力量突出的原因之一,也是培養出多名優秀跳遠選手的原因之一。

3、整理恢復部分

恢復是訓練的組成部分。訓練課的恢復部分(整理活動)日漸引起人作的更大關注。恢復部分的長短及內容,與基本部分的負荷以及練習種類有關。技術訓練對神經能量消耗較大,恢復部分就應安排促其心理放鬆的練習;在心血管及呼吸系統的高強度活動後,則必須使心率和呼吸頻率恢復到較低水準。積極放鬆的練習,對加速消除氧債和肌肉中的乳酸有利。近年來有研究表明,大負荷的訓練後進行較長時間的伸拉肌肉,有助於避免或降低延遲性肌肉酸痛。

表2-9-7為訓練課教案格式。教練可根據專項及運動員的特點,結合訓練任務修改教案格式,使之方便、適用,又利於保存和檢討。

表2-9-7　訓練課教案

隊____組　人數____上課日期____月____日(星期　)　課時____小時　運動量:大 中 小

課任務		部分	時間	訓　練　內　容
		早操		
部分	時間	訓　練　內　容	教　法　與　要　求	
準備部分				
基本部分				
結束部分				
小結				

（八）賽前訓練計劃

賽前訓練的宗旨,在於使運動員(隊)在比賽時處於最佳競技狀態。

在正常情況下,運動員經過較長時期的系統訓練之後,訓練水準和競技能力理應逐漸提高,專項成績亦該上升。但這絕不能確保競技狀態高峰出現在重要比賽之時。在任何項目上,由於賽前訓練安排不當而影響比賽成績者比比皆是。因此,是否善於安排賽前訓練,歷來為衡量教練業務水準的重要尺度之一。

廣義地講,重要比賽前一個中週期的訓練,可視為賽前訓練階段。該階段通常可達數月之久,可再劃為若干小階段,分別確定訓練的重點任務。每個小階段的內容與負荷的節奏,以及各小階段之間的節奏,對比賽時能否處於良好競技狀態均有重要影響。

中國游泳隊在參加1991年初舉行的世界游泳錦標賽之前,進行了約百日的準備,莊泳的賽前訓練安排分四個小階段,每個小階段由3個小週期組成。每個小階段的任務和負荷節奏都是為了促進競技狀態的逐步形成。數量與強度依次升降,構成鮮明的節奏(見第三篇莊泳的賽前訓練安排,圖3-17-4)。

隨着賽期的臨近,模擬訓練和心理訓練的比重逐漸增加。大賽前的模擬訓練,不僅包括比賽條件與過程的模擬,而且包括對大賽前最後一個小階段的模擬。

我國乒乓球隊和女子排球隊在每次參加大賽前都很重視模擬訓練。除了配備陪練隊員模仿主要對手的打法之外,還注意採用一些特殊的方法將心理訓練與技術訓練結合起來。例如讓運動員在喧鬧的氣氛中訓練,在數學比賽中故意製造裁判錯判,打壞一個球重罰全組,在心理負擔很重的情況下處理關鍵球等。這些內容均應包括在計劃之中,並確定時間與步驟。

跳高運動員周忠革在1990年全國田徑錦標賽中跳過2.33公尺,創當年亞洲最好成績,證明了賽前安排的成功。為了試驗賽前2周的訓練計劃是否合適,先在一個多月之前的熱身賽前模擬了一遍,使教練和運動員都充滿了信心。

狹義來談,賽前訓練往往指比賽前數周或最後一個小週期的訓練。在此期間,訓練的主要目的已不是進一步提高運動員的機能和運動素質水準,一般也不再進行技術上的“改造”,而是致力於通過各種手段促進構成競技狀態諸因素的有機結合,使運動員進入表現個人最佳成績的“最適宜狀態”。

不論是從廣義或是狹義來製訂賽前訓練計劃,都不能將其認為是一個孤立存在的訓練階段,而必須從前階段訓練延伸的角度考慮安排。賽前訓練目標設置和訓練內容結構,受前階段訓練諸因素的制約。

　　表2-9-8和2-9-9所列舉的幾個賽前最後一個小週期的訓練計劃,均爲在前階段系統訓練的基礎上製訂並實施的,都在比賽中取得理想的成績。

　　表2-9-8爲蘇聯男子體操隊的6名運動員在參加漢城奧運會前一周的訓練量個人平均值。這周的負荷比他們以往的負荷量減少2/3,並且在9月16日休息了一天。他們這樣的安排依仗的是長期、穩定的訓練基礎,在大賽中技蓋群雄。

表2-9-8　蘇聯男子體操隊1988年奧運會前小週期負荷量(6人平均值)

	9月11日	12日	13	14日	15日	17日	總　計
單個動作	180	291	316	152	304	146	1409
成套動作	1	1	6.2	—	6	1.5	15.7
跳馬次數	2.7	3.6	8.8	—	4.7	3.3	23.1

　　表2-9-9系陳菊英1990年全國田徑錦標賽前的週訓練計劃。從中可見賽前訓練強度等級配備比較均勻,突出了專項技術和速度素質的訓練,一般身體訓練多採用變換內容。這樣的安排使陳菊英在比賽中打破女子400公尺欄的亞洲紀錄。

表2-9-9　　陳菊英1990年全國田徑錦標賽前週訓練計劃

	內　容　手　段	量	強度
周　一	技術(跨欄跑專門練習) 速度(起跑,快間歇跑)	3H×4×2 30M×3,60M×4	100% 95%
周　二	速度耐力(短間歇跑) 小力量(上肢,腰腹)	300M+200M+300M+200M 實心球、橡皮筋、小槓鈴	85%
周　三	有氧能力(越野跑)	4000—5000M	60%
周　四	技術(跨欄跑) 速度間歇跑	8H×2　　10H×1 100M×4	95% 100%
周　五	專項力量(槓鈴,跳)遊戲	半蹲、高翻、臥推 6000kg 跳 2000M	90%
周　六	檢查跑(短間歇) 技術(模仿練習)	(200M×2)×2 直道欄(15H×6)×4	100%
星期日	一般耐力(變速跑)	(100M 快×100M 慢)×12	70%

　　一些直接對抗性的項目,賽前訓練計劃中的針對性內容要具體、細緻。對主要對手的特長與短處,應有切實的了解,然後製訂作戰方案,並在訓練中模仿實戰演習。中國女排習慣於賽前每2-3天就組織較強的陪練隊員模擬主要對手的打法進行一次模擬比賽。日本和南朝鮮女排也在賽前進行模擬比賽,收效不錯。由於技、戰術的發揮都必須有體能作保證,因此對抗性項目,賽前訓練的量與強度應在某些課中達到超過比賽的程度,使運動員有"比賽比訓練輕鬆"的感覺。如摔跤全國冠軍馮尚君和李憲吉在賽前小週

期的訓練中,基本上保持 2-3 次大量大強度(以至超比賽強度)的訓練課,課中主要通過增加運動密度和每次(組)練習的強度來加大負荷。經測試,在不足兩小時的訓練課中,運動密度達到 40% 以上,平均心率每分鐘 150 次,實戰中的心率每分鐘 200 次以上。

制約比賽成績的因素很多,因此不能單純以比賽成績來斷言賽前訓練計劃的優劣。由於運動員的各種主客觀條件始終處在動態變化之中,每次比賽前的安排也不可千篇一律。實踐證明,適合某一運動員(隊)的賽前安排方案,是經過多次試驗摸索出來的,而且仍在不斷地完善之中。

近年來,高原訓練進入了某些運動項目的賽前訓練計劃之中,並日益引起廣泛的關注。許多國家將高原訓練列為賽前強化訓練的重要內容,特別是中長跑、游泳、自行車等項目已從高原訓練中取得了明顯的效益。足球等項目也多次在高原基地進行集訓。

然而,高原訓練並非訓練的仙丹妙藥,有不少運動員經過高原訓練後不僅沒有成為"下山虎",而且比賽成績下降,甚至在訓練中出現過度疲勞。因此,高原訓練計劃的製訂,更需要認真研討。

製訂高原訓練計劃,主要考慮如下問題:

1.上高原前的訓練準備情況;

2.高原訓練的時間跨度及訓練節奏、內容的安排;

3."下山"參賽的時機。

顯然,前往高原的時間是由第 2-3 個問題所決定的。

由於高原的氧分壓低於平原(例如昆明的氧分壓比北京低約 20%),運動員在這種條件下進行大負荷量的訓練,機體反應會比在平原強烈得多,因此"上山"之前必須有所準備,進行較充分的有氧訓練。

關於高原訓練的期限,因項目不同略有差異。根據中國游泳隊的經驗,以三周左右為宜。他們經過幾次大賽前的訓練驗證,基本上形成了一套較有把握的高原訓練計劃,其要點如下,可供其它項目參考:

1.開始安排一個適應訓練階段(5—7 天),以有氧訓練為主,控制訓練強度;

2.在為期兩周左右的強化訓練階段,以混合訓練和無氧訓練為主。在此階段,以三天為一個小週期,練兩天半,休息半天。通常,第一天為中等負荷,第二天大負荷,第三天小負荷。其中,前兩天可安排三次訓練課,上午以有氧訓練為主,下午有氧與無氧混合訓練,晚上為速度訓練;

3.堅持水陸結合,幾乎每天安排一定的力量訓練,並注意全面訓練;

4.最後安排三天左右的調整訓練階段,減小負荷量,控制負荷強度,為"下山"做準備;

5.將醫務監督和恢復措施納入訓練計劃之中,並落實到每名運動員。

關於"下山"參賽的時機,中國游泳隊通常在大賽前三周離開高原。其他項目的經驗不盡一致。一般認為,在離開高原後2-5天即投入比賽,或2周後再參賽為宜。

　　由於不僅存在項目差異,運動員的個體差異也相當大,所以高原訓練計劃必須酌情綜合考慮多方面的因素,並經過實踐的多次驗證,方可逐漸形成基本的模式。另外,初次上高原與多次在高原訓練的運動員,訓練安排也要有所區別。

（白二宇）

十　訓練檔案與訓練日記

(一)訓練檔案

對運動訓練過程進行有效控制,係運動訓練科學化的關鍵。為了實現這種控制,建立一套完整的訓練檔案,是非常必要的。

訓練檔案的作用,從宏觀而言,有助於探索、總結訓練規律。"矛盾的共性寓於個性之中",通過對反映大量運動員的訓練經歷和各階段訓練特徵的信息收集及綜合分析,可望掌握各專項以至運動訓練的普遍規律,豐富運動訓練學和各專項理論,促進訓練的科學化程度。

從現實角度來說,每個運動員(隊)下一訓練年度、階段的決策(制定目標和安排計劃),都必須建立在對運動員(隊)訓練史和現狀診斷、信息分析的基礎之上,離不開反映這些信息的訓練檔案。

此外,訓練檔案也是訓練管理部門進行有效工作的必備文件。系統、完整的訓練檔案對製訂訓練的戰略目標和進行日常的檢查評定,都是至關重要的。

隨着電腦功能的不斷完善和設備的日漸普及,對存儲和分析有關訓練的大量信息提供了極為便利的條件。近年來,世界上許多國家的運動訓練情報和文獻的存儲與交換,不同程度地實現了電腦化。不僅科研和訓練管理部門建立相當規模的數據庫及聯網系統,而且有些教練利用小型電腦存儲有關運動員的信息,協助製訂訓練計劃,收到了很好的效果。因此,教練應在有關人員的協助下,盡量充分運用現代化的科學技術手段,建立和利用訓練檔案,提高訓練效益。

目前,對我國大多數教練來說,收集訓練信息和整理材料的方式,仍以文字、圖表為主。手工方法雖然耗時費力,但資料仍然是極為寶貴的,作用依然是非常重要的。

訓練檔案的內容,主要包括三大類:

1.運動員的一般情況、訓練經歷簡況、比賽成績等;

2.不同時期的狀態診斷:身體形態、機能、心理、運動素質、技術及戰術等;

3.各種類型訓練計劃及執行情況(包括總結)。

1、運動員一般情況和訓練經歷檔案

表2-10-1和表2-10-2為運動員的一般情況和訓練經歷表格,在入隊時填寫。未盡事項,可附文字說明。

表 2－10－1　　　**運動員一般情況**　　　　　填寫時間　　　年　　　月　　　日

姓名		性別		出生 年月日		民族	
籍貫	省　市(縣)	文化 程度		本人 成份		黨派	
項目		來隊 年月日		運動 等級		最高 成績	

父母情況	父名		出生 年月		身高	體重	病史
	母名		出生 年月		身高	體重	病史
	運動經歷			家庭通訊處			

婚否		家庭狀況	

發育程度	骨齡		青春發育期 高潮持續時間	
	女運動員 月經初潮			
	×××		發育類型	

注：入隊時填寫

表 2－10－2　　　**運動員訓練經歷**　　　　　填寫時間　　　年　　　月　　　日

階　段	項　目	起止 年月	訓練 地點	教練 員	主要訓練 任　務	比　　賽 最高成績及最好名次
業餘訓練	×××	—				
	×××	—				
	×××	—				
省隊訓練	×××	—				
	×××	—				
	×××	—				
國家隊 訓　練	×××	—				
	×××	—				
	×××	—				
獲得等級 稱號時間	一級		何時打 破何項 全國、世 界紀錄		何時受 過何種 獎勵或 處分	
	健將級					
	國際 健將級					

注：入隊時填寫，並陸續補充(附多年訓練計劃)

2、運動員身體形態檔案

表 **2－10－3** 為身體形態測量登記表。身體形態是影響競技能力的重要因素,但不同項目對形態的要求差異甚大,因此在眾多的測量項目中,應進行適當的篩選。少年運動員的形態指標變化很大,所以測量的間隔時間比青年、成年運動員要短。青年運動員的身高和肢體長度變化不會很大,而圍度可有相當大的變化,應根據項目特點選擇某些指標重點觀察。

表 2－10－3　　身體形態測量登記表

姓名_____性別_____出生日期_____專項_____

項　　　　　目 ＼ 日期							
身　高 (cm)							
坐　高 (cm)							
體　重 (kg)							
下肢長 (cm)							
大腿長 (cm)							
小腿長 (cm)							
大腿圍 左/右							
小腿圍 左/右							
臂　長 左/右							
上臂圍 左/右							
前臂圍 左/右							
肩　寬 (cm)							
指間距 (cm)							
胸　圍 (cm)							
臀　圍 (cm)							
腰　圍 (cm)							
踝　圍 左/右							
頸　圍 (cm)							
骨盆寬 (cm)							
足　長 左/右							
足背高 左/右							
皮脂厚 (臂/腹)							
×　　×							
×　　×							

表 2 - 10 - 4　　身體機能測試登記表

姓名＿＿＿＿＿性別＿＿＿出生日期＿＿＿＿＿＿專項＿＿＿＿＿

項　　目＼日　期						
心率（次/分）						
血壓（mmHg）						
心容積						
血色素（g/dl）						
心電圖						
最大耗氧量						
乳酸閾（mmol/L）						
肺活量（升）						
肺通氣量（升）						
呼吸頻率（次/分）						
血清睪酮（ng/dl）						
唾液睪酮（ng/dl）						
無氧功						
尿旦白						
尿肌酐系數						
×××						
×××						

3、運動員身體機能檔案

表 2 - 10 - 4 爲身體機能測試登記表。機能狀態是影響競技能力的重要因素,也是製訂訓練計劃的重要依據和評定訓練效果的重要尺度之一。但這種表格只是各種機能指標的記錄,不能明確評定訓練效果,所以更重要的是根據測試得出的指標,由教練、醫務人員和科研人員相結合,對運動員的機能狀態做出評定,並以文字形式存檔。在通常情況下,運動員不必經常進行全面的機能測試,而是根據訓練的需要選擇若干測試項目。有些指標是相對穩定的,例如最大耗氧量,即使是中長跑運動員,也不必每月測試;而有些指標變化較快,如血色素,週期性體能類項目的運動員在大負荷訓練階段,可安排每周測試。

4、運動員運動素質檔案

表 2 - 10 - 5 爲運動素質登記表。運動素質的水準與運動成績密切相

關，但表中所列的只是一般運動素質，必須在空格中填上與專項密切相關的專項運動素質，才眞正有作用。運動素質指標可以在大強度的訓練中得到，也可組織專門的測驗來獲取。

5、運動員心理診斷檔案

作爲訓練檔案組成部分之一的心理診斷，其內容和方法概括來說可分爲兩大類：

(1)與運動能力有關的心理過程方面的狀態，通常測量的指標有反應時(簡單反應時、複雜反應時、動作反應時等)、視野、深度知覺、注意品質、視覺表象能力、時間知覺、動作神經過程和肌肉感覺等。一般說來，上述指標借助專門的儀器設備來完成診斷，可重覆測量，作爲跟踪監測指標。國內研製的三種心理測試系統可進行其中一部分指標的測試。敎練應根據專項的需要，重點測試和分析若干指標。

(2)運動員相對穩定的個性特徵、認知類型和智力情況。主要內容有：智力、神經類型、氣質、特質焦慮及個性等。這些指標的測量多是以問卷形式進行的，其中有些不宜重覆進行(至少在短期內)。這些問卷及評定意見均應存檔。

表 2－10－5　　運動素質測試登記表

姓名＿＿＿＿＿性別＿＿＿出生日期＿＿＿＿＿專項＿＿＿＿＿

項目 / 日期					
速	30 公尺				
	100 公尺				
度					
力	引體向上				
	挺舉				
量					
耐	1500 公尺				
力					
柔	體前屈				
	劈叉				
韌					
靈敏協調	4×10 公尺往返				
	立卧撑				
其它					

6、運動員技術診斷檔案

技術診斷是訓練過程中非常重要的一項工作,也是很複雜的診斷。技術診斷由於專項特徵,無法以統一的表格和指標表示,需要教練與有關人員共同設計和完成。技術指標有些可以準確量化,有些則難以用數字確切表示,往往由有經驗的教練和科研人員用評分的辦法或語言文字描述。有的技術動作不妨用錄影的方法存檔,有助於縱向對比。

7、運動訓練計劃檔案

各類訓練計劃及執行情況,乃訓練檔案中極為重要的資料。計劃製訂得十分認真,也不可能毫無變動地執行,訓練結果則或多或少與預定目標存在差異(超額或不足)。所以僅保存訓練計劃是不夠的,還必須包括實際執行的情況,以及調整計劃的原因。表2-10-6和表2-10-7為兩個紀錄全年訓練情況的表格,其它類型的訓練計劃及完成情況,可與此大同小異。

表2-10-6 ＿＿＿＿＿＿隊 全 年 訓 練 任 務 及 完 成 情 況

項別	訓 練 任 務	完 成 情 況
德育工作		
隊的組建		
作風培養		
輸 送		
比 賽		
技術戰術		
身體素質		
專項理論 教學及其他		

(國家隊及某些省市隊可不包括輸送一欄)

表2-10-7

全年訓練階段、時間、比重的計劃安排與完成情況

訓練日期／時間比重計劃與完成	訓練計劃起止日期	實際訓練		一般身體訓練		專項身體訓練		技術訓練		戰術訓練		理論教學		比賽
		日	時	%	時	%	時	%	時	%	時	%	時	次
全年訓練 計劃	起＿年＿月＿日 止＿年＿月＿日													
完成														
調整原因說明														
第一階段訓練 計劃	起＿年＿月＿日 止＿年＿月＿日													
完成														
調整原因說明														
第二階段訓練 計劃	起＿年＿月＿日 止＿年＿月＿日													
完成														
調整原因說明														
第三階段訓練 計劃	起＿年＿月＿日 止＿年＿月＿日													
完成														
調整原因說明														
第四階段訓練 計劃	起＿年＿月＿日 止＿年＿月＿日													
完成														
調整原因說明														

（註：階段劃分可改為不同週期）

8、運動員運動成績檔案

　　運動員歷年歷次比賽的成績,是訓練效益的集中體現,也是對教練工作的重要評價。因此比賽成績登記表係訓練檔案中不可缺少的資料。表 2-10-8 是運動員參加比賽的一般情況登記表。可在此表的基礎上算出每年比賽的平均成績和最佳 5 次比賽成績的平均值(表示穩定成績的水準),並存檔。重點隊員歷次比賽的錄影資料也納入檔案。

表 2-10-8　比賽成績登記表　　　　　隊別(或姓名)_____　項目_____

日期	地點	比 賽 名 稱	比 賽 成 績	備　注

9、運動員參加重大比賽檔案

運動員參加重大比賽的情況,有必要詳細記載(表2-10-9)。這對於總結賽前訓練的計劃及執行情況有很好的參考價值,同時也從多因素考驗運動員的訓練水準和競技能力。

表2-10-9　　運動員參加重大比賽情況

姓名　　　　　　　　　　　　　填寫時間　　　年　　月　　日

名稱		地點		運動場(館)		海拔			時差	
日期		時間		氣溫		風向		風力	溫度	
項目	指標 成績	指標 名次	完成 成績	完成 名次	賽前準備情況	賽前負荷特點				
						賽前技術水準				
×××						熱身賽安排		賽前　　天到達賽地		
×××						賽前身體感覺	睡眠		食慾	
×××							情緒		信心	
×××							動機		傷病	
×××							××		××	
×××										
×××										
比賽簡要小結					主要對手情況	姓名或隊名		國別		
						主要特點				
						發揮情況				

注:每次重大比賽填寫一張

(表2-10-1、2、9引自田麥久)

(二)訓練日記

訓練日記,實際上也是訓練檔案的一部分。從一定程度上講,訓練日記是反映運動員訓練過程最詳盡最生動的資料。

與訓練檔案的其它部分相比,訓練日記的一個顯著特點在於它出自運動員的手筆,頻繁往返於教練與運動員之間,最後保存於運動員之處。

許多優秀運動員的實例表明,堅持長期寫訓練日記,乃提高訓練效益的有效措施之一。他們不僅認真寫訓練日記,而且長期珍藏。每當翻閱過去的訓練日記時,回首反思,往往從中加深對訓練的領悟,得益匪淺。

寫訓練日記,有助於總結分析本人的訓練特點,篩選和優化適於本身的訓練方法手段,調控訓練負荷。運動員在不同時期、不同狀態下對相同的運動負荷會產生不同的反應,對同一個動作會有不同的體會。寫訓練日記時,首先是對當日訓練過程的回憶,隨之是對訓練反應的描述,從而引發對訓練的體會和建議。日復一日,有助於對專項本質特點和各種技、戰術的理解,促進訓練水準的提高。

訓練日記是加強運動員與教練雙向聯繫的紐帶。教練從中加深對運動員狀態的了解,有助於修訂次日及下階段的訓練計劃;運動員從教練的批示中加深對訓練意圖的領會,有利於更好地貫徹執行。在特定的時候,教練利用批閱訓練日記,可達到比當面交談更好的教育、指導作用;運動員則可能寫出當面不便提出的意見與建議。

在集體項目的訓練中,或教練負責的運動員人數多、項目不同的條件下,教練可從訓練日記中更確切地掌握每個運動員的實際負荷和其它情況,有助於更好地調控訓練進程。

教練未必曾取得過優異的運動成績,但往往都有過從事訓練的經歷。經常翻閱自己當年的訓練日記,對於體察運動員的心態和機能反應,製訂訓練計劃,也常有裨益。因此,運動員現在認真寫訓練日記,將來若有機會指導別的運動員訓練,將是一項有益的工作。

訓練日記的內容,通常包括:

1. 每次訓練的內容、完成情況及體會;
2. 訓練時的天氣、場地器材等客觀條件簡況;
3. 訓練前後的身體感覺及當日作息情況;
4. 醫務監督指標,如晨脈、晚脈、血壓、血色素、體重等;
5. 對次日及下階段的訓練的建議。

此外,周、階段和年度的個人訓練總結,也可納入訓練日記冊之中。

以上幾項,除了每次訓練的內容及身體感覺外,不一定每日詳細寫,而要把當日體會最深的一點寫清楚,如對某個技術的新體會等。

教練對運動員寫訓練日記應十分重視,並給予具體的指導。首先,應使運動員明確寫訓練日記的目的,千萬不能認為是為教練而寫,否則難能認真和堅持。其次,一定教會運動員寫訓練日記的程序——先回憶,後動筆。對訓練過程的認真回憶,在一定程度上能達到"念動訓練"的作用。再者,記訓練內容時,盡可能準確,不僅包括練習的數量和強度,而且注意練習的順序及影響訓練質量的主客觀條件。

教練必須及時批閱訓練日記,力爭在次日訓練前發還運動員手中。對運動員所記的訓練內容不準確之處,應修改、補充;對運動員的心得體會,應

　　給予指點,促其昇華;對運動員的建議,則持歡迎態度,並以適當的方式給予答覆。

　　表2-10-10為訓練日記的格式。訓練日記不宜採用活頁,而應成冊,便於傳遞和保存。

表2-10-10　　訓練日記格式

_____年_____月_____日　　星期 _____　　天氣_____地點_____

時間	訓 練 內 容 及 完 成 情 況	訓 練 體 會 與 建 議		
早				
上午				
下午(或晚上)				
身體狀況	睡眠		脈搏	晨　　　　晚
	食慾			
	體重			
教練意見				

(白二字)

十一 教練的科技素質

　　隨着運動成績的不斷提高和科學技術的長足發展,科學技術對運動訓練的強大推動作用日益明顯。訓練科學化已成為當前運動訓練的一大趨勢。作為運動訓練總指揮的教練,如今除了必須具備堅定正確的政治方向、勇攀高峰的雄心壯志、吃大苦耐大勞的敬業精神和豐富的實踐經驗外,還必須具備良好的科技素質。提高教練的科技素質已成了實現訓練科學化的當務之急。

(一)科學技術是運動訓練的強大推動力

　　教練的科技素質主要是指教練的科技意識、科技知識、開展科技活動能力以及將科技成果運用於運動訓練的能力。要提高教練的科技素質,首先必須提高教練對科學技術重要性的認識。

　　科學是認識客觀世界的手段,其任務是研究事物的本質和運動規律,探索和創造認識世界的新知識、新理論、新思想和新領域等。其成果是知識形態,是潛在生產力,其要害是解決一個"是什麼"和"為什麼"的問題。所謂技術是指改造客觀世界的手段,是人們利用科學知識和實踐經驗而創造的新方法、新手段、新技能、新工藝、新器材、新裝備等,其成果是物質形態,是直接生產力,其要害是解決一個"做什麼"和"怎麼做"的問題。科學技術對運動訓練的強大推動作用主要體現在下列兩個方面:

1、提高教練的業務水準

　　運動訓練是一項十分艱巨、複雜的勞動,對科學技術的要求非常高。這一方面是因為當前各個運動項目的發展水準已經非常高,有些甚至已經接近人體的極限,可供挖掘的潛力越來越小,如欲進一步提高運動成績,僅僅依靠經驗已經遠遠不夠,必須大力依靠科技進步。另一方面還因為訓練對象運動員以及比賽對手都是有着社會、生理和心理三重屬性的極其複雜的活生生的人,加上運動和比賽態勢瞬息萬變,捉摸不定,因而制約運動成績和比賽勝負的因素不但眾多和相互滲透,而且還極其複雜多變。這就對教練的知識面和知識更新速度提出了很高的要求。教練只有通過掌握並不斷更新盡可能多的知識和信息,才能更好地把握住其所從事的運動項目的發展規律和趨勢,凡事才能不但知其然,而且還知其所以然;不但知道該做什麼,而且還知道如何做得更好,才能得心應手,從必然王國進入自由王國;才能站得高、看得遠、變得更聰敏智慧、主意和辦法才能更多、更好;才能不斷創新、不斷改進訓練思想、方法和手段,提高訓練的效益和效率;也才能在競爭白熱化的競技體育界立於不敗之地。

2、改進和豐富訓練物質條件

「工欲善其事,必先利其器」。訓練物質條件的改進和豐富離不開科學技術。現代科技成果特別是高科技和新材料的廣泛應用,給訓練器械和輔助手段帶來一場深刻的革命,大大提高了訓練的效益和效率。例如玻璃纖維撐竿使撐竿跳高的成績一下子猛增了 40 多公分。大量新奇的專項訓練器材和輔助手段的出現,大大提高了訓練的針對性和控制運動負荷的有效性。大量先進測試手段層出不窮,快速、準確、方便地提供生理、生化、心理和生物力學等方面的多種信息,可供教練控制運動員的最佳運動負荷和改進運動員的技術狀態。原蘇聯有人統計,通過上述方法幫助運動員改進鉛球出手角度、鐵餅和鏈球的旋轉技術、短跑的最佳步長和步頻等,可提高訓練效果 85 ％。

從以上所述可以看出,運動訓練越來越離不開科學技術,因而對教練科技素質的要求也越來越高。

(二)提高教練的科技素質是科學訓練的前提

有人認為,當好教練最重要的是要有豐富的訓練和比賽經驗,科學技術則是可有可無的事情。這一觀點是錯誤的。因此,要提高教練的科技素質,還必須對科學訓練的優越性和必要性有明確的認識。

當今,隨着運動成績的不斷提高和訓練難度的日益增大,迫使運動訓練從經驗型向科學型發展。人類知識基本上分為兩大類,即經驗知識和信息知識。經驗訓練的基礎是經驗知識,科學訓練的基礎是信息知識。雖說成功的訓練經驗中也包含許多科學成分,科學訓練在許多方面也離不開經驗訓練的啓發和幫助,但是科學訓練比之經驗訓練有很大的優越性。

1、經驗知識與經驗訓練

從這兩種訓練所賴以形成的知識的產生和積累過程看,經驗知識主要產生於實踐,而個人的實踐總是有限的,因而經驗知識和經驗訓練具有主觀性、局限性和偶然性的特點。此外,經驗知識是知識在時間上的積澱,隨着年齡和閱歷的增長而增長,在新的經驗知識產生之前,原有的經驗知識又有很強的惰性和不變性。以經驗知識和經驗訓練為主的教練重視過去,重視傳統,代代相傳,比較保守。而信息知識是人們對主要通過科學方法和手段所採集到的有關事物運動過程中所不斷發出的消息、情況、數據、信號等信息進行加工整理後所獲得的知識,來自各個水準方向,因而具有客觀性、全面性和必然性的特點。此外,信息知識隨着時間的推移不是不斷積澱,而是不斷更新,因而具有流動性和多變性的特點。以信息知識和科學訓練為主的教練注意未來、緊跟潮流、追求創新,較少保守。

2、經驗知識層次淺具有表面性

從知識所反映的層次看,經驗知識的形成主要建立在大腦和感官功能這一物質基礎之上,主要接受近距離、表面現象的刺激,很難觸及遠距離事物,更難深入到事物的內部,因而層次淺,具有表面性。而信息知識的形成除大腦和感官外,更主要的是依靠先進的儀器設備,可以獲取無數僅僅依靠人們感官根本無法獲得的遠距離、深層次的信息,因而能夠深入到事物的內部,把握事物的全貌及其內在聯繫,更能切中問題的要害。這就使得基於信息知識的科學訓練比基於經驗知識的經驗訓練具有更大的針對性、節省性和有效性。

3、經驗知識準確性較差

從知識的性質看,經驗知識大都是定性而難於定量,準確性較差,也難於進行統計、比較。而信息知識大都既能定性,又能定量,因而比較準確,易於統計和比較。反映在訓練方面,經驗訓練和科學訓練的差異也大抵如此。

4、經驗知識具有盲目性

從理論性來看,經驗知識和經驗訓練大都缺乏理論基礎,因而有較大的盲目性;而信息知識和科學訓練大都有一定的理論基礎,因而較少盲目性,比較可信。

通過以上簡單的分析、對比,不難看出基於信息知識的科學訓練要比基於經驗知識的經驗訓練先進得多。科學訓練是現代運動訓練發展的必然趨勢。

我們高度強調科學訓練,絕不是否定訓練經驗。除了因為科學訓練離不開訓練經驗的啓發、幫助和補充外,還因為經驗知識迄今仍是人類知識寶庫的一個重要組成部分。加上科學訓練的歷史還很短,許多方面還很不完備,尤其是在我國尚屬剛剛起步,從經驗訓練到科學訓練將是一個漸進過程,經驗訓練即使在今後一個較長時間裡在許多方面仍將繼續發揮作用。但每個教練都必須看到經驗知識和經驗訓練中許多不足之處,應自覺地去重視、吸收和運用信息知識,開展科學訓練,彌補經驗訓練之不足。經驗知識加信息知識無異於如虎添翼。運動訓練的未來必將屬於那些既有豐富經驗,又善於利用科技進步進行科學訓練的教練。

(三)教練提高科技素質的主要途徑

教練科技素質的提高是一個龐大的系統工程,牽涉面很廣。除了各級訓練部門的領導要高度重視這項工作,把訓練工作的重點轉移到提高教練素質和依靠科技進步上來,在方針、政策、制度、物質和時間條件等方面為這項工作創造必要條件外,教練科技素質的提高主要還得依靠自身的努力,當前特別要在下列四個方面狠下功夫。

1、提高科技意識

科技意識是人們對科學技術的認識、感覺和思維等各種心理過程的總和,它決定着人們的科技行動。因此教練要提高科技素質,必須首先提高科技意識。為此,要牢固樹立"科學技術是第一生產力"的思想,自覺地把提高科技素質看成是關係到自身職業生命和訓練成敗得失的頭等大事來抓緊抓好,把訓練工作的重點轉移到依靠科學技術上來;要不斷學習科技知識,了解科技動向和最新成果,尊重和積極支持科技人員的科技成果工作;要勤於思考,養成凡事都要刨根究底,都要問一個"為什麼"、"做什麼"和"怎麼做"的良好習慣。

2、學習和不斷更新科技知識,擴大信息面

這裡特別是提倡"釘子精神",分秒必爭地擠時間、搶時間來學習。只要持之以恆,必將積少成多,聚沙成塔。除了向各種書報雜志、情報資料吸取"死"信息外,還應千方百計地通過觀察、交談、討論、聽報告、交流等途徑搜集"活"信息。此外,還應擴大閱讀和接觸面。除了本項目的有關資料和人員外,還要加強橫向聯繫,從其它項目的資料和人員處獲取信息或啓發。不但要學,而且還要學用結合,學了就用,不斷提高智能(即運用學到的知識和自身的經驗認識事物和解決實際問題的能力)。教練的智能主要包括思維能力,教學能力、管理能力、科研能力、組織能力和交際能力等。這些能力的提高,既是一個實踐過程,也是一個學習過程。

3、積極開展科技活動

不管是有意識還是無意識,從一定意義上講運動訓練本身就是一項試驗和研究工作,至少含有這方面的性質。教練應該變無意識為有意識,自覺地把訓練當成一項科學試驗和研究工作來對待。在科技人員的協助和配合下有意識地、系統地、堅持不懈地搜集和積累一些重要的、有代表性的客觀訓練數據,通過整理、對比、分析、研究等加工處理,從中總結經驗教訓,探求一些規律性的東西;此外,還可和科技人員合作發明創造一些專項訓練手段和器械設備;用以指導、檢驗和支持自己的訓練工作,並進而形成科技論文,著書立說,建立自己的流派和學說。這一現象在國際上已經屢見不鮮。教練應力求使自己成為集教練與學者為一身的、既有豐富訓練經驗、又有精湛學術造詣的訓練專家,這既是做好訓練工作的需要,也是發展訓練科學的需要。

4、提高將科技成果運用於訓練的能力

體育科技成果大都只有通過教練做仲介,才能變成直接生產力,作用於訓練和比賽。教練既是聯繫科技成果和運動實踐的橋梁,又是科技成果最大的和最主要的得益者。得益的主要標誌就是做好橋梁,把科技成果盡快

地運用於訓練。爲此,要有鍥而不捨的毅力和從小處着手循序漸進的精神,既不要被困難和失敗所嚇倒,也不可操之過急。

5、依靠科技人員,和他們交知心朋友

科技人員的長處是學有專長,基礎知識比較紮實,知識面比較寬,占有的信息量比較大,具有一定的科技能力和經驗。依靠他們,取得他們的支持和幫助,無論在增長知識、擴大信息量、開闊思路、解決難題方面,還是在開展科技活動和提高將科技成果運用於訓練的能力方面,都一定會直接或間接地獲益匪淺。因此,教練應主動、虛心、滿腔熱情地和他們交知心朋友,爭取他們的關心、支持和幫助。當然一方面要誠懇、忠厚,無論是成功前還是成功後都要始終如一;另一方面也應禮尚往來,對科技人員的科技工作給予同樣的關心、支持和幫助。努力使訓練和科學技術之間形成相輔相成的良性循環。只有這樣,彼此的友誼和合作才能鞏固而持久,才能共同爲提高我國科學訓練水準做出積極貢獻。

(蔡俊伍)

第三篇

專項運動訓練

本篇是由我國數十位著名教練和專家撰寫的。共論述了三十四個奧運會項目的特徵和當今訓練發展的主要特點，身體、技術、戰術、心理訓練的有效方法手段，運動負荷的安排，以及訓練計劃的制訂和科學選材。論述力求深入淺出，有理論、有實例、有指標、有參數，反映當前國內外這些項目訓練的實踐經驗和研究成果。這對各專項訓練理論與實踐必定會受到積極的指導作用。各專項教練還可從其它運動項目中吸取許多有益的經驗，運用到自己的專項訓練中去實踐。

一　競　走

（一）競走運動的特點和訓練發展趨向

1、競走運動的特點

(1)競走是在普通走的基礎上演變而來的。因此,競走具有普通走步的特徵,即運動的周期性和始終保持有支撐的移動。競走時,運動員兩腿交換邁步前進,與地面保持不間斷的接觸,後腳必須在前腳落地後才能離地,在任何時間都不得兩腳同時離地。每步中,向前邁進的腳在着地過程中該腿必須有一瞬間的伸直(即膝關節不得彎屈,特別是支撐腿在垂直部位時一定要伸直)。運動員在比賽時如果違反了上述規則要求,將受到裁判員的警告或取消比賽資格。因此,在競走訓練中,首先必須掌握正確的競走技術。

(2)競走是一項比速度的運動項目,除技術上有一定規則要求外,競走動作爆發力強,步幅大、步頻高、速度快,這是競走運動的另一個特點。優秀競走運動員每步步長通常爲 110—120 公分,每分鐘步頻爲 200 步至 210 步,一小時可走 14 公里—15 公里,腳着地支撐點在垂直部位時有一瞬間伸直,骨盆沿身體縱軸轉動明顯,是足跟先着地,腳着地靠近身體中綫,腳幾乎在一直綫上,肩部動作活動幅度大,兩臂彎屈約爲 90 度沿身體兩側積極前後擺動。正確的競走技術要走得快而有力。必須有計劃的系統訓練。

(3)競走時幾乎全身的主要肌肉群和關節都參與活動。在訓練中除要加強技術訓練外,要重視一般身體訓練,全面發展運動員的運動素質。競走屬於耐力性的運動項目。是以有氧代謝爲主的。所以,競走運動員的主要運動素質是耐力,尤其要加強耐力訓練,不斷提高機體有氧代謝能力。

(4)培養一名健將級的競走運動員通常要進行 4—6 年的系統訓練,每週訓練 6—12 次,年走步量爲 4000—6000 公里。實踐證明,採用大運動負荷訓練是取得高水準競走成績的前提。但是,運動負荷的安排在訓練的各個階段都要適當,要有節奏、逐年增加訓練量和訓練強度,以適應比賽的要求。

2、競走運動的形成與訓練發展趨向

(1)競走運動的形成和發展

競走最早出現在英國,到十九世紀中葉,競走作爲一種理想的戶外運動在歐美一些國家廣泛流行起來,英國、法國、意大利、德國、美國、瑞典、蘇聯、澳大利亞、西班牙等國都有悠久的競走歷史。

近年來,蘇聯、墨西哥、德國、意大利等國競走成績突出,他們都培養出

許多優秀的男女競走選手。

　　競走運動在我國開展的歷史不長,解放前參加競走訓練的不多,比賽也少。

　　新中國成立之後,1956 年,就舉行了首次全國競走比賽,以後全國性重大田徑比賽中都設有競走項目。進入八十年代以來,中國運動員加強了訓練,成績得到了顯著提高,競走紀錄也不斷刷新(表 3—1—1),並在一些國際比賽中取得了勝利。1983 年,中國女子競走隊出征挪威,第一次參加了競走世界杯比賽,並榮獲了團體和個人冠軍,徐永久以 45 分 13 秒 4 的成績創造了女子 10 公里競走世界最好成績。1985 年,中國女子競走隊在第四屆世界艾斯堡恩杯比賽中,蟬聯冠軍,闍紅榮獲個人冠軍。闍紅在 1984 年 5 月丹麥國際競走比賽中以 45 分 39 秒 5 的優異成績打破 10000 公尺的競走世界紀錄。同時,徐永久在 5 公里國際競走比賽中,以 21 分 47 秒 02 的成績奪得冠軍並創造了女子 5 公里競走的世界最好成績。此外,我國的關平、李素杰、陳躍玲、崔英姿等優秀運動員也都曾以優異的成績創造了女子競走世界水準的好成績。但自 1987 年以後,我國競走主要由於忽視技術,在國際大賽中成績不理想,需進一步檢討經驗,進行科學訓練,提高競走訓練水準,保持在世界競走先進國家之列。

表 3—1—1　　1981—1991 年我國競走水準進展情況

年限	女子 5000 公尺	女子 10000 公尺	男子 20 公里	男子 50 公里
1981		57′56″5	1:29′18″4	4:30′06″
1982	25′56″5		1:31′46″5	4:07′23″
1983	22′51″6	45′13″4	1:25′23″	4:03′02″
1984	21′40″3	45′39″5	1:27′10″	4:04′16″
1985	21′42″	44′14″	1:21′39″	3:54′59″
1986	21′26″6	44′48″6	1:26′24″	3:53′51″
1987		43′45″	1:22′52″	3:52′51″
1988		45′27″3	1:25′17″	3:58′48″
1989	22′03″4	43′15″6	1:24′48″	3:58′01″
1990	20′37″7	44′06″	1:22′16″	3:50′26″
1991	20′49″9	43′29″	1:21′34″	3:46′41″

　　(2)現代競走運動訓練發展趨向

　　競走運動進入八十年代以來,其訓練發展有以下趨向:

　　①競走技術更加規範合理。

　　五十年代的競走技術過分強調了雙腳支撐時兩腿要挺直,骨盆沿身體縱軸轉動不明顯而沿身體橫軸轉動大,引起身體過分左右擺動;強調單支撐時盡可能地放鬆,形成對側肩、髖過分下沉的補償動作,兩臂的擺動過大;為了增大步幅,腳向前邁出着地點距身體重心投影點較遠,造成較大的制動;整個競走技術多餘動作多、費力而效果差。加之,每分鐘步頻超過 200 步時就會造成雙腳支撐的完全消失而導致犯規的理論影響,限制了步頻的提高,束縛了競走技術的發展。

進入七十年代,特別是八十年代後,除進行科學系統訓練外,競走技術動作更加自然、協調,減少了身體各部的多餘動作,提高了動作速度的實效、髖關節明顯沿身體縱軸作適度轉動,腿低姿勢迅速前擺、足跟領先着地,並迅速滾動,腳落地點距身體重心投影點較近,約縮短10公分,這有利於步頻的提高,兩臂較快而有力的沿身體前後擺動,臂的夾角和擺動幅度不過大約90°。走步中,身體重心移動軌跡更趨於直綫性,過去單腳支撐階段、身體重心在垂直部位瞬間最高變為最低,而過去雙腳支撐階段身體重心在垂直階段最低變為最高。這一改變主要是因為隨着競走速度的提高,出現了雙腳支撐階段短暫消失(以裁判員的肉眼辨認不出為限)出現了騰空動作而造成的,其騰空位移的垂直距離約為4—6公分。因此,身體重心移動軌跡更趨於直綫性,減少了水平速度的損耗。同時,在支撐腿移至垂直部位時,支撐腿異側髖和同側肩部位不做過於下沉降的補償動作,以利於身體總重心的水平移動和競走速度的提高,在裁判員肉眼辨認不出的情況下,合理地利用人體前進的慣性,獲得短暫的有限空間位移時間(60毫秒以下),同時又保持了支撐腿在垂直瞬間的伸直,在符合規則要求的前提下,最大限度地發揮了體能,不斷地提高競走成績。

②加大運動負荷,綜合運用各種訓練方法

競走運動發展到五十年代後,競走訓練在吸收和引進其他耐力性運動項目訓練法的同時,結合競走的特點,在採用持續訓練法的基礎上,增加了提高競走速度,速度耐力和專項耐力的間歇走、中長階段的重覆走、變速走、越野走,隨着競走水準的提高,不斷增加訓練負荷,優秀運動員年負荷量(走跑總量)可達5000—7000公里,50公里選手的年負荷量可達到8000—10000公里,並重視全面身體訓練和一般耐力訓練。這是取得成績的一個重要因素。在訓練方法上,現在不少優秀競走教練採用了綜合訓練方法,即將間歇訓練法、重覆訓練法、變速訓練法和持續訓練法及比賽測驗法等有機結合,因人因地制宜地訓練運動員,取得了好成績。有的還採用高原和平原地帶相結合的訓練方法取得了成功。

③普遍採用高頻走的技術

根據國內外競走專家對有關步長,步頻的研究表明,近二十多年裡,運動員的步長因素沒有顯著變化,而步頻的增加卻十分驚人。優秀競走運動員由過去每分鐘走不超過200步的極限,提高到每分鐘可走210—220步,這種高頻走的競走技術的出現,把競走運動成績大幅度提高,並將進一步發揮其優勢。因為步長受人體解剖結構和運動素質條件限制,不可能無限增大,以世界優秀運動員比賽的資料統計(表3—1—2)表明,發展步長潛力不大,如果進一步追求步長的提高,勢必要加大動作幅度,造成更明顯的騰空,容易出現技術犯規,而且也影響了步頻的提高。相反,步頻的提高是大有潛力可挖的。

表 3—1—2　　1989 年世界杯女子十公里競走比賽前八名步頻、步長比較表

姓　名	國　籍	比賽成績	平均步頻（步/分）	平均步長（公分）
ANDERS 安德斯	德　國	43′08″	202	114
SAXBY 薩克斯比	澳大利亞	43′12″	201	115
SAIVADOR 薩爾瓦多	意大利	43′24″	200	115
SERBINENKO 瑟比恩科	蘇　聯	43′46″	201	114
陳躍玲	中　國	44′24″	203	111
KOVAIENKO 科瓦材料	蘇　聯	44′28″	196	114
熊岩	中　國	44′29″	198	113
SIDOTT 斯多娣	意大利	45′19″	198	112
平均			199.88	113.5

現在,高頻走的技術已被重視和採用,尤其在運動員選材和基礎訓練階段,都比較重視動作速度的提高。總之,運動員選擇並保持適宜的步長,努力提高步頻,是提高競走成績的重要途徑。

④重視和研究競走運動的技術發展

隨着競走成績的迅速提高,比賽中出現了事實上存在的短暫消失的騰空現象,而犯規運動員又未得到裁判員取消比賽資格的判罰。此問題在國際上引起競走界的普遍關注和研究。

原蘇聯著名競走教練阿特魯克托夫曾對競走雙腳支撐與競走速度、技術的相互關系進行研究,表明雙腳支撐的時間取決於向前走動的速度,即走速越快,雙支撐的時間越短。如果,運動員超過每秒 3.64 公尺的速度時,將出現"騰空"現象(見表 3—1—3)。現在研究資料表明,當運動員的速度每小時走 13—14 公里,一般都出現"騰空"狀態。

表 3—1—3　　競走速度與雙腳支撐時間的關系

走 400 公尺時間	2′34″	2′19″	2′05″	2′	1′55″	1′50″
速度(公尺/秒)	2.59	3.2	3.33		3.48	3.64
雙腳支撐時間(毫秒)	55	45	20	15	10	0

包括國際最優秀的運動員也同樣存在這個問題,特別是速度快、比賽距離短的項目中更是如此。他們在比賽中沒有被判罰下場的原因是騰空的時間數值沒有超過 60 毫秒。據英格蘭著名競走隊敎練朱利安·霍普金斯的研究表明,運動員如果騰空時間長於千分之 60 秒,裁判員的肉眼就能夠判斷出這個犯規現象了。

　　現在,隨着競走成績的不斷提高,競走技術中與地面保持不間斷地接觸的定義正遭到不可避免的破壞,而運動員只是利用裁判員只能用肉眼觀察進行獨立判罰這一競賽規則規定發揮技巧,改進動作,使雙腳支撐階段暫短的消失縮短到不被裁判員肉眼能夠判斷出騰空犯規的程度。可以說,只要國際田聯未對現行競走規則或裁判方法做出重大修改前,競走敎練員、運動員爲適應現狀,爭取比賽中取得好成績而又不被裁判員看到競走技術的改變(出現騰空),而不斷繼續努力完善現代競走技術。這個問題應當引起我國競走界的同行足夠的重視和研究,在認識上保持理論和實踐的統一,以改進我國競走技術,與國際競走運動同步發展。

(二)競走訓練的有效方法和手段

1、競走的供能特徵,發展專項供能能力和進行監測的基本方法

　　競走是典型的週期性耐力項目。專項的供能特徵是以有氧供能爲主,同時伴隨着有氧、無氧混合代謝供能。

　　根據我國現實條件,運用觀察心率變化,發展不同的供能系統是旣可行又有效的重要方法之一,也是對專項供能能力進行監測的基本方法。

　　(1)發展有氧代謝系統運用心率的方法

　　每段競走的距離要超過 800 公尺,強度爲運動員最大心率的 70—80％(最大心率爲 220 次減去運動員年齡,即爲每分鐘運動員最大心率數)。練習中間間隔放鬆走 1 分半鐘,在這一分半鐘的時間內其心率一定要降至 120 次/分以下。如果在一個練習後,運動員經過 1 分半鐘的放鬆走,心率不能下降到 120 次/分以下時,就表明這個練習安排的速度太快了,敎練應及時降低運動員的走速。

　　(2)發展糖酵解供能系統運用心率的方法

　　採用最高心率 90％的強度走 1—3 分鐘。然後中間應該有 2 分鐘的間隔放鬆走,當心率恢復到每分鐘 130 次時,應重新開始上述強度的練習。如果運動員恢復期心率下降到 130 次/分,所需時間超過 2 分鐘,就應將負荷的強度降到最大心率的 80％。

　　通過以上方法的運用,運動員在規定的恢復放鬆走中,如果及時下降到 120 次/分或 130 次/分時,說明正按計劃完成不同的供能系統的訓練,如果沒有按時恢復,除說明運動員的走速高了,應降低外,並應認識到運動員此時是以另一種供能系統工作的。經過一個時期的訓練、當敎練發現能夠用有氧代謝系統完成前一段時間、必須用無氧代謝系統完成的工作時,這就說明運動員的有氧代謝能力提高了。

2、競走運動員提高專項機能的主要途徑和方法

　　競走運動員必須具備良好的心肺功能。心肺功能可通過心率、血壓、心

臟形狀、肺活量、肺面積等指標來測定。由於機能指標較多,我們應選擇從理論與實踐中行之有效的幾種方法,爲提高競走運動員專項成績所必須發展的機能。

提高專項機能的主要途徑是採用長距離和間歇形式的跑或走。因爲運動時有氧代謝向無氧代謝的轉折點—— 即無氧閾值出現的早晚,對評定有氧代謝的水準高低有直接影響。達無氧閾值時所採用的速度即爲閾值速度,達無氧閾值時耗氧量一般男子爲 50 毫升/公斤/分,女子 40 毫升/公斤/分左右。研究證明,競走的運動員達無氧閾值點的乳酸值爲 3mmol/L。因而採用達無氧閾值時閾值速度的走或跑,可以達到提高心肺功能的效果。通過訓練可以大大延遲有氧代謝過渡到無氧代謝的轉折(可改進 45%)。

3、競走運動員專項素質特徵及訓練的主要方法、手段

競走運動員的專項素質應以耐力爲主,其特徵表現在長時間、在一定強度下肌肉活動的延續能力。

耐力又分爲一般耐力和專項耐力。另外還有速度和力量等。根據國內外現有資料,一般選用以下幾種素質指標(見表 3—1—4)。

(1)發展一般耐力可採用在一定時間內跑一定距離的持續跑;不同距離的越野跑;變速跑和反覆跑。跑的距離、間歇方式、強度、次數都應根據運動員的情況而定。

表 3—1—4　　競走運動員運動素質指標

運　動　素　質	指　　　標
一般耐力:	5000 公尺跑(男)　3000 公尺跑(女)
專項耐力:	15 公里競走(男)　8 公里競走(女)
速　　度:	100 公尺跑　400 公尺競走
力　　量:	立定跳遠、立定三級跳、鉛球 後拋、俯臥撐、仰臥起坐

(2)發展專項耐力的主要方法

①持續訓練法。根據持續時間和速度變化分爲四種:

a.慢速持續法。心率在 120~140 次/分,時間持續 40~90 分鐘的持續走或跑。主要保持有氧能力促進恢復改善提高機體能力的進程。

b.中速持續法。心率在 140~160 次/分,時間在 40 分鐘至幾小時的勻速競走。主要發展專項有氧能力,提高心血管和呼吸系統的機能,爲提高專項能力和速度耐力奠定物質基礎。

c.快速持續法。心率在 160~180 次/分,時間爲專項的 $\frac{1}{2}$~$\frac{3}{4}$。主要提高專項耐力,發展最大有氧及混合代謝能力。

d.勻加速持續法。速度由慢到快的勻速加速走,時間在 40 分鐘至專項距離以上。主要發展綜合能力,即一般耐力—專項耐力—速度耐力。這是目前我國大多數優秀運動員普遍採用的訓練方法。

②間歇訓練法。根據不同目的,分為Ⅰ型間歇法和Ⅱ型間歇法兩種。

a, Ⅰ型法。採用 200～800 公尺距離,總量為專項的 $\frac{1}{2}$ 左右,間歇時間控制在 30～60 秒,如安排 400 公尺×20～25 次。主要提高運動員專項速度儲備和耐受乳酸的能力。

b.Ⅱ型法。採用 1000～2000 公尺,總量約專項的 $\frac{3}{5}$ 左右,間歇時間控制在 2～4 分鐘。如安排 1000 公尺×10～12 次。主要提高專項速度耐力,發展混合代謝能力。

③重覆訓練法。要求心率恢復到 120 次/分,才進行下一次練習。主要發展速度耐力和專項耐力。它是提高專項成績的有效方法之一。重覆訓練法的運用有以下幾種形式:

a.中段落重覆法。採用 1000～2000 公尺,強度要求在閾值速度的 100～110%。總量約專項的 $\frac{3}{5}$～$\frac{4}{5}$。

b.長段落重覆法。採用 3000～6000 公尺,強度在閾值速度 90～100%,總量約為專項的 $\frac{4}{5}$ 或專項距離。

c.速度遞增組合法。距離與上相同,負荷強度逐個提高,如 2000 公尺×6～8 次,時間 9 分 30 秒、9 分、8 分 50 秒……到 8 分 30 秒。

d.段落縮短組合法。距離按比例逐漸縮短,負荷強度逐級提高。

e.段落延長組合法。同段落縮短組合法相反,強度相對衡定。

f.間歇重點組合法。如安排(1000 公尺×2＋2000 公尺)×2～4 組。

④變速訓練法。按預定的計劃有規律的速度變換。變速距離和強度要求,可根據運動員實際能力而定。

⑤測驗與比賽法。主要目的是提高運動員對比賽的適應性和比賽能力,培養競爭精神,檢驗訓練效果,及時得到回饋。強度分為規定、部分規定和不規定三種形式,採用距離一般短於專項或專項的 $\frac{1}{2}$。

4、競走技術和技術訓練的主要手段

競走專項技術可概括為:

(1)頭部正直、軀幹基本正直或稍前傾。

(2)擺臂以肩關節為軸前後有力擺動。

(3)擺動腿向前邁步時以腳跟先着地腳尖自然勾起,着地瞬間膝關節自然伸直,至垂直部位時支撐腿必須伸直,在蹬地即將結束,腳趾還未離地時,另一腳的腳跟正接觸地面,使人體處於短暫的雙支撐階段。

(4)支撐腿蹬離地面,大腿積極前擺,擺至垂直部位時,擺動腿同側骨盆與異側肩稍下降,擺過垂直面後,小腿迅速向前擺動,在整個擺動時期,腳應始終接近地面。

競走技術訓練,教練在無論採用什麼手段,其目的最終都是為了提高競

走的步長與步頻,以及它們之間的最佳配合。當前世界上在競走的技術訓練上,都幾乎採用以下幾種手段:

　　(1)各種競走的專門訓練。

　　(2)各種形式走的練習。

　　(3)各種條件下走的練習。

　　(4)各種負荷走的練習。

5、競走戰術訓練的方法與手段

　　競走戰術直接與參加比賽目的有關,其一是創造個人最高水準或紀錄,對名次則不過多考慮;其二是在比賽中拿到獎牌或取得一定的名次而對成績不十分重視。針對這兩種目的可採用不同戰術。

　　爲達到第一種目的,合理地分配好全程體力,以適宜的速度匀速走完全程是最理想的戰術方案。爲達到第二種目的,則要採用多種戰術:

　　(1)比賽一開始就採用領先走,要使自己甩開其它對手;

　　(2)比賽開始跟隨走,後半程加快,拉開對手;

　　(3)前半程走的較慢,後半程走的要快;

　　(4)不斷變換速度走;

　　(5)始終跟着領先者後面走,到達終點前衝刺。

　　以上幾種戰術要根據運動員的自身情況和賽中對手變化情況及氣候環境等靈活運用。

　　競走運動員的戰術水準,最主要的表現是控制本身的速度能力。通常採用測定速度感和節奏感的方法,一般方法有以下幾種:

　　(1)用競走速度走完一定距離,運動員報出所走的時間;

　　(2)教練在一定時間內要求運動員走完一定距離;

　　(3)按不同速度的要求,走完一定距離,可採用變換速度的競走。

　　競走多採用集體練習的方法。一般有:輪流領先帶走;不斷變換速度的交替走;加速走;追逐走等。

6、競走運動員的心理特徵及大賽前運動員最易出現的心理障礙和克服方法

　　競走要求運動員在心理上能夠承受長時間的緊張負荷。現代科學證明競走比賽中,運動員不僅要消耗大量的身體能量而且也相應的消耗其心理能量。特別是運動員在多次反覆同樣動作下的枯燥、單調感,會降低對競走的耐受力。所以競走運動員最重要的心理特徵就是頑強的意志品質。所以,訓練要圍繞競走運動員的專項心理品質—— 頑強的意志來進行。爲此,首先要注意培養其興趣和愛好。

　　(1)安排訓練時要考慮到他們的神經系統靈活性高,但穩定性差的特點,採用多種多樣的練習方法和手段。特別是結合遊戲和競賽形式以提高

他們參加訓練的心理穩定性。

（2）在訓練中要特別注意加強訓練的目的性,提高克服困難的自覺性,要有堅韌不拔的耐性和持之以恆的精神。

（3）要注意利用不同的訓練環境,讓運動員經常同各種困難做鬥爭,增強對痛苦的忍耐力,在任何情況下運動員都要信心十足。特別是相信自己的力量,養成善於控制自己的情緒。

（4）不斷施加影響,使運動員在任何情況下都能及時排除掉消極情緒,而以放鬆的心情、愉快的情緒,穩定自己去參加比賽訓練。

由於競走運動員在個性心理特徵,年齡和運動技術水準等各方面都有各自的特點和差異,所以在心理訓練內容的選擇和方法的採用上都應區別對待。但無論採用何種訓練方法在心理訓練中都要與身體、技術、專項戰術訓練緊密的結合起來,使其做到互相滲透、互爲補充、互相促進的效果。

大賽前運動員最易出現的心理障礙,是過度緊張造成心率加快,情緒激動,睡眠不好。其主要原因是由於對比賽的要求高、造成壓力或期望取得好成績,心中無底等。克服的主要辦法是:正確分析主客觀情況,使運動員相信自己,鼓起勇氣,用意志戰勝困難,以達到預期的目的。採用轉移注意力,讀數摧眠法和意念摧眠法;講述著名運動員比賽的成功經驗和失敗教訓,誘導運動員達到適應比賽的心理狀態。心理訓練具體方法可參見第二篇心理訓練的有關內容。

（三）競走運動負荷的主要特徵

1、專項負荷（量和強度）的主要指標和監測的易行方法。

我國競走多年訓練過程一般分爲四個階段:基礎訓練階段（13—15歲）;初級專項訓練階段（16～18歲）;專項提高訓練階段（19—21歲）;高級專項訓練階段（22歲以後）。由於各階段的訓練要求不同,其負荷量和強度也有區別。各階段訓練的負荷參數如下:

（1）基礎訓練階段。全年走的負荷量從 2000 公里～4000 公里。負荷強度以心率爲指標。大強度（心率 180 次/分以上）約占百分之十五;中等強度（心率 145～179 次/分）約占百分之三十五;小強度（心率在 140 次/分以下）占百分之五十。

（2）初級專項訓練階段。全年走的總負荷從 3500 公里～5500 公里。大強度約占百分之十五;中等強度約占百分之四十;小強度約占百分之四十五。

（3）專項提高訓練階段。全年走的總負荷量從 4500 公里～7000 公里。大強度占百分之二十;中等強度約占百分之四十;小強度約占百分之四十。

（4）高級專項訓練階段。全年走的總負荷量在 4500 公里～5500 公里

以上。大強度約占百分之二十;中等強度約占百分之五十;小強度約占百分
之三十。

在訓練過程中,每一個運動員所能夠承受的和應該承受多大的訓練負
荷,還取決於其它許多主客觀因素。在競走訓練實踐中多數人採用心率做
爲判斷專項負荷大小的易行方法,但僅用心率是不夠的,還應根據可能條
件,經常進行血色素、血乳酸、晨脈、運動前後心率、身高、體重等指標的測
試,以科學的控制負荷。

**2、訓練大週期中各時期(準備、比賽、過渡)和不同類型小週期負
荷量和強度的基本特徵和參數。**

在訓練大週期中的準備期,負荷量和強度要圍繞着競技狀態初步形成
這一目的進行,因而在這一時期的負荷量採用逐漸增加的形式。在這一時
期的後段,負荷量穩定,而專項強度則採取逐步上升的趨勢。整個準備期的
負荷應達到全年負荷量的 55%~60%。競賽期應圍繞着促使競技狀態向
最佳水準發展,參加比賽,創造優異專項成績這一目的進行。其期限的長
短,主要根據競賽日期的安排而定。這一時期的負荷量在開始前略有減少,
然後趨於穩定;專項訓練強度應增加至最高點,並趨於穩定,整個競賽期的
負荷量應達到全年負荷量的 35%~40%。過渡期的負荷量應根據個人的
情况安排,一般可達到全年訓練量的 5%。

在大週期的不同時期監測負荷最廣泛應用的指標仍是心率。根據競走
運動員的特點,可分爲 4 級負荷。見表(3-1-5)。

表 3-1-5

負　荷	心　　率
小	120 次以下/1′
中	125~150 次/1′
大	150~180 次/1′
最大	180~220 次/1′

不同類型小週期負荷量和強度的基本特徵如下:

(1)適應恢復性小周期。由於這種小週期任務是使運動員的有機體適
應訓練並保持原有的訓練水準。其負荷量和強度都是全年最小的。但在有
氧和無氧混合代謝條件下,競走的量占一週總量的 10%~15%。

(2)加量小週期。這種小週期是繼續發展有機體的主要機能,提高有機
體的可塑性。其負荷量和強度應是逐漸加大的。可佔走的最大量的 90~
100%。而有氧無氧混合代謝條件下走的量佔總走量的 20%~40%,另外
的無氧代謝走的量佔 1%~3%。

(3)強度小週期。基本任務是提高專項能力,培養意志品質和準備參加
比賽。這種小週期走的總量佔最大走的總量的 70~90%。有氧和無氧混
合代謝的量佔 20%~25%,以無氧代謝爲主的走量佔一週中總走量的 6%

～10％。

(4)減量小週期。目的是爲了積極性休息以解除精神和身體上的緊張狀態。走量有明顯降低,只相當於最大量的 50％～60％。

(5)誘導性的或賽前小週期。重大比賽前的一週採用。走的量相當於減量小週期的 40％～60％。有氧和無氧混合代謝走的手段幾乎不採用。以無氧代謝爲主的走量達到一週總走量的 12％。

3、負荷量和負荷強度配合的方式、方法和基本要求

競走運動員負荷量和負荷強度的配合,應根據多年和全年訓練各階段任務及運動員水準的不同,而進行不同的安排。隨着競走運動水準的不斷提高,總的負荷量雖有逐漸增加的趨勢,但負荷強度仍是一個最重要的指標。在競走訓練中,完成競走動作的速度和以一定速度完成的練習量,都可作爲衡量負荷強度的標誌。專家們多數採用快走量佔總走量的百分比來衡量。一般有三種方法:

(1)預定的運動成績與比賽的平均速度比較。其中又有三種負荷強度方案:低於比賽強度,比賽強度和高於比賽強度。

(2)臨界速度時和閾值速度時的強度與比賽時平均速度的強度的比較。臨界速度爲機體處於最大吸氧量水準時的速度,而閾值速度則是機體處於"無氧閾值"時的速度。

(3)與全年成績或該段落個人的最高紀錄相比(以此爲 100％)。可分爲:95％、90％、85％、80％、70％等強度。有時最好成績還可用"全力"這一術語來表達,其餘的強度則用"¾力量"、"$\frac{1}{2}$力量"、"¼力量"表示。

爲使競走運動員合理而精確地計劃訓練全過程負荷量和負荷強度的配合,應根據不同年齡和不同水準運動員的情況而定。目前我國競走運動員全年總負荷量和強度的配合比例見表 3—1—6。

表 3-1-6　全年訓練負荷量與負荷強度

年齡	全年負荷總量(公里)		佔全年總量百分比		
	男	女	大強度 (心率 180 以下/分)	中強度 (心率 170—140/分)	小強度 (心率 140 以下/分)
13	3100～3500	2100～2500	10	50	40
14	3600～4000	2600～3000	12.5	52.5	35
15	4100～4500	3100～3500	15	55	30
16	4600～5000	3600～4000	17.5	57.5	25
17	5100～5500	4100～4500	20	60	20
18	5600～6000	4600～5000	22.5	62.5	15
19	6100～7000	5100～5500	25	65	10
20 以上	7000 以上	5500 以上	27.5	62.5	10

目前世界上的競走訓練,也基本上採用表 3-1-6 負荷量和強度的配合

方式。一般來說在競走運動員的年度訓練周期中,把無氧代謝的比賽量和高於81%速度的走量視爲重要內容。在準備期所佔的比重爲2~10%,同全年的4~6%相比並不小,而在比賽階段,這類走的量增加到6%～10%。低於個人最高成績80%速度的有氧—— 無氧混合代謝的段落走和臨界下限速度(超閾值速度)長時間持續走的量佔總量的20%～35%。隨着項目的不同,應有差別,50公里競走運動員其長時間持續走的量可達總走量的40%～50%。

(四)競走訓練計劃的制訂

培養優秀的競走運動員應當從小做起,打好基礎,進行多年系統的訓練。一名13—15歲開始訓練的青少年選手要取得世界先進水準的運動成績,一般需要6—8年或更長一些時間,因此必須制訂多年和年度的多種計劃,並按照計劃實施系統的訓練。

1、長期訓練計劃

制定長期計劃首先要劃分好階段。國家體委田徑教學訓練大綱將競走多年訓練按不同年齡,劃分爲:基礎訓練(13—15歲);初級專項訓練(16—18歲);專項提高階段(19~21歲);高級專項訓練(男女22歲以後)四個階段。

另外,爲從小培養,打好基礎,還劃分出8~12歲少年兒童訓練階段(詳見田徑教學訓練大綱)。

根據競走運動動作千篇一律,枯躁單調,局部負擔大的特點,以及多年訓練的實踐經驗,競走訓練從14歲開始爲宜,並可劃分爲:

基礎訓練   (14—16歲,三年);專項訓練   (17—20歲,四年)和專項訓練提高(21歲以上,四年至八年,或更長一些)三個階段。

各個訓練階段的任務及要求不盡相同。

(1)基礎訓練階段(14—16歲)

訓練任務:

①提高運動員的健康水準;

②進行全面運動素質訓練,特別注意速度耐力、柔軟性、靈巧、協調性的提高;

③學習掌握正確的競走技術,了解有關競走的知識,培養對競走運動的興趣;

④進行思想道德意志品質教育。培養好學向上,吃苦耐勞的精神;

⑤評價潛在能力,爲確定專項提供依據。

訓練要求:

①以跑跳投等田徑項目、體操、球類或遊戲爲本階段的主要訓練內容,

發展速度耐力, 靈巧, 協調、柔韌性等運動素質。

②在全面身體訓練中, 要重視培養運動員的動作速率, 小肌肉群力量和髖、膝、踝關節的靈活性。

③技術訓練中, 教練多採用示範、講解或錄影等直觀教學手段和專門練習, 幫助運動員學習和掌握正確的競走技術。

④注意合理地安排運動負荷, 不宜多採用極限強度的競走練習。

(2)專項訓練階段(17~20歲)

訓練任務：

①進一步提高運動員全面運動素質, 逐步加強競走專項素質訓練, 繼續提高有氧代謝能力；

②進一步掌握和改進競走技術；

③培養運動員自覺地訓練和獨立參加比賽的能力；

④學習掌握有關競走訓練的知識, 培養運動員熱愛並獻身於競走事業的責任感。

訓練要求：

①仍以專項練習為基本內容, 進一步鞏固和發展全面運動素質, 提高體能。

②開始向專項化訓練轉換, 逐步增加專項訓練的內容, 提高專項素質, 發展競走速度, 速度耐力；

③在大強度走中掌握規範、合理、自然協調的競走技術, 確定適宜的步長和步頻；

④逐漸增加運動負荷, 特別是專項強度；

⑥加強培養運動員的頑強拼搏的意志品質和堅定的自信心；

(3)專項訓練提高階段(21歲以上)

訓練任務：

①提高專項耐力, 速度耐力和綜合訓練水準；

②改進、完善和熟練掌握競走技術、使技術規範化；

③提高適應比賽的能力, 提高競走成績。

④進一步培養和發展運動員敢於拼搏, 敢於勝利的意志品質。

⑤提高比賽的戰術技巧, 完成比賽任務。

訓練要求：

①突出專項訓練, 提高競走能力, 進行大負荷訓練, 應以高質量訓練為中心來安排。

②形成符合個人特點的競走技術, 提高走步的經濟性和實效性；

③加強對運動員參加比賽的心理訓練, 使他們在高水準比賽中, 具有穩定的心理狀態, 提高競走成績, 完成比賽任務。

④重視醫務監督, 為運動員創造有利、適宜的訓練、生活條件。

表3-1-7　　　各年齡階段專項成績分級標準(男子)

項目	等級	14歲	15歲	16歲	17歲	18歲	19歲	20歲	21歲以上
5000M	優秀	26'	25'	24'	23'	22'30"	22'	21'30"	21'
	良好	27'	26'	24'30"	23'30"	23'	22'30"	22'	21'30"
	及格	28'	27'	25'	24'	23'30"	23'	22'30"	22'
1000M	優秀		50'	48'	46'	45'	44'	43'	42'
	良好		52'	50'	48'	47'	45'	44'	43'
	及格		54'	52'	50'	48'	46'	45'	44'
20公里	優秀				1:36'	1:32'	1:29'	1:26'	1:24'
	良好				1:40'	1:36'	1:32'	1:28'	1:26'
	及格				1:44'	1:40'	1:36'	1:32'	1:30'
50公里	優秀							4:10'	4:00
	良好							4:20'	4:10'
	及格							4:30'	4:20'

表3-1-8　　　各年齡階段專項成績分級標準(女子)

項目	等級	14歲	15歲	16歲	17歲	18歲	19歲	20歲	21歲以上
3000公尺	優秀	16'	15'	14'30"	14'	13'40"	13'20"	13'00"	12'30"
	良好	17'	16'	15'30"	14'30"	14'10"	13'40"	13'30"	13'
	及格	18'	17'	16'	15'	14'40"	14'10"	14'	13'30"
5000公尺	優秀		26'	24'30"	23'30"	23'	22'30"	22'	21'30"
	良好		27'	25'	24'	23'30"	23'	22'30"	22'
	及格		28'	26'	25'	24'	23'30"	23'	22'30"
10000公尺	優秀			50'	48'	47'	46'	45'	44'
	良好			52'	50'	48'	47'	46'	45'
	及格			54'	52'	50'	48'	47'	46'

　　運動員在25—28歲(以至30歲左右)時,仍是出成績的最佳年齡階段,多次奧運會或世界杯競走比賽中獲得優勝的運動員的年齡,大都在這個階段。對此,應特別予以重視。要盡可能地保持訓練水準,使那些有前途的競走運動員能延長運動壽命,為完成各訓練階段任務,在相應的年齡必須達到相應的專項成績。分級標準見表3—1—7.8。

　　根據上述多年訓練的劃分和各年齡應達到的相應專項成績,制定多年訓練計劃。制定的具體辦法參見第二篇第九題。

2、全年訓練計劃

　　全年訓練計劃應依據多年計劃中規定的當年訓練任務和要求,總結上一年度的訓練和運動員的實際情況而判定。

　　全年訓練計劃應包括的基本內容和週期的劃分見第二篇第九題。根據我國的實際情況,高水準運動員全年通常劃為一個大週期,其劃分的時期見

表3—1—9。

表3—1—9　全年訓練計劃的時期劃分

訓練時期	準備時期		競　　賽　　時　　期			過渡時期
訓練階段	冬季訓練	春季訓練	第一比賽階段	夏季訓練	第二比賽階段	
月　份	12　1　2　3	4	5　6	7　8	9　10	11

　　對青少年或運動新手來說,訓練水準很低,又不參加比賽,全年訓練不必爲此劃分週期,而應該保持系統不間斷地訓練,這有利於不斷提高運動素質和專項技術水準。

　　現在,我國大型競走比賽如全國錦標賽、冠軍賽,安排的日程各在3月份和9月份。從實際出發,全年訓練則可採用雙週期安排(表3—1—10)

　　近幾年來我國一些省市競走隊敎練在訓練分期方面進行了

表3—1—10　全年訓練計劃的時期劃分(雙週期)

訓練時期	準　　備	競賽	過渡	準　　備	競賽	過渡
訓練階段	第一準備階段	第一競賽階段		第二準備階段	第二競賽階段	
月　份	11　12　1　2　3	4月初—4月中		5　6　7　8　9	10月中—10月底	

改革並收到了良好的效果。例如遼寧和山東競走隊他們打破了傳統的全年訓練分期模式,實行了全年"全天候"不間斷地訓練。取得了顯著效果。遼寧隊每天兩次訓練課,一次主訓練課,多在每天早晨出操進行跑(或走)的練習(通常是8公里),每月進行一至二次專項測驗,檢查訓練效果,提高訓練強度,不斷調整每日的訓練計劃。他們在全年實行"恆定"計劃訓練後,包括徐永久、閻紅、張阜新、劉建立等多名優秀男女運動員創造了世界水準的競走成績。

　　又如甘肅競走隊他們結合高原訓練的特點,將全年分爲五個訓練大週期進行訓練。每個周期爲10週,簡稱"10週訓練法"。這10週分爲四個階段(表3—1—11),經過兩年的訓練實踐,其訓練節奏明顯,每個循環都是在上一個循環的基礎上進行。從而在全國競走大賽上取得了突出的成績,充分說明了甘肅競走隊對訓練時期劃分的改革也是成功的。

　　綜上所述對競走訓練時期、階段的劃分要不拘一格,應當根據項目的特點地區條件、綜合自己的實踐情況,遵循競技狀態形成的規律,進行探索和改革,使訓練時期的劃分更加合理,在重大比賽期間達到最佳競技狀態。

表3-1-11　　十週訓練法各階段訓練任務與時間安排

訓練階段	一	二	三	四
任　　務	調整恢復準備	發展有氧耐力	深入強化訓練	賽前準備和比賽
周　　數	2	3	3	2

3、小週期訓練計劃

　　制定好訓練小週期計劃,對順利完成中週期(階段或時期)以至大週期的訓練任務有着重要意義。週計劃包括一週中訓練課的次數、每次訓練課的任務、訓練內容、採用主要手段、負荷量和負荷強度的安排等。

表3-1-12　　　遼寧競走女隊 1987 年度冬訓階段周計劃安排

星期一	早操:放鬆跑 8 公里,平均 5′/公里速度完成,一般體操和柔韌性練習 15′—20′ 下午:田徑場地,勻加速走 12 公里—14 公里,12 公里為中等負荷量周,14 公里為大負荷量週(以下同此)。開始先放鬆較慢速度走,4 公里後以平均每 400 公尺 2′10″速度完成後,再逐漸加快到 2′5″—2′/400 公尺和 1′50″/400 公尺
星期二	早操:同星期一 下午:場地或在公路上越野走 18—20 公里勻加速走,平均每公里的速度 5′30″左右,也是採用先慢速走 6′/公里或更慢些,以後逐漸加速。
星期三	早操:同星期一 下午:場地勻加速走 16—18 公里速度要求同週一
星期四	早操:同星期一 下午:場地勻加速走 12—14 公里,練習要求同前。但也有時以先走 6 公里勻速走再加上 2 公里×3 反覆走形式完成。2 公里平均以 9′30″—10′30″強度完成
星期五	早操:同星期一 下午:場地勻加速走或公路上越野走 18—20 公里
星期六	早操:同星期一 下午:場地勻加速走 16—18 公里,速度要求同週一
星期日	早操:同週一 下午:場地勻速走:14—16 公里,速度要求同週一

　　在訓練小週期裡,一般安排 6—7 次主要訓練課,在主要訓練課以外,每週還要安排 6—7 次輔助課練習(如每天的早操或小負荷量訓練課)。如果把早操計算在內是每天三次訓練(即"少吃多餐"的安排方法)。每次訓練課合理的安排不同訓練任務和內容,採用手段和負荷量也應有不同。技術和身體訓練要合理組合,週的負荷應有大、中、小的節奏。一次或幾次大負荷訓練課之後接着應安排中、小負荷或積極性休息。發展耐力、速度、柔軟性、小肌肉群力量的練習,及提高技術的練習應經常做,如果每天都做效果最好。在課與課之間,以至每個訓練小週期之間,都要考慮相互影響和聯繫。例如:昨天的課是極限強度,提高專項速度的訓練,今天安排發展一般或專

項耐力練習的課就較爲合理。當然這也不是絕對的,還要依據訓練任務,因人而異的擬定小週期和課的訓練計劃。下面例舉遼寧競走女隊 1987 年度冬訓階段一週計劃安排(見表 3—1—12)和男子 20 公里競走運動員(一般水準)準備時期一週計劃安排(見表 3—1—13)作爲參考。

遼寧競走隊的訓練經驗是值得借鏡的。他們採用了大負荷量專項訓練,每次課以匀加速走的形式不斷提高訓練強度。每兩週安排一次競走測驗,提高訓練強度,檢查訓練效果,及時總結經驗。優秀競走運動員徐永久、閻紅就是經過這樣計劃安排訓練之後,在 1987 年 3 月,分別以 44 分 26 秒 5 和 21 分 20 秒 2 創造了女子一萬公尺和五千公尺競走新的世界紀錄。

表 3—1—13　　男子 20 公里競走運動員準備時期週計劃安排

星期一	早操:包括 8—10 公里,放鬆跑或走練習,平均 1 公里 5′—4′30″完成,徒手操、專門練習、柔韌性練習、20 分鐘 下午:場地、發展速度、提高技術、無氧耐力間歇走 25—30×400m 用大強度完成每個 400 公尺 1′45″左右(1′40″—1′50″之間)間歇走時間 30″—1 分鐘,慢走 50—100 公尺或 30×300m,40×200m。此課開始做走跑練習,約 3—4 公里,及專門練習做準備活動 20—30′專項練習後,放鬆慢跑 1—2 公里,做整理活動 10′—20′
星期二	早操:同星期一 下午:發展專項耐力,匀速走 14—16 公里,中等強度完成 6′—5′30″—5′/公里
星期三	早操:走或跑 8—10 公里 6′—5′/公里 下午:發展一般耐力、力量、靈敏、素質、越野跑 12—14 公里或球類遊戲 60 分鐘,全面身體訓練 60′
星期四	早操:同星期一 下午:有氧無氧混合代謝,發展速度耐力、場地反覆走 6—8×2 公里或 12—15×1 公里,3×5 公里 4×4 公里 5×3 公里間休 4′—5′,9′30″左右/2 公里,完成中和大強度完成
星期五	早操:同星期一 下午:發展有氧耐力,匀加速走或變速走 16—18 公里中等強度,平均 5′30″/公里
星期六	早操:同星期一 下午:發展有氧耐力(專項耐力、公路匀速走、20—30 公里 6′—5′30″—5′/公里。中下、中等強度,20 公里的前 5 公里 6′/公里中 10 公里 5′30″/公里後 5 公里 5′/公里
星期日	積極性休息,出早操或在上、下午安排一次小負荷量訓練,放鬆走或跑 10—12 公里,亦可走跑交替形式完成或以"法特萊克"式完成

(五)競走的比賽安排和賽前訓練準備

1、競走比賽的安排

比賽是運動訓練的一個組成部分,是訓練的重要手段之一。一般情況下可以安排競走運動員在每個月或 2—3 週參加一次比賽或測驗賽,以檢查訓練效果,取得比賽經驗。

安排競走運動員參加重大比賽應在運動員達到最好競技狀態時。而要獲得最佳競技狀態,運動員應參加一定次數的比賽。20 公里運動員在準備時期可安排 1—3 次低於 20 公里距離的專項比賽,夏季安排 2—3 次專項比賽爲宜。50 公里運動員相應少些,一年安排 2 次 50 公里的比賽即可,還可安排 10 或 20 公里項目比賽 4~6 次。究竟參加多少次比賽合適,還應根據運動員的身體情況,訓練年限、水準、比賽任務等條件因人而異。但 20 公里和 50 公里比賽距離長,運動員體力消耗大,恢復慢,所以,一年專項比賽次數不宜多。

要科學地控制好運動員競技狀態的發展,對重大比賽應進行專門的準備,包括心理準備和戰術準備。賽前應保持一階段高質量的訓練、進行較大負荷量和有一定強度的專項訓練。並且安排一些適應性、訓練性的較短距離的競走比賽。以保證在重大比賽前能達到最好競技狀態。一般是隨着重大比賽的臨近,不斷地提高訓練和比賽的強度和激烈程度(總的負荷量有所減小)使身體、技術、心理等方面不斷適應重大比賽的要求。

2、比賽前的準備

比賽前的準備工作非常重要。要根據比賽任務、比賽規模等情況、調整訓練,提高競技狀態和實戰能力。不重要的一般比賽,可以不做專門的準備。

重要比賽前:通常安排 3—4 週適應性訓練,這是進行一般大負荷訓練之後進行的。訓練應盡量模擬比賽條件和按正式比賽時的場地路綫條件、時間安排、作息制度、飲食等生活情況專門安排訓練。有時還可以適當地增加一些訓練難度,如在坡度較大的路面上走,在比較熱的天氣裡訓練,這對以後克服比賽中的困難是有益的。另外,比賽時所穿用的服裝,鞋襪、所用的專門飲料都應賽前試用過,對比賽地方的氣候、場地條件等亦應讓運動員較早地熟悉適應。假如比賽地點是在高原地區,運動員應提前 3—4 週到達賽區,使運動員有機會對高原條件有個適應過程,如果是在高原生活和訓練的運動員要到平原地區比賽,則最適宜的下山比賽時間是一週,或是下山後的第三週里進行比賽,此時運動員身體反應是最好的。

賽前準備階段按 4 週(或 3 週)爲一賽前中週期,每個中週期的前一週運動負荷最大,第三週爲誘導性小週期,減小運動負荷,爲運動員的休息和體力恢復創造良好條件;第四週爲模擬比賽條件進行訓練。賽前的最後一週應安排小負荷量,較大強度的訓練。通常在比賽前三天的最後一次訓練中,進行一次小量大強度的訓練,然後積極性休息一天,再一天的賽前準備練習,最後一天去比賽。這一安排能使運動員機體得到完全恢復,提高中樞神經系統的工作能力,使運動員更好地全力以赴參加比賽,創造好成績。下

面例舉遼寧競走女子隊賽前準備階段一週訓練計劃供參考

第一天　早操:1.有氧耐力訓練放鬆跑 8 公里,平均 5 分鐘一公里速度完成。
　　　　　　　2.一般體操、柔韌性練習 15′—20′
　　　　下午:場地勻加速走 6 公里,準備活動慢跑 2 公里,速度耐力,反覆走 2 公里×3,間休 4′—5′,用 10 分或 10 分 30 秒速度完成。

第二天　早操:同第一天
　　　　下午:公路越野走,16 公里 + 放鬆跑 2 公里

第三天　早操:同第一天
　　　　下午:放鬆跑 2 公里
　　　　專門耐力:勻速走 20 公里,前 16 公里 2′15″~10″/400 公尺
　　　　　　　　　　　　　　　　　　後 4 公里 2′5″—2″/400 公尺
　　　　放鬆跑 2 公里。

第四天　早操:同第一天
　　　　下午:放鬆跑 2 公里
　　　　專項耐力:勻速走 12 公里 2′5″~10″/400 公尺
　　　　專項速度:間歇走 400 公尺×10,1′50″左右完成放鬆跑 2 公里。

第五天　早操:放鬆跑 6 公里。
　　　　下午:放鬆跑 2 公里,5 分鐘一公里
　　　　專項耐力:勻速走 12 公里,2′15″~2′7″/400 公尺放鬆跑 2 公里,平均每公里 5 分 30 秒完成

第六天　早操:放鬆跑 6 公里,5′/公里
　　　　下午:放鬆跑 2 公里 + 放鬆走 4 公里。
　　　　測驗:場地 10 公里競走,44′50″
　　　　放鬆跑 2 公里。

第七天　早操:同第一天
　　　　下午:跑 2 公里
　　　　專項耐力:勻速走 20 公里平均 5′30″/公里,速度完成放鬆跑 2 公里

在比賽週,計劃安排也很重要,現將比賽週的計劃安排示例如下:

第一天:　早操:放鬆跑 6 公里,平均 5 分鐘一公里徒手操,柔韌性練習,約 15 分鐘。
　　　　　下午:改進技術、提高速度間歇走(400 公尺快 + 100 公尺慢)×15~20 或反覆走 6~8×1000 公尺,200 公尺慢走休息

第二天:　早操:同第一天。
　　　　　下午:場地勻速走 10 公里

第三天:　早操:同第一天。

　　　　　　　　　下午:積極性休息
　　　　　　　　　　　散步或放鬆跑 4—6 公里
　　第四天:　早操:放鬆跑 4 公里。
　　　　　　　下午:專門準備活 30 分鐘。
　　　　　　　計時走:5 公里,用比賽速度放鬆走 3—5 公里。
　　第五天:　早晨:散步輕微活動或休息。
　　　　　　　下午:積極性休息,散步或放鬆跑 4—6 公里。
　　　　　　　　　(或早操完成此練習,下午休息)
　　第六天:　早操:散步、輕微活動
　　　　　　　下午:比賽準備活動 30~40 分鐘。
　　　　　　　　　放鬆跑走 3—4 公里、專門練習。
　　　　　　　　　加速走 3—5×400 公尺。
　　　　　　　　　整理活動 10 分鐘
　　第七天:　早晨:散步輕微活動
　　　　　　　下午:參加比賽。10 公里或 20 公里競走

(六)競走運動員的科學選材

1、專項初始和各階段選材的適宜年齡

　　從事競走專項應從多大年齡開始,目前尚未做出確切結論,但是據我國現實情況選材應分為四個階段進行:

　　第一階段:普選或專項的初始階段。教練可把兒童選入初期訓練組,然後在全面訓練的基礎上,有目地有計劃的給予測重耐力跑或耐力走的訓練。根據少年兒童對耐力訓練的適應程度,訓練的進行程度,以及各種予定指標測定後的綜合評定,再做進一步選材。

　　第二階段:按生物年齡評定測驗成績及其提高的速度。根據報導,成績增長的速度在這個階段開始為 7-10%,在結束時為 5-7%。在這個階段結束時運動員的成績達到競走一、二級水準。我國女子競走運動員這一階段有個別人已達健將或更高水準。選材的第二階段的適宜年齡是 13-16 歲。

　　第三階段:這個階段正是運動員能夠表現出一種或兩種距離競走有所專長的時候。這個階段的選材教練必須重視讓運動員參加所選專項的比賽和參加與專項相近項目的比賽。此階段選材的適宜年齡是 17 歲至 18 歲。

　　第四階段:這一階段競走運動員突出的表現了運動成績的穩定性和在緊張的比賽條件下動員自己的力量,創造優異成績的能力,以及表現出機能和運動素質的發展。這個階段選材的適宜年齡應該在 19 歲以上。

2、對神經類型和個性心理特徵選材的專項要求

由於競走要求運動員大腦皮層能承受較長或長時間的、反覆的、單一的均衡刺激,在選材時要特別注意具有堅強的毅力和忍耐能力神經類型的運動員。實踐證明膽汁質的安靜型運動員比較適宜。具有這種神經類型的少年兒童往往比較好靜、寡言、性格沉着、堅實。

競走運動員的個性心理特徵,主要應以性格、氣質、興趣、動機等方面做出判斷。研究表明,競走運動員的性格要堅強、氣質上表現出情感高度穩定。自信心強,對競走有濃厚的興趣,善於自我監督,不怕困難和富於主動精神,在集體中爭取領先的志向強烈。選材時對運動員個性的正確判斷可以幫助教練員提高選材的成功率。

3、具有專項特徵的選材測試指標

(1)身體形態方面

一般是選身體比較修長、勻稱、肩寬、胸厚、骨盆較窄、膝關節和踝關節圍度較小,足弓彎曲度較大,跟腱明顯,下肢長度大於身高二分之一或相等,小腿比大腿略長,肌肉纖維細長而且綫條清晰並富有彈性的少年兒童,選材時可參考田徑教學訓練大綱中有關形態指標參數。

(2)生理機能方面

測試指標有肺通氣量,最大攝氧量,血色素、比肺活量,肌纖維等。這幾個指標從理論與實踐中證明是行之有效的。

①最大攝氧量:根據有關文獻報導,高水準的競走運動員最大攝氧量男子 70－75 毫升/公斤/分;女子 65－79 毫升/公斤/分。這樣就可推算出各年齡的最大攝氧量。

研究證明,在某種程度上無氧閾值是評定有氧代謝能力的更有效的指標,因此在選材時,除了測定最大吸氧量外。還可利用無氧閾值這個指標。一般男子為 50 毫升/公斤/分。女子為 40 毫升/公斤/分以上為好。

②血紅蛋白應注意選擇血色素較高的少年兒童。根據調查我國成年競走運動員血色素為 14.145,而女子為 12.91。

③肺活量

肌纖維類型。骨骼肌中的慢肌纖維比例越高,越具有從事競走運動的天賦,其發展前途越大。一般成年男女骨骼肌中的慢性肌纖維平均約占 44－58％。選擇競走運動員一般要求慢肌纖維比例大於 60％。

(3)運動素質方面指標主要包括速度、力量、一般耐力和專項耐力等。隨着年齡的增長,除耐力素質測試距離有所變化外,其它素質的要求基本是一致的,但標準是變化的。具體指標參數可參見田徑教學訓練大綱。

(4)專項技術方面

競走技術的評定標準很難定量化,但可從以下幾個方面進行判別。

①頭頸動作:競走時兩眼平視,下額微收,頭頸正直,自然放鬆。

②上肢動作:擺動時應以肩關節爲軸,用上臂帶動前臂。屈肘的夾角約在 80－100 度左右。擺臂的方向要正確。

③軀幹動作:軀幹成自然伸直狀態微挺胸,挺腰和收腹和基本保持正直。只是從身體重心超過垂直面後到擺動腿落地時這一階段軀幹稍有前傾(約 1－3 度)。在競走過程中,肩橫軸與骨盆橫軸應以身體垂直軸做相向運動,以協調配合髖關節向前移動和維持身體平衡。

④下肢動作:當支撐腿成垂直部位時膝關節必須伸直、此時擺動腿的髖關節和膝關節稍低於支撐腿的髖關節和膝關節。當轉入後蹬階段時,支撐腿的髖關節和踝關節做充分的伸展,最後以腳趾末端蹬離地面。當擺動結束,腳着地時應腳跟先着地,並注意由腳跟至腳尖的滾動動作。

⑤身體重心:應趨向平穩移動,以保持運動的直綫性。

⑥步長步頻:步長步頻應根據運動員的身高和腿長合理搭配,步幅應自然開闊,動作舒展大方,步頻較高。

(5)戰術方面

主要是針對控制個人體力方面而言。要選擇對那些時間、空間概念強,有速度感和有節奏感的少年兒童。測試指標可採用 400 公尺走 3 次,按規定速度要在 ±2 秒之內,表明速度控制能力好。

(竇文浩　趙亞平)

二　短跑訓練

從現代奧運會到迄今,短跑運動已有近百年的歷史。隨着時代的進步和科學技術的發展,現代短跑訓練取得了巨大的進步,運動技術水準和成績正邁向"向人類的極限挑戰"的發展階段。

(一)、現代短跑訓練的主要特點和發展趨向

1、現代短跑訓練的主要特點

在更加注重實效性和發揮個人特點的基礎上不斷完善技術,以"速度"和"力量"爲核心全面發展和提高身體能力,有意識地培養和形成良好的心理素質—— 這就是現代短跑訓練的主要特點。

2、當前短跑訓練的主要發展趨向

(1)多學科綜合研究參與訓練工作

現代短跑訓練已經逐步成爲多學科綜合研究的對象和領域。更加可能從宏觀和微觀上掌握具體的訓練過程,以提高訓練質量和整體效應。

(2)短跑技術結合運動員個人特點日趨發展和完善

短跑技術有着因人而異的不同表現,形成多種風格和流派,而且都取得了舉世矚目的成就。當前短跑訓練在技術上的發展趨向是更加注重結合和發揮個人特點以追求實效爲目的而日趨發展完善。

(3)力量訓練在手段、方法和安排上進一步發展

從六十年代後期迄今,在世界短跑運動技術水準的進步過程中,力量訓練的改進發揮首屈一指的重要作用。近十年來,我國短跑界在力量訓練方面大膽探索,取得了明顯進步。對力量訓練的進一步深化和發展將仍是當前短跑訓練最重要的發展趨向之一。

(4)恢復工作成爲訓練整體的組成部份而倍受重視

在短跑訓練史上,恢復在很長時期是被視爲訓練範疇之外的工作,對恢復不夠重視。隨着短跑訓練水準的提高以及競爭的日趨激烈,逐漸認識到恢復是訓練的延續和連結;必須把訓練和恢復放在同等重要的位置。教練在制訂訓練計劃和掌握訓練過程中,必須認眞考慮和掌握恢復因素及其效果。

(二)短跑運動的項目特點及訓練的有效方法和手段

1、短跑運動的項目特點及決定跑速的主要因素

(1)短跑運動的項目特點

短跑運動是以肌肉工作爲主的週期性速度力量型項目。主要特點在於：

①以肌肉工作爲主。短跑是以肌肉工作爲主推動人體產生位移的一項運動,肌肉系統工作的形式、能力及效果是決定性因素。

②週期性。短跑是週期性運動項目。

③速度力量型。短跑是要求在最短時間內挖掘和發揮人體最大體能的運動,要求運動員具有高水準的全面發展的身體能力。

(2)決定跑速的主要因素

決定跑速的主要因素是步長與步頻。而步長和步頻又是由許多因素構成(圖 3—2—1)。

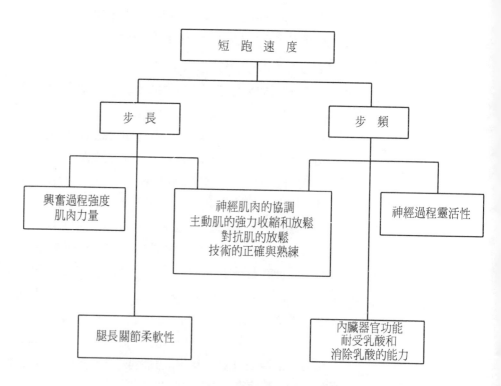

圖 3-2-1　決定跑速的諸因素

(此圖由高強、尹吟青設計,引自張夏等編著"怎樣練短跑"
1987 年北京體育學院出版社出版)

爲了更深入的探討步長和步頻的內在規律,通常用 100 公尺的平均步長和步頻計算所制訂的步長指數(步長/身高)和步頻指數(步頻×身高)來進行研究。有關研究材料證明,男子短跑運動員凡步頻指數達到 8,步長指數達到 1.2,100 公尺成績即可在 10″42 左右;而女子短跑運動員凡步頻指

數達到7.5,步長指數達到1.15,100公尺成績即可在11″60內。一般來說,男子8——1.2,女子7.5—1.15這兩組指數可以作爲衡量任何男、女短跑運動員步長與步頻間相互發展是否均衡的參考指數;同時這兩組指數所反映的專項成績與我國男女短跑優秀水準的平均值頗爲接近,可作爲研究我國男女短跑運動員步長與步頻間相互關系及其發展的基本指數。步長與步頻的表現是因人而異的,而多數運動員則表現爲兩種指數的大致平衡。

短跑成績的提高表現爲以下幾種情況:

①步長和步頻兩種指數同時提高;

②步長或步頻的其中一個指數提高,而另一個大致保持不變;

③步長或步頻的其中一個指數提高所得超過另一個指數下降所失。

從我國短跑運動員鄭晨的100公尺成績進步變化情況中可以清楚地看出這一點(表3—2—1)。

表3—2—1　　鄭晨100公尺成績、步長、步頻進步變化情況表

年份	年齡	100公尺成績	身高(公尺)	100公尺全程步數	100公尺平均步長(公尺)	步長指數	100公尺平均步頻(公尺/秒)	步頻指數
1980	15	12″06	1.71	52	1.923	1.124	4.311	7.37
1981	16	11″04	1.76	49	2.04	1.159	4.438	7.81
1982	17	10″89	1.78	47.5	2.105	1.182	4.361	7.76
1983	18	10″61	1.792	46.4	2.155	1.202	4.373	7.836
1984	19	10″43	1.80	46.5	2.15	1.194	4.458	8.024
1987	22	10″35	1.81	46.3	2.159	1.192	4.473	8.096
1989	24	10″36	1.81	46.5	2.15	1.187	4.488	8.123

(注:鄭晨1985年曾以10″28的成績創亞洲紀錄,因無現場統計材料,故無法計算)

由於步頻與遺傳因素聯繫較爲密切,訓練中的可塑性相對較小(如據上海體育科學研究所馮敦壽通過對男女成年運動員2—6年的追綜觀察所得出的結論是:盡管步頻與先天因素有關,但通過後天的科學訓練,仍可以得到一定提高,經過2—6年訓練,步頻提高的幅度一般爲3%左右)。而步長則與技術的合理性及力量,柔韌性等素質有關,與訓練因素聯系較爲密切。因此,在選材上應把步頻能力作爲首先考慮的因素;而在訓練上則應對運動員的步頻步長能力結合個人特點作出綜合評價,確定適合運動員個人特點的發展方向及具體模式,並注意不同時期和階段的發展方法與手段,才能有效地保證速度的提高。目前,步長能力上的差距已成爲我國短跑運動趕超世界先進水準的主要障礙。從表3—2—2可以看出世界最優秀的短跑運動員和我國短跑好手在步長、步頻方面的差距:

短跑運動的專項訓練內容廣泛,在訓練中相互間滲透互補,應視爲一個有機的整體。

(1)速度訓練

短跑的速度訓練,其最終目的是發展和提高運動員的加速能力和最高速度能力(即所謂絕對速度)。要在 100 公尺跑中達到世界先進水準,最高速度必須達到男子 11.6—12 公尺/秒,女子 10.5—10.9 公尺/秒(卡爾·劉易斯 100 公尺跑 9″92 和 9″86 時,最高速度段曾達到 12.05 公尺/秒,格里菲斯·喬伊納 100 公尺跑 10″54 時,最高速度段曾達到 10.99 公尺/秒。我國運動員最高速度段,男子僅爲 10.49 公尺/秒左右,女子僅爲 10.35 公尺/秒左右。

表 3—2—2　世界/我國優秀短跑運動員步長、步頻情況一覽表

國別	姓名	性別	身高(公尺)	100m成績	100m全程步數	100m平均步長(公尺)	步長指數	100m平均步頻(步/頻)	步頻指數	創造成績時間
美國	劉易斯	男	1.88	9″86	43	2.325	1.2367	4.361	8.198	1991 年第三屆世界田徑錦標賽決賽
美國	伯勒爾	男	1.80	9″88	42.5	2.3529	1.307	4.301	7.741	1991 年第三界世界田徑錦標賽決賽
美國	公尺切爾	男	1.75	9″91	45.6	2.1929	1.253	4.60	8.05	1991 年第三屆世界田徑錦標賽決賽
中國	李濤	男	1.76	10″32	45.8	2.183	1.24	4.437	7.809	1989 年
中國	鄭晨	男	1.81	10″36	46.5	2.15	1.187	4.488	8.123	1989 年
德國	格爾	女	1.65	10″91	55.8	1.792	1.086	5.114	8.438	1986 年
美國	喬伊納	女	1.70	10″54	47.6	2.10	1.235	4.516	7.677	1988 年第 24 屆奧運會決賽
美國	阿什福德	女	1.65	10″83	50.8	1.968	1.192	4.69	7.738	1988 年第 24 屆奧運會決賽
德國	德雷克斯勒	女	1.81	10″85	46.4	2.155	1.19	4.276	7.739	1988 年第 24 屆奧運會決賽
德國	格拉迪什	女	1.63	10″82	51.7	1.934	1.186	4.778	7.788	1987 年第二屆世界田徑錦標賽
德國	克拉貝	女	1.82	10″94	45.8	2.183	1.199	4.186	7.618	1991 年第三屆世界田徑錦標賽半決賽
牙買加	奧蒂	女	1.74	10″78	46.7	2.141	1.23	4.332	7.537	1991 年第三屆世界田徑錦標賽半決賽
美國	托倫斯	女	1.70	10″85	48.6	2.057	1.21	4.479	7.614	1991 年第三屆世界田徑錦標賽半決賽
中國	田玉梅	女	1.63	11″32	53.5	1.869	1.146	4.726	7.703	1990 年

2、短跑運動專項訓練的主要内容、方法和手段

①反應速度和動作速度的訓練一部分包含於一般訓練中,利用訓練的準備活動或其它適宜時間進行安排,另一部分在專項技術訓練中統籌安排。

主要手段有:

a、足、籃、排、手球等各種經常進行的球類活動;

b、各種遊戲性質的活動;

c、聽口令完成某一動作;

　　d、發令或聽信號的蹬起跑器(1 級—2 級—3 級);

　　e、發令或聽信號的蹲踞式起跑,變換"預備"和"跑"之間的間隔時間(1秒至數秒);

　　f、最快速度的擺臂動作,結合正確的呼吸,持續時間 5—10—15—20秒,單臂計算 10 秒內擺 30 次以上;

　　g、原地高抬腿跑,支撐高抬腿跑、前傾高抬腿跑等,以最高頻率並結合正確的呼吸,持續時間 5—10 秒或以次計;

　　h、快速小步跑、半高抬腿跑、注意積極落地(大腿帶動小腿積極下壓),以最快頻率或逐漸加快頻率的方式進行,完成距離 40—50 公尺;

　　i、快速後蹬跑,蹬擺結合以最快頻率進行,完成距離 50—100 公尺,計時計步;

　　j、快速單足跑,完成距離 30—40 公尺;

　　k、以提高步頻爲主的短距離間格跑(又稱跑格,以塑料泡沫磚爲間隔,一步一格,每步距離略短於正常步長),行進或原地起動進行,完成距離 30—40—50 公尺;

　　l、在起跑,加速跑等練習中採用集體進行的辦法;

　　m、讓步跑,有意識縮短步伐跑、下坡跑、牽引跑等。

　　②位移速度的訓練是發展和提高加速能力和最高速度能力的訓練,是短跑的專項速度訓練,也是貫穿全年的最主要的訓練內容之一。主要手段有:

　　a、80—100—120 公尺的加速跑,用可控速度進行,在加速途中或最後達到或接近最高速度。這是全年訓練中反覆運用最多的手段之一;

　　b、站立式起跑 30—40—50—60—70—80—100 公尺,以極限或次極限強度進行;

　　c、蹲踞式發令起跑 30—40—50—60 公尺,以極限強度進行;

　　d、行進間跑 30—40—50—60 公尺,以極限強度進行;

　　e、接力跑(兩人交接,或四人分兩組同時交接,每人跑 50—60 公尺),用極限強度完成接力區內的交接;

　　f、站立式起動的或行進的間格跑,以極限強度進行;

　　g、下坡跑 40—60—80 公尺,要求途中一段距離在適宜步長情況下達到最高頻率;

　　h、讓步(碼)的蹲踞式起跑或站立式起跑 40—60 公尺,以極限強度進行,任務是趕上或擺脫對手;

　　i、集體進行的短程衝跑,以極限或次極限強度進行;

　　j、參加比賽、測驗或檢查跑(30—60—100 公尺),特別是同實力相當或優於自己的對手一起比賽。一年中不同距離的比賽次數一般應有幾十次,每次都應視爲發展和提高加速能力與最高速度能力的最好形式和手段。

　　　　加速能力的表現是因人因訓練水準而各異的,一般達到最高速度的距離男子在 50—60 公尺左右,女子在 35—50 公尺左右,水準越高的運動員在加速距離上稍有延長的趨勢。因此,加速能力的訓練不應僅限於 30 公尺內,而應適當延長。

　　③速度訓練應注意的問題

　　a、從起跑至最高速度,首先是依靠步頻增長的因素(尤其是 0—20 公尺左右);隨着步長逐漸增大至最大步長,步頻和步長兩種因素達到相對穩定和適宜的相互配合,在這一階段,每一單步步長的距離對速度的增加或保持起重要的作用(30—70 公尺左右);達到最高速度後只能持續 10—20 公尺左右,然後就開始減速,減速的主要因素是步頻降低(80—100 公尺)。因此,加速能力和最高速度能力的訓練不應超過 80 公尺,時間也不應超過 8″—10″。

　　b、速度訓練對運動員神經、肌肉系統興奮動員程度要求很高,因此,應安排在運動員體力、肌肉狀況較好時進行。

　　c、在正常訓練情況下,以發展加速能力和最高速度能力為主的速度訓練在一週中可安排 2—4 次,多數情況是與其它適宜內容結合安排,一課中速度總量以 400—600 公尺左右為宜。

　　d、速度訓練必須預防和解決“速度障礙”問題。短跑運動員、成績提高到一定階段,在最高速度的增長上都可能形成“速度障礙”。因此,速度訓練手段和安排方法既要注意相對集中和穩定,又要防止過份單調劃一,注意用多種節奏和頻率進行練習。同時,訓練中一開始就採用或始終採用最高速度的跑的練習,會使阻礙進一步提高的節奏得到鞏固。因此訓練中應多採用逐漸加速和可以控制的速度來進行速度訓練(可以控制的速度即指接近或等於運動員的最高速度,但運動員自己能夠加以控制,能夠變換節奏),在逐漸加速和可以控制的速度的情況下,在短暫的時間裡可能出現超過最高速度的情況;這種情況由不經常出現到經常出現,由少到多,逐漸地會成為運動員習慣的速度,這就是速度提高的過程。

　　④速度訓練典型課程安排例舉

　　a、速度練習「做單獨課程安排」(國家集訓隊男子短跑組冬訓中一例):

　　甲.準備活動:慢跑 1200 公尺,體操及柔軟性練習 20′,技術性專門練習(半高抬腿跑 40 公尺×3,前傾高抬腿跑 30 公尺×3,後踢腿跑 40 公尺×3),技術性加速跑 80—120 公尺×4;

　　乙.基本部份:短距離行進間間格跑(跑格)30 公尺(14 步)×5(每次間歇 3′—4′)站立或起跑(60 公尺×3)×2 組(每次間歇 3 分鐘　組間間歇 8 分鐘)

　　丙.放鬆活動:慢跑 600—800 公尺,各式拉長肌肉練習 10 分鐘(以靜力拉長為主)。

　　b、速度練習與其它適宜內容結合安排(國家集訓隊男子短跑組夏訓中一例):

　　甲.準備活動:慢跑1200公尺,體操及柔韌性練習20′,技術性專門練習(小步跑40公尺×3,慢行進高抬腿跑100次×3,弓箭步交換腿跳20次×3,原地單足跳左右各15次×3),技術性加速跑80—120公尺×3—4;

　　乙.基本部份:蹲踞式起跑技術性練習15分鐘,

　　發令蹲踞式起跑30公尺×5(每次間歇3′,以極限強度進行),

　　發令蹲踞式起跑60公尺×3(每次間歇5′,以極限強度進行),

　　反覆跑150公尺×3(每次間歇7′,以次極限強度進行),

　　丙.放鬆活動:慢跑600—800公尺,各式拉長肌肉練習(以靜力拉長為主)10′。

　　(2)力量訓練

　　力量訓練是我國短跑訓練較為薄弱和大有潛力的一環。

　　力量素質,一般分為最大力量,快速力量和力量耐力。德國出版的《體育科學百科全書》對力量所作的定義是:最大力量是指肌肉通過最大隨意收縮抵抗無法克服的阻力過程中所表現出的最高力值;快速力量是指肌肉盡快和盡可能高地發揮力量的能力;力量耐力是指肌肉以靜力性或動力性的工作形式在抗大負荷過程中抵抗疲勞的能力。短跑的力量訓練實質上就是在上述概念範圍內結合自身項目特點而進行的。短跑是週期性運動項目,跑進中各有關肌群要快速有力地收縮幾十次甚至上百次,肌肉所表現的最大收縮力量,最快收縮速度及快速力量耐力的工作能力是短跑運動肌肉工作的主要特點。所以,在短跑的力量訓練中必須處理好抗阻力、動作速度、動作重覆次數之間的關系。結合我國短跑力量訓練的具體情況和實踐大致可分為以下幾類:

　　①負重力量訓練

　　主要手段有:

　　a.提拉槓鈴;b.抓舉槓鈴;c.高翻槓鈴;d.臥推槓鈴;e.肩負槓鈴深膝蹲起(膝角90°左右);f.肩負槓鈴半蹲起(膝角120°—130°左右);g.肩負槓鈴靜力半蹲起(每次靜力支撐5—6,連續多次);h.肩負槓鈴體前屈(直膝或微屈膝);i.肩負槓鈴體前屈左右轉體;j.肩負槓鈴直立轉體(左右);k.肩負槓鈴雙足向上或雙足前後交換連續跳起(微屈膝);l.肩負槓鈴雙足或單足起踵;m.仰臥雙腿蹬起槓鈴;n.肩負槓鈴單腿上臺階;o.肩負槓鈴弓箭步(大跨步)走。

　　以槓鈴為主的負重力量練習,在短跑運動員的全年訓練中均可選擇進行。但在不同的訓練時期階段和週期,應有不同的安排方法和具體要求,為了保證其效果,在訓練中應注意以下問題:

　　a.負重力量訓練在全年各個訓練時期都應進行,但以準備期為最重要。

在第一準備期(冬訓)應首先進行 4—6 週肌肉"建設性"訓練,也就是力量而力的訓練,其目的是爲了適當增大肌肉橫斷面及配合這一階段恢復和提高心血管系統功能逐步增加運動負荷的需要。每週可安排 2 次左右,負荷強度小—— 中(50%—60%),重覆次數與組數較多(可選擇 3—4 個手段、每個手段進行 6—8 組,每組 8—12 次);

b.在結束肌肉的"建設性"訓練後,應轉入大力量訓練,其目的主要是提高肌肉對神經衝動作出反應的能力動員更多的肌肉運動單位參加工作。這種練習在整個準備期裡系統進行,根據不同階段和情況,每週可安排 2—3次,負荷強度大(75%—100%),重覆次數與組數較少或稍少(每課可選擇 2—3 個手段,每個手段進行 5—8 組,每組 1—5 次),可採用金字塔式的安排方式。這種訓練應注意選擇幾個有效手段相對固定,反覆進行練習(主要是指周與周之間手段選擇的相對固定,而在一週中不同課次所選擇的手段應小有差別);爲逐步提高訓練強度和能力,在每一手段完成相同要求的練習 3—4 週後,應主動減去最低開始重量的一組練習而在最大重量之上增加一組練習(完成組數與次數不變),這種強度的遞增變化在整個準備期訓練中可循環反覆數次、能有效地發展最大力量能力。同時爲鍛練和提高神經系統高度興奮和集中的能力,對主要手段的極限強度練習(100%—超過100%)應有計劃地加以安排;

c.在比賽期,負重力量訓練在次數和負荷等各方面均會有顯著的減少。爲防止最大力量的消退和有利於專項技術訓練,每週至少保持一次負重力量訓練,選擇 2—3 個主要手段,各進行 4—5 組,每組用 70%—75% 的強度重覆 5 次,可有效地保證最大力量的保持;

d.在負重力量訓練中必須注意力量發展的均衡性(上下、左右、前後、大小等)。均衡性不是完全相等,應有適當的比例(如大腿前後肌應大致達到 6:4 的比例)。力量發展的均衡性是關系到力量訓練效果的關鍵問題,對預防受傷也有積極意義;

e.根據我國多年的實踐經驗證明,負重力量訓練必須與跳躍訓練結合進行方可獲得更好的效果。這種結合,可以在一課中結合安排,同時重視負重力量訓練課與跳躍訓練等其它課次在安排上的聯繫和互補,使負重力量訓練變得更"活";

f.由於器械條件的限制,負重力量訓練與短跑專項的用力形式和特點有較大的距離。在訓練中要不斷發展與專項用力特點相近的新手段,使之更接近專項用力的需要;

g.所有負重力量練習在訓練中都應與各種跑的練習相結合。每完成一組練習,都應穿插短程快跑、加速跑或快速高抬腿跑等而不應靜止地休息,以使肌肉的強力收縮與快速收縮交替結合,有利於力量訓練的效果。每課結束前可安排變速性質的跑的練習以幫助肌肉的恢復,在放鬆活動中靜力拉長主要用力的肌群。

　　②負重力量訓練典型課次安排例舉(國家集訓隊男子短跑組冬訓負重大力量訓練一例)。

　　　　a.準備活動:足球活動 30′,體操及柔韌性練習,實心球前、後拋各 15 次,

　　　　b.基本部份;甲.高翻槓鈴:$\frac{70\,千克}{5}+\frac{75\,千克}{5}+\frac{80\,千克}{4}+\frac{85\,千克}{3}+$ $\frac{90\,千克}{2}+\frac{95\,千克}{1}+\frac{100\,千克}{1}$

　　　　乙.肩負槓鈴深膝蹲起:$\frac{100\,千克}{5}+\frac{110\,千克}{4}+\frac{120\,千克}{3}+\frac{130\,千克}{2}+$ $\frac{140\,千克}{1}$

　　　　丙.肩負槓鈴前後交抬腿向上輕跳$\frac{60\,千克}{50}\times4$(每組間穿插快速高抬腿跑 20 次接快跑 20 公尺)

　　　　丁.大腿後群肌抗阻練習 15 次×3—4 組

　　　　戊.變速跑 100 公尺×10(在跑道上來回進行,每次間歇 20 秒 6 分左右完成)

　　　　c.放鬆活動:慢跑 600 公尺,靜力拉長肌肉練習 15′。

　　③跳躍訓練

　　跳躍訓練主要發展爆發力量,快速力量及快速力量耐力。主要手段有:

　　a.級跳類(以發展快速力量和爆發力為主):以級為單位計算負荷量

　　立定 1—2—3—5—10 級跳(雙足或單足起動);

　　立定單足跳 3—5 級;

　　助跑 3—5—10 級跳;　3—5—10 級蛙跳;

　　雙足(或單足)跳越欄架 1—3—5—10 欄;

　　跳深 1—多級;

　　b.公尺跳類(以發展快速力量和快速力量耐力為主):以公尺為單位計算負荷量,

　　跨步跳 50—100—200 公尺;

　　快速後蹬跑 50—100—200 公尺(跑跳結合,計時計步);

　　單足跳(跑)30—40—50 公尺(計時計步);

　　墊步向上跳 50—100—200 公尺;

　　跨步—— 單足交換跳 50—100—200 公尺;

　　各種姿勢以發展小腿、腳踝力量為主的輕跳 200—300—400 公尺;

　　c.其它類(綜合性發展要求):

　　手持壺鈴蹲跳(深蹲或半蹲向上跳起)15—20—30 公斤,每組 10—15—20 次;

跳臺階(連續向上跳和連續向下跳相結合,雙腿跳與單腿跳相結合);

手持壺鈴連續向前跳(最好在摩擦力較大的軟道上如鋸末道上進行)每組 10—15 級;

原地高舉膝單足跳 15—20—25 次;

沙坑內單足交換向上輕跳(以時間計或次數計,發展和鍛練足踝關節力量);

弓箭步交換腿跳 20—30 次;

身負砂衣或砂袋的各種輕跳;

跳躍練習之所以被認爲是短跑運動的專門性力量訓練而受到重視,是因爲它的許多手段在用力形式與特點上和短跑技術要求較爲接近甚至完全一致;其中一些手段甚至已經成爲公認的評價短跑運動員專項力量素質能力的標準和依據。從五十年代末以來,以陳家全爲代表的一代代我國短跑運動員根據自身不同條件和情況、選擇各種跳躍練習手段發展專項力量,取得了巨大的進步,並逐漸發展演變成爲中國短跑運動員的特長。幾十年的實踐證明,這是符合我國短跑訓練特點和行之有效的。在跳躍訓練中應該注意以下問題:

a.應該把跳躍訓練視爲短跑專項技術和運動素質之間的中介和轉換環節,它既是力量等素質的組成部份和體現,又與技術從形式到實質都有着較密切的聯繫;

b.跳躍練習是全年貫徹的主要內容之一;

c.在安排上,跳躍訓練可以單獨成課,但多數情況下是與其它內容結合進行。以發展快速力量和爆發力爲主的短跳練習應安排在跑的練習之前,以發展力量耐力爲主的長跳練習,安排在跑的練習之後;負重力量練習之後安排跳躍練習。而一般身體訓練時則可以將跳躍練習穿插安排在其中;

d.跳躍練習多數情況下不負重,但在準備期訓練中,爲了增加訓練難度和某些特殊要求的需要,有些手段也可負輕重量進行(一般是用砂衣、砂袋等);

e.在比賽期,跳躍練習是力量訓練的主要手段,應保持必要的負荷量,適當簡化手段並特別注重質量(強度和技術)。

④跳躍訓練典型課次安排例舉之一(國家集訓隊男子短跑組冬訓跳躍訓練一例):

a.準備活動:球類活動 30′,體操及柔韌性練習,跑的專門練習(自選 3—4 個動作,各作 2 組)

b.基本部份:甲.手持壺鈴蹲跳 20 千克 15 次 ⎫
　　　　　　乙.跨步跳 200 公尺 70—75 步 ⎭ ×4 組

(壺鈴蹲跳後,不間歇地立即進行跨步跳,兩種練習結合完成爲一組,組間間歇 8′)

c.便鞋變速跑 100 公尺×10(間歇 20 秒 6 分左右完成)

C.放鬆活動:慢跑 600 公尺,拉長肌肉練習,

跳躍訓練典型課次安排例舉之二(國家集訓隊男子短跑組李濤,鄭晨跳躍訓練一例):

a.準備活動:慢跑 1200 公尺,體操及柔軟性練習 20′,跑的專門練習(自選 3—4 個動作,各作 2 組)

b.基本部份:甲級跳 100 級:雙腿 2 級跳×10,立定跳遠×10,立定三級跳×10,蛙跳 5 級×8;

乙(穿釘鞋進行)技術性加速跑 100 公尺×8,

C.放鬆活動:慢跑 600—800 公尺,拉長肌肉練習 10′。

⑤綜合性訓練

綜合性訓練以性質上可以視爲短跑運動的補充性力量訓練,是對其它力量訓練中難以專門得到鍛練和發展的某些部位肌肉力量的補充,又是對肢體各部位較薄弱易忽視的小肌肉群力量的補充,還是某些技術改進輔助手段的補充。主要手段:

a.上肢部位(包括肩、背):

臥推重物(槓鈴或其它器械);坐姿或立姿頸後推重物;坐姿或立姿手持啞鈴(或其它器械)擴胸、側平舉、上舉;坐姿或跪姿頸後拉重物;坐姿擴胸;手掌或手指俯臥撐;雙杠雙臂屈撐;單杠引體向上;實心球前、後、左、右、上拋;鉛球前後拋;手持輕槓鈴片前後擺臂;

b.軀幹部位(腰、腹、背部位爲主):

徒手或負重的仰臥起坐;仰臥兩頭起;肋木懸垂舉腿(負重或不負重);頭、腳平放於兩支點,身體懸空仰臥,負重或不負重靜止 1′—2′;負重或不負重的俯臥挺起(下端固定);肩負槓鈴前屈體,左右轉體;仰臥起坐接實心球;俯臥挺起接實心球;俯臥兩頭起;仰臥起坐膝觸肩;

c.下肢部位(包括髂腰肌以下至腳踝部位):

支撐高抬腿跑;拉橡皮帶支撐高抬腿跑;拉橡皮帶向前向後擺腿;腳繫砂袋前、後、左、右擺腿;負砂袋直腿前、後、側繞欄架;支撐側過欄;仰臥拉橡皮帶抬腿;俯臥屈小腿(抗阻力);俯臥拉橡皮帶屈小腿;仰臥挺髖;坐姿腳勾重物屈小腿;(聯合器械上)坐姿直膝腳蹬重物伸小腿;負重單足或雙足直立起踵;沙坑或軟道內腳踝蹬伸輕跳;原地高舉膝單足跳;緩衝跳;各式實心球拋;鉛球前後拋;

對綜合性訓練的重要性不可低估。所謂"小力量,賺大錢"是我國短跑運動員多年的經驗之談。在綜合性訓練中應該注意的問題是:

a.綜合性訓練手段已經成爲訓練課的主要內容之一。單獨成課的小力量訓練均選擇 6—8 個不同部位的訓練手段編排成組,反覆循環數組,稱爲綜合性小力量訓練。單獨成課的訓練在不同時期和階段應有不同的安排,

以每週 2—4 次爲宜；

　　b.還可利用早操時間或其它課次主要訓練內容結束後,選擇 1—2 個與個人薄弱環節有關的手段有針對性地長期堅持；

　　c.手段選擇應有針對性,不同運動員應有不同選擇。隨着訓練的進展在相對固定的主要手段上,必須逐步提高強度和難度；

　　d.對於短跑運動所需而又較薄弱的某些部位應全年系統地訓練:大腿後群肌,臀大肌,足底伸肌(仲踝),足背屈肌,脛骨前、後肌,髂腰肌等；

　　⑥綜合性訓練典型課次安排例舉之一(國家集訓隊男子短跑組綜合性訓練一例)

　　a.準備活動:球類活動 30′,體操及柔軟性練習

　　b.基本部份:

　　甲.綜合性練習:

$$卧推槓鈴\frac{70\ 千克}{10}$$

肋木懸垂舉腿 15 次

俯卧挺起(負 10 千克)15 次 ⎫

俯卧屈小腿(抗阻力)15 次 ⎬ ×4 組

腳負重物(10 千克抬腿左右各 15 次 ⎪ (每個動作順序連續進行、組間休息 6 分)

拉橡皮帶向前抬腿左右各 15 次

沙坑內腳踝蹬伸輕跳 90 秒

乙、便鞋變速跑 100 公尺×10(每次間歇 20 秒,6 分 20 秒完成)

c、放鬆活動:慢跑 600 公尺,拉長肌肉練習

(3)速度耐力訓練

　　速度耐力即是保持速度的能力。大量研究證明,在 100 公尺跑中,一般情況下大約從 50—70 公尺左右就開始減速;最高速度跑約占全程的 14—16%,加速過程大約要占 33—35%,減速過程大約要占 49—53%,這就很明顯地看出速度耐力的重要性。在短跑運動中速度下降的主要原因是機體疲勞。一方面表現爲中樞神經系統的疲勞,另一方面由於較長時間在缺氧情況下工作,心血管系統和運動器官機能下降,導致整個工作能力降低。

　　①速度耐力訓練應該注意的問題

　　速度耐力是我國短跑運動員的薄弱環節,從 100 公尺後程的明顯減速以及 100 公尺—200 公尺—400 公尺成績的對應,就可以明顯地看出這一點(男子:世界紀錄 9″86—19″72—43″29,我國紀錄 10″26—20″75—46″26;女子:世界紀錄 10″49—21″34—47″60,我國紀錄 11″32—23″03—52″04)。在多年訓練過程中,我國短跑界對速度耐力訓練進行了多方面探索,取得了一些進步,在發展速度耐力時應注意和處理好以下問題:

　　a、速度耐力訓練必須在素質全面發展的基礎上才能更有效地進行。處

理好素質全面發展與速度耐力訓練的關系。

　　b、處理好速度與速度耐力的關系。速度是速度耐力的基礎,速度耐力是速度的延伸,沒有高水準的速度能力,也就不可能有高水準的速度耐力。短跑運動員發展和提高最高速度是第一位的。最高速度和運動員所從事的不同專項距離跑的平均速度存在着一定的相互關係,最高速度超過平均速度越多,就越能取得好的成績;所以,速度儲備對於發展速度耐力也有重要的作用。短跑的速度耐力首先是由機體的無氧能力來保證的,發展短跑(特別是100公尺和200公尺)速度耐力所依賴的那些器官和系統的機能(改善無氧機制)也只能在這種相近條件下(即以90％—95％的最大速度)進行才更有效果。因此,速度耐力能力的提高除了採用正確安排方法和有一定量爲基礎外,最重要的是質(強度)的提高。

　　c、必須特別重視技術因素與速度耐力的關系。技術因素對速度耐力的影響極大。跑的技術好標誌着既能獲得良好的力學效果,又使能量消耗節省化,有利於能量儲備,使保持速度的能力提高。技術好壞的評價標準中最重要的是在快速運動過程中肌肉的放鬆能力。大量研究材料證明,肌肉的協調放鬆能力與短跑成績有密切關系,特別對提高較長距離短跑項目成績的作用更爲明顯(如美國維蘇茨金的實驗表明,肌肉放鬆能力的影響對60公尺爲19.58％,對100公尺爲21.20％,對200公尺爲46.32％)。所以,發展速度耐力不僅是能力提高的問題,必須分析技術因素,從改進技術中挖掘和發展速度耐力能力。

　　d、必須重視以有氧代謝爲基礎的一般耐力訓練,把以有氧代謝爲基礎的一般耐力首先視爲能夠保證順利進行教學與訓練的一個重要手段。一般耐力水準決定着完成訓練的數量和質量,決定着訓練所引起的身體疲勞程度和恢復工作能力的時間,決定着專門能力。越是水準高的運動員,一般耐力的作用和重要性就更爲明顯。

　　e、速度耐力訓練是一項艱苦的工作,必須強調勤學苦練的自覺性,不斷提高運動員思想和心理素質以及機體的耐受能力。同時,要根據不同對象採取有效的方法和手段,增強和提高速度耐力訓練的效果興趣和信心,更加自覺地嚴格要求。

　　②速度耐力訓練的方法與手段

　　a、間歇跑:一般是在不充分休息和恢復的狀況下進行的。其主要手段和安排有:

　　甲.長距離間歇跑:150公尺—200公尺—250公尺—300公尺,400公尺—500公尺—600公尺

　　例:(150公尺×5)×2組,每次間歇5′,組間間歇15′,平均強度18″

　　(以上爲國家集訓隊男子短跑組李濤、鄭晨冬訓中速度耐力一課的基本內容)

隨着訓練時間的進展,可以在固定間歇時間的情況下,遞增強度要求。

乙.短距離間歇跑:60—80—100 公尺,間歇時間可在 90″—2′—3′,強度控制在 95%—90%—85%,如:

(60 公尺×4)×3 組(每次間歇 90″,組間間歇 5′)

丙.不同距離間歇跑:固定不同距離的間歇時間,提出不同距離的量和強度要求:

例一(國家集訓隊男子短跑組李濤、鄭晨、李豐冬訓速度耐力課一例):

(300 公尺+100 公尺)×3 組,每個 300 公尺結束,間歇 30″,然後全速跑 100 公尺,組間間歇 6′,強度 300 公尺 40″內 100 公尺全速跑(100%);

b.反覆跑:在基本得到恢復或充分恢復狀況下反覆進行。

例:(國家集訓隊女子短跑組田玉梅速度耐力課一例)

150 公尺×4 間歇 10′—12′或更多,強度兩次 18″內兩次 18″5—19″5

c.變速跑:不具體要求間歇時間和強度,以完成一定量爲主,如(300 公尺快+200 公尺慢+200 公尺快+150 公尺慢+150 公尺快+100 公尺慢+100 公尺快+50 公尺慢)×3 組,組間間歇 8′,

d.衝跑:以短距離反覆進行爲主,強度較大,不具體要求間歇時間,最好集體進行。

如:(30—40 公尺衝跑+70—60 公尺慢跑和走步)×12 次(2 組)組間間歇 10′—15′

e.往返(穿梭)跑:在跑道上往返進行,有嚴格的間歇時間要求,也可以有完成總量的時間要求,在嚴格密度要求下根據不同情況要求強度。例:(國家集訓隊男、女短跑組共同採用的速度耐力課一例)

100 公尺×10,要求每一個 100 公尺包括間歇時間共 40″,6′20″完成隨着訓練進展,可以固定在 40″包干的時間要求,增加次數(如 100 公尺×15);也可以固定數量,提高時間要求(如 100 公尺×10,每 100 公尺包括間歇共 30″)。

應該強調,速度耐力訓練無論採用何種方法與手段,都應嚴格要求,以質爲主,否則難以達到預期效果。以 100 公尺爲主的運動員在準備期一週可有 3—4 次速度耐力訓練,其中至少有 1—2 課單獨安排,200 公尺和 400 公尺的運動員速度耐力訓練則相對更多一些。

(4)其它訓練

除速度、力量、速度耐力外,短跑的專項訓練還包括一些應單獨加以強調的內容,簡稱爲其它訓練。

①柔韌性訓練

短跑專項需要大腿前後肌群,髖關節周圍肌群,小腿肌(包括跟腱及腳踝關節周圍肌群),腰背肌,肩關節肌的柔韌性,是順序發展和提高的重點。

柔韌性練習可分爲動力性屈伸和靜力性拉長兩類。柔韌性練習基本上可每日練習,而每年準備期訓練的開始階段,應抽出專門的時間來發展柔韌性。

②敏捷性訓練

敏捷性對於發展技術動作的協調性具有重要作用。一切練習手段(包括專項)都包含有敏捷性練習的成份,只需有意識地嚴格要求和發展。

除柔軟和敏捷素質訓練外,還要注意運動素質的全面發展。

3. 短跑的技術訓練

短跑是週期性運動項目,任何一個技術環節的錯誤或缺點在比賽中都會被重覆幾十次甚至上百次;同樣,在技術環節上的每一小點進步也都會在比賽中取得比予想更顯著的效果。因此,技術訓練是短跑訓練中最受重視的基礎內容。

(1)短跑的基本技術(途中跑)訓練要點

短跑的專項技術一般包括途中跑,起跑(包括起跑後的加速跑),彎道跑,接力跑等。其基礎是途中跑,起決定作用的也是途中跑技術。所以,把途中跑技術稱之爲短跑的基本技術。

關於跑步的週期和階段的劃分,從理論上大致可以把短跑的一個單步分解爲後蹬—折叠—擺動—落地—緩衝及與之相配合的擺臂等不同環節,在訓練中,應該把這些從動作形式上劃分的不同環節視爲一個有機的整體並使之合諧而自然地加以表現。每一個優秀的運動員都可能在某一技術環節上表現出自己的特長,但決不應該在任何環節上存在重大的缺陷;因此,任何機械地認識和理解以及孤立地追求某一個環節的效果的做法,其結果往往適得其反。

①緩衝與後蹬

適宜的緩衝角,適時的後蹬時間,是獲得理想的後蹬效果和最佳步長的重要條件。

在我國短跑運動員中,無論是少年、成年或較優秀的運動員,普遍的缺點是步幅較小。最重要的原因是在技術結構上忽略了後蹬的預備動作——緩衝支撐。運動員在身體重心剛剛接近或到達支撐面中心(離最大緩衝尚有 0.01 秒時間)而尚未達到最小膝角時,膝關節已經開始伸的動作,也就是提早開始後蹬了。這樣,無論有多大的腿部力量也不可能得到充分的發揮(後蹬過早,向上,水平速度被分散),自然也不可能達到理想的後蹬效果和最佳步長。根據我國學者黃宗成、李誠志對中國和美國優秀短跑運動員緩衝與後蹬技術所作生物力學分析,可以看出以下問題:在最大緩衝時,美國運動員膝角最大彎屈爲 134.2°,我國運動員爲 149.2°,美國運動員比我國小 15°,緩衝至後蹬,我國運動員膝角運動幅度只有美國運動員的 60.7%,角速度只有 58.3%;這說明我國運動員緩衝不充分,動作幅度小,速度慢,直接影響蹬地動作。步長是由支撐時身體重心的移動距離和騰空時身體重心的移動距離兩個分量所組成，美國運動員支撐與騰空重心移動距離比為1:1.2，我國運動員為 1:1.15;一個單步的時間是支撐時間與騰空時間之和，兩國相比，支撐時間美國運動員比我國長 0.007 秒；騰空時間我國運動員比美國長 0.015 秒；美國運動員支撐時間占單步時間 45.7%，騰空時間占 54.3%，支撐與騰空時間比 1:1.2，(蘇聯運動員為 1:1.26)而我國運動員支撐與騰空時間比為 1:1.45。我國運動員支撐時間短，主要是在着地至最大緩衝的時間短、動作幅度小，美國運動員着地至最大緩衝佔支撐時間的 47.4%，我國運動員只占 41%，而着地至最大緩衝這段距離的膝角運動幅度，美國運動員為 10.2°，我國僅為 3.2°(僅為美國運動員的 31.3%)，角速度也僅為美國運動員的 39.2%。短跑技術水準的提高，無疑要求縮短騰空時間，使支撐與騰空時間之比達到最佳程度。而我國運動員由於緩衝支撐技術的上述差距，導致後蹬時間早，角度大，延長了騰空時間。(上述材料引自《百公尺技術—— 緩衝與後蹬》一文，作者黃宗成、李誠志，《四川體育科學學報》1986 年 3—4 期。)

　　a.每一個正確技術動作的完成都是前一個合理動作的繼續。因此，解決後蹬和步長的問題應該從緩衝支撐這一技術環節著手；

　　b.重視和加強與緩衝技術有關的大腿前群肌(股四頭肌)柔韌性和足關節蹠屈肌柔韌性練習，這是我們訓練中往往被忽略的一個方面；

　　c.盡可能選擇一些與緩衝支撐在用力形式和特點上相近的練習手段反覆訓練，以利於增強和加深用力概念和意識；

　　d.在塑膠跑道上訓練和比賽，後蹬的膝角伸至 150°左右較為適宜，膝角過於伸直，不利於擺動時小腿的折疊和擺動速度。同時，後蹬動作的效果與末節用力有很大關係，因此，在發展股四頭肌等大肌肉群力量的同時應大力加強足踝關節支撐力量和足底屈肌力量，並有意培養這些部位肌群的屈伸意識。

　　訓練中，為掌握和改進跑的基本技術，常把跑的基本技術分解為不同的環節用不同的手段加以練習，這就是跑的專門練習。目前專門練習存在的問題，主要是手段過少。並把專門練習完全視為準備活動的一部份，缺乏嚴格的要求。必須強調，跑的技術性專門練習範圍應該是極為廣泛的，凡對運動員的技術環節改進有益的手段均可視為專門性技術練習，專門練習可結合準備活動進行，但更多的應列入準備活動之後的正式訓練部份，有計劃有步驟地嚴格要求。

　　後蹬在跑的專門練習中手段較多，受到普遍重視。而緩衝的專門練習手段較少，也不受重視。下列一些練習手段有利於增強緩衝意識，加深膝關節遠離支撐點時的用力概念，可以結合不同運動員的情況適當選用：

　　a.單腿下蹲起(上體盡可能正直、起立時臀部不後移)；

　　b.原地向上單足跳(上體正直，跳起時膝高舉觸胸，落地點保持集中)；

　　c.弓箭步交換腿跳(弓步時膝關節超越支撐點盡可能稍遠、上體正直、兩大腿夾角稍大)；

　　d.穿著砂衣低重心大步走(膝關節盡可能遠離支撐點時發力伸展，相同距離步數越少越好)；

　　e.手持壺鈴雙腿半蹲向前跳(在摩擦力較大的軟道如鋸末道中進行)；

　　f.兩腿交換上臺階跳起(起跳時膝關節超越支撐點，落地點接近身體重心)；

　　g.向上跑臺階，向上連續跳臺階(單足或雙足)；

　　h.向下跳臺階(一級級地進行，落地時膝關節遠離支撐點並固定姿勢進行下一跳)；

　　i.連續跳越欄架(雙腿或單腿，欄距逐漸增大，欄高保持不變)；

　　j.多級連續跳深；

　　k.適宜傾斜度的下坡跑上坡跑；

　　l.低重心緩衝跳。

　　②折叠與擺動──（節奏跑）

　　折叠與擺動是在一個單步中，一側腿結束後蹬，蹬離地面(經騰空、異側腿支撐)，小腿快速向大腿折叠迅速前擺至體前最大值(此時異側腿正值蹬離地面前瞬間)為止這一階段的動作。一般情況下容易圍於後蹬是動力主要來源的認識，而忽視了擺動腿的擺動也是動力來源之一。因而導致在訓練中忽視折叠與擺動的訓練。短跑技術對於腿部動作的基本要求是蹬擺結合快速交替，必須從認識上明確這一點。根據我國學者李誠志和黃宗成的研究，我國運動員的擺動動作與美國運動員相比是有差距的：首先表現在前擺遲，美國運動員在支撐階段後相隔 0.025 秒就轉為前擺，而我國運動員需 0.031 秒；其次是前擺速度慢，美國運動員擺動腿前擺時的平均速度為 9.33 弧度/秒，而我國運動員為 8.53 弧度/秒。他們指出，產生這些差距的原因，與過分從形式上追求蹬地腿充分伸直及小腿折叠動作不夠快，折得不緊(美國運動員小腿最大折叠角為 29.8°，我國為 33.5°)與打開過早有關。

　　在訓練中，一方面應大力加強髂腰肌，大腿前、後群肌，小腿屈肌的力量與柔韌性練習，另一方面可以通過一些專門練習來強化擺動與折叠的意識，發展擺動速度；同時可以通過各種跑的練習本身注意改進和提高。比較常用的手段有：

　　a.後踢腿跑轉加速跑；

　　b.車輪跑；快速後蹬跑；

　　c.前傾高抬腿跑轉加速跑；

　　d.快速擺動大腿高抬跑(在用力意識上不蹬地，而只以腿的擺動帶動身體前移)；

　　e.拉橡皮帶前抬腿等。

在各種擺腿練習中,可以不負重也可以負輕重量(砂帶或橡皮帶),主要目的是發展擺動速度和力量。但需注意,擺腿練習不宜過多採用跳高運動員式的直膝擺動,而應強調髖關節近端發力,注意擺動速度的膝關節稍彎屈的前後擺動,特別應注意安排一些屈小腿的前後擺動練習。

③落地

落地時產生的制動力是短跑的主要阻力,這種阻力的大小取決於腳着地瞬間相對地面的水準速度,腳着地瞬間正向水準速度越大,制動力就越大,反之則小。因此落地時減少制動阻力的實質就是減小着地腳相對地面的速度,使之在着地瞬間愈接近於 0 愈好。根據我國學者李誠志和黃宗成的研究,與美國運動員相比,我國運動員在這一環節也是有差距的:美國運動員腳着地瞬間的速度是 1.15 公尺/秒,而我國運動員為 1.35 公尺/秒。這就是說,在其它條件不變的情況下,美國運動員的制動阻力比我們小 17%。從訓練角度分析,落地動作實質上是整個擺動階段的終止環節,因此落地環節的技術就是大腿前擺主體前最大值後相對於身體作反向運動,以達到降低腳着地瞬間的水準速度的目的。在訓練中應該注意,落地動作的順序是先大腿後小腿,大腿積極下壓與小腿在着地前迅速後屈是合理的落地動作的關鍵技術。改進落地技術的方法主要是通過各種跑的練習在實踐中反覆體會,明確概念,掌握要領;同時可採用一些專門練習來特別地加以強化,如小步跑,半高抬腿跑、快速後蹬跑、車輪跑等。

(2)蹲踞式起跑和彎道跑技術及訓練要點

①蹲踞式起跑

蹲踞式起跑跟發展加速能力有直接關系,訓練中應結合進行。

a.蹲踞式起跑和起跑後加速跑雖然是短跑技術中專門的需要加以特殊訓練的技術,然而任何一個短跑運動員,只要努力,都可以逐步地熟練地掌握這項技術。越強調其複雜性就越難掌握得當。合理的起跑技術所要達到的目的僅是正常的反應起動和有利於迅速擺脫靜止狀態盡快加速,並非是起跑=比賽成績。

b.起跑器的安裝在理論上有各種方式及具體的距離要求,在實踐中切不可盲目照搬。只能根據運動員的具體情況(身高、腿長、力量大小及個人習慣等)逐步形成大致上的要求。我國部份運動員前腳距起跑綫過近,因而在"預備"動作時,手腿之間因間距過近而感到局促,影響到臀部抬起的高度,身體重心不可能適當前移,大、小腿間夾角過小,在動令發出時就不能迅速蹬離起跑器,而是必須依靠雙手推地以提高身體重心然後才能蹬出,這是最常見的錯誤。任何稍大型的國內外比賽,運動員使用的都是大會統一的起跑器,不可能在各種角度,距離等方面與平時訓練條件盡同,所以應特別注意培養運動員在起跑這一環節上根據不同情況和條件自我調整的能力,其中的關鍵是學會依靠移動前、後腳距離和臀部抬起高度以及重心前移程度來適應一切可能變化的條件和情況。

　　c.動令發出(槍響)前,運動員的注意力應集注於槍響後即將進行的動作上而不是集注於聽槍聲;起跑第一步(包括1—3步)的步長和動作,對整個加速過程起很重要的作用,所以,起跑第一步着重強調的是短(步長)和快(落地),利用整個身體失去重心狀態迅速擺脫靜止狀態。

　　d.起跑後的加速跑在30公尺以前,主要是步頻增加來提高速度,而後則更多的依靠步長,直至50—60公尺左右步長步頻達到相對穩定的狀態(最高速度大多也表現在這一階段)因此,結合實踐的用蹲踞式起跑發展加速能力僅採用30公尺距離是不可能完全達到目的的,應適當增加40—60公尺起跑爲宜。

　　e.當運動員已較熟練地掌握了起跑的基本技術並逐漸形成正確的條件反射和動力定型後,就應多注意培養起跑和加速跑過程中的自然、協調、放鬆的能力,達到能量消耗節省化的目的。

　　f.蹲踞式起跑技術的學習、掌握和改進,基本上是通過起跑訓練進行的。但也可採用蹲起跑器跳,拉橡皮帶起跑及嚴格要求站立式起跑技術等加以輔助。

　　②彎道跑

　　彎道跑是每一個短跑運動員所必須掌握的技術。

　　彎道跑在訓練中主要是通過由直道進入彎道跑,由彎道進入直道跑、全彎道跑,彎道起跑等跑的練習本身來學習、改進和掌握其技術,並不十分需要其它輔助練習。在訓練中應予強調的是進、出彎道時身體傾斜度的逐漸變化和動作節奏的保持。

　　③跑的節奏

　　跑的節奏是短跑技術訓練的重要內容,特別是經過多年訓練掌握了跑的基本技術並有一定訓練水準的運動員,更應熟練地掌握不同項目特別是自己從事的主項的正確節奏,以促進專項成績的進步。跑的節奏可以用不同距離的速度分配或動作頻率等加以統計或對比,其實質是學會在不同段落合理地分配體力達到最佳效果。

　　a,100公尺。從起跑—— 加速跑是逐漸加速階段,加速階段的時間和距離雖然因人而異,但共同的一點是任何人一旦進入最高速度階段就只能將這種速度保持2秒左右,最高速度的出現就意味着降速過程的即將開始。在訓練中應該逐步使運動員學會從進入最高速度階段起就盡力保持已達到的動作頻率和步幅(節奏),使之盡可能保持較長時間以推遲和減小下降的趨勢與程度。易犯的錯誤是在已進入最高速度階段後,還拼命從主觀上想加快動作頻率或增大步幅,以爲主觀上"用力"會促使速度繼續提高,實際上卻由於過分緊張而自己消耗體力,導致後程大幅度降速。降速現象是以步頻顯著下降爲特徵的,許多運動員在這一階段,往往出現步幅增大而步頻明顯下降的情況。所以在這一階段更要強調盡可能保持動作頻率(節奏),保持節奏就是保持速度。要在 100 公尺跑中表現正確的節奏,很重要的是學會在高速跑中放鬆,尤其在進入最高速度階段後的放鬆。美國著名短跑運動員卡爾·劉易士說:"在前 50 公尺我加速,然後只需要放鬆肌肉,愈是放鬆,速度下降就愈慢,因此我自 70 公尺至終點比其他任何一個人都快得多。"

b, 200 公尺和 400 公尺。200 公尺跑的節奏應是從起跑至 50 公尺左右為加速階段,在 50 公尺左右處達到接近個人最高速度時(而不應達到),使一直盡可能長的保持動作頻率和步幅(節奏)跑下去,在接近終點(160—170公尺左右)時再有意識動員自己(特別是有意識保持步頻)。易犯的錯誤是在下彎道進入直道時主觀上突然用力加速,這不僅會消耗很大體力而且完全破壞了已獲得的次最高速度的節奏,導致後程降速過程加快加大。如果將 200 公尺分為每 50 公尺一個段落分段時,50—100 公尺與 100—150 公尺這兩個段落的速度應該是全程中最高的並且幾乎相等。400 公尺跑的節奏關鍵在於合理分配體力,在於勻速跑。專家們早就獲得一致結論,400 公尺要達到好的成績,前半程距離和後半程距離成績之差不應超過 2 秒,前 200 公尺跑比個人 200 公尺最好成績慢 0.6 秒—1 秒。前蘇聯沃·波波夫曾提出這樣的速度分配參數,並認為這種方法對 400 公尺跑達到很高成績將起決定性作用:第一個 100 公尺速度高於 400 公尺全程平均速度 2.3%,第二個 100 公尺高於 3%,第三個 100 公尺高於 1.4%,第四個 100 公尺低於 6.4%。如 400 公尺 46″,則第一個 100 公尺跑 11″24 左右,第二個 100 公尺 11″15 左右,第三個 100 公尺 11″34 左右,第四個 100 公尺 12″24 左右。我國運動員易犯的錯誤是掌握不好前半程節奏,特別是第一個 100 公尺過快,導致全程從 150 公尺左右處即完全進入降速過程。

(三)短跑多年訓練過程階段劃分及各階段訓練的主要特點

一般來說,從正式開始進行短跑專項訓練起,大致要經過 6—8 年或更長一些的時間。

短跑多年訓練過程一般分為基礎訓練(12—15 歲),全面發展(15—18歲),專項提高(18—23 歲)和最高水準(23 歲以後)四個階段。現主要介紹後兩個階段。

1、專項提高階段(18—23 歲)

運動員已基本進入成年,而且已分別進行多年的基礎訓練,具有一定的負荷能力和訓練水準。這一階段的主要任務是:

(1)熟練地掌握和運用短跑的專項技術,全面發展和提高專項能力,逐步提高專項成績(主、副項)並到較高或很高水準。

(2)有計劃地參加國際國內的各種類型比賽,豐富比賽經驗,並爭取在比賽中取得好的成績。

(3)在身體素質全面發展的基礎上努力發展個人特長,逐步形成個人的訓練特點和風格。

(4)繼續注意健康性全面訓練,防止單一化訓練傾向,使機體處於良性循環狀態並防止傷病。

2、最高水準階段(23歲以後)

能夠繼續堅持訓練的大多是已達到較高水準的優秀運動員,珍惜和延長其運動壽命對於國家利益和短跑事業的發展都具有極重要的意義。這一階段的主要任務是:

(1)在鞏固的基礎上繼續挖掘各方面的潛力,使專項技術和能力達到很高的水準,促使專項運動成績達到最高水準。

(2)較多地參加國內外各種大型比賽,保持良好的競技狀態,爭取在大型比賽中為國爭光。

(3)在多學科綜合指導下掌握訓練過程,更加注意身體全面訓練,保證健康水準和防止傷病,力爭達到新的高峰。

(四)短跑訓練計劃的制訂

短跑訓練計劃包括多年、年度、階段、小週期和日課的計劃幾種。

現舉幾個實例,一般內容不再贅述。

1、年度訓練計劃

國家集訓隊男子短跑組1986年訓練計劃:

1983年,我組與科研所同志共同組織了「短跑專案小組」,制訂了四年規劃,爭取在1986年打破男子100公尺亞洲紀錄,衝出亞洲。在1985年我「專案小組」提前一年完成了任務,鄭晨以10″28的成績打破了100公尺亞洲紀錄;鄭晨,蔡建明,李豐,余壯輝四人組成的接力隊打破了4×100公尺亞洲紀錄(39″34),並獲得男子100公尺和4×100公尺兩項亞洲冠軍。因此,我專案組提出了新的三年規劃,力爭在1988年奧運會上有一項進入前八名。基於上述任務,1986年總的訓練方針是提高訓練實力,尤其要著重技術改進和最高速度的提高,為今後兩年在專項上的突破打好基礎。

(1)1986年的任務和指標

1986年是亞運會年,我組承擔男子100公尺和4×100公尺兩枚金牌的任務。為保證任務的完成,每個運動員的具體指標是:

鄭晨　　100公尺　　破10秒28的亞洲紀錄

	200 公尺	20 秒 80	(破全國紀錄)
李豐	100 公尺	10 秒 50	
	200 公尺	破 21 秒	(破全國紀錄)
	400 公尺	破 47 秒	
蔡建明	100 公尺	10 秒 45	
	200 公尺	破 21 秒 04 的全國紀錄	
劉方	100 公尺	10 秒 60	提高個人成績
	200 公尺	21 秒 20	提高個人成績
李濤	100 公尺	10 秒 70	提高個人成績
	200 公尺	21 秒 50	提高個人成績

鄭晨,李豐,蔡建明,余壯輝組成 4×100 公尺接力隊,破 39″34 的亞洲紀錄。

(2)1986 年訓練的主要內容和要求

①增加運動量

a、在保證質量的基礎上,把全年總跑量從 1985 年的 12—14 萬公尺,提高到 16—18 萬公尺;b、在保證基礎力量訓練的同時,增大跳躍練習量;c、全年訓練次數由 1985 年 250 次左右增加到 280 次左右,並增加早操次數;

②繼續著重速度訓練,爭取最高速度達到 11 公尺—11.30 公尺/秒的水準

a、力量訓練:除重視大力量訓練外,更應著重快速力量的訓練,如強化狠抓各種跳躍練習。計劃在冬訓中每週安排兩次負重力量和兩次跳躍練習;春訓和夏訓安排一次負重力量和兩次跳躍練習,並把這種安排貫穿全年。在抓好上述力量的同時,應重視綜合性力量的訓練,促使身體各部位力量得到均衡的發展,特別是上肢與下肢,腰與腹,前群與後群,大關節肌與小關節肌等必須協調發展,並在整個訓練過程中做到有計劃、有要求、有針對性、有指標,避免運動員產生訓練適應性,使訓練不斷深化,得到更好的效益。

b、步頻訓練:

甲.延長間格跑(跑格)的距離,由 30 公尺延至 50—70 公尺;

乙.在跑格時注意技術,要求高抬大腿後積極下壓並在近端落地,把素質訓練技術訓練密切結合起來;

丙.通過大量專門練習來發展頻率,尤其應掌握屈體快速高抬腿和快速小步跑;

丁.掌握起跑訓練。

c、技術訓練:

甲.跑進中要求折疊緊,擺動快,着地積極,蹬地迅速有力;

乙.根據每個運動員存在的問題,在上述四個方面有針對性的解決 1—

2 個問題；

　　丙. 敎練、運動員對提高技術水準的重要性應有充分的認識,並作好艱苦奮鬥,長期努力的思想準備。

　　③把素質訓練和技術訓練密切的結合起來著重專項跑的能力訓練：a、增加跑量；b、在增加跑量的同時, 提高各階段平均強度水準；c、嚴格控制密度；d、在整個跑的過程中, 嚴格要求按正確技術進行, 要求自然放鬆, 節奏好, 尤其對後程更應保持合理的技術和好的節奏；e、加強中長段落和組合跑的訓練；f、要求運動員多參加 200 公尺和 400 公尺的比賽, 並訂出較高的指標。

(3)訓練安排和各階段的主要任務

　①恢復階段：1985 年 11 月 18 日—12 月 8 日, 共三週。

　　主要任務：以恢復、適應訓練爲主, 爲多訓作好準備；

　②多訓第一階段：1985 年 12 月 9 日—1986 年 2 月 8 日, 共九週。

　　主要任務：增加跑的負荷量和改進技術, 以有氧代謝訓練和基礎力量訓練爲主, 適當進行無氧代謝和快速力量的訓練。

　③多訓第二階段：1986 年 2 月 10 日—3 月 29 日, 共七週。

　　主要任務：加強無氧代謝和快速力量訓練, 繼改進和鞏固技術。同時參加一些室內比賽, 通過訓練和比賽提高強度。此階段負荷量略有下降。

　④春訓階段：1986 年 3 月 31 日—5 月 17 日, 共七週。

　　主要任務：在保持一定量的基礎上提高訓練的質量和強度, 在技術上熟悉全程節奏和起跑技術, 爲第一比賽階段作好準備。

　⑤第一比賽階段：1986 年 5 月 19 日—6 月 29 日, 共六週。

　　主要任務：爭取在全國錦標賽和其它比賽中獲得好成績和好名次, 入選亞運會代表隊。

　⑥夏季訓練階段：1986 年 6 月 30 日—8 月 30 日, 共九週。

　　主要任務：提高訓練實力, 爲亞運會作好準備。以快速力量, 速度和專項能力訓練爲主, 在技術上以鞏固技術和掌握全程節奏爲主。

　⑦第二比賽階段：1986 年 9 月 1 日—10 月上旬。

　　主要任務：努力提高競技狀態, 爭取在 9 月 29 日開始的亞運會上打破亞洲紀錄, 奪取 100 公尺和 4×100 公尺接力兩項冠軍, 爲國爭光。

2、小週期計劃

　　國家集訓隊男子短跑組 1991 年冬訓小週期(十天)計劃(1991 年 2 月 4 日—2 月 13 日)

　　½星期一下午：(1)場地準備活動, 柔韌練習, 專門練習 2 組

　　　　　　　　(2)級跳 100 級(2 級×10, 1 級×10, 助跑 5 級×6, 助跑 10 級×4)

　　　　　　　　(3)技術性加速跑(100 公尺×5)×2 組間歇 8′

(4)放鬆慢跑及拉長肌肉練習

$\frac{5}{2}$星期二上午:(1)場地準備活動,柔韌練習,實心球前後拋各 10 次

(2)力量練習:①高翻:$\dfrac{50\,千克}{8}+\dfrac{60\,千克}{6}+\dfrac{70\,千克}{4}+\dfrac{80\,千克}{2}$

②深膝蹲:$\dfrac{100\,千克}{5}+\dfrac{110\,千克}{4}+\dfrac{130\,千克}{3}+\dfrac{130\,千克}{2}$

(3)技術性專門練習 2 組,加速跑 80 公尺×3
站立式跑 40 公尺×2,間歇跑 40 公尺×6
站立式跑 110 公尺×2(間歇 8′)

(4)放鬆慢跑及拉長肌肉練習

下午:(1)場地準備活動,柔韌練習,專門練習 2 組,加速跑 80 公尺×3

(2)便鞋反覆跑(200 公尺×4)×2(間歇 3′,組間歇 15′)

(3)放鬆慢跑及拉長肌肉練習

$\frac{6}{2}$星期三下午:(1)越野慢跑 3000 公尺,

(2)柔韌練習(靜力拉長和擺動性練習)

$\frac{7}{2}$星期四下午:(1)足球活動 45′,柔韌練習

(2)綜合性身體訓練 6 個動作×3 組

(3)便鞋變速跑 100 公尺×10(間歇 20″,6′20″完成)

(4)放鬆慢跑及拉長肌肉練習

$\frac{8}{2}$星期五上午:(1)場地準備活動,柔韌練習,實心球前後拋各 10 次

(2)力量練習:①提拉$\dfrac{60\,千克}{6}×4$

②架上半蹲$\dfrac{140\,千克}{15}+\dfrac{150\,千克}{15}+\dfrac{160\,千克}{15}+\dfrac{170\,千克}{15}$

(3)技術性專門練習 2 組,加速跑 80 公尺×3
站立式跑 40 公尺×5,60 公尺×3

(4)放鬆慢跑及拉長肌肉練習

下午:(1)場地準備活動,柔韌練習

(2)級跳 100 級(2 級×10,1 級×10,3 級×10,5 級×8)

(3)快速後蹬跑(計時計步)60 公尺×4

(4)放鬆慢跑及拉長肌肉練習

$\frac{9}{2}$星期六下午:(1)場地準備活動:柔韌練習,專門練習 2 組,加速跑 100 公尺×3

(2)站立式跑 40 公尺×3

(3)反覆跑(300 公尺×3)×2 間歇 6′30″, 組間 15′

(4)放鬆慢跑及拉長肌肉練習

10/2 星期日休息

11/2 星期一上午:(1)場地準備活動, 柔韌練習, 專門練習 2 組

(2)級跳 100 級(2 級×10, 1 級×10, 助跑 5 級×8, 助跑 10 級×3)

(3)便鞋衝跑(30 公尺快 + 70 公尺慢)×14

(4)放鬆慢跑及拉長肌肉練習

12/2 星期二上午:(1)場地準備活動, 柔韌練習, 專門練習 2 組, 加速跑 100 公尺×3

(2)站立式跑 40 公尺×5, 60 公尺×3, 110 公尺×2 (8′)

(3)放鬆慢跑及拉長肌肉練習

下午:(1)場地準備活動, 柔韌練習, 專門練習 2 組, 加速跑 80 公尺×3

(2)便鞋反覆跑(200 公尺×4)×2(間歇 3′, 組歇 15′)

(3)放鬆慢跑及拉長肌肉練習

13/2 星期三下午:(1)場地準備活動, 柔韌練習, 實心球前後拋各 10 次

(2)力量練習:①高翻:$(\frac{60\ 千克}{6}×2) + (\frac{70\ 千克}{4}×2)$

②深膝蹲 $\frac{100\ 千克}{5} + \frac{110\ 千克}{4} + \frac{120\ 千克}{3} + \frac{130\ 千克}{2}$

(3)便鞋變速跑 100 公尺×10(間歇 20″, 6′20″完成)

(4)放鬆慢跑及拉長肌肉練習

(五)短跑賽前訓練計劃安排和指導

1、賽前訓練階段時間的確定

短跑比賽在一年的絕大多數時間裡均可進行。比賽大致可分為以下幾種:

(1)一般性比賽。其目的是為了促進訓練質量的提高和訓練要求的轉換, 其特點是比賽為訓練服務。不需要有專門的賽前準備。

(2)專門性(誘導性)比賽。是一年中參加次數最多而又稍有準備和要求的比賽。這類比賽大多在一個階段訓練結束後專門安排多次進行, 要求

運動員逐步表現最高水準,鍛鍊比賽能力或爲重大比賽作好準備。這類比賽一般都有專門的賽前訓練階段和不同程度的準備。但時間不宜過長,大致在一週左右,如對運動員有提高成績的專門要求,也可以延長到十天一兩週。

(3)重大比賽。在全年訓練計劃中早已確定的最重要的比賽,如奧運會,世界錦標賽,世界盃賽,亞運會,亞洲錦標賽,全國運動會,全國錦標賽等。要求運動員在指定日期內表現出最佳競技狀態和最高成績,這類比賽不僅需要專門的賽前準備階段,而且持續時間較長,一般需 4—6 週左右的時間。

2、賽前訓練階段的主要任務和計劃安排

(1)稍有準備和要求的專門性比賽。賽前準備時間較短,其主要任務是結合訓練逐步提高專項能力和水準,在計劃安排上根據不同對象嚴格確定賽前準備時間,既保證訓練的正常進行又對比賽稍有準備,以調整訓練次數,負荷,手段特別是強度要求來達到準備的目的。如以兩週參加一次比賽爲例,應注意第一週保持原有負荷要求,第二週負荷減半,並在第二週前半週有意識降低各種專項距離跑的訓練強度,賽前 3 天左右有意識恢復次數較少的短距離(比賽距離之下)大強度刺激。如在一個月或更長一點時間裡每週參加一次比賽,也可以以一週爲期,將訓練與比賽結合在一起,前半週安排適當訓練,然後以兩天時間變換手段和要求以準備比賽,比賽後休息一天,以此反覆數週。

(2)重大比賽的賽前訓練任務是通過較長時間的專門準備使運動員在心理、能力、技術、體力等諸多方面均逐步達到最佳狀態,以保證在預定比賽日期表現出專項最高成績,重大比賽的賽前訓練安排時間較長,難度亦大,應注意以下方面:

①賽前訓練階段時間確定及賽前的訓練安排、方法、手段等諸多方面,特別是賽前一週的安排上,必須因人而異,區別對待,切忌"一刀切";

②重大比賽前應該參加數次(3—5 次)其它比賽,以提高比賽能力,逐步培養競技狀態。但這類比賽應在重大比賽前至少 2—3 周中止,以防止喧賓奪主,影響重大比賽的專門準備。

③重大比賽賽前訓練階段應合理安排訓練,在訓練次數、負荷量、強度等主要環節上逐步調整,防止大幅度下降訓練要求以至影響到訓練水準下降的不正常現象。同時,應根據重大比賽日程安排,安排模擬比賽的小週期訓練,並重覆 1—2 次,使運動員能在規定時間裡取得最好成績而進行必要的心理調節和形成一定的條件反射;

④重大比賽前 2—3 週,應有意識注意"回避"專項最大強度的表現次數、注意和重視技術質量,保持一般耐力和一般運動的練習,保證運動員在神經肌肉系統及體力、能力上的充分恢復。根據多年的經驗,在有意識"回

避"專項最大強度的同時,在專項素質訓練上應努力保持高水準,特別是各種跳躍能力(以級跳爲主)和力量素質,應盡力保持或提高強度要求。

⑤賽前幾天的訓練是一種誘導式的訓練,不能夠犯錯誤,決不能選擇和採用平時不太使用的手段進行訓練。

3、對比賽的具體指導

短跑比賽的特點要求運動員在最短時間裡發揮自己最大體能表現極限強度。在重大比賽中,這種特點又可以延伸爲參賽項目多,賽次多,延續時間長、機體負擔重等特點。因此,根據不同情況正確進行比賽的具體指導,對運動員發揮水準取得好的成績是十分重要的。

(1)賽前幾天訓練中,運動員容易出現的心理現象是"求底",即總想在訓練中表現出最高強度才覺得心裡有底;常常出現比賽前幾天或賽前準備活動情況不錯,心中有"底"的運動員,在正式比賽中反而表現不理想的現象。必須認眞掌握和控制訓練過程,達到"引而不發",躍躍欲試的目的,切忌爲了求"底"而在賽前出現高潮。同時,對於不同情況的運動員應區別對待。決不能脫離實際地照搬自己或他人過去所謂成功的"經驗";

(2)比賽中,敎練應盡可能記錄每個運動員每一賽次的分段成績,並注意觀察運動員的技術表現,在下一賽次開始前簡要地向運動員分析情況,指出應注意的問題,特別應有針對性地加以鼓勵和誘導;

(3)賽前和每個賽次中,敎練應根據分組對手情況,幫助運動員做到心中有數,以正確戰術進入下一輪賽次,對於實力較差的運動員,則應根據分組情況制訂正確戰術,力爭以較好成績和名次在下一賽次中列入種子名單以避免強手雲集難以出綫的現象;

(4)大賽前,敎練應預防運動員神經系統過度緊張和衰竭的保護性抑制問題,應有意識地讓運動員暫時回避比賽問題,引導他們看看書,聽聽音樂,談論與比賽無關的事情或散步,看電影等;比賽中,運動員可能會因爲某一賽次不同的成績表現而顯露不同的心理狀態,必須給予適時的引導,引導要適時,簡明扼要,最好有數據和實例證明其權威性和可信性;

(5)比賽前和比賽中對準備活動時間、內容等要具體規定,並對運動員的比賽服裝器材、號碼等協助督促檢查,使他們能獨立解決和處理這一類問題。

(六)短跑運動員的選材

1、初步選材(12—15歲)

(1)自然技術

應該把自然技術的好壞作爲首要標準。自然技術好在這一階段的表現是動作輕鬆自然,有一定動作幅度,能高抬大腿,腳踝關節支撐力量較好,支撐時間較短,有彈性,上下肢動作配合較協調。

(2)形態

①身高:對於身高並無絕對要求,但發展趨勢要求選拔身材較高的運動員。就我國目前情況而言,預測身高100公尺女運動員能達到1.66公尺—1.73公尺左右,100公尺男運動員能達到1.78公尺—1.83公尺左右較為理想,200公尺和400公尺項目則應略高於這個標準。

②下肢長:一是指整個下肢長(大轉子高/身高);二是指小腿長於大腿(小腿長/大腿長)。小腿長於大腿的例子在我國短跑運動員中並不多見,所以更應注意選拔小腿長於大腿或大小腿長相等的種子。

③跟腱長(跟腱長/小腿+足高)和踝圍小:

(3)素質

①速度:以測試站立式30公尺跑和60公尺跑為主要手段,這是所有素質選拔中最重要的衡量指標。

②彈跳力:採用立定跳遠、立定三級跳遠、立定五級跳遠和縱跳、連續跳欄架等手段加以測定。

③一般耐力:一般常用男子1500公尺和女子800公尺來檢測其耐力水準。

2、確定選材(15—18歲)

(1)基本技術

①不僅注意技術外形、也要重視技術的實效性,特別是結合個人的特點

②大、小腿折叠緊、擺動速度快、幅度大

③支撐階段結構是否合理

④跑進中的放鬆程度。

(2)素質

①速度:測定步頻、步長指數作為參考,相同條件下,選擇步頻能力較強者。

②力量:除繼續採用各種級跳(1—10級)為測定手段外,用鉛球前、後拋(男4千克,女3千克)測定爆發力;30公尺單足跑(計步計時注意技術要求)

③速度耐力:用300公尺跑測定其水準。

(3)心理

①對從事短跑訓練的興趣如何?

②自控能力與理解能力:

③意志品質:

④競爭意識:

(4)訓練進展情況

　　對初步選材後進行的訓練進行綜合了解並作出評定，予測其發展和進步前景。

（余維立、揚峰）

三　中長跑、馬拉松

（一）中長跑訓練特徵和發展趨向

1、專項訓練的演變過程

在二十世紀最初的二十五年中，芬蘭主宰着世界的中跑，當時的代表人物是努米爾。他採用勻速跑的方法獲得六塊金牌、一塊銀牌，使芬蘭在奧運史上留下了輝煌的一頁。

四十年代中長跑的優勢轉到了瑞典，瑞典教練霍邁爾運用了一種叫作“法特萊克”的訓練方法，在　圓式高爾夫球場的隨心所欲的“速度游戲”式的訓練方法，使得他們囊括了多次世界紀錄，把瑞典的中長跑推上了世界的頂峰。

然而世界上有另一些人們，他們根據嚴密的高度控制的科學計劃，喜愛從事艱苦的快跑的嚴格訓練，他們把中長跑推向一個巨大的發展階段——間歇訓練法階段。

間歇訓練法的第一位代表人物是格施勒，他的理論基礎是利用訓練負荷後超量恢復的原理，堅持全年安排訓練，並逐日逐月地強化間歇訓練，直至比賽時達到競技狀態的高峰。匈牙利的依格洛依，英國的斯坦夫爾也是間歇訓練的代表人物。

五十年代末期，田徑界已經確認了間歇訓練的優越性。而澳大利亞的教練塞魯蒂，發展演變了瑞典的訓練方法，運用了大量的力量練習和大量沙地、草地、山坡的變速跑，培養了運動員力量和耐力的基礎取得了成功。

六十年代新西蘭的里迪亞德推崇“公里數創造冠軍”的理論，創造了馬拉松訓練法，運用這種方法培養了兩個奧運會的冠軍並創造了五項世界紀錄。從而世界中長跑分爲在自然環境中的勻速和任意變速的訓練方法和跑道上間歇訓練這兩大訓練體系。

受到 1968 年墨西哥奧運會的啓示，人們又創造了強化訓練手段——高原訓練法，這種訓練方法促進了世界中長跑水準的進一步發展。

從七十年代至今，世界上各種中長跑訓練體系互相影響和滲透，在科學地挖掘運動員潛力的軌道上，不斷地發展和完善着中長跑的訓練方法。

2、專項訓練的主要特徵和發展趨向

全年堅持訓練，不斷加大訓練負荷，訓練手段更加廣泛和多樣化，科學地監控訓練過程與恢復過程，這是世界上大多數訓練體系的基本特徵。

把自然的勻速變速訓練和跑道上嚴格的間歇訓練，以及高原訓練等方

法有系統地結合起來,發揮各自的訓練效益,形成各種適合本國和個人特點的注重某一種訓練的綜合訓練體系,不僅挖掘運動員心肺功能的潛力,同時更加重視提高肌力和骨骼肌的代謝能力。在安排全年各階段負荷時,同時考慮負荷後採用各種物理、化學、心理的恢復手段來促進運動員的超量恢復,和恢復再訓練結合在一起。各自然學科的研究成果,特別是生理、生化、電視、錄影、電影、電腦等在訓練中廣泛運用,使訓練趨於科學化,並向量化訓練趨勢發展。

(二)中長跑素質特徵及訓練方法

中長跑是三種供能方式齊備的混合代謝,隨着項目距離和時間的增加而逐漸從無氧代謝爲主的混合代謝過程向以有氧代謝爲主的混合代謝過程進行。

1、發展各種供能方式的有效訓練方法

(1)發展磷酸原無氧供能系統的訓練方法是進行 6—10 秒的爆發用力運動。

①重覆 7－10 次爆發力量練習。

②30 至 60 公尺重覆跑和行進間跑。

③時間不超過 10 秒的各種連續跳躍練習。

④越野跑途中 30—50 公尺衝跑,訓練後 30—50 公尺衝刺練習和 10 秒內的爆發力練習。

(2)發展糖原無氧酵解供能系統的有效方法是利用亞極限強度進行超過 10 秒低於 2 分鐘的間歇訓練。

①使乳酸值保持在一定水準上,進行重覆次數較多的短程間歇訓練(100 至 800 公尺的間歇訓練)。

注:中跑 12－14 毫摩爾,長跑 8－10 毫摩爾的乳酸值。

②提高機體在乳酸堆積下的最大承受能力(而乳酸訓練)採取的訓練距離、強度和間歇可因人而異,原則是重覆的次數不超過 5 次,使身體乳酸的堆積量超過比賽最高值。

③遵循兩個原則:第一,訓練必須對心血管系統造成超負荷,以引起每博輸出量,射血分值,氧脈比的增加。第二,在中央循環超負荷的基礎上必須同時加強直接運動肌群局部循環和專門肌肉代謝結構。採用的有效手段爲:

持續訓練 {
中等強度:長時間持續跑 40—120 分鐘　脈博 150 次/分
無氧閾速度:持續 15—30 分鐘　脈博 168 次±/分
110% 無氧閾速度:持續 6—15 分鐘　脈博 168—180 次/分
}

間歇訓練：
- 短段落短間歇重覆次數多　脈博 150—168 次/分如 200 快/100 慢 20 次—30 次 400 快/100 慢 10 次—20 次
- 長段落短間歇重覆次數少　脈博 168—180 次/分 1000 快/200 慢×10—12 次 2000 公尺快/200 慢×5—8 次
- 4000 公尺×2—4 次

法特萊克訓練：它是持續訓練和間歇訓練的有機的結合,根據訓練的目的其內容可以任意變化。

2、中長跑專項素質特徵

(1)耐力素質

耐力素質特別是有氧耐力對於中長跑運動尤爲重要。發展有氧耐力素質主要是發展有氧代謝的能力,最終目的是提高最大吸氧量,有氧耐力訓練的主要方法是持續負荷法和間歇負荷法兩種,而接近無氧閾速度下進行有氧訓練是最佳強度,對提高有氧耐力效果最好。

(2)速度素質

速度素質是達到高水準成績的關鍵之一,世界級的優秀選手都具有較高的速度水準,如世界 800 公尺紀錄保持者塞・科,400 公尺成績爲 45″7(見表 3—3—1)。

①速度素質特徵

第一個特徵是在三種速度的表現形式中重視移動速度。

第二個特徵是對加速能力和保持速度能力更加重視保持速度能力。而在加速能力上重點是發展途中加速能力和最後加速能力(衝刺能力)。

第三個特徵是發展速度的兩個因素,即步頻和步長。在發展自然步長的情況下着重發展步頻。

②提高速度素質的方法

一般常用訓練手段:

a.行進間跑 30 公尺－60 公尺用 95％－100％的強度 3－4 次×3 組。

b.反覆跑 30－60 公尺 4－5 次 2－3 組。

c.上坡跑下坡跑 60－80 公尺。

d.讓距追逐跑 60－100 公尺。

特殊的速度練習方法:

a.20 公尺加速跑之後慣性跑 30－60 公尺。

b.下緩坡或順風放鬆高頻率跑。

c.膠帶牽引跑 60－80 公尺。

d.越野途中加速 30 公尺－60 公尺×10 次。

e.越野和專項課後,150 公尺反覆跑中加速 30－60 公尺。

f.快速擺臂和快速原地高抬腿的速度練習

表 3－3－1　　世界中長跑運動員速度情況表

姓　名	國　籍	800 公尺跑的成績	1500 公尺跑的成績	400 公尺的成績(速度)
塞巴斯蒂安·科	英國	1′41″73	3′31″95	45″7
奧維特	英國	1′44″1	3′30″77	45″72
克拉姆	英國	1′43″61	3′29″67	46″08
克魯斯	巴西	1′41″77	3′36″48	46″98
波依特	肯尼亞	1′43″57	3′33″66	47″
汪·達姆	比利時	1′43″87	3′36″26	46″4
拜爾	前東德	1′43″80	3′37″	47″53
賴恩	美國	1′44″2	3′33″1	46″5
厄·瓊斯	英國	1′43″13	—	46″64
比康喬拉	肯尼亞	1′44″03	—	46″84
胡安托雷納	古巴	1′42″4	—	44″03
賽雷克斯	前東德	1′43″87	—	45″93
奧利托連科	原蘇聯	1′53″5	—	50″96
公尺娜耶娃	保加利亞	1′54″9	—	50″78
克拉托赫維托娃	捷克	1′53″28	—	47″99
卡贊金娜	原蘇聯	1′54″9	3′52″47	50″85

（男子中跑、女子中跑、男子長跑）

姓名	國籍	5000 公尺跑的成績	10000 公尺跑的成績	1500 公尺的成績(速度)
奧伊塔	摩洛哥	13′0″40		3′29″71
呂菲個	瑞士	13′9″20		3′33″84
克·克羅莫斯特	英國	13′0″42	—	3′33″17
西麥萬德	葡萄牙		27′13″81	3′35″47

③根據不同距離衡量速度。一般中跑常以行進間 100 公尺和 400 公尺作爲衡量速度的標準;而長跑一般用 1500 公尺衡量速度;馬拉松則以 5000公尺衡量速度。

(3)力量素質

①力量素質特徵

第一個特徵是重視力量素質中的快速力量和力量耐力。而在衡量力量時重視相對力量。

第二個特徵在力量訓練時強調用力時間短和工作距離短。同時重視放鬆協調。也就是練力量同時強調省力節能。

第三個特徵在進行力量訓練的時候,要考慮減少肌肉體積增加。

②提高力量素質的方法

力量訓練方法世界上分成兩大流派:大多數的中跑運動員採用負重練習,而長跑馬拉松運動員往往作一些在困難條件下的組合練習而不採用負重練習。

a.負重練習,中長跑運動員一般採用器械重量較輕、重覆次數較多的練習,中跑一般力量 60－80％×8－15 次,長跑一般爲 40－60％重覆 15 次以上。

　　　　b.各種大強度的短跳練習,立定跳、立定三級跳、五級跳、單足跳、蛙跳等等。

　　　　c.各種中上強度的長跳躍練習 100－200 公尺跨跳。100 公尺單足跳、100－200 公尺單足跨跳交替跳。

　　　　d.各種坡度的上坡跑 60－1000 公尺。

　　　　e.阻力跑或拖重跑。

　　　　f.各種素質的連續組合練習 8－10 個一組×2－4 組

　　　　g.軟地、沙灘、草地、雪地、泥地等等困難條件下的大量跑的訓練。

(三)中長跑技術特徵

1、技術發展趨勢

　　根據耐力項目的特點,在技術上要求盡可能減少體力的消耗以維持比賽所需的高速度。隨着現代塑膠跑道的出現,中長跑的技術有了新的發展,爲了更好地利用塑膠跑道的彈性,擺動腿更加積極地前擺,後擺積極有力,而用力的時間更短,減少後蹬的力量消耗。另一方面由於比賽速度不斷提高,動作速率也逐漸加快,後蹬時間的縮短,騰空和支撐的系數也越來越接近。總之中長跑技術是沿着經濟性和實效性兩大特點的基礎上不斷發展,出現了高速度,高頻率,節省化的趨勢。

2、技術分析

　　中長跑的技術包括起跑、起跑後的加速跑、途中跑和終點加速衝刺跑四個組成部分。最重要是途中跑技術。項目和距離不同,跑的技術也有所差異。一般說來,距離越長步幅越小,跑的動作中前擺和後蹬的用力程度也較小,騰空時間與支撐時間的比值也越小。下面結合 1500 公尺、5000 公尺兩項世界紀錄的創造者奧伊塔的技術圖片,分析中長跑的技術動作(圖 3－3－1)。

　　(1)上體姿勢

　　上體保持正常姿勢略向前傾。奧伊塔上體保持在 8°—10°左右,頭部自然,面部和頸部肌肉比較放鬆,在後蹬結束的一刹那髖部前送,腰微向前挺,如圖 3—3—1④14,說明獲得良好後蹬和向前的效果。

　　(2)腿部動作

　　兩腿動作是作用在髖關節上的一對力隅,擺動腿積極向前方擺動,不僅可以增加支撐腿的後蹬力量和速度,同時可以加大動作幅度。而且還可以縮短週期時間加快頻率。如圖 3—3—1⑤—13。右腿後蹬結束的一刹那,

圖 3 - 3 - 1　中長跑的技術動作分析

小腿肌肉立刻自然放鬆與大腿自然折叠,以大腿帶動小腿積極向前方擺動。
現代技術這個動作做得很好。

　　後蹬技術是擺動腿一着地緩衝的踝、膝、髖關節隨慣性向前移動如圖
3—3—1⑧⑨的左腿,在支撐腿和擺動腿大腿即將重叠的一刹那迅速用力伸
髖,如圖 3—3—1⑨—11,從而與擺動腿形成沿縱軸伸髖的力隅,使髖沿着
縱軸旋轉,並迅速伸直膝關節和踝關節,如圖 3—3—111—13的左腿。

　　但是無論是後蹬還是前擺,中長跑的用力時間只是在圖 3—3—1⑨—
12的中兩腿剪角的一刹那,其他的動作用力都是慣性用力。這樣才能表現
出中長跑的經濟性的特點。

(3)騰空

後蹬結束後進入騰空階段。在騰空時身體任何部位的動作都不會加速重心的前移,良好的肌肉放鬆可以促進肌肉的休息與恢復。後腿向內彈性回縮折叠,縮短了擺動的旋轉半徑,增加了角速度,爲快速前擺創造了良好的條件,擺動腿大腿積極作後擺動作,膝關節放鬆使小腿自然甩開。有利於增加自然步幅和小腿肌肉的放鬆。

長跑支撐時間稍長。騰空時間與支撐時間的比接近 1:1 而中跑騰空時間較長,比值大於 1。

(4)腳落地動作

腳落地的動作是前腳掌外側先着地,然後滾動到全腳掌,有些長跑、馬拉松運動員是腳跟先着地然後滾動到全腳掌,總之這種滾動動作是富有彈性的,緩衝了身體重力的衝擊,爲迅速擺地作好準備。爲了減少阻力和腳掌肌肉的負擔,腳應落在離身體重心投影點較近的地方。如圖 3—3—1⑧⑨和1718,前腳掌着地後膝關節稍稍彎曲,幫助緩衝重力減輕腳掌的負擔,爲後蹬擺地動作作好準備。

(5)擺臂動作

擺臂時要求肩部放鬆,以肩爲軸以肘發力。大小臂彎曲成 90°角左右,兩手放鬆半握拳,兩臂成前後擺動。前擺稍向內,但是手的位置不得超過身體的中綫,向上不得超過下頜,向後擺稍向外。擺動的幅度取決於跑的速度,中跑的擺幅較大,長跑的擺幅稍小。彎道時右臂擺動要大於左臂。

3、呼吸

要求呼吸節奏和跑的節奏協調配合,一般是兩步一吸兩步一呼,也有三步一呼吸的。在每一呼吸週期中,要着重積極呼氣,這樣造成肺中較大的負壓。既盡量排出"廢氣",又促進吸氣過程省力並增加吸氣量。呼吸時要用鼻子和嘴同時呼吸。中長跑無論在起跑或是衝刺時都不應該閉氣,而且比賽一開始就加強呼吸,以免在開始階段增加不必要的氧債使疲勞過早出現。

(四)中長跑的戰術特徵

1、戰術特徵:

①決定戰術的因素較多,如個人的競技狀態、戰術習慣、訓練特點、比賽目的,以及對手人數多少,競技水準高低,戰術特點,跑道的狀態,氣候條件,參賽的賽次等。

②比賽不分道次,場上瞬間情況千變萬化很難預測,要求運動員具有臨場獨立的戰術應變能力。

③要求運動員有正確地估計和合理的分配自己體力的能力,在比賽中

合理地調整戰術位置和利用身體位置。

　　④戰術取勝的關鍵很大程度上取決於正確地選擇衝刺的時機,並且把高速衝刺保持到底。

2、常用的戰術形式

　　中長跑戰術形式可分爲:匀速跑、變速跑、領先跑、跟隨跑和綜合形式跑五種。但是從比賽的目的來看戰術只有兩種:一是創造成績和破紀錄的戰術;二是爭取好名次奪冠軍的戰術。採用創造成績的戰術時,要求運動員佔據主動領先地位,而採取高速的匀速跑,合理地計劃和分配體力。如果比賽的主要對手衝刺能力突出,要保持高速度的拖垮對手,使對手失去快速衝刺能力,也可以用均匀的高速跑,結合突然的衝跑反覆拖垮對手。

　　爭取名次拿冠軍的戰術,應緊緊跟隨在領先跑的運動員側後,堅持跟住對手的高速跑,盡量節省體力,積蓄力量,以發動最後決定性的終點衝刺以取得勝利。同時還應隨時注意觀察領先對手和其他對手的情況,準備突然加速跑以擺脫被包圍的形勢,採用奪冠軍方案時,速度沒有一定的規律,而是隨着比賽的變化而變化。

　　現代的中長跑比賽的激烈競爭主要表現在最後衝刺上。因此最後衝刺時機的掌握,衝刺加速能力的訓練,構成了戰術訓練的核心。

　　培養最後衝刺能力,首先是在困難條件下培養頑強的意志品質,拚博到底的精神,每一課最後一段,每一段最後一部分都以最高速去完成。在力量訓練和越野訓練課後進行衝刺跑練習,或在專項課及越野訓練後安排一些快速力量練習,以提高運動員在疲勞情況下力量的再動員能力,也是衝刺練習的有效訓練手段。

　　此外在訓練中應安排五種跑的形式訓練,同時要經常模擬比賽時處在被包圍情況下的自我擺脫能力以及在群體訓練時,不斷變換跑的位置的戰術應變能力。

(五)中長跑心理特徵

　　中長跑的比賽和訓練,不僅大量消耗體力,而且大量消耗心理能量。所以培養運動員的意志品質是中長跑心理訓練的中心。

1、必備的心理品質

(1)要具備頑強的意志品質

它的內含是:堅定的信念,吃苦耐勞、不怕困難頑強拚博,敢於勝利的精神。

培養意志品質主要在各種困難條件下(大風、大雨、雪、嚴寒、酷暑等)堅持完成訓練任務,或戰勝訓練中產生的身體不適應(頭昏、噁心、疲勞、傷痛等等)，努力完成訓練任務的過程中逐漸提高和形成的。

(2)培養專項必備的專門知覺

a、速度感：運動員對於自己訓練比賽中的速度能準確地感知的能力，以及按照比賽需要掌握的速度的一種專門能力。這種對速度的感知能力可以提高運動員訓練和比賽的自控能力，使運動員按照每一圈的速度輕鬆地跑，對於提高比賽的成績和訓練的效果尤爲重要。

b、距離感：這是運動員通過長期的訓練實踐培養起對於所跑過的距離的感知能力。這種能力對於長跑、馬拉松運動員在越野訓練和"法特萊克"訓練中，控制所需要跑的距離時，尤爲重要。

c、時間感：運動員通過長期的訓練，根據身體感覺和跑的速度感知跑了多少時間的能力。這種能力對於運動員在野外情況中任意訓練中控制時間，是必不可少的。

中長跑運動員的這三種專門知覺是通過長期的訓練實踐，有意識地把身體感覺與速度、時間、距離聯繫在一起加以分析和記憶的結果。所以在訓練比賽的全過程中，教練要啓發運動員去積極地培養和提高這三種能力，使運動員可以在國際國內大比賽時獨立地按比賽和訓練意圖去控制比賽和訓練。

(3)神經的穩定性

大部分的中長跑運動員是屬於均衡型的神經類型(強均衡型和弱均衡型)，這是培養運動員神經穩定性的生理學基礎，通過長時間地運用中等強度的週期性跑步訓練是提高神經穩定性的主要途徑。然後逐漸地增加訓練時間和訓練強度，這樣可以使神經興奮抑制的過程能夠在高強度和高頻率的情況下，持續下去，使之達到能量耗盡爲止而不出現神經的疲勞和紊亂，這是提高比賽成績和訓練效果的一個關鍵，對於長跑、馬拉松運動員尤爲重要。

2、賽前易出現的心理障礙以及心理調整、心理訓練方法

中長跑運動員賽前易出現的心理障礙主要是壓力過大或對某些問題陷入盲目性造成焦慮不安。這樣大大削弱了自信心，從而運動成績大幅度下降。

賽前的心理調整和心理訓練，其目的是在於減輕盲目性和錯覺，進行心理喚醒減少不必要的壓力。增強意志和提高自信心，以保證比賽的勝利。

幾種常見的心理障礙和解決方法：

①賽前出現過度緊張思慮過多。對於這種運動員一般確立目標要恰當，同時以語言勸導減小心理壓力，並可以使用分散轉移注意力的方法，也

就是用其他活動如釣魚、逛市場等方法分散其注意力,減少對比賽的緊張和焦慮。

　　②年輕運動員對比賽距離長或訓練距離長的害怕心理。解決的方法是加強超比賽距離或超訓練段落的訓練,使之增加自信心,從而克服恐懼感。

　　③對於對手的恐懼心理。解決這種問題主要通過多做戰勝對手的模擬訓練,增強自信心。

(六)中長跑多年訓練的劃分和訓練特點

　　培養一名優秀的中長跑運動員大約需要 15 年到 20 年,馬拉松運動員需要更長一些時間。在漫長的訓練過程中,大部分是在學校裡渡過的,這需要七至八年的時間,然後進入省市運動隊進行系統訓練,直到運動壽命終止見表 3—3—2。

表 3—3—2　　中長跑運動員訓練階段的劃分

階段	基礎訓練階段			專項提高階段		最佳競技階段	競技保持階段
劃分	開始運動階段	一般基礎階段	專項基礎階段	專項提高階段	專項強化階段		
年齡	10－12	12－14	14－$\frac{17}{18}$	$\frac{17}{18}$-20	20-22	22-26	26-30以上
指導思想	①在體育活動中發現中長跑才能兒童開始。②其全面活動中促進才能表現提高興趣	各種基礎性訓練爲逐步專項化作準備	①提高專項基礎訓練②確定專項發展方向	①進一步完善技術和各專項素質②增加負荷量使專項成績長足前進	①逐漸增加負荷量和強度②提高各種專項能力	①提高訓練質量在各種比賽,表現水準,取得勝利	保持已經獲得的競技能力,應付各種比賽
任務	①對表現中長才能的活動,培養興趣②發揮自然省力技術逐漸建立正確技術③全面身體鍛鍊	①基本技術②各種身體素質(抓住敏感期)③促進身體機能良好發育。④進一步表現專項才能	①完善基本技術②發展各專項素質水準③增加專項訓練負荷表現專項才華④促進身體機能良好發展擴大潛力	①完善技術②加速專項素質水準③增加跑的負荷量④參加青年賽加強比賽鍛鍊	①逐漸由增加負荷量轉爲增加負荷強度②提高比賽戰術節奏等能力進入國家優秀行列	①增加強度量的負荷②增加專項訓練比賽③參加各種國內國際大賽	①訓練中揚長補短提高保持競技水準②訓練少而精負荷安排跳躍型③發揮訓練比賽經驗提高訓練效果和比賽成功率。以穩定心理。

　　基礎訓練階段是多年訓練的開始,其任務是進行全面身體素質訓練和基礎的心肺功能和耐力訓練。這個時期處在發展速度的敏感期 12—14 歲,和發展耐力的敏感期 12—13 歲,以及心容量的突增期 13—15 歲。如果訓練安排得科學合理,可以使身體素質全面發展,身體機能潛力得到合理的開發,並且建立良好的基本技術。這些都是多年訓練後期成長的關鍵問題。

基礎訓練的後期在確定中長跑項群的基礎上,逐漸確定專項的發展方向,並逐步增加專項訓練的內容和訓練比例。要保證各個訓練階段的系統性和相互銜接,必須通過實施教學大綱來實現。

從專項訓練開始的多年訓練是由教練直接控制的。制定多年規劃首先要針對運動員進隊時的開始狀態,預計重大比賽的目標和日程,然後確定訓練總目標,並規劃出每年的訓練目標和任務。一般來說是四年為一個多年週期,整個專項訓練階段可經過兩至三個多年週期。

進入專項訓練體系之後,要把專項提高期,最佳競技期和保持期看成是一個連續的整體。主要任務是增加訓練負荷,發展競技能力,發展專項運動素質,同時不斷完善技術。在專項提高時期參加青年和全國比賽,而在最佳競技期參加全國比賽和國際比賽。

在專項提高期的負荷特點是較明顯的負荷逐年增大,而最佳競技階段後期和競技保持期,可以根據運動員的情況,呈波浪式,以便運動員有緩衝的時間,從而保證運動員的充沛的精力和體力在重大的比賽時參加激烈的競爭。

在競技保持階段運動員已經在國際國內大比賽中獲得過各種優異成績和名次,而由於傷病和體力的原因,以及青年選手的出現使得運動員心灰意冷,所以這時保持運動員心理穩定性是保持競技能力的關鍵。

(七)中長跑訓練計劃

1、年度訓練計劃

年度訓練計劃是指導全年訓練的綱領,是運動訓練過程的重要計劃。

制定計劃應有預見性、科學性、實用性。

(1)預見性

成功的訓練取決於有效的控制,而有效的控制源於對運動員過去、現在情況分析為基礎的對將來發展情況的分析。因此,訓練計劃要體現較強的預見性,才能使計劃目標任務與結果相吻合。

(2)科學性

科學性是對訓練計劃的基本要求。

訓練目標建立,比賽任務確定,實現預定目標,完成任務的保證就是合理的分期、有效的訓練手段及周密的恢復措施。這三點是保證訓練計劃科學性的主體部分。

(3)實用性

制定訓練計劃要力求簡明、實用,切忌羅列無實際意義的數字、空洞無物的條文。要求計劃中的每一點都對訓練有切實的指導意義。

2、階段訓練計劃

傳統的年度期段劃分方法在這裡不再叙述,只介紹以多週期年度訓練計劃爲基礎的中週期訓練計劃結構。

世界競賽制度的演變導致訓練分期向多元化發展。很多優秀運動員爲了適應在春夏秋冬各季頻繁參賽的需要,採用了多週期年度訓練計劃。

多週期年度訓練計劃是以比賽爲中心,把全年大週期劃分爲數個中週期。中長跑訓練的每個中週期一般由六個小週期組成,即:基本訓練小週期、上量小週期、強化訓練小週期、賽前誘導小週期、比賽小週期、調整恢復小週期。

根據全年比賽安排,確定每個中週期的起止日期,再根據運動員的具體情況,確定每個小週期的時限。

確定全年參加多次比賽,在其中選擇幾次最重要的比賽,組織幾個中週期。中國目前一般 11 月至 12 月無賽事,元月初有全國越野賽,自 2 月起開始有室內比賽,此後比賽不斷,直至 10 月。

可以從 11 月始組織第一個較長的中週期。若不參加全國越野賽,則第一個中週期可以長達 16 至 18 週,可做如下安排:

①基本訓練小週期—— 6 至 8 週;

②上量小週期—— 4 週;

③強化訓練小週期—— 2 週;

④賽前誘導小週期—— 2 週;

⑤比賽小週期—— 1 週;

⑥調整恢復小週期—— 1 週。

若參加全國越野賽,而不做爲重點,仍可如上安排。

若重點準備參加全國越野賽,則可將第一小週期壓縮至 3 週,第二小週期壓縮至 2 週,其它不變。

準備重點比賽,其中週期應適當長些。若距前次比賽較近,可把前次比賽視爲熱身,安排在正常訓練中。若兩次重要比賽相距較近,則可視前次比賽的中週期爲後一比賽中週期的基本訓練期或強化訓練期。

多週期計劃的優點是:第一,適應頻繁參賽的需要。第二,週期轉換較快,有利於把各種基本能力轉化到專項能力上來。第三,較快的轉換,不易積累疲勞。第四,訓練手段、訓練節奏及時變化,有利於提高訓練效果。第五,及時的轉換,使神經系統得到主動調節。缺點是:沒有較長的時間解決不易解決的問題。因此,它適用於各種基本能力比較強的優秀運動員。

3、小週期訓練計劃

(1)基本訓練小週期

基本訓練小週期的任務是提高運動員的各種基本能力。由於各種訓練內容對機體不同生理系統和心理過程的要求不同,應激反應不同,訓練後的恢復速度不同,故在訓練中應充分利用這--特性,合理安排。充分利用人體對於有氧訓練、糖酵解能力訓練、無氧非乳酸訓練及力量訓練等應激反應及恢復速度的不同步性,在適宜的時機施以適宜的刺激,以收到理想的效果。訓練小週期可長可短,但計劃制定的原則是有效的刺激與理想的恢復相結合。

(2)上量小週期

上量小週期訓練計劃制定的原則是使運動量增加到運動員所能承受的最大限度,以期真正得到超量刺激,爲實現超量恢復做好準備。本期訓練以量爲主,強度爲輔。

(3)強化訓練小週期

強化訓練小週期的任務是把各種能力轉化爲專項能力。本期訓練以強度爲主導,特別要突出尖子強度,使訓練真正實現質的突破。

(4)賽前誘導小週期

本期訓練任務是培養競技狀態。運動員不僅要得到充分的恢復,還要以適當的刺激維持訓練水準。訓練計劃安排要求格外周密。

(5)比賽小週期

中長跑比賽,有時--天結束;有時長達一週至 10 天。因此,比賽小週期計劃也分爲兩類。第一類自比賽日向前推 7 天;第二類自賽前 7 天至全部比賽結束。總的原則是競技狀態在主要比賽日達到高峰。多日比賽須在賽間安排調節性訓練,以保持獲得的競技狀態。

(6)調整恢復小週期

本期是在經過前 5 個小週期,特別是比賽小週期之後,身體積累了一定程度的疲勞。恢復、消除疲勞就是本期的任務。

4.訓練計劃實例

鄭××1989—— 1990 年度訓練計劃

鄭××,現年 22 歲,身高 1.70m,體重 55 公斤,訓練史 4 年。專項最好成績:1500m:$4'12''3$,800m:$2'2''9$,3000m:$9'6''42$。該隊員專項能力較強,有氧代謝能力突出,速度較差,技術較好。衝刺能力及戰術應用能力不足,意志品質較好,身體健康。

(1)訓練任務及成績指標

保持有氧能力,大力發展以專門力量爲基礎的速度素質,促進專項能力的提高,促進衝刺能力的提高。提高戰術水準,力爭在亞運會奪取金牌。

成績指標:1500m:$4'10''$;800m:$2'$;3000m:$8'56''$。

(2)比賽安排

①第十一屆亞運會(1990 年 9 月 26 日—— 10 月 3 日)

②全國田徑錦標賽(1990 年 6 月下旬)

③全國田徑冠軍賽(1990 年 8 月上旬)

④北京地區田徑比賽(4—— 6 次)

(3)訓練分期任務及訓練手段

結合訓練任務與比賽安排的需要,組織 5 個中週期。各期任務與主要訓練手段如下:

①速度力量訓練期(1989 年 11 月 6 日—— 1990 年 2 月 4 日)

訓練任務:

a.保持有氧訓練水準。

b.提高以專項力量爲主的全面身體訓練水準。

c.發展絕對速度,側重速率。

d.改進技術,提高大腿積極下壓與扒地動作的實效性。

主要訓練手段:

a.持續跑。

b.長段落上階梯跑。

c.移植、改造、選用短跑運動員速度、力量訓練諸手段。

②速度耐力、專項能力訓練期(1990 年 2 月 5 日—— 1990 年 5 月 6 日)

訓練任務:

a.保持並提高上期訓練所獲得的基本能力。

b.將絕對速度轉化爲使用速度(速度耐力),並進一步提高速度耐力。

c.提高專項能力

主要訓練手段:

a.上期訓練諸手段。

b.短段變速跑、短、中段間歇跑、短、中、長段反覆跑。

③第一比賽期(1990 年 5 月 7 日—— 1990 年 7 月 8 日)

訓練任務:

a.提高以應變能力與衝刺能力爲基礎的戰術應用能力。

b.培養競技狀態。

c.在亞運會選拔賽上奪金牌,力爭第一批出綫。

主要訓練手段:

a.上期訓練主要手段。

b.衝跑練習。

c.節奏訓練。

d.意念練習。

④第二比賽期(1990 年 7 月 9 日—— 1990 年 10 月 7 日)

訓練任務:

a.保持與提高以速度爲主的全面身體訓練水準。

b.進一步提高專項能力。

c.提高比賽能力。

d.力爭亞運會奪金牌。

主要訓練手段:

a.降量使用前三期訓練諸手段。

b.比賽模擬訓練。

⑤調整過渡期(1990 年 10 月 8 日── 1990 年 11 月 4 日)

訓練任務:

a.恢復、消除全年訓練比賽所積累之疲勞。

b.總結全年情況,為下年度訓練做好準備。

小週期週計劃實例

基本訓練週計劃:

星期一:早操:越野跑 10 公里,伸展練習。下午:自由跑 6 公里, 2(4×400m)強度 1′5″,放鬆、伸展。

星期二:上午:越野跑 12 公里,伸展練習。下午:輕鬆跑 6 公里,身體訓練。

星期三:上午:長段反覆跑 1×4000m(14′) + 2×2000m(6′30″)。下午:力量訓練。

星期四:公園跑 100′,伸展練習。

星期五:早操:越野跑 10 公里,伸展練習。下午:準備活動,速度訓練: 3—5×150 公尺 + 2── 3×200 公尺 + 1×300 公尺,跳躍練習一套。

星期六:越野跑 10 公里 + 衝跑 4×100 公尺。下午:準備活動,變速跑 10×400 公尺(1′12″)/100 公尺(40″)

星期日:自由跑 16 公里。

上量期週計劃:

星期一:上午:準備活動,加速跑 10×100 公尺,長段反覆跑 6×1000 公尺(3′30″),間歇 5′—6′(慢跑)。下午:自由跑 30′。

星期二::勻速越野跑 12 公里,一般發展練習。

星期三:上午:準備活動,間歇跑 3(400 公尺 + 300 公尺 + 200 公尺 + 100 公尺),一般發展練習。下午:越野跑 8 公里。

星期四:越野跑 50′。

星期五:上午:準備活動,變速跑 3(5×200 公尺),力量練習。下午:輕鬆跑 6── 8公里。

星期六:上午:越野跑 8 公里 + 衝跑 2×400 公尺,一般發展練習。下午:自由跑。

星期日:輕鬆跑 60′。

強化訓練期週計劃:

星期一:早操:越野跑 8 公里。下午:準備活動,節奏跑 10×100 公尺

(14″5),伸展練習。

星期二:上午:準備活動,檢查跑 1×500 公尺,間歇跑 4×200 公尺/140 公尺,放鬆跑 2000 公尺。下午:輕鬆跑 5 公里,一般發展練習,跳躍練習一套,伸展,放鬆。

星期三:早操:草地跑 5 公里,伸展練習。下午:準備活動,變速跑 15×100 公尺/100 公尺,放鬆跑。

星期四:早操:草地跑 5 公里,伸展練習。下午:準備活動,間歇跑 4×500 公尺/300 公尺,身體訓練。

星期五:早操:輕鬆跑 4 公里,伸展練習。下午:準備活動,起跑 4×100 公尺,放鬆、伸展。

星期六:上午:準備活動,檢查跑 1×1000 公尺,放鬆跑 2000 公尺。下午:輕鬆跑 5 公里,伸展。

星期日:公園跑 60′,一般發展練習。

(八)賽前訓練計劃

養兵千日,用兵一時。賽前訓練至關重要。

1、訓練時間的確定

自比賽日向前推,加上基本訓練小週期、上量小週期、強化訓練小週期、賽前誘導小週期和比賽小週期即為賽前階段訓練時間。

2、主要任務

(1)強化專項能力。

(2)提高戰術意識。

(3)培養競技狀態。

3、訓練內容、手段、負荷量和負荷強度

訓練安排以提高身體能力、培養競技狀態為主要特徵。訓練內容與手段更加專項化,負荷量以能夠達到超量刺激與超量恢復為宜,負荷強度以接近或超過本人最高指標為度。

4、調整時間、方法

(1)調整時間

調整時間的確定取決於訓練程度及所需恢復的時間。訓練程度越高,疲勞程度越深,調整恢復所需時間也越長;反之則短。

調整時間一旦確定,則自比賽日向前逆行安排賽前誘導小週期的訓練計劃,並安排好與強化訓練小週期的銜接。

(2)調整方法

①大起大落型

訓練刺激與恢復性訓練節奏鮮明,課次密度相對較小。適用於有氧能力較強、身體狀態較好的運動員。

②下階梯型

訓練負荷呈階梯式下降。適用於強化訓練效果較好、身體狀態比較穩定的運動員。

③平和型

訓練比較平和,訓練刺激程度不高,密度相對較大。適用於速度較好恢復程度較差的運動員。

5.訓練計劃實例(以誘導小週期計劃為例)

賽前第 14 天:

上午:3 公里慢跑,5′伸展,協調性練習。

　　　300 公尺專門練習。

　　　6×100 公尺加速跑。

　　　1200 公尺專門練習。

　　　6×100 公尺加速跑。

　　　1 公里放鬆跑。

下午:8 公里自由跑,5′伸展練習。

賽前第 13 天:

上午:3 公里慢跑,5′伸展,協調性練習。

　　　300 公尺專門練習。

　　　6×100 公尺加速跑。

　　　3×80 公尺加速跑。

　　　5×200 公尺勻速跑(25″8、26″6、25″6、26″6、26″8)。

下午:8 公里自由跑,5′協調性練習。

賽前第 12 天:

10 公里自由跑,5′協調性練習。

賽前第 11 天:

上午:3 公里慢跑,5′伸展,協調練習。

　　　300 公尺專門練習。

　　　6×100 公尺加速跑。

　　　10×100 公尺山坡跑 + 100m 慢走。

　　　1.2 公里慢跑。

下午:8 公里自由跑,5′協調性練習。

賽前第 10 天:

上午:3 公里慢跑,5′伸展,協調性練習。

　　　300 公尺專門練習。

　　　6×100 公尺加速跑。

1200公尺專門練習。

6×100公尺加速跑。

2公里放鬆跑。

下午:8公里自由跑,5′協調性練習。

賽前第9天:

上午:3公里慢跑,5′伸展,協調性練習。

300公尺專門練習。

8×100公尺加速跑。

600公尺(1′27″8)

400公尺(54″8)

200公尺(25″8)

1.2公里放鬆跑。

下午:6公里自由跑,5′伸展,協調性練習。

賽前第8天:

10km自由跑,5′伸展,協調性練習。

賽前第7天:

上午:3公里慢跑,5′伸展,協調性練習。

300公尺專門練習。

6×100公尺加速跑。

1200公尺山坡專門練習(60—— 100m最大跑速,休息距離與練習相同)

1.2公里放鬆跑。

下午:8公里自由跑,5′協調性練習。

賽前第6天:

上午:3公里慢跑,5′伸展,協調性練習。

300公尺專門練習。

6×100公尺加速跑。

10×100公尺加速跑(逐漸遞增的90—100%)＋100m慢走。

1.6公里放鬆跑。

下午:8公里自由跑,5′伸展,協調性練習。

賽前第5天:

10公里自由跑,5′伸展,協調性練習。

賽前第4天:

上午:3公里慢跑,5′伸展,協調性練習。

300公尺專門練習。

6×100公尺加速跑。

1200公尺專門練習。

　　　　　　8×100公尺加速跑。

　下午:6公里自由跑,5′協調性練習。

賽前第3天:

　上午:3公里慢跑,5′伸展,協調性練習。

　　　　300公尺專門練習。

　　　　6×100公尺加速跑。

　　　　3×60公尺站立式起跑。

　　　　3×200公尺反覆跑(25″8、26″4、26″3)

　下午:4公里自由跑,5′協調性練習。

賽前第2天:

8公里慢跑,5′協調性練習。

賽前第1天:

　上午:3公里慢跑。

　　　　300公尺專門練習。

　　　　6×100公尺加速跑。

　　注:本計劃是1984年洛杉磯奧動會800公尺冠軍羅馬尼亞女子著名運動員梅林特的賽前兩周安排(轉引自中國田徑協會1985年12月出版的《羅馬尼亞中長跑專家講課資料》)

(九)中長跑運動員選才

1、選才重點及適宜年齡

　　(1)發現階段:開始訓練年齡一般在10至12歲左右。選才重點是自然選才和遺傳選才。

　　(2)初選階段:一般在14—15歲左右,經過一、二年的初級訓練和體育鍛鍊,選才重點是變化選才和生理選才。

　　(3)全面選才階段:一般在17—18歲左右,經過幾年的業餘訓練,可塑性機能潛力的差別明顯表現出來。必須對心理品質、運動競技能力、各種素質和生理機能潛力等進行綜合測試,再結合發育程度評價運動潛力和培養前途。

　　(4)晚發育及大器晚成的選才

　　中長跑是一個大齡運動項目,有一些晚發育和從事運動較晚的青年,會突然表現出機能潛力和運動才華,特別是男孩子發育較晚,一般在20歲以上才發育完善。

2、神經類型和個性心理特徵

　　鑒於中長跑運動的特點對於神經穩定性提出了特殊的要求,中跑主要選強均衡型,長跑、馬拉松要選弱均衡型。要具備自信好勝,吃苦耐勞,頑強不屈的心理品質。

3、專項特徵的選才要求

(1)形態要求:要求輕體重,瘦高型或瘦中型。體重與身高的比值小,體脂少,腿長長於或等於上身長,小腿略長於大腿,足弓較高,足跟較長,骨盆窄,肩寬胸廓寬且厚。

(2)生理生化機能要求:要求肺活量大,最大吸氧量的絕對值相對值都較高,要求心容量大,安靜與運動時的每博輸出量大,安靜脈博慢而有力,無氧閾速度較高。

生化方面要求血紅蛋白高,乳酸峰值高,代謝能力強。

(3)素質要求:耐力素質突出,蘊藏速度潛力及相對力量、快速力量;速度素質突出的瘦型運動員,又蘊藏耐力素質潛力、相對力量和快速力量素質,柔韌協調素質突出,耐力素質和速度素質中等。

(4)技術要求:自然技術好,可塑性大。技術好的標準是經濟性和實效性。

(5)戰術要求:要求途中變節奏能力強,終點衝刺慾望強,這是中長跑戰術訓練的基礎。

4、經驗選才

經驗選才的原則是在體態、生理機能、競技能力、技術、素質、心理等諸多的因素中要有突出的特點,大膽地不拘一格選材。

可用一些簡易方法進行評定。

(1)觀察與摸脈結合評定心肺功能。讓運動員盡最大努力跑12分鐘。如果跑完 3300－3500 公尺者為一般;3500－3700 公尺者為良好;3700－4000 公尺者為優秀;4000 公尺以上者為突出。跑後即刻測脈搏,每隔半分鐘測一次,直到脈搏恢復到 20 次/10 秒為止。跑距越長即刻脈搏快而有力,同時呼吸深而有力者心肺功能較強。在恢復過程中脈搏和呼吸恢復平穩快者心肺功能較強。2－3 分鐘恢復到 20 次/10 秒者為優;3－6 分鐘者為良;6－12 分為一般;12 分鐘以上者為差。

(2)觀察與摸脈結合評價乳酸能代謝能力、神經穩定性和心肺功能。按400 公尺 85% 的強度跑 10 次以內,間隔 40″—60″。跑的次數多成績穩定的者,說明乳酸能代謝能力較強,神經穩定性較好。跑完後摸脈評價心肺功能的方法同(1)。這種方法一般適用於中跑。

(十)馬拉松跑訓練

1、馬拉松運動的供能特徵

馬拉松跑對人體機能要求極高,由於進行訓練及比賽的時間長,能量消耗很大,約超過 2500 卡,因此體內能源物質的動員和使用是影響運動能力的關鍵。馬拉松運動是以有氧代謝爲主,糖的供能能力可維持 93 分鐘,脂肪酸的供能能力比糖要長得多,但馬拉松運動主要是消耗,脂肪酸的利用都受到限制。

跑馬拉松前 30 分鐘,脂肪酸供能則達不到最大輸功率,其輸出功率較糖有氧氧化少一半。馬拉松跑從起跑、途中加速及最後衝刺時,都要通過 ATP、CP、糖無氧代謝爲乳酸供給能量,以獲得最大功率,使運動員保持良好的體力。在途中跑氧充足時,也以糖作爲主要能量來源,這是由於糖在氧化時輸出功率爲脂肪酸的一倍。如果糖在體內貯備不足時,轉而動用脂肪酸來供能,輸出功率必然要減少,跑速自然要下降。因此馬拉松運動員體內脂肪貯量過多,對運動是極爲不利的。

優秀馬拉松選手若以 50% VO_2mex 以下強度訓練時,能量主要依靠脂肪的氧化。

人體肌糖元、肝糖元在以 70% VO_2max 強度運動時,可供能 93 分鐘,這不足以跑一個馬拉松全程,如果當糖元消耗殆盡時轉而利用脂肪來供能,跑速就會減慢,因此作爲馬拉松運動員來說,賽前增加肌糖元和肝糖元的貯量是提高運動能力的必然途徑。

在馬拉松途中加速或最後衝刺時,當強度超過約 75% VO_2mx 時,糖供能代謝轉入無氧代謝過程。糖元氧代謝的產物爲乳酸,稱之爲乳酸閾。乳酸閾時的功率或跑速越高,有氧工作能力就越強。所以在馬拉松訓練時強度要接近無氧閾,達最高穩態,意味着血乳酸濃度處於最大穩定狀態且不出現代謝酸血症的最大強度,這是有氧代謝的最大速度,維持馬拉松的最大跑速。因而用乳酸閾來監測馬拉松訓練是提高運動水準的重要措施。

在馬拉松跑途中,能量供應在 98% 左右依靠糖和脂肪的有氧代謝過程,並且糖的比例越高越好。因此從供能觀點來看提高馬拉松運動員運動能力的關鍵是提高糖的貯備量和改善糖的有氧代謝。

2、馬拉松跑訓練法

(1)身體能力訓練

優秀馬拉松運動員除了要求有良好的身體條件以外,對於耐力、速度和力量均有其特殊的要求,這些專項素質的取得需通過一定的訓練方法來實施。

①法特萊克訓練法

法特萊克訓練法是一種以速度游戲爲主,在野外優美的自然環境中不斷地變化速度跑的一種訓練法。

　　這種訓練法一般用於緊張的訓練後,以轉換運動員經過緊張訓練後神經系統的興奮性,加速疲勞的消除。能夠全面地增強運動員的耐久力,如結合間歇訓練及重覆訓練的內容,還可以培養運動員的速度和衝刺能力。

　　往往在一周訓練的開始階段及訓練中間採用法特萊克訓練法,作為調節身體機能狀態的訓練手段,例如休息日的第二天或週計劃中強度最大的訓練的第二天進行訓練效果最佳。另外,還可以作為賽前大強度訓練期的調節性訓練,以調節運動員的最佳競技狀態。

　　每次訓練以60～90分鐘為宜,跑的方法可根據運動員的訓練目的及地形的情況而定,如果想達到中距離跑的能力,可多安排一些反覆跑的內容,如為了提高速度可利用下坡跑一氣跑下,如果為了調節競技狀態,可以在幽靜的環境中放鬆精神,以比較隨便的姿勢和節奏一邊跑,一邊變速跑,在時間上可適當縮短。

　　②間歇訓練法

　　間歇訓練法是在一定距離跑的中間加進適當的休息,反覆進行訓練來獲得跑的能力的一種訓練法。

　　間歇訓練法的組成:

　　a.快跑的距離。快跑距離的選擇,對於馬拉松運動員來說,為了獲得耐久力和速度感,採用2000公尺、3000公尺和5000公尺距離為好。另外在大強度的訓練中,也可用400公尺和200公尺交替進行間歇訓練,即快跑400公尺,放鬆跑200公尺,然後再快跑400公尺,再放鬆慢跑200公尺,這樣來交替進行。

　　b.快跑的節奏與速度。訓練初期,以5000公尺跑15分鐘為例,每400公尺為一段,每段用72秒的速度跑,共跑12次,習慣之後每400公尺可用69～70秒的速度跑完,訓練初期跑的速度不要太快,否則體力消耗過大,無法保證跑的次數,因而也就失去了間歇跑的訓練效果。間歇跑的速度要根據快跑的距離、重覆的次數和運動員的訓練水準來決定,間歇訓練要使運動員每次反覆跑的負荷基本相同。關於間歇訓練的負荷,強度以每分鐘脈搏達到180次為度。

　　c.間歇時間。間歇時間的標準可以按脈搏數作為基準,每分鐘脈搏恢復到120次時就可以開始下一次負荷,有時也以慢跑來作為間歇,對於新手來說,間歇時間做慢跑效果更佳。

　　d.重覆的次數。重覆的次數可以根據快跑的距離、快跑的節奏和速度、間歇時間來決定,一般以10～30次為宜。

　　間歇訓練法的優點:

　　a.培養速度耐力。通過間歇訓練可提高心肺功能,因為在快跑後的休息間隔,心臟搏出量增加,呼吸深度亦增加,可以使疲勞加速消除。而在疲勞尚未消除之際,開始下組的快跑,這就要求心肺在下次的休息期間活動更加激烈。休息期間的這種活潑的作用,使心肺功能得以加強,從而可以提高速度耐力,獲得高程度的穩定狀態快速跑的能力。

b.增強腿部肌肉力量。這是通過快速短距離的反覆跑而取得的。

c.培養快速節奏感。通過反覆進行這種以一定的速度跑一定距離的訓練,可以養成運動員的節奏感,使他們能夠判斷速度,並能掌握控制它,這對於運動員來說是極其重要的。

d.能夠提高運動員的無氧代謝能力。

在進行間歇訓練時應注意以下幾個問題:

a.準備活動要充分。激烈的快速跑對膝關節及肌腱有強烈的刺激,容易引起運動創傷。而且在準備活動結束時,還應作 3～5 次 150～200 公尺短距離的全速衝刺,以適應訓練的需要。在訓練結束時還應做好整理活動。

b.不應安排在休息日的次日進行。以一周七天為一個訓練週期,如果以星期日為休息日的話,則在星期一安排耐力跑訓練,星期二進行間歇訓練為宜,因為進行間歇訓練前必須要有一個適應過程。

c.注意保持既定的速度。開始訓練時往往會感到很輕鬆,認為規定的速度標準低,擅自改變計劃,結果不能達到訓練目的。

d.按訓練水準和身體條件合理分組。運動員較多時,應按照訓練水準、身體條件進行分組,將條件基本相同的安排在一起,這既體現個別對待的原則,也有利於執行教練計劃。

e.將間歇時間與慢跑結合起來。所有的訓練往往都處於與跑結合的狀態之中。在慢跑中,注意跑的姿勢,矯正擺臂和腰部的姿勢和位置。

f.間歇訓練可以用作賽前調整手段。在比賽前 2～3 日適當地進行 400～1000 公尺的間歇訓練,能夠給於肌肉、神經系統及其它內臟器官以良好的刺激,還可以檢查身體適應比賽的能力。

g.間歇訓練的形式要多樣化。一定要根據自身的具體情況進行組織,並與其它訓練法結合起來加以運用,這樣才能取得預定的訓練效果。

③重覆跑訓練法

重覆跑訓練法是一種一時加於身體以強負荷,待疲勞消除後再加以強負荷的訓練法。從廣義上講它屬於間歇訓練的一個分支。隨着馬拉松比賽進一步速度化以及各種戰術的運用,重覆跑訓練法顯得日趨重要。

重覆跑訓練法的組成內容:

a.快速的距離。相當於專項距離的⅔。

b.跑的速度:一般應比比賽速度稍快一些。

c.休息:前一次跑完後體力基本上恢復為止。

d.重覆的次數:以 3～5 次為宜。

進行重覆訓練給予身體以強烈的負荷,使體內氧債尚未償還的狀態下繼續完成下一次的負荷,直至完全疲勞前才休息,待到體力基本恢復時再進行下一次負荷,通過這樣的重覆,鍛煉機體的耐受能力。

重覆跑訓練法的優點:

a.提高克服氧債的能力,也就是提高在疲勞的狀態下頑強堅持到底的能力,從而提高衝刺的能力,這在現代馬拉松比賽中是頗爲重要的。

b.提高運動員的攝氧能力。在運動訓練中,氧缺乏對機體是一種刺激,爲了補充氧的不足,就必須促使攝氧能力的提高,因此就必須培養運動員快速跑的能力和維持快速跑的能力。

c.提高身體的營養補給和貯備能力。通過長時間的激烈運動,可以提高機體的補給能量的能力。

d.由於在訓練中快跑的速度與比賽時相同或超過比賽的速度,這有助於提高運動員適應比賽的能力。

由於重覆跑訓練比間歇訓練更加激烈,所以在休息日後的2~3天、即運動員競技狀態良好時進行收效大。由於這種訓練激烈,因此需間隔7~10天進行一次爲宜。

重覆訓練應注意以下幾個問題:

a.做好充分的準備活動。因爲這種訓練法跑的速度一般要稍高於比賽,比較容易引起運動創傷。

b.充分利用休息時間進行休息,這對於消除疲勞,進行下一次練習是頗爲重要的。在休息期間除了步行和慢跑之外,還可以躺在草坪上把腿抬高抖動,這樣有助於增加回心血流,盡快地消除疲勞。如果條件許可,也可以進行按摩。

④日本馬拉松訓練法

日本馬拉松敎練經過對世界馬拉松跑的各種訓練方法的實踐,認爲里迪亞德訓練法效果較好,他們把里迪亞德訓練法作爲馬拉松訓練的基礎,以野外訓練爲主,結合法特萊克及野外、公路、田徑場的間歇跑等訓練方法進行訓練。整個訓練分爲三個階段:體力訓練、強化訓練和賽前調整訓練。

體力訓練階段,是以¼強度的大量跑爲主,其主要特點是最大強度低是以鍛煉耐力爲主。強化訓練階段,主要是培養速度,因此強度大,以適應現代比賽的需要(見表3—3—3)。

日本馬拉松敎練認爲,多年訓練的安排應該是:16、17歲的少年選手主要進行基礎訓練;18、19歲爲提高速度的綜合訓練,培養速度感;20歲開始長跑馬拉松訓練。要求20歲前5000公尺成績到14分以內,10000公尺成績達到29分以內,爲了達到這個水準,每周的量爲200公里。

調整訓練階段,特點是保持較高強度,逐漸減量,再參加比賽。

⑤衣索比亞馬拉松訓練法

衣索比亞的馬拉松運動在國際上享有崇高的聲譽,連續兩屆獲得奧林匹克馬拉松冠軍的阿貝貝就是衣索比亞的運動員,而連續三屆獲得奧林匹克馬拉松賽跑冠軍的唯一國家也是衣索比亞。至今保持着世界最佳成績的登西莫(成績2小時6分50秒)也是衣索比亞人。

衣索比亞馬拉松運動員的準備活動的內容有:各種積極的跳躍練習,大強度高抬腿跑,以及發展腹肌和柔韌性的各種練習,即便在越野上山跑時還要進行10～15分鐘大強度的多種跳躍練習。跳躍結束後快步走,進行有節奏的積極擺臂。

表3—3—3　日本馬拉松選手強化訓練階段訓練計劃

星期	宇佐美彰郎	君原健二	佐佐木精一郎
1	調整訓練,慢跑90′	400公尺(慢跑400公尺)60″ 1000公尺(慢跑400公尺)×42′55″	慢跑15公里
2	慢跑70′	公路3公里,¼力量,1:45′46″	¼力量16公里,每公里4′30″,後半程加快
3	200公尺×3,3000公尺×2	田徑場慢跑60′	2000公尺(400公尺慢跑)×5,5’50″～55″(2′)
4	60公里跑3:26′00″	⅕力量的自由跑,45公里	¼力量,30公里,1:31′56″
5	80′慢跑	田徑場慢跑90′	1000公尺(200公尺慢跑)×7,2′55″(60′)
6	120′長跑	田徑場慢跑120′	慢跑100′,⅓力量跑35公里,2:03′57″
日	42公里2:39′00″	5000公尺,15′10″	在山丘地帶跑150′
1	慢跑80′	25公里,¼力量,1:23′35″	¼力量,公路跑12公里
2	120′長跑	法特萊克10公里	¾力量,跑10公里,31′30″
3	200公尺全力跑,800公尺×5,2′10″(間歇走7′)	田徑場跑道慢跑5000公尺	¼力量,跑27公里,1:32′00″
4	80′慢跑	¼力量,35公里,2:00′36″	慢跑15公里
5	1200公尺×5,3′15″(休息10′)	田徑場跑道慢跑12公里	慢跑15公里
6	2000公尺×5,5′55″(慢跑600公尺)	田徑場慢跑120′	在山丘地帶跑120′
日	慢跑50′	¼力量,25公里,1:23′50″	法特萊克100′
1	100′長跑,每5公里15′30″～15′40″	田徑場慢跑10公里	¼力量,跑16公里,60′00″
2	慢跑70′	300公尺(100公尺慢)×16,43″～44″	山丘地帶跑90′
3	1000公尺(慢跑600公尺)×10,2′55″	法特萊克,90′,其中全力跑200公尺×6	23公里輕鬆跑,800公尺×3
4	慢跑80′	田徑場跑道慢跑10公里45′	慢跑90′
5	1000公尺×2,間休20′全力跑	比賽5000公尺15′02″2	½力量,跑40公里,2:10′00″
6	加速跑200公尺×3,1000公尺×1,2′45″	慢跑3000公尺	
日	比賽5000公尺	10000公尺,29′51″8	山丘地帶跑90′

在訓練中不採用負重練習,認爲這種訓練法會產生束縛肌肉的不良效

果,還可以引起心臟緊張及導致肌肉不必要的增長。

敎練重視培養柔軟性,把柔軟性的練習貫穿訓練課的始終。注意把柔軟性練習同放鬆練習結合起來,認爲跑步時任意放鬆肌肉的本領是馬拉松運動員的一種專門技能。

注意定期參加比賽及各種距離的計時測驗,把比賽和計時測驗作爲一種良好的訓練形式。重視進行心理訓練。

衣索比亞的氣候很適合馬拉松運動員進行全年訓練,訓練一般在起伏不平的林蔭道上進行,海拔高度爲 2500 公尺左右。

一般採用兩週訓練週期。

第一週:

星期一　柏油路跑 20 公里。

星期二　運動場勻速跑 15 分鐘,3×400 公尺 3 組(速度 60 秒),每次跑後走和小步慢跑 5 分鐘,每組之間休息時間相同,慢跑 15 分鐘。

星期三　越野跑一小時,速度有變化,如變速跑。

星期四　運動場勻速跑 15 分鐘,間歇跑 10×400 公尺(73 秒)或者 10000 公尺節律跑(30 分 25 秒~31 分)。

星期五　休息。

星期六　公路跑或在丘陵地帶的樹林中勻速跑 32 公里。

星期日　休息、按摩、蒸氣浴。

第二週:

星期一　柏油路上跑一小時

星期二　運動場勻速跑 15 分鐘,6×1500 公尺(4 分 25 秒)每段的最後 300 公尺加速跑,兩次之間休息 5 分鐘。

星期三　越野跑一小時

星期四　在運動場 400 公尺×10(60 秒),最後 100 公尺加速,勻速跑 20 分。

星期五　柏油路上跑 30 公里。

星期六　越野跑 45 分,按摩、蒸氣浴。

星期日　休息。

(2)心理訓練

良好的心理素質對馬拉松運動員是頗爲重要的,心理訓練的內容有:

①了解信息,明確比賽任務

馬拉松賽前要收集有關比賽的各種信息,如比賽地點、路綫、氣候狀況、比賽時間等,同時要了解對手的情況,要盡一切努力設法了解對手比賽時的表現,如果過去未同場比賽過,則應通過其他運動員、敎練、甚至錄相資料弄清對手的心理品質、意志特點、個人特徵、情緒狀況,以及技、戰術特點。從中加以分析,研究對己有利和不利因素,然後根據本人的訓練水準和體力,制定比賽時的戰術方案。

②激發良好的比賽動機

根據運動員的不同特點進行各種各樣的教育和培養,把運動員的直接動機變爲爲祖國、爲集體爭光的社會動機上來,使他們對個人與集體、個人與國家的關系等,使之形成崇高的社會動機。

③制訂切實的比賽計劃及解決任務的手段

要善於制訂計劃,在計劃中要充分反映出馬拉松比賽中激烈的、驚心動魄的條件,有時在訓練中要摸擬實戰情況,計劃自己的動作技術,有時爲了戰勝對方,在途中跑時可強迫對手適合於自己的跑法,在比賽中可能出現的情況,事先應考慮應變計劃,以便找出正確的解決辦法,例如對對手爲了打亂自己的計劃所採取的戰術的應變措施等。

④賽前保持良好的心理狀態

馬拉松賽前不合理的心理活動會消耗能量,造成不必要的損失而影響比賽。有必要把興奮點從比賽方面轉移開,科學地運用興奮轉移法,使運動員輕鬆愉快的投入比賽。

⑤在比賽中要隨時注意對手的動態

了解對手分段成績,觀察對手的戰術、身體情況等,這樣可以改正本身的準備程度、技術狀態、戰術技巧、身體和意志品質等方面的預測,從而使競賽計劃具體化,爲戰勝對手奪取勝利創造條件。

⑥在賽前的訓練中,要在加大難度的情況下作加速跑,延長終點衝刺的距離,通過賽前試驗檢查跑檢查運動員的速率。

同時要在各種複雜地形的公路上進行訓練或增加山坡訓練,以培養堅強的精神力量。

⑦加強自控能力的培養

自控能力對馬拉松運動員來說也是極爲重要的,在馬拉松比賽時,運動員往往容易出現過度興奮或過度緊張,有時甚至會將教練事先制訂的戰術忘得一乾二淨,而不適當的運用從未用過的所謂"戰術",從而遭致失敗。過度緊張,還會使運動員在比賽途中出現腹痛、抽筋、急性腦貧血等不該出現的症狀。

在比賽中要極力控制自己的情緒,不被對手的"干擾戰術"而誘惑,不受外界環境變化的影響,自始自終按照自己的節奏、計劃進行比賽。

(4)馬拉松比賽的戰術

在激烈的重大比賽中,水準相當的對手多,採用戰術取勝更有其特殊的意義。

葡萄牙的洛佩斯和衣索比亞的登西莫,都是世界馬拉松最佳成績的創造者,從他們創造世界最佳成績的分段成績看(表3—3—4),登西莫跑速最快的段落在40公里以後的距離,5000公尺成績平均爲14分48秒,其次爲

35~40 公里段(5000 公尺 14 分 58 秒),最慢的一段爲 30~35 公里(5000 公尺 15 分 09 秒),最大差別爲 21 秒,而 30 公里以前各段 5000 公尺成績爲 15 分 00 秒~15 分 06 秒之間,差別爲 6 秒,明顯的說明,登西莫所採用的戰術爲"平均型",這說明他控制速度的能力極強。

表 3—3—4　　金薩莫和洛佩斯的分段成績

分 段 成 績	金 薩 莫	洛 佩 斯	分段成績差
5 公里	15′05″	14′58″	+ 7″
10 公里	30′05″	30′02″	+ 3″
15 公里	45′06″	45′29″	− 23″
20 公里	1:0′12″	1:0′10″	+ 2″
25 公里	1:15′12″	1:14′57″	+ 15″
30 公里	1:30′13″	1:30′2″	+ 11″
35 公里	1:45′22″	1:45′14″	+ 8″
40 公里	2:0′20″	2:0′34″	− 14″
42.195 公里	2:06′50″	2:07′12″	− 22″

而將洛佩斯的每 5000 公尺的成績加以計算,他的最快段爲 15~20 公里(5000 公尺爲 14 分 41 秒),其最慢段爲 10~15 公里(5000 公尺爲 15 分 27 秒),最大差別爲 46 秒,高出登西莫兩倍多。其餘各段 5000 公尺的時間在 14 分 47 秒~15 分 22 秒,兩者差 35 秒,約等於登西莫的六倍。這兩名運動員都能正確地分配體力,這對於馬拉松比賽來說是最爲重要的。我國優秀馬拉松運動員的分段速度見表 3—3—5。

表 3—3—5　　我國優秀馬拉松運動員的分段速度

姓名	5km	10km	15km	20km	半程	25km	30km	35km	40km	全程
張國偉	15′31″	31′38″ (15′07″)	45′35″ (14′57″)	1:00′25″ (14′50″)	1:04′12″	1:16′00″ (15′35″)	1:32′17″ (16′17″)	1:49′28″ (17′11″)	2:05′07″ (15′39″)	2:12′17″ (7′10″)
魏　暉	15′58″	32′07″ (16′09″)	48′17″ (16′10″)	1:04′05″ (15′48″)	1:08′52″	1:19′00″ (14′55″)	1:36′00″ (17′00″)	1:53′15″ (17′15″)	2:08′10″ (14′55″)	2:14′54″ (6′44)
吳志漢	15′36″	32′04″ (16′51″)	48′17″ (16′13″)	1:04′03″ (15′46″)	1:08′20″	1:19′00″ (14′57″)	1:36′00″ (17′00″)	1:53′12″ (17′12″)	2:08′31″ (15′09″)	2:15′16″ (6′35″)
趙友風	17′22″	34′13″ (16′51″)	51′30″ (17′17″)	1:08′46″ (17′16″)		1:25′55″ (17′09″)	1:43′13″ (17′18″)	1:01′37″ (18′24″)	2:16′25″ (17′48″)	2:27′06″ (7′41″)
謝麗華	18′22″	35′45″ (17′23″)	53′22″ (17′56″)	1:10′44″ (17′22″)	1:14′29″	1:27′29″ (17′15″)	1:45′34″ (17′35″)	2:04′39″ (19′05″)	2:23′31″ (18′52″)	2:31′43″ (8′12″)
肖紅艷	18′01″	36′04″ (18′03″)	54′00″ (17′56″)	1:12′07″ (18′07″)	1:16′00″	1:31′01″ (18′54-)	1:48′30″ (17′29″)	2:07′57″ (18′27″)	2:24′57″ (17′00″)	2:32′11″ (7′14″)
鐘煥娣	18′03″	36′02″ (17′59″)	54′00″ (17′58″)	1:12′07″ (18′07″)	1:16′00″	1:31′01″ (18′54″)	1:48′30″ (17′29″)	2:07′58″ (18′28″)	2:25′00″ (17′02″)	2:32′13″ (7′13″)
王慶環	18′24″	36′02″ (17′38″)	54′00″ (17′58″)	1:20′07″ (18′07″)	1:16′00″	1:31′01″ (18′54″)	1:48′30″ (17′29″)	2:07′59″ (18′29″)	2:25′04″ (17′04″)	2:32′27″ (7′24″)

作爲一般選手來說,比賽開始第一階段是控制和保持速度頻率的重要階段。

一般來說,採用匀速跑比較合理,既能節省體力,又能延遲疲勞的出現。

要做到用均勻速度跑完全程,必須事先制定好速度分配計劃,每段(5 公里)距離所用的時間應大致相等。

　　運動員在遇風時比賽,要根據風向的不同而採取一定的措施,如遇逆風,那麼跑的集團形狀應爲菱型(圖 3—3—2)如遇順風,集團的形狀仍爲菱形,但應鈍角向前(圖 3—3—3),這樣可以節省體力。右側風、左側風及無風的集團形狀應如圖 3—3—4、5、6。

　　步頻和步長是提高馬拉松比賽成績的兩個重要因素。

　　一般來說,剛起跑時步幅大致等於身高、進入半程以後,則應比身高大致少 10～15 公分。由於馬拉松比賽時間較長,因此運動員的步頻不能過快,否則心臟功能會跟不上,一般來說,馬拉松運動員的極限步頻在每分鐘 220 步以內。高個子的步長要大於低個子運動員,而低個子運動員的步頻則往往高於高個子運動員,也就是說在比賽中的步頻和步長要因人而宜。

　　(5)訓練週期的劃分

　　馬拉松比賽一般都集中在每年 1 月下旬至 3 月下旬舉行,因此訓練週期的劃分一般都圍繞所要參加的比賽來制訂訓練計劃。

①過渡期(4～5 月)

　　從越野跑向場地(跑道)訓練過渡。在過渡期的準備期,消除越野賽的疲勞,使身心得以放鬆,恢復體力和精力,以喚起對訓練的慾望。從 4 月開始進入跑道季節,所以 3 月以前必須抓緊時間做好進入跑道訓練的準備,使跑道訓練的比例逐漸增加到幾乎與野外訓練各占一半,練習內容上也要逐步加進速度性訓練,該時期的訓練內容示例見表 3—3—6、3—3—7。

表 3—3—6　　過渡期訓練計劃示例　　　　　　　　　　　　　　　(初期)

週	場　所	訓練手段	訓　練　目　的	訓　　練　　內　　容
1	野外	法特萊克	調整機能狀態	60～90 分,輔助練習
2	跑道	變速長跑	培養耐久力和速度	15 公里,每 2～3 公里變化一次速度
3	公路	持久跑	培養耐久力	1/2 力量跑 20 公里
4	草地	慢跑	調整機能狀態	60 分,輔助練習
5	跑道	間歇訓練	培養速度	(200 公尺快＋200 公尺慢)×30 快跑速度 33 秒
6	公路	長跑	培養耐久力	1/4 力量跑 30 公里
日		休整		徒步旅行郊游

②速度訓練期(6~10 月)

這個時期運動員要在維持冬季訓練獲得耐力的基礎上積極參加場地訓練和比賽,以提高速度。採取在 5000 公尺、10000 公尺的訓練內容上加進耐力訓練的方法。由於這個時期氣溫較高,給耐力訓練造成了一定困難,如果條件許可,可轉移到氣溫較低的地方去進行訓練。

表 3—3—7　　過渡期訓練計劃示例　　　　　　　　　　　　　　　(中後期)

週	場所	訓練手段	訓練目的	訓練內容
1	野外	法特萊克	調整機能狀態	60~90 分,輔助練習
2	跑道	間歇訓練	培養速度和節奏感	(400 公尺快 + 400 公尺慢)×30 快跑速度 70 秒
3	公路	長跑	培養耐久力	1/2 力量跑 16 公里
4	草地	慢跑體操	調整機能狀態培養速度節奏感	30~60 分,輔助練習
5	跑道	間歇訓練或檢查跑	培養速度、速度耐力、節奏感	(1000 公尺快 + 1000 公尺慢)×10 快跑速度 3 分
6	公路	長跑	培養耐久力	1/4 力量跑 30 公里
日		休整		慢跑和體操 30 分

③耐力訓練期(11~1 月)

耐力訓練期在維持速度訓練期所獲得的速度的同時提高耐力,並且要使速度與耐力訓練結合起來。可通過接力及越野賽來獲得比賽的經驗和競技狀態,為即將到來的馬拉松比賽期作好準備。

這個時期的氣候很適於長跑練習,能夠完成大的訓練量,但是在下雪較多的地方對運動員進行室外訓練時會造成困難,因此存在一定如何克服的問題,如果條件允許也可轉移訓練地點。

④比賽期(2~3 月)

每年 2~3 月,馬拉松比賽旺季。應根據比賽的路綫、氣候或者比賽地點的遠近、訓練情況等因素選擇比賽。賽前可將接力和越野賽作為訓練的一部分內容,用來檢查訓練的效果。

(錢萬輝、田懷程、夏偉恩、呂紅)

四　跨欄

跨欄是現代田徑運動的正式比賽項目。它包括男子 110 公尺欄、400 公尺欄;女子 100 公尺欄、400 公尺欄。根據男子直道欄和彎道欄在選材標準、技術要求、訓練發展諸方面有較多的相同點,本文由於篇幅所限和闡述方便,著重以直道欄為主。

(一)跨欄的特性

跨欄是帶障礙的短跑,是快速向前非對稱的週期性運動。

在運動過程中其能量供應以非乳酸性的無氧代謝為主。

其主要運動素質是速率、快速力量和髖關節的力量、靈活性。

技術上要求高度協調與良好的節奏感。

中樞神經系統要求高度興奮與敏捷。

快速與協調是核心—— 高速度與優良的跨欄技術,兩者協調結合,才能取得優異成績。

(二)速度是提高跨欄成績的核心

跨欄運動成績主要取決於速度水準。一個優秀的跨欄運動員,首先要具備良好的短跑速度。我國優秀的女子 100 公尺低欄運動員劉華金和 110 公尺高欄運動員李彤之所以能達到較高的跨欄水準,這與他們有較高的百公尺成績分不開的。但與世界級選手相比,短跑速度仍有較大的差距。

跨欄運動員在訓練的全過程中,必須貫串"速度優先"的原則,才能保證速度的不斷提高。

表 3—4—1　　中外直道欄運動員的專項與百公尺成績比較

姓　名	國家	110 公尺(100 公尺)欄成績	100 公尺成績
內赫公尺亞	美國	12″93	10″17
金多姆	美國	12″92	10″43
李彤	中國	13″34	10″54
頓可娃	保加利亞	12″24	11″27
科公尺索娃	蘇聯	12″39	11″26
劉華金	中國	12″73	11″4(手)

初期訓練階段在掌握與改進跨欄技術的同時,主要精力應當去提高短跑速度,並應達到較高水準,如美國優秀高欄運動員內赫公尺亞、福斯特等,在 17—18 歲時 100 公尺跑已具備了 10 秒 3 的水準,以後的訓練主要致力

於跨欄訓練,按美國教練的說法:"100公尺不跑到這樣的水準,是不會選他來跨欄的"。根據我國運動員的情況,跨欄運動員提高短跑速度要貫串在多年訓練的全過程中。

在全年訓練安排中,短跑速度的提高要優先於欄的專項。在訓練內容上短跑速度訓練要佔較大的比重,就是在比賽期仍應保持相當的短跑速度訓練內容,這樣才能保證跨欄運動員的短跑速度的提高。

提高跨欄運動員的速度訓練,可從以下幾個方面着手:

1、掌握與改進前跑技術

跑的技術原理與短跑基本相同,但欄架有一定高度,跨越欄架時身體重心離地面較高,所以在全程跑中,短跑100公尺與跨欄跑身體重心的起伏是不同的。百公尺跑中運動員身體重心的起伏爲5公分左右,而高欄運動員爲15—20公分。

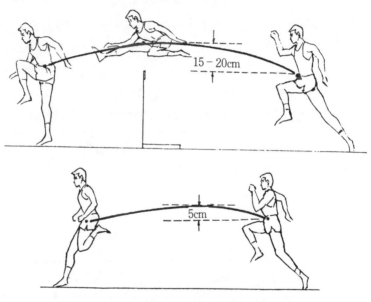

圖3-4-1　跨欄步與短跑重心騰空曲綫對比示意

爲了在跨欄全程跑中保持較高速度,應盡量減少身體重心的起伏,在跑的技術上要求身體重心高,動作上要提髖抬腿,後蹬角相對較大,百公尺跑時後蹬角爲55°—58°,而跨欄時欄間跑的後蹬角爲63°—65°。所以那種後蹬角較小,身體重心較低的前跑技術,雖然向前性好,速度快,但對跨欄跑是不適用的。

跨欄跑欄間距離固定,參數也固定,步長基本不變。因而要提高欄間速度主要在於步頻的加快。世界級高欄運動員全程的平均步頻大約爲每秒3.9步左右,而我國優秀運動員約爲每秒3.7步左右,所以加快步頻還大有潛力。跨欄運動員應比短跑運動員更多地注重於步頻的提高。

跨欄運動員的前跑技術可概括爲"高重心,快頻率。"

2、提高速度所需的專項素質

主要是提高速率、快速力量和快速力量耐力等運動素質水準,這與短跑運動員的訓練是一致的。

3、提高速度和速度耐力的能力

提高速度能力是要專門進行的,主要採用 100 公尺以下各種段落的快速跑。速度耐力主要採用 110 公尺、150 公尺以及 150 公尺以上段落的快速跑,在訓練中分別占相當比例。在安排上可有速度或速度耐力爲主的專門能力訓練課,也可以與跨欄的專項課結合進行。在訓練過程中不能只注意數量與強度,還要十分強調技術正確與動作放鬆。速度和速度耐力的專門能力訓練都要有良好的有氧代謝能力做基礎。

4、提高跨欄專項速度

跨欄全程跑的欄間步長差異明顯,每步的支撐與騰空時間有特定的比例,它是圍繞着跨越欄架,構成跑跨結合的非對稱的四步週期。這一週期速度與跨欄成績直接相關,是提高跨欄水準的核心。從劉華金近幾年成績的提高也說明了這一點(見表)。

表3-4-2　劉華金的週期速度與專項成績進展

年 份 (年)	四步週期最高速度 (公尺/秒)	四步週期最短時間 (秒)	100 公尺欄成績 (秒)
1983	8.02	1.06	13.76
1984	8.33	1.02	13.46
1985	8.50	1.00	13.20
1987	8.59	0.99	12.89
1990	8.76	0.97	12.73

高欄運動員余志誠的情況也如此,四步週期最短時間從 1.04 秒提高到 1.024 秒,高欄成績也相應地從 13.81 秒提高到 13.72 秒。

表3-4-3　男子 110 公尺高欄全程各欄時間表

指標時間	第1欄	第2欄	第3欄	第4欄	第5欄	第6欄	第7欄	第8欄	第9欄	第10欄	完成時間
12″8	2″4	3″4	4″3	5″2	6″2	7″2	8″2	9″2	10″3	11″4	12″8
13″	2″4	3″4	4″4	5″4	6″4	7″4	8″4	9″4	10″5	11″6	13″
13″2	2″5	3″5	4″4	5″4	6″4	7″4	8″5	9″6	10″7	11″8	13″2
13″6	2″5	3″6	4″6	5″6	6″6	7″7	8″8	9″9	11″	12″2	13″6
14″	2″5	3″6	4″6	5″7	6″8	7″9	9″	10″1	11″2	12″4	14″
14″4	2″6	3″6	4″7	5″8	6″9	8″1	9″3	10″5	11″7	12″9	14″4
14″6	2″6	3″7	4″7	5″8	7″	8″2	9″4	10″6	11″8	13″	14″6
15″	2″6	3″7	4″9	6″	7″2	8″3	9″5	10″7	12″	13″2	15″
15″5	2″7	3″8	5″	6″2	7″4	8″6	9″8	11″	12″3	13″6	15″5
16″		3″9	5″1	6″4	7″6	8″8	10″1	11″3	12″6	14″	16″

表 3—4—4　女子 100 公尺欄全程各欄時間表

指標時間	第1欄	第2欄	第3欄	第4欄	第5欄	第6欄	第7欄	第8欄	第9欄	第10欄	完成時間
11″8	2″2	3″2	4″1	5″	5″9	6″9	7″9	8″9	9″9	10″9	11″8
12″	2″3	3″3	4″2	5″1	6″	7″	8″	9″	10″	11″1	12″1
12″3	2″3	3″3	4″2	5″1	6″1	7″1	8″1	9″1	10″2	11″3	12″3
12″8	2″4	3″4	4″4	5″4	6″4	7″4	8″4	9″5	10″6	11″7	12″8
13″2	2″4	3″4	4″4	5″5	6″6	7″7	8″8	9″9	11″	12″1	13″2
13″8	2″5	3″5	4″6	5″7	6″8	7″9	9″1	10″2	11″4	12″6	13″
14″	2″5	3″5	4″6	5″7	6″9	8″1	9″3	10″4	11″6	12″8	14″
14″3	2″5	3″6	4″7	5″9	7″1	8″3	9″5	10″7	11″9	13″1	14″3
14″8	2″6	3″8	4″9	6″	7″2	8″4	9″6	10″9	12″2	13″5	14″8
15″	2″6	3″8	4″9	6″1	7″3	8″5	9″7	11″	12″3	13″6	15″

以上兩表(依麥克法蘭)也說明了週期速度水準及其保持能力是全程跑成績的標誌,可作爲訓練中的借鑒。

以下兩表分別爲 1988 年奧運會男女直道欄前六名運動員的成績結構。

表 3—4—5　第 25 屆奧運會男子 110 公尺欄前六名分欄時間與成績

姓名	國家	下1欄	下2欄	下3欄	下4欄	下5欄	下6欄	下7欄	下8欄	下9欄	下10欄	終點
金多姆	美國	2.55	3.60	4.61	5.61	6.61	7.59	8.59	9.59	10.62	11.64	12.98
		2.55	1.05	1.01	1.00	1.00	0.98	1.00	1.00	1.03	1.02	1.34
杰克遜	英國	2.57	3.61	4.65	5.67	6.70	7.72	8.75	9.79	10.82	11.87	13.28
		2.57	1.04	1.04	1.02	1.03	1.02	1.03	1.04	1.03	1.05	1.41
坎貝爾	美國	2.60	3.66	4.69	5.69	6.69	7.71	8.73	9.78	10.83	11.95	13.38
		2.60	1.06	1.03	1.00	1.00	1.02	1.02	1.05	1.05	1.12	1.43
奇西基尼	蘇聯	2.57	3.63	4.67	5.71	6.74	7.79	8.83	9.87	10.96	12.02	13.51
		2.57	1.06	1.04	1.04	1.03	1.05	1.04	1.04	1.09	1.10	1.45
里德根	英國	2.58	3.66	4.70	5.73	6.80	7.86	8.91	9.99	11.06	12.13	13.52
		2.58	1.08	1.04	1.03	1.07	1.06	1.05	1.08	1.07	1.07	1.39
杰雷特	英國	2.58	3.65	4.73	5.77	6.84	7.89	8.93	9.99	11.05	12.15	13.54
		2.58	1.07	1.08	1.04	1.07	1.05	1.04	1.06	1.06	1.10	1.39

表 3—4—6　第 25 屆奧運會女子 100 公尺欄前六名分欄時間與成績

姓名	國家	下1欄	下2欄	下3欄	下4欄	下5欄	下6欄	下7欄	下8欄	下9欄	下10欄	終點
頓可娃	保加利亞	2.54	3.55	4.52	5.50	6.46	7.42	8.38	9.34	10.31	11.32	12.38
		2.54	1.01	0.97	0.98	0.96	0.96	0.96	0.96	0.97	1.01	1.06
西伯特	東德	2.60	3.61	4.62	5.58	6.54	7.50	8.46	9.46	10.46	11.46	12.61
		2.60	1.01	1.01	0.96	0.96	0.96	0.96	1.00	1.00	1.00	1.15
扎基維茲	西德	2.59	3.61	4.62	5.59	6.58	7.58	8.59	9.58	10.59	11.62	12.75
		2.59	1.02	1.01	0.97	0.99	1.00	1.01	0.99	1.01	1.03	1.13
格里戈麗娃	蘇聯	2.59	3.61	4.61	5.59	6.57	7.57	8.56	9.57	10.58	11.62	12.79
		2.59	1.02	1.00	0.98	0.98	1.00	0.99	1.01	1.01	1.04	1.17
科勒		2.65	3.69	4.74	5.74	6.74	7.75	8.77	9.78	10.82	11.85	12.98
		2.65	1.04	1.05	1.00	1.00	1.01	1.02	1.01	1.04	1.03	1.13
羅奇勒		2.56	3.61	4.62	5.62	6.67	7.68	8.70	9.74	10.78	11.82	12.99
		2.56	1.05	1.01	1.00	1.05	1.01	1.02	1.04	1.04	1.04	1.17

以下兩表分別爲 1990 年亞運會男女直道欄冠軍的成績結構(兼與 24 屆奧運會男女直道欄冠軍的對比)。

表 3-4-7　北京亞運會、24 屆奧運會男子 110 公尺欄冠軍的分欄時間與速度

分組	內容 \ 欄次	1	2	3	4	5	6	7	8	9	10	終點
余志誠(中國)	累計時間	2"70	3"79	4"86	5"94	6"99	8"06	9"14	10"22	11"32	12"40	13"82
	分欄時間	2"70	1"09	1"07	1"07	1"06	1"07	1"08	1"08	1"10	1"08	1"42
	速度	5.08	8.39	8.54	8.54	8.62	8.54	8.46	8.46	8.31	8.46	9.87
金多姆(美)	累計時間	2"55	3"60	4"61	5"61	6"61	7"59	8"59	9"59	10"62	11"64	12"98
	分欄時間	2"55	1"05	1"01	1"00	1"00	0"98	1"00	1"00	1"03	1"02	1"34
	速度	5.38	8.71	9.05	9.14	9.14	9.33	9.14	9.14	8.87	8.96	10.46
差值	分欄時間	0"15	0"04	0"06	0"07	0"06	0"09	0"08	0"08	0"07	0"06	0"08
	速度	0.30	0.32	0.51	0.60	0.52	0.79	0.68	0.68	0.56	0.50	0.59
	相差率	17.9%	4.8%	7.1%	8.3%	7.1%	10.7%	9.5%	9.5%	8.3%	7.1%	9.5%

表 3-4-8　北京亞運會、24 屆奧運會女子 100 公尺欄冠軍的分欄時間與速度

分組	內容 \ 欄次	1	2	3	4	5	6	7	8	9	10	終點
劉華金(中國)	累計時間	2"56	3"58	4"56	5"53	6"51	7"50	8"51	9"53	10"57	11"60	12"73
	分欄時間	2"56	1"02	0"98	0"97	0"98	0"99	1"01	1"02	1"04	1"03	1"13
	速度	5.08	8.33	8.67	8.76	8.67	8.59	8.42	8.33	8.17	8.25	9.29
東科娃(保加利亞)	累計時間	2"54	3"55	4"52	5"50	6"46	7"42	8"38	9"34	10"31	11"32	12"38
	分欄時間	2"54	1"01	0"97	0"98	0"96	0"96	0"96	0"96	0"97	1"01	1"06
	速度	5.12	8.42	8.76	8.67	8.85	8.85	8.85	8.85	8.76	8.42	9.91
差值	分欄時間	0"02	0"01	0"01	-0"01	0"02	0"03	0"05	0"06	0"07	0"02	0"07
	速度	0.04	0.09	0.09	-0.09	0.18	0.26	0.43	0.52	0.59	0.17	0.62
	相差率	5.7%	2.9%	2.9%	-2.9%	5.7%	8.6%	14.3%	17.1%	20.0%	5.7%	20.0%

　　如何提高跨欄跑的週期速度,並不是簡單地跨越欄架加前跑,其肌肉用力與放鬆過程有着特殊要求與專門節奏。所以在掌握好"高重心,快頻率"跑的技術,並有相當速度水準,又有合理的跨欄技術的前提下,進行專門訓練,使跨與跑能夠有機地結合在一起。在訓練中可採用以下主要手段:

　　(1)原地模仿跨欄節奏跑;

　　(2)行進中模仿跨欄節奏跑;

　　(3)降低欄架、縮短距離三步跨欄跑;

　　(4)一步一欄欄側或欄間快速過欄跑;

　　(5)起跑過 3 欄,5 欄或 8 欄的三步跨欄跑。

　　跨欄運動員提高速度是極其重要的,但必須與欄的專項密切結合,做到前跑速度快,帶欄也能跑的快,這才是跨欄運動員提高速度的目的。

（三）跨欄的技術

跨欄技術要求簡單實效,盡量接近短跑技術,強調放鬆、協調與直綫性。

跨欄的技術可分爲跨欄步、下欄與欄間結合、欄間跑、起跑到第一欄和下欄衝刺幾個部分。

1、跨欄步技術

跨越欄架的騰空時間短,標志着過欄技術良好(見下表)。

表 3—4—9　　　中外直道欄運動員過欄騰空時間比較

姓　名	國　家	過一欄騰空時間(秒)	成績(秒)
內赫公尺亞	美國	0.319	12.93
余志誠	中國	0.355	13.68
頓可娃	保加利亞	0.277	12.39
劉華金	中國	0.295	12.73

資料表明:我國優秀運動員與世界級跨欄好手相比,不僅有前跑速度差距,還存在着較大的技術差距。

要縮短騰空時間主要取決於減少騰空時身體重心的移動距離與高度、加快移動速度和兩腿的剪絞速度。據田學易的資料介紹,我國優秀運動員從起跨到着地的距離大致爲 3.55 公尺,身體重心無支撐的移動距離爲 2.6 公尺。而一般水準的運動員,從起跨到着地的距離大約爲 3.3 公尺,身體重心無支撐移動爲 2.7 公尺。很顯然後者的跨欄步短而身體重心無支撐移動距離長,水平速度低,勢必要延長騰空時間。要縮短騰空時間必須掌握好合理的跨欄步技術。

跨欄步技術要點:

(1)起跨前要求身體重心高、節奏快,運動員在欄前有居高臨下的感覺。在欄前跑時要提髖抬腿,起跨腿要從上往下、從前向後像短跑技術那樣積極用前腳掌踏上起跨點。在此前還有一個比前一步短 15 公分左右的短步。在緩衝階段髖、膝、踝三個關節的彎曲程度相對較小,形成一個高重心的準備過欄姿勢。

(2)攻欄要充分,起跨結束腳離地前的一刹那,身體重心盡量接近欄板,這樣既有積極向前的進攻性,能獲得較高的水準速度,又可縮短騰空時身體重心的移動距離。要做到這樣:起跨距離要適宜,一般高欄爲 2.10—2.20 公尺,100 公尺欄爲 1.90—2.00 公尺。過近會造成身體重心向前不充分,垂直分力過大的缺點,當然過遠會造成騰空時間偏長。

起跨腿蹬地要充分,起跨結束離地前髖、膝、踝三關節基本在一直綫上,不要過早離地,應使運動員有點稍稍遲緩的感覺。爲了縮短上欄時的支撐時間而匆忙離地,這樣不充分的蹬地動作會使運動員的身體重心不夠向前,反而延長騰空時間(見下表)。

表 3—4—10　劉華金、雅恩跨欄步中的幾項運動學指標對比

	100公尺欄成績 (秒)	起跨距離 (公尺)	下欄距離 (公尺)	欄前支撐時間 (秒)	欄後支撐時間 (秒)	騰空時間 (秒)	騰空高度 (公尺)
雅　恩	12.76	2.12	1.20	0.12	0.08	0.28	0.30
劉華金	12.89	2.03	1.15	0.096	0.074	0.327	0.38

　　從上表看出,劉華金的支撐時間為0.17秒,跨越欄架距離為3.28公尺,過欄時間為0.497秒。而雅恩的支撐時間為0.20秒,比劉的略長,過欄距離為3.32公尺也略長,但整個過欄時間反而比劉的短,為0.48秒。所以,縮短騰空時間並不在於僅僅去追求支撐時間的縮短。

　　起跨結束時,髖部移動距離較長,膝與踝關節伸直形成較小的起跨角。高欄運動員較好的攻欄技術,從垂直緩衝到起跨結束,身體重心移動距離為53公分,起跨角為69度。技術差的身體重心移動距離為25公分,起跨角為74度(見圖3—4—2)。

　　起跨結束後,起跨腿離地逐漸收起,此時要以髖為軸,膝蓋領先高於腳部,大小腿夾緊,勾起腳尖,固定腰部,積極從體側提欄過欄。

　　(3)起跨時前導腿應大小腿折叠、以髖為軸,膝蓋領先,積極向前上方擺出。在過欄時同短跑技術一樣從上往下,從前往後的下欄着地(見圖3—4—3)。

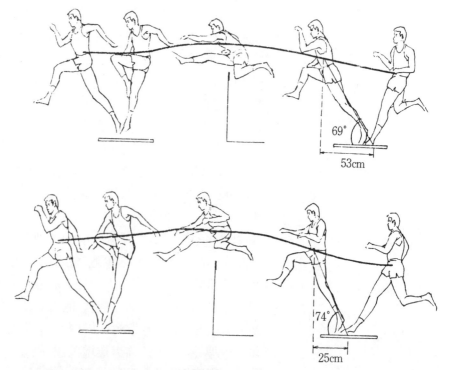

圖 3－4－2

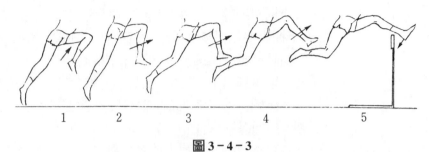

圖 3－4－3

在過欄過程中前導腿的小腿是隨着髖部積極前移、大腿前擺而隨之自然伸展的,不是主動的前伸與前踢,不然會影響過欄的速度和向前性。在過欄時前導腿的大小腿不一定完全伸直,膝關節微微彎曲有利於加快下欄速度。

在過欄時兩大腿應形成較大的夾角,技術較好的運動員能達到 125 度—130 度,而技術差的運動員僅為 100 度左右。

在整個過欄過程中,前導腿是從上往下積極向後扒地。起跨腿是從後往前積極提拉。這樣"前"腿向後,"後"腿向前形成快速協調,兩腿剪絞的過欄動作。

(4)在上欄時軀幹的動作應當是腰部伸直、固定,使背、腰與大腿基本在一直綫上,保證身體重心的充分向前(見圖 3—4—4)。

圖 3－4－4

在整個過欄過程中,軀幹與前導腿夾角的縮小主要是由於前導腿的高抬,而不是上體的前壓。在下欄時,兩者夾角的加大主要是前導腿的積極下壓,而不是軀幹的突然抬起。所以,在跨欄步過程中,從上欄或下欄軀幹與地面的夾角變化是不大的。上欄時軀幹的過分前壓和下欄時軀幹的突然抬起都會影響過欄的速度和平衡。

上欄時軀幹的積極"壓欄",可能有利於加快過欄,但跨欄跑是節奏性運動,下欄後要迅速轉入欄間跑,這時仍保持着"壓欄"時的軀幹姿勢是不可能提髖抬腿積極跑出第一步的。而下欄時軀幹突然後仰勢必造成下欄後的停頓繼而影響到水平速度。所以在過欄時,"壓欄"的姿勢是不可取的。

在跨欄步過程中,頭部保持平直、顎部微微向前,絕不要在上欄時低頭下欄時抬頭,這樣會造成過欄時的不平衡。

(5)在跨欄步過程中,雙臂的擺動主要是維持身體平衡、與下肢協調配合,有利於加快節奏。在動作上要盡量靠攏軀幹,幅度不要大,盡量接近短跑的擺臂技術。所不同的是前導腿異側臂為要讓開起跨腿過欄時的膝蓋,應稍稍抬起肘部有劃弧的動作。決不要伸直肘關節前伸,更不要下欄時大幅度的向後劃動,不然會扭動軀幹往後,失去平衡,從而影響水平速度。

2、下欄與欄間跑結合的連續性

整個跨欄步過程,從上欄到下欄的騰空階段較長(高欄約為 3.50 公尺左右),在下欄時速度要有所下降。所以下欄技術是要把速度下降率減小到最低程度。據田學易提供的資料,技術好的運動員過欄速度下降率低,反之下降率高(見表 3—4—11)。

表 3—4—11　不同水準高欄選手的過欄前後的速度比較

內　容 姓　名	高欄成績 (秒)	欄前速度 (公尺/秒)	欄後速度 (公尺/秒)	前後差 (公尺/秒)	下降率 (%)
德　律	13.85	8.63	8.26	0.37	4.28
徐志謙	14.37	9.13	8.38	0.75	8.21
二　級	16.00	7.90	6.93	0.97	12.27

要減小下降率關鍵是掌握好合理的下欄技術和與欄間跑結合的連續性,其技術要點如下:

(1)下欄時前導腿從上往下,從前往後積極下壓後扒,用前腳掌着地,膝、踝關節伸直,着地點接近身體重心的射影點,支撐高,有較大的着地角(見圖 3—4—5)。我國優秀運動員約為 75 度左右,美國優秀運動員約為 80 度左右。着地點離欄架距離,高欄約為 1.40—1.50 公尺,女子 100 公尺欄為 1.10—1.20 公尺。我國運動員均稍遠,劉華金為 1.30—1.40 公尺、余志誠為 1.50—1.60 公尺。着地點遠會造成跨欄步騰空時間長、減速大。着地角小造成制動大、影響水平速度,而且身體重心不能及時跟上,從而影響了下欄與欄間跑的有機結合。

(2)起跨腿在過欄時以髖為軸,膝蓋領先、迅速拉到體前,積極跑出第一步。其技術動作同樣要求從上往下、從前往後、積極後扒着地。為了加大第一步的步長而伸腿着地,為了加快步頻沒有拉到體前而在體側着地都是錯

圖 3－4－5

誤的,應當是在拉到體前迅速着地的前提下要求步幅。

(3)下欄時軀幹基本保持上欄時的姿勢,任何過分前壓與後仰都會影響平衡。擺臂振幅不要大,切忌前導腿異側臂向後過大的劃動,這容易帶動軀幹後仰而影響向前性。運動員在下欄着地後有一種站不住的感覺,自然迅速的轉入欄間跑。

要改善下欄與欄間跑結合的連續性,除掌握合理技術外,在訓練過程中一定要建立起下欄後繼續迅速跑進的週期性運動的概念。因此,在訓練中,不論過幾個欄,在下欄後要迅速跑出第一步,並再繼續跑進幾步,養成良好的訓練習慣,對提高下欄與欄間結合的連續性是有好處的。

3、欄間跑的技術與節奏

欄間跑是跨欄跑的重要組成部分,110 公尺欄全程跑 51—52 步,其中欄間跑 27 步占二分之一強。同時它的技術、節奏、速度與過欄技術和全程速度密切相關。

直道欄的欄間用 3 步跑完,由於跨欄步是非對稱的週期性運動,過欄時騰空時間長,身體重心起伏較大,形成了三步不同的步長。

第一步由於下欄時速度下降,着地時支撐腿的膝關節、踝關節緩衝小,蹬地力量不大,所以步長最小。

第二步是前跑的正常技術,基本是前跑時最高速度的步長。

第三步爲了快節奏、高重心的上欄動作而形成的"短步"。步長比第二步縮短 15—20 公分。從而形成了小、大、中欄間三步的特殊節奏。

表 3－4—12　　欄間跑三步與跨欄步每步步長

項目　　步長(公尺)　步數	第一步	第二步	第三步	欄前步長	欄後步長
110 公尺欄	1.55	2.15	2.00	2.09	1.35
100 公尺欄	1.50	2.00	1.90	2.00	1.10

欄間三步的特殊節奏是不能改變的,在欄間三步步長基本穩定後,不可能再有大的變化,在訓練中主要是加快欄間頻率。爲了保證全程跑中重心

起伏較小,欄間跑時後蹬角相對較大,其技術動作應該是軀幹基本正直、挺髖抬腿、擺臂幅度小,動作快而放鬆的"高重心、快頻率"。

欄間跑的關鍵是跑好第一步,應在快速的前提下,加大步幅。試圖取得欄間三步步幅趨於均衡,過分強調加大第一步,因此減低速度的論點是不可取的。應正確快速的跑出第一步。第二步的技術與步長基本與前跑一樣。第三步的短步是個自然動作。第三步結束也就是下一欄起跨的開始。

4、起跑和起跑後到第一欄

起跑和起跑後到第一欄的任務在於更快的發揮速度。

起跑架的安裝與起跑技術基本與短跑相同,左腿或右腿在前應根據運動員的習慣和起跑後到第一欄的步數而定。起跑到第一欄一般跑 8 步為好,因為它的節奏與欄間三步相符。當然身高腿長較特殊的運動員也可跑 7 步。

起跑到第一欄的步數是固定的,步長基本穩定,每步的大致步長可見表十。

表 3-14-13　　起跑至第一欄的每步步長

項目　　步長(公尺)　　步數	1	2	3	4	5	6	7	8	起跨距離
110 公尺欄	0.60	1.07	1.30	1.50	1.65	1.75	1.90	1.80	2.15
100 公尺欄	0.65	1.00	1.30	1.40	1.55	1.65	1.75	1.70	2.00

為了能很快加速,主要是加快頻率,逐漸加大步幅,在技術動作上軀幹保持一定前傾,以髖為軸積極抬腿着地,到欄前要加快節奏,提高重心,但軀幹不要突然抬起,仍保持相當前傾程度。因起跑到第一欄的距離不長,不可能發揮到最高速度,過了第一欄仍要繼續加速,最高速度一般出現在第三欄以後。所以過第一欄時軀幹較為前傾,前導腿的動作不十分充分,過欄動作有"衝"過去的感覺,第一欄的下欄點也稍遠。據第 11 屆亞運會跨欄比賽的資料表明:第一欄跨欄步的全長要比其它欄長出 30—40 公分,欄前欄後分別長出 15—20 公分,這符合不斷加速的要求。隨着速度加快,軀幹前傾程度減小,前導腿動作充分,下欄點漸近,第三欄以後基本趨於衡定。劉華金在亞運會 100 公尺欄決賽中,第一欄全長為 3.48 公尺,下欄點為 1.39 公尺,第二欄全長為 3.28 公尺,下欄點為 1.32 公尺,第三欄全長為 3.28 公尺,下欄點為 1.30 公尺,以後幾欄下欄點都在 1.30 公尺以內。

起跑到第一欄,在技術和節奏上與其他欄有不同的要求,應進行專門教學與訓練。掌握這一技術與節奏,不僅能更快的發揮速度,而且能增強全程跑的信心。正如有的運動員所說:"跑好了起跑後的第一欄,似乎跑完了半程"。

5、終點衝刺

下第十欄後迅速跑出第一步,以後就是短跑的衝刺技術,盡量加快擺臂與擺腿的步頻,避免軀幹過分前傾,影響擺腿動作而降低步頻。

　　400公尺欄從起跑綫至第一欄距離是45公尺,欄間距離爲35公尺,第十欄至終點是40公尺。按照這樣距離,目前世界與我國優秀運動員所選定的節奏有以下幾種類型。

起跑至第一欄:	欄　間　跑	第十欄至終點
男子步數:		
1　20	13	16~17
2　20~21	13轉14	17~18
3　20~21	13轉14再轉15	17~18
4　20~21	13轉15	17~18
5　21~22	14轉15	18
6　21~22	14	17~18
7　22	15	18
女子步數:		
1　22—23	15	18
2　22—23	15轉16	18至19
3　22—23	15轉16再轉17	19
4　22—23	15轉17	19
5　23—24	16轉17	19
6　23—24	16	19
7　24—25	17	19至20

　　以上男女全程跑節奏類型,均以第一種類型爲最佳。像男子世界紀錄保持者美國運動員摩西,女子獨聯體運動員斯蒂潘諾娃都採用這一節奏類型。

　　我國運動員目前由於條件所限,尚無一人能用第一種類型跑完全程,多數運動員中間節奏有所變換。但步數節奏變換應有計劃,就是盡量少變換和固定變換,否則被迫變換極易破壞全程節奏和影響速度的發揮。

　　步數節奏的選定要依據運動員本身的身高、步長、力量、左右腿跨欄步的熟練程度等全面因素去考慮,以能充分發揮速度和跑的能力爲原則。

　　在彎道跑時最好採用左腿爲前導腿的跨欄步。這樣可以沿跑道內沿最近距離向前跑進。

　　6、全欄跑要點:

　　直綫性—全程跑時身體重心盡量接近直綫,要求身體重心上下起伏,左右搖擺減小到最低程度。這在技術上要做到:

　　(1)欄間跑與欄前身體重心要高;

　　(2)過欄時身體重心離欄頂近;

　　(3)上欄時前導腿的方向要正,下欄時起跨腿要拉到體前着地;

　　(4)欄間跑的着地點基本在一直綫上。

連續性—全程跑是個整體,不是簡單的跨欄步＋欄間跑,關鍵是抓好下欄與欄間跑的結合技術,降低欄後的速度下降率。

協調與節奏—動作協調、技術合理才能充分發揮速度,保持速度。跨欄有不對稱的特殊節奏,需要專門訓練,具有良好的節奏感才能快速過欄,加快欄間步頻。

(四)掌握與改進跨欄的技術與節奏

要學會與掌握跨欄技術,首先要掌握好跑的基本技術,特別是"高重心"跑的技術。還要具備彈跳力、髖關節的力量、靈活性、柔韌性、速率等必要的運動素質,還要有不怕碰、不怕摔的意志與毅力。在這種前提下去做各種跨欄的模仿練習,專門練習,從易到難,從簡到繁,從慢到快地學會與掌握技術。

在教學與訓練過程中大致可採用以下的方法與手段:

1、徒手跨欄步

學習跨欄技術一般從徒手開始,逐步去體會動作,建立概念,這些練習難度小,易掌握。

(1)原地高抬腿—立定原地,左右腿交換抬腿,動作要求提髖抬腿,大小腿折疊緊,腰部固定,軀幹伸直。

(2)徒手原地起跨—立定先抬起前導腿,然後起跨腿的髖部發力蹬離地面,隨着前導腿前擺着地,起跨腿拉到體前。這個練習不要強調向前,主要體會蹬地動作與前導腿的配合。

(3)徒手向欄進攻—站立支撐物的正面,前導腿以髖為軸,膝蓋領先,積極向前擺出,起跨腿充分蹬直,重心向前,腳落在支撐物上,這一練習要防止前導腿小腿主動前甩。

(4)原地徒手跨欄步—這是前一練習的繼續,前導腿積極前擺後扒着地,起跨腿拉向體前,雙手扶在支撐物上。

(5)走步徒手跨欄步—動作同練習(4),只是雙手不扶支撐物,連續行進間走步進行。

(6)跑步中徒手跨欄步—在跑進中做前導腿與起跨腿結合的完整跨欄步,可跑五步跨一步、跑三步跨一步,也可連續地跑一步跨一步。

(7)原地跨欄擺臂練習—用短跑的擺臂動作連續進行,每數到"三"第四下時前導腿異側臂適當加大振幅,可在站立、行進間、跑進間或跨欄座各種情況下進行,並採用不同節奏。

2、原地帶欄跨欄步

(1)站立欄側過起跨腿—原地站立在欄架左側或右側,手扶支撐物做起跨腿過欄動作。

(2)站立欄側過前導腿—原地站立在欄架一端,手扶支撐物做前導腿過欄。

(3)走步欄側過起跨腿。

(4)走步欄側過前導腿。

(5)走步欄間過欄。

以上 3)、4)、5)三個練習是過單欄,過欄後雙手扶支撐物。

(6)行進間走步欄側過起跨腿。

(7)行進間走步欄側過前導腿。

(8)行進間走步欄間過欄。

以上練習動作的側重點不同,但都要注意向欄進攻的實效性和動作的完整性,可連續過 3 欄、5 欄或 8 欄,欄間可走 5 步、3 步或 1 步。

3、跑進中帶欄專門練習

(1)跑進中欄側過起跨腿

(2)跑進中欄側過前導腿

以上兩個練習在教學與訓練過程中是最常用,也是有效的。在練習時注意前導腿與起跨腿協調配合的完整性。

(3)欄間墊步過欄—主要是加強雙腿協調快速剪絞過欄。

(4)欄間高抬腿過欄—— 練習在欄前保持高重心。

(5)欄間小 5 步或小 7 步過欄。

4、正式過欄

(1)過單欄—集中改進跨欄步技術,可單向進行,也可並排擺正反兩個欄架來回過欄。

(2)欄間 5 步過欄—欄間距離男子為 11.50 公尺—12.50 公尺,女子為 11 公尺—12 公尺。這是改進與鞏固完整跨欄步的主要手段,在訓練中應大量採用。

(3)欄間 3 步過欄—在訓練中欄間距離要根據情況,一般縮短 10—30 公分,這樣有利於加快節奏,注意技術。這一練習特別要注意過欄與欄間跑的結合,注意欄間跑的技術與節奏。

(4)起跑到第一欄—在於掌握與鞏固起跑到第一欄的節奏與技術,在訓練中應較多地進行專門訓練。

(5)延長距離的起跑到第一欄—目的在於掌握快速中過好第一欄。起跑到第一欄為 17 公尺跑 10 步,也可延至 21 公尺跑 12 步。

(6) 欄間一步一欄—欄間距離男子為 4 公尺—4.5 公尺,女子為 3.50 公尺—4 公尺。目的在於強化技術,熟練節奏,提高專項能力。這一練習難度大,尚未掌握基本技術的運動員不要採用。

(7)欄間三步、五步、七步交替過程—目的是熟練技術,加強節奏感和調節神經系統。

5、掌握跨欄的節奏

(1)間隔跑—稍短於平跑中最大步長的距離,用海綿塊作爲間隔標誌跑30—50公尺。

(2)徒手不帶標志的跨欄節奏跑—模仿跨欄起跑到第一欄的節奏,跑到第7步後在第8步跨一大步,以後3小步1大步,連續跑8—10個循環。可在原地高抬腿進行,也可在跑進中進行。可採用計時兩人同跑的方法來加快頻率,提高興趣。

(3)徒手帶標誌的跨欄節奏跑—在欄點上放海綿塊或把欄架放低(要縮短欄間距離),跑三步跑一大步,加快頻率,連續進行。

(4)降低欄高縮短欄距過欄跑—這一練習對加快節奏,提高專門速度十分有效,應多採用。高欄可採用91.4—100公分欄高,8.50—8.80公尺欄距,女子100公尺欄可採用76—80公分欄高,8—8.20公尺欄距。

(5)背向聽口令過欄—運動員背向欄架或背向行走,由敎練發令轉身快跑過欄,這一練習在於提高反應與節奏感,並能調劑訓練興趣。

除經常採用以上練習外,還要去不斷發展與創造新的專門練習與訓練方法。

在掌握與改進跨欄技術和節奏的敎學訓練過程中應注意以下幾點:

①建立正確技術概念,學會技術分析。

通過學習材料,觀察技術錄影、圖片、電影以及優秀運動員的訓練與比賽,明確什麼是正確技術,建立起深刻的技術概念,學會技術分析方法。分析運動員技術動作的主要優缺點,有針對性的在訓練與敎學中加以改進。

②多做模仿練習和專門練習

模仿練習和專門練習的難度小,易學會。可反覆多次練習,又能集中改進某一局部動作,借此體會技術,鞏固技術,以達到熟能生巧的程度,不僅是初學者,就是有相當水準的運動員仍應大量進行。國內的優秀運動員正確而熟練的跨欄技術是由於他(她)們大量地進行專門練習與正規過欄結合的結果。劉華金在1990年度的專項訓練中,正規過欄的運動量占40%,非正規過欄的占60%。

③正確地做模仿練習與專門練習

主要是用力順序明確,節奏鮮明。做任何練習一定要腰部固定,髖部發力,最後用腳前掌着地高支撐。欄前、欄後保持高重心,注意動作放鬆與連貫性。

做模仿練習時,在欄前動作不要急而快,而要放鬆,身體重心高,動作幅度大。在跨越欄架的一刹那髖部發力,兩腿快速剪絞過欄。

在跑進中做專門練習時,要跑的放鬆、輕快、重心高,踏上起跨點時要快而積極,向欄進攻猛,兩腿剪絞快。應當是"跑得慢,過欄快"。決不要"跑的快、過欄慢",更不要"跑得慢、過欄慢"。也有"跑的快、過欄快"的練習,其目的是提高快速節奏與專項速度。

④與提高相關的身體素質相結合

技術的掌握與改進,除技術概念的正確、方法和手段的有效外,還與相關的身體素質水準有密切關係,如過欄時兩腿的夾角小,剪絞慢,這是由於髖關節的力量和靈活性較差所致。下欄着地的支撐不高,與腳、踝的力量和靈活性較差有關。所以還應圍繞改進技術需要去提高必要的身體素質。分析運動員在掌握技術過程中需加強的身體素質,有針對性的進行訓練。

⑤培養意志與勇敢

勇敢對跨欄運動員十分重要的,多數新手初次跨越較高的障礙,一般有些膽怯,有些膽大的新手敢於過欄,但由於沒有掌握好技術,碰欄、摔跤、擦破了皮,出了血,經常如此也會逐漸產生恐懼心理。

要使運動員明確,跨欄不僅是練身體,練技術,也是練意志,培養勇敢和克服困難的精神。膽小是當不成優秀跨欄選手的。另外在初學階段,不要一上場就要求正規過欄,不然碰一下,摔一跤,來個"下馬威",反而造成恐懼心理,應當循序漸進地從模仿練習,專門練習做起,逐漸引起興趣,加大難度。再是嚴格要求,尤其在運動員碰欄時不準停頓,繼續跑好後幾欄,要培養勇敢精神與良好習慣。事實上,大部分優秀跨欄選手是從碰欄、摔跤中磨練出來的。

(五)跨欄運動員的訓練

1、身體訓練

跨欄運動員在比賽中要連續快速越過 10 個欄架;而且動作幅度大、剪絞速度快,又要跑跨結合好。所以對運動素質的要求是很高的,這方面要高於短跑運動員。訓練中應在全面發展運動素質的基礎上,着重抓好以下幾方面的素質:

(1)快速力量—這是克服阻力的肌肉連續快速收縮的能力,是提高速度、改進技術的主要素質。訓練中可採用以下主要方法:

①跳躍練習:

各種單腿、雙腿的向上跳;

立定、三級、五級或十級跳遠;

助跑跳遠或三級、五級、十級跳遠;

各種距離的跨步跳、單腿跳、換腿跳、蛙跳和跳深等。

跳躍練習難度大、強度大、生理負荷重。所以進行這一練習必須有良好的支撐關節力量基礎,並要求動作協調、正確。

②快速後蹬跑—是提高肌肉連續快速收縮力量的有效手段。在訓練中有一定的距離和步數要求,並計時、計步。要求動作放鬆、協調、快速。一般採用 60 公尺或 100 公尺,劉華金這兩個段落的成績分別為 26 步/7.6 秒和 40 步/13.1 秒。

③快速抗阻力練習—這是提高局部肌肉快速收縮力量的有效手段。常採用負輕槓鈴或壺鈴連續快速蹲起或蹲跳,快速的輕槓鈴連續挺舉、高翻或臥推,以及快速拉橡皮帶擺腿、屈伸等練習。上述練習均可固定次數計時。

(2)速率—速率的提高取決於中樞神經系統興奮與抑制的迅速交替,骨骼肌收縮與放鬆的快速轉換。在訓練中要專門練習,多採用助力性的手段如順風跑、下坡跑、牽引跑、縮短步、長間隔跑,快速高抬腿跑和小步跑等。要注意技術正確,動作協調放鬆。髖、踝關節的力量和靈活性與速率的提高也直接相關。

(3)髖關節的力量與靈活性—— 跨欄技術要求髖關節的活動面比任何田徑項目都大,涉及到動作的屈、伸、內收、外展、旋內、旋外,而且要求振幅大,速度快。但髖關節結構的本身是韌帶短,骨骼之間運動性很小,與脊柱屈伸時骶骼關節的運動幅度僅為 4 度,在其它運動和生活中的活動機會又少。它又是動作用力的始發部位,所以髖關節的力量與靈活性應作為跨欄運動員的專門身體素質進行專門訓練。

在訓練中採用壓腿、踢腿、擺腿等練習,還可採用直腿、屈腿、負重與徒手的各種繞欄架的練習,以及各種帶欄與徒手的技術模仿與分解練習等。

以上這些練習都有助於加強與拉長韌帶,加大大轉子的活動面,提高柔韌性,對過欄時加大幅度,加快剪絞速度是十分需要的。

做上述練習時,要動作正確,腰部固定重心高,髖部發力振幅大,節奏鮮明,並反覆多次成組地進行練習。

2.專項訓練

其目的在於改進與熟練跑跨結合的專門節奏,提高專項能力與專項速度。這要在具備相與速度水準和掌握好欄的基本技術的基礎上進行,在訓練中主要採用以下手段:

(1)起跑到第一欄,在於掌握節奏與提高加速度能力。

(2)起跑到第三欄、第五欄的欄間三步過欄,在於提高加速度能力與專項速度。

(3)起跑到第八欄、第十欄以至第十二欄,在於專項速度耐力。

(4)起跑過四—五欄,欄間五步過欄,在於提高專項速度。

(5)變換節奏過欄(如圖所示),在於提高專項速度與速度耐力。

三步過欄時多採用縮短欄距、降低欄高的練習,這對加快跑跨結合的節奏,提高專項速度能力,不論在心理上、體力上均有好處。

適當進行兩人以上的集體起跑過欄,有助於跨欄節奏的加快。

起跑	8步	3步	3步	5步	3步
起跑	8步	3步	5步	3步	5步
起跑	8步	5步	3步	3步	5步

圖 3-4-6

　　有計劃地參加跨欄比賽,不僅在於取得成績,也是熟練節奏,提高專項能力的良好手段。

　　正規大強度的三步過欄,由於生理負荷大,反覆次數不宜過多,一般一堂課控制在 40—50 個欄架。過多會引起疲勞,在疲勞的情況下進行練習,對改進技術,加快節奏,提高專項速度是不利的。所以專項訓練還應與大量的專門練習相結合。這樣不僅改善技術,也能促進專項能力的提高。

　　在專項訓練的同時,還應進行 110 公尺、120 公尺或 150 公尺等段落有強度要求的反覆跑,這些段落強度的提高,是跨欄全程跑後程能力改善的保證。

(六)跨欄的訓練安排

　　跨欄運動員要達到高水準成績,一般都經過 8—10 年有計劃的系統訓練。達到世界水準高欄運動員的年齡多數為 25—27 歲,女子 100 公尺欄多數為 24—26 歲。我國跨欄運動員曾達到世界水準的年齡男子為 23—30 歲,平均 25.1 歲。女子 23—30 歲,平均25.2歲。要達到高水準成績,不僅要有較長的訓練時間,其訓練效果還取決於科學的訓練安排。

1、長期訓練安排

(1)基礎訓練階段(13—— 17 歲)

①訓練任務—

A.提高全面身體訓練水準,學習與掌握多種運動技能。

B.貫徹"速度優先"的原則,提高速度及其所需的專項素質,要求百公尺成績達到一定水準。

C.對跨欄建立興趣與概念,學習與掌握跨欄技術與節奏,培養勇敢、頑強的意志品質,要有跨欄的專項成績要求。

②訓練內容—

A.運用各種全面身體訓練的手段,多在全面力量,一般耐力、速率、柔軟、協調等方面下功夫。

　　　B.爲提高速度進行基礎性訓練,即提高速度,腳與踝的力量與靈活性肌肉的收縮能力,採用大量跑的專門練習,加速跑等訓練手段以掌握與改進跑的技術。也進行一定的速度能力練習。

　　　C.掌握跨欄技術的基礎訓練,即提高髖關節的力量與靈活性,柔韌性協調性。採用大量原地、走步和跑進中的跨欄模仿練習和專門練習也進行三步過欄。其練習規格可參見下表。

表3—4—14　　不同年齡組的跨欄比賽規格

年齡(歲)	項　目	欄高(公分)	欄距(公尺)
男 16—17	110公尺欄	100	8.90
15	110公尺欄	91.4	8.70
14	100公尺欄	84	8.50
13	100公尺欄	76.2	8.00
女 16—17	100公尺欄	84	8.50
15	100公尺欄	84	8.00
14	100公尺欄	76.2	8.00
13	80公尺欄	76.2	8.00

(摘自田徑訓練教學大綱)

　　③訓練負荷

　　負荷要包括身體訓練與專項訓練兩個方面,片面負荷容易產生疲勞和局部損傷。

　　總的負荷不宜過大,應有相當數量基礎訓練。注意動作正確,節奏明顯,並有強度要求。

　　隨着年齡增長,訓練水準提高逐漸增加負荷,提高訓練強度。

　　(2)加強訓練階段(18—20歲)

　　①訓練任務

　　A.繼續提高速度及其有關的主要身體素質。

　　B.完善跨欄技術,掌握好全程節奏、逐步提高專項能力。

　　C.繼續提高全面身體訓練水準。

　　D.100公尺與專項成績均應達到相當水準。

　　②訓練內容

　　A.繼續提高快速力量,速率等與速度密切相關的主要運動素質。

　　B.改進跑的技術,並採用30—— 60公尺,100公尺—— 150公尺等距離的反覆跑以提高速度與速度耐力,但要十分重視技術的正確與放鬆。

　　C.採用各種跨欄的專門練習、模仿練習和正規過欄以改進技術與節奏。

　　進行起跑到第一欄、三欄、五欄、八欄和十欄的練習,以改進節奏,提高專項速度與專項速度耐力。

　　D.繼續提高髖關節力量,靈活性與改進跨欄技術密切相關的專項素質。

　　E. 有計劃參加 100 公尺, 200 公尺跑與欄的專項比賽, 取得較好成績, 積累比賽經驗。

　　③訓練負荷

　　負荷較大在有相當數量基礎上, 逐漸加大強度, 但要有計劃、有控制, 不要在訓練中追求極限強度。

　　負荷不要過於集中, 大強度的正規三步過欄要適當, 仍應較大量地進行欄的專門練習、五步過欄, 以改進技術, 鞏固正確技術。

　　欄的專項能力與平跑的速度訓練同屬肌肉快速收縮的高強度訓練, 在安排上不要齊頭並進, 應交替進行。

　　(3)提高階段(21 歲以後)

　　①訓練任務

　　A. 繼續提高速度, 特別是專項速度。

　　B. 完善和熟練跨欄技術與全程節奏, 提高跨欄專項能力。

　　C. 提高快速力量等主要運動素質。

　　D. 在重大比賽中表現出優良成績。

　　②訓練內容

　　基本相同於加強訓練階段, 但較集中於跨欄專項訓練與主要運動素質訓練, 速度訓練佔相當比重, 保持身體全面訓練水準。

　　③訓練負荷

　　這是"專項多、強度大"的強化階段, 訓練要有數量保證, 強度要有計劃、有控制。訓練中不要去衝擊極限強度, 強度要大、中、小相結合。欄的專項、速度與身體訓練要恰當的全面安排。

　　應較多的參加比賽, 但應有計劃與訓練結合, 保證在重大比賽中表現優良成績。

　　(4)保持階段

　　是指達到高水準年齡較大的"老"隊員繼續從事訓練比賽而言。他們事業心強, 技術嫻熟, 專項能力與專項素質高, 並有豐富的訓練比賽經驗。但由於年齡較大, 訓練、比賽後恢復較慢, 只要安排掌握得好, 仍能保持甚至提高水準。在 60 年代梁仕強 30 歲時 110 公尺高欄跑出 13 秒 6 列當年世界第五的好成績, 90 年 30 歲的劉華金以 12.73 秒的成績打破 100 公尺欄亞洲紀錄。所以應當提倡達到高水準的"老"隊員繼續堅持訓練與比賽, 不要過早"退役"。

　　這一階段的訓練任務要注意負荷適當減低, 使其有較多的恢復時間。

　　多年訓練安排的幾個訓練階段是大體劃分的, 過程的深化, 各階段時間的長短沒有固定標準, 是一個漸變到突變的過程。如何轉化要根據具體情況而定。但幾個訓練階段緊密聯繫, 不能截然分開, 安排掌握得好, 過程可以縮短。"初期"與"加強"兩個訓練階段根據具體情況可以延長。但任何一個訓練階段不能忽略,不能超越,更不能顛倒。前者爲後者的基礎。防止少年訓練成人化,過早強化專項。在青少年時期各項指標的提高,一定要弄清是依靠完成基礎訓練任務的條件下達到的,還是片面突擊專項的結果。後者是不可取的,要力爭延長"不斷提高階段"。

在多年訓練過程中,技術訓練,身體訓練專項能力等內容和加大訓練負荷是貫穿始終的。只不過隨着訓練的深化,水準的提高、情況與任務的不同,主要矛盾有所轉化,各階段,每年的側重點與要求也就有所不同。因而在訓練過程中,要經常檢討研究,加強訓練的針對性與目的性,改進訓練方法,提高訓練質量,以得到更好的訓練效益。

進入到加強訓練階段,要根據重大比賽任務的需要,以全運會、亞運會、奧運會,以及國內外田徑錦標賽爲主要目標,制定2年、4年、6年,甚至8年的多年訓練計劃。包括成績指標、訓練要求、任務、內容、負荷、比賽等方面的全面設計與安排。多年訓練計劃是意向性、預見性的,不可能很具體,要根據每年的訓練與比賽情況及時修訂,落實到全年訓練計劃中去。

2、全年訓練安排

根據多年訓練計劃的既定任務,當年比賽要求,運動員具體情況,提出訓練任務、主要運動素質目標、重大比賽成績和訓練負荷安排等,制定全年訓練計劃。

全年訓練大體可分爲訓練期、比賽期、調整期三個時期。

(1)訓練期

通過訓練在技術,運動素質,專項能力等方面有明顯改進與提高,爲比賽期參加比賽、提高成績作好充分準備。訓練期的時間不少於6個月,根據我國氣候與比賽安排可分爲三個階段。

①冬訓前期(11月—— 12月)

主要進行準備性訓練,着重提高全面肌力、耐力、協調、敏捷、速度等基礎身體素質,適當進行跨欄與跑的基本技術訓練。

提高有氧代謝能力爲加大訓練負荷和提高訓練強度打好基礎。發展全面肌力與最大肌力,爲提高快速力量作準備。改進協調、靈敏與基本技術,爲進一步掌握專項技術。

訓練手段的採用比較廣泛;

進行越野跑、登山、變速跑、較長段落的間歇跑、長時間的球類游戲、提高耐力,並逐漸恢復速度耐力。

採用徒手與帶器械的各種訓練手段,進行全面力量訓練,特別注意提高支撐器官的能力與薄弱部位的力量,力求力量的平衡。

用各種擺腿、踢腿、壓腿、繞欄架、墊上運動等練習提高協調、柔軟與髖關節靈活性。

進行一定的速率訓練。

還要進行跨欄與跑的模仿練習,專門練習,研究分析技術,加強技術改進的針對性。

訓練負荷應比較全面,起點不要過高,逐漸增加數量,控制強度,隨着訓練深入,逐漸提高。

全年訓練開始的準備性訓練,不僅對青少年運動員,就是對已達高水準的成年運動員在進入大負荷專項訓練前,同樣需要提高全面訓練水準。

②冬訓後期(1月—— 2月)

貫徹"速度優先"的原則,提高與速度密切相關的速率、協調等素質,並在繼續提高基礎力量最大力量的前提下,加強快速力量的訓練。

進行 100 公尺以下各種段落的快跑,以提高速度能力,至少要超過去年同期水準。

採用模仿練習、專門練習、五步過欄適量的起跑到第一欄與欄間三步過欄等訓練手段,有針對性的去改進跨欄技術。並提高髖關節的力量、靈活性。

保持有氧代謝能力的訓練,逐漸提高 110 公尺、150 公尺、200 公尺等段落間歇跑的強度以提高速度耐力。

訓練負荷加大,數量多。有計劃、有重點的逐步提高強度。

本階段末,應對速度、快速力量、技術等重點身體素質進行測驗,檢查評定訓練效果。

③春季訓練(3—— 4月)

在跨欄專項訓練中逐漸增加欄間三步過欄的比例,加強起跑到第一欄的練習,掌握與改進全程技術與節奏。並逐步提高專項能力。

保持速度訓練,要求 30 公尺、60 公尺等段落的水準有所提高,並進行降低欄高,縮短欄距的 5—— 8 欄的訓練以提高專項速度。

提高 110 公尺、150 公尺、200 公尺等段落的訓練強度。

保持速率,快速力量,髖關節力量與靈活性和耐力等主要身體素質訓練。

訓練負荷加大,主要在於強度的提高,應有重點、有計劃、有控制,不要面面俱到。

春季訓練是擴大冬訓成果,進入比賽期前承上啓下的關鍵階段,既要繼續提高速度、快速力量等主要運動素質水準,又要加強跨欄專項訓練,在負荷上數量較多,又要求強度加大,具有"專項及強度大"的特點,訓練十分艱苦,在北方地區還有從室內轉到室外的適應過程,因而在安排與掌握上要十分細致。

本階段可參加跨欄與速度項目的比賽,目的在於檢查訓練、提高強度、調劑訓練,不要過於追求專項成績的提高,如為了追求專項成績而減低訓練負荷,事實上是過早進入比賽期,所以應實行邊練邊比賽的方式,以提高訓練水準爲主。

(2)比賽期

比賽期的任務是在提高訓練水準的前提下,充分發揮競技能力,在重大比賽中取得優良成績。根據我國比賽的安排大體可分爲兩個階段。

①比賽前期(5—— 6月)

這一階段應以欄的專項訓練爲主,進行起跑到第一欄—— 第五欄—— 第八欄的訓練,以提高專項速度、速度耐力與熟練節奏。但欄的專門練習仍應保持較大比重。

速度與速度耐力應當繼續提高,至少要保持水準並與欄的專項訓練穿插進行。

要經常進行髖關節力量、靈活性與快速力量等主要素質的訓練。

訓練負荷逐漸降低。十分重視體力恢復,不能再使疲勞積累,訓練中要有較高強度,但切忌去搞突出強度的"摸底"。

要有計劃的參加比賽,實行邊比邊練,逐漸提高競技狀態,以在6月的主要比賽中達到最佳狀態表現優良成績。

②比賽後期(7—— 9月)

在我國一般7—— 10月間安排比賽,主要比賽在9月份進行,這樣可根據上半年的訓練比賽情況進行補充性訓練,促使專項訓練水準進一步提高。

此時正值夏季,又臨近重大比賽,因此訓練負荷不宜加大,有一定強度要求,重視訓練後恢復。要有計劃地參加比賽,基本是邊練邊比賽,邊練邊調,不能使疲勞過多積累,到8月份逐步提高競技狀態以在9月的主要比賽中取得更好成績。

必須明確,本階段屬比賽期的組成部分,不要作爲第二準備期大大加強訓練進行重新準備。這樣可能會使訓練水準有所提高,但離主要比賽時間短沒有充分時間的體力恢復與賽前準備,在9月的主要比賽中不可能表現良好的競技狀態。

(3)調整期(10月)

全年訓練比賽後應進行3—— 4周的調整使神經系統、體力得到休整,有充沛的精力與體力進入下年度訓練。

這一時期不進行專項訓練,多進行球類、越野跑、登山、划船等非經常性的訓練。盡可能改變訓練場地,少在田徑場(館)訓練。

訓練負荷下降,但不要完全休息,要遵守正常生活制度與飲食。不能使訓練水準下降過多。

全年訓練是個整體,各時期、各階段的劃分是爲了安排與掌握的方便,其時間的長短是隨着訓練深化而逐漸轉化的,沒有明確的界限,要根據具體情況而定。

全年訓練負荷安排應是平穩的,波浪式、有節奏的逐步增加。防止負荷上大起大落和冬訓起點級高,春訓、夏訓大大下降"頭重腳輕"的情況。要貫徹量變到質變的原則,應以逐步提高強度為中心,並要重視訓練後的恢復。

全年分為 6—7 個訓練階段,每階段訓練重點明確,負荷安排清楚,便於檢查修正。

3.全年比賽與大賽前安排

比賽可分為一般性,適應性與重大比賽三種。

一般性比賽目的在於檢查與調劑訓練,提高強度,應進行得比較經常,可以主項、副項穿插進行。

適應性比賽,在於逐步提高競技狀態,作為大賽前的熱身賽,熟練完整技術,檢查賽前準備。

重大比賽是全年的主要任務,要求出好成績得好名次。

全年應排出比賽計劃,系統參加比賽,與訓練密切結合,那種認為比賽是消耗,很少參加比賽是不合適的,只有通過比賽才能取得經驗,得到鍛練,並檢查訓練,這在訓練中是不能完全得到的,當然也不能無論比賽的大小,次次要求提高成績,並以此來判定訓練的優劣,也是不合適的。系統的參加比賽主要還是要保證重大比賽中出好成績。

重大比賽前是要專門安排的,在這一過程中逐漸提高競技狀態,到大賽期間達到最佳狀態,其具體表現為:

(1)各器官,系統的機能能力達到較高水準,相互間協調,運動能量消耗減少,恢復過程縮短。

(2)各項身體素質綜合水準得到理想發展,並能與專項有機結合。

(3)技術穩定、節奏感好、動作協調、反應靈敏、速度感好。

(4)心理穩定,渴望比賽,自信心強,又有自我控制能力。

要達到這種狀態需要專門安排與訓練。一般是在大賽前 4—6 週開始。這階段訓練目的並不在於進一步提高訓練水準,而是使訓練水準逐漸表現出來,在大賽時達到最佳狀態。

①體力準備,使各器官系統的機能逐漸達到平衡與協調。

訓練負荷上不再超量,基本是邊訓練邊恢復,疲勞不再積累,保持一定數量,強度較大,但要有控制。保持身體訓練尤其是有良好的有氧代謝能力,有助於加速恢復過程,保證睡眠、營養與生活制度。

②專項準備,專項訓練較多,技術上不作大的改動,要求達到熟練,穩定,完整。

進行起跑後欄間三步的專項訓練,保持欄的專門練習和專項素質訓練,也要有一定的速度與速度耐力訓練。

③心理準備。心理上要達到有信心又有自控能力。

首先得與訓練緊密結合,體力好、技術好、強度上升,必然是情緒高漲。

這時對訓練中的強度要"見好就收",決不要"好上加好",更不要去追求突出強度的"摸底",而是要"引而不發",控制強度。使運動員既渴望比賽,又能控制自己,平時多進行技術分析,看圖片、錄影等,加強"意練",把注意力引導到想技術、想節奏方面。並要正確的分析自己,分析對手,擺正本人位置。

劉華金 1990 年參加第 11 屆亞運會前 9 月份訓練安排:

3/9(一):速度與加速度:衝跑 400 公尺,級跳:50 級。

4/9(二):上午:1.基本技術與協調性:欄專練習:100 架,

　　　　　　　2.身體訓練,循環練習,8×3 組

　　　下午:1.專項速度:5 步欄練習 400 公尺

　　　　　　2.速度耐力:間歇跑 110 公尺×4(13″7—13″0)

5/9(三):1.一般性練習:越野跑 3000 公尺,柔韌性練習 30′

　　　　　2.快速力量:抗阻力練習 12 組

6/9(四):1.基礎力量:上肢 5 組(70—80％),下肢 8 組(70—80％)

　　　　　2.快速力量:60 公尺後蹬跑×4 (7.88/26.5 步—7.60/26 步)

7/9(五):1.一般性練習:變速跑 2000 公尺,柔韌性練習 30′

　　　　　2.跨欄專門力量:拉橡皮帶技術模仿練習 9 組

8/9(六):1.基本技術與節奏:欄專練習 100 架。

　　　　　2.速度耐力:間歇跑 440 公尺。

10/9(一):1.基本技術與協調性:跑專練習 300 公尺,

　　　　　　2.速度練習:衝跑 400 公尺

　　　　　　3.實心球 20′

11/9(二)上午:1.基本技術與協調性,欄專練習 75 架。

　　　　　　　2.速度練習:節奏跑 400 公尺

　　　　　　　3.身體訓練 12 組。

　　　　下午:1.專項速度與加速度:起跑過 1—3 欄×6

　　　　　　　　　　　　6 欄×5 (7″25—7″07)

　　　　　　2.速度耐力:反覆跑 110 公尺×3 (13″15—12″75)

12/9(三):一般性訓練 1 小時。

13/9(四):1.基礎力量:上肢下肢各×5 (70—85％)

　　　　　　2.快速力量:壺鈴蹲跳 540 公斤,級跳 100 級

14/9(五):1.一般性練習(包括協調性):跑專練習 300 公尺

　　　　　　　　　　　強迫跑 120 公尺×10

　　　　　　2.身體訓練:循環練習 8×3 組。

15/9(六):早操:一般性練習 40′

　　　　　下午:1.基本技術與協調性:欄專練習 60 架

　　　　　　　2.專項加速度與速度耐力:起跑過 1—3 欄×8

　　　　　　　　　　　8 欄×3 (9″2—9″1)

　　　　　　3.速度耐力:間歇跑 150 公尺×2 (18″3—18″2)

16/9(日):早操:一般性練習 40′

17/9(一):1.一般性練習 40′.

　　　　　　2.快速力量:抗阻力練習 15 組

18/9(二):1.基本技術與協調性:跑專練習 300 公尺。

　　　　　　2.加速度與速度:衝跑與加速跑 400 公尺。

19/9(三):上午:1.基本技術與節奏:欄專練習 75 架。

　　　　　　　　2.加速度:起跑練習 200 公尺。3.身體訓練 15′

　　　　下午:1.專項速度:6 欄×4 (7″30—7″18)

　　　　　　　　2.速度耐力:110 公尺×2 (13″1—12″7)

20/9(四):一般性練習 50′

21/9(五):1.基礎力量:上下肢各×5 組 (70—80％)

　　　　　　2.快速力量:級跳 20 級公尺 跳 300 公尺

22/9(六):一般性練習 1 小時。

23/9(日):1.專項協調性:欄專練習 75 架。

　　　　　　2.速度:加速跑 500 公尺。3.實心球 20′

24/9(一):1.專項加速度與速度耐力:起跑過 1—3 欄×8, 8 欄×2(9″
　　　　　　7)

　　　　　　2.速度耐力:150 公尺×1(18″6)

25/9(二):上午:一般性練習 1 小時。

26/9(三):1.基礎力量:上肢 7 組(60—70％)下肢 4 組(60—70％)

　　　　　　2.快速力量:級跳 60 級。

27/9(四):模仿練習與協調性 1 小時。

28/9(五):1.加速度與速度:起跑過 1—5 欄×10。

　　　　　　2.速度耐力:反覆跑 110 公尺×2 (13″6)

29/9(六):一般性練習 1 小時。

30/9(日):積極休息

1/10(一):1.專項協調性:欄專項練習 60 架。

　　　　　　2.加速度與速度:起跑過 1—5 欄×6

2/10(二):參加比賽。

(七)跨欄運動員的選材

1、選材條件

　　(1)形態—— 要求個子高,軀幹較短,腿長,大腿短,臀部肌肉靠上,膝關節、踝關節圍度小,跟腱清晰,足弓彎曲度大,肌肉綫條明顯。理想身高 110 公尺高欄 1.85 公尺左右,女 100 欄 1.70 公尺左右。

(2)機能—— 有良好心肺功能,肺活量相對大,脈搏次數較少,血壓正常,有氧代謝能力較好。

(3)身體素質—— 要有良好的速度感,步頻快、反應好、動作協調。踝關節與腳的力量較強,彈跳力較好,髖關節較靈活,柔韌性好。

(4)技能與技術—— 跑的動作協調,技術基本合理。能提髖抬腿,重心高,並有較好的節奏感。

(5)心理與氣質—— 有膽量,敢於嘗試,不怕欄不服輸,頭腦清楚,有一定理解力。

2、選材方法:

形態與機能主要用各種儀器進行測定,身體素質的測定可採用以下項目:

30 公尺間隔跑;

快速 10 秒原地高抬腿;

站立起跑 30 公尺、60 公尺;

立定跳遠,立定三級跳遠;

體前屈手觸地;

雙腿前後劈義,左右劈義;

雙腿和單腿繞欄架;

技能與技術可用下列手段觀察:

跑的專門練習:主要是小步跑,高抬腿跑;

80—— 100 公尺的加速跑;

6—— 8 步助跑跳遠;

任意跨越單欄;

欄側過 2—3 個欄;

降低欄高,縮短欄間的三步過欄跑。

在做動作過程中,及時糾正其不正確的動作可了解其接受能力。

心理與氣質主要是通過訓練,學習與生活中的觀察。並了解直系親屬情況。在與其接觸談話過程中進一步了解情況。

(俞樟炎,王衛星)

五　跳　高

(一)跳高運動的特性與發展趨勢

1、跳高運動的特性

從動作結構來看,跳高乃周期性運動與非周期性運動相結合的運動項目;從工作性質來說,跳高屬於速度──力量性運動項目;從外形而言,跳高是克服以橫竿爲標誌的垂直障礙的運動;從實質上分析,跳高主要是克服人體重力的運動。

同時,鑒於跳高競賽規則的要求,必須在跳之前宣布橫竿高度,因此對運動員的心理素質有很高的要求。

2、從技術演變過程看跳高運動的發展趨勢

跳高是一個多世紀以來技術演變最爲突出的田徑運動項目,也是近幾十年來各國專家學者對其技術研討最爲深廣的項目之一。

由最初的跨越式與相繼出現的剪式、滾式和俯臥式,至目前佔壟斷地位的背向式,每一次技術的革新,都伴隨着訓練方法的發展,使運動成績迅速提高。

無論哪種跳高技術,首先考慮的都是如何使身體重心盡量向上騰升。背向式技術獲得成功的根本原因,在於它符合跳高運動的本質要求,有利於發揮與挖掘機體的運動潛能。

在許多教科書和文章中均可見到 $H = H_1 + H_2 - H_3$ 這一公式。

H 代表跳高成績;H_1 指踏跳即將離地時的身體重心高度;H_2 指 H_1 至身體重心騰空最高點的距離,即身體重心上升的相對高度;H_3 指身體重心最高點(絕對高度)與橫竿之間的距離。

顯而易見,爲了獲得更好的跳高成績,應盡量加大 H_1 和 H_2,減小 H_3。

H_1 主要取決於運動員的身體形態,因此首先要注意選材。爲了增大此值,還應注意支撐腿的充分蹬伸和軀幹伸展,以及擺腿擺臂的高度。

H_3 取決於運動員過竿技術的優劣。爲此,人們在過竿方式上動了一番腦筋,從跨越式至俯臥式的演進過程,主要是這種努力的反映。

對一個具體的運動員來說,增大 H_1 的餘地很小,減小 H_3 也是有限度的。因此,只宜在加大 H_2 方面花費主要精力。加大 H_2 的關鍵,是在適宜的騰空角度下提高騰空初速度。

在經歷了一場爲期不短的"俯臥式與背向式技術孰優孰劣"的理論辯爭和實踐抗衡之後,人們認識到背向式技術更有利於運動員發揮助跑速度和

踏跳的爆發力,有助於加大騰空初速度。其動作結構亦便於身材高大的運動員學習和掌握。這些特點,比其它技術方式更順乎跳高運動的發展趨勢。背向式技術的出現,絕非僅是過竿方式的變更,其對跳高技術發展的作用不可低估,對跳高成績的進步影響顯著。

背向式技術可分爲速度型和力量型(幅度型)。實際上,純粹的速度型或力量型是極少的,大多數運動員的技術屬於混合型,只是不同程度地偏向於速度型或力量型而已。

目前的男子跳高世界紀錄保持者索托馬約爾,即屬於混合型的選手。他的技術類型符合本人的特點,旣身材修長,又具備相當強的力量(身高1.96M,體重約80kg)。一些跳高專家稱他爲新一代跳高明星的典型。

可以預料,只要跳高比賽規則不做原則性的改動,背向式技術的地位很難動搖,將繼續爲跳高運動水準的提高做出貢獻。今後佔優勢的背向式技術模式,將是速度與力量相結合的類型。單靠加大踏跳力量和幅度固然不符合技術發展趨勢,而僅強調加快助跑踏跳,忽略蹬伸距離也難以大幅度提高成績。今後的跳高訓練,仍然主要以提高踏跳的效果,加大騰空初速度爲目標。

在我國,從五十年代的鄭鳳榮到六、七十年代的倪志欽和八十年代的朱建華,我們經歷了由注重全面身體訓練的基礎上提高專項能力到突出專項素質與能力訓練的演變過程。在訓練負荷上,由突出數量發展到突出強度,走出了一條事半功倍的路。在不忽略縮小我國運動員與外國強手力量素質差距的同時,特別注重助跑與踏跳結合,加強助跑最後幾步的"進攻性",狠抓了擺腿技術的訓練。不論是鄭鳳榮的剪式還是倪志欽的俯臥式,或是朱建華的背向式,其"垂直踏跳"的動作均十分出色,擺腿技術堪稱當代一絕。

遺憾的是,目前我國的男女跳高水準都不令人滿意,不僅成績與世界先進水準存在相當大的差距,而且後備力量明顯不足。需特別指出的是,關鍵不在於練跳高的人少或身體條件差,而是相當數量的年輕運動員基本技術不規範,關鍵技術環節存在明顯的缺點,妨礙他們成爲優秀跳高運動員。因此,從教練到運動員,必須加強技術學習,明確技術概念,紮實細致地抓好基本技術的訓練。

(二)背向式跳高技術與技術訓練

1、技術要點

(1)助跑與起跳的結合是跳高技術的核心

通常將跳高技術分爲助跑、起跳、過竿和落地四個組成部分。每個部分之間存在密切聯繫,並且均對整體效應具有影響。

其中,助跑與起跳的結合,無疑是跳高技術中的核心環節。

　　由助跑轉入起跳,意味着由週期性運動變爲非周期性運動,不僅動作結構變化很大,而且要求轉換十分連貫、自然。這個環節完成的好壞,除了與動作結構是否合理有關之外,很大程度上在於對助跑速度和節奏的控制。

　　助跑與起跳結合的優劣,很大程度取決於助跑倒數第二步的動作完成的情況。因此,該步動作的每一細節都須認眞對待。這一步的動作要領可概括爲四個字:"趴、送、蹬、擺"。下面結合前世界紀錄創造者斯通斯的技術圖片(3—5—1)予以說明。

圖3—5—1　斯通斯(美)的背向式跳高技術

　　從圖 3—5—1 的 1—4 中,可清楚看到軀幹由稍前傾轉爲正直,而整個身體保持內傾。從圖中 3—5 可見前導腿自然而積極地由前至後下方做類似"趴"地動作(用全足掌着地),使着地點與身體重心投影綫比較近,有利於完成後邊的動作。屈膝緩衝的同時,骨盆迅速前移(見圖中 6—8),即"送髖"的動作。在骨盆移過支撐點上方之後,前導腿蹬地,不僅使身體獲得繼續向前位移的推動力,而且由於前導腿前群肌肉充分拉長,爲隨後的擺腿動作創造了良好的條件(見圖中 7—9)。前導腿結束後蹬之後,膝關節稍放鬆,使小腿自然折叠靠近大腿,以髖部發力帶動大腿前擺(見圖中 10—12)。

　　助跑的最後一步,起跳腿邁向起跳點的動作,通常稱之爲"邁步"。該步的動作要點在於髖部前移並展開(即常說的"送髖"),大腿前擺不要抬得太高,接近地面時膝關節保持適度緊張,以足跟外側領先觸地並迅速轉爲足外側及全足掌支撐,此時大小腿之間約 170°,看上去膝關節幾乎沒有彎屈,身體重心比倒數第二步稍高(見圖中 10—11)。這一步應是積極的。訓練有素的運動員,應注意完成這樣一個精細的動作,即在腳向前邁出,即將觸及地面時,整個足掌稍向後下方做快速而幅度很小的"趴地"動作(仍以足跟外側領先着地)。這既能避免產生不適宜的"制動",又使支點與身體重心投影綫之間的距離稍稍縮短,有助於身體重心順利而及時地移向支點上方,對縮短屈膝緩衝階段和加快起跳速度有利。

　　起跳腿的緩衝,主要是膝、踝兩關節的適度彎屈,而髖關節則基本保持展開(見圖中 12)。膝關節的彎屈程度因人而異,一般來說,與助跑速度及下肢力量成正比。優秀運動員在最大緩衝時,膝關節約屈成 140°—143°。

　　爲了越過橫竿,必須通過起跳動作改變身體重心的位移方向—由向前改爲主要向上。因此在髖、膝尚未移至支點正上方時,緩衝階段即告結束,開始發力蹬伸。髖、膝、踝依次充分展開,由頭至足幾乎成爲一條直綫(見圖中 13)。

　　由於最後一步足着地時,身體仍處於適度內傾的狀態(朱建華此刻內傾約 20°),所以在起跳腿屈膝緩衝及蹬伸的同時,還完成了身體由內傾轉爲正直的動作。必須強調指出,這個"豎直"的動作速度很快,而幅度不大。稍控制不好,則會出現"天平擺針"式的動作,上體倒向橫竿。

　　起跳腳着地點(起跳點)應在弧綫助跑的延長綫上,足尖不要外轉。起跳點與橫竿垂綫的距離,與運動員的技術類型及助跑角度等因素有關。一般來說,這個距離等於橫竿高度的 40％左右。若跳高成績爲 2 公尺的運動員,其起跳點與橫竿垂綫的距離約 80 厘公尺。

　　(2)蹬擺配合是跳高技術的難點

　　要想跳得高,僅靠起跳腿蹬地的力量是遠遠不夠的,必須充分利用前導腿及雙臂的擺動和軀幹的屈伸力量。擺動在跳高技術中的作用,概括來講有以下幾點:

①提高起跳即將騰空時的身體重心高度(H_1)。

②增大支撐反作用力。

③上擺制動時,增大垂直速度。

④爲過竿動作創造有利條件。

在起跳中,擺腿的作用極大。但只有在恰當的時機做出合理的動作,才能發揮其應有的作用。因此,必須重視起跳動作的難點—蹬擺配合。

蹬擺配合體現在兩個環節上。第一個環節,是助跑倒數第二步前導腿本身的蹬與擺。第二個環節,則爲最後一步前導腿和臂的擺動與起跳腿的蹬伸配合。由於前導腿和臂的擺動動作先於起跳腿的蹬伸開始,所以更確切地說,應是倒數第二步的蹬擺配合與最後一步的擺蹬配合。

倒二步的動作如前所述,僅提醒注意一點:前導腿蹬地結束後,小腿自然折叠使擺動半徑縮小,有助於加快擺動的角速度。

下面着重說明最後一步的擺蹬配合。

前導腿在起跳足尚未着地之時,已開始積極前擺。當起跳腳觸地時,它已完成了擺動的一部分(見圖中11)。研究資料證明,此階段的擺動角速度最大,例如朱建華的最高值超過1000°/秒。隨着起跳腿的屈膝緩衝,前導腿繼續前擺,保持大小腿折叠(見圖中12)。擺過起跳腿之後,由前擺變爲向前上方擺動,大腿稍內轉,而小腿和足稍外展(見圖中14)。起跳腿充分蹬伸,即將離地時,前導腿的大腿已擺到不低於水準的位置(見圖中13),並盡量保持這種姿勢騰升一段時間和距離(見圖中14—17)。

擺臂的動作亦不可低估。與俯臥式相比,背向式的擺臂顯得更爲重要,不僅有助於伸展軀幹,而且對擺腿動作有積極影響。

起跳時的擺臂有兩種方式,一種爲朱建華那樣的單臂擺,另一種爲雙臂擺。我們結合蘇聯名將阿弗杰延科的技術圖片(圖3—5—2)分析一下雙臂擺的技術。

在起跳腿邁向起跳點的過程中,異側臂沒有前擺,而是與另一臂同時引向身後(見圖中3—5)。雙臂與前導腿在起跳足觸地前即開始前擺,超過軀幹後轉爲上擺,直至肘高於肩(見圖中6—9)。配合軀幹的伸展和起跳腿的蹬伸,使整個起跳動作完成得積極而充分。特別應注意在起跳足即將離地的瞬間,身體位置很正,既未向橫竿側倒,也未轉體,胸部沿着助跑方向對着橫竿,從頭至足的連綫與跳高架的立柱一樣垂直於地面(見圖中8)。

(3)竿上動作宜簡不宜繁

使身體重心升到橫竿以上的高度,是助跑起跳的主要目的,也是身體越過橫竿的基本條件。但是身體重心高於橫竿並不能確保過竿成功。運動員應充分利用已獲得的騰空高度,合理地處理身體各部位與橫竿的關系,使其依次從竿上通過,這就是過竿技術。

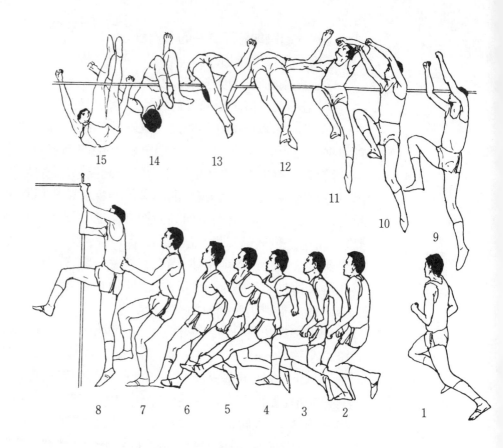

圖3－5－2 阿弗杰延科的背向式跳高技術

概括來講,竿上動作應注意兩點:

第一,結構力求簡單,不做多餘動作。切忌抖動式(如"鯉魚打挺")的華而不實動作;

第二,掌握身體各部位動作的適時性。動作順序與節奏的正確性與結構同樣重要。

過竿動作的成功率,受起跳點位置的影響較大。起跳點太遠,拋物綫的最高點位於竿的前上方,身體易將竿"砸落"。起跳點太近,則拋物綫的最高點位於杆的後上方,小腿易將竿"勾"落,甚至尚未來得及做動作,便使身體碰竿。

2、技術訓練

技術訓練是跳高訓練中的"靈魂"。只有掌握合理的動作技術,才能充分發揮一般與專項運動素質。而合理的技術,則需要長期刻苦、細致地採用一系列的訓練方法手段才能掌握。

(1)助跑技術訓練

①弧綫助跑訓練

弧綫助跑,是背向式跳高助跑的顯著特徵,也是助跑技術訓練的重要內容。其練習手段通常包括:

a、由直綫進入弧綫的助跑；

b、不同半徑的圓弧跑；

c、逐漸縮短半徑的螺旋式圓弧跑等等。

上述練習，應注意由直綫至弧綫的過渡要自然，防止跑成折綫。隨着圓弧半徑的縮短，身體內傾逐漸加大，不要再有意地降低身體重心，開始練習時可畫出助跑的路綫並設標誌點。

②助跑節奏訓練

a、起動與加速方式

跳高助跑，可以原地起動或先走幾步然後過渡到跑。目前優秀運動員多採用後一種，其優點在於不僅動作比較放鬆自然，而且助跑的第一步即具備了一定的水準速度。不論採用哪一種方式，均需有清楚的標誌綫，第一步的動作準確與否，往往對助跑全程產生重要影響。

加速方式以勻加速爲好。進入弧綫後，則應積極加速。

b、在穩定步長比例的基礎上加快步頻

運動員的全程助跑步數，在一定的時期內應固定。而總的距離，會由於風向、風力、場地和體力的變化稍有增減。通常比賽時的助跑距離會比平時訓練稍長。但是各步之間的步長比例，應相對穩定（尤其是後幾步）。在此基礎上，逐漸加快步頻，在助跑的最後 3—4 步獲得最快的水準位移速度，爲具有“進攻性”的助跑與起跳結合創造有利條件。

這種助跑節奏練習需經常做、反復做，着重體會每步的時空感覺。在步長控制不好時，可把每一步都畫出標誌。對全程助跑或最後 4 步，教練應經常計時。快速助跑並不意味着跑速越快越好，而力求在節奏穩定適宜的條件下，逐漸提高跑速，並要與完成起跳的能力相適應。

有條件時，可採用音響設備模擬助跑的步頻比例，結合步長標誌，進行誘導訓練。

(2)助跑與起跳結合技術訓練

①助跑最後兩步“蹬擺—擺蹬”動作模仿練習。按照技術要點中的動作規格，在走動及短程助跑中反復練習。速度可由慢至快，而動作的結構與時序要嚴格掌握，注意兩腿以及上下肢、軀幹的動作配合協調一致。

②短程、中程或全程助跑起跳。用頭觸高物（或用手摸高物、前導腿膝部觸高物）練習。要求後幾步按弧綫助跑的要求做，注意起跳時前導腿與臂仍要擺到一定的高度。

③短程、中程或全程助跑跳上器械（海綿臺或“萬能架”等）。根據運動員的情況，可要求“坐”上器械或以背向式過竿的動作躍上器械。該練習對避免身體過早倒向橫竿的錯誤和提高專項能力很有效。

④短程、中程或全程助跑“坐板凳”式過竿。由於不要求做完整的過竿動作，可集中精力完成快速助跑起跳以及加強垂直向上的能力。

(3)起跳過竿技術訓練

能否充分利用起跳後身體重心騰升的高度越過橫竿,很大程度上取決於運動員在無支撐的條件下適時控制身體各部位動作的能力。爲了提高此種能力,除了必要的協調性、柔軟性練習外,還應經常進行專門訓練,如:

①立定過竿

站在與海綿墊大約等高的跳箱或木凳上,做立定背向式過竿練習。要求擺臂與下肢蹬伸以及軀幹伸展動作配合協調(騰空前注意臀肌收縮和展髖),避免上體過早後仰,由肩至足依次繞額狀軸轉動,身體兩側動作對稱。

②利用彈板起跳過竿

該練習一般用短程或中程助跑進行。由於較省力地延長了騰空的距離,使運動員着重體會空中感覺,處理身體與橫竿的關系。但此練習不宜做得太多,以免破壞正常的起跳技術。同時應注意彈板的位置和步點的準確性,避免起跳時踩在板的邊緣導致受傷。

③利用橡皮筋代替橫竿,進行較高強度的過竿練習

此練習主要爲了避免運動員由於對高度的畏懼心理而產生的錯誤動作。多次成功地躍過皮筋,增強了信心,可再換跳橫竿。

(4)完整技術練習

盡管跳高技術訓練離不開專門練習,但完整技術練習的作用是任何專門練習所無法替代的。只有完整技術練習,方能充分檢驗運動員的專門運動素質水準和各技術環節的掌握程度,以及專項意識和心理素質等。也只有完整技術練習,才能眞正地體現專項訓練水準、提高競技狀態,爲在比賽中提高成績創造最有利的條件。

對於青少年運動員來說,技術訓練中的教學因素占相當大的比重。因此以學習、掌握基本技術爲重點,完整技術訓練的負荷量和強度,均應充分考慮年齡因素和訓練水準,循序漸進。

對具有了一定訓練年限和訓練水準的跳高運動員來說,完整技術訓練的關鍵問題,在於掌握適宜的負荷── 過竿的次數、強度和密度。

盡管正式比賽時一般只跳十餘次甚至不到十次,但訓練中必須有足夠的過竿量。這是掌握、鞏固合理技術的需要,也是提高專項訓練水準的重要因素之一。在準備期,一周的過竿量應達到 80─100 次,比賽期可稍減少。

過竿練習的密度,通常不需太大,若密度過大,一方面不符合比賽時的實際情況,另一方面不利於運動員思考技術和準備跳下一次。在中等以上強度的過竿時,每次跳的間隔應有 2─3 分鐘。

過竿練習的強度,可根據運動員的實際水準分爲三檔:

第一檔──中等強度。其主要任務是改缺點,因此次數可多些(特別是技術不穩定的運動員)。這種強度的標誌爲:不費很大的勁兒即可跳過去,但技術不好也會碰竿。例如鄭達眞最高成績 1.90 公尺時,中等強度爲 1.75

公尺左右。

　　第二檔—大強度。既要用力，又要技術好，方可跳成功。目的在於鞏固、熟練已基本掌握的合理技術。由於需要快速助跑和用力跳，所以對發展專項素質也有積極作用。例如鄭達眞跳 1.80—1.85m 爲大強度。

　　第三檔—極限強度。主要爲準備比賽和提高成績而安排。由於必須有技術較完善、鞏固的基礎，又有一定的心理準備，所以極限強度的技術訓練不會經常出現。極限強度訓練並非爲特意安排的檢查性專項測驗，而應在大強度技術訓練課的結束前跳 1—2 次。這種強度一般接近個人最高成績，例如鄭達眞與楊文琴的最高成績是 1.93 公尺和 1.96 公尺，她倆的技術訓練極限強度爲 1.91 公尺和 1.92 公尺。

　　在以上三檔強度的技術訓練中，大強度訓練是核心，是最重要、最困難的訓練任務。要在長期的訓練中，系統地提高大強度訓練的平均強度，這是極限強度訓練和提高成績的基礎。衡量一名跳高運動員的訓練水準，不僅要看他的比賽最高成績和訓練中出現的最高強度，還要注意其穩定的比賽成績和穩定的訓練強度。大強度訓練量的積累，是出現飛躍(提高成績)的重要條件。

　　即使是訓練有素的優秀跳高運動員，由於種種因素的影響，技術也會出現這樣那樣的缺點，體力情況亦會時好時差。技術訓練課的重要任務之一，就是不斷地克服缺點。技術發揮不好時，可暫時降低橫竿高度，但不放鬆技術上的要求，體力越差越要注意技術。待技術好轉後又可升高橫竿……在反復的升降中磨練技術和加強專項能力。應注意在技術訓練結束前表現一次比較滿意的技術動作，以免不良的“痕迹”延續到下次技術訓練。

3、跳高技術診斷和分析的方法與指標

(1)觀察記錄法

　　這是教練在運動員訓練和比賽時最常用的技術診斷方法。教練根據頭腦中背向式跳高技術模式，對運動員每個技術環節的動作及整體效應作出判斷。除了目測之外，基本工具就是跑表、皮尺和筆記本等。

　　在技術訓練時，教練應根據觀察的重點不同而確定觀察的位置。一般教練常站在三個位置(圖 3—5—3)，以 A 點爲主，酌情在 B、C 兩點。

　　A 點可觀察技術的全過程，尤其對助跑速度與節奏、助跑與起跳銜接的情況看得較清楚，並便於計時。

　　B 點便於觀察起跳與騰空階段身體與橫竿的位置關系、起跳點與橫竿的距離、擺腿的方向等。

　　C 點主要觀察助跑由直綫轉入弧綫時的身體狀態以及助跑路綫是否適宜。

　　①計時

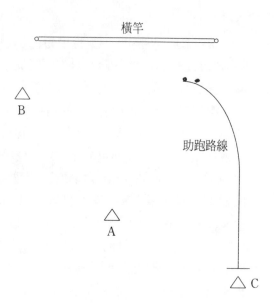

橫竿

B

助跑路線

A

C

圖 3-5-3　教練的觀察位置

對助跑全程或最後 4 步計時。由於在同一次訓練或比賽時,助跑全程和最後 4 步的距離基本上穩定。因此,計時可對助跑步頻和速度做基本評估。由於每位教練的計時習慣略有差異,所以此數據一般只宜縱向對比,不宜與彼時彼地的運動員作橫向比較。

②丈量

除了丈量橫竿高度之外,多用於丈量起跳點與橫竿之間的距離、助跑全程或某一步某幾步的距離。

③評分

對運動員的每次試跳進行技術評分。不能只依據是否碰竿來決定分數,而要對技術動作的完成情況進行評估。在重點解決某環節的技術問題時,評分標準應適度"傾斜"。評分情況通常要當時告訴運動員(正式比賽時例外),並簡要說明緣由,利於運動員下一次跳時注意。評分結果必須詳細記錄,並要有較統一的記錄方法,便於總結對比。

(2)錄影分析法

這是日漸普及並受歡迎的辦法。錄影機的位置與教練所站的位置相仿。一般不用仰角或俯角拍攝。

錄影不僅能使運動員"目睹"自己的動作,而且通過"慢放"可使教練和運動員更仔細地反復分析。另外,在不同訓練階段和運動員處於不同狀態時拍攝的技術錄影資料,結合其它訓練數據,對系統分析技術的變化大有裨益。

但是,即使有時標功能的攝影、錄影機,亦很難對跳高某環節的動作做準確定量分析。

(3)高速攝影與高速錄影分析法

高速攝影是近年來應用於跳高技術分析較爲廣泛而有效的方法之一。

①跟踪拍攝法

攝影機主光軸對準運動員,拍攝跳高的全過程或某一階段。其優點是可以使運動員的動作盡量充滿畫面,洗印照片比較清晰。缺點是只能較準確地計算每一步支撐與騰空時間、起跳緩衝與蹬伸階段的長短以及某些關節角度等數據,而不能準確計算助跑速度、騰空初速度等重要參數。

②定位拍攝法

由於鏡頭主光軸固定和設置空間對照物(標尺),而克服了跟踪拍攝的缺點,利於定量分析。但單機只能拍攝某一環節、某部分的動作,並且往往動作只能占畫面的一部分。

鏡頭高度一般距地面 1.20—1.30 公尺。攝影機與被攝對象的距離不應少於目標寬度的 5 倍。例如拍攝助跑最後兩步與起跳動作,目標寬度定爲 5 公尺,則攝影機應安放於 25 公尺之外的位置。

拍攝頻率以 100 幀/秒左右爲宜。

以上兩種方法均爲兩維攝影,用一臺攝影機即可。三維攝影需至少兩架攝影機同步拍攝,技術與設備要求較高,此處不詳述。

高速錄影及分析系統具有功能多、反饋快的優點,但由於設備昂貴且較笨重,目前教練尚難廣泛應用。

(4)其他方法

利用測力臺系統可對起跳的有關數據進行測定;利用 FM/FM 遙測接收系統可描記助跑與起跳的有關指標等。此類設備在訓練中均可定量診斷跳高技術,但由於種種原因尚不能在比賽中應用。

(5)關於跳高技術診斷與若干指標的分析

表 3—5—1 至表 3—5—4,列舉了一些優秀跳高運動員的技術指標。由於測試的條件與方法不能絕對相同,其數值僅供進行跳高技術診斷與分析時參考。

表 3—5—1　科斯塔迪諾娃 1987 年創造 2.09 公尺的女子跳高世界紀錄時的若干技術指標

H_1	H_2	H_3	起跳時間	垂直初速度	助跑最高速度	起跳點與橫竿垂綫距離
1.16 公尺	0.96 公尺	0.03 公尺	0.14 秒	4.43 公尺/秒	7.86 公尺/秒	約 0.90 公尺

表 3—5—2　朱建華創造 2.37 公尺的男子跳高世界紀錄時的若干技術指標

H_1	H_2	H_3	起跳時間	助跑最高速度	最高步頻
1.37 公尺	1.08 公尺	0.08 公尺	0.173 秒	8.73 公尺/秒	4.8 步/秒

表 3-5-3　　1990 年亞運會中國運動員周忠革和曹忠萍的若干技術目標

姓　名	成績	名次	H₁	H₂	H₃	起跳時間	騰空垂直初速度	步　長		步　速	
								倒2步	最後1步	倒2步	最後1步
周忠革(男)	2.26公尺	1	1.27公尺	1.02公尺	0.03公尺	0.16秒	4.68公尺/秒	1.85公尺	1.83公尺	7.10公尺/秒	7.94公尺/秒
曹忠萍(女)	1.90公尺	2	1.26公尺	0.69公尺	0.05公尺	0.15秒	3.70公尺/秒	1.82公尺	1.91公尺	6.98公尺/秒	7.07公尺/秒

表 3-5-4　　前蘇聯國際級運動健將標準的技術要求

	成績	助跑速度(起跳前)	起跳時間	起跳力量	騰起角度	騰空垂直初速度
男子	2.28公尺	8公尺/秒	0.18秒	400公斤	60°-65°	4.60公尺/秒
女子	1.93公尺	7公尺/秒	0.20秒	300公斤	58°-63°	4公尺/秒

(三)跳高運動員長期訓練的階段劃分和主要訓練任務與特點

1.基礎訓練階段(男 11-15 歲,女子 11-14 歲)

該階段的主要任務與特點:

(1)根據發育規律和發展各種運動素質的敏感期,優先發展靈敏、協調性和速度、彈跳素質,兼顧其他素質的全面發展;

(2)訓練中帶有濃厚的教學色彩。不僅重視專項基本技術的教學,也不忽略各種身體訓練手段的要領教學;

(3)比賽(尤其是規模較大的專項比賽)較少,專項訓練負荷強度亦較低。但應注意使小運動員的跳高成績逐年有所提高,以提高對跳高訓練的興趣愛好;

(4)對跳高基本技術(助跑節奏、助跑與起跳結合以及過竿動作)進行"由粗至細"(逐漸提高對細節的要求)和"粗中有細"(關鍵技術環節的基本要點不放鬆)的教學訓練。加強專項意識和初步培養專項能力。

2.專項提高階段(男 16-19 歲,女 15-18 歲)

該階段的主要任務與特點:

(1)在全面發展一般運動素質的基礎上,逐步提高專項運動素質的發展水準

此階段運動員的身高增長逐漸緩慢,而肌纖維日漸增粗,肌肉內蛋白質含量增高,心血管系統和呼吸系統的功能亦日趨完善,承擔負荷的能力和恢復能力明顯增強,因此是發展一般與專門運動素質的極好時期。

在本階段的前期,專項身體訓練的比重可略少於全面身體訓練。而後期的專項身體訓練比重則應稍大於全面身體訓練。在注重發展速度素質的同時,需結合專項的特點,將提高彈跳力的訓練列為身體訓練的重點。為了

提高彈跳力,無疑要加強下肢支撐能力(關節組織與肌肉群)的訓練,同時不可忽略腰、腹、背肌力量和必要的上肢力量訓練。各種負重與徒手相結合的跳躍練習,對發展跳高運動員所需要的彈跳能力是極為有效的。

(2)掌握合理的背向式跳高技術,並逐漸提高其熟練程度

該階段是學習專項技術的最重要時期,對能否掌握合理的跳高完整技術並初步形成本人的技術風格至關重要。身體發育和速度、力量等素質的提高,為加強技術訓練提供了物質基礎,而協調素質的改善則為控制動作、掌握較複雜的技術創造了有利條件。

在本階段的技術訓練中,不僅對技術的諸環節動作要求應十分嚴格,而且更重視各環節之間的銜接。力求在該階段的後期,其完整技術已基本上掌握,不存在"致命"的技術缺陷。

(3)加強專項能力,積累比賽經驗,提高專項成績

通過大量的技術專門練習和完整技術訓練,不僅使跳高技術日趨合理和熟練,而且專項能力明顯增加。在該階段的技術訓練中,中等強度的過竿占相當大的比重,同時逐漸增加跳器械的次數和強度。

除了參加副項(短跑、跳遠、跨欄等)比賽之外,每年可參加不少於10次的專項測驗或比賽。在比賽中檢查完整技術掌握的程度,提高專項訓練強度,並且培養專項心理素質及增加比賽經驗。

在該階段的後期,有才能的跳高運動員,達到運動健將標準不僅是可能的,而且是應該的。

3、最佳競技階段(男 20—25 歲,女 19—24 歲)

縱觀近幾十年的跳高史,可看到跳高運動員在 20 歲左右即可嶄露頭角,大部分運動員在 25 歲之前達到競技生涯的頂峰(見表 3—5—5)。

表 3—5—5　　17—24 屆奧運會跳高前 6 名年齡統計

名 次		屆　　　　　次								平均年齡
		17	18	19	20	21	22	23	24	
男	冠 軍	27	22	21	26	20	21	22	25	23.0
子	前 6 名	22.2	24.5	21.3	23.3	21	22.3	23.5	—	22.6
女	冠 軍	24	27	18	16	24	27	28	30	24.2
子	前 6 名	22.4	25.1	21.3	21.7	23.5	23.4	26.2	—	23.3

如朱建華 20—21 歲三次打破男子跳高世界紀錄;蘇聯 23 歲的波瓦爾尼岑率先跳過 2.40 公尺之後不久,他的 22 歲同胞帕克林征服了 2.41 公尺的高度;瑞典選手舍貝里 22 歲將世界紀錄改寫為 2.42 公尺;古巴的索托馬約爾跳過 2.43 公尺和 2.44 公尺時年 21—22 歲。

前蘇聯女子跳高名將貝科娃,三次刷新世界紀錄(2.03—2.05 公尺)的年齡為 24—25 歲;保加利亞運動員安東諾娃,24 歲時將該紀錄提高到 2.07公尺;女子跳高世界紀錄保持者科斯塔迪諾娃,是在 21—22 歲時躍過 2.08

公尺和 2.09 公尺的。

該階段的主要任務與特點：

(1)在具備了一定水準的全面身體訓練基礎上,突出專項身體訓練

一般身體訓練,在任何階段都是必不可少的。因爲它不僅是專項身體訓練的基礎,而且能促進有機體各器官系統功能協調發展,提高健康水準和承受大訓練負荷的能力。對掌握和完善複雜的專項技術亦有不可忽略的作用。但是,隨着訓練年限的增加和訓練水準的提高,專項身體訓練的比重應顯著增加。身體訓練的內容及手段的選擇,均應考慮跳高專項特點的需要。

跳高項目的速度—— 力量性質,決定了專門身體訓練要以提高爆發力爲重點。在手段的篩選和動作規格要求上,應盡量符合跳高的神經肌肉工作性質和動作結構,並符合主要工作肌群的用力順序。

鑒於助跑起跳在跳高技術中的顯要地位,專項身體訓練的首要着眼點要放在發展跑動中單腿向上跳的能力,以及全身協調用力的能力。顯然,加強支撐能力的訓練在本階段有更重要的地位。強度較高的速度練習(注意,速度練習不僅指短跑),包括槓鈴練習在內的各種負重練習和成組的跳躍練習,在專門身體訓練中應占相當大的比重。

(2)完善背向式跳高技術,提高技術的穩定性和平均強度

本階段技術訓練中的教學色彩逐漸淡化,而代之以完整技術各環節的改善與強化訓練,以提高總體效益爲最重要的目標。

分解技術練習仍然採用。其主要目的在於改善某些動作細節,以期動作完成得更合理、更熟練。而完整技術練習大大增加,在減少技術波動的原則下,逐漸提高訓練強度。

要成爲優秀跳高運動員,必須較大強度下完成相當數量的完整技術(過竿)練習。只有這樣,才能鞏固合理的技術,提高專項訓練的總強度。

跳高比賽的特徵,即強度的抗衡和大強度過竿成功率的較量。因此,技術訓練中的關鍵,就是能否建立這種抗爭的基礎,提高抗爭的能力。

有關跳高理論與訓練實踐表明:在某一時期,運動員的素質、技術等情況相對穩定,表現爲專項成績亦相對穩定。此時影響跳高技術的諸因素(助跑速度、節奏,起跳與過竿技術以及運動素質等)處於相對"最適組合"的狀態,跳高成績相對穩定。然而在大多數情況下,訓練的任務不是維持這種穩定(平衡),而是要打破這種穩定,取得更高一級的平衡狀態。新的平衡反映了新的"最適組合",也預示了成績的提高。

例如,助跑速度的加快造成支撐力量、起跳技術不適應,導致完整技術效應改變,成績出現波動。經過教練和運動員的共同努力,可使薄弱環節加強,出現更高一級新的相對平衡,專項成績的提高自然順理成章。

在解決矛盾的過程中,教練不僅應有技術上的措施,更要與運動員一樣,有心理上的充分準備,知難而進,遇亂不慌。

(3)提高專項能力,參加不同規模的比賽,創造優異成績

　　創造好成績,並不是參加各種比賽的唯一目的。有些教練,由於對此認識不足,安排運動員參加比賽太少,有的一年參賽不足 10 次。有些運動員,正由於比賽機會少或沒有積極找機會比賽,在重要的比賽中心理狀態不理想,過於緊張,影響了訓練水準的發揮。

　　必須認識到,比賽也是訓練的重要組成部分,其作用往往是其它任何訓練所無法替代的。不僅能檢驗訓練效果和發現種種問題,而且可以刺激訓練強度,培養心理素質和增加比賽經驗。多次參加比賽,對增強專項能力更有顯著作用。

　　該階段的運動員,每年應參加 15 次以上的專項比賽。不一定每次比賽都特別準備,但每次比賽的主要目的應明確。

　　有人認為,參賽太多影響系統訓練。這種看法並非全無道理,但應該將比賽與訓練看作對立統一體,相輔相成,而不是截然矛盾的。

　　在特定的條件下,運動員在比賽中會有意料之外的表現。例如,倪志欽在 1963 年夏季一次未做特別準備的比賽中,用 4 步助跑跳過 2.20 公尺,不僅打破當時的亞洲紀錄,而且教練與運動員從中得到技術上的啟迪,為下一步的訓練安排提供了依據。某位女運動員,在一次比賽中,由於場地條件的限制,改變了以往的助跑弧綫,節奏亦做了調整,卻收到意外良好效果。教練及時抓住這一契機,予以強化,促使技術改善,成績明顯提高。

4、競技保持階段(25－30 歲)

　　在各種重大比賽中,某些身經百戰的運動員寶刀不老,屢屢奪標,被稱為跳高場上的"長壽鳥",顯示了他們高超而穩定的跳高技藝。例如,獲得第 23 屆奧運會女子跳高冠軍的邁法特 28 歲,亞軍西梅奧妮 31 歲;而 24 屆奧運會女子跳高金牌被 30 歲的里特摘走;1973 年斯通斯年方 20,創造了 2.30 公尺的男子跳高世界紀錄,11 年後在洛杉磯奧運會上,他仍然跳出了 2.31 公尺的好成績。

　　有些優秀跳高運動員,年僅 25 歲左右便早早"退役",也有的運動員成績曇花一現,便開始"滑坡",令人惋惜。

　　欲想在該階段保持高水準的跳高成績,不僅要有強烈的事業心,也要解決好訓練安排問題,主要包括:

　　(1)體能是技術與專項成績的重要基礎條件,因此一般與專門的身體訓練始終要堅持。一般身體訓練所佔的比重,應比上一階段稍大;

　　(2)基本技術仍要經常練。任何優秀選手的技術都不是完美無缺的,所謂爐火純青,只是相對而言。因此堅持磨練基本技術,不僅有助於保持競技能力,而且有可能進一步完善與熟練技術;

　　(3)控制訓練負荷和注意恢復特點。25 歲以上的運動員,很突出的一點即訓練後恢復較慢。所以,不但要考慮每次訓練後的恢復時間應較長,而

且在訓練中的恢復亦與年輕選手有區別。總的來說,訓練負荷隨年齡增長而逐漸略有減小,訓練次數每周通常不超過 6 個單元。

(4)比賽次數因人而異,但賽前一般均有所準備。在該階段參加副項比賽比較少,應集中精力準備規模較大的專項比賽。對體質較差或有些舊傷的運動員來說,要慎重考慮賽前安排方案和兩次比賽的間隔時間。

(四)專項素質與專項能力訓練

一般運動素質是跳高專項運動素質的基礎,但不可能自然轉化為專項素質與能力。因此,必須通過有選擇的訓練手段來獲得和提高。

根據背向式跳高的特點,除了速度和爆發力之外,要特別加強支撐能力的訓練。助跑和起跳速度快,對起跳腿的支撐力量無疑要求甚高。由於助跑倒數第二步的特殊作用和技術特點,對前導腿的支撐力量亦不可忽略。

加強支撐能力的訓練,既要注意動作的速度,又要盡量符合跳高起跳動作的運動學與動力學特徵。選擇的訓練手段,均要有助於提高快速助跑單腿向上跳的能力。

強調擺臂與擺腿的速度和力量,是跳高運動員專項素質和能力的重要因素。在多年訓練過程中,應予以足夠的重視,精心安排訓練手段與負荷。

大強度完成一定數量的專門練習,是提高專項素質與能力的最有效方法。經常進行專項素質測驗,不僅能評定訓練情況,而且可刺激訓練強度的提高。

1.常用訓練方法

(1)專項速度

①15—30 公尺彎道行進跑;

②30—60 公尺計時跑(起跑或行進跑);

③5—10 秒鐘快頻率練習;

④聽信號完成規定動作(迅速而準確)。

(2)快速力量與支撐力量

①計時抓舉(每組 5 次);

②連續高翻(槓鈴)3—5 次;

③單腿或雙腿半蹲(大小腿夾角小於 140°);

④負重弓箭步走 10—15 步;

⑤膝後提鈴屈膝蹬伸(髖部保持展開);

⑥負重半蹲跳;

⑦後拋鉛球或實心球;

⑧原地或行進間擺臂擺腿(徒手或負重);

⑨靜力半蹲與快速半蹲跳相結合。

(3)彈跳力

①縱跳;

②邁步跳(負重或徒手);

③短或中程助跑起跳頭觸高物;

④短或中程助跑起跳手觸高物;

⑤短或中程助跑起跳膝觸高物;

⑥不同高度的跳深(單足或雙足);

⑦立定多級跳遠(單腿或換腿);

⑧連續跳欄架(單腿或雙腿,徒手或負重);

⑨急行跳遠(短程或中程助跑);

⑩跳"萬能架"(徒手或負重)。

(4)專項靈活、協調能力

各種姿勢的跳高及"跳高遊戲"(附加一定的條件,增加動作難度)。

(5)專項耐力

①在較短的時間內完成較多次數的跳高(如半小時完成過竿 30 次,中等強度);

②在較長時間內完成一定強度和次數的跳高(如持續 150 分鐘完成過竿 40 次,包括中等強度和大強度);

③連續兩天各完成一定強度的過竿若干次(類似合格賽與決賽)。

2.優秀運動員專項成績與專項素質目標

表 3—5—6、7、8、9 所列優透跳高運動員的專項成績與專項素質指標供參考。

(五)訓練計劃的制定

跳高對運動員的體能、技術和心理均有很高的要求,必須經過多年的系統訓練,才能培養一名優秀的跳高選手。在這個漫長的過程中,訓練計劃的制訂與實施,十分重要。

制訂訓練計劃前,教練不僅要對運動員的諸方面情況全面認真地分析,而且應對其能力和訓練條件有客觀的判斷,然後確定多年的目標和每年的任務。

首先,目標要明確、恰當(例如,達到世界前 10 名,全運會前 3 名,運動健將等等)。目標太高,會使運動員喪失信心和對教練失去信任。目標太低,很容易達到,則不能充分調動積極性、創造性。目標應是經過極大的努力、付出巨大勞動方可達到的。

其次,應根據長遠目標,切實訂好多年、全年、階段以及每週、每次課的訓練計劃。

1. 多年訓練計劃

多年計劃,一般以重大比賽(奧運會、亞運會、全運會等)的週期爲依據,確定每年的成績指標與負荷大綱。

表3-5-6　　朱建華(1963年出生,身高1.94公尺,體重70公斤)

項　目	年			齡	最高成績
	16	17	18	19	
跳高(公尺)	2.13	2.25	2.30	2.33	2.39
30公尺行進跑(秒)	3.2	3.1	3	3.59(起跑)	3
100公尺(秒)					11
立定跳遠(公尺)	2.82	2.92	2.98	—	3.14
助跑摸高(公尺)	3.35	3.40	3.57	—	3.71
深蹲(公斤)	85	95	110	120	125
縱跳(公尺)					1.09

表3-5-7　　蔡舒(1962年出生,身高1.76公尺,體重65公斤)

項　目	年				齡
	16	17	18	19	20
跳高(公尺)	1.90	2.05	2.21	2.24	2.29
30公尺起跑(秒)	3.9	—	3.5	—	—
100公尺(秒)	12	—	11.3	—	11.0
立定跳遠(公尺)	—	—	3.00	—	3.18
立定三級跳遠(公尺)	8.30	—	9.62	—	10
立定五級跳遠(公尺)	—	—	—	—	17.30
助跑摸高(公尺)	—	—	—	—	3.48
半蹲(公斤)	130	—	180	—	200
全蹲(公斤)	75	—	100	110	125

表3-5-8　　周忠革(1967年出生,身高1.88公尺,體重76公斤)

項　目	年				齡
	19	20	21	22	23
跳高(公尺)	2.12	2.05	2.15	2.25	2.33
30公尺起跑(秒)	—	—	—	—	3.6
100公尺(秒)	11.4	—	—	11.0	11.0
立定跳遠(公尺)	—	—	—	3.05	3.13
立定五級跳遠(公尺)	—	—	—	—	16.90
後拋鉛球(公尺)	—	—	—	13.40	14.33
抓舉(公斤)	—	—	—	80	80
觸凳半蹲(公斤)	—	—	—	245	255

表 3—5—9　　楊文琴(1960 年出生,身高 1.74 公尺,體重 56 公斤)
　　　　　　　鄭達真(1959 年出生,身高 1.75 公尺,體重 57 公斤)

項　目	楊 文 琴	鄭 達 眞
跳高(公尺)	1.96	1.93
60 公尺(秒)	7.4	
100 公尺(秒)	12.4	12.6
立定跳遠(公尺)	2.69	2.71
立定三級跳遠(公尺)	8.01	8.20
立定十級跳遠(公尺)	29.50	30
助跑頭觸高(公尺)	2.63	2.66
後抛鉛球(公尺)	15	16
半蹲(公斤)	230	200
穿沙背心(3kg) 跳高(公尺)	1.80	1.80

　　由於在訓練過程中諸因素的多變性,多年訓練計劃只宜是框架式或大綱式的。但每年度的專項指標及相應的運動素質指標應明確,技術訓練的基本任務和主要手段安排要清楚。

　　在一個多年訓練周期中,必須根據運動員的年齡增長和發育程度變化,確定負荷及敎學訓練程序。

表 3—5—10　　跳高多年訓練計劃示例(男子)

指標	年度(年)	1990	1991	1992	1993
	年齡(歲)	17	18	19	20
跳高成績(公尺)		2	2.12	2.20	2.25
訓練課次(次)		220	250	280	320
比賽次數(次)		14	16	18	18
專項理論課(小時)		30	35	40	40
一般身體訓練(小時)		140	160	180	200
全程助跑過竿(次)		400	600	800	1100
中、短程助跑過竿(次)		1100	1100	1000	800
4 步助跑過竿成績(公尺)		1.92	2.05	2.10	2.12
跨步跳與多級跳(公里)		14	16	20	20
負重跳躍(次)		6000	8000	10000	12000
負重半蹲(噸)		100	150	200	220
30 公尺起跑/行進跑成績(秒)		3″8/3″1	3″7/3″	3″7/3″	3″6/2″9
100 公尺成績(秒)		11″3	11″2	11″1	11″0
助跑摸高(厘公尺)		90	95	102	110
反復跑 30—80 公尺 (公里)		15	20	25	30
反復跑 80—300 公尺 (公里)		35	40	45	50
抓舉成績/體重(%)		80	90	100	105
全年最佳 5 次比賽平均成績(公尺)		1.95	2.05	2.12	2.18

(根據蘇聯田徑敎練敎科書改制)

表 3—5—10 爲跳高運動員多年訓練計劃示例。

制訂全年訓練計劃的依據是：

(1)該年度在多年訓練的大周期中所處的位置與任務；

(2)運動員在上一年度完成訓練計劃的情況；

(3)該年度重要比賽的日程安排。

2.全年訓練計劃

全年訓練計劃,不僅要有明確的專項成績和相關素質的指標要求,而且對訓練階段的劃分與每階段的任務、負荷的特點(數量、強度、密度的關系)以及訓練方法手段均有較詳細的安排。

依據目前國內田徑競賽計劃的特點(上半年舉行全國錦標賽,下半年舉行冠軍賽)和國際田徑比賽的慣例(室內重要比賽多在 2—3 月,室外大賽一般在 8—9 月),跳高的全年計劃多按"雙週期"安排(表 3—5—11),要求在一年中出現兩個競技狀態高峰。

表 3—5—11　　跳高運動員全年訓練計劃(大綱)示例:

		第 一 訓 練 週 期			第 二 訓 練 週 期		
		準備期	第一比賽期	過渡期	準備期	第二比賽期	過渡期
		(11—3 月)	(4—6 月)	(6 月下旬)	(7—9 月)	(9—10 月)	(10 月下旬—11 月上旬)
一般任務		提高健康水準,發展身體素質,學習和改進基本技術,增強意志品質	發展專門素質,培養競技狀態	調整恢復	進一步發展各項素質,提高全面訓練水準	爲培養最佳競技狀態創造體能與心理條件	積極恢復,消除疲勞,爲下年度訓練創造條件
專項任務		提高專項能力和技術水準,逐步掌握完整技術	發展競技狀態, 提高比賽能力和專項成績	/	進一步完善技術和提高專項能力	發展和保持最佳競技狀態, 創造全年最高成績	/
比 賽		1—2 次	4—6 次	/	1—2 次	5—8 次	/
負荷	量	由中至大	中	小至中	中至較大	中	小至中
	強度	由小至中	中至大	小	較大	大至最大	小
練習手段		各種身體發展練習和專項輔助練習	完整技術練習與專項輔助練習及部分身體練習	野外訓練與球類活動等	相對集中的身體發展練習與專項練習	完整技術練習與部分身體練習	野外訓練與球類活動等
恢 復		自然恢復措施爲主	綜合恢復措施	自然或綜合恢復措施	綜合恢復措施	綜合恢復措施	自然或綜合恢復措施
檢查與評定		機能狀況與各項素質狀況	機能、素質與技術狀況	機能與心理恢復狀況	機能與專項素質狀態	競技狀態的諸要素狀況	機能與心理恢復狀況

(根據趙連甲等著"跳高訓練法"修訂)

爲了適應重大比賽,下半年的訓練水準和專項成績應比上半年更高(這是許多人長期解決欠佳的問題之一)。爲了做到這一點,應注意兩個問題：

第一,上半年比賽高潮之後的調整期不宜過長,有 7—10 天即可。並且不宜採取消極休息的方式,應保持相當的一般身體訓練負荷,僅僅不練專項而已。調整是爲了恢復與再提高,絕不能導致訓練水準下降。

第二,提高夏季訓練的質量。盡管天氣熱,仍然要使訓練的難度、練習的強度、完整技術的質量等都超過上半年。爲此,既要解決教練和運動員的認識問題,又要在具體安排上下功夫。

3、階段訓練計劃

階段訓練計劃,一般由數週或十幾周構成。制訂階段訓練計劃,關鍵在於階段內的節奏安排及階段之間的銜接(內容、負荷與要求的關聯性)。

例如,周忠革在 1990 年第一訓練週期中,3 月—6 月的階段訓練計劃要求(綱要):

在經過約 4 個月的較系統的多訓基礎上,根據周忠革的訓練特點和 6月下旬進行全國錦標賽暨亞運會選拔賽的日程安排,將 3—6 月分爲 4 個階段(即每月爲一個階段)。計劃特點是每個階段的訓練節奏十分相似(前兩周的負荷大於後兩周,每月下旬參加一次專項比賽),而每個階段的任務、負荷特點和比賽要求有所不同(見表 3—5—12)。

表 3—5—12　　周忠革的階段訓練計劃示例

月份	主要任務	訓練負荷特點	比賽要求	比賽成績
3	提高身體訓練水準,改進專項技術	課次多,練習強度中等	檢查多訓效果	2.25M
4	改進與完善技術,提高專項能力	課次中等,專項訓練強度較大	全力以赴,檢驗技術與賽前安排方案	2.27M
5	強化技術,提高專項能力	身體訓練中等強度中等量;完整技術多專門練習較少	穩定技術,不突強度	2.20M
6	進入最佳競技狀態	技術練習少而精,身體訓練強度大,賽前調整時間長	全力以赴,創造好成績,爭取好名次	2.33M

4．週訓練計劃

制定週訓練計劃,要確定本週的訓練單元(課次),並落實每次訓練課的內容與負荷。

週訓練計劃,可稱爲一個小週期訓練計劃。但不可能列出一份"通用"的跳高運動員週訓練計劃。必須根據本週在不同訓練階段的不同訓練任務,以及每個運動員的具體情況來制訂。跳高運動員在某一個時期內,可安排若干周的"循環"計劃,即每周的訓練節奏相似(例如週二和週五練技術,週一練速度,週三練力量等等)。但每次訓練的負荷有所不同。也可以一週以發展某種能力爲重點,手段比較集中,即"技術週"、"力量週"、"速度週"

等。不論何種安排方案,都要明確該週及每次課的重點任務,採用的手段要
有針對性、實效性,同時避免運動員局部負擔過重而造成傷害事故。

下面為基本訓練期的周計劃範示例:

週訓練計劃示例一:

周一:

(1)準備活動(慢跑、一般體操練習、加速跑等);

(2)計時跑 5×30 公尺、3×60 公尺、1×100 公尺;

(3)前、後拋鉛球各 25 次;

(4)跨步跳 6×60 公尺;

(5)墊上運動 30 分鐘(包括腹、背肌練習各 2 組及技巧練習)。

周二:

(1)準備活動;

(2)彎道加速跑 6×50 公尺;

(3)短程助跑過竿 10 次

　　全程助跑過竿 30—35 次(分兩組進行,間歇約 10 分鐘),強度中等;

(4)反復跑 3×120 公尺(放鬆,有彈性)。

周三:

(1)準備活動;

(2)抓舉(計時)4×5 次(分兩個重量)

　　高翻(中等至最大重量)4 組(每組 5—1 次)

　　半蹲(中等至 90％重量)6—8 組(每組 8—4 次);

　　半蹲跳(體重的 60％)4×15 次;

(3)雙足連續跳欄架 8×8 個欄;

(4)放鬆大步跑(不穿釘鞋)3—4×150 公尺。

周四:

(1)在公園或郊外越野跑 25—30 分鐘;

(2)跳繩練習 4 組;

(3)技術模仿練習 20—30 分鐘。

周五:

(1)準備活動;

(2)全程助跑過竿 25 次(中等至大強度);

(3)雙足連續跳欄架 6×10 個欄;

(4)墊上活動(技巧練習)20 分鐘。

周六:

(1)準備活動(包括跑的專門練習);

(2)跨欄練習:站立式起跑過 1 個欄 5 次,

　　站立式起跑過 5 個欄 6 次

(3)壺鈴半蹲跳 4×12 次;

(4)立定 5 級跳遠 8—10 次;

(5)球類活動 20—30 分鐘。

周日:休息。

週訓練計劃示例二(引自蘇聯材料)

週一:

(1)準備活動(慢跑與柔軟性練習);

(2)助跑與起跳結合的模仿練習;

(3)過竿(中或中上強度)30—35 次;

(4)助跑節奏練習 12—15 次;

(5)竿上動作模仿練習;

(6)柔韌性練習;

(7)60 公尺跑 4—5 次。

週二:

(1)準備活動(慢跑與雙人練習);

(2)肩負同伴做單腿或雙腿半蹲共 120—180 次
　　(分若干組)

(3)起跑練習 20 公尺—30 公尺 6—8 次;行進跑 20—30 公尺 3—5 次;

(4)推鉛球若干次;

(5)發展各肌群的綜合練習;

(6)輕快跑 2×100 公尺。

週三:

(1)準備活動(慢跑,與同伴做柔韌性練習);

(2)槓鈴練習:轉體、體前屈、抓舉、高潮,下蹲(由體重的 85% 至最大重量)共 25—35 次;

(3)單足跳和換腳跳 20—30 公尺 8—10 次;

(4)跑 40 公尺、60 公尺、100 公尺各 2—3 次。

週四:

(1)在郊外或公園越野跑與技術模仿練習 40—50 分鐘,柔韌性練習;

(2)自我按摩及三溫暖。

週五:

內容與週一基本相同。過竿強度為中等至最高,共 20—25 次;設標誌的助跑節奏及起跳練習 15—18 次。

週六:

重復週二或週三的內容(每週輪換)。

週日:休息或郊遊。

（該週屬於技術訓練週,總負荷量包括:一般身體訓練 3 小時,越野跑 5—6 公里,短跑 1200—2000 公尺,過竿 50—60 次,助跑練習 30 次,負重蹲 120—240 次,槓鈴下蹲 3—8 千公斤,跳躍練習 160—300 公尺）

（六）賽前訓練與比賽及賽後檢討與恢復

1、賽前訓練的任務與重要性

重大比賽前的訓練,旨在使運動員在比賽期間處於最佳競技狀態。

跳高比賽對運動員的體能、技術與心理均有極高的要求。因此,在促使最佳競技狀態形成的訓練過程中,對上述三個方面的因素均不可忽略。

在經過長期系統的跳高訓練之後,訓練水準與競技能力理應有所提高。但這並不意味着最佳競技狀態肯定會在大賽時出現。在近代跳高史上,優秀運動員的競技狀態高峰出現太早或過遲,在重大比賽中失利的情況屢見不鮮,從而使許多教練和運動員抱憾終生。導致這種情況的重要因素之一,即賽前訓練掌握失當。

2、大賽前訓練階段的劃分及主要任務

廣義理解,在一個訓練年度中賽前的數月均可視爲賽前訓練階段。該階段的訓練,應根據運動員的現狀及可能達到的水準、力爭的名次與成績,以及關鍵比賽的客觀條件(地點、氣候、場地設備等)來具體策劃與落實。

一般情況下,需將該階段的訓練分爲若干小階段,確定每個小階段的長短和重點任務,逐步實施計劃中的內容。每個小階段的負荷、手段及檢查評定的要求,均應十分明確。各小階段之間的關聯性對整個賽前訓練階段的效果,具有十分重要的意義。

大賽前的模擬訓練,不僅包括比賽條件與過程的模擬,而且還包括對大賽前最後一個小階段的訓練節奏模擬。前面(表 3—5—12)所列舉的周忠革在 1990 年 3—5 月三個小階段的訓練節奏,即對 6 月底亞運會選拔賽前最後一個小階段訓練節奏的模擬範例。

狹義理解,賽前訓練往往指大賽前數周以至數天的訓練安排。在這個階段,一般不再包含跳高技術上的改進任務,主要在於調整體能、提高專項訓練強度和心理準備。

3、大賽前 4—6 週的訓練安排

(1)訓練負荷的控制

不僅事先要確定參加模擬比賽(或熱身賽)的次數與時間,而且應對每週和每日的訓練內容與負荷有明確規定,還應安排落實恢復措施。

該階段總的訓練負荷爲中等,呈明顯的波浪式。其中,專項技術與素質訓練的強度均出現高峰,但時機和次數要嚴格控制。

　　對與跳高專項相關的某些指標進行測驗,是許多有經驗的教練賽前檢查體能狀況及刺激訓練強度的常用方法。例如,胡鴻飛教練常在朱建華賽前 10 天左右檢查他 30 公尺跑和助跑摸高的成績;黃健敎練在賽前一周左右檢查運動員力量指標及多級跳遠成績等。

　　賽前 6 週負荷量安排示例:
第一週:大負荷。
第二週:小負荷。
第三週:模擬比賽。
第四週:中負荷。
第五週:小負荷(仍有少量技術練習)。
第六週:比賽。

　　賽前 4 週負荷量安排示例:
第一週:大負荷。
第二週:小負荷(周末模擬比賽)。
第三週:小負荷。
第四週:比賽。

　　在每週的訓練中,可採用練兩天、調整一天或前三天多練後三天少練的方法。注意大強度訓練課(不論是技術訓練或是素質訓練)之後的調整應是積極性的。賽前一週的睡眠應該保證,但不要打破原有的生活制度,某些女運動員應注意控制飲食,避免體重增加。
　　賽前一週的訓練安排示例:
週一:速度、彈跳(量不大)。
週二:(適應比賽場地)助跑節奏練習;少量過竿練習(中至中上強度)。
週三:力量練習 4—6 組(強度中上等);
　　　　　　80 公尺跑 3—4 次(80％強度)。
週四:在公園內輕微活動。
週五:合格賽。
週六:比賽。

　　(2)模擬比賽或訓練
　　重大比賽的日程事先已確定,而且一般均有合格賽,因此應模擬比賽條件進行技術訓練,有條件時可安排模擬比賽。
　　模擬比賽或訓練,應盡量按正式比賽的方案進行,如起跳高度、間隔時間等。並且人爲地設置客觀條件的干擾(如跑道上有徑賽項目進行,觀衆的喧嘩等)。

爲適應合格賽,必須安排連續兩天(或間隔一天,視比賽日程而定)進行完整技術訓練。

跳高比賽規則對風向風速並無條文限制,但某些運動員對風非常敏感,尤其是女運動員和力量差的運動員,在逆風的條件下,成績明顯受影響。實際上,這種影響更重要在於心理方面。況且重大比賽中名次重於成績,風向風力對多數人來說條件均等。因此,應培養運動員適應風、雨、曬和氣溫條件變化的能力,在平時訓練和模擬比賽(訓練)時就要特別注意。

4、賽前的物質與心理準備

(1)物質準備

除了常規的服裝準備(跳高比賽持續時間長,在低溫或雨天中比賽需多帶衣服),關鍵在於跳高的專用釘鞋。

每個運動員應至少準備兩雙合腳的跳高鞋,並備有不同型號的鞋釘。根據比賽場地的硬度、地面的光滑程度,事先安裝好。一般來說,場地越硬,釘子應越短;地面越光滑,釘子應越尖。在規則允許的範圍之內,起跳腳鞋後跟的釘子長些爲宜。教練應注意督促檢查運動員釘鞋的準備情況。

(2)心理準備

①對運動員的能力作切合實際的估計。經過賽前訓練和模擬比賽,教練和運動員均可對該次比賽的成績有所預測。過於保守或過分樂觀的估計,都會影響比賽中的發揮。

②樹立信心並力爭"突破"。在正常情況下,比賽時的競爭氣氛和觀眾的熱情助威,可以調動運動員的潛在能力,表現平時達不到的運動成績。中外跳高史上歷次新紀錄的出現,均證明這一點。例如,1985 年 8 月 11 日,蘇聯選手波瓦爾尼岑在比賽中將個人最好成績提高了 14 公分,創造了 2.40 公尺的男子跳高世界紀錄;16 歲的德國運動員邁法特以 1.92 公尺的成績榮獲第 20 屆奧運會女子跳高金牌(在此之前的成績僅 1.85 公尺);朱建華的跳高生涯中不止一次在比賽中將成績提高 5—8 厘公尺,1983 年首次刷新世界紀錄時,也是一下將本人成績提高了 4 公分。

在比賽中,橫竿高度超出本人最好成績時,對運動員的考驗首先是"敢不敢跳?"爾後才是體能與技術如何。因此,樹立信心是在比賽中取得好成績的必要條件之一。

③充分估計比賽中可能出現的種種情況。除了由於氣候、器材或其它客觀原因造成比賽暫時中斷或受干擾的情況之外,對運動員的心理影響最大的,莫過於本身的意外失誤或對手的超水準發揮。賽前必須對這點作充分估計。

有些運動員,在抽籤時希望自己排在"勁敵"的後邊跳,無非想"後發制人"。孰不知在這種情況下,若對手在關鍵高度一跳成功,則給自己的一跳造成"只準成功,不得失誤"的壓力。所以,不要對試跳順序過於計較,而應着眼於對手也發揮極好的情況下如何更好地發揮自己技術,以及必要的心理準備。教練不能苛求每個運動員在大賽中必勝,只要對各種因素充分估計到,在比賽中充分發揮其應有的水準就可以了。

5、正確運用"免跳"戰術

跳高比賽中的"免跳"戰術,其作用有二:

(1)合理分配體力,使自己在衝擊關鍵高度時處於最佳狀態。由於跳高的比賽進程緩慢,要求運動員隨着橫竿的不斷升高逐漸進入大強度工作狀態。因此,每個運動員應根據本人的實力和高度遞增的幅度來確定起跳高度和免跳計劃。

通常,起跳高度低於本人最好成績 20 公分左右。在試跳關鍵高度前,應至少跳 4—5 次。

實踐證明,過多的免跳並不節省體力。特別是"中途免跳",由於間歇時間較長,迫使運動員在下次試跳前花費不少精力做準備活動,得不償失。

(2)給對手精神壓力或干擾對手的比賽節奏。免跳,往往是實力強、有把握的表現,能給對手一種"威攝"。但是,倘若免跳造成不應有的失誤,作用則適得其反了。

在特定的情況下,出人意料的免跳可干擾對手。例如,場上僅剩 A、B 兩名選手角逐,按順序是 A 先跳。裁判員丈量好新的高度後,A 突然免跳,迫使 B 立即出場試跳,有可能使 B 心理準備不足。如果上一個高度 B 的失誤次數多於 A,則體力恢復時間較短,壓力更大。

凡事皆有利有弊。採用免跳戰術,雖然可能干擾對手,但假如對手在這個高度沒有失敗,也就給自己增加了難度—— 必須在下一個高度跳成功。

跳高比賽主要是實力的較量。只有在勢均力敵的競爭中,彼此才有運用戰術的必要。而且,戰術的作用是有限的。因此,不論是爭取好名次,或是力爭破紀錄,首先要認真對待每一個高度,盡量不失誤。為此,不要輕易免跳。

不論成績水準高低,每個運動員均應從第一個高度即穿短衣褲試跳。經常見到一些年輕運動員,在比賽中穿着長運動服碰掉橫竿的情況(甚至兩次失誤後還不脫掉長運動服),教練要講明這種習慣與作法的壞處是,既不夠認真,也無助於跳出好成績,甚至會因為不必要的失誤影響名次和助長對手的士氣。

6、賽後恢復與檢討

在跳高比賽中,運動員跳的次數不多,每次間隔時間較長,看上去比較"輕鬆"。實際上由於精神高度集中,強度又大,體力(特別是神經能量)的消耗極大。在重大比賽的名次爭奪戰或衝擊新紀錄的比賽之後,運動員會疲憊不堪。

比賽結束之後,運動員應及時進行整理活動,包括放鬆慢跑和伸拉肌肉等。然後淋浴與自我按摩(有條件時,可由醫生或教練協助)。

運動員若比賽成績很好,往往較長時間仍處於興奮狀態之中。此時教練不宜再與之多談有關比賽的情況,囑其注意休息即可。

若比賽成績不理想或意外失敗,運動員會情緒不高。此時,教練絕不可橫加指責或漠然不睬。應及時安慰鼓勵,指出其積極的因素和今後需注意的地方。

賽後檢討的內容,包括運動員在比賽過程中的作風、體力與技術情況,賽前的諸方面準備與實際結果的吻合程度。最好能結合比賽錄影和技術統計數據進行檢討分析。檢討不僅是回顧,更要着眼未來。通過比賽檢驗前階段的訓練,爲下階段的訓練安排提供依據。

依據比賽的規模和精力消耗的程度,安排若干天的恢復性訓練。大賽後,年輕選手3—5天即可投入正規訓練,成年選手則需一周或更長的時間。恢復性訓練以身體訓練爲主,形式多樣,強度較小,負荷量中等。切忌賽後生活不規律和飲食無節制。

(黃　健　白二宇)

六　撐竿跳高

(一)現代撐竿跳高訓練的主要特性和發展趨向

自八十年代初期,獨聯體撐竿跳高項目異軍突起,猛烈地衝擊世界紀錄,運動水準迅速趕上和超過一直稱霸世界撐壇的美國及七十年來獨佔鰲頭的法國選手。僅從 1991 年世界撐竿跳高項目前 10 名看,獨聯體運動員佔 6 個席位,顯示其稱霸世界撐壇的雄厚實力。特別是 1991 年"世界飛人"布勃卡東山再起,連續打破 32 次世界紀錄,並使室外成績達到 6.13 公尺,室內成績達到 6.12 公尺。獨聯體撐竿跳高運動水準能在八十年初迅速超過美國和法國,決非偶然。他們的成功經驗反映了現代撐竿跳高訓練的趨勢,值得我們借鑒。

1、先進技術是取得成功的關鍵

(1)充分利用玻璃鋼撐竿的物理特性。

確立了一套合理的撐竿跳高技術規格和參數。這種技術,能較大地發揮玻璃鋼竿的物理特性,大撓度和彈性性能,以及運動員的體能。

(2)握竿高度及握點上的騰越高度大幅度提高。

表 3—6—1　　1960—1991 年握竿高度和騰越高度變化

	1960 年	1991 年
握竿高度(公尺)	4—4.20	5—5.22
騰越高度(公分)	90	100—110

從表 3—6—1 可以看出,31 年中,握竿高度提高了 1.02 公尺,騰越高度提高了 20 公分。世界紀錄保持者布勃卡有效的握竿高度為 5.22 公尺,居於世界之最。衡量握竿高度是否合適的標準公式,一般運動員應是舉手高的二倍,國際水準的運動員應加上 20 公分。

由於握竿高度和騰越高度的大幅度提高,也相應地對撐竿跳高的各技術環節提出了新的、更高的要求。

①利用力學優勢提高助跑速度

助跑速度,是提高握竿高度、增大撐竿撓度取得撐竿跳高優異成績最重要的因素。因此,改進助跑技術,提高速度的利用率(某些運動員的絕對速度和助跑速度相差 1 公尺/秒以上,就成了訓練的關鍵。隨着握竿高度的不斷提高,竿的重量也相應地增加,同時也給持竿跑帶來困難。只有確定合理的持竿握距,採用合理的持竿方式,才能提高助跑的速度。助跑起動時,後手持竿位於右側髖骨上,竿頭高舉過頭,竿子的重量落在左手上。左手在胸部左側高度距軀幹 10 公分左右。這樣的持竿姿勢很自然,像短跑運動員擺臂動作一樣。同時感覺竿子輕,助跑節奏好掌握。跑速度的差爲 1 公尺/秒以上爲優。損失 1 公尺/秒以上爲劣。

②試跳時要求舉竿和起跳必須同步進行。

通過雙手舉竿和起跳腿的蹬地協同動作,使身體充分伸展開,增加身體離地時竿子和地面的夾角。起跳時,充分伸展身體推動竿子向前運動,竿子的彎曲是運動員助跑速度,擺體動作和身體質量共同作用下自然產生的。

爲了加快起跳速度和效果,在助跑最後一步起跳腿前抬時,注意小腿和大腿折疊,大腿積極下壓,以減小前蹬阻力。

③低髖擺體技術增加撐竿撓度

擺體應在起跳離地後、充分伸展拉長體前肌群和肩、胸、髖向前形成背弓做好懸垂動作的前題下進行。擺體動作應完成的快速有力。低髖擺體技術,要求起跳腿盡量伸直,可不放擺動腿,在肩、胸積極進入較好完成懸垂動作後,肩繼續向前。當腿前擺到一定程度,肩積極向後倒的同時,腿積極向後上方兜起。此時,身體重心應處於撐竿彎曲弓弦的引綫之外,直腿擺動,髖處於較低的位置。當背與地面平行時,腿上擺處於頭的垂直上方。

低髖擺體的優點是:其一,加大擺體幅度,有利於增加竿子的彎曲;其二,由於髖處於比較低的位置,使身體重心比較低地向前運動,有利於保持水準速度,使撐竿容易豎直;其三,由於髖處於較低的位置,當撐竿伸直反彈時,人體向上伸展的幅度加大,有利於獲得較好的垂直速度。

低髖擺體,由於幅度加大,爲了不失時機地快速擺動,因而對技術動作要求更加嚴格,對運動員的腰腹肌、肩帶肌力量、協調性和平衡機能要求更高。從發展的眼光看,低髖擺體技術可充分利用力學優勢,使擺體技術更具有優越性,更能挖掘運動員體能潛力,獲得更佳效果。

2、科學化訓練是取得成功的保證

現代訓練已經衝破過去傳統的訓練方式和經驗,朝着更加科學化的方向發展。

(1)早期專門化是現代撐竿跳高科學訓練的有效途徑

撐竿跳高,是田徑運動中難度最大、技術最複雜的項目之一。必須經過多年不懈的努力和系統訓練,才能有所建樹。因此,早期專門化訓練,越來越爲各國所重視。

早期專門化訓練,一般從 8—11 歲開始,經過 8—10 年系統訓練,年齡僅 20—21 歲。例如,曾多次打破世界紀錄的法國撐竿跳高運動員維涅隆,從 7 歲開始接觸撐竿跳高,20 歲越過 5.75 公尺,打破了世界紀錄,並在 24 歲時跳到 5.91 公尺,多次大幅度地打破世界紀錄;獨聯體著名運動員布勃卡,10 歲開始接觸撐竿跳高,20 歲跳過 5.94 公尺,創造了當年世界最高紀錄,24—28 歲,又把世界紀錄從 6.03 公尺提高到 6.12 公尺。這無可辯駁地證明了，要使撐竿跳高達到優異成績，進行早期專門化訓練是科學訓練的有效途徑。

(2)提高訓練的負荷強度是當前訓練的核心

獨聯體著名的撐竿跳高專家雅可金說："當今運動負荷量沒有明顯增加，而有效的負荷強度確不斷提高。"目前，國內外優秀撐竿跳高運動員技術訓練中的負荷強度，幾乎都接近自己最高成績的 80—90％，有的甚至超過自己最高成績。據布勃卡的教練彼德洛夫介紹，布勃卡在技術訓練時，經常把橫竿放在 6.20 公尺的高度上，反覆地進行練習，(橫竿採用拉緊的橡皮筋)。對於優秀運動員而言，接近和超過本人最高成績的負荷強度的技術訓練，首先可以克服運動員對高度的心理影響，一旦比賽時向破紀錄的高度衝擊時，就不會因新的高度而產生緊張心理。從而更加集中精力發揮自己技術水準。同時，由於強度大，運動員每次訓練都必須充分調動，有利於提高專門能力。和對完整技術的檢驗、鞏固，達到實戰訓練的目的。

對於青少年運動員則不同。由於青少年正處在學習掌握技術階段，為了有利於掌握，改進、鞏固和熟練技術，訓練中應以強度不大、有一定把握的高度進行一定量的訓練。通過大量的反覆跳躍，提高專項能力，掌握好技術動作。切勿盲目追求強度而影響訓練效果。

應當提出，如果沒有紮實的平均強度做為基礎，突出強度也不可能得以鞏固。特別是技術不鞏固的運動員，應特別注意平均強度。否則，將造成成績不穩定，大起大落，而影響比賽。為了擴大突出強度的效果，應力爭不斷增加突出強度的量和練習。實踐證明，有一定量和練習次的突出強度出現，才是真正訓練水準提高。

(3)模式化訓練被廣泛應用

現代運動訓練的主要趨勢之一，是根據科學控制的原理和要求，力求使訓練過程達到最大程度的模式化。獨聯體著名撐竿跳高專家雅可金利用這一原理制定了 5.80m, 6m 的運動參數模式。是着手研究達到 6.20m 的撐竿跳高模式，進行了切實有效的訓練。

(4)小週期訓練法已被採用

近年來，由於比賽繁多，如何在短期內培養出運動員較高的、並能穩定地保持競技狀態問題，已成為世界各國專家和教練研究的重要課題。獨聯體有人提出並進行短週期和小週期訓練安排的嘗試。他們認為對於有一定水準的運動員來說，由於比賽的需要，可以不採用大週期的訓練安排，才能使運動員始終處於最佳競技狀態。這一嘗試，將隨着科學研究水準的提高以及運動訓練實踐的檢驗而做出正確的結論。

(5)器材的改進，將預示着運動技術水準的進一步提高

撐竿的質量改進，左右了撐竿跳高水準的提高。隨着科學技術的發展，運動員使用的撐竿質量也不斷改進。新一代產品石墨纖維撐竿取代於玻璃

纖維撐竿,使撐竿的性能大大地提高。含有石墨纖維的撐竿重量輕更富有彈性,更有利於運動員充分發揮體能和技術,創造更高成績。世界"飛人"布勒卡現在使用的就是含有石墨纖維的 UCS 牌撐竿。可見,科技的發展將進一步促進了運動技術水準的提高。

表 3－6－2　　撐竿跳高 5.80m, 6m 運動參數模式(蘇聯雅可金)

項　　　　　　　　　　　　　　　目	參 數	
	5.80m	6m
20 公尺行進間跑(秒)	1″9—1″85	1″8
40 公尺站立式起跑(秒)	4″7—4″6	4″55—4″5
60m 蹲踞式起跑(秒)	7″—6″9	6″7—6″65
最後幾步助跑速度(公尺/秒)	9.5—9.7	9.8—10
起跑後身體騰起初速度(公尺/秒)	8.4—8.5	8.7—8.8
撐竿最大彎曲時身體重心上擺垂直分速度(公尺/秒)	3—3.5	3.8—4
握點曲竿最大速度的垂直分速度(公尺/秒)	5	5.5
彎曲時身體重心最大速度的垂直分速度(公尺/秒)	5.2—5.4	5.6—5.7
飛離撐竿時身體重心速度的垂直分速度(公尺/秒)	1.7—1.9	2—2.5
體重與撐竿硬度差(公斤)	12—15	16—20
撐竿彎曲(公分)	135—145	150—160
握竿高度(公分)	485—490	500±5
握點上的騰越高度(公分)	110—115	120±5

(二)撐竿跳高特徵及訓練的有效方法手段

1.撐竿跳高素質特徵與訓練方法和手段

(1)撐竿跳高素質特徵及檢查項目

撐竿跳高由於動作複雜,要求運動員不但要具備良好的運動素質,而且要非常全面。

同撐竿跳高關係密切的素質可分為速度、力量、彈跳、協調和靈巧四大類。具體檢查項目如下:

①速度:站立式起跑 100 公尺,站立式起跑 30 公尺,10 秒原地高抬腿跑(要求大腿抬平)。

②力量:引體向上,臥推,仰臥頭後直臂拉起重物,抓舉,高翻輩/鈴,懸在肋木上收腹舉腿(要求大腿抬平或雙腿舉過頭。)

③彈跳:立定跳遠,立定三級跳遠,急行跳遠。

④協調靈巧:前後滾翻,後滾翻展體成手倒立,前後空翻,手倒立和慢起手倒立,單槓—— 懸垂倒體舉腿成槓上手倒立,吊環—— 前擺翻上,吊環—— 前擺翻上成手倒立。

以上所列舉的是撐竿跳高訓練發展運動素質最常採用的一些運動手

段。教練員可根據運動員的特點,創造一些運動員喜愛的手段和方法,有助於運動員的素質得到更快的提高。

(2)不同運動水準運動員應達到的相應素質基本參數。

專項成績與專項素質有着非常密切的關係,優秀運動員專項素質都非常高,(見表3—6—3)。不同等級運動員其素質要求也不一樣。根據張來霆等翻譯的"田徑敎練敎科書"介紹,其具體指標如表3—6—4。

表3—6—3　　優秀撐竿跳高運動員專項成績與專項素質

	布勃卡〈獨聯體〉	沃爾科夫〈獨聯體〉	克魯布斯基〈獨聯體〉	加陶林〈獨聯體〉	梁學仁〈中國〉	葛雲〈中國〉
身高(公尺)	1.83	1.85	1.85	1.91	1.91	1.80
體重(公斤)	82	80	77	80	78	69
撐竿跳高(公尺)	6.11	5.85	5.82	5.75	5.62	5.50
起跑30公尺(秒)	—	—	—	—	3.45	3.59
100公尺(秒)	10.25	11.1	10.8	10.8	10.45	10.89
行進間跑30公尺(秒)	2.7	3.0	2.95	2.8	—	—
持竿行進間跑30公尺(秒)	2.9	3.1	3.15	3.3	—	—
起跑40公尺(秒)	4.5	4.7	4.75	4.7	—	—
立定跳遠(秒)	3.15	3	3.10	3.08	3.28	3.15
立定三級跳遠(公尺)	10.05	9.10	9.30	9.14	10.36	9.54
急行跳遠(公尺)	7.85	—	—	—	7.11	6.92
槓鈴臥推(公斤)	125	90	100	105	125	110
負重斜板仰臥起坐20公斤×10次(秒)	13.4	13.0	14.3	17.2	—	—
仰臥頭後直臂拉起重物自身體重(%)	55	50	60	57.5	—	—

表3—6—4　　不同水準撐竿跳高運動員訓練檢查指標

訓練內容	練習項目	4.00公尺—4.50公尺	4.50公尺—5.00公尺	5.00公尺—5.50公尺
速度訓練(秒)	20公尺起跑(秒)	2.2—2.1	2.0—1.9	1.9—1.8
	20公尺行進間跑(秒)	2.2—2.1	2.1—2.0	1.9—1.85
	40公尺起跑(秒)	5.4—5.2	5.1—4.9	4.8—4.7
	100公尺起跑(秒)	11.7—11.3	11.2—10.9	10.8—10.5
跳躍訓練(公尺)	急行跳遠(公尺)	6.00—6.60	6.50—6.80	7.00—7.50
力量訓練	臥推	100	125	130
	頭後直臂拉舉	50	55	60
	懸垂負重抬腿	15	20	25
	相當於運動員體重的%			
體操訓練	吊環懸垂	擺動翻上成支撐	擺動翻上成倒立	擺動翻上成倒立

(3)發展素質的主要訓練方法和手段

撐竿跳高要求運動員的素質非常全面,所以在訓練中一定要強調全面身體訓練。爲了避免在訓練中運動員身體某部份負擔過重,應當注意採用組合訓練的方法,使運動員身體各部份都能得到合理的發展。特別對少年運動員,更應強調把跑、跳、力量、靈巧等內容編成不同的組,進行重覆練習。另外,體操可以提高運動員在空中自身控制的能力,而且有些動作,如擺動、舉腿、拉引、支撐、翻騰、倒立等和撐竿跳高聯繫非常密切,國外不少優秀撐竿跳高運動員對體操練習均相當重視,爲了使我國撐竿跳高運動水準早日趕上世界先進水準,教練在對運動員的培養過程中,從小就應當把體操練習作爲日常訓練中一個重要部份。這樣,才真正發揮中國人靈巧的特點。

2、撐竿跳高技術特徵與專項技術診斷分析方法及專項技術訓練的方法手段

(1)撐竿跳高技術特徵及對專項技術診斷分析方法

撐竿跳高雖然脫離不了助跑、起跳、騰空與落地四大部分。但是運動員在完成這些動作過程中,大部份均和竿連在一起。如持竿助跑、插穴起跳、竿上擺體等。因此能否控制竿,如何處理好人和竿的關係,以及如何充分利用竿的性能,是衡量一名撐竿跳高運動員技術好壞的決定因素。而衡量撐竿跳運動員技術好壞,主要從下面 4 個方面評定:

①起跳前 4 步持竿助跑是減速還是保持助跑最高速度或仍在加速;

②插穴起跳後,減速明顯還是只有輕微減速;

③握竿高度高低,在空中竿的撓度大小;

④過竿時,握竿點與橫竿距離多少。

一名優秀撐竿跳高運動員,在持竿助跑時起跳前 4 步應該保持所獲得的最高速度,甚至還在加速增進。起跳後速度損失小,持竿採用硬竿,高握點、大撓度。過竿時,能越過高出握竿點 1 公尺以上的橫竿,請看表 3—6—5 是國外撐竿跳高優秀運動員的幾個主要參數比較。

表 3—6—5　　幾個參數比較(表/秒)

姓　名	成績 (公尺)	握竿高 (公尺)	差值 (公尺)	倒二 5公尺段 (公尺/秒)	最後 5公尺段 (公尺/秒)	差值 (公尺/秒)	起跳離 地水準 速度(公尺)	起跳離地 垂直速度 (公尺/秒)	合速度 (公尺/秒)
布勃卡	6.01	5.13	1.08	9.47	9.77	0.30	9.0	2.3	9.3
維涅隆	5.80	5	1	9.42	9.43	0.01	8.0	2.1	8.3
加圖林	5.80	5.10	0.90	9.40	9.60	0.20	7.9	2.5	8.3
科拉沙	5.80	5.07	0.93	9.16	9.26	0.10	7.7	2.0	8.0
梁學仁	5.40	4.95	0.65	9.16	9.60	0.40	7.16	3.6	8.0

(2)撐竿跳高技術訓練的方法和手段

撐竿跳高運動員能否取得優異成績,很大程度取決於運動員能否熟練控制竿子。

第一步就是持竿助跑。由於運動員拿着竿跑,竿的重心在運動員體前。爲了助跑時保持人和竿的平衡,在持竿跑的過程中大腿前擺抬起要比一般

高。所以在訓練時要經常採用高抬大腿持竿跑練習。爲了增強兩臂負擔能力,也要經常採用持重竿助跑練習。通過這些練習手段,使運動員持竿助跑時做到輕鬆、自如,接近或達到一般的速度。

表 3－6－6　　不同運動水準模式參數

	專　　項	成　　績	
	4.00 公尺—4.50 公尺	4.50—5.00 公尺	5.00 公尺—5.50 公尺
握竿高度 (公尺)	2 倍身高 +0.80	2 倍身高 +1.00	2 倍身高 +1.00－1.20
超過握竿的 高度(公尺)	0.30—6.60	0.50—0.80	0.70—1.00

引自 1982 年蘇聯田徑敎練敎科書

　　第二步是插穴起跳。爲了插穴及時、準確,應在起跳前三步做上標記,運動員踏上標誌就做插穴動作。插穴時,爲了減少竿頭對穴箱的撞擊,左手要托住竿子,舉竿動作要做得盡量高些,早些。敎練也可以在穴箱後一公尺處放一欄架,欄的高度約同低欄高。插穴時,必須舉起竿子經過欄上插入穴箱。在準備插穴和插穴過程中,爲了避免運動員身體過於緊張,造成上體後仰的錯誤,敎練必須強調最後 4 步助跑要控制住身體,保持自然放鬆,而且要注意上體及時跟上。這些動作,應在初學階段正確掌握。爲了達到這一目的,學習最初階段,助跑可以短些,握竿也低些。同時也應加強兩臂和腰背力量。

　　插穴起跳是關鍵,所以這個動作要反覆進行練習。爲了增加運動員練習的數量,可在起跳處放上高 10 公分的踏板,運動員就可以縮短助跑距離做插穴起跳彎竿練習。也可以採用斜坡助跑插穴起跳彎竿,採用這些輔助手段,目的是減輕動作難度,便於運動員掌握動作。

　　第三步是竿上擺體舉腿。爲了掌握這部份動作,可以在各種器械上做懸垂擺體舉腿練習。例如,在單槓上、吊環上、帶彈性的吊竿上做擺體舉腿練習。也可以在高臺上,結合助跑插穴做舉腿練習。採用以上這些練習,主要是減輕整個動作的難度,使運動員本體感覺清楚,容易掌握。在這一基礎上,運動員可以直接通過助跑插穴起跳做舉腿動作。爲了舉腿時有一個目標,在穴箱上前方,相應的高度上掛一個固定的物體。運動員做舉腿練習時,向標誌物舉起。

3、撐竿跳高運動員的心理特徵及心理訓練的有效方法

(1)撐竿跳高運動員的心理特徵

　　撐竿跳高技術比較複雜,而且運動員需要在竿上完成一系列的動作,最後飛越過 5—6 公尺的橫竿。有時可能會出現沒有按照正確的軌迹前進而使運動員落在坑外,也可能在完成動作的過程中,由於竿子承受力過大而折斷。另外,外界環境對他們影響也比較大,如刮風,下雨、氣候的變化,陽光

的照射、人爲的干擾等等,對運動員的心理產生很大影響。如果處理不好,往往會使運動員產生恐懼心理,造成過於緊張,失去自我控制能力,甚至對一些平時很熟練的動作也不能正常完成。

因此,要求一名撐竿跳高運動員,必須具備勇敢,頑強,不怕困難與挫折,敢於拼搏,對專項要有堅強的事業心和自信心。並在遇到一些突然的情況時,能迅速調整和適應外界環境的刺激,制定出正確的處理方法。

(2)對運動員的心理品質培養。首先特別要注意技術訓練從易到難,循序漸進。在訓練中,還要有目的地培養隊員勇敢頑強,不怕困難的精神。有了一定基礎以後,爲了能適應比賽環境,應該有計劃地加大運動員的訓練難度。例如訓練不應總在較好的或習慣了的場地進行,而應有一定時間在比較差的場地或環境比較複雜的條件下進行訓練(例如在天氣比較炎熱、頂風或側頂風、甚至下雨的天氣進行技術訓練)。從而增強運動員戰勝困難的信心和心理適應能力。另外,通過大強度的技術訓練,可增強運動員衝擊新紀錄的能力。爲了適應大比賽,要定期參加一些測驗性比賽,特別有強手參加的比賽。通過這類比賽,一方面可以積累比賽經驗,同時也可以提高運動員心理的穩定性。

(3)大賽前運動員最易出現的心理障礙和克服辦法

大賽前,是運動員的心理上最緊張的時刻。在這一階段處理是否恰當,對比賽的成敗起着很關鍵的作用。一般最常見的心理障礙是,對強手恐懼,心理過於緊張造成失眠;對比賽環境了解不夠,心理沒有底;缺乏鬥志,自信心不足等等。因此,比賽前敎練首先要摸清比賽有關情況,如比賽人數,對手的狀況、比賽大會的一些規定(如起跳高度,每次升竿的高度),比賽場地的位置等。然後,和運動員一起作具體分析。首先要把運動員的優點擺夠,使運動員對自己的實力充滿信心。同時對一些不利因素找出解決的有效辦法,使運動員做到心中有數。另外不要給運動員增添人爲的負擔,使運動員心理背上包袱。相反,應解放運動員的心理,放下包袱參加比賽。賽前爲了能使運動員心理不過於緊張,可以適當組織一些文娛活動,轉移運動員的注意力,或採用自我暗示和默念等方法,提高運動員心理的自我控制能力。

(三)專項長期訓練過程階段劃分和訓練的主要任務

1、撐竿跳高長期訓練過程的階段劃分與任務和要求

鑒於撐竿跳高技術的複雜性及對體能和運動素質的提高要求,一般從一個運動新手開始訓練到出現優異運動成績的成長過程,需要經過 10 至 15 年的系統,科學訓練。國家體委制定的《田徑敎學訓練大綱》,從理論上和方法上爲培養優秀運動員的長期訓練計劃已作出了明確的規定。根據國

內外有關研究和實際,一般可以將高水準運動員長期訓練的全過程劃分為初級訓練階段,中級訓練階段,高級訓練階段及競技提高保持階段(見表3—6—7)。

表3—6—7　　長期訓練的階段劃分與任務和要求

階　　段		年齡	年限	訓　練　任　務　和　要　求	成績設想
初級訓練階段	啓蒙訓練	12—14歲	3年	1.培養興趣,大部分練習在游戲中進行。 2.多樣化的全面身體素質訓練,促進生長發育,增強體質。 3.起點發展動作速率及靈敏、協調、柔軟性。 4.進行作標基礎訓練。 5.學習和初步掌握正確的撐竿跳高基本技術、完整技術。	3.10公尺 —3.70公尺
	基礎訓練	15—17歲	3年	1.培養良好的訓練作風和習慣。學習基本理論知識。 2.高度發展以速度為重點的運動素質。 3.加強體操訓練,提高靈活、協調、柔韌性。 4.進一步掌握基本技術和完整技術,是使各個環節有機地配合好。 5.開始進行實踐訓練比賽,培養必要的心理素質。	4.40公尺 —5公尺
中級訓練階段		18-20歲	3年	1.樹立為國爭光的崇高理想,鑽研業務知識,養成勤學苦練的好作風。 2.加強專項訓練,建立形成自己的技術特點。 3.發展和提高專項所需要的速度、加強發展專項體操和專項力量。 4.完善撐竿跳高的完整技術,進一步發展和提高專項能力。 5.參加國內各級比賽,提高自我控制能力和心理應變能力。	5公尺 —5.55公尺
高級訓練階段		21-23歲	3年	1.牢固樹立為國家體育事業獻身精神。 2.高度發展專項素質,專項能力和專項心理機能。 3.努力提高抗竿意識和騰越速度,使技術精益求精。 4.參加國內外各級比賽,積累比賽經驗保持和創造優異成績。 5.形成自己的技術和訓練特點。	5.30公尺 —5.90公尺
競技提高保持階段		24歲—歲	不限	1.發揚頑強拼搏精神和為國家爭光的榮譽感。 2.保持較高的專項素質水準,不斷提高訓練強度和專項能力。 3.專項技術精益求精,並形成個人技術特點和風格,持續不斷地創造和保持優異成績。 4.比賽中心理穩定,參加各級國內國際比賽,為國爭光。	5.50公尺 以上

2、各訓練階段總負荷量(詳見表3—6—8)

(四)撐竿跳高運動員訓練計劃的制定

1、長期計劃的制訂

　　根據現代訓練和比賽的特點,以及現行體制,制定多年訓練計劃有兩種形式。一種是"一條龍"訓練基地,如我國比較高層次的運動學校,他們選拔的隊員年齡均比較小,而且入校後才進行撐竿跳高訓練,對於這些兒童少年,經過一段時間訓練後,教練對他們情況已基本有所了解。爲了有目的進行長期培養。必須制定一個長期訓練計劃(見表3—6—9)。另一種是對於比較優秀運動員,如省市和國家隊隊員,爲了在重大比賽中全國運動會,亞運會,奧運會等取得優異成績而制定的長期訓練計劃(表3—6—10)。

表3—6—8　　各訓練階段總負荷量

		初級訓練階段		中級訓練階段	高級訓練階段	競技提高保持階段
		啓蒙訓練(12-14歲)	基礎訓練(15—17歲)	(18—20歲)	(21—23歲)	(24歲以後)
訓練時間	全年訓練課總數(次)	200—240	260—280	290—300	280—290	260—270
	每週訓練課次數(次)	4—6	6—7	8—10	7—8	5—6
	每次課訓練時間(分)	90—120	120—150	150—180	150—180	120—150
比賽次數	主　項(次)	0	8—10	12—15	15—18	15—18
	副　項(次)	8—10	8—10	6—8	4—6	4—6
技術訓練量	短程助跑10步以下(次)	800—1000	600	400	200	100
	中程助跑12—14步(次)	0	400	400	400	300
	全程助跑16步以上(次)	0	200	400	600	500
跑量	100公尺以下快跑量(公尺)	15000	20000	30000	30000	20000—25000
	100公尺以上跑量(公尺)	30000	50000	70000	70000	45000—50000
力量	(舉重、下蹲量噸)	100	150—180	250	250—300	200
量跳躍	向上跳躍(次)	1500	2400	2800	3000	2300
	向前跳躍(次)	1500	2400	2800	3000	2300
	體操(小時)	70	80	80	70	50

2、年度訓練計劃制訂

　　要使年度訓練計劃切實可行,首先要總結運動員前一年的情況,根據上一年的經驗敎訓,有針對地制定現年度訓練計劃。在制定過程中,還必須以長期訓練計劃所提出的目標作爲依據。

　　年度訓練計劃大致包括如下的內容:

(1)運動員上一年度的情況;

(2)訓練任務及要求;

(3)各項的預定目標;

(4)訓練的基本手段與措施;

(5)全年訓練週期及階段劃分;

(6)各時期的訓練任務、負荷量與負荷強度安排;

表3-6-9　　多年訓練計劃結構

時　　期	基礎訓練階段	初級專門化階段	專項提高階段	專項深化階段
階段及其持續時間(年)	2	3	2	5年以上
年　齡　(歲)	13—14	15—17	18—20	21歲以後
時期的主要任務	培養興趣增強體質,全面發展並初步掌握專項技術。	培養好的作風,繼續抓好全面身體發展進一步提高速度,彈跳素質,並基本掌握專項技術。	樹立為國爭光的事業心大力發展與專項的密切關係的身體素質並使專項基本達到完善地步。	發揮個人特點,完善專項技術,豐富比賽經驗進一步提高專項能力使專項成績達到頂峰。
主要項目預計指標:				
撐竿跳高(公尺)	3.60—4	4.20—4.80	5—5.40	5.50—5.80
100公尺(秒)	12.6—12.3	12.2—11.5	11.4—11.0	10.9以上
跳　遠(公尺)	5.50—5.80	6—6.50	6.60—7	7公尺以上
週訓練課數(次)	3—5	4—6	6—8	6—9
年比賽次數 專項(次)	5—6	7—12	10—18	15—20
年比賽次數 付項(次)	10—15	10—15	4—8	3—5
各項訓練比例(%)(年度) 專項技術訓練	10	15	20	25
速度	20	20	20	20
彈跳	25	20	20	20
力量	5	10	20	25
一般身體訓練	25	20	10	5
專門身體訓練	15	15	10	5
負荷 負荷量(%)	70	60	50	40
負荷 負荷強度(%)	30	40	50	60

(7)各時期主要訓練內容的比重。

在執行計劃的過程中,由於運動員受到客觀環境的影響,往往出現實際訓練和計劃不相吻合,特別在訓練量和訓練強度上,計劃不易把握準確。因此,進行相應調整是正常的。但是必須抓住中心內容,目的任務不能變。這樣可以避免計劃與實際訓練完全脫離的錯誤。

3、小週期訓練計劃的制定

訓練小週期,採用7天為一循環制。7天中的訓練課次,強度,負荷量必須根據訓練對象的性別、年齡、訓練水準而有所區別。下面為一周4次、6次、8次的小週期訓練計劃範例。

(1)一週4次訓練課範例。

週二:專項技術與專項素質練習

準備活動:慢跑800—1000公尺,徒手操;

10 秒原地高抬腿跑×4 組；

插穴模仿練習 20 次；

6 步助跑直竿插穴起跳×6－8 次；

6 步助跑直竿插穴起跳舉腿 5—7 次；

12 步助跑彎竿舉腿或過竿 12—20 次；

爬繩練習(6 公尺長)×10 次。

表 3－6－10　　4 年訓練計劃結構

各年主要 比　　賽	訓練方針 和要求	各種訓練計劃的 百分比(%)				不同強度訓練 的百分比(%)	
		一般身體訓練	專項素質訓練	專項技術訓練	提高專項訓練	能力 ¾ 強度	最大強度
〈第一年〉 全國錦標賽及冠軍賽,亞洲地區性比賽。	發展身體素質,改正基本技術 要求:量有所提高,強度進展比較平緩。	30	40	15	15	60	40
〈第二年〉 全國選拔比賽,亞運會。	大力發展專項素質,提高專項能力,有針對性地改正專項技術。 要求:訓練強度有明顯上升,但量增加不多。	10	50	20	20	40	60
〈第三年〉 全國錦標賽及冠軍賽 世界大學生運動會 世界田徑錦標賽亞洲田徑錦標賽	抓好關鍵技術,提高身體承受能力。 要求:堅持大運動量訓練但強度應平緩上升。	10	45	25	20	50	50
〈第四年〉 奧運會	發揮個人特點使專項技術盡量達到完善地步,積累比賽經驗使競技狀態達到最佳程度,要求,突出強度,量下降到第一年水準。	5	30	35	30	20	80

週四:速度彈跳練習

準備活動同上；

　　加速跑 80 公尺×4－5 次；

　　　　30 公尺行進間計時跑×4 次；

　　　　60 公尺站立式起跑×4 次；

　　在斜板上＜45°＞負重 10 千克仰臥起坐 10 次×5；

　　6 步助跑起跳抓吊繩 20 次。

週五:素質練習

準備活動同上；

　10 秒快速抬腿跑 3－4 次；

　　　在吊繩或單槓懸垂舉腿 6－8 次×5 次；

　10 秒俯臥上體後屈＜靜力＞＋動 8－10 次×4 組；

　　　仰臥頭後直臂拉起皮條 12 次×5 組；

　　　　立定跳×6次；

　　　　立定三級跳×6次；

　　　　單足5級跳落坑兩腿各3次。

週六：專項技術與力量訓練

準備活動同上；

　　　　插穴做彎竿模仿練習×8次；

　　　　6步助跑直竿插穴起跳×6-8次；

　　　　6步助跑直竿插穴起跳舉腿×5-8次；

　　　　12-16步助跑插穴起跳彎竿5-10次；

　　　　14-16步助跑過竿12-18次；

　　　　槓鈴抓舉(重量爲體重50-60％)8次×6組。

星期一、三、日休息。

(2)一周6次訓練課範例

週一：專項技術與專項素質訓練

準備活動,慢跑800公尺,拉韌帶,跑的專門練習；

　　　　插穴模仿練習10分鐘；

　　　　6步助跑直竿插穴起跳5—6次；

　　　　6步助跑直竿插穴起跳舉腿5—6次；

　　　　跑全程助跑步點×2-4次；

　　　　全程助跑彎竿4—6次；

　　　　用自己最大強度全程助跑過竿15次；

　　　　爬繩＜6公尺長＞×10次；

　　　　在斜板上＜45°＞負重仰臥起坐60次×5組。

週二：速度彈跳練習

準備活動同上；

　　　　10秒快速抬腿跑×3組；

　　　　80公尺加速跑×2-4次；

　　　　　　　計時30公尺起跑×4次;計時60公尺起跑×3次,計時持

　　　　　　　竿行進間跑20公尺×5次;肋木舉腿(腿負3公斤沙袋)10

　　　　　　　次×4組;立定跳遠×5次;立定三級跳×5次;單足跳接跨

　　　　　　　跳五級落坑×5次;五步助跑單足五級跳各腿×4次。

　週三：力量訓練

　　準備活動同上；

　　抓舉60公斤×3次×2組65公斤×3次×2組,

　　　　70公斤×2次×2組75公斤×1-2次×2組；

　　槓鈴坐蹲120公斤×3次

　　肩負槓鈴全蹲跳40公斤×8次 ｝×2組

槓鈴坐蹲(130公斤、140公斤、150公斤)×3次與槓鈴全蹲跳結合各
重量2組;

臥推:70公斤×3次×2組;80公斤×3次×2組,
85公斤×1−2次×3組;

仰臥頭後直臂拉起槓鈴片(20千克)8次×5組。

週四:素質訓練

體操練習;

各種腰腹練習。

週五:專項技術練習

分解撐竿跳練習,同周一;

中程助跑(12步)過低於自己最高紀錄30公分橫竿20—25次;

單槓負重舉腿6次×5組。

週六:綜合練習

準備活動同上;

100公尺跨跳×4次;

雙腳連續跳欄架(欄高1公尺、欄距2.5公尺)120架欄;

斜板上仰臥起坐(負重10公斤沙袋)10次×5組;

越野跑30分鐘。

週日:休息

(3)一週8次課訓練計劃範例

週一:專項技術訓練

週二:上午一般素質與專項素質訓練下午力量訓練

週三:球類活動與體操訓練

週四:專項技術訓練

週五:上午速度練習

　　　下午力量彈跳練習

週六:專項技術練習和野外練習

週日:休息

近年來,獨聯體經過長時間的探索發現,撐竿跳運動員每週訓練6—8次為宜。過多反而效果不好。而且,一些優秀撐竿跳高運動員,為了取得更好的訓練效果,已把7天循環訓練制改為4天一循環訓練制。所以,訓練計劃的制定還有待於廣大教練不斷檢討、充實與完善。

(五)賽前訓練計劃

1、大賽前訓練階段時間的確定與安排的特點

賽前訓練安排,對確定的大賽任務完成至關重要。賽前訓練安排,必須

建立在準備期,基本期紮紮實實抓好訓練的前題下,因人而異。在訓練的任務、方法、手段、運動負荷的安排上區別對待,制定切實可行的計劃,以便形成和達到良好的競技狀態,最大限度發揮運動員能力,創造優異成績,並獲得理想的名次。

為了能獲得最佳競技狀態,賽前準備階段的訓練時間以6-8週為宜。在進行賽前訓練之前,必須要有一個短期調整、過渡訓練時間,一般6-8天。以保證賽前訓練計劃的實施。同時,要考慮到賽前訓練準備階段之前的運動負荷,身體狀況和比賽負荷等情況。如果在前階段訓練十分系統和正常,可以採用以下3種方案安排賽前訓練。

(1)賽前訓練階段安排的第一種方案

在賽前6周時間裡,可以劃分為兩個為期3週的中週期。在每個中週期的第一週,要求負荷量最大,給機體較大的刺激。第2週的負荷量小,以便使運動員在一週減量訓練後,機能能力完全恢復並達到"超量恢復"的預期效果。為此,在訓練量、訓練內容、手段上必須靈活多變。教練要細緻地觀察運動員的身體反應,一切安排必須從有利於恢復的目的出發。第3週,則要模擬比賽條件進行訓練。第2個中週期安排和第1個中週期基本相同,只是最後一週運動員賽前狀態更高並參加大賽。

(2)賽前訓練階段安排的第二種方案

在賽前8週時間裡,劃分為兩個為期4週的中週期。在每一個中週期的第1週要求負荷中上;第2週最大;第3週則以恢復和"超量恢復"為目的;第4週為摸擬比賽或參加重大比賽。

以上賽前訓練階段的兩種安排方案的共同點,表現在第1個中週期的安排,必須使運動員達到在此週期最後一週充分發揮出自己的運動能力。賽前訓練的第2個中週期的安排,可以和第一個中週期相同,並可根據第1中週期的情況作相應的調整,以使運動員的狀態比第1個中週期更好。

(3)負荷與恢復平衡式的賽前訓練安排方案

在臨近重大比賽時,往往有這樣情況,由於運動員有傷病,訓練無系統,訓練水準明顯下降,或參加比賽繁多,疲勞不斷積累,體能也有所下降。面臨着參加重大比賽,可以採取非正常的安排,即負荷與恢復平衡式的賽前訓練方案。每週安排2個重點負荷量大的訓練日,其它時間,作為恢復為主的調整。總的目的,是在小週期中達到負荷和恢復的相對平衡,不再有疲勞積累。每循環一次,負荷的量和強度進一步提高,而恢復的時間加快並縮短。達到運動員體能狀態不斷提高的良性循環。運動員逐漸感覺良好,這就預示着運動員可以參加大賽了。這種非傳統的安排,往往也能在重大比賽中取得良好的效果。賽前訓練階段安排的時間根據運動員的情況可長可短,一般情況不得少於4週。

總之,賽前訓練安排的方案雖多種多樣,其最終目的是要保證運動員在參加重大比賽的那幾天和比賽時能獲得最佳競技狀態。這就需要我們認真分析研究,制定切實可行的訓練方案。

2、賽前訓練階段安排的特點

(1)為了更好結合實際,因人而異地安排好賽前準備階段的訓練,每個教練必須按週期保存一些有關該運動員訓練負荷安排的具體數據和有關的資料。對一年中運動負荷,包括負荷量與負荷強度及比賽的變化曲綫制成圖表,進行認真分析,並提出賽前訓練階段所需的時間、誘導性比賽的次數、重大比賽前最後一次比賽之間的間隔時間,以及逐日逐週的運動負荷量。根據運動員個人特點,切實制定大賽前訓練階段的訓練計劃。

(2)必須指出,賽前準備階段訓練負荷的安排,應呈波浪式的變化。總的變化趨勢應為大負荷→調整小負荷→完全恢復或超量恢復→出現最佳狀態參加重大比賽。

(3)在實施重大比賽賽前訓練階段之前,必須安排一個減少負荷量或調整訓練期。不能在運動員處於很累和機能狀況不佳的情況下,進入賽前準備階段的訓練。以保證通過賽前訓練形成良好的競技狀態。

(4)模擬訓練:要嚴格按照重大比賽的需要,特別是臨近比賽時,更要在"模擬"的條件下進行多次重覆既定的小週期的訓練,以便運動員在體能上、技術上和心理上對比賽形成良性適應狀態。使運動員感到心中有數,比賽始終都是在預計和原有習慣中進行。原則上,訓練小週期計劃應以比賽為最後一天的7天時間訓練內容而制定的。

(5)認真地對參加重大比賽的選手實力及形勢進行分析,針對性地制定比賽的技戰術方案,在訓練或比賽中反覆試用、熟練、鞏固。使體力分配、技術表現、心理狀態有了良好的適應。例如,確定好比賽起跳高度,相繼增加的高度,特別是在個人最好成績以及經分析可能奪標或破紀錄的高度上反覆進行訓練,或在一般比賽中實戰運用等。

(6)加強實戰訓練。適當地安排在複雜困難的條件下進行訓練是十分有益的。要培養運動員在重大比賽中具有適應不習慣的條件和在遇到出其不意的情況時能沉着冷靜的心理穩定性,使之能夠保持正常情緒和最大限度地動員自己全部力量和潛力,去爭取比賽的勝利。

(7)在一般情況下,賽前1-2週,要逐漸減少總訓練負荷量,直到保證運動員機體能力完全恢復為止。保持訓練水準,鞏固技術和改進某些技術環節,提高中樞神經系統的興奮性。由於運動員感到責任重大、比賽欲望強,興奮過程將會過早出現。這時需要進行心理調節,回避對手和賽場,看看書,聽聽音樂分散注意力等等。重要的是要使興奮性在比賽當天達到最高水準。無論如何,賽前連續幾天的消極性休息是十分有害的。

3、大賽前3週訓練計劃安排範例

(1)大負荷週

第一天:休息。

第二天:準備活動,加速跑 80 公尺×3 次;持竿節奏跑 30－40 公尺×8－10
　　　次;8－12 步助跑跳遠練習×30 分鐘;反覆跑 150 公尺×4;體操練
　　　習 30 分鐘。

第三天:專門準備活動;加速跑 60 公尺×3 次;插穴起跳模仿練習 10 分鐘;
　　　短程助跑插穴起跳×10 次;全程助跑量步點×1－2 次過竿練習×
　　　15－20 次;放鬆加速跑 100 公尺×3 次;吊環擺體×3 組;肌肉伸展
　　　練習 15 分鐘。

第四天:準備活動;負重引體向上 20 千克×3 組;倒立推起 6－8 次×3 組;
　　　肋木舉腿 10 次×3 組;提拉槓鈴 60－80 千克×3 組;扛鈴半蹲 100
　　　千克×4－5 組(快速)跨跳×300 公尺;放鬆慢跑 1200 公尺。

第五天:公園越野跑 30 分鐘;集體操 30 分鐘;划船 30 分鐘。

第六天:準備活動;加速跑 80 公尺×4 次;起動跑計時 30－40 公尺×6－8
　　　次;60 公尺×1－2 次;跳欄架 4 個×10 組,反覆跑 100 公尺×3－4
　　　次;體操練習 30 分鐘。

第七天:(模擬比賽):專門準備活動;按既定比賽方案進行,每個高度 3 次試
　　　跳,一直升到最高高度;降至中等高度跳 5－8 次;跨跳 250 公尺;放
　　　鬆伸展練習 20 分鐘,

　　(2)調整恢復體力週

一天:休息。

二天:(公園)越野跑 30 分鐘;利用自然條件做身體訓練 40 分鐘。

三天:準備活動;用聯合器械做拉引、推、腰、腹、下肢、踝關節各選一個動作
　　　×3 組。

四天:休息或公園遊玩。

五天:準備活動;體操練習(墊上運動、吊環、蹦床練習 1 小時;反覆跑 120 公
　　　尺×5－6 次;放鬆練習 12 分鐘。

六天:準備活動;跨欄練習 30 分鐘;跳躍練習 30 分鐘,放鬆跑(草地)150 公
　　　尺×4－6 次。

七天:準備活動;輔助練習高臺過竿 1 小時;越野跑 30 分鐘;肌肉伸展練習
　　　20 分鐘。

　　(3)比賽週

一天:休息。

二天:準備活動;快速支撐高抬腿 5 秒×3 組;加速跑 80 公尺×3 次;行進間
　　　跑 40 公尺×5 次;持竿節奏跑×5 次;立定跳遠、三級跳遠、五級跳遠
　　　×各 3 次;反覆跑 120 公尺×3 次;放鬆練習 10 分鐘。

三天:專門準備活動;加速跑 80 公尺×3 次;短程插穴起跳×6－8 次;全程
　　　檢查步點 2－3 次;全程過竿(中等高度)×10－15 次;結合專項體操

練習 30 分鐘。

四天:準備活動;單槓拉撐 6×3 組;臥推(體重 100－130％)×3 組;抓舉 60－70 公斤×3 組;半蹲 100 公斤×4 組(快速);跨跳 200 公尺;放鬆慢跑 1200 公尺。

五天:休息或公園散步。

六天:賽前準備活動。

七天:比賽。

(六)撐竿跳高負荷主要特徵

運動員的年齡不同,運動水準不一樣,他們的負荷量和負荷強度也有所不同。詳見表 3－6－11。

表 3－6－11　　不同訓練水準撐竿跳高運動員訓練負荷

內　容	運　動　水　準		
	4 公尺—4.50 公尺	4.50 公尺—5 公尺	5 公尺—5.50 公尺
技術負荷(年) 週訓練次數(次)	4—6	6—8	7—10
每次課訓練時間(分)	90—120	120—180	120—180
全年訓練總次數(次)	240—270	260—280	280—350
全年比賽次數(次)	4 次以上	10 次以上	10 次以上
短程助跑起跳(次)	800—1200	600—800	400—600
中程助跑過竿(次)	300—400	350—450	350—450
全程助跑過竿(次)	300—400	400—500	400—500
各種專門性練習(次)	3000—4000	2000—3000	2000—3000
素質負荷(年) 速度(200 公尺以內)	6 萬公尺—7 萬公尺	8 萬公尺—10 萬公尺	8 萬公尺—10 萬公尺
彈跳(次)	5000—8000	6000—10000 次	8000—10000
力量(噸)	150－200	250—300	350—400
體操(小時)	50—60	80—100	80—100

訓練檢查指標見表 3－6－12。

在全年訓練過程中,訓練階段不同,任務要求不一樣,負荷量和強度安排也有很大差異,除國際大賽外,國內重大田徑比賽,一般均安排在 5—6 月和 9—10 月,多季和七月份比賽很少。因此,多訓是全年運動量負荷最大一個時期。訓練強度總的來說比其他時期應當低些。但是,訓練強度大小,也要根據訓練內容有所區別。例如,具有速度性與靈巧性特點的內容,在這時期所占的比例應當是最小的。而具有力量性特點的練習所占的比例應當最大。尤其是槓鈴練習,這個時期無論量和強度都要達到全年最高指標。到了春訓,也就是準備期第二階段,隨着天氣逐漸轉暖,比賽與測驗賽漸漸增多。這個期間,訓練負荷量開始減少,而負荷強度開始上升。到了 5—6 月份比賽期,為了迎接全國性的大型比賽,要突出負荷強度,特別在速度性和技術性內容上,應接近全年最高強度。7 月屬於一個短暫的調整、過渡階段,在這時期,國內比賽一般較少。因此應比前期減少負荷強度,相應增大負荷量。這個時期雖然時間短,但它類似途中加油站一樣,爲最後衝刺增添新的力量。9-10 月,是全國性大賽最後一個階段。因此,在這個時期訓練負荷量降到全年接近最低點,而負荷強度要達到全年最高水準,爲比賽創造優異的成績。大比賽結束後,爲了使運動員從精神到體力有一段放鬆時間,所以用大約半個月的時間進行過渡。這個時期往往改變常規的訓練內容,訓練負荷量和強度均下降到全年最低水準。目的是爲下一年度大負荷的訓練做好準備。全年訓練負荷量和強度變化,參看圖 3-6-1。

表 3-6-12　　訓練檢查指標

內　容	運　動　水　準		
	4 公尺—4.50 公尺	4.50 公尺—5 公尺	5 公尺—5.50 公尺
佔同期比賽成績(%)	90—110	90—100	85—95
握竿高度(公尺)	4.20—4.50	4.50—4.70	4.60—4.80
30 公尺(看起動,公尺)	4—3.9	3.9—3.7	3.7—3.5
60 公尺(看起動,公尺)	7—6.9	6.9—6.7	6.7—6.5
100 公尺(看起動,公尺)	11.7—11.3	11.2—10.9	10.8—10.5
急行跳遠(公尺)	6.00—6.60	6.50—6.80	7.00—7.20
立定跳遠(公尺)	2.60—2.80	2.80—2.95	2.90—3.20
立定三級跳遠(公尺)	8.00—8.50	8.50—9.00	9.00—9.50
臥推指數	1.15—1.18	1.30—1.35	1.45—1.50
全蹲槓鈴指數	1.85—1.90	1.95—2.00	2.10—2.20
仰臥頭後直臂拉起重物指數	0.34—0.45	0.45—0.60	0.60—0.65
負重引體上向力量指數	1.10—1.20	1.20—1.30	1.30—1.35
垂掛在肋木上收腹(腿舉成水準)10 次計算時間(秒)	20″	15″	12″

　　爲了完成全年負荷的總目標,應在各階段採用不同形式小週期體現出來。我國一般取採用一星期作爲訓練週期最小單位進行循環。在撐竿跳高中,一週安排在不同階段也有所不同。詳見表 3-6-13 和 3-6-14。

表 3-6-13　　準備期週訓練員荷

負　荷	星			期		
	一	二	三	四	五	六
量	小	大	中	小	大	中
強度	小	中	大	小	中	大

表 3-6-14　　比賽期週訓練員荷

負　荷	星			期		
	一	二	三	四	五	六
量	小	中	中	休息	小	中
強度	小	大	中	休息	小	大

　　以上週期訓練負荷的安排並非固定不變,它要根據運動員機體承受能

力的提高而增加。增加的時間長短,也要看運動員的訓練水準而定。訓練水準較低的運動員,一般增大兩周調整一週。訓練水準高的運動員,連續增大 3-4 週調整一週或調整一週半(約 10 天)。在比賽期,特別要注意根據運動員的訓練特點進行安排,使運動員超量恢復正好在比賽時出現,在比賽中達到最佳的競技狀態,為創造優異成績下良好基礎。

在訓練中,要使運動員一直保持良性反應,負荷量和負荷強度必須搭配得當。特別注意避免大負荷量和大負荷強度同時出現。這樣運動員機體承受困難,容易出現過度訓練,機能能力下降。出現這種狀態,再進行調整就要花費相當長的時間。全年各時期負荷量和強度的搭配見圖 3-6-1。

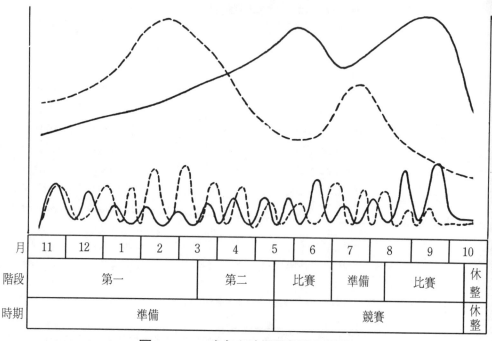

月	11	12	1	2	3	4	5	6	7	8	9	10
階段	第一					第二		比賽	準備		比賽	休整
時期	準備						競賽					休整

圖 3-6-1 全年各時期負荷量和負荷強度

說明:實綫代表強度;虛綫代表負荷量。

黎玉棋   張武紀

七　跳　　遠

(一)專項運動訓練的主要特性和發展趨勢

1、主要特性

(1)注重發展與專項關係密切的專項身體素質,即速度、快速力量、爆發力等。

(2)在技術方面注重培養快速、積極、準確的助跑和積極有力的起跳動作;騰空動作則力求自然、簡單。助跑與起跳的結合是技術訓練的關鍵。

(3)重視訓練的質量,強度已成爲組成訓練負荷諸因素中的主導因素。

(4)比賽期明顯延長,比賽次數大大增加,比賽已成爲訓練的一個重要組成部分。

(5)重視多年系統的訓練。在青少年時期以全面基礎訓練爲主,不急於突出專項。

(6)注重訓練後的恢復措施,保證運動員以充沛的體力和良好的心理狀態投入訓練,從而提高每一次訓練的效果。

(7)在努力提高專項技術和專項素質水準的同時,注重培養運動員在比賽中發揮水準的能力。

(8)越來越重視心理訓練的作用,有專門的心理專家參與訓練的組織和實施,並安排專門的心理訓練內容。

(9)女運動員的訓練手段,內容及負荷要求越來越與男子接近。

(10)重視訓練安排的個體化。通過對每個運動員具體情況的準確判斷分析,因人而異有針對性地安排訓練的具體內容和要求。

2、發展趨勢

(1)將更爲重視發展運動員的速度能力;速度訓練將成爲跳遠訓練的中心內容。

(2)提高運動員在助跑中發揮和利用速度的能力將是絕對速度水準相對較低的運動員的訓練目標。

(3)提高運動員在高速助跑中快速有效的起跳能力則將是另一個主要的訓練任務。

(4)跳遠訓練將朝着多學科綜合、全面而系統的方向發展。

(5)將更重視助跑的準確性和穩定性訓練。

(6)在前三跳中發揮出個人最高水準的能力是訓練中的重要任務之一。

(7)將更重視對運動員連續比賽能力的培養。

（二）專項特徵及訓練的有效方法手段

1、專項素質特徵

(1)必須發展的專項素質

專項技術和專項身體素質是決定跳遠成績的兩大重要因素。跳遠運動員需要的專項身體素質為:速度、力量(最大力量和快速力量)和專項彈跳力。

①速度。跑的速度是跳遠專項身體素質中最重要的。跑的速度分為平跑速度和助跑速度,也就是運動員前跑的最大速度和在跳遠助跑中所能發揮利用的最大速度。前跑的最大速度是助跑最大速度的基礎。在助跑中最大限度地發揮利用其速度潛力是至關重要的,也就是要在具有好的前跑最大速度的前提下,盡可能地在助跑中提高對前跑最大速度的利用率。據國家體委科研所王清等人的多年研究結果,中國優秀男女跳遠運動員在助跑中的最大速度利用率為98%～99%,達到了較高的水準。這也是我國運動員雖然絕對速度水準不高,但仍跳出較高成績的原因之一。

②力量。由於跳遠的起跳是在高速的助跑水平速度中進行的,時間非常短暫(0.1″—0.13″),所以,跳遠運動員需要最大力量和快速力量。最大力量是基礎,快速力量是關鍵。要求運動員的相對力量要大。

③專項彈跳力(快速起跳能力)。這是與專項關係極為密切的一項素質。由於跳遠是在高速助跑中進行起跳,所以運動員必須具備專項彈跳力—— 快速起跳能力。

除了以上三項專項素質外,敏捷性,柔軟性,一般肌力、一般彈跳力以及心血管功能等也對專項的提高起着重要作用,它們是提高專項素質的基礎,也是掌握專項技術的必要條件。

(2)專項素質的測試目標及方法

①速度。可採用行進間起動或站立式起跑60公尺以內不同距離的方法測試運動員的前跑絕對速度能力,根據運動員跑不同距離時所用的時間判斷其速度能力水準的高低。在訓練實踐中多採用站立式起動跑的方法。只要標準不變,可將運動員的成績進行縱向或橫向的比較,從而進行評價。

對運動員助跑速度的測試可使用光電計時器計取其助跑最後兩個5公尺所用的時間。由於光電計時器較人工計時更為客觀準確,因此這種測試可以較為準確地確定運動員助跑最後階段的速度水準,並且還可以通過對比兩個5公尺的速度確定運動員的速度變化情況。

在不具備光電計時器的情況下,可用秒表計取運動員助跑最後4步或6步的時間,計時方法是從運動員倒數第5步或倒數第7步腳着地瞬間開始計時到起跳腳踏板瞬間為止,用運動員所跑的距離除以所用的時間即可算出這一段的助跑平均速度。

②力量。絕對力量可以採用負槓鈴深蹲、高翻槓鈴和抓舉等方法進行測試。根據運動員所能蹲起、翻起或抓起的重量大小判斷其綜合絕對力量水準的高低。也可使用專門的力量測試器進行肌肉力量測試,進一步了解各肌肉群的力量水準及其間的力量比例。

快速力量爆發力與專項彈跳力關係密切,常用跳躍練習進行測試。還可用前後拋鉛球(4公斤或5公斤),根據運動員拋的速度判斷其快速力量水準。

③專項彈跳力(快速起跳能力)。短程助跑三級跳、四級跳及五級跳是對專項彈跳力進行測試較實用簡單的方法,可直接反映運動員專項彈跳力的水準。還可用短程助跑單腳起跳摸高的方法進行測試。如果條件具備,可用跳深的方法,同時測得起跳時間和跳過的高度,進行綜合評定。

(3)專項素質水準的基本參數(表3-7-1)

表3-7-1　　跳遠運動員專項素質基本參數

跳遠成績(公尺)	100公尺成績(秒)	助跑最後5公尺速度(公尺/秒)	深蹲(公斤)	助跑四級跳(公尺)
5.75	12″4	8.40—8.50	60	16.00
6.00	12″0	8.60—8.70	70	16.70
6.25	11″8	8.80—8.90	80	17.00
6.50	11″6	9.00—9.10	80	17.20
6.75	11″4	9.20—9.30	90	17.50
7.00	11″2	9.40—9.50	90	17.80
7.25	11″0	9.60—9.70	100	18.00
7.50	10″9	9.80—9.90	110	18.40
7.75	10″7	10.00—10.10	120	18.70
8.00	10″5	10.20—10.30	130	19.00
8.25	10″3	10.40—10.50	140	19.50
8.50	10″2	10.70—10.80	160	19.70
8.75	10″0	10.90—11.00	170	20.00

(4)發展專項素質的主要訓練方法和手段

①速度。跳遠運動員的助跑距離一般在45公尺之內,要求在短距離內盡快發揮個人的最高速度。因此訓練的方法手段主要是短距離的反覆全力快跑:如站立式或蹲踞式起跑的30公尺、40公尺、50公尺、60公尺以及100公尺跑。也可採用行進間跑上述距離的方法。鍛鍊期要進行大量的120公尺、150公尺甚至200公尺的較長距離的反覆跑,以提高跑的專門能力。還可以採用"跑格"、下坡跑等方法發展快速節奏。全程助跑既能發展速度,又能提高速度能力,在速度訓練中,要注意按跳遠專項的要求培養跑的技術。

②力量。發展最大力量與快速力量的方法有區別。最大力量主要利用槓鈴進行訓練。如高翻、深蹲、半蹲、臥推等,所用的重量一般也較大。快速

力量可用多種方法進行訓練。如用重量相對較輕的槓鈴進行抓舉、抓提、快速半蹲、半蹲跳、啞鈴半蹲跳以及徒手或負輕重量進行的跳深、連續跳欄及其它各種跳躍練習。快速力量訓練要突出快速發力和由退讓轉為克制的轉換速度。力量訓練要注意發展上肢力量，並要注意平衡協調地發展各對抗肌群的力量。

③專項彈跳力。專項彈跳力與快速力量關係密切，因此絕大部分發展快速力量的方法手段也適用於專項彈跳力的訓練。專項彈跳力訓練的特點是在動作形式和用力方法上盡量與專項動作接近，並要有一定的水平速度。如帶助跑的各種級跳、跳深、上步跳欄、連續跳欄以及利用跳箱進行的各種跳躍練習(超等長練習)等。專項技術訓練本身也是發展專項彈跳力的重要練習。

2、專項技術特徵

(1)技術特徵

跳遠技術是由助跑、起跳、騰空和落地四個部分組成的。助跑的目的是使運動員獲得所能達到的最大速度，準確地踏上起跳板並為起跳做好準備。起跳的目的是通過起跳腿快速有力地蹬伸，使運動員獲得盡可能大的垂直速度，並盡量減少水平速度的損失，以適宜的騰起角度和騰起的速度騰空而起，由水平直線運動轉為拋射運動。運動員騰空時以各種動作改變身體各部位相對於重心的位置，維持身體在空中的平衡，特別是控制由於起跳造成的身體前旋，以便在落地瞬間使身體處於最佳的姿勢，爭取最大的遠度。落地技術的目的有兩條：一是通過有效的落地技術避免身體其它部位觸及雙腳着地點後方。二是依靠正確的落地技術緩衝落地時巨大的衝擊大。防止出現傷害事故。

(2)技術診斷和分析方法

①助跑

a.助跑的穩定性和準確性：在開始助跑後的第三或第四步處放一標記，在倒數第六步處放一標記，將運動員踏上這些標記的準確情況結合踏板的精確程度診斷和分析在那一段助跑出現問題而造成踏板不準，以便進行調整，提高助跑的穩定性和準確性。

b.助跑的速度和節奏：用計取運動員助跑最後六步或四步所用時間的方法確定其助跑最後階段的平均速度和步頻；另外可通過觀察運動員最後三步步長的變化，了解助跑節奏的變化。用多組光電測速儀可更準確地診斷運動員助跑速度的變化。

c.起跳前身體重心的變化：觀察和判斷運動員助跑倒數第二步腳着地的方式(腳跟、全腳掌或前腳掌)和腳與地面接觸時間的長短以及膝關節緩衝彎曲的程度，以確定起跳前身體重心的下降程度。

②起跳

　　a.放腳：觀察運動員起跳腳是否積極後扒，用腳後跟略微領先着地，然後迅速移動到全腳掌的方式放腳。

　　b.緩衝：觀察運動員起跳腿的最大彎曲程度來分析緩衝的程度。

　　c.蹬伸的速度和時機：根據運動員起跳腳離地瞬間上體的位置來判斷運動員蹬伸的速度和時機。

　　d.擺動速度和幅度：觀察在最大緩衝階段和起跳腳離地瞬間擺動腿和雙臂的位置，分析判斷擺動部分的擺動速度和幅度。

　　③騰空

　　根據運動員在空中身體的平衡情況，確定其騰空動作的有效性。

　　④落地

　　觀察運動員雙腳觸沙瞬間身體的位置及是否後坐等，綜合分析落地技術的優劣。

　　(3)技術訓練的特殊方法和手段

　　除了不同距離助跑的完整技術練習外，可採用以下的方法和手段改進技術。

　　①全程助跑結合起跳。發展助跑速度和節奏以及助跑與起跳相結合的技術。

　　②短、中程跑結合起跳。練習和改進起跳技術(包括放腳、蹬伸、積極擺動以及蹬擺配合等)。也可以穿沙衣或繫沙腰帶進行此練習，這樣可以同時發展起跳力量。

　　③加高起跳點的短、中程助跑結合起跳及完整技術練習。主要練習助跑最後一步積極後蹬上板的動作；也可利用加高的起跳點延長騰空時間練習空中動作。

　　④短、中程助跑起跳後用擺動腿落在跳箱上或越過一定高度的障礙。主要練習擺動腿大幅度、快速積極的擺動動作。

　　⑤“跑格”練習。發展助跑中需要的快速積極的節奏。

　　⑥下坡跑接平地跑4—6步結合起跳。練習在高速度快節奏中的起跳能力。

　　⑦從彈跳板上起跳進行技術訓練。延長騰空時間練習空中動作和有效的落地動作。

　　⑧連續三步或五步助跑起跳。練習起跳技術，提高起跳能力。

3、戰術特徵和戰術意識

　　(1)戰術特徵和意識

　　由於大賽中的跳遠比賽往往要在前一天舉行合格賽，因此運動員在合格賽中的戰術就是要節省體力，為第二天決賽出成績創造條件。要實現這一戰術要求，必須在合格賽中以次跳通過合格標準。在決賽中要根據前三跳的成績取前八名再跳三次，運動員的戰術應在前三跳發揮出最好水準，最理想的是第一跳就達到或接近個人最好成績。

(2)戰術水準的測試方法

根據比賽的戰術特徵,對運動員戰術水準的測試方法較爲簡單,在合格賽中可看其通過合格標準所跳的次數;在決賽中則看其前三跳水準發揮的程度,特別是第一跳的成績。對於水準較低的運動員主要以其發揮水準的程度衡量戰術水準。

(3)戰術訓練的特殊方法和手段

在平時的訓練中,就要培養運動員在前三跳中、特別是第一跳中跳出好成績的能力。具體的做法是,在技術訓練中,待運動員充分做好準備活動後,讓運動員進行三次試跳,提出這三跳的成績要求,根據運動員完成的情況給予評定。然後再讓運動員跳三次。這樣有助於養成良好的戰術意識,不斷提高應用戰術的能力。

4、專項心理特徵

(1)專項心理特徵

跳遠運動員在比賽中的最大心理障礙是怕助跑不準確,踏不上板或犯規,由此可造成助跑消極、猶豫,發揮不出速度水準以至影響起跳等問題。其次是在對手領先或自己發揮不好時出現焦急情緒,導致忽視技術、胡拼亂跳的後果。

(2)專項必備的心理品質

①堅強的意志力。能夠承受艱苦的訓練和比賽的巨大壓力。

②高度的自信心。是在比賽中充分發揮技術水準、戰勝對手,創造成績的重要因素。

③不氣餒的頑強拼博能力。是在形勢不利的情況下反敗爲勝的重要因素。

④高度的集中能力。能夠排除一切外界干擾,將注意力全部集中在技術和比賽上。

⑤卓越的放鬆能力。在競爭激烈的比賽中,能夠消除緊張,保持放鬆。

(3)專項心理素質的有效訓練方法和手段

跳遠運動員的心理訓練應在日常訓練中進行。大強度、大負荷的艱苦訓練本身就是對運動員意志品質的最好訓練。高度的自信心則來源於對專項技術的熟練正確掌握和雄厚的實力。可安排運動員在頂風,人多等情況下進行訓練,培養克服困難和戰勝不利條件的勇氣和排除外界干擾,集中注意力的能力。在訓練中要提出目標,創造一定的競爭氣氛,培養頑強拼搏的精神。在可能的情況下安排運動員多參加比賽,可對運動員的心理素質起到全面的訓練作用。

(4)大賽前最易出現的心理障礙和克服辦法

大賽前最易出現的心理障礙主要有兩種,一種是過分緊張和焦急。這在對手與自己水準相近的情況下,以及指導、教練給自己提出的要求和期望過高時易出現害怕輸給對手和怕達不到要求的心理給自己造成巨大的壓力,因此出現過分緊張和焦急的心理障礙。

克服的最好辦法是:對前者幫助他認眞分析自己與對手的情況,指出他的優勢和對手的不足,增強戰勝對手的信心。引導運動員多考慮專項技術、戰術的應用和發揮;讓運動員散散步或者聽聽輕鬆愉快的音樂;也可與運動員就一些輕鬆的話題進行交談,用以轉移注意力,減輕其緊張和焦慮程度。對後者應根據其訓練情況和實力,提出切合實際的要求和目標,使運動員覺得有希望達到。

第二種心理障礙是過於放鬆,抱無所謂的態度。這種心理障礙主要出現在水準明顯高於對手,認爲可以輕易取勝的運動員或水準較差,認爲無望獲勝的運動員身上。對高水準運動員應給他們分析獲勝的意義及對手的長處,並提出一些技術要求和成績指標等。對低水準運動員則應多分析他們的長處,鼓勵他們努力拼搏。

(三)長期訓練階段劃分和訓練特性

1、長期訓練的階段劃分、適宜年齡和訓練時限

專項長期訓練劃分爲以下三個階段:

(1)基礎訓練階段:13—16 歲,4 年左右。

(2)提高訓練階段:17—20 歲,4 年左右。

(3)高水準訓練階段:21 歲以上,7—9 年。

2、各階段訓練的指導思想和任務

(1)基礎訓練階段。是長期訓練的基礎,以全面訓練爲主,避免過早地突出專項。應着重於發展動作速度及跑的步頻,掌握正確的基本技術動作,包括跑的技術,各種跳躍的技術,如起跳腳的積極着地動作,擺動部分快速積極的擺動動作,蹬擺動作的協調配合,集中一致的用力動作等。

(2)提高訓練階段。繼續在全面訓練的基礎上,發展提高運動素質,進一步掌握完善專項技術。專項素質訓練要以發展速度爲核心,同時注意提高快速力量及專項彈跳力的水準。在這一階段中,可以開始採用重量相對較輕的槓鈴(相當於個人體重 100％至 150％)進行力量訓練。

(3)高水準訓練階段。這是長期訓練的最後一個階段,也是最重要的一個階段。訓練內容逐漸變窄,主要集中在與專項關係密切的內容上。速度訓練仍是中心任務,在繼續不斷提高絕對速度的同時,努力提高在助跑中發揮利用速度的能力。快速起跳能力必須與速度水準相適應,得到平衡發展。技術訓練要以完整技術練習爲主。要進一步強化專項訓練,使專項技術達

到高度熟練、完善的程度;進一步挖掘潛力,使專項運動素質不斷得到提高。比賽仍作爲提高訓練強度和訓練水準的重要手段之一,但應以參加專項比賽爲主,使運動員完全地成熟起來。具備承擔重大比賽任務的能力和條件。

3、各訓練階段應達的指標及基本參數(表 3-7-2)

表 3-7-2　　跳遠運動員各項指標及基本參數

項　目	基礎訓練階段 13—16 歲	提高訓練階段 17—20 歲	高水準訓練階段 21 歲以上
立定跳遠(公尺)	2.30—3.00	3.00—3.20	3.20—3.35
立定三級跳遠(公尺)	6.50—8.50	8.50—10.00	10.00—10.50
鉛球後抛(4公斤)(公尺)	10.00—15.00	15.00—20.00	20.00—24.00
深蹲槓鈴	個人體重	個人體重至 1.5 倍	1.5 倍至 2 倍個人體重
站立式起動 30 公尺(秒)	4″5—3″8	3″8—3″5	3″5—3″2
站立式起動 100 公尺(秒)	13″5—11″0	11″0—10″5	10″5—10″0
4—5 步助跑四級踏步跳(公尺)	15.00—18.00	18.00—19.00	19.00—20.00
最後 5 公尺助跑速度(公尺/秒)	8.50—9.80	9.80—10.30	10.30—10.70
行進間 8—10 公尺助跑跳遠(公尺)	5.30—7.20	7.20—7.80	7.80—8.10
專項成績(公尺)	5.50—7.40	7.40—8.00	8.00—8.40

(四)專項訓練計劃

1、基本內容

(1)長期訓練計劃內容

①運動員的基本情況,包括年齡、體重、身體素質、基本技術、優缺點,可能進行訓練的年限等等。

②對運動員的潛力及可能達到的水準的預測與分析。

③長期訓練過程的階段劃分。

④各階段訓練的任務、指導思想及具體要求。

⑤完成各階段訓練任務所要達到的各項素質和專項指標以及具體的措施和要求。

⑥各年度訓練的任務、指導思想及具體要求。

⑦各年度訓練負荷量及強度的安排設想。

(2)年度訓練計劃內容

①運動員上一年度訓練的基本情況及當前各方面的情況。

②對運動員存在的問題及潛力的分析。

③本年度主要的比賽任務和訓練任務以及具體要求。

④本年度所要達到的各項身體素質指標和專項成績指標。

⑤訓練的指導思想。

⑥根據年度比賽任務確定訓練週期的安排(單、雙或多週期)。

⑦各週期負荷量與強度的安排,要求。

⑧準備參加的比賽次數及時間。

⑨發展各項運動素質及進行技術訓練的主要方法和手段及具體要求。

⑩大賽前訓練的安排原則及採取的措施。

(3)制訂計劃的要點

①制訂長期訓練計劃的要點

a.運動員的訓練背景和現實情況。

b.運動員的潛力和可能達到的水準。

c.運動員可能進行的訓練年限和各階段訓練年限的長短。

d.明確的訓練任務和訓練指導思想。

②制訂年度訓練計劃的要點

a.長期訓練計劃對本年度訓練的要求。

b.上年度訓練情況和運動員當時的狀況。

c.本年度的主要比賽任務和比賽時間以及據此劃分的訓練週期。

d.本年度訓練的指導觀念。

d.本年度素質和專項成績的指標。

f.針對比賽任務及運動員的具體情況確定全年負荷量及強度的安排。

(4)訓練計劃的格式和範例

　　長期訓練計劃和年度訓練計劃需要用一些表格或曲綫圖來表示各訓練階段及各訓練週期中負荷量和負荷強度的變化情況。一週訓練計劃則要求有較嚴格的格式。下面用黃庚 1991 年全國田徑錦標賽前的一週訓練計劃作爲範例說明。

　　1991 年 5 月 13 日至 18 日具體安排:

13/一　　　　　　下午

　　1.準備活動:慢跑 800—1000 公尺,行進及原地操 5'—10',柔軟練習 10'—15',跑的專門練習 10'—15',漸速跑 60—80 公尺×3—4 次。

　　2.40 公尺站立式起動計時跑×2(全力跑)

　　3.全程助跑結合起跳×6 次

　　4.站立式起動 60 公尺×1, 100 公尺×1(全力跑)

　　5.整理活動:慢跑 800 公尺,伸展肌肉 10'—15'

14/二　　　　　　下午

　　1.準備活動同週一

　　2.行進間 4—6 步助跑跳遠×15 - 20 次(注意改進起跳技術,無強度要求)。

　　3.短程助跑十級跳×8 - 10 次(注意蹬擺用力快速協調一致)。

　　4.整課活動同週一。

15/三　　　　　下午

1.準備活動同週一。

2.抓舉槓鈴×4 組 $\left(\dfrac{50\ 公斤}{4}+\dfrac{60\ 公斤}{3}+\dfrac{70\ 公斤}{2}+\dfrac{80\ 公斤}{1}\right)$

3.深蹲槓鈴×6 組

$$\left(\dfrac{100\ 公斤}{5}+\dfrac{120\ 公斤}{4}+\dfrac{140\ 公斤}{2}+\dfrac{150\ 公斤}{1}\right.$$
$$\left.+\dfrac{160\ 公斤}{1}+\dfrac{170\ 公斤}{1}\right)$$

4.上步跳欄 1 個×20(注意起跳速度要快)

5.加速跑 50 公尺×10(注意節奏,不計時)

6.整理活動同週一

16/四　　　　　下午

1.準備活動同週一

2.身體訓練 40′

3.整理活動同週一

17/五　　　　　下午

1.準備活動同週一

2.全部助跑結合起跳×2-3 次(快速積極)

3.8—12 步助跑跳遠×10—15 次(要求最大強度)

4.反覆跑 100×5(80％強度)

5.整理活動同週一

18/六　　　　　下午

1.準備活動同週一

2.啞鈴半蹲跳 10 次×4 組(注意爆發性起跳)

3.短程助跑＋級跳(要求 38 公尺以上)

4.加速跑 50 公尺×10(注意節奏)

5.整理活動同週一。

注:黃庚 1970 年 7 月 10 日生。跳遠成績 8.18 公尺。

通常,週訓練計劃應寫在專用的訓練計劃表格上。表 3-7-3 為週訓練計劃表格之一。

(五)賽前訓練計劃

賽前訓練是整個訓練過程中的一個非常重要的訓練階段,它關係到運動員能否以最佳的競技狀態參加比賽和創造好成績。因此,賽前訓練常作為一個單獨部分進行安排。

表 3-7-3　　週訓練計劃表格

訓練任務、目的及要求			
情況分析			
日期/星期	早　操	上　　午	下　　午

1、時間的確定

在大賽之前,一般至少需要四週左右的時間進行專門的準備訓練和調整。可分成兩個小的訓練階段:

(1)降低負荷量。調整體力,提高負荷強度,培養競技狀態。在賽前第四週至賽前 10 天或第二周內進行。

(2)保持訓練強度和競技狀態。在賽前 10 天或一週內進行。

2、主要任務

(1)第一小階段

①通過減少訓練負荷量,使運動員的體力得到較好的恢復,到比賽時出現超量恢復的狀態。

②減少訓練手段和壓縮訓練涉及面。使主要專項素質和專項技術訓練得到加強。

③提高主要專項素質和專項技術訓練的強度,使之達到或超過訓練中的最好水準。

④進一步完善專項技術,抓好關鍵技術的訓練。

⑤培養競技狀態,提高獲勝及創造好成績的信心。

⑥進行針對性訓練,適應大賽的要求(如比賽時間,比賽輪次,風向,及格標準等)。

⑦對比賽中可能出現的問題預先做好準備。

⑧進行必要的心理訓練和準備。

(2)第二小階段

①保持一定的負荷量和強度,保持競技狀態。

②調整體力,使運動員以最佳狀態參加比賽。

③做必要的認知工作。

3、賽前訓練內容、手段、負荷量和強度

(1)內容和手段特徵

①訓練內容逐漸減少,一般的訓練內容被取消,只保留與專項關係密切的訓練內容。如技術、速度、專項彈跳及力量(包括快速力量)訓練的內容

等,像速度耐力、一般跳躍訓練、一般肌力訓練及一般身體訓練方面的內容大量減少或根本取消。

　　②在訓練手段方面主要安排與專項關係最密切的手段。比如速度訓練主要以 60 公尺以內的全速跑為主,技術訓練主要為全程或中程以上助跑的完整技術和練習,並且要增加全程助跑結合起跳的練習。彈跳訓練則主要保留短距離的各種跳躍練習以及短助跑的級跳練習;肌力訓練以爆發性的快速練習手段為主。

　　(2)訓練負荷量和強度特徵

　　①從賽前的專門準備期開始,訓練的負荷量呈逐漸下降的趨勢。負荷量的下降主要表現在訓練內容手段的減少,訓練課時間的縮短以及每一手段練習重覆次數的減少和中間休息加長等。減到一定程度後要保持一定的訓練量,採取一天略大、一天略小或一天略大、兩天略小的安排方法,使運動員訓練後可以及時地恢復過來,但又保持對機體的一定刺激,這樣有利於運動員保持旺盛的體力和良好的競技狀態。

　　②在訓練負荷逐漸下降的同時,訓練強度逐漸的提高,在賽前兩週之內,各主要素質和專項技術訓練強度均達到最大。不能在一次訓練課中各種手段訓練的強度均很大,須有計劃地使各種手段的強度分別提高,否則易出現傷害事故。在賽前的專門準備期中,不能使訓練強度總保持在高水準上。因為這樣做的結果可能會造成運動員在比賽時興奮性下降,競技狀態降低。在賽前最後一週的訓練中,訓練強度應當保持在中至中上水準,使運動員在進行高強度訓練之後有一個恢復期,從而在比賽時達到一個新的高峰。

4、賽前調整的時間及方式、方法

　　因為運動員之間存在着極大的個別差異,所以在賽前調整的時間及方式、方法方面要注意區別對待。調整時間一般放在大賽前的一週左右,也有用 10 天時間進行。確定時間主要依據運動員前一段訓練情況、體力狀況、競技狀態的形成、保持的時間長短,以及運動員的年齡等因素。

　　調整方式主要是在前一段已減少的負荷量基礎上進一步減少訓練內容和練習的數量,甚至減少訓練課次,縮短訓練時間,同時在訓練強度上有所降低。保持一定數量的專項素質訓練和技術訓練,使運動員的體力得到恢復、達到最佳狀態的同時,能夠保持高水準的運動素質和熟練的技術。具體參見陳尊榮 1991 年 6 月 3 日在全國田徑錦標賽中創造 8.26 公尺亞洲新紀錄之前一週的訓練安排。

5、賽前訓練計劃實例

陳尊榮 1991 年全國田徑錦標賽前四周的訓練計劃(1991.5.6—5.11)。

訓練目的和任務:適當減少負荷量,逐漸提高訓練強度。

　　情況分析：經過四週系統加強訓練，身體能力有所增強，技術穩定，一切正常。

6/一　　　　　　下午

　　1.反覆跑 100 公尺×5(11 秒之內)

　　2.身體訓練 30 分鐘

　　3.前後拋鉛球(4 公斤)各×10 次

7/二　　　　　　下午

　　1.全程助跑結合起跳×6 次(注意跑跳結合)

　　2.短助跑四級跳×6(19 公尺以上)

8/三　　　　　　下午

　　1.抓提槓鈴×4 組(50-60 公斤,每組 3—5 次)

　　2.深蹲×6 組

$$\left(\frac{100 公斤}{3}\frac{110 公斤}{2}\frac{120 公斤}{2}\frac{130 公斤}{1}\frac{140 公斤}{1}\frac{130 公斤}{1}\right)。$$

　　3.上步跳欄×20 次(高度 1.20—1.50 公尺)。

　　4.加速跑 50 公尺×6(注意節奏)

9/四　　　　　　下午

　　1.身體訓練 40 分鐘

10/五　　　　　　下午

　　1.全程助跑結合起跳×4 次.

　　2.行進間 6—8 公尺助跑跳遠×10-15 次(7.60—7.70 公尺)

11/六　　　　　　下午

　　1.抓舉×5 組$\left(\frac{50 公斤}{4}\frac{55 公斤}{3}\frac{60 公斤}{2}\frac{65 公斤}{1}\frac{70 公斤}{1}\right)$

　　2.負壺鈴半蹲跳 20 公斤×10×5 組.

　　3.跨步跳 50 公尺×6(要求快節奏大幅度)

　　4.反覆跑 100 公尺×5(11″5—11″0)

　　　　1991.5.13—5.18

　　訓練目的、任務：保持一定的負荷量、繼續提高專項技術和力量、專門跳的強度,使之接近或超過最好水準。

　　情況分析：上週訓練完成較好、體力有所恢復、無傷病、強度有所提高。

13/一　　　　　　下午

　　1.站立式起跑 40 公尺×2(全力跑)

　　2.全程助跑結合起跳×4-6 次(注意最後兩步的向前性)

　　3.前後拋鉛球各×10 次

14/二　　　　　　下午

　　1.短助跑四級跳×10(19 公尺以上)

　　2.反覆跑 100 公尺×4(11″0 以內)

15/三　　　　　下午

　　1.抓提槓鈴×5組(50—60公斤)

　　2.深蹲×6組

$$\left(\frac{100\text{公斤}}{4}\frac{110\text{公斤}}{3}\frac{120\text{公斤}}{2}\frac{130\text{公斤}}{1}\frac{140\text{公斤}}{1}\frac{150\text{公斤}}{1}\right.$$

　　3.上步跳欄×20次(1.30—1.55公尺)

　　4.加速跑50公尺×10(注意節奏)

16/四　　　　　下午

　　1.身體訓練30分鐘

　　2.前後拋鉛球各×8次

17/五　　　　　下午

　　1.全程助跑結合起跳×4次

　　2.行進間8步助跑跳遠×10-12次(7.85-8.00公尺)

　　3.反覆跑100公尺×2(11″5以內)

18/六　　　　　下午

　　1.負壺鈴半蹲跳20公斤×10×4組

　　2.短助跑十級跨步跳×10(39公尺以上)

　　3.加速跑50公尺×6

　　　　　　　1991年5.20—5.25

　　訓練目的任務:保持一定的負荷量。適當降低強度,抓好助跑節奏和準確性。

　　情況分析:上週訓練完成很好,專項強度達到8.12公尺,是最高水準,力量和專項彈跳也達到最好水準,無傷病,體力情況較好。

20/一　　　　　下午

　　1.反覆跑100公尺×4(11″0以內)

　　2.前後拋鉛球各×10次

21/二　　　　　下午

　　1.全程助跑結合起跳×4次.

　　2.身體訓練40分鐘。

22/三　　　　　下午

　　1.深蹲×6組

$$\left(\frac{100\text{公斤}}{4}\frac{110\text{公斤}}{3}\frac{120\text{公斤}}{2}\frac{130\text{公斤}}{1}\frac{140\text{公斤}}{1}\frac{130\text{公斤}}{1}\right)$$

　　2.跨步跳50公尺×6(快節奏、大幅度)

　　3.加速跑50公尺×6(注意節奏)

23/四　　　　　下午

　　1.身體訓練 30 分鐘

　　2.前後拋鉛球各×10 次.

24/五　　　　下午

　　1.全程助跑結合起跳×4 次

　　2.行進間 8 步助跑跳遠×10 次(7.70－7.80 公尺)

　　3.短助跑四級跳×6 次(19.00 公尺以上)

25/六　　　　下午

　　1.壺鈴半蹲跳 20 公斤×10×4 組

　　2.短助跑十級跳×6(38 公尺)

　　3.加速跑 50 公尺×6

　　　　　　1991 年 5.27—6.1

　　訓練任務目的:進一步降低負荷量、保持中上強度、調整體力、鞏固素質水準、熟練技術。

　　情況分析:前三週訓練按計劃完成、各項素質和專項強度達到較高水準、競技狀態較好、無傷病,有希望在比賽中創造好成績。

27/一　　　　下午

　　1.加速跑 80 公尺×5(體會節奏)

　　2.身體訓練 20 分鐘

28/二　　　　下午

　　1.全程助跑結合起跳×4 次(注意準確性和穩定性)

　　2.行進間 6—8 步助跑跳遠×8 次(無強度要求)

　　3.反覆跑 100 公尺×2(11″0 左右)

29/三　　　　下午

　　1.深蹲×6 組

$$\left(\frac{100\ 公斤}{2}\ \frac{110\ 公斤}{2}\ \frac{120\ 公斤}{1}\ \frac{130\ 公斤}{1}\ \frac{140\ 公斤}{1}\ \frac{150\ 公斤}{1}\right)$$

　　2.跨步跳 50 公尺×6(快速、大幅度)

　　3.加速跑 40 公尺×6

30/四　　　　下午

　　準備活動 50 分鐘

31/五　　　　下午

　　1.深蹲×4 組 $\left(\frac{100\ 公斤}{2}\ \frac{110\ 公斤}{2}\ \frac{120\ 公斤}{1}\ \frac{110\ 公斤}{2}\right)$

　　2.短助跑十級跳×6 次。

　　3.加速跑 50 公尺×4 次。

1/六　　　　上午

　　準備活動 50 分鐘。

注:以上計劃省略了準備運動和整理活動內容。

(六)比賽臨場指導及訓練安排

1988年國際田聯對其競賽規則進行修改後,允許身處比賽場外(比如看臺上)的人與比賽場內的運動員進行對話交流,使比賽過程中教練的指導成爲可能。

1.臨場指導

(1)教練要處於能夠觀察到運動員動作全過程的位置上,最好在與起跳板成一條綫的位置上,以便清楚地看到運動員的技術,從而有針對性地給予指導。

(2)抓住每一次練習助跑、練習試跳及正式比賽中每一跳後運動員經過教練所處位置時進行指導,不宜在看臺上來回走動。

(3)教練與運動員之間的交流內容

①對運動員剛完成的技術動作情況的反饋,肯定優點,指出不足,並詢問運動員個人感覺。

②指出下次試跳中需要注意的問題。

(4)指導時語言要簡練,不能囉嗦。有些指示可通過一些手勢表達。

(5)指導必須抓住關鍵和重點問題,切忌什麼都說,否則會造成運動員無所適從。

(6)指導要包含鼓勵的因素,絕不能用指責的口氣,這樣有利於運動員增強信心。

(7)在運動員落後或關鍵時刻,教練要保持鎮靜,切忌急躁,大喊大叫,否則不利於運動員穩定情緒和集中精神。

(8)賽前要對運動員講明賽中可能出現的各種情況,並提出解決的辦法及對策等,這對臨場的指導會大有幫助。

2、出現的問題及解決辦法

(1)技術問題。一般來說,比賽時的技術問題難以解決。有些運動員會出現一些新問題。如果採取一定的措施。可能在一定程度上給以解決。

①助跑不穩定,忽前忽後。這是問題,而且對水準的發揮有着極大的影響。

a.對每一次助跑的節奏和準確性及時給予反饋,進行調整。

b.提醒運動員注意助跑的節奏,每次跑都努力保持一致。

c.提醒運動員注意風向和風力的變化,並及時根據風的變化情況調整助跑距離。

d.提醒運動員注意技術,充分發揮速度及力量等體能。

②起跳、騰空及落地等方面的技術問題,多數是在賽前訓練中沒有得到解決或不穩所致。只能根據技術中具體的情況給予提示,要注意抓住主要問題及主要原因。

(2)戰術問題。忽略戰術的重要性,而處於被動地位。在賽前要給運動員確定該場比賽應採用的戰術並強調它的重要性,使運動員眞正重視起來。

(3)心理問題。運動員常出現的心理障礙主要有以下兩種:

①過分焦急求勝心切,導致技術失常,難以發揮個人水準。應及時給運動員揭示,避免急躁、保持鎭靜,將注意力集中在個人的技術上,發揮個人的水準。

②失去信心,喪失繼續競爭、超過對手的鬥志,導致情緒低落,技術水準及體力均下降。只要以鼓勵爲主,指出超過對手的可能性及有利條件,使運動員樹立戰勝對手的信心,增強鬥志。

3、訓練安排

由於跳遠比賽一般只有合格賽和決賽兩個賽次,而且通常是在兩天中連續進行,因此在這兩個賽次中間基本不安排訓練。個別運動員可在決賽當天上午或早晨進行慢跑及柔韌練習、技術模仿等較輕微的練習。

(馮樹勇)

八　三級跳遠

(一)現代三級跳遠訓練的主要特性和發展趨向

1、三級跳遠技術發展的階段變化及其特性

　　從三級跳遠項目的歷史發展來看,技術的發展在一定程度上對三級跳遠的訓練起導向的作用。在三級跳遠發展初期,缺乏專門的訓練方法,一般都是按照傳統的跳遠訓練方法進行訓練,成績的提高取決於運動員的身體條件和能力。技術各種各樣,基本是順其自然進行跳躍,但技術上的一個主要特點是第二跳較小,僅作爲第一跳、第三跳的過渡。二次大戰後,蘇聯在技術上提高了第二跳的比例,使三級跳遠眞正成爲三次跳躍。他們大大加強了專項力量和專項跳躍能力的訓練,形成了一整套訓練體系,培養了一大批優秀的三級跳遠選手。他們的共同特點是起跳非常有力,騰空拋物綫很高,採用雙臂擺動,大腿高抬積極扒地。第一跳較大,三跳比例約爲 38.5%—29.5%—32%。當時許多國家的訓練都以此作爲楷模。六十年代世界上又出現了新的技術。波蘭的施密特以與蘇聯"高跳"技術完全不同的跳法第一個突破了十七公尺大關而震驚了世界。施密特前兩跳旣低又快,盡管前兩跳大大落後於蘇聯選手,但憑借第三跳仍保持的較高速度而輕而易舉地超過蘇聯選手。波蘭以發揮速度爲主的"平跳"技術爲世界三級跳遠的發展開創了新的道路。重視速度在三級跳遠中的重要作用以及有利於保持速度的技術被越來越多的國家所接受。七十年代以後,三級跳遠的發展進入了新的時期。不僅世界紀錄提高了近一公尺,而且跳過十七公尺的運動員遍及世界各大洲,每年達三十人之多。發展的一個主要原因是訓練指導觀念的更新;訓練方法、手段的改進;技術向更全面型發展。現在取得優異成績的選手中已看不到典型"高跳"或是典型"平跳"技術了。更多的是兼"高跳"與"平跳"的優點而又能充分發揮自己特長的技術風格。即不僅速度快而且起跳很有力,動作形式像"高跳",跳的速度和三跳比例又是"平跳"的。正是這種技術成爲當今三級跳遠發展的方向。它表現爲助跑速度快、起跳充分有力,跳躍速度快,而且動作幅度大,適宜的騰空高度和合理的三跳比例。其中速度成爲技術發展的主流與核心因素。因此,訓練中特別注重發展速度。現代優秀選手的速度已達到很高的水準。如康利,100 公尺速度達 10″32;班克斯助跑後 5 公尺的速度達到 10.82 公尺/秒。跳過 17.50 公尺以上的選手助跑速度在 10.40 公尺/秒以上。將來能否有突破,速度仍將起重要作用。速度的加快對支撐力量、技術水準等方面也提出了新的要求。因此,訓練中也十分重視專項力量、專項跳躍能力、技術水準與速

度水準的協調發展。

2、三級跳遠訓練的主要特點與發展趨向

(1)重視速度訓練

速度是影響三級跳遠成績的重要因素。一些研究結果表明,三級跳遠運動員必須具備良好的助跑速度、動作速度、跳躍速度,其中特別是助跑速度,否則難以達到高水準的成績。世界優秀三級跳遠運動員都具有較高的助跑速度水準。因此,重視速度水準的發展是當今三級跳遠訓練的趨勢之一。

(2)不斷加大訓練負荷是提高訓練水準的主要途徑

現代高水準運動員訓練的負荷更大了。一是負荷量大,尤其是專項負荷量大;二是對負荷強度和質量的要求更高。這樣能加強運動員能力的儲備,保證運動員在比賽中表現最佳成績。

對於尚未達到很高水準而訓練基礎還不太堅實的年輕選手來說,通過加大負荷量達到提高競技能力的目的仍為一個重要途徑。但過早地加大負荷強度對未來達到更高水準是不利的。對於有長期訓練基礎的隊員而言,提高負荷強度是非常重要的。因為負荷強度對保持與提高競技運動水準具有更明顯、更直接的作用。這在我們的訓練中已取得了明顯的效果。

(3)重視負荷的個體化

通過負荷的增加,引起機體產生明顯的生物適應,從而取得好的訓練效果。但負荷的增加是有規律的,並非越大越好。負荷的量與強度之間相互影響、互相制約。負荷量過大會影響到負荷強度的下降。而對於三級跳遠這樣一個速度力量性項目,負荷強度過低就沒有什麼訓練意義。運動員承受運動負荷的能力不盡相同,因而應根據運動員的具體情況來確定適宜的負荷,掌握負荷的變化。

(4)縮短訓練週期,提高訓練效率

由於運動水準的不斷提高,大比賽次數的增加,傳統的為準備一兩次比賽而安排的單週期、雙週期受到了挑戰。為了能在一年中多參加比賽並把比賽作為較好效果的訓練手段,各國教練努力追求縮短訓練週期,以小週期來安排訓練。實踐證明,這種週期安排的改變,收到了較好的效果。

(5)訓練手段專項化

專項訓練是提高運動員專項水準的基礎。對於已經打好一般訓練基礎的高水準運動員而言,一般訓練對提高運動成績所起的作用不如專項訓練帶來的效果更直接,且精力、體力及訓練時間也不允許花太多時間用於一般訓練。因而,訓練手段、方法的選擇更服從專項的需要。專項訓練中,如專項跳練習的動作結構、幅度、跳的速度和用力程度都接近專項要求。力量訓練的用力順序、角度和幅度都與專項接近。甚至速度訓練時,人的重心、步頻、步長等方面都服從專項需要。

(6)既要全面發展又要突出個人特性

要想在大賽中取得好的成績,必須具備較強的實力。只靠速度好或力量大;或只靠素質好或技術突出是沒有把握立於不敗之地的。取勝的選手大都向着"全面型"的模式發展,即技術和專項素質等多方面因素的均衡發展。如果其中某一方面偏低,則會限制整體競技能力的提高和發揮。如力量素質太弱,則速度的優勢發揮不了。訓練中要認眞解決"弱"的差距,通過競技能力相對協調的發展求得專項競技能力的提高。在全面發展的同時,一名優秀的運動員又要有自己的特長,有比別人突出的優勢才有競爭力。在第三屆世界田徑錦標賽上奪冠的運動員,像劉易士、布卡卡等人都具有一技之長,獨特超人之處。教練員要善於發現與培養運動員的特長。總之,現在優秀運動員競技能力結構的特性是"全面"加"特長"。

(7)訓練定量化是訓練發展的又一趨向

訓練定量化是科學訓練的一個重要方面。在訓練中,採用練習的手段、方法、量與強度等方面的安排及訓練效果的檢測都必須通過定量來解決。這樣才能克服訓練中的盲目性,做到心中有數。

(8)重視大負荷後的恢復和營養

只有當運動員在生理和心理上從大負荷的訓練所造成的疲勞中恢復過來後,訓練負荷對運動員機體所產生的作用才能表現出來。負荷與恢復是訓練過程中兩個緊密相連的環節,是決定訓練效果的兩個基本因素。"沒有負荷就沒有訓練,沒有恢復就沒有提高"是很有道理的。現代訓練的一個重大發展就是高度重視恢復過程的實施,採用多種手段並列入訓練計畫。

(二)三級跳遠所需的專項素質及發展的主要方法與手段

在三級跳遠中,專項素質起重要作用,同時對運動技能與專項素質的統一也有非常高的要求。

三級跳遠屬非週期性、無氧代謝項目。運動員必須在約 5 秒鐘左右發揮最高跑速和動作速率,在 0.12—0.16 秒內的起跳過程中克服阻力發揮最大力量(約 500—800 公斤),改變運動方向 13—22 度。因此運動員必須具備很高的速度、力量、爆發力等素質水準,才能保證達到高的運動水準。因而三級跳遠運動員十分重視發展直接影響專項成績的速度、力量、專項跳躍能力、協調、柔軟等專項素質。

1、主要專項素質的訓練方法、手段

(1)速度—— 力量素質訓練

速度—— 力量訓練指在發展運動員在最快的動作狀態中克服各種阻力的能力,其主要方法手段有:

　　①克服自身體重的練習。單足和雙足的原地跳躍和助跑跳躍,各種跳深和跳過障礙物的練習;

　　②在上述練習過程中附加重物,如負重沙衣、沙護腿等;

　　③以快速完成的抵抗外界阻力的練習,如牽拉橡皮帶,投擲不同重量的實心球和鉛球,聯合器械的練習及雙人對抗練習等。

　　在進行練習時,應注意如下要求:

　　a.必須注意技術要求,動作外形和節奏,動作幅度、用力角度及肌肉最大用力的時間等,盡可能與專項要求相一致;

　　b.集中意志用力,爆發性的完成練習;

　　c.跑跳練習過程中採用小重量(不超過體重 10%)負荷練習時,必須與徒手結合進行,而且在練習中要逐步加大動作頻率。特別強調動作用力和自然放鬆,克服緊張和動作僵硬。

　　(2)速度素質訓練

　　改進跑的技術,提高跑的能力,在此基礎上完善快速、準確的助跑是三級跳遠速度訓練的重要任務。資料表明,在其它條件不變的情況下,在每次起跳中起飛速度增加 0.1 公尺/秒,可使三級跳遠成績提高 30—35 公分。可見,速度水準的高低對三級跳遠成績有重大影響。

　　跑的技術合理與否,對速度的提高起影響作用。而助跑又要求跑的技術符合專項要求,即有利於順利的進行起跳。因而,跑時人體重心要高,步幅開闊、有彈性、放鬆協調,並有較好的節奏。主要練習手段有:

　　①40 公尺—60 公尺的高抬腿、小步跑練習;

　　②60 公尺—100 公尺的漸速跑。可採用如下的跑動節奏:均勻而平穩地把步頻加到最大;變換步頻;強調加大跑時的步長;適當縮短步長,加大步頻;

　　③20 公尺—40 公尺的行進間跑;

　　④20 公尺—100 公尺的站立式計時跑;

　　⑤100 公尺—300 公尺的反覆跑;

　　⑥50 公尺—100 公尺的變速跑。

　　⑦全程助跑練習。

　　跑的練習手段貫穿在全年訓練的各個階段。

　　由於速度發展受神經興奮程度的影響很大,因此,發展速度的訓練課應安排在體力較好的時候。神經過程靈活性下降時,進行速度訓練效果不好。一堂訓練課,短程速度練習(計時跑)在 600 公尺左右。速度訓練要對保持正確動作和良好的節奏提出要求。如動作僵硬或變型則要降低強度和縮短跑的距離。速度訓練時要及時地將各次跑的強度告訴隊員,使其建立起正確的速度感。這種能力對助跑節奏的建立和速度的掌握是十分重要的。

　　(3)肌力素質的訓練

　　肌力訓練的目的是發展完成三級跳遠技術動作的神經肌肉器官的承受能力。據測定,優秀三級跳遠運動員起跳及落地再起跳所受到的地面對支撐器官的衝擊力達 500 公斤—1000 公斤之多。如果沒有足夠的力量做為基礎,很難掌握先進的技術,運動成績也不可能達到高水準。又由於三級跳遠項目對運動員爆發用力的能力要求較高,所以力量訓練基本上採用強度法,即採用大的和最大的負荷強度。

　　強度法力量訓練的負荷特徵是:負荷強度 70%—100%;組數 6–8;每組次數 1–3;間隔時間 3'。

　　這種短促極限、次極限強度用力的方法保證了神經肌肉用力的高度集中,使肌肉力量、特別是爆發性力量得以發展,而且肌肉體積增長不大。如陳燕平的全蹲訓練課負荷安排為:(120 公斤×3) + (140 公斤×3) + (160 公斤×2) + (170 公斤×1) + (150 公斤×2) + (130 公斤×3)。從 1986 年全蹲指標由 160 公斤提高到 1990 年的 180 公斤,體重基本保持在 68 公斤左右。

　　根據三級跳遠的項目特點,除了重視發展腿部力量之外,還要注重發展腰背部的肌肉力量。腰背部肌肉的力量在劇烈的動作完成過程中,保證了人體下肢與軀幹及上肢用力的整體性。

　　力量訓練採用的手段應盡可能與專項的動作結構、用力順序、關節角度相一致。這樣,發展的力量才能收到較好的效果。常採用的手段有:

　　①肩負 40—60 公斤槓鈴的體前屈,5—10 次;

　　②連續抓提槓鈴,50—70 公斤×5 次;

　　③高翻槓鈴,80—120 公斤×3–1 次;

　　④拉鈴,100—160 公斤×5–3 次;

　　⑤肩負槓鈴半蹲跳(膝關節角 120°),100—160 公斤×6 次;

　　⑥肩負槓鈴半蹲,140—260 公斤×6 次;

　　⑦肩負槓鈴全蹲(大腿與小腿夾角小於 90 度),100—180 公斤×3–1 次;

　　⑧肩負槓鈴坐蹲(大、小腿夾角 100 度左右),140—240 公斤×5 次;

　　⑨肩負槓鈴快蹲,(負重量約為體重的 60%—80%)×5 次。

　　在完成大重量力量訓練後,應採用輕負重或徒手進行快速動作的練習,如行進間快速小步跑、加速跑以及各種跳躍練習。

　　在力量訓練後進行專門跳躍練習,避免肌肉在大強度負荷下所造成的僵硬,又充分利用力量訓練的後作用使其轉化到跳躍能力上來。

　　在大力量訓練的同時,要十分注意發展小肌群和一些平常不太容易練到的肌肉群。如踝關節肌肉和大腿後群肌肉等。人是一個統一的整體,如果小肌群或某局部肌肉力量太弱,大力量不僅得不到充分的發揮,而且會造成薄弱環節的運動損傷。

(4)跳躍能力的訓練

專項跳躍能力是專項成績提高的基礎。各種形式的跳躍練習是提高技術和發展專項跳躍能力的基本手段。

①以不同的幅度、速度和拋物綫進行的單足跳、跨步跳和換腿跳。單足跳、跨步跳是三級跳遠技術的基本動作結構。連續的單足跳和跨步跳有助於提高上下肢擺動動作的協調,培養空中良好的平衡能力和空中感覺,大大增加支撐器官承受負荷的能力。這些練習可以明顯地培養運動員的彈跳能力,對快速力量有良好的影響。在做這些練習時,要注意動作規範,否則容易形成錯誤的動力定型。另外,還要有意識降低跳躍的重心拋物綫,加快蹬擺的速度,加大擺動幅度,減少緩衝幅度,使其在動作結構、用力方向、用力時機等方面與三級跳遠相一致。

②由 50－70 公分高的跳箱上跳下由單足或雙足落地,接着跳過一定高度的欄架的跳深練習。它是發展由退讓到克制性工作能力的最有效的手段之一。通常跳箱與欄架之間距離爲 4－5 公尺,欄架高 80 公分以上。要求落地時主動積極,上體正直,富有彈性,不停頓。優秀運動員還可以在跳箱上助跑兩步跳下由單足或跨步跳的形式向前跳躍落入沙坑中。優秀選手可達 8 公尺左右。蘇聯運動員採用類似的跳下三級跳遠可達 11 公尺以上。

③連續多級蛙跳和袋鼠跳,對發展專項跳躍能力也有良好的作用。

隨着水準的提高,進行專門跳躍練習逐漸集中在對專項有更直接作用的跳躍練習上。訓練中,速度快、步幅大的單足跳、跨步跳的比例加大。臨近比賽期,短程助跑的多級單足跳、跨步跳是重要手段。40－50 公尺段落的連續單足跳、跨步跳和連續三級跳的成組的專門跳躍練習有助於長期保持跳躍能力。

進行專門跳躍練習時要有足夠的強度。除了在訓練初期跳一些長段落的練習時,強度可小一些外,大多數的強度應在每級 3.30 公尺以上。有時可採用計時的方法。否則,難以達到發展專門跳躍能力的目的。

(5)協調性和柔軟性的訓練

在三級跳遠中,平衡能力與空中感覺十分重要。失掉平衡則破壞了跳躍節奏。空中感覺不好亦影響跳躍節奏和技術動作的完成。因此,在進行技術訓練和專門練習時,除有步長和速度等要求外,另一個任務就是要培養運動員把握落地再起跳合理時機的能力。這種能力對協調性的要求很高。除一般的手段外,不同節奏的蹦床跳躍練習對改善平衡和空間調節能力有良好作用。

柔軟性的作用是可以增強肌肉的彈性,加大關節活動幅度,保證在完成專項時進行大幅度擺動。同時,柔軟性較好對防止受傷起保證作用。柔軟性練習應堅持每天進行,一般在準備活動過程中和訓練後的放鬆活動中安排。練習的方法有動態性、靜態性牽拉肌肉、韌帶兩種。兩種方法交替進行效果較好。以拉長肌肉、韌帶,加大關節活動幅度爲主要目的。

2、專項素質測試的主要指標和基本參數

測試的指標應爲與專項相關程度較大的項目。比較常用的指標有:30公尺起跑計時;100公尺計時跑;短程助跑五級跳;中短助跑跳遠;中、短程的三級跳;高翻槓鈴;全蹲槓鈴;鉛球前後拋等。

我國的三級跳遠訓練大綱對有關素質提出了分級指標要求(見表 3 – 8 – 1)。

蘇聯三級跳遠訓練體系中有綜合性訓練水準測試標準(見表 3 – 8 – 2)。例如,要達到運動健將(16.20 公尺),必須發展綜合素質水準使八項測驗得分達 400 分以上。蘇聯選手別斯克羅夫內三級跳遠成績爲 17.53 公尺,其得分達到了 713 分。(40 公尺 4″40;10 步助跑五級跳 24.07 公尺;12 步助跑跳遠 7.50 公尺;90 公分高跳下三級跳 11.10 公尺;150 公尺 15″50;三步助跑彈跳 47 公分;鉛球後拋 11.35 公尺;負重 60 公斤快蹲 5 次 5 秒)根據這個標準,鄒振先能得 695 分,陳燕平可得 600 分左右。

表 3 – 8 – 1　　我國三級跳遠訓練大綱分級素質標準

項　目	標準	16 歲	17 歲	18 歲	19 歲	20 歲	21 歲	22 歲
三級跳遠 (公尺)	優秀	14.50	15.60	16.30	16.75	17.20	17.40	17.60
	良好	14.00	15.00	15.70	16.10	16.60	16.90	17.10
	及格	13.50	14.50	15.20	15.60	15.90	16.10	16.40
30 公尺起跑	優秀	4″	3″3	3″7	3″6			
	良好	4″1	4″	3″9	3″8			
	及格	4″3	4″2	4″1	4″			
100 公尺	優秀	11″4	11″2	11″	10″8	10″6	10″5	10″4
	良好	11″6	11″5	11″3	11″	10″8	10″7	10″6
	及格	11″8	11″7	11″5	11″3	11″	10″9	10″8
六步助跑五級跳遠 (公尺)	優秀	20.50	21.50	22.00	22.50	22.80	24.80	24.20
	良好	19.90	20.60	21.00	21.50	22.40	22.40	23.60
	及格	19.20	20.00	20.50	21.00	21.50	21.80	22.60
十步助跑跳遠 (公尺)	優秀	6.10	6.30	6.45	6.60	6.75	6.95	7.00
	良好	6.00	6.10	6.25	6.40	6.55	6.65	6.70
	及格	5.90	6.00	6.10	6.20	6.35	6.45	6.50
鉛球後拋 (公尺)	優秀	14.50	15.00	15.50				
	良好	13.50	14.00	14.50				
	及格	12.50	13.50	14.00				
半蹲槓鈴系數	優秀	280	300	320	330	340	345	
	良好	260	280	300	310	320	325	
	及格	240	260	280	300	310	315	

對運動員進行測試並與標準模式進行對照能夠發現運動員的素質情況。如發現某一素質過低,則應在訓練中安排有所側重,使其薄弱環節能得

以改善。另一方面,通過測試,可了解運動員素質發展的整體水準。

表 3-8-2　　蘇聯三級跳遠運動員綜合素質測試指標與得分

得分	40公尺 起跑 (秒)	10步助跑 3級跳遠 (公尺)	12步助 跑跳遠 (公尺)	從90公分 跳下原地 三級跳遠 (公尺)	150公尺 跑(秒)	三步助 跑彈跳 (公分)	拋鉛球 (公尺)	負重60 公斤五 次快蹲 (秒)
100	4″40	25.00	7.75	11.50	15″40	106	16.50	4″
90	4″47	24.50	7.58	11.13	15″80	100	15.75	4″3
80	4″54	24.00	7.42	10.75	16″20	75	15.00	4″6
70	4″61	23.30	7.31	10.50	16″45	91	14.50	4″9
60	4″68	22.65	7.20	10.25	16″70	87	14.00	5″2
50	4″75	22.00	7.09	10.00	16″83	83	13.50	5″5
40	4″81	21.60	7.08	9.80	17″15	80	13.10	5″7
30	4″87	21.20	6.91	9.60	17″35	77	12.70	1″9
20	4.93	20.80	6.83	7.40	17″70	74	12.30	6″1
10	4.99	20.40	6.74	9.20	17″90	71	11.90	6″3
1	5.05	20.00	6.65	9.00	18″	68	11.50	6″5

(三)三級跳遠的技術特徵和技術訓練的方法與手段

1、三級跳遠的技術特徵

現代三級跳遠的技術特徵是:

(1)速度快。首先運動員爲了使助跑速度快,必須以較高的前跑速度(絕對速度)作爲基礎。同時運動員還必須具備在保持高重心、有彈性、大幅度的助跑節奏的情況下,最大限度的將絕對速度運用到助跑中去的能力。世界上優秀三級跳遠運動員(17.50公尺以上),助跑後5公尺的速度在10.40公尺/秒以上。其次是跳躍速度快,它與助跑速度、快速起跳能力、起跳方向,擺動方向及重心拋物綫形狀關係密切。

(2)起跳充分有力。現代三級跳遠運動員的特點之一在於他們在損失水平速度較小的情況下,有較大的騰起高度。這就要運動員在起跳過程中進行充分、強而有力的起跳。而速度力量的發展水準和專門彈跳能力是起跳快而充分有力的保證。

(3)幅度大。首先是起跳幅度大,即從落地到離地的肌肉工作距離長。這是提高起跳效果的主要因素。其次是擺動幅度大,它與起跳的幅度是一致的。這要求有關肌群有較強的工作能力和較好的柔軟性。

(4)節奏好。三跳比例合理,整個跳躍過程積極放鬆、節奏清楚、動作舒展。三跳比例的變化受跳躍節奏、跳躍中保持速度的能力及個人在技術、素質等方面的特點的影響。由於現代三級跳遠跳躍速度快,跳躍中保持速度的能力大大提高,起跳有力,且在技術上各有自己的特點。因而在三跳比例上力求適宜於各自技術特點。從目前高水準運動員來看,多種的比例構成都能創造出世界一流水準的成績。如馬爾科夫,力量素質很好,他的三跳比例爲 36.4%(6.54 公尺)＋29.5%(5.30 公尺)＋34.1%(6.12 公尺);而世界紀錄保持着班克斯則跳出了 34.9%(6.28 公尺)＋27.9%(5.00 公尺)＋37.2%(6.69 公尺)。陳燕平根據自己的特點跳出了 34.1%(5.97 公尺)＋30.2%(5.29 公尺)＋35.7%(6.25 公尺)的比例。

2、三級跳遠技術診斷、分析的簡易方法

技術診斷與分析是在理論的指導下,運用現代科技手段或依據自身經驗,發現、描述(定性或定量)與評價運動員技術的好壞,存在的問題,並爲運動員完善技術提出指導性意見。

在三級跳遠的技術診斷與分析中,主要有以下三種方法:

(1)根據經驗對技術進行診斷與分析

三級跳遠技術複雜,掌握比較完善的技術需要多年系統的訓練。教練對運動員完成的技術動作具有敏銳的觀察力,既使在沒有儀器的情況下也可以對運動員的技術進行診斷、分析。對運動員技術中經常出現的問題,找出根源,尋求解決問題的方法與手段。

在經驗診斷與分析過程中,一般從出現問題的前一個動作過程去找原因。如第一跳起跳不充分,主要原因是專項能力差,助跑最後幾步節奏不穩,缺乏進攻性。第二跳偏小,除了支撐能力差之外是第一跳過大或着地前再起跳的準備不充分。起跳幅度小和被動式着地,主要是因爲專項訓練差的結果。如果在跳躍中平衡不好,跳不出好的節奏,要從髖關節的位置上找原因。如果上體過分前傾而髖關節落在後面或着地積極扒地不主動,送髖而往後收就會破壞平衡和跳的節奏等。

(2)採用儀器與經驗相結合進行診斷分析

如採用攝影、錄影等儀器,對運動員的技術動作進行測量,取得技術動作中各環節的運動學、動力學參數,在定量分析的基礎上,與經驗分析相結合而進行診斷、分析。

(3)參照技術模式的分析、診斷

優秀運動員的技術模式可以作爲教練診斷、分析技術時的參考(見表3—8—3)。用運動員技術上的某些技術參數與模式進行比較,能發現運動員技術中存在的問題。但需要指出的是,模式給出的信息有一定的侷限性,因而僅起一個參考作用。因爲現代高水準運動員的技術越來越表現出個人特點。因而,對於運動員的技術,一方面可參照模式來對技術進行調控,另一方面又要充分發揮運動員技術上的個人特點。

表 3−8−3　　　三級跳遠運動學、動力學的某些參數(前蘇聯)

參　數　的　項　目	起		跳
	第一跳	第二跳	第三跳
起跳前的速度　(公尺/秒)	10.0	9.2	8.0
起跳所用時間　(秒)	0.13	0.15	0.18
放腳　(度)	68	66	65
起跳角　(度)	62	61	63
起跳幅度(從放腳到起跳之間的角度)(度)	50	53	52
膝關節彎屈的最大角度　(度)	40	45	48
放腳時兩大腿的夾角　(度)	45	50	53
起跳離地時兩大腿的夾角　(度)	117	115	110
擺動腿擺動的幅度　(度)	112	112	111
身體重心下降的角度　(度)	3	18	16
身體重心騰起角度	17	15	18
身體重心運動方向的變化　(度)	20	33	34
平均垂直的作用力　(公斤)	350	500	350
每跳距離(成績)　(公尺)	6.25	4.90	5.35
各跳成績和總成績的百分比	38%	29.5%	32.5%
重心騰起高度　(公尺)	0.38	0.20	0.33

3、三級跳遠技術訓練的主要方法與手段

三級跳遠技術訓練的方法與手段多種多樣,在訓練時可根據訓練課要達到的目的和任務來選擇。

(1)分解技術與完整技術相結合

如果用完整的技術進行技術練習,不容易掌握技術動作的細節,達不到多次反覆的要求,而將完整技術分解為幾個部分來進行則要容易得多。待逐步掌握了局部技術環節的動作,再結合完整的三級跳遠技術,則能取得較好的效果。例如:進行第一跳與第二跳結合的練習,能使運動員提高快速起跳的能力,掌握好起跳的幅度及擺動的時機、交換腿的節奏等,其最終是使運動員完善第一、二跳的銜接技術。同樣第二、三跳結合的分解練習不僅能強化第二跳過渡到第三跳的連接技術,而且能提高第三跳起跳腿的跳躍能力。

(2)降低完成技術動作難度的練習

這有助於運動員體會和掌握技術動作。因此在訓練中可採用縮短助跑距離、降低助跑速度來進行技術練習。

(3)全程助跑結合第一跳的練習

全程助跑與第一跳的銜接是一個在快速水準位移通過起跳轉為向前上方運動的過程。這個過程是在快速情況下完成。通過多次地進行全程與第一跳結合的練習,可以提高運動員神經轉換能力、肌肉承受能力及建立完成動作的良好肌肉感覺。另外,這個練習有助於運動員提高踏板準確性。

（4）全程助跑完整三級跳遠練習

全程助跑進行完整三級跳遠技術練習。是提高技術水準最直接的手段。但由於完成練習的強度大，對運動員各方面要求很高，較容易引起運動員的運動損傷。因此，採用時應慎重、可通過多參加測驗賽、小型比賽來熟練全程助跑情況下的完整技術。

（5）增加技術訓練的難度

在技術訓練中，可採用輕負重（沙衣、沙護腿）來進行技術訓練。前世界紀錄保持者奧利維拉曾經常採用這種技術訓練方法來提高跳的能力。但不宜過多、過長時間地採用，以免使速度減慢形成不良的動力定型。並且應與徒手（不負重）的練習交替進行。

（6）跳箱訓練

跳箱訓練可培養運動員良好的跳躍節奏，強化起跳角度，對改進技術起到一定的輔助作用。同時通過這些練習可以提高專項跳躍能力。跳箱的高度，跳箱之間的距離以及運動員採用何種跳躍形式（如單足跳、跨步跳），可根據訓練課的目的、任務來進行安排。

（四）運動員的心理訓練

當前一個優秀三級跳遠運動員，不僅要具備良好的素質、技、戰術水準，還應具備良好的心理素質。尤其是在參加重大比賽時，運動員心理狀態的穩定性直接關係到比賽的勝負。如陳燕平在第 11 屆亞運會的比賽中，當鄒四新跳出 17.31 公尺的高水準成績後，並沒有受場內外觀眾、運動員情緒激昂的氣氛的影響與干擾，在最後一次試跳中，毅然跳出了 17.51 公尺超水準的成績。這說明陳燕平在關鍵時刻經受住了考驗，具備了較好的心理素質。

三級跳遠屬於個人間接對抗性項目。在激烈的比賽中，要求運動員具備較好的心理控制能力、心理調節能力、較好的意志品質和比賽必勝的信心。三級跳遠的心理訓練一般分為兩種。

1、在日常生活、訓練中的一般心理訓練。

此訓練可採用一些心理手段與方法來調控，改善運動員的心理品質。這些方法、手段有："情緒調節訓練法"、"自我暗示與放鬆訓練法"、"意像訓練法"、"注意調節訓練法"、"模擬訓練法"等（具體方法及實施可參見有關運動心理學書籍）。例如意像訓練法在學習和改進、鞏固技術中的運用，是讓運動員在技術課前後在大腦中復述、想象完整的或局部的三級跳遠正確技術，加深對技術概念的理解和對動作過程、用力節奏及動作結構的感覺，這樣再結合訓練中的技術練習，對改進與提高技術起一定的輔助作用。特別是當運動員受傷不能進行技術練習時，採用意像訓練，在一定程度上可彌補技術訓練的不足。

2、根據運動員的不足進行針對性的心理訓練。

如有的運動員在比賽中常因心理錯覺而造成起跳犯規,在實際上已經踏上起跳板的情況下卻有沒有上板的感覺。針對這樣一種情況,可引導運動員在上板起跳時,建立新的注意定勢,將注意力集中在起跳板後沿,用以糾正運動員起跳犯規的毛病。

另外,賽前心理訓練也是三級跳遠運動員心理訓練中重要的一個環節。通過賽前心理訓練,可增強運動員心理穩定性和必勝的信心。通過多種措施,消除運動員賽前可能出現的心理障礙,理順思想,調節情緒,建立積極的心理定勢,形成良好的心理狀態。

運動員心理訓練的實施可分為兩種形式。一是請心理學專家對運動員進行心理學知識講課,並對運動員某些心理素質進行針對性訓練。二是教練將心理訓練的內容貫徹在日常的訓練、生活中。另外,教練或隊內科研人員可教會運動員掌握一些簡單的自我調節心理狀態的方法,如自我暗示法、集中注意力法、調節情緒法等,來提高運動員自我控制能力,使其能及時解除臨場出現的緊張情緒,對付各種意外干擾。

(五)長期訓練過程階段的劃分和訓練的主要特點:

隨着競技水準的不斷提高,要成為一名優秀的三級跳遠運動員必須具備很高的專項運動素質,掌握先進的、且具有個人特點的技術。要達到上述要求,需要經過多年的、有計劃、系統的科學訓練。這是由運動員競技能力狀態轉移的長期性和階段性特點所決定的。因此多年訓練過程的整體客觀規劃對於年度和階段的訓練具有指導意義。它能使整個訓練過程控制在預定的軌道上。使訓練中要解決的技術和素質等方面問題一環接一環、有條不紊地得以解決。

根據三級跳遠項目技術複雜、對支撐器官要求較高這一特點,三級跳遠運動員從專項訓練開始到運動生涯結束,大約需要10—15年。在整個訓練過程中,應包括基礎訓練階段、專項訓練階段、最佳競技階段以及競技保持階段。各階段有不同的訓練任務、訓練內容,對負荷的安排也有不同的要求。其中最重要的是最佳競技階段,因為它是衡量多年訓練效果的主要階段。基礎訓練階段、專項訓練階段的安排和要求應服從於最佳競技階段訓練任務的完成。而競技保持階段則可看作是最佳競技階段的延續。各階段運動員的適宜年齡、年限及主要任務與要求見表3—8—4。

表3─8─4　　運動訓練階段劃分及各階段任務

階段劃分	年齡	年限	任務	重點內容和要求
基礎訓練階段	13─16	3─5	培養競技能力的基礎	1.協調能力、基本運動技能 2.掌握基本技術 3.基本運動素質 4.一般心理素質
專項訓練階段	17─20	4─6	提高專項競技能力	1.發展專項素質 2.掌握三級跳遠技術 3.專項心理素質
最佳競技階段	21─27	4─8	創造優異運動成績	1.完善並穩定三級跳遠技術 2.專項身體素質達到高水準 3.提高比賽心理素質
競技保持階段	28─30	3─5	保持專項競技水準	1.比賽心理穩定性 2.熟練三級跳遠技術 3.保持高水準的專項素質

各階段訓練的主要指導觀念和任務如下。

1、基本訓練階段

主要訓練任務是發展一般競技能力。首先要發展運動員的一般運動能力和多種運動技能。掌握多種田徑項目的基本技術,當然三級跳遠的基本技術要首先掌握。同時要全面發展運動素質。所採用的手段要多樣化。訓練的量和強度要適度,不宜承受過大的訓練負荷。特別注意不可模仿成年運動員的訓練。更不可為了早出成績而過早地進行早期強化專項訓練。否則會導致運動員過早地結束運動生涯。

2、專項訓練階段

經過3─5年的基礎訓練之後,便進入了專項訓練階段。在這一階段應致力於專項能力的提高。一般經過4─6年的系統訓練便可以使運動員的體能得到充分的發展,基本形成了具有個人特點的技術。專項素質達到較高水準。手段的選擇與專項結合得比較密切。並且可逐年波浪式的增加訓練負荷。過小或過大的負荷都會影響競技能力的順利發展。

3、最佳競技階段

專項訓練階段經過4─6年訓練,專項運動素質得到全面的發展並達到高水準。技術也達到完善和熟練的程度,心理素質達到較高水準,競技能力接近高峰,這就進入了最佳競技階段。這一階段的主要任務與上一階段基本相同。在負荷上更側重於專項方面,訓練強度比上一階段更重要。並且更注重根據運動員的具體情況和個人特點安排負荷。一般呈波浪狀,節奏比較清楚,尤其應以準備大比賽爲中心來安排。

4、競技保持階段

運動員渡過最佳訓練年齡區間之後,體能呈下降趨向。多年的緊張訓練與比賽使之產生心理上的疲勞,加上傷病的影響及年輕隊員的逼近,對繼續參加激烈的比賽、創造成績開始缺乏或動搖信心,產生離隊的思想。但運動員通過多年訓練獲得的競技水準仍然相當高。特別是通過比較充分的準備,仍有可能保持較高的專項水準,甚至創造新的紀錄。像前蘇聯優秀三級跳遠運動員沙涅薩夫 35 歲仍然奪得 1980 年奧運會亞軍。班克斯創造世界紀錄時的年齡也達 29 歲。這一階段的負荷比前一階段小,一般訓練增多。作爲保持訓練水準和調節訓練負荷,專項訓練量減少但仍保持較大的強度。由於這時運動員具有豐富的實踐經驗和一定的理論知識,運動員可憑個人感覺和醫務監測來掌握和控制訓練過程。這階段最重要的任務是保持和提高心理穩定性,對自己抱有信心。

運動員多年訓練過程必須按整體要求來進行,同時要注意各階段的銜接。年度計劃應服從整體規劃的要求,努力作到上一個年度的訓練爲下一年度的訓練打好基礎。

可參照我國制定的田徑訓練大綱三級跳遠運動員在各階段需達到的多項指標及基本參數調控訓練過程。

(六)三級跳遠的訓練計劃

訓練計劃是保證訓練過程順利完成的重要條件之一。它應包括的基本內容可參見第二篇。現僅論述全年訓練計劃的制訂。

1、對起始狀態的診斷。

這是訓練過程的出發點,是確定訓練目標、制定全年訓練計劃的重要依據。一般包括運動成績、競技能力、訓練效果等方面。

2、年度訓練指標的確定

除了要確定名次和專項指標外,還應有爲完成總目標而必須達到的各競技能力的指標。指標必須要考慮運動員的競技潛力和提供的訓練條件。確定名次指標時要了解、分析對手的實力。

3、年度訓練的週期安排

一個年度的訓練過程由若干個大、小週期組成。跳躍項目基本上是雙週期項目。但近些年來隨着重要比賽任務的增多,一些教練試圖安排三個或多個高峰。也就是說一年中有三個或多個大週期。如陳燕平 1991 年的訓練就安排了 3 月、6 月、8 月、10 月四次高峰。每個大週期約爲 2—3 個月。

4、年度訓練過程中比賽的安排

比賽是訓練的"槓杆"，訓練效果只有通過比賽才能表現出來。但比賽安排要有所側重，要有利於在重大比賽中表現出最高成績，最好的競技狀態。一般說，訓練性比賽可安排在準備期的後期和比賽期的前期。檢查性比賽和適應性比賽多安排在大比賽前。

5、全年訓練過程中負荷的動態變化

確定年度訓練各階段負荷的動態變化是一項重要的內容。它的提出是根據各階段訓練任務和重要比賽的需要，表現在訓練中採用什麼樣的訓練手段，訓練階段的負荷量和強度如何協調等方面。

6、年度訓練的恢復措施

恢復是訓練的保證。加速恢復過程是進行大負荷訓練的重要前提。因此要把恢復措施落實在計劃中。除了安排好大賽和大週期後調整外，還要把醫學、生物學的恢復手段，如蒸氣浴、水療、按摩、電療等運用到恢復中。另外還要及時補充營養和維生素、氨基酸等，用於加快運動員恢復。表 3—8—5 是 1980 年鄒振先的全年訓練計劃要點，供制訂時參考。

（七）賽前訓練計劃

1、大賽前訓練階段時間的確定

大賽前訓練階段時間的確定，是以人體機能發展規律爲依據，即運動員經過一段訓練後，開始形成競技狀態，然後是競技狀態保持階段，最後是機能下降。賽前訓練的主要目的是使形成的最佳競技狀態的時間與大賽日期相吻合，這樣才有可能創造出優異成績。

賽前訓練安排大約爲 10—12 周。一般分爲兩個階段。一是加強訓練階段，時間約爲 6—8 周。另一階段爲提高競技狀態階段，時間爲賽前 4 周左右的時間。

2、賽前訓練的主要任務

第一階段的任務是進一步提高以負荷量爲主的訓練負荷，爲獲得較大的超量恢復，形成較高的競技狀態打下基礎。第二階段的任務是提高競技能力，在最佳競技狀態下參加比賽。

3、大賽前訓練內容、手段，負荷安排特徵

第一階段主要是發展運動員的專項素質和專項能力，熟練專項技術。負荷強度有所控制，着重加大負荷量。從一般量到平均強度的累積，訓練比

較艱苦。第二階段主要通過適當調整後,疲勞的機體得到超量恢復。在這期間,特別是賽前兩周的訓練內容更加專項化,採用的練習更加接近專項的運動形式,練習的組織形式更加接近專項比賽特點。在運動素質上,一般素質練習比例大大減少,專項素質比例增加。技術訓練上,分解練習比例減少,多進行完整技術練習,並努力提高練習的成績率與穩定性。有時可模擬比賽進行安排。如在大賽中安排有合格賽,第二天進行決賽。根據這種情況,可在技術訓練課時連續安排兩次技術訓練以適應比賽的需要。這期間,負荷的特點是提高練習強度,相對應的負荷量減少。但對強度的增加也要有所控制,以保持神經系統的興奮性。同時要避免負荷強度與量的同步增加,否則有可能導致運動創傷或使已獲得的競技狀態受到破壞。

表 3−8−5　　鄒振先 1980 年全年訓練計劃要點

月	11	12	1	2	3	4	5	6	7	8	9	10
階段												
時期	冬　訓				春　訓			比賽	休整	比　賽		
主要內容	1.提高全面發展水準 2.提高跑的能力和專項力量 3.改進技術主要是助跑和起跳的結合				1.增加專項素質 2.增加專項技術和助跑訓練,提高助跑速度和準確性 3.加多完整技術 4.適應性比賽累積比賽經驗,培養競技狀態			參加適應性比賽進一步熟練技術,發現問題進一步完善訓練	積極性休整保持訓練水準,為參加大賽做好準備工作	參加奧運會,實現全年訓練目標		消除心理和生理上的疲勞,檢討經驗教訓,制訂計劃
比賽					1−2			2−3	1	2−3	1−2	
指標					16.80			17		17.10		

4、大賽前調整的時間確定方法

調整時間的確定受賽前訓練階段的負荷大小、訓練時間長短及運動員本體的感受等因素的影響。時間一般在賽前 10 天左右。如調整得過早,負荷下降過大,容易過早的出現興奮狀態。運動員過早地進入比賽狀態會大大地消耗已獲得的競技狀態,使超量恢復減少,而神經細胞的高工作能力不能持續很久;如果調整得過遲,則機體的超量補償還沒有完成,訓練的效果不能充分地表現出來。可通過多到比賽環境進行心理方面的動員,提高神經細胞的興奮性。因為運動員技能的發揮是受神經衝動引起肌肉活動的結果。神經細胞興奮程度的高低直接制約着競技狀態的高低,而神經細胞的高度興奮只能保持 7 至 10 天左右。所以大賽前 10 天左右要控制強度,有意識地去摸底,要保護已經獲得的渴望比賽、情緒高漲、充滿信心的競技狀態,以便在大賽中發揮出好成績。

5、陳燕平 1990 年亞運會賽前訓練安排

為準備 90 年 10 月 3 日的亞運會比賽,陳燕平從 7 月 2 日開始以此為中心任務的訓練週期。大體從 7 月 2 日到 9 月 1 日為加強訓練階段,主要任務是加強專項素質訓練,促進專項能力的提高。通過加大訓練負荷(先着重加大負荷量然後逐漸向強度方面過渡),使整體實力有所加強。9 月 3 日到 10 月 3 日為賽前提高競技狀態階段,主要是在生理與心理上得到充分的調整,獲得較大幅度的超量恢復,在此基礎上提高速度、技術、力量的訓練強度,以適應大賽要求。其賽前十天的具體安排見表 3—8—6。

表 3—8—6　　**陳燕平 90 年亞運會賽前 10 天的訓練安排**

日　　期	內　　　容	負荷量	負荷強度
9 月 24 日	速度	中	中
9 月 25 日	專項跳	中	中
9 月 26 日	力量:抓:60 公斤×54 組 　　　翻:90 公斤×2 　　　　　105 公斤×1 全蹲:120 公斤×2＋140 公斤×2 160 公斤×1＋170 公斤×1＋180 公斤×1(最佳成績) 跨步跳	中	〗大
9 月 27 日	一般活動		
9 月 28 日	助跑練習×6 次 100 公尺計時×2	小	中
9 月 29 日 (進亞運村)	一般活動		
9 月 30 日	加速跑 60 公尺×4; 五級跳:24.50 公尺(最佳成績)	中	大
10 月 1 日	休息		
10 月 2 日	賽前準備活動		
10 月 3 日	比賽 17.51 公尺(超風速)		

（八）三級跳遠專項負荷的主要特徵

1、專項負荷的主要指標及監測的易行方法

專項負荷的主要指標是指專項指標(如三級跳遠中的短程跳)和那些與專項活動接近或對專項有較大作用的練習。通過對這些練習的測試,可以間接地推測專項的成績。

關於三級跳遠專項負荷的主要指標的篩選、評定及運用方法,目前我國尚無一套完整、權威的標準,一般都是敎練根據多年的經驗,選擇一些較爲方便、易行,又能以此來推測專項成績的練習。如 6—10 步助跑的中、短程三級跳遠,其本身就是三級跳遠技術訓練的主要內容,同時也是專項負荷的主要指標。一方面可以通過這個練習來改善、鞏固技術,提高專項能力,另一方面用於賽前,通過運動員完成練習所表現出來的專項水準來推測比賽成績。一般來說,賽前中、短程助跑的三級跳遠成績,加上 80—100 公分即爲運動員比賽成績。又如,在鄒振先、陳燕平的訓練中,常採用 4 步助跑五級跳來檢測專項成績。在賽前以這個指標做爲估計比賽成績的依據之一。如陳燕平在 1990 年亞運會賽前第三天的專項跳練習中,短助跑五級跳爲24.50 公尺,達到了本人最佳成績。我們從中感覺到了陳在賽前良好的競技狀態和專項能力,預感他在亞運會上要有所突破。

專項負荷的主要指標安排的量與強度應根據不同的訓練階段及訓練任務來定。一般來說,在加強訓練、提高能力爲目的訓練中,量較大,強度也較大;或量較大,強度保持在一般水準。而在競賽期,量減少,強度加大,以誘導運動員進入比賽狀態。

2、訓練中大週期各時期和不同類型小週期負荷量與強度的基本特徵

在全年訓練過程中,負荷量與強度的曲綫呈波浪型。即準備期負荷量增加較快,而在後一階段強度逐漸加大,量下降。進入比賽期主要是保持強度在較高水準,專項訓練強度增至最高點。在調整期,強度與量都下降。圖3—8—1 爲鄒振先 1980 年訓練大週期中負荷安排情況。

在訓練小週期開始時是逐漸加大訓練量與強度。在訓練期主要是保持中等強度,量達到最大。在訓練期後期接近競賽期是在減量的情況下提高專項強度。在競賽小週期保持中等量,適當突出專項強度。恢復小週期則通過積極性休息的手段,恢復神經肌肉疲勞,以一般手段爲主,量和強度都不大。

3、負荷量和強度配合的方式、方法及要求

負荷量與強度是構成訓練負荷的兩個相互關聯、不可分割的基本要素,

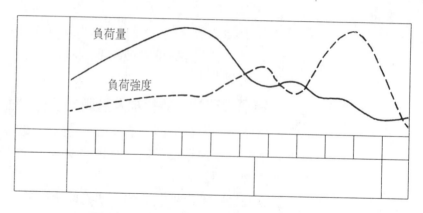

圖3—8—1　鄒振先 1980 年訓練大週期安排

兩者既互相依存又相互制約,從而構成了運動負荷的動態變化。正確的掌握其規律,有助於實現對訓練動態變化的科學控制。

4、組合的具體方式有

(1)量與強度同時增加,主要用於加強訓練期的初級階段。

(2)量與強度同時下降,總負荷為小負荷。常用於休整性與過渡性訓練。

(3)增大強度,減少量,總負荷為中等負荷,常用於比賽期。

(4)增加量,減少強度;整體為中等負荷。常用於調整期。

(5)增加量,穩定強度,整體為中大負荷。常用於加強訓練階段中改進、掌握技術和提高專項素質。

(6)減量,穩定強度,整體為中小負荷。常用於賽前訓練。

(7)增加強度,穩定量,整體為中大負荷。常用於準備期第二階段。

(九)三級跳遠運動員的選材

三級跳遠運動員選材十分重要。通過選材工作,把那些在身體型態上、潛在的運動能力及心理因素上適合三級跳遠的運動員挑選出來從事三級跳遠訓練,這是運動員取得優異成績的前提條件。在這個選材過程中,分為三個階段進行。

(1)初級選材階段。

初級選材階段的目的和任務是在沒經過專項訓練的少年中挑選出在三級跳遠項目上有培養價值的幼苗進行初級訓練。選材的標準是以身體型態、體能方面的測量結果為主,以身體素質和運動技能的測試為輔。選材的適宜年齡是 13—15

(2)初級專項化選材階段

初級專項化選材階段是從經過約 4 年左右訓練的少年中挑選有發展前途的運動員進行定向培養。這時的選材標準是以身體機能、型態方面的測

量結果與身體素質、運動技能的測試結果同時並重。選材的適宜年齡是15—17歲

(3)高級專項化選材階段

高級專項化選材階段的適宜年齡是18—20歲。選材除上述標準外，還要對專項和專項身體素質進行測試。選材有以下幾項指標

速度：40公尺計時跑；助跑後10公尺速度；10公尺途中跑。

彈跳：6步助跑五級跳遠；10步助跑跳遠。

力量：兩步助跑從50公分跳下三級跳遠；負重蹲起。

技術：10—12步助跑三級跳遠。

在選材過程中，還要考慮其柔軟性，協調性，靈活性，放鬆能力，以及比賽中的心理狀態和意志品質。總之要全面的考慮身體機能、型態，身體素質和發育狀況及技術水準，才能提高選擇的可靠性。

各階段測試指標及基本參數可參考我國田徑訓練大綱三級跳遠選材要求。

（田兆鐘　侯福臨）

九　鉛　球

(一)現代推鉛球訓練發展的主要趨勢

1、技術向更高層次發展

目前世界優秀鉛球運動員採用的技術爲背向滑步推鉛球和旋轉推鉛球兩種。背向滑步推鉛球仍爲多數運動員所採用。例如:原東德的男子鉛球運動員薩莫曼和原蘇聯的女子鉛球運動員里索夫斯卡婭,在創造 23.06 公尺和 22.63 公尺的世界紀錄時都是採用這一技術。

(1)重視運動員早期的技術訓練

合理有效的技術是取得高水準運動成績最重要的條件之一。一個運動員從初學到掌握合理的技術是一個複雜而漫長的過程,不少投擲發達國家將技術訓練領先作爲一個原則來貫徹。根據青少年的特點,他們學習和掌握複雜動作的能力不比成年運動員差,對他們早期進行專項技術訓練和發展高度協調性對達到優異成績是非常重要的。有了早期合理的技術基礎,在運動員後期各項運動素質得到更大發展時,就幾乎不易再出現錯誤的技術。如果一個運動員要不斷提高專項成績不是首先以提高技術的途徑來完成,而試圖以發展最大力量的方法達到目的,那麼他將冒着隨時受傷或出現最佳技術與運動素質嚴重失調的危險。所以運動員在早期不僅要學習和掌握基本技術,也要很好地掌握完整技術,尤其是技術中的"速度—節奏結構"。

青少年運動員由於缺乏力量,採用輕器械投擲是必要的。世界優秀運動員已有不少成功的例子。青少年時期推輕鉛球的成績達到了很高的水準,超過 20 公尺甚至更多。到成年用標準鉛球很自然地會獲得優秀的成績。

重視運動員的早期技術訓練與早期強化訓練是不同的。早期強化訓練是將成年運動員的訓練方法硬生生地套在青少年運動員身上,其結果是揠苗助長,欲速則不達。

(2)對技術速度結構的深入研究和運用

技術動作最重要的目的是在最後出手時能使鉛球獲得理想的速度。在這方面我們已取得了很大的進展。例如:我們在全面分析、研究技術速度結構的基礎上,將技術中的一個重要階段—"過渡步階段"(滑步後從右腳落地到左腳落地)的速度結構作爲研究重點。"過渡步階段"是完整技術中非常重要的環節,它起着承上啓下的作用。這個環節動作的好壞將直接影響最後用力加速的效果。該階段應保持和適當增加鉛球在滑步中獲得的速度,並為最後用力形成較為合理的身體姿勢。以往過渡步階段速度過慢是因為過份強調超越器械動作的完成,注意了動作效果,忽視了速度結構。結果破壞了完整技術速度結構的合理性,影響了運動成績的進一步提高。根據這一研究,我們對運動員"過渡步階段"技術進行了適當調控,使完整技術的速度結構趨於合理,運動成績也隨之提高。

2、"成績模式"的運用

成績模式是指模式訓練的負荷、成績以及運動素質與技術水準之間的聯係。有的也稱之為"成績結構"。成績模式的制定,使訓練朝着高質量和定量化的方向發展。

我國田徑訓練大綱中就包括成績模式一項(詳見田徑訓練大綱)。下面向大家介紹原東德的成績模式(表3-9-1)。

表3-9-1　　鉛球運動員訓練模式指標(原東德)

指　標	男　子	女　子
滑步推標準鉛球(公尺)	21—22	21—22
滑步推3公斤鉛球(公尺)		23—23.50
滑步推5公斤鉛球(公尺)		20—20.50
滑步推6公斤鉛球(公尺)	23.20	18—18.50
滑步推8公斤鉛球(公尺)	21.30	
立定跳遠(公尺)	3.40—3.50	2.90
立定三級跳遠(公尺)	9.50—10.10	8.60
原地縱跳(公分)	95—100	85—90
30公尺行進間跑(秒)	3″1	3″4-3″5
臥推(公斤)	240—250	140—150
下蹲(公斤)	270—280	170—180

從表3—9—1可見高水準運動員的訓練運用了多種多樣的器械進行投擲和跳躍的測試指標。這些練習都趨於強調"快速"訓練,而減少了力量中舉的練習。除了一些標準的槓鈴練習外,只採用投擲器械或與投擲某些動作非常相似、可以直接轉換到專項投擲動作上的一些抗阻練習。在訓練上男女運動員沒有什麼區別。

對於國外的先進經驗,我們千萬不可硬搬過來。原東德成績模式指標中有不少就不適合我國運動員的情況,需要我們在實踐中制定自己的模式指標。

3、訓練質量和強度進一步提高

(1)技術訓練質量和強度的提高

高水準運動員全年技術投擲的總次數在達到一定數量(如一萬次)之

後,不可能無限制地繼續再增加。這就需要在技術訓練上向高質量,高強度方面發展。

首先技術訓練的系統性應得到進一步加強。在全年訓練的不同時期,不同階段,都要進行技術訓練。例如:每年度的恢復訓練階段,以往的做法是技術練習很少,一般身體訓練和專項身體訓練很多,待一般和專項身體訓練基本恢復後再開始系統的技術訓練。這種安排會造成能力與技術嚴重脫節。現在將技術訓練作爲恢復訓練的重要內容來安排,做到技術與素質訓練同時並進,以加強技術訓練的系統性。

增加技術的訓練課次。一種合理技術的形成需要反復多次的重復訓練,要做到這一點就要增加技術訓練課。高水準運動員每天都要進行技術訓練,有時一天還要進行2次訓練,這些訓練是以完整技術爲主,同時伴有明確的速度要求,其目的是改善神經控制能力,加深技術動作的痕跡,提高動作的穩定性,爲比賽成功提供保證。

(2)力量訓練質量和強度的提高

這裡的力量訓練是指鉛球運動員目前普遍採用的槓鈴力量訓練。

優秀鉛球運動員的力量訓練,在手段方面經過反復實踐和選擇,普遍認爲主要是:臥推,抓舉,高翻和下蹲。再搭配若干的綜合輔助手段,形成鉛球運動員主要的力量練習。

在力量訓練中愈來愈重視:

①力量練習時注意將動作的幅度伸展到最大。

②在不縮小動作幅度的前提下,強調縮短完成動作的時間。

③不斷發展動作的難度,例如:將槓鈴從膝上高翻改爲由地面拉起高翻,加大了用力距離,增加了訓練難度。

④注意槓鈴練習正確動作的教授與學習。

⑤訓練最大爆發力時,以運動員個人所舉起最大重量的50%—70%爲練習重量,訓練重點放在槓鈴的移動距離和速度上。

⑥注意每個主要力量手段強度和次數的合理搭配。

4、強調訓練的整體效益

現代推鉛球訓練中重要的一點是儘量將訓練的主要內容和手段都有機地結合在一起,使訓練體現出整體效益。訓練是一個整體,在這個整體中任何一部分的變化都會相應的引起其他部分的變化。當在訓練中要重點解決某個方面的問題時,不再是改變訓練中的某一兩點,就能使問題得到解決,而必須用系統的方法分析、從整體着眼,才有可能收到較好的效果。例如:將發展專項速度作爲訓練重點,就要在訓練中解決以下系列的問題:

(1)在技術方面,應使推鉛球過程中鉛球位移的軌跡儘量合理;完整技術的速度結構也要更合理;修訂具體技術各階段的主要動作要領;技術訓練中輕鉛球的合理使用和安排。

(2)在主要素質——力量訓練方面,對訓練的主要手段進一步優化;發展速度力量與發展最大力量相結合;力量練習與技術練習的結合和轉化。

(3)在跑,跳等運動素質練習中,要儘量採用結合技術動作的練習手段並充分注意速度。

(4)整個訓練計劃和安排的調整。

只有這諸多方面的改進,才能解決好專項速度問題,並最終由整體效益來反映出結果。

高級運動員的訓練,一個較大的變化就是在一次訓練課中總是將技術訓練與身體訓練結合起來進行,其方式是一次訓練課既有技術訓練,力量訓練,又有其它素質訓練,使運動素質和技術訓練緊密地結合起來,加深對身體的刺激,促進成績的提高。

在負荷強度方面,注意了訓練課的整體負荷強度。例如:技術訓練強度要達到最高成績的 85—90％;力量主要手段重複練習的強度在最大重量的 75—85％;速度的練習強度在最高成績的 80％。就某一項訓練內容看,其負荷強度不大,但整個訓練課的強度綜合看就相當可觀了。整體負荷強度遠遠大於各分項起伏強度之和,訓練的效果也就更顯著。

(二)鉛球運動員的專項素質訓練

1、主要的專項素質及其測試指標

專項素質訓練具有嚴格的目的性。只有嚴格符合專項技術要求所表現出來的運動素質才稱為專項素質。

我國運動員由於受多種條件的影響和限制,在一般身體素質方面難於與歐洲和美洲運動員相匹敵。所以在素質發展過程中,我們一方面努力縮小與他們的差距,另一方面要更重視專項素質的發展,在專項素質發展方面形成我們自己的特點。

鉛球運動員的專項素質主要是專項速度和專項力量。測試採用的指標是以完整技術推輕、重鉛球的成績來衡量。完整技術推輕鉛球的成績——專項速度。完整技術推重鉛球的成績——專項力量。

根據多年實踐總結提出一個原則性標準:鉛球重量每差 100 克,其成績相差 0.20 公尺。表 3—9—2 是推三種重量鉛球採用的指標。

表 3 - 9 - 2　　三種重量鉛球成績指標

性別	男　　子			女　　子		
重量	8公斤 重球	7.26公斤 標準球	6公斤 輕球	4.5公斤 重球	4公斤 標準球	3.5公斤 輕球
成績	18.52公尺	20.00公尺	22.52公尺	19.00公尺	20.00公尺	21.00公尺

對表 3—9—2 所列原則性標準有三點說明：

(1)輕、重球與標準球重量相差一般不超過 1 公斤。超過 1 公斤時成績數字相差要大些。

(2)具體使用過程中,應根據運動員的不同特點,決定該運動員的個體指標。例如：體重小,速度快的運動員,推輕鉛球與標準球重量每差 100 克成績相差要多於 0.20 公尺,這反映出運動員的個別性。但個別性目標應是衡定的,不能總是上下波動。

(3)這個標準不適合初級運動員使用。

以原地推鉛球的成績作為衡量專項能力水準的標準,目前已不採用,原因是原地推的動作和速度結構與完整技術推的動作和速度結構有較大區別,實踐證明效果不理想。

2、發展專項素質的手段和方法

這裡介紹的是指我們目前經常採用的槓鈴練習的手段和方法。

(1)訓練手段

上肢：

　主要手段：臥推。

　輔助手段：向上推舉(槓鈴、壺鈴,啞鈴)；快速向斜上方推；負重屈肘,負重卷腕。

　軀幹：

　主要手段：高翻,提拉。

　輔助手段：抓舉；負重體前屈；負重仰臥起坐；仰臥舉腿；負重體側屈；側提壺鈴；負重轉體,負重側轉體(划船)；負重腰繞環。

　下肢：

　主要手段：下蹲,半蹲。

　輔助手段：負重蹲跳；負重弓箭步跳；負重提踵。

　全身：

　主要手段：挺舉,抓舉。

　輔助手段：各種姿勢投擲重物。

(2)常採用的訓練方法：重復訓練法；強度訓練法(塔式)；極限訓練法；靜力訓練法等等。這裡重點介紹訓練期採用重復訓練法的負荷安排,從目前看效果比較理想。

臥推的重量控制在最大重量的 75—80％,一次訓練課做 5—7 組,每組做 5 次。

下蹲的重量控制在最大重量的 70—75％,一次訓練課做 5 組,每組做 5 次。

高翻的重量控制在最大重量的 75—80％,一次訓練課做 5—7 組,每組做 5 次。

　　下面以一個運動員臥推舉起的最大重量爲 140 公斤,下蹲爲 200 公斤,高翻爲 130 公斤的例子來說明。

　　一次訓練課,以上、下肢練習爲主。隔日重復。每組力量訓練間隔時間≤3 分鐘。

　　　臥推:60 公斤×5 次
　　　　　　80 公斤×5 次
　　　　　　100 公斤×5 次
　　　　　　110 公斤×5 次×5 組(75—80％強度)
　　　　　　80 公斤×5 次
　　　向斜上方快推:50 公斤×5 次×3 組
　　　下蹲:100 公斤×5 次
　　　　　　120 公斤×5 次
　　　　　　140 公斤×5 次×5 組(70％強度)
　　　半蹲:120 公斤×7—8 次×3 組

　　一次訓練課以軀幹練習爲主,隔日重復,每組力量訓練間歇≤3 分鐘。

　　　高翻:60 公斤×5 次
　　　　　　80 公斤×5 次
　　　　　　100 公斤×5 次×6 組(75—80％強度)
　　　　　　60 公斤×5 次
　　　負重體側屈:20 公斤×10 次×5 組
　　　負重仰臥起坐:15 公斤×6 次×5 組
　　　向上推舉壺鈴:20 公斤(雙手)×10 次×5 組。
　　　負重弓箭步跳:60 公斤(雙手)×10 次×5 組。

　　這樣安排旣有利於保證動作速度,又能促進最大力量的提高,並且有利於其他訓練內容和下次課的練習。

　　按上述安排,在進行約兩個月的系統訓練後,應安排一次測驗。以後的力量訓練應按新成績的百分比進行控制。

　　專項素質訓練根據不同的要求,可以採用多種訓練方法和多種訓練安排,但有幾點是敎練在訓練中應注意的:

　　(1)練習動作的幅度要伸展到最大;
　　(2)在不變換和不縮短動作幅度的情況下盡可能快地完成動作;
　　(3)要掌握正確的練習動作,並注意敎授的方法。

(三)推鉛球技術的主要特點,簡易技術診斷及訓練方法和手段

1、滑步推鉛球技術的主要特點

(1)動作結構(以右手持球爲例)

①握球方法

右手五指自然分開托住鉛球,鉛球的重量主要壓在食指,中指和無名指的指根處,大拇指和小指自然地扶在鉛球的兩側,手腕背屈。運動員根據手指和手掌的力量可以調整指間的距離。

握好球後,把鉛球放在右側鎖骨中段,貼住頸部,右手掌心向內,右大臂與軀幹的夾角約呈九十度。(圖3—9—1)

圖3—9—1

②預備動作

持好球後,運動員右腳背對投擲方向站立,身體重心落在右腳全腳掌上,右腿直立。左腳在右腳側後方約20—30公分處,以腳尖點地,左腿微屈,幫助維持身體平衡。身體正直站立。肩橫軸和髖橫軸約與地面平行,上體不要向右扭轉,頸部直,頭不扭轉或側屈,眼看身體前下方幾公尺處,左臂向前上方自然伸出(圖3—9—2)整個動作可以簡單地形容爲"橫平豎直",即肩橫軸,髖橫軸要平,人體站立要直。

③開始階段

是指從身體重心開始向投擲方向運動到右腳離地前的動作過程(圖3—9—3AB①②③④)。

動作開始時,上體前俯,左臂自然下伸,同時左腿向後上方擺起,然後屈右膝,收左腿,身體重心平穩下降,形成一個團身動作。完成了的團身動作是:身體重心落在右腳前腳掌上,右腳跟不離地或略離地;右膝屈到適當角度(約100°)。右膝前緣的投影點靠近右腳尖;左膝靠近右小腿,左腳尖略離地面;肩橫軸和髖橫軸一側的連綫約與地面平行;左臂自然下伸或向後下方伸出;眼看身體下面。

圖3—9—2

緊接其後的動作是身體重心沿水平方向向投擲方向運動;左腿向抵趾板內側蹦出,與左腿動作相配合,右腿有個協調蹬伸的動作,身體重心由右腳前掌過渡到腳後跟,右腿約呈伸直狀態;上體儘量保持原來姿勢。該階段完成時,從側面看人體自左肩至左腳約呈一條直綫狀態。

④滑步階段

是指從右腳離地到右腳落地這一動作過程(圖3—9—3AB④⑤)。

3—9—3A

3—9—3B

該階段身體重心平穩地向投擲方向運動,右小腿和右腳迅速內收並伴有內扣動作,右腳落在投擲圈圓心附近,右腳縱軸與投擲方向的夾角約為20°—45°;右腳滑步距離根據運動員具體情況而定;一般為 80—100 公分;左腿呈伸直狀態;左腳略外翻準備落地;上體保持良好的姿勢不變。

⑤過渡步階段

是指從右腳落地到左腳落地這一動作過程(圖3—9—3AB⑥⑦)

當右腳前腳掌剛落地時,鉛球的投影點在右膝後方;右腳落地後努力做到腳跟不落地即做側蹬動作;右膝內扣,儘量沿水準方向向前運動,左腳積極迅速地落在抵趾板偏左處,以腳外側頂住抵趾板內沿,左腳縱軸與投擲方向約呈110°—120°角;上體仍保持良好的背向姿勢;此時鉛球處於右腳上方。在這一階段,由於下肢積極迅速的動作,使運動員即保證了良好的超越器械動作,又保證了獲得必要的速度。

⑥最後用力階段

是指從雙腳支撐開始到鉛球出手為止這一動作過程(圖3—9—3AB⑦⑧⑨10)為了便於描述,我們將該階段又劃分為兩個小階段。

第一小階段是從左腳落地到身體側對投擲方向(肩橫軸指向投擲方向)。當左腳落地後,在身體運動的情況下,右腿繼續積極做動作,當右腿轉到側對投擲方向時進行蹬伸;而左腳儘量保持呈伸直狀態,隨着身體重心向投擲方向運動,當身體轉到側對投擲方向時,參加工作的主要肌群處於充分拉緊狀態,整個人體形成一個側弓形。這個階段亦被稱為最後用力的準備階段。

第二小階段動作緊接上一小階段直到鉛球出手。身體形成側弓形後,右腳充分蹬伸,左側形成支撐用力動作,身體繼續向前運動,進而面對投擲方向形成一個正弓形,左臂經身體側上方止於左肩下,右手臂開始參與推球,頭部由側對投擲方向轉至向前上方仰起。在下肢積極用力、髖部迅速向前情況下,軀幹形成一個強有力的鞭打動作,右臂迅速伸直。在鉛球出手時,右手有個自然而快速的撥球動作,使鉛球以最快的速度飛出。

(2)速度結構

根據投擲原理,決定投擲遠度最重要的因素是器械出手時的初速度。訓練中所作的一切,都是圍繞着讓鉛球獲得儘量快的初速度,使鉛球擲得更遠些,所以速度結構就更顯得重要了。

在投擲過程中,由於鉛球速度變化要受到多種因素的影響,所以速度、時間軌跡不可能是一條理想的直綫,而是一條曲綫。我們把推鉛球的完整技術作為一個不斷給器械加速,直至最後以最快的速度將鉛球推出的過程作為一個整體看,它的加速節奏非常重要。

研究表明,優秀運動員在推鉛球過程中鉛球在滑步階段獲得速度一般為出手速度的15%左右;過渡步階段鉛球的速度應保持不變或略有增加,達到出手速度的15—20%左右,鉛球在最後用力階段的最後加速過程中,其速度應迅速直綫上升。我們認為,在鉛球的最後用力階段雖然應獲得較大的垂直速度,但其應獲得的水準速度仍要大於垂直速度。所以滑步階段和過渡步階段以有利於完成後續動作並獲得水準速度是非常重要的(圖3—9—4)是黃志紅投擲過程中(右腳離地至鉛球出手)鉛球的速度,時間曲綫。

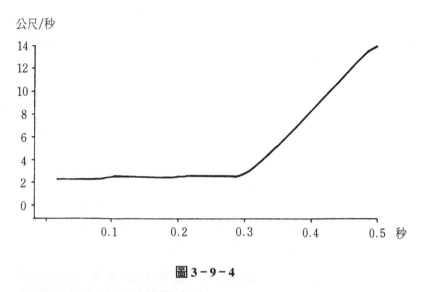

圖 3－9－4

2、技術診斷和分析的簡易方法

(1)反方向分析法

由於推鉛球是運動員在極短的時間裡，以極快的連續動作將鉛球推出，所以組成完整技術的各個環節都有因果關係。當某一技術環節發生錯誤時，往往是前一技術環節不正確動作造成的。例如：最後用力階段出現上體轉動過早的錯誤，造成的原因可能出在滑步階段後半部分和過渡步階段。這就需要調整該階段上體姿勢，髖部的位置和上下肢用力的順序。這種分析方法重要的一點是將完整技術動作視爲一個整體，孤立地分析某一技術環節或動作都會影響分析的準確性。

(2)不同位置觀察診斷法

運動員進行技術練習時，教練站在不同的位置進行觀察，會對技術中不同的問題觀察得更準確。例如：從投擲圈正後面觀察(圖 3—9—5)，比較容易看出滑步和過渡步階段運動員肩橫軸和右肘的位置。若肩橫軸不與地面平行，說明上體過早轉體了，同時還可以觀察到運動員從滑步直至鉛球出手，其方向性是否正確。從投擲圈正前面觀察，可以比較清楚地看到從滑步到過渡步階段運動員是否過早抬起上體。從投擲圈側面可以對技術的速度節奏和用力順序有清楚的觀察等等。總之，從不同的位置觀察再加以綜合，可以使我們對技術的分析更合理，更準確。

(3)動作定位觀察判斷法：

運動員進行技術投擲時，某些特定的時相便於教練進行觀察和判斷，以確定運動員的動作做得是否正確。例如：在滑步階段右腳離地時到過渡步階段左腳落地這一過程，其動作自左肩至左腳應呈一直綫狀態，能否達到要求，教練員可從運動員完成動作情況對技術進行判斷；又如：運動員推鉛球

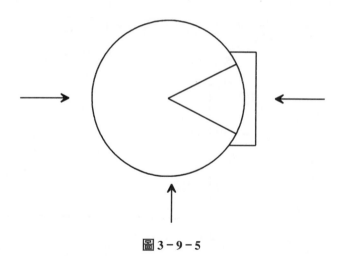

圖 3 – 9 – 5

出手時,從正側面觀察若看不到運動員的左肩,左臂和左肘,說明左側支撐良好,左肩沒有過早後轉或後撤。

3、專項技術輔助訓練的手段、方法和要求

(1)原地推

原地推的動作過程應基本同於完整技術中過渡階段和最後用力階段的動作過程。運動員持好球後背對投擲方向站立,然後屈右膝,俯上體,降低身體重心並壓在右腿上。開始時首先是身體重心向投擲方向運動,然後依次完成一系列動作將鉛球推出。作原地推時,應把它作爲完整技術中的一部分來要求,體現出技術的統一性,以促進正確技術的掌握。在平時訓練中常有這樣的情況,原地推不是與完整技術緊密結合,而是形成獨特的原地推技術,這種技術可以把鉛球推出很好的成績,但由於與完整技術結合不緊密,使其訓練效果大大降低。例如:不正確的方法之一是運動員持好球後側對投擲方向站立,先向投擲反方向轉體,下降身體重心,形成用力前的預備動作,然後開始推球。可以明顯看出,這種方法與前述方法在主要肌群工作方面是不同的。主要是轉動身體的力量太大。一旦加上直綫滑步,其用力形式很難與完整技術一致,所以輔助手段的訓練也必須緊密結合完整技術。

(2)原地側面推

原地側面推的動作過程與完整技術中最後用力過程基本相似。運動員持好球後,側對投擲方向站立,雙腳之間距離約 1 公尺左右,上體作側屈,不能伴有轉體,屈右腿下降身體重心形成預備動作,然後依正確的用力順序將鉛球推出。

(3)退步推

運動員持好球後,背對投擲方向站立,雙膝彎屈上體前俯類似團身動作。右腿後伸,右腳內扣以腳前掌落地,右腳後伸距離約 50 公分,此時,身體重心留在左腿上。然後身體重心向投擲方向運動,左腿迅速後伸,左腳快速落地,以最後用力階段的動作將鉛球推出(圖 3—9—6)。

圖 3 - 9 - 6

(4)走步推

　　持好球後側對投擲方向站立,以投標槍交叉步的形式向投擲方向行進,行進過程中逐漸下降身體重心,上體逐漸向後扭轉,進入最後一步以類似鉛球技術中最後用力動作將鉛球推出。

(四)推鉛球比賽的戰術及戰術訓練

　　戰術可以幫助運動員在各種條件下與不同對手拼博時更有效地運用自己的運動技術,運動素質,意志品質和自己的知識與經驗。當運動員處於同樣水準的激烈競爭時,戰術將顯示出其重要性。推鉛球雖然屬於個人非直接對抗項目,但運動員在激烈比賽中獲勝往往與正確地運用戰術分不開。

1、比賽的戰術

(1)賽前隱蔽

　　當運動員的運動成績都很高,並處在一個水準時,在大賽前即了解對手的情況,又成功地將自己的實際情況隱蔽起來,使對手處於不明狀態是經常採用的戰術。到比賽時突然以很高的成績打亂對手的觀念,使對手失去冷靜而失手。例如:一九八六年第十五屆歐洲田徑錦標賽男子鉛球的比賽,賽前原東德運動員蒂莫曼和拜爾剛剛以 20.60 公尺和 20.62 公尺的成績打破世界紀錄。兩人賽前訓練技術強度均達 22 公尺以上,取得冠軍的呼聲最高。而有名的瑞士運動員根格爾在此之前比賽成績只有 20.82 公尺,從成績看,根格爾與他們有明顯的差距,難於抗爭。根格爾隱藏了一個秘密:即他的 20.82 公尺成績是用 8 公斤鉛球推出的,若採用標準鉛球的話也具有 22 公尺的水準和實力。賽前根格爾也沒有與原民德運動員一起訓練,把自己"藏"起來。決賽開始,根格爾在前兩次投擲中就將鉛球推到 22.22 公尺,這個成績一下子打亂了原東德運動員的陣角。蒂莫曼雖然儘量冷靜地調整情緒和技術,最後還是以 21.85 公尺的成績屈居第二,而拜爾只以 20 公尺的成績位居第五位。

(2)先聲奪人

實力相當的優秀運動員參加大比賽時,誰能在開始就投出好成績,誰就會給對手造成巨大的心理壓力,使對手精神過分緊張,導至動作失控,造成比賽失敗。例如:一九九一年世界田徑錦標賽女子鉛球比賽前,我國選手黃志紅的成績為 20.80 公尺,原蘇聯運動員里索夫斯卡婭的成績為 21.12 公尺。決賽時黃志紅第一次投擲以 20.64 公尺的成績領先,第二次投出了 20.83 公尺的成績給里索夫斯卡婭心理造成很大壓力,至使她在拼命投擲中技術有所變形,六次投擲有 3 次犯規,未能表現出好成績,最終黃志紅以 20.83 公尺的成績獲得冠軍,里索夫斯卡婭以 20.29 公尺的成績位居第二。

(3)成績逐漸上升

有的運動員在有充分準備和有把握的比賽中採用這種戰術。比賽的第一次投擲充分注意技術的發揮,重視動作的速度和協調,而不過份的使用力量,投出比較好的成績,並取得決賽資格,此後在各次投擲中逐漸加快速度和用力程度,往往在比賽中獲得好成績。

2、戰術訓練

戰術訓練的內容方法應貫穿於運動訓練的全過程,平日訓練要和特殊訓練相結合才能使戰術訓練獲得好的效果。

戰術訓練在實際運用中主要體現在以下幾個方面:

(1)戰術理論的學習和掌握,包括戰術的一般原理;了解推鉛球比賽的實質和一般規律;了解優秀實例;學會實際運用的方法和手段。

(2)了解對手各方面的主要情況,比賽的客觀環境、條件,準確分析判斷自己運動員的情況制訂出可行,有效的方案和計劃。

(3)最後按照方案和計劃在訓練和一般性比賽中反復實踐,以提高戰術使用的可靠性。

現在國內外大型比賽中合格賽的標準越來越高,決賽中水準高,成績接近,競爭激烈是普遍現象。前三次試投能否投好對後面的比賽有着極其重要的作用。合格賽前三次表現不出好成績將會使運動員失去參加決賽的資格,決賽前三次表現不佳會大大影響比賽名次。世界上一些優秀選手在大賽中因前三次沒能表現水準而痛遭比賽失利的教訓是屢見不鮮的。例如:一九九一年世界田徑錦標賽中匈牙利的一位男子標槍運動員,他本人最好成績是 87 公尺。合格賽中二次投只有 73 公尺左右,最後一次他成功的投出了 85 公尺多,但因不慎犯規,儘管他與裁判的判定有嚴重分歧,最後還是以失敗告終,失去了參加正式比賽的資格。對這樣的教訓應引起高度的重視。為此,我們將運動員在前三次投擲中表現正常成績作為訓練的重點來做,採用的主要方法有兩點:

其一是平時進行嚴格的完整技術訓練,使運動員熟練並且穩定地掌握完整技術,尤其注意在困難條件下(氣候惡劣,場地不良,運動員體力不好等)要求運動員都能表現出正常技術,這樣就增加了比賽的把握性。

其二是重視實戰訓練,平時尤其是賽前準備階段,一定要進行實戰訓練,即在基本上符合比賽的條件下訓練。如:要求運動員按規定時間做準備活動之後,進行三次有間隔的正式投擲,檢驗運動員實戰能力,從中發現問題,予以解決。

(五)鉛球運動員長期訓練階段劃分和訓練的主要指標

1、各階段訓練適宜年齡和主要訓練任務　（見表3－9－3）

表3－9－3　　鉛球運動員長期訓練階段的劃分與主要訓練任務

階段	年齡(歲)	主要訓練任務
基礎訓練階段	13—15	1.提高運動員身體健康水準,促進身體生長發育 2.全面發展各項運動素質。 3.從事各種運動項目的訓練。 4.初步掌握背向滑步推鉛球的完整技術。
初級專項訓練階段	16—17	1.進一步全面發展各項運動素質,發展並提高專項素質。 2.繼續從事多種運動項目訓練。 3.技術訓練以改進和完善完整技術為主。 4.發展心理素質。
專項提高訓練階段	18—20	1.在全面發展各項運動素質的基礎上,加強專項素質和專項能力的訓練。 2.鞏固、提高滑步推鉛球的完整技術,基本形成自己的技術風格。 3.提高心理素質。 4.參加國內外各種比賽,累積和充實比賽經驗。 5.進行專項理論知識教育。
高級專項訓練階段	21以後	1.強化各項運動素質,專項素質和專項能力。 2.進一步完善完整技術。 3.進一步加強心理素質的訓練。 4.身體訓練以絕對力量訓練為主兼顧其它各項素質的協調發展。

2、各階段運動負荷(見表 3－9－4.5)

表 3－9－4　　　各階段運動負荷(男子)

	基礎訓練 階段	初級專項 訓練階段	專項提高 訓練階段	高級專項 訓練階段
年　齡	13 - 15	16 - 17	18 - 20	21 以後
每週訓練次數	5 - 6	5 - 6	7 - 8	7 - 10
每課訓練時間(小時)	1 - 1.5	1.5 - 2	2 - 3	2 - 3
全年比賽次數(主項 付項)	3 - 4 3 - 4	8 - 10 2 - 3	10 - 15 2	20 以上
全年訓練總次數	200 - 240	200 - 240	280 - 320	280 - 360
模仿練習(次)	4000 - 4800	6000 - 7200	4800 - 6400	2400 - 3200
原地推球(次)	1300	1800	3000	1600 - 2000
滑步推球(次)	1300	1800	3000	6400 - 8000
總次數	2600	3600	6000	6000 - 10000
投擲輕器械(次)	2000 - 2400	3000	3000	2400 - 3000
專門投擲(次)	－	3000	4200	6400 - 8000
速度(80%以上強度,公尺)	5 萬 - 8 萬	5 萬 - 8 萬	5 萬 - 6 萬	2.5 萬 - 4.5 萬
跳躍(次)	8000 - 10000	12000 - 16000	8000 - 15000	10000 - 15000
耐力(公尺)	25 萬	40 萬	30 萬	30 萬
力量(公斤)	7 萬 - 15 萬	40 - 100 萬	100 - 140 萬	140 - 180 萬
各年齡段鉛球重量(公斤)	4	6	7.26	7.26

表 3－9－5　　各階段運動負荷(女子)

	基礎訓練 階段	初級專項 訓練階段	專項提高 訓練階段	高級專項 訓練階段
年　齡	13 - 15	16 - 17	18 - 20	20 以後
每週訓練次數	5 - 6	5 - 6	7 - 8	7 - 10
每次課訓練時間	1 - 1.5	1.5 - 2	2 - 3	2 - 3
全年比賽次數(主項 付項)	3 - 4 3 - 4	8 - 10 2 - 3	10 - 15 2	20 以上 —
全年訓練總次數	200 - 240	200 - 240	280 - 320	280 - 360
模仿練習(次)	4000 - 4800	6000 - 7200	4800 - 6400	2400 - 3200
原地推球(次)	1300	1800	3000	1600 - 2000
滑步推球(次)	1300	1800	3000	6400 - 8000
總次數	2600	3600	6000	6000 - 10000
投擲輕器械(次)	2000 - 2400	3000	3000	2400 - 3000
專門投擲(次)		3000	4200	6400 - 8000
速度(80%以上強度公尺)	5 萬 - 8 萬	5 萬 - 8 萬	5 萬 - 6 萬	2.5 萬 - 4.5 萬
跳躍(次)	8000 - 10000	10000—14000	8000 - 15000	10000 - 15000
耐力(公尺)	25 萬	40 萬	30 萬	30 萬
力量(公斤)	7 - 15 萬	30 - 80 萬	80 - 120 萬	120 - 160 萬
各年齡段鉛球重量(公斤)	3	4	4	4

3、各年齡運動素質和專項成績標準(表 3－9－6.7)

表 3－9－6　男子各年齡運動素質和專項成績標準

年　齡(歲)	13	14	15	16	17	18	19	20	21	22	23	24	25
前抛(公尺)	12	13	14	13.5	15	16	17	17	18	18.5	19		
	4公斤——→6公斤——→7.26公斤——————————————→												
後抛(公尺)	13	14	15	14.5	16	16	17	18	19	20	21		
立定跳遠(公尺)	2.40	2.70	2.90	3.10	3.20	3.30 ————————————————→保持成績							
立定三級跳遠(公尺)	7.20	7.60	8.20	9.00	9.20	9.60	10.00 ——————————→保持或提高						
30公尺蹲踞式起跑	4"6	4"5	4"3	4"1	4"0 ——————————————→保持或提高								
100公尺蹲踞式起跑	13"6	13"2	12"8	12"8	11"8	11"6 ————————————→保持或提高							
1500公尺跑	6'00"	5'55"	5'30"	5'10" ——————————————→保持或提高									
臥推(公斤)	50	60	70	90	110	130	140	150	160	180	200	220	230
抓舉(公斤)	40	45	50	60	70	80	90	95	110	125	130	135	135
深蹲(公斤)	60	90	100	120	150	170	190	200	210	240	260	270	310
挺舉(公斤)	45	60	65	70	90	120	130	150	155	175	180	220	220
專項成績(公尺)	13	14	15	14.5	16	16	17	18	19	20	21	21.5	22
	4公斤——→6公斤——→7.26公斤——————————————→												

表 3－9－7　女子各年齡運動素質和專項成績標準

年　齡(歲)	13	14	15	16	17	18	19	20	21	22	23	24	25
前抛(公尺)	10	11	12	13	14	15	16	17	18	19	20	21	—
後抛(公尺)	11	12	13	14	15	16	17	18	19	20	21	22	23.40
立定跳遠(公尺)	2.20	2.35	2.40	2.45	2.50	2.60	2.65	2.70	2.75	2.80	2.85	2.90	2.90
立定三級跳遠(公尺)	6.50	6.80	7.20	7.50	7.80	7.90	8.00	8.10	8.30	8.50	8.70	8.80	9.00
30公尺蹲踞式起跑	4"8	4"7	4"5	4"3	4"2	4"1 ————————————→保持或提高							
100公尺蹲踞式起跑	14.6"	14.0"	13.6"	13.4"	13.0" ——————————————→保持或提高								
1500公尺跑	3'0"	2'50"	2'45"	2'40"	2'38" ——————————————→保持或提高								
臥推(公斤)	35	45	55	70	80	95	105	115	130	140	150	160	160
抓舉(公斤)	35	40	45	50	55	65	80	90	100	105	110	115	120
深蹲(公斤)	45	60	75	90	105	120	135	150	170	185	200	210	220
挺舉(公斤)	35	45	55	65	80	95	105	110	120	130	140	150	160
專項成績	11	12	13	14	15	16	17	18	19	20	21	22	22.40
	3公斤——→4公斤——————————————→												

（六）全年訓練計劃和課計劃

1、全年訓練計劃（實例）

(1)運動員情況簡析

黃××是一個年齡較大、受多處傷困繞的運動員,從而使她在大負荷訓練後疲勞難以消除。腰、膝等重要部位的傷是長年累積的,難以治愈,這些傷影響着訓練手段的採用和訓練效果,這是困難的一面。該運動員自1986年起就參加洲際以上的大型國際比賽,經過長時期的磨練,她具有豐富的參加大賽的經驗,並已形成自己的技術風格(主要是速度快)和訓練方法,這是有利的一面。而且根據研究分析結果表明,黃××在專項速度的發展和速度的利用率上尚有潛力,經過努力完全有可能達到一個更高的層次,促使運動成績進一步提高。

1991運動員要完成訓練任務和指標,必須進一步提高訓練水準。在訓練安排上旣要繼續貫徹"三從一大"訓練原則,又要根據運動員訓練的個別性,合理安排訓練負荷,才能獲得好的效果。

(2)訓練指標

專項成績指標　　21.00公尺—21.50公尺

專項名次指標　　世界錦標賽進入前三名,力爭冠軍。

(3)訓練的主要任務

發展技術的長處,不斷完善技術;

發展主要的專項素質;

完成大比賽任務。

(4)改進技術動作的具體要求

①滑步開始身體重心由高而低快速下降,在不斷的運動中身體重心圓滑地改變運動方向,將身體重心下降的勢能轉變爲水平滑步的動能,使滑步速度快且省力。

②滑步結束右腳落地後,右膝儘量沿水平方向運動。

③最後用力準備階段強調下肢快速完成動作,使下肢運動明顯領先於上肢,整個人體形成"側弓型",爲最後用力做好準備。

(5)主要專項素質指標

全年以發展專項速度、專項力量爲主。以完整技術投擲輕、重鉛球的成績作爲檢測標準。

檢測手段:專項速度—— 3公斤和3.5公斤鉛球

專項力量—— 4公斤和4.5公斤鉛球

全年指標:

3公斤鉛球	3.5公斤鉛球	4.5公斤鉛球	5公斤鉛球
23.00公尺	22.00公尺	19.50—20.00公尺	18.50—19.00公尺

(6)全年比賽安排

全年參加一系列大型比賽,以完成世界錦標賽任務爲主,同時連續參加多場國際比賽,豐富運動員的經驗,了解主要對手的情況,爲參加奧運會做準備。

三月份,參加室內世界錦標賽,表現出20.50公尺成績,進入前三名,爭取獲冠軍。

八月份,參加世界錦標賽,表現20.50～21.00公尺成績,進入前三名,爭取獲冠軍。

十月份,參加亞洲田徑錦標賽,確保第一名。

六月—九月,參加八場國際田聯係列大獎賽,進入前三名,力爭獲冠軍。

(7)全年訓練負荷主要指標

全年訓練300天,340次課。

技術投擲次數—— 10000次。

力量練習主要手段—— 2000組。

力量練習輔助手段—— 2000組。

速度練習70000公尺,跳躍練習10000次。

(8)訓練階段的劃分和任務

①第一階段　90.12—91.3

恢復和提高訓練水準;改進技術;參加室內世界錦標賽。

a.第一小階段　90.12—91.1

進行大負荷量訓練,每周8—10次訓練課;力量素質達到個人最高水準;改進技術主要環節。

b.第二小階段　90.2

室內世界錦標賽準備階段;訓練負荷量減少1/5,每周6—8次訓練課;逐步提高專項技術訓練強度,技術訓練強度達到20公尺。

②第二階段　91.4～91.7

全面提高訓練水準,爲參加世界錦標賽打好基礎。

a.第一小階段　91.4～91.6

掌握完整技術訓練,注意速度節奏和用力順序,專項訓練平均強度19.00公尺。訓練負荷量大,每周8次訓練課。

b.第二小階段　91.7

參加六場國際比賽,把比賽作爲提高專項技術強度的手段;採取邊練邊比的安排。

c.第三小階段　91.8

世界錦標賽直接準備階段;熟練穩定完整技術;主要專項素質和力量素質同時達到最高水準;參加世界錦標賽,完成比賽任務。

③第三階段　91.9—10

保證系統訓練;參加四場國際比賽、大獎賽決賽和亞洲田徑錦標賽,完成比賽任務。

(9)採取的主要措施

①與科研人員、醫務人員配合,對運動員技術進行定期分析、身體機能定期檢測(另有專門工作計劃)。

②採用蒸氣浴和按摩器等設備,進行訓練後的消除疲勞。重視訓練後整理活動和放鬆按摩,保證訓練的正常進行。

2、課訓練計劃

實例一:

①準備活動 20 分鐘;

②力量練習:臥推 8 組,體前快推 5 組;

下蹲 7 組,半蹲 5 組;

③技術練習:抛球 15—20 次;原地推 10 次;

滑步推 30—40 次(兩種重量球)

④跑的練習:100 公尺×7 次

20 公尺起跑×3 次

整理活動 20—30 分鐘。

實例二:

①準備活動 20 分鐘;

②技術練習:抛球 15—20 次;原地推(或走步推)15—20 次;滑步推

40—50 次(兩種重量鉛球);

③力量練習:高翻 7 組;負重體側屈 5 組;負重仰臥起坐 5 組;雙手推壺

鈴 5 組;負重前後交換腿跳 5 組;

④跨欄練習:5 個欄架×10 組

⑤整理活動 20—30 分鐘。

週的訓練安排原則上是課安排例一和例二的交替。訓練負荷的控制以負荷強度變化爲主,負荷量變化爲輔。

(七)賽前訓練安排

1、大賽前訓練階段時間的確定和主要任務

根據推鉛球項目的特點,大賽前訓練階段時間一般爲 8—10 週爲宜。其中賽前最後兩週爲賽前直接準備階段。

　　大賽前訓練階段的主要任務是:使運動員的技術,主要的專項素質,精神狀態,身體健康狀況等在比賽時同時處於最佳狀態。

　　賽前訓練計劃的制訂應與全年訓練計劃的要求相統一。賽前訓練與前面的訓練有直接關係,所以在對前段的訓練作出正確的分析後,才可能使賽前訓練計劃制訂的更合理。

　　制定賽前訓練計劃應特別注意運動負荷的安排,應使運動員在訓練後的當日即能獲得充分的恢復。

2、大賽前的主要訓練內容

(1)技術訓練

　　賽前階段技術訓練無疑是非常重要的。在技術訓練中應抓住主要的問題,如全程的速度—節奏,用力順序,全力投擲時技術的穩定程度等。當出現對整體影響較小的局部問題時,只作一般性的要求和改進,不要因抓技節問題過多而影響主要技術任務的完成。在技術訓練中,有必要提醒運動員完成動作的協調、放鬆和伸展程度,這是運動員在比賽時充分發揮技術必不可少的條件。

　　賽前技術訓練主要是進行完整技術的訓練。完整技術投擲次數約佔技術總投擲次數的 2/3 以上。一次訓練課完整技術投擲約 30—40 次,一週約 200 次左右。

　　賽前最後一週每次技術練習,完整技術次數在 15—30 次,不宜太少。

　　賽前最後兩週專項技術訓練強度的安排和掌握直接關係到比賽的成功與失敗,是教練賽前安排的重要課題。經多年的訓練實踐總結,我國高水準女子鉛球運動員賽前兩週技術訓練強度與比賽成績的關係是,賽前直接準備階段(兩週)技術訓練平均強度約為比賽成績的 93％。其計算方法是:

　　在技術訓練課中,運動員盡自己當時的能力,作完整技術投擲 10 次,取出其中最好的 5 次成績加以平均,其平均數為課平均強度。即:(第一好成績＋第二好成績＋……)÷次數＝課平均強度

　　用上述方法算出階段平均強度。即:(課平均強度＋課平均強度＋……)÷課次＝階段平均強度。

　　再將階段平均強度除以比賽成績即可得出其相關係數。

　　我們根據 93％的相關係數,具體指導賽前技術訓練強度的安排。這在女子鉛球運動員和部分男鉛球運動員中收到了較好的效果。

　　另外還要根據運動員的實際情況和比賽的要求,制訂出比賽成績指標。例如:比賽成績應為 20 公尺,對賽前兩週技術訓練的平均強度調控在比賽成績的 93％,即 18.60 公尺左右。當難度過高或過低時需要進行調控。採用上述方法時,應允許成績有個變化幅度,這個變化幅度約為 1％。

　　運動員參加大賽時會受到諸多因素的影響,例如比賽的規模,環境和條件,對手的情況,運動員比賽的經驗,心理狀況等。教練必須了解和認員分

析這些因素,才能正確地採用上述方法。

(2)力量訓練

賽前階段使力量訓練主要手段的指標達到最好水準是必要的。此階段力量訓練主要手段基本保持不變,手段的變化會使訓練效果難以控制。

賽前階段力量訓練負荷量和負荷強度的組合要合理。據成功的經驗,主要手段(臥推,全蹲,高翻)的最後一次最高強度的訓練,宜安排在賽前三週(或 20 天)左右進行。這次最高強度的訓練,應使運動員能夠達到自己最高成績或提高成績。最高強度一次課安排 1—2 個手段,主要手段可安排在 2—3 次課中完成。此後,上述手段的訓練強度維持在最高成績的 70%—80%,負荷量每個手段 3—5 次為一組,做 5 組左右。其目的有三:

①保持最大力量的水準;

②保證動作的速度和協調;

③為專項技術訓練創造良好條件。

到賽前最後一週力量訓練主要手段的負荷強度降低為最高成績的 60—70%,負荷量再減少 1/3,使運動員以充沛的體力和精力參加比賽。

3、大賽前訓練計劃實例(賽前二週)

運動員基本情況:

女;訓練年限 8 年;

專項最好成績—— 21.10 公尺;

力量素質主要手段最好成績:

臥推 140 公斤;下蹲 200 公斤;高翻 120 公斤。

賽前第一週

星期一:

力量練習,臥推 60 公斤×5 次,80 公斤×5 次,100 公斤×5 次,110 公斤×5 次×5 組,80 公斤×5 次。體前快推 40 公斤×8 次×5 組。下蹲 100 公斤×5 次,120 公斤×5 次,140 公斤×5 次×5 組。半蹲 100 公斤×7 次×5 組。滑步推鉛球 30 次(5 公斤 20 次、4 公斤 10 次)。加速跑 60 公尺×5 次。

星期二:

滑步推鉛球 30 次(4.5 公斤 20 次、3.5 公斤 10 次)。高翻 60 公斤×5 次,80 公斤×5 次,90 公斤×5 次×5 組。雙手推壺鈴(20 公斤+20 公斤)×10 次×5 組。肩負槓鈴體側屈 20 公斤×10 次×5 組。輕鬆跨步跳 100 次。

星期三:

臥推 80 公斤×5 次×5 組。半蹲 100 公斤×5 次×5 組。滑步推鉛球 20 次(3 公斤)加速跑 60 公尺×5 次。

星期四:

滑步推鉛球 30 次(4.5 公斤 20 次、3.5 公斤 10 次)。高翻 60 公斤 × 5 次,80 公斤 × 5 次,90 公斤 × 5 次 × 5 組。雙手推壺鈴(20 公斤 + 20 公斤)× 10 次 × 5 組。肩負槓鈴體側屈 20 公斤 × 10 次 × 5 組。輕鬆跨步跳 100 次。

星期五:

臥推 80 公斤 × 5 次 × 5 組,半蹲 100 公斤 × 5 次 × 5 組。滑步推鉛球 20 次(3 公斤)。加速跑 60 公尺 × 5 次

星期六:

滑步推鉛球 30 次(4.5 公斤 20 次、3.5 公斤 10 次)。高翻 60 公斤 × 5 次 × 5 組。雙手推壺鈴(20 公斤 + 20 公斤)× 10 次 × 5 組。肩負槓鈴體側屈 20 公斤 × 10 次 × 5 組。輕鬆跳 100 次。

星期日:

臥推 60 公斤 × 5 次,80 公斤 × 5 次,100 公斤 × 5 次,110 公斤 × 5 次 × 4 組,80 公斤 × 5 次。體前快推 40 公斤 × 10 次 × 5 組。下蹲 100 公斤 × 5 次,120 公斤 × 5 次 × 5 組。半蹲 100 公斤 × 5 次 × 5 組。滑步推鉛球 20 次(4 公斤)。加速跑 60 公尺 × 5 次

賽前第二週

星期一

旅途。

星期二

滑步推鉛球 20 次(4 公斤)。肩負槓鈴體前屈 50 公斤 × 5 次 × 5 組。負槓鈴轉體 40 公斤 × 10 次 × 5 組。負槓鈴前後交換腿跳 40 公斤 × 10 次 × 5 組。

星期三

臥推 60 公斤 × 5 次,80 公斤 × 5 次,100 公斤 × 5 次 × 4 組。半蹲 120 公斤 × 5 次 × 5 組。滑步推鉛球 20 次(4 公斤)。加速跑 30 公尺 × 5 次。

星期四

滑步推鉛球 20 次(4 公斤)。肩負槓鈴體前屈 50 公斤 × 5 次 × 5 組。負槓鈴前後交換腿跳 40 公斤 × 10 次 × 5 組。

星期五

臥推 80 公斤 × 5 次 × 5 組。半蹲 100 公斤 × 5 次 × 5 組。滑步推鉛球 15 次(4 公斤)。加速跑 30 公尺 × 5 次。

星期六

滑步推鉛球 10 次(4 公斤)。一般性體操和伸展性練習 30 分鐘。

星期日

比賽(成績 20.56 公尺)。

（八）專項選材特徵

1、各年齡階段選材指標（見表 3－9－8.9）

表 3－9－8　　男子各年齡階段選材指標

階　段	初選階段	重點選拔階段	優選階段
年齡(歲)	13	18	21
身高(公分)	1.75 以上	1.87 以上	1.90 以上
體重(公斤)	—	100±5	120±5
臂展超身高(公分)	5	7	7
手長(公分)	20	22	23
肩寬(公分)	39	44	44—45
肺活量(毫升)	4000—4540	5330 以上	5570 以上
立定跳遠(公尺)	2.40	3.20	3.20
立定三級跳遠(公尺)	7.20	9.20	10.00
30公尺蹲踞式起跑(秒)	4.5	3.8	3.7±0.1
後拋鉛球(公尺)	13(4公斤)	16(7.26公斤)	19(7.26公斤)
臥推(公斤)	55	130	160
深蹲(公斤)	65	170	210
專項成績(公尺)	13(4公斤)	16(7.26公斤)	19(7.26公斤)
技術	能夠初步完成鉛球的完整技術動作。	能夠較好地完成動作,各動作環節銜接連貫,動作過程協調穩定,最後用力動作較好,並表現出一定的幅度、速度和節奏。	技術動作進入自動化階段。動作各環節都能被充分體現出來,最後用力動作完善,動作幅度大、速度快、節奏性強。
神經類型	靈活型均衡型	靈活型,均衡型	靈活型、均衡型。

表 3－9－9　　女子各年齡階段選材指標

階　段	初選階段	重點選拔階段	優選階段
年齡(歲)	13	17	20
身高(公分)	1.69 以上	1.80 以上	1.82 以上
體重(公斤)	—	85±5	100±5
臂展超身高(公分)	5	6	8
手長(公分)	18.5	19	20
肩寬(公分)	38	41	41
肺活量(毫升)	3140—3350	3600—4100	4000—5000
立定跳遠(公尺)	2.20	2.50	2.70

階　　　段	初選階段	重點選拔階段	優選階段
立定三級跳遠(公尺)	6.50	7.30	8.10
30公尺蹲踞式起跑(秒)	4.7	4.2	4.1
後拋鉛球(公尺)	11(3公斤)	15(4公斤)	18(4公斤)
臥推(公斤)	35	80	115
深蹲(公斤)	45	105	150
專項成績(公尺)	11(3公斤)	15(4公斤)	18(4公斤)
技術	能夠初步完成推鉛球的完整技術動作。	能夠較好地完成動作,各動作環節銜接連貫,動作過程協調穩定,最後用力動作較好,並表現出一定的幅度,速度和節奏性。	技術動作進入自動化階段,動作的各環節都被充分體現出來,最後用力動作完善,動作幅度大,速度快,節奏性強。
神經類型	靈活型、均衡型	靈活型、均衡型。	靈活型、均衡型。

　　上述各年齡階段選材指標是《田徑教學訓練大全》根據我國具體情況提出的。可供教練選材時參考。教練在選材過程中,應綜合考慮和評價運動員的條件,並對運動員某些指標的發展有預見性。例如:運動員某些素質經過訓練可以發展到很高水準,完全可以彌補身體形態方面的不足,我們就可以適當降低身體形態方面的指標。

　　教練應注意到選材是一個過程,只有在訓練過程中,運動員的可訓練性,可承受負荷的能力,學習和掌握動作的能力以及心理素質等,才能逐漸表現出來。我們所選拔的是在這個過程中表現出來的佼佼者。

　2、選材經驗介紹:

　　現代背向滑步推鉛球技術對運動員腳下的快速反應,軀幹的柔韌性和爆發力提出了較高的要求。下面介紹經驗選材中這兩方面的測試要求。

　　(1)對運動員腳下快速反應的測試方法

　　對運動員短距離跑和跳躍練習進行仔細的測試和觀察,以便進行判斷。例如:有的運動員60公尺和100公尺跑的成績較好,但起跑和起跑後的疾跑加速並不快。而有的運動員跑的成績可能會稍差,但起跑和起跑後的疾跑加速快,尤其前10公尺或前20公尺步頻快,腳下有勁。起跑和起跑後的疾跑比途中跑更重要。兩種運動員相比較,後者學習和掌握技術可能更快。

　　在跳躍練習中,有的運動員跳躍成績不一定很好,但腳下動作利落,下肢動作用力放鬆過程很清楚,這比靠大肌群力量大而跳得遠的運動員有更大的發展前途。

　　國際上科研成果早已表明,在跳躍中運動員起跳時腳下的反應時是先天的,後天訓練很難彌補,所以選材時應十分注意這一點。

(2)對運動員軀幹柔韌性和爆發力的測試方法

①柔韌性測試：運動員雙腿並緊伸直；上體前屈用雙手摸地；徒手或手持重物做體繞環。觀測其完成動作的程度。軀幹力量大，但軀幹柔軟性差(腰太硬)而又難以改善的運動員，將來在學習和掌握先進技術過程中必然會遇到許多難以克服的困難，影響技術的完善。一般而言軀幹柔軟性差的運動員協調性也差。

②爆發力測試：用後拋鉛球的成績和動作來衡量其優劣。軀幹柔軟性好而力量弱的運動員在這方面往往表現出他們的不足。所以教練對以上兩點要綜合考查，做到選材準確。

（闞福林）

十 鐵 餅

(一) 專項訓練發展的趨勢

擲鐵餅是從遠古時代人類狩獵活動發展成現代鐵餅這一競賽項目。古人類以石擊獸有兩種形式:一種是圓石,後來發展成推鉛球;一種是扁石,後來發展成鐵餅。古奧運會上的投擲比賽最早不是用的鐵餅,而是扁圓的石塊。公元前五世紀古希臘偉大的雕塑家米羅的傑作"擲餅者"維妙維肖地塑造了運動員擲餅的形象。

鐵餅項目的發展大致走過了從技術——力量——技術十專項能力這三個階段。遠古時期,隨着比賽規則的改變,投擲技術也隨之改變,從原地投發展到上步投,投擲場地也從方的發展到圓的,從投擲圈穿釘鞋投發展到現在的投擲場地和設備。到近代奧運會,除了增加護籠和改變了護籠的高度及前口的開角外,其他規則沒有實質性的變化,在這一時期擲鐵餅技術經歷了從原地投到上步投到側向旋轉發展到背向旋轉投,這一階段運動水準的提高主要是由於技術的進步。到五十年代田徑界吸收了舉重的訓練方法普遍採用了負重練習,使運動員的力量素質取得了迅速的發展,如負槓鈴下蹲的成績一般都在 300 公斤以上,臥推能達 280 公斤。1960 年鐵餅第一個過60 公尺大關的男選手就是位身高 1.96 公尺體重 120 公斤的大力士——美國運動員巴普卡。當時女子鐵餅的紀錄爲蘇聯的鉛球運動員塔·普雷斯所保持。

到六十年代人們發現投 1—2 公斤重的鐵餅不需要像舉重運動員那樣大的力量,一些身材不高、力量較弱的運動員同樣可以取得較好的運動成績,人們開始又在技術上下功夫,在世界上出現了加大旋轉半徑和增加旋轉部位的質量,藉此獲得較大的旋轉慣量,這一技術的代表有美國的厄特爾和西爾維斯特,另一種趨勢是旋轉的半徑小於前者,但是轉動的角速度卻很快,如波蘭的皮亞特柯夫斯基和美國的鮑威爾。

到七十年代中期人們逐漸認識到專項能力的重要性,廣爲採用投重餅來發展力量,投輕餅來發展速度,在力量訓練中更重視快速力量和爆發力,最明顯的指標是後拋鉛球,以女子爲例七十年代一般在 16—18 公尺,發展到八十年代則 18—24 公尺,立定跳遠女子提高到 3 公尺以上,蘇聯運動員麥爾尼克立定跳遠最好成績爲 3.10 公尺。

專項能力的提高還表現在原地投的成績上,世界優秀選手的原地投成績均在 60 公尺以上,最高接近 70 公尺。

我國女子鐵餅從 1965 年進入世界前十名,也是主要掌握結合專項的小力量練習,技術上主要抓了轉動的發力技術。使身高只有 1.64 公尺的劉德翠連續兩年名列世界第八。

　　十年動亂之後,我國女子鐵餅創造了以扭髖發力,上體以倒錐擺的形式進入旋轉,獲得了旋轉技術上的優勢,到 1980 年我國女子鐵餅在世界十強中又獲得一席之地並保持至今,獲得了世界大學運動會的第一名和世界杯的銀牌。男子鐵餅一直保持在亞洲的優勢,1990 年張景龍以 61.72 公尺的成績打破了伊朗運動員保持 16 年之久的亞洲紀錄,從而進入了一般世界水準。

(二)專項的生物力學及結構學特徵

1、鐵餅技術的旋轉性特徵

　　鐵餅技術是旋轉兩週和水平位移相結合的復合運動。運動員要在很短的時間內、在旋轉兩周的過程中向投擲方向走兩步半(一步前邁,一步後邁,半步跟進或上半步換腿)圖 3—10—1。這是奧皮茨投 68.94 公尺時的鐵餅運動的三維奧皮茨軌跡圖,鐵餅在圖中運行的路線近似一個弧線連接起來的兩個圓,結合動作的時相來分析鐵餅運動的軌跡,我們可以發現在雙支撐階段鐵餅運行都是圓弧形,左腳單支撐階段的後半階段及騰空階段鐵餅運行的弧線較直,右腳單支撐階段鐵餅則又以圓弧形運行。雙支撐階段為主要加速段。

　　綜上所述,不難看出鐵餅技術的旋轉特點。

2、旋轉動作的結構特徵

　　人體是一個多關節鏈的極為複雜的結構,所以要想具體弄清鐵餅旋轉動作的結構是十分困難的,可以說基本上是不可能的,我們只能從幾個主要的人體部份來進行分析。

　　從圖 3—10—1 中我們看到了鐵餅運行的路線,下面我們分析一下上體在旋轉起動階段所運行的路線,運動員的上體在旋轉發力階段的運動,是一個近似倒推擺的運動(見圖 3—10—2)。

從圖中我們可以看到運動員是在雙支撐條件下完成旋轉動作的,旋轉的原動力是扭轉軀幹的肌群的收縮力,通過重心與支撐點之間轉動力距由支撐反作用力的推動產生旋轉,軀幹的構圖的運動路線是一個倒推擺。與此同時肩和雙臂以脊柱為軸還有一個逆時針方向的轉動,所以肩與雙臂是繞一個運動着的軸旋轉的,最後用力右臂的揮動也是如此,是繞軀幹縱軸形成一個平面(圖 3—10—3)我們之所以給大家介紹鐵餅技術結構中的幾個人體部分運動,只是想說明鐵餅技術結構的複雜性和大致的方向。

　　我們知道人體骨骼就有二百多塊,加上有機的組成諸多的關節,各關節又有若干個方向的運動範圍,再加上人體運動中支撐條件的變化,在目前條

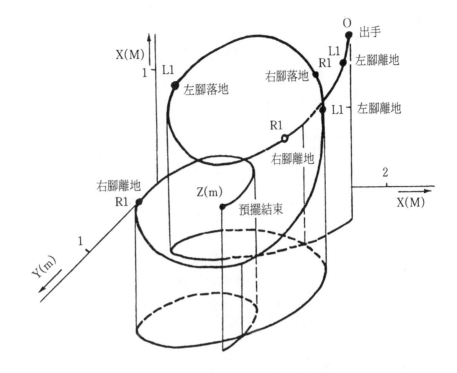

圖 3-10-1　　　　　**(引自原聯邦德國《田徑》雜誌)**

件下只能當作一個黑箱。所以這兒我們只要知道發力階段起主要作用的部位的運動結構有個輪廓性的概念即可,不宜過多地去找某一個軸,或諸多關節的運動軌跡,否則會越具體越想準確就越弄不清,反而把自己弄糊塗了。在實踐中很多人提出以左側為軸旋轉發力,或以左側為軸來完成最後用力,而實際上是根本不可能的,因為人體參與轉體的肌肉大多分布在脊椎的兩側,根本不可能形成右臂右肩以左肩或左腳為軸的旋轉。

圖 3-10-2

　　從旋轉動作中兩腿支撐及騰空的情況來看,可分為兩個雙支撐階段、兩個單支撐階段、1—2個騰空階段。由於鐵餅是旋轉項目,只有存在轉動力矩才能在力的作用下產生旋轉,單支撐階段如果重心在支撐垂直線上轉動力矩極小不利於旋轉,騰空階段任何用力只能產生相向運動,不能增加和改變重心的移動速度和方向。所以旋轉的發力加速階段為兩個雙支撐階段。(圖3—10—2、圖3—10—3)

3、鐵餅飛行時的力學分析

(1)拋物體遠度公式及應用

拋物體的遠度可用下列公式進行計算:

$$S = \frac{V^2\sin\alpha\cdot\cos\alpha + V\cos\alpha\ \sqrt{(v\cdot\sin)^2 + 2gh}}{g}$$

h—— 出手點高度，

α—— 抛物體出手時的角度；

v—— 出手初速度；

g—— 重力加速度，

注：此公式摘自美國詹姆斯·海著的《運動技術生物力學》一書。

從上述公式中可以看出，出手初速度是影響投擲遠度最積極的因素。其次是出手角度和出手點的高度。

圖 3－10－3

世界優秀運動員的上述參數也說明這一點（見表 3—10—1）。

表 3—10—1　　世界優秀鐵餅運動員投擲初始條件參數

姓　名	成績(公尺)	出手初速度(公尺/秒)	出手角度(度)	出手點高度(公尺)
威爾金斯	67.48	25.80	34.2	1.83
丹尼貝格	66.60	24.90	33.8	1.81
鮑威爾	65.46	24.00	35.5	1.51
斯塔列曼(女)	65.36	24.7	35.9	1.52
丹尼絲(女)	64.86	24.7	33.4	1.72
克拉丘聶斯庫(女)	63.64	25.5	32.4	1.17

鐵餅作爲一個低速飛行的器械在飛行過程中還會受到空氣的影響，形成鐵餅飛行時的氣動力特徵。鐵餅飛行時會受到空氣的阻力，升力的影響。（圖 3—10—4）。

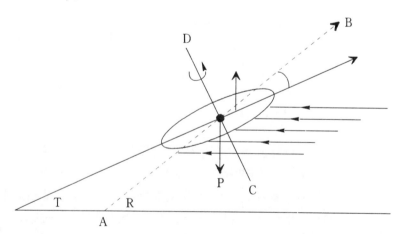

圖 3－10－4

鐵餅出手後本身有一個繞 CD 軸的自轉，同鐵餅重心向 AB 方向運動，飛行方向與鐵餅長軸之間有一個衝擊角 α，鐵餅飛行時切割空氣產生升力 k，鐵餅自轉的速度越大，根據馬格納斯效應鐵餅飛行越平穩。升力如與重力保持一定的平衡可以控制鐵餅飛行的穩定性。

世界優秀選手的具體鐵餅出手的初始指標(表 3—10—2)。

表 3—10—2　世界優秀運動員鐵餅出手初始指標

姓　名	成　績	出手時的初速度	出手角度	衝擊角
威 爾 金 斯	67.48 公尺	25.80 公尺/秒	37 度	—19 度
施 公 尺 特	66.22 公尺	27.54 公尺/秒	34 度	—12 度
鮑　威　爾	65.72 公尺	24.993 公尺/秒	36.5 度	—27.5 度
瑟　　　德	64.26 公尺	24.21 公尺/秒	33 度	—15.5 度
帕　查　利	60.20 公尺	25.12 公尺/秒	36.5 度	—12.5 度
卡　赫　瑪	60.06 公尺	25.654 公尺/秒	39.5 度	—10.5 度
平　　　均	64.66 公尺	25.55 公尺/秒	36.1 度	—16.2 度

(三)專項技術

1、近年來鐵餅技術發展概況

近二十年來,鐵餅技術處於一個完善的階段,從總體技術結構上曾有人進行過各種試探,如有人採用旋轉三周或二周半的投擲方法,日本的一位體育教師曾做過這種試驗,結果由於旋轉技術複雜,不易保持平衡和旋轉與旋轉的銜接,旋轉與最後用力的銜接不易獲得加速旋轉的結果,在實踐中沒有得到推廣,我國也曾兩度有教練做過這種試驗都未能取得理想的效果。

另一種探索是在七十年代初,蘇聯選手麥爾尼克採用左腳以腳後跟支撐的旋轉技術,她由於改變了動作的節奏,有利於發揮她專項能力強的特點,曾一度取得了較大的進步,以後原民主德國運動員雅爾也採用了這種技術奪得了奧運全金牌。我國也出現了一批用腳跟支撐旋轉的運動員。但是從腳跟開始旋轉然後還是要過渡到腳尖才能充分發揮左腳的力量,來完成左腳單支撐階段的動作,由於這種"過渡"動作使旋轉支點不穩,並且有近一腳掌距離的位移,不利旋轉的加速。麥爾尼克當時專項能力很強,據知情人透露她當時原地投的成績接近 70 公尺,她的旋轉技術只使她的成績提高兩公尺多,而我國選手李曉惠、侯雪梅及世界優秀選手威爾金斯等旋轉投的成績要比原地投遠 13—15 公尺。所以用腳後跟開始旋轉這一技術也隨時間的流逝而逐漸被冷落。

第三個方面是採用支撐投的人數由少數人採用,發展到越來越多。這主要是隨着人們在技術挖掘方面研究日益深入,越來越多的人重視腰、背大肌肉群在最後用力中的作用,隨之而來支撐投的人越來越多了。這一趨勢的另一種反應是比賽時採用跳投的運動員在訓練中大量採用支撐投的訓練,從量的分布來看甚至大於跳投的量。

第四個方面是加快旋轉的速度和整個動作的節奏。

2、基本技術及其主要訓練方法介紹

握餅方法:目前主要有兩種,一種是除姆指外其他四指自然分開,指關

節末節勾住鐵餅外緣,鐵餅的重心壓在食指末節上,一般為手掌較大的運動員採用。另一種食指與中指分得較開,鐵餅重心位於這兩指之間,這種握法一般為手掌較小的運動所採用。

預備姿勢及預擺:

預備姿勢—— 運動員背對投擲方面,兩腳左右分開略寬於肩站立在投擲圈後緣。右腳貼近投擲圈內緣,左腳略離開內緣,便於起轉後的進入動作,運動員要沉肩、放鬆,特別是肩帶與腰部要放鬆。兩腿要圓襠,雙膝成武術中的騎馬蹲襠的姿勢,上體略前傾。

圖 3—10—5

預擺—— 預擺技術有兩種方法,第一種運動員先向左轉肩,持餅臂經體前自然向左擺,使肩軸與髖軸逐漸擰緊(圖 3—10—5)。然後扭轉軀幹,帶動雙臂經前下方,向上方做圓弧形擺動,見圖五中 2—7 畫面。第二種方法是運動員開始先向左轉體,重心落在左腳上,左手在肩上托住鐵餅,見圖六之 1,然後轉體擺餅,形成發力前的預備姿勢(圖 3—10—6)。

圖 3—10—6

預擺的動作正確與否直接會影響到旋轉發力的質量和動作節奏,其技術要點是:預擺結束時,下肢一定要有一個牢固的支撐感覺,骨盆要有一個被上體的轉動所扭緊的感覺。使轉體發力能很快轉送到兩腳的支撐點上,並推動人體旋轉。一般常犯的錯誤是預擺結束時臀部後坐,肩髖軸之間不能形成較大的扭緊狀態。重心過早左移或右移。

旋轉發力—— 旋轉發力是扭轉軀幹的肌肉群按一定的順序收縮,並通過支撐反作用力來推動整個身體沿逆時針方向運動。扭轉軀幹時,胸大肌、背闊肌、胸鎖乳突肌、胸小肌、斜方肌、菱形肌、前鋸肌、後鋸肌、腹外斜肌、腹內斜肌、骶棘肌、棘橫肌(上、下)、髂腰肌等參加。從預擺結束時的姿勢中可以看到,使軀幹沿逆時針方向運動的原動肌處於被拉長狀態,旋轉發力首先是利用這些肌肉有彈性的收縮,並通過下肢的支撐反作用力,特別是右腿的支撐反作用力來推動微前傾的上體及伸展的兩臂所進行的。從開始發力到進入騰空階段,肩帶與兩臂大約轉360°。主要發力階段是在雙腳支撐時,預擺結束時,肩與骨盆之間仍處於最大的扭緊狀態,運動員必須及時地沿逆時針方向扭轉軀幹,這樣給骨盆和分開站立的兩腿有一個方向相反的反作用力。通過兩腿有力的支撐來推動整個身體的轉動(圖3—10—7)。

圖3—10—7

如果只是爲了使身體獲得旋轉,那麼身體重心在兩腿之間較爲合適,但擲鐵餅是一個旋轉與向前運動相結合的運動,所以身體重心是處於自右向左向投擲方向的圓弧形的運動之中,但身體重心沒有移到左腳上,而是經過兩腳的中線然後向投擲方向做弧形運動的(圖3—10—8)。

旋轉發力時應注意的幾點:

(1)要使身體先旋轉再移動重心,即旋轉發力時身體重心不要過早地移向投擲方向。爲此左膝不能

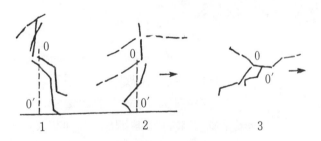

圖3—10—8　左腳單支撐階段的身體
重心位置　1正視圖2左側視圖3俯視圖0身
體重心
0'身體重心的投影位置

過早地倒向投擲方向,左肩轉至投擲方向右側時,左肩與左膝幾乎是在同一平面裡轉動(圖3—10—9)。

圖3—10—9

（2）右腳離地前左肩仍要落後於左膝，此時不能向後拉左肩，否則將影響下肢對器械的超越。

（3）右腳不得離地過早，一定要等整個身體轉起來以後把它帶起來，否則將影響支撐反作用力的效果。所以要在擰髖發力後左肩轉到投擲方向右側時，右腳才開始離地（圖3—10—10）。

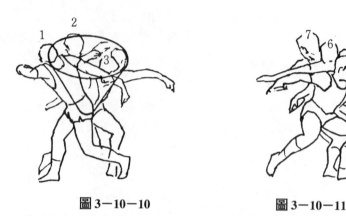

圖3—10—10　　　　　　　　　　圖3—10—11

（4）上體始終保持一定的前傾，在旋轉中做錐擺運動（圖3—10—11）。有不少運動員往往是左肩剛過兩腳中線的垂直面，身體就倒向了投擲方向，這樣即破壞了旋轉運動的正確方向，又影響了旋轉速度，以致影響最後用力的效果。

教法要領：

（1）預擺一結束，應立即開始做旋轉發力動作，絕不能等肌肉反彈後再做，而且以轉髖來繼續扭緊腰部。

（2）旋轉發力分為兩個階段：第一階段先擰髖發力，這一階段的動作是從預擺即將結束時開始，轉到圖3—10—9中第2個畫面的姿勢時，骨盆沿逆時針方向轉了近90°，左肩轉到投擲方向的相反方向位置，肩軸與髖軸仍處在扭緊狀態。第二階段是從上述姿勢開始做一個快而短的雙肩動作加速整個身體的轉動，當左肩左臂轉擺至投擲方向的右側時應立即制動（圖3—10—9之4）。這時左膝外展，上體做倒錐形擺動（圖3—10—10），並帶動右腿以較大的半徑進行轉動，這樣就使整個身體獲得了較大的轉動慣量。這個階段發力的方向應與最後用力中右臂及鐵餅運行的方向相一致。

騰空階段：在騰空階段，身體重心的運動主要是借助於發力階段所產生的旋轉慣性，這時上體仍保持一定程度的前傾，兩臂充分伸展，整個上體要放鬆，下肢從圖3—10—11中6、7的位置（遠離旋轉軸的位置），右腿快速轉扣，落在身體重心投影的垂直線上，左髖隨右髖的轉扣而快速轉向投擲方向。此時，主要是以順勢轉骨盆來加速下肢旋轉，同時左腳快速收向右腿，以縮小下肢的旋轉半徑來增大旋轉角速度，並再次扭緊腰部。一般世界優秀擲鐵餅運動員是在右腳落地時左腳已擺至投擲方向。我國優秀女子擲鐵餅運動員李曉惠的這一切動作做得很出色,從圖3—10—10中可以看出,她的上體做錐擺運動,右腿先是甩得很開(而不是故意向外踢),然後快速靠近身體重心投影線(圖3—10—12之2—6)。從圖3—10—12之5—7中可以看出,她的左髖在右髖內扣的同時相應地轉向了投擲方向,到圖十二之7時,左腳已正對投擲方向,上體處於充分扭緊的狀態,很好地進入了最後用力的預備階段。

圖3—10—12

右腳單支撐階段:這一階段是最後用力的預備階段,從右腳落地到左腳落地,這一階段的旋轉主要借助於旋轉發力階段所獲得的轉動動量,左腳落地時人體重心位於右腳的支撐垂直線上,所以任何想加速旋轉的努力均會因沒有轉動力矩而不起作用,所以該階段應盡可能減少腳掌與地面的摩擦阻力,盡快加速左腳落地呈保持肩、髖橫軸之間的扭緊程度,運動員應通過腰部肌肉的感覺很好地控制鐵餅的運行,特別是左腳轉落的同時要增加腰部肌肉帶緊鐵餅的感覺。(圖3—10—13之1—5)。這一階段雙肩應盡最大可能伸展開(圖3—10—13之4)。

圖3—10—13

這一階段右腿不宜過早的蹬伸,而是要牢牢地支撐身體的重量,準備承受最後用力的作用力,盡量減少諸關節的彈性形變,而通過地面的支撐反作用力來加速整個身體及器械的運動行速度。

最後用力:最後用力在投擲鐵餅技術中是一個最重要的階段。一般世界優秀運動員的原地投成績可達60—65公尺佔旋轉投成績的75—85%,所以最後用力在鐵餅技術中是一個十分重要的因素。而我國運動員在原地投的成績上與世界優秀運動員相比仍有較大的差距。如於厚潤、侯雪梅原地投可達 54 公尺多,這裡有能力問題也有技術問題。我國年輕選手邱巧萍的一般力量與於厚潤、侯雪梅兩員老將相比並不佔多少優勢,但她的原地投成績卻接近 60 公尺。這說明我們在最後用力的技術中仍有較大的潛力妨發揮。

從近年來我國許多在比賽時採用跳投的運動員,訓練中較多地採用了支撐投之後原地投水準及專項成績取得較大幅度的提高。分析其提高的原因是較充分地利用了軀幹的力量。

從表現軀幹力量的後拋成績來看世界優秀選手的成績大都在 25 公尺左右,而我國運動員要落後 5—8 公尺。這說明我們在最後用力中的專項爆發力仍是個薄弱環節。

影響最後用力能力的主要問題又在技術上,因為只有合理的技術要求才能充分利用現有的身體素質,同時也能促進薄弱環節的提高。

最後用力階段是從右腳單支撐階段結束左腳落地後開始。此時運動員的下肢進入雙支撐階段骨盆及雙腿處於比較固定的姿勢。肩軸與髖軸之間處於較大扭緊的狀態,參於轉體的大肌肉群處在一個一端比較固定一端有自由度的拉長狀態,運動員應以最大的速度收縮分布在脊椎兩側參予轉體力的肌肉群,通過伸直的右臂把轉體的力量集中在加速鐵餅的運行上。此時鐵餅從時鐘 9 點的位置順逆時針方向轉到 4 點的位置(圖 3—10—13 之 8),此時鐵餅的運行是動在手而發力在腰。最後結束階段是以轉肩和揮臂的組合用力,這一動作幅度在 8°—20° 之間但動作極快(圖 3—10—13 之 8—9)。下肢在大肌肉群發力階段是處在支撐固定階段,下肢各關節在承受最後用力作用時形變越小獲得支撐反作用力就越大,換句話說也就是該部位的運動幅度也越大。

出手後的緩衝:過去很多教科書及文章較多地強調換腿等緩衝動作,很少注意到在最後用力動能的利用率,我們認為旋轉所獲得的動能是個矢量,如運動方向與最後用力的方相一致,不僅會有利於專項成績的提高,而且可以提高出手後的人體運動的力的平衡,有利於出手後的緩衝技術的完成。

不少運動員在用力前或用力時身體的某些部位的用力,與作用於鐵餅的方向不一致這是造成犯規的主要原因,又形成力的分散至少是有二害而無一利。

其他的緩衝技術主要是鐵餅出手後降低身體重心使右腳換到重心投影之前來控制水平速度,不要急於去看餅的落點,首先要在圈內站穩注意從圈的後緣走出。

旋轉的節奏問題。技術越複雜、參予工作的肌群越多,支撐條件的變化越大,節奏的作用就越重要。

分析世界優秀運動員的技術我們可以看到雙支撐階段是加速段,第一單支撐階段由扣髖動作鐵餅速度略有增加,騰空階段及右腳單支撐階段為減速段。最後用力屬突然加速類型。

我們以布加爾投 66.44 公尺和奧皮茨投 68.94 公尺的速度曲線來進行分析(圖 3—10—14A 和 B),布加爾第一雙支撐時間較長所以加速效果較之奧皮茨明顯。第一單支撐階段用了 0.43″的時間獲得極少的加速效果,這是不利的。所以要縮短單支撐及騰空階段提高雙支撐的旋轉加速度從圖(3—10—14B)中可以看出奧皮茨採用的是習慣講的跳投技術但在最後用力中,左腳單支撐階段,及跳起投擲階段的速度是處下降的趨勢。

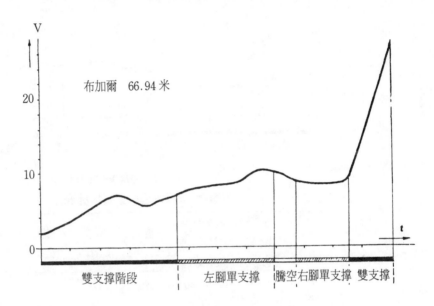

圖 3—10—14 A　　　(引自原聯邦德國《田徑》1989 年)

上述是粗線條的節奏分析,在訓練實踐中節奏問題更多的是帶有個人的特點,而且即使對同一運動員也要從實際情況出發進行調整,就是在比賽時節奏問題始終要進行微調的。

(四)專項的身體訓練手段與方法

一般身體訓練

一般身體訓練是提高人體的各項能力所必經之路,也是選才、定專項所必須的過程。具體方法各類文獻介紹甚多,我們只介紹一些高水準運動員的素質情況。

表 3—10—3 是六、七十年代優秀選手的運動素質表。

表 3—10—4 是我國兩名進入世界前十名的優秀選手的運動素質對比表。

表 3—10—5 是威爾金斯歷年運動素質表。

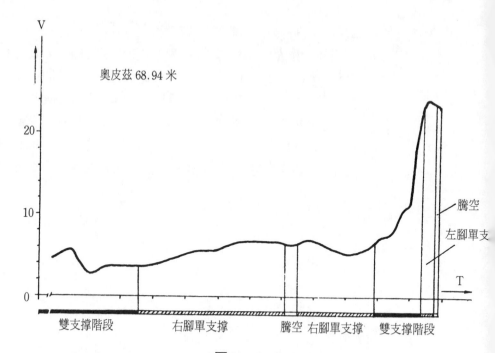

圖 3－10－14 B

表 3－10－4　　侯雪梅、於厚潤運動素質情況表

姓名	年度	原地投 1Kg 鐵餅 (公尺)	旋轉投 1.5Kg 餅 (公尺)	抓舉 (公斤)	高翻 (公斤)	臥推 (公斤)	深蹲 (公斤)	旋轉投 0.75 餅 (公尺)	比賽成績(公尺)
侯雪梅	87	52.90	50.40	85	120	120	170	69.22	66.12
	88	56	52.32	90	130	125	180	73.46	68.68
於厚潤	87	53.56	50.20	90	120	135	170	70.06	66.76
	88	55.30	50.60	90	120	130	170	74.20	68.68

表 3－10－5　　威爾金斯 1970－1976 年運動素質情況表

年度	年齡	臥推 (公斤)	下蹲 (公斤)	硬舉 (公斤)	抓舉 (公斤)	挺舉 (公斤)	高翻 (公斤)	擲鐵餅 (公尺)	推鉛球 (公尺)
1970	19	123.2	—	—	—	—	—	49.83	16.74
1971	20	139.1	—	—	—	—	—	53.80	17.02
1972	21	147.7	245.5	—	—	—	—	59.68	18.32
1973	22	150.0	261.4	—	—	—	—	64.78	19.40
1974	23	175	272.2	270.5	110	125	155	65.14	19.32
1975	24	190	286.4	—	114.1	143.2	160	66.78	19.30
1976	25	192.5	304.5	—	130	155	175	70.86	19.81

表 3-10-3

世界優秀擲鐵餅運動員運動素質統計表

姓名	年齡	身高(公尺)	體重(公斤)	原地擲鐵餅(公尺)	立定跳遠(公尺)	五十公尺快跑(秒)	卧推(公斤)	下蹲(公斤)	高翻(公斤)	斜板推(公斤)	抓舉(公斤)	挺舉(公斤)	推舉(公斤)	硬舉(公斤)	本人最好成績(公尺)	備註
威爾金斯	24	1.93	113	66.80	55	2.87	5.954	192.5	304.5	175		114.1	145		272.7	70.86	
鮑威爾	28	1.853	107.1	69.09	55	2.78	5.95	204.5	238.6	154.5	140	113.6	145.5	134.1	277.3	69.09	
西爾維斯特	38	1.895	110.7	68.40		2.78	5.891	204.5	270.5	156.8		113.6	136.4		281.8	70.38	另一份材料中說：原地擲49.07公尺旋轉擲60.72公尺，下蹲是騎在凳上做的，即推155公斤。
斯臺公尺爾	23	1.953	118.1	63.75		2.91	5.819	191.0	204.5	163.6	145.5	115.9	145.5	152.3	254.5		
斯瓦爾茲				63.93	3.02	5.956	181.8	193.2	140.9								
巴普卡		1.96	120	62.10		100碼10.3		半蹲220		186							
達納克		1.93	103	66.07			130	200			115					66.07	
托里特		1.90	105	64.24		30公尺起跑3.9	190	215				145					跳遠6.87公尺

表 3—10—6 是八十年代男投擲運動員運動素質模式。

表 3—10—7 是 1980 年女投擲運動員運動素質水準。

表 3—10—6　　1980 年男投擲運動員運動素質模式

指標\項目	擲鐵餅	推鉛球	擲標槍	擲鏈球
立定跳遠	3.40—3.50 公尺	3.40—3.50 公尺	3.50 公尺	3.40 公尺
立定三級跳	10.30—10.40 公尺		10.30—10.50 公尺	9.50—9.80 公尺
縱跳	95—105 公分	95—105 公分	100—105 公分	90—100 公分
高翻	180—190 公斤	180—190 公斤	160 公斤	180—190 公斤
後拋 7.26 公斤鉛球	22—23 公尺	22—23 公尺	21—22 公尺	
下蹲	250 公斤 × 5 次 270—280 公斤	240—250 公斤 ×3 270—280 公斤		260—280 公斤
臥推	220—230 公斤	230—240 公斤		
投重物				24—25 公尺

表 3—10—7　　1980 年女投擲運動員運動素質水準

指標\項目	擲鐵餅	推鉛球	擲標槍
立定跳遠	2.90 公尺	2.90 公尺	2.80—2.90 公尺
立定三級跳	8.50 公尺	8.60 公尺	8.20—8.40 公尺
縱跳	85—90 公分	86—90 公分	85—90 公分
高翻	110—120 公斤	110—120 公斤	95—100 公斤
後拋 4 公斤鉛球	21.5 公尺	21.5 公尺	20—21 公尺
下蹲	175 公斤×5 次 180—190 公斤	160—180 公斤 ×3 180—190 公斤	160 公斤
臥推	140—150 公斤	140—150 公斤	

專門身體訓練

目前很多卓有成就的專家們認爲：比賽動作是最有效的身體訓練手段和方法。所以在專項能力訓練中主要採取用比賽動作投擲不同重量的器械。一般男子採用 3 公斤球、2.05 公斤鐵餅、1.75 公斤鐵餅、1.5 公斤鐵餅。女子採用 1.75 公斤、1.5 公斤、1.25 公斤、0.75 公斤鐵餅。以重餅發展專項力量，以輕餅發展專項速度。

各種重量的鐵餅在訓練中的安排一般先用標準餅，然後用輕餅最後用重餅。這樣既可以熟練投標準器械的技術，又能發展專項速度和力量。

不少世界優秀運動員採用組合效應來發展專項力量及耐力，如在投完鐵餅後在專項能力已極大消耗之後用負重做與專項動作相類似的練習，以加深能力的消耗來刺激功能代謝的超量恢復。

專項能力訓練應以掌握先進的運動技術建立運動技能爲前提來進行訓練,所以當前有人提出以運動技能爲核心的專項能力訓練的指導觀念,因爲只有正確的專項技術才能充分發揮各項身體素質的水準,對各項身體素質來講則是"用進廢退"。所以首先建立正確的專項技術的動力定型,才能使技術訓練成爲最有效的專項能力訓練方法。

鐵餅是直臂旋轉的投擲項目,所以其能力的主宰在於軀幹,下肢則起支撐固定作用,使扭轉軀幹的大肌肉群的用力推動伸展的雙臂與雙肩順逆時針方向轉動,所以在專項能力中提高扭轉軀幹的力量及下肢的支撐能力是擲鐵餅的基礎力量。

爲了發展原地投鐵餅的能力,一般採用投擲各種重量的鐵球(1—3 公斤)和各種重量的鐵餅(0.75—2.5 公斤)。

1990 年在亞運會男子鐵餅的攻關工作中採用了轉髖投球的專門練習,取得了十分顯著的效果。這一練習預備姿勢:右手持鐵球,雙臂側平舉,兩腳站立與肩同寬,圓襠雙膝成半蹲姿勢。見圖 3—10—15 之 1,沉肩、全身放鬆、注意力集中於聽教練發出的信號。聽信號後運動員迅速順逆時針方向轉骨盆 90°成圖 30—10—15 之 2 的姿勢,肩與骨盆擰成"十"字形,雙腳落地的同時,運動員以最快的速度轉肩揮臂把球擲出,在教法中要求運動員以轉骨盆拉長參於最後用力的大肌肉群,以肌肉被拉長的本體感受爲信號迅速收縮把球擲出。

1　　　　　　2　　　　　　3

圖 3—10—15

這一練習不僅有利於刺激投擲能力的提高,而且可以培養用力的加速節奏。

目前很多優秀投擲運動員把專項練習視爲最有效的專項能力訓練手段,一般一次課先投標準器械 10 次以完善和熟練技術,然後投輕器械 10 次以發展專項速度,最後投重餅 10 次以發展專項力量與耐力。技術練習後找出能力方面的薄弱環節做 3—4 組在動作結構上相同的負重練習,每次解決一個薄弱環節,全年一一解決逐步提高。

目前我國鐵餅選手與世界優秀運動員相比在原地投成績上仍有較大的差距,例如原蘇聯女鐵餅紀錄保持者沙文柯娃原地投成績爲 64 公尺,我國紀錄保持者於厚潤只有 56 公尺,相差 9 公尺之多。男子我國運動員也落後世界級選手 6—8 公尺。

　　從一般力量來看我國並不比原蘇聯選手差,而且還略有優勢(表 3—10—8)。但在專項爆發力方面我們就出現了差距。反應軀幹大肌肉群爆發力的指標:前拋、後拋一般世界優秀運動員的水準(表 3—10—9),而我國選手在這兩個指標上要落後 2—4 公尺。

表 3—10—8

姓　名	原地投(公尺)	臥推(公斤)	抓舉(公斤)	下蹲(公斤)
沙文柯娃	64	117	80	170
於厚潤	56	130	90	170

表 3—10—9　　**世界選手**

	男　子	女　子	沙文柯娃
前拋	20.50 公尺	20.00 公尺	19.51
後拋	23 公尺	23.50 公尺	21.98

　　除此之外在最後用力的技術上,我們普遍存在二個主要問題:

　　其一,當鐵餅從投擲方向順逆時針方向轉向相反方向時,運動員過早向投擲方向移動上體,這樣不僅由於運動的方向相反而減低了鐵餅的旋轉速度,而且由於這一動作而減少了鐵餅的旋轉速度,因而減少了最後用力時的軀幹發力的工作距離。(圖 3—10—16)從圖 3—10—16 中的 1—2 中可以看到軀幹是處在一個扭得很緊的狀態。從圖 3—10—16 之 4 開始運動員左肩向投擲方向引,這時上體運動的方向與鐵餅運動方向正好相反,同時到圖之 8 時肩、髖軸之間的扭緊程度也明顯減少。這直接影響轉體用力的工作距離。同樣的問題是當鐵餅從圖之 2 的較高位置向下運行時運動員過早向上運動,同樣形成了減速和縮短工作距離的毛病。

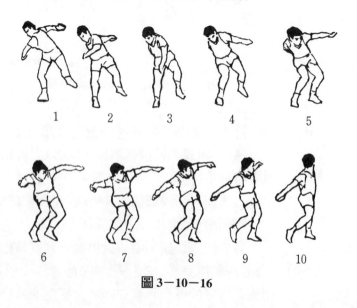

圖 3—10—16

其二,過份強調了下肢的發力,而忽視了轉肩的大肌肉群的作用。這一問題在一些採用"跳投"的運動員中更爲常見。由於過早做蹬跳的動作,使轉肩的大肌肉群用力時失去了下肢的支撐,同時往往使轉體用力不能全部作用在鐵餅上,使一部份力量形成上跳,而產生分力。

綜上所述要提高專項能力必須首先改進最後用力技術,其次注意發展軀幹大肌肉群的爆發力。並且要在旋轉中掌握好發力的時機,及時完成快速用力。

專項能力的訓練方法很多,我們只介紹目前一些高水準運動員、敎練的幾個新觀點:—— 蘇聯的敎練及體育理論的一些專家認爲,專項技術是最有效的專項能力的訓練方法,採用輕器械來發展速度,以重器械發展專項力量。這種方法起源於鏈球,現已被所有投擲項目所採用。

一些專家認爲專項能力訓練應以運動技能爲核心,即只有掌握好正確的用力技術,在完整技術動作中能充分發揮運動員的現有能力,才能在練習中練到所需要的能力。如果技術不好往往平時用分解方法所練就的專項能力,在比賽技術中就不能得到利用,這樣就不能在專項技術中得到鞏固和發展,換句話說只有眞正了解了專項技術中用力的技術要求,才能使分解的練習能符合專項的要求。最後,運動技能有較長期的存儲特點,運動技能一旦被掌握可以較長時間,甚至一輩子都不會忘記。如學會騎自行車後就永遠會了。運動技能不像一些能力那樣快速消退,所以任何動作形成了正確的技能後,雖然力量在間斷訓練後會消退,但只要技能不消失,能力很快就能得以恢復。如運動技能不對,練出的用力組合是一個錯誤組合,各項素質就不能在組合中得到最高效的發揮。

利用肌肉被拉長的本體感受爲信號訓練快速收縮的爆發力,見圖 3—10—15 中所示運動員利用轉髖使腰部及軀幹的大肌肉群被拉長,運動員以自己肌肉的本體感受爲信號快速轉肩把球投出。這樣建立通過肌肉的感覺直接通過神經系統的運動中樞作出反應,可以縮短從運動中樞到大腦皮層的反應弧,藉此來提高神經的反應速度,同時提高肌肉收縮的爆發力,這一種方法早在七十年代末在八一隊女餅組試驗過,對侯雪梅形成快速最後用力的節奏起了決定性的作用,去年張景龍作爲改進最後用力技術和提高專項能力的一個主要手段也取得了成功。

專項能力一定要結合專項技術的要求,在專項技術中得到充分的發揮和發展,專項能力一旦提高後要在專項中去發揮,並轉入專項中去訓練。這是最有效的安排方法。這兒不應排除個別對待的分解方法,運動員的情況千變萬化,在訓練和敎學過程中可以採用分解的迂迴的方法,但最終要在專項去發揮、發展、鞏固。

（五）訓練計劃的制訂

1、長期訓練計劃的安排

鐵餅是一項技術複雜,對運動員素質水準要求很高的運動項目。目前世界優秀運動員,從一般水準到本人成績的最高水準,一般須要經過 12 年左右的系統訓練方能達到(表 3—10—10)。

從表 3—10—10 中可以看到世界優秀鐵餅運動員成長的歷程。在這十多年的時間中運動員一般要經過三個階段:第一階段為全面發展階段,這一階段的主要任務是增強體質,全面發展各項身體素質,建立各種運動技能;第二階段是專項的基礎訓練階段,這一階段發展專項運動素質建立專項運動技能,掌握先進的專項運動技術;第三階段為提高專項素質完善專項技術的提高階段。各階段的持續時間因人而異。各時期的安排及訓練要點在訓練理論部份已有論述,本文從略。在這裡只想強調在多年訓練各階段中,建立正確的運動技能的重要性,各種運動技能的正確與否,不是光憑個人的認識來確定,而是建立在科學理論的基礎上,又結合運動員的個人特點,人體的各項素質都是通過一定的運動技術形式所表現的,換句話說只有正確的運動技術才能使人體的能力得到充分的表現。只有在正確的技術中才能練到專項所須要的身體素質,所以在各階段要特別注重建立各項運動技能。運動技能往往是可以較長時間保存。所以在第一階段就必須以合理的技術進行教學,以建立正確的動力定型。

長期訓練計劃的安排則應以未來運動員的模型來進行安排。決不能完全去按過去的冠軍、健將、本人所培養出的運動員的模型來制訂年輕選手的訓練。而是把成功的經驗為起點,必須補充新的內容,要向科學技術要方法有所突破才行,總之長期計劃一定要有超前性。

2、年度計劃的制定

我們通過介紹原蘇聯女子鐵餅運動員準備世界冠軍賽的安排來闡述。

(1)比賽日程

全年安排全國性的比賽八場,從 2 月—9 月份,具體日程(略)。

(2)教學與訓練集訓

1 月 6 日—26 日;2 月 9 日—28 日;3 月 14 日—29 日;4 月 6 日—25 日。共九次每次為三周。

集訓在集訓基地進行,吃、住、訓練條件均優於所在單位。並有綜合科研組協助教練工作。

圖 3－10－17

三種器械的總量（投擲次數）、槓鈴練習總量（公斤）

月份	10	11	12	1	2	3	4	5	6	7	8	9
週期	恢復期	準	備	期		比	賽	期	準備期	比	賽	期
星期	1 2 3 4	5 6 7 ̇8 9	10 11 12 13 14 15 16	17 18 19	20 21 22 23 24 25 26 27 28							……50
1.75公斤鐵餅			57		58		60	62		62.50		
2公斤鐵餅			55		56		58	60		61		
2.5公斤鐵餅			48		49		51	51		52		
側投3公斤球			34		35		3550	35		35		
臥推			210000		220000		220000	220000		220000		
下蹲			220000		230000		230000	230000		230000		
高翻			130000		135000		140000	135000		135000		
原地投2公斤球原地投			48		49		51	51		52		
3公斤球原地投												

主要身體素質指標

破亞洲紀錄

強度比例	
▨ 95～100%	
▦ 90～95%	
▤ 85～90%	

100000	600	61
80000	500	60
60000	400	59
40000	300	58
20000	200	57

投擲　力量　負荷量動態

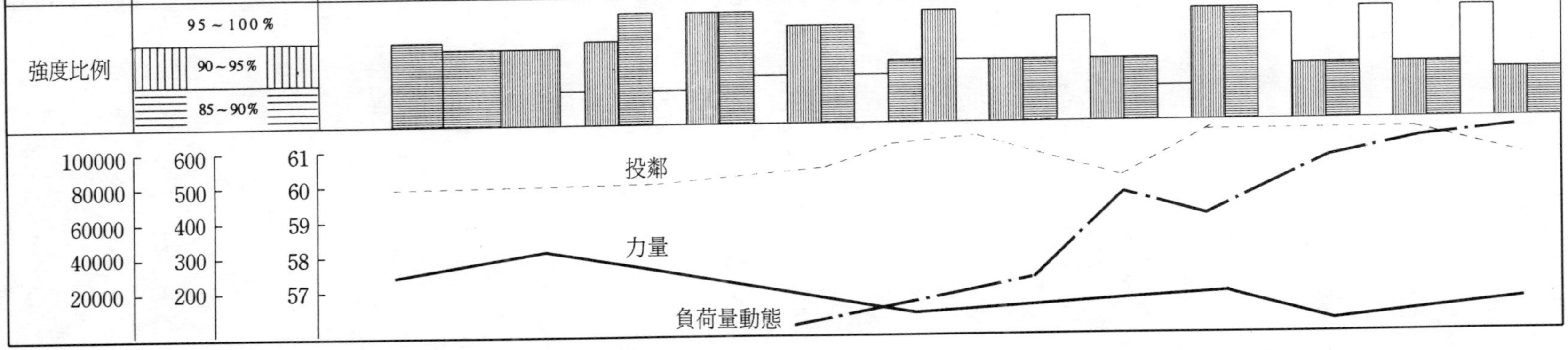

表3－10－10

世界優秀男鐵餅運動員歷年成績表

姓名	出生年	身高米	體重公斤	15	16	17	18	19	20	21	22	23	24	25	26	27	28	29	30	31	備註
奧特爾	1936	1.92	106		36.57	46.63	56.15	52.27	56.36	56.40	57.35	58.12	59.18	58.05	62.45	62.62	61				
皮亞特柯夫斯基	1936	1.82	95		38.35	42.37	47.21	50.93	51.03	54.64	56.78	59.91	57.01	60.47	59.52	58.66					
巴普卡	1936	1.96	120				45.17	49.12	54.77	56.80	57.42	57.96	59.91	59.32	60.35	62.10					
布魯赫	1946	1.98	132					55.73	56.26	59.34	61.98	68.06	67.14	68.32	68.40						
雷等	1947	2.02	130			45.12	49.62	54.87	56.64	60.48	63.25	63.65	61.82	65.78	63.70	68.04					
計米特	1954	1.97	103	53.74 (1.5公斤)	53.82 (1.75公斤)	54.40	57.90	61.30	64.10				71.16								
西爾維斯特	1937	1.91	115	33.54	40.60	45.98	51.94	48.12	52.52	55.38	56.08	58.20	60.71	60.84	62.36	61.18	64.16	57.82	62.58	68.40	34歲 70.38
達網克	1937	1.93	103				40.92	42.68	5.72		49.23	50.38	51.47	56.59	60.97	64.55	65.22	66.06	64.76	62.92	34歲 66.94
貝恰雷	1949	2.02	125		38.10 (1.5公斤)	45.50·50.80 (1.75)	48.24		51.80	57.88	69.22	62.78	66.38	65.64							
勞茲	1943	1.92	120	33.33	43.55	43.64	49.63	52.22	54.76	58.36	58.02	59.12	60.42	62.72	61.88	59.92	63.76	63.90			
卡赫瑪	1943	1.88	110											56.52	61.18	62.28	63.50	63.48	66.30		
托卡	1951	1.94	110					49.26	52.08	57.48	65.60										

(3)力量訓練量和專門投量的安排(圖 3—10—17)。

從圖 3—10—17 中可以看出槓鈴練習最高量在 3 月份 165,000 公斤,從前一年 10 月份用三個月的時間,從 62,000 公斤開始每月增加 50,000 公斤,到 12 月增加到 150,000 公斤,一月份保持在 150,000 公斤,一月下降到 100,000 公斤,三月份上到最高,四月份保持在 150,000 公斤,然後逐漸下降每月約 25,000 公斤至六月降至 100,000 公斤,七月又上升到 130,000 公斤,八月份為 75,000 公斤,全年總量為 1,506,000 公斤。

投擲量採用三種重量 1 公斤,750 克,1250 克餅。

月投擲量十月份 700 次;十一月份 900 次;十二月份 1100 次;一月份 1550 次;二月份 1250 次;三月份 1150 次;四月份 1000 次;五月份 1250 次;六月份 1150 次;七月份 850 次;八月份 800 次;九月份 600 次,全年共計 10750 次。

(4)專項成績及主要運動素質指標(表 3—10—12)。

作為計劃指標和訓練效果的檢查指標共十項,四項是直接用的是鐵餅三項槓鈴指標二項鉛球一項跳作為力量和爆發力指標,全年檢查四次。力量及跳躍項目在五月份就達最高峰,保持強度到八月份(重大比賽在八月份)。

表 3—10—12　　主要運動素質指標

指標時期項目	冬訓 10 月	二月份	五月	八月
投 1 公斤鐵餅(旋轉)公尺	61—62	63—65	68—70	71—73
投 1 公斤鐵餅(原地)公尺	51—52	53—55	58—60	60—61
投 750 克鐵餅(公尺)	70—71	71—72	78—79	79—80
投 1250 克鐵餅(公尺)	52—53	53—55	58—60	58—60
臥推(公斤)	120—130	140—150	150—160	150—160
抓舉(公斤)	75—80	80—90	90—100	90—100
鉛球後拋(公尺)	20—21	21—22	22—23	22—24
鉛球前拋(公尺)	17—17.5	18—19	19—20	19—20
立定三級跳遠(公尺)	8—8.5	8.5—9	8.5—9	9—9.5
下蹲(公斤)	180—190	190—200	200—220	200—220

表 3—10—11 中分階段地制定了各項主要身體素質的訓練強度。

(5)全年訓練的負荷強度比重及負荷量的安排,原蘇聯採用表格形式,制定了全年訓練計劃。表 3—10—13,從表中可以看到,全年訓練 257 天;373 課;比賽 23 場;總訓練課時為 776 小時,表 3—10—13 的第二欄是專門投的不同強度區域的月投擲量。第三欄是主要訓練手段月負荷量。最後一欄根據每個運動員的具體情況訂出訓練的要點,例如制訂出集訓的要求(表 3-10-14)。

年度計劃可以通過兩張表格得到充分的顯示。這種制訂年度計劃的方

世界優秀女鐵餅運動員歷年成績表

表3－10－11

姓名	出生年	身高 公尺	體重 公斤	15	16	17	18	19	20	21	22	23	24	25	26	27	28	29	30	31	備註
維斯捷爾曼	1994	1.72	73		38.21	41.27	45.55	51.70	52.70	55.81	57.38	61.26	62.54	63.96	62.02	63.00	64.96				
麥爾尼克	1945	1.72	83					49.30			48.34	50.72	54.76	61.80	66.76	65.42	69.48	69.90	70.20	70.50	
欣茨曼	1947	1.78	76		45.92	47.70	51.26	52.86	55.78	59.04	61.26	56.86	62.36	67.02	66.22	66.52					
梅尼絲	1946	1.72	80				36.09	44.90	47.02	49.74	52.00	53.24	55.14	61.08	67.32	66.82	67.88				
維爾柯娃	1950	1.81	103				35.60	38.90	42.60	50.40	53.20	60.76	68.48	64.88							
恰拉克	1956	1.78	84	49.38	50.00	60.00	63.26	63.44	69.00		70.70		71.52								
愛蓋里	1954	1.78	80	39.68	45.22	51.70	51.50	60.98	60.02	67.34	68.36										
瑪諾留	1932	1.79	85			34.04	41.44	41.14	43.68	43.38	45.96	46.02	47.24	45.80	47.28	49.88	53.22	54.28	53.18	54.22	39歲60.68 40歲62.06
許比里貝爾克	1941	1.87	83			40.92	45.11	48.73	48.75	51.51	52.34	52.26	54.64	58.10	56.34	61.64		61.46	60.72	60.14	

法比較直觀,便於檢查,如把每月執行的情況用同樣的方法,以紅筆填寫在計劃數下面,到年底又可得到兩張執行情況的統計表,便於對照檢查。

　　1990年張景龍準備亞運會就採用了這種制訂年度訓練計劃的方法,取得好的效果。

表 3—10—13　　　全年訓練員荷程度比重、員荷量的安排

時　期		10	11	12	1	2	3	4	5	6	7	8	9	總計
主要訓練參數	訓練日	24	24	24	24	22	22	20	22	24	22	22	22	
	訓練課次	24	24	24	24	22	22	20	22	24	22	22	22	
	訓練課時	48	48	48	48	44	44	44	48	48	44	44	44	
	比賽次數						1	2	1		2	2	1	
	技術評定	1					1		1					1
	機能檢查	1				1			1			1		1
專門投的強度分區（投次）	95　100%						50	50	50		60	60	60	
	90　95%			240	240	480				480	600	600	440	
	85　90%		480	240	240		670	670	670					
	80　85%	480												
	80%以下													
主要訓練手段的量	2公斤鐵餅	160	160	160	160	160	240	240	240	160	220	220	300	
	1.75公斤鐵餅	160	160	160	160	160	240	240	240	160	220	220	100	
	2.5公斤鐵餅	160	160	160	160	160	240	240	240	160	220	220	100	
	臥推(公斤)	8000	10000	6000	2000	2000	2000	2000	2000	2000	2000	2000	2000	
	高翻(公斤)	4000	6000	4000	3000	2000	1000	1000	1000	1000	1000	1000	1000	
	下蹲(公斤)	8000	10000	6000	2000	2000	2000	2000	2000	2000	2000	2000	2000	
	小力量(公斤)	10000	10000	8000	8000	8000	6000	6000	6000	8000	6000	6000	6000	
	短跑(公尺)	5	5	5	5	6	6	6	6	5	7	7	6	

表 3—10—14　　　集訓後各項素質提高的情況

投標準餅	8—9公尺	臥推	30—40公斤
原地投	8—9公尺	抓舉	20—25公斤
投750克餅	7—8公尺	下蹲	30—40公斤
投1.25餅	7—8公尺	後拋鉛球	1—2公尺
三級跳遠	0.5—1公尺	前拋鉛球	2—3公尺

3、小週期的訓練安排

　　從原蘇聯女子鐵餅運動員的年度訓練計劃中,可以看到這樣一個特點,全年的訓練由 9 個主要的集訓期組成,每次集訓又都是三週,這就形成了一個個小週期。小週期的安排是在前一個週期訓練內容的基礎上,變化訓練手段和方法,變化訓練負荷強度和量,通過教學方法的優化和完善運動技術和戰術,由運動員的機體對上述變化作出適應性的反應,因而獲得訓練水準的提高,所以小週期的訓練安排,既要具有延續性的特點,又要有所前進,這就出現了一個兩者的比重的問題,目前我們在安排小週期時,經常出現兩種不正確的安排,一是重覆性的安排缺少變化,二是一個短週期抓幾個重點突

破,忽略連續性的特點。根據原蘇聯功勛教練邦達爾丘克多年來的教學實驗證明,一個月的小週期之內,要根據運動員的具體情況,找準主要矛盾的主要方面,選擇一種最有效的手段與方法進行突破性訓練,一般一個訓練手段在前三週的訓練中運動員機體的適應性反應最大,訓練效果最好,越往後效果逐步下降。

隨着訓練水準的提高,越是高水準的運動員,他的技術能儲備也越多,在專項技術中各項身體素質的利用率也越高,專項練習中控制動作的能力也越強,所以他們在專項練習中能較多練到各項運動素質,因此他們的訓練手段更爲集中些。

4、優秀運動員訓練安排舉例

美國運動員威爾金斯,最好成績 70.86 公尺,他的年度訓練計劃分爲秋、冬、比賽季三個階段。

秋季一般採用下列手段,每個手段最多每週訓練二次。

①肩負槓鈴下蹲 150—204.5 公斤 10 次×3 組;

②頭後推舉 66—68.5 公斤 5 次×5 組;

③臥推 11.3—159 公斤;5 次×5 組;

④仰臥擴胸 25—34 公斤;25 次×5 組;

⑤斜板推 105 公斤;5 次×5 組;

⑥屈膝手持啞鈴體側舉,同時雙膝外展啞鈴爲 25 公斤;5 次×3 組。

⑦抓舉 61.4—100 公斤;4 次×5 組;

⑧仰臥起坐 10 次×3 組;

⑨肩負槓鈴仰臥起坐轉體,10 次×3 組;

10慢跑 1600 公尺,200 公尺×10 次(35 秒);

一周兩次投擲鐵餅,每次投 30 次;三次鉛球練習每次 25 次。

冬季訓練所採用的手段:

這一時期推舉:每周一次;仰臥起坐三次以上,其他練習均爲兩次。

①下蹲　5 次×5 組或用金字塔訓練法;

②斜板推　54.5 公斤×25 次×5 組;

③臥推　113.6—150 公斤 5 次×5 組;

④頭後推　60—88.6 公斤 5 次×5 組;

⑤高翻接近極限量,3 次×5 組,其中一次衝極限重量。

⑥俯臥雙手抱頭起坐　10 次×3 組;

⑦跑跳練習;

⑧8000 公尺(法特萊克跑)

⑨投擲練習,以最大的努力練習技術,用 55%—100% 的強度進行練習,每週投擲鐵餅不少於 100 次。

身體素質訓練後必須做柔韌性練習。

比賽期的訓練安排：

星期一

(1)負重下蹲　中等重量5次×4組；

(2)臥推中　等重量3次×4組或者6次×3組；

(3)抓舉　中等強度2次×4組；

(4)斜板推　中等強度6次×3組；

(5)仰臥起坐　10次×3組；

(6)柔韌性練習

星期二

(1)慢跑1600公尺；

(2)體操；

(3)技術15—30次；

(4)跨欄，三個欄過3趟。

星期四

(1)準備活動；

(2)負重下蹲　中等強度5次×3組；

(3)臥推　中等強度3次×4組；6次×4組；

(4)抓舉　從輕加到70％的強度；

(5)仰臥起坐　10次×4組；

(6)技術10—15次；

星期五：休息，如須要也可以做個準備活動。

星期六：比賽。原蘇聯女子鐵餅運動員世界紀錄創造者沙文柯娃的訓練安排：

星期一：

槓鈴練習用70—80％的強度完成15,000公斤的總量，專門投50次。

星期二：

小力量練習後投鐵餅120次；

星期三：

槓鈴練習80—90％的強度，總量為12,000公斤；專門投40次。

星期四：

技術訓練投鐵餅90次。

星期五：

槓鈴練習90—100％的強度；70,000公斤專門投30次。

星期六：

小力量練習擲鐵餅50次。

星期日：

休息

表 3-10-15　　原蘇聯國家隊 1986 年一次課的最大量

	男	女
槓鈴	30000 公斤	22,000 公斤
鐵餅	180 次	220 次
跳躍(多級跳)	200 級	200 級

近幾年中國國家隊採用組合訓練法,即在技術訓練後進行能力訓練,在技術訓練中先消耗大部份能力,然後進行專門力量練習來刺激能力的提高,所以一次課的負重量及投擲次數明顯減少,練習的課次增加了,形成了少吃多餐,總量不減的組合方法。

槓鈴練習的手段:臥推;抓舉;下蹲;提鈴(寬握、狹握)雙手持 15—25 公斤,男隊員最多用到 50 公斤槓鈴,助木前腳尖勾肋木坐在鞍馬上半身高轉體。

原聯邦德國運動員托里特的訓練安排:

全年分七個階段:

第一階段(11 月—1 月 2 日)

主要任務:改善身體健康狀況,提高力量耐力水準,改進技術和加強意志品質的鍛煉。負重練習每周練三次,用 50—75％的強度做 8—10 組,一次課推、抓、挺舉的總量 8000 公斤左右,負 60—80 公斤槓鈴轉體,體前屈發展軀幹力量,還做一些發展上肢力量的練習,每星期二次越野跑總量跑 50000 公尺,跳 2500 次;球類活動 20 小時;投鐵餅 250 次;加重餅 180 次。

第二階段(1 月 3 日—4 月 10 日)

任務:發展絕對力量,提高專項能力和速度,改進基本技術,2 月底到山上進行積極休息。

第三階段(4 月 11 日—5 月 29 日)

本階段是從基本期過渡到比賽期;

主要任務:發展快速力量和投擲能力,鞏固和熟練技術,增加旋轉速度。

第四階段(5 月 30 日—6 月 26 日)

任務:多參加比賽,在比賽中鞏固技術。

第五階段(6 月 27 日—7 月 24 日)

準備參加全國比賽,要求強度超過 59 公尺進前三名。

第六階段(7 月 25 日—8 月 31 日)

準備參加歐洲冠軍賽,每週做二次槓鈴練習,其他時間做球類活動和積極性休息,到 8 月 14 日開始練習技術,並提高技術訓練水準,所有的投擲練習都要全力投;8 月份 30 公尺起跑 3″9;立定跳遠 3.36 公尺;立定三級跳遠 8.54 公尺;抓舉 85 公斤;臥推 145 公斤。

第七階段(9 月 1 日—10 月 15 日)

本階段的主要任務是盡可能地保持訓練水準和進行積極性休息。

（六）競技狀態的控制及賽前安排

競技狀態的發展一般有三個階段：

(1)發展階段,提高機體功能系統的能力水準,形成動作技能和本領；

(2)穩定階段,機體功能系統能力在專項技術中能得以發揮,並在發揮其作用的過程中得到鞏固,運動水準處在一個較高的水準線上；

(3)暫時下降階段,由於種種原因使整體運動水準下降。如圖 3—10—18 所示。

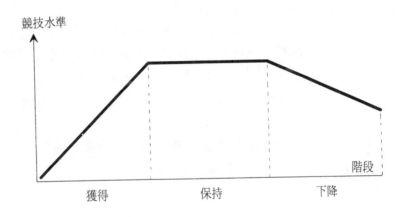

圖 3—10—18

競技狀態在訓練實踐中,不能用單一的素質水準或某一個生理指標來衡量,如血色素,而是要從運動員的總體訓練水準來分析。這些單一指標是構成競技狀態的因素,進入競技狀態不一定所有因素都處於最高水準。所以在分析競技狀態時主要從總體效果出發。

競技狀態不能光用比賽的成績來衡量,就是在競技狀態好時,成績也會有一定範圍內上下波動,運動員創造最高成績時要有很多條件,特別技術複雜的運動項目,例如在一場鐵餅比賽中同一運動員在六次試投中成績可以上下差 10 公尺之多。好的成績當然須要有好的體力,但是還要有好的技術和好的比賽條件等才能獲得。

競技狀態的培養是建立在兩個控制系統的基礎上；一是通過訓練控制機體功能系統能力水準。二是運動員臨場控制技術的能力。對抗性項目還有一個戰術應用及臨場的應變能力。總之首先建立在科學訓練的基礎上。

賽前安排就是依靠這兩個控制系統根據比賽的任務、時間、地點結合運動員的情況來進行安排。最好把重大比賽安排在競技狀態的保持階段。所以賽前安排一般都是從獲得競技狀態的後期和保持階段。要延用訓練中卓有成效的手段和方法,然後從全局出發抓一個影響最大又必須解決的環節加以解決。訓練手段與方法在賽前不宜變動太大。

賽前訓練一般分為三個階段:

(1)前期階段

距離比賽尚有一段時間,訓練的安排與進入競技狀態階段變化不大,但逐漸減量增加訓練強度,在這一階段安排幾次訓練比賽或測驗,測驗可用重餅和輕餅,也可以測專門運動素質,在比賽和測驗中提高運動員控制技術的能力。

(2)賽前中期階段

這一階段也可以叫做適應比賽階段,這一階段運動員處在體力的超量恢復的上升階段,運動員感到體力一天比一天好,技術感覺也日益完善,運動員開始把體力、技術訓練都瞄準在即將到來的大比賽上,並參加若干次小比賽來熟練和完善技術。這階段後期運動員開始模擬重大比賽的條件安排訓練,並在較高的強度下來掌握用力節奏和控制技術,但是運動量的安排一定要嚴格控制在 24—48 小時能形成超量恢復的週期上。這一時期技術訓練以鞏固熟練技術為中心任務,不要拘泥於局部動作的外型,而要抓住完整動作的加速節奏,技術上以充分發揮最後用力的效果為重點,生活和作息制度上都要嚴格要求。

(3)臨賽期

一般都是從進入比賽駐地前一週到比賽這一階段,主要任務是準備比賽,這一週的一切訓練一定要保持運動員對技術及體力恢復的控制,切忌不要做極限強度的素質訓練,原因有兩方面:一方面因為極限強度往往是在機體最大動員情況下獲得的,一旦在量上安排不好會影響比賽時的體力。另一方面往往會破壞各項素質在完整技術中的協調作用。這一階段技術訓練要以完整技術和比賽技術為主,在運動員自己能控制的情況下,每次技術課能用 80% 的力量投出相應強度的成績。或在技術訓練時略增加一些用力程度並在成績上取得相應的提高。做到對自己的最佳用力程度心中有數。出發前這一階段要熟悉比賽的一切條件(場地、器材、氣候、日程等)作好相應的準備。例如 1988 年國家集訓隊準備漢城奧運會,得知奧運會用的是厚邊的鐵餅,而我國選手均習慣薄邊的餅在賽前專門讓北京體育器械廠生產了厚邊的餅進行訓練,使兩種餅的成績達到接近的程度。又如運動員要做好碰到各種性能投擲圈的準備。進入駐地後要盡快熟悉場地,找出與其相適應的投擲鞋,並建立時空感,調整好技術,進入賽前的技術準備狀態。

臨賽前的具體安排有較大的個體差異,各人有各人的習慣安排。同時運動員所處的準備程度也不相同,因此不宜做統一的安排應側重於個別對待。

(七)專項運動員的選材

隨着信息傳播方法的進步,各種運動技術、訓練方面的傳播速度成倍提高,致使各國訓練經驗日趨接近。因此選材工作越來越被體育界重視,許多國家把選材列爲體育科研的重點課題。目前已發展到多渠道的系列選材方法。單渠道單層次的選材方法,已不能滿足廣大敎練的要求。

我們以幾個方面提供一些材料供廣大敎練選材時參考。

1、形態特徵

擲鐵餅運動員是旋轉性速度力量項目,所以身材比較高大。世界優秀男鐵餅運動員身高在 1.88—2.00 公尺之間、體重均在 100 公斤以上。女子身高在 1.75—1.85 公尺左右、體重在 85 公斤以上。從歷屆奧運會的統計材料來看,男女均有大型化的趨勢(表 3—10—16),鐵餅是直臂旋轉投擲的項目,所以臂展指數較之其它投擲項目更爲重要,一般臂展比身高長 10 公分左右。

表 3—10—16　　前七屆奧運會決賽運動員的身高體重統計表

分類 \ 性別 \ 年度		1960	1964	1968	1972	1976	1980	1984
身高	男	1.885	1.933	1.937	1.925	1.94	1.95	1.91
(公尺)	女	1.762	1.746	1.762	1.738	1.775	1.766	1.770
體重	男	102.8	106.5	113.0	109.5	117.3	111.6	114.6
(公斤)	女	87.2	82.7	—	87.5	91.0	89.6	88.0

在形態選材中會碰到身高、體重的預測問題、有條件的可以用骨齡分析,沒有條件的可按國外兩種預測身高的方法,第一種捷克斯洛伐克的哈弗利克採用的公式推算。

$$兒子身高 = \frac{(父親身高 + 母親身高) \times 1.08}{2}$$

$$女兒身高 = \frac{父親身高 \times 0.923 + 母親身高}{2}$$

第二種方法是梅德維德氏對照法(見表 3—10—17)

從表 3—10—17 中可以根據運動員的年齡及現在的身高,在表中查到未來身高,例如一位 10 歲兒童身高 1.485 公尺先從縱行中找到 10 歲再從橫行中找到 1.485 公尺從表上目中可找到未來身高 1.90 公尺。

2、敎學選材

投擲鐵餅的技術動作在日常生活中幾乎沒有類似的動作。必須通過技術敎學才能發現運動員的運動才能,所以一般都是在敎學過程中進行選材,選材分三個階段:預選階段,通過形態選材和初步觀察和調查及必要的測試初選一批運動員進行敎學,然後再發現在專項方面掌握技術快、素質水準較好,提高速度快的運動員,選入定項訓練組進入定項階段,進行初步專項訓練。然後選有專項天賦事業心強思想方法好的選手選入專項深造組進行強化訓練。一般初選階段爲 1.5—2 年,定項階段爲 2 年,專項訓練階段因人而異。

表 3—10—17　　梅德維德氏身高對照表

身高 年齡	男　子(公尺)			女　子(公尺)		
	1.85	1.90	1.95	1.70	1.75	1.80
9	1.385	1.425	1.465	1.375	1.410	1.455
10	1.445	1.485	1.52	1.435	1.475	1.51
11	1.505	1.54	1.58	1.50	1.545	1.59
12	1.555	1.595	1.64	1.57	1.625	1.67
13	1.605	1.655	1.70	1.64	1.685	1.735
14	1.695	1.735	1.785	1.67	1.72	1.765
15	1.775	1.825	1.87	1.68	1.735	1.78
16	1.815	1.865	1.925	1.69	1.745	1.79
17	1.835	1.885	1.935	1.70	1.75	1.80
18	1.845	1.895	1.945			
19	1.85	1.90	1.95			

3、各年齡組的素質參數

介紹原蘇聯選拔運動員的素質參數供參考, 表 3—10—18 是原蘇聯男子少年運動員各年齡組運動素質參照表。

表 3-10-18　　少年鐵餅運動員運動素質參數指標

年齡	30公尺起跳 (秒)	立定跳遠 (公分)	立定三級跳 (公分)	後執鉛球 (公尺)	下蹲 (公斤)	高翻 (公斤)	抓舉 (公斤)	臥推 (公斤)	投小球 (公尺)
11 - 12	4.7 - 4.8	210 - 220	640 - 680	10.50 - 12.50	50.60	45 - 55	—	45 - 55	
12 - 13	4.7 - 4.8	225 - 235	660 - 690	12.50 - 13.50	60 - 70	50 - 60	—	50 - 60	
13 - 14	4.6 - 4.7	240 - 250	710 - 760	11.50 - 12.00	70 - 75	65 - 75	—	50 - 70	18 - 20
14 - 15	4.4 - 4.5	255 - 265	740 - 790	12.00 - 12.50	80 - 90	75 - 85	55 - 60	70 - 80	20 - 23
15 - 16	4.3 - 4.4	270 - 280	770 - 810	12.50 - 13.00	95 - 110	85 - 95	65 - 70	85 - 95	22 - 26
16 - 17	4.1 - 4.2	280 - 290	800 - 850	13.00 - 14.00	120 - 140	100 - 110	75 - 85	100 - 110	20 - 22

[注]:後拋鉛球11—13 歲用 4 公斤球;14—17 歲用 7.257 公斤球,投小球 13—16 歲用 2 公斤球 16—17 歲用 3 公斤球。

最後介紹原蘇聯女鐵餅運動員的素質模式指標(見表 3-10-19)。

表 3－10－19　　　原蘇聯鐵餅運動員素質模式指標

指標分類項目	男運動員	女運動員	沙文柯娃
臥　推 (公斤)	250	200	117
下　蹲 (公斤)	300	250	170
抓　舉 (公斤)	150	110	80
前　拋 (公斤)	20.50	20	19.51
後　拋 (公斤)	23.50	23	21.98

（黃世杰）

十一 標 槍

(一)投擲標槍訓練的主要特點及發展趨向

1、投擲標槍訓練的主要特點

投擲標槍訓練必須緊緊地圍繞標槍是輕器械、技術複雜的特點進行。通過訓練培養運動員既有快速爆發力又有高度協調能力,才能產生最大的出手初速,從而獲得最大的飛行距離。

在整個標槍訓練過程,包括已達到很高水準的世界級運動員都應當做到:在不斷發展和提高專項快速力量的同時保持良好的"槍感",能準確地用力於標槍的縱軸上,才能不斷提高專項成績。

2、投擲標槍訓練的發展趨向

投擲標槍訓練應當圍繞下列三方面發展:

(1)不斷提高專項所需的快速力量,以提高出手初速度;

(2)不斷完善投擲標槍技術,以充分發揮運動員自身所具備的能力;

(3)不斷提高比賽能力。

這三個方面都是同等重要,它們之間雖有各自的不同作用,但又是可以相互影響的,因此,必須將三者組合好才能獲得成功。

為了把三者組合好,必須運用現代科技成果,使訓練工作朝高質量方向發展,例如:

為了有效提高專項快速力量必須把訓練手段優化、手段的組合和負荷安排的三要素進行最佳的組合與安排。

為了掌握合理的投擲標槍技術、應有目的有步驟地把助跑、用力和出手的初始條件等要素進行最佳組合,使運動員不僅提高了用力效果,而且還能改善了標槍在空中飛行效果。

為了提高比賽能力,除提高上述二個方面外,還應進行心理意志品質的訓練和大賽前的專門準備訓練等諸因素最佳組合。

(二)投擲標槍訓練的有效方法

1、技術與技術訓練

(1)近代標槍技術的發展

投擲標槍技術的發展與其他項目一樣,隨着時代的演變而不斷向前發展,近代標槍成績出現過較為明顯的三次飛躍,每次都與某一方面取得突破性改革有關。

第一次飛躍

約在 20 世紀 20—— 30 年代,主要是北歐國家,尤其是芬蘭對投擲標槍技術的改革起了積極的作用,他們最早把過去"自由式"助跑投擲標槍發展爲直綫向前加速助跑投,由肩下持槍助跑改爲肩上持槍助跑,投擲步的形式由單跳步到後交叉到前交叉,因而可以從助跑中獲得更大的速度,並有利於助跑與用力的一致,大大推動了運動成績的提高,從約 60 公尺水準飛躍到近 80 公尺水準。

第二次飛躍

經過十年左右的徘徊,於 50 年代初期出現標槍結構的改革,即美國標槍運動員海洛德發明和採用的"滑翔標槍",使標槍在飛行中充分利用流體的動力作用,延長飛行時間,從而增大飛行距離,第一位突破 80 公尺大關。

60 年代鋁合金標槍的問世,不但比木制標槍硬度大,減少了顫動,而且標槍的外型進一步得到改進,自此以後世界標槍成績又向前飛躍一大步,不僅成批的運動員超過 80 公尺,而且突破 90 公尺大關。

第三次飛躍

1964 年塑膠跑道的問世更有利於運動員發揮自己的能力,它不僅有利於運動員提高助跑速度,而更重要的是有利於運動員做好支撐制動,更有效地將人體的力量傳遞到器械上,從此標槍成績又進入一個飛躍,不僅成批地出現 90 公尺的運動員,而且突破 100 公尺大關。

1984 年原民主德國的霍恩將標槍飛到 104.80 公尺,迫使國際田聯做出降低和限制標槍成績的決定,並將男子標槍的重心往槍頭前移 4 公分且加大標槍尾部的粗徑,使標槍在飛行的後半程氣動特性變差,槍頭加快掉頭落地,使成績下降約 10% 左右。

女子標槍從 1991 年 4 月 1 日起使用新結構的標槍,它不像男子標槍往前移 4 公分,而是將標槍尾部加粗,但與原來的規格變化不大,這種結構標槍的性能是:基本保持原先標槍的飛行效果,還能使槍頭先於其他部分落地。這對裁判工作有利。

今後標槍技術展望

盡管國際田聯做出對標槍運動成績的限制措施,但由於運動訓練與現代科學的結合,投擲標槍技術會隨時代的推移而向前發展,再次推動標槍成績的提高,今後發展標槍技術的途徑有:

①以提高助跑速度獲取更大動量爲主要途徑去加大出手初速(適合於跑跳和協調能力強的運動員)。

②以提高最後用力距離並縮短用力時間爲主要途徑去加大出手初速(適合於力量型的運動員)。

③改進標槍飛行效果:除改進標槍結構外還可以對出手的諸個初始條

件進行優化組合,科研成果證明:攻擊角在 $-3°$—— $-9°$爲最好。

2、幾個重要技術環節

(1)助跑兩個目的的組合

投擲技術原理告訴我們:通過助跑可以獲得動量和投擲前預備姿勢兩個目的,教練應當根據運動員的個人特點進行兩者的最佳組合,若片面地強調其一都可能帶來不良效果,如過份加快助跑速度雖可獲得較大的動量,但勢必影響甚至破壞投擲前預備姿勢,使運動員無法正確完成投擲動作;相反,過份強調做好投擲前預備姿勢,大大放慢助跑速度,所獲得的動量很小(與上幾步投的速度相似)。

運動實踐證明:標槍運動員的助跑速度(指投擲步段)應相當於本人的絕對速度(不帶槍跑)的 70—80% 爲宜(表 3-11-1),在這個速度範圍內有利於運動員做到兩個目的的正確組合。

表 3-11-1   部分運動員投擲步平均速度與絕對速度比值

姓別	姓　名	絕對速度	投擲步平均速度	百分比	取　樣運動成績	取　樣日　期
男	康捷洛	10.70 公尺/秒	8 公尺/秒	75%	86.04 公尺	59 年
	魯西斯	10.34 公尺/秒	8.50 公尺/秒	80%	93.80 公尺	72 年
	申毛毛	10.34 公尺/秒	7.88 公尺/秒	76.5%	85.40 公尺	81 年 6 月
	普布次仁	9.68 公尺/秒	7.57 公尺/秒	78.2%	74.38 公尺	80 年 7 月
	丁鵬林	10.34 公尺/秒	8.22 公尺/秒	79.6%	75.56 公尺	80 年 7 月
	李元貞	9.68 公尺/秒	7.48 公尺/秒	77.3%	74.96 公尺	80 年 7 月
	馬建軍	10 公尺/秒	8.50 公尺/秒	85%	76.02 公尺	81 年 7 月
	秦亦農	10.34 公尺/秒	7.35 公尺/秒	71%	75.08 公尺	81 年 7 月
女	唐國麗	8.33 公尺/秒	6.29 公尺/秒	75.5%	60.58 公尺	81 年 4 月
	曲淑華	8 公尺/秒	5.80 公尺/秒	72.5%	57.00 公尺	80 年 10 月
	張　麗	8.33 公尺/秒	6.83 公尺/秒	82.5%	56.30 公尺	80 年 7 月
	於學青	8.10 公尺/秒	6.70 公尺/秒	82%	56.54 公尺	83 年 6 月
	高志英	7.89 公尺/秒	6.07 公尺/秒	74.2%	56.68 公尺	82 年 7 月
	丁風華	8.33 公尺/秒	6.66 公尺/秒	79.9%	56.06 公尺	82 年 7 月
	羅亞萍	7.89 公尺/秒	6.05 公尺/秒	76.6%	55.64 公尺	81 年 7 月
	沈　淳	8.33 公尺/秒	6.05 公尺/秒	72.8%	54.48 公尺	81 年 7 月
	辛小麗	8.10 公尺/秒	6.00 公尺/秒	74%	54.70 公尺	83 年 6 月
	羅申華	8.33 公尺/秒	6.36 公尺/秒	76%	62.92 公尺	90 年 8 月

注:運動員絕對速度是根據他們 30m 起跑或 100 公尺成績推算出來。

做好投擲前預備姿勢不僅與助跑速度相關,而且還與投擲步的步距大小和超越程度密切相關,必須把三個方面因素調節和組合好,才能做到既能獲得正確的投擲前預備姿勢,又能發揮一定的助跑速度(表 3-11-2、3-11-3、3-11-4)。

表 3-11-2　　投擲步步距的正確比例

	第一步	第二步	第三步	第四步
性　別	大	大	中小	小
男　子	2.00 公尺	2.00 公尺	1.80 公尺	1.55 公尺
女　子	1.80 公尺	1.80 公尺	1.65 公尺	1.45 公尺

表 3-11-3　　部分運動員投擲步步距比例

性別	姓名	取樣運動成績(公尺)	第一步(公尺)	第二步(公尺)	第三步(公尺)	第四步(公尺)	取樣日期
男	魯西斯	91.10	2.20	1.98	2.10	1.41	
	金努寧	88.58	2.52	1.54	1.84	1.57	
	庫　拉	91.20	1.98	2.70	3.70	2.10	1980 年 7 月
	申毛毛	81.34	1.32	1.90	3.11	1.75	1978 年
	普布次仁	74.38	1.67	2.00	2.58	1.70	1980 年 7 月
	丁鵬林	75.56	1.88	2.00	2.54	1.80	1980 年 7 月
	馬建軍	76.02	1.60	2.20	2.65	2.05	1981 年 7 月
	秦亦農	75.06	1.65	1.65	2.25	1.80	1981 年 7 月
	李元貞	74.96	1.65	1.80	2.59	1.96	1980 年 7 月
女	唐國麗	61.64	1.65	1.65	2.00	1.45	1981 年 6 月
	羅中華	62.92	1.80	1.80	1 80	1.50	1990 年 8 月
	曲淑華	57.00	1.50	1.50	1.82	1.50	1980 年 10 月
	羅亞萍	55.64	2.10	2.10	1.50	1.55	1981 年 7 月
	張　麗	56.30	1.75	1.75	2.26	1.60	1980 年 7 月
	沈　淳	54.48	1.70	1.70	2.50	1.40	1981 年 7 月
	付建萍	54.50	1.80	1.80	1.90	1.35	1981 年 7 月
	安學紅	54.14	1.45	1.45	1.95	1.70	1981 年 7 月
	李　霞	53.58	1.30	1.30	1.80	1.60	1978 年

　　目前仍有不少運動員採用第三步最大的方法(男子 3 公尺左右,女子 2.20 公尺左右),這麼大的步距、不僅導致運動員的重心起伏過大,影響水平速度的發揮,而更重要的是由於巨大的落地衝力,使落地腿承擔不了而變形(下跪、膝關節向外扭轉),延誤甚至破壞與最後用力的銜接,使投擲效果大大下降。

　　從表 3-11-3 可以看到:我國部分標槍運動員第三步(又叫交叉步)步距較大。

　　運動員的超越程度對助跑二個目的的影響,主要指的是最後二個投擲步的軀幹向後傾斜要恰當,一般在 20°—30°之間爲宜(表 3-11-4,圖 3-11-1、3-11-2),超越過小會影響用力效果和工作距離,超越過大又會影響助跑速度,乃至投擲前的停頓。

　　從表 3-11-4 中可以看到:世界優秀標槍運動員從第三步過渡第四步的超越角也失去 3°多,說明保持良好的超越過渡第四步(即過渡到最後用力開始)其難度是很大的。

 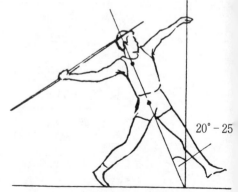

圖 3-11-1　第三步軀幹傾斜角　　　圖 3-11-2　第四步軀幹傾斜角

表 3-11-4[A]　　優秀男子標槍運動員第三與第四步結束時軀幹傾角

性別	姓　名	國　家	取樣運動成績(公尺)	第三步軀幹傾角	第四步軀幹傾角
男	奈邁特	匈牙利	94.58	22°	18°
	魯西斯	原蘇聯	90.46	18°	20°
	庫拉	原蘇聯	91.20	34°	28°
	沃爾夫曼	原聯邦德國	90.48	21°	18°
	施來伯	原聯邦德國	92.62	24°	20°
	佩德森	挪威	91.72	25°	20°
	西托寧	芬蘭	89.58	29°	26°
	金努寧	芬蘭	88.85	20°	20°
	霍維寧	芬蘭	84.26	18°	15°
	普拉寧	芬蘭	83.48	25°	20°
	施公尺特	美國	84.42	25°	20°
	埃瓦里科	美國	83.54	20°	25°
	格列勃涅夫	原蘇聯	83.66	25°	17°
	霍恩	原民主德國	104.80	31°	22°
	皮特拉諾夫	美國	99.72	25°	25°
	申毛毛	中國	81.34	25°	20°
			平均值:	23°93	20°87

表 3-11-4[B]　　優秀女子標槍運動員第三與第四步結束時軀幹傾角

性別	姓　名	國　家	取樣運動成績(公尺)	第三步軀幹傾角	第四步軀幹傾角
女	莉拉克	芬蘭	74.76	40°	25°
	菲洛克	原民主德國	74.24	26°	26°
	沙克拉發	希臘	74.20	28°	18°
	肯佩	原民主德國	71.74	21°	20°
	桑德森	英國	69.70	30°	17°
	福克斯	原民主德國	69.16	20°	22°
	拉杜里	羅馬尼亞	68.50	22°	18°
	托多洛娃	保加利亞	66.72	20°	20°
	蒂森	原聯邦德國	65.56	23°	20°

性別	姓　名	國　家	取樣運動 成績(公尺)	第三步 軀幹傾角	第四步 軀幹傾角
	貝克爾	原聯邦德國	64.70	25°	15°
	斯密特	美國	63.66	25°	17°5
	霍莫拉	原民主德國	62.32	23°	18°
	里斯特	原民主德國	62.04	26°	25°
	雷佩澤	原聯邦德國	61.66	22°	22°
	唐國麗	中國	60.58	19°	20°
	羅中華	中國	63.00	22°	21°
	曲淑華	中國	58.00	22°	22°
	朱紅楊	中國	60.08	21°	22°
	平均值		24°17	20°47	

(2)做好最後用力的基本要求

①左腿有力支撐制動

左腿制動愈有效使運動員的動量向器械傳遞的潛力愈大,則器械獲得的動量愈多,目前有的運動員採用直腿制動保持到投擲結束,這是消耗動量最少獲得動量最大的方法,若膝關節彎曲低於 150°則認爲是制動差的表現(表 3－11－5)。

表 3－11－5　　國内外部分標槍運動員用力過程制動腿膝關節角最小值

男　　　子				女　　　子			
姓名	國家	取樣成 績(公尺)	膝關節 最小角	姓名	國家	取樣成 績(公尺)	膝關節 最小角
拉蒂	芬蘭	83.54	153°	惠特布列德	英國	76.64	167°
澤列玆尼	捷克	82.20	166°	菲洛克	原民主德國	71.16	160°
波特拉諾夫	美國	81.28	164°	彼得	原聯邦德國	68.82	161°
耶夫斯尤科夫	原蘇聯	82.20	145°	桑德森	英國	67.54	146°
希爾	英國	79.66	160°	莉拉克	芬蘭	69.10	163°
講口和洋	日本	80.24	165°	爾莫洛維奇	原蘇聯	65.52	160°
維倫德	瑞典	78.40	156°	莉爾	古巴	64.90	151°
沙蒂洛	原蘇聯	81.28	147°	珍格	原民主德國	67.46	137°
維克多	原蘇聯	76.28	161°	肯佩	原民主德國	71.47	160°
王文忠	中國	69.40	142°	唐國麗	中國	61.64	160°
唐林華	中國	68.50	148°	羅中華	中國	60.26	160°
孫飛	中國	67.16	161°	丁風華	中國	59.60	155°
馬建山	中國	66.88	140°	曲淑華	中國	58.00	150°
唐昭東	中國	66.62	151°			平均值:	156°15
張學軍	中國	65.90	148°				
高峰	中國	65.82	141°				
陳駿麟	中國	65.12	160°				
耿勝利	中國	64.78	155°				
		平均值:	153°5				

②右腿及時發力

右腿及時發力是助跑與用力銜接好壞的關鍵, 過早、過晚都不利於銜接。正確的時機是當身體重心剛超過支撐腿支點(右手投槍者則是右腿)的時候開始蹬轉發力,這時左腳還未觸地(圖3－11－2)。

③正確的最後用力順序

正確的用力順序應當是:右腿—— 軀幹—— 肩—— 大臂—— 小臂——手。有了正確的用力順序不僅可以使全身大部肌群參加投擲工作而且可以獲得較長的工作距離(圖3－11－3)。

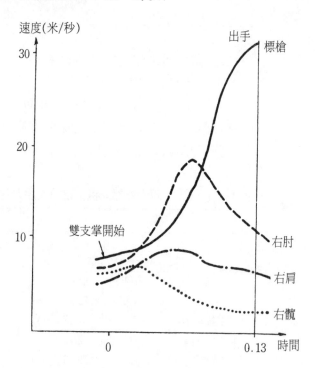

圖3－11－3　正確的最後用力加速順序

④形成有效鞭打條件

除符合正確用力順序外還應做到:

a.鞭打過程中應以肩—— 肘先後制動;

b.在"滿弓"時投擲臂與軀幹的夾角約90°(圖3－11－4A)

c.鞭打前大小臂間夾角爲90°,小臂與槍的縱軸夾角約30°(圖3－11－4B和表3－11－6)。

d.手的鞭打路綫是弧形向前上方而不是水準向前(圖3－11－5)。

⑤最後用力過程出現"減速"

"減速"出現於形成"滿弓"過程,即右腿及時發力蹬轉送髖的同時投擲臂向外翻轉滯留於運動員身後,這是投擲標槍正確技術重要標誌(圖3－11－6)。

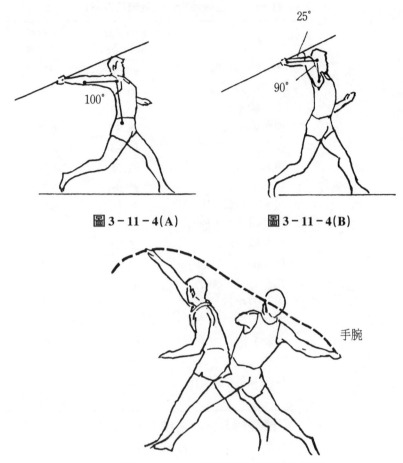

圖 3 − 11 − 4(A)　　　　　圖 3 − 11 − 4(B)

圖 3 − 11 − 5　最後用力手的鞭打路綫

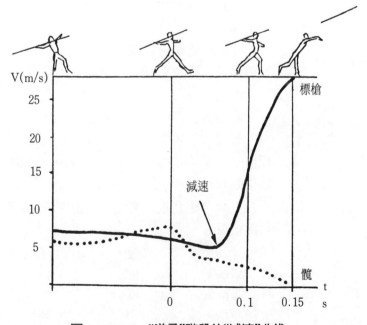

圖 3 − 11 − 6　"滿弓"階段的"減速"曲綫

表 3－11－6　　部分優秀運動員鞭打過程幾個夾角情況

性別	姓　名	取樣成績 (公尺)	投擲臂與 軀幹夾角	大小臂 間夾角	小臂與槍 間夾角
男	魯西斯(原蘇聯)	90.46	90°	90°	40°
	沃爾夫曼(原聯邦德國)	90.48	110°	95°	30°
	金努寧(芬蘭)	88.85	85°	90°	30°
	西托寧(芬蘭)	88.85	90°	90°	30°
	霍維寧(芬蘭)	84.26	110°	90°	48°
	奈邁特(匈)	94.58	95°	90°	35°
	申毛毛(中)	81.34	95°	90°	30°
	施來伯(原聯邦德國)	86.62	90°	90°	36°
女	福克斯(原民主德國)	65.05	85°	80°	30°
	托多洛娃(保)	66.72	90°	90°	30°
	貝克爾(原聯邦德國)	64.70	120°	90°	40°
	托膝(原民主德國)	62.54	112°	112°	25°
女	羅中華(中)	63.00	90°	90°	35°
	唐國麗(中)	60.58	90°	113°	30°
	曲淑華(中)	58.00	100°	90°	40°
	李霞(中)	56.00	108°	90°	50°
	蒂森(原聯邦德國)	56.56	90°	90°	30°
	平均值:		91°76	92°35	33°65

⑥最後用力方向與投擲方向一致

要做二個方向一致應當做到：

a.助跑與投擲方向一致。

b.根據運動員骨盆大小決定最後一步的左右腳距離，一般用 20—30 公分爲宜。

c.根據運動員肩關節柔軟性差別決定頭和軀幹向左傾斜程度，以利於標槍保持正確位置和沿正確的軌跡飛行。

(3)組合好出手時初始條件

初始條件指的是出手初速,出手角度、姿態角以及俯仰角速度。

研究成果表明:初始條件的組合是否合理對運動成績產生影響,尤其是標槍的姿態角是否合理直接影響飛行效果。測試數據表明:獲得最好飛行效果是負投射角 – 3°—– 9°。

下面介紹北京市文體用品研究所徐孟仁同志的成果:(投擲標槍運動計算機模擬)

初速	攻擊角	投擲角	姿態角	飛行距離(公尺)
27m/s	10°	34°	44°	72.00
27m/s	10°	30°	40°	66.47
27m/s	– 10°	30°	20°	84.20

初速	攻擊角	投擲角	姿態角	飛行距離(公尺)
27m/s	-2°	34°	32°	82.60
28m/s	-10°	30°	20°	89.97
28m/s	-7°	42°	35°	80.13

3、技術訓練

(1)技術訓練主要手段

①形成"滿弓"

a.同伴幫助形成"滿弓"練習。

b.帶器械(橡皮條、槓鈴片、沙袋以及標槍)的"滿弓"練習。

c.在低槓下(或助木旁)的"滿弓"練習。

②掌握和改進最後用力

a.原地雙手投實心球(對牆、對網、對空)。

b.原地單手投小球(對牆、對網、對空)。

c.原地單手打鞭子。

d.原地投標槍。

③掌握和改進助跑與最後用力銜接技術

a.同伴幫助上 1—3 歲形成"滿弓"練習。

b.帶標槍上 1—3 步形成"滿弓"練習。

c.上 1—3 步打鞭子。

d.上 1—3 歲投小球(對網、對牆、對空)。

e.上 1—3 步投標槍。

④掌握和改進全程助跑投標槍技術

a.全程助跑引槍(強調逐漸加速)。

b.全程助跑打鞭子(或小球)。

c.全程助跑投標槍(逐漸增大強度)。

(2)技術訓練安排

技術訓練安排要根據不同水準的運動員區別對待,對初學者或未掌握正確技術的運動員必須採用一定的教學步驟讓他們掌握正確的投擲標槍技術,隨着運動水準的提高,尤其對高水準運動員則應不斷提高訓練因素:以完整投高強度爲主,乃至貫穿全年各時期,使運動員建立牢固的整體技術定型,這是當代標槍訓練一大特點,那種準備期進行分解技術爲主,比賽期才進行完整技術訓練的安排已落後於時代的發展要求。只有在全年貫穿高強度的完整助跑投槍,才能使運動員在不斷提高素質的同時保持良好的"銜接技術"和"槍感"。

因此,應當圍繞此特點去安排技術訓練,下面列舉低和高水準運動員技術訓練安排比重(表 3－11－7)。

表 3－11－7　　技術訓練安排比重

級別	訓　　　　練　　　　手　　　　段	準備期	比賽期
低水平運動員	原地—上步投槍	﹢﹢﹢	﹢﹢
	短助跑投槍	﹢﹢	﹢﹢
	全程助跑引槍（或結合打鞭子、投石塊等）	﹢﹢﹢	﹢﹢﹢
	全程助跑投槍 中	﹢﹢	﹢﹢
	大	﹢	﹢
	各種模仿練習	﹢﹢﹢	﹢﹢
高水平運動員	原地—上步投槍	﹢	﹢
	短助跑投槍	﹢﹢	﹢
	全程助跑引槍（或結合打鞭子、投石塊等）	﹢﹢﹢	﹢﹢
	全程助跑投槍 中	﹢﹢	﹢
	大	﹢	﹢﹢
	各種模仿練習	﹢﹢﹢	﹢

注：①﹢﹢﹢：—— 大量、﹢﹢：—— 中等量、﹢：—— 小量。
　　②中等強度是相當本人最高成績80％，大強度爲90％以上。

4、專項素質模式與訓練

（1）各級水準的素質模式

表 3－11－8　　四個級別水準專項素質模式

項　　目	男　　　子				女　　　子			
	65(公尺)	70(公尺)	75(公尺)	80(公尺)	50(公尺)	55(公尺)	60(公尺)	65(公尺)
投壘球(125克)(公尺)	95	100	100	100	70	75	80	80
投300克球(公尺)	78	83	85	85	58	63.50	66	70
原地投槍(公尺)	46	52	55	60	35	37.50	40	43
助跑投槍500克 (公尺)					56	61	65	70
600克	75	85	90	90				
800克					42	44.50	48	52
900克	58	65	68	73				
雙手投實心球1公斤 (公尺)					21	23.50	26	28
2公斤	24	26	27	30	18	20	22	23
3公斤		22	23	25				
助跑投1000克球(公尺)		60	62	66				
仰臥頭後拉槓鈴(公斤)	35	45	50	55	20	25	30	35

（2）發展專項素質主要手段：

①發展快速爆發力

a.投 50—100 克石塊。

b.投小棒球（約 125 克）。

c.投 300 克—600 克小膠球。

d.投輕標槍（男子 600—700 克、女子 300—400—500 克）。

e.打鞭子。

f.投標準標槍。

②發展專項力量:

a.雙手投實心球(或鉛球)(男子 2—4 公斤、女子 1—34 克)

b.投膠球(或小鐵球)(男子 1 公斤—2 公斤、女子 800 克—1 公斤)

c.投重標槍(男子 900—1 公斤,女子 700—800 克)

d.反彈球:雙手—2—3 公斤

　　　　　　單手—0.5—1 公斤

e.仰臥(或站立)頭後拉槓鈴。

　　應當指出:選擇重量要愼重,尤其對水準較低的運動員應以投輕重量爲主,避免過早過多地採用投重器械,以防肌肉力量跟不上而造成局部受傷。

　　③發展專項素質的組合與安排:

　　愈來愈多的訓練實踐證明:訓練手段之間的組合對提高專項素質起相當重要作用,如我國女子投擲項目,根據形態較差而協調性好的特點重點進行發展快速力量的訓練組合,取得了良好效果,三個投擲項目都達到世界先進水準。

　　訓練的組合形式有多種,歸納起來大致有:

　　①大力量(槓鈴練習)與專項投擲組合

　　②不同重量器械投擲的組合

　　a.雙手投與單手投的組合

　　b.輕、標準,重器械的組合

　　關於發展專項素質的訓練安排是極其複雜而又是非常重要的,它在很大程度上關系運動員的成敗,尤其對高水準運動員,必須根據個體差異進行細致的安排,把採用手段的重量和負荷量(數量與強度)在多年和全年各時期盡量做出具體計劃,並在執行過程中進行調控,以保證系統訓練,不斷提高專項素質。這就可以避免短期突擊行爲而帶來傷病等弊病。

　　④發展專項素質課範例

　　a.男子標槍運動員(90 公尺水準)發展專項能力課(準備期):

準備活動　　　　　20 分

砍斧練習(單、雙手)5—8 公斤×10 次

投鉛球(1.8—2.5 公斤)×30 次

打籃球　　　　　10—20 分

短　跑　　　　　20 公尺×8—10 次

投實心球(雙手)　　　　　　20—30 次

投輕器械　　　　　　　　　30 次

立定跳遠、立定三級跳遠　　　各 10 次左右

打籃球　　　　　10—20 分

肋木練習　　5—10分

b.男子標槍運動員(90公尺水準)發展專項能力課(準備期)

準備活動、專門體操

原地投 2.5 公斤小鐵球 2×(右手 10 次,左手 10 次)

三步投 2 公斤小鐵球　　2×(右手 10 次,左手 10 次)

三步投 1.5 公斤小鐵球　　　　10 次

走 2 步 + 投擲步投 1.2 公斤　10 次

小步跑—— 高抬腿跑等　　　　　5×(80—100 公尺)

10 級跳 5 次,5 級跳 5 次

球類活動　20 分

c.青少年標槍運動員發展專項快速力量課(準備期)

準備活動　　20 分

加速跑:5×50 公尺,快跑:3×30 公尺

拋擲鉛球(或實心球)男 4 公斤、女 3 公斤　20—30 次

雙手投實心球　男 2 公斤,女 1—1.5 公斤　20 次

原地—— 上步投小球 300 克　　　　　　　15—20 次

助跑投 150—100 克小球(或石塊)　　4×10 次

助跑打鞭子　　　　　　　　　　　　15—20 次

立定跳遠　10 次,立定三級跳遠　10 次

伸展練習　　　　10 分

d.青少年標槍運動員發展專項力量課(準備期)

準備活動　　20 分

加速跑　5×50 公尺,快跑 3×30 公尺

拋擲鉛球(或實心球)男 4 公斤,女 3 公斤　30—40 次

雙手投實心球男 2 公斤、女 1—1.5 公斤　　20—30 次

原地—— 上步投小球(男 500 克,女 300 克)　20 次

助跑投小球(男 300 克、女 150 克)　　　　20—30 次

蛙跳　5×5 級,跨跳　5×10 級

伸展練習　　　　10 分

範例①採用雙輪制發展專項能力的組合課也可供青少年或有一定水準運動員參考使用,但負荷量尤其器械的重量應有所不同。

5、培養比賽能力

比賽能力強弱對高水準運動員顯得更加重要,在當代強手如林的激烈競爭中,勝利往往是屬於比賽能力強的人。

培養一個具備良好比賽能力的運動員,除了運動員自身具備一定的先天素質外,更主要的是後天有計劃的培養。

培養比賽能力的主要手段:

(1)思想誘導工作

教練應有計劃地、有針對性地,通過多種形式給運動員做思想誘導工作,以樹立正確的訓練目的,正確對待訓練中的困難,正確對待比賽的勝負,正確分析自己與對手的實力,優缺點,增強克服自己弱點的信心去爭取勝利。

(2)逐漸提高訓練難度,培養克服困難的能力。

(3)多參加比賽:安排不同條件下的測驗與比賽,培養自我調節能力和抗干擾能力。

(4)大賽前的專門準備

①根據運動員個人特點確定大賽前的專門準備階段的時間。

②安排好技術、運動素質、心理意志訓練,以及調節好運動員的機能狀況等。

③模擬訓練:盡量採用接近大賽的條件進行模擬訓練,使運動員更多地適應大賽條件,這有利於發揮運動員的水準。

(三)標槍訓練計劃

1、標槍多年訓練階段的劃分

對高水準運動員的多年訓練計劃大都針對某一大的比賽任務(奧運會,全運會)劃分。青少年的培養計劃則根據其生理特點進行更長的分階段地劃分,如中國標槍教學訓練大綱的階段劃分是比較合理的(見表 3—11—9)。

表 3-11-9　　中國標槍教學訓練大綱的階段劃分及任務

階　段 年齡(歲)	基礎訓練 13—15	初級專項訓練 16—17	專項提高 18—19	高級專項訓練 20以上
任 務	1.全面發展運動員的身體素質,提高速度、靈敏和柔軟性。 2.掌握投擲標槍基本技術。 3.發展快速鞭打能力 4.培養運動員高尚道德和意志品質。	1.進一步全面發展運動員的身體素質。 2.掌握投擲標槍完整技術。 3.進一步發展快速鞭打能力 4.培養比賽能力迎接世界青年賽 5.給運動員進行專項理論教育	1.繼續提高運動員全面身體素質。 2.鞏固和熟練投擲標槍完整技術。 3.發展和提高投擲能力。 4.進一步培養運動員心理素質,提高比賽能力。 5.給運動員進行專項理論教育。	1.在全面發展提高素質基礎上,重點提高專項能力 2.進一步完善投擲標槍技術 3.繼續培養運動員心理素質提高比賽能力 4.繼續提高運動員的專項理論水準。

2、各階段的成績結構模式

當代投擲運動員的訓練大都從模式開始,又都從模式為依據對訓練過程進行監督與檢查,各種模式都是通過訓練實踐提煉出來的,可以說:沒有

　　模式的訓練,要想成為優秀投擲運動員幾乎是不可能的。
　　　成績結構模式主要包括技術、素質和比賽能力。表3-11-10、表3-11-11是高水準標槍運動員成績結構模式範例。表3-11-12、表3-11-13是中國標槍大綱的成績結構模式範例:
　　　關於技術模式的含義,從表3-11-10、表3-11-12、表3-1-13可以看到:技術模式的實質主要的不是動作外表而是助跑速度、助跑貢獻率、出手初速、出手角度以及最後用力的工作距離等。

表 3-11-10　　高水準標槍運動員技術與比賽能力模式指標

類別	成績級別（性別）項目	90公尺（男子）	70公尺（女子）
技術模式	投擲步階段平均速度	8—8.5公尺/秒	6.30—7公尺/秒
	助跑貢獻率	25—28公尺	20—22公尺
	出手速度	30公尺/秒	26公尺/秒
	出手角度	約40°	30°—35°
	攻擊角	-6°—-9°	-3°—-6°
	最後用力距離(公尺)	2.80—3.05	2.60—2.80
比賽能力	超訓練最高強度(公尺)	5—7	3—5
	比賽六次試投平均成績(公尺)	81—83	63—65
	與實力相當的對手比賽	勝	勝

表 3-11-11　　高水準標槍運動員素質模式指標

	項目	90m（男子）	70m（女子）
專項素質	原地投標槍(公尺)	62—65	48—50
	助跑投 500 克槍(公尺)	/	74—75
	助跑投 600 克槍(公尺)	95	/
	助跑投 700 克槍(公尺)	/	60—62
	助跑投 800 克槍(公尺)	/	55—56
	助跑投 900 克槍(公尺)	78 以上	/
	雙手投實心球 14 克(公尺)	/	30 以上
	雙手投實心球 2 公斤(公尺)	32	25
	雙手投實心球 3 公斤(公尺)	28	/
一般素質	後拋鉛球 男7公斤 女4公斤 (公尺)	16—17	17—18
	抓舉(公斤)	100 以上	70 以上
	下蹲(公斤)	160 以上	110 以上
	立定跳遠(公尺)	3.00—3.10	2.50—2.60
	30m 起跑	3″90—3″80	4″10—4″0

　　另外，從原蘇聯庫茲聶佐夫等人的研究發現：運動成績與投擲步各步的時間之間呈現高度相關：

第一步	第二步	第三步	第四步
(0.724)	(0.774)	(0.892)	(0.943)

表 3－11－12　　各階段成績結構模式指標（男子）

	項　　目	基礎訓練 40—60公尺 (600克槍)	初級專項訓練 60—68公尺 (700克槍)	專項提高 64—72公尺 (800克槍)	高級專項訓練 75—80公尺
技術模式	出手速度	21—24公尺/秒	24—25.5公尺/秒	25—26公尺/秒	26.5—27公尺/秒
	出手角度	約38°	約38°	約38°	約40°
	攻擊角	0°	0°	0°	-3°－-6°
	投擲步平均速度	6.5—7公尺/秒	7—7.5公尺/秒	7—7.5公尺/秒	7.5—8公尺/秒
	助跑貢獻率	5—10公尺	12—16公尺	19—20公尺	22—25公尺
比賽能力	超訓練強度	2—4公尺	4—5公尺	4—5公尺	5—7公尺
	比賽六次試投平均成績	36—55公尺	55—62公尺	58—65公尺	68—72公尺
	與實力相當對手賽	勝	勝	勝	勝
素質模式	原地投槍(公尺)	35—50 (600克槍)	48—52 (700克槍)	46—50 (800克槍)	55—58 (800克槍)
	助跑投輕槍(公尺)	/	65—75 (600克槍)	75—85 (600克槍)	85—90 (600克槍)
	助跑投重槍(公尺)	/	/	58—65 (900克槍)	65—73 (900克槍)
	雙手投實心球(公尺)	/	22—24 (2公斤)	24—26 (2公斤)	26—30 (2公斤)
	投小棒球(公尺)	65—90	93—97	95—100	100以上
	後拋鉛球(公尺)	12—15.50 (4公斤)	13.50—15.50 (6公斤)	13.50—14.50 (7.26公斤)	14.50—16 (7.26公斤)
	抓舉(公斤)	/	50—60	65—80	75—95
	立定三級跳遠(公尺)	7—8	8.10—8.70	8.60—9.30	9.10—9.50
	30公尺起跑	4″70—4″30	4″20—3″90	4″00—3″90	3″90以上
	後橋手腳距離(公分)	45—40	約40	約40	約40

　　因此，在技術訓練中必須重點抓好投擲步的節奏，尤其最後二步的加速節奏與動作結構，它的好與差很大程度影響助跑與用力的銜接和最後用力效果。

　　關於素質模式，從表 3－11－11、表 3－11－12、表 3－11－13 可以看到：隨着運動水準的不斷提高、其素質模式的內容和成績指標是有所區別的，根據青少年生理特點，規定的素質指標側重於投輕器械的能力，協調能力以及柔軟性。隨着年齡的增長以及訓練水準的提高，素質模式的手段逐漸精減、投擲器械的重量也逐漸增大。

表 3－11－13　　各階段成績結構模式指標（女子）

類別	成績 / 專項成績 / 階段 項目	基礎訓練 40—50公尺 (300克槍)(500克槍)	初級專項訓練 45—55公尺 (600克槍)	專項提高 54—61公尺	高級專項訓練 58—67公尺
技術模式	出手速度	21—22.5公尺/秒	22—23公尺/秒	23—24公尺/秒	23.5—25.5公尺/秒
	出手角度	約35°	約35°	約35°	約35°
	攻擊角	0°	0°	0°	-3°－-6°
	投擲步平均速度	5.5—6公尺/秒	6—6.5公尺/秒	6—6.5公尺/秒	6—6.5公尺/秒
	助跑貢獻率	13公尺	11—16公尺	17—20公尺	19—22公尺
比賽能力	超訓練強度	2—3公尺	3—4公尺	3—5公尺	4—5公尺
	比賽六次試投平均成績	35—46公尺	41—51公尺	50—55公尺	54—61公尺
	與實力相當對手賽	勝	勝	勝	勝
素質模式	原地投槍(公尺)	/ 37 (500克槍)	34—39	37—41	39—45
	助跑投輕槍(公尺)	/	50—60 (500克槍)	60—66 (500克槍)	64—75 (500克槍)
	助跑投重槍(公尺)	/	40—47 (700克槍)	44—48 (800克槍)	47—54 (800克槍)
	雙手投實心球(公尺)	21 (1公斤)	21—24 (1公斤)	19—21 (2公斤)	21—24.5 (2公斤)
	投小棒球(公尺)	55—75	73—80	80—85	85以上
	後拋鉛球(公尺)	9.80—12.50 (3公斤)	12—13.50 (4公斤)	13.50—15 (4公斤)	15—16.50 (4公斤)
	抓舉(公斤)	/	40—50	50—60	60—70
	立定三級跳遠(公尺)	5.90—7	7.10—7.60	7.50—8	8以上
	30公尺起跑	4″90—4″50	4″40—4″20	4″20—4″10	4″10
	後橋手腳距離(公分)	約40	約40	約40	約40

關於衡量比賽能力的模式指標,從表3－11－10、表3－11－12、表3－11－13也可以看到:衡量比賽能力的高與低,除在比賽中是否獲得名次外,還可用超本人訓練最高投擲強度多少以及比賽的六次試投成績平均值。如果低水準運動員參加大型比賽,雖然拿不到名次,但提高了本人成績也應屬比賽能力高的範疇。

3、標槍訓練計劃的基本內容

(1)總的任務:運動成績指標:××

　　　　　　　××比賽:　　名次

(2)具體任務:技術、素質、比賽能力、智力以及機能等;

(3)訓練分期:多年的分期、年度的分期以及每期的任務;

(4)各時期的基本負荷;

(5)技術訓練的安排:主要手段及步驟;

(6)身體訓練的安排:主要手段及安排;

(7)意志及心理訓練安排;

(8)恢復訓練及安排；

(9)反饋工作及安排。

在制定訓練計劃時應從運動員的實際水準和能提供的訓練條件出發，並在執行過程中不斷修正，盡量切合運動員的實際才能達到預想的訓練目的。

4、訓練計劃示例

示例(1)：×××1989—— 1992年訓練計劃

①現狀：專項—標槍，女、1969年生、身高1.74公尺、專項成績59.60公尺，原地投槍43.50公尺，700克槍51.50公尺、30公尺起跑4″30、立定三級跳遠7公尺，後拋鉛球14.24公尺、抓舉65公斤，高翻80公斤，助跑節奏較好，發力稍晚影響用力效果，比賽能力較強，機能一般。

②各年專項成績指標

　　1989年：61—62公尺

　　1990年：63—65公尺

　　1991年：65—66公尺

　　1992年：68—70公尺

③各年成績模式指標(表3-11-14°.15)

表3-11-14　　投擲步節奏指標(6.50—7公尺)

項　　目	1989	1990	1991	1992
投擲步平均速度	6.2—6.3公尺/秒	6.5—6.6公尺/秒	6.7—6.8公尺/秒	6.9—7公尺/秒

表3-11-15　　成績模式主要指標

項　　目	1989	1990	1991	1992
助跑貢獻率(公尺)	17—18	18—19	19—20	20以上
原地投槍(公尺)	44—45	46—47	47—48	49—50
投500克槍(公尺)	65—66	67—68	70—71	74—75
投700克槍(公尺)	54—55	56—57	58—59	60—62
20公尺行進跑	2″50—2″40	2″40—2″35	2″30—2″25	2″20
立定三級跳遠(公尺)	7.10—7.20	7.20—7.30	7.30—7.40	7.50以上
後拋鉛球4公斤	14.80—15	15.30—15.50	16—16.30	16.50—17
超訓練強度(公尺)	2—3	3—4	3—5	3—5

注：助跑貢獻率代表助跑技術。

　　原地投代表合理的用力結構和專項力量。

　　助跑投500克槍代表快速協調爆發用力技能以及控制槍的能力。

　　助跑投700克槍代表專項力量。

　　20公尺行進跑代表快速奔跑能力。

　　立定三級跳遠代表下肢爆發力。

　　後拋鉛球代表拋擲力量和一般力量。

　　超訓練時投擲最高強度代表比賽能力程度。

④各年訓練負荷安排(見表3-11-16)

表 3－11－16　　　各年訓練負荷安排

	年	1989	1990	1991	1992
	總週數/年	50	49	50	48
	總課次/年	360—380	380—390	390—400	340—350
	比賽次/年	8—10	10—12	8—10	12—14
專項 標準槍	總量	2700—3000	3000—3200	3500—3800	3800—4000
	中強度	(50—54m) 2160—2400	(52—56m) 2400—2560	(54—57m) 2800—3040	(56—60m) 3040—3200
	大強度	(58—59m) 540—600	(60—62m) 600—640	(62—64m) 700—760	(64—66m) 760—800
	輕器械	3300—3500	2000—2200	1500—2000	1500—1800
	重器械	2300—2500	3000—3200	3500—3800	3000—3200
雙手投	實心球	1800—2000	1800—2000	1500—1200	1500—1200
	反彈球	355—360 組	380—400 組	380—400 組	380—400 組
	模仿練習	2000—2200	1000—1200	1000—1200	1000—1200
	大力量 次/年	3200—3500	3800—4000	3800—4000	4100—4200
	投擲 次/年	3600—4000	4000—4400	4400—4500	4500—4000
	快跑 m/年	25000—28000	28000—30000	28000—30000	28000—30000
	跳躍 次/年	1500—1600	1800—2000	2000—2400	2500—3000
	技巧 小時/年	35—40	35—40	35—40	35—40
	小力量 組/年	1200—1300	1200—1300	1200—1300	1200—1300
	遊戲 小時/年	45—50 小時	45—50	45—50	45—50

⑤各年技術訓練任務與主要手段(見表 3－11－17)

表 3－11－17　　　各年技術訓練任務與主要手段

項　目	1989	1990	1991	1992
任　務	1.改進助跑與用力銜接技術 2.確定投擲步速度(6.2—6.3公尺/秒)	1.進一步改進助跑與用力銜接技術 2.提高投擲步速度(6.3—6.5公尺/秒)	1.鞏固助跑與用力銜接技術 2.再提高投擲步速度(6.7—6.8公尺/秒)	2.完善助跑與用力銜接技術 3.鞏固或再提高投擲步速度(6.8—7公尺/秒)
主　要　訓　練　手　段	改進銜接技術 1.踏標誌練習(1.70—1.70—1.65—1.45公尺) (1)踏標誌打鞭子 (2)踏標誌打小球 (3)踏標誌投槍 2.全程助跑練習 (1)全程引槍 (2)全程打鞭子 (3)全程打小球 (4)全程投槍(控制在10″2—1.05″	提高全程助跑節奏: 1.全程助跑引槍(中速,高速) 2.全程助跑打鞭子(中速、高速) 3.全程助跑投輕槍(中速、高速) 4.全程助跑投標準槍 中速:1.02″—1.04″ 快速:1″—1.02″	提高助跑節奏: 1.全程助跑引槍+5個交叉步(中速,高速) 2.全程助跑打鞭子(中速、高速)。 3.全程助跑投輕槍(中速、高速) 4.全程助跑投標準槍 中速 1.01″—1.03″ 快速 1″—1.01″	熟練助跑節奏 1.全程助跑引槍(高速、最大速度) 2.全程助跑打鞭子(高速、最大速度) 3.全程助跑投輕槍(高速) 4.全程助跑投標槍。 高速:1″—1.01″ 最大速度0.95″—1″

⑥各年身體訓練任務與主要手段(見表 3－11－18)

表 3－11－18　　各年身體訓練任務與主要手段

項　目	1989	1990	1991	1992
任務	1.提高專項能力 2.提高跑、跳能力 3.提高力量素質水準	1.提高專項能力 2.提高跑、跳能力 3.提高力量素質水準	1.提高專項力量 2.提高跑、跳能力 3.提高力量素質水準	1.提高專項力量 2.提高跑、跳能力 3.提高力量素質水準
主要訓練手段	發展專項能力手段 (1)雙手投實心球(2公斤) (2)反彈球(2公斤) (3)投 500—1000克球 (4)投 700 克槍 (5)投 500 克槍 (6)投 600 克槍 發展跑跳能力手段 (1)加速跑 50—60公尺 (2)20—30 公尺快跑 (3)10—20 公尺反應跑 (4)立定—三級—五 級—七 級—十級跳 (5)蛙跳(五—十級) (6)負重 20—30公斤跳 發展力量手段 (1)抓舉、高翻 (2)連續硬抓 (3)抛擲鉛球	發展專項能力手段 (1)雙手投實心球(2公斤) (2)反彈球(3公斤) (3)投 500—1000克球 (4)投 700—800克槍 (5)投 600 克槍 發展跑跳能力手段 (1)加速跑 50—60公尺 (2)20—30 公尺快跑 (3)10—20 公尺反應跑 (4)立定—三級—五 級—七 級—十級跳 (5)蛙跳(五—十級) (6)負重 20—30公斤跳 發展力量手段 (1)抓舉、高翻 (2)連續硬抓 (3)抛擲鉛球	發展專項力量手段 (1)雙手投實心球(3公斤) (2)反彈球(3公斤) (3)投 500—1000克球 (4)投 700—800克槍 (5)投 600 克槍 (6)頭後拉(20—30 公斤)發展跑跳力量手段 (1)加速跑 50—60公尺 (2)20—30—50公尺快跑 (3)20 公尺反應跑 (4)立定—三級跳 (5)蛙跳五級 (6)負重 30 公斤跳 發展力量手段 (1)抓舉、高翻 (2)連續硬抓 (3)半蹲、深蹲 (4)抛擲鉛球	發展專項力量手段 (1)雙手投實心球(2-3公斤) (2)反彈球(3公斤) (3)投 500—1000克球 (4)投 700—800克槍 (5)投 600 克槍 (6)頭後拉(30—40公斤)發展跑跳能力手段 (1)加速跑 50—60公尺 (2)20—30—50公尺快跑 (3)20 公尺反應跑 (4)立定—三級跳 (5)蛙跳五級 (6)負重 30 公斤跳 發展力量手段 (1)抓舉、高翻 (2)連續硬抓 (3)半蹲、深蹲 (4)抛擲鉛球

⑦意志及心理訓練的主要手段

a.思想誘導：正確對待訓練和比賽。

b.逐漸加大負荷，在較疲勞下堅持訓練。

c.在較差的氣候及場地進行訓練與比賽。

d.與高於自己水準的運動員共同訓練。

e.進行文化和專項理論教育，以提高運動員對訓練規律的理解。

f.獨立完成訓練計劃和參加比賽。

g.每年做自我訓練檢討

⑧恢復訓練的主要手段

a.安排好每年負荷節奏

b.安排好每年訓練、學習和生活制度

c.保證良好膳食

d.課後放鬆和伸展練習

⑨反饋工作

a.每年進行技術解析 3—4 次

b.每年進行素質—機能測驗 3—4 次

c.每年進行訓練工作總結 2—3 次

範例(2)：×××1990 年訓練計劃

①1989 年狀況：

專項成績 60.26 公尺,助跑貢獻率 15.94 公尺,原地投 44.30 公尺、700 克槍 53.74 公尺,500 克槍 64.10 公尺、技術上仍然存在發力晚,影響用力效果。

②任務：

63—65 公尺(爭取參加亞運會)

成績模式主要指標

助跑貢獻率 17—18 公尺

原地投 600 克槍 46—47 公尺

助跑投 700 克槍 56—57 公尺

20 公尺行進跑 2″40—2″35

立定三級跳遠 7.20—7.30 公尺

後拋鉛球(4 公斤)15.30—15.50 公尺

③階段劃分與任務

第一階段(1989 年 9 月 4 日—— 1990 年 3 月 3 日)

任務：a.大力提高專項能力(完成全年指標 95％)

　　　b.改進最後二步與最後用力的銜接(提前發力),以及確定助跑節奏(預跑 5.6—5.8 公尺/秒),投擲步 6.3—6.5 公尺/秒)。

　　　c.樹立為國爭光,樂於承受大負荷的吃苦精神。

第二階段(1990 年 3 月 5 日—— 1990 年 6 月 30 日)

任務：a.鞏固和熟練完整技術

　　　b.繼續提高專項能力

　　　c.提高比賽能力、爭取達到 63—64 公尺

第三階段(1990 年 7 月 2 日—— 1990 年 9 月 29 日)

任務：a.熟練完整技術

　　　b.繼續提高專項能力

　　　c.提高比賽能力,爭取參加亞運會,完成全年指標。

④提高專項能力

主要手段

　　a.投 800 克、700 克、600 克、500 克標槍

　　b.投 3 公斤、2 公斤、1 公斤實心球

　　c.反彈球 2 公斤為主

　　d.投 300 克── 1000 克膠球。

　　負荷安排:(表 3 - 11 - 19)。

　　a.準備期(即第一階段)每週完成約 300 次

　　b.第二── 第三階段每週完成約 150─200 次

　　c.要求中上強度的投擲占 80%

表 3 - 11 - 19　　　專項投員荷安排(週量)

	一 (26 週) 1989.9.4─1990.3.3	二 (12 週) 1990.3.5─1990.6.30	三 (13 週) 1990.7.2─1990.7.29
投標準槍(次)	(15─20)×2	(20-30)×2	(20─25)×2
投超重槍(次)	(30─40)×2	(20─25)×1	(20─25)×1
投 300 克─1000 克球	(15─20)×1	(15─20)×1	(15─20)×1
投實心球(次)	(40─50)×2	20×2	(20─25)×2
反彈球(次)	(50─60)×2	(50─60)×1	(50─60)×1
助跑節奏(次)	20─30	20─25	20─25

　　為了保證訓練質量除了嚴格完成投擲的數量與強度還要技術規格正確。

　　為了及時發現問題得以改進,每 4─5 週進行素質測驗。

　　為了協調其他素質的發展,在週的訓練計劃中專項投與跑跳、一般力量等練習進行合理的組合。

　　⑤技術訓練

　　確定助跑節奏主要手段

　　a.全程助跑引槍(投擲步 1″─0.98″)

　　b.全程助跑打鞭子(投擲步 1.02″─1.01″)

　　c.全程助跑投槍(投擲步 1.05″─1.02″)

　　改進銜接技術主要手段

　　a.短助跑打鞭子── 投 300── 500 克膠球

　　b.全程助跑打鞭子

　　c.全程助跑投 500 克槍

　　d.全程助跑投標準槍

　　e.投槍強度安排(表 3 - 11 - 20)

　　⑥提高比賽能力的主要手段:

　　a.思想誘導:增強比賽意識、提高自我調節能力。

　　b.加大訓練和比賽難度。

　　c.比賽安排:

第一階段:1—2 次(不做專門準備)

第二階段:3—4 次(重點準備 1—2 次)

第三階段:3—4 次(重點準備 1—2 次)

表 3-11-20　　　投槍強度安排

項　　目	第一階段	第二階段	第三階段
比賽成績	/	63—64公尺	63—65公尺
中等強度(50—54公尺)	80—85%	70—75%	70—75%
大強度(55—58公尺)	15—20%	15—20%	10—15%
最大強度(60)公尺以上)	/	5—10%	10—15%

⑦恢復訓練手段:

a.負荷節奏是二週大負荷後調一周。

b.嚴格訓練、學習、生活制度。

c.嚴格執行訓練課後做自我伸展練習。

d.全身放鬆按摩(每周 3—4 次)。

e.改善膳食質量。

⑧反饋工作安排:

a.技術定量解析:(89 年 10 月—90 年 3 月—90 年 5 月—90 年 7 月)

b.素質測驗(89 年 12 月—90 年 1 月—90 年 2 月—90 年 3 月—90 年 7 月)

c.機能檢查(89 年 9 月—89 年 12 月—90 年 2 月—90 年 4 月—90 年 7 月)

d.訓練工作總結(90 年 1 月—90 年 3 月—90 年 6 月—90 年 9 月)

(四)賽前訓練安排

對高水準運動員的賽前訓練作為一個專門的準備階段,實踐證明是非常必要的,正確地組織賽前訓練是保證運動員獲得優異成績的重要措施。做好賽前訓練應當正確完成如下工作:

1、賽前專門準備階段時間的確定

根據人體機能發展規律和比賽日期來確定本階段的時間。

根據國內外的實踐經驗告訴我們:用 6—8 週作為賽前專門準備階段較為合理。

2、賽前專門準備階段的任務

(1)保持和提高競技狀態。

(2)提高專項投擲能力和比賽能力。

(3)鞏固和熟練專項技術。

(4)做好參賽的心理準備。

3、賽前專門準備階段的安排

(1)合理安排負荷：

在負荷安排上，尤其是賽前 4 週的負荷，要根據運動員恢復快慢和氣候等條件的變化去安排，如以 8 週爲例可分前後各 4 週劃分，前 4 週應安排較大的負荷，而後 4 週則可進行波浪式變化負荷，使運動員通過負荷所產生的疲勞能得到較快的恢復。

賽前 4 周的負荷可做如下安排

第一週　（中負荷）　75—80％

第二週　（大負荷）　85—95％

第三週　（小負荷）　60—70％

第四週　（小負荷）　50％—比賽

(2)模擬訓練

模擬重大比賽的訓練是提高比賽能力發揮運動水準的不可缺少的環節，這已被國內外優秀運動員廣泛採用並取得了良好效果。

在專門準備階段內應當安排 2 次以上的模擬訓練，按大賽日程、場地質量和方向、對手強弱和人數，有否合格賽等進行盡可能與比賽條件相同的模擬訓練。

(3)賽前的比賽週的安排：

比賽週的訓練安排，由於運動員個體差異應當區別對待，但必須做到防止運動員過早和過份地興奮、因此賽前連續幾天消極休息是不可取的、經驗證明：對投擲運動員賽前幾天進行適量的力量和投擲訓練和賽前 1—2 天進行積極性休息的效果是好的。

爲了更好控制運動員興奮點，防止過早出現興奮，力量訓練手段用 2—3 個爲宜，每個手段進行 3—4 組，每組 3—4 次，強度在 80—90％之間，投擲技術訓練可適當採用重器械(雙手投實心球，單手投 1000 克球和標準槍)一次課投 10 次左右、其中 3—5 次強度在 85—90％。

在投擲時應引導運動員把注意力放在完整技術節奏和對器械的感覺上。

(4)賽前的比賽週安排範例：(見下頁)

(五)標槍專項員荷特徵

不斷提高訓練負荷是現代訓練特點之一，只有不斷提高負荷刺激，才能不斷提高運動員機體能力、特別對那些技術相對完善的運動員欲想再提高運動成績，提高其機體能力顯得更爲重要。

根據標槍技術結構是屬於反關節多軸旋轉加速運動特點，要求運動員

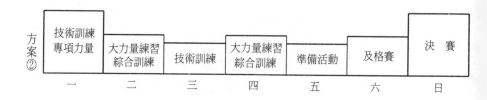

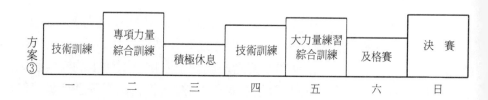

注:
1. 若沒有及格賽則應把訓練內容往前調。
2. 綜合訓練指包括跑、跳、小力量等組合的課。

不僅技術合理而且運動關節的周圍肌群質量高, 才能承受較大的專項負荷, 否則, 盲目增大負荷, 尤其對青少年新手過早過多地加大專項負荷或不適當地採用投重器械是非常錯誤的。國內外由此而毀掉不少天才的苗子, 因此正確安排好專項訓練負荷是非常重要。

隨着運動水準不斷提高, 增加訓練負荷應在保持一定數量基礎上着重提高投槍的強度。原蘇聯邦達丘克提出:最高成績取決於訓練強度, 其相關系數爲 0.85, 而數量的相關系數爲 0.076。因而在安排專項負荷時必須把大、中、小的投擲強度在一年各時期的數量與比例安排好。下面介紹原民主德國和中國標槍教學訓練大綱專項投的負荷安排(見表 3-11-21、表 3-11-22)。

從表 3-11-21、表 3-11-22 中看到:

(1)年度專項投負荷所包括的不僅有數量而且有具體的相應的強度指標。

(2)年度專項投負荷中規定了標準, 輕、重器械, 甚至單手投和雙手投的比例。

(3)17 歲以前不安排單手投重器械, 避免受傷。

(4)中國標槍訓練大綱 13—15 歲以投輕器械爲主(佔總投擲量的 60%
左右),以利用"敏感期"發展運動員的快速鞭打和專項協調能力。

表 3 - 11 - 21　　　　民主德國年度專項投的數量和強度指標

性別 數字 項目　　年齡	男　子				女　子		
	16	17	18	19	16	17	18
比賽槍(次)	2700	3200	3500	4000	2800	3300	3700
輕槍 男600克 女500克 (次)	600	600	500	500	400	300	400
重槍 男900克 女800克 (次)	/	/	700	1000	/	50	800
比賽槍(公尺)	64	68	74	78	50	55	60
輕槍(公尺)	69	73	79	83	55	60	65
重槍(公尺)	/		60	65	/	48	53

表 3 - 11 - 22　　　　中國標槍訓練大綱專項投的數量與強度指標

數字 項目　　年齡	13 - 15	16 - 17	18 - 19	20 - 22	23 以上	備註
總投擲量 次/年	9000— 10000	10000— 11000	10000— 11000	10000— 11000	11000— 12000	
標準槍 次/年	1500— 2000	4000— 4500	4500— 5000	4500— 5000	3500— 4000	相當個人 最高成績
強度	大10% 中90%	大15% 中85%	大15% 中85%	大20% 中80%	大20% 中80%	大爲　中爲 90%　80%
投輕槍 次/年	1500— 2000	1000— 1100	500	500	500	男:600—700克 女:400—500克
投小球 次/年	4000— 4200	2000— 2500	1500	500	1000	男500—600克 女300—400克
投重物 單手 次/年	/	500— 600	1000— 1100	2500— 2600	3000— 3100	男:900克以上 女700克以上
雙手 次/年	2000— 2100	2500	2500— 3000	2500— 3000	3000— 3500	1、2、3、4 公斤球

(六)標槍運動員的選材

1、標槍運動員選材的特點

根據標槍器械輕、技術複雜、要求協調能力強的特點,因而選材必須突
出既要具備快速爆發力還要有高度協調能力的人,若 17 歲還達不到標槍大
綱規定的投小球的指標,不大可能成爲一個優秀標槍運動員。

標槍選材應當在更小的年齡(13 歲以前)中發現具有天才的"快手"苗
子,有了"快手"並加以系統的、有步驟而不是拔苗助長的、突擊強化訓練,才
能成爲世界級的標槍運動員。

選材應在一個較長的訓練過程中,對他們所掌握運動技能的快慢、承受

負荷的能力和心理意志品質等進行綜合評定,不斷篩選出適合於標槍運動員的苗子。

2、各年齡階段選材的重點

(1)初選階段(13—15歲)

這階段的重點:

①鞭打能力(快手)—— 協調能力—— 跑跳能力。

②正確用力和助跑不停地過渡投擲的能力。

(2)重點選拔階段(16—17歲)

這階段的重點:

①快速投擲能力和彈跳力;

②逐步提高用力效果和助跑貢獻率;

③比賽能力。

通過重點選材階段的訓練,確實證明那些不僅具備掌握了合理投擲技術、能承受較大負荷能力、心理意志品質良好的運動員優選入高水準隊伍中進行大負荷、高質量的訓練階段。

3、選材模式指標

(1)形態指標(見表3-11-23)

表3-11-23　　形態指標

項　　目	13歲	14歲	15歲	16歲	17歲
身 高 男	1.65—1.70	1.70—1.74	1.74—1.77	1.77—1.80	1.80以上
(公尺) 女	1.62—1.64	1.64—1.67	1.67—1.69	1.69—1.70	1.70以上
指距超身高 (公分)	2—3	3—4	5	5	5

(2)技術:13—14歲:掌握投擲標槍基本技術。

15—17歲:掌握投擲標槍完整技術。

(3)神經類型:活潑—均衡型。

(4)機能條件:心血系統良好。

(5)身體素質指標(表3-11-24)。

表 3－11－24　　身體素質指標

項　目		13 歲	14 歲	15 歲	16 歲	17 歲
30 公尺 起跑	男	4.80″	4.70″	4.50″	4.30″	4.10″
	女	5.00″	4.90″	4.70″	4.60″	4.40″
立定跳遠 (公尺)	男	2.30	2.40	2.50	2.60	2.80
	女	2.00	2.10	2.20	2.30	2.50
投小棒球 (約 125 克)(公尺)	男	60	70	80	85	90
	女	50	60	65	68	70
投小球 (約 300 克)(公尺)	男	/	/	/	68	70
	女	/	/	/	52	55
後抛鉛球 (公尺)	男	11.50 (4 公斤)	13.00 (4 公斤)	14.50 (4 公斤)	13.00 (6 公斤)	14.50 (6 公斤)
	女	9.50 (3 公斤)	10.50 (3 公斤)	11.50 (3 公斤)	11.50 (4 公斤)	12.50 (4 公斤)
轉肩寬度 (公分)	男	30—35	30—35	30—35	35—40	35—40
	女	30—35	30—35	30—35	30—35	30—35
後橋手腳 距離(公分)	男	40	40	40	40—45	40—45
	女	35	35	35	35—40	35—40
1500 公尺(男) 800 公尺(女)	男	6′05″	6′00″	6′00″	5′55″	5′55″
	女	3′10″	3′05″	3′05″	3′00″	3′00″

(劉世華)

十二 鏈 球

(一)鏈球運動的發展特點

鏈球運動起源於英國。第一個世界紀錄是 1877 年英國運動員創造的,成績為 33.53 公尺。現在的世界紀錄是 86.34 公尺,為前蘇聯運動員謝迪赫於 1986 年所創造。

我國鏈球起步較晚,1954 年蘇聯田徑隊訪華,才第一次舉行鏈球比賽。王宏是中國第一個鏈球運動員。1956 年楊少善率先越過 40 公尺,一年後畢鴻福以 50.68 公尺,突破 50 公尺大關。中國鏈球紀錄達到 60 公尺花了六年時間。九年之後羅軍以 70.08 公尺,突破 70 公尺,1989 年畢忠以 77.04 公尺打破了亞洲紀錄,1990 年第一次獲得十一屆亞運會金牌,1989 年獲第五屆世界杯第四名。使鏈球成為我國衝出亞洲和接近世界水準的項目。

1、鏈球運動的發展和成績的提高,取決於訓練方法的改進和技術的創新

如果我們以第一個世界紀錄為基點,每提高 10 公尺為一個階段,概略地分析每一階段中訓練方法和技術的變化,可以看到鏈球運動的發展趨勢。

鏈球從掄擺投發展到旋轉投,把世界紀錄提高了近 20 公尺;後來把舉重訓練力量的方法引用到鏈球訓練中來,大大提高了運動員的一般力量水準,又把世界紀錄提高近 10 公尺。到六十年代中期,訓練中出現了投重物熱,並有投重物比賽,以更結合專項的形式進行一般力量素質訓練。後來又發展到用各種不同重量的球,及不同長度鏈子的鏈球進行訓練,同時發展專項力量和專項速度,使鏈球的專門能力訓練方法達到了比較完善的地步。

進入七十年代,前蘇聯專家在鏈球技術優越上有了新的突破,在 1978 年第一個破 80 公尺大關,自 1980 年以來鏈球世界紀錄及世界大賽的冠軍非蘇聯人莫屬。

從前蘇聯三代鏈球運動員的運動素質對比中,可看到上述發展趨勢(表 3 - 12 - 1)。

蘇聯三代奧運會冠軍的主要運動素質對比

對比魯登柯夫和謝迪赫的身體素質指標,可以看出後者的專項水準比前者提高了 12.95 公尺,輕球提高了 15.50 公尺。而一般力量中的臥推下降 65 公斤,抓舉下降 30 公斤,硬舉下降 70 公斤,下蹲下降 30 公斤。從中可清晰地看到,鏈球訓練從一般力量向專項能力發展的趨勢。

表 3-12-1

姓　名	卧推 (公斤)	抓舉 (公斤)	挺舉 (公斤)	硬舉 (公斤)	下蹲 (公斤)	7.257公斤 鏈球	6公斤 鏈球
魯登柯夫	155	150	180	270	270	68.85公尺	74公尺
邦達丘克	120	130	180	250	265	74.42公尺	83.50公尺
謝迪赫	90	120	150	200	240	81.80公尺	89.50公尺

2、鏈球運動員達到最高成績的年齡較大, 所需訓練的年限也較長

統計 17 名成績在 80 公尺以上的世界優秀鏈球運動員的歷年成績, 達到最高成績的平均年齡爲 27.12 歲, 平均專項訓練年限爲 10 年(表 3-12-2)。這也可以說是現代鏈球運動發展的一個特點。

(二)現代鏈球運動技術的特點和技術訓練的主要方法

現代世界優秀鏈球運動員的技術, 在握球的方法(圖 3-12-1)、預備姿勢(圖 3-12-2), 以及掄擺技術上(圖 3-12-3 和 3-12-4)同以前相比沒有什麼變化。

表 3-12-2　　世界優秀運動員運動成績的年齡特徵

姓　名	17	18	19	20	21	22	23	24	25	26	27	28	29	30	31
86,34 Sedych, SU, 55	62,96	69,04	70,86	70,18	78,86	76,60	79,76	77,58	81,80	80,18	81,66	80,94	86,34	-	-
85,14 Litwinow, SU,58	65,32	72,38	74,32	76,22	79,82	81,66	79,60	83,98	84,14	85,14	-	-	-	-	
84,40 Tamm,SU,57	49,16	54,76	66,86	72,44	74,58	80,46	77,26	74,82	74,82	79,18	84,40				
83,54 Nikulin, SU, 60	63,40	58,14	63,40	71,60	75,20	80,34	76,60	83,54	82,92	82,56					
81,52 Tiainen, Fin, 55	-	-	-	-	71,80	72,62	71,08	74,42	75,88	76,64	78,34	81,02	81,52		
81,44 Tarasjuk, Su, 57	-	64,50	68,52	69,42	72,70	75,46	74,78	74,86	80,72	81,18	81,44				
81,20 Grigorasch, SU, 53	-	-	-	-	-	-	-	-	-	-	-	-	69,20	76,00	81,20
80,68 Litwinenko, SU, 57	-	-	-	-	-	-	-	74,50	75,90	76,68	80,68				
80,65 Dulgerow, Bul, 55	-	-	-	-	70,7	74,50	74,60	73,80	75,74	75,84	77,40	77,98	80,64		
80,56 Ploghaus, BRD, 56	-	-	69,30	71,62	71,88	73,14	76,76	77,60	80,56	77,44	80,04	79,36			
80,50 Gerstenberg, DDR,57	65,68+	70,58	71,52	75,28	76,94	77,82	-	77,02	76,50	80,50					
80,48 Saitschuk, SU, 48	53,70	57,64	58,36	61,48	62,57	64,07	65,94	69,56	69,34	68,50	69,20	72,38	75,42	76,50	80,14
80,32 Riehm, BRD, 51	58,00	60,38	64,50	70,22	73,92	73,98	71,10	78,50	78,52	77,60	80,32	78,66	80,80	78,72	79,48
80,24 Schewzow, SU, 58	-	63,84	-	71,24	75,50	77,16	-	79,06	80,24						
80,20 Rodehau, DDR, 59	36,00+	58,00+	60,84	68,90	74,02	74,02	-	78,14	80,20						
80,18 Kwasny, Pol, 60	50,56	60,04	65,40	66,24	70,12	78,82	80,18	-							
80,16 Tschushas, Su, 56	-	64,36	63,78	-	-	71,46	75,10	76,68	70,68	75,28	80,00	80,16			
79,90 Steuk, DDR, 59	67,16	76,38	78,14	77,64	76,72	78,72	77,92	78,22	79,90						
79,38 Haber, DDR 62	52,18	66,44	70,88	76,42	79,02	79。38	-								
79,38 Moder, DDR, 63	-	69,88	74,78	73,94	79,38										

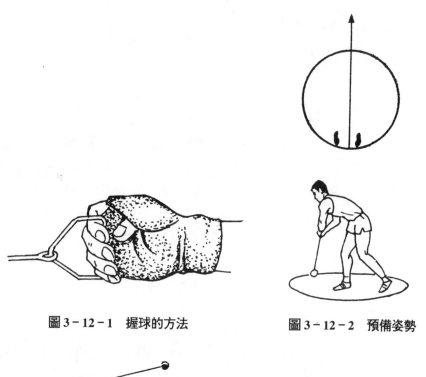

圖 3-12-1　握球的方法　　　　　　圖 3-12-2　預備姿勢

1　　　　2　　　　3　　　　4　　　　5

圖 3-12-3　60 年代魯登柯夫(蘇)的掄擺動作

　　但是在旋轉技術上卻有變化,反映了不同年代的技術特點。從圖 3-12-5 利特維諾夫和圖 3-12-6 魯登可夫的旋轉技術對比分析中可清晰的看到這種變化。

　　利維特諾夫的旋轉技術從畫面 1-3 可看到,其肩軸與髖處於扭緊狀態,隨着旋轉速度的增加,肩、髖軸之間的扭緊角度逐周縮小,發力時間也相應縮短(畫面 10、13)。對比魯登柯夫的技術,可以看出,他在旋轉發力時有雙臂彎屈拉球協作(畫面 16)。而現在的優秀運動員此時充分伸直雙臂,籍此加大旋轉半徑,從圖 3-12-7 中可以看到這一點。

　　對比六十年代和八十年代的技術,還可以看出:

　　1.旋轉階段八十年代順慣性運動的成分多些,球不如六十年代帶地緊(圖 3-12-8 與圖 3-12-9 對比);

　　2.右腳落地時,60 年代的技術要求右膝積極內扣,右腳像穿拖鞋似的

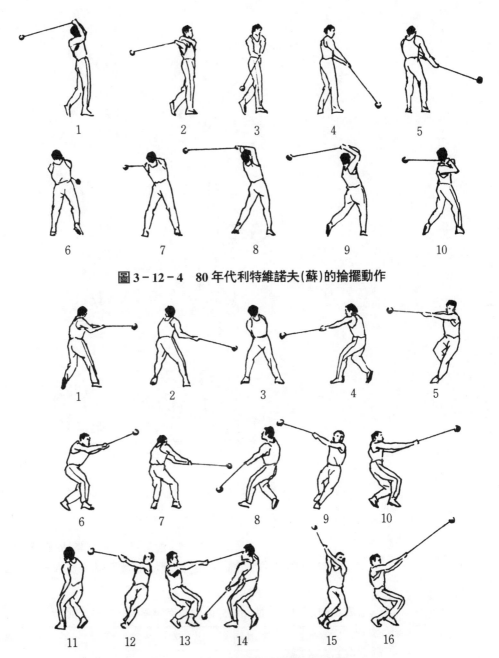

圖3-12-4　80年代利特維諾夫(蘇)的掄擺動作

圖3-12-5　利特維諾夫(前蘇聯)的旋轉技術

有一個向前插的動作,而80年代在單支撐階段則要求順慣性旋轉,雙臂充分伸直,進入單支撐階段後,以重心來保持與鏈球離心力的平衡,而不是倒肩來與球的離心力相對抗,右腳要求在肩軸髖已扭緊的情況下盡快盡早落地,而進入雙支撐階段。

　　3.右腳落地的腳印,60年代要求腳跟正對投擲方向(圖3-12-10),到80年代則成正側對投擲方向(圖3-12-11)。

　　4.80年代的技術還明顯縮短了單支撐的時間,同時增加了雙支撐階段

圖 3-12-6　魯登可夫(前蘇聯)的旋轉技術

下肢轉動的工作距離,這更有利於旋轉發力(表 3-12-2);

表 3-12-3　　世界優秀運動員支撐階段的時間分配表

運動員	成績	第一圈	第二圈	第三圈	第四圈	總時間
利特維諾夫	86.04	0.30/0.29	0.25/0.23	0.22/0.19	0.22/0.23	1.93
謝迪赫	84.92	0.28/0.23	0.23/0.19	0.24/0.26		1.43
羅德豪	82.64	0.33/0.34	0.24/0.26	0.23/0.21	0.25/0.24	2.10
塔姆	82.02	0.36/0.21	0.33/0.17	0.33/0.22		1.62

〔注〕:雙腳支撐階段的時間(秒)/單腳支撐階段的時間(秒)

　　5.80 年代逐漸趨於利用人體重心來控制與鏈球離心力的平衡(圖 3-12-13)。從圖 13 的 12、1314、21、22 畫面中可看到運動員上體不是後仰而是保持前傾,同時支撐腿各關節保持較大的彎屈,利用球的離心力來帶動身體進入單支撐階段。這既可減輕支撐腿的負擔,又可加大鏈球的轉動半徑。

圖 3 - 12 - 7　謝迪赫(前蘇聯)的旋轉技術

6.目前世界優秀運動員大多採用四週旋轉,我國運動員也大多採用四週旋轉(圖 3 - 12 - 14)。

　　一般運動員採用旋轉的週數主要取決於三個方面,一方面取決於運動員旋轉時的加速能力;第二方面取決於運動員控制平衡的水準;第三方面取決於運動員腳掌的長度,這是因爲投擲圈的直徑是有限制的,腳掌長的運動員採用四週旋轉,會在最後一週時踩圈違例。

　　鏈球的技術訓練,可以按鏈球技術的預備姿勢(見圖 3 - 12 - 1)、掄擺(見圖 3 - 12 - 4)、旋轉(見圖 3 - 12 - 15)、最後用力(見圖 3 - 12 - 16)四個部分,採用重復訓練法,按技術規格反覆練習。先分解練,後完整練,另根據運動員的練習情況,把分解和完整練習綜合起進行。

　　技術練習的器材,開始可以用木棍、棒球棍,甚至掃帚等物做技術模仿和旋轉練習,然後用帶球(或用購物用的網兜裝上輕實心球或足、藍球等)進行旋轉練習或投擲練習。

　　隨着技術的熟練逐步過渡到輕鏈球短鏈子球,再到標準球。

(三)鏈球運動員身體訓練的手段和方法

　　鏈球屬旋轉加速度項目,對運動員運動素質有較高的要求。在旋轉過程中運動員要將鏈球轉到近 20—29 公尺/秒的速度,要承受 400—500 公斤的離心拉力,負擔最大拉力的時間也長於鉛球和標槍。所以鏈球運動員的運動素質訓練明顯不同於其它田徑項目。例如直綫運動的項目一般速度的指標大多是採用 30 公尺起跑,而鏈球項目很少採用這一指標,而主要看他旋轉的加速能力,以投輕球爲衡量速度的主要指標。

圖3-12-8   60年代的技術

1、鏈球運動員的一般運動素質訓練

根據鏈球運動員掌握先進技術及達到高水準運動成績的需要,把運動素質分成柔軟性、協調性、力量等。

(1)柔軟性訓練

柔軟性訓練的主要任務是根據專項技術的要求,通過各種練習提高各關節的活動幅度。

訓練主要從兩個方面來完成:一方面提高關節韌帶的靈活性;一方面是提高肌肉之間的內協調性。柔軟性訓練的重點是肩關節、肘關節和腰部的轉體幅度。爲找準發展柔軟性的主要關節,可以用一個很簡單的方法來確定,這就是看在完成專項技術動作中活動幅度最大的關節是哪些,這些關節

圖 3-12-9　80 年代的技術

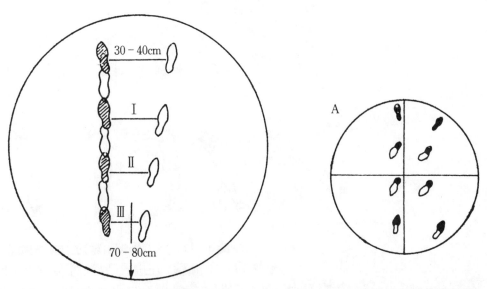

圖 3-12-10 60 年代右腳落地腳印　　　　圖 3-12-11 70 年代邦達丘克(蘇)的腳印

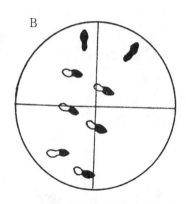

圖 3-12-12　80 年代謝迪赫(前蘇聯)的腳印

圖 3-12-13　謝迪赫(蘇)的技術連續圖

就是發展柔軟性的重要關節。在掄擺時肩、肘關節的活動幅度較大,到進入旋轉時則肩、髖軸之間的扭轉幅度是最主要的。這些主要關節又都是在有力量負荷下活動的,因此鏈球運動員不僅要進行徒手活動各關節的練習,而

圖 3 - 12 - 14　我國運動員畢忠在 11 屆亞運會上獲得冠軍的技術

更重要的是要在有一定負荷的條件下發展關節的柔軟性。因此鏈球運動員的絕大多數柔軟性練習是在力量練習中來進行的,如力量訓練手段圖 3 - 12 - 17 中的 3、4、5…、9…、12、13、14 等等。

在任何練習中肌肉之間不準確的配合和多餘的緊張,都會影響力量的合理利用和動作的幅度,因此在柔軟性訓練時要注意放鬆。

(2)協調性訓練

上面已提到肌肉用力的內協調會影響柔軟性的發揮,協調性不僅影響柔軟性還會影響到速度、力量和耐力。所謂協調是根據每個動作的技術要

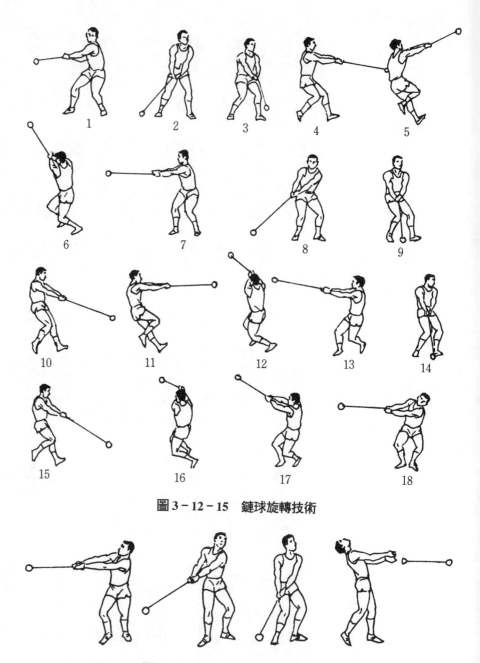

圖 3－12－15　鏈球旋轉技術

圖 3－12－16　鏈球投擲最後用力

求,合理利用各關節的肌肉力量來達到最佳的動作組合效果。協調是各項素質在技術動作中的程序設計,就像計算機的軟體一樣,協調包含在所有的練習之中。所以在訓練中只要不斷提高各種練習的技術要求,就可以達到提高協調性的目的。

協調性訓練要使運動中樞在完成某一動作時的泛化範圍盡量縮小,並逐漸形成各種連鎖條件反射,從而達到動作的高度協調。

(3)力量訓練

鏈球運動員的力量十分重要,特別是下肢的支撐力量和腰部及扭轉軀幹的大肌肉群的力量,以及直臂拋擲的肩關節力量。鏈球運動員力量訓練的手段很多,現選出三十八種練習供參考(圖 3－12－17)。

2、鏈球運動員專項能力的訓練手段與方法

專項能力主要通過專門投擲練習來提高。常用的投擲器材有 3、4、5、6、8、10 公斤鏈球,及不同長度鏈子的鏈球。投擲的技術要求與專項技術一樣。在訓練安排上主要用兩翼帶中間的辦法。例如要提高 7 公斤球的水準,則用 6 公斤球的發展速度,用 8 公斤球提高力量。安排方法先投 7 公斤球,然後投 6 公斤球,最後投重球。

〔注〕:

練習 1,單槓正握懸垂左、右擺體;

練習 2,手握吊環腳觸地轉髖;

練習 3,雙手持槓鈴片做掄擺轉體;

練習 4,雙手持沙袋做掄擺練習;

練習 5,運動員分腿坐於墊上,教練壓住運動員的雙踝,運動員做向左、右轉體,雙手在身後觸地;

練習 6,運動員抱拳擊沙袋做左、右轉體;

練習 7,單槓正握懸垂,向左擺體用右腳觸左側單槓,向右用左腳觸單槓;

練習 8,吊環懸垂轉髖掄擺雙腿;

練習 9,雙手持啞鈴掄擺;

練習 10,肩負槓鈴雙手扶槓鈴片做側屈;

練習 11,半蹲雙手直臂體前持 10—15 公斤槓鈴片做左右轉體,目視槓鈴片的中間的孔;

練習 12,肩負槓鈴轉體;

練習 13,雙手頭上寬握舉槓鈴轉體;

練習 14,運動員坐在低跳箱上,教練壓住運動員的雙腳,運動員手持 10—15 公斤槓鈴片做半躺轉體;

練習 15,運動員肩負槓鈴,前後分腿下蹲轉體 90°起立;

練習 16,手持沙袋深蹲沙袋位於體側,起立向另一側轉體同時轉擺雙臂,然後向另一側下蹲轉體;

練習 17,雙手持沙袋做原地投擲動作但不出手;

練習 18,提鈴;

練習 19,跨下提鈴;

練習 20,後拋啞鈴;

練習 21,俯臥在橫跳箱上手持 10—20 公斤槓鈴片轉體;

練習 22,轉體側提槓鈴;

練習 23,左右側擺沙袋;

練習 24,左右側擺啞鈴;

練習 25,雙手側拋實心球;

練習 26,單手或雙手側舉一頭有槓鈴片,一頭無槓鈴片支撐在牆角的槓鈴;

練習 27,側投啞鈴;

練習 28,負槓鈴蹲跳;

練習 29,胸前負槓鈴下蹲起練習;

練習 30, 負重起踵；

練習 31, 仰臥雙腳蹬槓鈴；

練習 32, 體後提鈴；

練習 33, 提鈴至胸；

練習 34, 抓舉；

練習 35, 肩負槓鈴下蹲；

練習 36, 雙腿跳欄架；

練習 37, 上步跳欄架；

練習 38, 雙腿起跳轉體 180°過欄架。

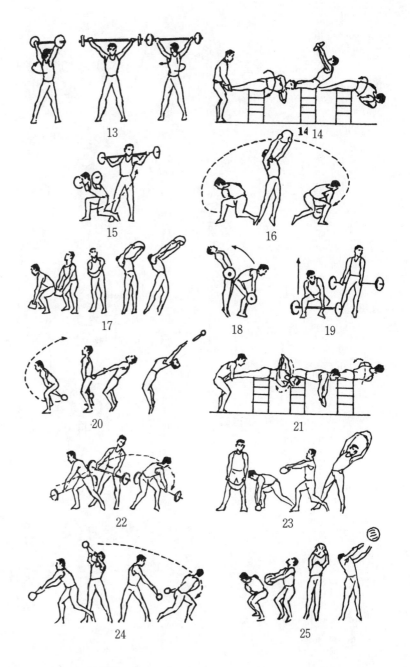

採用不同長度鏈子的鏈球,主要是讓運動員用不同的旋轉半徑來控制旋轉角速度。

控制動作的能力是鏈球運動員很重要的一種專項能力。

控制動作的能力是與協調性密切結合的,但又不同於協調性,比如做一般投擲練習,想用力投,就要能投遠;要投準就投準。控制動作的能力主要通過技術複雜的練習和專門投擲能力來培養。

通過投擲 3—6 公斤的輕球,提高在高速旋轉中控制技術的能力,通過重球提高在較大阻力情況下控制技術的能力。運動員還要鍛練在不同體力

情況下調整技術的本領,具有善於在不同比賽條件下的應變能力,比如不同
性質的投擲圈中控制技術的能力。爲了培養控制能力,在蘇聯甚至讓運動
員在冰上投球。謝迪赫爲了培養自己控制技術的能力,曾採用"投準"的練
習(在 75 公尺處畫一個直徑爲 1 公尺的圈圈,力求每個球都落在圈內)。這
種方法對培養運動員控制動作的能力有積極作用。

    運動員控制動作的能力,會直接影響競技狀態的發揮,同時又是直接衡
量教學和訓練效果的一個重要指標,所以要重視這一能力的培養。

35

36

37

38

圖 3－12－17　鏈球運動員力量訓練手段

3、世界優秀運動員和少年運動員的運動素質指標

　　從運動素質看(表 3－12－4)，現在優秀運動員一般力量水準有逐漸下降的趨勢。從六十年代的魯登柯夫，到八十年代的謝迪赫，一般力量的各項指標在逐漸下降，臥推下降了 65 公斤；抓舉下降了 30 公斤；下蹲下降了 30 公斤。而投擲能力、標準球提高了 17.49 公尺；6 公斤球提高了 22 公尺。而畢中，一般力量略優於謝迪赫，但專項速度(6 公斤球)要比謝差 14 公尺。其原因一是旋轉技術不合理；二是訓練中沒有優先發展專項速度，而過多偏重大力量。

表 3 - 12 - 4　　　世界優秀運動員身體素質情況

姓　名	臥推 kg	抓舉 kg	挺舉 kg	硬舉 kg	下蹲 kg	7.257 公斤鏈球(公尺)	6 公斤鏈球(公尺)
魯登柯夫	155	150	180	270	270	68.85	74
邦達丘克	120	130	180	250	265	74.42	83.50
謝迪赫	90	140	150	提鈴至胸 200	240	81.80	89.50
謝迪赫	—	115	—	提鈴至胸 155	240	86.34	96
畢忠	—	120	—	提鈴至胸 160	240	77.04	82

　　我們再拿謝迪赫 25 歲時投 81.80 公尺的身體素質與他 29 歲時投 86.34 公尺的素質進行對比分析(見表 3 - 12 - 5),專項成績提高了 4.54 公尺;抓舉下降了 25 公斤提鈴至胸下降了 45 公斤,立定三級跳遠也下降了 1.5 公尺,下蹲保持原有的水準;而專項能力卻有大幅度的提高,8 公斤球提高了 4.4 公尺,6 公斤球提高了 6.5 公尺。

　　表 3 - 12 - 6 是原民主德國運動員羅德豪歷年的主要身體素質水準。從中可看到他的各項素質是同步上升的。

　　表 3 - 12 - 7 是蘇聯運動員尼庫林,歷年專項能力指標。他 14 歲只投 3—5 公斤球;15 歲開始投標準球;從 50 公尺的水準到 83.54 公尺花了 8 年時間。他 17 歲時投 4 公斤球達到了 84.40 公尺的成績,18 歲時投 5 公斤球達到了 88.70 公尺的成績,19 歲時投 6 公斤球過 82 公尺,20 歲投標準球過 80 公尺,22 歲達 83.54 公尺。從表 3 - 12 - 7 可清楚地看到他優先發展專項速度的趨勢。

表 3 - 12 - 5　　　謝迪赫 25 歲和 29 歲時的身體素質對比

標準球	8 公斤球	6 公斤球	立定三級跳遠	抓舉	提鈴至胸	下蹲
81.80	74.60	89.5	10.50	140	200	240
86.30	79	96	9.00	115	155	240

表 3 - 12 - 6　　　原民德羅德豪歷年主要身體素質指標

標準器械(公尺)	70	75	80	82.85
8 公斤鏈球(公尺)	61	68	74	76.40
6 公斤鏈球(公尺)	76	80.50	85	87.70
30 公尺行進跑(秒)	3.15	3.10	3.10	3.11
立定三級跳遠(公尺)	9.50	10.00	10.50	—
抓舉(公斤)	115	130	145	—
提鈴至胸(公斤)	150	160	170	117.7 (至下頜)
下蹲(公斤)	230	260	290	310
立定跳遠(公尺)				3.38

表 3－12－7　　尼庫林歷年專項素質統計表

年份	3公斤	4公斤	5公斤	6公斤	7.257公斤
1974	66.52	58.40	52.50		
1975	75.20	67.60	58.00	54.36	49.92
1976		77.80	69.70	60.50	57.52
1977		84.40	78.48	73.46	62.18
1978			88.70	79.60	71.70
1979			95.32	82.86	75.20
1980				87.00	80.34
1982					83.54

〔注〕：公斤爲球重

　　上述世界優秀運動員的運動素質水準指標不僅可做爲我們的參照，而且從中可以看到素質訓練的發展趨勢，這就是保持一定的一般力量水準，優先發展專項速度，以6公斤球爲主要指標，用8公斤球來發展專項力量，以兩翼帶中間。

（四）鏈球運動員訓練計劃的制定

1、長期訓練計劃的制定

　　一名優秀鏈球運動員的成長要經 12—15 年的訓練。

　　如果從 10 歲開始，那麼將有 7—8 年的時間將在學校和業餘體校進行訓練。其中一小部份進入省體校，然後進入省、市運動隊。如果從訓練的階段來劃分，一般又分爲挖掘和培養運動技能階段、專項基礎訓練階段、高水準運動員訓練階段。

　　長期訓練計劃往往是通過教學、訓練大綱和競賽制度等形式加以控制，在此不加詳述。但各級教練要關心與自己的訓練工作範圍相鄰的層次的教學和訓練工作，並使之銜接起來。

　　下面主要講從省、市隊到國家集訓隊，這一層次長期計劃的制定。

　　制定長期訓練計劃，首先要考慮競賽日程與訓練的主要任務，然後考慮運動員的具體情況，制定出長期訓練目標，確定長期規劃的時間範圍，並從實際情況出發，切實可行的制訂出各階段的任務。一般各省、市運動隊以全運會爲週期，國家集訓隊及國際運動健將級運動員則以奧運會爲週期來安排。這樣基本上是四年一個長期訓練週期，逐年提高訓練水準。

　　規劃長期訓練，要把訓練工作看成是一個完整的系統，不僅要考慮到長期訓練的結構特點，更重要的是要看到訓練諸多因素的相互影響，唯物辯證地來發揮其總體組合效應。

　　在制訂長期訓練計劃時，要分析世界鏈球訓練的發展趨勢，根據我國的具體條件,不斷創新訓練方法,完善技術教學。

多年計劃的具體內容,是由每年的年度計劃所組成。要根據運動員的訓練水準、年齡特徵、比賽任務來確定每年的任務和安排訓練。多年訓練規劃的結構如圖 3-12-18。

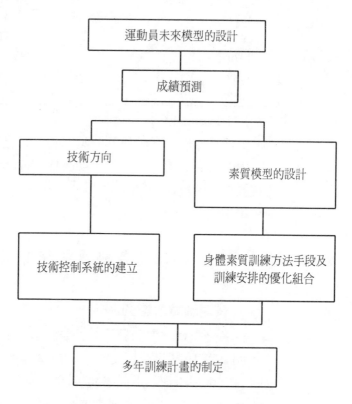

圖 3-12-18　多年訓練計劃結構

2、年度訓練計劃的制定

制訂年度計劃的一般原理在很多文獻上都有介紹,這裡主要介紹一種制訂年度計劃的新方法。自 1987 年以來國家鏈球集訓隊採用了一種表格加坐標圖的制訂全年計劃的方法,把全年的任務、指標、主要訓練手段及訓練強度和量,通過兩張圖表來進行安排,取得較好的效果。現以國家鏈球集訓隊 1990 年訓練工作計劃為例,作一介紹(表 3-12-8)其制定的程序是:

首先填年度比賽的日程,後制訂強度分區的比例,接着安排力量訓練及專門投的總量曲綫,然後制訂各階段的主要身體素質指標。

表 3-12-9 是一年中每月的訓練日、訓練課、訓練課時及比賽安排,五個強度區的專門投的訓練量分配和主要身體訓練手段的月總量分布情況。

每月安排訓練小週期時,可以參考上述兩張圖表中的參數來安排。每月訓練後可以把實際完成的數字填在同樣的表中,只要與原計劃表中的各參數進行比較,就可以清楚地看到計劃完成的情況。

表3-12-8

國家鏈球集訓運動員年訓練計劃

鏈球國家集訓隊1990年訓練工作計劃

教　練　吳長松
公關組　黃世杰　趙鵬

比賽日程

比賽日程	
1990年3月	集訓比賽
1990年4月	集訓比賽
1990年5月	江西省鏈球賽
1990年6月	亞運會選拔賽
1990年7月	巴塞隆納國際比賽
1990年8月	亞運會選拔賽
1990年9月	亞運會

強度分區

- 95－100%
- 90－95%
- 85－90%

力量訓練　專門投

力量	專門投
120	600
100	500
80	400
60	300

項目	10	11	12	1	2	3	4	5	6	7	8	9
專項成績(米)			76				78			79		80
抓舉(公斤)			120				120			125		120
高翻(公斤)			160				160			165		160
下蹲(公斤)			230				240			240		240
10公斤鏈球(米)			52				54			56		56
8公斤鏈球(米)			68				70			72		72
6公斤鏈球(米)			80				82			84		85
5公斤鏈球(米)			86				88			90		92
立定跳遠(米)			2.90				2.95			3.00		3.00

表 3－12－9　　　國家鏈球集訓隊運動員年訓練計劃

月份		10	11	12	1	10-1	2	3	4	2-4	5	6	7	8	9
主要訓練參數	訓練日		15	22	25	62	22	26	26	74	22	26	26	25	20
	訓練次數		15	26	30	71	30	30	30	90	33	30	26	25	20
	比賽次數							2	2	4	2	2	1	2	1
	訓練課時		30	52	60	142	60	60	60	180	66	60	52	50	40
專門投的強度分區	五區				80	80	80	60	60	200	60	60	60	60	60
	四區		200	300	380	880	300	300	300	900	350	300	300	300	300
	三區		200	300	200	700	260	300	300	860	250	200	200	200	200
	二區														
	一區														
投擲及主要身體訓練的量	1.標準球(次)		100	200	220	520	220	220	220	660	200	180	180	180	220
	2.輕球(次)		160	200	220	550	220	220	220	660	200	200	200	200	140
	3.重球(次)		160	200	220	570	220	220	220	660	200	180	180	180	120
	4.總量		400	600	660	1660	660	660	660	1980	600	560	560	560	460
	5.力量(噸)		50	80	100	230	120	100	100	320	80	80	100	80	60
	6.跳躍(次)		100	150	100	350	100	100	120	320	120	100	120	100	80
	7.短跑(公里)		1	2	2	5	2	2	2	6	1.5	1	1	1	1
	8.輔助練習		60	80	80	220	60	60	60	180	60	60	80	60	60

　　為便於控制專項訓練強度,我們將蘇聯邦達丘克制訂的專項強度換算表(表3-12-10)介紹給大家參考。

表 3－12－10　　　鏈球投擲強度換算表

最高成績 (公尺)	80－90％強度	50－80％強度
30	24,00—27,00	15,00—24,00
31	24,80—27,90	15,50—24,80
32	25,60—28,80	16,00—25,60
33	26,40—29,70	16,50—26,40
34	27,20—30,60	17,00—27,20
35	28,00—31,00	17,50—28,00
36	28,80—32,40	18,00—28,80
37	29,60—33,30	18,50—29,60
38	30,40—34,20	19,00—30,40
39	31,20—35,10	19,50—31,20
40	32,00—36,00	20,00—32,00
41	32,80—36,90	20,50—32,80
42	33,60—37,80	21,00—33,60
43	34,40—38,70	21,50—34,40
44	35,20—39,60	22,00—35,20
45	36,00—40,50	22,50—36,00
46	36,80—41,40	23,00—36,80

最高成績 (公尺)	80－90％強度	50－80％強度
47	37,60—42,30	23,50—37,60
48	38,40—43,20	24,00—38,40
49	39,20—44,10	24,50—39,20
50	40,00—45,00	25,00—40,00
51	40,80—45,90	25,50—40,80
52	41,60—46,80	26,00—41,60
53	42,40—47,70	26,50—42,40
54	43,20—48,60	27,00—43,20
55	44,00—49,50	27,50—44,00
56	44,80—50,40	28,00—44,80
57	45,60—51,30	28,50—45,60
58	46,40—52,20	29,00—46,40
59	47,20—53,10	29,50—47,20
60	48,00—54,00	30,00—48,00
61	48,80—54,90	30,50—48,80
62	49,60—55,80	31,00—49,60
63	50,40—56,70	31,50—50,40
64	51,20—57,60	32,00—51,20
65	52,00—58,50	32,50—52,00
66	52,80—59,40	33,00—52,80
67	53,60—60,30	33,50—53,60
68	54,40—61,20	34,00—54,40
69	55,20—62,10	34,50—55,20
70	56,00—63,00	35,00—56,00
71	56,80—63,90	35,50—56,80
72	57,60—64,80	36,00—57,60
73	58,40—65,70	36,50—58,40
74	59,20—66,60	37,00—59,20
75	60,00—67,50	37,50—60,00
76	60,80—68,40	38,00—60,80
77	61,60—69,30	38,50—61,60
78	62,40—70,20	39,00—62,40
79	63,20—71,10	39,50—63,20
80	64,00—72,00	40,00—64,00
81	64,80—72,90	40,50—64,80
82	65,60—73,80	41,00—65,60
83	66,40—74,70	41,50—66,40
84	67,20—75,60	42,00—67,20
85	68,00—76,50	42,50—68,00

3、月(中週期)訓練計劃

制定月訓練計劃一般爲了方便,均以四個星期爲一個中週期。月的訓練任務、訓練強度、量,均要參照年度計劃的要求及運動員的具體情況來確定。根據蘇聯鏈球國家集訓隊的經驗,一般是在一個月之內不宜抓幾個重點,應該在已適應的負荷基礎上,去突破一至二項運動素質或技術要點,利用四週的時間來完成。一般在第一週運動員處在調動機能的狀態,訓練強度和量都能有一定的提高;第二週一般仍能保持或比第一週略有下降;第三週由於運動員出現超量恢復,訓練水準不斷回升;第四週達到高水準。四週之後如仍突擊原來的訓練手段和技術要點,到第五週訓練水準會明顯下降(圖 3-12-19)一般要根據運動員的情況安排新的手段和任務。

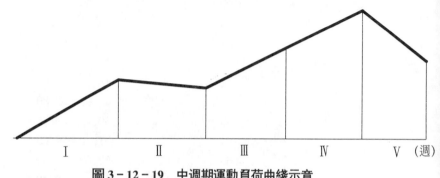

I   II   III   IV   V (週)

圖 3-12-19　中週期運動員荷曲綫示意

4、週訓練(小週期)計劃(實例)

(1)初級運動員週訓練計劃

每週三次訓練。

星期一,準備活動 30 分鐘;持 4 公斤鏈球做模仿練習 20 分鐘;投輕球 10 次;立定跳遠 15 次;用各種方法投實心球 20 次;持鏈球做模仿練習 20 分鐘;加速跑 4×50 公尺;球類活動 15 分鐘。

星期三,準備活動 30 分鐘;持鏈球做模仿練習 20 分鐘;投比賽用球 15 次;手持亞鈴蹲跳(總重量爲一噸);持鏈球做模仿練習 15 分鐘;用各種方法投實心球 20 次;球類活動 20 分鐘。

星期五,準備活動 30 分鐘;持鏈球做模仿練習 30 分鐘;投 5 公斤鏈球 15 次;肩負槓鈴下蹲 1.5 噸;直體抓舉 1 噸;加速跑 50 公尺×3;立定跳遠 15 次。

力量練習也可以做肩負槓鈴體前屈和背肌練習。

星期二、四、六、日休息。

(2)三級運動員的週訓練計劃

每週三次訓練。

星期一,準備活動 30 分鐘;持鏈球做模仿練習 20 分鐘;投輕鏈球 15 次;力量練習肩負槓鈴體前屈 1 噸;亞鈴蹲跳 1.5 噸;直體抓舉 1 噸;球類活動 10 分鐘。

星期三,準備活動 20 分鐘;持鏈球做模仿練習 20 分鐘;投比賽球 20 次;立定跳遠 15 次;各種方法投實心球 20 次;加速跑 4×50 公尺,球類活動 15 分鐘。

星期五,準備活動 20 分鐘;持鏈球做模仿練習 20 分鐘;各種方法投實心球 20 次;加速跑 4×50 公尺;立定三級跳 10 次;球類活動 15 分鐘。

星期二、四、六、日休息。

(3)二級運動員的週訓練計劃

每週三次訓練

星期一,準備活動 20 分鐘;持球模仿練習 15 分鐘;投 4 公斤球 10 次;投比賽用球 10 次;直體抓舉 1 磅;肩負槓鈴蹲跳 2 磅;肩負槓鈴體前屈 1 磅;球類活動 20 分鐘。

星期三,準備活動 20 分鐘;持球模仿練習 15 分鐘;投比賽用球 15 次;各種方法推鉛球(7.257 公斤)30 次;加速跑 4×50 公尺;立定跳遠 20 次;球類活動 20 分鐘。

星期五,準備活動 20 分鐘;持球模仿練習 15 分鐘;投 6 公斤鏈球 10 次;投比賽用球 10 次;力量練習;提鈴至胸 1 噸;肩負槓鈴下蹲 1.5 噸;背肌練習 1 噸;球類活動 15 分鐘。

星期二、四、六、日休息。

(4)一級運動員週訓練計劃

每週可安排 4—5 次訓練。以 5 天爲例,星期四、日休息。

星期一、二、五,準備活動 15 分鐘;投 6 公斤鏈球 10 次;投比賽用球 10 次;投 9 公斤球 10 次;加速跑 4×50 公尺;立定跳遠 15 次。

星期三、六,準備活動 15 分鐘;直體提鈴至胸 1.5 磅;背肌練習 1 磅;肩負槓鈴半蹲 2.5 磅;投實心球、鉛球 50 次;成組縱跳 10 次做 5 組。

(5)前蘇聯預備健將級運動員週訓練計劃

每週訓練五—六次,以五次爲例。

星期一、二、五,準備活動 15 分鐘;投 6 公斤鏈球 10 次;投比賽用球 10 次;投加重球 10 次;力量訓練;軀幹肌肉練習 1.5 磅;肩負槓鈴下蹲 2.5 磅;球類活動 10 分鐘。

星期三、六,準備活動 15 分鐘;各種方法投實心球 50 次;縱跳 10 次×4 組;直體抓舉 2 噸;肩負槓鈴跳 2 磅;球類活動 15 分鐘。

每週練習六次時,星期四增加一次同星期三、六的計劃。

(6)前蘇聯運動健將級運動員的週訓練計劃

每週訓練六次

星期一、三、五,準備活動 10 分鐘;投標準球 15 次;力量訓練;轉體 1 磅;背肌練習 1 磅;體前持槓鈴半蹲 2 磅;投 8 公斤鏈球 10 次;投 6 公斤球

10次;立定跳遠15次。

星期二、四、六,準備活動15分鐘;旋轉一周投鏈長60公分、12公斤的鏈球30次;肩負槓鈴蹲跳2磅;軀幹肌肉的力量訓練1.5磅;肩負槓鈴體前屈1.5噸;各種方法投鉛球30次;球類活動20分鐘。

(7)前蘇聯國際運動健將級運動員週訓練計劃

每星期訓練5—6天。

星期四、六或星期日休息,以六次爲例。

星期一、三、五,上午:準備活動10分鐘;投6.5公斤輕鏈球10次;投比賽用球10次;投8.5公斤球10次。下午:準備活動10分鐘;轉體2噸;肩負槓鈴換腳做弓箭步3.5噸;直體提鈴至胸2.5噸。

星期二、四、六上午:準備活動10分鐘;各種方法投16公斤亞鈴100次;立定跳遠30次。下午:準備活動10分鐘;轉體1.5磅;肩負槓鈴體前屈1.5磅;肩負槓鈴蹲跳2噸;球類活動20分鐘。

(8)謝迪赫(世界紀錄保持者)投81.80公尺時的週訓練計劃。

每星期練習5天

星期三、六休息。

星期一、二,準備活動10分鐘;投6.5公斤輕球9次;投標準球9次;轉體1.5磅;半蹲2.5磅;投標準球8次;投重球(10公斤)8次;背肌練習1.5磅;肩負槓鈴蹲跳1.5噸;慢跑800公尺。

星期四、五,準備活動10分鐘;投8公斤重球10次;投比賽用球15次;直體抓舉1.5磅;肩負槓鈴半蹲2磅;背肌練習1.5磅;各種方法投鉛球50次;立定跳遠30次;球類活動20分鐘。

星期日,準備活動15分鐘;旋轉一週或兩週投16公斤鏈長55公分鏈球30次;肩負槓鈴蹲跳3噸;肩負槓鈴體前屈1.5噸;各種方法投鉛球50次;立定跳遠15次。

5、賽前訓練計劃

當代優秀田徑運動員的比賽期已延伸到8個月。因此賽前訓練安排的差異已不像以前在很多文獻中論述的那樣。我們提供世界紀錄保持者、奧運會冠軍謝迪赫準備歐洲運動會的賽前訓練計劃(8天)做參考。

第一天,投標準球30次;其中要有四次接近本人的最高水準;投壺鈴30次;立定跳遠12次。

第二天,轉體1.5磅;肩負槓鈴半蹲2磅;肩負槓鈴體前屈1磅;發展背肌練習1.5磅;慢跑1公里。

第三天休息。

第四天,投標準球32次;其中5次達最大強度。

第五天,各種姿勢投16公斤壺鈴40次;肩負重蹲跳3磅。

第六天休息。

第七天合格賽。

第八天決賽。

(五)鏈球運動員的選材

鏈球運動員的選材一般以下列幾個方面進行:

1、形態

現列出前蘇聯 1986 年制訂的少年投擲運動員的身材參數(表 3－12－11)供參考。

表 3－12－11　　前蘇聯少年運動員身材指標

指　標	性　別	11—12 歲	13—14 歲	15—16 歲
身高(公分)	男	153—156	160—170	175—180
身高(公分)	女	152—155	156—162	164—172
臂展(公分)	男	160—170	172—185	185—195
臂展(公分)	女	150—160	162—170	170—180

青年和成年鏈球運動員的身高、體重參數如表 3－12－12。

表 3－12－12

年　齡	身高(公分)	體重(公斤)	體重/身高比重
17—19	180—185	100—150	540—569
24—28	183—187	112—118	622—640

2、運動技能

要選拔那些旋轉速度快,平衡能力強的運動員。而不是光看他的 30 公尺速度、立定跳遠等指標,但把這些素質看作是全面發展水準仍有較好的參考價值。專項能力一定要在教學過程中去培養,去發現。

3、身體素質

主要介紹前蘇聯選拔少年鏈球運動員的素質測試指標(表 3－12－13),供參考。

表 3－12－13　　前蘇聯少年鏈球運動員身體素質測試指標

年齡	30 公尺起跑(秒)	立定跳遠(公分)	立定三級跳(公分)	後抛鉛球(公尺)	下蹲(公斤)	高翻(公斤)	抓舉(公斤)	臥推(公斤)
11—12	4.7—4.8	210—220	640—680	10.5—12.5	50—60	45—55	—	45—55
12—13	4.1—4.8	220—230	660—690	12.5—13.5	60—70	50—60	—	50—60
13—14	4.6—4.7	225—235	700—750	12—12.5	70—75	70—80	50—55	60—70
14—15	4.4—4.5	240—250	730—780	12.5—13	80—100	80—90	55—60	70—80
15—16	4.3—4.4	250—260	760—800	13.0—13.5	100—120	90—100	65	
16—17	4.1—4.2	270—290	790—840	13.5—14.5	130—160	100—120	75—85	105—120

〔注〕:後抛鉛球的重量 11—13 歲用的是 4 公斤球,14 歲以上用的是 7.25 公斤球。

　　鏈球運動員的選材過程從運動員管理層次上來分析, 初選階段是在學校體育課及課外活動中去初選, 發現人才就推薦到業餘體校。在業餘體校要經過全面發展到選項的定項階段和初步專項基礎訓練階段, 這要在教學與訓練過程中去發現那些起點比較高, 進步又快的優秀人才再推薦到省體校或省、市運動隊進行專項訓練。

（黃世杰）

十三　全能運動

(一)結構和發展趨勢

1、男女全能項目的結構、世界、亞洲、中國紀錄

當前奧運會田徑全能項目比賽是男子十項全能和女子七項全能。男子十項全能由 100 公尺、跳遠、鉛球、跳高、400 公尺(第一天);110 公尺高欄、鐵餅、撐竿跳高、標槍、1500 公尺(第二天)組成。女子七項由 100 公尺欄、跳高、鉛球、200 公尺(第一天);跳遠、標槍、800 公尺、(第二天)組成。規則規定:按上述固定順序在兩天內比賽完。國際田徑聯合會公布的國際統一的全能運動評分表,評定每個單項成績的得分,以總分最高者爲優勝。

男十項全能當今的世界紀錄爲 8747 分,亞洲紀錄爲 8009 分、中國紀錄爲 7908 分。女子七項全能分別爲 7291 分、6306 分和 6306 分(表 3－13－1)。

表 3－13－1　　男子十項全能世界、亞洲、中國紀錄

	項目	創造者	國家	時間	地點	成績	單項成績(按項目順序)
世界	男子十項	戴·湯普森	英國	84.8.8－9	洛杉磯	8847	10″44;8.01;15.72;2.03;46″19 14′33;46.56;5.00;65.24;4′35″00
	女子七項	杰·喬伊納－西克	美國	88.9.23－24	漢城	7219	12″69;1.86;15.80;22″56 7.27;45.66;2′08″51
亞洲	男子十項	楊傳廣	中華臺北	63.4.27－28	沃爾納特	8009	10″7;7.17;13.22;1.92;47″7 14′0;40.99;4.84;71.75;5′02″4
	女子七項	馬苗蘭	中國	90.6.27－28	北京	6306	13″60;1.73;14.14;24″59 6.32;49.70;2′18″24
中國	男子十項	龔國華	江西	90.6.23－24	北京	7908	11″03;7.23;15.02;1.96;50″76 15′10;46.78;5.00;59.14;4′58″11
	女子七項	馬苗蘭	浙江	90.6.27－28	北京	6306	13″60;1.73;14.14;24″59′ 6.32;49.70;2′18″24

注楊傳廣 8009 分爲手記時

男子十項於 1904 年第三屆奧運會上首次列入比賽,1912 年奧運會上第二次舉行男子十項全能比賽。十項全能組成和比賽順序至今未變,一直固定下來。十項全能的評分法、作過多次變動。據記載:1912 年、1920 年、1934 年、1950 年、1962 年和 1985 年曾六次修改評分標準。

女子全能項目是多變的(表 3－13－2)。女子七項全能 1981 年正式列爲奧運會項目,取代原女子五項全能。當時,國際田聯把女子七項全能的世界紀錄基數定爲 6144 分。

1981 年 4 月 13－14 日美國選手弗雷德里克捷足先登首創 6166 分的世界紀錄。截止 1991 年 9 月底,我國已經有七名女子七項全能選手超過

6000 分, 馬苗蘭 6306 分的紀錄排列 90 年世界第十三名, 進入世界先進水準。

表 3－13－2　　1922－1981 年女子全能項目的變化

年　代	1922	1933	1948	1969	1977	1981
項　目	五項全能	五項全能	五項全能	五項全能	五項全能	七項全能
組成單項和比賽順序	60 公尺跑 跳遠 跳高 標槍 200 公尺跑	100 公尺跑 跳高 跳遠 鉛球 標槍	80 公尺跨欄跑 鉛球 跳高 跳遠 200 公尺跑	100 公尺跨欄跑 鉛球 跳高 跳遠 200 公尺跑	100 公尺欄 跳高 鉛球 跳遠 800 公尺跑	100 公尺欄 跳高 鉛球 200 公尺(第一天) 跳遠 標槍 800 公尺(第二天)
備注				★	★	▲

★五項全能可以在一天舉行。也可以在兩天舉行, 第一天前三項, 第二天後兩項。
▲七項全能兩天內舉行第一天前四項, 第二天後三項。

2、男子十項全能評分法的變化(表 3－13－3)。使男子十項全能運動朝着更加全面、均衡和高水準發展。

如果按 1950 年評分表的標準, 十項運動員只要有 3－4 個突出項目就可以取勝和達到很高成績, 而 1985 年的評分表, 必須是所有十個單項都達到很高成績, 才能獲得很高的總分和優勝(見表 3－13－3)。女子全能項目的多次變化, 七項全能正式開展給女子全能項目的訓練提出了更難更高、更全面的要求, 爲發展女子全能項目開拓了更加廣闊和遠大的前景。

3、男、女全能選手身材越來越高, 體重也逐漸加大。

1928 年第九屆奧運會十項全能參加者平均身高 1.764 公尺, 平均體重爲 71.9 公斤, 而 1960 年羅馬奧運會上述兩項指標分別平均爲 1.842 公尺和 82.1 公斤;1976 年蒙特利爾奧運會提高到 1.874 公尺和 85.6 公斤。世界 100 名十項全能選手平均身高 1.87 公尺和 84.7 公斤。統計材料還表明十項全能選手身高和體重的比例爲 1 公分/454 克。80 年代我國超過 7600 分以上的選手翁康強、奚霞順、陳澤斌、龔國華身高都在 1.84 公尺以上。

女子七項全能 85 年世界 100 名平均身高爲:1.74 公尺 ± 0.05, 體重爲 66 公斤 ± 6, 我國超過 6000 分以上的選手董玉萍、馬苗蘭、朱玉靑符秀紅身高最低 1.74 公尺, 有的達到 1.80 公尺以上。體重在 66－70 公斤左右。當然不排除 1.80 公尺以下的男選手和 1.70 公尺以下的女選手達到較高水準。

(二)全能運動員的模式

全能運動員必須具有短跑運動員那樣的速率;跳躍運動員的靈活性(彈

跳力);投擲運動員的爆發力;同時還必須有馬拉松運動員的耐力和堅韌不拔的精神以及棋類運動員的聰明和智慧。高大身材、良好的素質和完善的技術是創造優異成績的必備條件。(表 3－13－4、表 3－13－5、表 3－13－6、表 3－13－7)。

表 3－13－3　　不同年代評分各項 1000 分的成績

項　目	1912 年	1920 年	1934 年	1950 年	1962 年	1985 年
100 公尺	10″8	10″6	10″5	10″7	10″25	10″39
跳高(公尺)	7.48	7.60	7.70	7.58	7.90	7.76
鉛球(公尺)	14.80	15.34	15.70	16.00	18.75	18.40
跳遠(公尺)	1.90	1.93	1.87	1.96	2.17	2.21
400 公尺	48″4	48″2	48″0	48″10	46″00	46″17
110 公尺欄	15″0	15″0	14″6	14″4	13″70	13″80
鐵餅(公尺)	41.26	45.21	58.99	51.20	57.50	56.18
撐竿跳高(公尺)	3.71	3.95	4.20	4.42	4.78	5.29
標槍(公尺)	54.83	61.00	69.95	70.40	81.00	77.20
1500 公尺	4′03″4	3′56″8	3′54	3′55	3′40″2	3′53″79

表 3－13－4　　男子十項全能成績模式

十項全能總分	100 公尺	跳遠(公尺)	鉛球(公尺)	跳高(公尺)	400 公尺	110 公尺欄	鐵餅(公尺)	撐竿跳高(公尺)	標槍(公尺)	1500 公尺
8800	10″7	7.55	15.60	2.05	47″50	14″30	50	4.90	69.50	4′22
8500	10″7	7.45	15.20	2.01	48″2	14″60	48	4.70	66.50	4′26
8000	10″8	7.25	14.50	1.95	49″	15″00	45	4.40	62	4′32
7500	11″00	7.05	13.70	1.90	50″	15″4	42	4.15	57.50	4′40
7000	11″2	6.80	12.80	1.85	51″	15″8	39	3.90	53	4′46
6000	11″6	6.35	11.30	1.75	53″	17″1	34	3.40	45	4′58
5000	12″0	5.80	10.00	1.65	55″5	18″5	29	2.90	37	5′10

表 3－13－5　　女子七項全能成績模式

七項成績	100 公尺欄	跳高(公尺)	鉛球(公尺)	200 公尺	跳遠(公尺)	標槍(公尺)	800 公尺
6300	13″80	1.85	14.50	24″7	6.30	48	2′15
6000	14″00	1.80	14.00	25″	6.10	46	2′18
5600	14″2	1.77	13.50	25″5	6.00	44	2′20
5200	14″8	1.72	12.00	26″5	5.80	38	2′25
4200	15″2	1.65	11.50	27″4	5.70	35	2′30

表 3－13－6　　八十年代世界、亞洲、中國優秀十項全能運動員基本情況

姓名	國家	出生年月	身高(公尺)	體重(公斤)	十項總分	單項成績	備註
湯普森	英國	1958	1.85	85	8847	10″44；8.01；15.72；2.03；46″97 14″33；46.56；5.00；65.25；4′35″00	世界紀錄保持者84年奧運會冠軍
奧布瑞恩	美國	1967	1.89	84	8843	10″23；7.96；16.06；2.08；47″70 13″95；48.08；5.10；57.40；4′45″54	美國紀錄保持者91年東京世界錦標賽冠軍(8812分)
欣格森	原聯邦德國	1958	2.00	100	8832	10′70；7.76；16.42；2.07；48″05 14″07；49.36；4.90；58.86；4′19″75	前世界紀錄創造者84年奧運會亞軍、德國紀錄保持者
克拉奇梅爾	原聯邦德國	1953	1.86	92	8667	10″58；7.80；15.47；2.00；48″05 13″92；45.52；4.60；66.50；2′24″15	前世界紀錄創造者、奧運會獎章獲得者
申　克	原民主德國				8488	11″25；7.43；15.48；2.27；48.90 15″13；49.28；4.70；61.32；4′18″95	88年奧運會冠軍
翁康強	中國	1958	1.83	78	7662	11″28；7.30；12.45；1.88；50″52 15″21；38.74；4.60；69.72；4′34″10	多次中國紀錄創造者八屆亞運會冠軍84年奧運會參加者
龔國華	中國	1964	1.85	86	7908	11″03；7.23；15.02；1.96；50″76 15″10；46.78；5.00；59.14；4′58″11	全國紀錄保持者、多次全國紀錄創造者,亞錦標賽冠軍、亞軍,88年奧運會參加者
金子宗弘	日本	1968	1.82	80	7916	11″24；6.99；14.36；1.94；50″78 14″93；44.30；5.00；67.72；4′44″41	90年亞運會冠軍日本紀錄保持者

表 3－13－7　　80年代世界、亞洲、中國優秀女子七項選手基本情況

姓名	國家	出生年	身高(公尺)	體重(公斤)	總成績(分)	單項成績	備註
喬伊納	美國	1962	1.78	70	7291	12″69；1.86；15.80；22″56 7.27；45.66；2′08″05	世界紀錄保持者88年奧運會冠軍
尼基齊娜	原蘇聯	1965	1.77	68	7007	13″04；1.89；14.45；23″07 6.73；53.90；2′15″31	蘇聯紀錄保持者
佩茨	原民主德國	1958	1.73	67	6946	12″64；1.80；15.37；23″37 6.86；44.62；2′08″93	前世界紀錄創造者
諾伊貝特	原民主德國	1958	1.74	64	6935	13″42；15.25；1.82；23″49 6.79；49.94；2′07″51	前世界紀錄創造者
馬苗蘭	中國	1970	1.76	67	6306	13″60；1.73；14.14；24″59 6.32；49.70；2′18″24	亞洲紀錄保持者1990年亞運會冠軍
董玉萍	中國	1963	1.75	68	6262	13″64；1.82；14.51；24″70 6.44；40.92；2′21″76	亞洲紀錄創造者,兩次亞洲錦標賽冠軍
朱玉青	中國	1963	1.80	70	6211	13″37；1.78；15.12；23″99 6.10；43.40；2′27″45	亞洲紀錄創造者86年亞運會冠軍

（三）男、女全能項目的特徵和訓練特點

1、綜合性、全面性

男女全能分別由跑、跳、擲三大類田徑單項組合成的綜合性獨立項目,

技術要求全面:能跑、會跳、善擲。所包括的各田徑單項對身體素質提出全面要求—— 力量、速率、速度耐力、耐力、敏捷協調和柔韌全面高水準的發展。這些門類齊全的身體素質都是全能選手所必須的專項素質。每次訓練課要進行 2－3 個項目乃至更多的單項技術訓練,身體所承受的負荷量多方面的和繁重的。

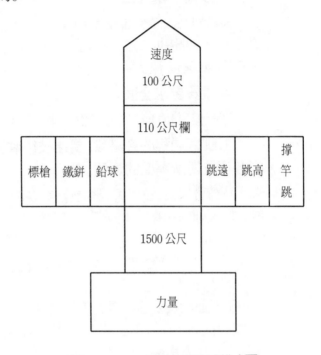

圖 3－13－1　男子十項整體模式圖

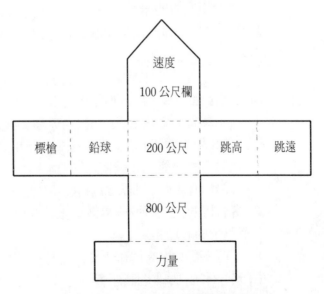

圖 3－13－2　女子七項整體模式圖

注:速度爲先導,徑賽爲主體,跳、擲項目爲兩翼、力量是基礎、是推動整體的原動力。

2、整體性。

十項和七項全能在比賽中按固定順序進行,各單項組合成一個完整體,有機的聯繫在一起。我們可以用圖示意它的整體結構模式(圖3-13-1和圖3-13-2)。

3、技術要求全面

當今世界優秀全能選手只有一個類型——"全能型"。整個訓練過程都貫穿着消滅弱項的方針。男子非十項全能不可。女子非七項全能不可。九項不行,六項也不行。

4、素質要求全面

身體素質貫穿着以力量爲基礎、速度爲先導,耐力、敏捷必須協調發展。

5、訓練過程的各階段,要使技術和素質同步提高,以保證學習、掌握各項技術所需要的素質。

技術帶素質,在學習、掌握、熟練各項技術過程中,使相應的素質得到發展。技術訓練和身體素質訓練密切結合。

(四)全能運動員的訓練任務

全能運動員要想獲得理想的成績,必須解決一系列的訓練任務。

(1)提高全面身體訓練水準、協調發展主要肌肉群的力量,提高動作速度和一般耐力水準。注意各關節的敏捷性、柔軟性和改善動作協調性。消除動作緊張,學會放鬆、協調、省力的完成動作。

(2)提高專門素質水準。增強短跑、跳躍、投擲需要的專門力量。提高彈跳力,加強跨欄、跳高、標槍、撐竿跳高所必須的柔軟性,敏捷性和協調用力。

(3)掌握全能運動中各項技術。逐步改進、完善、熟練、鞏固,使各項技術達到穩定、可靠(包括動作用力順序、動作節奏、動作幅度和頻率等)。

(4)學習基礎理論,了解技術原理和技術規範。學習生理學、心理學、生物力學和衛生醫療知識,把這些知識運用到訓練比賽實踐中去。

(5)掌握全能比賽戰術、研究對手情況和戰術。

(6)培養頑強、刻苦、鑽研、好學的意志品質和堅持不懈的毅力。忠誠老實,富有目的性、主動性、勇敢果斷、自我控制、自信心,這些都是訓練和比賽必不可少的心理素質。

(7)不斷的提高健康水準。嚴格生活制度訓練制度,注意飲食營養和衛生,充分休息,力戒烟酒惡習。

(8)學會自我醫療監督。運動員要主動和醫生合作,系統的運用按摩和自我按摩、淋浴、水療、蒸氣浴和其他物理、化學療法,也可學習氣功療法。

(9)綜合利用素質、技術、技巧和知識到訓練和比賽中去。

此外還可以根據個人不同情況提出若干針對性的訓練任務。

(五)全能運動員的技術訓練

1、技術訓練中應遵循的原則：

(1)跑的技術訓練是全能各項技術訓練的基礎,是帶有綱領性的技術。衆所週知,十項全能所包括的十個單項除鉛球、鐵餅有八個項目和跑有直接聯係。女子七項中有六個單項和跑有直接聯係、或者說這些單項技術本身包括跑的技術,可見跑的技術在全能技術中的重要地位。

(2)掌握複雜技術是全能"入門"捷徑。經驗證明:男子十項掌握好跨欄、標槍,撐竿跳高;女子七項掌握好跨欄、跳遠、標槍,可以較快渡過技術難關。

(3)擴大各單項技術之間互相促進作用,減少互相間的制約性。

(4)全能運動項目技術門類多、技術複雜,運用先進技術要實用、經濟、簡易、有效。結合全能特點和個人特點把各項技術要求壓縮、提煉、取精,加快掌握技術的速度,縮短掌握技術的時間,加速運動員的成長過程。

2、技術訓練的手段和方法

全能運動員的各單項技術依賴於相應的單項技術和各單項技術規範、要求是相同的。這裡所需論述每個單項技術。根據全能訓練的需要,構成全能訓練特有的訓練體系,使全能技術訓練方法和手段程序化、系列化、成套化。

(1)男子 100 公尺和女子 200 公尺跑的技術訓練手段和方法。

①專門練習類:小步跑、高抬腿跑、後蹬跑、車輪跑和後踢腿跑、原地支撐高抬腿、仰臥高抬腿、原地徒手和負重擺臂、擺腿幾乎都應包括在每一次訓練課的準備活動和短跑、跳遠、跨欄練習之前。

②加速跑:40 公尺、60 公尺、80 公尺、100 公尺和 120 公尺。

③衝跑變速:衝跑 30、40、50、60 公尺、走跑交替和衝跑變速。

④行進跑:行進跑 20、30、40、50、60、100 公尺。

⑤斜坡跑:上坡和下坡跑與前跑道節奏的重覆和移植。

⑥固定步長的節奏跑——"跑格"(用海綿磚)30－40 公尺。

⑦起跑類:原地站立式起跑和聽信號起跑 20－30 公尺;蹲距式起跑器聽槍和不聽槍的起跑 15、20、30、40、50、60、100 公尺(包括彎道起跑)。

⑧爲提高速度、改進跑的技術的短段落反覆跑:100 公尺×4－6－8;150 公尺×3－4－6－8;200 公尺×3－4－6 和更多(70－80％強度)。

通常把 30 公尺、60 公尺、100 公尺起跑和行進跑,作爲檢驗速度的基本手段。

⑨彎道跑:女子七項選手掌握好彎道跑和彎道起跑技術、進入彎道和沿彎道跑,身體向左傾斜,兩腳稍向左轉,右臂向內加大擺動,左臂向外擺動,彎道最後幾公尺減少身體左傾、直道前2-3步和進入直道跑的2-3步自然、放鬆、順貫性跑,以最高速度到達終點,是200公尺的技術特點。世界優秀選手前半程比100公尺最好成績差0.2″-0.3″,而第二個100公尺(直道)更快。我國女子七項選手尚達不到。我們的多數情況是第一個彎道100公尺快,第二個100公尺直道慢得多。需要認眞改善200公尺跑的主程節奏和放鬆能力,加強速度耐力訓練,除參照100公尺訓練手段和提高100公尺絕對速度外,應重視150公尺×4-6,和200公尺×3—5以及250公尺超長距離的訓練。男女全能選手每週應進行2-3次短跑訓練,有時和跨欄、跳遠訓練結合起來進行。

(2)跳遠。

快速準確助跑當中快速上板、快速完成踏跳動作,採用先進的空中動作,合理的抛腿落地是跳遠成功的要素。

跳遠技術訓練方法手段:首先掌握正確的起跳技術。主要手段有:一步連續起跳;2-4步助跑起跳和連續起跳;4-6步助跑起跳騰空步;8-10步助跑起跳騰空步和跳遠;中、全程助跑起跳、騰空步和跳遠。

其次是掌握助跑節奏的技術。主要手段有:確定全程助跑的步數,一般爲14、16、18、20步或更多。隨着訓練水準和速度的提高逐步增加助跑距離。這種距離的增加包括步長的加長和步數的增多。通常採用原地出發和先進出發兩種。不論那一種起跑方式,最後六步應達到最快速度。根據個人的步長後六步設一標記,男子大約爲13.50-14公尺、女子爲11.80-12.20公尺。最爲重要的是後六步助跑步長穩定、步頻加快,或步頻加快步長也略有加長,避免倒數第二步身體重心下降損失速度。跳遠助跑經常提到"可控制速度"的概念,這是意味着速度快的適宜和起跳動作快速充分的完成相適應。

掌握助跑節奏的手段:加速跑、前跑過程中把跳遠助跑節奏帶入跑的過程中;在前跑道上助跑;在跳遠跑道上助跑並踩跳板,每次都要檢查步長和節奏。全能運動員還可以安排專門的助跑訓練課,每次可跑8-10次,在跳遠技術訓練課前跑4-6次全程檢驗,然後進行中、短和全程跳遠訓練。觀摩、學習優秀單項跳遠選手助跑訓練和全程助跑跳遠,以強化全程助跑的概念。爲增加最後六步合理步長,可以從後蹬跑開始6-8步接最後六步,跑出正常步長和合理節奏等。

掌握空中和落地技術。全能運動員多採用"挺身式"或"空中走步"式空中動作。掌握騰空技術除大量的徒手模仿練習之外,多利用短助跑起跳作空中和原地抛腿動作,以便增加練習次數,利用彈板增加騰空高度便於完成空中和抛腿動作。這類練習很豐富,可以從優秀跳遠選手採用的手段中提取精華、反覆熟練、運用,建立自己的技術風格。

檢查全能選手跳遠技術標準的指數為:男子10步助跑跳遠和全程助跑跳遠成績相差50公分;女子全能選手相差35-40公分。男女全能選手每週跳遠技術訓練不得少於兩次課,每次中短程跳遠應當在15次以上。2-4步助跑的基本技術重覆次數應更多一些,可以達到30次以上。

(3)鉛球。

全能選手鉛球成績既要靠絕對力量也要靠相對力量,不能單靠增加體重來提高鉛球成績。要在保持體重不增加的情況下,甚至在體重減輕的情況下提高絕對力量和改進技術提高成績。這就避免了增加體重提高鉛球成績而招致其它跑跳項目成績下降。

主要技術訓練手段是:原地推低於標準重量鉛球和實心球;利用交叉步使骨盆"超越"條件下推鉛球;滑步推6.26公斤和標準重量的鉛球(女子用3.5-4公斤);原地推10公斤亞鈴(女子用5公斤)和8公斤球;徒手模仿滑步推鉛球的練習;負重和徒手作滑步分解練習,我們叫做"模仿",推鉛球三步驟:收腿——轉髖——出手。男子負重10-15公斤亞鈴,女負重5-10公斤亞鈴模仿原地推球的分解練習,每組6-8次和徒手模仿練習結合交替進行一次課完成4-6組,既可以提高專門能力又可以改進和掌握鉛球技術的用力節奏。全能運動員不可能像單項鉛球選手那樣多的推球次數,因此熟練、鞏固技術只有靠多作各種形式的模仿練習。推鉛球和模仿練習的比例應當達到1:3和1:4。這樣可以彌補技術練習次數的不足,即推10次鉛球應當完成30-40次模仿練習,多年來我們在男女全能訓練實踐中實現上述比例取得良好效果。

男、女全能選手鉛球技術指數原地推鉛球和滑步推球相差1.3-1.4公尺。每週鉛球技術訓練應為2-3次,一次課30次左右、當然這裡所要求鉛球訓練不單指直接推球練習,還包括各種輔助練習和基本技術練習。

(4)跳高。

大多數全能選手採用背向式跳高。跳高技術的關鍵是助跑最後四步進入弧綫助跑時使身體內傾,步長增加到最大,身體重心不能過多下降,最後兩步節奏要快,上體不能後仰,也不能向前壓得很低,最後一步在積極進攻的情況下把起跳腿骨盆推送向前,蹬、擺、提拉,擺動腿和雙臂積極協調配合蹬地動作,使身體垂直向上,不要倒向橫竿,身體重心上升到最高點,肩部作向後倒,依次肩背到充分挺髖,造成最佳的背弓過竿姿勢。

改進技術的手段:首先掌握正確起跳技術,作一步邁步起跳,蹬、擺(擺動腿擺動和雙臂擺動)緊密結合(不離地);2-4步助跑,起跳蹬擺配合垂直向上跳;4-6步助跑垂直向上跳,同樣方法起跳觸高;4-6步助跑起跳跳上器械(跳高特制的"萬能架"),4-6步助跑和全程助跑跳上"萬能架"和過竿練習。專門性的助跑節奏(不起跳)練習,高水準全能選手跳高訓練的基本手段應當是中、全程助跑的完整過竿技術練習。

為了提高專門彈跳力,還採用負沙衣的助跑起跳練習;專門性的負重擺腿和擺臂練習。檢查跳高技術指數是男選手應超過身高 20 公分,女選手超過身高 15 公分。較熟練的全能選手每週應當安排兩次課的跳高輔助練習,一次完整過竿技術練習。對跳高水準較高的全能選手一次課應當越過中等以上強度的高度 15－18 次,在表現最佳技術的高度上反覆熟練改進技術,而不是一味的追求高強度過竿。

(5)400 公尺。

全能運動員必須具備很雄厚的速度耐力。400 公尺跑的技術特點是步輻大、放鬆、富有節奏感。一般情況下前 300 公尺技術變化不大,後 100 公尺體力下降技術變形。400 公尺跑的最佳體力分配方案應當是第一個 100 公尺比自己 100 公尺速度差 0.3″－0.5″;前 200 公尺成績比自己 200 公尺成績差 1.5″左右。專家們要求前後兩個 200 公尺相差應當為兩秒左右,但我們的運動員很難作到。後 100 公尺速度下降幅度大主要是步頻和步長都下降,要求加強擺臂和以頑強的毅力完成後 30 公尺衝刺。衝刺階段心理稍有鬆懈對成績影響很大。

十項運動員的 400 公尺訓練應當在系統的一般耐力訓練的基礎上和短跑訓練的基礎上進行。每週應有一次專門的 400 公尺速度耐力訓練課:200公尺×5 或 300 公尺×3 或 400＋300＋200＋100 公尺反覆跑和段落跑。300 公尺的測驗成績是 400 公尺主要實力檢驗手段。統計學證明 400 公尺水準的高低和十項運動員整體實力密切相關。世界優秀十項全能選手 400公尺跑的成績大多在 47″0－48″0 之間。

(6)110 公尺高欄和女子 100 公尺欄。

前者為十項全能第二天第一項,後者為七項全能第一天第一個項目。直道欄技術複雜、技巧性強,動作優美融速度、柔軟、節奏熟練技巧於一體,深為廣大全能選手喜愛,世界全能項目得分高的項目。很多男女全能選手熟練的掌握這個項目的技術達到能和同類單項選手抗衡的水準。

欄的技術要求柔軟性具有極好的發展,幾乎在每天訓練的準備活動中都有柔軟性和跨欄的基本技術練習,欄的技術練習手段極為豐富,包括徒手練習、墊上練習和過程練習三大類。全能選手由於時間有限訓練中要減少一些非過欄性質的專門練習,增加過程練習的比重,特別是增加欄中間三步過欄的完整練習比重。一次跨欄練習課,小步跑過欄的架次應當達到40—— 60 欄次。接近正規欄間距(男 8.80 公尺女 8.20 公尺)三步過欄是技術練習和改進節奏的主要手段。隨着全能選手訓練水準的提高,採用 5個欄以上三步過欄(包括 8 個欄和全程跑)練習次數要有所增加。最主要的技術訓練手段還應當是用起跑器起跑過 3－5 個欄。全能選手跨欄技術檢查的指數是男子 110 公尺欄和自己 100 公尺速度相差 3.5″、女子 100 公尺欄和自己 100 公尺速度相差 1.5″。每周應安排兩次欄的技術訓練課。

(7)鐵餅。

這是低水準十項運動員最辣手的項目之一。有"狡猾"的鐵餅之稱。掌握正確的旋轉節奏,加大最後鐵餅出手初速。首先要以最大的弧度預擺,預擺結束後運動員開始向內、向左腿上旋轉,旋轉時要求直綫前進,不能向左側移動,旋轉速度逐漸加大,器械出手前身體重心應在彎屈着的右腿上。上體不能過早展開,把握餅的投擲臂盡量遠遠地留在身體後面。出餅時右腿快速向左轉髖並迅速伸直雙腿,投擲臂以最大幅度強有力的揮臂出手以求獲得最大的角速度。

鐵餅技術訓練手段主要是原地和旋轉投不同重量的鐵餅。熟練和鞏固技術的基本方法是按技術規範多作分解和旋轉的模仿練習。十項運動員一年可以完成 800－1000 次投擲量,而模仿練習應當達到 3000－3200 次以上。把專門力量和模仿練習結合起來練習效果更好。這個項目的技術檢查指數是原地投和旋轉投相差 8 公尺。

(8)撐竿跳高。

本項技術尤為複雜,但世界優秀十項選手都能較好地掌握這項技術,達到 5 公尺和 5 公尺以上的水準。掌握撐竿跳高技術必須利用短跑的速度並把跳遠的助跑節奏移植到撐竿跳高的持竿跑中。在頭腦十分清晰,明確插穴起跳、懸垂、擺體一系列的技術概念的情況下反覆完成中短距離助跑插頁、起跳和擺體,為長距離助跑彎竿技術打下堅實的技術基礎。為了掌握撐竿跳高技術還必須大量地採用各種輔助練習,不斷地提高肩帶肌、腰腹肌、上肢的拉引力量和雙手的握力、推力。這些練習包括雙槓、單槓、跳箱、墊上技巧、吊竿、吊繩、吊環、肋木懸體舉腿、高臺撐竿跳高起跳擺體和過竿以及聯合器械可供利用的多種練習。教練的任務是根據不同水準的選手、把難、易不同的練習分成不同等級的成套和系列化成組練習有針對性的系統訓練。

隨着助跑、插穴、擺體等基本技術的掌握,運動員逐步利用 12 步以上的助跑起跳和擺體使竿子彎曲。然後,在彎竿基礎上掌握竿子的彎屈性能、開始後倒、舉腿、團身、利用竿子由彎變直的彈性引體過竿,能在這種情況跳過 4.40 公尺以上的高度方可認為是基本上掌握了撐竿跳高的技術。只有在基本技術掌握的情況下撐竿跳高的技術課才能以完整的過竿練習為主。在未能掌握彎竿技術之前撐竿跳高的技術練習應以中短距離的助跑插穴起跳擺體為主,直到能跳彎竿子並能利用竿子彈性後倒、舉腿。因此彎竿是掌握技術的一個重要階段。沒有掌握彎竿技術之前每周不應少於三次技術練習、主要手段是大量的輔助練習和專門練習。掌握了技術之後,每周可以進行 1－2 次正規的過竿技術為主的訓練每次過竿 12－15 次並不斷提高成功率。基本技術掌握之後助跑是十分關鍵的技術要給予足夠的重視。

撐竿跳高技術檢查的指數是,運動員應超出自己握竿點高度 40 公分以上。隨訓練水準的提高不斷提高握竿高度是撐竿跳高技術水準的重要參數。

(9)標槍。

此項和其它單項一樣毫無例外地進行全年專項技術和專項素質的訓練。投擲標槍的技術和素質(肩關節柔軟性、靈活性、腰髖部的靈活性、肘關節的韌帶堅韌性以及相應力量),必須同步提高,上肢和軀干快速伸展和爆發性的用力要求提高專門投擲能力。以髖關節爲核心的下肢蹬轉使投擲標槍的用力順序符合技術要求。大多數男女全能選手的身材都適合投擲標槍。標槍在三個投擲項目中屬輕器械。不像鉛球、鐵餅那樣更多依賴大力量和大體重,全能運動員應當致力於掌握先進技術利用自身爆發力好的優勢使標槍獲得更多的分數。十分重視投擲專門能力的提高和防止肘關節損傷。防止肘關節損傷的根本辦法是掌握合理技術、系統的採用雙臂和單臂(投擲臂)頭後拉物練習(5 公斤、10 公斤甚至 15－20 公斤),使肘關節和肩帶肌肉韌帶、堅、韌、有力、適應爆發性快速、有力的鞭打出手動作需要。

優秀全能選手平時訓練投擲標槍更多的重視投擲的節奏和用力順序,掌握了正確技術往往在比賽時投出比平時訓練高出 6－8 公尺的成績。

(10)女子 800 公尺和男子 1500 公尺跑。

慕尼黑奧運會上原蘇聯選手利特維年科在十項比賽中 1500 公尺跑出 4′05″9(得分 910 分)的好成績,使他在前九項累積分排列第八位躍居爲銀牌得主,傳爲佳話,載入史冊。女子七項世界紀錄保持者喬伊納 800 公尺跑的水準可以在 2′02″0－2′08″之間"浮動"。爲她多次創造世界紀錄、奪得金牌奠定了"主動權"。

我國大多數十項選手 1500 公尺跑的訓練水準不高,是十項全能中與世界優秀選手差距最大的項目,相差 200 多分。女選手 800 公尺跑大都在 2′20″左右相差 10″以上相差 140 分。男女全能在這兩個項目上訓練水準低,主要是基礎耐力差(有氧代謝能力低),中跑的專門耐力(有氧和無氧混合代謝能力)也低於外國選手。前者更爲重要。有氧代謝能力的特別意義就在於它是無氧和混合代謝能力的基礎,能使機體能力更快地得到恢復。1500 公尺和 800 公尺落後的原因訓練水準低,長距離慢跑的量太小,意志品質差,思想上重視不夠,誤認爲耐力練習爲妨害速度和爆發力的提高。

對全能選手來說,改善這兩種代謝能力主要是 3000－4000 公尺的均速慢跑,越野跑和 4×400 公尺,500×3,600×3,1000 公尺＋500 公尺和 1200 公尺＋300 公尺段落跑。女子 800 公尺訓練手段包括 2000－3000 公尺慢跑。越野跑(3000 公尺以上)每周不得少於三次;300＋300＋200 公尺;400×2－3 和 600 公尺＋200 公尺;500＋300 公尺以及 200×4(間隔 30″)段落跑,採用 400 公尺計時跑後再慢跑 600 公尺(計時後 200 公尺)等等,增強 800 公尺前後兩個 400 公尺速度感的訓練。

　　比賽時合理的體力分配是跑好 1500 公尺的關鍵因素(表 3-13-8)

表 3-13-8　　1500 公尺跑體力分配方案範例

1500 公尺成績	第一圈	第二圈	第三圈	最後 300 公尺
4′15″	65″	68″	72″	50″
4′20″	66″	70″	74″	50″
4′30″	68″	72″	75″	55″
4′40″	70″	75″	80″	55″
4′50″	72″	78″	85″	55″

　　一般情況下七項全能最後一項 800 公尺都是採取創造個人最好成績的戰術。規則規定把前六項積分最高的 6-8 名選手編一組使比賽更具有極強烈的競爭性。科學和實踐都證明 800 公尺獲得優異成績,後半程應稍快於前半程。不能超過自己能力過快的跑前半程,這樣總成績受影響大。比如 800 公尺 2′20″的計劃前 400 公尺最好跑 68″左右最後 250-200 公尺開始衝刺,可望提高成績。

表 3-13-9　　各種運動素質在全能各單項中所起的作用。

全能各單項	速度		力量			耐力		柔軟性	敏捷性
	反應	動作	速度力量	絕對力量	相對力量	一般耐力	速度耐力		
100 公尺	2	3	2	1	2		2	1	1
200 公尺	1	3	2	1	2		3	1	1
400 公尺	1	3	1		1		3	1	
800 公尺						3	2	1	
1500 公尺						3	2	1	
110 公尺欄和 100 公尺欄	2	3	2		1		2	3	2
跳遠	1	3	3	1	2			2	2
跳高	1	2	3	1	2			2	3
撐竿跳高	1	2	3	1	2			2	3
鉛球	1	2	2	3					2
標槍		3	3	2				3	1
鐵餅		2	2	3				1	3

　　注:3—表示對本項起主要作用
　　　　2—表示對本項起較大作用
　　　　1—表示對本項起中等作用

(六)全能運動員的運動素質訓練

　　力量、速度、耐力在全能運動中起到同等主要的作用。力量是基礎它可以保證十項中九個項目和七項中六個項目達到高水準。依賴速度的提高能促進跑、跳、投各項成績提高。值得重視的是力量大的運動員對提高動作速度產生良好作用(表3－13－9)。

1、力量訓練。

力量不同概念表現形式── 絕對力量、相對力量和速度力量。

我們把力量練習按用力特點,分為三大類:

第一類是基礎力量(最大肌力)也叫起普遍作的力量。主要槓鈴練習,包括抓、挺、提拉、臥推、半蹲、深蹲。

第二類起局部作用的力量練習、也叫綜合性成套力量。包括槓鈴杆、輕槓鈴、啞鈴、壺鈴、槓鈴片、實心球和聯合器械各種練習。

第三類,直接和各單項技術結合的專門力量。包括鉛球前後拋、不同重量的壺鈴模仿鉛球技術練習、雙臂和單臂壺鈴坐推、半蹲挺壺鈴、為提高標槍和鐵餅專門力量和改善用力順序的單臂、雙臂手持槓鈴片繞環、轉體、頭後拉等。作用於跑跳技術和專門能力的負沙衣跑、跳練習和負沙袋擺腿、負重擺臂、聯合器械練和抗阻練習。作用於撐竿跳高負重引體、擺體舉腿收腹練習。直接進行三個投擲項目技術要求的各種重量的器械專門投。專家認為:鉛球的超重量器械不要超過標準重量0.5倍、鐵餅不要超過兩倍、標槍不要超過四倍。

2、彈跳力的訓練。

這裡指的是專項技術跳躍之外的跳躍練習。通俗叫法叫數量跳(以次數計算量)和公尺跳(以距離計量)兩種。

衡量彈跳力的指標包括向上跳,量高度,向前跳,量遠度兩種。原地跳遠、原地三級跳,五級跳、十級跳、蛙跳、由高向下跳再向上跳(深跳)和雙腿原地跳欄架(單欄和多欄架次不同高度),原地和助跑觸高。

公尺跳包括50－200公尺或更長的跨步跳、換腿跳、墊步跳、單腿跳以及單腿── 跨步跳交替進行的綜合性跳躍,這些跳躍練習都有它的技術要求並盡可能的和全能運動跳躍項目的技術結合起來運用,既起到發展彈跳力的作用、又能改進起跳技術是綜合性多功能手段,這些跳躍練習對短跑技術和跨欄跑都起到積極和直接效益,全能運動員的彈跳力通常能和單項優秀選手比高低。

3、柔軟性練習。

關節靈活性、肌肉肌腱的彈性在運動實踐中稱為柔軟性,是全能運動員完成大輻度動作和協調放鬆技術的基礎。全能運動員只要把跨欄選手、標槍選手和撐竿跳高運動員柔軟性練習主要手段學到手,經常運用,足以滿足全能運動項目的需求。

4、靈活性。

是運動員掌握技術、應付外界複雜環境的應變能力。通過學習掌握墊上技巧練習、滾翻、空翻、手翻和全能項目中的跳高、跳遠、撐竿跳高、和標槍、鐵餅都可以增長這方面的能力。學會踢足球、打籃球、排球、滑冰、跳舞都可以改善敏捷性。訓練實踐中，敏捷性分柔軟性、協調性相伴對每一項技術都起到積極而明顯的效果。

（七）全能運動員的長期訓練

國外一些文獻教科書把全能運動員的訓練分爲四個階段：基礎訓練階段(9－11歲)；初級專門化階段(12－15歲)；深入專門化階段(17－18歲)，提高運動水準階段(19歲以上)。

根據我國現狀，9－11歲和12－14歲很難確定作爲全能專項的年齡，且14歲前和其它田徑單項訓練增大差別，訓練性質大體相同，可以把全能長期訓練分爲三個階段：

初級專門化階段(15－17歲)少年組

深入專門化階段(18－20歲)靑年組

提高運動水準階段(20歲以後)成年組

1、初級專門化階段：

經過15、16、17歲三年系統訓練，以全能爲目的身體和技術訓練爲進一步提高打下初步基礎，培養對全能項目濃厚興趣，可以參加全能比賽。男子十項應達到4700－6300分，女七項達到3600－4600分(表3－13－10)。

2、深入專門化階段

目標：男子十項6900－7300分

　　　女子七項5200－5800分

目的：提高技術水準，發展運動素質，達到健將標準，培養刻苦頑強的意志品質，提高比賽能力。

表3－13－10　　十項和七項(15－17歲)成績模式

十　　項				七　　項			
100公尺	11″8－11″4	110公尺欄	16″5－16″00	100公尺欄	15″2－14″8	跳遠	5.30－5.50
跳遠	6.20－6.40	鐵並	28－34	跳高	1.55－1.70	標槍	28－32
鉛球	10.50－11.50	撐竿跳	3.60－4.20	鉛球	10.00－11.50	800公尺	2′35－2′30
跳高	1.65－1.75	標槍	45－48	200公尺	27″5－27″0	總分	3600分－4600分
400公尺	56″－54″	1500公尺	5′10″－4′58″				
		總分	4700分－6300分				

表 3-13-11　　長期訓練不同階段身體和技術訓練手段的比例(%)

訓 練 階 段	一般身體訓練	專門身體訓練	技 術 訓 練
初級專門化階段	40	20	40
深入專門化階段	20	30	50
提高運動水準階段	5	35	60

表 3-13-12　　十項和七項(18-20歲)成績模式

十　　項				七　　項		
100公尺	11″4-11″1	110公尺欄	16″-15″5	100公尺欄	14″4-14″0	跳遠	5.80-6.00
跳遠	6.80-7.20	鐵並	38-40公尺	跳高	1.75-1.80	標槍	40-42
鉛球	12.50-13.00	撐竿跳高	4.40-4.60公尺	鉛球	12.50-13.00	800公尺	2′25-2′20
跳高	1.85-1.95	標槍	50-55公尺	200	26″-25″5	總分	5200-5800分
400	53″-51″0	1500公尺	4′50″-4′45″				
		總分	6900分-7300分				

表 3-13-13A　　十項全能基本手段量示例

訓 練 手 段	初級專門階段(15-17)	深入專門階段(18-20)
訓練次數	250	290-300
比賽次數	8-10	16-18
100公尺段落以內的快速跑(公里)	20	26
100-300公尺段落跑(公里)	40	46
越野路(公里)	180	260
跨欄跑(欄架次)	1400	1700
跳遠(次)	500	600
跳高(次)	500	750
撐竿跳高(次)	500	600
鉛球(次)	950	1200
鐵餅(次)	900	1000
標槍(次)	1200	1400

3、提高運動水準階段(20歲以上)

　　這個階段是運動員達到高水準階段,是全能選手的頂峰時期,包括初次獲得優異成績,發揮能力時期和高水準保持時期。這個階段時間很長,許多選手延續到30歲以後,女選手也可達到28歲。

　　目的:使全能所有項目達到最高成績,取得穩定的高水準成績,為準備全國運動會、亞運會、世界大賽和奧運會進行2-4年為一週期長期訓練。

　　目標:男子:7600-8200分

女子：6000－6500 分

表 3－13－13B　　七項全能基本手段量示例

訓　　練　　手　　段	比 賽 和 訓 練 負 荷 量	
	初級專門化階段 (15－17)	深入專門化階段 (18－20)
訓練次數	250－260	270－300
全能比賽次數	3－5	3－5
單項比賽次數	12－15	15－17
100 公尺以內的段落跑(公里)	30	35
100 公尺以上的段落跑(公里)	60	75
跨欄跑(架次)	2900	3200
跳遠(次)	800	850
跳高(次)	820	900
鉛球(次)	1700	2000
標槍(次)	2300	2500
越野跑及慢跑(公里)	450	500
重量練習(噸)	110	150

(八)全年計劃的制定

全年計劃主要根據當年比賽任務和訓練任務來制定。可分單週期和多週期兩種。

單週期：準備期(11 月－4 月中)

　　　　競賽期(4 月中－10 月初)按比賽週期可分爲第一比賽階段(5－6 月)第二比賽階段(7－10 月)

　　　　過渡期(十月三周左右)

單週期多企用於初、中級專門訓練的運動員二級——一級水準的選手。

多週期。按比賽日程劃分爲若干小週期。有幾次大比賽劃分幾個週期。每個週期分爲三個階段：基礎訓練階段；深化、強化訓練階段；賽前安排階段。每個階段的時間根據兩次比賽間隔時間、運動員的身體、技術競技狀態來定。

以下是全能運動員全年計劃結構形式單週期的示例(見表 3－13－14)。

全能運動員全年計劃多週期劃分實例。

國家體委訓練局田徑隊全能組準備 90 年 11 屆北京亞運會全年計劃(摘要)

1、基本情况

龔國華、男子十項、身高 1.85、體重 85 公斤,個人最高成績 7848 分,

1989 年最高成績 7649 分。

　　董玉萍、女子七項、身高 1.74、體重 68 公斤,個人最高成績 6188 分 1989 年最高成績 6042 分。

　　馬苗蘭、女子七項、身高 1.76,體重 67 公斤,個人最高成績 6034 分, 1989 年最好成績 6021 分。

2、1990 年主要比賽任務:

　　以上三名選手必須參加 1990 年 6 月 24 - 25 日(十項)和 27 - 28 日(七項)亞運會選拔賽;7 月 20 日赴原聯邦德國參加全德全能比賽;9 月 27 - 28 日亞運會十項和 10 月 2 - 3 日亞運會七項比賽。

　　第一個比賽任務是艱巨的,男子務必達到選拔賽標準 7600 分以上;女子務必達到 6100 分以上,並獲得冠亞軍方可入選,奪得冠、亞軍達不到和達到標準奪不到冠亞軍都不能入選。因為每項只選兩名選手。如果 6 月下旬不能入選 8 月 10 號再進行第二次選拔,將給全年訓練安排帶來困擾,務必使教練、運動員十分明確。

3、全年比賽指標任務

　　龔國華選拔賽 7700 - 7900 分奪得冠軍。9 月 27 - 28 日亞運會上力爭冠軍,確保前三名;

　　董玉萍選拔賽 6100 分—— 破亞洲紀錄、奪得冠亞軍;

　　馬苗蘭選拔賽 6100 分—— 破亞洲紀錄,奪得冠亞軍。

4、全年訓練多週期劃分和訓練要點

　　按三次比賽分為三個訓練週期:

　　①亞運會選拔賽訓練週期—— 1989 年 12 月初—— 1990 年 6 月底(七個月時間):12 月初—— 二月底為基礎訓練階段—— 打下扎實的運動素質和基本技術基礎。

　　3 月初－4 月底為春季深入強化訓練階段(包括春季檢查、測驗)進行完整技術訓練,提高各項專門素質。

　　4 月底－5 月 26 日賽前深化,強化訓練階段。進行大負荷量、大負荷強度的技術訓練和主要運動素質的同步提高訓練。

　　5 月 28 - 6 月 24 日賽前訓練階段(共 4 周包括兩周的賽前安排階段,進行高質量、大強度完整技術訓練、提高競技狀態。

　　②6 月底－7 月底參加國際比賽週期。

　　③8 月初－十月初參加亞運會訓練週期。

　　分為兩個階段:7 月 30 日－9 月 2 日深化強化訓練,專項素質、專項技術同步提高、鞏固。

　　9 月 3 日－9 月底(十月初)賽前訓練和賽前安排階段,達到最高競技狀態,奪冠、亞軍創造優異成績。

5、負荷量和負荷強度(略)

(九)全能運動員不同時期週計劃示例

1、初級專門化階段週計劃示例(男子十項)

(1)準備期(12月-3月)

每週六次訓練課,2-3次晨操。

表3-13-14　　　全能運動員全年單週期訓練計劃範例

週期劃分	日期	階段性質	時間	訓　練　重　點
準備期	11月初 ｜ 四月中 (五個月)	冬訓基礎訓練階段	11月初 ｜ 12月中 (4-5週)	運動素質:一般耐力、一般發展、基礎力量,綜合力量。 技術:跑、跳、投各項基本技術和輔助練習。
		冬訓深化強化階段	12月中 ｜ 一月底 (6週)	素質:一般耐力,速度耐力。基礎力量、專門力量。 技術:跑的技術、鉛球、跳遠、跳高、撐竿、跨欄和分解技術。
		冬訓檢查比賽階段	二月初 ｜ 二月中	參加運動素質檢查、測驗、室內、或赴南方。 單項、小多項比賽2-3次。
		春訓深化強化訓練。階　段	二月中 ｜ 三月底 (5-6週)	素質:速度、速度力量、彈跳力、耐力和速度耐力各專項素質。 技術:跨欄、投擲(長投)、跳躍項目、半完整和完整技術。
		春訓檢查比賽階段	四月 (4週)	參加單項、小多項和全能比賽、進行各項高質量大強度訓練跑、跳、投均以完整技術訓練為主。獲得競技狀態。
競賽期	5月1日 ｜ 10月底 (6個月)	賽前訓練階　段	5月 4-5週	素質:專項速度、專項力量(特別是保持大力量訓練)專門耐力。 技術:高質量、大強度和最大強度減量參加2-3次單項比賽。
		夏季第一比賽階段	6月 (四週)	參加全國錦標賽等重大比賽、創造優異成績。
		夏季訓練比賽階段	七月 ｜ 八月 (8-9週)	素質:保持和提高專項素質、速度、專門力量、專門耐力、專項彈跳力。 技術:系統的進行各項完整技術訓練、參加國內外邀請賽。
		夏季比賽第二階段	9月 ｜ 10月 (5-7週)	參加全國比賽、國際比賽、系列單項比賽、鞏固和提高專項素質、系統的進行 完整技術訓練達到最好競技狀態提高成績創紀錄。
過渡期	十月中下旬一十月底三週	恢復調整、過渡		休假、探親、保持一般性活動、球類活動爬山游覽、越野跑。 檢討全年訓練、制定來年計劃。

星期一,1.慢跑1200-1600公尺柔韌和體操練習20分鐘,完成跳遠、鉛球模仿練習2-3組,每組6-8次;2.跑的專門練習30-40公尺×6,原

地跳遠、三級跳遠各 4-6 次;3.加速跑 60-80 公尺×4;4.學習和改進跳遠起跳技術,1-2 步跳遠連續起跳 40 公尺×4,6-8 步助跑跳遠騰空步 6-8 次;5.6-8 步助跑跳遠 8-10 次;6.鉛球專門力量 10-15 公斤壺鈴 4-6 次×3-4 組和徒手鉛球滑步、對牆推實心球模仿鉛球技術推 8-10 次×3-4 組,交替進行;7.反覆跑 150 公尺×4-6 或 100 公尺×8-10;8.放鬆練習。

星期二、1.慢跑 1600 公尺以上,柔韌體操和墊上徒手跨欄專門練習 20 分鐘;2.小步跑欄側、欄間過欄專門練習 5-7 欄×6;3.欄間 8-8.50 公尺(欄高一公尺)三步過欄 3-5 欄×6;4.撐竿跳高 2-4 步插穴舉竿 6-8 次×4 組,4-6 步助跑插穴起跳 6-8 次,8-10 步助跑插穴起跳－擺體－後倒 8-10 次;5.300 公尺×3-5 或 500×3。

星期三、晨操越野跑 3000 公尺以上、柔軟性和投擲、跳躍項目模仿練習、專門練習 20 分鐘。

下午訓練課:a.球類活動 30-40 分鐘準備活動結合徒手操完成 3-4 組槓鈴片、槓鈴杆綜合小力量;b.實心球 2-4 公斤各種投 30 次;c.鐵餅原地投(或 2-2.5 鈴片對網)25-30 次,標槍原地插槍 10 次,上步投 20-25 次或對網投 1 公斤橡皮球 40 次和標槍轉肩、轉髖、引槍專門練習結合起來訓練;d.雙槓、單槓、器械體操練習 15-20 分鐘;e.力量訓練:槓鈴力量為主 12-14 組、間隙時間進行跑、跳、投的技術模仿和專門練習;f.跨跳或墊步跳 100 公尺×4-6,放鬆練習。

星期四、1.慢跑 1600-2000 公尺體操和綜合小力量 4 組,鉛球滑步 15-20 次;2.跳高基本技術練習;邁步擺腿、擺臂 8-10 次×3,4-6 步跳高起跳,6-8 步助跑跳高過平或跳上"萬能架"15-18 次;3.反覆跑 100×8-10,放鬆練習。

星期五、晨操同星期三

下午、訓練課。1.準備活動同星期二 1、2;2.用起跑器或站立式起跑過第一欄和 1-3 欄×3-4　5 欄×4;3.撐竿跳高 6-8 步助跑抽穴、起跳擺體,10-12 步助跑過竿 12-15 次(或不放橫竿完成擺體－後側－舉腿－引體過竿練習);4.4×400 公尺或 3×500 公尺或 3×600 公尺。

星期六、早操越野跑 3000 公尺以上。柔韌和投擲、跳躍項目模仿練習、專門練習 25 分鐘。

下午、訓練課:1.慢跑 1600 公尺或足球活動 30 分;2.體操、柔韌、模仿練習 20 分鐘;3.墊上、跳箱、高臺完成撐竿跳高輔助練習 30 分鐘;4.力量練習同星期三;5.力量練習後完成 4-6 步助跑跳高觸高練習 6 次×3-4 組;跨跳。放鬆練習。

(2)深入專門化階段(18-20 歲)十項運動員每周八次課(兩－三次早操)周計劃示例:

　　星期一、上午 1.慢跑 1600－2000 公尺體操練習、短跑擺臂、擺腿練習(包括負重 2.5 公斤和沙護腿)30 分鐘,2.跑的專門練習 30－40 公尺(高抬腿跑要作到 40 次以上)×8,原地跳遠 8－10 次;3.加速跑 60－80 公尺×4;5.起跑器起跑 20－30 公尺×6－8;6.短中程跳遠 6－8 次,全程助跑跳遠 4－6 次。7.採用 15 公斤壺鈴作鉛球專門力量 6－8 次×3、原地推 6 公斤鉛球 20－25 次;8.計時跑 60 公尺×2－3,100 公尺×4;放鬆活動。

　　星期二、上午 1.慢跑 1600－2000 公尺柔韌體操墊上跨欄專門練習 25－30 分鐘;2.小步過 5－7 個欄×6－8;起跑(站立式也可)過 1－3 欄×4,5－7 欄×4－6 撐竿跳高:2－4 步插穴舉竿和 4－6 步插穴起跳擺體 12 次以上,全程助跑起跳進深彎竿 4 次、10－12 步或全程助跑過竿 10－12 次。

　　下午:1.準備活動球類游戲或實心球練習 30 分鐘;2.鉛球專門力量和模仿練習 10－15 公斤壺鈴 6 次×3,滑步鉛球模仿練習或推 6－7.260 鉛球 20 次;3.跳高基本技術練習 10－15 分鐘;6－8 步助跑跳高過竿或跳上"萬能架"15－18 次;4.300 公尺 4－5 或 500 公尺×3 或 600 公尺×3 放鬆練習。

　　星期三、晨操越野跑 3000 公尺以上(如因星期二練習很累、改爲散步、下午準備活動均速慢跑 3000 公尺。下午:1.慢跑、實心球練習 20 分鐘,2.鐵並標槍技術各 25－30 次或網前鐵餅、標槍專門投各 40 次;3.器械體操和吊竿練習 15－20 分鐘;4.標槍或鐵餅綜合性專門力量 4－6 組;5.大力量練:抓 4－6 組、臥推 4－6 組,深蹲和半蹲 4－6 組(力量練習間隙作各種跑、跳、投的模仿和專門練習—— 全能選手必須有這種見縫插針的勤奮精神);6.跳高或跳遠連續起跳練習 50 公尺×4(最好在軟跑道上;7.跨跳或擺腿跳 100×4 或三級—— 五級蛙跳×4－6;放鬆。

　　星期四、晨操越野跑 3500－4000 公尺或運動場單地慢跑 20 分鐘以上,柔韌、模仿練習。

　　下午、墊上運動、跳箱、高臺撐竿跳輔助練習、技巧練習 1－1.5 小時。

　　星期五、上午、同星期二,下午鉛球、跳高或鉛球、跳遠技術練習。反覆跑 500×1,400×1,300×1;200×1 或 100 公尺×6－8 放鬆。

　　星期六早操越野跑 3000 公尺均速慢跑。下午訓練課:同星期三。(教練可以根據運動員身體狀況酌情增減或改變部分手段以求達到更佳訓練效果)。

　　(3)女子七項選手馬苗蘭、董玉萍(國際健將)準備 1990 年亞運會深化、強化階段、小週期訓練計劃實例(兩週)。

　　1990 年 5 月 7－12 日周計劃:

　　星期一早操、慢跑 2000 公尺後 600 公尺要求兩分以內完成。柔韌、跳高、鉛球模仿練習 20 分鐘。

　　下午:訓練課:1.慢跑 1600 公尺,柔韌體操練習 20 分鐘;2.跑的專門練習40公尺×6,跳欄架(雙腿)80公分－110公分12－15次;3.加速跑60公尺×3,計時30公尺×2;4.全程助跑(跳遠)節奏練習4－6次(檢查步點和節奏)、短、中程跳遠6－8次,全程跳遠4－6次;5.鉛球專門力量10公斤×6×4組原地徒手和滑步鉛球模仿練習6－8次×3－4組(與專門力量交替進行)、原地推5公斤壺鈴15次。6.彎道加速跑60－80公尺×3,彎道起跑(用起跑器20公尺3－4,150公尺3－4(有1－2個突出強度)。

星期二上午:1.慢跑2000公尺、柔韌和墊上跨欄練習20分鐘;2.過欄專門練5－8欄×6－8;起跑(用起跑器)過3個欄×3,5個欄×2,全程兩次(欄間距為8.30公尺);3.跳高:專門練習6－8次,全程助跑4次、過竿技術練習15－18次(比最高成績低2－3個高度)。

下午、1.慢跑、體操、柔韌和槓鈴片擺振練習20分鐘;2.鉛球技術、20次以滑步為主;3.跳遠拋腿練習15－18次;4.間歇跑400×2(休息3分鐘)67"－65",600公尺×1前400公尺慢跑後200公尺要求35"－34";放鬆和按摩。

星期三:下午:1.慢跑2000公尺、實心球練習30次;2.標槍專門力量3－4組、標槍技術練習25－30次;3.力量:槓鈴提拉翻50－70公斤3×6組,臥推50－65公斤×4,深蹲高半蹲80－130公斤3－1×6－8(高半蹲140公斤以上);4.跳高4－6步助跑觸高練6次×4組,跨跳100公尺×4或20－30次級跳。放鬆和按摩。

星期四:早操、越野跑或場地草皮慢跑3000公尺以上,跨欄和跳高輔助練習40分鐘。

星期五:上、下午同星期二

星期六:早操慢跑2400－3000公尺,柔軟性練習和投擲模仿練習。下午、訓練課同星期三。

五月14日－19日週計劃:根據運動員身體狀況、自我感覺適當改變上周(5月7－12日)基本內容、基本相同。

五月21－26日為比賽週。計劃為:

星期一、星期二各訓練一次,比正常量減少一半,注意技術質量和體力的恢復,星期四作準備活動,星期五、六參加單項比賽。比賽項目:馬苗蘭:100公尺欄、跳遠、鉛球

董玉萍:100公尺欄、跳遠、鉛球。

這一周比賽訓練的結果是:董玉萍100欄13"3,跳遠6.36公尺、鉛球15.38公尺,150公尺2'18"38;馬苗蘭為:13"5(予)13"5(決)、14.45公尺;6.01(頂風未踩上板)和2'18"13。

(4)賽前安排(賽前一個月)計劃實例(表3－13－15)

馬苗蘭、董玉萍破亞洲紀錄前一個月的安排

賽前一個月的訓練安排十分重要,既要保證比賽中體力充沛(量不能減

的太多),又要保持技術練習的高質量,大強度。在賽前第三個周末(6月9日)比賽中馬苗蘭鉛球 14.85 公尺、200 公尺 24″6,董玉萍兩項爲鉛球 16.02 公尺和 200 公尺 24″6 提高了成績。比賽前的兩週的星期二、三進行模擬訓練(6月12日-13日),選拔賽在兩周後的星期二、三進行)使賽前訓練盡可能安排得盡善盡美。兩週週後的星期二、三終於雙破亞洲紀錄奪得冠、亞軍。入選爲亞運會正式隊員,爲奪金牌奠定了基礎。

表 3-13-15

周次順序	日　　期	訓練次數	運動負荷	訓練性質
四	5月28-6月2日	9	最大	系統訓練週
三	6月4-6月9日	6	中	比　賽　週
二	6月11-6月16日	8	大	模擬訓練週
一	6月18-6月23日	6	小	恢復調整週

我們用類似的安排方法、制定了龔國華的賽前計劃、也使他在 6月24-25日的選拔賽上以 7908 分的成績打破他本人保持的全國紀錄,並奪得冠軍。

馬苗蘭、董玉萍破亞洲紀錄時最後一週的訓練安排

表 3-13-16

星期	一	二	三	四	五	六	日	一	二三
日期	6月18	6月19	6月20	6月21	6月22	6月23	6月24	6月25	6月26日27日
訓練內容	課助技次速和度一跳跑衝速鉛	課技的爲高練術(技×強度200 434一跨術練王直者	課技的爲高練次一跨術練槍標術(力)量	技少量越野跑和慢跑活動。	和一動野跑少量	一欄間的練高習課技的	慢跑練量 體操練習 跑抗仿刀	休息	準備活動	比賽
量/強度	中/中	中/中	中/中	小/小	小/小	中/中			

(十)全能運動員的比賽

1、比賽次數和比賽相隔時間。

男女全能比賽要比單項比賽複雜得多,這就是我們對高水準的運動員的訓練按比賽劃分週期的原因,使全能比賽按計劃有準備地進行。完整的全能比賽一年舉行 3-5 次爲宜,兩次比賽間隔最好在三週,即是在競技狀態最佳時期也應這樣。專門統計表明一次十項比賽能量消耗超過馬拉松的 2.5-3 倍,不過十項比賽在兩天之間進行隨時消耗、隨時得到補充罷了。

2、比賽計劃的制定。

全能比賽成績的獲得是多年辛苦訓練的結果,比賽機會大大地少於其

它田徑單項,因此必須珍惜每一次比賽機會,賽前認眞分析自身情況、了解對手水平,制定出經過努力可以達到的指標,了解比賽時間、地點、氣候條件、參加人數、使比賽有條不紊的進行。

3、根據比賽日程安排作息制度。

比賽頭兩天準備好服裝、器材、號碼布。規定起床、早餐和比賽中間必要的飲食,並在第一天和第二天第一項比賽前 70 分鐘前到達比賽場地。

4、考慮好每天第一項比賽的準備活動時間、內容。

賽前準備活動不作高難度、危險動作。了解田賽項目的比賽輪次,根據參賽人數多寡、各對手的成績水準,決定高度項目的第一個高度(跳高比個人最高成績低 15 - 20 公分、撐竿跳高比最高成績低(50 - 60 公分)根據身體狀態決定免跳高度,確保前一高度和遠度項目第一次試跳(投)有可靠成績。高度項目計劃的試跳次數和每個輪次前的準備活動時間和內容。800公尺和 1500 公尺的體力分配方案。一次成功的全能比賽要杜絕大失誤、消滅中失誤、減少小失誤,力求全面高水準發揮水準。

5、全能比賽既比體力、技術、戰術、也是一場激烈的心理戰。

充分估計到對手超水準的發揮,對自己要有十足的信心,遇大風、暴雨惡劣天氣不要情緒懊喪、低落、因比賽條件是基本相同的。不論比賽好壞、沒有非終止比賽不可時(如嚴重受傷),不輕易中途退場。談拚搏時當仁不讓、遇到風險時當機立斷、沉着冷靜扭轉局面。近十多年,我國一批多項選手翁康強、龔國華、陳澤斌、葉佩素、朱玉靑、董玉萍、馬苗蘭在大賽中成功的表演,善於掌握全能比賽規律是年輕選手學習的榜樣。

(十一)全能運動員的選材

1、世界和我國優秀全能選手形態學依據

包括身高、體重和平均身高、體重以及身高和體重的指數爲我們選材提供了重要的身體形態學依據(見表 3 - 13 - 6、表 3 - 13 - 7)

2、原蘇聯學者庫布切諾夫的材料

16 - 17 歲男孩、身高 1.80 - 1.83 公尺,體重 70 - 75 公斤、雙臂展爲 1.92 - 1.98 公尺。13 - 14 歲身材高而瘦長比粗而矮小的更有發展。女子七項可以從經初級訓練 2 - 3 年,14 - 15 歲身高 1.70 左右的少女中挑選。身高預測可以達到 1.76 - 1.80 公尺,精心培養他們,全面掌握技術、有計劃有步驟的提高他們的專項素質。

3、除了測定他們的速度、反應外,還應注意觀察他們的接受能力、果斷性、獨立自主性、多方面的興趣、動員全力投入比賽的能力。

勤奮、吃苦、耐勞尤爲重要。缺乏意志和毅力的條件雖好也要半途而

廢。

4、經驗選材介紹。

翁康強、陳澤斌、馬苗蘭、董玉萍、朱玉青屬於少年時期十六歲左右較早確定七項，經過長期訓練，成長起來的選手。這叫"早期選材"。

還有另一種後期選材，18 歲或 18 歲以後，他們身材高大，從事過某些田徑單項，也獲得了一定的成績。作爲鉛球、鐵餅、體重很難上去、在力量和其他素質也打下一定基礎。作爲投擲項目達到高水準力不從心、但又有較好的彈跳、爆發力，具有靈巧、協調性、經過訓練 100 公尺速度可以達 11"0 或更好，能掌握複雜技術(諸如跨欄、撐竿跳)、不畏懼、耐力和速度耐力好，盡管步入全能大門晚了一步，但往往"大器晚成"。如現在全國紀錄保持者——龔國華，少年時練角力、後又改鐵餅、20 歲後(1984 年底)改練十項全能後，盡管除鐵餅之外九項都從頭學起，由於他勤學、苦練、接受能力強、有頑強的毅力，半年訓練之後就達到健將，第二、第三年連續創全國紀錄。1987 年奪得亞洲冠軍，1990 年再次把成績提高到 7908 分。1991 年 10 月亞洲錦標賽再次奪冠。

陳東：1968 年生人身高 1.93 公尺，體重 87 公斤。原從事標槍、後又改鐵餅、成績平平。1988 年底改練十項，本年第一次 6850 分，1990 年 7074 分，1991 年 7423 分，學習動作快，動作協調。最缺乏的是吃苦和忍耐精神，如能系統訓練提高承受大的負荷訓練的能力是最理想的十項身材、否則留給人們的將是惋惜。

（梁彥學）

十四　自由車

　　自由車運動是運動員借助於自由車發揮自己能力,進行比賽的一項運動。目前,在世界上正式舉行的自由車運動有公路項目比賽和賽車場項目的比賽。此外,另有花樣自由車、山地自由車、自由車球等等,一些沒有列入正式競技比賽的項目。

　　自由車項目是最早列入奧運會的項目之一。在其一百多年的發展中,不僅在世界範圍內得到了很廣的普及,而且取得了很高的成績。現在奧運會已允許職業選手參加比賽。因此,自由車運動在近些年內將會出現新的變化。

(一)現代自由車運動訓練的主要特點和發展趨向

　　從八十年代中期開始至今有紀錄的賽車場項目(奧運會項目)成績並沒有驚人的突破,基本維持在一個水準上(如,男子 1000 公尺一直在 58—60 公里/時的速度上徘徊;公路個人賽項目,無論是職業,還是業餘比賽,路綫的難度增加;女子項目逐漸增加,且難度也在提高;未來的奧運會比賽將由於職業選手的參加更加激烈;雖然目前年負荷量已達到 45000 公里(公路),但仍有增長的趨勢;在訓練量增長的情況下,目前已出現了保持較大量而增大強度訓練量比例的做法,且正在一些隊流行開來,如蘇聯的某些隊正朝這個方向探索;全年比賽量及比賽次數增多,目前業餘隊比賽次數有的已近百次(主要為爭先賽項目),職業運動員參賽更多。以比賽量作為訓練中的強度量正逐步普及起來,器材、設備更新的速度加快,對它們的研究更深入;訓練中對負荷的監控普遍採用測定血乳酸含量的方法,使訓練手段的採用更富針對性;東歐國家目前有衰敗的跡象,但歐洲的優勢在近些年內依然存在,亞洲國家要趕超它們尚需時日。

1、自由車運動的特點

　　自由車運動員的工作狀態與其他運動項目相比,其特點可概納為下述幾方面:

　　(1)自由車運動員的體重由自由車所支承,由體重所產生的運動中的阻力僅表現為摩擦力,當迎風面不發生變化或變化很小可忽略不計時,重心位置的變動不再產生其他前進的阻力。自由車運動員騎車時重心位置的變化,可以認為其對前後車胎的形變而造成車胎與地面摩擦系數的變化是微不足道可以忽略不計的,因而它不改變車與地面的總摩擦力,利用這一有利的條件,採用重心位置不同的專項技術,如離座騎行,合理利用由身體不同部位重力所產生的加速度來提高踏蹬的效率。在發展專項運動素質和改進、完善專項騎行技術一定要考慮到自由車運動員這一工作特點,從而避免技術訓練走彎路,運動素質訓練無謂耗費精力。

(2)自由車運動員騎行時的工作狀態受自由車限制,只有提高被限定範圍內的工作效率,才能取得良好的成績。

自由車運動員的騎行姿勢受車子各部位尺寸所限制,運動員軀幹自由活動的可能性小、腿部工作區域固定,雖然在這限定的範圍內付出努力都可使車子騎行向前,但正由於活動範圍窄小,訓練中每一個專項動作的效率均為突出的矛盾,因此,對運動員的專項技術就必須精雕細刻,每一個技術環節和構成要素都應該下功夫。例如,踏蹬時踝關節活動的效果就是必須經常注意、嚴格訓練的一個技術關鍵。

(3)自由車運動是一種以人力為動力的機械性運動,在訓練或比賽中可以利用車的各種因素發揮出有機體的機能潛力。

自由車運動是以車子為人體的載體的,人通過車子表現出自己的能力,因此,合理利用車子是運動員提高訓練效果及比賽成績的一個很重要的方面。例如,合理採用了適宜的傳動比及不同長度的曲柄,就能較充分發揮出運動員的力量、速度能力。

(4)自由車運動員可以利用場地、公路等地發揮自己的長處,克服短處,發展有利於自己的能力。

在運動訓練中只有竭力發揮運動員的長處、彌補短處,才能使訓練水準得到大幅度的提高。對自由車運動員來說,構成訓練水準的許多基本內容,如技術水準、運動素質水準,均可借助於地形來增加難度,提高熟練程度,發展和鞏固技術。在利用地形過程中,構成了自由車運動員特殊的訓練方式,所以這也是自由車運動員的工作特點之一。

(5)非極限用力是自由車運動員騎行過程中的最突出特點

在非上坡時自由車運動員除了在起動時從靜止到動的瞬間需要表現出極限用力外,途中騎行過程中都是非極限用力。對一些非奧運會項目來說,如公路多日賽等,極限用力在比賽過程中表現得多一些,但即使在坡路騎行需表現極限用力時,還得以頻率決定速度。應該強調,由於自由車運動各項目的比賽在極大部分時間內是非極限用力,那種認為自由車運動員的成績是由力量來決定的觀點是絕然錯誤的。"力量"只在每個項目的某一環節起重要作用。

2、自由車騎行中的力學特點

(1)自由車受力狀況

自由車運動員騎車時所受到的力分為動力和阻力兩大類。

動力包括:踏蹬推動力,下坡下滑力,順風的推力。

阻力包括:車內部的摩擦力及外部的摩擦力(外部摩擦力主要為:輪胎

與地面的摩擦阻力),騎行時迎風的阻力,上坡時的下滑力。

(2)阻力

內部摩擦力屬於機械方面的阻力。它包括車子本身的重量、推進系統的摩擦阻力,如各軸承的摩擦力(前、後、中軸皮、踏板軸)、鏈條各環節的摩擦力,以及鏈條傳動的效率。這些阻力通過保養車子和適當的調整,可以減小到最低限度。這一部分阻力的大小基本上是固定的,而且是由自由車的機械結構所限定的,所以在訓練分析時一般不予深入考慮。

外部摩擦力即指自由車運動時輪胎與地面接觸時所產生的滾動摩擦力。可用下述公式計算:

$$F_{摩} = K_n \times r/h$$

其中:K_n 為運動員的體重與自由車重量的和,單位:公斤;

　　r 為輪胎的半徑,單位:公分;

　　h 為輪胎的地面理論支撐點與輪胎前沿實際接觸點之間的距離,單位:公分。

迎風阻力可用下述公式計算:

$$F_{阻力} = K \times S \times V \times V$$

公式中 K 為空氣密度系數(一般情況下可取 0.07),S 為運動員和自由車正面投影面面積(平方公尺),V 為騎行速度(公尺/秒)。

(3)動力與運動員的踏蹬

自由車的主要傳動機械是鏈條傳動。由曲柄帶動鏈輪作主動運轉,再由鏈條帶動飛輪和後輪作從動運轉。自由車向前的動力就來自於運動員踏蹬而產生了作用於後輪的推力。由鏈輪、飛輪、曲柄組成的這種傳動結構,可用下述關係式來計算最終的推力:

$$F = \sum f \times L1 \times L2/(L3 \times L4)$$

其中:F 為後輪所獲推力

　　$\sum f$ 為踏蹬用力總和

　　L1 為曲柄長度

　　L2 為鏈輪半徑

　　L3 為飛輪半徑

　　L4 為後輪半徑

踏蹬用力總和是指在整個圓周運動中,曲柄處於圓周各點的受力之和。從力學的觀點看,自由車運動員的踏蹬原理是產生繞中軸的轉動力矩,這是由槓桿臂產生的轉動力矩。此時槓桿臂就是曲柄,它是有固定長度的。而運動員對踏蹬板所用的力則始終由於運動員的某些具體條件而產生變化。由於踏蹬時鏈輪、曲柄以圓周方式運動,腳所產生的作用力始終與曲柄間存在一個隨時間變化而變化的角度。角度的變化使圓周各點上的力矩也隨之變化,只有當作用力向下與曲柄成垂直時才產生最大的力矩,其餘各點均分別要根據由踏蹬板轉動的角度而產生的垂直、水準所決定的合力計算力矩。因此,在圓周各點上踏蹬板角度的變化直接影響着動力的大小。衆所周知,自由車運動員踏蹬時不僅有向下的踏蹬作用力,在鏈輪處於後半周時,腳主動提拉也產生作用力,這一部份力同樣是踏蹬的組成部份。此時,提拉腳對踏蹬板角度依然有很大影響,從而使提拉作用力隨踏蹬技術的好壞產生不同的效果。與此同時,在曲柄整個圓周運動過程中,由於人體踝關節解剖學結構的限制,使踏蹬板角度的變化也有一定的活動範圍。踏蹬角度不僅影響到作用力的大小,也直接對踏蹬圓滑度產生影響。

　　由於踏蹬時肌肉工作的條件和向踏板用力的肌肉力量被利用的效果不一樣,如:在曲柄垂直位自由車運動員小腿要表現出很大的力量不太方便;曲柄處於後水準位,雖然可取得最大動力力矩,但由於踏蹬移動路綫向上,就不可能使運動員發揮出較大的用力;因而運動員的踏蹬動作中,會象其他機械圓周運動一樣,產生曲柄處於某種位置時的"上死點"和"下死點"。"上、下死點"的存在,嚴重影響運動員的持續、均衡用力,使踏蹬動作不"圓滑"。"圓滑度"直接反映出運動員踏蹬動作的好壞和效率。

　　在對各種不同等級運動員踏蹬動作的研究中發現,上、下死點並非如通常人們對機械圓周運動的認識那樣:上死點在 0 度位置;下死點在 180 度位置。高級運動員的上死點處於 340 度至 345 度的範圍內,下死點在 180 度至 185 度的範圍內。左、右踏蹬板與曲柄所產生的下壓用力均在 345 度向前至 180 度之間的 195 度範圍內,而提拉用力範圍則在 185 度至 340 度之間的 155 度範圍內。高、低級運動員上、下死點位置不一,主要的問題在於踝關節的合理活動上。可以認爲,踝關節是解決踏蹬圓滑度的關鍵。高級運動員左、右腿的用力與低級運動員一樣都存在着非對稱性。

　　踏蹬技術的好壞,除了上述動作技術特徵外,還應考慮在踏蹬最大節奏時動作技巧的穩定性。

　　要使踏蹬動作合理與協調,有較好的穩定性,一定要使踏蹬的各肌肉群緊張與放鬆正確交替。

　　(4)傳動比的運用

　　①傳動比的作用

　　由於傳動比直接影響自由車向前的運動速度和運動員的工作狀態,所以它是自由車訓練和比賽中一個必不可少的研究環節。其作用:

　　A.用適宜的傳動比可充分發揮出運動員潛在的機能能力。

　　B.在各種自然環境條件下,用適宜於不同變化情況的傳動比,可以使運動員踏蹬中所產生的動力取得最佳的效益。

　　②影響傳動比選擇的因素很多,大致可歸納爲下述幾點:

　　A.運動員從事的專項特點;

　　B.運動員的個人特點;

C.各項目達到高水準成績的最佳頻率；

D.地形、路面覆蓋材料及氣象條件；

E.運動員的年齡和特點；

F.訓練與比賽存在的區別。

選擇傳動比可用上文推力公式進行計算。當齒輪比值相同時，應考慮飛輪半徑與鏈輪半徑比值大的工作效率高；傳動比不變時，曲柄長者效率高。

傳動比可見表3－14－1。

表3－14－1　　傳動比表

行程\飛輪	6		7		8		9		10												
鏈輪	12	13	14	15	16	17	18	19	20	21	22	23	24	25	26	27	28	29	30	31	32
20·40	7.12	6.57	6.10	5.69	5.34	5.02	4.74	4.50	4.27	4.07	3.88	3.71	3.56	3.42	3.28	3.16	3.05	2.94	2.83	2.75	2.66
41	7.30	6.73	6.25	5.84	5.47	5.15	4.86	4.60	4.37	4.17	3.98	3.80	3.64	3.50	3.36	3.24	3.11	3.01	2.92	2.81	2.75
21·42	7.47	6.90	6.40	5.98	5.60	5.27	4.98	4.72	4.48	4.27	4.07	3.90	3.73	3.58	3.45	3.33	3.20	3.09	2.98	2.88	2.79
43	7.65	7.06	6.56	6.12	5.74	5.40	5.10	4.83	4.59	4.37	4.17	3.99	3.82	3.67	3.53	3.39	3.28	3.16	3.05	2.96	2.86
22·44	7.83	7.23	6.71	6.26	5.87	5.52	5.22	4.94	4.70	4.47	4.27	4.08	3.91	3.76	3.61	3.48	3.35	3.24	3.13	3.03	2.92
45	8.01	7.39	6.86	6.40	6.00	5.65	5.34	5.05	4.80	4.57	4.37	4.18	4.00	3.84	3.69	3.56	3.43	3.30	3.20	3.09	3.01
23·46	8.18	7.55	7.01	6.55	6.14	5.78	5.45	5.17	4.91	4.67	4.46	4.27	4.09	3.93	3.78	3.62	3.50	3.39	3.26	3.16	3.07
47	8.36	7.72	7.17	6.69	6.27	5.90	5.57	5.28	5.02	4.78	4.56	4.36	4.18	4.01	3.86	3.71	3.58	3.45	3.35	3.24	3.13
24·48	8.54	7.88	7.32	6.83	6.40	6.03	5.69	5.39	5.12	4.88	4.66	4.45	4.27	4.10	3.94	3.80	3.65	3.54	3.41	3.28	3.20
49	8.72	8.05	7.47	6.97	6.54	6.15	5.81	5.50	5.23	4.98	4.75	4.55	4.36	4.18	4.02	3.86	3.73	3.60	3.48	3.37	3.26
25·50	8.90	8.21	7.63	7.12	6.67	6.28	5.93	5.62	5.34	5.08	4.85	4.64	4.45	4.27	4.10	3.94	3.80	3.67	3.56	3.43	3.33
51	9.07	8.38	7.78	7.26	6.81	6.40	6.05	5.73	5.44	5.18	4.95	4.73	4.54	4.35	4.19	4.04	3.88	3.75	3.62	3.52	3.39
26·52	9.25	8.54	7.93	7.40	6.94	6.53	6.17	5.84	5.55	5.29	5.04	4.83	4.62	4.44	4.27	4.12	3.92	3.82	3.69	3.58	3.45
53	9.43	8.70	8.08	7.54	7.07	6.66	6.29	5.95	5.66	5.39	5.14	4.92	4.71	4.52	4.35	4.18	4.93	3.90	3.77	3.65	3.51
27·54	9.61	8.87	8.23	7.69	7.20	6.78	6.40	6.07	5.76	5.49	5.24	5.01	4.80	4.61	4.43	4.27	4.12	3.97	3.84	3.71	3.60
55	9.78	9.03	8.39	7.83	7.34	6.91	6.52	6.10	5.87	5.59	5.34	5.10	4.89	4.69	4.51	4.34	4.19	4.95	3.91	3.79	3.66
28·56	9.97	9.20	8.54	7.97	7.47	7.03	6.64	7.29	5.98	5.69	5.43	5.20	4.98	4.78	4.60	4.41	4.27	4.12	3.99	3.86	3.73
57	10.14	9.35	8.68	8.11	7.62	7.15	6.76	6.40	6.08	5.78	5.53	5.29	5.06	4.86	4.67	4.50	4.33	4.20	4.05	3.92	3.80
29·58	10.31	9.52	8.83	8.26	7.72	7.28	6.87	6.51	6.19	5.89	5.63	5.38	5.16	4.95	4.76	4.59	4.41	4.27	4.12	3.99	3.86
59	10.50	9.69	8.98	8.39	7.87	7.40	7.00	6.64	6.29	5.99	5.72	5.48	5.25	5.03	4.84	4.67	4.50	4.33	4.20	4.05	3.92
30·60	10.67	9.86	9.15	8.54	8.01	7.53	7.11	6.74	6.40	6.10	5.82	5.57	5.33	5.12	4.93	4.73	4.56	4.41	4.27	4.12	3.99

有關自由車的各比賽項目的機能特點可參閱運動生理學中的有關叙述。

（二）自由車運動騎行的基本技術及其訓練

自由車運動員的技術大致可以分為三大類：騎坐姿勢技術，踏蹬技術和騎行技術。第一類技術在於合理地處理人與車子、迎風阻力的關係；第二類技術可建立踏蹬的最佳用力前提；第三類技術即是所有騎行能力的綜合。現對第三類中的基本技術進行闡述。

1、場地騎行的基本技術及其訓練

場地各項目的騎行技術都可以單個動作表述出來的。例如，爭先賽中根據場地作調整、停車。定車、彎道騎行，站立式的放鬆騎行，突然猛衝，出彎道疾駛、衝刺、急轉向，終點衝刺，等等。計時賽中還分團體和個人的原地。

(1)起跑技術及其訓練

①原地起跑

原地起跑可人為地分為三個階段：起動階段，過渡階段和疾駛階段。起動技術指運動員突發將車由靜態改變為動態的過程。這一階段一般在86公尺的距離內完成。過渡階段指運動員在擺脫靜態後，並已取得了一定速度，但未進入正常騎行姿勢時的加速階段。疾駛階段指運動員已進入正常騎行姿勢到發揮出最高速度。

②行進間起跑

行進間起跑通常利用場地坡度作俯衝來獲得高速度。預跑段可分為兩段：第一段一般是指所選俯衝點前的預先加速段。這段可稱為預加速段。第二段為所選俯衝點到起跑綫之間的區間。這段可稱為加速段。

第一段的預跑目的是要在俯衝點前獲得一定的速度，減輕俯衝開始時腿部的負擔，並為俯衝加速創造初速。第二段即利用場地坡度所產生的下坡慣性，通過急速踏蹬獲得高速。

(2)起跑的方法

①站立式起跑：站立式起跑是最常用且很實用的一種起跑方法，被廣大運動員所採用。其特點是利用臀部離開車座、重心前移的動作來完成，這時正常騎行時大部分集中於後輪的重量，部分地轉向前輪(這時前輪承擔小於50％的身體重量)。臀部的位置位於車座前上方，手臂協調推拉車把。當右腿用力下踩時，為能充分有效地進行踏蹬，右手臂需向上(偏左側)提車把；而左手臂則向左下方壓車把。為能控制好車子的直綫行駛，兩手臂用力握把的方向應該是：當右手向上拉把時，車子應向左側傾斜，而當左手向上拉把時，則車子向右側傾斜。

②離座式起跑：離座式起跑動作與站立式起跑相似，所不同的是站立後其臀部處於車座上方位置，並保持一小段時間後才逐步前移。運動員身體重心的前移，是隨着速度的發揮而變化的。即：隨着速度的提高，身體重心也隨着前移。顯然這時的臀部位置也離開車座上方而前移，前移的程度因人而異。重心的適當前移為腿部的充分發力創造了條件，使用力更充分，動作更舒展大方協調、踏蹬圓滑。

上述兩種起跑方法的綜合又可衍生出第三種起跑動作。其特點表現為：由離座式動作開始，過渡到站立式動作來完成起跑。運動員出發時用離座式且保持的時間長於第一種姿勢，在由離座式到站立式變化過程中，應該避免臀部的前後(來回)移動。頻繁的帶慣性的前後移動，不僅影響了起跑技術的正常發揮，同時還由於前後的移動，削弱了前進方向的動力。影響前行的速度。

③行進間起跑：預跑段通常在運動員爬至場地坡度的最高點前開始。進入預跑段後，運動員可先採用站立式騎行方式再用坐姿方式進行一定的加速騎行，也可採用正常坐姿進行加速。採用站立式騎行方式既可以從爬坡直接進入預加速，也可爲加速段作動作和心理準備。運動員在站立式騎行稍加速後即可用坐姿方式作適當放鬆，準備俯衝。

當運動員預跑段結束後，抵俯衝點時，利用坡度順勢轉向內道，臀部抬離車座，雙臂彎曲，上體充分前壓，以減少俯衝開始時後輪所受重力的分力。採用站立式騎行俯衝時，可左右搖擺車子，以重心工作的較大工作距離獲得較大踏蹬力量。此時雙臂應緊握車把，支撐相當部分體重，維持身體穩定。由於是下坡站立騎行，因此擺車時嚴禁車把轉向，應使整個車子作擺動。俯衝踏蹬時，主要注意力集中在踏板的下壓動作上，盡可能提高踏蹬頻率。俯衝過起跑綫後，運動員仍需保持當時動作騎行相當一段距離後再轉入正常的騎行姿勢。選擇的俯衝點，一般爲正對騎行跑道的坡上的最高點。也可依場地特點或個人習慣等因素選擇。但原則上不應在俯衝時曲綫騎行。這樣可充分利用車在斜坡上的下滑力，也可避免摔倒。

④團隊賽起跑：賽車場團隊賽是由三個人或四個人組成的隊伍，因此，團隊賽的起跑是組合體，三或四人需融爲一體，其間需相互照應、默契配合，需要整體計劃和統一行動。

根據比賽規則規定，出發隊形可排成橫隊或梯形隊形。位於第一道的運動員必須領騎半圈以上。出發後，位於第一道的運動員需充分發揮起跑速度，帶領全隊人員完成隊形的組合，應該避免隊伍鬆散脫節現象，必要時適當調整速度。除了處在第一道的領騎者外，其他成員需及時觀察隊形情況，要求盡早進入一道完成編隊任務，嚴禁超越領騎者（半圈內），以免造成犯規。

⑤常用的訓練手段及方法：起跑訓練的地段，可採用 80 公尺，半圈或一圈，進行反覆訓練，根據練習時的強度大小，區別間歇時間的長短，一般可在 4′—5′ 之間進行。

團隊賽的起跑練習，則應該全隊（四人）同時進行，並按道次順序進行排列，扶車的起跑訓練更結合實戰要求，應該作爲起跑訓練的主要手段，但採用行進間起跑編隊，及全隊自行起跑（不扶車）的訓練相結合，互相調擠運用，這時起跑技術的掌握和適應能力的提高都是有益的。起跑與編隊訓練應結合在一起，融爲一體。

團隊起跑訓練，採用的地段可有（1）起跑編隊半圈，（2）起跑編隊一圈，（3）起跑編隊二圈（每人有半圈領騎機會），既練了起跑編隊，又可鍛煉配合技巧，領騎及換道技術等。

有條件的應配以錄相設備，便於觀察，發現和糾正錯誤的技術動作。

利用公路上訓練起跑,一般可選擇有小坡度的地段進行,以上坡的形式起動,距離約在 100 公尺至 200 公尺之間進行,反覆若干次。坡度約在 7% 至 8% 左右。

(3)途中騎行技術

掌握好中長距離計時賽的途中騎行技術,應解決好以下幾個方面的問題:①騎行姿勢的穩定性,②踏蹬用力的協調性,③速度控制的合理性。上述三個方面的問題,既有其各自的特性和要求,又互相牽扯和互相統一的技術要求,是不可分割的。

在自由車運動成績發展到相當高水準的今天,要求運動員將上述三個方面的技術,全面熟練地掌握,融爲一體。尤其在中長距離比賽項目當中,更爲突出,保持高勻速騎行的戰術風格,成爲當今場地中長距離優秀運動員的獨特騎行風格,是先進的途中騎行技術的典範,已爲實踐所證實。

關於騎行姿勢的穩定性雖然在不同的比賽項目當中,由於途中騎行距離的長短不同,因此,這個地段的平均速度要求也不同,但每個運動員在完成這個部分距離過程中,要求運動員掌握穩定的騎行姿勢,則是共同的、統一的東西。穩定的騎行姿勢,要求運動員穩坐於車座上,上身不應左右搖動過大而造成車子的左右偏移,形成曲綫行駛,兩腿用力均勻,與上管平行進行上下擺動,臀部不應頻繁前後移動,而影響了車子的正常向前疾馳。兩臂略向外側彎曲,形成相對固定的肘關節角度,應避免頭部上下移動(點頭)。

關於踏蹬用力的協調性—— 指的是兩腿用力下踩時,兩腿的用力強度應相對平均,協調用力,在整個途中騎行(尤指中長距離項目)過程中,應設法始終保持踏蹬力度的平衡,使車子能正常勻速疾馳,同時兩腿能形成機械式的工作狀態,避免因兩腿用力不均勻,造成速度的變化及腿部肌肉負擔過重,出現過早疲勞現象。

關於速度控制的合理性—— 途中騎行中,很重要的一條是騎行過程中速度的控制,不應毫無計劃隨心所欲地疾馳,多少年來,各國的專家們,潛心研究如何在掌握好運動員途中騎行速度方面作了很多嘗試和努力,找出了一條符合實際的普遍規律,即勻速騎行法。運動員根據本人的能力以及比賽距離,控制好自身速度,使其速度始終保持在相對穩定的"勻速"狀態下,力求避免那種忽快忽慢或快慢不一的變速騎行技術,完成途中騎行地段。

(4)彎道騎行技術

①半徑不同的彎道的不同騎行技術:半徑大的彎道其彎道長度相對長些,而彎道半徑小的其彎道長度就短些。從騎行的角度來說,半徑彎道大些的彎道容易掌握,好拐彎。半徑愈小則拐彎難度就愈大,騎行通過半徑小的彎道時,應注意適當加大向左側壓把的力量,即:左手將車把拉向左側(拐彎一側),而右手則適當將車把推向左前方,形成左拉右推的架式。

進入彎道時,人車的傾斜能形成離心力與傾向支撐點的重力的分力,彎道半徑愈小,速度愈大,車子的傾斜度也應該愈大。

②進出彎道技術:進入彎道之前,車子可以說是在平道狀態下騎行,從騎行的技術要求上與正常騎行的要求,沒有多大差別,但當從直道進入彎道時,是從一種道面狀態轉入另一種不同的道面,具體地說直道是直線騎行,基本是平道(至多也只有 8°至 10°的傾斜),然而彎道則是圓弧狀道形,道面的傾斜角度比較大,一般在 35°至 45°之間,這樣從一種情況突然轉入另一種截然不同的道面,要求運動員有思想準備,才不至於感覺突然,措手不及,形成上下擺動的曲綫騎行,還需始終目視前方,隨時做好調整兩臂用力程度,人車傾斜的角度等。進入彎道的騎行,重心可適當比直道騎行時低些。

爲了更順利地完成從直道進入彎道這一過渡區間,進入彎道之前的騎行可適當行駛於接近紅綫位置,進入彎道後,可自然將綫路逐漸移向里側。

出彎道時的技術要求,從掌握上易於前者,這要在於調整兩臂用力方向及力度,這時右手應向懷裡拉把,而左手則向前方推車把,兩臂維妙協調配合,形成自然動作,自然過渡。

③彎道中央:一般情況下,彎道中央前後 5 公尺左右,較多出現騎行穩定性失控的現象,更多的情況是在進入彎道至彎道中央這一區間出現上述毛病。這是由於重心調整不當,人車傾斜角度處理不好;車把控制有偏差造成的。兩手臂用力不協調,還因爲彎道技術跟不上造成的,形成突發性的擺動,造成上下擺動,影響正常前進速度。需重新調節平衡,爲避免上述情況的出現,需按進出彎道技術要求來實現。

(5)衝刺技術

衝刺技術是自由車運動員應該掌握的基本技術之一,要求運動員必需掌握熟練的操車技術,能靈活機動、隨心所欲地控制車子。由於衝刺時需要大大提高原來速度,運動員除了應該善於控制車子的穩定性外,同時還應利用離座式或站立式騎法實現在較短時間內,把速度提高到預定的程度。

衝刺時是採用穩坐於車座上,還是採用離座式或站立式騎法,這應該取決於當時的速度情況或路面特徵而定。如果當時速度已相當高,只需在原有速度基礎上用盡全力追趕對手或衝向終點時,可以穩坐於車座的姿勢來完成,這時手臂應彎曲,肘關節略向外彎曲,其角度一般是小於 90°,上體重心偏低,以減少風的阻力。身體的重心略比正常狀態前移,運動員坐於座墊的三分之二處。

如果衝刺前的速度不高,爲了提高衝刺速度,適當節省體力並能較快地達到高速的目的,則可採取站立式加速。這時兩臂應協調地左右平衡車把(提拉車把),肘關節略向外彎曲,兩腳正常充分下踩,在站立式開始的頭幾輪踏蹬過程中,還應注意:①上腿部提拉的動作,作爲下踩力量的補充,增大加速用力。②這時肘關節的角度一般大於 90°(約在 135°至 150°之間)。通過幾次踏蹬後,隨着速度的提高,應注意將上體重心壓低些,這時肘關節角度變小(約在 80°至 90°之間)。臀部的高度幾乎與背部相平衡,當速度已發揮至最高點時,已恢復穩坐於車座上,這時的騎行姿勢是:重心前移且低,肘關節角度往往小於 90°,目視前方。

2、公路騎行的基本技術及其訓練

公路自由車運動員的騎行動作有許多,且與場地技術有較大的差別。公路騎行技術常分為:出發技術;平路騎行;爬各種坡度和長度坡的騎行;下坡騎行;彎道騎行;跳躍;急轉;終點衝刺;團隊騎行;刹車,等等。

(1)出發技術及其訓練手段方法

出發技術可分為個人出發技術,成組出發技術(團隊計時賽,集體出發個人賽)。

①出發技術:

把自由車傳動比調整好後,放在起點綫後,運動員騎在車上,踏板皮帶捆緊,由裁判員扶車以保持自由車的平衡。在發令員喊"預備"口令之前,運動員放鬆,也可以扶住裁判在車上等候。將兩個腳蹬曲柄放在水準位置或者前腳蹬曲柄稍高(曲柄放在最有利於開始動作的位置上,約為 45°左右)。當聽到"預備"口令時,運動員迅速地從車座上抬起來,兩臂彎曲,上體向前移,同時把注意力集中在將要做的動作上。因此對第一個動作在思想上有了準備,就能很快而且正確地去完成。當聽到出發信號後,前腳的第一個下踏動作應適當用力,從第二步起兩腳開始盡全力的踏提。其手臂與踏提動作是,當左腳踏蹬時,左手用力向懷裡提車把,以便腳能用出最大的力量,這時右手也用同樣的力量向下壓車把。當右腳踏蹬時兩手的動作與上同,只是動作的順序相反。這時上體與兩腳配合一致,保持直綫行駛。呼吸與兩腳的配合要一致。整個動作應是協調、迅速地完成。出發後獲得了較高的速度運動員可坐到車座上,盡量以圓滑的踏蹬爭取較高的速度。

集體出發個人賽出發時因沒有裁判員扶車,運動員必須在出發後自己把足掌套入腳套,並勒緊皮帶。這一動作應在出發後迅速完成,不宜拖延(現有裝卡鎖裝置的鞋和踏板,出發後立即就能卡上)。事後即 与加速有利的位置。

②訓練手段、方法:

出發的技術訓練手段可在公路、有條件的也可在賽車場上進行訓練。

出發技術的訓練是通過多次的、反覆的進行練習掌握出發的技術。在技術課內進行專門出發技術的練習、也可以在其他課次開始安排或在結束時進行練習,又可以在行進間進行練習。

比如,一堂技術課主要內容可安排出發技術練習(全年比賽完或在冬訓期間)。又可以安排在訓練課開始做出發技術練習 4—5 次,或在課結束部分安排 4—5 次出發技術練習,也可以在訓練課當中安排若干次的行進間的起動練習。

結合路面情況進行練習。比如開始在掌握出發技術時可利用下坡(坡度不大)進行練習。根據掌握出發技術的程度來增加練習難度(上坡、雙人、多人的)。

在練習出發技術開始,使用傳動比要小些,待掌握好技術後傳動比與比賽時使用的要相同。

場地進行出發技術的練習,對公路運動員在技術上和能力上起着公路上訓練達不到的效果,這是因為場地比公路在各個方面難度大,要求運動員技術高。練習和公路進行的大體相同。

(2)途中騎行技術及其訓練手段和方法

公路項目一般距離都較長,路面複雜,途中騎行由許多騎行技術構成。實際上公路途中騎行技術包括了公路運動員所掌握的絕大部分技術,對運動員的身體訓練水準、心理素質都有極高的要求。

途中技術包括個人賽、團隊賽和個人賽中途中騎行的技術內容。有些內容如上、下坡技術、團隊賽等途中專項性的技術,因篇幅限制在此就不再敘述。

①個人途中騎行技術

a.個人途中騎行技術要點

一般來講,我國公路比賽,除集體出發個人賽和多日賽的某些區段外,大多數區段選擇較為平坦的路綫。平坦路綫的途中技術要求就是充分發揮運動員的潛在身體能力。為此,公路途中騎行技術的關鍵是應該使踏蹬保持在100——105次/分的頻率。研究表明,在這種踏蹬頻率時,可系統地使肌肉群的用力程度得到最佳交替,有可能提高運動員在整個比賽距離中工作能力的作功率,並表現出較高的穩定性。

要使有機體保持最佳工作頻率,途中騎行時就必須根據體力變化調整傳動比。運動員騎行速度是在適宜傳動比的條件下,以一定踏蹬頻率對踏板用力程度的綜合。比賽中,以隨意頻率進行工作,將急劇地改變踏蹬節奏和運動員有機體的工作方式,使運動員很難始終處於積極的工作狀態。只有在最佳踏蹬頻率與變化的工作強度相結合,才可使心臟的活動更輕鬆由此保持最佳踏蹬節奏。應當指出,上述最佳頻率對新手和健將都是必要的,而傳動比的使用則要根據運動員的訓練水準和預定成績作出計劃。

途中騎行速度對每個運動員來說,都會具有一定的規律性。在考慮比賽分段強度時應根據運動員這種固有的規律進行體力分配。體力分配時應明確指出運動員將使用的傳動比。不能讓運動員在比賽中隨心所欲地變換傳動比,因為這將打亂運動員的體力變化節奏,甚至產生消極休息的不良後果。

途中騎行時應保持良好的座姿,必要時可採用站立式騎行方式放鬆肢體。在連續騎行過程中應讓運動員學會在保持良好座姿的前提下輪流放鬆不同部位肢體的方法,只有有良好的放鬆能力,才能保證運動員始終協調地進行工作。

　　途中騎行中呼吸也是應當重視的一環。總的原則是運動員應竭力由肺部向外呼氣。只有充分排除廢氣,才有可能吸入大量的新鮮空氣,保證氧的供應。必要時運動員可稍抬起上體,加深吸氣。具體的呼吸方式可因人而異,但必須在平時訓練中就得到訓練和固定。

　　b.訓練手段與方法

　　要利用不同的傳動比對不同的素質作有目的的訓練。其中最主要手段是要以 52—53∶19—18—17 的傳動比(不斷轉換)騎行 4—4.5 小時,使有機體適應 100—105 次/分的踏蹬頻率。然後提高力量耐力:用 52—53∶13—12 的傳動比跑段落或作山路騎行。此時,力量性段落要與變換傳動比又具有最佳頻率的段落交替進行。而後向速度耐力的發展過渡:用 52—53∶16 的傳動比,踏蹬頻率為 100—105 次/分跑段落。當適應這種傳動比後,可減去後飛一齒,再訓練。適應後則可再增加大傳動比,但用比賽速度訓練時,傳動比基本上不應超過 53∶14—— 8.08 公尺。

　　應當注意,把訓練距離過分地分解為各種段落,或不加改變地重覆某些段落,會在運動員有機體中形成積極工作與休息交替的動力定型。這種定型最終會阻礙運動員以某種速度跑完比賽全程。因此,提高速度耐力的段落,尤其是以比賽速度跑的段落,應當逐漸加長,並且要與以同一頻率騎行的段落相結合(這種段落傳動比小,可作為有機體恢復手段)。

　　②擺脫

　　擺脫是公路集體出發個人賽途中騎行中最常見的技術。擺脫是運動員技術的基礎。

　　擺脫是要求運動員在最短的時間內達到最大限度的速度的技術,因此,在完成擺脫時,幾乎要求運動員全身的肌肉群都處於高度的緊張狀態。為了作出有效的擺脫,運動員必須從鞍座上抬起來,身體向前作一定的前壓,軀幹、肩帶和手臂的肌肉群都參與工作,力圖使身體軀幹得到穩定,從而使骨盆處於相對穩定的狀態,以利腿部發力。此時,運動員要以最大力量下壓踏板,另一條腿同樣以最大力量上提。在壓踏板時,手緊握車把上拉。擺脫開始的第一腳可以不用極限用力,待第二腳開始再用全力進行踏蹬。這樣可以使全力踏蹬馬上獲得良好的加速效果,也節省體力。

　　並不是每一個運動員都能做擺脫的,因為擺脫的效果取決於運動員有否良好的訓練水準。擺脫的效果不僅在於運動員有沒有瞬間集中力量的能力,還在於腳掌、腰腹部、肩帶和手臂肌肉的發展程度。擺脫時,壓得太多,將妨礙運動員以最大力量完成動作,這是一個不方便最大用力的姿勢。擺脫時還應盡可能使骨盆不產生波動,否則將損失作用於傳動系統上的力量。擺脫時運動員肩左、右移動的動作也是不準的,因為這樣會使自由車左、右搖擺,使運動員作出附加用力,減低了擺脫的效果。

　　沒有有力、強勁擺脫能力的運動員,通常衝刺也較差。由於擺脫和衝刺時的踏蹬方式是一樣的,所以上述幾種錯誤都將使運動員的衝刺速度得不到很好的發揮。

　　③集團騎行

　　集團途中技術要求較高的全面技術和能力。因路面的特點和距離不同,比賽難度較大。運動員應具備有上坡、下坡、急彎、死彎、搶占有利位置、尾隨、以及變換傳動比等的技術。運動員應在腦子裡有一個比較清楚的比賽路綫圖。比賽中要盡可能獲得有利的位置。對騎行路綫的選擇,還要考慮自身安全,並防止車胎出現破裂。要根據途中經過的各個地段的特點,事先或及時確定變換傳動比的時機、轉彎和死彎時的速度;以及在不利情況下的尾隨,等等。

　　在下坡騎行,尤其是轉彎時,不論運動員採用什麼技術動作,為避免摔倒,運動員相互間要間隔5—6公尺。這樣可以在前面的運動員一旦出現摔倒的情況時,有可能繞過去。

　　公路騎行技術中還應包括衝刺,上、下坡,轉彎和集團尾隨等技術,限於篇幅就不介紹了。

　　不同距離內速度與時間的對應關係見表3－14－2①、3－13－②。

表3－14－2①　　　不同距離內時速與時間對應表

	166.66m	200m	333.33m	666.66m
30km/h	0′20″	0′24″	0′40″	1′20″
31km/h	0′19.35″	0′23.23″	0′38″71	1′17.42″
32km/h	0′18.75″	0′22.5″	0′37.5″	1′15″
33km/h	0′18.18″	0′21.82″	0′36.36″	1′12.73″
34km/h	0′17.65″	0′21.18″	0′35.29″	1′10.59″
35km/h	0′17.14″	0′20.57″	0′34.29″	1′8.57″
36km/h	0′16.67″	0′20″	0′33.33″	1′6.67″
37km/h	0′16.22″	0′19.46″	0′32.43″	1′4.86″
38km/h	0′15.79″	0′18.95″	0′31.58″	1′3.16″
39km/h	0′15.38″	0′18.46″	0′30.77″	1′1.54″
40km/h	0′15″	0′18″	0′30″	1′0″
41km/h	0′14.63″	0′17.56″	0′29.27″	0′58.54″
42km/h	0′14.29″	0′17.14″	0′28.57″	0′57.14″
43km/h	0′13.95″	0′16.74″	0′27.91″	0′55.81″
44km/h	0′13.64″	0′16.36″	0′27.27″	0′54.54″
45km/h	0′13.33″	0′16″	0′26.67″	0′53.33″
46km/h	0′13.04″	0′15.65″	0′26.09″	0′52.17″
47km/h	0′12.77″	0′15.32″	0′25.53″	0′51.06″
48km/h	0′12.5″	0′15″	0′25″	0′50″

	166.66m	200m	333.33m	666.66m
49km/h	0′12.24″	0′14.69″	0′24.49″	0′48.98″
50km/h	0′12″	0′14.4″	0′24″	0′48″
51km/h	0′11.76″	0′14.12″	0′23.53″	0′47.06″
52km/h	0′11.54″	0′13.85″	0′23.08″	0′46.15″
53km/h	0′11.32″	0′13.58″	0′22.64″	0′45.28″
54km/h	0′11.11″	0′13.33″	0′22.22″	0′44.44″
55km/h	0′10.91″	0′13.09″	0′21.82″	0′43.64″
56km/h	0′10.71″	0′12.86″	0′21.43″	0′42.86″
57km/h	0′10.53″	0′12.63″	0′21.05″	0′42.1″
58km/h	0′10.34″	0′12.41″	0′20.69″	0′41.38″
59km/h	0′10.17″	0′12.2″	0′20.34″	0′40.68″
60km/h	0′10″	0′12″	0′20″	0′40″
61km/h	0′9.84″	0′11.8″	0′19.67″	0′39.34″
62km/h	0′9.68″	0′11.61″	0′19.35″	0′38.71″
63km/h	0′9.52″	0′11.43″	0′19.05″	0′38.09″
64km/h	0′9.37″	0′11.25″	0′18.75″	0′37.5″
65km/h	0′9.23″	0′11.08″	0′18.46″	0′36.92″
66km/h	0′9.09″	0′10.91″	0′18.18″	0′36.36″
67km/h	0′8.95″	0′10.75″	0′17.91″	0′35.82″
68km/h	0′8.82″	0′10.59″	0′17.65″	0′35.29″
69km/h	0′8.7″	0′10.43″	0′17.39″	0′34.78″
70km/h	0′8.57″	0′10.29″	0′17.14″	0′34.29″
71km/h	0′8.45″	0′10.14″	0′16.9″	0′33.8″
72km/h	0′8.33″	0′10″	0′16.67″	0′33.33″
73km/h	0′8.22″	0′9.86″	0′16.44″	0′32.88″
74km/h	0′8.11″	0′9.73″	0′16.22″	0′32.43″
75km/h	0′8″	0′9.6″	0′16″	0′32″
76km/h	0′7.89″	0′9.47″	0′15.79″	0′31.58″
77km/h	0′7.79″	0′9.35″	0′15.58″	0′31.17″
78km/h	0′7.69″	0′9.23″	0′15.38″	0′30.77″
79km/h	0′7.59″	0′9.11″	0′15.19″	0′30.38″
80km/h	0′7.5″	0′9″	0′15″	0′30″

表3－14－2② 不同距離內時速與時間對應表

	1km	3km	5km	10km	25km	50km
30km/h	0/2′0″	0/6′0″	0/10′0″	0/20′0″	0/50′0″	1/40′0″
31km/h	0/1′56.13″	0/5′48.39″	0/9′40.65″	0/19′21.29″	0/48′23.23″	1/36′46.45″
32km/h	0/1′52.5″	0/5′37.5″	0/9′22.5″	0/18′45″	0/46′52.5″	1/33′45″
33km/h	0/1′49.09″	0/5′27.27″	0/9′5.45″	0/18′10.91″	0/45′27.27″	1/30′54.55″
34km/h	0/1′45.88″	0/5′17.65″	0/8′49.41″	0/17′38.82″	0/44′7.06″	1/28′14.12″
35km/h	0/1′42.86″	0/5′8.57″	0/8′34.29″	0/17′8.57″	0/42′51.43″	1/25′42.86″

	1km	3km	5km	10km	25km	50km
36km/h	0/1′40″	0/5′0″	0/8′20″	0/16′40″	0/41′40″	1/23′20″
37km/h	0/1′37.3″	0/4′51.89″	0/8′6.49″	0/16′12.97″	0/40′32.43″	1/21′4.86″
38km/h	0/1′34.74″	0/4′44.21″	0/7′53.68″	0/15′47.37″	0/39′28.42″	1/18′56.84″
39km/h	0/1′32.31″	0/4′36.92″	0/7′41.54″	0/15′23.08″	0/38′27.69″	1/16′55.38″
40km/h	0/1′30″	0/4′30″	0/7′30″	0/15′0″	0/37′30″	1/15′0″
41km/h	0/1′27.8″	0/4′23.41″	0/7′19.02″	0/14′38.05″	0/36′35.12″	1/13′10.24″
42km/h	0/1′25.71″	0/4′17.14″	0/7′8.57″	0/14′17.14″	0/35′42.86″	1/11′25.71″
43km/h	0/1′23.72″	0/4′11.16″	0/6′58.6″	0/13′57.21″	0/34′53.02″	1/9′46.05″
44km/h	0/1′21.82″	0/4′5.45″	0/6′49.09″	0/13′38.18″	0/34′5.45″	1/8′10.91″
45km/h	0/1′20″	0/4′0″	0/6′40″	0/13′20″	0/33′20″	1/6′40″
46km/h	0/1′18.26″	0/3′54.78″	0/6′31.3″	0/13′2.61″	0/32′36.52″	1/5′13.04″
47km/h	0/1′16.6″	0/3′49.79″	0/6′22.98″	0/12′45.96″	0/31′54.89″	1/3′49.79″
48km/h	0/1′15″	0/3′45″	0/6′15″	0/12′30″	0/31′15″	1/2′30″
49km/h	0/1′13.47″	0/3′40.41″	0/6′7.35″	0/12′14.69″	0/30′36.73″	1/1′13.47″
50km/h	0/1′12″	0/3′36″	0/6′0″	0/12′0″	0/30′0″	1/0′0″
51km/h	0/1′10.59″	0/3′31.76″	0/5′52.94″	0/11′45.88″	0/29′24.71″	0/58′49.41″
52km/h	0/1′9.23″	0/3′27.69″	0/5′46.15″	0/11′32.31″	0/28′50.77″	0/57′41.54″
53km/h	0/1′7.92″	0/3′23.77″	0/5′39.62″	0/11′19.25″	0/28′18.11″	0/56′36.23″
54km/h	0/1′6.67″	0/3′20″	0/5′33.33″	0/11′6.67″	0/27′46.67″	0/55′33.33″
55km/h	0/1′5.45″	0/3′16.36″	0/5′27.27″	0/10′54.55″	0/27′16.36″	0/54′32.73″
56km/h	0/1′4.29″	0/3′12.86″	0/5′21.43″	0/10′42.86″	0/26′47.14″	0/53′34.29″
57km/h	0/1′3.16″	0/3′9.47″	0/5′15″79	0/10′31.58″	0/26′18.95″	0/52′37.89″
58km/h	0/1′2.07″	0/3′6.21″	0/5′10.34″	0/10′20.69″	0/25′51.72″	0/51′43.45″
59km/h	0/1′1.02″	0/3′3.05″	0/5′5.08″	0/10′10.17″	0/25′25.42″	0/50′50.85″
60km/h	0/1′0″	0/3′0″	0/5′0″	0/10′0″	0/25′0″	0/50′0″

（三）自由車運動員多年訓練各階段的訓練安排

1、培養興趣和開始接觸自由車運動訓練階段

這個階段的任務是增進少年兒童運動員的健康水準，全面發展身體訓練水準，克服身體發育中的不足，力求擴大有機體各器官系統的機能基礎，培養協調能力，建立各種運動技巧，更重要的是使運動員形成對自由車運動訓練的穩定興趣。

在有條件的地區和單位，全年的工作量可安排至 300—350 小時。

在這階段中，訓練的特點為訓練手段和方法多樣化，廣泛採用各種運動項目的練習作為一般訓練和輔助性訓練練習。遊戲性的方法和使有機體各器官系統分擔負荷的方法佔多數，避免用千篇一律的單調內容，以及使體力和心理造成很大負荷的訓練。所選擇的練習要能為今後專項運動提供堅實的基礎。

一般訓練與各種輔助性訓練可爲總量的 75％左右,專項訓練量可占總量的 25％。

技術訓練的要求:①主要掌握各種技術的正確要領;②技術規範重點放在各種技術的局部組成上,而不是整體的、能顯示專項成績的熟練技巧;③要奠定多方面的技術基礎,廣泛掌握控車的多種多樣動作。只有這樣才能爲今後專項技術的提高打下良好的基礎。

具體的技術動作可分爲:掌握脫把騎行的技術;站立式騎行;沿牆、沿綫的騎行;從陡坡往下騎行;上陡坡騎行;急轉彎;各種半徑的轉彎;停車轉彎;各種方式的出發和衝刺;克服自然和人工設置的地形障礙騎行;等等。在這一階段和下一階段內,應該很好地或較熟地掌握在中等速度或不很複雜的環境條件下的專項的動作技術。

促使機能能力提高的訓練,應根據生長發育特點着重選擇有助於各器官系統形態發展的練習。要充分考慮運動能力自然發展的特點。身體訓練的主要注意力應放在速度的發展上。不要經常地、竭盡全力地去參加重大比賽,不要不適當地安排大負荷的訓練課。

這階段的年齡範圍大約在 11－13～15－16 歲左右。

總而言之,這階段的內容在很大程度上表現出一般訓練的特徵。但應隨時間逐漸使之專項化起來,以適應下階段專項訓練的要求。此階段內工作總量和強度逐漸增加,到本階段末,年訓練總量可達到 6000—8000 公里以上。大週期的特點是準備期限長,且不連續,比賽期沒有很明顯的特徵。

2、專項訓練的基礎階段

這一階段的任務是要爲下一階段極其緊張的訓練建立前提條件。訓練變得更加專項化,專項訓練的總量可爲上一階段的兩倍,達到總量地 50％。要在這個階段內確定將來從事比賽的專項。

在這階段的初期,一般性和輔助性的訓練內容與上一階段很類似,以保證銜接。階段後期開始比較專項化。確定專項的工作不要從直接進行該項目的專項訓練開始,而是從鄰近項目或類似項目入手,例如,爭先賽運動員可從公路較短的個人計時賽、公路訓練開始,逐步深入突出專項特點。

此階段訓練依然要注意運動員有機體生長發育各階段的特點。要把機能潛力基礎的訓練放在首位,而不是採用高強度的練習和比賽去竭力表現機能潛力。尤其要注意身體素質發展水準對運動成績的影響,要注意由有機體自然生長發育引起的身體素質增長的必然順序,以及正確處理好各種身體素質發展之間的關係。這樣可以避免今後運動訓練水準增長中出現不可克服的障礙。因爲這階段內的練習將嚴重影響肌肉發育的組織結構,而將來再對其進行重新改造是一件困難的事。例如,對確定將來從事短距離項目的運動員就應該小心謹愼地進行一般耐力的大負荷量訓練。因爲這一年齡階段的少年運動員很容易勝任有氧訓練,大量的有氧訓練將使他們輸氧系統的能力由此得到很大的提高,在這一基礎上,運動成績也必然急速增長。這往往給人以錯覺,但是由於大量低強度的工作,使肌肉組織的結構變得適合於耐力訓練,壓制了顯示速度素質的能力,最終使其專項成績的提高造成障礙。因此,在開始大訓練負荷的這一階段內,要安排機能訓練,必須一點一點進行,充分考慮運動員未來的專項。對未來短距離項目運動員的基礎訓練應當嚴格按短距離項目的訓練要求進行,廣泛採取直接的或間接的促進速度能力增長的各種手段。

本階段的訓練工作量可增至 600－800 小時,騎行總量可達 15000－20000 公里,一般身體訓練可爲工作總量的 20％,輔助性訓練的量可達總量的 30％,專項訓練爲總量的 50％。

這一階段的年齡範圍大致在 15－16── 17－20 歲左右。

3、專項訓練提高與個人最大能力的發揮階段

這一階段的訓練主要是強化所選定的專項,達到個人的最高成績。這一階段內重要的是要在訓練工作總量中增加專項訓練手段的比例,增加參加各種比賽的數量。訓練中應盡可能地最大限度地利用各種能促進適應過程加速、激烈進行的訓練手段,使訓練總量和強度達到個人的最大值。廣泛地採用最大負荷的訓練課,小週期中的訓練課可達到 12－14 次以上,包括早操,則可達到 15－20 次以上。

此階段內年訓練時間可達到 900—1400 小時,騎行總量最大值可達到 35000—40000 公里以上。一般身體訓練的份量減至總量的 15％,而專項身體訓練達到工作總量的 70％。

這階段最重要的是要使前幾個階段中所獲得的基礎── 有機體較爲成熟、完善的自然生長發育和多年訓練已獲得的技能、技巧及身體訓練水準,與本階段所安排的極限負荷能有機地結合在一起,使基礎與強化的各階段要求相吻合。只有這樣的吻合,運動員才有可能取得盡可能高的成績,反之,則成績會低得多。

本階段內,應有意識、有目的、有系統地運用最大限度的訓練負荷、廣泛的比賽、嚴格的工作作息制度、激烈的各種訓練(帶對抗性的、有陪練的)、練習臺架、恢復手段、降低和增加難度的手段(改變外部環境、訓練條件、不安排正常的例行休息、逐年增加負荷、一天中安排多次大的或較大的訓練,等等)。上述內容在本階段中不能任其自然進行,一定要有組織地安排,否則不可能保證各種主要任務的解決。

這個階段內的訓練效果就是取決於上述的基礎與強化訓練的結合。

本階段中出成績前的訓練時間的長短及特點取決於專項水準形成的必然特點。自由車有許多不同的專項、從事不同專項運動員在這一階段中的特點各不相同,達到最高成績的水準與時間差別很大。性別不同差別也不一樣。爭先賽運動員要達到高水準,與其它專項相比,其路就要長得多。

　　這一階段訓練的具體要求與安排,如各種工作的量,負荷變化動態,等等,均應通過對優秀運動員的表現和訓練經驗歸納和總結得到。由於現在對人體科學的研究還未徹底清楚,訓練工作中的許多問題還不可能完全闡述得有根有據,所以,對這一階段訓練的研究需要不斷完善。

　　這一階段的年齡範圍大約在 20—24 - 25 歲左右。

4、專項運動技術水準的延長與保持階段

　　這一階段訓練安排與上一階段區別不大。這一階段的訓練重點不再是擴大運動員有機體的機能潛力,而是依靠改正其訓練水準薄弱的方面,發揮已獲得的經驗。

　　運動員在多年訓練過程中,尤其是上一階段的繁重比賽任務,以及運動員年齡的增長,使有機體的機能潛力已不可避免產生了較大的損耗,有機體適應能力下降,因此,這一階段的訓練要爭取盡可能用原有的,甚至是比較小的訓練負荷來保持有機體主要系統已達到的機能水準,此時,要非常注意改進技術,提高心理訓練水準,克服身體和機能水準中的個別缺點,運用成熟的技術。這就可成功地保持專項運動成績水準。這階段的訓練極度地表現出個人的特點。首先是運動員訓練動機在這階段已表現出嚴重差別。此外,運動員的政治思想、道德、社會地位、經驗、個人的婚戀、家庭和社會等因素將對他們動機有極大的影響,有時這些因素將直接決定這一階段的訓練工作進行。此時,訓練手段的運用,應根據運動員的特點,一般來說有兩種傾向:①手段更為專項化。當運動員無嚴重傷病、機能水準下降不明顯時,這種傾向有助於運動員成績的保持。②手段更為一般化。當運動員傷病較多,機能水準保持不好時,採用廣泛的手段,將有助於訓練後運動員有機體機能水準的恢復,並能彌補某些不足。總而言之,這階段的訓練總強度相對上一階段要高一些,安排也頻繁一些。

(四)多年訓練過程中負荷的變化

1、多年訓練中強化訓練過程的基本方針

　　在安排多年訓練時,訓練過程的組織應當讓訓練大綱隨階段或大週期的進展越來越複雜。只有這樣才能使運動員的身體和技術能力按計劃進行,才能使他的有機體和主要系統的機能有所提高。必須考慮到,在一個大週期中對一定性質的訓練過程,各種手段和方法的組合,負荷的變化都適應後,在下一大周期中再採用它們,運動員的有機體就會對同樣的刺激反應變小,導致適應過程強度下降,成績增長速度變緩慢,甚至影響訓練水準的穩定和成績下降。因此要使整個提高過程逐步得到強化,必須採取下述基本方針:

(1)逐年、逐個大週期的訓練總量應有計劃的增長。

(2)按照多年訓練各階段的年齡範圍,在最大發揮個人能力階段及時轉入高度突出專項化的訓練。

(3)逐年增加大週期中訓練課的數量。

(4)有計劃地在小週期中增加負荷的訓練課。

(5)有計劃地增加以深入動員機體機能爲目標的訓練課的數量。

(6)廣泛採用比賽手段,促使專項耐力的增長,逐年增加比賽實踐和比賽等級。

(7)逐步增加負荷後恢復手段的種類。

(8)有計劃地提高訓練過程中的心理緊張度。

2、多年訓練中各階段的負荷

世界水準優秀自由車運動員的訓練負荷指標是自由車運動員負荷安排的依據。我國自由車各專項運動成績與世界先進水準有較大差距,研究和參考世界自由車運動員訓練負荷安排將會使我們從中得到益處,縮短我們追趕的時間。

表3-14-3中列出了世界高水準自由車運動員訓練工作的參考數據。

有關奧運會四年週期中訓練負荷的安排,也可從參加奧運會比賽的世界優秀自由車運動員的訓練中得到一般規律。

表3-14-3　　世界優秀運動員訓練負荷參數

	參　　　　數	小　週　期	全　　　年
場 地	訓練時間(小時)	30－－－40	1300－－－1400
	訓練量(公里)	800－900	20000－25000
	訓練天數	6－－－7	310－－－330
	訓練次數	12－－－18	550－－－600
公 路	訓練時間(小時)	30－－－40	1300－－－1400
	訓練量(公里)	1300－1500	40000－45000
	訓練天數	6－－－7	320－－－340
	訓練次數	12－－－18	500－－－550

可把奧運會四年週期以年爲單位分爲四個階段。第一階段爲第一和第二年,其目的是探索全年週期構成的最佳方案;從本質上提高有機體機能能力的總水準;全面發展身體、精神等方面決定運動成績的各種直接因素及間接因素。第三階段爲第三年,其時的訓練爲仔細的模擬完整的奧運會年的訓練構成;模擬奧運會年內的比賽安排。第四階段爲第四年,即奧運會年,這時就是要保證在奧運會比賽中最大限度地反映出已獲得的能力,創造出優異的專項成績。

這四年中,由於運動員在上一個奧運會週期中已經受過類似的緊張訓練,所以第一年往往作相對較輕的負荷安排,並在訓練中考慮適量的積極性

休息。奧運會四年週期中各年中負荷量的安排可以表3－14－4中所列的方案進行:

表3－14－4　　奧運會週期內各年訓練量安排方案

年　份	第一年	第二年	第三年	第四年
第一方案	0.25	0.35	0.20	0.20
第二方案	0.45	0.35	0.20	0
第三方案	0	0.5	0	0.5

注:①表中所列比值爲較上年相比的增長值;
　　②"0"爲負荷量較上年相比減少或相同。

　　正確地構成多年訓練,很重要的一條是要在各個階段的訓練負荷安排中把各種不同性質的負荷合理地結合在一起,它們要有適宜的比例。要強調的是,在運動訓練水準較低時,青少年運動員有氧代謝的相對指標幾乎不遜於成年運動員。在多年訓練過程中達到有氧能力的極限要比無氧能力早得多。因此,要進一步提高運動員的工作能力,主要應該考慮其它部分的訓練。另外,對訓練負荷量來說,在高級自由車運動員的訓練過程中,不同性質量的構成變化可能會很大。無論何種性質的量的增長,隨着訓練總的增加,都應該以波浪式的動態予以安排,不能忽略相互間應有的比例。尤其是對場地追逐賽運動員來說,如果訓練總量減少的話,公路訓練量還是應該保持相當大的比重,因爲,很重要的是公路量與場地的成績提高有緊密的聯繫。

　　自由車運動員的全年訓練構成可參閱一般運動訓練學中的原理。在此提供表3-14-5作爲全年大週期劃分的參考。圖3-14-1、3-14-2、3-14-3爲大週期內的訓練結構及不同大週期負荷安排的示意圖。

表3-14-5　　單、雙、三週期在全年中的劃分

	全年月序	1	2	3	4	5	6	7	8	9	10	11	12
單週期	競技狀態發展階段				①						②		③
	訓練時期				I						II		III
雙週期	競技狀態發展階段		①			②		③—①			②		③
	訓練時期		I			II		I			II		III
三週期	競技狀態發展階段	①		②		③—①		②		③—①		②	③
	訓練時期	I		II		I		II		I		II	III

表例:①獲得階段　②相對穩定階段　③暫時消退階段
　　　I 準備期　　II 競賽期　　III 過渡期

(五)賽前階段安排的具體方案

賽前階段可有兩種具體的安排方案:
第一方案:這一方案適用於本階段前訓練負荷不很大的情況。

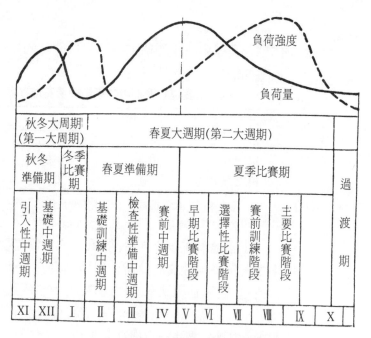

圖3-14-1　安排冬季比賽的全年訓練量和強度的變化及全年訓練過程的結構

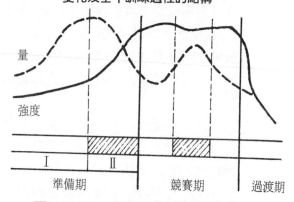

圖3-14-2　單週期量和強度的安排

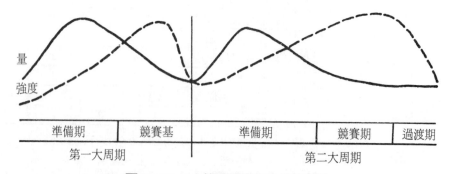

圖3-14-3　雙週期量和強度的安排

　　實施這一方案可以緊跟在一次級別和規模較大的測驗或比賽後。測驗或比賽後即安排以活動性休息爲主的恢復性小週期,然後進入基礎中週期的訓練。基礎中週期由三週組成。該中週期的主要任務爲發展運動員的專項素質和各種能力,其結構與準備期末的安排相類似,但負荷量超出準備期基礎中週期的訓練量,每天通常訓練約六小時。在基礎中週期後半部分,量急劇縮減,約為最大量的一半,同時開始逐漸增加負荷強度。基礎中週期加量的目的是為了使運動員有機體產生強烈的適應過程,刺激有機體的各種適應機制。

在基礎中週期後安排賽前中週期,時間也為三週。賽前中週期的結構要符合運動員的個人特點,要把所考慮到的比賽中的所有情況綜合在一起予以訓練,並集中注意心理情緒的變化,消除訓練水準中某些方面存在的不足之處。這一中週期的訓練安排尤其要考慮使運動員在大負荷後能得到充分的恢復,消除運動員的疲勞,以及消除因賽前各種情況而引起的心理緊張。這一方案量與強度的變化動態可見圖4。

應着重指出,這一方案中量的安排較以前為大,但其目的已不再是為了竭力去提高有機體的機能能力,而是以適應比賽為前提的。在加量過程中應考慮到,運動員在這階段內競技狀態已初步形成,很可能運動員由於渴望比賽,會出現極高的訓練積極性,掩蓋了有機體產生的疲勞。因此,此階段內量的增長應預先訂出指標(大約為準備期後期基礎中週期量的 103—105％),實施過程中不應該因運動員積極性高而隨心所欲地加量,提強度。減得的時機也應預告估計,否則將造成嚴重後果,因為一旦出現過度疲勞症狀,已沒有時間調整了。

第二方案:這一方案適用於運動員在前一訓練階段已採用了訓練和比賽負荷的極限值,且已表現了很高的運動成績時。

當上一階段產生了上述情況時,在訓練負荷方面再採用大的量是不合理的。這時賽前訓練的主要任務是要保證心理和生理狀況得到恢復。

這一方案可由六週組成。前三週為檢查性訓練中週期,後三週為賽前中週期。在這方案實施中,在檢查性訓練中週期結束,可安排一次較為重要的比賽或測驗。這種既可突出訓練強度,又能對全程比賽進一步熟悉和預演。由於從賽前中週期開始起,負荷量即呈現下降趨勢,只維持在某一較低的水準,因此將並不影響運動員有機體的恢復。檢查性訓練中週期內專項訓練負荷應有較大幅度的減少,工作總量主要以有氧性量來作增減調節。圖 3－14－4 展示了該方案的負荷動態。

這兩種方案組成的賽前階段,共同特點在於賽前中週期的安排特點是一致:最高強度安排在賽前第二週;賽前第三週是減量的時期;賽前第一週為恢復小週期;整個賽前中週期的負荷量僅在前兩周內維持在最大量的二分之一左右。

在賽前最後幾天的訓練中,應當考慮各種主要性質大訓練負荷課後恢復過程進行的規律:有氧性的、耐力性的大負荷離比賽不得少於五天;速度性、速度力量性的無氧訓練,則應安排在比賽前三天。大負荷課後的恢復時間應比平常安排長一些,以期運動員總體得到恢復,在主要比賽日表現出理

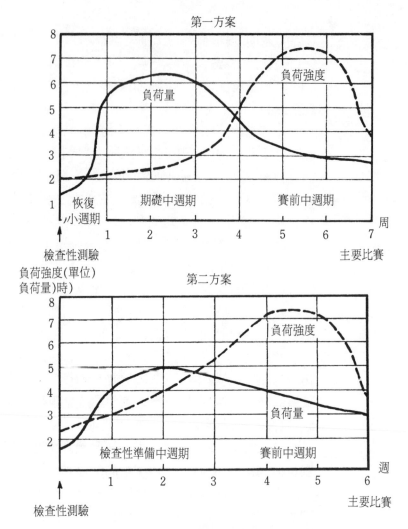

圖 3-14-4   賽前訓練安排的兩個方案

想的狀態。

　　北京市自由車隊第六屆全國運動會預賽前,曾按照第一方案制訂了訓練計劃,獲得了較大的成功。圖 3-14-5 即爲當時訓練實施情況。第十一亞運會集訓隊中,若干項目組也曾按上述方案考慮訓練安排,證明上述方案可行性和可靠性是較大的。

　　對賽前階段作四週安排,可這樣考慮負荷量實施安排的具體方案(表 3-14-4)

表 3-14-4   賽前四週負荷量安排的四種方案

方　案	第 一 週	第 二 週	第 三 週	第 四 週
第 1 種	35%	28%	22%	15%
第 2 種	28%	35%	22%	15%
第 3 種	28%	22%	35%	15%
第 4 種	35%	15%	28%	22%

注:表中百分值爲占四週預定總量的百分比

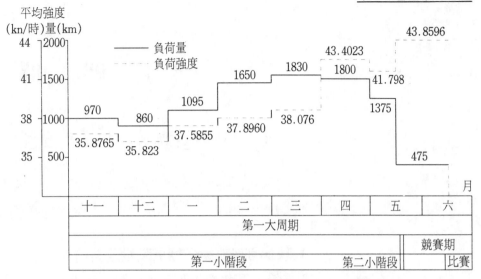

圖 3－14－5　北京市自由車隊六運會預賽前訓練實施情況

　　第一、第二兩種方案屬於同一類型。當本階段和上階段中訓練負荷量相當大(大於大週期的月平均量)時,其負荷量安排呈總體下降的趨勢。

　　第三、第四兩種方案屬於同一類型。當本階段總量相對不大時,即比大週期月平均量少 30％時,可選用這兩種方案。此時,賽前階段各小週期之間負荷量的變化呈現波動狀態。

　　上述方案的着眼點在於,如前一階段月負荷量大,則在賽前階段採用逐漸減少周量的方案,可望取得較好的效果。而如果前一階段負荷量不大,則應使負荷量在小週期之間作規律性的波動。週間波動值一般為 3－7％,避免大起大落,這有利於保持競技狀態的穩定,也有利於運動員機體機能的恢復和保持,使運動員能在較為穩定的身體狀態下參加重大比賽。第三、第四方案中 35％至 25％之間落差較大,並不會影響機能的減退,而是為了強化應激後的恢復。

　　有關賽前階段的訓練安排,至今仍是自由車運動訓練中不斷探索、討論的課題。雖然上文列舉了一些可借鑒的方案,但是應該強調。由於運動員在賽前階段已初步形成競技狀態,所以他對許多因素非常敏感,稍有刺激即會作出較大的反應。因此賽前階段的訓練安排,在很大程度上還是一種以教練和運動員本身的經驗和直觀感覺為基礎的自發過程。依據已經認識的科學規律,尊重客觀和主觀的經驗,這才是正確的態度。

(延　烽)

十五　划　船

（一）划船運動訓練的主要發展特點和趨勢

　　划船運動是項利用人體的運動技能、體能來推動船體在規定的航道和距離內進行角逐的競技運動,在現代奧林匹克運動會比賽中,共占有十四個項目。

1、現代划船訓練各發展階段及其特點

　　早在第一屆奧運會前,划船運動已逐漸被廣大愛好者所喜愛。划船的競技是從歐洲最先開始的,每次比賽都表明,誰練習的時間長,誰就動作熟練,自然也就能取勝。英國等是世界划船運動的發源地之一,曾一度在古老的享利大賽中占居霸主地位。

　　當現代奧林匹克運動確定划船爲其競賽項目之後,促進了划船運動訓練的進步,技術從原始的各種流派逐步形成了比較合理的"亞當風格"和"束德風格"。器材改進方面,雖然原始的舷外槳架的發明和增加滑輪裝置是對划船器材的一次革命,但到了現代運動訓練時,又增加了滑軌的長度,可充分利用下肢大肌群的支撐作用,從而獲得了更大的動力效益。在訓練手段和方法上,以自然提高過渡到以"東歐"國家爲代表的大運動負荷量訓練後,取得了出色成績,如前蘇聯單人艇運動員依凡諾夫,連續奪得了三屆奧運會的單人艇冠軍。

　　科學訓練階段的到來給現代划船運動訓練注入了新的生命力,七十年代在世界科技領域進步的影響下,划船運動訓練也發生了重大的變化,逐步形成了以教練爲主,有管理人員和科研人員共同參與訓練工作取代了過去單由教練指導訓練的局面。以原蘇聯、西德爲代表的世界划船強國,投入了大量的精力,作了大量科學實驗和探索,取得了明顯效果。意、英、澳和加拿大等國也相繼建立了國家划船醫學實驗中心和機能測試系統,爲科學選材、訓練過程的控制和評價,提供了良好的條件。美國等國的划船協會運用計算機手段尋找符合個體特徵的理想負荷和技術模式,爲準確的制定訓練方案起了很好的作用。因此近年來,世界划船競技水準獲得了不斷地提高,尤其是男子項目的成績逐年更新。原蘇聯雅庫寧博士認爲:現代划船運動員在體能的深度,技能的精度和與競技有較大相關性能力方面,較之五十年代有了很大的進步。男子八個項目每年平均提高率爲 1% ±2.6,四年一度的奧運會成績,平均提高率爲 1.02%。

　　進入八十年代中期,由於訓練科研與實踐相結合的成果廣泛交流,以及各國的大量的投入,從而以往被少數幾個國家壟斷金牌的格局逐步被打破。

五十年代美國划船成績占明顯優勢,六十年代東德異軍突起,七十年代西德鋒芒顯露,至八十年代世界錦標賽金牌被七國分得,很難再有某一個國家能同時取得五枚以上的金牌了。

值得注意的是,許多發展中的國家在開展競技划船運動中遇到了諸如資金、科研和器材更新等方面的困難,在世界大賽中,個別項目的參划船有減少的可能。

中國划船運動是一項年輕的運動項目,它傳入中國是在本世紀初,但作為競技體育開展起來卻是在五十年代,但爾後遭受十年浩劫而腰折,直至七十年代初。在被國際划船聯合會接納為會員國之後,才逐步開展起來。隨着中國對外開放,國際交流的更加廣泛和世界最新信息的交流,使中國划船運動訓練逐步跟上了世界划船發展的潮流,1982年在首次參加的第九屆亞運會上獲得了4枚金牌,以後又多次在國際大賽中顯示出一定的實力。尤其1988年中國划船運動在訓練思路和訓練方法上有了很大的突破,把訓練內負荷控制法引入訓練機制,收到了很好的效果。因而在女子輕量級和女子公開級個別項目上率先進入世界先進行列。中國划船運動在較短的時間內跟上了世界划船運動的步伐。

2、世界划船運動訓練的發展趨勢

(1)訓練過程控制模式化

以世界冠軍或理想運動員的訓練過程的基本模式為標準,建立相應的形態、素質特徵、技術模型,戰術方案,心理控制和恢復手段等定量化的個體訓練模式及評價系統,定向制定負荷內容,數量,強度和組合係數,運用控制論,有目的,有步驟的實施訓練過程,然後運用評鑑系統來驗證訓練成果並制定出回饋方案。這種實施過程已成為世界划船訓練的重要發展趨向。

(2)運動負荷的個體化

當今使廣大教練和運動員考慮得最多的問題,已不再是要不要去無限制的增加負荷的量度,而是如何去根據每個運動員的個體特徵,掌握個體負荷動態變化規律,確定適宜的大負荷量和負荷強度的組合,並且在強調回饋信息的基礎上,進行有針對性的強化訓練。目前較普遍地在各訓練週期中運用無氧閾理論檢測血乳酸值,控制划船有氧代謝能力訓練的適宜強度,對血乳酸含量的測定,為訓練總體負荷的適宜度的有效評價提供了科學數據。毫無疑問,訓練中逐步提高訓練負荷直至承受最大負荷,是提高運動能力的需要。而採用各種有效的檢測方法和評價,按個體特徵強化訓練,正是取得有效訓練的重要手段。

(3)致力提高訓練效率

訓練過程中,努力提高單位時間裡的效率。目前一些划船教練把過去採用的全年劃分為一個大的訓練週期安排改為多週期訓練,把競技狀態的形成、保持和消失的全過程時間,表現在一年中的幾個訓練週期中。這樣不僅有利於及時回饋訓練狀況,及時修正和調整訓練內容,而且有利於提高訓練質量和強度,強化訓練過程。

(4)力量訓練專項化

划船是週期性耐力項目,划船在水中行進時的動力源,只有增強運動員的肌肉力量,才能產生更快的速度。因此越來越重視力量訓練的作用並使其進一步專項化。在輔助性的力量素質訓練中經常採用"超負荷"的手段,尤其在練習中注意根據划船專項的特性,使動作結構,用力方向,參與的肌群及其工作方式、時間、強度和關節角度等盡量與專項運動趨於一致,並且在組合時盡量考慮到生理,生化要求及供能特點。訓練安排上使身體素質的全面性與專項性、運動素質與技術、心肺功能與骨骼肌肉力量之間的比例協調、平衡、合理的發展。

力量訓練專項化,較多的練習應在船上進行,一般安排多人艇的分批划,少人艇的阻力划以及大力量節奏划等。

(5)恢復手段程序化

訓練過程中,只有當運動員在生理和心理疲勞消除後,訓練的效果才能明顯的表現出來。

恢復手段是訓練過程中的一個重要組成部分,並日益程序化比如,有些教練在開始制定訓練大綱時,即考慮如何運用訓練手段的組合,使每次大、中周期及每次訓練課內都有恢復措施和有足夠的恢復時間。在加大訓練課強度的同時,注意縮短一次課在單位時間內的負荷刺激,延長課與課和週期之間的間歇時間,爲了充分發揮訓練中超量恢復效應,同時採用 50％強度的耐力練習;課後採用拉伸整理活動。採用促進疲勞和恢復的營養素和微量元素等物質的補充,以及心理療法、理療、熱療、水療、及按摩等方法。

(二)划船專項特徵及訓練的有效方法和手段

1、划船運動的主要供能體系

划船運動要求運動員在最短的時間內划完 2000 公尺的比賽全程、各種項目比賽時間大致在 5′—8′,整個比賽由三個部分組成:

起航階段:通常起航階段的槳頻高於途中階段,且艇速也高於比賽的平均速度,划船的速度增加是通過消耗能量來獲得的,這時需要最大輸出功率、機體動用磷酸原系統、糖酵解系統來供能、結果產生乳酸的堆積和其它代謝產物。

途中划階段:糖酵解系統供能,雖然能量輸出功率比較大,但由於代謝產物的堆積,(如乳酸等),供能時間短,迫使運動能力下降。途中划階段是整個比賽全程距離最長的階段、持續時間一般在 4－5 分鐘左右,是划船比賽耗能最多的部分、機體需有氧代謝系統參與供能。

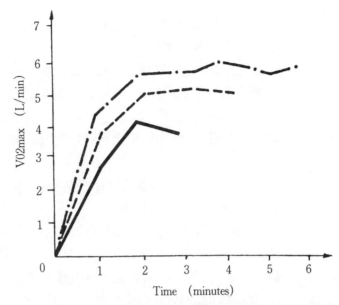

圖 3-15-1　在划船測功器上,划船時間與最大攝氧量關係

　　圖 3-15-1 是赫格曼報導的在划船測功儀上 6 分鐘,VO_2 變化過程,我們可以看到在起航後,進入途中划,攝氧量水準達到最大值。

　　衝刺階段:槳手們增加槳頻,提高船速、加大了身體能量的消耗、這時人體又需大量動用糖酵解系統供應能量、在國家隊優秀男子選手 6′最大測功時、有人血乳酸高達 20.5mmol/L。

　　縱觀整個比賽過程,目前的研究表明,有氧代謝系統供能占 70—75%、糖酵解系統供能占 25—30%,有氧代謝系統占主要供能地位。

2、划船項目的主要機能特點及其訓練方法

　　划船運動的特點要求運動員具有較大的攝氧量數值,據國際划船總會公布的國際級划船運動員的 VO_2max。男子重量級 6.1 升/分,女子重量級 4.2 升/分。男子輕量級、少年男子 5.1 升/分。女子輕量級少年女子 3.7 升/分。

　　赫格曼報導(1979 年)、國外有 2 名優秀男子划船選手 VO_2max 超過 7L/min, 3 名女選手 VO_2max 達到 5L/min。周東波等報導(1990 年)中國國家隊優秀女子選手 VO_2max 平均為 4.38 ± 0.56L/min。赫格曼對國外 2000 名參加國際比賽的選手測試後認為:要在比賽中獲勝、男子 VO_2max 必須達到 6L/min 女子則為 4L/min。

　　VO_2max 是划船運動員的重要機能特點之一,但受遺傳因素影響很大,從划船運動的實際情況看、訓練提高的程度很小、特別是對於成年優秀運動員來說更是如此。因此 VO_2max 對於青少年的選材顯得比較重要、應選擇 VO_2max 比較大的青少年從事划船運動。

　　無氧閾功率是反映划船運動員機能特點的另一個重要指標。無氧閾在實際訓練中常以血乳酸 4mmol/L 來表示、這一閾值對應的輸出功率即無氧

閾功率,這時的代謝能力是人體最大有氧代謝能力、通常用來評價運動員的有氧代謝機能水準。

　　無氧閾功率與划船運動員的訓練水準,比賽成績密切相關。研究表明一個成功的划船運動員,必須具備較高的無氧閾時的輸出功率。通過系統訓練無氧閾可提高45%以上,VO₂max 主要反映循環系統、呼吸系統的機能、無氧閾反映肌肉代謝水準、實際訓練中觀察,對於優秀運動員成績的主要限制因素與肌肉代謝能力有很大關係。

　　划船運動員的無氧閾功率受運動員的心理狀態、準備活動等因素影響,但最主要決定於肌纖維類型。

　　由於血乳酸的直接測定有創傷性及受到實驗條件的限制,中國划船隊對運動員動態心率與無氧閾的研究表明、兩者有較高相關性(γ = - 0.93)根據這一研究、目前中國划船隊水上訓練中用無氧閾心率來制定水上運動強度,這樣做簡便易行,效果較好。表3-15-1和表3-15-2是中國女子划船隊世界錦標賽前的一次無氧閾功率測試結果。

表3-15-1　　女子八人艇無氧閾功率測試結果(阻力:2.75千克)

編　　號	1	2	3	4	5	6	7	8
無氧閾功率(W)	288	310	290	243	260	286	270	304
無氧閾心率(次/分)	177	153	176	163	172	168	178	168
$\frac{無氧閾功率}{最大功率}$%	86	87	83	82	80	82	90	91

表3-15-2　　女子輕量級四人艇無氧閾功率測試結果

編號	1	2	3	4
無氧閾功率(W)	274	269	256	250
無氧閾心率(次/分)	168	180	167	184
$\frac{無氧閾功率}{最大功率}$%	95	96	86	90

　　提高專項機能的主要途徑、方法很多、最基本的原則應注意使訓練對人體產生適宜刺激,使機體不斷適應、達到提高機能能力的目的。

　　下面是中國划船隊運動員身體機能水上訓練方法(表3-15-3)。

3、划船專項運動素質特徵

　　划船專項運動素質的特徵是由划船比賽的距離、時間、生物運動力學、生理學的特性所決定的。

　　划船比賽的距離爲2千公尺。比賽的時間視不同項目有所不同。大約在5分30秒—8分。划船的運行是依靠艇上的槳手通過划槳所作的功爲動推動艇的前進。在整個比賽的過程中。艇上的槳手需做 240 次的划槳。才能劃完 2 千公尺的賽程。由此可見,划船要想在規定的距離內以較少時間的快速通過。必須要提高艇上做為動力划槳手的每分鐘的划槳頻率。提高每槳的划槳力量使艇只在每槳的作用力下滑行更遠。這就給每一位划船運動員提出了必須具備的專項素質要求。即力量、速度、耐力(力量耐力—— 心血管功能)和節奏感等。

表 3 - 15 - 3　　　中國划船隊運動員身體機能水上訓練方法示例

等級	主要生理學效果	消耗的能源	心率次/分	血乳酸mmol/L	槳頻 次/分 1-4 月 5-10 月	最高船速 %
一	無氧能力 I	肌糖元	190~200	7~6	30—36 32—40	95~最大
二	無氧能力 II	肌糖元	180~190	4~6	26—30 28—32	85~95
三	無氧閾能力	糖元為主脂肪為輔	170~180	4	24—26 25—28	75—85
四	有氧能力 I	糖脂肪	150~170	2~4	20—23 22—25	65~75
五	有氧能力 II	脂肪為主糖為輔	130~150	0~2	18—22 20—22	55—65

要想使划船運動員創造優良成績、必需發展與之相適應的專項素質能力。

力量—— 上肢力量(手臂拉、推力),下肢力量(腿部伸、屈力),腹肌與腰背肌(伸、屈力),

肌群的協調力—— 上下肢、腹肌與腰背肌的協調合力。

耐力—— 1.心血管功能(氧運輸、快速供氧能力)。

2.力量耐力(持久重覆用力的能力)。

達到與之相適應的專項素質和專項運動成績的參數,詳見表 3 - 15 - 4 和表 3 - 15 - 5。

表 3 - 15 - 4　　　專項運動素質參數

性別	負重深蹲	槓鈴臥拉	槓鈴高翻	槓鈴臥推	跑步	6′最大訓功平均功率(瓦特)
男 子	190/150	125/105	125/115	105/95		450/420
男 輕	160/135	110/95	105/95	90/80		400/385
女 子	130/115	105/90	87.5/75	70/55		350/300
女 輕	110/90	85/70	70/55	60/50		310/290

表 3－15－5　　　專項成績參數

項　　目	男　子	男　輕	女　子	女　輕
單人雙槳	7′—7′25″	7′15″—7′35″	7′25″—7′45″	7′45″—8′
雙人雙槳	6′15″—6′35″	6′30″—6′40″	6′45″—7′	7′—7′10″
四人雙槳	5′45″—6′5″	5′55″—6′10″	6′15″—6′30″	
雙人單槳無航	6′25″—6′45″		6′55″—7′20″	
雙人單槳有舵	6′35″—6′55″			
四人單槳無舵	5′50″—6′10″	5′55″—6′15″	6′25″—6′40″	6′35″—6′50″
四人單槳有舵	6′—6′20″			
八人單槳有舵	5′30″—5′50″	5′40″—5′55″	5′55″—6′10″	

發展專項素質的訓練方法及負荷強度見表 3－15－6。

表 3－15－6　　發展專項素質訓練方法

等級	訓練效果	強度%	重覆次數	組數	間歇時間(分)	動作速度	練習內容	練習總次數	練習總時間(分)
1	最大力量	85－↑%	2－8	4－6	3－5	適宜	3－5項	80－160	80－90
2	大力量/肌肉力量	60－85%	10－15	3－5	2－4	適宜	6－8項	200－400	60－90
3	爆發力	60－40%	8－10	4－6	3－5	快速	3－5項	150－250	40－60
4	力量耐力	50－30%	30個	2－4	30″－1	24－34/分	5－12項	600－1200	40－90

4、划船技術特徵、技術診斷和分析的簡易方法及專門訓練的方法和手段。

(1)專項技術特徵

划船技術是週期性動作,艇的週期性動力是通過運動員在滑座上支配單槳或雙槳及固定的舷外槳架而產生的,這種操作過程的特點是產生最大的驅動力,划槳的主要任務是積極的創造動力,同時滑行時盡可能減少起制動作用的水和空氣的阻力(摩擦力)使船艇能盡可能的勻速前進。

在划槳的動作週期中,運動員坐在滑座上前後移動產生積極力量和消極力量,積極力量主要產生在水下的拉槳過程;積極力量有助於船艇前進。而消極力量主要產生在身體(重量)向船尾移動停止,然後改變方向,產生一個很大的力對抗船艇速度,阻礙船艇前進(如圖 3－15－2)

(2)專項技術診斷和分析的簡易方法

①準備姿勢

運動員利用身高採用自然姿勢,上體前傾角度大約 45°,不要過份向前伸臂從而出現不自然的發力姿勢,要充分利用滑軌,以便把腿部力量傳遞到槳上,兩臂向前伸,胸部緊貼大腿,重心落在腳蹬板上(圖 3－15－3)。

標準:重心(身體)落在腳蹬板上,胸部緊貼大腿,兩眼平視前方。槳轉向角 35°～40°。

②入水和拉槳開始

　　槳葉入水時,體重通過腿部發力向腳蹬板傳遞。入水是腿部動作的完成,當全腳掌支撐腳蹬板時才能開始發力,要記住、入水動作肩部放鬆,身體保持不動,利用槳的自身重量手臂上提放鬆完成入水。在拉槳的開始腿部發力是重要而明顯的,同時必須積極運用身體其它部位肌肉生成一種巨大的合力來提高水下效果。

　　a.只提升兩臂,不要"打開"兩臂,槳葉在開始蹬腿之前入水。

　　b.身體懸掛在槳把和腳蹬架上,用兩腿完成此段工作。

　　作用及標準:槳葉在最大幅度時,迅速垂直入水,角度(雙槳 4°—6°)(單槳5°~7°)前傾角(槳葉)注意不要斜入水,這樣會縮短水下的劃槳距離,入水太深容易翻船,標準是槳葉入水至槳頸位置,當槳葉吃水至槳頸後,迅速利用三部分力量(腿、腰、上肢)做水平拉槳,速度要高於船前進的速度,否則會產生阻力。

　　③拉槳

　　由於肌肉力量的關係,拉槳開始主要依靠腿部力量,隨後是背部肌肉,最後是肩和臂部肌肉的力量,然後身體利用腿部力量加速,利用體重把功率傳遞到槳上(圖 3－15－5)。

　　a.上體用力速度追上蹬腿用力速度身體自然打開。

　　b.兩腿蹬腿同時結束,上體繼續向後,兩臂開始工作。

　　c.上體後倒結束,兩臂快速用力拉向身體,前臂和手成圓弧形輕柔地按,轉槳。

　　標準:拉槳直綫水平,不能波動起伏,拉槳的前 $\frac{2}{3}$ 主要以腰腿大肌群用力爲主,後 $\frac{1}{3}$(槳位工作綫)主要以肩臂發力爲主,身體有懸空的感覺。

　　④拉完和出水

　　(如圖 3－15－5)所示,最後由肩和手臂動作結束拉槳,這時體重保持在槳柄的後面很重要,以便拉槳結束產生最大效果(圖 3－15－6)。

　　作用及標準:拉槳至槳位垂直與工作綫對加速產生最大動力。拉槳至腹部肋前 10 公分左右產生加速起動。

　　⑤回槳開始

　　當槳葉垂直離水後,用臂和手腕下壓內柄,迅速翻腕,使槳葉轉平,迅速,流暢地向體前推槳,在回槳及槳葉出水階段,身體重心保持在槳柄後面是重要的,當手臂完全伸直身體移動才開始(圖 3－15－7)。

　　標準:含胸收腹低頭,身體重心保持在槳柄後面,腰不能鬆,雙腿繼續保持在腳蹬板上的支撐,回槳出水,槳葉離水面一定的空間(15~20 公分)

　　⑥回槳

　　在推手向前的過程中,上體開始自然前傾,直到成正確"入水"姿勢(上體約 45°)當手臂伸直運動員開始向前啓動滑座運行,下一槳開始(圖 3－15

－8)。

　　a.按槳出水後,兩手不停頓地從身體推離開,當兩手推過膝時,滑座開始前移。

　　b.滑座前移過半,前臂上體結束向前。

　　標準:手臂的主導作用,滑座匀速或匀加速做向前運動,身體保持正確"入水"姿勢。

圖3-15-2　划船力量示意

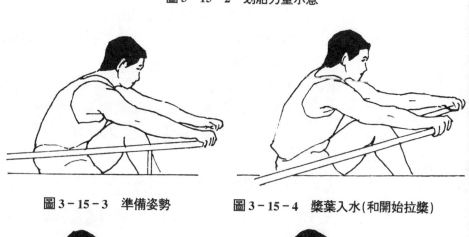

圖3-15-3　準備姿勢　　　　圖3-15-4　槳葉入水(和開始拉槳)

 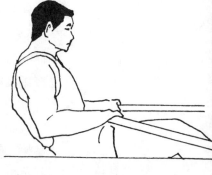

圖3-15-5　拉槳　　　　圖3-15-6　拉完和出水

　　(3)划船技術專門訓練的方法和手段

　　划船技術訓練目的在於取得最佳的划槳動作,進而節省動作過程,為了使所有隊員能達到划船技術的高水準,訓練和提高划船技能必須成為訓練的一個固定組成部分。

　　①分解定位練習

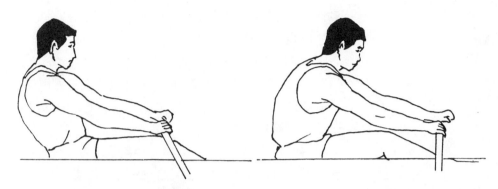

圖 3－15－7　回槳開始　　　　圖 3－15－8　回槳開始

目的：檢查提槳、按槳在運動中的準確性和一致性，體會和熟練動作要求。

方法：

a.船靜止於水面，練習是在船保持平衡及原地不動的狀態下進行。

b.雙臂握槳以水平高度前伸，軀幹及下肢向船尾慢慢咬攏，並以肩關節爲軸心，兩臂作上提動作，當槳葉紮住水（動作停止）檢查提槳動作是否正確，槳葉入水是否到位和上體是否咬緊等。

c.槳葉背向上，面向水面，在空中放回按槳狀態，槳葉放入水中，槳柄放置胸腹前 10 公分左右的按槳位置，軀幹呈後仰 10～20°之間，雙臂沿軀幹兩側後拉，前臂在水平狀態（動作停止）檢查按槳是否到位、後仰是否正確。

d.軀幹部位和下肢保持一定的緊張度。（開始動作）前臂下壓，手腕作壓轉槳柄（按槳）使槳葉輕快出水，乾淨俐落，在槳葉出水後，軀幹隨着按槳出水，推槳開始前移，兩前臂要求水平狀前推，當槳柄推過膝之後，滑座開始起動膝關節屈，推槳要求動作放鬆，槳葉始終保持水平前移，呈一直綫。當推槳自然向前作伸展，軀幹和大腿基本貼緊，使肩關節不下壓，大腿與小腿保持 56°夾角，手臂和軀幹保持 100 度夾角，此時手腕屈，並手臂以肩關節爲軸心向上提，槳葉迅速下水，穩紮水中，檢查提槳位置。

練習步驟：在每次訓練課前或中，可重覆練習多次，做到嚴格要求每一動作的準確性和一致性。

②不轉槳划練習

目的：增加按槳出水和推槳時的難度，以及對平衡的難度，保持推槳的直綫性。

方法：在提槳和按槳時，手腕不作轉動槳柄，槳葉運動是垂直在水平面上推槳和垂直入水。

注意點：要求出水迅速而乾淨俐落，並注意一致性和平衡性。

③出水休息划練習

目的：提高按槳出水的動作感覺，加強轉換節奏的感覺能力。

方法：當拉槳在腹前 10 公分左右，借助拉槳加速後的慣性產生一個制動作用,動作是自然而然。

④返原休息划練習

目的:體會手主動帶動身體轉換的感覺。

方法:當槳葉離水後,平穩勻速推槳呈身體準備姿勢後停頓。

注意點:滑座保持不動,兩腿保持對腳蹬板的支撐用力,兩手自然伸直。

⑤低頻技術划

目的:增加對船的平衡能力控制及控制槳的能力。

方法:每一槳盡可能快速用力拉槳,盡可能慢的推槳,每分鐘頻率在8—12左右。

注意點:槳葉保持離開水面,不打水,推槳要平穩、勻速。

以上專項技術訓練手段可重覆在每節課前進行練習,各項手段重覆,一般不可超過 10 分鐘,專項技術訓練應該在體力充沛的情況下進行,每節課各種手段,專項技術訓練時間最好不要超過 30 分鐘,因為人的大腦中樞神經系統的注意力,在 30 分鐘易產生疲勞,注意力下降對進行專項技術訓練產生不良效果。

5、划船戰術特徵:

(1)運動員背對前進方向划行,划在前邊的人有較好的視野,划在後邊的人則很難看到對手的情況,心理上處於劣勢,因而影響其經濟的考慮綜合體力分配。

(2)除單人艇外,其它所有船的成績都是個人和整船成績的綜合體現。因此,節奏、頻率,划槳幅度以及力的使用必須要求在最佳狀態中。

上述兩個因素決定了划船專項戰術的特徵—— 均勻地、經濟地、以最快速度到達目的地的比賽過程。

(3)專項戰術意識:

戰術意識是指運動員根據自己觀察的情況,隨機應變,迅速且準確地調整自己的行動方案的戰術心理能力。

專項戰術意識包括:

—— 對比賽的目的認識

—— 對比賽過程的認識

—— 身體條件與協調能力相互關係

—— 對划船技能,特點以及戰術準備水準的認識。

在條件均等的情況下,比賽的勝負取決於戰術意識水準的高低。

(4)戰術水準的測試方法

戰術水準的測試目的在於檢驗運動員訓練水準及其成績發揮過程中的狀況。戰術測試是全年訓練中固定的組成部分。具體測試方法如下:

①階段測試法,每個訓練階段結束後,教練應有意識地將年計劃的戰略,戰術灌輸後,運動員帶到測試中驗證,並加以評價。

②賽前模擬訓練法。

③一般比賽法(國內)

④高水準比賽法(國際)

6、划船運動員心理特徵及訓練的有效方法和手段

(1)划船運動的專項心理特徵

隨着划船水準的不斷發展,國內外比賽競爭更加激烈。因此對划船運動員們來講,似乎進入了一個情緒負重時期,同時,艱苦的大運動量訓練和刺激很深的訓練負荷,以及訓練後的疲勞,往往給人以焦慮、苦悶、情緒波動大或壓抑感,導致種種心理障礙的產生。

根據多年實踐、採用觀察、記錄、詢問等形式及統計學方法對划船運動員賽前和比賽期間的心理波動進行研究發現:賽前或重大測驗及比賽中,心理狀態發生波動的隊員人數,占全部 36%;造成比賽、測驗出現失誤或成績不理想的,占全部的 24.8%,其中在賽前發生情緒對抗或厭練的占 28%;盲目自信的占 8.6%;缺乏信心的占 1.6%,在賽前 2-4 天出現失眠、食欲明顯下降、肌肉沒有彈性;神經性疼痛的占 19.5%;在賽場上出現過渡疲勞,緊張或情緒失常的占 3.6%。以上這些現象、是划船運動員在比賽期間經常發生的心理障礙。據統計對比在心理波動上導致成績下降的比例要大於體能及戰術。

(2)訓練手段與方法

①進一步研究產生個體心理障礙的細節,計劃好步驟與方法,認真分析每個輔導對象的產生機制,從而採用談心、勸導、輔導、分析等誘導方法摸清情況,讓人接受、產生自我感覺的折射和情感的容納、構成一個心理輔導實施的環境。

②對專項訓練注意變換和調節、對有症狀者實施針對性訓練:

a.對怕訓練者或怕比賽者採用轉移注意力、積極性休息、改變訓練方法、訓練量安排由小到大、合理安排強度比例。

b.對想贏怕輸者,幫助確立合適比賽目標,對理想中的目標(潛在能力),和現實的目標(每階段訓練指標,比賽可能的成績)加以辯證的分析,並把技術的完善和配艇的默契落實到實處,教練要引導隊員把注意力放在每個技術、戰術的細節上,淡化比賽結果。

c.對過渡緊張或興奮性過強而造成比賽前失眠影響體力者,在日常訓練過程中嚴格作息時間、確定賽前訓練程序、行為程序和思維程序、制定比賽生物鐘,同時加強正面引導和心理暗示、減少個人的患得患失,賽前分 2 個階段來強化情緒穩定、注意力集中和自我心理放鬆。

d.對盲目樂觀者,需作好輔導工作、幫助確立比賽動機,摸清對手情況,充分估計對手的進步和實力、同時分析和尋找自身的薄弱環節以及比賽中可能出現的技、戰術等方面的失誤和問題,做到既需要增強自信心,但也需

謹愼、防止出現"黑馬"。

　　e.對賽前出現急躁心理、其表現爲由於急躁而導致一切都不如意、對熟悉的場地和器材產生懷疑、對此敎練和隊員需在賽前訓練中盡早羅列賽時可能出現的在訓練環節、技、戰術、器材及環境適應等方面的問題、並制定周密的行動對策、採用安慰療法、注意力轉移等方法、鼓勵隊員勇於拼搏、勇於勝利。

　　f.進行包括心理訓練內容的模擬實戰訓練和心理負重訓練、針對可能出現的障礙、進行模擬應變處理、對賽場上落後、相持、領先時的心理狀態加以剖析、制定相應的戰術方案、做到關鍵時刻胸有成竹、萬變不離我預計,能應付各種複雜局面。

　　(3)針對個別隊員不能戰勝自我,需理順訓練思路、調節情緒、增加必勝信念、強化意志品質煅煉、有意識施加心理負荷量、提高心理承受力。比如在強手面前,在遇到諸如大風、下雨、炎熱、頂風、側風、順風等自然環境變化的情況下,勇於克服困難、戰勝自我。

　　(4)賽前和全年訓練大綱的制定,需增加透明度。運動員是訓練的主人,讓運動員在一定的場合中能發表自己對訓練的看法,參與對訓練負荷的完成和對改進技術的研究、創造條件使心理的負壓得到宣洩、維持良好的心理平衡。

　　(5)要求敎練的言行舉止成爲運動員的心理依托、在方法、思路、語言和情緒上起到穩定大局的作用、採用疏導法、灌輸法和調節法使運動員以最佳水準的精神狀態進入訓練場或賽場。

(三)多年訓練過程階段的劃分和訓練的主要特點

　　根據划船項目的特點,成功地訓練出一名高水準運動員,一般需要8－10年的時間。根據人體發育及划船訓練的規律、把多年訓練過程劃分爲全面基礎訓練階段、專項提高階段、最佳競技階段和競技保持階段。

　　全面基礎訓練階段:適宜年齡爲13－15歲、訓練年限3－4年。這一階段主要在少體校或業餘訓練班訓練。其主要任務是培養對划船的志趣,遵守紀律、團結友愛和勇於克服困難的品質。提高健康水準、促進身體正常發育成長。打好全面運動素質訓練基礎。正確掌握最基本的划船技術。

　　專項提高階段:適宜年齡16—18歲,訓練年限3—4年,這一階段主要是在各省、市靑年隊訓練。其主要任務:培養從事划船運動的事業心、提高文化素養、加強道德紀律教育、培養良好地思想作風和訓練作風、繼續提高全面運動素質水準、重點發展一般耐力、專項耐力、基礎力量和力量耐力。系統進行划船專項訓練、建立正確地技術動力定型和良好地戰術意識、提高專項成績。

最佳競技階段:年齡為 19—26 歲、訓練年限 5—8 年。這一階段的主要任務、高度發展專項力量、專項耐力、專項速度耐力水準。熟練掌握、運用專項技術、配合意識和戰術能力,訓練和培養良好的心理素質。參加高水準的競賽並創造優異的運動成績、取得最好地比賽名次。

競技保持階段:年齡為 27—30 歲、訓練年限 3—4 年。這一階段主要任務:針對個體狀態,努力保持專項力量、專項耐力、速度耐力水準。更熟練的運用良好的專項技、戰術、保持良好的配合意識和能力,比賽心理狀態更趨穩定,比賽的應變能力增強、力爭在比賽中保持優異的運動成績。

完成各階段訓練任務必須達到的各項指標及其基本參數(表 3－15－7 和表 3－15－8)。

表 3－15－7　　　　男子多年訓練各階段須達到的各項指標參數

	項　　目	基礎階段	專項提高階　段	最佳競技階　段	競技保持階　段
男子級	6′最大功率(WAT)	320－340	380－400	430－450	400－430
	臥拉　(千克)	60－70	90－100	110－120	100－110
	高翻　(千克)	60－70	90－100	110－120	100－110
	負重下蹲　(千克)	100－110	140－150	160－180	150－160
	1×2千公尺	8′10″－8′	7′30″－7′20″	7′10″－7′	7′20″－7′10″
	2－2千公尺	7′50″－7′40″	7′10″－7′	6′50″－6′40″	7′－6′50″
男子輕量級	6′最大功率	280－300	340－360	380－400	360－380
	臥拉	50－60	80－90	100－110	90－100
	高翻	50－60	80－90	100－110	90－100
	負重下蹲	80－90	120－130	140－150	130－140
	1×2千公尺	8′20″－8′10″	7′40″—7′30″	7′20″－7′10″	7′30″—7′20″
	2－2千公尺				

(四)訓練計劃的制定

1、划船訓練計劃應包括的基本內容

訓練計劃是訓練工作的一個重要環節。它使訓練得以有步驟的向預定目標發展。教練依據訓練對象和實際情況擬定整體(一屆大賽)、階段(年度各階段)、大週期和小週期的訓練計劃。如果培養青少年選手則需制定更長的(6-8 年)的多年訓練計劃。制定訓練計劃的內容一般有:

　(1)訓練任務的明確和比賽成績的預測

　(2)訓練各階段的劃分和練習內容。

　(3)訓練方法、手段的變化和各種模式的組合。

表 3 - 15 - 8　　女子多年訓練各階段須達到的各項指標參數

項　目	基礎階段	專項提高階段	最佳競技階段	競技保持階段
女子級 6'最大功率	240－260	280－300	340－350	320－340
臥拉	40－50	60－70	80－90	70－80
高翻千克	40－50	60－70	80－90	70－80
負重下蹲千克	70－80	100－110	120－140	110－120
1×2千公尺	8'50"－8'40"	8'10"－8'	7'50"－7'40"	8'－7'50"
2－2千公尺	8'30"－8'20"	7'50"－7'40"	7'30"－7'20"	7'40"－7'30"
女子輕量級 6'最大功率	200－220	240－260	280－300	260－280
臥拉	40－50	50－60	70－80	60－70
高翻	40－50	50－60	70－80	60－70
負重下蹲	60－70	70－90	100－120	90－100
1×1千公尺	9'－8'50"	8'20"－8'10"	8'－7'50"	8'10"－8'
2－2千公尺				

(4)規劃訓練總負荷和各階段的負荷量。

(5)訓練過程的檢測手段和評鑑系統。

(6)確定恢復措施和具體手段。

2、制定訓練計劃的程序和要求

(1)概況：說明計劃執行的時間、訓練目標和指導原則、簡述受訓隊員的基本情況,其中包括原始形態、素質、技術和體能等有關數據。分析項目的供能特點和通過訓練所希望達到的各類指標係數。

(2)成績預測：在制定訓練計劃時、要能夠預測出成績提高的速度及從制定計劃開始到重大比賽結束、運動員在總體能力水準的提高趨勢有個評估,從而尋找出各方面相應的對策,體現在訓練計劃中。比如,第十一屆亞運會男子八人艇成績指標為第一名,教練根據四年來世界划船發展成績逐年增長率為 1.02％ ±3.6,預測出中國隊要奪得金牌、必須要達到 5'44"的成績、才有可能取得冠軍。同時對主要對手也作出成績預測：成績分別是：日本隊 5'49"；南韓隊 5'56",北韓隊 6'02"。科學的預測、為訓練計劃的準確制定和實施提供了重要的依據。

(3)訓練模式的設計：訓練模式是多年來訓練經驗積累和在科學預測的基礎上,對訓練過程設計的體現,它是訓練計劃構成的主體,包括訓練過程中一系列主要參數以及每個參數逐年增加的百分比,訓練模式必須與全年訓練節奏,結構和目標相對應(3－15－9)。

專項力量素質訓練模式的設計,在全年訓練過程中隨週期不同有所側重。示例見表 3－15－10、11、12、13、14。

(4)週期劃分

　　划船比賽全年往往僅有 1 到 2 次,其中全國錦標賽或世界錦標賽爲成績高峰,因此無論採用單週期訓練或多週期訓練,其目的都是通過準備階段,專項準備階段和賽前階段,逐步形成最佳競技狀態。

表 3－15－9　　第十一屆亞運會男子單槳組全年訓練模式示例

集訓小週期	集訓中週期	集訓大週期	訓練總時數	訓練總課次	水上訓練總量	陸上素質訓練時數	水上訓練總時數	熱身、擺體時數
42 個	6 個	3 個	912 小時	425 課	5680 公里	80 小時	560 小時	272 小時

表 3－15－10　　專項力量素質訓練模式示例

等級	訓練效果	強度	重覆次數	組數	間歇時間	動作速度	練習內容	練習總次數	練習總時間
I	最大力量	100～80%	2－8	4－5	3′－5′	適宜	3－5 項	80－120	60′－90′
II	一般力量	80～60%	10－15	3－4	2′－3′	適宜	6－8 項	250－400	60′－90′
III	爆發力	60～40%	8－10	3－4	3′－4′	快速	6－7 項	180－210	30′－60′
IV	力量耐力	50～30%	30 個	2－4	1′－2′	頻率24～34	5—12 項	600－1200	45′－90′

表 3－15－11　　水上專項訓練模式示例

級別	主要生理學效果	強度	心率控制	血乳酸 mM	槳頻 準備期	槳頻 期前賽	能源消耗	一般準備期	專項 I 準備期	專項 II 準備期	賽前準備期	保持狀態	準備期
I	無氧能力	95% ↑	190 ↑	60 以上	32～36	34～40	糖元	1%	8%	12%	8%	12%	
II	氧運輸能力	85～95%	180～190	4～6	26～30	28～32	糖元	3%	10%	7%	12%	8%	
III	無氧閾能力	75～85%	170～180	4	24～26	25～28	糖元爲主脂肪爲輔	12%	22%	16%	14%	18%	
IV	氧利用能力 I	65～75%	150～170	2～4	20～23	22～25	糖元脂肪	22%	16%	22%	18%	14%	
V	氧利用能力 II	55～65%	130～150	1～2	18～20	20～22	脂肪糖元	62%	44%	43%	48%	48%	

表 3-15-12　　器材尺寸及專項負荷強度要求模式示例(男子單槳)

	槳總長度	內柄長度	槳開間距	出發槳頻	途中槳頻	衝刺槳頻	2×2000公尺	6×500公尺	4×1000公尺
單人雙槳	298	86-88	158	36~38	32~34	36~38	7′24″	1′43″	3′32″~3′36″
雙人雙槳	300~302	84~86	154~156	36~38	34~38	38~40	6′46″	1′31″~1′34″	3′16″~3′18″
四人雙槳	302	84~86	154~156	38~40	36~38	40~42	6′14″	1′26″~1′30″	3′00″~3′06″
雙人無舵	384	114~116	86	38	35~38	38~42	7′08″	1′37″~1′40″	3′25″~3′31″
雙人有舵	386	116~118	88	35~36	32~34	36~38	7′38″	1′46″~1′49″	3′37″~3′41″
四人無舵	384	114~116	84	38~40	36~40	40~42	6′26″	1′28″~1′31″	3′05″~3′11″
四人有舵	384	114~116	84~85	36~38	35~38	38~40	6′40″	1′31″~1′34″	3′08″~3′10″
八人有舵	382	112	82	38~42	38~40	40~44	5′54″	1′23″~1′25″	2′50″~2′58″

表 3-15-13　　不同訓練形式的恢復過程控制模式示例

	有氧	有氧、無氧混合代謝	糖酵解磷酸原	對肌肉力量的作用	快速力量
同步恢復	強度為60%				短時間負荷後的
快速恢復(不充分)		1.5-2小時後恢復	2小時後	2—3小時後	
90-95%恢復不充分具有良好競技能力	強度75~90%12小時	約12小時	12—18小時後	18小時後	18小時後
完全恢復(競技提高)	強度75—90%24—36小時後	24—48小時後	48—72小時後	72—84小時後	72小時後

表 3-15-14　　週期訓練中量和強度組合的模式示例

		1	2	3	4	5
訓練週	量 強度	負荷量↑ 負荷強度→	量↑ 強度↓	量→ 強度↑	量→ 強度→	量↓ 強度↑
誘導週	量 強度	↑	→			
比賽週	量 強度	↑ →	↑ ↓	→	→	↓
恢復過渡週	量 強度	↓ ↓	↓ ↓	↑ ↓		

注:↑為增加,→保持,↓下降。

(5)訓練狀況的檢查和評定

　　一般採用專項測驗、心理測驗、生理測驗等方法,對訓練效果檢查和評定。專項測驗預先安排好測驗日期、在小週期結束時作出前階段訓練的鑑定、對及時了解運動員準備水準,以便修訂訓練計劃。在大週期訓練結束時往往安排 1－2 天的測驗日,以掌握進步情况,在準備期中以素質測驗爲主,在賽前期中以水上專項測驗爲主。

　　生理檢查對完成訓練要求與否具有重要作用、使訓練控制得以實現、目前一般運用血乳酸和對應心率的定期系統測定,對訓練過程作出評價。比如,固定功率、每次記錄槳頻、心率和乳酸值、並從中尋找出無氧閾心率、以便確定合理的訓練負荷量和適宜的強度要求。

（五）賽前訓練計劃

1、大賽前訓練階段時間的確定

應從重大比賽起往後推算,一般爲三—— 四週。

2、大賽前訓練內容、手段、負荷量和負荷強度安排的特徵

(1)訓練內容和手段安排的特徵

　　一般來說,賽前以專項訓練練習及專項輔助性練習爲主,並適當增加突出強度的專項手段,以便於使已獲得的潛力得到發揮、臨賽前幾天的訓練更要符合生理機制的需要,根據生理恢復的特點合理安排及選擇訓練內容及手段,特別對多人艇的賽前訓練內容及手段選擇,要能符合生理特點,同時能調整每一位槳手已獲得的潛力、使每一位槳手能高度把精力逐步集中到一條艇上。

(2)賽前負荷量和負荷強度安排的特徵

　　划船是以有氧系統供能爲主的耐力項目,因此,划船比賽前的強度及負荷量的變化要以能保持鞏固已經取得的專項耐力爲主,注意掌握好專項量及非專項量的比例,專項量在等一課次中也達到較高值,以加課對運動員有機體的刺激或促使恢復。負荷強度總趨勢變化主要根據專項強度的變化,在負荷強度處於高潮時,專項強度出現次數則多、反之則少。

　　在賽前階段前半部分負荷強度的變化要保證負荷量的增長,後半部分負荷量的下降要早,要爲負荷強度的提高做準備。一旦負荷強度提高到最大程度則負荷量僅處於準備保持體力的地位。賽前訓練負荷的目的,主要以提高運動員專項能力和競技狀態爲準,並以此作爲衡量好壞的標準(表 3 － 15 － 15)

3、大賽前調整時間的確定、方法及方式

(1)通常大賽前調整,安排在長時間艱苦訓練和多次參加比賽之後,而

中國運動員比賽機會少,在訓練中難以達到高強度的訓練,故只能通過模擬比賽來對機體進行比賽強度的刺激。因此,大賽前調整的時間確定則根據訓練節奏大週期計劃及比賽任務來決定,一般為二週,最多不應超出二周(從大比賽倒後算)。

表 3-15-15　　賽前四週強度訓練比例

內　　容	比　　例	備　　　注
Ⅰ	7%	如狀態不佳可減少
Ⅱ	6%	——
Ⅲ	7%	可同 Ⅰ 強度相應
Ⅳ	15%	——
Ⅴ	65%	——

(2)主要採用有氧訓練為主的中小強度的訓練方法。一般在此階段安排較多航道里程進行的 Ⅴ 強度反覆划,距離 4 公里或 20 分鐘 Ⅴ 強度,槳頻20～22 槳。

(3)練習的量可縮減,並適當突出強度的專項手段練習,內容要多樣化。

(4)賽前幾天中不同性質練習的大負荷練習要注意調控好,一般長距離耐力划要在比賽前五天進行,一些強度較大的速度力量划則應安排在比賽頭三天進行。

(5)划船項目為集體單項,除了單人艇為個人項目外其餘均為集體多人項目。因此,難免在賽前競技狀態上出現不一致。但從項目的特點來說又不允許做個別調整。所以,一旦出現有的隊員興奮過高或過低,則採取語言誘導法為主,配合陸上身體活動調配來彌補水上專項的不足。並採用手法按摩為主的放鬆療法進行興奮與抑制的按摩。

表 3-15-16　　大賽前訓練計劃實例 1990.7.21～90.7.27

日　期	負　荷		訓 練 內 容
	量	強	
1990.7.21 星期一	中	小	Ⅴ強度 90′持續划 陸上"RE"儀技術 60′
星期二	小	大	技分 20′ Ⅴ 20′ Ⅰ 500×6
星期三	小	小	航道練習 16000 公尺(起航 5×5)
星期四	中	小	循環力量 30′跑步 25′ 航道練習 14000 公尺
星期五	中	中	Ⅴ強度 25′×2 技分 20′ 起航 10×4 Ⅳ 2000 公尺×2
星期六	小	小	航道練習 16000 公尺(起航 10×5)

（六）比賽期間的指導和訓練安排特徵

1、划船比賽的主要特徵

國際比賽中絕大多數獲勝者早在頭 500 公尺就處於領先地位,具體戰術體力分配方案:

第一個 500 公尺、最快速度划。第二個 500 公尺和第三個 500 公尺,平均速度划,比第一個 500 公尺慢 5－8 秒。第四個 500 公尺,最大速度划,要接近第一個 500 公尺的船速。

雖然從理論上看,這種分配方案與生理學規律不相符,但由於運動員背向目的地划行。爲了爭取心理優勢和控制對手、此戰術方案在賽場上的實施是成功的,可行的。

2、臨場指導的特殊要求

(1)語言簡練,抓住核心。指導的重點放在戰術方案的布置及心理狀態的調整上。切不可把時間浪費在眼前比賽毫無意義且需要經過長時期訓練才可改進的某些體能和技術環節上。

(2)大將風度。比賽中出現被動局面時,教練在運動員面前應克制情緒,從容不迫,神態自如,充滿信心,從心理學看:教練的神態對運動員心理傳染性極強,好的神態本身就是一種戰鬥力的動員。

(3)勇於承擔責任。比賽失利後,教練要幫助運動員解除心理壓力,並及時幫助運動員進行認眞總結,喚起運動員更加積極拼搏的意念。切不可給運動員臉色看,更不能謾罵運動員,此時運動員已經很疲勞,他們需要的是心理上的安慰。敢於承擔責任的教練將贏得運動員的敬佩和尊重。

(4)創造和諧的氣氛。進入賽場隊員從心理上,生理上都會發生變化。爲了幫助隊員解除緊張情緒,互敬互愛的隊風和諧的生活氣氛是很重要的。它不僅能緩解機體的疲勞,而且能激起人奮發向上的工作狀況。

(5)以不變應萬變,應變是教練指導藝術的核心。教練要根據現場掌握的信息和賽勢、果斷作出調整戰術的方案的決策。

3、比賽期間常遇到的問題及解決的辦法

比賽期間常遇到的問題。(1)機體對賽前適應能力降低。(2)錯誤的技術動作定型。(3)心理狀態不穩定。其表現在:── 盲目自信,過高估計自己。缺乏必要的準備。── 缺乏自信心。好像什麼都沒有準備好,唯恐失誤。── 急燥、脾氣大。── 過度緊張,懷疑教練,懷疑隊友,懷疑器材。

隨着划船競技水準的不斷發展,比賽期間由於心理波動導致成績不理想的比例占 70％,體能、技術占 30％,因此心理學是進一步提高成績的關鍵。划船項目多採用以下幾種方法;

(1)訓練的負荷強度與心理負荷強度並進;在強手如林的賽場上,在惡劣的氣候條件下,在干擾大的環境中,要求運動員克服困難,自我調整,自我戰勝,提高他們的心理承受能力。

(2)有計劃有目的地安排好賽前模擬訓練。培養隊員的戰術意識,實戰能力和應變能力。

(3)鼓勵談話,當對手相逢,隊員感到恐懼,失去信心的時候,非常需要教練的支持和鼓勵。教練此時信任的目光和眞誠的語氣將對隊員起良好的作用。

(4)說服:運動員心情不愉快或採取不正確的方法處理問題時,教練要及時疏導,幫助其解除疙瘩。

(5)疏導:教練要善於傾聽運動員們的意見,包括他們的苦悶和煩惱,俗話說:"水要疏而不堵",傾聽本身就是解決問題的一個很好的辦法。

(6)暗示和啓發

對於自尊心強的運動員或者有成績的運動員用暗示和啓發的語言表達意見,讓他們去領會,效果更好。以敎訓的口氣說話,效果不一定好,因爲運動員有自己的思維方式、強行接受別人的觀點,其效果適得其反。

(七)划船運動員的選材

划船運動由於受條件的限制,在中國開展不十分普遍。選材也較困難。

根據一個優秀划船運動員的培養、訓練需要 8—10 年的時間。結合中國的客觀實際。一般初始訓練的年齡以 13 歲爲好,把符合條件的學生招收到少體校,進行全面身體訓練及專項技術的學習。在少體校經過 3—4 年的基礎訓練,視其形態、素質、技術及協調性等條件,15 歲以後推薦到各省、市靑年隊,進一步進行專項提高的訓練和比賽,經過專項提高階段 3—4 年的訓練。18 歲以後即可推薦到一綫隊伍,參加成年人的訓練和比賽,達到出成績的目的。

1、對神經類型及個體心理特徵的專項要求

划船是一個訓練和比賽,時間長、訓練條件艱苦、對技術動作的穩定性和耐受性均要求極高,同時對運動員的平衡能力、協調性、整體的配合能力也要求極高,所以划船運動員的神經類型要求以穩定型和靈活型爲好,這種類型的人都比較易於成材。

對運動員個體心理特徵的要求是:情感高度穩定、性格堅強、意志品質堅定、自信心強、自我監督、自我控制的能力強。

2、中國大多數省、市划船隊傳統而有效的選材方法

按照男、女輕量級對運動員形態及機能的要求,首先到各少體校或學校

中去挑選那些符合條件的學生。利用假期把學生集中到隊裡來集訓 1—3 個月。進行全面運動素質訓練和划船基本技術訓練,同時進行全面地素質機能測試,進行體格檢查。檢查的內容:素質為力量、長跑。機能:最大吸氧量、心功能測試。體檢:心電圖、肝功能、乙肝、血壓、血常規檢查。

　　同時在較長時間的集體生活、訓練的過程中了解學生的思想基礎,對划船項目的熱愛程度、組織性、紀律性、訓練作風、意志品質等方面的情況。在此基礎上,最重要的是觀察其在短時間內掌握技術的程度、協調性和平衡能力。

　　最好的方法是進行水上單人艇的訓練,(必須會游泳,注意安全)對那些在單人艇訓練中不輕易翻船,在不平穩的條件下能準確地做出划槳動作、表現出較好的協調、自然、放鬆能力的運動員、應優先入選。這樣的人都比較容易出成績、是選材的關鍵。

3、選材測試項目、指標及基本參數內容請詳見下表。

表 3－15－17　　　男子各年齡階段選材要求

指　　　　　標	初　選　(歲)			優　選　(歲)		
	13	14	15	16	17	18
身高(公分)	166	174	182	184	188	190
體重(公斤)	54	60	67	74	78	80
肩寬(公分)	36	37	39	40	42	44
髖寬(公分)	27	28	29	30	30	31
雙手摸高(公分)	213	222	230	235	238	242
下肢長(公分)	87	91	93	94	96	98
指間距(公分) (指距減身高)	8－4	9－5	9－5	10－5	10－6	10－6
機能 最大吸氧量(升/分)				4.5－5	4.7－5.2	5－5.5
心功能指數	10－5	10－5	10－5	10－5	10－5	
肺活量(毫升)	3390	3900	4440	4830	5140	5360
3000m 跑(注)	5′30″－5′10″	12′50″	12′22″	11′55″	11′27″	11′
素質 6′最大功率(WATT)	—	—	—	360	370	380
臥拉(kg)	—	—	—	60	70	80
高翻(kg)	—	—	—	60	70	80
負重深蹲(kg)	—	—	—	80	100	120
下蹲伸臂距(公分)	45	45	45	49	49	49

　　注:13 歲測 1500 公尺

表 3－15－18　　女子各年齡階段選材要求

指　　　標	初　選　（歲）			優　選　（歲）		
	13	14	15	16	17	18
身高(公分)	170	173	175	176	177	178
體重(公斤)	56	61	65	68	69	71
肩寬(公分)	36	37	38	38	39	39
髖寬(公分)	25	26	27	27	28	28
雙手摸高(公分)	216	221	223	225	226	227
下肢長(公分)	90	91	92	93	94	95
指間距(公分)(指距減身高)	6－3	6－3	6－3	7－4	7－4	7－4
機　最大吸氧量(升/分)				3.4－3.9	3.5－4	3.6－4.1
心功能指數	10－5	10－5	10－5	10－5	10－5	
能　肺活量(毫升)	3440	3710	3920	4040	4100	4200
3000m 跑(注)	2′45″	14′30″	14′10″	13′50″	13′30″	13′10″
6′最大功率(WATT)				240	250	260
素　臥拉(kg)				50	60	70
高翻(kg)				50	60	70
質　負重深蹲(kg)				80	90	100
下蹲伸臂距(公分)	40	40	40	45	45	45

注:13 歲測 800m

表 3－15－19　　男子輕量級各年齡階段選材要求

指　　　標	初　選　（歲）			優　選　（歲）		
	13	14	15	16	17	18
身高(公分)	158	167	173	174	176	178
體重(公斤)	44	48	54	60	62	64
肩寬(公分)	34	36	37	38	39	40
髖寬(公分)	26	27	28	29	30	30
雙手摸高(公分)	203	203	221	223	225	228
下肢長(公分)	88	92	95	95	96	97
指間距(公分)(指距減身高)	8－4	9－5	9－5	10－5	10－6	10－6
機　最大吸氧量(升/分)	—	—	—	4－4.5	4.3－4.8	4.5－5
心功能指數	10－5	10－5	10－5	10－5	10－5	10－5
能　肺活量(毫升)	3190	3700	4240	4630	4940	5130
3000m 跑(注)	5′10″	12′30″	12′	11′30″	11′	10′30″
6′最大功率(WATT)				320	330	340
素　臥拉(kg)				60	70	80
高翻(kg)				60	70	80
質　負重深蹲(kg)				80	90	100
下蹲伸臂距(公分)	40	40	40	45	45	45

注:13 歲測 1500m

表 3－15－20　　女子輕量級各年齡階段選材要求

指標	初選（歲）			優選（歲）		
	13	14	15	16	17	18
身高(公分)	161	163	165	166	167	168
體重(公斤)	44	48	52	54	55	56
肩寬(公分)	34	35	36	36	37	37
髖寬(公分)	24	24	25	25	26	27
雙手摸高(公分)	205	208	210	212	212	213
下肢長(公分)	85	85	86	86	87	87
指間距(公分) (指距減身高)	6－3	6－3	6－3	7－4	7－4	7－4
機能 最大吸氧量(升/分)	—	—	—	3.1－3.6	3.2－3.7	3.3－3.8
心功能指數	10－5	10－5	10－5	10－5	10－5	10－5
肺活量(毫升)	3340	3610	3820	3940	4000	4100
3000m 跑(注)	2′45″	13′10″	13′	12′50″	12′40″	12′30″
素質 6′最大功率(WATT)				210	230	240
臥拉(kg)				40	50	60
高翻(kg)				40	50	60
負重下蹲(kg)				70	80	90
下蹲伸臂距(公分)	30	30	30	35	35	35

注：13 歲測 800m

（李建新、滿君、高洪銀、高敬萍、李榮華、彭希記）

（劉愛杰、李建新審）

十六　輕艇

(一)現代輕艇運動訓練的主要特點

輕艇運動包括皮艇與划艇,在國際上統稱爲 Canoeing。

現代輕艇運動始於 1894 年,從那時到 1935 年主要在歐、美一些國家開展,不定期進行國家之間的比賽,比賽項目很少。1936 年輕艇被列入奧運會比賽項目,此後,越來越多的國家和地區積極開展起這項運動。1971 年起,除奧運會外,國際划艇聯合會每年舉行一次世界錦標賽。現在,國際划艇聯合會已有五十多個會員國,世界錦標賽設 22 個單項,奧運會比賽設 12 個單項。

現代輕艇運動訓練直接受技術、競賽距離和科技水平的影響,主要特點是:

1、技術動作的合理化訓練

輕艇的運動方式是一槳接一槳地划水前進,是典型的週期性運動。每一槳的划行距離和每一分鐘的划槳頻率是決定航速的主要因素。技術動作合理化訓練主要體現在不斷增加每一槳運動的幅度和每槳之間的連續性上,目的是要處理好划距和划頻的關系。

2、系統地進行力量訓練

划槳的力量來自肌肉的收縮。因此,與輕艇技術動作相關的肌肉力量的訓練,是輕艇運動訓練的重要組成部分,全年都要進行系統的力量訓練。

3、有效地提高有氧代謝和無氧代謝能力

輕艇競賽最短距離是五百米,需要 1 分 30 秒左右的時間;最長距離是一萬米,需要 50 分鐘左右的時間。因此,提高運動員專項有氧代謝和無氧代謝的能力,是現代輕艇運動訓練所要解決的一個重要課題。

4、優化組合,科學訓練

運用有關科學理論、採用各種科學儀器來分析研究輕艇技術和訓練過程中的各種問題,不斷選擇最有效的訓練內容和方法,更新訓練器械和手段,進行優化組合,按超量恢復原理合理安排負荷,通過反饋信息及時修正訓練運動計畫,使運動員的運動技術水平朝着理想的目標發展。

(二)專項特徵及訓練的有效方法和手段

1、供能特徵及發展供能能力的有效訓練方法和手段

在輕艇運動中,體內三大供能系統或多或少都參與了供能過程。比賽的開始和結束階段需要快速啓動和衝刺,以無氧代謝供能爲主,中間階段以有氧代謝供能爲主。在運動中,各供能系統所占的比例取決於比賽的距離(表3-16-1)。

表3-16-1　輕艇不同比賽距離的供能特徵

	ATP-CP 系統	糖酵解系統	有氧氧化系統
500 米	4-5%	50-55%	40-50%
1000 米	2-3%	10-15%	82-85%
5000 米,10000 米	1-2%	4-6%	92-95%

(1)發展 ATP-CP 系統供能能力的方法

發展 ATP-CP 系統的原則是用最大強度划,持續時間以將 CP 耗盡、但又不使乳酸明顯堆積爲限。常用的方法是:

①全力划 50-100 米,重覆 6 次爲 1 組,每次的間歇時間爲 3-5 分鐘,共完成 2-3 組,每組的間歇時間爲 10 分鐘。表達式:

$$\left(\frac{50-100\text{ 米全力划}\times6\text{ 次}}{3\text{—}5\text{ 分}}\right)\times\frac{2-3\text{ 組}}{10\text{ 分}}$$

$$②\left(\frac{10-20\text{ 秒全力划}\times6\text{ 次}}{3-5\text{ 分}}\right)\times\frac{2-3\text{ 組}}{10\text{ 分}}$$

(2)發展糖酵解系統供能能力的方法

糖酵解系統供能是人體速度耐力的物質基礎,也是 500 米比賽項目的主要能源。發展糖酵解系統的原則是採用能使乳酸生成達最高值的最大速度重覆划,間歇時間較短。常用的方法是:

①提高糖酵解速率

$$A.\left(\frac{1\text{ 分鐘全力划}\times6\text{ 次}}{3-5\text{ 分}}\right)\times\frac{2-3\text{ 組}}{10\text{ 分}}$$

$$B.\left(\frac{250-300\text{ 米全力划}\times6\text{ 次}}{3-5\text{ 分}}\right)\times\frac{2-3\text{ 組}}{10\text{ 分}}$$

爲了保證重覆划的強度,可逐漸延長間歇時間。

②發展耐酸能力

$$A.\left(\frac{1\text{ 分鐘全力划}\times6\text{ 次}}{1-2\text{ 分}}\right)\times\frac{2-3\text{ 組}}{10\text{ 分}}$$

$$B.\left(\frac{250-300\text{ 米全力划}\times6\text{ 次}}{1-2\text{ 分}}\right)\times\frac{2-3\text{ 組}}{10\text{ 分}}$$

爲了使乳酸堆積更加明顯,可逐漸縮短間歇時間。

③提高糖酵解速率與耐酸能力

$$A.\left(\frac{1\text{ 分鐘全力划}\times6\text{ 次}}{3-5\text{ 分}}\right)+\left(\frac{1\text{ 分鐘全力划}\times6\text{ 次}}{1-2\text{ 分}}\right)\times\frac{2\text{ 組}}{10\text{ 分}}$$

$$B.\left(\frac{250-300\text{ 米全力划}\times6\text{ 次}}{3-5\text{ 分}}\right)+\left(\frac{250-300\text{ 米全力划}\times6\text{ 次}}{1-2\text{ 次}}\right)\times\frac{2\text{ 組}}{10\text{ 分}}$$

(3)發展有氧氧化系統供能能力的方法

糖和脂肪的有氧氧化供能是 1000 米以上距離比賽項目的主要能源。

①提高氧運輸能力

運動強度:血乳酸控制在 4—6mmol/L 或心率控制在 170 次/分左右。

持續時間:20 分鐘划×3 組,組間間歇 10 分鐘。或 2000 米划×2 次爲 1 組,共完成 3 組,每次間歇 2－3 分鐘,每組間歇 10 分鐘。

②提高肌肉攝氧能力

運動強度:血乳酸控制在 2－3mmol/L 或心率控制在 160 次/分左右。

持續時間:40 分鐘划×3 組,組間間歇 10 分鐘。或 4000 米划×2 次爲 1 組,共完成 3 組,每次間歇 2－3 分鐘,每組間歇 10 分鐘。

(4)不同能量系統供能能力的評價

定期對不同能量系統供能能力進行正確評價,是保證不同供能系統的平衡發展和對訓練進行科學調控的重要措施。

①ATP－CP 系統供能能力的評價方法

A."氧虧"的測定。讓運動員進行高強度運動,收集、計算其恢復期的耗氧情況。恢復期耗氧可分爲"快速階段"和"慢速階段"。快速階段的耗氧被認爲是用於 CP 的迅速再合成。快速階段(2 分鐘左右時間內)的耗氧量越大,ATP－CP 系統供能能力越強。

B.測定單位時間的輸出功率。通常在測功儀上測定 15 秒最大輸出功率,根據其大小間接評定 ATP－CP 系統的供能能力。15 秒最大輸出功率的評定標準見表 3－16－2。

表 3-16-2　　15 秒最大輸出功率評定表(丹麥產 Modest 型測動儀)

	男　皮　(W)	女皮、划艇　(W)
優	>650	>450
良	575－650	400－450
中	500－575	350－400
差	<500	<350

②糖酵解系統供能能力的評價方法

血乳酸濃度是評價糖酵解系統供能能力的常用指標。通常是在測功儀上進行 6 次 1 分鐘全力划,每次間歇 2 分鐘,測定負荷後即刻的血乳酸。血乳酸越高,糖酵解系統的供能能力越強。評定標準見表 3－16－3。

表 3－16－3　　大強度最大功率負荷後血乳酸評定標準

	男　(mmol/L)	女　(mmol/L)
優	>18	>16
良	15—18	13—16
中	12—15	10—13
差	<12	<10

③有氧氧化系統供能能力的評價方法

　　VO₂max(最大吸氧量)和 AT(無氧閾)是衡量有氧氧化系統供能能力的常用指標。

　　A. VO₂max 的測定。通常是在測功儀上進行逐級遞增運動負荷試驗。判斷 VO₂max 的標準除了增加運動強度時耗氧量不再繼續增加外,附加標準是:血乳酸濃度達 80mg％;心率達 180 次/分以上;呼吸商大於 1。VO₂max 的評定標準見表 3－16－4。

表 3－16－4　　皮划艇運動員 VO₂max 評定標準

	男		女	
	L/min	ml/kg/min	L/m	ml/kg/min
優	>5	>60	>4	>55
良	4—5	50—60	3—4	45—55
中	3—4	40—50	2.5—3	35—45
差	<3	<40	<2.5	<35

　　B. 乳酸 AT 的測定。乳酸 AT 的測定一般是在測功儀上進行 5－6 級心率的逐級遞增運動負荷試驗。起始負荷一般採用本人 4 分鐘最大功率的 65％,逐級遞增 5％,每級負荷 4 分鐘,每級間歇 30 秒採血測定血乳酸。根據血乳酸拐點確定無氧閾(圖 3－16－1)。無氧閾的評定標準見表 3－16－5。

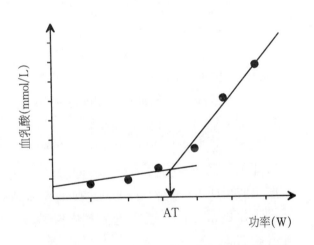

圖 3－16－1　利用血乳酸拐點確定 AT 示意圖

表 3－16－5　　皮划艇運動員無氧閾評定標準(丹麥產 Modest 測功儀)

	男　皮　(W)	女皮、划艇　(W)
優	>220	>140
良	200－220	120－140
中	180－200	100－120
差	<180	<100

2、機能特徵及提高運動成績必須發展的機能及其指標。

(1)機能特徵

①心血管系統

A.心率:早晨基礎脈搏優秀男運動員爲 50 次/分左右,優秀女運動員爲 55 次/分左右。

B.血壓:安靜時男子爲 118.96±8.05/55.24±3.95mmHg,女子爲 110.80±6.10/66.81±7.80mmHg,與一般人無明顯差異。運動後血壓(170—180/5－40mmHg)比中距離跑等其它項目的運動員(185—220/55mmHg)低。運動後的脈壓差(140—170mmHg)比中距離跑等其它項目的運動員(130—165mmHg)高。

C.心功能:安靜時脈搏量男子爲 101.34±12.83ml,女子爲 78.22±10.67ml;心輸出量男子爲 5.59±0.64L/m,女子爲 4.73±0.62L/m;左室舒末容積男子爲 208.46±44.56ml,女子爲 122.23±42.00ml,高於投擲、舉重、球類等項目的脈搏量,低於馬拉松、長距離跑、滑雪和自行車等項目的脈搏量。

D.血色素:我國優秀運動員的血色素比一般人高,男子平均爲 14.9±1.2g%,女子平均爲 13.9±1.1g%。

E.血乳酸最大值:我國優秀運動員的血乳酸最大值男子爲 18－20mmol/L,女子爲 16－18mmol/L。

②呼吸系統

A.最大吸氧量:我國優秀運動員的最大吸氧量男子爲 58.37±4.27ml/kg/min,女子爲 47.64±4.43ml/kg/min。

B.肺活量:男運動員在 4800—5300ml 之間,女子在 3600－3800ml 之間,比其它項目的運動員高。研究表明,肺活量按每平方米體表面積計算,國外優秀運動員爲 3118.6ml/m²,我國優秀運動員爲 2734.7ml/m²,我國一般運動員爲 2500ml/m²。輕艇運動員每平方米體表面積的肺活量與其運動成績成正比。一般認爲,要使運動成績達到國際水平,男運動員的肺活量應達到 3000ml/m² 以上,要進入國內優秀運動員行列則應在 2700－3000ml/m² 之間。

C.呼吸頻率:我國運動員安靜時呼吸頻率男子在 12.7—14.6 次/分之間,女子在 13.4—14.8 次/分之間,比一般人低。

(2)提高運動成績必須發展的機能及其指標

①最大吸氧量:1000 米以上距離的比賽以有氧代謝爲主,最大吸氧量水平的高低是決定運動成績的關鍵要素之一。優秀男運動員的最大吸氧量至少應達到 60ml/kg/min,優秀女運動員則應達到 55ml/kg/min。

②血乳酸最大值:糖酵解系統是 500 米距離比賽項目的主要能源。血

乳酸最大值是輕艇訓練中應重點發展的機能指標之一。優秀運動員的血乳酸最大值男子應達到 18—20mmol/L,女子應達到 16—18mmol/L。

③無氧閾:無氧閾比最大吸氧量更能反映機體的有氧代謝能力,與耐力項目成績更加密切相關。最大吸氧量相同的人,達到無氧閾的攝氧量百分比越高,有氧代謝能力越強,耐力項目成績越好。優秀運動員的無氧閾應達到最大吸氧量的 80—90％。

④血色素:血色素水平是決定耐力項目成績和機體恢復能力的重要指標。優秀運動員的血色素男子應達到 16g％左右,女子應達到 15g％左右。

⑤血清睾酮:優秀運動員的血清睾酮男子應在 800ng％以上,女子應在 80ng％以上。

3、素質特徵及發展專項素質的主要訓練方法和手段

(1)素質特徵

①力量:力量是決定運動成績的體能要素之一,是掌握運動技術、提高運動成績的基礎。力量好技術差的運動員,其力量增長與運動成績提高成正比例,力量增長 17％,運動成績提高 3.8％。

在輕艇比賽中,運動員和船要最大限度地克服阻力。隨着速度的增加,阻力相應地增加,阻力與速度的平方成正比。運動員要保持划行速度,需要很高的力量貯備。

②耐力:耐力是輕艇運動員不可缺少的重要素質。耐力有一般耐力和專項耐力之分,一般耐力是專項耐力的必要條件,專項耐力又因比賽距離不同而各不相同。

一般大型比賽要連續進行三天,一個運動員若參加 2－3 個項目的比賽,可能要在三天內參加 6－9 場比賽,得具備非凡的耐力。

③速度:船速主要取決於運動員的划槳頻率和拉槳力量,也受天氣情況(風、浪等)和水質情況(深度、濁度等)等因素的影響,其中划槳頻率和拉槳力量又取決於隊員的力量和耐力。

(2)發展專項素質的主要訓練方法和手段

①力量訓練

A.陸上力量訓練的方法

力量訓練主要有動力性練習法和等動性練習法。等動性練習可使肌肉在動作的整個過程中負擔適宜的負荷量,是輕艇運動員陸上力量訓練比較理想的方法。但由於其需要專門的等動訓練器材,故在訓練實踐中難以普及。動力性練習與輕艇專項動作較為一致,且無需專門器材,是目前輕艇訓練中最常用的方法。下面重點介紹動力性力量訓練法。

常用的力量練習動作主要有臥推、臥拉、屈膝仰臥起坐、坐位頸後推舉、體前屈單臂啞鈴提拉、單臂啞鈴抓舉、體前屈負重臂後伸、負重體前屈、負重腕背屈、負重下蹲、直立提拉、高翻、坐位負重轉體等。

發展最大力量的練習方法見表 3－16－6。

表 3－16－6　　發展最大力量的練習方法

強度	最大力量 80—100％
重覆次數	1—7
組數	5—8
間隙時間(分)	3—5
動作速度	一般

發展力量耐力的練習方法見表 3－16－7。

表 3－16－7　　發展力量耐力的練習方法

	發展無氧耐力	發展有氧耐力
強度	最大力量 50—60％	最大力量 30—40％
重覆次數	15—20	30—60
組數	3—4	3—4
間隙時間(分)	1—2	1—2
動作速度	較快	一般

發展快速力量的練習方法見表 3－16－8。

表 3－16－8　　發展快速力量的練習方法

	發展爆發力 (高強度下)	發展一般快速力量 (低強度下)
強度	最大力量 50—70％	最大力量 30—40％
重覆次數	6—10	8—12
組數	4—5	6—7
間隙時間(分)	3—5	3—5
動作速度	快	快

測功儀訓練:由於測功儀訓練與專項動作十分接近,故是發展專項力量的一種較為理想的方法。歐美一些國家將訓練成功的經驗歸結為血乳酸、測功儀和等動力量訓練。前蘇聯、德國等國家的測功儀可根據需要加減阻力,力量訓練的效果更明顯。

B.水上專項力量訓練的方法

輕艇屬週期性力量耐力項目,專項力量耐力訓練十分重要,因為在專項技術動作中不需要每個動作的最大力量。

阻力划訓練:

準備期:(5 分鐘＋3 分鐘＋1 分 30 秒)×3 組,船速為最大速度的80％,間歇 3－5 分鐘,每組之間間歇 10 分鐘,每組結束時血乳酸為 8－9mmol/L。

比賽期:(3 分鐘＋1 分 30 秒＋30 秒)×3 組,船速為最大船速的 80％,最後 30 秒全力划,血乳酸為 9—10mmol/L。

負重划訓練:負重量 5—10 公斤。

準備期:2分鐘划×8組,心率160—170次/分,間歇2—4分鐘。

比賽期:1分30秒划×8組,間歇2—3分鐘,最後30秒全力划,心率180次/分以上。

其它訓練方法:

水上專項力量訓練還可採用增大槳葉、加長船身、逆水划、頂風划、在淺水中划、幾名隊員輪流划等訓練方法。

C.電刺激法

電刺激法是指通過電刺激代替由大腦發出的神經衝動,使肌肉產生收縮力量的訓練法。它收效大,針對性強,耗能小。

電刺激法一般採用專門的電脈衝刺激儀。使用時,將電極固定在有關的運動神經部位,使肌肉產生收縮(間接刺激法);或把電極固定在肌肉末端,使肌肉產生收縮(直接刺激法)。

常用刺激頻率:間接刺激法爲2500Hz;直接刺激法爲1000Hz。

常規刺激時間:肌肉的持續刺激時間爲10秒,間歇50秒。每次訓練時間爲10—20分鐘,每周訓練3—5次。

D.力量訓練的階段畫分

力量訓練計畫的目標、內容、方法在全年計畫的各階段是不斷變化的。具體階段的畫分見表3-16-9。

表3-16-9　　力量訓練的階段畫分

週期階段	準備階段			比賽階段	
訓練階段	1	2	3	4	5
訓練內容	打基礎	提高最大力量	轉變爲爆發力和肌肉耐力	保　持	結　束

打基礎階段:進行全面力量訓練,持續時間爲2-4周。

提高最大力量階段:主要任務是發展最大力量。持續時間1-3個月。

轉變爲爆發力或力量耐力階段:根據項目要求,最大力量必須轉變爲爆發力,或肌肉耐力,或同時轉變爲兩種能力。注意,此階段仍要保持一定程度的最大力量訓練,否則比賽階段很可能出現爆發力下降現象。

500米距離的比賽應以爆發力爲主,1000米以上距離的比賽應以肌肉耐力爲主。訓練持續2-4個月。

保持階段:主要任務是保持前面已獲得的訓練水平。特點是最大力量、爆發力及力量耐力之間的比例要依專項的要求定。

結束階段:當年重大比賽前的5-7天應結束力量訓練,以便爲獲得優異成績保存體力。

E.一般力量訓練和專項力量訓練的比例

一般力量訓練和專項力量訓練的比例要根據運動員的訓練水平定(表

3－16－10)。

表 3－16－10　　一般力量訓練和專項力量訓練的比例

	一般力量訓練	專項力量訓練
初級水平	70%	30%
中級水平	40%	60%
高級水平	10%	90%

②耐力訓練

A.一般耐力訓練:水上划、跑步、游泳和爬山等均可提高一般耐力(有氧耐力)。關鍵在於掌握訓練強度。強度過低,不能充分動員呼吸—— 循環功能,訓練效果差。強度過高,供能系統會向無氧代謝途徑轉變。

用血乳酸控制訓練強度:發展機體氧的運輸能力,一般將血乳酸控制在 4－6mmol/L 之間爲宜。發展肌肉組織攝氧能力,一般將血乳酸控制在 2－4mmol/L 之間較爲合適。

用心率控制訓練強度:優秀運動員可採用本人最高心率的 85—90% 的強度。一般運動員應採用本人最高心率的 80%。最高心率可用 220－年齡求得。也有人提出耐力訓練的適宜強度爲:心率(次/分) ＝ 220 －(年齡＋25)。

一般耐力訓練的常用手段:

10 分鐘划×4－6 組,間歇 10 分鐘,血乳酸爲 4－6mmol/L,心率 170 次/分左右。

20 分鐘划×2—3 組,間歇 10 分鐘,血乳酸爲 4－6mmol/L,心率 170 次/分左右。

10 公里划,血乳酸 2—4mmol/L,心率 160 次/分左右。

5 公里划×2－3 組,間歇 10—15 分鐘,血乳酸 6—7mmol/L,心率 170—180 次/分。

B.專項耐力訓練:方法因項目不同而異。

發展 500 米專項耐力的訓練方法:

a.準備期:250 米全力划×6,間歇 4 分鐘,血乳酸 8—9mmol/L。比賽期:250 米全力划×4,間歇 5 分鐘,血乳酸 10—11mmol/L。

b. $\left(\dfrac{30\text{ 秒全力划}\times3}{60\text{ 秒}}\right)+\left(\dfrac{60\text{ 秒全力划}\times3}{120\text{ 秒}}\right)+\left(\dfrac{90\text{ 秒全力划}\times3}{180\text{ 秒}}\right)$
每種練習間歇 3 分鐘,最後血乳酸 9－11mmol/L。

c.準備期:(10 秒－3 分鐘－30 秒)×3 組,間歇 30 秒、60 秒,組間間歇 6 分鐘,血乳酸爲 9－10mmol/L。比賽期:(30 秒－60 秒－30 秒)×3 組,間歇 30 秒、60 秒,組間間歇 6 分鐘,血乳酸 9－11mmol/L。

d.準備期: $\left(\dfrac{30\text{ 秒全力划}\times10}{30\text{ 秒}}\right)\times\dfrac{2\text{ 組}}{10\text{ 分}}$,血乳酸 9－11mmol/L。
比賽期:30 秒全力划×10,間歇 30 秒,血乳酸 9-11mmol/L。

e. $\left(\dfrac{50\,\text{米}+100\,\text{米}+250\,\text{米全力划}}{2-3\,\text{分}}\right)\times\dfrac{2\,\text{組}}{20\,\text{分}}$ 血乳酸 8－11mmol/L。

f.準備期:測功儀 1 分鐘全力划×6,間歇 1 分鐘,血乳酸 8—12mmol/L。比賽期:測功儀 1 分鐘全力划×4,間歇 1 分鐘,血乳酸 8－12mmol/L。

發展 1000 米專項耐力的訓練方法:

a.準備期:2000 米划×3,間歇 20 分鐘,血乳酸 8－9mmol/L。比賽期:2000 米划×3,間歇 15 分鐘,血乳酸 9—10mmol/L。

b.準備期:4 分鐘划×10,間歇 4 分鐘,血乳酸 7—8mmol/L。比賽期:$\left(\dfrac{1\,\text{分鐘全力划}\times10}{1\,\text{分鐘}}\right)\times\dfrac{3\,\text{組}}{15\,\text{分}}$,血乳酸 9—10mmol/L。

c.準備期:500 米划×12,間歇 4 分鐘,血乳酸 7—8mmol/L。比賽期:500 米划×4,間歇 5 分鐘,血乳酸 8—10mmol/L。

C.發展耐力的階段畫分:在全年訓練中,耐力的提高是通過若干訓練階段實現的。若全年訓練只安排出現一次競技狀態高峰,則耐力訓練可通過三個主要階段完成。

一般耐力階段:安排在準備階段早期(1－3 個月)。應注意逐漸增加訓練量。

專項耐力基礎階段:安排在準備階段的中後期(3—5 個月)。有氧耐力與無氧耐力都要提高到所能達到的最高水平。

專項耐力階段:安排在比賽階段。應注意根據專項要求選擇合適的訓練方法,使專項耐力提高到最佳水平。

③速度訓練

A.提高速度的訓練方法:

最大速度重覆划練習:

a. $\left(\dfrac{10-15\,\text{秒全力划}\times6}{3-5\,\text{分}}\right)\times\dfrac{2-3\,\text{組}}{10\,\text{分}}$

b. $\left(\dfrac{50-100\,\text{米全力划}\times6}{3—5\,\text{分}}\right)\times\dfrac{2—3\,\text{組}}{10\,\text{分}}$

降低外部阻力划練習:

目的在於培養運動員的速度感覺和速度能力。常用方法和手段有:縮短槳杠划、減小槳葉划、借浪划、順流划、順風划。

加強快速力量訓練。

B.速度訓練的階段畫分:速度訓練的階段畫分要根據比賽日期確定。在距離比賽時間較長的準備階段,應着重發展有氧耐力和最大力量,速度訓練只是點綴一下,比重不宜過大。臨近比賽階段主要採用專項訓練手段來提高最大速度和速度耐力,同時注意快速力量訓練。

4、技術特徵及技術動作的評定標準

(1)皮艇技術特徵及技術動作的評定標準

①預備姿勢

　　A.坐姿:分兩種。

　　　直體坐姿:人體重心在軀幹上。

　　　微前傾坐姿:人體重心在上體與大腿之間,屈膝角度爲 130°—150°。

　　B.握槳方法:有三種,兩臂上舉、肘關節呈 90°爲標準握,肘關節小於 90°爲窄握,肘關節大於 90°爲寬握。

　　②划槳週期和划槳技術

　　A.划槳週期:包括支撐期和非支撐期。支撐期由槳入水、拉槳、推槳和槳出水四個階段組成。非支撐期由復位階段組成。

　　B.划槳技術:有兩種風格,即縱向划槳技術和旋轉弧綫划槳技術。縱向划槳技術的划槳軌跡靠近船舷,幾乎是垂直由前向後划動。旋轉弧綫划槳技術的划槳軌跡是向外呈弧綫划動,入水點靠近船弦,出水點遠離船弦。

　　a.出發技術:

　　出發姿勢:基本同預備姿勢,但槳葉接近水面或插入水中。

　　快速啓動:聽到出發信號後,迅速蹬腿、轉體、拉槳發力。前 4 槳銜接快,且要用爆發力划。

　　加速划:啓動後,注意加槳頻、加力量,力爭在 10—15 秒使船速達最大速度。

　　轉入途中划:出發後 10—15 秒,當船速達最大速度時,迅速轉入途中划。此時要求槳頻減慢,但拉槳力量加大,船速不變。划槳節奏明顯。

　　b.途中划技術動作要領:

　　槳入水階段:腳蹬住腳蹬板,保持軀幹送肩轉體姿勢。拉槳臂伸直輕快下落入水,推槳手向上向前運動並控制槳,使槳入水面呈 35°—45°。入水點要遠,以保證划槳的前弧。

　　拉槳和推槳階段:槳入滿水的同時,蹬腿發力,積極旋轉軀幹,直臂拉槳。推槳臂微屈控制槳。整個動作由腿、髖、腰腹、肩臂手協調配合、協同用力完成。

　　槳出水階段:划槳至大腿中部,拉槳臂屈肘(大於 90°)帶槳向外、向上、向內運動,自然迅速出水,並連貫完成復位動作,準備和開始下一次划槳。

　　c.衝刺技術:在離終點 150 米左右時進入衝刺階段。此時要注意加槳頻、加力量,使船以盡可能大的速度衝過終點。

　　③皮艇技術動作評定標準(表 3－16－11)

　　(2)划艇技術特徵及技術動作評定標準

　　①轉體技術:以身體軀幹轉動的力量爲主的划船技術。特點是前伸幅度大,艇的上下起伏小,長距離比賽較占優勢,適合身體單薄、身材高達 1.90 米左右的隊員。

　　②抬體技術:以身體軀幹向上抬爲主的划船技術。特點是槳頻高,拉槳力量大,動用腰、背、腿的力量,但艇的起伏較大。適合短距離比賽。體質

好、身體粗狀的隊員用此技術占優勢。抬體技術目前世界上比較流行。

③轉抬技術：結合上兩個技術的優點，以轉爲主，以抬爲輔，轉抬結合。適合中長距離比賽。運動員身材不限。

④划艇技術動作的評定標準：

A.動作舒展、大方、優美、自然、協調。

B.節奏明顯，前伸幅度大，拉槳經濟性和實效性好，有一定的槳頻。

C.艇運行時前後上下起伏小，左右晃動小。船速均勻。

D.二直一鬆，即下方手臂要直臂拉槳，上方手臂要直臂頂住槳柄。頭部要放鬆。

E.三快一慢，即下槳、拉槳、出槳要快，回槳要慢。

表 3 - 16 - 11　　皮艇技術評定標準

評定技術的環節	分值	優　秀 (8.6分以上)	良　好 (7.6—8.5分)	及　格 (6—7.5分)
船的運行	2	左右稍有側傾，前後基本無起伏，船頭前進無偏移，船速均勻。	左右側傾較大，前後稍有起伏，船頭前進稍偏移，船速較均勻。	左右側傾很大，前後起伏較大，船頭前進有較大偏移，船速不太均勻。
軀干動作	3	坐姿自然，槳葉入水時肩帶轉動達 35°—40°，槳葉入水後肩帶轉動 25°—35°，槳葉出水時肩帶轉動達 20°—30°。	坐姿前傾太大，槳葉入水時肩帶轉動達 25°—35°。槳葉入水後肩帶轉動 20°—25°，槳葉出水時肩帶轉動小於 20°。	坐姿僵直或後仰，槳葉入水時肩帶轉動小於 25°，槳葉入水後肩帶轉動小於 20°，槳葉出水時肩帶轉動大於 30°。
		握槳寬度適宜，槳葉入水時手臂屈肘成 175°—180°，划水結束時，手臂屈肘爲 100°—110°，推槳中肘同肩高，推槳臂勻速地伸直。	握槳太寬，槳葉入水時手臂屈肘成 165°—175°，划水結束時手臂屈肘大於 110°，推槳中肘低於肩，推槳臂加速伸直。	握槳太窄，槳葉入水時小於 165°，划水結束時手臂小於 100°，推槳中肘高於肩，划槳開始肘即伸直。

5、比賽常用戰術及訓練方法

(1)看住對手划戰術：輕艇比賽屬同道爭先類項目，絕對成績不重要，以先到終點爲優勝。快速出發後，看住對手划，到最後全力衝刺超出。

(2)領先並堅持下去的戰術：500 米比賽常用戰術。目的是用領先的方法給對手施加心理壓力，打亂對方的節奏。特點是啓動快，快划持續時間長，達 30—40 秒。訓練時應多安排些 30—45 秒的出發訓練和長時間高強度的速度訓練。

(3)平均分段划戰術：1000 米以上比賽常用戰術。出發後控制槳頻和拉槳力量，保持較高的平均速度，直至終點。特點是前後半程的船速差別不大，有時後半程的船速高於前半程。訓練時要大量安排低強度、低槳頻、大力拉槳的全程划練習。

(4)負分段划戰術：比賽常用戰術，在預賽、復賽、半決賽中採用較多。目的有二，一是試探對手實力，二是減少體能消耗，爲決賽作準備。特點是前快後慢，前緊後鬆。訓練時要大量安排專項訓練，提高專項能力，注意速度感、槳頻感和節奏感的訓練。

(5)乘浪划戰術：5000公尺、10000公尺比賽時常用。它是在鄰近領先艇散發開的波浪上划進，以減少消耗。到臨近終點時再加速衝刺，超過對方。訓練中應安排隊員相互借浪划，以掌握好借浪划技術。

6、優秀運動員的心理特徵及常見的心理障礙和克服辦法

(1)心理特徵

①認知心理方面：

臂力量感：顯著優於一般人。男運動員爲 0.46(一般男子爲 0.96)，女運動員爲 0.54(一般女子爲 0.83)。

臂動覺方位感：顯著優於一般人。男運動員爲 3.10(一般男子爲 3.71)，女運動員爲 3.02(一般女子爲 3.21)。

協調性：優秀運動員的雙手協調能力、手腳協調能力和肌肉緊張與放鬆交替的協調能力均優於一般人。

節奏感：優秀運動員具有良好的動作節奏感。

平衡能力：優秀運動員具有極強的艇上平衡能力。

水性水感：優秀運動員具有良好的水性水感。水性水感很差的，即使身體素質、身體機能等各方面條件都很好，也很難成爲優秀輕艇運動員。

②個性心理方面：

優秀男子運動員好強、輕鬆興奮、敢爲、當機立斷，女子運動員好強、精明能幹、沉着有信心。

③神經類型：

穩定型是輕艇運動員理想的神經類型。穩定型運動員踏實細心、肯幹鑽研、思維準確、神經過程均衡，具有長時間穩定工作的能力。在訓練、比賽中能充分發揮自己的潛在能力。

(2)優秀運動員必備的心理品質

頑強是輕艇運動員最主要的意志品質，自覺性與自制性爲次要品質。

(3)心理障礙及克服辦法

①常見心理障礙和克服辦法：

最爲常見的心理障礙是過度興奮或過度緊張引起的失眠。缺乏必要的文娛活動、生活單調乏味、長期處於緊張狀態得不到調節放鬆等，均可導致失眠。

克服辦法，除了注意豐富運動員的文化娛樂生活外，應採取放鬆訓練及催眠、自我暗示和自我調節等措施，以幫助運動員消除心理疲勞。

②大賽前最易出現的心理障礙及克服辦法：

A.賽前心理疲勞：主要表現是不想比賽、身體乏力、反應遲鈍、動作怠慢等。一般來說，賽前訓練過度、測驗過多、比賽壓力過大、傷病長期不癒等易導致這種狀態。

處理辦法是及早調節、調整。運用放鬆訓練、音樂、注意力轉移等方法幫助運動員消除心理疲勞。

B.賽前過度興奮：主要表現是心跳加速、呼吸加快、血壓升高、尿頻，動作忙亂、坐立不安，注意力不集中、思維混亂、聽不進教練指導等。比賽經驗不足，自控能力差，或比賽過於重要等，都易導致這種狀態的出現。

處理辦法是賽前給運動員放包袱、減壓力，培養運動員的自我控制能力。一旦出現過度興奮現象，可採取轉移注意力、安慰療法、放鬆訓練及催眠等措施來使之緩解。

C.賽前冷漠：主要表現是情緒低落、意志消沉、缺乏信心、毫無鬥志。一般來說，遇到強大對手、困難過多又缺乏對策以及意志力較差的運動員易出現這種狀態。

對策是採取激勵、動員、積極的語言暗示及提早做準備活動等措施來調動其參賽的積極性。

（三）多年訓練過程的階段畫分及各階段訓練的主要特點

研究表明，優秀輕艇運動員最初從事輕艇訓練的年齡，男子為 12—14 歲，女子為 10—12 歲。首次取得較好成績的年齡，男子為 18—20 歲，女子為 16—18 歲。穩定成績的年齡，男子為 21—25 歲，女子為 19—24 歲。最佳成績的年齡，男子為 26—28 歲，女子為 25—30 歲。從開始訓練到取得成績要經歷 6—10 年。據此，輕艇運動員的多年訓練過程可畫分為三個階段，即基礎訓練階段(13—15 歲)、專項訓練階段(16—18 歲)、提高和保持競技能力階段(19 歲以上)。各階段的訓練特點如下：

1、基礎訓練階段（13—15 歲）

(1)主要訓練任務

①培養對輕艇運動的興趣和吃苦耐勞、團結友愛、不怕困難、頑強拼搏的思想品質。

②全面發展各項身體素質，着重發展一般耐力和動作協調性。

③初步掌握正確的輕艇技術和基本技能，突出單人艇的基本功訓練。

④掌握在風浪中的游泳技術和技能，熟悉安全知識，正確使用和保養艇和槳。

⑤通過全面考核，完成初選到重點選拔的過程，評價運動員的潛在能

力。

⑥講授輕艇運動的基本知識和理論。

(2)主要訓練內容

①空槳練習:站立和跪立在陸上練習架上進行分解和連貫動作划槳的練習。

②划槳池划槳練習和測功儀上的划槳練習。

③水上游戲和單人艇練習。

④陸上游戲,球類、器械體操、拉力器練習,中、小重量的槓鈴及實心球練習。

⑤跑步、游泳訓練。

⑥水上 60—80％強度划 20—60 分鐘,80—85％強度划 15—20 分鐘,90—95％強度划 5—10 分鐘,95—100％強度划 10—60 秒鐘。

(3)訓練負荷的分配(表 3－16－12)

表 3－16－12　　　基礎訓練階段訓練負荷參數

內容　參數　年齡	11 歲	13 歲	15 歲
每周次數	2—3 次	4—5 次	6—7 次
每次時間	1—1.5 小時	1.5—2 小時	2—2.5 小時
全年課次	150—200 次	200—300 次	300—400 次
全年時數	250 小時	430 小時	700 小時
專項訓練量	62.5 小時	172 小時	350 小時
一般訓練和力量訓練量	187.5 小時	250 小時	350 小時

2、專項訓練階段(16—18 歲)

(1)主要任務

①發展專項耐力和專項速度力量素質。

②系統進行輕艇專項訓練,不斷改進技術,並注意結合個人特點,選項或分項有重點地訓練。

③身體素質訓練與技術訓練同步發展。

④參加比賽,掌握基本戰術。

⑤力量訓練與速度訓練同步進行。

(2)主要訓練內容

①陸上和水上專項力量素質的訓練,即測功儀、拉力器、阻力划和負重划等方面的訓練。

②跑步、游泳、滑雪、爬山等方面的訓練。

③水上各類強度的訓練(表 3－16－16)

④測驗和比賽。

(3)專項訓練階段的負荷分配(表3-16-13)

3、提高和保持競技能力階段(19歲以上)

(1)主要任務

①發展專項力量和比賽距離的耐力和速度。

②系統地、不斷地增加訓練量和訓練強度,突出比賽速度的訓練。

③加強心理素質的訓練,培養頑強拼搏、勇攀高峰的良好作風。

表3-16-13　　專項訓練階段員荷參數

內容 \ 年齡參數	17歲	18歲
每周次數	7—8次	8—9次
每次時間	2—2.5小時	2.5—3小時
全年課次	350—450次	450—500次
全年時數	900小時	1000小時
專項訓練量	540小時	600小時
一般訓練和力量訓練量	360小時	400小時

(2)基本訓練內容

①水上各級強度的訓練(表3-16-16)。

②多人艇的訓練和水上抗阻力訓練、牽引訓練。

③陸上專項力量訓練。

④放鬆和伸展性練習。

⑤測驗和各種比賽。

(3)訓練負荷的分配(表3-16-14)

表3-16-14　　提高競技能力階段的員荷參數

內　　容	19歲	19歲以上
每周課次	9—11次	10—14次
每次時間	2.5—3小時	3—4小時
全年課次	450—500次	500—550次
全年時數	1200小時	1300小時
專項訓練量	780小時	800小時
一般訓練和力量訓練量	420小時	500小時

4、專項員荷指標與專項成績遞增表(表3-16-15)

5、多年訓練過程不同年齡組主要訓練內容和訓練指標參考表(表3-16-16)

(1)引言。本計畫執行的時間;運動員前一年的比賽名次、成績及起始狀態簡況。

(2)比賽安排。當年參加比賽的次數、名稱、時間、地點和項目。

　　(3)指標。各次比賽參賽項目的名次指標和成績指標;非比賽距離的成績指標;基本能力指標(如最大力量);專項能力指標(如測功儀4分鐘最大功率)。

　　(4)確定訓練週期。如果全年只有一次比賽,可選擇單週期;2次或2次以上比賽可選擇雙週期或多週期。

表3-16-15　　各階段不同年齡專項負荷指標與專項成績遞增表

		13歲	15歲	16歲	17—18歲	19歲	19歲以上
槳頻(槳/分)	男	96	100	105	105-115	115-120	120
	女	86	96	100	105	105-115	115
250公尺	男	72″	68″	60″09	55″	48″	47″
	女	76″	72″	68″	61″	54″-56″	54″
500公尺	男	2′35″	2′25″	2′10″	1′55″	1′45″	1′43″
	女	2′45″	2′35″	2′25″	2′10″	1′55″-2′00″	1′55″
1000公尺	男	5′25″	5′00″	4′20″	4′51″	3′40″	3′40″
	女	5′45″	5′25″	5′00″	4′20″	4′12″	4′12″
2000公尺	男	11′15″	10′38″	9′27″	8′28″	7′40″	7′40″
	女	12′00″	11′15″	10′38″	9′28″	8′44″	8′44″

表3-16-16　　多年訓練過程各階段不同年齡組主要訓練內容和訓練指標參考表

年齡(歲)	水上各類負荷指標參數							陸上訓練負荷參數						一周總量(小時)
	補償	有氧耐力	有氧強度	無氧耐力	無氧強度	專項力量耐力	最大專項力量	公里	力量耐力	最大力量	游戲	跑步	做操	
13	1-2	5-6	1-2					35	45′ 150次		4×25′	4×30′	4×15′	8-10
14	1-2	6-8	1-3	0.5-1	30-60公尺			45	2×60′ 200次		4×25′	4×30′	4×15′	10-11
15	1-2	8-13	1-3	4-6次 50-150公尺	2-3 ×0.5公里	3-5 ×50-100公尺		85	2×60′	60′ 60次	120′	120′	120′	11-13
16	1-2	8-13	1-3	2×500~100公尺	5-8 ×50-150公尺	1-2×500-750公尺	5-6 ×50-100公尺	105	3×60′	90′ 80次	120′	120′	120′	14-16
17	1-2	8-13	1-3	2×500~1000公尺	5-8 ×50-150公尺	1-2 ×500-750公尺	5-6 ×50-100公尺	125	4×60′	120′ 120次	120′	120′	120′	17-20
18	1-2	8-13	1-4	3×500-1000公尺	5-10 ×50-250公尺	2-3 ×500-750公尺	5-6 ×50-150公尺	180	5×60′	150′ 150次	120′	120′	120′	

(四)如何制訂全年訓練計畫

①全年單週期訓練計劃包括休整階段、一段準備階段、專項準備階段、賽前訓練階段、減量階段、比賽階段。

②全年雙週期訓練計劃則將上述階段再重覆一次。

(6)明確各訓練階段的主要任務和內容。

(7)確定測驗日期及測驗項目。

(8)設計全年負荷量與負荷強度的曲綫。

(9)制訂全年訓練計劃表。

全年訓練計劃表體現上述各條內容。

2、全年訓練計劃表

(1)全年單週期訓練計劃表示例(表3-16-17)

表3-16-17 輕艇全年單周期訓練計畫表

(2)全年雙週期訓練計劃表示例(表3-16-18)。

(五)賽前訓練計劃

賽前訓練計劃是全年訓練計劃的組成部分,主要任務是保持和提高已達到的訓練水平。

表3-16-18　國家集訓隊女子皮艇1990年雙週期訓練計劃表

運動員姓名	訓練目標					
	名次	測驗/標準	身體準備	技術準備	戰術準備	心理準備
文艷芳　寧夢華 汪　靜　許志娟 杜　紅	冠軍賽: 女子單、雙、四第一名 世界錦標賽: 女子四人艇500公尺前八名	1.500公尺 2.250公尺 3.200公尺 4.最大力量拉、推 5.測功儀4′最大功率	1.發展肌肉力量和耐力 2.發展沖抗乳酸能力 3.增加訓練量	1.完善所有技術細節 2.提高多人無配合能力	1.完善出發動作 2.盡快轉入途中劃	1.提高出發時的注意力 2.作好後半程加速的思想準備

日期	月	九	十月	十一月	十二月	一月	二月	三月	四月	五月	六月	七月	八月	九月
	周	1 2 3 4 5 6 7 8 9 10 11 12 13 14 15 16 17 18 19 20 21 22 23 24 25 26 27 28 29 30 31 32 33 34 35 36 37 38 39 40 41 42 43 44 45 46 47 48 49 50 51 52												

比賽日程	國內比賽								▲					
	世界錦標賽												▲	
	地點								杭州				波蘭	

訓練時期	準備時期Ⅰ		比賽時期Ⅰ	準備時期Ⅱ	比賽時期Ⅱ	過渡時期
訓練階段	一般準備	專項準備	賽前階段	比賽	一般　專項	賽前　比賽　修整

訓練要素　訓練量（——）　訓練強度（－－）　%：100 90 80 70 60 50 40 30 20 10

這裡介紹的是國家集訓隊優秀運動員參加世界大賽的訓練計劃。

1、賽前訓練階段的時間

一般是8周左右。計劃首先要考慮競賽日程與訓練的主要任務和目標，然後根據運動員的具體情況確定訓練時間。

8周的安排是以4周爲一個中週期，由2個中週期組成(圖3-16-2)。

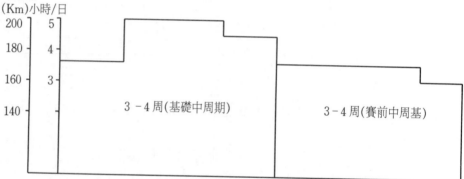

圖3-16-2　賽前訓練階段的時間安排

圖 3－16－2　賽前訓練階段的時間安排

第二中週期(賽前中週期)帶有專門化訓練的性質,負荷量減少,負荷強度增加,主要提高無氧速度和無氧耐力,檢查中短距離的訓練效果。

第一周運動員處於調節狀態,負荷的量和強度都有一定的提高。

第二周保持一般訓練水平或稍降一點。

第三周由於超量恢復,訓練水平回升。

第四周達到高水平。

賽前訓練階段的第一周為準備周,消除前段訓練帶來的疲勞,為大負荷訓練作準備。整個週期採用大負荷訓練,力圖把運動員的身體機能提到最高水平,獲得最佳競技狀態。

賽前訓練各運動負荷的安排(表 3－16－19)

表 3－16－19　　賽前訓練各周運動員荷的安排

周　　期	第一中週期				第二中週期			
各　　周	1	2	3	4	1	2	3	4
有氧訓練	60%	50%	50%	53%	55%	55%	55%	78%
有氧強度訓練	34%	42%	42%	36%	30%	30%	30%	15%
無氧速耐訓練	3%	5%	5%	7%	10%	10%	10%	5%
無氧速度訓練	3%	3%	3%	4%	5%	5%	5%	2%

3、大賽前的訓練安排

除安排專項水上訓練外,還要有一定的陸上身體訓練。同時各中週期要安排 1－2 次大力量訓練,以維持已獲得的力量素質。陸上身體訓練為的是維持原有水平,重要的是要提高水上專項力量。

要多採用比賽和接近比賽的專門訓練手段,提高訓練質量,每周六、日安排 2－3 次專門測驗和比賽訓練。測驗和比賽訓練盡量與競賽日程安排近似。

重要比賽對運動員的影響極大,因此要注意運動員的生理和心理反應。

賽前訓練安排要注意遵守各項訓練學原則。

4、大賽前訓練計畫舉例

(1)第一中週期訓練計畫

星期一,全天休息。

星期二,上午速度訓練,下午身體和水上訓練。

星期三,上午有氧訓練,下午水上有氧力量訓練,跑步。

星期四,上午有氧強度訓練,下午休息。

星期五,上午速度訓練,下午有氧訓練和陸上訓練。

星期六,上午中長距離比賽訓練,下午比賽訓練和陸上訓練。

星期日,上午長距離計時訓練,下午休息。

(2)第二中週期訓練計畫

星期一,全天休息。

星期二,上午無氧速度訓練,下午無氧耐力和陸上訓練。

星期三,上午有氧強度訓練,下午休息。

星期四,上午無氧耐力訓練,下午有氧訓練和陸上訓練。

星期五,上午無氧速度訓練,下午休息。

星期六,上午中短距離比賽訓練,下午比賽訓練。

星期日,上午中距離計時訓練。

(3)比賽訓練安排

星期一,上午無氧速度訓練,下午有氧訓練和身體訓練。

星期二,上午一般有氧強度訓練和技術訓練,下午休息。

星期三,上午 500 公尺預賽,下午 500 公尺復賽。

星期四,上午 1000 預賽,下午 1000 公尺復賽。

星期五,上午 500 公尺半決賽,下午 1000 公尺半決賽。

星期六,上午 500 公尺決賽,下午 1000 公尺決賽。

星期日,上午 10000 公尺決賽。

（六）比賽期間的指導

1、指導運動員做好賽前準備活動

(1)提前 90 分鐘開始做第一次專項準備活動,即直接划船 30 分鐘,約 4000 米。如果比賽場地只允許賽前 45 分鐘檢錄之後下水,最好的辦法是用陸上輕鬆跑步代替。

(2)陸上準備活動 30 分鐘,包括伸展練習、按摩、放鬆活動,以及賽前檢錄和器材的最後檢查等。

(3)賽前 30 分鐘開始進行第二次專項準備活動,包括途中划、加速划和出發等練習,共 25 分鐘。

(4)賽前 5 分鐘到起點裁判船附近輕鬆划行,隨時準備比賽。

2、指導運動員在 500 米和 1000 米比賽中合理分配體力

(1)出發與加速划。爲了防止乳酸過早堆積,出發與加速划爲 50 米。要求運動員在第一個 50 米內爭取以最快的速度領先。

(2)途中划。出發 50 米後,首要任務是逐漸加到最大的運動幅度,充分注意每一槳的用力效果和放鬆效果,使船匀速前進。這是最難做到的,具有很強的控制能力才能處理好。途中划應一直保持到離終點 100 米左右的地方。

(3)衝刺划。最後 100 米左右時,在保持途中划運動幅度的基礎上,逐漸加大力量,直至用最大力量划槳通過終點綫。要向運動員提示,一旦決定衝刺,就不能減速,要一直衝過終點綫。

3、指導運動員根據對手特點合理運用 500 公尺和 1000 公尺比賽戰術

在實力相當的情況下,如果全程戰術運用得當,即可戰勝對手。一般有兩種戰術。

(1)先發制人。如果主要對手平均速度好,可採用先發制人的戰術,即出發和加速划力爭主動,領先後立即轉入有節奏的途中划,對手不加速自己也不加速,保持略微領先的地位,直到最後全力加速划。

(2)後發制人。如果對手的速度比自己好,全程實力與自己相當,可採取前半程按自己的特點划行,並作好前半程落後於對手的思想準備。半程後,一槳一槳加力划。與對手齊平時,運用連續幾組加速划的方法把對手甩到後面。具體辦法是,將最後一段距離畫分爲若干個 10 槳,自我數數,進行連續幾組 10 槳的加速划。此法往往能收到滿意的效果。

4、指導運動員在長距離比賽中合理分配體力

(1)出發與加速划必須以最大的努力爭取領先位置。

(2)轉入途中划的最初階段要保持最快的航速,直到所有艇只處於相對穩定的位置時,再選擇旁邊與自己實力相當或稍強的艇只,利用其邊浪穩定地跟浪前進,以節省體力。

(3)畫完最後一個彎道後,採用加速划的方法超過對手。

(4)如果自己處在第一名的位置上領划時,可用變速划的方法試探對手的實力。一旦甩掉了對手,則勝利的把握很大。若不能甩掉對手,則要沉着耐心地不斷調整自己的體力,使自己留有餘力,以便最後較量。

(七)選材

1、選材的適宜年齡

初級選材年齡爲 14—15 歲。經過兩年的基礎訓練,可進行中期選材,年齡爲 16—17 歲。再通過 3 到 4 年的專項訓練,形態、技術基本定型,即可進行最後的選拔,年齡爲 20 歲左右。

2、對神經類型和個性心理特徵的要求

短距離項目應選擇興奮型運動員,長距離項目應選擇穩定型運動員。同時要注重選擇協調性好、節奏感強、平衡能力好的運動員。

3、選材測試指標及參數

①形態(表 3 - 16 - 20)。
②機能(表 3 - 16 - 21)。
③素質(表 3 - 16 - 22)。

表 3 - 16 - 20　　輕艇運動員形態評選參數

指標＼項目＼標準＼年齡			14 歲	15 歲	16 歲	17 歲	18 歲	19 歲
身高公分	男輕艇	上	173	175	180	185	190	192
		下	170	173	178	183	186	188
	女輕艇	上	168	170	172	174	178	182
		下	164	168	170	172	176	178
	划艇	上	174	176	182	184	186	188
		下	170	174	178	180	182	184
體重公斤	男輕艇	上	64.5	68.1	73.7	76.4	80.2	84.5
		下	62.5	66.1	70.7	72.4	78.2	80.5
	女輕艇	上	56.2	60.5	63.3	66.2	70.6	74.4
		下	54.2	58.5	60.3	64.2	68.6	72.4
	划艇	上	66.7	72.3	78.2	82.4	84.5	88.6
		下	64.7	70.3	74.2	78.4	80.5	82.6
指距公分	男輕艇	上	180	184	190	194	204	210
		下	178	182	188	192	196	198
	女輕艇	上	170	174	178	180	186	192
		下	168	172	176	178	182	188
	划艇	上	180	182	188	196	204	206
		下	176	178	184	186	196	200
胸圍公分	男輕艇	上	88	92	96	106	112	114
		下	86	90	94	104	108	110
	女輕艇	上	82	85	87	90	94	98
		下	80	82	84	88	92	94
	划艇	上	90	94	98	108	114	118
		下	88	92	96	104	110	116
肩寬公分	男輕艇	上	32	34	38	42	46	47
		下	30	32	36	40	44	45
	女輕艇	上	30	32	36	40	43	45
		下	29	30	34	36	41	43
	划艇	上	32	34	38	42	46	49
		下	30	32	36	40	44	47

表 3－16－21　　輕艇運動員機能評選參數

指標項目	標準	年齡	14 歲	15 歲	16 歲	17 歲	18 歲	19 歲
肺活量毫升	男輕艇	上	3390	3900	4440	4830	5140	5360
		下	3000	3520	4010	4360	4640	4840
	女輕艇	上	3440	3710	3920	4040	4100	4200
		下	2800	3000	3200	3400	3600	3820
	划艇	上	3390	3900	4440	4830	5140	5360
		下	3060	3520	4010	4360	4640	4840
肺活量／體重	男輕艇	上	66	67	68	69	70.5	71.5
		下	59	59.5	61	61.5	63	63.5
	女輕艇	上	65	64.5	64	63	63	62
		下	58	57	56	56	55.5	55
	划艇	上	66	66.5	68	69	70.5	71.5
		下	59	59.5	61	61.5	63	63.5
心功能指數	男輕艇	上	5	5	5	5	5	5
		下	10	10	10	10	10	10
	女輕艇	上	5	5	5	5	5	5
		下	10	10	10	10	10	10
	划艇	上	5	5	5	5	5	5
		下	10	10	10	10	10	10
最大吸氧量 VO_2max ／ml／kg.min	男輕艇	上	32.2	34.6	40.6	45.3	51.4	56.1
		下	30.4	32.2	34.6	40.7	45.4	51.5
	女輕艇	上	25.4	27.4	31.9	37.8	43.3	42.4
		下	22.6	25.4	27.5	32.0	37.9	40.7
	划艇	上	32.2	34.6	40.6	45.3	51.3	56.1
		下	30.4	32.2	34.6	40.7	45.4	51.5

表 3-16-22　　輕艇運動員素質評選參數

指標	項目	標準	14歲	15歲	16歲	17歲	18歲	19歲
最大力量	臥拉（公斤）	男輕艇 上	60	70	85	90	100	105
		下	50	60	70	75	80	90
		女輕艇 上	45	60	70	75	80	82
		下	30	40	50	55	60	70
		划艇 上	60	70	85	90	100	105
		下	50	60	70	75	80	90
	臥推（公斤）	男輕艇 上	70	80	90	95	105	115
		下	50	70	75	80	85	90
		女輕艇 上	50	65	70	75	80	85
		下	40	45	50	55	60	70
		划艇 上	70	80	90	95	105	115
		下	50	70	75	80	85	90
速度	100（公尺）	男輕艇 上	13″6	13″	12″8	12″4	12″2	12″
		下	15″	14″5	14″	13″5	13″	12″8
		女輕艇 上	15″5	15″1	14″8	14″5	14″	13″8
		下	17″	16″5	16″3	16″	15″7	14″
		划艇 上	13″6	13″	12″8	12″4	12″2	12″
		下	15″	14″5	14″	13″5	13″	12″8
耐力	2000公尺男	男輕艇 上	7′	6′50	6′45	6′40″	6′30″	6′20″
		下	7′40″	7′30″	7′25″	7′20″	7′10″	7′
		划艇 上	7′	6′50″	6′45″	6′40″	6′30″	6′20″
		下	7′40″	7′30″	7′25″	7′20″	7′10″	7′
	800公尺女	女輕艇 上	3′20″	3′10″	2′50″	2′45″	2′40″	2′35″
		下	3′50″	3′30″	3′10″	3′05″	3′	2′

（葛新發　劉治仁　徐菊生　柯華　張武忠）

十七　游　泳

（一）現代游泳訓練的主要特點和發展趨向

1、現代游泳訓練發展的階段性及其主要特點

現代游泳訓練從 1896 年第一屆奧運會起,發展至今大體經歷了以下三個階段。

（1）技術發展創新階段

從 1896 年至本世紀五十年代初,世界競技游泳的發展是以技術方式的不斷創新和完善爲其主綫,直至 1952 年國際游聯作出將蝶泳從蛙泳項目中獨立出來的決定後,現代奧運會游泳比賽 4 種泳勢的演變才基本完成。這一階段的訓練主要特徵是着重在游泳方式的不斷創新和完善上,這常常是當時游泳比賽獲勝的主要因素。每一次出現的技術創新或重大改進,都無不促使游泳水準躍上一個新的臺階,但訓練上對體能的開發尚缺乏足夠的認識,運動負荷不大,至五十年代初期世界優秀游泳運動員的年游量才達到 60－70 萬公尺,陸上身體訓練也很少。

（2）大運動負荷訓練階段

由五十年代初至七十年代中,游泳訓練不僅重視技術的改進,而且開始重視對體能的開發,這個階段訓練以不斷加大運動負荷爲其主要特徵。世界優秀運動員的年游量幾乎成直綫上升,六十年代初已增長到 130 萬公尺左右,到七十年代中期達到了 300 萬公尺左右。技術訓練由過去的單一主項發展爲多種泳勢的全面技術訓練。專項訓練也由過去的單一化向綜合性訓練發展,出現了許多新的訓練方法手段,同時重視了陸上身體訓練,特別是專項力量訓練,由此使得世界游泳水準突飛猛進,迅速進步趨勢一直持續到 1976 年的蒙特利爾奧運會。

（3）科學化訓練階段

以第廿一屆蒙特利爾奧運會爲轉折點,世界游泳訓練的發展進入了當前的科學化訓練階段。隨着世界游泳在一個很高的水準上競爭並日益激烈,現今世界游泳大賽上以百分之一秒決定名次已不鮮見。當前游泳科學化訓練的主要特徵是,在引進和借助其他有關學科理論和科技方法的基礎上,努力提高控制訓練過程的科學化水準,全面提高游泳訓練的整體效應;技術上講究動作實效、精細和結合個人特點;訓練上對體能的開發強調結合專項特點,對體能的諸因素如速度、耐力、速度耐力和力量素質等訓練進行合理的按比例的科學安排;訓練強調系統性、綜合性和定向化;重視心理訓練、恢復和運動營養等。當今訓練科學化的程度對游泳水準的提高已具有

決定性的影響。

2、當前世界游泳訓練的主要發展趨向

(1)科學地控制訓練過程,注重全面提高訓練的整體效應

長期以來,人們着眼於游泳訓練中某些訓練方法、手段的創新和改進,這是十分必要的,但這還是局限於局部或單個訓練因素的革新上。隨着體育科學的發展,訓練觀念發生了很大變化,訓練過程作爲一個由多因素構成的動態的系統工程來說,不僅要尋求系統內部某一單個因素的最佳效應,而且要着眼於優化系統的整體效應。爲此,訓練的發展要求有多年系統安排的總體設計,實施中要全面把握訓練過程中的選材、訓練、管理、科學保證和參加競賽五大重要環節,任何一個方面的疏忽都會直接或間接地影響運動水準的提高。優秀運動員訓練中進一步運用科學手段,對技術、素質、機能和心理等進行科學的診斷和監測,科學地調控訓練過程,使之沿着預定的目標發展,這是當前游泳訓練方法向更高層次的發展。

(2)負荷量和負荷強度都將進一步提高,並將特別重視專項負荷的合理結構

五十年代中至七十年代中期,由於重視了體能開發進行了大運動負荷訓練,帶來了世界游泳水準的迅速提高。但七十年代後期以來,不少專家、教練對繼續提高運動負荷產生了疑問,年游量基本保持在 300 萬公尺左右徘徊不前,而世界游泳水準增長的速度也相應減慢,隨着訓練科學化水準的逐步提高,今後世界優秀運動員的負荷量和負荷強度都有進一步提高的趨勢,並將注重於尋求不同距離項目各自負荷的合理結構,使二者均衡發展,有效地提高專項訓練水準。

(3)專項力量素質訓練將有更進一步的發展

隨着游泳比賽速度的不斷提高,對優秀運動員的專項力量素質提出了更高的要求,專項力量訓練更加受到各國游泳教練的重視,目前已有以下趨勢。

①力量練習方法進一步結合專項技術動作結構和專項肌肉活動能量代謝特點。

②力量訓練全年系統進行。

③專項力量訓練方法手段和水、陸專項力量訓練器材將有更新的發展,特別是高抗阻的器材。

④增強力量的運動營養補品也將日益受到運動員的重視。

(4)重視加強大運動負荷後的恢復措施

當前游泳訓練的重要特點之一,就是努力開發運動員的體能潛力,訓練過程中不斷提高運動負荷刺激,但是,有負荷刺激就會出現相應的疲勞,負荷刺激與消除疲勞就成爲訓練過程中不斷循環的兩個部分。運動實踐經驗說明只有迅速有效的恢復措施,才能保證系統訓練和提高訓練水準。因此,

採取有效的恢復手段日益受到敎練和專家們的重視。

(5)游泳技術將更加精細和有所發展

目前技術發展已顯示出以下趨勢：

①重視發揮優秀運動員個人特點，尋求個人途中游划頻和划幅的最佳結合參數，以利發揮自身最大體能，游出更好成績。

②努力提高出發、轉身、衝刺、觸壁以及接力技術，充分挖掘技術潛力。

③當前國際上已出現了蛙泳新的游法和仰泳轉身新技術，今後如何利用技術規則的"餘地"發展新技術仍是一個值得重視的突破口。

(二)游泳項目特徵及訓練的有效方法和手段

1、游泳時肌肉活動及專項供能特徵

(1)游泳時肌肉活動的主要特徵

①游泳時上肢主要是向心用力，而下肢卻是離心用力。

②由於水比空氣密度約大 800 多倍，加上物體所受的阻力與物體運動速度的平方成正比，因此，游速愈高阻力也就愈大，故對上肢、軀幹及下肢的肌肉力量素質都要求較高。

③游泳時從肌肉活動參予的肌纖維類型來看，短距離比賽主要是白肌 a 型(FTa)和白肌力型(FTb)肌纖維參予工作；中距離比賽時是紅肌(ST)肌纖維和白肌 a 型(FTa)肌纖維參予工作；長距離比賽主要是紅肌纖維和部份白肌 a 型(FTa)肌纖維參予工作。

(2)游泳短、中、長三種距離項目的供能特徵(表 3－17－1)

①短距離(50、100 公尺)項目，主要是磷酸原及醣酵解供能。

②中距離(200、400 公尺)項目，主要是糖酵解及無氧、有氧代謝系統混合供能。

③長距離(800、1500 公尺)項目，主要是有氧代謝及糖酵解系統供能。

表 3－17－1　　各游泳項目主要供能系統

游泳項目	各能量系統所占比例(%)		
	磷酸原系統及糖酵解系統	糖酵解系統及有氧代謝系統	有氧代謝系統
50 公尺	98	2	
100 公尺	80	15	2
200 公尺	30	65	5
400 公尺	20	55	25
1500 公尺	10	20	70

(引自福克斯《運動生理學》1984 年)

2、發展專項供能能力及監測的基本方法

發展游泳專項供能能力的方法取決於游泳訓練的段落長短、負荷強度

的大小、密度和持續的時間等因素。游泳比賽或訓練中大多是由兩種或兩種以上供能系統供能。其訓練中的安排分爲：

一般有氧耐力訓練、無氧閾值訓練、有氧與無氧混合訓練、糖酵解供能訓練和無磷酸源供能訓練五個層次。這五個層次的訓練內容和所占的訓練比重由大而小，形成一個金字塔形。但一個週期內不同訓練階段應有所側重，不同項目和水準的運動員也應有所不同（表3-17-2）。

表3-17-2　　　不同負荷強度訓練發展的主要供能系統

供能系統	相當於最好成績或目標成績的%	血乳酸值	主要供能系統	週期訓練比重%
無氧非乳酸	105-120		磷酸原及糖酵解	3%以下
無氧高乳酸	105-115	10mmol/L 以上	醣酵解及有氧代謝	10%左右
有氧與無氧混合	90-95	5～9mmol/L 以上	有氧代謝及糖酵解	15%左右
無氧閾值	85-90	4mm0l/L 左右	有氧代謝	20%左右
一般有氧	80 以下	4mm0l/L 以下	有氧代謝	50%左右

由於乳酸的生成與負荷強度直接有關，其濃度及其相應的運動速度變化可以客觀地反映機體有氧和無氧供能能力的大小，因此，監測專項供能能力水準方法，通常由科研人員或隊醫在訓練中採用定期遞增負荷強度檢測血乳酸—速度曲綫，可迅速得知運動員有氧和無氧供能能力有無提高。如該曲綫整體較前向右偏移，表明運動員有氧和無氧能力均較前提高，如上段或下段曲綫向右偏移較大，則分別提示是無氧或有氧供能能力提高的程度大，成績的提高主要與上段右移有關，即無氧耐力水準的提高。如出現較前向左偏移的現象，或在相同的速度下而乳酸值較前增高，則提示運動員積累了一定程度的疲勞，需進一步作機能檢查，及時調整訓練計劃。

（三）游泳運動員的專項素質及訓練的主要方法和手段

游泳運動員的專項素質分爲柔軟性、協調性、力量、速度、速度耐力和耐力等。發展這些專項素質可通過陸上和水上兩個方面進行。陸上主要發展柔軟性、協調性、全面力量和專項力量，水上主要發展速度、速度耐力、耐力以及專項力量等。

1、發展專項柔軟性素質的方法

游泳運動員的柔軟性主要體現在肩、脊柱、髖、膝、踝等關節的活動性上,活動範圍越大,柔軟性越好。此外,肌肉的彈性也極為重要,肌肉彈性越好柔軟性也相應越好,因此柔軟性練習時應多做動態和幅度大的動作,做靜態的拉長肌肉的練習不宜持續時間過長,以防肌肉拉傷,柔軟性訓練要動靜練習結合。訓練方法分主動性和被動性練習兩種。

　　主動性練習包括各種伸展和繞環的體操,坐壓踝關節、體前屈抱腿、橋、壓肩等,可負重或徒手進行。

　　被動性練習是借助同伴的幫助或利用器材進行的練習,例如圖 3 - 17 - 1 和圖 3 - 17 - 2。

圖 3 - 17 - 1　　被動性發展肩關節活動性的綜合練習

2、發展協調性素質的方法

　　發展協調性素質是發展神經肌肉系統活動能力的一項重要手段。練習形式可以是單人的也可以成隊比賽的方式進行,這有助於提高練習的興趣。練習內容包括:

　　(1)前滾翻:連續前滾翻、前滾翻接力比賽。

　　(2)後滾翻:後滾翻推起、連續後滾翻、後滾翻接力比賽。

　　(3)側手翻:連續側手翻、反向側手翻、跑動側手翻、跑動側手翻向內轉體 90°、側手翻接力比賽。

　　(4)跑馬接力賽:分兩隊進行,同隊的同伴向前屈體 90°,兩手扶膝組成

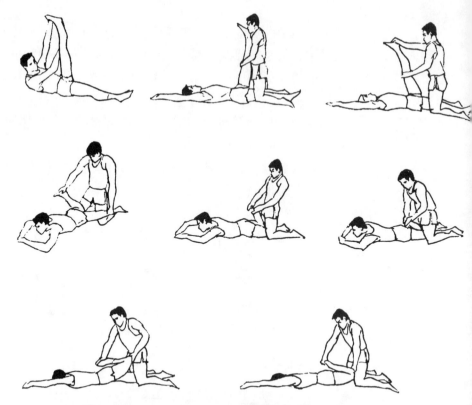

圖 3 - 17 - 2   被動性提高膝髖關節活動性的綜合練習

跳馬隊伍,每人依次跳過所有同伴。

(5)推小車接力賽:分兩隊,兩人一組,推過去交換推回來,第二組開始。

(6)蛙跳接力賽:下蹲向前撲跳,雙手先着地腳再落地,分兩隊接力比賽。

(7)單腿跳接力賽:單腿着地,雙手握住另一腿的腳踝向前跳 5 - 10 公尺,換一條腿跳回。

(8)擲球淘汰賽:圍成一個圓圈先選出兩人立於圈中,向其投擲球,被擊中者則被淘汰出圈。

3、發展專項力量素質的方法

當前國內外優秀運動員力量訓練主要採用等張和等動訓練方法,並日益和專項及技術緊密結合,主要訓練方法如下:

(1)綜合性全面力量耐力練習

目的促進全面身體發展,提高全身各部位肌群的力量耐力,並能一定程度發展心血管系統功能。訓練可由 40 個左右的各種徒手和器械練習組成綜合性循環訓練,一般每個動作 30″,間歇 15″,心率 150 - 160 次/分。訓練大週期的準備期採用較多。每個教練可根據訓練器材條件編成成套動作。

(2)專項快速力量耐力練習

主要採用中等負荷抗阻的拉力練習,發展專項划水原動肌群力量耐力,動作頻率應高於游泳時頻率。主要手段如下:

①陸上游泳椅等動拉力,拉 30″、1'、2',拉 3~4 次爲一組,拉 6-8 組,間歇 15″-30″。

②陸上拉專門橡皮條拉力器,將橡皮條拉力吊在橫梁上,站立式由上往下拉,拉力的強度當手臂拉力伸直時可達到 12-18 公斤。4×1'爲一組,間歇 15″~20″,每次拉 4~6 組。

③水上牽引游泳(橡皮條或鐵片牽引架),牽引游 30″、1',牽引游 3~4 次爲一組,4-6 組。

④水上帶划水板或加穿阻力背心划水,如 20×100 公尺、10×200 公尺、5×400 公尺、3×800 公尺、2×1500 公尺等,教練根據運動員訓練水準訂出包干游的時間。

⑤陸上原地跳臺,發展下肢專項力量,臺高 80-100 公分,跳 15~20 次爲一組,運動量要適宜,防止脛骨疼痛及足跟受傷。

⑥水上扶板打水或蹬水,採用各種段落的包干游法。

(3)發展最大力量訓練

採用高抗阻、低重覆次數方法,負荷宜近本人最大力量的 95% 左右。站式或跪式雙臂下拉重滑輪拉力(聯合器械)2~3 次爲一組,6-8 組。用聯合器械負重半蹲蹲起,上體要直防止脊椎受傷。

(4)發展爆發力訓練

抗阻相當於本人最大拉力的 70-80%,8-10 次爲一組,4-6 組陸上游泳凳滑輪拉力 25-40 公斤,強調拉的動作速度要快。

力量訓練後要特別注意放鬆肌肉,進行肌肉伸展和牽拉練習,促使肌肉更快地放鬆和恢復。

4 發展游泳速度的方法

游泳運動員的技術、協調性和爆發力等對游泳絕對速度有直接的影響。發展游泳絕對速度的方法,可採用 2-4 次出發 15 公尺、25 公尺衝刺,1~2 次 50 公尺全力游,注意間歇時間要長一些。此外,還可練習轉身後快游 5~25 公尺,25 公尺接力賽等。速度練習要注意調動運動員的興奮性,快衝比賽是個好方法,但快速衝刺的數量要少,間歇要長。

5、發展游泳速度耐力的方法

主要採用短於主項距離段落、強度較高、間歇短、重覆次數中等的間歇訓練,一般從大強度過渡到極限下強度,心率在 26-29 次/10 秒,如對一名 200 公尺主項運動員,可採用 3-5 組 8×50 公尺、2~4 組 4×100 公尺的訓練。發展速度耐力主要是紅肌和白肌 a 型纖維參加活動,訓練量約占總量的 20% 左右。

6、發展游泳耐力的方法

發展游泳耐力的方法可分爲一般有氧耐力和專項耐力(無氧閾值)的訓

練。發展一般有氧耐力練習的特點是強度低,血乳酸在 4mmol/L 以下,間歇短,練習的段落長、中、短距離均可,如採用短、中距離段落,則重覆次數多。訓練中常採用勻速的或分段游法。

無氧閾值的訓練也稱最大吸氧量的訓練,即在整個游程中氧有充分的供應,乳酸值基本在 4mmol/L 水準上。一般採用超主項距離,但也可採用短於主項距離的反覆游,但密度要大,練習總的距離宜超過主項距離數倍。

游泳運動員專項素質發展的標準及評分方法詳見國家體委組織編寫的《游泳教學訓練大綱》。

(四)現代游泳技術特徵及簡易技術診斷方法

1、現代游泳技術特徵

競技游泳分為四種泳勢及出發、轉身、終點衝刺觸壁技術。現代游泳技術特徵主要表現在技術日益精細,積極加強每一下划水和打水(蹬水)的力量和效果,使划頻和划幅構成最佳的結合,充分發揮運動員的體能,創造最優異的成績。

(1)出發技術特徵:無論臺上或臺下(仰泳)出發都積極提高出發段的速度。優秀選手臺上出發多採用平板式抓臺出發技術,預備動作雙手抓臺屈膝,重心盡可能地前移靠近臺的前緣,起動快,躍得遠,入水後爬泳和蝶泳選手借助慣性打一次海豚腿加速滑行,出水後再憋氣游 2~3 個動作。臺下仰泳出發,為了出發潛游增大了出發身體反弓角度,入水後借助慣性用海豚泳打腿潛游 13~14 公尺。

(2)轉身技術特徵:轉前利用上前衝的慣性轉身,爬、仰泳選手兩側都能熟練地轉身,轉後充分利用蹬壁加速水下滑行速度,出水後再憋氣游 1~2 個動作。

(3)衝刺觸壁技術特徵:游抵終點時奮力打腿,手臂盡早觸計時板,為此運動員游抵終點前數公尺憋氣游,上體堅持水平,觸計時板時手臂加速前伸同時盡力伸肩,爭取以最快的速度手指觸板,注意的是觸壁時手指稍稍向上,以指先觸計時板繼而是前掌觸板,防止手指戳傷。

(4)短距離自由泳技術特徵

①手臂入水後很快向前下方伸。

②划水的發力點提前,划水路綫長。

③划水中保持高肘,划水路綫呈 S 形。

④划水過程中手掌與划水路綫約構成 37°角。

⑤6 次打腿有力,打水幅度小而頻率快。

⑥呼吸次數趨少。

(5)中長距離自由泳技術特徵

①手掌入水點趨向靠前。

②划水中強調高肘划水和兩臂配合連貫。

③打腿趨於加強,採用4次打腿或不規則打腿至結合6次打腿。

(6)仰泳技術特徵

①身體在水中保持良好的流綫型位置。

②手臂垂直向頭後移臂。

③手掌入水點遠,滑下深,高肘划水。

④兩臂交替划水,肩左右轉動較大,肩橫軸與水準面夾角約45°。

⑤踢水很有力,6次踢腿。

(7)蝶泳技術特徵

①移臂趨於低、平、直。

②划水的發力點提前,划水路綫呈鑰匙洞型。

③上體起伏小,上下肢動作配合連貫。

④兩臂將入水時第一次打腿,在腹下加速推水時第二次打腿。

⑤打腿幅度趨向適中,節奏鮮明有力。

(8)蛙泳技術特徵

①高肘划水,並將上體向前上方拉起來但不是上仰。

②划水回手後肘不能貼近肋,並要不停頓地前伸。

③頭隨着手臂前低頭潛入水面。100公尺蛙泳項目動作頻率宜快,潛入水綫、起伏小;而200公尺蛙泳項目頻率相對慢些,潛入水相對深些,超伏大些。

④蹬水最後部份,兩腳內旋和伸踝鞭水直至並攏。

2、運動現場簡易技術診斷方法

游泳比賽全程是由出發、途中游、轉身及衝刺觸壁4個技術段落構成,因此,對上述技術要分別予以技術診斷,方法如下:

(1)檢測出發10公尺段落時間參數

出發10公尺段成績基本反映了運動員出發技術的整體水準。檢測時按比賽的要求出發,敎練發令'各就位',然後吹哨同時開碼錶,當運動員游到10公尺處時以頭爲準停錶,記下成績以便與優秀選手的參數對照(表3-17-3),同時指出運動員出發技術中的主要缺點,通過反覆練習並檢測出發段成績,可以督促運動員努力練習,克服技術缺點,提高出發段速度。

(2)檢測轉身段前、後各7.5公尺時間參數

目前國內重大比賽臨場技術統計,爲使臨場統計方便、準確,都統計轉身前、後各7.5公尺時間參數。爲便於和優秀選手對比,訓練中也可採用相同檢測方法。首先在池的一端7.5公尺處立一標誌杆,然後在此杆對面牆上貼一標誌。檢測時要求運動員從離池壁10公尺處起動衝刺,頭抵7.5公尺時間表,觸壁時按下第一個分段時間,轉身後頭至7.5公尺時停表,這樣

就記下了轉身前、後各 7.5 公尺時間參數。檢測時最好由一名教練專門計時,另一名教練仔細觀察運動員轉身動作,蹬壁及滑行等技術問題。我國優秀游泳運動員轉身段時間參數見表 3－17－4。通過檢測和技術觀察指出運動員轉身技術問題,特別要強調轉身後的積極蹬壁滑行,可以獲得大大快於途中游的速度,而這點往往爲人們所忽略,通過強化訓練可以取得顯著效果。

表 3－17－3　　中國優秀游泳選手出發 10 公尺時間參數

	姓　名	泳勢	出發 10 公尺成績(秒)
男子	沈堅強	短自	3″05
	林來九	仰	3″82
	沈堅強	蝶	2″99
	陳劍虹	蛙	3″19
女子	楊文意	短自	3″26
	莊泳	短自	3″32
	楊文意	仰	4″50
	錢紅	蝶	3″36
	黃曉敏	蛙	3″88

表 3－17－4　　中國優秀游泳選手轉身時間參數

	姓　名	泳勢	轉身時間(秒)	
			前 7.5 公尺	後 7.5 公尺
男子	沈堅強	短自	4″31	2″91
	林來九	仰	4″47	3″94
	沈堅強	蝶泳	4″26	3″82
	陳劍虹	蛙	4″62	4″09
女子	莊　泳	短自	4″82	3″25
	楊文意	仰	5″	4″16
	王曉紅	蝶	4″84	3″68
	黃曉敏	蛙	5″39	4″42

　　(3)水下觀察法診斷衝刺觸壁技術

　　教練戴上游泳鏡立於運動員所在泳道隔壁的泳道池壁旁,令運動員從 5 公尺外衝刺觸壁,教練頭沒入水中,仔細觀察運動員觸壁技術動作,然後指出技術問題,反覆練不斷糾正。

　　(4)檢測途中游 5 個週期動作時間參數,調控動作頻率

　　途中游速度取決於划水動作的頻率(次/分)和划幅(公尺/次)。科學研究和運動實踐證明,提高划頻時速度加快但划幅縮短,當划頻提高到不適度時又將會導致速度下降,因此,最大速度只能是出現在划頻和划幅的最佳結合上。當前國內外優秀選手都十分重視訓練中採用計頻法調控游泳動作頻率訓練,並獲得了很好的效果。教練通過檢測可幫助運動員選擇最佳比賽動作頻率,了解平時訓練中各類游泳手段負荷強度的大小以及運動員體力

狀況。

　　計頻方法只需用計時碼表記 5 個完整動作週期時間,得出 5 個游泳動作週期時間參數。目前國內技術統計和國家集訓隊教練都採用這一方法,必要時可借助《動作頻率查對表》立即查出相對應的動作頻率(次/分)參數(表 3－17－5)。世界優秀選手途中游動作頻率有一定的範圍,可作爲訓練中參考(表 3－17－6)。

表 3－17－5　　游泳動作頻率查對表

時間 (秒)	頻率 (次/分)	時間 (秒)	頻率 (次/分)	時間 (秒)	頻率 (次/分)	時間 (秒)	頻率 (次/分)
3″0	100	4″0	75	5″0	60	6″0	50
3″1	96.8	4″1	73.2	5″1	58.8	6″1	49.2
3″2	93.8	4″2	71.4	5″2	57.7	6″2	48.4
3″3	90.0	4″3	69.8	5″3	56.6	6″3	47.6
3″4	88.2	4″4	68.2	5″4	55.5	6″4	46.0
3″5	85.7	4″5	66.6	5″5	54.5	6″5	46.2
3″6	83.3	4″6	65.2	5″6	53.6	6″6	45.4
3″7	81.1	4″7	63.8	5″7	52.6	6″7	44.8
3″8	78.9	4″8	62.5	5″8	51.7	6″8	44.1
3″9	76.0	4″9	61.2	5″9	50.8	6″9	43.5
7″0	42.9	8″0	37.5	9″0	33.3	10″0	30
7″1	42.3	8″1	37	9″1	33	10″1	29.7
7″2	41.7	8″2	36.6	9″2	32.6	10″2	29.4
7″3	41.2	8″3	36.1	9″3	32.3	10″3	29.1
7″4	40.5	8″4	35.7	9″4	31.9	10″4	28.8
7″5	40	8″5	35.3	9″5	31.6	10″5	28.6
7″6	39.5	8″6	34.0	9″6	31.3	10″6	28.3
7″7	39	8″7	34.5	9″7	30.9	10″7	28
7″8	38.5	8″8	34.1	9″8	30.6	10″8	27.8
7″9	38	8″9	33.7	9″9	30.3	10″9	27.5

(引自陳運鵬《現代技術訓練頻率調控的發展趨勢》1991 年)

(五)游泳比賽的戰術及戰術訓練

1、短、中長距離游泳項目比賽的戰術特點

　　游泳比賽戰術主要是根據己方及對手水準和特點,正確地分配體力,充分發揮己長,爲超過對手而採取的行動。

　　(1)短距離(50 和 100 公尺)項目戰術特點:短距離由於賽程短,速度快,緊張激烈,因此,其戰術特點主要表現在技術、體能和心理戰術的結合上。

(2)中距離(200 和 400 公尺)項目和長距離(800 和 1500 公尺)項目戰術特點:主要表現在根據己方及對手水準和特點,充分發揮己方所長和正確的體力分配上。

表 3-17-6　　世界優秀選手 5 個動作週期時間參數

項目	時間(秒)	
	男　子	女子
50 自	5″	4″9
100 自	5″6	5″5
200 自	6″3	5″9
400 自	6″3	6″2
800、1500	6″5	6″1
100 仰	6″4	6″
200 仰	7″5	6″9
100 蛙	5″4	5″4
200 蛙	6″8	6″8
100 蝶	5″6	5″4
200 蝶	6″	5″8

(引自陳運鵬《現代技術訓練頻率調控的發展趨勢》1991 年)

2、游泳比賽中常用的主要戰術

(1)第一次出發故意搶跳犯規戰術

游泳規則規定,比賽中任何選手在第二次出發時,於發令員鳴槍前起跳則取消其比賽成績。因此,有的出發技術出色和心理品質良好的選手在決賽中,在第一次出發時採取搶跳犯規戰術,利用其他選手在第二次出發時怕犯規求穩出發的心理,再出發時往往比其他選手搶先一躍而出。從比賽的一開始即從速度和心理上已佔據了一定的優勢。

(2)壓槍出發戰術

短距離游泳比賽中,一些反應很快、動作敏捷的選手常採用壓槍出發戰術。發令員一般均有個人的從發令到開槍的時間量特點,若用此戰術,應於預賽中在運動員席上反覆摸索熟悉發令員的特點,然後在決賽中第一次出發時採用,聽到‘各就位’口令,慢慢地退讓性屈膝,但從外表上幾乎看不出,估計時間量拉臺團身前倒壓槍出發,如果壓槍戰術失敗,在第二次出發時不應再用此戰術。壓槍戰術如運用成功能獲得很好效果。

(3)轉身後加速游戰術

此戰術適用於中、長距離比賽項目,一些轉身快、蹬壁有力的選手適宜運用此戰術。游泳比賽隨着距離延長而轉身次數增多,如 400 公尺轉身 7 次,800 公尺 15 次,1500 公尺則 29 次。優秀選手蹬壁滑行的初速度可達到每秒 3 公尺以上,大大快於途中游速,因此,與水準相近的對手比賽時,途中游用 4 次打腿與對手齊頭並進,待轉身前稍加快頻率轉身後用力蹬壁,利用速度慣性用 6 次打腿適當加快一段,超過對手一頭或半個身子,再用 4 次腿游。若對手轉身技術不及,則不得不奮力追趕上來,這樣干擾了對手的體力分配方案,使自已在比賽中處於主動地位。

(4)匀速游戰術

這是一種以我為主的戰術,運動員按照預定的比賽速度分配方案比賽。採用這種戰術要求運動員具備很高的訓練水準和速度感,比賽速度較高,採用匀速游戰術方能獲得較好的效果。長距離比賽匀速游能量消耗最經濟,同時也較少受其他選手戰術的干擾。一些耐力好、訓練水準高而衝刺能力不夠強的選手喜歡採用這種戰術。

(5)後程加速游戰術

長距離比賽中一些速度儲備和速度耐力較好的選手,往往採用後程加速游戰術。運動員按照賽前預定的速度分配方案逐程加快,這種戰術優點是,可以避免血乳酸過早、過高堆積而迫使速度下降。運動員前程盡力跟上對手,而在後程加快打腿次數,發揮自身速度優點超過對手。

以上戰術是建立在平日訓練基礎之上的,比賽時根據賽前掌握的主要對手的成績及特點制定戰術。平日訓練中,短項選手要熟練的掌握出發技巧並結合實戰訓練。中長項目選手要注重結合長游熟練轉身技術,培養速度感,通過間歇訓練使不同安排方法提高隊員的匀速游和加速游的能力,以及通過實戰培養隊員比賽中戰術應變的能力。

(六)優秀游泳運動員心理特徵及大賽前最易出現的心理障礙和克服的方法

1、優秀游泳運動員的心理特徵

優秀游泳選手的心理特徵一般表現為:對完成所建立的訓練及比賽目標有很強的責任感和堅定性;有克服在艱苦的訓練過程和比賽中所遇到的種種困難非凡的勇氣;情緒穩定,對自己的力量充滿信心,有強烈的競爭意識;在大賽中不畏強手,敢於拼搏等。

優秀游泳選手的心理品質既與個性特徵有關,也是通過多年訓練過程和比賽逐步培養形成的。

2、大賽前運動員最易出現的心理障礙和克服的方法

大賽前運動員通常均表現得較為興奮,這是正常現象,但常易出現的心理障礙有如下幾種:

(1)對手實力很強,心理緊張害怕。

(2)對比賽預定目標要求過高,過於考慮名次優勝,心理焦慮不安。

(3)隊員頭一項未比好,情緒低落,信心不足。

(4)賽前自我感覺不很好,心理急燥不安。

(5)隊員在預賽中成績突出,表現得過於自信和興奮等等。

對於出現的各種心理障礙,教練要及時地進行心理調整。具體地講心理調整包括心理診斷、增感和減感三個方面。

診斷,是觀察隊員的行爲表現和了解心理障礙根源,以便採取針對性的措施幫助隊員消除心理障礙;增感,是動員激勵隊員高度集中注意力,全力投入比賽取得優異成績;減感,是排除隊員構成的心理障礙。通常採用以下方法:

(1)明確戰術方案:幫助隊員分析所擔心的最強對手的特長和不足,作到知己知彼,共同制定決賽戰術,從而使隊員樹立信心。以轉移法將其注意力集中到如何實現決賽戰術方案上來。

(2)集中注意於比賽:對比賽心理負擔較重的隊員,通過溝通,耐心地幫助他從個人比賽結果中解脫出來,將注意力轉移到如何游好比賽,充分的發揮個人的最佳水準。

(3)減輕思想壓力:對沒有比賽好的隊員,教練不是指責而是關心和鼓勵。幫助隊員分析沒有游好的原因,吸取教訓,爭取下一項比好,發揮應有的水準。

(4)積極鼓勵,增強信心:對決賽前自我感覺不佳的隊員,有時難以分清是調整不夠還是心理障礙,這時教練宜多採用鼓勵性語言激勵隊員,要用樂觀的精神去感染隊員,使他們增強信心投入比賽。

(5)防止過度興奮:對預賽中成績突出,有望奪冠而過於興奮的隊員,要防止過度興奮,決賽前盡力讓他在安靜的環境中休息,採用靜坐自我放鬆,或聽聽輕音樂,作些自己喜愛的事情,轉移注意力,養精蓄銳,以備決賽時一搏。

(七)游泳多年訓練過程的階段劃分及各階段訓練的主要任務

一名高水準游泳運動員的成長通常需要 8～12 年的時間,因此,對這長達十幾年的多年訓練過程進行合理的階段劃分,規定主要訓練內容的架構是十分必要的。根據少年兒童生理、心理發育的自然規律及游泳專項特點,將多年訓練過程劃分爲游泳基礎教學階段、基礎訓練階段、全面提高階段、高水準訓練階段和保持競技水準等五個階段,各個階段的適宜年齡及主要訓練任務如下:

1、游泳基礎教學階段

該階段爲 6～8 歲兒童,教學訓練 2-3 年,主要訓練任務:

①培養孩子學習游泳的興趣。

②增進健康,促進身體全面發展。

③學習四種泳式,着重抓好技術外形和基本動作。

2、基礎訓練階段

男子 9－13 歲,女子 9－12 歲,訓練年限 4～6 年。這是運動員運動生涯中極爲重要的打基礎階段,關係到今後的發展。主要訓練任務:

①增進健康,促進全面身體素質發展。

②打好四種泳式正確技術和出發、轉身及衝刺觸壁技術基礎。

③11～12 歲時,水上注重發展有氧代謝能力,使耐力水準有較大幅度地提高。

④發展動作速率、協調能力及相對力量素質。

⑤注重基礎訓練,使運動水準自然增長,不追求單項成績的拔高。

3、全面提高階段

女 13～15 歲;男 14－17 歲,訓練年限 3－4 年。該階段在進一步打好全面的基礎上逐步強化訓練,主要訓練任務:

①以全面運動素質爲基礎,提高專項素質。

②全面提高四種泳式技術水準,較熟練地掌握現代游泳技巧,並初步確定主項。

③進一步提高有氧代謝能力及有氧和無氧混合供能能力,要求在中長距離上有較出色的表現。

④在全面力量素質發展的基礎上提高專項力量素質,對於女運動員來說尤爲重要。

⑤提高心理素質水準,積累比賽經驗。

4、高水準訓練階段

女 16－19 歲;男 18－21 歲,訓練年限 4 年左右。此階段在多年系統訓練的基礎上應強化訓練,使選手逐步達到最高競技水準,訓練任務:

①在全面身體訓練的基礎上突出專項力量素質訓練。

②進一步完善主項游泳技術以及出發、轉身和衝刺觸壁技術。

③強化訓練提高專項競技能力。

④不斷改善心理素質水準和自我控制能力。

⑤多參賽,並在大賽中表現出最佳競技水準。

5、保持競技水準階段

女 20～23 歲;男 22～25 歲。訓練年限 3 年左右。隨着游泳訓練科學化水準的提高,以及社會保障條件的改善,世界優秀選手的運動壽命普遍延長,世界級選手達到最佳運動水準以後仍能繼續保持較長的一段時間,這一段訓練任務:

①保持全面身體訓練和健康水準。

②保持和進一步完善游泳技巧。

③適當減少運動負荷量,而保持或提高負荷強度。

④保持柔軟性,加強專項力量素質。

⑤訓練安排上更要注意掌握好練與調的節奏,疲勞積累不宜過深。

多年訓練過程中各年齡組階段須達到的技術、機能及素質等指標,請參見國家體委組織編寫的《游泳年齡組教學訓練大綱》。

(八)游泳訓練計劃的制訂

游泳訓練計劃可分為多年訓練計劃、年度訓練計劃、階段訓練計劃、週訓練計劃及課訓練計劃五種。每一個上位訓練計劃都是由若干下位訓練計劃組成。如年度訓練計劃是由1-4個大週期計劃組成,而階段訓練計劃又是由若干小週期訓練計劃組合而成。

1、游泳年度訓練的多週期劃分

近十年來,高級游泳運動員的年度訓練計劃都採用多週期。每個大週期訓練圍繞特定比賽,在全年總的訓練思想指導下,逐步使運動員的競技狀態升級,在最重要的大週期中使運動員達到最佳競技狀態。圖3-17-3顯示了近年來國內外優秀游泳運動員常用的年度訓練多週期劃分法。

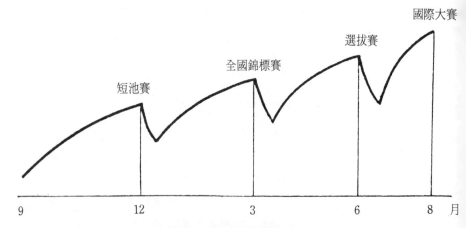

圖3-17-3　　優秀游泳運動員年度訓練多週期劃分示意圖

年度計劃劃分為幾個大週期,每個大週期都包括以下三個時期,其訓練目標和特點是相同的。

(1)準備期

在這一時期中,運動員為比賽期做好身體、技術、戰術及心理等方面的全面準備。該期可以持續2-6個月。

從方法學角度來看,準備期還可分為一般準備和專項準備兩個階段。

一般準備階段的目的是,發展運動員參加運動和訓練的能力,完成一般身體準備,改善技術和基本技術,提高身體能力,以有助於未來的訓練並提高運動成績。

專項準備階段的主要任務是,完善專項技術和戰術,提高專項訓練水準,逐步向比賽階段過渡。

從主要訓練要素的重要性順序來看,一般準備階段以有氧耐力、一般力量和最大力量爲主;專項準備階段以無氧與有氧耐力、最大力量與爆發力(短距離項目)或肌肉耐力(長距離項目)爲主。

(2)比賽期

比賽期的主要任務是完善所有訓練要素,提高運動員競技能力,並在重大比賽中創造優異成績。比賽階段持續3-6周,這要取決於專項特點及年度訓練計劃的類型。

比賽期又可分爲賽前和重大比賽兩個階段。賽前訓練的主要目的是使運動員的機體適應比賽的要求和條件,把在前一階段訓練過程中獲得的各方面的競技能力,集中到專項所確定的方向中去,以便使運動員能在重大比賽中充分發揮所獲得的競技能力,創造優異成績。

重大比賽階段應將運動員的機能潛力提高到最佳水準,並在重大比賽中得到高水準發揮。

(3)休整期

休整期的主要任務是通過積極性休整,使運動員的機體,特別是在精神上得到復原,並獲得充分的能量重新動員,爲下一大週期的訓練做好準備。休整期訓練安排應當更強調採用與常規訓練具有不同性質的活動,這種身體活動既能保持良好的身體素質水準,又能促進積極性休息,特別是促進心理上的放鬆和轉換。休整期持續1～4週。主要取決於前段訓練程度、比賽負荷,以及下階段訓練任務。

2、小週期計劃各階段的主要訓練手段及負荷量和強度的安排

小週期是由一系列綜合解決某一訓練階段各項任務的訓練課組成。它根據年度訓練的總目標,以周而復始的小週期形式執行全年訓練計劃。小週期的結構和內容不僅決定訓練過程的方向和質量,而且制約運動員形成競技狀態的速度和規模,因此,小週期計劃是教練制定訓練計劃中最重要的內容之一,是決定全年訓練過程,乃至多年訓練成敗的關鍵。

根據近年來游泳運動員訓練週期劃分的規律和訓練特點,把小週期計劃類型具體爲:準備階段小週期、有氧耐力階段小週期、無氧耐力階段小週期、賽前小週期、比賽小週期和恢復小週期,這樣六個類型的小週期計劃見3-17-4。

(1)準備階段小週期計劃

準備階段小週期計劃的目的是,完成一般身體準備,改善技術,提高身體能力,爲今後的訓練打下良好的身體訓練基礎。

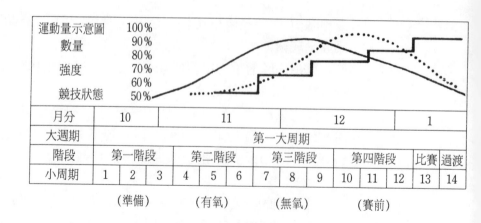

圖 3－17－4　　1991 年第一大週期訓練週期劃分(莊泳, 世界錦標賽)

在準備階段的小週期訓練計劃中, 強調一般身體訓練與專項身體訓練的密切結合, 基本技術與專項技術的密切結合, 基礎速度(力量、技術)和一般能力(心血管循環系統)的密切結合。數量逐漸加大, 強度適中。訓練結構"3＋1", 訓練內容依重要性順序排列爲:技術－力量－速度－有氧－無氧。

(2)有氧耐力訓練階段小週期計劃

有氧耐力訓練階段小週期計劃的目的是增大訓練量, 提高機體有氧代謝水準(包括心血管系統和肌肉耐力系統), 爲以後的專項訓練階段打下紮實的有氧耐力基礎。

在這一階段小週期安排是以"5＋1＋6"密集式訓練結構。以無氧閾水準的有氧耐力訓練(2~3課)和有氧無氧混合性負荷爲重點, 輔以一般有氧訓練課, 旨在改善有氧耐力的訓練課在小週期中占很大的比例。數量達到這一階段的最大值, 強度逐漸增加。

(3)無氧耐力訓練階段小週期計劃

無氧訓練階段的小週期計劃目的是, 訓練強度逐漸升高, 訓練更爲專項化, 重點發展運動員的無氧耐力水準(專項耐力), 提高與完善專項技術, 訓練結構"5＋1"。以有氧、無氧混合性訓練負荷爲重點, 強化專項力量和力量耐力水準, 滲透高強度的比賽速率游。

近年來, 在爲重大比賽準備的無氧耐力訓練階段多採用高原訓練方法。爲形成高原訓練對運動員機體的良性刺激, 增大訓練效益, 一般採用兩天一循環的方法, 反覆循環 7~8 次, 實現運動能力的整體突破。

(4)賽前小週期計劃

賽前小週期的主要任務是, 使運動員的機體適應比賽的要求和條件, 把在前一階段訓練過程中所獲得的各個方面的競技能力, 集中到專項所確定的方向中去。以便使運動員能充分發揮其所獲得的競技能力, 創造優異成績。賽前小週期在負荷量上逐漸減低, 並穩定在一個適宜的水準上, 突出專項強度,注意將不同的訓練內容合理交替,強化比賽意識和比賽速率的訓練。

(5)比賽小週期計劃

比賽小週期的任務是,為運動員在各方面形成最佳競技狀態做直接準備和最後調整,參加比賽,創造優異成績。

根據超量恢復的集合安排原理,即通過科學的設計,使機體各個方面負荷後的超量恢復階段都在同一時間內出現,使運動員從生理到心理上都處於最佳狀態。

(6)恢復小週期計劃

恢復小週期的任務是,通過降低運動負荷,減少專項活動時間,以及採取各種恢復措施,消除運動員生理和心理的疲勞,以求盡快地實現能量物質的再生和儲備,為進入下一週期訓練做好準備。

一般採用每天一課的寬鬆訓練結構。減少游泳訓練時間,增加一般性的身體練習(如陸上活動等)。多採用興趣大、對機體刺激相對較小的練習,以盡快調節運動員的身體和心理狀態。

3、制定年度多週期及小週期訓練計劃應把握的要點

(1)建立最適宜的訓練目標:這是制定訓練計劃的基本方向。

(2)客觀、準確、及時地診斷運動員的現實狀態:這是制定訓練計劃的主要依據。

(3)遵循訓練客觀規律:掌握各運動技術、戰術、運動素質自身結構的特點和發展的特點,並在訓練計劃中充分體現。

(4)充分考慮組織實施將要訓練的客觀條件:如場地、器材、營養和恢復條件等因素,這些條件直接影響訓練計劃的可行性和有效性。

4、游泳大週期及小週期訓練計劃實例

表3-17-7是1988年為國家游泳隊準備漢城奧運會,最後一個大週期準備階段的小週期典型計劃。

表3-17-7　　198年奧運會準備階段小週期典型計劃

時間	星期一	星期二	星期三	星期四	星期五	星期六	星期日
上午	基本技術綜合力量有氧(<2)	專項技術混合(5-8/L)有氧(2/L)	基本技術綜合力量有氧(<2)	綜合力量速度有氧(2-4)	專項技術專項力量有氧(<2)	綜合力量有氧(<2)	休息
下午	專項力量基礎速度有氧(2-4)	休息	專項力量基礎速度有氧(<2)	休息	速度無氧(>10)有氧(2)	休息	休息

注:表中數字為血乳酸值,單位為 mmol/L。

表3-17-8是莊泳和楊文意1988年奧運會前有氧耐力訓練階段小週

期典型計劃。

表 3－17－8　以有氧耐力為重點小週期典型計劃（莊泳，楊文意 1988 年奧運會）

時間	星期一	星期二	星期三	星期四	星期五	星期六	星期日
上午	基本技術綜合力量有氧（＜2）	專項力量速度有氧（＜2）	專項技術綜合力量有氧（4）	專項力量速度有氧（＜2）	專項技術綜合力量有氧（4）	專項力量有氧（＜2）	休息
下午	專項力量速度有氧（2－4）	混合（5－8）有氧（＜2－4）	休息	混合（5－8）有氧（＜2）	專項力量有氧（＜2）	速度無氧（＞10）有氧（＜2）	休息

注：表中數字爲血乳酸值，單位爲 mmol/L。

表 3－17－9 是莊泳在 1990 年亞運會前無氧耐力訓練階段的小週期典型計劃。

表 3－17－9　以無氧耐力為重點小週期典型計劃（莊泳 1990 年亞運會）

時間	星期一	星期二	星期三	星期四	星期五	星期六	星期日
上午	基本技術綜合力量有氧（＜2）	專項力量速度有氧（4）	專項技術專項力量比賽速率有氧（＜2）	專項力量速度有氧（4）	專項技術綜合力量有氧（2）	專項力量比賽速率有氧（2）	休息
下午	專項力量速度混合（5－8）	混合（5－8）有氧（＜2）	休息	混全（5－8）有氧（＜2）	專項力量混合（5－8）	休息	休息

注：表中數字爲血乳酸值，單位爲 mmol/L。

表 3－17－10 是莊泳和楊文意在 1988 年第三屆亞洲游泳錦標賽前的高原訓練小週期典型計劃。

表 3－17－10　高原訓練小週期典型計劃（莊泳，楊文意 1988 年亞洲錦標賽）

時間	第一天	第二天	第三天
上午	基本技術 專項力量 有氧（＜2）	專項力量 有氧（4）	專項技術 專項力量 比賽速率 有氧（＜2）
下午	專項力量 速度 混合（5－8）	混合 有氧（＜2）	休息
晚上	專項速度 放鬆	專項速度 放鬆	休息

注：表中數字爲血乳酸值，單位爲 mmol/L。

表 3－17－11 是莊泳和楊文意在 1988 年第三屆亞洲游泳錦標賽前訓練的小週期典型計劃。

表 3-17-11　　　賽前訓練小週期典型計劃（莊泳　　楊文意　1988年亞洲錦標賽）

時間	第一天	第二天	第三天	第四天
上午	基本技術 專項力量 　有氧（＜2/L）	專項力量 速度 　有氧（2）	比賽 準備	積極 放鬆
下午	專項力量 速度 　有氧（4） 出發，轉身	混合（5-8） 有氧（＜2） 出發，轉身	模擬 訓練	休息

注：表中數字爲血乳酸值，單位爲 mmol/L。

表 3-17-12 是莊泳和楊文意參加 1988 年漢城奧運會前一周的比賽小週期典型計劃。

表 3-17-12　　　比賽小週期典型計劃（莊泳，楊文意 1988 年奧運會）

離比賽日	差五天	差四天	差三天	差二天	差一天	比賽日
上午	比賽準備 混合（4-6） 有氧（＜2-4）	比賽準備 模擬游	力量專項 有氧（＜2）	比賽準備	放鬆	比賽
下午	速度 有氧（2-4）	積極放鬆	有氧（2-4） 速度 出發，轉身	積極放鬆 出發，轉身	放鬆，或休息	比賽

注：表中數字爲血乳酸值，單位爲 mmol/L。

表 3-17-13 是莊泳 1990 年第十一屆亞運會後調整恢復階段小週期的典型計劃。

表 3-17-13　　　1990 年亞運會後調整階段小週期典型計劃

時間	星期一	星期二	星期三	星期四	星期五	星期六	星期日
上午	基本技術 綜合力量 有氧（＜2）	綜合力量 速度 有氧（＜2）	休息	綜合力量 有氧（2-4）	基本技術 綜合力量 有氧（＜2）	專項力量 速度 混合（5-8） 有氧（＜2）	休息
下午	陸上	陸上	陸上	陸上	陸上	休息	休息

注：表中數字爲血乳酸值，單位爲 mmol/L。

5、賽前訓練計劃安排

(1)大賽前訓練階段時間的確定及主要訓練任務

　　要使運動員在重大比賽中表現出最佳競技狀態,賽前訓練計劃是至關重要的一環。

　　賽前訓練時間的確定主要取決於前段訓練負荷的大小、運動員個體情況,以及比賽的重要程度。一般認為,年齡大些、比賽項目偏短、爆發力強的男子運動員,其賽前訓練時間長些,反之則短些。

　　賽前訓練的主要任務是,力求使運動員的機體適應比賽的要求和條件,把長期訓練過程中所獲得的各個方面的競技能力集中到專項所確定的方向中去,使運動員能充分發揮所獲得的競技能力,創造優異成績。

　　(2)大賽前訓練的主要訓練方法、負荷量和負荷強度安排

　　一般來說,賽前以專項訓練為主,多採用前段訓練所採用的訓練內容,並適當增加突出強度的專項手段。這有助於運動員更好地保持已建立起來的競技狀態。

　　賽前訓練負荷變化的基本特點就是提高訓練強度,相應的負荷量適當減少。若訓練強度得不到提高,則起不到賽前誘導的作用。

　　賽前訓練的練習形式和組織形式應更接近於專項特點。技術練習中的分解練習比例減少,完整配合練習的比例增加。通過各訓練內容的合理交替,使運動員的競技狀態逐漸提高,為重大比賽做好最後準備。

　　(3)大賽前訓練應注意的事項

　　①要掌握好負荷量和負荷強度的動態關係,使負荷量和負荷強度有規律地交替變化。若兩方面同步增加,在大多數情況下會導致訓練情況惡化,造成損傷,過度疲勞。

　　②由於賽前訓練突出強度的提高,加深了對機體的刺激,就要更注意到運動負荷安排的節奏,以及加強恢復措施。

　　③訓練內容和手段應盡量採用前段訓練所採用的練習內容,以保證訓練內容的連貫性,減少不必要的新異刺激對形成競技狀態的影響。

　　④因人而異,切實了解每個運動員的現實狀態掌握最佳負荷,產生良性刺激。

　　⑤注意合理的膳食結構,保證充足的睡眠。

　　⑥預防傷病。

　　⑦賽前訓練場上和生活中,教練應注意使用積極性語言,以便鼓勵和調動運動員賽前的熱情,以及積極向上的自信心。同時,教練應注意控制自身的情緒,給運動員創造一個良好的心理環境。

　　(4)大賽前訓練計劃實例

　　圖3-17-5是莊泳參加1991年世界游泳錦標賽前4週的賽前訓練示意圖。

　　表3-17-14是莊泳參加1991年世界游泳錦標賽比賽週的訓練計劃

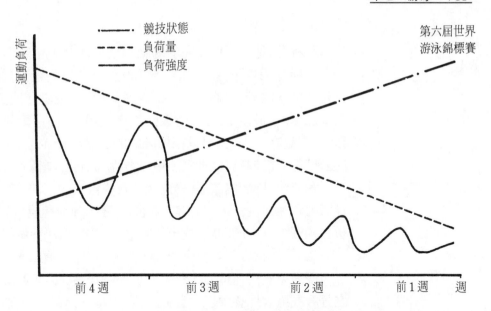

圖 3－17－5　　莊泳參加 1991 年世界游泳錦標賽前運動員荷示意圖

表 3－17－14　　莊泳參加 1991 年世界游泳錦標賽比賽周計劃

距比賽	上　　　午	下　　　午	晚　　　上
六天	到達比賽地佩思、水上任意活動 2000M	休　　息	水上一般適應性訓練總量 3100M
五天	輕力量訓練水上放鬆	水上專項技術、耐力訓練　　3500M	按摩、放鬆
四天	水上專項模擬訓練第一項比賽距離分段游　　3000M	水上放鬆游　　2000M	按摩、放鬆
三天	水上任意活動　　2000M	休　　息	
二天	水上專項比賽準備活動一般耐力 3000M	水上放鬆游　　2000M	按摩、放鬆
一天	放鬆　　1500M	休　　息	
比賽日			

(九)游泳比賽的指導及比賽期間的訓練安排

1、游泳比賽期間經常遇到的問題及解決的方法

(1)如何指導運動員合理分配體力,進入決賽

對青少年運動員的要求是無論參加什麼級別的比賽,都應全力以赴。以從小培養運動員頑強的比賽意志品質和鍛鍊比賽能力。但對於優秀運動員參加重大比賽,要求他們拿金牌,奪冠軍,這就需要合理分配體力,進入決

賽,以便保證運動員保持充沛的體力在決賽中創造優異成績。

　　一般採用以下方法:如對游 100 公尺項目的運動員,要求他在預賽時,一是在前 50 公尺以略低於指標成績的速度,較輕鬆地游完前程,而在後程逐漸加速,在最後 15 公尺時達到指標成績,以快速衝刺產生的力量感結束預賽;二是在前 50 公尺以指標成績的速度積極游進,而在後 50 公尺,不做"強硬"努力,順其自然地完成後段游程,似有一種留有餘地的感覺。

　　預賽後,應認眞放鬆,盡量保持安詳自如的精神狀態,避免過度興奮,保存體力和興奮度,找一個安靜處,獨自把比賽全程過"電影",與教練一起分析在預賽中存在的問題,找出決賽最佳方案,爲決賽做好最後準備。

　　(2)如何指導運動員合理分配體力,參加多項比賽

　　優秀運動員在重大比賽中參加多項比賽,要有明確的參賽目的和主次之分。在重大比賽中以拿金牌爲重,故指導運動員在重大比賽中參加多項比賽時,也以獲冠軍爲基本原則,不必爲創造最好成績去竭力拼搏,而是以合理的體力分配戰術去贏得第一。必要時可以丟卒保車,挑選重點項目打殲滅戰。但是參加多項比賽的最主要前提就是要有足夠的訓練水準和比賽能力。

　　(3)如何指導運動員參加接力賽

　　接力比賽是游泳比賽的集體項目,是一個集體的整體實力反映。一個優秀游泳隊歷來都是高度重視集體項目比賽的。

　　游泳接力項目,除了參賽的四人整體水準高外,還要求他們團結心齊,配合默契,在群情激奮的情況下,每個人都能超水準發揮。這也正是集體項目的優勢。如在水準略高於其他隊的情況下,要求接力隊員一鼓作氣,乘勝奮進,一氣呵成地把優勢保持到底。如在水準相當的情況下,要巧妙地安排"四棒"實力,首先要清晰了解對手,安排出人意料的奇兵,把對方的陣容打亂,最大限度地發揮本隊水準,同時又有效地遏制了對手正常水準的發揮。如在第十屆亞運會上,我國男隊 4×100 公尺自由泳接力的整體實力和日本隊相當,在決賽安排"棒次"時,我們一反常規,把游得最快的運動員依次排在一、二、三、四棒上,結果我們一入水便一馬當先,在氣勢上首先壓倒日本,爾後幾棒隊員情緒高漲,乘勝奮進,把這點優勢一直保持到終點,贏得了這個項目的金牌。

　　(4)如何指導運動員根據對手特點安排比賽戰術

　　當今高水準游泳比賽已不僅僅是比體力、比技術,而且還比意志、比智力、比心機。根據對手特點,安排比賽戰術的目的就是最大限度地發揮自己的潛力,賽出高水準。其前提是必須準確地了解對手的情況,以及對手參賽的戰術,否則難以奏效。如對手前程速度好,則可以安排如何巧妙地"跟"游,既可使自己在心理上和體力上保持一點"彈性",又可使自己前程速度在跟的情況下游得更積極些,爲總成績提高做出貢獻;如在長距離比賽中,運

用突然加速的戰術,把習慣於勻速游的對手甩下,然後再按正常速度保持這種拉開的優勢,而對手很可能在沒有思想準備的情況下,誤認爲是自己游速的"明顯下降",導致喪失信心,水準大跌。這些都是利用對手特點安排比賽戰術的例子。最根本的是要求運動員要有靈活善變的思維,在摸準對手特點的前提下,靈活地運用戰術,以巧制勝對手。

2、賽前臨場指導注意事項

賽前臨場指導是教練訓練藝術性的集中體現。臨場指導的藝術性沒有統一的模式,在很大程度上是每個教練知識、經驗、性格及對隊員心理特點和環境特徵的深刻了解,以及"逢場作戲"的表演力、應變力。一般在游泳比賽時臨場指導要注意以下幾點:

(1)指導內容和指導藝術緊密結合:指導藝術多種多樣,但要緊緊扣住教練想要指導的內容,否則本末倒置,使臨場指導失去其原有的作用。

(2)臨場指導要抓住主要問題:此時指導的主要方面是心理狀態調整和技術、戰術部署。

(3)教練的教態要充滿信心,要有鼓動性:無論出現什麼情況,教練在指導時應克制情感,從容不迫、動態自如、充滿信心。心理學證明,教練神態對運動員心理傳染性極強。好的神態本身就是一種戰鬥動員,是一種鼓舞力量。

(4)指導語言應簡明、積極:教練給運動員的指導應是決策的結果,而不是分析的過程,語言要有鼓動性和感染力。

(5)要注意區別對待:這取決於教練平時對運動員了解的程度。因人而異,對症下藥。

(6)教練勇於承擔責任:無論多麼優秀的運動員都可能在某次重大比賽中出現差錯,對於這些失誤,教練應給予明確指導,但首先應敢於承擔責任,解脫運動員的沉重心理,解除思想包袱,重新喚起積極拼搏的意念,這對於激發整體戰術力有着重要的作用。

(7)臨場指導要注意洞察環境和運動員的內心世界,要有預見性:出現情況,要有隨機應變的能力,應變也是教練臨場指導藝術水準的核心。

3、比賽期間的訓練安排

教練要根據運動員的主要比賽日來合理安排好賽間訓練。一般來說,練習內容可多樣化,量不宜大。臨賽前幾天,不同性質的大負荷應這樣安排:有氧訓練、耐力訓練離比賽不少於5天,速度性、速度力量性、力量性的無氧訓練則安排在比賽前3天,以期在主要比賽日表現出理想的競技狀態。

在比賽期間的訓練應服從於比賽項目的要求,主要內容是消除前一個項目比賽後積累的疲勞,同時又爲下一個比賽項目做好準備,熟練技術和戰術。

　　近年來,世界大賽中競賽日程常為比賽 3 天,休息 1 天,再比賽 3 天。因此,比賽期間的訓練就更為重要了。

(十)游泳運動員的選材

1、游泳運動員選材的適宜年齡及選材方法和指標

　　游泳運動員的選材一般分為:預選、初選和複選三次。預選和初選兒童的適宜年齡為 5－7 歲,尚不會或剛學會游泳的孩子。複選時的年齡是經過 3－4 年基礎訓練的丙組或乙組兒童比較適宜,女子 10－12 歲,男子 11－13 歲,經較嚴格的再篩選進入體校三集中游泳班或游泳學校訓練。選材內容包括以下幾個方面:

　　遺傳因素;身體形態;運動素質;身體機能;游泳技術;心理因素;發育程度;學習及其它。

　　以上前 4 項都與第 7 項發育程度的鑒別有關,只有在發育程度較一致的情況下,以上各項因素多項指標的優秀者,才是優選的對象。

　　選材指標分 7 項,但每次選材指標要求各有所側重。

　　(1)預選

　　預選是 5－7 歲兒童,應側重於先天因素。這時孩子們還沒有學游泳。

　　①首先是請幼兒園或小學的老師推薦那些健康、聰明、活潑、接受能力、模仿能力都比較強的孩子們,然後在他們中挑選。

　　②遺傳因素的調查。身體形態和生理機能的遺傳因素占很大的比例。所以預選要側重遺傳特徵的調查。通過家訪了解和觀察父母和親屬的身高、體重、健康狀況等。一般喜愛體育又願讓孩子從事游泳運動的家長,如身高偏高、勻稱、35 歲之前不胖、健康、心肺功能較好的家長,他們的孩子是要留意的對象。

　　(2)初選

　　預選出的孩子,通過 20－30 次課的游泳教學,能游一種姿式 50 公尺以上距離,即可開始初選。初選比預選嚴格,採用的選材指標要與經驗選材結合起來。測試指標如下:

　　①了解孩子對水的興趣和膽量,完成各種練習的水準,如跳水、水中憋氣、呼吸、滑行遠度、游得長、玩耍自如等。

　　②在水中的浮力和平衡能力:5－7 歲兒童一般浮力較好,可分為三級:一級浮力,兩臂側平舉,兩腿伸直,可水準俯臥水面。二級浮力,兩臂前伸,兩腿伸直可水準俯臥水面。三級浮力,同二級姿勢,能靜止浮在水面,但腿稍有下沉傾斜。

　　③柔軟性及關節靈活性,主要有下列三項指標:

　　a、踝關節的屈伸程度:足趾屈時超過 180 度,伸時小於 90 度。

b、展肩上舉,臂與軀幹超過 180 度爲好。

c、反臂體前屈:兩手背後相握,向前屈體,兩手距地面距離越近越好。

④機能指標,機能一般須測以下三項指標:a、起床前安靜時 30 秒鐘心率,次數少者爲好。b、快速游 50 公尺後的即刻心率,測 2 分鐘並聽心音,檢查有無心率不齊。

c、肺活量,同年齡兒童肺活量大者爲好。

初選後建立檔案材料,並開始四種姿式的教學及基礎訓練。

(3)複選

初選後經過 1－2 年的基礎教學階段和 3－4 年的基礎訓練階段,女子 10－12 歲,男子 11－13 歲,可開始再次選材,這也是適於進入三集中班和運動學校的年齡。入學後不久即開始進入青春發育的躍進期,因此這時進行再次篩選比較適宜,同時也是爲優選運動員培訓後備力量而進行的,測試指標須更爲全面(可參見《游泳教學訓練大綱》和國家體委科教司組織編寫的《運動員科學選材手冊》)。

2、發育程度檢測

近 10 年來在選材中,我國已逐步重視了對發育程度的檢測,根據研究,運動能力與發育程度密切相關。從 1981 年到 1988 年對莊泳、楊文意等 91 名運動員的追踪調查證明。進入全國甲級賽區前六名的 54 名運動員中,提早發育的只有 1 人,占總人數 1.86％。正常發育的有 46 人,佔 85.2％。延遲發育的有 7 人,占 12.9％,他們中的不少人成爲 24 屆奧運會、第十一屆亞運會和第六屆世界游泳錦標賽的獲獎者,由此不難看出應重視挑選生活年齡與生物年一致的苗子。

如何鑒別少年兒童的發育程度,可見本書第三篇第二題。

(于仙貴、周明、張長存)

十八　跳　水

(一)現代跳水訓練的主要特點和發展趨向

1、以陸上訓練為先導,水陸訓練緊密結合

跳水是富於驚險、準確和優美的運動項目,為此各國都在不同程度上改進訓練機械,創新並優選訓練方法,如在五、六十年代是以木制跳板和玻璃鋼跳板進行訓練,給予身材較矮小、體重較輕的運動員帶來不少困難,從而影響動作難度的提高。到七十年代我國開始自制鋁合金跳板,為跳水的發展開闢了良好的前景。八十年代以後,國際規則中跳水動作難度大幅度的突變,每個組別動作在原有的基礎上都普遍增長了0.4-0.5難度系數。在這種形勢下,為尋求突破高難度動作的捷徑,我國制作了具有特色的陸上保護帶和彈網等,有效地縮短了學習新難度動作的進程,並結合研究關鍵性的跳水技術,如"早並腿"的跨跳技術,"早上手"的連接技術,"看目標"的打開技術,入水壓水花技術等。所以,進入八十年代以後,跳水運動訓練不是單純練跳水,而是以陸上訓練為先導,水陸更加密切結合,使訓練方法更加結合跳水動作實際,訓練誘導手段更加細膩,將基礎訓練和攻克難度動作訓練有機地結合起來,而不像五、六十年代那樣,先打好基礎再慢慢攻克難度的明顯分段訓練方法。這種訓練使青少年喪失了突破新難度動作的良好時機。

2、訓練週期大大縮短

現代跳水訓練的週期大大縮短,過去是7-8年才能訓練出一名優秀運動員,而現在只需4-5年就可以培養出一名世界冠軍,同時出成績的年齡也越來越小,這一切都是由於訓練方法的改革,訓練的多樣性、綜合性和科學性所形成的。

3、專項素質與專項技術訓練密切結合

現代跳水訓練首先從培養專項能力入手,使專項素質訓練與專項技術訓練密切結合,如"三彈"和"十彈"訓練方法,不但使運動員從起跳、連接、空中姿勢、看目標打開以及入水等各個技術環節都得到提高,避免了過去只重視走板、起跳和入水的單一訓練方法。又如,為了提高第三組起跳的能力,而採用用的"拉遠"訓練,通過這種訓練使我國優秀運動員李孔政在七十年代時,成為世界上第一個完成反身翻騰三周半(307C)的運動員。專項素質和專項技術的緊密結合,解決了跳水運動員水上所必需具備的合理的起跳高度,空中動作方位感覺以及入水時機等等,從而克服了學習新難度動作的

心理障礙,避免了傷害事故,保證了訓練的效果。

4、十分強調心理訓練

心理訓練是當代跳水訓練的一項重要內容。每個跳水運動員在完成一個複雜的跳水動作時,僅需一秒多鐘時間,故給運動員的心理上帶來很大壓力。如何在訓練中培養運動員排除干擾的能力,更有效控制自己的情緒,提高完成動作的質量,是現代跳水訓練不可忽視的問題。因此說,現代跳水訓練已使這"1秒鐘的藝術"朝着"難、穩、準、美"的方向發展,而心理的穩定性起着十分重要的作用。

(二)跳水運動的特徵及訓練的有效方法和手段

無論是跳板跳水或是跳臺跳水,它都需要運動員在1秒多鐘的時間內完成各種翻騰或轉體動作,給人於美的享受。因此,對運動員的形體、機能、素質、心理以及技、戰術等都有專門的要求,並反映出其專項特徵。

1、跳水運動的供能和機能特徵

(1)跳水運動的供能主要是磷酸原和糖酵解供能系統。因此要求運動員具有較高的磷酸原貯量,故訓練時,要使 ATP 和 CP 達到最大的消耗,就要以最快的供能速度,使每公斤體重達 50% 的最大功率輸出,才能達到跳水極量運動的目的。所以訓練中,要以增加肌肉的力量與速度訓練的手段和增加 ATP 和 CP 的含量,提高運動員最大功率輸出和最大肌乳酸生成的能力。

(2)跳水運動員的心肺功能和其它難美項群的運動項目相差無幾,比一般健康人略高,肺活量在 3000 毫升—— 3500 毫升。一般在極限強度時心率可達 180 次/分。

(3)跳水由於是圍繞着橫軸和縱軸進行的多周翻轉運動,故對方位感覺和平衡能力要求也較高。

2、跳水運動員的形態特徵

跳水姿態優美,動作靈活協調、舒展,故對運動員的形態要求是體型勻稱,四肢修長,骨盆略窄,肩、踝關節靈活性好,跟腱長。跳水運動員的形態特徵表 3-18-1。

跳水運動員的跟腱長超出體操運動員(男子平均值超出 14.16±0.48 公分,女子平均值超出 12.08±0.54 公分),這有助於彈跳。

3、跳水運動員的專項素質徵及主要訓練方法和手段

跳水對運動員的速度、力量、靈敏以及柔軟性要求較高,尤其在現代跳水難度發展越來越高的情況下,如果沒有很好的專項素質是難以達到高水準的。

表 3-18-1　　跳水運動員形態徵

指標　　　　性別	男　　子	女　　子
平均身高	1.67±2.14 公分	1.58±2.55 公分
平均體重	58.2±3.55 公斤	50.4±3.34 公斤
指間距	1.72±1.56 公分	1.62±1.84 公分
坐高/身高	53.66±0.63 公分	54.04±1.01 公分
下肢/身高	58.30±0.58 公分	58.30±0.78 公分
大腿長/小腿長	84.41±4.26 公分	92.94±3.04 公分
比跟腱長	59.92±3.90 公分	59.06±3.90 公分

(引自溫－靜、李連在等人《跳水項目總結與予測》)

跳水運動員的專項素質包括以下方面:

(1)速度素質。

當前跳水運動翻騰周數已從八十年代的兩周半發展到四周半,而轉體動作也從兩周半發展到四周。在這種情況下,對跳水運動員的速度素質要求很高。發展速度素質採用用的主要訓練方法手段是:

①短跑練習。起跑,30 公尺衝刺,60 公尺快速跑,100 公尺快速跑,接力跑等。

②快速腰腹練習和俯立挺身。快速抱膝和屈體打開,快速俯立挺身,連續屈腿跳及多周轉體跳。

③彈網與陸上板。彈網上做第三組與第四組"拉遠"訓練,平板或加高墊子做空翻或轉體等。

④技巧練習。滾翻,手翻以及空翻,定時計量做空翻。

速度練習每周可安排 2-3 次,時間不宜過長,並與力量練習穿插進行。

(2)力量素質　跳水要求運動員有很好的爆發力量,才能在瞬時間完成複雜的跳水動作,否則,由於起跳不高或入水控制不好,都將導致動作失誤。力量訓練的主要手段有:

①腰腹力量練習。在墊上結合抱膝和屈體姿勢做打開的模仿練習,肋木舉腿(提膝與直腿)。

②上肢力量練習。爬行(推小車),推起倒立與靠牆倒立並計時,槓鈴或啞鈴練習。

③下肢力量練習。跳繩(單、雙腳跳,雙飛跳)跳臺階,踝關節練習(負重小跳,提踵)。

力量練習應放在技術練習之後,力量練習結束要做肌肉拉長練習。

(3)靈敏素質

每個跳水動作要求運動員在空中快速改變身體方位,最後準確判斷入水角度,需要運動員有很好的靈敏素質,而靈敏素質又受到力量、反應時、速度、爆發力等因素所牽制,因此,必須通過專項技術訓練來提高。發展靈敏素質的主要手段有：

①專項技術訓練。在彈網和陸上板上做有高度和速度的基本技術。

②球類運動。籃球,足球等。

③技巧運動。空翻與手翻等組合練習。

④變速、變向跑。

發展靈敏素質可結合課的準備活動進行,以達到提高運動員的興奮性,而在身體疲勞的情況下,靈敏性會降低,要加以注意。

(4)柔軟素質

運動員肩、踝關節靈活性不好會影響擺臂和壓板的幅度,髖、膝關節不靈活會影響跳水空中姿態的優美。柔軟性不但影響技術完成的效果,而且容易產生傷害事故。發展柔軟素質的主要手段有：

①肩部柔軟性練習。壓肩,繞肩,懸垂拉肩。

②膝、髖關節柔軟性練習。分腿與並腿壓,正、側、後加力壓腿、拉腿、踢腿等(圖3-18-1)。

圖 3-18-1

③踝關節的柔軟性練習。墊高腳面坐壓,提臀成屈體姿勢連續壓等(見圖3-18-2)。

圖 3-18-2

柔軟性練習要堅持每天做,準備活動要使身體發熱,避免在柔軟性練習中發生拉傷。

(5)耐力素質　現代跳水比賽需經歷2-3個小時,這種耐力的考驗將直接影響技術的發揮和創造優良成績。發展耐力素質的主要手段有：

①增加訓練時間和動作的數量。

②中長距離重覆跑及越野跑。

③爬山或遠足旅行。

　　　　耐力訓練可結合技術訓練進行,但在選擇內容時,要避免難度過大,尤其是少年運動員不宜作強度大而時間又長的耐力訓練。

　　　　(6)形體美的訓練　這是跳水運動員不可缺少的訓練內容,是建立"美的意識"的重要手段,對少年運動員來說尤爲重要。訓練手段多採用用芭蕾舞的把杆和徒手練習。

　　　　①基本部位練習。站立姿勢和軀干伸展,腳的站位和手臂練習。

　　　　②跳水姿勢造型練習。直體、屈體、抱膝姿態的形成和入水打開。

　　　　③踏跳步和背面起跳。自然步,足尖步,流動步及原地跳、墊步與跨跳等。

　　　　④組合練習。結合音樂與舞蹈編排組合練習,培養韻律感、優美感和自我表現能力。

4、跳水運動技術徵及主要訓練方法和手段

　　　　每一個跳水動作由助跑、跨跳、起跳、連接、空中、打開和入水等七個關鍵技術組成。在瞬時間使這些技術配合協調,才能提高動作效果,而這些關鍵技術又是由各種基本動作組成的,因此,建立正確的基本動作概念和動力定型,完善走板、起跳以及打開入水技術是十分重要的。專項技術訓練的主要方法是:

　　　　(1)陸上模仿練習,建立正確動作概念

　　　　①根據個人身高和腿部力量的大小,建立符合個人特點的步幅和步速。

　　　　墊步的最長步距一般爲 110 公分,短步距爲 90 公分,而少年運動員的步距約爲 70 公分左右,而跨跳步是跳水的關鍵步距,成年運動員在 50－60 公分左右,少年運動員在 35 公分左右。

　　　　②"早並腿"是跨跳的先進技術,練習時可在地面或板上標明步距的長度進行模仿。

　　　　③"早上手"是起跳連接的先進技術,壓板連續彈跳進行擺臂練習。

　　　　④結合打開和入水技術進行反掌壓水花的模仿練習。

　　　　(2)結合基本技術,利用彈網和陸上板練習誘導動作以及規定和自選動作

　　　　①落網與着網練習(腳着網,背着網,腹着網)。

　　　　②單跳連接各組動作(彈網與陸上板)。

　　　　③"三彈"連接動作和第 3、4 組"拉遠"練習。

　　　　(3)水上基本動作練習

　　　　①池邊腳入水、頭入水練習。

　　　　②50 公分板至一公尺板(臺)做基本動作。

　　　　③3 公尺板至 5－10 公尺跳臺練習起跳、連接技術以及倒下等入水打開與壓水花技術。

　　　　④利用水上保護帶練習高難度動作,在跳臺架上掛上有明顯數碼標誌

＜,讓運動員習慣看目標打開,以提高打開與入水技術的準確性。

5、優秀跳水運動員的心理特徵及大賽前最易出現的心理障礙和克服方法

(1)優秀跳水運動員的心理特徵及訓練方法

一個優秀跳水運動員,除了具備優美的身材,精湛的技術外,還必須有良好的心理控制能力,而這些專項所必備的心理品質應包括堅定的信念,強烈的動機,頑強的意志,忘我的努力和高度的自我控制能力。而控制能力表現在任何複雜多變的情況下,保持心理上的穩定性,不受干擾,以我為主參加訓練和比賽。這些心理品質都是通過肌肉運動感覺、平衡覺、空間知覺、時間知覺、機體感覺等敏銳的感、知覺來完成。心理訓練中所用的一般方法是:

①從培養運動員對項目的興趣入手,進一步啓發運動員為事業而奮鬥的強烈責任感。

②直觀教學與啓發式教學結合,有意識培養運動員的表象能力。

③在考慮教學多樣化的同時,要逐漸培養集中注意力的素質。

④教練必須發揮主導作用,掌握運動員在教學訓練中的情緒波動,使運動員能夠在情緒高昂時冷靜對待每一項勝利,當動作失誤、失去信心時,則應熱情鼓勵,以此來培養他們的自我控制能力。

(2)大賽前跳水運動員容易出現的心理障礙及克服方法

①比賽中信心不足,或過於興奮自信

跳水比賽每個動作只能有一次機會,即好壞在此一跳。只要一個動作失手,將直接影響名次,因而給運動員造成極大的心理負擔,所以往往由於一個動作的失誤而影響完成其它動作的自信心。有時是前面運動員動作失誤對後面的運動員情緒造成影響。有的是預賽成績好,易出現難以抑制的興奮,致使決賽時頭腦不夠清醒等。

對此,要教育運動員勝不驕,敗不餒。所跳動作不管完成好壞,只要做過的動作就不要再去想,要集中精力做好下一個動作。在預賽時,控制好興奮性,達到爭取決賽權的目的,不可用盡全力,尤其是預賽取得優勝後,更不可粗心大意,背上包袱。

②對比賽取勝的期望過高

比賽期望過高運動員往往精神過度緊張,致使比賽失常。因此,對運動員參加比賽不要提超過其實力的過高期望。這樣運動員才會鬥志旺盛地參加比賽,勇於取得比賽勝利。

③賽前神經系統的激活水準不夠,賽前要使運動員有適宜的激活水準,即精神適度緊張,使比賽興奮性達到最佳狀態,但不要使激活高峰出現過早或過晚。

為此,採用心理訓練的增感練習和減感練習法,促使運動員最佳激活水準的形成。

④比賽中注意力分散

善於高度集中注意力是優秀運動員的心理品質。由於一個跳水動作僅在1秒多鐘的瞬間完成,往往注意力稍不集中就會導致動作失敗或造成傷害。若注意力過早高度集中又易造成神經疲勞。故注意力既不能分散又要把注意力集中安排在比賽的關鍵時刻,這是跳好動作的重要保證。

⑤對比賽適應能力差

比賽往往不同於平時訓練,一個運動員從成功的訓練直至成功的比賽都需要一個適應過程,如比賽場地、條件、氣候、環境、時差反應等等都會使運動員不習慣,為提高比賽適應能力要盡量減少這些不利於比賽的刺激訊息的侵入,一旦侵入要善於擺脫。在平時訓練中加強超難度的模擬比賽訓練是培養適應比賽能力的有效方法。

6、跳水運動的戰術特點

跳水是以發揮個人技術和能力為特徵的運動項目,所以其戰術,雖然不比集體項目顯得那麼突出,但也有它特有的戰術特點。

(1)熟悉比賽規程,了解對手實力。對比賽大會所設項目情況要熟悉,並根據對手實力進行分析,以便在報項時盡量發揮本隊的特長。

(2)適應比賽環境,減少比賽的干擾因素,盡量了解比賽地點的環境條件。如時差、氣候、場地等各種條件。根據比賽日程要盡早地適應比賽的各種條件。

(3)在賽前和賽中教練對運動員每一個動作的指導,必須重點突出,強調動作的成功率,並要及時做好下一個動作的模仿練習,決不能讓運動員打聽自己的成績和名次,更不能以喜怒哀樂的儀表影響運動員情緒。

(4)合理安排比賽動作順序,一般將有把握的動作放在最後,以緩和運動員對沒把握的動作的思想壓力。賽前應按動作順序進行訓練,在練習中可以一個動作多次重覆,或一套動作多次重覆,並突出技術難點和薄弱技術環節。

(三)跳水多年訓練過程階段劃分和訓練的主要特點

1、多年訓練階段劃分及年齡徵

跳水是屬於早期訓練和訓練週期較短的運動項目,一般從 7 - 8 歲開始訓練,經過 6 - 8 年就可以達到高峰期。其年齡階段大體可分為:

兒童時期:7 - 12 歲(甲組 11 - 12 歲,乙組 9 - 10 歲,丙組 7 - 8 歲)。

少年時期:13 - 17 歲(甲組 15 - 17 歲,乙組 13 - 14 歲)。成年時期:17

歲以上。

2、各年齡階段訓練的主要任務

(1)兒童時期

①思想教育。明確訓練目的任務,介紹優秀運動員的先進事跡,培養對跳水運動的興趣,提倡勇敢頑強、刻苦訓練的精神,樹立爲國爭光的崇高理想,建立必要的訓練、學習和生活制度,培養組織紀律性。

②身體訓練。在全面身體發展的基礎上,重點提高心肺功能和靈敏、柔軟、速度等素質。12歲以後逐漸增強腰腹力量、上肢力量和爆發力,加強專項素質訓練。

③技術訓練

a.兒童丙組(7-8歲):培養跳水意識,學習專項技術的基礎動作,掌握走板以及一公尺板的直體(A)、屈體(B)、團身(C)的跳下和頭入水的基本動作,技巧訓練,學習墊上滾翻和立定空翻動作。彈網訓練主要熟悉網的性能,學會連彈和着網方法,利用陸上板進行走板起跳的向前和向後跳下技術。水上專項訓練以學會游泳,掌握池邊和一公尺板各種姿勢的跳下和倒下動作。

b.兒童乙組(9-10歲):學習走板及各種姿勢的跳下和3-5公尺的倒下的入水基本動作,初步掌握入水壓水花技術。學習陸上板和彈網的各組一周動作,學習一公尺板五個規定動作和六個自選動作,達到少年級以上的運動員等級標準。

c、兒童甲組(11-12歲):改進直體、屈體和團身的跳下動作和5-10公尺的倒下技術,提高彈網和陸上板1-4組翻騰動作,掌握倒立技術。發展一公尺板的多周及轉體誘導動作,提高3公尺板以致跳臺的規定動作和一周半周的自選動作。達到二級以上運動員等級標準。

(2)少年時期

①思想教育。正確處理文化學習和訓練的關係,爭當"三好"學生,提高對訓練的自覺性,在學習新難度動作中吃苦耐勞,在比賽中敢於拚搏,勝不驕、敗不餒,爲跳水事業多做貢獻。

②身體訓練。鞏固提高全面身體素質,結合專項技術發展專項力量、速度、耐力素質。

③技術訓練

a、少年乙組(13-14歲):學會從不同高度倒下的入水動作,改進走板技術,突破動作難點。參加年齡組比賽,達到跳板和跳臺一級以上的運動員等級標準,學會一公尺板向前翻騰兩周和向後、反身和向內翻騰一周半的動作及轉體動作。三公尺板學習向前兩周半,並將動作逐漸過渡至高臺。學會倒立一周動作。

b、少年甲組(15-17歲):發展難度,提高比賽的臨場經驗,達到跳板或跳臺健將級運動員標準。在三公尺板學習翻騰多周(107,205、305、405)和轉體多周動作(5136D,5235D),並將動作移至十公尺跳臺。

(3)成年時期

①思想教育:培養堅韌不拔、不斷爲跳水事業拼搏的精神。在遵守紀律和刻苦訓練上起到表率作用,不斷創造新的成績,爲國爭取更大的榮譽。

②身體訓練:鞏固全面身體素質,結合專項技術,發展專項素質和專項能力。

③技術訓練:在鞏固提高原有動作的基礎上,繼續發展最高難度動作,根據個人特點進行選項,從運動健將向國際健將級標準努力。

3、各階段訓練所需達到的指標

各階段訓練所需達到的運動素質考核標準表3－18－2。各階段訓練所要達到的各項指標和參數詳見《跳水學校敎學訓練大綱》。

表3－18－2　　運動素質考核標準

考核內容		8歲	9歲	10歲	11歲	12歲
30公尺跑	男	5″75	5″55	5″25	5″05	4″95
	女	5″65	5″45	5″15	5″00	4″90
30秒懸垂舉腿	男	19次	21次	23次	25次	27次
	女	20次	22次	24次	26次	28次
立定跳遠	男	170公分	185公分	195公分	210公分	220公分
	女	170公分	185公分	195公分	210公分	220公分
陸台單跳102丙	男	平墊	平墊	平墊	墊高30公分	墊高30公分
	女	臀部不觸墊	半蹲站墊	半蹲站墊	臀部不觸墊	半蹲站墊
陸台	男	起跳點高於墊面20公分半蹲站墊	起跳點高於墊面20公分站直	平墊	平墊	墊高10公分
	女			半蹲站墊	站直	站直

（四）跳水訓練計劃

1、制定訓練計劃的基本程序

制定跳水多年計劃一般以4－6年爲一個大週期,然後制定年度的敎學訓練計劃,階段、周訓練計劃以及課時計劃等,制定計劃的基本程序:

(1)提出訓練的目的和任務

(2)計劃要達到的技術動作大綱,制定技術訓練、身體訓練和形體訓練的基本內容、方法、手段,並一一落實。

(3)確定年度全面身體訓練、技術訓練與專項訓練的比例。

(4)建立比賽成績指標與身體素質訓練指標。

(5)訓練的措施及醫務監督。

2、制定計劃所要把握的要點

(1)制定計劃要根據主、客觀條件,因地制宜不可脫離實際。

(2)計劃內容、措施以及方法手段應考慮系統性和各年齡時期的生理、心理發育特點。

(3)計劃要在不同時期有所側重,並相互銜接。

(4)制定計劃應根據跳水項目的訓練特點,做到陸上先行,水陸結合,陸為水用的原則。在發展全面身體素質和專項素質的前提下,不斷改進提高跳水基本技術。

(5)學習新難度動作,增加負荷量和負荷強度應本着循序漸進、從易到難的原則。

3、訓練計劃示例

(1)年度訓練計劃(表3-18-3、4)

表3-18-3　　年度計劃示例

內容＼時期	基本訓練期	競賽期	調整期
目的任務	1.爲比賽做好心理、生理、戰術、技術等方面的準備 2.訓練內容由廣泛而逐漸縮少,量也較大, 3.針對性較強,是實施全年計劃的關鍵時期	1.保持素質訓練 2.以參賽的項目和動作做爲訓練的主要內容。 3.模擬測驗與比賽	1.恢復身體機能,保持一定的身體訓練和技術訓練。 2.陸上以身體素質爲主。
素質與強度　少年　陸	大強度、超負荷	中強度	大強度、全面發展
少年　水	大強度、超負荷	全套動作、大強度	基礎訓練
成年　陸	一般素質,大強度、超負荷	中、小強度	中強度、全面發展
成年　水	專項素質,中強度或大強度	全套動作、中強度	基礎訓練
水陸比例	7～6	3～4	8
	3～4	7～6	2
運動節奏	小→中→大	在賽前40-45天 中→大→小	小→中→小

表3-18-4　　年齡組年度訓練安排示例

內容		兒童兩組 7-8歲	兒童乙組 9-10歲	兒童甲組 11-12歲	少年乙組 13-14歲	少年甲組 15-17歲
時間分配	全年訓練周數	46周	46周	46周	46周	46周
	一周訓練次數	6次	6次	6次	6次	6次
	全年訓練次數	276課	276課	276課	276課	276課
	每課訓練時間	2.5小時	3.5小時	3.5小時	3.5小時	4小時
	一周訓練時間	15小時	21小時	21小時	21小時	24小時
	全年訓練時間	690小時	966小時	966小時	966小時	1104小時

內容比例	實踐	理　　論	2%	2%	5%	5%
		全面身體訓練	35%	28%	18%	10%	10%
		專項素質訓練	15%	20%	20%	20%	15%
		技術訓練	50%	50%	60%	65%	70%

(摘自《跳水學校教學訓練大綱》)

(2)週訓練計劃

週計劃表格及周運動負荷統計表,參見表3-18-5和表3-18-6。

表3-18-5　　跳水課訓練計劃

運動員:　　　　　　教練:　　　　　　年　　月　　日　星期　　午

彈網	陸板	陸臺	一公尺板	三公尺板
		半公尺板		
		五公尺台	十公尺台	身體素質
三公尺台	七公尺台			
				訓練時期

睡　　眠	晚上:正常,入睡晚,多夢,時睡時醒,失眠 〇中午:正常,入睡晚,多夢,時睡時醒,失眠。
食　　欲	早餐:想食,一般,不想食,〇中餐:想食,一般,不想食, 〇晚餐:想食,一般,不想食。
身體反應	正常,疲勞,較疲勞,很疲勞,　　　　部位肌肉酸痛。 其它反應:
傷病情況	

(3)課訓練計劃

取決於週訓練計劃,若週計劃詳細則課計劃可簡單一些,如週計劃簡單,課計劃則應詳細些,總體可分為三種類型課。

　　①技術訓練課：包括水陸訓練配合，利用陸上板和彈網，爲掌握和提高水上技術服務。

　　②綜合訓練課：這裡既有技術訓練內容，又有身體訓練、形體基本功訓練，在時間上可各占一半。

　　③測驗比賽課：在訓練課中進行測驗或比賽，以檢查技術動作的掌握和恢復情況，提高比賽臨場經驗。可用數據統計動作完成的質量，表3－18－7。

表3－18－6　　週運動員荷統計表

姓　名：　　　　　組　別：　　　　　　199　年　　月　　日至　　月　　日

日期	星期	體重	訓練時間		陸上運動量				水上運動量												
			陸上	水上	網板一周	強度 網板多周	跳板基本	彈網基本	一公尺規定	一公尺自選	一公尺誘導	三公尺規定	十公尺規定	台誘導甲	強度				跳板基本	跳台基本
															台導誘乙	一公尺多周	三公尺自選	十公尺自選		
	一																			
	二																			
	三																			
	四																			
	五																			
	六																			
	日																			
合 計																				
一周 統計																				
填　寫 說　明			1,網板多周：填寫翻騰或轉體兩周及兩周以上的動作。 2,臺誘導甲：填寫翻騰或轉體兩周及兩周以下的誘導動作。 3,臺誘導乙：填寫翻騰或轉體兩周半及兩周半以上的誘導動作。 4,一公尺自選：填寫翻騰或轉體兩周及兩周以下的動作。 5,一公尺多周：填寫翻騰或轉體兩周半及兩周半以上的動作。																	

表3－18－7　　動作質量統計表

姓名：　　　　　　　　　　　　　　　　　199　年　　月　　日星期

好									
一般									
差									
補跳									

姓名：　　　　　　　　　　　　　　　　　　　　199　年　月　日星期

好									
一般									
差									
補跳									

(4)賽前訓練計劃：

賽前訓練是促進比賽取得優異成績的重要環節。如何根據比賽的任務使運動員在比賽中發揮最佳水準，與賽前訓練計劃安排的科學合理有着密切關係。

①大賽前訓練階段時間的確定

根據目前我國競賽制度，少年組每年舉行一次全國性比賽，具體安排在8月中下旬，從6月下旬至8月上旬爲賽前訓練階段，而成年組每年有兩次競賽，即春季的全國冠軍賽和夏季的全國錦標賽，一般約在比賽前40－50天即爲賽前訓練，它與準備期沒有十分明顯的界限，而是相互銜接，各大賽間應有四個月的準備。

②大賽前的主要工作

A.根據競賽規程，重新修訂賽前訓練計劃，包括賽前生活、飲食、作息制度，出發日期，比賽日期，賽前抽簽和訓練，予以具體落實，以期保持良好的心態，準備比賽。

B.嚴格遵守生活作息制度，加強醫務監督，防傷，防病，保證運動員能以充沛精力投入比賽。

C.做好團結、不激化矛盾，以表揚爲主，加強自信心，只講比賽發揮好，不談追求名次。

D.基本功訓練與素質訓練結合，高質量的規定動作和誘導結合，基本功訓練與全套比賽動作訓練結合，板、臺訓練結合。

E.堅持有質量的大負荷訓練，運用負荷落差，積極進行模擬比賽，提高抗干擾的心理素質，做到用競賽作槓桿，集體攻關，不留難點。

F.認眞填寫比賽動作表，動作編排順序要避免相互牽制，求動作穩定。

③大賽前訓練內容及負荷

大賽前的訓練內容基本包括三個方面，即技術訓練、身體訓練以及心理訓練。

A.技術訓練的重點是提高整套比賽動作的質量和動作的穩定性，不宜學習新動作。採用的手段是以增加整套比賽動作的數量爲主，並針對性地進行全面基本技術和誘導動作的訓練，尤其是轉體技術要提早恢復，轉體多周要以轉體一周和一周半作爲基本功來訓練。要專門提高第2和第3組的起跳、連接、入水打開控制能力等。在這個時期負荷量和強度的安排特徵是堅持有質量的大運動負荷訓練,即在有限的時間內增加動作次數。如原來是 50 次動作/3 小時,而現在要達到 60 次動作/3 小時。動作間歇時做模仿操,晚上進行柔軟性練習。強度以動作難度大、小來掌握,做到難度步步緊逼,甚至超難度動作表,如做三周半動作,保護帶就拉四周半,要及時統計動作完成質量情況,如果動作效果達到 70－80％就會在比賽中達到最佳的競技狀態。如 24 屆奧運會冠軍許艷梅和 24 屆 25 屆奧運會冠軍高敏等賽前動作效果都在 80％以上,但得第二名的運動員則僅達到 70％。

B.身體訓練。根據水上技術訓練的需要進行的專項身體素質訓練。有陸上跳板和彈網(包括用保護帶)改進技術。以技巧訓練提高靈敏性和翻騰速度。結合入水打開技術進行腰腹力量練習,同時為保持體力進行少量的全面身體訓練。從負荷量和強度來看,身體訓練約占整個賽前訓練比重的 30－35％左右。如果運動員傷病情況較多,則要相對增加身體訓練比重,以便使身體機能保持良好的水準參加比賽。

C.心理訓練。心理訓練的目的是提高抗干擾能力,促進運動員形成良好的競技狀態。

激發運動員產生良好的比賽動機,使其產生對比賽的強烈責任感和取勝的信心。進行模擬比賽和突擊性測驗,力求做到與比賽的場地條件、時間環境等因素相同,在比賽中教練盡量少作指導,以培養運動員的應變能力和自控能力。

④大賽前調整時間的確定及方法

賽前訓練調整的目的是為了達到超量恢復的效果,出現最佳競技狀態。由於場地條件所限,形成了自然調整。調整的方法有:

A.找出運動員疲勞和傷病的規律,以動作難度的變化,控制強度,達到調整與恢復目的。

B.用負荷量和強度的節奏變化或是以小測驗、小型比賽後的積極性休息進行調整。因為平時訓練 4 小時,而測驗只需 1－2 小時。

C.根據下一次比賽時間距離長短進行調整,確定是否外出轉換環境,保持力所能及的體力訓練。

⑤大賽前訓練計劃示例

參加大賽,一般都需要四個月約 16 周的準備工作,包括了解對方和本隊的基本情況,以便發掘潛力,提出合理的指標,制定行之有效的訓練計劃(表 3－18－8)。

(五)比賽期間的指導及訓練安排

比賽一般為七天,在此期間可適當安排訓練。主要是進行整套比賽的動作練習,要求運動員熟悉場地和器械,適應環境。為了恢復疲勞和保持身體良好的機能狀況,必須減少負荷。教練對運動員的指導針對性要強,要具體,要區別對待。

表 3－18－8　　賽前訓練計劃安排方案

內容＼周數	二周	四周	四周	四周	二周
訓練重點	1.基本技術訓練 2.全面身體素質訓練	1.高質量規定動作訓練 2.誘導練習 3.專項素質訓練	1.專項素質訓練 2.基本技術訓練 3.全面恢復自選動作	1.專項素質訓練 2.提高整套動作質量	1.保持體力繼續提高自選動作質量 2.4－6天總結與調整
時期	調整期後	準備期	基本期	賽前期	比賽
負荷節奏	小	中	大	大	小

(1)教練不宜給運動員訂名次指標。如此會增加其思想壓力,而要啓發運動員的自信心,鼓勵他們發揮本人的最高水準。

(2)遇到動作失誤,教練要敢於承擔責任進行具體指導,更不要訓斥運動員。

(3)利用比賽間隙要及時總結經驗。教育運動員勝不驕、敗不餒,繼續在下一個項目比賽中發揮最高水準。

(4)技術訓練要突出整套動作,提高動作質量和成功率,以增強運動員對比賽的信心。課的準備活動量要比平時訓練大一些,但時間要短,強度較低,準備活動分陸上和水上,陸上有徒手操、跑步、拉韌帶、模仿練習、倒立等,使身體達到發熱。水上包括走板、起跳、入水倒下及誘導練習,最後進行整套動作試跳。試跳要保持質量。

(5)加強醫務監督。保證運動員有足夠的睡眠和合理的飲食,以便讓運動員有旺盛的鬥志參加比賽。

(6)要熟記全套比賽動作的順序和動作姿勢,針對自己在每一個動作中所存在的問題,在訓練中給予強化、改進。

(7)教練臨場指導語言要簡練、肯定,提示要領要突出重點,便於記憶,每跳完一個動作,不讓運動員去打聽自己或別人的成績,而要對下一個動作具體指導,讓運動員多做模仿練習。

(8)教練在賽場儀表要穩重。喜怒哀樂不過分表現,對運動員態度和藹,並對比賽充滿信心,絕不能粗暴行事。同時,運動員可以利用聽音樂和靜坐等手段轉移注意力,緩解緊張情緒。

(六)跳水訓練負荷的主要特徵

跳水訓練負荷的主要特徵是以動作的數量、訓練時間、訓練強度(難度)

和密度等因素綜合評定的。

在訓練週期中負荷量的安排基本是以水陸訓練比例來表現的,即全面身體素質、專項素質與技術訓練各占不同比重。一般都是從 70% 的陸上逐漸過渡至 70%～80% 的水上。而水上訓練又以基本技術、誘導動作、規定動作與自選動作相互結合。根據板、臺主項與兼項的不同情況,在結合上有所區別。一般規律是在基本訓練前期多以基本技術、誘導動作、規定動作為主,而在基本訓練後期則以自選動作、全套比賽動作為主。由於跳水負荷的強度是以難度來計算的,故在練習自選動作較多時,則適當減少動作的數量。下面列舉我國優秀運動員在基本訓練期的負荷安排(表 3-18-9、圖 3-18-3 和圖 3-18-14)。

表 3-18-9　　我國優秀跳水運動員基本訓練期(準備)專項員荷安排

性別	主項	訓練時間(小時)			板、台動作(次數)			規定與導動作(次)			基本技術與難度動作(次)		
		總時間	水	陸	總時數	板	台	總時間	規定	誘導	總時數	基本	難度
男	板	376	138	238	109	56	53	109	21	88	292	182	110
	臺	384	152	232	118	65	53	118	21	97	318	203	115
女	板	386	154	232	101	56	45	101	18	83	354	243	111
	臺	388	150	238	94	54	40	94	16	78	294	194	100

表 3-18-10　　我國跳水運動員訓練周和訓練員荷量安排

性別	周　最高總量				課　最高總量			
	動作總次數	難度動作次數	動作總次數	難度動作總數	陸上空翻	連續空翻	水上難度動作	最高難度動作
男	3164	243	381	28	753	213	52	13
女	2821	377	267	50	623	122	52	16

(引自北京體院運動系 87 級劉紅心畢業論文)

跳水訓練課或周的負荷量和強度的計算方法請見表 3-18-10。

(七)跳水運動員的科學選材

1、初始選材的適宜年齡

當前世界跳水運動員獲得優異成績的年齡逐漸向前推進。世界冠軍的平均年齡僅有 12.5 歲。從訓練週期來看,從基礎訓練達到高峰期,以往需要 7-8 年左右,而現在只需要 3-4 年。所以開始訓練也從過去 9-10 歲變成 7-8 歲。因此要從 7-8 歲開始挑選具備跳水運動條件的人材,從小培養,打好基礎,早出人材,這是使我國跳水永立世界之林的戰略決策。

2、經驗選材的基本方法

我國跳水在設施和人數上都遠遠不如歐美,當今能成為世界跳水強國,

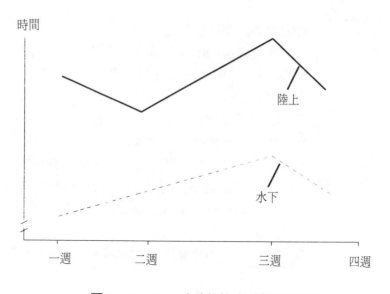

圖 3－18－3　　水陸訓練時間變化示意圖

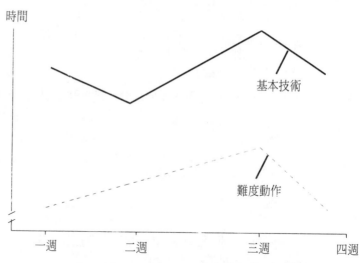

圖 3－18－4　　基本技術與難度動作示意圖
（引自北京體院運動系 87 級劉紅心畢業論文）

其原因之一是我國廣大敎練根據國情檢討出了一套以少勝多,以質取勝的經驗選材的方法。

(1)初選,進行三項測試。初選的特點是選的人多,覆蓋面大,嚴格把關,逐項淘汰,才能取得預期的效果。

程序如下:

形體目測

此項是初選的重點,通過正面、側面及倒立三種姿勢進行觀察,要求身體綫條要直、臀部不凸、骨盆略窄、兩臂與兩腿要直(尤其是髖骨和肘關節部位),形體較適中,四肢均勻,重心偏高。可進行兩輪篩選,即第一輪入選後,將未被入選的再重選一次,作爲第二輪入選對象。

運動素質測試

運動素質測試要細緻，尤其對形態測試後第二批入選者，素質標準要略高些，以彌補形態方面的不足。

機能測試

包括生理與心理兩個方面指標，與醫務人員密切配合。特別是眼底檢查要嚴格，對個性心理特徵要通過多項指標進行綜合全面分析，如神經類型、操作思維、綜合反應、集中注意力等等。

(2)在訓練觀察中進行複選

初選後，進入試訓進行複選工作，復選開始必須建立檔案資料，以便進行跟蹤觀察，在生理機能和運動素質及技術等方面應有詳細進展情況記錄，並初步預測其發展潛力。包括接受能力，意志品質，心理品質等，一般複選時間爲 3 個月至半年。

(3)通過測驗、比賽進行精選

通過一定時間和內容的訓練後，可以採用用測驗和比賽的方式，觀察運動員事業心的強烈程度，以及在比賽中的應變能力和自控能力。同時通過比賽這一特定的環境，可以了解運動員對教練意思的領會程度，是否具有果斷精神和堅強的意志品質。

總之，選材是一項系統工程，要做到具體、深入和全面地客觀評價，必須依據測試的參數和實際能力評定，然後才能取得可靠的結論。

3、選材測試指標與基本方法

我國跳水之所以高手如雲，這與教練們堅持選材的高標準是分不開的。他們的目標是要選出在世界三大賽中有競爭實力的運動員，也就是能拿金牌的運動員。

(1)神經類型

優秀跳水運動員多屬於靈活型(活潑型)和穩定型(安靜型)或是靈活型和穩定型兼而有之。有學者採用用蘇聯"安菲莫夫表"(也可用 8.08 神經類型測試表)對國際級、健將級、一級共 63 名運動員進行測試，結果爲靈活型(活潑型)占 65.08%，穩定型(安靜型)占 26.99%。

跳水在與其它項目的比較中，靈活型(活潑型)也是占據首位。

(2)個性心理特徵

①通過心理三個籌碼移動法觀察其操作思維的敏捷程度。跳水運動員與其它項目選手相比，動作協調準確，敏捷性較高。

②以反覆橫跨法測試綜合反應能力。距離爲 100 公分(12 歲以下測試指標)、120 公分(12 歲以上測試指標)進行 20 秒計時，計算其左右橫跨次數(踩綫者違例)，測試結果，訓練水準越高的運動員橫跨能力越強。

③動覺方位測試觀其平衡能力。在墊上閉目前滾翻兩周後向前走，觀察運動員與中心綫偏差的距離，以及以一腿爲軸旋轉 360°，觀察其偏差的

角度,以此判斷跳水運動員腿的動覺方位。離目標2公尺,一手平舉閉目向前走,對準預定目標方位,看其本體感覺與方位的差異。

④聽覺反應能力。以預先編排好若干個阿拉伯字母的程序,在不受干擾的情況下,反覆試聽2個數碼,然後進行測試。

⑤集中注意力分配。以"安菲莫夫表"(或8:08表)在5分鐘時間內,計算每分鐘單位時間所出現的錯漏程度,觀察其集中注意力分配水準,以曲綫描述測試結果,水準高的錯漏稍少,並趨向穩定,而水準低的錯漏較多,呈起伏曲綫。

(3)形態

先從外形上觀察身材是否修長,上下肢比例是否匀稱,兩臂能否合攏。兩腿不能呈O型或x型。骨盆窄,臀部不突出爲好。

①形成動作姿勢觀察

A.直立姿勢:俯臥墊上,兩手側平舉,微挺胸抬頭,身體夾緊,觀察胸部有否彎屈,不允許利用腰部彎屈完成。

B.屈體姿勢:坐墊上,上體前屈,膝、腿伸直,頭部及身體與腿部折叠越緊越好。

C.抱膝姿勢:下蹲,兩手抱脛骨中部,胸與膝靠緊,腳跟與臀部靠緊,腰背成圓形。

②關節靈活性

主要是看肩、踝關節的靈活性,受測者貼牆直立,兩臂貼耳伸直上舉,測量其肩角的大小,一般不超過5°－10°爲宜。而踝關節靈活性則選擇腳面略薄,腳窄長,腳趾稍長,腳背彎度大較好。而腳跟粗,平腳者不適宜。側踝關節靈活性令受試者坐式,腿伸直,用關節測量器的一端固定其脛骨內側端,受試者盡量勾腳至盡量蹦腳面,看其活動角度的大小,幅度越大越好,一般都超過180°

(4)生理機能

包括身體發育狀況、內臟功能、前庭器官的平衡能力,以及視力與眼底檢查等項指標。

身體發育狀況多以骨齡片作爲參考,推測其身高和生物年齡。一般晚成熟者運動潛力較大,而穩定性也好。

內臟功能以肺活量、血壓、心率等指標觀察其是否高於一般人。

檢查前庭器官的功能是要求有控制自身的平衡能力,具有良好的本體方位感覺。

視力和眼底檢查是當前入水壓水花技術的需要,眼底發育不良者易造成視網膜脫落。視力檢查要求裸眼視力不低於1.0,視野檢查等於或大於正常人。眼底檢查主要是觀看視網膜的發育是否良好。有無裂孔和剝離的跡象。

(5)素質要求　以速度和力量這兩項素質爲主。

①速度。30公尺衝刺測驗,時間在4-5秒左右。

②力量。爆發力的測試,一般考察立定跳遠的摸高。立定跳遠爲1.80公尺左右,摸高平均在30公分左右。還可以用30秒快速腰腹觀察其腰腹力量耐力,因爲打開和入水技術對腰腹力量要求較高。30秒懸垂舉腿一般在20次左右。

對於靈敏性則觀察其反應能力的測試,而柔軟性則通過形態指標的測試,耐力則通過內臟器官的測試。至於協調性,可以作簡單的體操和舞蹈動作或模仿跳水基本技術環節,觀察其動作是否協調自如。

(溫一靜　徐益明)

十九　競技體操

(一)現代競技體操的訓練特點和發展趨向

1、現代競技體操訓練的主要特點

(1)開始訓練和達到運動成績高峰年齡提前

體操訓練的起始年齡,男子 6、7 歲,女子 5、6 歲。分別經過 10－12 年和 6－8 年的系統訓練,男子在 18－20 歲,女子在 13－15 歲開始在國際大賽中取得好成績。然後,男子保持 6－8 年或 8－10 年,女子保持 4－6 年或 6－8 年最後退役。

(2)選材、育材按年齡分層次進行

男子分基礎訓練階段(9 歲以前為初級階段、10－12 歲為中級前期)、專項訓練階段(13－15 歲為中級後期)和提高階段(16－17 歲為高級訓練階段);女子分基礎訓練階段(7 歲以前為初級階段、8－9 歲為中級前期)、專項訓練階段(10－12 歲為中級後期)和提高階段(13－15 歲為高級訓練階段)。不同的年齡組別,屬於不同的訓練階段,有着不同的訓練內容和要求,完成不同的訓練、比賽任務。按年齡、分層次逐階段向上升遞升,參加全國比賽和國際大賽,並取得好成績。

(3)美、力、難、新、穩綜合要求,同步提高

上述五大要求,反映了競技體操發展、提高的一般規律,缺一不可。然而又不是簡單的組合,而是相互影響,相互制約、融匯貫通成為一個整體,綜合發揮作用。只是在不同的年齡、訓練階段而有所側重。

(4)對科學化訓練要求更高

體操比賽日趨緊張激烈,稍有差錯就會使多年的辛勤勞動付之東流,甚至造成無法挽回的損失。只有不斷提高科學化訓練水準,才有可能使這種情況少出現或不出現。

(5)必須根據運動員個人特點,不斷創難新

它包括技術動作、連接、編排等許多方面。事實表明,只有不斷創難新,體操發展才有生命力,才會逐漸形成個人技術特點和風格,攀登世界體操發展的頂峰。

(6)重視能力的培養,加強輔助器械練習

能力的強弱,是運動員能否參賽制勝的重要條件。培養運動員較強的獨立作戰、應變、自控、參賽制勝的多方面能力,更加受到重視。此外,提高運動員的時空感,減少傷病,及早養成正確的技術與姿態,採用彈板、彈簧、各種低器械,無腿山羊、無腿鞍馬等多種輔助器械練習,發揮着越來越大的

作用。

(7)強調規則演變造成的影響

按奧運會週期,每四年體操規則將有一次較大的修改,其間有較小的變化。如1989年規則新規定,女子自由體操前空翻類動作普遍升值,引導了這幾年女子前空翻類動作的發展。男子跳馬側翻內轉體上板後翻類動作列入規則,開拓了跳馬發展的新領域。使得後兩周及旋類動作,業已出現或正在孕育之中。

2、競技體操訓練的發展趨向

(1)更加重視單項技術的提高與開發

規則的修改與實施,使那些只要進入單項前八名決賽的運動員,就有爭奪桂冠的可能。從而在培養、訓練全能運動員的同時,更加重視培養,訓練一些單項水準更高、更尖的運動員,以便在單項決賽、單項大賽中爭獎。

(2)教練的主導作用更為突出

沒有高水準的教練,就難以培養出世界冠軍。各不同層次的教練,雖然承擔的具體任務不盡相同,但都要很好地發揮在訓練中的主導作用,不斷提高自身的政治業務水準,增強事業心,提高觀察、分析、保護幫助、現場指揮等多方面的能力。否則難以勝任體操訓練工作。

(3)科學訓練進一步加強

競技體操訓練正在從過去單純經驗型,發展為經驗———科學型。這是競技體操訓練的重大變革。訓練方法的改革、更新,器材、器械的改進,都要求科學研究的有力支持。除了微觀的動作技術應用研究外,多學科、綜合性的中觀、宏觀的系統研究,探索訓練規律,將會進一步引導、推動競技體操發展。

(4)堅持大負荷訓練,提高成材率

根據運動員的年齡、訓練水準、所要完成的任務,在科學技術指導下,從事大負荷訓練是其發展趨勢。現在年訓練日有的已達350天,幾乎每周七天都按計劃訓練。每日早操也要進行一次完整的訓練,針對性地解決訓練中的某個問題。這樣每周訓練可達16-17次,甚至節假日也不休息,從而保證系統訓練的正常進行。

在此情況下,提高成材率,減少淘汰率就顯得更加重要。

(二)競技體操的項目特徵及有效的訓練方法和手段

競技體操是一個典型的非週期性項目,訓練中的動作既有大量動力性的,也有相當數量靜力性的。如擺動、回環、空翻、轉體、平衡、倒立、十字支撐等。隨着運動技術的提高,完成的動作日益驚險、複雜、多變,動作之間前後連貫有機地編爲成套。運動員的級別、層次越高,動作難度、驚險也就越大,編排越來越巧妙,對質量要求也越高。

1、生理特徵

(1)運動技能形成特點

①動作技能形成困難多

競技體操,男子六個項目,女子四個項目,各有特點,又有互通之處。訓練中要求所要練習和掌握的動作數量多,類別繁復,分爲 A、B、C、D、E 五個難度組,並有驚險性、熟練性和獨特性的要求。使得訓練難度不斷提高,危險性也逐漸加大。在這種情況下,造成許多動作不易很快學會和純熟,而且容易消逝。因此,要求運動員必須經常反覆地、科學系統地訓練,才有可能使動作技能形成較爲鞏固,且不易消逝。

②動作動力定型的初級階段時間較長

運動員學習新動作,特別是創新時,有時會"不知不覺"地完成。但其本體感覺卻不清晰,有時甚至比較模糊。這種情況稱爲運動動力定型的初級階段。它的時間較長,有的可長達一兩年之久。

③"跑法兒"與"正法兒"多有交替

有時運動員已經較好完成和掌握的動作或技術,會突然地"暫時失去感覺",在大腦皮層中幾乎消失得無影無踪,只有正確地誘導和訓練,長期、反覆、耐心地練習,才有可能把動作技術的"正確性"找回來。

④要建立成套動作的動力定型

競技體操比賽,是以運動員個人完成的成套動作的優劣決定勝負。單一、組合動作的多次訓練,最後還要以建立成套動作動力定型爲目的。只有這樣,才有可能參賽制勝。這就要求,動作間連貫融合,前一個動作的完成,爲下一個動作完成創造條件。

(2)中樞神經系統的機能變化顯著

①完成體操動作,要求有關肌肉收縮在複雜多變"的情況下,建立起各對抗肌之間興奮與抑制交替活動的動力定型,以及建立對抗肌之間,處於同一神經過程的動力定型。

②由於體操動作驚險,協調性要求很高。要求大腦皮質與皮質下運動中樞,要不斷形成新的協調關係。以致有時需要不斷加強或保持低級中樞的交互抑制,有時又需要加以改造。

③體操動作節奏性強,具有特殊的節奏感。完成時就要求神經過程的強弱交替,在大腦皮層神經過程中,要借助於本體感受器的反饋衝動,逐漸建立起準確、嚴密的時間條件反射。

④體操動作準確性極強。如高低槓、單槓的越槓動作。稍一不愼便會失誤,甚至造成嚴重的傷害事故。爲此要求,各肌群中樞之間,各感覺中樞(視、聽、前庭、皮膚觸壓和內感受器)與肌肉本體感覺中樞之間,建立起空間

和時間上的精確協調關係、而且要較快形成,人與器械,人與時間、空間融爲一體的"體操意識"。

⑤做動作時,運動員身體在空間的位置姿態,要隨時間的變化而變化。爲此,要求植物性機能必須及時相應地發生變化,使軀體性成分和植物性成分之間建立起良好的協調關係。

⑥體操運動員預定反應程序的視覺—— 四肢運動條件反射速度快,準確性高。肘關節屈伸和抓握運動條件反射準確,而且前庭功能穩定性較高。

(3)肌肉活動特點

體操運動員在訓練中,肌肉放鬆與收縮的相互轉換均較分明,並與動作的節奏變化相適應。各運動中樞對肌群控制能力要求較高。

而且在練習中要求肌肉對中樞傳來的不斷變化的衝動,迅速產生動作,並從一個動作敏捷地轉化爲另一動作。

(4)能量代謝特點

訓練中,從單一到聯合到成套,在器械上練習的絕對時間並不長。每次有的十幾二十幾秒,如跳馬單雙槓;長的一分多鐘,如自由體操、平衡木等。但其強度較大,要求運動員要高度集中,神經能量消耗多,主要靠無氧代謝供能。由於在器械上練習的絕對時間並不長,每次練習後,總有短暫的休息。這樣,總能量消耗不是很多。

(5)心血管機能變化特點

①心血管機能變化大小與所完成的動作難度性質,練習的強度有關。強度大時,脈搏可上升至 172－192 次/分,血壓爲 145－160/50－31 毫公尺汞柱。

②血液重新分配。由於離心力作用,如懸垂大擺,做大回環時,對血流產生影響,使血液向下肢聚集;而在練習手倒立時,血液受重力作用,則向頭部聚集。此外,"側手翻內轉"類空翻,跳馬手翻類,踺子上板後翻接一周,兩周等,由於人體急劇升高或下降,並在此過程中翻轉多周,所產生的角加速度和直綫加速度,都會引起和造成全身血流的瞬時間的重新分配。

③"瓦爾沙瓦"現象。完成高難動作的瞬間,如靜力性十字支撐、屈臂直體慢起倒立等動作時,運動員必須憋氣、屏息才能完成。這時血壓先升高後下降,再上升,爾後恢復到練習前水準。這時,血液量呈現出先少後多,再恢復到原量。這種變化稱爲"瓦爾沙瓦"現象。隨着訓練水準的提高,心血管調節機能和血液再分配能力的完善,這種現象就會得到很大的緩解。若訓練水準下降,這種現象會再度發生。

④"林加爾德"現象。競技體操的一些項目,如鞍馬;一些動作,如平衡、支撐、轉體、全旋、屈體、回環、空翻、翻轉等,常常要求胸廓與腹壁等部位同時或交替固定,因而使呼吸肌活動受到限制,造成呼吸困難,致使呼吸和循環機能受到抑制,肌肉中血流受阻,氧氣供應不足。運動後才血流通暢,肌

組織代謝加強,是造成運動後機能變化超過運動時的重要原因。

　　隨着訓練水準的提高,呼吸和循環機能的加強,"林加爾德"現象會逐漸減輕。對高級運動員來講,這種現象很少出現,甚至不會發生。

　　訓練中,完成動作的前後與呼吸的時機和深淺,要很好協調地配合。間歇時,加強呼吸深度,加大肺通氣量,減少缺血與缺氧帶來的不良影響。這樣上述兩種現象均會減輕或被克服。

2、專項運動素質特徵及訓練的主要手段

(1)男運動員各訓練階段專項運動素質特徵

　　表3-19-1列出的是男運動員各訓練階段專項運動素質的特徵和訓練任務。

表3-19-1　　男運動員專項運動素質特徵和訓練任務

	基礎訓練階段		專項訓練階段 (中級後期)	提高階段 (高級訓練)
	初級訓練	中級前期		
任務	重視身體機能協調發展。在全面發展身體素質基礎上,開始發展專項素質。	在全面發展身體素質基礎上,發展專項素質。注意培養專項運動能力。	在全面提高身體素質的基礎上,加強專項素質訓練,為建立組合,成套訓練做好準備。	重視提高專項素質水準,補足薄弱環節。為及早達到運動健將水準,參加大賽做好準備。
特徵	是發展柔韌、速度、協調的最佳時期。柔韌練習要注意肩、腿、體前屈等全面發展,並重視腕、踝小關節的練習。重視正肩的開度。力量練習以克服自身重量、動靜結合、以動力性為主,快慢結合、以快速為主。提高時空感和前庭分析機能水準。	柔韌要柔中有韌,提高力度和控制能力,強調部位正確姿態優美。力量練習以自身重量和輕負荷為佳,重點是提高力量與協調的配合,優先發展下肢彈跳力,同時逐步增加專項力量練習比重。重視時空感和控制、平衡等方面的能力。	抓好繼續發展速度的好時機和發展提高力量的敏感期。此時可進行較大負荷的力量訓練,有針對性地採用較大強度刺激,提高絕對力量水準,增加靜力性練習比重。加強軀幹力量及其體後肌群的練習。	對各專項運動能力訓練貫穿於技術訓練的全過程,提高專項素質水準,緊密與專項技術訓練相結合,強度與密度有明顯提高。

(2)男運動員各訓練階段運動素質考核和比賽的內容及其標準

　　①初級訓練階段。見表3-19-2。

　　②中級前期訓練階段。見表3-19-3。

　　③中級後期訓練階段。見表3-19-4。

表 3-19-2　　初級訓練階段男子運動素質、考核和比賽的内容及標準

内　容		年　齡			測　試　要　求
		7 歲	8 歲	9 歲	
轉　肩	優秀	5 以下	10 以下	10 以下	單位：公分、直臂正握棒，同時向後再向前轉肩，測兩手虎口之間距離。
	及格	6－15	11－25	11－25	
	不及格	16 以上	26 以上	26 以上	
體　前　屈		兩腿開立，體前屈，上體由兩腿内穿過，兩手能抱住臀部爲優秀，上體穿過後，手臂側舉爲及格，否則爲不及格。			
立定跳遠	優秀	170 以上	175 以上	185 以上	單位：公分。測起跳綫與身體落地點最近的垂直距離。
	及格	145－160	155－174	160－184	
	不及格	144 以下	154 以下	159 以下	
30 秒懸垂舉腿	優秀	15 以上	18 以上	20 以上	單位：次，在單槓上進行，直腿上舉碰槓爲一次。
	及格	10－14	12－17	15－19	
	不及格	9 以下	11 以下	14 以下	
擺　動引體向上	優秀	25 以上	28 以上	30 以上	單位：次，正握、直膝並腿，擺動拉至下腭過槓。
	及格	8－24	10－27	12－29	
	不及格	7 以下	9 以下	11 以下	
連續提慢起倒立	優秀	10 以上	15 以上	20 以上	單位：次，地上直臂屈體分腿支撐開始，提至倒立並腿爲一次，手臂爬動或臀部坐地即停止計數。
	及格	3－9	5－14	8－19	
	不及格	2 以下	4 以下	7 以下	
30 公尺跑	優秀	5″4 以下	5″3 以下	5″2 以下	站立式起跑，秒表計時。
	及格	6″-5″5	5″9-5″4	5″8-5″3	
	不及格	6″1 以上	6″以上	5″9 以上	

表 3-19-3　　中級前期訓練階段男子運動素質考核和比賽内容及標準

内　容		年　齡			測　試　要　求
		10 歲	11 歲	12 歲	
轉　肩	優秀	15 以下	20 以下	25 以下	單位：公分，直臂正握棒，同時向後再向前轉肩，測兩手虎口之間距離。
	及格	16－30	21－35	26－40	
	不及格	31 以上	36 以上	41 以上	
體　前　屈		兩腿開立，體前屈上體由兩腿内穿過，兩手能抱住臀部爲優秀，上體穿過後，手臂側平舉爲及格，否則爲不及格。			
立定跳遠	優秀	195 以上	205 以上	210 以上	單位：公分，測起跳綫與身體落地點最近的垂直距離。
	及格	165－194	170－204	180－209	
	不及格	164 以下	169 以下	179 以下	
30 秒引體向上	優秀	22 以上	25 以上	28 以上	單位：次，正握、直膝並腿，擺動拉至下腭過槓，計 30 秒内拉上的次數
	及格	16－21	18－24	20－27	
	不及格	15 以下	17 以下	19 以下	
控倒立	優秀	2′30″以上	3′以上	3′30″以上	直臂、雙腿並攏開始計時，手臂爬動或分腿、屈腿，即停止記時。
	及格	1′-2′29″	1′30″-2′59″	1′45″-3′29″	
	不及格	59″以下	1′29″以下	1′44″以下	

內　容		年　齡			測 試 要 求
		10 歲	11 歲	12 歲	
連續提 慢起倒立	優秀	22 以上	26 以上	30 以上	單位:次,地上直臂屈體分腿支撐開 始,提至倒立並腿爲一次,手臂爬動或臀 部坐地,即停止記數。
	及格	12－21	15－25	18－29	
	不及格	11 以下	14 以下	17 以下	
30 秒 懸垂舉腿	優秀	23 以上	24 以上	25 以上	單位:次,在單槓上進行,直腿上舉 碰槓爲一次。
	及格	16－22	17－23	18－24	
	不及格	15 以下	16 以下	17 以下	
30 公尺跑	優秀	5″以下	4″8 以下	4″6 以下	站立式起跑秒表計時
	及格	5″9－5″1	5″7－4″9	5″5－4″7	
	不及格	6″以上	5″8 以上	5″6 以上	

表 3－19－4　　中級後期階訓練段男子運動素質考核和比賽內容及標準

內　容		年　齡			測 試 要 求
		13 歲	14 歲	15 歲	
體　前　屈		兩腿開立,體前屈,上體由兩腿內穿過,兩手能抱住臀部爲優秀, 上體穿過後,手臂側平舉爲及格否則爲不及格。			
30 秒 原地、團 身後空 翻	優秀	15 以上	17 以上	18 以上	單位:次,雙腳起跳開始計時,計 30 秒的空翻次數。
	及格	10－14	12－16	14－17	
	不及格	9 以下	11 以下	13 以下	
負　重 引體向上	優秀	10 以上	12 以上	15 以上	正握,13 歲負重 5 公斤 14、15 歲 負重 10 公斤。
	及格	5－9	5－11	8－14	
	不及格	4 以下	4 以下	7 以下	
推倒立	優秀	10 以上	14 以上	17 以上	在倒立架或雙槓上進行,雙臂屈 時小於 90°,實推。
	及格	4－9	6－13	10－16	
	不及格	3 以下	5 以下	9 以下	
直臂分腿 水準支撐	優秀	5 以上	8 以上	12 以上	在雙槓上屈體分腿支撐開始,提 至成分腿直體水準部位,靜止一秒爲 一次。
	及格	2－4	4－7	6－11	
	不及格	1 以下	3 以下	5 以下	
30 公尺跑	優秀	4″5 以下	4″4 以下	4″3 以下	站立式起跑秒表計時
	及格	5″7－4″6	5″6－4″5	5″5－4″4	
	不及格	5″8 以上	5″7 以上	5″6 以上	
400 公尺跑	優秀	1′25″以下	1′22″以下	1′20″以下	秒表計時
	及格	1′35″－1′26″	1′30″－1′23″	1′28″－1′21″	
	不及格	1′36″以上	1′31″以上	1′29″以上	

　　(3)男運動員發展專項素質的主要訓練方法和手段

　　①倒立架推倒立、提倒立、直臂直體慢起倒立、水準支撐等,可在助力下,連續組合進行。

　　②吊環組合練習。如,屈伸上直角支撐——慢起手倒立——直臂直體慢落下成支撐——十字支撐——連續壓起若干次(可在助力下進行);倒懸垂——慢拉上成倒立(可在助力下進行)——倒十字——壓成倒立若干次(可在助力下進行)——水準支撐——直臂直體慢起平倒立——落下成支撐

―― 十字支撐―― 壓起若干次(可在助力下進行)。

③原地團身後空翻、快速後空翻、助跑前空翻或加轉體等連續練習。

④全旋,托馬斯全旋,無環馬全旋縱向前、後移及橫向左右移的連續進行。

⑤雙槓支撐擺動,前擺轉體成倒立,大擺下接屈伸上,大回環(可在助力下進行)連續進行。

⑥單槓懸垂擺動,前擺轉體,前後大回環互換,騰身回環,正掏、反掏、正、反握浮坐撐分腿大迴環連續進行。

⑦彈簧的前、後空翻及轉體練習。

(4)女運動員各訓練階段專項運動素質特徵

表3－19－5引出的是女運動員各訓練階段專項運動素質的特徵和訓練任務。

表3－19－5　女運動員專項運動素質特徵和訓練任務

	基礎訓練階段		專項訓練階段 (中級後期)	提高階段 (高級訓練階段)
	初級階段	中級前期		
任 務	通過各種手段培養兒童對體操訓練的興趣和愛好,通過游戲性練習,提高靈敏、協調重點發展柔韌。素質訓練所占比例爲50％。	打好全面身體素質基礎,增強身體的正常發育,提高機能能力和身心健康。進一步發展柔韌、協調、速度、平衡能力及一般力量。素質訓練所占比例爲30－40％。	在全面身體素質訓練的基礎上,提高專項素質和專項運動能力,爲完成成套動作做好準備。重點發展跑動速度和爆發力,增強各大小關節的力量,提高時空感和前庭分析器能力。素質訓練所占比例爲30％。	在進一步提高專項素質的基礎上,保持全面身體素質訓練。重點發展力量與協調,提高無氧耐力能力,保證成套動作訓練的需要。保持柔韌及各大、小關節的力量訓練。素質訓練所占比例爲30％。
	是發展柔韌的最好時期,但要循序漸進,不宜過多施加外力。柔韌要全面發展,防止出現歪扭可進行少量力量訓練,提高時空感和前庭分析機能能力是本階段訓練的重點之一。	保持和發展柔韌和協調,做到柔中有剛,注意髖關節的側向練習,優先發展下肢力量和軀幹的整體性。繼續提高時空感和平衡能力。	有針對性地提高柔韌的某些部位。提高無氧耐力水準;進行一些有氧耐力練習,採用較大強度的方法,提高心血管系統的功能。力量訓練要強調速度,抓住速度;靈敏、協調發展的敏感期。仍繼續提高時空感和平衡能力。	以專項專素質訓練爲主要內容,保持和發展時空感和平衡能力。力量、速度、柔韌,靈敏、協調等各素質要協調配,針對性地解決素質中的薄弱環節,提高素質的整體水準。

(5)女運動員各年齡運動素質考核標準,見表3－19－6。

(6)發展女運動員專項素質的主要訓練方法和手段

①腿、腰、肩的柔韌練習,主動、被動(外力練習相結合,動、靜相結合。包括,擺、踢、壓、停等方法,同時與舞蹈練習相配合,並在音樂伴奏下進行。

②倒立架上做提倒立、推倒立、直臂直體慢起手倒立(可在助力下進行)

的組合練習。

③原地團身後空翻、快速後空翻、助跑前空翻及轉體,前、後手翻的連續進行。

④高低槓屈伸上後擺成倒立,騰身回環,正掏,反掏,正,反握浮坐撐分腿大迴環大回環的連續進行。

⑤平衡木的基本功,基本動作的組合練習。

⑥彈簧的前、後空翻及轉體練習。

表 3-19-6　　女子運動員運動素質考核標準

內　容		年　齡						測　試　要　求
		7歲	8歲	9歲	10歲	11歲	12歲	
體　前　屈	優	21cm	23cm	23cm	24cm	24cm	24cm	站在凳上,體前屈量手指尖到凳面的距離。
	及格	17cm ~20cm	18cm ~22cm	19cm ~22cm	19cm ~23cm	19cm ~23cm	19cm ~23cm	
	不及格	16cm	17cm	18cm	18cm	18cm	18cm	
下　橋	優	13cm	15cm	15cm	15cm	15cm	15cm	直膝並腿,量手指尖到腳跟的距離。
	及格	14cm ~24cm	16cm ~24cm	16cm ~24cm	16cm ~29cm	16cm ~29cm	16cm ~29cm	
	不及格	25cm	25cm	25cm	30cm	30cm	30cm	
轉　肩	優	0	0	0	0	0	0	抓手或用體操棒量二姆指間距離
	及格	1cm ~9cm	1cm ~9cm	1cm ~9cm	1cm ~17cm	1cm ~17cm	1cm ~17cm	
	不及格	10cm	15cm	15cm	18cm	18cm	18cm	
控　倒　立	優	30″	50″	1′	1′20″	1′40″	2′	地上,停住不動開始計時。
	及格	29″ ~6″	49″ ~16″	59″ ~31″	1′19″ ~41″	1′39″ ~51″	1′59″ ~1′01″	
	不及格	5″	15″	30″	40″	50″	60″	
連續提倒立	優	10次	13次	16次	20次	20次	20次	地上直臂分腿屈體支撐開始。臀部和腳均不碰地。
	及格	9次 ~4次	12次 ~6次	15次 ~9次	19次 ~9次	19次 ~9次	19次 ~9次	
	不及格	3次	5次	8次	8次	8次	8次	
30″ 懸垂舉腿	優	22次	23次	23次	24次	24次	25次	直膝,腳觸單槓
	及格	21次 ~17次	22次 ~18次	22次 ~19次	23次 ~20次	23次 ~21次	24次 ~21次	
	不及格	16次	17次	18次	19次	20次	20次	
引體向上	優	15次	20次	22次	24次	25次		不擺動,下顎過槓
	及格	14次 ~6次	19次 ~7次	21次 ~11次	23次 ~13次	24次 ~14次		
	不及格	5次	6次	10次	12次	13次		
立定跳遠	優	170cm	175cm	180cm	185cm	190cm	200cm	
	及格	169cm ~146cm	174cm ~151cm	179cm ~161cm	184cm ~166cm	189cm ~171cm	199cm ~181cm	
	不及格	145cm	150cm	160cm	165cm	170cm	180cm	

內　容		年　齡						測　試　要　求
		7歲	8歲	9歲	10歲	11歲	12歲	
30M	優	5″4	5″2	5″1	5″	4″9	4″8	站立式起跑。
	及格	5″5 ~6″	5″3 ~5″9	5″2 ~5″8	5″1 ~5″7	5″ ~5″6	4″9 ~5″5	
	不及格	6″1	6″	5″9	5″8	5″7	5″6	

3、技術特徵及技術考核的内容和評分標準

(1)技術特徵

①技術類別多。男女共有十個項目,每項分別有滾翻、手翻、空翻、轉體、擺動、回環、懸垂、支撐、騰空再握及各類下法;還有多種平衡和用力動作,如水平支撐、十字支撐、單臂倒立、各種慢起手倒立等。

②項目始練有先有後。各個單項的技術提高並非齊頭並進,而是有先有後。例如男子先從技巧、鞍馬(山羊)始練,同時進行器械項目的懸垂擺動、回環等基礎訓練。女子先從技巧、平衡木始練,同時進行高低槓的基礎訓練。

③單項技術水準高低不等。運動員在兒童少年時期,男子由於力量未充分發展,吊環跳馬較弱,而自由體操、鞍馬等項則較強。女子自由體操、高低槓、平衡木較強,而跳馬則比較弱。成人運動員也有其強項與弱項。

④技術要求嚴格、規範,對美感、時空感和力量等的要求很高。

⑤技術訓練是整個訓練的中心,素質訓練、心理訓練都要從屬於技術訓練。

(2)男子各項技術考核的規格和評分標準

①自由體操的技巧動作(表3-19-7)。

表3-19-7

序號	動作名稱	技術規格	評分標準
1	側手翻五次	身體直,幅度大,速度快,方向正,動作連貫	未經分腿倒立扣0.3-1.0分;手和腳未落在一條直綫上扣0.3-1.0分。
2	前手翻	直臂頂肩。並腿早,騰空明顯。	屈臂伸肩扣0.3-1.0分;沒有騰空或不明顯扣0.2-0.6分;並腿過晚扣0.2-0.6分。
3	踺子	並腿及時,經過倒立;依次撐手,同時推手;速度快、無歪扭、肩明顯後移。	歪扭扣0.3-1.0分;未經倒立扣0.2-0.6分;推手力量小,往前捲,扣0.2-0.6分。
4	踺子接小翻	踺子技術規格同上;小翻要挑髖,綳腿,翻轉後移速度快;經過倒立,身體反彈有力。	歪扣0.2-0.6分;不連貫或速度慢扣0.2-0.6分;前捲扣0.2-0.6分。
5	前手翻連接挺身魚躍前滾翻	騰空水準位置充分,挺身直體有亮相,高度過胸、滾翻圓滑。	空中無亮相扣0.3-1.0分;高度低於胸扣0.2-0.6分;滾翻不圓滑扣0.1-0.3分。

序號	動作名稱	技術規格	評分標準
6	踺子小翻接團身後空翻	踺子小翻技術規格同上；後空翻用力領臂、提氣、梗頭、團緊身體、並腿繃腳尖；高度過頭、展體落地。	團身欠緊，未並腿繃腳尖分別扣 0.2-0.6 分；高度低於肩扣 0.2-0.6 分；未展體落地扣 0.2-0.6 分。
7	踺子小翻接直體後空翻	領臂充分有力,梗頭、身體直,高度過頭。	身體不直扣 0.2-0.6 分；高度低於頭扣 0.2-0.6 分。
8	直體後空翻轉體 360°	轉體時直體緊腰晚轉,快轉,高度過頭。	轉體時身體不直或不緊分別扣 0.2-0.6 分；剪刀腿扣 0.2-0.6 分；轉體度數不足或超過在 90°以內扣 0.2-0.6 分；高度低於頭扣 0.2-0.6 分。
9	直體後空翻轉體 720°	同上	同上
10	直體後空翻轉體 180°或 540° 兩腳依次落地	轉體度數夠,落地主動,連接意識強,高度過頭。	落地不主動扣 0.2-0.6 分；其它同上。
11	踺子小翻接快速後空翻	連接速度快,不能前捲,高度平肩,身體反彈有力。	失去節奏或速度慢扣 0.2-0.6 分；前捲 0.2-0.6 分；空翻高度過高或過低扣 0.2-0.6 分。
12	踺子小翻接團身後空翻兩周	兩個空翻連接快速連貫,團身緊,翻轉速度快,並腿繃腳尖,高度過頭,第二周有主動落地動作。	抱團不緊或分腿勾腳尖扣 0.2-0.6 分；高度低於頭扣 0.2-0.6 分；沒有主動落地動作扣 0.2-0.6 分。
13	團身、直體後空翻接團身、屈體前空翻	兩個空翻連續連貫,前空翻齊胸,主動落地。	不連貫扣 0.2-0.6 分；前空翻高度低於胸扣 0.2-0.6 分。
14	屈體後空翻兩周	屈體小於 90°,直膝並腿繃腳尖,高度過頭,第二周主動落地。	屈體大於 90°扣 0.2-0.6 分；高度低頭扣 0.2-0.6 分；屈膝或分腿扣 0.2-0.6 分；勾腳尖扣 0.1-0.3 分。
15	直體後空翻轉體 1080°	直體緊腰轉體速度快,不出剪刀腿,高度過頭。	轉體度數不足或超過 90°扣 0.2-0.6 分；多或少於 180°以上算未完成。
16	團身後空翻兩周同時轉體 360°(旋)	起跳正,並腿,空翻轉體快速、連續,高度過頭,主動落地	分腿及前後錯開腿扣 0.2-0.6 分；高度低於頭扣 0.2-0.6 分。
17	前手翻接團身前空翻兩腳依次落地接踺子小翻	動作連貫,高度過肩,主動落地。	不連貫扣 0.2-0.6 分。沒有主動落地扣 0.2-0.6 分；空翻團身不緊扣 0.1-0.3 分；空翻高度低於肩扣 0.2-0.6 分。

②鞍馬見表 3-19-8

表 3-19-8

序號	動作名稱	技術規格	評分標準
1	山羊正撐全旋 10 個	兩手同肩寬直臂、頂肩、含胸支撐。前後左右幅度大,右側伸不內扣,左側擺髖不外轉,腳基本上在一個平面上,前後支撐時腳在一個平面上,支撐穩定,節奏好。	少一個全旋扣 1 分；塌肩、屈臂、塌腰、收髖、外轉、內扣、腳前後高低每次各扣 0.1-0.5；幅度小穩定差每次各扣 0.1-0.3 分。

序號	動作名稱	技術規格	評分標準
2	山羊側撐全旋 10 個	同上,兩手側撐保持橫向平行。	同上,可在全旋時,腳前高後低不扣分。
3	山羊正撐全旋轉體 180°成後撐	充分側擺接轉體,轉體 90°側撐時,含胸、不塌腰、重心高,右側伸腿、伸髖完成轉體。	出現規格錯誤,每出現一次各扣 0.1－0.5分。
4	山羊正撐全旋內轉 180°(打滾)	轉體時左側擺,右側伸明顯,不縮髖,節奏好;手晚放,早撐。	同上。
5	山羊正撐托馬斯全旋 10 個	分腿大(90°左右),呈波浪式擺旋,前後左右幅度大。右腿側上擺伸髖進環,臀向前送出,左腿向左側後上擺伸髖出環,正撐時臀高度近平肩。	每少做一個扣 1 分;兩腿開度小每次扣 0.1－0.2 分;幅度小,左右缺伸髖每次扣 0.1－0.2 分;正撐時臀部低每次扣 0.1 分。
6	環上托馬斯全旋	同上。	同上。
7	鞍馬馬頭全旋 10 個(含無腿鞍馬)	同山羊側撐全旋	同山羊側撐全旋
8	馬頭托馬斯全旋 5 個	同山羊正撐托馬斯全旋	每少做一個扣 1 分;餘同山羊正撐托馬斯全旋。
9	後單環側撐全旋 10 個	直臂、頂肩、含胸,幅度大,手晚放早撐。	少一個扣 1 分;出現技術規格錯誤,每次各扣 0.1－0.3 分
10	前單環側撐全旋 10 個	同上,正撐時重心高,不塌腰。	同上。
11	環上全旋 10 個	同山羊正撐全旋。	同山羊正撐全旋。
12	環外全旋 10 個	同上。	同上。
13	環上全旋轉體 180°成後撐	同山羊正撐全旋轉體 180°	同山羊正撐全旋轉體 180°
14	縱向前移(含無腿無環馬)	移位前身體正,幅度大,向前伸髖移位,支撐及時有力,在 5 個全旋內完成。	身體不正扣 0.3－0.8 分;幅度小扣 0.2－0.5 分;多一個全旋扣 0.5 分。
15	縱向後移(含無腿無環馬)	充分向左側擺開,左側早伸髖後移,餘同上。	同上。
16	馬頭內轉 360°	2 個全旋轉完 360°餘同山羊內轉。	同山羊內轉;多一個全旋扣 2 分。
17	正交叉	兩腿大分開,交叉時髖上緣與支撐肩平,伸髖交叉。	分腿小每次扣 0.2 分;髖上緣低於肩、無伸髖動作每次扣 0.1－0.3 分。
18	反交叉	兩腿大分開交叉時髖上緣與支撐臂的肩肘平,伸髖交叉。	分腿小每次扣 0.2 分;交叉時未達要求。每次扣 0.1－0.3 分。
19	馬頭俯騰越下	經馬頭時完成轉體 180°騰越時腰、腿高於肩,呈 30°以上。	轉體晚扣至 0.2 分;腰、腿未高於肩扣 0.2－0.4 分。

序號	動作名稱	技術規格	評分標準
20	環上，環外托馬斯全旋接倒立轉體90°下	用托馬斯全旋接揮擺技術成倒立。轉體正。	出現停頓扣0.2-0.4分；未成倒立，但在60°以上扣1分。

③吊環(表3-19-9)。

表3-19-9

序號	動作名稱	技術規格	評分標準
1	懸垂前後擺動	前擺至極點時，窄環直體肩充分拉開，肩臀高於環，後擺稍分環，至極點時窄環直體肩頂開，身體在環上。擺至垂綫部位沉肩充分，向前兜腿，向後擺腿快速有力。多次連續擺動環無擺盪。	前後擺至極點未達要求各扣0.5-1分；肩未充分拉開或頂開，展髖、挺胸、塌腰共扣至1分；出現盪環扣至0.5分。
2	前擺翻上	翻上至支撐時，身體在水平以上，直臂完成。	屈臂扣0.3-0.5分；上致撐時，身體位於水平以下扣至2分。
3	後擺上	後擺直臂壓上成支撐，此時腳高於肩。	屈臂拉環上至支撐扣0.5-1分；成支撐時腳低於環扣0.3-0.5分；低於環扣至1分。
4	向後高轉肩	轉肩時頭高於環上沿，窄環直體下擺，努力做到經倒立過程。	轉肩時，頭平環扣至0.3分；在環下扣至1分；下擺時挺胸、塌腰扣至1分。
5	向前高轉肩	後擺時直臂分壓環。轉肩時頭高於環上沿。轉肩後直臂、直體、窄環大擺至懸垂。努力做到經倒立過程。	轉肩時，頭與環平扣0.3分；在環以下扣至1分；轉肩時衝肩、漏肩、收髖扣至1分。
6	向後大回環成手倒立	倒立直臂窄環直體下擺，擺至垂綫部位沉肩充分，直臂直體窄環上至倒立，無盪環。	寬環下擺、肩未頂開、挺胸塌腰扣至2分；下擺出砸浪扣0.3-0.5分；屈臂成倒立扣至1分；成倒立時盪環或晃動扣至0.3分。
7	向前大回環成手倒立	直臂窄環倒立前翻大擺下時頂肩，直體、梗頭、身體遠伸，擺至垂綫部位沉肩充分，直臂、直體、稍寬環上擺成倒立。	屈臂寬環前翻扣至1分；下擺時漏肩、漏髖、砸浪扣至1.5分；屈臂用力上至倒立扣至1.5分；倒立時盪環或晃動扣至0.5分。
8	屈伸上成直角支撐	直臂完成，支撐時直臂、環外翻，不靠帶、腿呈水平、挺身稍抬頭	屈臂扣至0.5分；靠帶扣0.3-0.5分；直角姿勢差扣至0.3分。
9	手倒立	直體、直臂、頂開肩角，身體成一直綫，環外翻、臂不靠帶，倒立時間夠。	衝肩、挺胸、塌腰、撅臂扣至1.5分；未翻環靠帶扣至1.5分；時間不足扣至2分。
10	屈臂屈體慢起手倒立	倒立要求同上。屈臂小於90°，勻速上至倒立無擺動，環外翻不靠帶。	屈臂小於或大於90°、速度不勻、環未外翻、靠帶各扣至0.5分。
11	直臂屈體慢起手倒立	倒立要求同上。直臂、勻速上至倒立，環外翻不靠帶。	直臂未達90°扣2分；速度不勻、環未外翻、靠帶各扣至0.5分。
12	直臂直體慢起手倒立	倒立要求同上。直臂直體、勻速上至倒立，環外翻，不靠帶。	屈臂、弓腰扣2分；速度不勻、環未外翻、靠帶各扣至0.5分。

序號	動作名稱	技術規格	評分標準
13	前水平懸垂	直臂、直體懸垂呈水平,停3秒。	屈臂、屈體扣0.3-1分;身體高於或低於水平扣至1分;每不足1秒扣0.3分。
14	水平支撐	直臂環外翻、不靠帶,直體梗頭呈水平,停3秒。	屈臂算未完成。身體高於或低於水平扣至1.5分;身體不直扣至1分;每不足1秒扣0.3分。
15	十字支撐	直臂、身體直、肩與手臂呈水平,不扣環,停3秒。	屈臂算未完成。未成十字水平扣至2分;扣環,身體不直扣至1分;每不足1秒扣0.3分。
16	直體後空翻下	直體翻轉,放手時肩高於環,膝不過繩帶。	翻轉時收髖或過分後屈扣至1分;放手時肩低於環扣至1分。
17	團身後空翻兩周下	團身緊、翻轉快、並腿、繃腳尖,放手時肩高於環,第二周翻轉至環水準展體落地。	團身翻轉不夠扣至0.5分;放手時肩低於環扣至1分;落地前未展體扣至0.5分。
18	團身後空翻兩周轉體360°下(旋下)	放手時肩高於環,翻轉快、轉體連貫,未分腿,落地前完成轉體。	團身翻轉不夠扣至0.5分;轉體度數不足或分腿分別扣1.5分;放手時肩低於環扣至1分。
19	直體後空翻轉體360°或720°下	同時拋環放手,肩高於環,騰空後轉體,轉體快速連貫,落地前完成轉體,身體正。	身體欠直扣0.3-0.5分;翻轉、轉體不足或超過扣至1.5分;空中出歪扭扣至1分;放手時肩低於環扣0.5-1分。
20	團身前空翻兩周下	團身緊、翻轉快、並腿、繃腳尖,第一周肩高於環,落地前,有展體。	團身欠緊、勾腳扣至0.5分;第一周時肩低於環扣0.5~1分;落地無展體扣0.3-0.5分。

④跳馬(見表3-19-10)。

表3-19-10

序號	動作名稱	技術規格	評分標準
1	前手翻(橫馬高度1.15-1.20M)	起跳後快速擺腿撐手及時、直體並腿繃腳尖,直臂頂肩推手主動有力,第二騰空明顯,身體直,落地遠。	助跑上板起跳不正確扣至1分;第一騰空身體過分後屈、分腿、屈腿、勾腳尖分別扣至0.3分;第二騰空未達一臂以上高度扣0.3-0.6分;落地遠度不足1.20m扣0.3-1分。
2	前手翻(縱馬高度1.2m)	同上	落地遠度不足1.50m扣0.3-1分;餘同上。
3	前手翻接團身前空翻(縱馬1.30m高)	起跳、後擺、推手要求同上,身體騰起後再團身,團身緊並腿繃腳尖,第二騰空高、落地遠、落地前展體。	團身欠緊扣0.3-0.5分;落地前缺伸展扣0.3-0.5分;餘同上。
4	團身塚原跳(縱馬1.35m高)	起跳後擺腿快速有力,直膝並腿側手轉體後經手倒立,在此瞬間迅速制動腿頂肩推手,第二騰空高,空翻團身緊、翻轉快,展體落地,動作完整。	第一騰空身體姿勢不好分別扣至0.3分;推手後高度、遠度未達規則要求分別扣0.3-1分;團身欠緊落地未展體分別扣0.3-0.5分;空中偏斜、落地偏斜分別扣0.3分。
5	屈體塚原跳(縱馬1.35m高)	屈體後空翻時屈體小於110°,第二騰空高、遠、展體落地。餘同上。	空翻屈體姿勢差扣至1分;餘同上。

序號	動作名稱	技術規格	評分標準
6	踺子上板後手翻接團身後空翻(縱馬高度同上)	助跑踺子上板協調準確節奏性強,趨步上板時不縮胯,蹬擺腿有力,推手主動、立肩快,砸板時膝不前捲,起跳充分、梗頭、兩臂快速後擺,後手翻正,撐馬主動,推手有力,第二騰空高而遠,展體落地。	第一騰空分腿、屈腿分別扣0.3分;第二騰空高度、落地遠度未達規則要求分別扣0.3-1分;團身欠緊,未展體落地扣0.3-0.5分;空中、落地偏斜分別扣0.3-0.5分。
7	踺子上板後手翻接屈體後空翻(縱馬高度同上)	屈體時屈體小於110°以內,第二騰空高遠,展體落地。餘同上	空翻屈腿扣至1分;屈體小於150°算未完成;餘同上。

⑤雙槓(表3-19-11)

表3-19-11

序號	動作名稱	技術規格	評分標準
1	手倒立	頭自然微抬、眼看手,頂開肩、臂和身體成一直綫,呼吸自然均勻。	抬頭、挺胸、塌腰扣至2分;衝肩扣至1分;臂、肩未充足頂直各扣0.5分。
2	直臂屈體分腿慢起手倒立	臂直,提臀慢起勻速,肩不前傾,兩腿貼近胸部,分腿經體側並擺成倒立。	微屈臂扣至1分;提臀時肩前衝、速度不均勻各扣至0.5分。
3	支撐擺動	擺動過程中臂直,肩前後晃動在30cm以內,且自然前擺身體微屈,臀與肩平,後擺伸展身體,臀高於肩。	肩前後晃動過大扣至1分;屈肘扣至1分;屈髖、塌肩、節奏不好各扣至0.3分。
4	經手倒立的支撐擺動	同上,後擺成手倒立,暫停。	同上。
5	長振屈伸上後擺成手倒立	屈伸上直臂完成,懸垂前擺屈髖前充分伸直身體,上致撐時,臀高於肘,後擺手倒立節奏均勻。	屈伸上屈臂扣至1分;後擺未成手倒立扣2分;控制後擺成手倒、塌腰扣0.5分。
6	支撐後回環成支撐或成懸垂	採用快倒技術完成,成支撐時身體在槓上30°以上,手位移在30cm以內,成懸垂時,換握瞬間身體展開在槓面以上。	換握瞬間未展開身體,高度在槓面以下,屈肘各扣至0.5分。
7	向後大回環	採用遠伸技術,直體下擺,在懸垂部位前後60°允許屈膝換握時,手的位移在20cm以內,在倒立前45°完成換握。	下擺至衝肩、塌腰、回環中出現塌腰各扣至0.5分;屈膝過早或過長、手位移太大各扣至0.3分。
8	屈體前空翻成支撐	空翻高度平肩,空翻再握及時保持屈體姿勢,換握時手位移在30cm以內。	再握槓時屈肘扣1分;手位移超過30cm扣0.3分。
9	後空翻成手倒立	直臂直體完成高度在肩以上,換握時手位移在30cm以內,在倒立前15°成手倒立。	用挺胸、轉肩技術完成扣1分;高度低於肩、手位移超過30cm各扣至0.3分。

序號	動作名稱	技術規格	評分標準
10	前擺轉體180°成手倒立	直臂完成、單臂支撐明顯,依次換握轉體180°成手倒立,不能用力控制完成。	支撐臂屈扣至0.5分;塌胸、塌腰扣至0.3分;用力控制完成扣至1分。
11	前擺轉體360°成手倒立或轉體450°成一槓手倒立	支撐臂頂直,轉體過程中含胸,身體伸直,轉體至270°時完成換握成倒立,轉體450°成一槓倒立,有倒立過程。	支撐臂屈、塌腰、轉體不連貫各扣至0.5分。
12	希里夸爾	前翻轉體身體直、轉體快,前翻30°時完成換握。	身體不正扣至0.5分;節奏不好扣至0.3分。
13	向後大回環轉體180°或360°成手倒立	前半部同向後大回環,手依次換握轉體,轉體180°過槓面轉體,轉體360°身體伸,有倒立過程。	前半部同向後大回環;塌腰扣至0.5;無倒立過程扣至2分。
14	團身屈體前空翻下	空翻高過肩水平,團身緊或屈體成銳角,翻至半周時展體落地。	高度在肩水平以下扣至0.5分;未展體落地扣至0.3分。
15	團身直體後空翻下	空翻高過肩水平,團身緊翻轉快,翻至半周展體落地,直體空翻始終保持直體。	高度在肩水平以下扣至0.5分;未展體落地扣至0.3分。
16	團身前空翻兩周下	團身緊、翻轉快,第一周在上拋時完成,第二周在槓水準完成。	空翻高度不夠扣至0.5分;身體歪斜扣至0.3分。
17	團身屈體後空翻兩周下	團身、屈體緊,空翻在上拋時完成,第二周在槓水準完成。在空中並腿、繃腳尖。	空翻高度不夠扣0.3-0.5分;身體不正扣至0.3分。
18	屈體前空翻轉體360°或540°下	屈體疊緊,空翻高度在肩以上,轉體快速連貫,完成轉體時身體在槓水平。	空翻高度不夠扣至0.5分;轉體低慢扣至0.3分;身體不正扣至0.3分。

⑥單槓(表3-19-12)

表3-19-12

序號	動作名稱	技術規格	評分標準
1	懸垂前後擺動	用"鞭打"振浪技術完成,幅度大、身體前後擺過槓水平。	未用"鞭打"振浪技術扣1分;挺胸、塌腰、漏肩,各扣至0.3分;幅度小,低於槓水平扣0.5-1分。
2	前擺兩手依次換握轉體180°接正握前擺	用"鞭打"振浪技術完成,直膝、並腿轉體、方向正,完成時身體高於槓水平。	擺動技術欠正確扣0.5-1分;方向不正、分腿、剪刀腿分別扣0.5分;轉體高度不夠扣0.3-1分。
3	懸垂擺動團身後空翻下	用"鞭打"振浪技術完成,騰空時身體高於槓水平,團身、並腿、繃腳尖,展體落地。	擺動技術欠正確扣0.5-1分;騰空高度低於槓水平扣至1分;未展體落地扣0.5分。
4	向前大回環	倒立前翻時,身體直、頂開肩角,重心遠離握點下擺,回環至槓上直臂、含胸、立腰、頂開肩角上至倒立。	衝肩、漏肩、塌胸、塌腰各扣0.3-1分;抬頭挺胸用力上至倒立扣0.5-1分;屈臂扣0.3-0.5分。

序號	動作名稱	技術規格	評分標準
5	向前大回環轉體180°成倒立接向後大回環(反倒正)	以一臂爲軸,含胸、立腰,頂肩直臂轉體,接近倒立時完成。	轉體時衝肩、塌胸、塌腰各扣至0.5分;完成轉體未在倒立部位扣至1分。
6	向後大回環	直臂直體含胸頂肩下擺,下沉充分、直膝兜腿晚快速有力,翻腕時直臂、頂肩、立腰成倒立。	未用"鞭打"振浪技術扣0.5分;塌胸、塌腰下擺扣0.3-0.5分;翻腕時振胸、塌胸、塌腰各扣至1分。
7	向後大回環轉體180°成反握倒立接向前大回環(反轉正)	轉體正不歪斜,直臂頂肩轉體,倒立前完成轉體。	身體歪斜扣至1分;轉體未經倒立扣至0.5分。
8	向前大回環中穿前上接扭臂握後擺	直膝中穿時不衝肩,下沉充分,身體叠緊,翻臀頂肩將臀部送至倒立部位。	中穿時屈膝衝肩各扣至0.5分;下沉不充分扣0.5-1分;成扭臂時身體小於60°扣至1分。
9	分腿支撐後回環成倒立(正掏)	直臂頂肩含胸提臀"吸"住腿,重心遠離握點下擺,至槓下垂面時叠緊身體充分下沉,直臂翻腕並腿成倒立。	叠體不緊、肩角未頂開,重心未遠離握點下擺各扣至0.5分;回環幅度小扣0.3-1分;未成倒立扣0.5-1分。
10	分腿支撐前回環成倒立(反掏)	前倒時充分頂肩含胸叠腿,重心遠離握點,叠腿充分下沉,直臂含胸立腰兩腿經側並腿上至倒立。	前倒時漏肩、翻臀各扣0.3-0.5分;下沉欠充分、叠腿不緊各扣0.5-1分;衝肩、屈臂用力上至倒立各扣0.5-1分。
11	翻握向前大回環(反吊)	充分頂肩展體下擺,下沉充分撩腿有加速,梗頭、直臂、提腰、頂肩上至倒立,在槓上垂直面30°內完成伸髖展體動作。	下擺時漏肩扣0.5分;下沉不充分扣0.5分;槓上垂直面30°以外完成伸髖展體扣0.5-1分。
12	葉格爾空翻	用"鞭打"振浪技術完成,騰空高於槓水平握槓時肩在槓上不砸浪。	"鞭打"振浪技術欠正確扣0.5-1分;騰空低扣0.5-1分;握槓時砸浪扣0.3-0.5分。
13	京格爾空翻	用"鞭打"振浪技術完成,騰空高於槓水準,握槓時肩高於槓、直膝並腿不砸浪。	"鞭打"振浪技術欠正確扣0.5-1分;騰空低扣0.5-1分;握槓時屈膝、並腿晚、砸浪各扣0.3-0.5分。
14	特卡切夫騰越	制動腿明顯,振肩充分,騰空在槓上半公尺,握槓時不砸浪。	"鞭打"振浪技術欠正確扣0.5-1分;騰空低扣0.5-1分;握槓時砸浪扣0.3-0.5分。
15	直體後空翻下	用"鞭打"振浪技術完成;騰空時身體高於槓水平。	"鞭打"振浪技術欠正確扣0.5-1分;空翻低扣至1分;落地前身體不直扣至0.5分。
16	直體後空翻轉體360°下	用"鞭打"振浪技術完成,騰空時身體高於槓水平,轉體晚而快,展體落地。	"鞭打"振浪技術欠正確扣0.5-1分;空翻低扣0.3-0.5分;轉體早、方向偏斜各扣0.3-0.5分;未展體落地扣0.3-0.5分。
17	團身後空翻兩周下	用"鞭打"振浪技術完成,團身緊,翻轉快、並腿綳腳尖,第一周在槓水平以上,落地前展體落地。	"鞭打"振浪技術欠正確扣0.5-1分;第一周低於槓水平扣0.5-1分;團身不緊、未展體落地各扣至0.3分。
18	團身後空翻兩周轉體360°下(旋下)	用"鞭打"振浪與晚旋技術完成,空翻第一周明顯高於槓水平,轉體連貫迅速,展體落地。	"鞭打"振浪與旋技術欠正確各扣0.5-1分;空翻低扣0.5-1分;未展落地、落地歪扭各扣0.3分。

(3)女子各項技術考核的規格和評分標準

①自由體操的技巧動作除參照男子部分外,表3-19-13。

表3-19-13

序號	動作名稱	技術規格	評分標準
1	交換腿後軟翻	後軟翻經倒立交換腿,兩腿開度180°,單足落時立腰留後腿	兩腿開度小於170°扣2-5分;起立時後腿太低扣2分;軟翻節奏不好扣至2分。
2	後滾翻經直臂手倒立接胸滾	後滾翻經手倒立直臂、梗頭,身體充頂直、胸滾出背弓、滾動圓滑。	後滾翻未經手倒立、倒立臂不直各扣0.5-1分;倒立塌腰、塌胸、滾動不圓滑各扣至0.5分。
3	原地團身後空翻	站立、梗頭、收腹、蹬地時兩臂用力上提,收腿提氣團身迅速後翻。	空翻時抬頭、挺胸,後倒肩各扣1-2分;空翻低扣0.5-1分。
4	原地團身後空翻轉體360°	空翻要求同上,梗直轉頭,兩臂收屈向轉體方向帶臂,靠近身體縱軸完成轉體360°。	空翻時抬頭、挺胸、倒肩各扣0.5-1分;轉體時抬頭、臂離開身體縱軸各扣0.5-1分;轉體不足或過多扣至0.5分

②高低槓(表3-19-14)。

表3-19-14

序號	動作名稱	技術規格	評分標準
1	例立下擺接屈伸上後擺倒立	下擺重心遠離支點髖少收,屈伸上出浪兜腿展髖,送肩,直臂上至支撐,支撐後擺直臂、直體,不衝肩,連接協調。	下擺時塌胸、塌腰、砸浪各扣至1分;屈伸上欠正確扣至3分;後擺倒立衝肩、屈臂、揹腿用力上至倒立扣至2分。
2	高槓懸垂前擺屈伸上接後擺倒立	前擺兜腿送肩幅度大,屈伸上上至支撐時留腿直臂後擺成倒立,動作連貫節奏明快。	前擺幅度不夠、屈伸上和後擺倒立屈臂、擺倒立時伸肩或塌腰、用力擺成倒立各扣0.5-1分。
3	騰身回環成倒立	預擺時身體伸直不衝肩,頂開肩角,梗頭後倒,髖晚收,槓下下沉,打開肩角頂提翻腕成倒立。	預擺時身體未伸直、衝肩、後倒回環時漏肩、掉臀、各扣0.5-1分;槓下未下沉、倒立鬆散或未完全成倒立各扣至0.5分。
4	向後大回環	倒立大擺身體與槓平時收髖進腿越低槓並含胸、圓背、梗頭,過槓後迅速展髖,沉浪充分。以後參照男子部	收髖進退早並塌腰、下沉不充分、兜腿過早各扣0.5-1分;屈臂兜成扣1-1.5分;倒立時身體不直,抬頭各扣0.5-1分。
5	倒立下擺前擺直體後空翻下	振浪清楚,空翻高度過槓,身體直。	下法無振浪扣0.5-1分;高度未過槓,遠度不足各扣至0.5分。
6	騰身回環轉體180°成倒立	騰身回環要求同前,轉體時手把清楚,身體直轉體後成倒立。	預擺時衝肩,身體不直、回環時漏肩掉臀、槓下無下沉、轉體時未成倒立、用力完成各扣至0.5分;倒立及轉體時鬆散各扣0.5-1分。
7	向後大回環轉體180°或360°成倒立	向後大回環要求同前,大擺下沉兜腿後開始轉體,直體、直臂、轉體正而快。	大回環收髖進腿過早、槓下無下沉、轉體時挺胸、塌腰、歪扭、無倒立、速度慢各扣0.5-1分。

序號	動作名稱	技術規格	評分標準
8	向前大回環	倒立前翻直臂、直體、頂肩,近低槓時收髖過腿,過槓後沉肩、鞭打振浪,鞭打甩腿直臂上至倒立。	前翻時低頭、挺胸、塌腰,收髖過槓早各扣0.3-0.5分;過槓後無下沉、無振浪、屈臂成倒立扣0.5-1分至未完成。
9	正掏	同男子	同男子
10	反掏	同男子	同男子
11	團身屈體後空翻兩周下	大回環大擺下同前,兜腿、放手,團身、屈體空翻要求同男子。	大回環大擺下評分同前;余者同男子。
12	倒立前翻後擺團身、屈體前空翻下	前翻同向前大回環,槓下沉肩、振浪充分,高度過槓,展體落地。	前翻同向前大回環;槓下沉肩、鞭打振浪不充分扣0.5-1分;高度不夠、翻轉慢、未展體落地各扣至0.5分。
13	葉格爾空翻	倒立大擺同向後大回環,餘同男子。	倒立同向後大回環;餘同男子。
14	京格爾空翻	同上。	同上。
15	特卡切夫騰越	同上。	同上。
16	團身旋下	同上。	同上。

③跳馬(表3-19-15)。

表3-19-15

序號	動作名稱	技術規格	評分標準
1	前手翻	同男子。	同男子。
2	前手翻接團身前空翻	同男子。	同男子。
3	團身塚原跳	同男子。	同男子。
4	屈體塚原跳	同男子。	同男子。
5	踺子上板後手翻接團身屈體後空翻	同男子。	同男子。
6	前手翻轉體360°	前手翻要求同前,推手後梗頭,揮臂轉體快速,展體落地。	前手翻不好扣分同前;轉體不好扣0.5-1分;未展體落地扣至1分。

④平衡木(表3-19-16)。

表3-19-16

序號	動作名稱	技術規格	評分標準
1	前軟翻	倒立時分腿開度大於170°,前翻落木時支撐腿頂髖,起立時另一腿高於135°。	倒立時腿開度小扣至2分;支撐未充分頂髖,另一腿低分別扣至2分。
2	後軟翻	同上,另一腿與木平。	同上。
3	大分腿跳(希鬆跳)	跳起分腿近180°,且又高又遠,落木緩衝,立腰,控後腿。	跳起高度遠度差,落木未緩衝、未控後腿,空中兩腿開度小各扣至0.5分;兩腿開度小於135°未完成。
4	單腿站立向前轉體360°	高起踵、立後背,轉體角度準,動作穩。	起踵不夠、轉體不足各扣0.5-1分;後背不正直扣0.3-0.5分;轉體少於45°以上算未完成。

序號	動作名稱	技術規格	評分標準
5	手倒立(縱木)	同前	同前
6	後手翻(單、雙腿均可)	充分挑胸、髖、經倒立時快速推撐,有明顯騰空。	挑胸、髖不充分、無騰空分別扣0.5-1.5分;無快速推撐扣0.5-1分。
7	原地團身後空翻	高度平肩,團身緊,翻快、落地穩。	高度不夠扣1-3分;翻轉鬆散,慢至1分;落木時立肩不夠扣至0.3分。
8	踺子團身後空翻	踺子經倒立,餘同上,高度過肩,展體落木。	踺子偏斜、高度差、空中團身不緊、未展體落木各扣0.3分。
9	挺身前空翻	空中兩腿開度大於170°,高度過髖、動作協調。	兩腿開度不足170°、高度差各扣至1分;欠協調扣至0.5分。
10	側空翻	蹬擺腿正,在木垂面上翻轉,高度過髖。	方向不正,高度差各扣至1分;幅度小扣至0.5分。
11	"貓跳"	跳起後膝近胸,雙腿在空中最高點前交換	高度差,膝低於胸各扣至1分;交換腿晚扣至0.5分。
12	雙腳跳轉270°(縱或橫木)	騰空明顯,跳轉時身體挺直,轉體難,落木穩。	高度差扣至0.5分;轉體不準,身體不直各扣0.5-1分;轉體不足少45°爲未完成。
13	後手翻接拉提	後手翻快速有力,積極領臂跳起,空翻挑胸、腰、落木穩。	高度差、過早分腿翻轉、落木時未立肩各扣至1分;連接節奏差扣至0.5分。
14	後手翻接屈體後空翻	後手翻快速有力,領臂跳起,先直體再屈體後空翻落木。	高度差、過早屈體後翻、落木未立肩各扣至1分;連接節奏差扣至0.5分。
15	踺子團身後空翻下	高度在木面以上,團身緊、翻轉快、落地穩。	高度差,空中姿勢不好各扣至1分;踺子偏斜扣至0.5分。
16	踺子直體後空翻下	高度在木面以上,直體空翻直腰、緊髖落地穩。	高度差,緊中身體欠直各扣至1分;踺子偏斜扣至0.5分。
17	踺子直體後空翻轉體360°下	跳起後再帶臂快速轉體,高度在木面以上。	踺子不正至0.5;高度差、轉體早或不正各扣0.5-1分。
18	踺子團身後空翻兩周下	跳起後再積極領臂後翻,第一周在木面以上完成,落地穩。	高度差扣至1分;兩周空翻欠連貫,空中分腿、勾腳各扣至0.5分。

(三)競技體操訓練計劃的制訂

體操訓練計劃包括,全過程多年規劃,區間性多年計劃,年度(全年)計劃,階段計劃,周計劃和課計劃(課教案)。

1、全過程多年規劃

是對運動員多年訓練及所要達到的預定目標的可能性,進行框架式的預測和粗綫條的描繪。在多年訓練進程中,有許多情況難以預料和控制,屆時需要進行必要的調整和修訂。排除非可控因素干擾,使訓練在預定的軌道上運行,保證多年訓練保持在比較穩定的範圍之內。其時間跨度多爲8－12年或更長些。

表3-19-17所爲列爲全過程多年規劃,供參考。

表 3－19－17　　全過程多年訓練規劃

		基礎訓練階段		專項訓練階段	提高訓練階段
		初級訓練階段	中級訓練前期	(中期訓練後期)	(高級訓練階段)
年齡	男	9 歲以前	10－12 歲	13－15 歲	16－17 歲以上
	女	7 歲以前	8－9 歲	10－12 歲	13 歲以上
訓練的指導思想和主要任務：		1.通過初級選材,經過訓練、觀察、測試等進行專項選材。 2.培養運動員對體操的愛好與興趣,養成刻苦訓練、嚴格要求的習慣,樹立為促進體操發展和為國爭光的思想品質。 3.打好體操訓練基礎,掌握先進、合理的基本技術與動作。 4.擁有良好的機能能力,較雄厚的素質基礎。着重發展協調、速度、爆發力、靈敏和時空感。 5.重視體操意識和美的培養及時糾正非體操自然形態,如勾、曲、分、動等毛病。注意訓練中頭的位置在正確完成動作中的作用。		1.繼續經過訓練,通過參加必要的比賽、測試等,進一步提高選材水準。重視挑選機能能力好、素質強、技術技能突出、時空感優、能練會比和刻苦頑強、不怕困難、善於克服困難的運動員。 2.進一步樹立為國爭光為體操發展貢獻力量的精神。 3.在發展素質基礎上,進一步挖掘和提高專項素質水準及專項能力。 4.高質量地掌握各項基本難度動作,為創難新打下良好基礎。 5.通過訓練和多種形式的比賽、觀察、測試等,進一步了解運動員的個性特點,為形成運動員個人技術風格,確定強項的發展,克服弱項打下基礎。	1.提高和加強專項素質與專項能力。 2.在高質量掌握各項基本難度技術與動作的基礎上,大力發展難新,逐步形成運動員的個人技術風格與特點,開始擁有創難新的能力與水準,已有動作日漸豐富。 3.參加全國比賽或國際比賽,開始顯露頭角,為取得更好成績打下基礎。 4.加強心理訓練,提高運動員的心理素養水準。訓練中有針對性地解決已有的心理問題。

2、區間性多年訓練計劃

一般 2－4 年。

(1)總目標下設立分目標

從年齡特徵、運動技術水準的評估,確定該運動員應屬那一訓練階段和年齡組別,及其每年應該達到的目標和完成的任務。

(2)了解起始狀態

本計劃具有承先啓後的特點。制訂計劃的伊始,首先要認真總結以往的訓練,了解起始狀態。包括年齡變化、機能狀況、健康情況(主要是傷病)、技術水準(測驗、比賽成績)、素質、心理、品德的測試或評估,以及運動能力的綜合評價等。

(3)訓練的年度分解與綜合

根據目標要求,狀態分析,逐年、逐人、逐項地布置任務,以及為完成這些任務需要的保障措施、手段和方法。然後縱觀幾年後的發展全景,估計完成任務和達到目標的可能性,計劃實施的可行性。據此進行一些必要的修改,再經上級批準加以公佈,開始執行。

3、年度(全年)訓練計劃

(1)制訂的依據

①根據多年規劃,確定該年度所要達到的目標和所要完成的任務。

②總結上年度訓練、比賽成績與不足,研究造成這種情況的原因和解決的辦法。

③綜合上述,權衡確定的目標、提出的任務是否適宜、妥當,是否修訂。

④考慮到國內外同年齡組,同等級和層次的運動員情況,以及競技體操發展的新趨勢、新動向、新技術、新方法和手段、新規則的情況,充實和豐富計劃內容。

(2)全年計劃示例

以國家男子隊爲例(表3-19-18)。

表3-19-18　　國家男子體操隊1990年訓練計劃

類別	內容與要求
訓練指導思想	在國家體委訓練局領導下,體操男隊以訓練爲中心,以"美、難、新、穩"爲目標,團結拼搏,嚴格管理,堅持"三從一大"的訓練原則,創難新、抓質量爲迎戰亞運會和"世界杯"體操比賽取得優異成績而奮鬥。
指標	1.亞運會體操比賽指標:在男子團體、全能和六個單項決賽中奪取四枚以上金牌; 2."世界杯"體操比賽指標;單項爭金牌,全能進入前六名,力爭進入前三名。
訓練要求和措施	1.堅持科學系統的大運動量訓練 (1)成年組每周訓練不得少於35小時;少年組每周不得少於40小時。 (2)自由體操中的技巧訓練,成年組每周不得少於6小時;少年組每周不得少於8小時。 (3)素質訓練:成年組多訓練期間不得少於周訓練的20%;少年組不得少於周訓練的30%。每星期六必須堅持兩小時以上的素質訓練。多訓期間將組織1-2次素質測驗或力量測驗。 (4)早操:成年組每周不得少於三次;少年組應保持全周出操。每次早操都要有15分鐘的步伐練習,以保持軍訓成果。 (5)競賽期:每周有一次以上連續兩天的成套訓練,其中每天不少於15套。每周成套數不少於70套。 (6)規定動作:訓練時間不得少於自選動作訓練時間的三分之一。同時繼續提高重點動作的高標準和結束動作包括下法的穩定性。 2.加強落地穩定性訓練 (1)重視腿部力量訓練,以蛙跳、蹲槓鈴練習爲主。 (2)強調時空感的訓練,並要求有一定數量的成功率。 ①進行高器械空翻一周或兩周的落地訓練; ②進行彈簧或助跳板的空翻類落地訓練; ③賽前一個月,必須進行成套登陸訓練; ④每次早操和課後專心要排落地訓練。
發展難新安排	多訓期間,年組每人必須在六項中,發展三個以上的難新加分動作,以及有價值的難新連接,同時改進成套編排。每人各項具體安排要求:(略)

類別	內容與要求
訓練週期的時間劃分	1.冬訓期:1989 年 12 月 4 日至 1990 年 3 月下旬; 2.競賽期:1990 年 4 月初至 5 月底; 3.調整期:1990 年 6 月初至 6 月上旬; 4.夏訓期:1990 年 6 月上旬至 8 月中旬; 5.競賽期:1990 年 8 月中旬至 11 月末。在此期將組織 2-3 次選拔,以逐步組成迎戰大賽的代表隊。
科研工作	(略)
防止傷病的幾條規定	(略)
加強管理教育的紀律	(略)

4、階段訓練計劃

以國家男子隊爲例(見表 3-19-19)。

5.周計劃

隸屬於階段計劃之內。屬同一階段的周計劃,週與週之間有較大的相似性和完成任務的延續性。不屬同一訓練階段的周計劃,則有諸多的差異,體現所處訓練階段的特點。

(1)以一週的時間跨度來安排。計有一周之內每天的早操、上、下午(或晚上)的訓練課及其項目的大致內容安排。實施中,無意外情況不予改動。

(2)週計劃內容

①在總結上周訓練的基礎上,明確周訓練任務。

②確定週上課次數,課之間項目安排的順序,其課次之間的銜接關係。

③週任務分解到各課次以至各項的若干動作。

④安排每次課的項次,時間、數量,包括需完成的成套數,質量要求,及可能採用的訓練方法和手段。

⑤進行周小結,爲制訂下周計劃做準備。

表 3-19-20 是國家男子體操隊周訓練計劃示例

6.課計劃(課教案)

(1)明確該訓練課隸屬周的某次課。在小結上次課的基礎上,再制訂本計劃。

(2)計劃詳細、具體,而且突出運動員個人特點。運動員級別、層次越高,此特點越明顯。

(3)計劃一旦制訂,並與運動員商討後宣布,無特殊情況不做任意改動。

(4)內容

①課主要任務和要求;

②課項目順序安排,每項所需的大約時間,每項需完成的動作數量,特別是成套數的最低、最高界限,及重點動作的質量要求;

③爲保證課任務完成,提出必須具備的保障措施,以及行之有效的敎法手段等。

表 3－19－19　　　國家男子體操隊階段訓練計劃

類別	內容與要求
時間安排	1991 年 6 月中旬至 7 月底爲夏訓練期;7 月底至 9 月中爲競賽期。
任務與指標	1.任務:今年冬訓及上半年的比賽業已結束,基本上按全年計劃執行並較好地完成了任務。本階段主要是迎戰 9 月份在美國舉行的第 26 屆世界體操錦標賽……並取得好成績。 2.指標:團體前三名,單項力爭一枚金牌,全能進入前三名。
夏訓期(6 月中至 7 月底)訓練重點	1.熟練規定與自選的成套動作,強化訓練; 2.高質量地掌握各項高難動作及成套主要連接部分; 3.提高規定動作質量和穩定性; 4.增強結束動作和下法的穩定性; 5.加強吊環組合力量訓練並提高質量。
競賽期(7 月底至 9 月底)訓練重點	1.完成大賽前的一系列的測驗、選拔,並確定參加大賽的運動員名單; 2.明確規定動作重點,需要解決的主要部分(略); 3.明確自選動作重點抓好的重要部分(略);以上的均爲選拔的主要條件。
週訓練安排(6 月 10 日至大賽前 10 周的安排)	1.第一週、第二週(6 月 10 日至 22 日) (1)衝量訓練及提高身體機能。爲保證運動員的體力恢復,採用星期一、二全套訓練;星期三、四半套、單動作訓練;星期五、六全套訓練。 (2)全天訓練:規定自選成套若干套;跳馬規定、自選坑內、陸上若干次,若全部登陸可酌情減少次數。 (3)半天訓練:高器械下法,規定和自選下法各站穩若干次;單槓的越槓、騰越、空翻再握完成若干次。 (4)每天每次課前,每人必須完成吊環力量組合若干組,每組須有若干個 C 組以上動作,每個用力動作停在 5 秒以上(可助力)。 2.第三週(6 周 24 日至 29 日)減量周,具體內容另定,但仍保持成套、半套訓練。 3.第四週、第五週(7 月 1 日至 14 日) (1)這兩周進行調節性訓練。如第一次成套就完成了優質套算完成了兩套。若連續完成三次成套,算爲完成該項訓練任務。以鼓勵情緒,提高訓練效率。 (2)公布規定、自選動作每次訓練保證完成的套數。 4.第六週(7 月 1 日至 20 日)減量周,以培養體操意識爲主的訓練。 5.第七週(7 月 22 日至 7 月 28 日)測驗、比賽周。以"李寧杯"比賽作爲參加世錦賽前的熱身賽和選拔賽。 6.最後三週(8 月份,8 月 22 日出發)增多實戰訓練和測驗,同時做參賽前的一切準備。
加強管理	(略)
紀律要求	(略)

表 3-19-20　　國家男子隊周訓練計劃(6 月 1 日至 7 日)

類別	內容與要求
周訓練任務	進行重點項目、重點動作的強化訓練。
項目內容與要求	1.單槓:騰越或空翻握槓動作,全周每個動作完成 24 次(可在坑內完成),要求技術正確,姿態完美。 2.跳馬:在坑中完成,要求同上。 3.吊環: (1)星期一、三、五早操:直角支撐和自選動作的慢起倒立各完成 10 次;課後 45 分鐘的用力的專門練; (2)星期二、四、六課後力量組合練習三次,每次 3 組×5 個 B 組,10×1D 組力量動作; (3)全周六次課前力量練習,每次兩組×5 個 B 組用力動作,且獨立完成。 4.自由體操的出場動作,全周三次×5,結束動作全周三次×3。要求:出場動作可在坑裡做,但技術正確,姿態完美。結束動作在陸地做,可放海綿墊。要求不出現 0.3 分以上的錯誤。 5.各項下法:星期一、三、五訓練課的項目先練下法: (1)單槓:全周完成 5 次以上×4。要不扒、不坐較好完成。站住一個以完成兩個計算; (3)吊環:同上,可在坑中完成。要求技術和姿態均正確,落地較好; 6.運動員個人技術重點由該組員具體安排。

(四)賽前訓練特點和比賽期間教練的指導

1、賽前訓練主要特點

(1)明確參賽性質、目的和所要完成的任務

這些早已列入計劃之中,賽前一般不做大的調整。但要向運動員講清楚,使之成為運動員的自我要求和努力爭取的目標。這樣,教練的意圖才能更好地貫徹執行。

(2)做好賽前測驗、模擬比賽和熱身賽

大賽前一個月左右,一般進行 2-4 次上述性質的測驗、比賽,造就競技狀態,提高競賽氣氛,及早發現並解決賽時可能出現的問題訓練中要重視。組織工作要嚴密,不可鬆鬆垮垮,沒有生氣。此外要切實杜絕傷病,避免造成未賽減員,並請領導臨場觀察,給予指導。

這期間可採取封閉、半封閉式地訓練和生活安排,減少外來因素的干擾。

賽前約 3-7 天到達賽區,按賽會安排進行訓練。此時迅速恢復旅途疲勞,及早熟悉訓練、比賽場地器械,以及住宿休息情況。嚴防傷病,使運動員處於良好的臨戰狀態。

2、比賽期間教練的指導

(1)開好賽前準備會和賽後小結

首先小結到達賽區後的幾次訓練，找出成績與不足，消除訓練失誤造成的心理障礙。準備會上，教練將賽時每項每人出場順序、專項準備活動內容，上場時應注意的動作技術關鍵和問題及如何解決，都要認眞、仔細，精闢地講述。賽場不要計較比賽的成績和名次，以免分散臨場的注意力，加重運動員的心理負擔。每場賽後，下場賽前亦應開好類似的的小結與準備會。

(2)現場指揮

①團體賽

多爲規定、自選，或只有自選的兩場比賽。賽前一個多小時到達賽場，先做好一般準備活動，再按賽會安排進行專項準備活動。項目練習順序是按賽時順序由後向前地進行。專項準備活動的最後一項，正是參賽的第一項。這對打響第一炮，取得好成績是有益的。運動員要在上場前後全力思考自己的動作，發揮心理訓練的優勢。

運動員上場前，教練要做好各種服務工作，如器械是否適宜，護掌、綳帶，衣服是否得當，並用精闢語言提示和鼓勵運動員賽好。賽後，若成功或失誤均迅速將運動員注意力引向下個項目的比賽上，鼓勵其比好下一項。

②全能決賽

按規定，每隊只有三人參加。每位運動員須有一名教練或其它同志陪同。重點放在有可能取得更好成績的運動員身上；或六個項目跟蹤到底，或重點放在需要加強保護與指導的單槓、自由體操等項目上，防止發生意外。爲保證單項決賽有較充沛體力或防止運動員原有運動創傷的傷勢加重，影響單項取得好成績，可在全能六個項中，主動放棄有關項目，(但須完成一兩個簡單動作)，以保證單項決賽的勝利。

③單項決賽

按規定，每隊只有兩人參加。若團體賽進入單項前八名有此資格，即可參賽，其得分不計在內。這樣使得參賽者均有奪魁的可能。這種巨大的誘惑力，若處理欠妥，反易造成不必要的心理壓力，難以發揮出平時的最好成績。爲此，教練要運動員放開了去比，不必去計較得分與名次，以減輕運動員的心理壓力，賽時，有的運動員雖然自我感覺尙好，技術要求亦無變化，但比賽結果都不盡相同。這時教練要幫助運動員分析，使之及時適應變化了的情況，取得好成績。

④積極了解與收集有關信息

每次賽會，都要召開領隊會、裁判員會、試評會等，它們都會發布開好賽會的有關信息，提出一些新的要求。教練要及時了解與收集，便於做出正確的決策，以免失誤。

3、臨場比賽幾種緊急情况的處理

(1)三分鐘準備活動不理想時

教練自己首先要冷靜分析,對症下藥、清晰、簡要地指出產生動作失誤的原因,提示其技術要點及關鍵,助其回憶平時訓練的正確要領。說明雖然三分鐘準備活動欠妥,但有一定的偶然性,要相信自己平常的訓練和教練的指導,杜絕急燥情緒。

(2)比賽跌下失誤時

迅速、冷靜地判斷該動作是否為未完成,若判為未完成,是否影響成套動作數量及編排方面的要求。若影響,則應補做,並力求完成。充分利用跌下後的30秒,令運動員考慮要點,平衡情緒,有信心地再上器械。該項比賽後,引導運動員把注意力轉向下一個項目,而不是回味上一個項目是如何失敗的,造成連鎖式失誤。

(3)上一個運動員失敗後

準備上場比賽的運動員背向器械,並不了解上一個運動員成功、失敗的具體情况。只考慮自己即將上場要比的動作及其要求。然後,信心十足,輕鬆自然地上場比賽。

(4)一旦出現傷害時

要立即將受傷運動員交由醫生或其它同志妥善處理。集中全力抓好現場比賽,做好全隊工作,穩定情緒,挽回受傷隊員帶來的損失。

(5)裁判員出現錯判、漏判時

當裁判員錯判、漏判影響名次成績時,要穩定全隊情緒,引導大家考慮和準備好即將上場的比賽。此時,總教練可通過正常程序向有關部門申訴,請求予以更正。

(五)競技體操負荷的主要特徵

1、負荷的主要指標

(1)負荷量。主要是指訓練的時間,次數和完成的動作數量。時間包括訓練的總時間、階段、周、課的訓練時間。數量包括在訓練時間內完成的總數和階段,周、課完成的動作數量。一般情况下,時間長,數量多。但在學習新動作、創難新時,未必如此。時間長,但數量並不太多。然而新的運動員消耗也很大,負荷仍可認為是較大的。表3－19－21例出的年負荷統計表供參考。

表 3 - 19 - 21　　年員荷統計表

		基礎訓練階段		專項訓練階段	提高訓練階段
		初級訓練	中級前期	（中級後期）	（高級訓練）
男 子	年總周數(周)	45	45	45	49
	平均周次數(次)	6	6 - 8	7 - 9	9 以上
	周時數(時)	12 - 18	18 - 24	27 - 32	32 - 36
	相應運動級別	二級	一級	預備健將	健將
女 子	年總周數(周)	45	45	45	49
	平均周次數(次)	4 - 6	6	6 - 9	
	周時數(時)	8 - 18	18 - 24	28 - 36	36 - 42 以上
	相應運動級別	二級	一級	預備健將	健將

(2)負荷強度。主要是指,完成的成套動作數和 D 組動作數。

競賽期,男少年每周五次全套訓練,全周約 120 套,每次課完成 25 套,每項 5 套,跳馬 15 - 20 次;男成年運動員每周四次全套訓練,每周 70 - 90 套,每項 4 - 5 套,跳 10 - 20 次。女少年、女成年均比男子大,每周六次以上全套訓練,每次、每項要完成 8 - 10 套以上,跳馬 20 次以上。

(3)負荷量與強度的關係及最佳配合

負荷強度提高的基礎是數量的增長。訓練時間的增加是有限的,在此前提下,數量的增加表明動作技術日漸成熟、完善。從準備期到競賽期。負荷量由少到多,再由多到少;而負荷強度則由小到大,直到參賽前才有所降低。

對高級運動員來講,全年的成套訓練或架子的主要動作的組合訓練一直要保持,以保證全年訓練在有一定負荷強度的基礎上系統進行,使之在高水準上起動,投入新的訓練。

(六)競技體操運動員的科學選材

詳見《運動員科學選材手冊》體操部分。

(高健、梁承鈺、薄雲肖執筆)

二十 舉 重

(一)專項訓練的主要特點和發展趨勢

1、舉重運動成績提高的歷程

第一次正式國際舉重比賽是在 1896 年希臘雅典舉行的第一屆奧林匹克運動會上進行的。

舉重由原來不分級到今天分為十個級別(男)和九個級別(女);由原來不限姿勢到抓舉和挺舉兩種姿勢,經歷了近百年歷史。但是,1973 年於古巴哈瓦那舉行的第 28 屆世界舉重錦標賽取消推舉比賽之後,比賽項目只剩下抓舉和挺舉兩項。從而使多年來舉重比賽以力量型項目向速度力量——爆發力型項目轉化,導致舉重比賽和訓練發生了重大的變化,這種兩項比賽的方式一直沿用至今。近 20 年來人們致力於抓舉和挺舉的訓練和競賽,運動成績較過去有了迅速的提高。昔日重量級挺舉世界紀錄,今天輕量級的運動員就能輕而易舉地把它舉起來。有的級別已經能把超過自身體重三倍的重量舉起來。例如"神童"蘇萊曼諾古(體重 60 公斤)挺舉成績達 190 公斤。

表 3-20-1　　　 1973 年-1990 年世界各級(除 100 公斤外)抓舉和挺舉成績增長一覽表

單位:公斤

項 目	年 度	52 公斤級	56 公斤級	60 公斤級	67.5 公斤級	75 公斤級	82.5 公斤級	90 公斤級	110 公斤級	+110 公斤級
抓 舉	73	105.5	117.5	126	137.5	150.5	161.0	170	177.5	185
	90	120	134.5	152.5	160	170	183	195.5	210	216
挺 舉	73	140	151	158.5	177.5	190	201.5	213.5	224	241
	90	155	171	190	200.5	215.5	225	235.5	250.5	266

表 3-20-1 是自 73 年以來至今世界各級抓舉和挺舉成績的進展情況。

2、舉重運動成績的提高取決於訓練手段和方法的改進,也受強化訓練的影響

舉重運動的強國如保加利亞和前蘇聯之所以能夠長期保持舉壇霸主地位,除了他們雄厚的群眾基礎之外,還在於他們敢於向傳統訓練方法挑戰,保加利亞首先創立了一天二次的訓練方法,以充分挖掘人體的極限體能。其理論基礎首先來自激素水準發生變化,通過極限強度的訓練,使激素耗盡再通過休息和營養補充使激素達到超量恢復,從而不斷提高機體的訓練水準;其次是細胞增殖學說,大強度訓練後,肌細胞能不斷增生,從而刺激肌肉

迅速增長,達到增強力量的目的;第三通過大強度訓練,使肌肉間和肌肉內的協調性提高。今天保式一天二次訓練法已在世界範圍內推廣,我國大部分省市隊均採用此法。

　　保加利亞人主張每天衝擊當天最高重量,要求在規定的時間內完成更多的練習組數和次數。一般來說,完成一項標準動作的90-100%強度的組數大約是6-8組。時間約一小時。休息30分鐘後作第二項練習。休息時間較長的目的在於使激素水準和肌細胞有個恢復和補償的機會。同時休息期間還要增加特製的補劑和飲料。他們採用這種訓練方法培養了一批又一批的世界冠軍、奧運會冠軍,打破了一項又一項的世界紀錄,目前尚保持十三項世界紀錄),多次奪得世界舉重比賽的團體冠軍,爲世界矚目。

　　前蘇聯也採用一天二次的訓練方法,但在訓練內容、強度安排上和保加利亞不同。首先蘇聯人重視按百分比安排強度,人爲地規定年度、月份和周乃至每次課的次極限和極限強度的試舉次數。例如他們規定月週期中這種重量的提鈴次數最高爲60次,最低僅爲10次,並採用大量的中等和中等以上的強度進行訓練;其次,在安排輔助練習時,他們很重視結合標準動作,使標準動作和輔助練習融爲一體,避免兩者訓練相互脫節,增大動作難度。例如在優秀運動員中廣泛採用寬拉+抓舉、下蹲翻+前蹲+挺舉、高抓+抓舉等練習。既增大動作難度又發展了專項耐力,培養了訓練的意志品質;第三,很重視各種發展力量的方法,並且根據舉重需要按比例安排。除了常用的力量練習外,他們還廣泛採用靜力練習、退讓性練習、跳深練習等。

　　因此他們的運動成績提高也很快,目前保持着男子十項世界紀錄,並且長期保持世界男子團體舉重冠軍的寶座。

3、現代舉重運動訓練的主要特點

　　在現代舉重運動標準動作的技術中,在站距、握距、握法、支撐等方面似無多大變化,但是:

　　(1)下蹲姿勢由五十年代的高位箭步式抓舉和箭步翻被低位式下蹲抓和下蹲翻所取代,由於下蹲低,進而縮短了槓鈴的行程,也就能舉起較箭步式大的重量,這是一次大的變革。

　　(2)抓舉和下蹲翻的發力點有適度由下向上移動的趨勢,槓鈴更貼近身體,進而縮短了槓鈴至身體重心垂綫的阻力臂,符合"近"的力學原則。

　　(3)在抓舉和下蹲翻發力時,比過去更強調順勢提肘(抓舉)、聳肩提踵(下蹲翻)等延長槓鈴上升路綫的動作,這些動作既發展肩帶肌力量,又使發力後槓鈴貼身上拉,有助於穩定支撐。優秀運動員都很重視練習這個動作。

　　(4)上挺預蹲制動時間有縮短的趨勢。說明下肢肌肉收縮速度有提高。這是訓練中廣泛採用上挺發力、預蹲發力、半挺和跳深練習的結果。經常採用這些練習有利於爆發式用力。

　　(5)抓舉和下蹲翻發力後的上體後仰幅度過大已爲上體逐直向上伸展

取代。避免因上體擺動過大而造成的不穩定支撐。

(6)在大重量的挺舉中(往往在 180 公斤以上),預蹲制動接上挺發力瞬間,運動員能充分利用外力—— 槓鈴橫槓的彈性。如果利用時機及時得當,可望舉起更大的重量,做到經濟省力。

(二)專項特點及訓練的主要方法和手段

1、專項的技術特點

舉重屬不斷增加槓鈴重量的高速完成的爆發力項目,它有如下幾個特點:

(1)要求在試舉次極限和極限重量時,仍能保持正確的動作姿勢,完善的技術結構,以爆發性速度完成動作並保持穩固的支撐。

(2)槓鈴和人體相互運動是有規律的。它必須符合舉重技術中"近快低穩"的基本原則,四個方面互相制約、互相依存,缺一不可。

(3)在標準動作的技術中,發力是主要的動作瞬間,因爲它增大了槓鈴向上移動的速度,使槓鈴獲得必要的上升高度。提高發力的效果的關鍵在於縮短引膝、預蹲(制動)的時間;保持發力前身體各環節合理的關節角度,適度拉長將要參與發力的各肌肉群。

2、技術訓練的主要方法和手段

(1)標準動作技術訓練的主要方法和手段

技術訓練中主要是指對標準動作的訓練。標準動作是指抓舉和挺舉兩項的比賽動作。

首先,國內外優秀運動員在安排標準動作專項輔助練習和身體素質練習方面,標準動作所占比重較大。前蘇聯約占總負荷量的一半;保加利亞占總負荷量的一半以上;中國尚不到總負荷量的一半。前蘇聯和保加利亞增加標準動作的訓練比重的作用在於有效地發展完成標準動作的肌肉內和肌肉間的協調性;提高試舉次極限和極限重量的能力,以及比賽時的成功率。

其次保加利亞人強調完整的標準動作訓練,每天上下午交替進行的第一項練習就是抓舉或挺舉,每次一項練一個小時左右,以最好的時間最好的體力完成標準動作的練習,而且要求在規定的時間內試舉當天最高的重量,組數和次數越多越好;前蘇聯人在安排標準動作時對強度有明確規定,往往以 80－90％的重量進行訓練,但動作難度大,如採用普通握代替鎖握的抓舉、懸垂和墊人、墊鈴的抓舉和下蹲翻、各種形式的抓舉＋寬拉、窄拉＋下蹲翻、下蹲翻＋前蹲＋挺舉的組合練習。這樣的練習,有時作十組甚至十五組。這種標準動作與輔助練習融爲一體的訓練方法提高了抓舉和挺舉的訓練強度,加深了完成標準動作肌肉的刺激,達到發展肌肉內和肌肉間協調性的目的。

我國優秀運動員也採用過上述兩種訓練方法,但深感力不從心,強度方面不如保加利亞隊。難度方面又不如前蘇聯隊。但是我國也有自己的訓練風格,如廣西隊曾採用過重覆訓練法,即在一次訓練課上安排2-3個練習,一項標準動作二項輔助練習。練完後再重覆練這三項練習這就等於一次訓練課要練二次該項標準動作,二次二項輔助練習強度和量較過去大一倍。採用這種方法培養了吳數德這樣的優秀運動員。下面介紹標準動作的技術訓練:

在標準動作中,三分之二的動作屬提鈴上拉的技術,即抓舉和挺舉下蹲翻的技術。另外還有三分之一的動作為上挺的技術。為了便於比較抓舉和下蹲翻的提鈴技術,我們把兩者放在一起來比較分析。

①抓舉和下蹲翻動作技術的劃分

預備姿勢:站距與髖同寬,腳尖稍外展,對稱地站在橫槓中間,大腳趾的跖骨-指骨關節準確地位於橫槓之下,膝蓋適度向腳尖方向外分,抓舉握距寬度以肩寬加臂長為宜。下蹲翻握距同肩寬。鎖握、挺胸收緊腰部,頭與上體呈一平面(圖3-20-1之1)。

提鈴階段:當槓鈴提離地面瞬間,兩臂伸直,肩帶超越橫槓,全腳掌着地,將槓鈴提起至兩腿伸直,小腿呈垂直位。肩帶越槓(圖3-20-1之2.3)。此階段任務是為運動員各環節與支撐槓鈴之間形成緊密的聯繫,使槓鈴按最佳軌跡移動。用力方向近於垂直。槓鈴與運動員距離40-70毫公尺。

發力:發力由引膝緩衝和發力組成。引膝緩衝由屈膝開始至最大屈膝瞬間(圖3-20-1之4)。結束姿勢時應使肩、肘、槓鈴處於同一垂直線上,全腳掌着地。此階段的任務是保持身體支撐和槓鈴之間最適宜的相互關係,為發力儲能。

發力由最大屈膝至最大伸膝、伸髖、屈踝(圖3-20-1之5)。結束姿勢時兩腿充分伸直,斜方肌積極用力,兩臂彎曲,腳尖着地,準備下蹲。本階段的任務是依靠兩腿和軀幹肌強有力的工作,獲得槓鈴運動的最大速度,使槓鈴達到更大的高度。引膝至發力是關鍵的動作階段,下肢各關節運動幅度最大。

下蹲:騰空下潛和下蹲支撐。此階段為槓鈴借慣性繼續上升瞬間,身體快速下潛騰空下蹲,從運動員下肢最大彎曲把槓鈴舉至最高處並最後完成支撐下蹲(圖3-20-1之6.7.)。本階段的任務是充分利用下肢關節的靈活性,在原有支撐面內大幅度運動,快速下蹲和定鈴(圖3-20-1之8)。從下蹲到起立的速度應是不拖延、連貫,以保證從提鈴到下蹲的準確性。

②抓舉和下蹲翻技術動作的某些差異

在舉重比賽中,運動員抓舉成績好、挺舉成績差的情況屢見不鮮,或者

圖 3 - 20 - 1   抓舉和下蹲翻動作階段姿勢圖比較

相反。原因之一就在於教練和運動員沒有看到抓舉與挺舉下蹲翻之間是有區別的。因此,在技術教學和提高技術時使用的是同一種方法。結果運動員掌握的或者是抓舉技術,或者是挺舉技術。但比較這兩個動作的技術參數時可見有着本質的差別:

A.下蹲翻採用窄握距(抓舉用寬握距),預備姿勢中運動員肩帶較抓舉時高出支撐面 10 - 15 公分,因此下蹲翻膝角比抓舉平均大 15°(圖 3 - 20 - 2),所以上體前傾度較抓舉小。

B.下蹲翻提鈴的時間(0.52 秒)較抓舉(0.45 秒)長(圖 3 - 20 - 3),在提鈴到引膝動作的轉換時,下蹲翻的膝角(158°)比抓舉(148°)要大(圖3-20-2),抓舉仍需保持更大的上體前傾度,有利於發力。

　　C.下蹲翻引膝時間長於發力(引膝時間爲0.15秒,發力時間爲0.13秒),相反抓舉引膝時間較發力短(引膝爲0.13秒,發力爲0.17秒)(圖3-20-3)。下蹲翻引膝時間長的原因是槓鈴重量大,減少了它的運動速度。完成發力的快慢取決於引膝接發力過渡瞬間運動員較小的上體前傾度(圖3-20-3)。

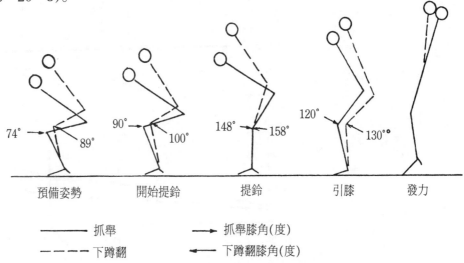

(圖3-20-2　　抓舉和下蹲翻技術比較圖(梅德維杰夫1986)

　　相比之下,抓舉的提鈴重量要小得多,握距寬,提鈴時不能充分利用橫槓的彈性。施於槓鈴的力要比下蹲翻時大得多,由於抓舉動作幅度大,不可能利用槓鈴的彈性,槓鈴最大速度時達到的高度是抓舉技術完整統一的標準。

　　綜上所述,抓舉的成績很大程度上取決於運動員肌肉的快速收縮能力、神經肌肉器官的反應能力和槓鈴受力後的路綫,也就是取決於完善的技術水準。

　　下蹲翻的重量比抓舉大得多,握距窄得多,槓鈴運動的幅度和對槓鈴的作用路綫比抓舉小。這時必須利用橫槓的彈性,它將比運動員在上拉、發力時對槓鈴的影響要大得多。

　　由於抓舉和下蹲翻技術的差異,不應把提高抓舉的技術和改進下蹲翻的技術訓練課混在一起,並要求正確地選擇專項輔助練習。

　　③抓舉和下蹲翻訓練的方法和手段

　　採用木棍、輕槓鈴反覆練習和體會抓舉和下蹲翻各階段動作結構的差別;採用槓鈴置於膝下、膝部和膝上三個不同位置的抓舉、下蹲翻、練習和體會膝角、髖角、上體前傾度、支撐點的變化和差別;採用懸垂抓、懸垂下蹲翻學習確定腰部支撐點、發力點、槓鈴和身體的相互關係;採用寬提肘拉、聳肩

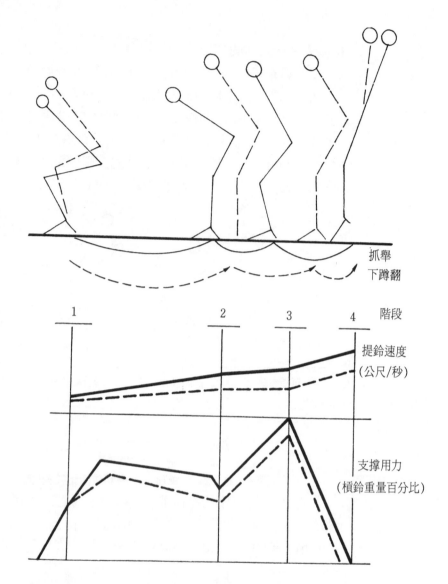

圖 3－20－3　抓舉和下蹲翻(前者為實綫、後為虛綫)階段結構
(梅德維杰夫 1986)

上拉體會延長槓鈴上舉高度的肌肉感覺。

④挺舉上挺的動作技術

挺舉上挺動作是挺舉中的最後部分。這個動作對於挺舉和抓舉二項成績有着決定性的影響。

上挺動作可分爲預蹲、上挺分腿下潛和下蹲支撑四個階段。

預蹲:從持鈴起立身體正直開始屈膝屈髖到槓鈴快速朝下運動,這段時間平均是 0.34 秒。在達到最大速度時－0.96 公尺/秒,支撑力不斷增長至槓鈴重量的133％,膝角改變到平均 126°(圖 3－20－4),預蹲的任務是建立"運動員——槓鈴"運動環節鏈間的牢固關係,使槓鈴沿垂直綫向下移動。

上挺:包括制動和上挺發力。上挺時間平均爲 0.39 秒,包括制動階段時間,此階段從槓鈴以最大速度下落到運動員膝關節呈適度彎曲時結束,平

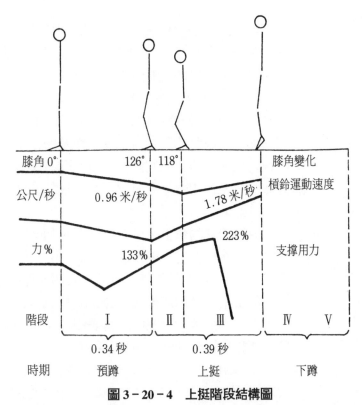

圖 3 - 20 - 4　上挺階段結構圖

均持續 0.14 秒。槓鈴向下移動是運動員身高的 8－12％,膝角縮小到 118°
(圖 3－20－4)。制動是在對支點的作用力急劇增加,平均達槓鈴重量的
207％的情況下完成的。制動階段結束瞬間,槓鈴速度等於零,橫槓最大限
度地彎曲。此階段任務是保證膝關節(伴隨有髖關節)從彎曲到伸直的最大
速度,保持全腳中部支撐。

　　上挺發力是從膝關節的彎曲到完全伸直膝關節。該階段的持續時間平
均爲 0.25 秒,到階段中期,對支點的作用力要達到槓鈴重量的 223％,當上
挺發力結束時,槓鈴的運動速度是 1.78 公尺/秒(圖 3－20－4)。本階段的
任務是爲蹬腿伸髖使槓鈴垂直向上運動產生最大速度。

　　分腿下蹲和收腿起立:此階段的持續時間爲 0.45－0.55 秒之間。

　　分腿下潛是從膝關節完全伸直到槓鈴完全舉起。這階段時間大約爲
0.26 秒。在此階段運動員迅速向下作箭步式分腿,兩足放置位置以前腿弓
步、後腿接近伸直,前後腳跟外展,夾緊臀部和撑緊後腿爲牢固的支撐姿勢。
這階段的任務是保證分腿的最大速度,兩臂、軀幹和兩腿的正確姿勢。

　　下蹲支撐:從槓鈴上舉至最大高度到下蹲支撐槓鈴,持續時間爲 0.25
秒。此時宜將槓鈴支撐在頭部正中上方。肘、肩、腕、髖應同處一平面內。
槓鈴重心投影綫正處在兩足中間。本階段的任務是建立一個"運動員——
槓鈴"運動環節鏈之間的緊密的相互關係及兩腿均勻地支撐,以保證下蹲支
撐槓鈴的穩定性。

　　在完成上挺時最重要的環節是預蹲和上挺發力階段。這兩個階段動作

完成得正確在很大程度上決定了整個練習的成績。這個動作的機制類似抓舉和下蹲翻引膝接發力的階段。在完成上挺動作時,從下肢肌的退讓工作(預蹲)轉到上挺的克制性工作,使支撐力發生了變化。轉換的速度越快,制動的時間縮短,達到的力值就越大,就能更好地利用肌肉彈性變化的潛能,提高工作效率,最終把槓鈴上升到必要的高度。

那些有成就的運動員上挺動作是連續不間斷的。甚至在下蹲翻起立較困難時也能迅速完成制動階段(時間為 0.10－0.13 秒),瞬間轉換到最後發力。支撐反作用力的力值達槓鈴重量的 223－245％,而上挺的最大速度為 1.75－2.0 公尺/秒。

成績較差的舉重運動員在挺舉制動階段的時間較長(至 0.20 秒),對支撐點的反作用力也小得多(200－220％),槓鈴爾後向上運動的速度也慢得多,由制動向發力動作轉換時膝角有明顯停頓的現象。

挺舉中上挺的技術和訓練一直是我國優秀運動員長期存在的問題,多年來在國內外重大比賽中經常表現為上挺成功率低、成績差。根據國內外優秀運動員挺舉訓練的經驗,採用下列手段會取得一定的訓練效果。

A.採用中等重量或有時較大重量反覆進行上挺的技術訓練,組數多、次數多,直到動作準確、姿勢穩定,然後增加試舉重量,再作組數和多次數的練習,直到形成穩固的動力定型。

B.採用完整挺舉練習,堅持試舉次極限和極限的重量,幾乎每天都有一次挺舉極限強度的訓練。

C.在一次訓練課上安排二項挺舉練習,開始訓練完整挺舉,規定強度(一般在 80－90％左右)、組數和次數,強調次數。隨後還安排頸後挺或架上挺作補充練習。兩項挺舉在一次課先後練習有其優點:一是集中刺激、深化參與上挺的用力肌群;二是通過頸後挺加深槓鈴上舉路綫的正確理解,以及伸髖伸膝肌群等協調用力的節奏。前蘇聯人按作用和效果的大小來研究所有的上挺練習,順序如下:頸後挺、架上挺、挺舉、半挺、寬握上挺和借力推。然後將這些練習分配在訓練計劃之中。

(2)專項輔助練習的訓練方法和手段

專項輔助練習是指與標準動作的用力方向、動作結構、肌肉工作方式相似且能有效提高標準動作成績的練習。

①抓舉輔助練習:下蹲抓舉、箭步抓舉、懸垂、墊鈴、墊人的抓舉,運用各種肌肉工作方式(靜力、退讓、超等長等)的快慢結合的抓舉練習。各種肌肉工作方式的懸垂、墊鈴、墊人的高抓和寬拉、寬硬拉練習。深蹲寬推、寬借力推、寬提肘拉、寬架支撐蹲。

②挺舉輔助練習:下蹲翻、懸垂、墊鈴、墊人的下蹲翻、高翻和窄拉、各種肌肉工作方式的窄拉、窄硬拉。頸後挺、架上挺、半挺、借力推、架支撐,各種肌肉工作方式的前蹲和後蹲、箭步蹲和箭步翻。

③肌肉力量練習：兩臂和肩帶：直腿抓、直腿翻、坐推、斜板推、卧推、實力推；背、腰腹：弓身、山羊挺身、仰卧起坐；下肢：單腿蹲、半蹲靜力、仰卧腿推舉等。

由於運動員在抓舉和挺舉輔助練習中可以舉起更大的重量，所以這些練習是舉重訓練的基本練習。肌肉力量練習則不同，它只發展局部肌肉，所以不僅要完成槓鈴練習，還要採用啞鈴、壺鈴和其它重物完成練習。由於舉重技術的獨特結構，在做這些練習時，重量要輕，強度要小，動作幅度要大，可改善關節、韌帶器官的活動範圍，但由於肌腱和韌帶強度的提高是較緩慢的，故在加速發展速度力量素質的同時可能出現肌肉的速度力量與肌腱韌帶強度不足的"現象"。這會潛伏受傷的危險。為此，在訓練時必須把注意力集中到加強肌腱——韌帶器官上，以便達到一定強度的訓練量，最好是該關節盡可能從各個不同的方面最大幅度地做動作。輔助練習也要符合這些要求。

在專項輔助練習的訓練安排上，各國是有區別的。保加利亞安排專項輔助練習的比重不足總負荷量的一半，他們採用的幾項輔助練習都是實踐證明有效的。這些練習是前蹲、後蹲（幾乎每次課都有）、寬拉、窄拉、高抓、高翻、半挺等。每次訓練課都要使這些練習的強度達到當天的最大強度。並且練習時，密切結合標準動作用力。如寬窄拉必須有明顯的提肘、聳肩動作，並具有必要的高度。如作寬發力拉時，上體始終保持正直，不允許任何用身體下沉去承接槓鈴，更不能讓上體弓腰含胸去承接槓鈴。此外他們非常重視腿力訓練，幾乎每次課都有深蹲練習，其原因有兩個方面：一是他們拉力普遍優於腿力（我國運動員正好相反，腿力優於拉力，所以應該加強拉力的訓練），二是發現深蹲和抓舉成績密切相關，發展腿力有利於抓舉成績的增長。

而前蘇聯人安排專項輔助練習的手段和風格則迥然不同，他們安排專項輔助練習占總負荷量的一半。每次輔助練習的比例、練習的強度組數、次數以及順序都有嚴格規定，動作難度大，組合練習多，具體來說：

①重視輔助練習的訓練質量

A.規定高抓、高翻、寬拉和窄拉必須達到的高度，不達規定高度不算完成動作。

B.深蹲要求以各種肌肉工作方式（克制性、等長性、退讓性、超等長性）和各種速度完成，重視深蹲的組數和次數練習，不過份強調極限強度訓練，寬窄拉也如此。

C.上挺作為單獨動作結構來處理，所以在挺舉後還要安排頸後挺、半挺、借力推等練習，以強化挺舉技術訓練。

②使輔助練習和標準動作密切結合融為一體

為了解決輔助練習與標準動作訓練脫節的現象，他們採用大量的行之有效的組合練習,如抓舉接寬拉;窄拉接下蹲翻;下蹲翻接前蹲接上挺;高抓接抓舉接下蹲支撐;慢拉接快拉等。這些練習難度大,要求嚴格,既要求動作質量又要求速度、協調和專項耐力。例如瓦爾達揚挺舉訓練中採用下蹲翻(二次) + 前蹲(二次) + 上挺(二次)的組合練習,槓鈴重量 180 公斤(80%),共作 10 組。

③重視與標準動作密切相關的局部肌肉練習

如前蘇聯人阿列克謝耶夫除主要輔助練習外他很喜歡練習山羊挺身、負鈴跳躍後拋槓鈴、單腿蹲等練習,他做山羊挺身時可採用 90 公斤作組數。

3、身體訓練的有效方法和手段

(1)舉重運動員運動素質特點

舉重屬爆發力項目,對運動員的協調、靈敏、力量和速度,尤其是對肌肉韌帶、關節、骨骼,特別是脊椎(椎間軟骨和推間盤)等提出了很高的要求。因此提高肌肉的收縮速度、瞬間肌肉收縮的爆發力就具有非常重要的意義。不僅如此,舉重的兩項比賽需要持續 2 小時左右,有時甚至更長,沒有良好的專項耐力是難以勝任的。例如前蘇聯 80 次世界紀錄創造者、超重級運動員、現任國家隊總數練的阿列克謝耶夫百公尺成績 11.5 秒,縱跳 70 公分;40 多次世界紀錄創造者里格爾特百公尺成績 10.4 秒。多次世界紀錄創造者瓦爾達揚縱跳 95 公分,跳高成績 2.13 公尺,立定跳運 3.65 公尺;保加利亞多次打破世界紀錄的運動員科列夫,他通過體操改進柔軟性,百公尺成績達 10.9 秒,跳高 1.75 公尺,立定跳遠 3.18 公尺,他還喜歡籃球和足球;我國優秀運動員、世界冠軍蔡炎書立定跳遠 3.40 公尺,縱跳高達 1.05 公尺;世界紀錄創造者、優秀舉重運動員劉壽斌從小練習武術,能連續作空翻、小翻,他柔韌性靈活性和協調性極好。立定跳遠達 2.8 公尺,三級跳遠 9 公尺多。良好的素質水準反過來又促使其專項能力的提高。它們互相促進互為補充。

(2)舉重運動員的一般運動素質訓練

對舉重運動員的運動素質如速度、彈跳力、協調性、柔軟性和力量素質有高度要求。通過田徑、體操、技巧、武術、摔跤、球類運動、自行車、划船、游泳、滑水、滑雪等項目的練習可得到發展。其中有些項目是用於青少年的,如體操、技巧、滑冰、滑雪、田徑中的中距離跑、武術和摔跤等,在訓練各階段應適當安排這些練習。

①速度和彈跳力的訓練

當前國內外優秀運動員中廣泛採用的練習有:30－50 公尺的短跑、原地跳高、原地跳遠、跳上山羊、跳臺階、連跳多級欄架、多級雙足和單足跳、跳深練習,及肩負槓鈴跳躍等練習。這些練習全年不少於 100 次。

②柔韌性的訓練

對舉重運動員來說,柔韌性顯得特別重要。有時它決定試舉的成敗。

某些舉重運動員由於肘關節柔軟性差,上挺時很難將兩臂伸直。肩關節差的運動員很難保持直臂穩定支撐槓鈴。

為了改進肩肘關節的柔韌性,每天可作下列練習:

A.兩手各握一啞鈴,兩前臂安放在木臺邊上成懸垂姿勢,上體緩慢地作前、後、上、下移動,使肘關節韌帶得到拉長,最好是作負重單槓懸垂,使肘關節周圍肌群得到被動牽拉。

B.仰臥凳上兩手直臂持槓鈴於頸後懸垂,拉開肩帶,靜力、振動反覆作。

C.窄握木棍作下蹲抓支撐、同伴一手握木棍中央上提,一手頂住練習者上背部,使肩拉開、肘伸直、靜力,反覆作。

注意做柔韌性練習時應盡量使伸展幅度一次比一次加大,直到有疼痛感為止。

(3)最大力量訓練的方法和手段

①持續不斷地重覆用力的方法(重覆法)表3-20-2

表3-20-2:　重覆法力量訓練的負荷特徵

負荷強度	組數	每組重覆次數	每組間歇
75-90%	6-8	3-6	3'

這種方法的特點是負重量的大小應隨肌肉力量的增加而逐漸增加。當運動員能重覆更多次數時,便表明力量有了提高,即應增加負荷的重量。這種方法可運用於訓練的各個時期和階段。

②最大限度短促用力的方法(強度法)

這種方法採用接近最大的和最大的負荷。訓練時逐漸達到用力極限,以後繼續用中等的、中等以上的強度訓練,直到對這種刺激產生劣性反應時為止(表3-20-3)。

表3-20-3　強度法力量訓練的負荷特徵

負荷強度	組數	每組次數	每組間歇
85-100%	6-10	1-3	3'

短促極限用力的方法保證了肌肉用力的高度集中,使肌肉絕對力量得到發展,但卻不增加肌肉的體積,從而使相對力量得到明顯提高,中國的大多數優秀舉重運動員、前蘇聯部分優秀舉重運動員都採用此法,並取得顯著效果。

③極限強度訓練方法(保加利亞力量訓練法)(表3-20-4)

這種方法為保加利亞功勛教練,伊萬·阿巴杰耶夫所創。

它的顯著特點是:非常突出強度,幾乎每周、每天、每項都要求達到、接近甚至超過本人當天體力最高水準,然後減10公斤作兩組,再減10公斤作兩組。在計劃規定的時間內要求組數越多越好,整個全年訓練都如此,不作大的調整和變動。

④極端用力法(表3-20-5)

表3-20-4　　"保加利亞法"力量訓練的負荷特徵

負荷強度	90%	95%	97.5%	100%	100%
組數	3	2	2	2	1-2
每組次數	3	2	2	1	1
每組間歇			3　分　鐘		

表3-20-5　　極端用力法力量訓練的負荷特徵

負荷強度	組數	每組次數	每組間歇
50-70%	3-5	10-12	3'-5'

使用這種方法時要做極限數量的重覆次數,直到完全不能做爲止。肌肉越來越疲勞,需要從大腦發出更多的神經衝動去激發更多運動單位,把每塊肌肉充分地調動起來,並激發新的肌群。

這種訓練方法對某些運動項目的運動員的身體起着最爲深刻和全面的結構性以及機能性的影響,而對運動系統和心血管系統的影響則更爲強烈。此外,還有靜力練習法、退讓性練習法等。

(三)專項的心理特徵及訓練

舉重運動員的心理訓練目的在於培養和發展運動員在緊張的比賽中所必需的心理品質和個性心理特徵,並使運動員學會控制和調節自己的心理狀態,取得比賽的優異成績。

1.舉重專項心理特點

我國大部分優秀運動員的神經類型屬興奮型,也有的屬安靜型。如何灼強屬興奮型,何英強屬安靜型,劉壽斌屬興奮-安靜型。靈活型和抑制型者少。

從動機角度觀察希望成功動機強的運動員成功率高,成績較穩定,對自己有把握;害怕失敗動機強的運動員成功率較低,成績不穩定,把成功歸於偶然因素。那些平時訓練成績優於比賽成績的運動員大多是害怕失敗動機強的運動員。

2、賽前心理準備

實力相當、水準接近的高級運動員在比賽中誰勝誰負的問題是教練經常遇到的一個極爲重要的問題。一定要重視賽前心理準備,設法形成運動員最佳心理狀態,以便在緊張激烈的比賽中充分發揮自己的競技能力,奪取比賽的勝利。

賽前心理準備歸納起來有:

(1)明確比賽任務,確定比賽目標。制定的目標要切合實際,並可能實現。

(2)激發良好的比賽動機。教練要善於引導運動員從外在動機的作用轉化爲愛國主義爲國爭光的內在動機,爲個人的動機不能持久,只有爲祖國爲人民而練的動機才是持久的動機。

(3)形成最佳情緒狀態。賽前教練要做好穩定運動員情緒的工作,採用各種手段和方法排除運動員賽前緊張、急躁不安、恐懼、氣餒等不良情緒的影響。

(4)樹立必勝的信心。取勝的運動員大多在賽前充滿信心;失利的運動員往往信心不足。培養信心靠平時提高運動員的認識水準,激發內在動機,提高試舉成功率,尤其是第一次試舉的成功率。

(5)提高戰鬥意志,增強競爭性和進取心。戰鬥意志的培養是靠平時從難從嚴的刻苦訓練;靠教練的激發、鼓勵,也要靠運動員自覺的行動而得到。

(6)適應比賽環境,進行實戰訓練和模擬訓練。

(7)學會自我調節心理狀態的各種方法以防止外界干擾。

(8)制訂賽前最適宜的計劃和順序,一般以八周爲宜。

(9)認眞分析未來比賽的有利和不利因素,找到克服各種困難的具體辦法,不打無準備之仗。

3、專項運動員的心理訓練方法和手段

適用於舉重運動員的心理訓練方法很多,下面介紹幾種行之有效的方法:

(1)自我暗示和放鬆訓練

這是一種利用自我暗示的套語來誘使練習者肌肉和心理放鬆的方法。練習時反覆默念套語,使自己的四肢、軀幹肌肉鬆弛,產生溫暖感和沉"著"感。降低呼吸頻率、心率和血壓,從而使大腦的興奮性處於適宜狀態,而達到情緒穩定和認知清晰(參考本書第一,二篇有關內容)。

(2)意像訓練

念動訓練的方法有:

①訓練、競賽之前進行想像(先想像後訓練)

運動員在練習(或第一次上臺試舉)某動作之前,把整個動作的全過程做一次想像,練習後利用想像和思維以及內部語言敘述出自己在練習中的體會。

②模擬想像。舉重運動員賽前可模擬比賽情景進行想像。

③在放鬆的情況下進行想像。讓運動員放鬆神經肌肉後再想像有助於集中想像,所以在做念動訓練前首先要做放鬆訓練。

(3)集中注意力訓練

舉重運動員試舉前非常重視集中注意。保加利亞人研究過舉重運動員

集中注意的問題。他們指出,隨任務的難度不同(重量、動作難度等),集中注意的時間也不同。舉重運動員舉的槓鈴愈重,試舉前集中注意的時間也愈長。但都有個適宜的集中注意時間。如保加利亞國家舉重隊隊員 N·M 說:"對我來說,集中時間 50－60 秒會產生積極效果,超過 60 秒的集中,我就不安定,就會分散注意力。"集中注意的練習方法很多,適用於舉重運動員的有:

①活動性和靜止性的集中注意訓練。舉重運動員可練習用眼盯住活動目標,或者練習盯住槓鈴。凝神貫注一分鐘。

②結合某種感覺的集中注意力訓練

A.體會肌肉感覺練習。舉重運動員要善於感覺並分辨哪些是用力肌,哪些是支持肌,哪些是對抗肌。這有助於提高集中注意的程度。

B.視覺集中注意練習。如看定點、顏色、形狀、秒鐘、槓鈴等。

C.聽覺集中注意練習。如聽音樂,聽信號,聽套語等。

③控制思維的集中注意力練習

A.積極進取。凡事都要從積極方面考慮,尋找積極的解決辦法,可減少消極思想的干擾。

B.消除雜念。

C.信息的控制和回避。賽前讓運動員處於一種安靜的較少干擾的環境,控制不必要的活動,減少情緒波動,使注意傾向與比賽有關的事情上,可加強注意的集中性和穩定性。

(4)模擬訓練

模擬訓練就是採用各種方法模擬未來比賽中的各種條件、情景,使訓練盡量接近比賽實際,讓運動員適應未來的比賽。模擬訓練的主要方法有:

①比賽易出現的各種困難情況、時空間的限制,各種特定要求的模擬。例如北方隊員為適應南方氣候條件可在熱天加大運動負荷訓練,或安排一定數量的晚上訓練,以適應晚上燈光、生物節律變化的情況。

②各種固定情景和變化情景的模擬。如練習第一次試舉成功後增加重量作第 2－3 次試舉的變化情景的模擬。

③模擬試舉強度和試舉間隔。因試舉重量和試舉先後順序是一種戰略,所以試舉間隔會因對手的戰略意圖而拖延和提前。因此試舉間隔也要不斷變化,在平時訓練中就要養成不斷改變試舉間隔的嘗試。

④想像模擬。在訓練中想像在與對手比賽並戰勝了對手,會有助於提高心理適應能力。

⑤設想各種可能出現的干擾和障礙。如設想裁判人員的不正確判決,賽前晚上失眠等不利因素。

⑥場地器材、海拔高度、時差、睡眠、飲食習慣等的模擬。如飲食不適應,槓鈴桿的粗細等對技術狀態和心理狀態的影響,所以賽前應提高對這些

因素的適應以保持心理穩定性。

(5)動機訓練法

動機是指運動員的有傾向的行爲轉到一定的目的上,也就是說是引起運動員的行動的內在原因,是運動員行動的內在動力。它能激發人們爲完成自己確定的目標而努力。動機有內在和外在之分。發自內心深處的動機是內在動機,這種動機更能使人奔向目標,持續性也長。外在動機是由外部影響而激發的動機,如思想鼓勵、獎勵、金錢等刺激。多數情況下外在動機可轉化爲內在動機。在競技運動中動機還有希望成功型和害怕失敗型的動機。前者對比賽充滿希望,信心十足,意志頑強,臨危不懼,沉着鎮靜;後者對比賽缺乏信心,害怕失敗,意志薄弱,手忙腳亂、依賴別人。內在動機和希望成功型的動機是可以培養和訓練的。動機訓練比較有效的方法是:

①誘發運動員希望成功的動機。教練對運動員的試舉成功總要充滿信心,不要表達失敗的憂慮。因此教練要注意自己的言行,說話要有分寸。

②讓運動員和教練共同制定試舉重量,發揮運動員的積極性,有助於激發其內在動機。

③經常給運動員提出適應其試舉能力的任務難度,成功了給予鼓勵,失敗了再幹。

④確定適宜的目標。要幫助運動員選出一個經過最大努力可以實現的目標。運動員實現了一個目標後會產生成功感,有信心去努力實現第二個目標。如此繼續下去就能達到遠期目標。

⑤引進競爭機制,激發競技動機。在隊內安排成績大致相近的隊員同臺訓練,形成競爭氣氛。培養希望成功的動機。

除上述介紹的方法外還有氣功療法、生物反饋法、瑜珈等,據說保加利亞舉重隊就常採用瑜珈功法以達到調節心理、放鬆肌肉的目的。

(四)專項訓練計劃的制定

1 多年訓練計劃

多年訓練計劃是指運動員從開始從事舉重訓練達到高度的競技運動技術水準這一長達四年以上乃至十幾年的全過程的訓練計劃。

舉重運動員的多年訓練過程可以看作是運動技巧形成的過程,它需要若干個階段。按前蘇聯人劃分爲4個階段即選材和開始訓練階段;運動技術的形成階段;高級運動技術水準階段和最後的國家代表隊的訓練階段(圖3-20-5)。每個階段都有其自身特點的任務要解決,但它們都和獲得最高運動成績的多年訓練過程的主要任務密切相關。可以說多年訓練過程就是一個系統,也只有在具備了這些條件時,多年訓練過程的系統發展才能充分開發每個舉重運動員的潛力,把一位普通靑少年選手塑造成爲優秀舉重運動員。

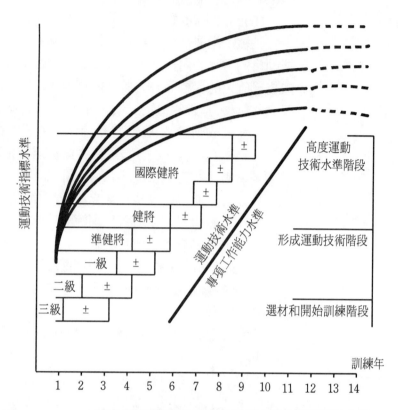

圖 3 - 20 - 5 　　舉重多年訓練中完成運動技術水準的速度和動力學
變化(依梅德維杰夫　1986)

(1)選材和開始訓練階段(圖 3 - 20 - 5)

此階段以二年爲限,主要任務是學習、體會和初步掌握運動技術,習慣
訓練過程和達到三級以下初等級的運動員標準、同時培養對舉重的興趣並
發現舉重人材。

此階段要重視全面身體訓練,打好運動素質,基本技術的基礎,發展身
體各器官和系統的機能,尤其要注意心臟血管系統的訓練,因此忽視全面身
體訓練,不重視基本技術訓練,突出訓練過程,少年運動員訓練成人化,甚至
非法使用興奮劑,危害少年健康,造成以後訓練困難等做法都是不允許的。
從道德倫理的角度來講也是不應該的。

我們認爲所有的新手、少年和青年運動員,不論其天賦如何,都應進行
系統的嚴格的全面身體訓練,增強體質,發展內臟功能,進行相當長時間的
開始階段的訓練,堅決排除某些強化性的突擊因素。

本階段一般身體訓練應占全部時間的 40％,年齡愈小,比重愈大。

(2)運動技術形成階段

此階段以三年爲限(從 13 - 14 歲開始),目標是獲得運動健將稱號。掌
握技術技巧的主要任務是抓舉和挺舉的正確提鈴技術。完善、鞏固和掌握

技術動作,達到鞏固的技術水準。

標準動作的負荷量比前一階段有所增加,一般身體訓練負荷量應爲總負荷量的20%。

(3)高級運動技術水準階段

此階段以四年爲限(從17－18歲開始)。主要任務是達到運動健將和國際級運動健將的標準。訓練主要內容爲專項練習。更要重視發展專項特點的速度力量素質,進一步完善技術技巧,並保持高度的水準。一般身體訓練的負荷適當減少,爲總負荷量的15%左右。

(4)國家代表隊的訓練階段

這時運動員應當承受高度的身體和心理負荷,訓練過程的緊張性達到最大程度。在最複雜的比賽條件下,善於表現出個人最佳比賽成績。

多年訓練過程系統的各個階段具有統一的目的。即運動技術水準是逐步提高的。當然每個階段都要解決專門性的任務。但它們彼此並不矛盾。前面任務的解決有助於後面任務的解決。運動技術形成過程是通過我國運動等級標準實現的。運動等級標準具有準確和明確的時間界限,能爲運動技術形成過程創造一個最佳的節律。

我們調查的材料表明,從11－13歲開始從事舉重運動的運動員,通過和達到運動健將標準的時間約需4－5年,達到或通過國際運動健將標準的時間約需6－8年,從新手到等級運動員達標,我國少年級(少年級、三級二級和一級)需要一年或一年以上的時間。輕級別的運動員運動技術形成過程較重級別快。從運動成績增長速度看,前5－8年,增長速度最快,以後就緩慢下來。體重越重,成績保持的時間也越長。此外,從一個級別轉入下一個級別的運動員成績增長大,平均增長30公斤。

2、多年訓練計劃由以下幾個部分組成

(1)運動員的現實狀況:運動員的身體測量,專項運動能力、全面身體發展能力、專項技術自我控制能力、承擔負荷量的能力以及必須具備的心理素質、神經類型、激素水準等。

(2)多年訓練的目的和主要任務:以四年爲一週期,結合奧運會、亞運會、全運會戰略制定切實可行的目的和任務。

(3)訓練的階段與時間:按上述四個階段劃分,年度界限可因運動員的訓練水準而增減。但幅度不宜太大。如第一階段爲基礎訓練階段,原則上2年,如果運動員年齡小,可延長至3－4年。一般來說我國和前蘇聯、保加利亞等國相比,基礎訓練階段時間較短,運動素質訓練比例較少。技術訓練的手段不多,因此我們還要大力加強基礎階段的訓練。

(4)歷年的主要舉重比賽:按規定一年中運動員應參加4－6次比賽,其中2－3次爲重大比賽。根據四年一度的奧運會、亞運會及全國三大賽事(全國舉重錦標賽、全國舉重冠軍賽和全國青年舉重冠軍賽)訂出計劃成績

和名次指標。

3、年度訓練計劃

年度訓練計劃是敎練和運動員組織運動訓練過程的一個重要文件,它包括如下內容:

(1)年度訓練計劃的主要目的和任務。圍繞主要比賽而制定。

(2)年度訓練計劃的階段劃分

第一種按週期劃分,圍繞兩次重大比賽安排兩個週期,每個週期可分為準備期、基本期(比賽期)和過渡期。計劃各時期的目的、任務和負荷量安排等;

第二種按"階梯式"的節奏劃分,以2-3周為一個階梯,不安排調量周,在穩定了一個階梯後再繼續上升至後一個階梯。

兩種方法比較,第一種方法節奏感較強,恢復時間長,後一種方法看似無節奏,恢復時間短,但實際上有適應、重建和超量恢復過程。

(3)訓練比賽的時間和負荷的分配

初略統計,優秀運動員中實際訓練日為250天(全年星期日54天,各種節假日6天,各種比賽後休息共6天,學科考試4天,比賽日共計45天,總計115天不能正常練習),一般在重大比賽前要安排八週賽前訓練,賽前二周單獨安排。

(4)年度運動技術指標:它包括運動技術評定指標;運動成績達到標準;運動素質達標標準。

(5)衡量運動員訓練水準各方面的檢查指標:它包括檢查指標的內容;標準動作與專項輔助練習的相互關係。

(6)訓練場地、器材和設備。

(7)文化學習、生活管理、思想教育等方面的問題。

(8)醫務監督和恢復措施:加強按摩(人工和機械)、蒸氣浴、倒吊、放鬆訓練,服用特製飲料和各種維生素製劑加速機體恢復過程。

(9)基本訓練手段及其在年度計劃中的分配

根據統計處理,下列練習與標準動作最為密切,是主要練習手段。除標準動作外,按順序應是高抓、高翻、前蹲、後蹲、寬拉、窄拉、借力推、寬借力推、架上挺、直腿抓。經常練習的手段還有山羊挺身、腹肌、負鈴跳、跳深、立定跳遠和連續跳等練習。

將上述主要練習按階段、月週期分配,抓舉練習占26%,挺舉練習占25%,寬拉占10%,窄拉占10%,深蹲占20%,推舉練習占9%。上述比例根據訓練階段的目的和任務和運動員的具體情況可加以調整。

應該注意,較重級別的運動員大強度的提鈴次數宜少,小強度的提鈴次數宜多。在確定深蹲、上拉、上推類練習比例時,應考慮每個運動員專項訓練的個人特點。計劃規定水準高的運動員全年要完成抓舉和挺舉練習

90％以上重量的提鈴次數 250－300 次,總負荷量爲 1600－2000 噸。

　　每個月除專門輔助練習外,還要計劃其它項目的練習,如籃球、田徑、技巧、角力、武術等。一年約 200 小時。

　　年度負荷安排和年計劃見圖 3－20－6;表 3－20－6。

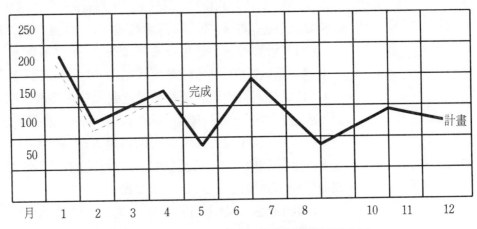

圖 3－20－6　　(單位:噸)年度負荷量計劃示意圖:

表 3－20－6　　舉重訓練年度計劃

指標	月　份											
	1	2	3	4	5	6	7	8	9	10	11	12
比賽名稱			全國城運會(預賽)	全國男子舉重錦標賽		全國靑錦標賽			全國城運會(決賽)		全國男子舉重冠軍賽	
計劃成績												
表現成績												
90％以上重量提鈴次數												
抓舉練習												
挺舉練習												
一般身訓												

3、階段訓練計劃

　　階段訓練計劃時間可長可短。階段訓練計劃規定階段所要達到的目的和任務、應完成的各項指標和達到的比賽名次。它由若干周訓練計劃組成。按保加利亞人的安排前二週爲適中週,中二週爲積極化週,後二週爲超積極化週。也可按另一種安排:前二週爲加量周,中二週爲加量加強度週,後二週爲加強度、調量週,最後二週爲超強度週。

　　在我國,階段訓練的節奏以二周大一周小爲宜。

4、週訓練計劃

　　週訓練計劃是具體的實施計劃,依訓練任務、目的的不同,可把週訓練分爲技術訓練周、強度訓練周、加量訓練周、比賽周和調量周等。

(1)技術訓練周。着重改進和完善標準動作的技術,有一定的強度,但要求動作的協調性、完整性和速度感。練習少,組數和次數較多。

(2)強度訓練週。着重發展試舉極限重量的能力和自信心,鼓勵運動員試舉極限重量的勇氣,要求運動員完成標準動作 90－100％的重量的試舉,力爭達到當天體力的極限。安排應有節奏,內容以練習少、組數多、次數少爲特點,成功率要高,要求每個運動員認眞,注意力高度集中完成每次試舉。

(3)加量訓練週。着重提高專項耐力,發展身體承擔大負荷量的能力,強度適中量大,可安排各種難度的組合練習,練習多,組數和次數也多。

(4)比賽週。着重誘發和培養運動員的最佳競技狀態。因此,本周以控制強度、減少練習數量,縮短訓練時間和減少組數和次數爲特點,如果說前幾周每天練二次的話,那麼本周則以隔天練一次爲好。目的在於通過賽前極限強度的訓練獲得一次超量恢復。因此,本周訓練要格外認眞細緻,每個練習都要明確規定強度、組數和次數。

(5)調量週。又稱恢復週,本週要大大降低強度和負荷量,減少練習內容、組數和次數。盡快使機體從疲勞中得到恢復。也可採用一些其它練習如伸展肌肉和韌帶的練習;有助於脊柱恢復的練習;小肌肉群和跑跳練習等。

週計劃的架構包括訓練次數,訓練內容、組數、次數,有的還包括強度範圍。周計劃示例見表 3－20－7。

表 3－20－7　　　廣西隊週計劃

周	一	二	三	四	五	六
上午	抓舉 8×2 架挺 8×2 窄拉 8×2	借力推 8 寬拉 8 窄硬 8 寬支 6	抓舉 8×2 架挺 8×2 窄拉 8×2	借力推 8 寬拉 8 窄硬 8 寬支 6	抓舉 8×2 架挺 8×2 窄拉 8×2	借力推 8 寬拉 8 窄硬 8 寬支 6
下午	後蹲 9×2 預蹲 6×2 半蹲靜力 2		後蹲 8×2 預蹲 6×2 半蹲靜力 2		後蹲 8×2 預蹲 6×2 半蹲靜力 2	

5、課時訓練計劃

課時訓練計劃,依據週計劃而制定。不論是週計劃還是多年訓練計劃都必須通過課時訓練計劃的組織和實施來貫徹。因此,課時訓練計劃受到教練和運動員認眞對待。下面介紹專項訓練課,這是主要的上課形式,它由開始、基本、結束三部分組成。首先規定課的任務和內容,每次課都有與週計劃密切相關的任務,根據任務選擇內容;其次規定每個練習的強度範圍,必要的組數和次數;第三規定運動素質訓練的內容數量;第四記錄訓練前後體重、血壓、脈博和自我感覺等。

表 3－20－8　　　保加利亞隊周計劃(1985)

周	一	二	三	四	五	六
上午	抓舉一小時 休息半小時 挺舉一小時 窄拉半小時 後蹲半小時	懸垂抓舉 一小時 架挺一小時 高翻半小時	抓舉一小時 休息半小時 挺舉一小時 窄拉半小時 後蹲半小時	懸垂抓舉 一小時 架挺一小時 高翻一小時	抓舉一小時 休息半小時 挺舉一小時 窄拉半小時 後蹲半小時	懸垂抓 一小時 架挺一小時 高翻半小時
下午	挺舉一小時 休息半小時 抓舉一小時 前蹲半小時 寬拉半小時		挺舉一小時 休息半小時 抓舉一小時 前蹲半小時 寬拉半小時		挺舉一小時 休息半小時 抓舉一小時 前蹲半小時 寬拉半小時	

表3-20-9　舉重訓練課記錄範例

練習號	名稱	日期 強度範圍 <60% -	60%>	70%>	>80% +	>90% +	100% +	基本練習 提鈴次數	基本練習 公斤	輔助練習 提鈴次數	輔助練習 公斤
1	抓舉	$\frac{80}{2}$	$\frac{90}{2}$	$\frac{105}{2}$	$\frac{120}{2}$ 2	$\frac{135}{2}$ 4		14	1570		
2	寬拉				$\frac{145}{2}$ 2	$\frac{150}{2}$ 4	$\frac{160}{2}$ 2	16	2420		
3	寬硬拉					$\frac{170}{2}$ 4		8	1360		
4	寬頸後推	$\frac{60}{3}$ 2	$\frac{70}{3}$ 2							※(12)	(780)
5	挺舉	$\frac{95}{2+2}$	$\frac{115}{2+2}$	$\frac{130}{2+2}$	$\frac{150}{2+2}$	$\frac{170}{1+1}$ 4		24	3320		
6	窄拉				$\frac{195}{2}$ 2	$\frac{205}{2}$ 4		12	2420		
7	後蹲				$\frac{200}{3}$ 2	$\frac{220}{2}$ 4		14	2960		
8	架挺	$\frac{100}{2}$ 2	$\frac{120}{2}$ 2	$\frac{140}{2}$ 2				12	1440		
跳躍類別及次數		跳上100cm 高山羊 15次						100	15490		
一般身體訓練注解	排球 30分鐘 活動能力評定:良、中、劣	自我感覺: 教師意見:						體重: 血壓: 脈膊:			

注:1-4號為上午練習內容　　※份量不大的輔助練習不計入總負荷之中

　　5-8號為下午練習內容。

　　開始部分:以徒手操開始,然後做各種拉長肌肉的練習,有時做一些跑跳練習。

　　基本部分:首先安排標準動作,其次安排標準動作的輔助練習,如寬窄拉、前後蹲等;第三安排各種肌肉練習,如山羊挺身、仰臥起坐等;第四適當安排與支撐有關的靜力練習,如架支撐、寬握支撐蹲等。

　　結束部分:安排短距離跑(30-60公尺)和跳躍練習(立定跳遠、跳深等),拉長和伸展肌肉的練習。或者適當安排發展心肺功能的中長跑(1000

公尺）練習。最後進行按摩和放鬆練習。結束部分還應該包括教師的獎評。

有關練習內容、組數和次數、負荷分配等都要作詳細記錄，並由教練檢查評閱備案。

課時計劃示例見表 3-20-9

（五）專項運動員選材

根據我國廣東石龍鎮業餘體校、廣西南寧百色地區重點體校及北京體院競技體校多年選材實踐以及保加利亞、前蘇聯等國的選材經驗，我們認為選材應從 10-11 歲開始，並且分三階段進行：

第一階段為初選階段。從普通小學選擇那些體型均稱，彈跳能力好，動作協調，骨骼粗大、肌肉較明顯的樂意從事舉重的兒童 20-30 名進行為期三個月的試訓。試訓後測量內容如下：

1.身體形態

（1）身高、體重、胸圍。最輕級別要求身材矮小、勻稱，最重級別高大、粗壯。經驗指出，體重大、胸圍大但不肥胖的兒童可優先入選。

（2）身體各部位之比例：

①身高與坐高比例（以 10 歲為例）：選輕級別時身高 125 公分以下，坐高 66 公分，選重級別時身高 132 公分以上，坐高 70 公分為宜。

②身高與肩臂長比例：選輕級別時肩臂長 113 公分，重級別時 123 公分為宜，因此應考慮選擇胸部發達，而肩臂較短者為好。

③坐高與下肢長比例：選輕級別的下肢長為 54 公分以下，重級別的為 58 公分以上為宜，坐高與下肢長的比值為 1.17，如果下肢過長，則平衡角度小穩定性差。

④肩帶與骨盆寬之比例：選輕級別的肩寬為 26.7 公分，骨盆寬為 19.1 公分，重級別的為 29.3 公分，骨盆寬為 20.7 公分，肩寬與骨盆寬之比值為 1.44 左右的人為宜。

那些大腿長度稍短於小腿長度，肩寬大於骨盆寬，手掌大而長的，尤其是大拇指長、足弓稍高的少年兒童宜優先入選。

（3）體型。胸廓前後徑與橫徑比例勻稱為好。扁平胸、雞胸、駝背、先天性骶骨裂等不宜入選。那些臀部自然後翹，小胸部挺起的兒童具有先天性的強有力的腰背肌和較好的彈跳力，是舉重的理想體型。此外要求上肢肘關節伸直能達 180°，肩髖關節相當靈活，全深蹲時能挺胸別腰且能直臂支撐槓鈴於頭上方。O 型腿和 X 型腿也不宜入選。

2、身體機能

要求心肺、肝臟和其它器官系統功能正常。患有肝病、腦血栓、鼻腫瘤

等穩形病史者嚴禁入選。下面的檢測內容可供參考:

(1)心率呼吸差和血壓對 10－12 歲兒童心率以 82－84 次/分;血壓 100/64～104/66mmHG;呼吸差至少在 3－4 公分爲好。

(2)握力、背力和腿力。可用握力計、背力計和負重深蹲測其握力、背力和腿力。據梁柱平(1988)資料,10－12 歲其握力指數爲 52%($\frac{握力}{體重}$×100%),背力指數 175%,腿力指數爲 150%以上爲好。

(3)臺階機能試驗。10－12 歲兒童其絕對值不應低於 350－450 公斤公尺/分,相對值爲 12.5－16 公尺/分爲好。相對值大者更好。

(4)血紅蛋白、肌纖維類型和激素檢查。血紅蛋白能給肌肉活動時加氧,而且還能緩衝酸性產物。選材時宜選血紅蛋白含量高的兒童,一般不低於 12 克;舉重屬爆發力項目,故宜選白肌纖維占優勢的那些跑跳能力強的少年兒童;激素是指體內睾酮含量,經驗證明那些體內激素含量高的少年能承受更大的負荷,抗疲勞能力強,成績增長快,所以選材時宜選睾酮含量高,睾丸相對大的少年兒童。

3、心理的神經類型

要注意選擇那些興奮型占優勢,適度的安靜型的少年兒童,抑制和憂抑型者不可取(萬德光 1991 年對國家舉重隊的調查材料)。此外從動機的角度選材,要注意選擇那些希望成功動機強,遇事果斷好勝勇敢的少兒,不宜選那些害怕失敗動機強,膽小怕事退縮不前的少兒(萬德先 1987)。

4、運動素質

要全面反映少兒的速度彈跳柔韌協調耐力等方面的能力,選材時這是一項非常重要的指標。測試項目應有 60 公尺跑、立定跳遠、縱跳、後拋鉛球、800 公尺,體前屈、橫豎叉等,達標標準應根據本地區情況制定取成績進步幅度大者入選。

第二階段即複選階段(六個月)。進入複選階段的少兒約 15－20 名,他們應着重學習和掌握舉重的基本技術、技能和知識,能夠用輕槓鈴熟練地完成一系列的標準動作和各主要輔助練習,動作協調有速度和爆發力。教練要特別注意他們訓練的積極性、自覺性和刻苦性,以及必要的意志品質、訓練作風,將那些作風好,承受負荷能力強,恢復快的入選。

第三階段即終選階段。爲期三個月,着重解決初選和複選中尚未發現的或者懸而未決的問題。這些問題是:

①早熟好還是晚熟好,根據專家們的意見早熟爲好。

②如何看待激素水準和睾丸大小對力量的影響,專家認爲,體內自然激素(睾酮)水準高、睾丸大者有力,精力旺盛。

③力量型好還是協調型好,教練們認爲以腰腿力量大的爲好。但也不排除力量和協調均匀發展的運動員,在力量型中又以爆發力好的占優勢。

　　此外這階段是決定是否錄取的關鍵時刻,所以對入選的少兒還要考查其文化程度、行爲表現。終選人數 6－10 人。

（萬德光）

二十一　籃　球

(一)專項訓練的主要特點和發展趨勢

1、主要特點

高速度、高強度:無論傳球、運球、突破,都要快速、突然、有力,並在激烈對抗中完成技術動作;強調高空技術和高空優勢:高度與速度的結合更加完善;高度的技巧性;傳、運、投等技術動作要求達到熟練自如、出神入化的地步;攻守對抗異常激烈,對爭搶能力要求極高。

2、發展趨勢

防守戰術向綜合運用方向發展,以彌補盯人和聯防單獨運用的不足。不論採取什麼防守形式,都以積極攻擊球為主要目標;進攻戰術將在運動員全面掌握高精尖技術的基礎上,打破固定位置的打法,提倡移動進攻。戰術運用將更加靈活,並具有攻擊性;注意選拔培養"明星"運動員,同時強調整體的作用,加強全隊戰術的訓練;揚長補短,樹立自己的獨特風格。

(二)專項訓練的指導思想

我國籃球運動員的訓練必須走全面發展的道路,在全面發展的基礎上突出特長。身高是提高籃球運動水準必備或首要條件,但決定籃球比賽的勝負因素還包括身體、技術、戰術、意識、心理、臨場應變能力等等方面。要通過訓練把身高以外的方面抓好,以彌補運動員高度的不足。要在快、靈、準上下功夫,同時加強對抗能力,這既是我們的技術風格,也是我們的戰略指導思想。

(三)制定訓練工作計劃

訓練計劃的系統性和連續性十分重要,制定訓練工作計劃及流程,既可避免訂訓練計劃的繁瑣和重覆,又便於檢查掌握訓練工作的進展情況,有利於訓練工作的順利進行。

1、多年訓練規劃

(1)多年規劃是一個球隊多年訓練工作的全面安排,是制定全年訓練計劃的依據。多年規劃的內容應包括:

①國內外籃球運動的發展趨勢。

②本隊準備形成的風格和打法特點。

③本隊準備爭取達到的目標和總任務。

④教學訓練大綱的總內容(包括思想作風和管理教育,身體、技術、戰術、心理和意識訓練等)。

⑤教學訓練總的進度安排(劃分每年訓練的重點內容)。

(2)多年規劃的格式(表3—21—1)

表3－21－1

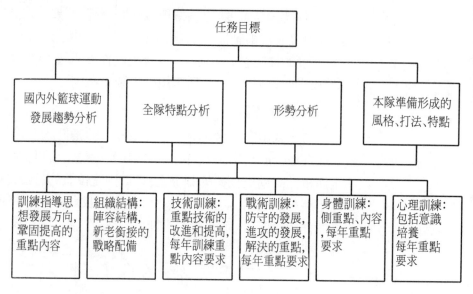

2、年度計劃

(1)根據長遠規劃安排好每一年的訓練,是實現總任務最重要的環節。教練必須在調查研究的基礎上,根據本隊的任務和條件制定出全年訓練計劃。

(2)制定全年訓練計劃應考慮的問題

①多年規劃規定的任務及內容。

②本隊要參加的全國、省市或地區的比賽任務。

③參考上一年訓練工作總結,保證訓練工作的連續性和系統性。

④廣泛徵求意見,充分經過全隊討論,使計劃既有先進指標又切實可行。

(3)全年訓練計劃的內容

①制定計劃的指導思想和依據,提出總的訓練任務和爭取達到的指標。

②基本情況,包括隊員的思想、身體、技術、戰術、心理、文化狀況、國內籃球運動的現狀和與賽隊現狀、訓練時間、場地和氣候條件等。分析有利條件和不利條件,找出共性和特性問題。既要有全隊的一般情況分析,又要有每個隊員的重點分析,可採用表格登記法。

③全隊的任務和指標,每個隊員的任務和指標。

④訓練時期的劃分和內容安排。

⑤教學訓練進度和訓練內容的分配。

(4)年度計劃格式(表3—21—2)

3、階段計劃

(1)階段訓練的重點內容,應按輕重緩急、難易程度、各項內容之間的內在聯繫和隊員的訓練水準進行科學編排,進而制定每次訓練課的教案。

(2)完成每一項任務都要按要求、方法、步驟和進度,進行系統考慮和系統訓練。

(3)如重點內容有六項,現以二項爲例,設計計劃格式(表3—21—3)。

表3-21-2

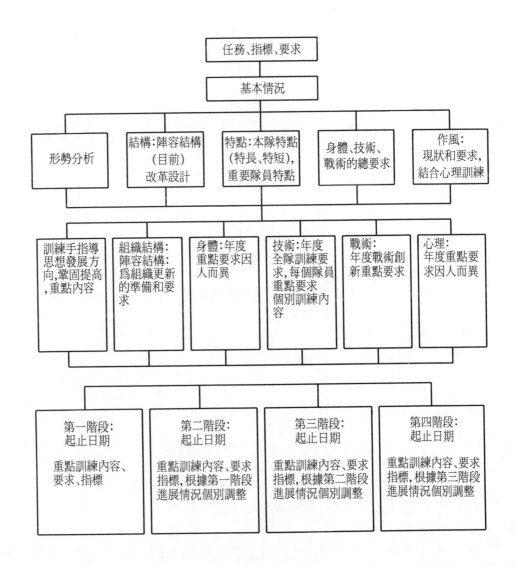

4、編排流程圖應注意問題

(1)訓練重點內容在時間安排上不宜太集中,以免互相干擾。

(2)教學課與訓練課的內容也不要太集中,否則運動負荷不好安排。

表3-21-3

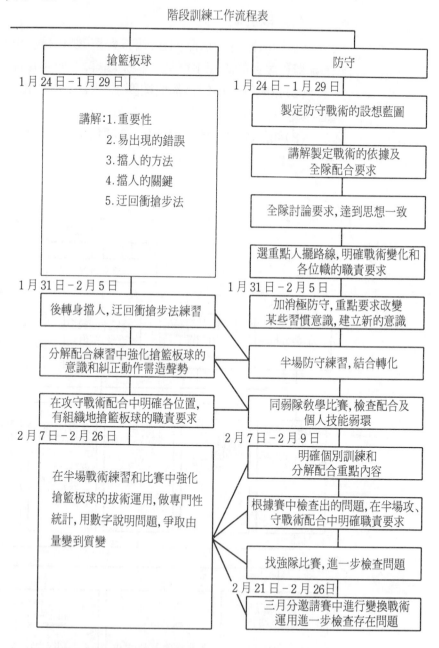

階段訓練工作流程表

(3)進攻防守避免矛盾和相互干擾,要相互創造良好條件。

(4)訓練進度是可變因素,可多用一或二次課完成,實踐一段後就會逐漸精確。

(5)按流程表訓練時,教案擬個提綱即可,重點是要記訓練卡或日記,逐步積累經驗。

（四）基本功與基本技術訓練。

1、基本功

(1)概念：手、腳、腰胯、視野的基本功是掌握籃球技術的重要環節，應練到"熟練自如、得心應手"的程度。

手的基本功。指手對球的感應能力、控制球的能力和手指手腕爆發用力的能力，表現在接、傳、投、運球時手指手腕"抖(腕)、翻(腕)、粘(球)"的熟練程度和爆發力量。

腳的基本功。指轉移身體重心、變化速度和方向時腳步的控制能力，表現在攻守移動時腳"蹬(地)、轉(身)、變(變速變向)"的熟練程度和爆發力量上。

腰胯基本功。指控制身體平衡和影響身體重心轉移的能力，表現在移動中和騰空時控制身體平衡和伸展幅度的熟練程度上。

視野的基本功。指運用眼角餘光擴大視野的能力，表現在視野廣闊、判斷及時和了解全場情況的熟練程度上。

(2)基本功訓練應注意的問題

①應根據運動員的條件和水準，有目的地編幾套手、腳、眼和腰胯基本功練習方法。

②練習應隨訓練水準的提高，逐步加大難度。

③利用早操時間進行個別練習或分組練習。

④訓練課中，用基本功練習方法組織準備活動或專門練習。

⑤基本功訓練要同基本技術和專項身體素質訓練相結合。

2、基本技術

(1)移動技術敎學訓練應注意的問題

①着重移動和控制重心的蹬地、輾地、轉動練習，以及腳步、腰、胯靈活性的練習。

②移動技術要結合運球、傳球、接球、投籃、切入，進行一攻一守訓練，以便提高移動技術的運用能力。

③移動的敎學步驟

a.在原地練習移動和控制重心，如在原地做跨步、上步、轉身、慢走急停、起動等練習。

b.在慢走移動中練習變方向跑(折綫跑、折返跑)、急停或急停接轉身。

c.在快移動中練習各種腳步變化。

d.腳步動作、基本步法比較熟練後，結合一對一的對抗進行練習。在各種技術訓練中都要對腳步動作有要求。

(2)傳接球技術教學訓練應注意的問題

①通過傳接球訓練培養運動員的團體合作思想。

②對動作要嚴格要求。在掌握動作要領的基礎上,再要求速度和技巧。教學訓練要結合比賽進行。

③接球與傳球要同時訓練。接球後除手指用力外,其餘肌肉都要放鬆。接球結束即傳球或其他進攻動作的開始,應嚴格要求,形成習慣。

④練傳接球應從單、雙手胸前傳、接球開始,並要以單雙手胸前傳接球、單手領接球、反彈傳球、肩上傳球等主要技術爲重點進行訓練。

⑤傳接球訓練始終要注意傳球前隱蔽視綫的訓練和弱手的訓練。

⑥注意傳、接球與其他技術,特別是與運球、投籃技術結合的訓練,還要注意與全隊戰術結合的訓練。

(3)運球技術教學訓練應注意的問題

①抓好運球基本功的訓練,提高運動員控制球、支配球和保護球的能力,養成正確運球的動作習慣。

②在高速度、高強度中結合本隊戰術需要進行對抗性訓練,提高運動員的運球能力。

③提高運球急停、急起、變向、轉身和背後運球突破的技術和速度,提高運球的應變能力,加強運球的攻擊性。

④運球時,嚴格要求運動員養成目視前方、觀察全場情況和屈膝的習慣,加強弱手運球的訓練,提高兩手熟練運球的能力。

⑤運球必須和搶籃板球、傳球、接球、投籃、突破結合訓練。

(4)持球突破教學訓練應注意的問題

①由於持球突破技術是在快速移動中同防守隊員激烈搶占有利位置的一項攻擊性技術,因而在訓練中首先要培養運動員具有勇猛頑強的戰鬥作風,要求各種持球突破動作做得及時、迅速、果斷、勇猛、扎實、有力。

②培養運動員在快速移動擺脫防守接球後,兩腳都能做中樞腳,並能及時向不同方向持球突破。

③一定要把持球突破技術同投籃、傳球,特別是同投籃技術結合起來訓練,並要做到銜接緊密,運用自如。

④提高運動員運用突破技術的意識,善於正確判斷掌握各種突破時機,並能在突破過程中始終用餘光觀察場上的情況。

⑤特別注意中樞腳離地前球離手,切不可養成突破時"帶球跑"的壞習慣。

(5)投籃技術教學訓練應注意的問題

①投籃技術訓練應遵循由易到難、由簡單到複雜和由低級到高級的訓練原則,首先要抓好投籃的基礎教學訓練,使隊員正確掌握投籃的動作要領

(關鍵是技術定型和綜合用力),養成正確的投籃習慣。

②嚴格要求運動員的投籃動作,做好講解示範,提高運動員分析問題、解決問題的能力。

③根據運動員的條件和主要進攻位置,選定幾種投籃方式,反覆磨練。技術要精益求精,不斷提高準確性。

④投籃技術訓練必須同擺脫防守接球、突破、搶籃板球緊密結合。

⑤根據本隊特點和戰術需要,在高速度、高強度中加強投籃的對抗練習和配合練習。

(6)中鋒技術教學訓練應注意的問題

①中鋒是全隊進攻和防守的樞紐,中鋒的水準是一個隊戰鬥力強弱與水準高低的一個重要標誌,要高度重視中鋒的作用。

②中鋒的技術特點

a.中鋒必須全面掌握背向球籃的搶位、掩護、接球、各種轉身投籃和各種隱蔽傳球和突破技術。

b.中鋒活動區域小,移動距離短,攻、防貼得緊,對抗激烈,戰機瞬間即逝,所以技術必須全面,動作要多變、銜接好、速度快、突然性和力量性強。

c.防守經常要以短促的移動爭奪有利位置,還要及時觀察、判斷,迅速調位為同伴協防、補防。

d.必須全面掌握搶籃板球技術,而且要頑強、反應快、彈跳好,技術動作力量強。

③中鋒的職責

a.積極拼搶前、後場籃板球和參加快攻,搶後場籃板球後迅速發動"長傳"並立即跟進。

b.半場進攻中,無球時積極為同伴掩護,擺脫防守,搶位接球;有球時既能個人攻擊得分,又能擅長策應傳球,成為內綫組織進攻的樞紐;能在內綫主攻,也能和前鋒換位,拉到外綫助攻傳球和在三分投籃區投籃得分。

c.成為內綫防守的中樞。積極堵截搶位,控制對方中鋒接球,善於封阻對方中鋒策應傳球和封蓋對手投籃,及時協防補防。

d.中鋒的技術特點和職責決定中鋒必須具有較高的身材和較大的體重;反應靈敏,意志頑強;技術全面,能攻善守,敢於拼搏;既有很強的個人攻擊得分能力,又有組織全隊戰術配合的能力;身體素質好,心理素質穩定。

e.訓練高大隊員首先要打好基礎,先從掌握一般的全面技巧練起,適當時期轉入籃下特長訓練。

(7)搶籃板球教學訓練應注意的問題

①要重視搶籃板球的技術訓練,將搶籃板球與投籃、防守技術訓練緊密結合,天天練。注意培養運動員搶籃板球的意識和積極拼搶的習慣。進攻和防守技、戰術訓練都應以搶籃板球作結束。

②提高運動員搶籃板球時搶佔位置和判斷球反彈方向的能力,加強運動員身體素質的訓練。

③技術訓練既要加強基本功訓練,又要加強對抗性訓練。

④注意進攻時搶籃板球同投籃補籃技術相結合的訓練;一對一或二對二的攻防訓練必須同搶籃板球相結合。

⑤應側重抓搶籃板球意識的培養,因為搶籃板球會遇到各種複雜情況,且具有突然性。

美國職業籃球隊教練雷喬治指出:"搶籃板球75％取決於願望(意識),25％取決於能力,身材高大固然有利於搶籃板球,但不等於說他們就能搶到籃板球。"

(8)個人防守技術教學訓練應注意的問題

①首先要培養運動員不怕苦累、敢上、敢搶,勇猛頑強的防守作風。

②注意正確的防守姿式,要求運動員養成隨時保持低重心、能向任何方向起動的習慣。

③訓練中注意強調攻守轉換的速度,加強積極移動和大膽搶截的攻擊動作,不斷提高運動員以爭奪球為主,人球兼顧的防守意識。

④必須安排足夠的防守訓練,逐漸提高防守的強度、難度和對抗性。

(五)戰術訓練

1、進攻戰術

(1)進攻聯防(要訣)

攻聯防靠打快攻,立足未穩往裡衝。

突遇變化心不急,識破聯防守隊型。

統一思想與行動,關鍵在於首次攻[1]。

移動切空和打背[2],區域負擔要過重[3]。

二三快導用投切[4],三二溜底要插中[5]。

中鋒落位分上下[6],內外配合連續動。

短傳、長吊真假快[7],聲東擊西目的明[8]。

底綫突破分兩點[9],空手移動有進攻。

投後衝搶拼籃板,封傳快退阻快攻。

若是聯防攻得好,還看投切搶作風。

解釋:

①關鍵在於首次攻:當對方改守區域聯防時,第一次進攻的成功,防守者的思想與信心會受到影響。

②③移動切空和打背,區域負擔要過重:是進攻區域聯防戰術的幾項原則,無論採用何種隊形,戰術配合與打法均應充分利用球與人的移動,切進

對方防守的空隙地區,從防守的背面進攻,以造成局部區域內人數上的優勢(即多打少,或曰負擔過重),從而取得進攻的成功。

④二三快導用投切:當進攻二三聯防時,可利用外綫的三名進攻隊員有目的地快傳球,調動對方,造成投籃或突破時機,如圖3—21—1、圖3—21—2。

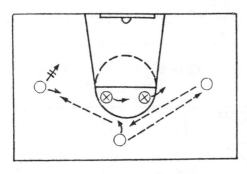

圖 3 - 21 - 1　　　　圖 3 - 21 - 2

⑤三二溜底要插中:進攻三二聯防時,可利用中鋒、前鋒、後衛溜底綫造成打背插中的辦法,如圖3—21—3、圖3—21—4、圖3—21—5、圖3—21—6。

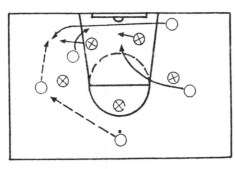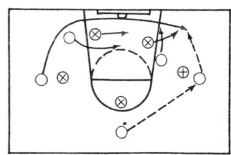

圖 3 - 21 - 3　　　　圖 3 - 21 - 4

⑥中鋒落位分上下:中鋒落好位決定着進攻戰術隊形、打法與意向,因此,根據不同的防守情況和本隊的特長,第一中鋒與第二中鋒可落成不同的部位,如圖3—21—7到圖3—21—10。

⑦⑧短傳長吊眞、假快,聲東擊西目的明:進攻區域聯防時,用傳球來調動對方,造成防守中的顧此失彼、出現漏洞。傳球的方式要多,要隱蔽意圖,要突然。

⑨底綫突破分兩點:運用突破傳球時,要照顧兩個接應點,如圖3—21—11、圖3—21—12。

(2)攻擴大盯人(要訣)

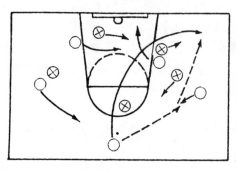
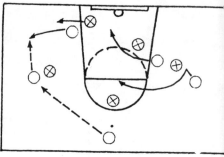

圖 3－21－5　　　　圖 3－21－6

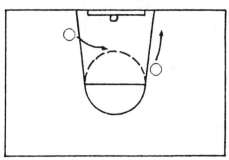

圖 3－21－7　　　　圖 3－21－8

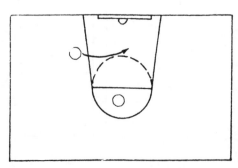
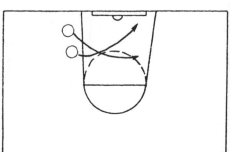

圖 3－21－9　　　　圖 3－21－10

擴大勿須慌亂，落位佈好隊型[1]，
外綫指揮動呼應，直切對角進攻[2]。
傳底傳外傳中[3]，中鋒橫動接應，
接球轉身切與包，傳外反插不等[4]。
邊鋒位置重要，上接反跑要橫[5]，
切進拉出平衡好[6]，連續進攻不停。
中鋒伺機移動，掩護策應要靈，
進攻重點在籃下，切忌居中不動。

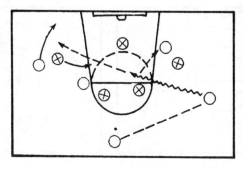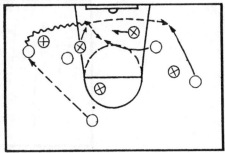

圖 3－21－11　　　圖 3－21－12

解釋：

①落位佈好隊型：進攻擴大人盯人時,可落成二三位,拉空籃下,鋒綫提到罰綫外,如圖 3—21—13、圖 3—21—14。

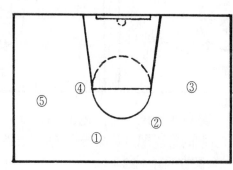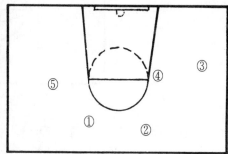

圖 3－21－13　　　圖 3－21－14

②直切對角進攻：後衛利用中鋒掩護直切籃下,由二三變一三一隊型,如圖 3—21—15、圖 3—21—16。

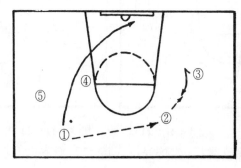

圖 3－21－15　　　圖 3－21－16

③傳底傳外傳中：

傳底：指使球直接切入籃下的 O_1,其進攻動作與配合如圖 3—21—17、圖 3—21—18。

傳外：指傳給 O_2。當防守 O_4 的隊員搶前或下位時,防守 O_3 的隊員保護 O_4 時,可迅速將球傳給後衛 O_2,轉入另一側進攻,如圖 3—21—19、圖 3—21—20。

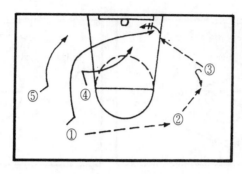

圖 3-21-17　　　　圖 3-21-18

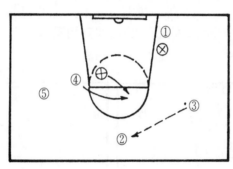
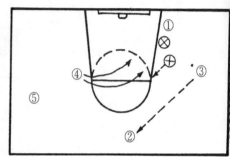

圖 3-21-19　　　　圖 3-21-20

　　傳外 O_2 轉入另一側的進攻配合及其變化：O_5 作反跑，O_5 做策應跳投或過人，如圖 3—21—21、圖 3—21—22。

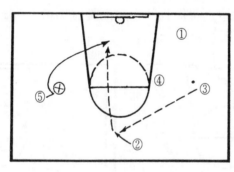
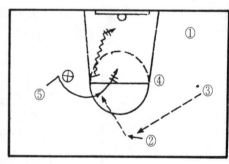

圖 3-21-21　　　　圖 3-21-22

　　O_5 爲 O_2 做策應跳投，如防守換人可切入籃下，如圖 3—21—23、圖 3—21—24。

　　O_2 運球突破或突破分球，如圖 3—21—25、圖 3—21—26。

　　傳中：當防守落在 O_4 的後面時(中鋒橫動接應)，可將球傳給 O_4，如圖 3—21—27。

　　傳中後的進攻配合變化：

　　中鋒直接進攻(O_4 接球後轉身跳投或運用後轉身進攻，即“接球轉身切與包”)，如圖 3—21—28。

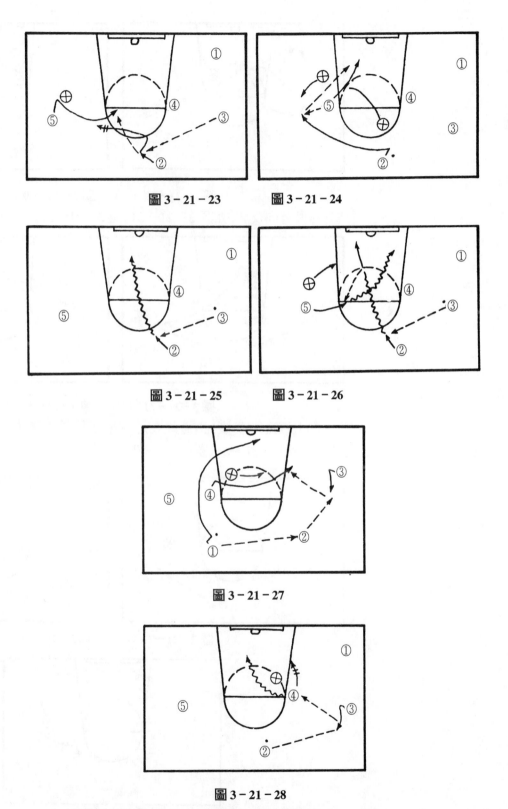

圖 3－21－23　　　　圖 3－21－24

圖 3－21－25　　　　圖 3－21－26

圖 3－21－27

圖 3－21－28

　　與 O_5 配合(圖 3—21—29)，與 O_2 配合(圖 3—21—30)。

　　④傳外反切不等：傳外除轉移另一側進攻外，還可做背向反切，或中鋒

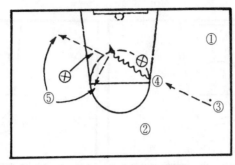
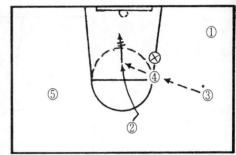

圖 3－21－29　　　　　圖 3－21－30

傳外後做背向反切, 如圖 **3—21—31**、圖 **3—21—32**。

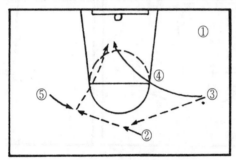
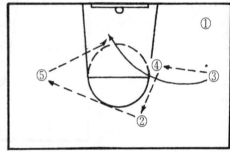

圖 3－21－31　　　　　圖 3－21－32

⑤上接反跑要橫: 指邊鋒在進攻中接球的不同方式與部位, 如圖 3—21—33、圖 3—21—34、圖 3—21—35。

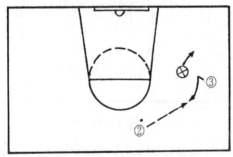

圖 3－21－33　　　　　圖 3－21－34

圖 3－21－35

⑥切進拉出平衡好：指進攻中的位置移動後要即刻調整平衡好，如圖 3—21—36 到圖 3—21—42。

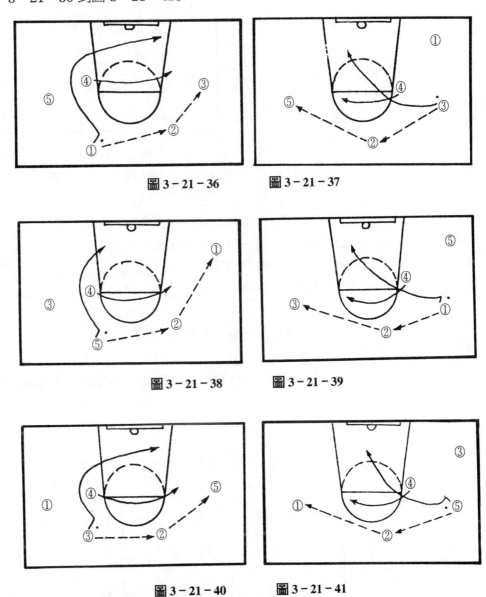

圖 3 - 21 - 36　　　　圖 3 - 21 - 37

圖 3 - 21 - 38　　　　圖 3 - 21 - 39

圖 3 - 21 - 40　　　　圖 3 - 21 - 41

通過六次連續進攻，又變成原來的隊型。

(3)如何破緊逼(要訣)

破緊逼, 要冷靜, 落好位, 不亂動,

搶發球, 五秒鐘[1], 三條綫, 自由行[2],

用傳切, 包接應[3], 球走豎, 人走橫,

如傳球, 判斷淸, 領着傳, 吊着衝[4],

用突破, 須堅定, 重心低, 突然性,

變向速, 急起停, 用轉身, 走蛇形,

抬頭遠, 方向明, 拍一下, 最被動,

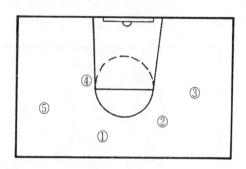

圖 3－21－42

越防守,往裡衝,多打少,似快攻,
近中綫,傳二鋒⑤,若及時,底綫空,
中鋒接,做策應,外縱切,底橫動,
傳邊鋒,看守形,如縮小,陣地攻⑥,
繼擴大,邊發動⑦,對角插,掩護成⑧,
最重要,多呼應,威脅大,籃下攻,
避脫節,不擠擁,選好位,時間性,
勢擴弩,節發機⑩,動靜變,方能勝。

解釋:

①搶發球,五秒鐘:在五秒鐘內,不等防守好,及早發球進場。

②三條綫,自由行:接應人可向三個方向移動接應球,如圖 3—21—43
到圖 3—21—45。

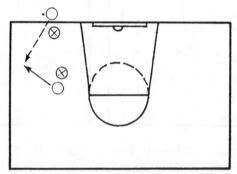
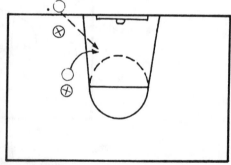

圖 3－21－43　　　**圖 3－21－44**

③用傳切,包接應:接球後面向防守者,接應人擺脫後,壓住對方橫接應
(也叫包接應),如圖 3—21—46。

④領着傳,吊着衝:破緊逼運用傳球時,要注意接球人的部位與方向。
根據防守情況,可運用領、吊結合的傳球方式,如圖 3—21—47、圖 3—21—
48。

⑤近中鋒,傳二鋒:接近中綫時,速將球傳給中鋒或邊鋒,如圖 3—21—
49。

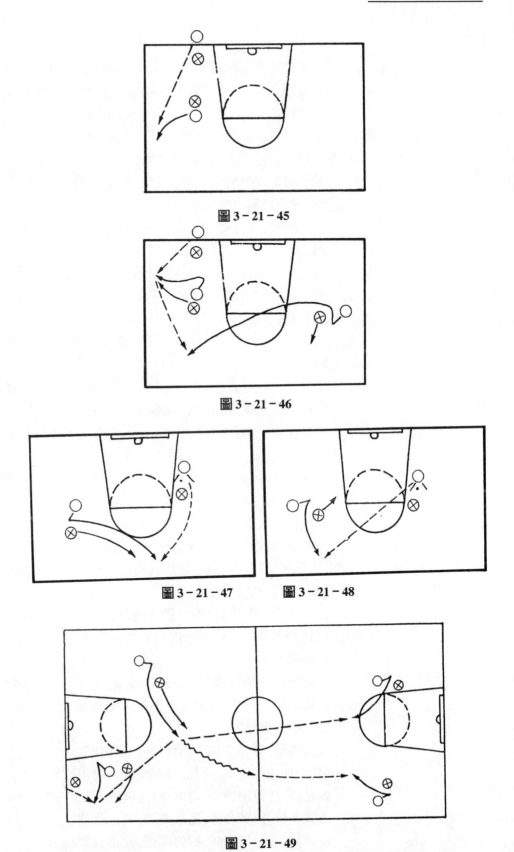

圖 3－21－45

圖 3－21－46

圖 3－21－47　　圖 3－21－48

圖 3－21－49

⑥如縮小,陣地攻:球傳到邊鋒後,如防守縮小,則用半場進攻人盯人打

法。

⑦⑧繼擴大,邊發動,對角插,掩護成:如過半場,邊鋒接應後,對方防守繼續採取擴大盯人時,可運用進攻半場擴大盯人的戰術,用掩護縱切(對角插)與反覆橫切的辦法攻擊之(參考破擴大盯人戰術)。

⑨選好位,時間性:進攻緊逼防守時,爲了不被造成脫節、擁擠,進攻隊員在移動中正確選擇有利位置與配合時間非常重要。

⑩勢擴弩,節發機:"勢如擴弩,節如發機",指進攻的氣勢猶如板開弩機,節奏就象把箭突然射出一般。

⑪動靜變,方能勝:指進攻中動與靜的關係,"不動如山,動如雷霆"。

(4)進攻區域緊逼(要訣)

區域緊逼,虛張勢,制混亂,放發球,以多防少,前夾後斷,分割阻速是眞意①,設立陷井在角邊,近中場,逼迫成死球,亂抛傳②。

牽制好,連成綫③,巧運球,妙回傳④。突破須抬頭觀察內綫,空手移動用斜插,以多打小,近投籃⑤,到前場,連續空切動⑥,破不難。

解釋:

①分割阻速是眞意:分割是指分割前後場,造成在進攻中前後、左右脫節。阻速是阻止進攻的速度,迫使進攻不斷停球,延誤進攻時間,利於防守。

②亂抛傳:在對方二人緊逼下,利用多種角度將球傳出,盡量避免胡亂抛傳。

③牽制好,連成綫:避免隊員擠在一起,互相干擾。決不能兩名進攻隊員一起靠近球。無球隊員與接球隊員應保持一定距離,不斷向前運動,避免脫節。旣要觀察球,又要注意持球的動向和防守者的意圖。

④巧運球,妙回傳:盡量減少盲目運球。只有在特急情況下成突破上籃局面,才果斷使用。迅速推進的基礎是準確、及時、巧妙的回傳球,造成夾擊落空和以多打少的局面。

⑤以多打少近投籃:過中綫造成四打三、三打二或二打一的局面,盡量爭取打到籃下進攻。攻方此時若不加強籃下進攻,防守的區域緊逼就會變得更爲強有力。

⑥到前場,連續空切動:球過中綫進入半場時,如防守仍使用區域緊逼,攻方應繼續使用空切、反覆穿插等戰術配合爲主的進攻手段。

(5)快攻(要訣)

進攻戰術,多類多種,兵貴神速,首屈快攻。

爭取"速決",強調"運動",以小打大,體現作風。

發動快攻,靠積極勝,增強意識,判斷起動。

方式多樣,搶斷發動,籃板跳球,發球搶攻。

攻守轉化,一傳冷靜,短傳同側,運吊異鋒。

區域定點,側身接應,三條直綫,落好隊形。

加快速度,兩個圈頂,運傳結合,推進要猛。
嚴防走步、避免回中,注意被斷,觀察要清。
結束階段,判斷要明,保持速度,識破守情。
是多打少,是量相等,站前站後,守堅守橫。
超越對方,上籃集中,一對一時,運突要猛。
以二打一,在於邊鋒,先突後分,眞假不定。
三攻擊二,要有側重,防守豎站,採取邊攻。
運球引人,橫動接應,注意底綫,傳底回中。
中路突破,防守站乎,有切有包,最怕裡擁。
縮小籃下,減速急停,運用中投,結合搶衝。
兩兩三三,交叉有用,連續突破,防守落空。
以一牽二,籃下橫動,積極跟進,方能成攻。
四攻擊三,溜底插中,以少打多,占地進攻。
千變萬化,層出不窮,創造條件,記清要領。
快攻要快,如風雷動,勢險節短,節奏分明。
人數要多,組織要靈,聲東擊西,攻擊要猛。
加強防衛,爭取主動,審時度勢,妙在運用。
必攻不守,以快取勝,勝不可一,善守善攻。
發展方向,永遠堅定,獨樹風格,爲國爭榮。

2、防守戰術

(1)防快攻

防守快攻,首先應從提高進攻的成功率着手,盡量減少失誤,投籃不中便積極衝搶籃板球,做第二次進攻,使對方沒有或少有搶、斷球發動快攻的機會。若對方搶到籃板球或用其他方式奪球時,應立即積極防守。在前場堵截其第一傳的發動和接應。在逐步退守中"堵中間、卡兩邊",進行中場堵截,切斷先下隊員與接應隊員的聯繫,破壞其快攻的基本綫。第二,要增強由攻轉守的意識,提高行動速度,提高以少防多的技巧和能力,最大限度地減少對方發動快攻的次數。第三,要在上述基礎上爭取迅速穩定防守,以便組織各種不同形式的陣地防守戰術,等等。

(2)半場盯人防守戰術教學訓練應注意的問題

①加強個人防守腳步動作的訓練,提高防守持球隊員的能力。發展打、搶、斷球和爭奪後場籃板球的防守技術。

②加強二、三人的防守基礎配合訓練,提高配合質量。進行搶過和穿過、換防、關門、補防、夾擊、三對三的攻防練習。

③提高集體防守能力:明確落位概念,練習選位移動;半場五對五按規定進攻方法練習針對性防守(如規定進攻隊打傳切策應配合、打"∞"字運球

掩護、打兩側的後掩護、打雙掩護、突破分球等);結合快攻轉換,練習半場防守;在教學比賽和公開比賽中運用(規定要求,檢查效果)。

(3)全場緊逼人盯人防守戰術教學訓練應注意的問題

①注意培養隊員勇猛頑強、堅韌不拔的戰鬥作風和意志品質;加強速度、靈敏和速度耐力的訓練。

②技術上要熟練掌握個人防守的各種腳步動作,提高防守能力;準確運用搶、打、斷等攻擊性防守技術,特別要提高搶前防守技術的運用能力,以控制對手接球。

③提高防守配合能力(如夾擊、換防、補防等),增強集體防守的配合意識。重點解決一段和二段的爭奪,同時提高三段的防守能力。

④提高在對方搶得籃板球或擲界外球等各種情況下運用全場緊逼人盯人防守戰術的能力,不斷提高戰術質量。

(4)區域聯防防守戰術教學訓練應注意的問題

①區域聯防應從失球開始即組織全場防守。

②前場失球後要立即組織干擾,伺機出擊搶斷(封一傳、堵中路、卡兩邊),控制對方發動快攻,迅速退回半場防守。

③在中場,可伺機組織邊角或對方運球停球處的二夾一防守配合。

④陣地防守落位應隨進攻隊形而定,打破固定占位形式,或採用對位聯防形式。

⑤補位隊形的變換可採取逆時針或順時針輪轉和局部"護送"相結合的方式。

⑥發揮夾擊、搶斷球和封堵傳接球路綫的威力,以破壞對方的習慣進攻配合,提高區域聯防的攻擊性。

(5)全場區域緊逼防守戰術教學訓練應注意的問題

①全面提高身體訓練水準。全場區域緊逼人盯人防守要求隊員爭取時間,控制面積,展開激烈的全場三段爭奪,對速度、彈跳和速度耐力的要求很高,必須有良好的身體條件做保證。

②個人防守的基本技術和戰術意識是提高防守戰術質量的基礎,必須加強訓練。

③提高運動員的迎堵、夾擊、搶斷、換防、補防等配合能力。

④變換隊形可依進攻戰術而定:

a.進攻隊的移動不很頻繁,只在外綫橫切,應採取區與區之間的封鎖與交換防守。

b.進攻隊員向球縱切,應跟隨移動;如空切隊員背向球跑動,則不應跟隨。

c.進攻隊員的移動變化頻繁,應考慮以靜制動的策略。

d.對中鋒的防守同盯人防守,側重封鎖中區、封籃及搶籃板球。

(6)混合防守教學訓練應注意的問題

①須在掌握盯人和聯防技戰術的基礎上,進行訓練。要求運動員明確混合防守的作用和自衛的職責,不斷提高採用混合防守打法的信心。

②加強混合防守的局部配合練習。重點是:

a.加強區域聯防和盯人防守的配合與默契。

b.及時變換混合防守的重點。

c.加強隊員的應變能力。

關於區域盯人和對位聯防戰術的區別:

①二者均屬綜合性防守戰術體系。

②隊形變換以向球一面跟、背球一面不跟爲主,順時針、逆時針輪轉補位爲輔,爲區域盯人。

③隊形變換以順時針、逆時針輪轉補位爲主,向球一面跟、背球一面不跟爲輔,爲對位聯防。

(六)身體訓練

1、速度訓練:

根據反應快、起動快、變方向快、動作銜接快、動作變換和起跳快、疾跑快等特點安排速度訓練。速度訓練應注意:

(1)首先要使運動員掌握蹬地起跑的技術,提高步頻;然後結合籃球技術特點解決起動和在短距離內發揮高速度的問題。

(2)逐步提高短距離跑的強度,同時注意增加控制重心和變化速度的內容。

2、耐力訓練:

應根據籃球比賽中反覆衝刺跑、反覆高強度刺激和長時間持續快速動作的特點安排訓練。耐力訓練應注意:

(1)耐力訓練很艱苦,應注意提高運動員的思想覺悟,使其自覺苦練。

(2)嚴格要求運動員按規定完成訓練任務,培養運動員頑強的意志品質。

(3)注意區別對待。

3、力量訓練。

力量是快速完成各種技術動作的基礎。籃球運動員要具有很好的絕對力量和爆發力量。力量訓練應注意:

(1)以負重爲主,輕器械爲輔,對大小肌群進行全面訓練。

(2)絕對力量和爆發力量訓練並重。以舉杠鈴爲例:

①發展爆發力量:以運動員能負擔的最大重量進行訓練,採用的重量以

能重覆三至五次即感疲勞爲宜。休息二分鐘再做。重覆次數遞減。

②發展絕對力量:用比運動員能負擔的最大重量輕一些的重量進行訓練,每組多次重覆。採用的重量以能重覆八至十次即感疲勞爲宜,休息2— 3分鐘再做。

③發展力量耐力:用較輕的重量多次重覆練習。

(3)力量應與柔韌、靈敏和比較放鬆的技術動作(跑、跳)訓練相結合。

(4)注意防止傷害事故。要認眞做好準備活動,特別要做好肩、腰、膝關節的準備活動;嚴格按技術要領做;重量要逐漸增加,防止蠻幹;練習要有間歇;注意保持體溫。

(5)訓練中應注意用力肌群的轉換,不要局限於某一肌群的練習,特別注意不要使腰、膝部肌群過度疲勞,以免損傷。

4、彈跳訓練

發展彈跳,應按快速起跳、不同情況下起跳(如原地、移動、快速單雙腳起跳和連續起跳)、騰空後變換活動範圍的要求進行訓練。

5、靈敏訓練

籃球運動員的靈敏素質表現在反應快、位置感覺能力強、腳步和腰胯的靈活性高等方面。訓練要考慮這些特點,加大移動和旋轉的難度。

6、柔韌訓練

(1)動作幅度要由小到大,用力要柔和,以免拉傷韌帶。

(2)以早操或課前準備活動訓練爲主。拉韌帶前應先慢跑和做徒手體操,身體發熱後再練,以防拉傷。

(3)大強度訓練後疲勞時,不宜做柔韌練習。

(七)心理訓練

1、較長周期的心理訓練

(1)明確訓練的目的性。要讓運動員了解訓練的全過程,做好充分的思想準備,使之成爲訓練的主體。從而樹立信心,激發動機,積極投入訓練。

(2)運用注意規律,提高訓練質量。先發展無意注意能力,誘發訓練興趣。用生動、形象的語言和活潑的形式使運動員感到訓練新穎、有趣,引人入勝。

然後,通過適宜的訓練手段和方法將運動員的無意注意引向有意注意,使之達到動腦筋、付出意志努力和專心致志的境界。

再後,運用無意注意和有意注意相互轉化的規律,不斷深化訓練內容,增加運動負荷,培養運動員的鑽研探究精神,提高自控注意力的能力,高質量地完成每次訓練任務。

總之,運用注意規律培養運動員高度持續地集中注意力的能力,是優秀運動員取得成功不可缺少的一個條件。

2、一堂課的心理訓練

(1)準備階段:

準備活動的內容要根據不同訓練期的特點安排。比如,基本期可採用"安靜式"的活動內容,以伸展性體操爲主,伴以音樂,使之富有節奏感,要求節奏快、有力量,使身體和心理在短時間內達到比賽狀態。

(2)基本階段:

開始可採用集中注意力的訓練,如四角傳球(一球、二球、四球),碰籃板連續上籃、運球等,使運動員的注意力很快高度集中,以轉入基本訓練。

注意力分配的訓練:採用快攻"多打少"、搶籃板球和防守等手段,要求在注意力集中的情況下提高分配能力。

自信心訓練:採用個人完成一定次數或命中率的投籃與罰球、進攻與防守配合等手段進行。

此外,可用超強度、模擬、戰術變化、規則限制及裁判和環境干擾等比賽手段培養克服困難和克服心理障礙的心理品質。

(3)結束階段:利用調整或一般身體訓練手段進行恢復訓練。

注意,選擇的手段必須符合心理素質的培養,並要依據注意規律做到相互銜接,不斷深化。

每項訓練結束時要出現高潮,以產生良好的反饋。良好反饋的積累是增強自信心和穩定心理的物質基礎。

3、比賽期的心理訓練

(1)賽前心理訓練:指賽前二、三周備戰階段的心理訓練。要求把長期訓練的成果轉移到比賽中去,使運動員達到最佳競技狀態。

①根據比賽規律和不同的對手,對每個隊員提出戰術要求,進行針對性訓練。

②根據比賽的場地、環境、氣候條件和競賽規程進行針對性訓練。

③針對上述情況進行模擬訓練比賽。

通過訓練培養和改善運動員比賽所需的個性心理品質,提高抗干擾能力。

(2)臨戰心理訓練:着重抓:

①擺正位置。

②解除思想顧慮和精神壓力。

③對勝負要無所顧,有所恃。

④比賽過程中,要善於審時度勢,密切關注運動員的心理變化。

4、賽後的心理調整

比賽極度緊張,賽後必須做好生理、心理的調整工作,使運動員迅速恢復到正常狀態,以利再戰。

(1)賽後,超水準發揮和不正常的失敗容易引起情緒的興奮或沮喪。應及時引導和勸解運動員調節、控制自己的思想情緒,爲下場比賽做好轉化工作。

(2)由於連續作戰,身體消耗大,打法和陣容暴露無遺。應利用戰鬥間歇做些調整或針對性的模擬訓練,進一步做好心理準備。

(八)專項意識的培養

1、籃球意識含義:

概括地講,籃球意識就是運動員在爭取比賽主動的過程中所發揮出來的一種神經和動作的應答反應。這種主動反應是運動員根據比賽實際,在全面觀察場上情況的基礎上,迅速做出正確判斷,及時採取恰如其分的對策,合理運用身體、技術和戰術配合的能力,發揮自己的長處,制約對手的一種應變能力的集中表現。

2、如何培養籃球意識

必須從小培養,因爲場上每個動作都有意識的反映。培養意識可採取啓發式措施:看:直觀教學。講:講解道理、技術動作的依據和變化的原因。練:實際訓練。戰:打比賽(綜合訓練)。結:善於總結經驗。思:多想、多思索。根據場上出現的特殊情況進行特種戰術訓練。進行專門跟踪統計,找出問題,個別訓練。

3、培養意識的關鍵

(1)預先判斷能力(早期、及時發現)。

(2)中樞神經系統的反應速度。

(3)高度的注意力和集中力。

(4)能根據情況變化做出相應的有質量效果的動作反應能力。

4、量化分析(採取臨場跟踪統計)

(1)根據比賽規律特點決定統計內容

①將投籃、突破、傳球、運球、搶球、防守、移動、攻守轉換等技術動作,定爲運動員籃球意識的反饋信息(看待每一個動作必須超脫純技術概念)。

②將戰術特徵作爲評定運動員籃球意識的具體內容。

a.時間性:包括時機、速度、時間差、節奏變化等。

b.空間性:包括路綫、方向、位置等。

c.配合性:主動行爲、行爲目的等。

d.規則性:利用規則、違反規則等。

③按完成程度打分(1— 0.5— 0),以便尋找特長、特短和數據分析用。

(2)臨場跟踪統計的方法

①規定評定對象進行追踪統計(用符號速記)。

②在統計表的進攻和防守片斷欄目中,將每個回合運動員的反饋信息用符號標出來。

③在每個進攻和防守片斷根據實際表現標出一個或一個以上的組合符號。

(3)數據處理可採用歸納法、百分法進行處理

(4)綜合分析

(5)驗證:由於統計是人工完成的,因而要求統計人員方法熟練,掌握尺度一致,有較高的專業水準。實踐表明,數値差一般爲1— 2%,不影響量化評定。

評定效果必須徵詢教練、被測運動員的意見,以求確認。

(九)運動員荷的控制

運動負荷要根據— 訓練任務,運動員的訓練水準和實際狀況,區別對待,科學安排。了解運動員的實際狀況應從以下幾方面着手:

1、測定統計:

訓練時間、實際練習時間、密度、移動距離和跳的次數,了解負荷量的大小。

2、測定心率:

了解負荷強度。每10秒鐘心率27次以上爲大強度,每10秒鐘心率24— 26次爲中等強度,每10秒鐘心率20— 23次爲小強度,每10秒鐘心率20次以下爲一般活動。根據1980年美國 Shinner 提出的能量代謝模式,有氧閾爲130— 150,無氧閾爲160— 180。

3、進行醫學觀察。

一般用加量前後測定的數據進行對比,如出現異常情況,即應調整運動負荷。

(1)心電圖:在大負荷量訓練後一小時內測定,測12個導程,看是否正常。

(2)聯合機能試驗:進行30秒20次蹲起、15秒疾跑和3分鐘、4分鐘、5分鐘恢復期脈搏、血壓的測量(在大運動量訓練後次日早晨進行),看恢復是

否正常。

(3)血蛋白測定:用在大運動量訓練課後次日早晨測定。青年運動員的指標為 13 克%—— 16 克%。

(4)尿蛋白測定:在大運動量訓練後次日早晨測定,看是否正常。

(5)維生素負荷試驗:口服維生素 B_1 與維生素 C,在大運動量課後次日早晨測定,看是否正常。

4、用周負荷量計算運動員所承擔的運動量,觀察其機體是否有異常反應。

5、了解運動員的自我感覺,觀察運動員的精神和身體狀態,採取措施。

(1)通過測試,找出每個運動員的最佳負荷量,以便科學地增加運動負荷,挖掘其機能潛力。

(2)對照比賽需要找出訓練差距,調整運動負荷。

(3)與國內、外同級運動隊的訓練相對照,找出差距,彌補薄弱環節。

(十)保持良好的競技狀態

1、良好競技狀態的標準

(1)機體能力達到最高程度,適應性強,高強度比賽後恢復較快。

(2)運動素質和專項技術密切結合,並達到最佳狀態。

(3)情緒高漲,渴望比賽。

(4)意志頑強,冷靜,自控能力強。

2、如何形成良好的競技狀態

(1)全面做好訓練工作。

(2)重點抓好心理訓練:

①樹立必勝的信念。

②勝不驕、敗不餒,勇於克服困難。

③保持適當的興奮度。

④加強控制感情和行動的能力。通過擺事實講道理,模擬比賽情況,進行情緒控制的練習。

⑤提高抗干擾能力。根據比賽情況,總結出易出現的問題,進行模擬訓練,做到心中有數;進行模擬干擾訓練,提高適應能力。

3、影響競技狀態的因素

(1)運動負荷的安排、調整要恰如其分,防止盲目加強度。同時也要防止因客觀條件變化(如天氣炎熱)而不敢增加運動負荷,使機能下降。還要加強醫務監督, 進行生理、生化測試, 觀察控制運動負荷。

(2)熱身賽的安排要適當, 防止競技狀態過早或過晚出現。

(3)收集情報資料, 達到知彼知己。

(4)臨場指揮要有預見性, 應變及時, 善於掌握場上高低潮的轉換。

(5)注意與運動員協調配合, 充分調動運動員的積極性。

(6)設法排除生活、家庭、社會等方面的干擾。

4、競技狀態的調整要因隊、因人而異, 做到區別對待。

（白金申　高鶚）

二十二 足　球

(一)現代足球訓練的特點

現代足球訓練的特點用一句話概括,就是從實戰出發,比賽需要什麼就練什麼。

訓練內容是根據比賽中發現的問題而決定的(成年隊尤其如此)。

訓練要求在近似實戰的條件下進行,即把比賽中暴露的主要問題找出來,通過合理安排,在近似實戰的條件下集中進行針對性的反覆練習,最後解決問題。

近似實戰訓練的表現是:

1.對抗性強,要求眞拼眞搶,不能馬虎放鬆。

2.盡量在快速中完成動作。

3.運動負荷強度高,平均心率在 160 次/分左右,適當安排 180 次/分以上的練習。

4.嚴格控制間歇,一般每次間歇不超過 1 分鐘。

5.訓練的針對性強,要麼解決某些隊員的一兩個突出問題,要麼針對某對手的特點練習某種致勝辦法,達到立竿見影的效果。

6.綜合性訓練安排多,基本上每次訓練都有分隊比賽或搶截的內容。

(二)專項特徵

足球是同場對抗性的集體球類運動項目,其主要特點是場地大,參加比賽的人數多;運動劇烈;對抗性強;變化複雜;要求運動員技術能力、戰術意識、身體素質和心理素質全面發展;以增加進球、減少失球爲目的。

1、技術特徵

(1)足球技術複雜多樣,主要用腳控制球,難度較大,故學習過程與訓練年限相對長於其他運動項目。

(2)比賽速度快、變化多,要求完成技術動作的速度也要快,且動作要快慢結合,掌握好節奏性。

(3)由於運動員的雙腿既要用於控制球,又要用於跑動和支撐身體重心,因而學習運用足球技術時要求掌握好立足與重心的控制技能,還要掌握好在失去平衡時完成技術動作的能力。

2、戰術特徵

(1)從全局到局部,戰術分為四個層次:

①總體戰術:或稱戰術指導思想,指一個隊在一個時期或一場比賽中的總體打法,即如何處理攻與防、快與慢、優勢與劣勢、擅長與缺失,以至技術與體能等方面的問題。

比賽陣式的安排是總體戰術思想的具體體現,但陣式並不完全反映總體戰術。

②進攻戰術和防守戰術:指全隊在進攻或防守中採用的打法。

a.進攻戰術:要考慮進攻的速度、方向和具體方式。從速度看分為快速反擊、快速進攻、陣地進攻等形式。從方向看,分為左路、右路、中路、兩翼或轉移進攻等形式。具體方式很多,如中路滲透、邊路下底傳中、45度斜長傳等。

b.防守戰術:要考慮防守的範圍、方式和組織。防守範圍主要以開始積極防禦(即以搶下對方控制的球為目的的防禦)的場區來定,如半場防守、密集防守等。防守範圍的確定往往是決定一個隊總體戰術的出發點,必須認真考慮。

防守方式主要指對對方隊員採用緊逼還是鬆動防守。

防守組織主要指守方隊員對攻方交換位置的隊員是採用盯人防守還是區域防守。

當前各隊一般均採用緊逼與鬆動結合、盯人與區域結合的混合防守體系,不同之處僅在於以那種方式為主。

③局部戰術:也稱局部配合。主要指在一個較小的範圍和較短時間內為完成進攻或防守戰術,由幾個隊員共同實施的戰術行動,如二過一、三角短傳等。

④個人戰術:指運動員在比賽中所採取的有意識的個人戰術行動。

個人戰術也分進攻和防守兩個方面,同時又有有球活動和無球活動之分。

個人戰術往往易被混同於技術。實際上研究技術問題主要側重於完成某一動作的能力,研究個人戰術則主要側重於個人採用某一動作對全隊完成總體戰術行動的影響,側重於行動意識的合理與否。

(2)攻與防的關係

進攻與防守的相互制衡與相互促進是推動足球運動發展的動力。對攻防關係的研究始終是足球戰術理論研究的重點。

在一場比賽中,如果一個隊的進攻能力明顯超出對手的防禦能力,其防禦能力也明顯超出對手的進攻能力,則這個隊將佔據壓倒優勢。若採用進攻型打法(也稱攻勢足球),在對方半場發動連續進攻,則對手只能收縮防守,伺機反擊。

如果雙方的進攻能力均明顯強於對手的防禦能力,則雙方均不得不收縮防守以抵御對方進攻,然後從後場發動進攻至對方門前。這時雙方採用的均是防守型打法。

如果雙方的防守能力均超過對方的進攻能力,則雙方均會將防守範圍擴大,將防線前推。這時爭奪將主要在中場進行,攻至對方門前機會較少,雙方均採用進攻型打法。

同理,某一範圍內各隊的進攻能力如普遍超出防守能力,則他們將普遍採用防守型打法,以增加防守人數來彌補防守能力的不足,此時這一範圍內防守型打法占上風。同時各隊會想方設法重點提高防守能力,以遏止對手的進攻,而進攻能力的提高會逐漸減緩,以至停頓。

這一過程發展到一定時期,各隊的防守能力又普遍超過進攻能力。此時他們將擴大防守,增加進攻人員,以彌補攻擊能力的不足。同時進攻型打法會佔據主導地位,總體進球下降,並導致各隊重視進攻能力的提高。

這就是足球攻防矛盾轉化過程的概貌。

進攻型打法與防守型打法交替佔據主導地位是由攻防能力的消長決定的,是進攻與防守相互制衡與相互促進的必然結果,不以人的意志為轉移。因此也就無所謂那個先進,那個落後,而是交替領先,因當時情況而定。

要採用進攻型打法,必須提高防守能力。要側重提高進攻能力,忽視防守能力,則將導致防守型打法占主導地位。一個隊是這樣,一個範圍內的許多隊也是這樣。

進攻與防守的矛盾與技術和身體素質的矛盾有內在聯繫。提高進攻能力主要靠提高技術水準,提高防守能力則主要靠提高身體素質水準。因為進攻是有球活動為主,防守是無球活動。因此,技術型隊往往趨向於採用防守型打法,力量型隊往往採用進攻型打法。

(3)整體與個人的關係

足球是集體項目,必須有良好的組織和配合才能克敵致勝。而集體是由個人組成的,只有每個人發揮出最大的能力和潛力,集體的能力才能提高。

現代足球的整體性越來越強,更多地依靠集體配合,依靠嚴密的組織和嚴格的紀律是現代足球發展的大趨勢。同時要鼓勵運動員發揮創造性,培養訓練其個人作戰能力,否則個人作戰的失敗會打擊集體的信心和積極性。

(4)快與慢的關係

現代足球總的發展趨勢是越來越快,從攻防轉換到跑動及至技術動作都要求高速度。同時要看到快中蘊含着慢,因為人的體力有限。要提高技術運用成功率,有時也必須適當放慢節奏。

可見,一味地追求快是不現實的,也未必有利。合理的作法是快慢結合,以有意識的慢為手段,創造快的機會。

(5)固定打法與特殊變化

每個隊應當有自己擅長的戰術,即通常所說的"固定打法",並不斷加以完善和發展。但只憑一套固定打法不行,至少應有兩套以上的固定戰術(總體戰術)和更多的進攻戰術及防守戰術,還應有一些不常採用的特殊戰術,以收出奇制勝之效。這是固定打法的必要補充。

3、身體素質與形態特徵

(1)足球運動要求運動員具備全面發展的身體素質。

(2)足球運動員的各項身體素質具有互補性,例如速度慢可靠提高靈敏性來彌補,耐力較差靠別的隊員多跑一些也可彌補。這種互補性成爲更多的人從事足球運動並達到高水準的有利條件。

(3)足球運動對人的身體形態無特殊要求,只要不過於肥胖或有殘疾,各種形態的人都能從事足球運動,並且都有成爲優秀運動員的可能。

(4)場上不同位置對運動員的身體素質的要求有所不同。

前鋒:要求靈敏、速度快、爆發力和彈跳力強,身材高者更佳。

中場:要求一般耐力極強。

邊後衛:要求速度耐力強,靈敏、速度和力量好,身材不宜太高。

中後衛:要求協調性、力量和彈跳力強,並有較高的身材。

守門員:要求靈敏、協調、彈跳、力量、柔韌等素質全面發展,並有較高的身材,最好在 1.80 公尺至 1.88 公尺之間。

4、供能與機能特徵

足球運動屬有氧與無氧混合供能項目。據統計,我國優秀運動員在激烈比賽中的平均心率爲 170 次/分左右,屬於無氧閾運動。但足球運動員的活動有快有慢,大部分時間心率在 140—200 次/分之間,反映了有氧和無氧運動交替的特點。據介紹,參加 1974 年世界杯賽的許多運動員最大吸氧量達 66.68—70 毫升/公斤·分。可見,足球運動對運動員的心肺功能(如最大吸氧量和機體的耐乳酸能力等)有較高的要求。

場上位置分工不同,對運動員的機能要求也不同。守門員、中鋒和中後衛活動範圍相對較小,對心肺功能的要求不太高。中場隊員承上啓下,滿場奔跑,有氧負荷能力至關重要。邊鋒和邊後衛經常要反覆衝刺跑或長距離衝跑,無氧活動能力要很強。

5、心理特徵

足球運動對運動員心理素質的要求是多方面的,其中有幾項尤其重要。

(1)判斷力—— 時空感覺

判斷主要指對球和球員的運動速度、時間、位置、軌跡等的認識。水準越高的運動員判斷得越快速、越準確,因而能先於對手採取行動。

判斷能力主要取決於對時間和空間的感覺,有一定的先天遺傳性,但要靠反覆磨練。

(2)預測力── 操作思維

預知對手的行動意圖是比賽致勝的關鍵。優秀運動員往往能從對手的一個行動中立即預測到他下一步的意圖,從一個紛繁複雜的場面中立即預測到下一步的戰局發展,因而他們總能搶先一步出現在最關鍵的地方,採取最適宜的行動。

預測能力來源於操作思維能力和經驗。操作思維能力強("機靈")的人預測能力一般較強。認真觀察思考、不斷總結經驗是提高預測能力的重要途徑。

(3)視野── 注意分配

初學足球者兩眼只能看到自己的腳和球,高水準運動員卻能洞悉足球場上每一角落發生的事。足球運動員視野的擴大與水準的提高成正比。

視野的差別主要在於注意的分配。初學者因技術不熟練,必須把全部注意力集中在腳和球上。高水準運動員技術動作已達自動化程度,故可把注意力解析出來,指向其他地方。

注意分配能力有先天的原因,也要靠鍛鍊加強。關鍵是要善於在適當時機把注意指向最需要指向的地方。

(4)攻擊性── 勇敢

足球運動員需要勇敢精神。勇敢在足球場上的含意是"爲達到目的不怕受到傷害。"

僅有勇敢還不夠。據研究,優秀運動員還應具有較強的攻擊性。攻擊性與勇敢不同義,它意味着"爲達目的不怕傷害對手"。對於激烈競爭的足球運動員來說,保持適度的攻擊性是必要的。這不意味着粗野,因爲粗野是以傷害對手爲主要目的的。

(5)與動作學習有關的心理因素

運動員學習技術有快慢之分,有些很"靈",有些較"笨"。付出同樣的勞動,"靈"的隊員技術水準會更高。一般說,技術好的運動員是具有先天的"靈"的素質的。

造成"靈"與"笨"差別的因素心理學稱之爲運動技能形成的感知覺因素,如肌肉運動覺(用力感、阻力感、緊張持續感、節奏感、幅度感等)、平衡覺、觸覺、機體覺、空間知覺、時間知覺等。

(三)長期訓練過程各年齡段的訓練特點

足球運動員的成長要經過十多年的教育和訓練過程。要按照青少兒生長發育的規律和教育學、訓練學規律,循序漸進地科學地進行多年系統訓練,唯此才能培養出高水準的人才。

　　足球必須從娃娃抓起,從小打好各方面的基礎。反對急功近利,急於求成,揠苗助長,過早進行成人化訓練。

　　少兒足球訓練有三種類型:

1、以德國為代表的以對抗訓練為主,技戰術學習為輔型。

2、以巴西為代表的街頭遊戲,自由發展型。

3、以匈牙利、前蘇聯為代表的技術學習為主,結合綜合訓練型。

　　我國普遍採用的是第3種類型。

　　上述三種類型各有所長,應當兼收並蓄,取其長棄其短。

　　下面對多年訓練過程中各年齡段的特點作一簡要介紹。

　　(1)5— 6歲:

　　進行有組織的正規訓練,一則事倍功半,收效不大,二則易出偏差。有興趣的孩子可任其自由玩耍,在遊戲中培養對足球的愛好。

　　(2)7— 8歲:繼續以遊戲方式培養興趣愛好,非正規地學習一些技術動作。注意廣泛吸引他們參加活動,從中發現條件較好的苗子。

　　(3)9— 10歲:可選出一批苗子開始較正規的技戰術學習訓練,重點發展靈敏、柔韌和速度素質。

　　(4)11— 12歲:全面完成基本技術和戰術的學習,重點轉向技能訓練,加強結合實戰的對抗訓練與綜合訓練,並開始較全面的身體素質訓練。

　　(5)13— 14歲:進行全面廣泛的選拔,對選出的苗子開始集中進行半專業性的正規訓練。在進一步提高技能的同時,加強位置訓練和實戰訓練,並開始戰術理論的學習。在全面身體訓練的基礎上重點進行速度和一般耐力訓練。

　　(6)15— 16歲:繼續提高技能,加強意識培養和各種戰術訓練,提高實戰能力,全面加強身體訓練。

　　(7)17— 18歲:經選拔進入專業隊開始專業訓練。注意發展有氧耐力,減少無氧運動的安排。

　　(8)19— 20歲:運動技能開始成熟,注意加強意識培養與理論學習,並開始加強無氧耐力訓練和力量訓練。

　　(9)21— 23歲:運動技能與身體、心理素質全面成熟,逐漸成為成年隊的骨幹。

　　(10)24— 28歲:運動技能與各項素質達到高峰,成為各隊的骨幹力量。

　　(11)29— 35歲:運動技能保持階段,是各隊的核心人物。只要不間斷訓練,許多人可能在這一階段達到新的高峰。

（四）訓練週期的安排

訓練週期的安排應符合運動訓練學的基本理論。訓練週期安排不但是為了保證運動員技術、戰術、身體素質和心理素質水準的不斷提高,更重要的是要保證在比賽期,尤其是重大比賽期間出現良好的競技狀態。

1、週期安排與競技狀態的特徵

訓練週期安排主要考慮的是運動負荷,即負荷量、強度、密度等的變化與搭配,這是影響競技狀態的主要因素。但不是說競技狀態只從運動員的體能上反映出來。比賽中競技狀態的好壞首先從技術上表現出來。蘇聯學者馬特維也夫指出:"身體素質與運動技巧的統一,即兩者的有機結合,是競技狀態的一個特點。……隨着競技狀態的形成,動作的準確性與協調性提高了,完成這些動作的時間縮短了。"同時還指出:"競技狀態的消失不是機體各重要機能的衰退。如生活制度和訓練安排合適,那麼在狀態消失同時,一般機能活動的水準能保持並有所改善。"

許多教練看到隊員還能跑,便認為他的競技狀態不錯。這種判斷往往是錯誤的。一個隊員競技狀態是否良好,首先表現在他的反應、動作速率、動作的準確性及爆發力和彈跳力上。如果反應遲鈍,失誤明顯增加,動作總是慢半拍,身體發沉,衝刺速度下降,顯然其狀態不佳。但這樣的隊員可能仍然很能跑,而且不感到十分疲勞。

2、週期安排與競技狀態的控制

一個訓練週期的前半段通常是大負荷量和中低負荷強度的訓練,然後逐漸提高強度,同時減小負荷量。到臨近賽前的一段時間強度和量都降下來,使機體得以恢復。臨賽前進行適應性比賽(熱身賽)或接近比賽強度的訓練。這樣做可保證比賽期間出現最佳競技狀態。

這只是一個大概的模式,具體每一階段的時間和訓練安排應結合各隊情況靈活掌握。

許多教練不太重視競技狀態的調控,不懂得如何通過週期安排保證競技狀態適時出現,尤其不敢在賽前階段大幅度、較長時間地減少負荷量和強度,這往往造成運動員在毫無競技狀態的情況下投入比賽。許多球隊在大賽中的發揮不及平時訓練,癥結即在此。

3、大週期與小週期

訓練週期決定競賽制度,競賽制度又制約訓練週期的安排。

過去我國採用全年性的大週期訓練,與之相適應,競賽安排也是一年2—4次的集中賽會制。

西方國家的足球隊比賽多採用每周一賽的互訪制,與之相適應,小週期訓練佔據主導地位。我國自 1991 年起開始在甲級 A 組比賽中採用互訪制,因此應對小週期理論給予更多的重視。

4、大週期的訓練安排

我國足球訓練的大週期一般分為 4 個大階段:

(1)冬訓階段:12 月—2 月。

(2)春季比賽階段:3 月—5 月。

(3)夏訓及比賽階段:6 月—8 月。

(4)秋季比賽階段:9 月—11 月。

這種劃分體現了足球比賽和訓練受季節影響的特點。但階段的劃分並非絕對,根據比賽安排的不同,每一階段又可劃分出一些小的階段。

每一階段中一般有訓練期(也稱準備期),比賽期和恢復期(也稱調整期)三個時期。

一般講,比賽期越長,強度和負荷量越大,訓練期的時間、強度和負荷量則應相應增加,恢復期也相應延長。足球賽會制要求在 10—20 天時間內進行 4—8 場高強度的比賽,必須保證運動員在這樣長的時間內保持良好的競技狀態,這是與其他一些單項比賽的不同之處。

訓練期的安排多種多樣,可參考有關專著。原則上講應注意以下幾點(圖 3—22—1):

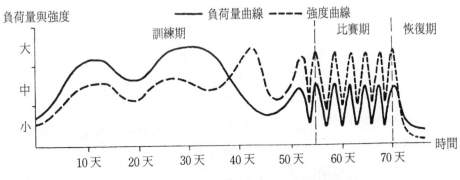

圖 3—22—1　大週期訓練階段負荷安排模式

①開始時量和強度同步逐漸加大。

②到一定程度時量與強度不可能同步增長,此時應增加量,適當降低強度。

③負荷量一般在訓練期的中間或稍後達到高峰,然後逐漸下降,但強度逐漸增加。

④到訓練期的後 1/3 至 1/4 時,負荷強度達到高峰,相當於比賽的90—95％左右。

⑤賽前 5—15 天(視訓練期長短及疲勞程度而定)運動負荷量和強度均降至中等水準,這一段可重點加強技戰術練習。

⑥賽前2─7天可進行1─3場熱身賽,並進行接近比賽強度的訓練,刺激機體適應比賽要求。

⑦賽前一天積極性休息。每場比賽之間應保持一定量和強度的訓練,完全休息不利於恢復。

⑧訓練期的安排應考慮比賽的時間節奏,使隊員提早適應。

⑨負荷量與強度漸增和漸減的時間過長,則可採用波浪式增減的方法。

⑩注意對運動員機能反應的科學監測,隨時防止過度疲勞的出現,同時也可保證訓練達到應有的強度和效果。

5、小週期的訓練安排

小週期安排一般將全年分爲三大階段,即準備期、競賽期和恢復期。原西德職業隊這三大階段的比例爲　1個月:10個月:1個月。

(1)準備期:以身體訓練爲主,技戰術訓練爲輔(圖3─22─2)。一般前半月安排有氧和輕力量訓練,第二週增加對抗性技術訓練;後半個月以無氧訓練和教學比賽爲主,負荷量和強度在第三週達到高峰,然後降下來。準備期末要求身體素質恢復到80%。

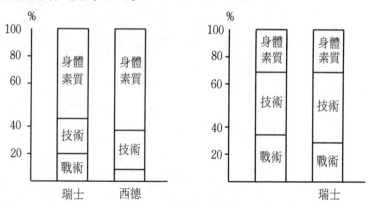

圖3─22─2　西德與瑞士職業足球隊訓練比重示意圖

(2)比賽期:以每週爲一個小週期,每周1─2場比賽,所有訓練均圍繞比賽進行。

以原西德職業隊的安排爲例(圖3─22─3),從中可看出小週期安排的幾個特點:

①每週至多1─2次大負荷量課,極少出現3次大負荷量訓練,以比賽爲最高強度。賽前一天和賽後一天不安排大負荷量訓練。

②每次訓練時間不長,一般1─1.5小時,但訓練強度、密度大,質量高。

③技術、戰術、身體訓練三部分的比例分配較平均(見圖3─22─2)。

④身體訓練中重視速度和速度耐力練習。

⑤訓練多爲綜合性,以對抗的搶截、攻守和比賽爲主要部分。

⑥比賽後安排一天恢復,但有時這一天也要有一定量的訓練。

(3)恢復期:球員可和家人盡情玩樂、休息,但國外職業球員都自覺保持

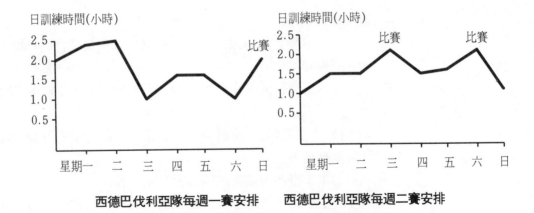

西德巴伐利亞隊每週一賽安排　　西德巴伐利亞隊每週二賽安排

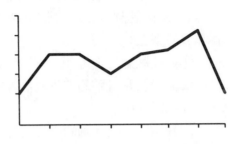

西德鮑魯西亞隊每週一賽安排

圖3-22-3 幾種小週期訓練時間安排模式

一定負荷量的訓練,使體能不致過分衰退。

(五)訓練計劃的制訂

有關訓練計劃制訂的具體內容和範例可參考運動訓練學方面的專著,本文只介紹幾個要點:

1、常用的訓練計劃有多年計劃、年度計劃、階段計劃、週計劃和教案。

這幾種計劃層層銜接,上一計劃的細目就是下一計劃的總目。

2、制訂每一層次的計劃都應從技術、戰術、身體素質、心理素質四個方面分別考慮,同時考慮它們之間的相互影響和綜合效應。

3、制訂每一層次計劃的起點是現狀,終點是目標。明確了現狀與目標,再去設計達到目標的途徑、方法和手段。

4、各層次計劃的要點:

(1)長期計劃:長期計劃的內容是每一年度計劃的總目標和任務。制訂長期計劃主要應考慮:

①長期系統性訓練原則。不能什麼都想一下抓住,要有個先易後難、先

簡後繁的順序。

②人體發育的規律。注意按兒童少年生長發育的特點和各項素質發展的敏感期安排內容。

③外部條件的變化。對社會、經濟、對手、項目發展情況的預測非常重要。

(2)年度計劃:年度計劃的內容是各階段計劃的目標和任務。制訂年度計劃重點應考慮:

①本年度各項競賽的時間及其重要性。

②根據比賽考慮全年訓練大週期的劃分及總體負荷的全年變化曲線。

③每一階段重點要解決的問題。

(3)階段計劃:階段計劃的內容是每周計劃的目標和任務。制訂階段計劃重點應考慮:

①競技狀態的獲得,即負荷量、強度、密度的安排曲線。

②針對比賽對手的技戰術訓練內容和時間安排。

③氣候條件。

(4)週計劃:週計劃的內容是每次課教案的目標和任務。

制訂周計劃重點應考慮:

①超量恢復規律,即如何控制好運動員“負荷—疲勞—恢復—再負荷……”這一過程。其中尤應注意累加負荷所造成的疲勞是否可能恢復。

②每次訓練課的性質及其主要內容。

(5)每課教案:教案的目標任務已在週計劃中明確,教案的內容應保證目標任務的實現。

制訂教案要細緻,重點應考慮:

①課的總負荷量、強度、密度及全課的變化過程。

②技戰術內容安排、針對性及隊員在每項內容中的分組。

③課的總時間、每項練習時間及換項時的間歇時間。

④準備活動與整理活動。

⑤場地、氣候條件。

⑥隊員洗澡、吃飯的時間。

(六)訓練方法

許多教練希望找到拿來就能用,一用就見效的成套訓練方法。然而這種方法是沒有的。

足球訓練的方法很多,這裡提供一些訓練的原則和要點,可據此思考尋找合適的方法手段。

1、訓練的一般過程

(1)這裡所說的訓練是廣義的概念,其中既有教學過程,也有訓練過程。教學過程是學習掌握新技術、新動作、新知識的過程;訓練過程是不斷重覆已學會的技術、動作和知識,以求達到能熟練地結合具體情況去應用的過程,即發展技能的過程。

在幼兒初學者的訓練中,教學的內容占有較大比重。隨着年齡漸增,訓練比重加大,教學比重漸小,直至消失。

(2)關於足球技術、戰術、身體訓練的教學重點內容與過程:各種教科書均有系統詳盡的介紹,不再重覆,只對其中某些內容略作補充,同時結合國內較高水準足球隊訓練中常見的問題介紹一些訓練要點及方法手段。

(3)較高水準足球隊以訓練爲主:訓練的目的是把已學會的技術、戰術和動作變爲比賽中可供應用的能力,所以說比賽是訓練的依據和導師。

較高水準隊教練的主要任務應當是:

①根據比賽中出現的情況,找出全隊和每個隊員存在的主要問題。

例如,本隊在聯賽中多次失利,是進攻能力不強不能進球,還是防守能力較弱失球過多? 如係後者,是中路防守差還是邊路問題? 如是邊路問題,是邊後衛個人能力不夠,還是助攻太多回不到位? 抑或是中衛補位、保護不夠? 等等。深思下去才能發現主要問題。

②對造成某一主要問題的原因進行深入的分析研究,找到癥結所在。

③針對癥結所在,選擇或創造有效的解決方法。

選擇有效方法的能力來源於對各種訓練方法本質的理解。只有明白了爲什麼要這樣做,才能選擇到好方法,創造出新方法。

(4)在訓練過程中避免片面性:教練做出的所有判斷和決策都應符合運動訓練學和足球教學訓練原則,不能想當然。同時要注意對多方面的問題進行全面深入地分析研究,避免片面性。

2、技術訓練

(1)訓練內容與要點

①踢球:目前國內球員普遍存在的問題是踢球力量不足,其次是準確性不高。

提高準確性靠反覆熟練技術,加大踢球力量則應注意以下問題:

a.加強大腿和腹部屈肌群爆發力的練習,以增加大腿和小腿的前擺速度。

b.加大助跑最後一步的跨度,使踢球腿的後擺動作不過於明顯和用力,以減少前擺的阻抗力。

c.加速鞭打動作。鞭打動作的實質是在踢球腿前擺到一定程度時髖關節突然制動,使轉動軸心迅速從髖關節前移到膝關節,以減少轉動慣量,加快足踝部轉動的角速度。

　　d.加強踝關節背伸的柔韌性和關節固定的力量。常見隊員踢球腳背立不起來或踝關節發鬆,這往往是踢球無力、射門偏高的原因。因此兒童時就應進行壓腳背、繃腳背的柔韌性和力量性訓練。

　　e.加大傳球距離。我國球隊在練習配合時往往習慣於相距 5—10 公尺的小配合,而現代足球比賽的配合範圍加大,15—30 公尺的中距離傳球應用廣泛,且常常成爲制勝的關鍵技術,故應加強這一訓練。練習要求擺腿幅度小、速度快,球速快且平穩,應是地滾球或平高球。爲加大難度,可採用連續一次觸球或跑動中傳球等方式。

　　除加大踢球力量的練習外,還應重視弧線球的練習。射門、門前最後一傳、任意球射門和發角球時,弧線球是有力的武器。

　　當前世界先進隊對弧線球的掌握和運用已達出神入化的境地,尤其是進攻中最後一傳的側弧線球和任意球射門時越過人牆的側下旋球控制得非常精確。奧秘無非是反覆磨練,悉心體會腳的觸球部位及踝關節和擺腿對方向的控制,許多世界級球星在正式訓練後均花大量時間練此技術。

　　②接球:接球技術是一個隊技術細緻程度的重要標誌。它與停球不同,停球技術主要強調的是緩衝,以減低球速。接球技術更強調接觸來球時控制球的方向和速度。至於是緩衝還是變向甚至加力,是減低、保持還是加快球速,則應視場上情況靈活掌握。

　　③頭頂球:在世界最高水準比賽中有相當一部分進球是頭頂攻入的。頭頂球訓練應注意:

　　a.頂球部位應是前額近眉骨處。如用前額上部,所頂出的球往往偏高。

　　b.注意發展腰、腹、背肌的力量,以加強身體騰空後的控制能力。注意加強肩、頸部位的肌力,以保證頂球時頸部不致鬆馳而緩衝力量。

　　c.注意練習跑動中衝頂。因爲跑動中起跳可將部分速度轉化爲縱向力,從而在起跳高度上勝過對手。更重要的是借助跑動水準方向的衝力頂出的球比原地起跳頂出的球力量大得多。

　　d.向側面頂球時注意用前額正側面觸球,同時作甩頭動作,球頂出後面部應正好對着預期的出球方向。

　　④運球與過人:運球的技術並不複雜,關鍵在於每次觸球時要控制好方向和力度。另外,運球時的跑姿也應注意,一般在遠離對手時重心可高些,步幅可大些,速度可快些,每次推撥球力量可大些;在接近對手時則應將重心放低,步幅減小,速度稍加控制,並減小推撥球的力量,以便於隨時改變方向和速度,避開對手截擊。在這兩種跑姿中,踝關節用力起主要作用。在高姿跑時,踝關節要充分蹬伸,以加大步幅和速度。在接近對手時,踝關節不要充分蹬伸,以便隨時做爲立足腿支撐重心,轉換方向和速度。

　　過人的技術變化較多,訓練中應注意:

a. 現代足球過人的技術動作趨向於簡單化和小幅度,講究成效。

b. 過人技術的關鍵在於對時間與空間的把握。時間是指與對手相遇時採取過人行動的時間,百分之一秒的誤差就可能造成失敗。空間是指選擇過人的方向,包括做動作時與對手間的距離、推撥拉扣的幅度與踢出球的方向和距離等。其中與對手間的距離最關鍵。做動作時距對手太遠,對手有足夠的時間反應並移動腳步封堵;距對手太近,則對方一伸腿就可卡斷路線。在令對手一步夠不上、二步來不及的範圍做過人動作最有利。

更高級的是連續過人,此時不但要注意與面對的第一對手的時間與空間關係,而且要考慮與下一個甚至第三、第四個人的關係。馬拉多納連過5人的動作極爲簡單,但計算卻精妙入微,每一步運球都處於第一個防守者夠不到,下一個防守者又趕不上的有利地位。必須下功夫培養運動員這種觀察、計算和對球的控制的能力。

c. 過人的另一要點是保持重心。在對手上搶時改變球的方向固然困難,要及時改變身體重心跟上球就更難,何況有時還要把已經失去的重心調整過來。因此,要大力加強隊員的下肢和腰腹肌力量,提高其靈敏協調能力。

d. 過人有主動與被動之分。主動過人是先做動作,趁對手未反應過來或不及行動時越過;被動過人是等待或誘使對手先做動作,使其露出破綻後再採取行動。關鍵在"快"。

e. 假動作在過人中運用最多。巴西足球之所以吸引觀衆,重要原因之一是假動作多。假動作要靠從小培養,要靠運動員隨機應變和創造性地發揮。

⑤搶截:搶截是足球比賽中除傳球之外使用最多的技術,是奪取控球權的主要手段。奪取不了控球權,一切有球技術便無從發揮。

搶截技術的學習和訓練比較難,因爲沒有或很少有規範動作和成套的固定教法。它主要靠隊員在對抗中自行創造和發揮。

搶截技術訓練中應注意:

a. 搶截成功與否的首要條件是對對方意圖的判斷和預測。

b. 對時間與空間的掌握同過人一樣重要。

c. 搶截動作速度要快、下腳要狠,同時留有變化的餘地,不要把力量全用上去。

d. 要善於合理利用身體去主動衝撞對手,或阻斷對手與球的聯繫。現代足球比賽對手臂部動作判罰較鬆,要學會在規則允許的範圍內用手臂動作保護自己並阻礙對手。

e. 搶截技術的基礎是良好的體能,要想在比對手離球更遠、又晚做動作的情況下搶到對方的球,必須有更快的速度、更大的力量和更強的耐力。

f. 過去認爲搶截成功與否的標誌是是否奪取了控球權,這種理解過於狹窄。未奪取控球權但破壞了對方的進攻，甚至僅僅是延緩了對方的進攻，也可認爲是搶截的成功。

⑥鏟球：鏟球是倒地的搶截，有人將它歸入搶截技術。隨足球比賽激烈程度的加劇，鏟球的運用越來越廣泛，鏟傳、鏟射、鏟控球等已成常見技術。

近年新出現的一種技術叫倒地封堵。它近似鏟球但並非鏟球，因爲它不是主動伸腳去觸球，而是在對手正面橫倒，用身體和兩腿封堵對方的出球路線。這樣既可避免正面鏟球常導致的蹬踏犯規，又可擴大正面防守的面積，具有相當的合理性。它是近10年來國際足壇出現的新技術動作。

鏟球訓練應注意：

a.加強肩、臂部力量的練習，以防倒地支撐時受傷。

b.初始的練習應在柔軟場地上進行，使隊員能充分體驗動作。

c.訓練避免在硬地上進行，並可要求隊員穿較厚的長衣長褲，以防擦傷。

d.如在訓練中受傷或出現畏懼情緒，應停止訓練，以防造成保護性反射。停止一段訓練後，再在軟墊或沙坑中重新開始。

⑦守門員技術：國內守門員應普遍注意的問題主要有三點：

a.選位：選位正確與否從根本上決定了守門的成敗，要結合個人特點進行細緻的研究。

b.移動：守門員的訓練多以大量的撲接球爲主，這對提高腳步移動能力極爲不利。不少守門員見球就倒，對需要移動再接的球腳下反應遲鈍，這就是連續撲接球訓練過多的結果。對這樣的守門員應要求多做不倒地的守門練習，讓他完全靠移動腳步和正確的選位進行防守，時間長了移動能力會顯著提高，且不會影響撲接球技術。

c.接球脫手問題：這是困擾許多教練和守門員的頑症，也是過度訓練的一種表現。很多教練要求隊員在極度疲勞的情況下連續撲接，由於氣力不支，動作做不充分，想拿也拿不住。久而久之養成習慣，再改就難了。

越是爆發力強的守門員耐力越差，而做撲接動作消耗的體力是很大的。因此，在連續用最大力量撲接3—5次後，動作質量便開始下降，此時應停止練習，讓運動員緩緩氣。守門員技術動作要求的是高質量，並非要求數量。

(2)技術訓練的幾種方法

①技術向技能的過渡

一般訓練總是先學習技術，再逐步過渡到練習技能，熟練掌握技能。通常是先學習動作，然後進行慢速的、原地的、非對抗的練習，再逐步加快速度，增加跑動和對抗性，最後達到在比賽中熟練的運用。

教練應注意加快這一進程，縮短過渡時間。有種理論叫做"磨基本功"，主張把原地非對抗技術練得精而又精後再進入對抗性訓練。但許多教練主張"快過渡"，即少年兒童初步掌握技術動作後盡早向高速度、高對抗過渡。

前一種方法理論依據並不充分,後一種方法效率高,練出的技術更實用。

②改進技術的方法

指導隊員改進技術要細緻具體,不能只看表面現象,喊一些諸如"射高了! 壓低點! 把球傳準!"之類的話,這對隊員改進技術毫無幫助。

正確的作法是幫助隊員分析問題的原因,指出癥結所在,然後安排一些誘導性練習,設法幫助其改正。

③正確技術的形成

通常採用的方法有下列幾種

a.重覆練習:同一技術按同一結構和速度進行多次反覆的練習,直至形成動力定型。這是最常用的方法。

b.分解練習:對較複雜的動作可先進行分解練習,然後再組合練習。但分解練習不可過多,否則易破壞動作的連續性。

c.減速練習:爲了體會動作,可讓運動員放慢動作速度,並伴以自我觀察或教練講解,使之對動作全過程有一清晰的表象。這種練習也不宜多,因爲在動力學特徵上它與正常速度的動作完全不同。

d.誘導練習:在練習複雜技術時,可先採用誘導練習。如練魚躍頭頂球可先在墊上練徒手的前撲、魚躍和魚躍前滾翻等,再過渡到有球訓練。

e.直觀教學:正確的示範動作,觀看優秀球員的比賽及技術錄影,對形成正確動作有重要意義。

④錯誤定型的糾正

出現錯誤動作要及時糾正,以防形成錯誤的動力定型。但也應看到,錯誤定型的出現不可避免,也不可怕,是可以克服的。

a.停訓法:停止錯誤動作的練習是關鍵措施。一個動作形成了錯誤定型要立即糾正很困難。正確的方法是停止練這個動作,待動力定型有所消退後,再從頭開始練正確動作。

b.直觀法:可模仿其錯誤動作給隊員看,也可讓隊員對着錄影改正動作。

c.引導法:有些球員動作的整體結構尙好,只是個別環節有誤差。可在訓練時反覆指出其毛病,每次做動作都加以提醒或激勵,久之毛病就會被克服。

d.轉換法:有些明顯的毛病用專項練習不好改變,可改用其他方法。例如,有人頂球時閉眼,可適當讓他練練拳擊,對克服閉眼的習慣會大有益處。

3、戰術訓練

(1)內容與要點

①陣式:陣式的發展是前鋒人數越來越少,後衛人數越來越多,兵力更多地集中在中後場,以便機動。

現代足球比賽最常用的陣式是 4—4—2 和 5—3—2,4—3—3 的陣式也偶有人用。

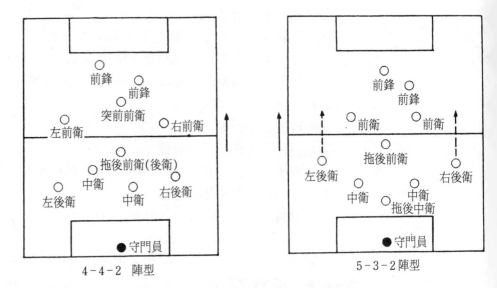

圖 3—22—4　現代足球常用陣型示意圖

4—4—2 與 5—3—2 的不同在於中後場的兵力部署。4—4—2 的中路防守靠一中場盯人,一中場保護,對方另一前鋒由拖後前鋒盯防,兩邊後衛固守邊路。這樣做中路分工不夠明確,對方換位時守方交接上容易混亂。同時,兩邊衛任務清閒,中卻因一前鋒助守而人力吃緊。

5—3—2 陣型則針對上述問題把一前鋒撤回來變成盯人中場,形成中路兩中場盯人,一中場拖後保護的縱深體系。同時兩邊衛獲得解放,進攻時可隨時前插協助中場控制,甚至擔當邊路進攻的主角,形成守時 5—3—2、攻時 3—5—2 的多變陣式,人員分配趨於合理。

②總體攻防戰術:

a.進攻型:取進攻型打法的隊應當在進攻能力上勝過對方的防守能力,防守能力又勝過對方的進攻能力。

防守線的前沿推至對方門前 30 公尺線一帶,後衛線壓上至中線附近。丟球後就地拼搶,力爭在前場搶下球,發動連續進攻。

進攻型打法還要求隊的搶截能力、體力和力量明顯優於對方,故往往是力量型的隊採取進攻型打法。

b.防守型:取防守型打法的隊一般防守能力弱於對方的進攻能力,進攻能力又弱於對方的防守能力。

由於丟球後很難在原地或在中場再奪回控球權,故丟球後應全線回撤至本方門前 30 公尺以內,組成密集防守網,以人數優勢彌補防守能力的不足。進攻時往往趁對方後防人少,發動快速反擊,以求出奇制勝。

c.中場對攻型:兩隊的防守能力均超過對手的進攻能力,兩隊必將防線前推,在中場形成劇烈的爭奪,但攻到對方門前的機會較少,進球不多。兩支力量型的隊相遇常會出現這種局面。

d.全場對攻型:兩隊的進攻能力均超過對手的防守能力,均能攻到對方門前,丟球後又必須回收到本方後半場。兩支技術型隊相遇常會出現這種局面。比賽的速度和激烈程度不高,但觀賞性較強。進攻多靠有組織的配合來完成。比賽中陣地進攻的場面較多。如雙方求勝欲望強烈,又有較好的體能,也會出現精彩的拉鋸戰場面,並打出高比數。

e.訓練:應根據對本隊和對手實力的估計決定總體戰術,進行相應的訓練。注意訓練內容與總體戰術的一致性。如打進攻型或中場對攻型,必須加強拼搶能力和體力的訓練;如注重有球技術的訓練,則須考慮是否應回收防守,採用防守型或全場對攻型打法。

另外,進攻方向、進攻速度和防守區域的選擇等也是總體戰術應考慮的問題,並應加以相應的訓練。

③進攻戰術與防守戰術

a.進攻戰術:

·中路滲透(圖3—22—5 中路滲透)

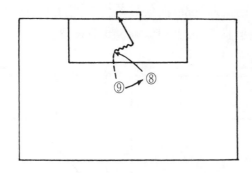 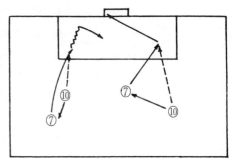

圖3—22—5　中路滲透　　圖3—22—6　兩肋突破

多以短傳結合個人突破完成。突破後可直接威脅對方球門,但因中路防守密集,成功率較低。

·兩肋突破(圖3—22—6 兩肋突破)

禁區兩側是守方中場與邊後衛的接合部,防守較中路鬆動,且突破後守方守門員也不易出擊封堵。從這裡突破既可直接威脅球門,又有較高的成功率,因而是進攻的主要攻擊點。

中距離的直、斜線傳球和個人突破是兩肋突破採用的主要技術。

·邊路下底傳中(圖3—22—7 邊路下底傳中)

沿兩邊線直線突破到底線附近,然後向門前點球附近傳出長傳球。這是50—60年代常用的戰術。因傳球距離過長,利於守方爭搶,對球門直接威脅不大,故近年來國際上已少有人用。

·斜線中傳(圖3—22—8、9 斜線中傳(前點)、斜線中傳(後點))

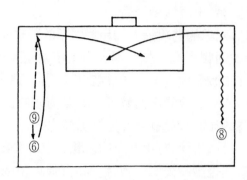 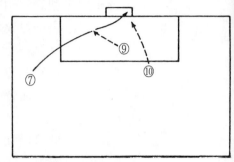

圖3—22—7　邊路下底傳中　　圖3—22—8　斜線中傳(前點)

　　從禁區兩角向守方門前前點或後點斜線進行中距離傳球,由快速插上的同伴衝頂,或再傳中路製造機會。這是現代進攻中最常用,也是成功率最高的打法之一。

　　與下底傳中的不同之處,在於此種打法盡量避開角球區附近的"死角區",不從"死角區"向門前傳球,力爭突破內切至禁區線與底線交匯處傳中,或者攻到禁區角附近斜線向門前傳,以防止對方守門員出擊斷截。

　　傳出的球多爲快速平高球,便於同伴在門區前角和後角衝頂或蹭頂。

　　·45度斜長傳(圖3—22—10　45度斜長傳)

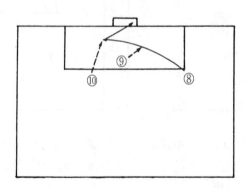 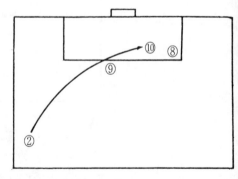

圖3—22—9　斜線中傳(後點)　　圖3—22—10　45度斜長傳

　　在距對方底線25—50公尺的邊線一帶,向對方門前點球附近傳出高遠斜線球,由進攻隊員(通常是高中鋒)與對方爭頂,或直接攻門,或爲同伴製造機會,或只是干擾對方造成其失誤。這是各隊在配合進攻無法擊破對方防守時常用的簡單辦法。它可避免中場失誤,盡快把戰火引向對方門前。但由於給前鋒和對方後衛以同等爭搶機會,故對於有較成熟中後衛的隊來說威脅不大。

　　·直長傳衝擊與二次進攻(圖3—22—11　直長傳衝擊與二次進攻)

　　從後場用直線長傳球直攻對方禁區前沿,意在打到對方中後衛身後,由速度快的前鋒反擊突破。這是最快速的反擊形式,但成功的把握很小。

　　做爲這一打法的補充,通常安排一高中鋒緊貼對方中後衛,直傳來球時與對方後衛爭頂,力求不讓對方後衛頂好頂準,同時前鋒線迅速跟進,搶佔雙方爭頂來球的落點,爭取在對方後衛線前面(一般在對方門前 30 公尺左右)控制好球,發動二次進攻。

　　·陣地連續轉移進攻

　　當對方收縮防守、密集門前時,攻方一時難於找到突破口,便可以連續短傳或長傳轉移調動對方,使之在移動中出現破綻,造成突破或遠射的機會。

　　·個人長距離帶突(圖 3—22—12 個人長距離帶突)

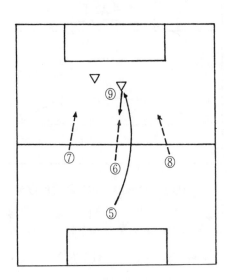 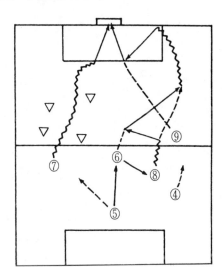

圖 3-22-11　直長傳衝擊與二次進攻　　圖 3-22-12　個人長距離帶突配合反擊

　　有時場上會出現守方人員間隙較大的縱向開闊地帶,稱爲"自由走廊"。攻方隊員可利用它運球直撲對方門前,造成機會。在全場對攻和防守反擊時多有此種機會。

　　·配合反擊(見圖 3—22—12)

　　不同於長傳反擊或個人帶突反擊。通常以 2—4 人組成小組,互相保持一定距離,利用快速連續中短傳通過中場,直攻對方門前。

　　此種打法要求攻方隊員傳接意識和能力較強,並能在高速前進中準確地完成技術動作。

　　b.進攻戰術的組合:

　　一個隊不可能只靠一種戰術戰勝對手。即使是一次進攻,也往往需要變化進攻方式。一個隊只有掌握並能熟練運用多種進攻戰術,方可使對手防不勝防。

　　一個隊應根據本隊的技術和身體條件及隊員個人特點選擇幾種適宜的戰術。

　　c.防守戰術:

·防守範圍:

確定防守範圍不但是全隊防守戰術的出發點,也是全隊總體戰術的出發點。因爲開始積極防禦的地點一般也是預計能奪取控球權並發起進攻的地點(圖 3—22—13 防守範圍的區分)

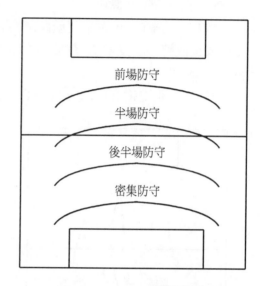

前場防守

半場防守

後半場防守

密集防守

圖 3—22—13　防守範圍的區分

在中線前 10—20 公尺處開始積極防守稱爲前場防守體系,通常防守能力很強的隊取這種壓着對手連續進攻的陣式。

在中線附近開始積極防守稱爲半場防守體系,一般防守能力與對手進攻能力相當的隊取這種較爲平衡的陣式。

在中線後 10—20 公尺處開始積極防守稱爲後半場防守體系,一般防守能力略遜於對方進攻能力的隊取這種較爲穩妥的陣式。

在本方罰球區前沿才開始積極防守稱爲收縮防守或密集防守體系,一般防守能力大大低於對手的隊才採取這種被動的防守陣式。

·防守方式:

一般說,緊逼防守重心在前,意在不讓對手得球或與之爭奪控球權;鬆動防守重心在後,意在不讓對手從我這裡突破。緊逼是積極防守方式,但個人控制的範圍較小;鬆動是消極防守方式,但個人控制的範圍較大。

在比賽中,合理的處理應是:越接近球的防守者越應緊逼,越遠離球的防守者越應鬆動。越接近本方球門越應緊逼,越遠離本方球門越應鬆動。

·防守組織:

現代足球比賽單純採用一種組織體系的已不多見,大部分是混合防守體系。

以盯人爲主的防守體系(圖 3—22—14 盯人防守)分工明確,不易被對手的交叉換位打亂。但它對防守者個人作戰能力要求極高,因爲在一對一的爭奪中一個防守者的失誤就可能造成全線崩潰。另外,它也要求防守者有充沛的體力,因會經常造成無謂的奔跑與消耗。

盯人防守體系中必須在防線最後保持一名沒有盯人任務的"自由人",以便某同伴在一對一爭奪中失誤後堵住缺口。如果自由人的支援行動也面臨失敗,則原在前面盯人的隊員應迅速趕回支援,在其附近的同伴也應立即減緩對自己盯守對象的緊逼,轉而保護門前區域。此時的防守已是區域的性質了。

區域防守為主的體系(圖3—22—15 區域防守)在合理分配人力和體力方面優於緊逼體系,因為每個人都可以就近選擇防守對象。區域防守體系的弱點在於,當攻方隊員相互換位時,守方人員往往會因交接防守對象不及時、不明確而出現漏人,這就要求具有很強的協同配合意識。另外,當攻方多人集中攻擊一個區域時,守方也會因分工問題而造成混亂,即支援者有時過少,有時又過多。

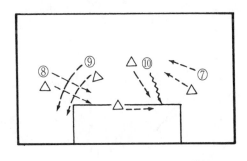 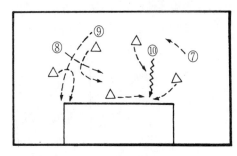

圖3—22—14　盯人防守　　　圖3—22—15　區域防守

區域防守為主的體系一般要求在本方禁區前沿轉入盯人防守,因為此時再要求在對方換位時移交防守對象已來不及。但這又會成為出現混亂的一個原因,即何時開始轉入盯人? 如何保持步調一致?

總之,盯人與區域為主的防守體系各有所長,運用成功與否在於教練的指導和隊員的默契程度。

·防守節奏:

防守節奏系指積極防守與消極防守間的轉化。

防守節奏加快,意味着從消極防守轉入積極防守,通常是以增加防守中緊逼的成分來體現。從防守全過程看,通常是先以消極防守延緩對方的進攻速度,待本方組織好防線後再轉入積極防守。這時防守節奏應突然加快,全隊一致開始積極逼搶,以使對手猝不及防而失誤。

防守節奏減慢意味着從積極防守轉入消極防守,這是積極防守失敗的必然結果。此時守方對攻方應採用拖延和退讓的策略,同時爭取時間立即佔領本方門前的要害位置,再伺機重新開始積極的防守。

·造越位戰術是一種特殊的防守戰術,運用得法會使對手的進攻無法組織,但也有相當的冒險性。關鍵在於對對手的進攻思路要吃透,時機選擇要合適,後衛線行動要統一,最好有人統一指揮,並有暗號。壓出時一定要有人把對方持球隊員死死卡住,不許其向前傳或運球,同時守門員要向前跟進,以防對手反越位成功。

④局部戰術(配合):

a.進攻配合:

·把各種方式的傳球、運球和跑動組合在一起,達到在某一局部突破對方防線的目的。這就是進攻配合。

傳球方式可分為直傳、斜傳、橫傳和回傳。跑動可分為直插、斜插、橫扯和回接。

·應注意,最終導致突破的是直傳、斜傳和直插、斜插這四種方式,其基本組合有4種:

直傳斜插、斜傳直插、直傳直插、斜傳斜插(圖3—22—16 四種最基本的配合方式)。橫回向的跑動和傳球不過是引誘防守者,使之失去位置的手段。

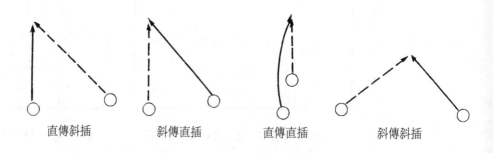

　直傳斜插　　　　斜傳直插　　　　直傳直插　　　　斜傳斜插

圖 3—22—16　四種最基本的配合方式

·二名隊員以連續的傳球、運球及跑動尋求突破,稱為二過一配合。常用的二過一配合有4種:直傳斜插二過一(圖3—22—17 直傳斜插二過一),注意傳球人應先吸引守方隊員的注意,接球人從防守隊員背後插上得球,此時守方已不再注意傳球人,便可交叉換位到另一側再次接應;

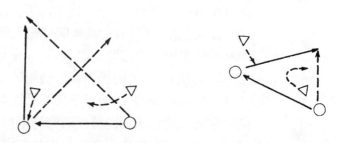

圖 3—22—17　直傳斜插二過一　　　　**圖 3-22-18　踢牆式二過一**

斜傳直插二過一(圖3—22—18 踢牆式二過一),　　　又稱踢牆式二過一;回傳反切二過一(圖3—22—19 回傳反切二過一);

圖 3-22-19　回傳反切二過一　　**圖 3-22-20 交插掩護**

交叉掩護(圖 3—22—20 交叉掩護)

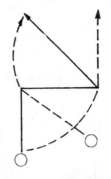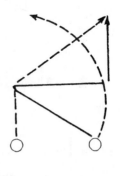

圖 3-22-21 直橫斜配合　　**圖 3-22-22 斜橫直配合**

·將上述二人配合組合起來,可形成多種連續配合的套路。這些套路既可在實戰中應用,也可做為訓練手段。例如,

直橫斜配合(圖 3—22—21 直橫斜配合)實際上是先直傳斜插後斜傳直插的組合。

斜橫直配合(圖 3—22—22 斜橫直配合),實際上是先斜傳直插,後直傳斜插的組合。

連續踢牆式二過一配合(圖 3—22—23 連續踢牆式二過一)。

連續交叉二過一配合(圖 3—22—24 連續交叉二過一)。

連續傳接運配合(圖 3—22—25 連續傳接運配合)

·除二人配合外,三人配合也是常用的基本配合形式。有些三人配合實際上是三個人參加的連續二人配合,特徵是參與配合的任意二人之間有連續性傳球。真正的三人配合通常稱為三角傳球,基本形式有以下幾種:前三角配合、後三角配合、側三角配合(圖 3—22—26 三種基本的三角傳球配合)

·現代足球比賽越來越多的隊採用一種新的配合方式,即速度差配合(圖 3—22—27 速度差配合)

其要點是,攻方跑動者在遠離守方隊員時即開始高速衝跑,跑到離守方隊員還有相當距離時同伴即向防守者身後傳球。此時看來衝跑隊員距球較防守者遠,但因他提早起動,已進入途中跑,速度很快,防守者發現他後才開始起跑,速度較慢,結果數步之後進攻者便超過防守者,達到突破的目的。在對方防線較完整而少空際時,運用速度差突破會收到很好的效果。

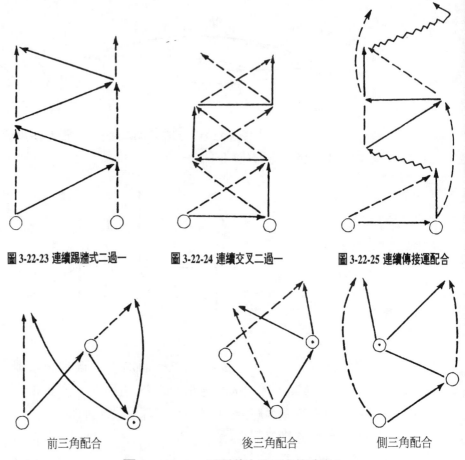

圖 3-22-23 連續踢牆式二過一　　　圖 3-22-24 連續交叉二過一　　　圖 3-22-25 連續傳接運配合

前三角配合　　　　　　　　後三角配合　　　　　　　側三角配合

圖 3—22—26　三種基本的三角傳球配合

注：⊙為最後一傳者，有兩條可選擇的傳球路線。

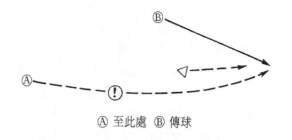

Ⓐ 至此處　Ⓑ 傳球

圖 3—22—27　速度差配合

·現代進攻的另一趨勢是配合範圍加大，中距離連續傳球配合增加。原因在於，小範圍配合很難調動守方的防守重心，起不到避實擊虛的作用；長傳球運行速度太慢，守方有足夠的時間調整陣線彌補漏洞。中傳配合則可揚二者之長，避二者之短。

·為加快進攻速度，在配合中獲出奇致勝的效果，現代比賽還大量運用不停球的一次傳球，在進攻結束階段尤其如此。大部分導致進球的最後一傳都是一次傳球。我國球員一次傳球的意識、準確性和力量均較差，需要認眞重視。

　·定位球戰術是現代足球比賽破門得分的有力武器,各隊都極爲重視。

　目前常用的定位球戰術越來越趨向於簡單,禁區正面定位球常以直接射門和甲撥乙射、甲撥乙停丙射爲主,複雜的配合較少應用。禁區側面的定位球一般是斜傳門前,由同伴衝頂。

　b.防守配合(圖3—22—28 防守配合):

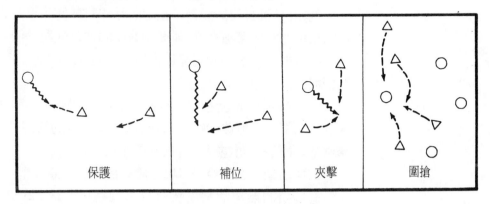

| 保護 | 補位 | 夾擊 | 圍搶 |

圖3—22—28　防守配合

　·掩護:在同伴與對手展開爭奪時向他靠近,並佔據他與本方球門間的位置,稱爲掩護。保護不但可在同伴被突破後立即塡補漏洞,而且可給同伴心理上的支持,給對手心理上的威儡。

　掩護的基本原則是裡線的掩護外線的,後面的掩護前面的。

　·補位:當本方防守隊員被對方突破,或失去位置暴露空檔時,佔據他應有的位置,以阻止對手或塡補空檔,即爲補位。

　補位的成功依賴於良好的預見性,且往往是掩護的繼續。

　·夾擊:夾擊是指兩名防守隊員協同攻擊攻方持球者的行動。要求兩人行動時間同步,配合協調,每人負責防守那個方向要默契,尤其要注意不要讓對手從二人之間鑽過去面向球門。因此,合理的夾擊往往是一人封堵對方向球門進攻的路線,另一人從對方側面或側後方夾擊。

　·圍搶:三人以上共同向一名持球者協同攻擊稱爲圍搶。圍搶的要領同夾擊一致,但更要注意封住各個方向,不能讓對手傳出球去。因爲守方在這裡投入兵力很多,別處必然空虛,一旦被對手抓住機會是很危險的。

　有經驗的隊往往先把對手逼到邊線再開始圍搶,以減少對手的出球路線和回旋餘地,增大圍搶的成功率。

　·交接防守:守方隊員無論盯人或區域聯防,常常要交換防守對象。此時大家要互相提醒,用諸如"X號是你的!""我盯X號!"之類的簡單語言明確職責。還要注意在交換前多跟幾步,不要過早或距同伴過遠就不跟了,以盡量縮小對手無人盯防的時間與空間。這要求隊員有高度的責任心。

　⑤個人戰術:

　　a.進攻個人戰術:進攻中的個人戰術無套路可言,只是一種帶有戰術目的的行動。個人戰術分爲有球活動意識和無球活動意識兩個方面。

　　·有球活動:研究個人戰術主要側重於完成某一動作對全隊總體戰術行動的影響和行動的意識合理與否。進行有球活動的戰術訓練時,對個人主要側重於運用技術的意識,即在某種特定情況下對技術動作的選擇以及對運用技術的時間、方向、速度的選擇。

　　例如,一腳長傳球能否以正確的動作將球傳到預定的位置是技術問題。而向哪里傳? 傳哪種高度、弧度和速度的球? 則屬於個人戰術意識問題。

　　所有技術的臨場運用都包含個人戰術意識問題。訓練中一定要把意識問題與技術問題分淸。

　　·無球活動:無球活動的外在形式無非是跑、走、停。運動員在場上絕大部分時間都處於無球狀態,因此無球活動意識的強弱往往決定一個隊的整體水準。而這一問題很少引起人們注意。

　　無球活動合理與否是以場上總的形勢爲參照標準。

　　進攻中的無球活動主要有以下幾種(圖 3—22—29 進攻中的無球活動):

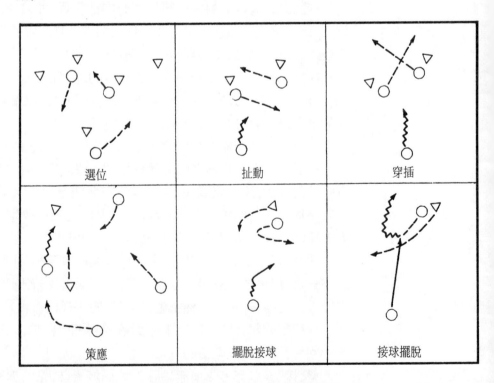

圖 3—22—29　進攻中的無球活動

　　選位:即選擇正確的位置,一般應在對方防守者之間的空檔處,特殊情況下也可貼住防守者,但此時的目的不是爲了拿球,而是爲同伴創造機會。

　　扯動:目的不在於拿球,而在於牽制防守者,使之失去應有位置的橫回向跑動；或雖意在拿球，但卻向遠離球的方向橫回向跑動。前一種扯動速度不宜過快，後一種扯動要求迅速隱蔽。

穿插：直線或斜線跑動插向防守者身後的空檔稱為穿插。穿插是為了在對方身後拿球，造成突破。如不能拿球，也可吸引防守者的注意，打亂其防守陣線。

策應：為接球或與同伴配合而向控制球的同伴方向跑動稱為策應。策應的要點在於跑向最合理的地點，以為控球的同伴提供一條最佳的傳球路線。

擺脫：在對手緊逼時，為接應傳球而採取的脫離對手的行動稱為擺脫。擺脫的關鍵在於起動突然，最好是跑向對手沒有想到的位置。同時要注意擺脫的時機，擺脫過早接不到球，對手又會逼上來；擺脫過晚則球已傳出，對手也可判斷接應點，擺脫無法成功。國內外優秀選手常採用假動作擺脫。

干擾：貼近或衝撞防守者，以阻擋其視線，吸引其注意或破壞其動作，達到為同伴創造機會的目的稱為干擾。干擾要注意不要犯規。

b.防守個人戰術：

選位：在面對一名控球的對手時，正確的防守選位應當在球與球門之間。在一人面對二人以上的攻擊時，應兼顧有球者與無球者。原則是要裡不要外，要後不要前，即重點防守更靠近球門者。

延緩與封堵：面對已控制住球並有較強個人突破能力的對手，或對手以多打少時，合理的戰術選擇應是且戰且退，延緩對手的進攻速度，同時封堵其最具威脅的出球路線。可適當採用一些假搶動作，迫使對手放慢進攻速度。

上搶與緊逼：當對手尚未控制好球或將要得球時，或雖已控好球，但守方在同一局部人數較多，後方已形成保護時，近球隊員可向攻方隊員實施搶截或緊逼。上搶時動作要果斷迅猛，並掌握好時機，在球脫離對手控制的一刹那觸球。在上搶途中如發現對手已能先於自己控制好球並做出下一個動作，應立即減速，在距對手稍遠處停步，轉入封堵。切不可一味猛撲，給對手造成過人突破的機會。

回追：搶截或緊逼失敗，在自己防守的地帶被對手突破時，應立即快速回追，力爭再次與對手拼搶，或在同伴補自己的位置時迅速趕回本方防線，填補其他漏洞。即使追不上，也要使對方感到被追，不能從容地完成動作。一旦同伴封堵住攻方的進攻路線，迅速回追的防守者還可從背後對控球人實行夾擊。我國許多隊員對回追極不重視，丟球後眼看對手長驅進攻而無所行動，這是造成防守壓力大的原因之一。

(2)戰術訓練方法

戰術訓練的內容很多，這裡介紹幾種主要訓練法，供參考。

①抽象訓練：戰術訓練的關鍵是提高隊員的意識，意識的提高有賴於抽

象思維能力的提高。只有把足球場上帶有普遍性和規律性的東西提煉出來,並形成理論與原則教給隊員,隊員才能獲得在千變萬化的情況下正確行動的能力。

抽象訓練的具體形式有戰術理論課,戰例的講解與分析,實戰觀摩討論等形式。在講解與討論中最好採用一些直觀教法,如反覆看錄影,擺棋盤模型,畫圖示等。要善於誘導隊員參與討論,力求生動活潑,求實效。

②模式訓練:

把一些常用的配合路線和方法編成套路,讓隊員按這些套路反覆演練至嫺熟。要避免盲目地機械模仿,提倡動腦筋。

③局部對抗練習:可以有相對固定的套路,允許攻守雙方有 2—3 種選擇和變化,以反覆演練某種配合。例如,擺脫接球練習要求被防守者可擺脫回接後回傳反切突破,也可擺脫後轉身空切突破,防守者和傳球者也採取相應的行動。

也可以無固定套路,允許隊員在多種配合方式中任選並靈活機動地運用。例如,局部的三打二、二打一、四打二的攻門練習等。

練習要求一定要嚴格,尤其對防守者。一定要真逼真搶,嚴格限定配合的速度和時間,不得拖延,這是保證訓練取得實效的必要條件。

④大場地綜合訓練:如半場攻守,縱向半場攻守,半場搶截,全場比賽等。這些方式可用於技術、戰術、身體等各種不同目的的訓練,關鍵在於要有不同的側重點。

做為戰術訓練,應注意觀察隊員在場上的戰術行動,並隨時給予提醒。如遇涉及面較廣、較重要的問題,應中止練習,恢復特定場面,向大家講解在此種情況下正確的處理與選擇,待隊員都理解後再重新開始訓練。

4、身體訓練

足球運動員的身體訓練可廣泛借鑒一般身體訓練的方法。這裡只介紹一些專項特有的訓練方法與要求。

(1)速度訓練

①跑動速度:跑動有二種方式,一種為正常的跑法,多在無球和無對手靠近時採用,一種為獨特跑法:低重心、小步幅、高頻率、踝關節不充分伸展的跑法,即通常所說的"小碎步",跑動中重心晃動較大。

②移動速度:指橫向移動和後退跑的速度。橫向移動有側滑步與側交叉步二種形式,後退跑速度較慢且不利於觀察,故場上多採用半轉身變為側交叉步的方式向後運動。

③急停與急轉:足球運動員移動的一大特徵。急停急轉速度的提高有賴於強大的腿部力量,靈敏協調和動作的正確性也是一種保證。

④動作速度:動作速度取決於三個因素:肌肉力量、神經系統的靈活性和動作的熟練程度。注意,不能在疲勞狀態下或興奮性不高時練習速度,一

般應把練習放在充分的準備活動之後進行。

(2)耐力訓練:除了超長距離耐力跑或等長收縮的耐力練習,其他各種耐力訓練都有益。耐力訓練中應突出以下幾點:

①強度的掌握:一般以無氧閾強度爲宜。爲了提高跑動能力,可以提高無氧耐力爲主,帶動有氧能力的提高。

②間歇控制:比賽中極少有 1 分鐘以上的間歇,故在訓練安排中應注意盡量縮短間歇時間,以保證負荷強度與比賽一致。

③跑動距離:場上跑動多爲短距離的衝刺跑和反覆跑,訓練應注意這一特點,多安排一些 15—30 公尺的反覆衝刺跑練習。

④動作耐力:比賽中有大量的急停、急轉、起跑、起跳、倒地、起立等動作,且用力的肌群也與跑時不同,故必須重視對此類動作耐力的訓練,在計算負荷量和強度時也應考慮這部分動作的消耗。

(3)力量訓練

足球運動員需要全面發展的肌肉力量,如爆發力、速度性力量等。也應注意發展絕對力量,以適應與對手衝撞的需要。

(4)靈敏協調性訓練

應特別注意以下幾個方面的練習:

①加大動作幅度的練習:目的是保證動作的伸展性,以擴大控制範圍。

②快速變向能力:要靠增強腰腹背肌和膝踝關節力量以及掌握重心的練習來加強此種能力。

③各種倒地練習:適應比賽需要,學會自我保護。各種墊上活動,如滾翻、魚躍、手翻、空翻等練習和模擬倒勾、鏟球、側撲等動作的練習極爲有益。練習中應指導隊員加強肩臂部和頸部肌肉力量的鍛鍊,教會各種合理的支撐及自我保護辦法,以防受傷。

(5)柔韌性訓練

要求不必過高,因爲韌帶過鬆會導致關節在強力撞擊下受傷。

(6)彈跳力訓練

各種單足、雙足跳,各種向上、向側和前後跳,各種不同姿式跳,各種原地或帶助跑的跳,對足球運動員都是必要的。

練彈跳力時,要提醒隊員注意騰空時的腰腹控制和落地的控制,如結合一些連續跳越障礙的練習效果會更好。例如:單腿連續跳越實心球的練習;雙腿連續跳越欄架的練習;單或雙腿前後或左右連續跳越障礙的練習等,都可採用。

5、心理訓練

足球的心理訓練無特殊方法,可採用常規的心理訓練方法。

至於賽前緊張情緒,重大比賽前的緊張情緒難以完全消除。而適度的緊張有益於比賽的發揮。對過度緊張,則應採取一些措施予以緩解或消除。

6、綜合訓練

足球訓練中單一因素的訓練很少,大部分訓練都是綜合性的,只是側重點有所不同而已。

例如:同是一項半場攻守練習,如果側重於技術,教練注意的就應是每個隊員完成技術的質量,隨時提醒他們做好每個動作,然後還要針對性地加練一些技術,以彌補暴露出的弱點。如果側重點是身體素質,則應督促隊員多跑、快跑、減少停頓、積極拼搶。如果側重點是戰術,則應事先講解訓練要達到的目的,介紹幾種基本配合方式,訓練中按目的要求隊員,並不時停下來進行分析和講解。

有些隊的綜合訓練效果不明顯,一個重要原因就是只注意了綜合訓練的形式,忽略了要求的側重。

國內外目前常用的綜合訓練手段相差不多,如各種不同場地的、等數或不等數的攻守、搶截或比賽。有時在技術上做一些限制,如只許盯人防守,或必須三短一長,或人多方只許一次觸球,人少方可以任意運球等等,完全視需要而定。

(七)比賽的臨場指揮

1、上場前的動員

切忌絮絮叨叨說個沒完,應簡單扼要地重覆一下戰術總方針和幾個關鍵要點,如"×××,盯緊×號","×××,到禁區前就起腳"之類。然後再講幾句話調整一下隊員的心理狀態即可。

2、中場講話

這是教練在比賽中最主要的指揮方式,也是唯一一次直接指揮機會。

中場講話的要點一是戰術,二是心理。

戰術上要肯定優點,指出問題,估計下半場形勢,指出應變措施。心理上要以自己的態度、語言、動作來影響隊員,不必說過多的空話。對個別位置的隊員以提醒的語言指出問題及改進方法。對受傷的隊員要給以關心和慰問,加以鼓勵和表揚。

一般說,上半時如情況較好,教練應多講問題,防止輕敵、鬆懈;如情況不利,則應多講成績,多加鼓勵,以鼓舞士氣。

3、換人

換人是教練控制戰局的另一重要手段,有以下幾種方式:

(1)按計劃換人:賽前已計劃好,在關鍵時刻換上生力軍或改變全隊打法,或趁對手疲憊給予致命打擊,或鼓舞全隊士氣。目前國外強隊常在下半時 20—30 分鐘時換上主要得分手,並常收到極好效果。

(2)改變戰術的換人：原訂戰術行不通，場上形勢十分被動時，可通過換上新人示意全隊改變打法。例如，以高中鋒換下技術型中鋒，即表示要全隊改地面配合進攻爲長傳衝擊的打法；以一防守型中場換下進攻型中場，即表示要全隊注意加強防守等等。

(3)對失常者的換人：對臨場失常的隊員應考慮其是否能逐漸恢復，不應立即換下，因爲這對隊員的心理會造成很大影響。如發現實在調整不好，應將其換下，但要給予親切鼓勵，以減少其心理負擔。

(4)對受傷者的換人：對因傷下場者應給予特殊的關懷。

4、賽後檢討

賽後檢討應是一次生動的理論課。但總結不應只是羅列優點和問題，而應以問題爲實例，引伸出一些理論原則和規律，作爲以後遇到類似問題時的行動指導。

另外，賽後檢討不應過多追究個人的責任，主要是分析問題，探討解決問題的辦法。對個別隊員的缺點錯誤應私下向他指出，切忌背後議論指責。

（張　路）

二十三　排　球

（一）現代排球運動主要訓練特點和發展趨勢

近年來，男子排球得長足進步，表現爲更多球隊水準接近，美、蘇已無絕對優勢。這是由於各強隊在訓練指導思想、方法手段等方面更加科學化的結果。女子隊仍然是三強或四強爭取后座的局面，但訓練水準也普遍有所提升。歸納起，當前的訓練有以下三個特點：

1、全面、快速、高度相結合

全面是隨着排球運動向高水準發展而產生的。它要求運動員不僅在專位上有很高的水準，還須在發、接、扣、攔、防等全面技術上都有優異的運用能力；身體素質除移動、彈跳力要很突出之外，靈活性、協調性及耐久力也要求達到甚高程度。此外，在與隊友的心理相容性、情緒控制能力、意志力等心理品質方面也要求達到很高的水準。

快速是以最短時間爭取空間的有效手段。在比賽中速度呈現在許多方面，其作用十分明顯。據11屆女排世錦賽統計，若發球速度能達20公尺/秒，則得分率可達33.3％。男子扣球速度最快可達27公尺/秒，女子達18公尺/秒，若男選手扣出最高速度的球，對方反應過來時，球已飛出9公尺。舉球速度也極重要。由於平快進攻總時間值比較小，因而同樣打短平快其時間差異也是很小的，但很可能就是這小小的差異決定了這次進攻的成敗。因此，高水準的舉球員都在高點舉球、跳起舉球及舉球弧度上下功夫，以爭取速度。

速度和變化構成了現代排球的突變性，其中速度是主要因素。目前，歐、美高大選手也廣泛採用快速多變的進攻，可同時取得速度和高度的優勢。

高度實質上是網上的制空權，它由運動員身高和彈跳絕對高度二者所組成。據調查，世界強隊身高平均每年增長1公分。1990年參加世界排球聯賽的荷蘭隊平均身高已達2公尺，最高隊員爲2.13公尺。世界一流男子強隊摸高高度都在3.70公尺左右，扣球點多在球網上沿1公尺以上。古巴女排主攻手路易斯扣球點也達到了標誌竿頂端的高度，因此具有很強的攻擊力。一個隊若缺少高度優勢，就必然削弱了主動得分能力。

現在，世界高水準球隊間的比賽要求三者均衡發展，缺少一個方面，很難用另外方面技術能力去彌補。因而追求"高、快、全"均衡發展已成爲世界各隊共有的訓練特點。

2、體能、技術、戰術及心理訓練相結合

在排球多年的訓練過程中,曾經出現過體能訓練與技術、戰術脫節或以大強度技術訓練代替體能訓練的問題,後來都逐步地克服並使三者較好地結合起來。

近年來人們認識到在技術水準日益接近,競爭性越來越強的條件下,取勝關鍵是在運動員的心理因素。美國男排教練比爾曾說,世界上沒有一個不可戰勝的隊。日本教練說,我們不相信有防不起來的球。這樣的信心,對他們的成功顯然有明顯作用。所以,在世界高水準球隊的訓練中都自覺地納入心理因素,有的球隊還配備了心理訓練教練或心理咨詢專家,對運動員進行心理訓練和調整。

目前,普遍運用於訓練之中的是"認知訓練",也就是說既要運動員知其然,還要知其所以然,培養他們分析能力和根據臨場變化採取正確行動的能力,從而提高其自覺性,提高心理能力。心理訓練的內容絕大部份是寓於體能訓練、技戰術訓練之中,處於自然結合的狀態。但是,能否把握住心理因素自覺地在訓練中加以要求和貫徹,其效果差異非常大。盡管目前各強隊在這方面進展不一,但各隊都十分重視這方面訓練,甚至可以說心理訓練已成為當前訓練中的熱門話題。

3、在創新中求發展

排球運動發展到今天,無論在技術、戰術、訓練方法、比賽規則、場地器材等都有大量的創新成果。也可以說正是由於創新成果的累積才促使運動成績達到現代化高水準。例如日本女排創造了勾手發飄球、雙手接球等技術,專位打法及多球訓練法,使排球運動發展進入了一個新階段。在中國男排創造快球和平拉開的啟示下,日本男排創造了短平快、時間差和位置差(地面移位進攻)等新打法,把世界排球推向"快速化"。中國運動員在80年代創造的"飛"(空中移位進攻),又把"快速化"推向了更高的水準。自波蘭男排創造性地運用後排進攻技術之後,世界排壇又出現了立體進攻的新戰術。

近年來,二人接發球、三人接發球,重叠攔網,跳發球以及進攻中由位置、速度等變化而產生的新配合更是層出不窮。這些新東西的運用,不僅充實了國際排壇的"寶庫",更重要的是為創新隊帶來了優異成績。因此,不斷創新和探索,力求走在別人的前面,是現代化訓練的最高目標。

綜觀近幾年世界最高水準比賽情況,男子隊在水準接近、強手如林的情況下,有可能在加強跳發球的基礎上啟用多種發球方式來爭取主動;強攻和攔網將成為比賽的中心;後防的實際效果會更佳。女子隊將學習男子隊的後排進攻。男、女隊都將在提高訓練效率、改進陣容配備等方面下功夫。

(二)排球運動專項特徵

1、排球運動生理學特徵

據調查,我國女排主力隊員在比賽中最高心率爲 181 次/分,最低爲 140 次/分,平均爲 156 次/分,美國男排和大學生女排的最高心率分別達到 185 次/分和 196 次/分。這說明,排球比賽中運動負荷起伏是很大的。這種起伏主要是由"輪轉制"和死球間歇等特點決定的。比賽中,前排運動員最高心率平均爲 180.9 次/分,無氧供能約爲 65.2%。後排負荷較小,最低心率平均爲 132.6 次/分,有氧供能約爲 52.3%。美國科學家羅伯特指出:"排球運動是一項要求運動員既具備高水準的無氧代謝能力又具有高水準有氧代謝能力的運動項目。"國際排總醫學委員會主席切爾貝休進一步指出:"至於排球,盡管它的能力是綜合性(即有氧和無氧),發展有氧工作能力有助於長時間技術訓練的進行。"

排球比賽由於全場比賽時間極不固定,因而測驗整場比賽能量消耗是沒有意義的。據羅迪諾娃測定,排球運動每小時的耗能量爲 6.26 卡/公斤體重,比萬公尺跑還略高。據日本著名敎練松平康隆等測驗,日男排隊員最大攝氧量爲 60.8 毫升/公斤體重(木村選手)。羅伯特測得美國男排六名選手中之最大攝氧量爲 56.4 毫升/公斤體重。羅伯特進行過一次特殊試驗── 一天內進行 4 場各 60 分鐘的比賽,中間間歇 60 分鐘。第四場結束後又進行一場 90 分鐘的比賽(由於受到合同上獎勵條件的刺激,比賽很激烈)。從賽後測得的一些數據可以反映排球運動的一些生理、生化特徵。

(1)沒有一場比賽使血糖指標發生顯著性變化。這種現象可能是由比賽間歇和運動員在間歇時攝糖所致。

(2)沒有一場比賽使血乳酸發生顯著性變化。這種現象表明:盡管排球是一項高強度運動項目,但是高強度動作並不是連續出現到足以產生由於乳酸堆積所造成的疲勞。

(3)肌糖元在第一場比賽後下降 32.28%,全天比賽後肌糖元下降 40%,均達到顯著性水準。且慢肌纖維肌糖元下降的比例比快肌纖維大。

(4)這些隊員的平均耗氧量爲 56.4±58 毫升/分/公斤體重,與職業橄欖球隊員大致相同。

最後,羅伯特總結說:"一個高級(排球)運動員應具備高水準的有氧、無氧代謝能力,應像全能運動員那樣,既具有爆發力,又具有耐久力。

2、排球運動員運動素質特徵

運動素質是達到現代高水準的基礎。沒有高度發展的運動能力,就不能掌握精湛、高級的技術;沒有超群的技術,就根本沒有在世界重大比賽中奪魁的可能。

排球運動員的運動能力最綜合的表現是彈跳力。據日本排協科研部土谷秀雄研究說明,排球彈跳力指數(V.J.I)與運動員的實戰能力有密切關係:V.J.I與每局扣球次數爲正相關關係,V.J.I與運動員扣球、攔網、發球的總成功率也呈正相關關係。排球比賽是以迅速運動着的球員和球爲信號的、瞬息萬變的團體對抗項目。對運動員運動素質不僅要求高,而且有鮮明的專項特點。

(1)力量素質要全面發展,但扣球、攔網的起跳,防守的移動及各種擊球動作更需要高度發展的爆發力。而長時間的移動、跳躍,也需要具有較高的力量耐力能力水準。

(2)運動員的反應速度、移動速度和動作速度是適應快速運動着的人和球所必需的素質。在向快速、配合發展的今天,在爆發力也須以速度素質爲重要因素的條件下,可以說速度是排球運動員身體諸素質的中心環節,所以速度和爆發力是排球運動員應優先發展的素質。

(3)以速度和力量素質爲基礎的靈敏性和協調力,是圍繞着準確處理人與球正確關係而發揮的。這是排球運動獨特之處。

(4)有氧耐久力和無氧耐久力相結合:移動耐久力與彈跳耐久力相結合,是排球運動員耐久力的特殊形式。

(5)排球運動對運動員全身柔軟性要求雖不像體操和芭蕾那樣高,但由於扣球路線變化和充分發揮下肢蹬地力量的需要,對肩關節和踝關節柔軟性也有較高的要求。

3、排球運動技、戰術特徵

排球任何一項技術的成功或失敗,都與得分、得權或失分、失權直接相聯繫,故它們都具有得、失的兩重性。

由於排球技術、戰術都是以"擊球"爲基本方式完成的,球只允許在手中稍有停留,這樣使兩重性的矛盾更加突出。

這一特點決定了排球技術、戰術旣要有強大的攻擊性,一錘定音;又要有高度的把握性。

4、排球運動員應具備的心理品質

(1)精確的運動知覺:對雙方隊員的行動,球,球網,場地及時、空特性等客體作出高度敏銳和精確分化的識別與認知。這種識別與認知用行話來說就是"球感","時間感","空間感","場地彈性感"等。

(2)高度發展的思維敏捷性和靈活性:對面臨的場上情況能作出迅速反應,表現出思維的敏捷性。同時又能根據場上瞬息萬變的情況,迅速作出判斷,採取相應對策。這種迅速的思維活動,就是思維的靈活性,通常把它稱之爲"應變能力"。

(3)注意力的穩定性與迅速轉移能力：排球比賽時間長,對運動員注意力的穩定性要求較高。尤其是在疲勞情況下,能否高度集中注意力,常常是能否發揮最高水準的關鍵。排球又被稱之爲"瞬間運動",故又要求運動員能迅速轉移注意,跟上比賽的速度。注意力的轉移性乃是一個人富於注意力的表現,是一名優秀排球選手所應具備的珍貴品質。

(4)能控制自我的情緒：排球比賽要求具有穩定而活躍的情緒,才能保證能最高水準發揮技術。但情緒是人對客觀世界的一種特殊反映形式。排球比賽中,情緒易受比分影響。要求運動員能自我控制,始終保持着"活躍的情緒"。

(5)具有良好的心理相容性：一個排球隊中若有1—2個隊員與其他隊員心理不相容;場上、場下心理不相容;這個隊就可能失去團體的力量,甚至出現6個1相加小於6的結局。有研究認爲,排球隊的心理相容性與其運動成績呈正相關。

心理相容性是球隊內聚力的心理基礎,它能使球隊順利地行使其職能,並能使隊內關係達到一種特殊水準。故改善隊內心理相容問題至關重要。

(6)堅強的意志品質：排球運動員的意志表現與克服外部(客觀的)困難與內部的(主觀的)困難密切聯繫着。通常稱之爲"頑強拼搏"。中國女排獲得"三連冠"殊榮的三次比賽,都是在舉辦國與東道主隊較量通過頑強拼搏取勝的。她們堅強的意志品質,爲我國排球運動員樹立了榜樣。

(三)排球技、戰術訓練有效方法及手段

1、提高技術訓練難度、強度的有效方法

在運動員基本掌握技術規範要求之後,就要採取必要的辦法提高訓練密度、強度和難度,以保證所練技術達到"紮實","實用"的要求。可採用以下方法:

在移動中強化規範技術

在基本掌握規範技術之後,就要在移動中進行強化訓練。據統計:一場比賽男子移動均距爲870公尺(最多1395.44公尺),女子980公尺(最多1628.99公尺),其中50％以上爲3公尺內移動、95％以上爲6公尺內移動(舉球員未計,但會超過上述距離)。有約40％的技術動作是在移動後完成的。因此,在移動中訓練技術,不僅可以提高訓練密度、強度、難度,同時可使訓練具有強烈的實用性。

各項技術移動的要求和距離都是不同。發球不需要在移動中訓練。修正傳和舉球應多在3公尺至6公尺移動中訓練,舉球員還可以增加移動距離。要求移動迅速而及時,傳球前身體重心要穩定。攔網主要是向左、右側滑步移動訓練,距離也在3—6公尺之間,其重點在移動的及時性、取位準確

性和完成技術的規範化。扣球技術則需要進行多方向(向前、後、左、右)跑動移動訓練,距離多在 1—8 公尺之間,對節奏感和突變性要求較高。

接發球前的移動距離很短,關鍵在於判斷準確,移動及時。防守環節的移動則包羅萬象,各種不同距離、不同方向、不同速度、不同的起動姿勢和不同的連接技術都在其中,因而防守環節的移動訓練必須多樣化。

(2)在"串聯"條件下強化規範技術

把各項基本技術,按比賽實戰出現的次序"串聯"起來進行訓練,是提高訓練難度的重要方法。可根據運動員的技術水準和不同的訓練時期將兩項、3 項甚至 4 項技術加以串聯進行訓練。

串聯訓練最好由教練親自動手去組織,這樣才便於控制訓練的難易程度,使訓練達到預期目的。

在訓練準備階段前段,爲提高訓練的難度,可多採用兩項技術的串聯訓練,例如發、接、防、傳、攔、扣等。在後段,則應以 3 項或 4 項技術串聯訓練爲主,並結合全隊戰術訓練來進行。

(3)在對抗條件下訓練基本技術

排球比賽特點就是技術、戰術間的對抗爭奪。把握了訓練中的對抗性,就是掌握住訓練的中心環節。做好了對抗訓練,基本上解決訓練結合實戰的問題。

對抗的對立面可以是教練,陪打員,老隊員。也可以是隊員之間互爲對立面,這需要由訓練內容和訓練條件來決定。

在選擇對立面時,由於攻擊性技術是對抗的主導方面,應盡量使其強於防禦性技術,以刺激防禦技術迅速提高;而當防禦技術得到提升之後,又會反過來促使攻擊性技術的提高。二者相互刺激和促進,會給訓練帶來一片生機。

(4)在訓練中納入競賽因素

競賽具有強烈的刺激性,對青年人具有強大吸引力。在訓練中納入一些競賽因素,不僅可以提高對訓練興趣,還可以促使訓練質量的提高。

競賽形式是多種多樣的。可以在兩人間進行,也可以在 2—3 人或 2—4 人組成的小組間進行,也可以在主力、替補兩大組間進行。

競賽內容也是多種多樣的。同一項技術可以比賽成功率(高)或失誤率(低),可以比在單位時間內完成按質量要求的數量或速度。

競賽條件也是多種多樣的。在簡單條件下完成訓練內容、質量的競賽,也可以在對抗的條件進行競賽,也可以在正式比賽中展開競賽(通過統計數據來進行)等。

選擇競賽的形式、內容要根據運動員性別、年齡和技術水準來決定。要注意競賽的實用性。

(5)在對抗訓練中提高串聯水準

　　這裡所指對抗訓練是在串聯條件下的對抗,例如帶有接發球的扣、攔對抗,帶有修正傳的扣、攔對抗,帶有發球的攻、防對抗……等。這些對抗訓練,不僅對網上爭奪提出了要求,而且把其他環節的串聯看作是完成進攻的保證,因而也提出了高水準的要求。故這種訓練方法常常是賽前或高水準球隊的重要訓練手段。

　　要完成這種對抗訓練,關鍵在於樹立強有力的對立面。例如中國女排邀請男教練作爲陪打教練,就是爲解決在對抗中提高刺激強度,從而達到提高串聯、配合的能力。

　　(6)在有一定心理壓力條件下訓練技術

　　人的心理狀態會直接影響肌肉運動。在日常訓練中,教練有意識地給運動員施加一定心理壓力,造成局部的緊張氣氛,可以有效地提高運動員心理承受能力和調節能力。正確地施加心理壓力,必須考慮到運動員性別、年齡、比賽經歷等個別差異,還要掌握運動員產生心理障礙的特點,做到有的放矢,方能奏效。正確地施加心理壓力,還必須掌握各項技術最容易產生的心理障礙,以便有針對性地提出問題。排球運動員最害怕的就是自己失誤,教練可以把握住這個特點來進行工作。如告訴發球隊員說:"現在是 14：13,你要把最後一分發下來,不准失誤!",又如告訴接發球隊員:"現在是 14：15 人家領先,你的接發球必須到位不准失誤!"等。

　　對替補隊員的這種訓練應經常進行。可突然告訴他:"這是你第一次發球,一定要發出水準、不准失誤!"等,使替補隊員完全適應隨時都能上場的要求。

　　(7)在技、戰術訓練中加強戰術意識的培養

　　在技、戰術訓練中,有意識地加強對運動員戰術意識的培養,被認爲是訓練的中心環節。尤其是排球運動,是以技術運用和技巧性爲主的運動項目,培養運動員的戰術意識就更具有重要意義。培養戰術意識可採用以下方法:

　　①啓發引導運動員總結自己的實踐經驗。

　　教練有針對性地對某個隊員提出問題,讓隊員自己想辦法去解決問題,然後教練再加以引導,是培養戰術意識的最好辦法。對於善於開動腦筋和有一定基礎的隊員使用這種方法,收效較好。對於不善於動腦的隊員,教練要善於啓發、引導、提示,幫助他們總結和提練,不要指責,也不要只是指揮其行動而不分析其行動。

　　②把戰術意識培養貫穿於各種訓練之中

　　在技術、戰術的訓練中,要培養運動員能對教練提出的各種要求提出幾個"爲什麼?"又對訓練中碰到的問題能提出幾個"怎麼辦"來。問題提得越多、越深刻,回答內容針對性又強的隊員,肯定是戰術意識強的隊員。

　　對於提不出問題的隊員,教練要採取措施,引導他去思考問題,防止"傻

練”。如果這個隊的隊員普遍都不會提問題,教練可先在各種練習中作出示範,提出問題讓學生回答,然後再引導他們自己去開動腦筋。這樣才能把戰術意識的培養貫穿在各種訓練之中。

③多採用競賽性和遊戲性方法

無論是練技術、戰術或身體素質,只要有競賽、對抗、遊戲等方法,就必然有對立面,有勝有負。運動員為了爭取勝利,必然會開動腦筋,尋找辦法,商量對策、找出竅門。從而達到開發聰明才智、提高隨機應變能力。這些成果會自然地轉化為場上的戰術意識。若競賽、遊戲時多結合球並在場上進行,則訓練效果更佳。

④創造機會提高隊員的分析能力

隊員的分析能力是戰術意識的基礎,只有能把問題分析清楚,才會有正確的戰術意識和行動。可採用下列方法為隊員創造分析問題的機會:舉辦技、戰術研討會,討論本隊比賽中出現的問題。派偵察組去了解外隊情況,回來作分析匯報。讓隊員有準備地主持準備會或檢討會,分析情況,提出問題,分析問題並提出解決問題的辦法。教練提出正確或錯誤的問題,讓隊員分析和討論,弄清楚為什麼。讓隊員分析某一場比賽勝負的原因。讓隊員分析同伴的技術並提出改進、提高的辦法。讓某方面有特長的隊員向全隊作技術報告,並規定大家討論。這類方法還有許多,主要是靠教練主動去創造條件加以運用。

⑤學習專業和文化科學知識

學習專業理論知識,可幫助運動員更快、更深刻地悟出實踐中的道理,得出經驗,知道怎麼做合理、怎麼做不合理。分析能力得到提高,戰術意識自然增強。學習文化科學知識,可幫助運動員開闊思路、解放思想,亦有助於提高分析能力。學習的時間和內容應由教練統一安排。

2、提高戰術訓練質量的有效方法

戰術訓練是準備階段後期訓練的中心環節。其訓練之質量與比賽成績關係密切。為提高戰術訓練質量,請注意採用以下方法。

(1)做好“環節”訓練

無論強攻或反攻,都有各自不同的戰術環節。例如防反中的“扣、攔”,“攔、防”,“攔、防、修正”及“修正、扣”等,強攻也有其特有的環節。克服環節上的某個弱點,就能提高串聯水準,提高整體戰鬥力。

環節訓練首先要把握住本隊的薄弱環節,選擇具有針對性的訓練手段,訓練才有效果。

環節訓練要分清主次,哪些環節是主要的,又是需要下功夫的,要作為重點,長期反覆地練;有的只需要練練就行的放在賽前解決就行。

環節訓練要特別注意貫徹本隊的戰術意圖,強調隊員運用戰術的意識。當然環節訓練是通過技術練習來實現的,但應特別突出戰術意識的培養。

(2)做好小組配合訓練

排球比賽中攻、防回合,實際上是由3—4人、3—4個技術臨時組合的小組攻、防配合來實現的,因而"小組配合"就成爲攻、防的"基本戰術單位"。提高小組配合水準,無疑將提高隊的戰鬥力。

採用小組配合訓練目的要十分明確。是發揚某個配合特長呢?還是爲了克服某個局部的缺點呢?是爲了學習一種新配合呢?還是爲了針對某場比賽的需要而採取臨時性措施呢?只有目的十分明確,才能作出恰當安排,也才能使運動員掌握訓練的要點。

小組配合訓練可根據運動員技術水準和配合熟練程度來決定對立面的強弱。原則上是由易到難,由敎練喂球到結合輕發、輕扣,再到接近實戰的發、扣訓練。總之,這種訓練旣要練到戰術意識,又要練到實用技術。

(3)成隊對抗訓練

成隊對抗訓練是賽前訓練的重要內容。成隊對抗訓練多採用強攻和防反相結合的綜合訓練,但根據敎練訓練意圖差異,給球的難、易程度也不相同。例如要訓練主力陣容的強攻組成,發球的難度可大一些;要練主力陣容的防反能力,給替補陣容的接發球壓力就要減輕。由敎練扔球打對攻,目的是爲了多練打來回球;請男子陪打則是在扣、攔方面突顯難度。

綜合性成隊對抗訓練,是最接近實戰的訓練方法。爲了調動隊員訓練積極性,可規定用每球得分制方法,比哪隊先拿100分;也可以規定每輪先拿到20分才輪轉,6輪下來後總結算定勝負。也可提出與主力陣容達到規定的滿分時,替補陣容的得分不能超過多少分。這是一種很嚴厲的規則,對雙方壓力都很大。

爲了鼓勵某種打法,可規定出加分標準,如攔死球加1分;打出一個後排快攻加1分……等。也可以規定扣分標準,如兩人搶球、讓球失誤加扣1分;發球失誤加扣1分……等。

(4)弱輪強化訓練

所謂弱輪是相對而言的,因而任何水準的球隊都有弱輪存在。賽前訓練強化弱輪是提高整體水準的有效措施。對弱輪進行強化訓練,首先要把握住造成弱輪的主要原因進行針對性訓練。其次,可考慮解決弱輪非技術措施,並進行適當地演練。

(四)排球運動員發展運動素質的有效方法及手段

1、發展速度素質的方法

速度包含以下三個內容:反應速度,動作速度和位移速度。三者旣有聯繫,但又各有自己的範疇,訓練方法也有所不同。

(1)反應速度訓練

據試驗：6—12歲反應速度大幅度地提高,在性發育階段稍有下降,20歲左右出現第二個高峰。反應速度訓練宜多採用視覺信號。結合球,在排球場上進行或結合防守技術訓練練反應都會有好效果。反應訓練要安排在訓練前段運動員興奮性高的時候進行,疲勞時練反應效果不會好。下面介紹5種實用有效手段：

①在半場內逮住教練扔的球：教練和隊員都站於場中,教練可向任何方向扔球,要求隊員迅速作出反應移動,在球飛出半場前將球抓住。

②追捕突然從背後出現的球：教練站在隊員背後,將球突然拋出或滾出,隊員見球後立即追捕。

③接從牆上反彈回來的球：隊員距2公尺面對牆壁準備,教練從其背後向牆上用力扔球,隊員按規定方式將球防起、接起或接住。

④連接三球：教練連續給隊員三個不同高度、不同位置、不同方向的快速球,要求隊員接起、接住或防起。

⑤一人連接教練的扣、吊變化球：2個球爲一組,接3—5組。

(2)動作速度訓練

動作速度主要由揮臂速度表現出來。主要是速度和協調性起作用,故需多用輕器械進行練習。

①扔橡皮球、網球、排球等物。

②扔羽毛球、桌球及手帕等物。

③單手或雙手扔足球,手球或籃球。

(3)位移速度訓練

位移速度在排球場上主要由起跳速度和移動速度表現出來。這類速度除協調性、靈活性之外,還需要以強大的力量素質爲基礎。

①穿砂衣作看教練手勢的移動練習。

②在軟地或砂地上作移動起動或跳躍練習。

③徒手或穿砂衣連續跳過10個欄架。

④負槓鈴全蹲作最大力量或力量耐力練習。

2、發展力量素質的方法

力量素質的發展有明顯的年齡特徵。13—14歲之後發展最大力量會更有效果;此年齡之前發展爆發力比較好。

發展力量應循序漸進。可先從克服本身體重開始逐步過渡到使用實心球、砂衣、啞鈴、槓鈴杆等輕器械,最後才用槓鈴作大重量訓練。

(1)發展最大力量練習,多用於發展下肢肌群力量。

①重覆法：其作用在於加強新陳代謝,有助於改進肌肉群的內協調,迅速提高力量(可用全蹲或半蹲)。負荷方法見表3—23—1。

表3-23-1　　重覆法力量訓練負荷特徵

負荷強度	組數	每組重覆次數	間歇
75％—90％	6— 8	3— 6	3′

（引自《運動訓練科學化探索》一書,1988 年）

②強度法:其特點是採用大的、接近最大的和最大的負荷,使神經肌肉用力高度集中。這種訓練不增長肌肉體積,從而使相對力量得到明顯提高。負荷方法見表 3—23—2。

表 3—23—2　　強度法力量訓練的負荷特徵

負荷強度	組數	每組次數	間歇
85％—100％	6— 10	1— 3	3′

（引自《運動訓練科學化探索》一書,1988 年）

③金字塔和對項塔法:隨強度增加而減少訓練次數。其作用在於增長和保持最大力量。其負荷方法請見圖 3—23—1 和圖 3—23—2。

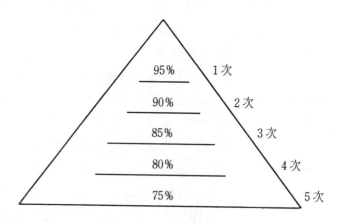

圖 3—23—1 金字塔法

(2)發展快速力量的練習

①採用 70％—90％的重量,作 3—6 組,每組作 5—6 次的爆發式練習。

②採用 30％—50％的重量,作 3—6 組,每組作 5—10 次的爆發式練習。

③跳深練習:高度為 70—100 公分。較低高度有利於發展最大速度;採用較高高度,可發展最大力量。跳深練習一周可以安排兩次,每次 4 組,每組 8—10 次。

④各種徒手或砂衣的跳躍。如三級、五級蛙跳,高臺跳上跳下,單足跨步跳等。

⑤各種跳繩練習。

⑥實心球或籃球的各種投擲練習。

3、發展耐力的方法

(1)越野跑。在林間、田野、雪地、沙地進行效果更佳。

(2)足球、籃球或手球延長時間的比賽。但要掌握一定技術。

(3)連續跑動後傳、墊球,連續扣球等重覆訓練。

(4)在場上不同位置連續做助跑起跳、魚躍、前撲、滾翻等動作。作 20 秒,休息 10 秒。可前後排各種一次(按個人專位),也可以各作 2—3 次。

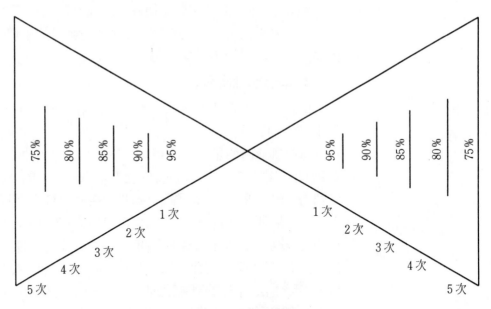

圖 3－23－2 對項塔法

(引自"排球教學訓練大綱指導書", 1990 年)

4、發展柔軟性的方法

(1)主動性拉伸：拉長預定部位的肌肉和韌帶，停留 5—8 秒。重覆做幾次。

(2)被動性拉伸：在同伴的幫助下，用力拉長預定部位的肌肉和韌帶。

第 1 種方法收效會慢一點，但比較安全；第 2 種方法收效快，運動員有一定的痛苦，要注意防止受傷。

5、發展敏捷性的方法

(1)做《排球教學訓練大綱》規定的"靈敏測驗"動作或分解動作。如倒立落地後轉身快跑；繞過、跳過、鑽過欄架；跳欄後衝刺魚躍等。

(2)墊上運動。前、後滾翻，側滾翻，前手翻，魚躍滾翻等。

(3)連續接敎練不同高度、不同位置的扔球。

(4)跳、鑽橡皮筋：把橡皮筋由 3—4 名隊員拉着成三角形或四邊形。練習隊員作跳過、鑽過、繞過等規定動作，以發展靈活性。皮筋的高度和距離由敎練根據練習內容確定。

(5)參加籃球、足球比賽(在有一定技術水準的條件下)。

(五)排球運動多年訓練過程階段劃分及訓練的主要特點

我國敎練的經驗說明培養一名世界級優秀選手需要八年以上的時間。中國女排首次獲得世界冠軍隊員，大多經歷過十年左右的訓練過程。

在 8 至 10 年的多年訓練過程中，一般可分爲"基礎訓練階段"，"提高階段"及"高峰階段"。在三個階段中，由於運動員的生理、心理發育程度不同，因而訓練特點也相應不同。

1、基礎訓練階段：

此階段大約需要 5 年左右時間。該階段年齡爲女子 11 歲至 15 歲；男子 13 歲至 17 歲。

基礎訓練階段是十分重要的訓練階段。它的總任務是全面發展心理品質和運動素質；全面掌握規範技術動作；掌握基本的攻、防配合套路；培養基本戰術意識。總之，就是要爲運動員今後發展打下全面的、堅實的基礎。

在發展運動素質方面，應以速度、敏捷性爲主進行全面發展訓練，後期可適當提高力量訓練的負荷強度。在基本技術訓練方面，應全面掌握發、接、傳、扣、攔等基本規範技術，建立正確的、合理的動力定型。特別注意強化上旋球手法、舉球的普遍訓練和早期專門化，學會多種防守動作方法。在戰術配合方面，以掌握簡單、實用的基本套路爲主，特別注意戰術意識的培養。

在心理品質方面，注重培養不怕困難、不怕強對手和不服輸的精神及培養克服困難的毅力。

2、提高階段：

此階段約三年左右的時間。女子在 16 歲至 18 歲；男子在 18 歲至 20 歲。基本上是在青年組階段。

青年組年齡階段，正處在提高訓練難度和負荷強度階段，是充分發展運動素質、提高技術水準，並把二者逐步結合的訓練階段。

在此階段，運動訓練的負荷強度應有明顯的提高，專項運動素質比重也應明顯增多，彈跳力、移動及動作速度、專項耐久力等專項運動素質成績應有明顯地提高。在技術方面，應確定專位，逐步形成個人的風格和特點，重視運用能力的提高。在戰術方面，除繼承和發展具有本地區傳統性的配合打法之外，還應學習新打法。特別注重靈活地運用各種打法的能力的培養，學會"自我暗示"等自我控制方法。經常舉行以評鑑、考核爲目的敎學比賽。

3、高峰階段：

經過基礎訓練階段和提高階段的系統訓練，運動員會自然地進入高峰階段。

本階段的訓練特點是：進一步提高專項訓練水準，提高訓練的難度和負荷強度。進一步提高技術運用和戰術配合能力及運用戰術的應變能力。進一步提高自我心理調控能力。通過多年、系統的訓練取得並保持優異成績。

爲了延長運動員處於高峰階段的時間，處理好以下兩個問題是非常重要的：

①安排好技、戰術訓練中全面訓練和單項訓練的比例關係,避免局部負擔過重而導至關節、韌帶損傷。

②常年保持一定比例的全面運動訓練,特別是力量訓練,以保持和發展身體能力。這對延長"運動壽命"是很重要的。

(六)排球運動員訓練計劃內容及示例

1、多年訓練計劃內容及範例

擬訂運動員多年訓練計劃,可以保證多年訓練過程按照預定的設想,有步驟地進行。

多年訓練計劃可用表格的形式,也可用叙述形式。表格的特點是簡明,但有的問題可能闡述不充分;叙述式能說清問題,但又可能過於煩雜。當然,也可以把二者結合起來。下面是表格式示例(表3—23—3)。

2、全年訓練過程週期劃分及主要特點

(1)全年訓練過程的週期劃分

全年訓練週期的劃分要由年內重大比賽的時間和次數來決定。如果上半年和下半年各有一次重大比賽,全年訓練就可以劃分爲兩個週期。一般來說,一年一個週期太長,三個週期對排球項目來說太短。

(2)週期階段訓練的主要特點

①準備階段:是週期訓練中時間最長,內容最多的階段,訓練效果的好壞將決定本週期目標是否能夠實現。

根據準備階段時間的長短,可分爲兩至三個小階段。如準備階段爲五個月,則可分三個小階段。

前段:主要是恢復體力,改進個人技術,進一步進行個人心理調節。時間約一個月。

中段:提高訓練密度,增多觸球次數,全面發展身體素質。時間約兩個月。

後段:提高訓練的難度和強度,突顯專項素質。增多比賽場次,發揚個人特長及隊的特點,克服弱輪。時間約兩個月。

②比賽階段:一般國內比賽都可以在20天內完成,因而比賽階段也是很短的。本階段是在經過了充分準備的情況下進行的,它具有兩個主要特點:

第一:賽前,在訓練達到最高強度後應作適當調整。但要掌控特長的強化和特短的克服。

第二:賽中適當保持發、接等輕技術練習,適當保持一定力量練習。

③調整階段:大賽之後,運動員產生了生理和心理疲勞,需要進行運動

表3—23—3　少年乙組三年規劃示例

年度	思想作風	身體素質	基本技術	戰術	心理	理論學習	訓練時間	考核
三年總任務	培養集體觀念和吃苦耐勞精神。培養誠實品質、任務	在全面發展的基礎上,以速度、爆發力為重點,注重務實靈活性發展協調能力,並注意發展女子力量,可適當提高力量的強度。	在全面掌握各項基本技術動作規格的基礎上,著重抓好防守,扣高球和二傳,並注意運用能力的培養。	掌握基本的攻防戰術,注意培養戰術意識。	培養不服輸、不怕強手的精神。	規則常識,各項技術規格要領,身體訓練的目的、意義,體育衛生常識,作風培養的意義。	區校2700小時。體校1320小時。	全面考核3次,部份考核6次。
第一年訓練內容	進行誠實教育,培養誠實品質和集體觀念。	全面進行身體訓練,以靈敏為重點,抓好速度,柔軟訓練。	學發上旋球、勾飄,提高接球的取位、判斷力。學習四號位扣中網球。二傳原地、移動傳球。二學習雙手接扣球,重扣及低姿接扣球,女子學習滾翻救球。	學會插上攻,學習靈活取位防守,提高二傳質量。	培養克服困難的毅力。	作風培養的意義,發球、接球技術規範,球技術規範。	區校900小時。體校440小時。	全面1次,部分兩次。
第二年訓練內容	培養集體榮譽感和不怕困難的作風。	全面進行身體訓練,速度為重點,掌握敏捷、爆發力及力量訓練。	學發上旋,提高一傳控制力,學習四號位速網扣和二號位扣網的判斷方法,學習跳傳、背傳,攻手調傳,學習單手前撲(男)接扣球。	熟練2—3套配合和攔高球,注意戰術意識培養。	培養不怕失敗,不服輸的精神。	扣球,二傳技術規範,身體訓練的目的、意義,規則常識(一)。	同上	同上
第三年訓練內容	培養吃苦耐勞和刻服困難的頑強的作風。	全面進行身體訓練,以力量、速度為重點,男子保持小肌肉群力量訓練,女子可增強力量訓練的強度。	提高速定發球的威力,提高接發球的效果,學習雙人攔網配合調正球,學習男子學魚躍,女子學前撲。	提高戰術質量,高戰術意識。	提倡敢打敢拼。	攔網技術規範,規則常識(二),體育衛生常識。	同上	同上

（引自《排球教學訓練大綱教法指導書》1991年。）

量調整和心理方面的調節。

　　運動量調整不可認為是長時間的休息,而是在短時間休息之後作一些轉項活動,以保持體力。心理調節要有針對性。下面介紹一份文字叙述與表格相結合週期訓練計劃範例供參考。該計劃中的準備時期就是本文所說的準備階段。而冬訓、春訓與本文前段、後段的意思相同。

　　××女排週期訓練計劃示例

　　任務與要求

表3-23-4　各時期的重點、比重及時數安排

時期	分段	內容(%)	訓練重點(主要內容)	訓練時數(含早操,週35小時)	訓練注意事項
準備時期(共17週)	4日/1月—11日/3月 共10週 冬訓	身訓(35%)	1.彈跳(下肢力量、速度) 2.耐久力(籃、足球、長跑) 3.腰腹力量(快速收展、轉體等)	1.早操4小時. 2.全隊訓練6小時. 3.個人重點訓練2小時.	1.在準備活動中結合部份身體訓練內容。 2.個人重點動按個人或小組計劃執行。
		技術(45%)	1.防守(移動防守、倒地) 2.扣球(調整強攻、平快扣、錯位單足背飛) 3.攔網(判斷、伸手、移動起跳) 4.發球(跳發飄球新技術)	1.防守6小時. 2.扣球4小時. 3.攔網2小時. 4.其他4小時.	1.提高訓練密度,強度與改進個人動作相結合。 2.技術訓練中注意結合提高耐力。
		戰術(20%)	1.接扣球反攻訓練(占40%)以攔、防、調、串連訓練為主。 2.接發球進攻訓練(占30%)以一傳、二傳、快攻串連訓練為主(學習雙快錯位背飛)	1.接扣球反攻3小時. 2.接發球進改2小時. 3.其它2小時.	1.重點練接扣球反攻。 2.接攔回球及推改共10%. 3.綜合訓練,比賽占20%.
	12日/3月—30日/4月 共7周 春訓	身體25%	1.彈跳(爆發力、速度、協調性等)、 2.反應移動(視覺、起動第一步、靈活變向移動).	1.早操3小時, 2.全隊4小時. 3.個人重點訓練2小時.	春訓中的身體訓練應可能地結合技術進行。
		技術35%	1.發球一傳. 2.快攻戰術扣球(突出個人特點扣、前衝後排扣球).	1.發球,接發球3.5小時. 2.快攻2.5小時. 3.其他6小時.	發球、一傳、快攻三個重點技術在歐術訓練中還要進行重點訓練。

為國家隊輸送優秀的後備力量。

參加五月的××比賽,爭取冠軍。

為年終的全國××比賽奪取冠軍積累經驗,樹立信心。

加強心理訓練,減少比賽中的波動,保持正常水準的發揮。

完成技、戰術指標,掌握新技、戰術,能初步在比賽中運用。

完成身體素質和理論學習的指標要求。

負荷量安排

為年底的全國××賽打下良好基礎,本週期負荷量有大幅度增長,同時

續表 3—23-4

時期	分段	內容(%)	訓練重點(主要內容)	訓練時數(含早操,週35小時)	訓練注意事項
基本時期(共2週)	1日/5月～14日/5月 15日/5月	戰術(40%) 以比賽為主	1. 接發球進攻(40%):各輪次快攻配合(前排快攻護後排攻戰術)。 2. 接扣球進攻(30%):強攻與快攻反擊。 1. 正式比賽:8場, 2. 賽前練習賽:5場, 3. 發球、一傳及其進攻訓練, 4. 各戰術系統的綜合訓練。 5. 替補隊員個人重點技術訓練。	1. 接發球進攻5小時, 2. 接扣球進攻4小時, 3. 綜合及其他5小時, 1. 主力隊員除比賽外每週保持一定時間的技、戰術及身體訓練。 2. 替補隊員每週保持12—15小時的訓練	1. 接發球進攻和接扣球進攻可綜合起來進行訓練。 2. 綜合戰術訓練中,結合攔回球、接傳、墊球進攻的訓練。 1. 賽前、賽中的戰術訓練內容要靈活掌握。 2. 技術訓練應結合戰術需要及個人情況進行分別對待的訓練。
過渡時期(2週)	1日/5月～14日/5月 15日/5月	積極休息	1. 旅行;遠足;爬山 2. 轉項:其他球類,田徑,體操,游泳等	每週保持15—18小時的訓練活動。	每週至少保持兩次技術訓練。

(引自《排球教學訓練大綱指導書》1990年)

注意調整。

測試檢查內容、方法及指標要求

—— 身體素質:測7項、要求個人和全隊都有指標(表3—23—5)。

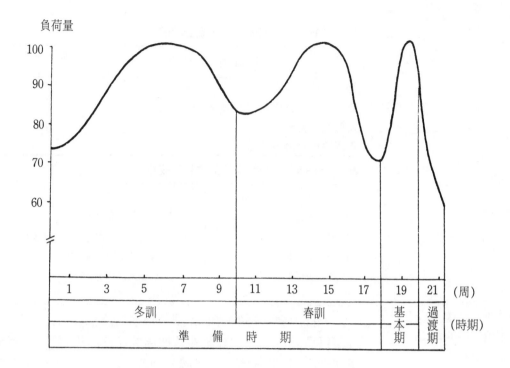

圖 3—23—3　負荷量變化示意圖

表 3—23—5　　素質測驗成績登記表

測驗項目	素質測驗方法	原始成績	個人指標	最後成績
原地連續跳	連跳 10 次,計算平均成績	2.78 公尺	2.83 公尺	
助跑單足跳	跳三次,計最高成績	2.98 公尺	3.05 公尺	
進退移動	6 公尺進、退三個來回	11″62	10″50	
收腹速度	仰臥固定腿,收腹雙手摸足尖 10 次	8″20	7″40	
引體向上	10 秒內計算次數	5 次	7 次	
泡沫塊擲遠	投三次,計算最好成績	12 公尺	13.5 公尺	
十二分鐘跑	田徑場計算跑的距離	2600 公尺	2760 公尺	

—— 技術:測 5 項,按個人成績計算全隊平均成績。個人指標應據專位不同而不同。舉球隊員另有舉球指標要求(表 3—23—6)。

表 3—23—6　　技術測驗成績登記表

技 術 測 驗 項 目	上次比賽成 績	要求指標	實際成績
接發球到位率	62.5%	67.5%	
防起能攻率	31.8	35	
發球成功率(得分 + 破攻 + 破戰術)	27.4	31	
扣死率減扣失率	33	38	
攔網成功率(攔死 + 攔回 + 攔起)	48.5	52	

—— 戰術、共測 4 項(表 3—23—7)

表 3—23—7　　戰術測驗成績登記表

戰 術 測 驗·項 目	上次比賽 成　　績	要求 指標	實際 成績
強攻戰術組成率	60	66	
新用三人接發球輪次的強攻戰術組成率		66	
反速反擊組成率	18	22	
新學雙快背飛戰術扣死率		70	

表 3—23—8　　理論學習的內容與安排

時　　　間	學 習 內 容
4/1—16/1	身體訓練的基本理論
17/1—17/2	決勝局每球得分制新規則對技術、戰術影響的分析
18/2—18/3	心理訓練的基礎知識
19/3—19/4	新技術、新戰術的分析
20/4—20/5	戰術意識的培養

　　根據上面介紹的週期計劃各時期的任務、內容及訓練比重、時數等就可以擬訂週計劃了。週計劃要求把周的任務訂得具體,把每天的訓練內容、數量、時間等訂得具體。通過週計劃可以體現出時期的不同重點及荷負量,詳見《排球教學訓練大綱教法指導書》。

(七)賽前及比賽期間的心理調節與控制

　　心理訓練、心理調節問題,已經受到教練的普遍重視。心理學家格魯波指出,"對高級運動員來說,心理因素占 80％。"著名田徑運動員劉易斯曾說過,"比賽前 90％是心理上的準備"。一些研究人員的調查可以看出,"由於心理方面準備不足造成的失敗約占 70％。"可見,賽前的心理訓練,賽中的心理調節與控制,是必須十分關注的問題。

1、賽前形成戰鬥準備狀態的方法

　　大賽前,運動員對比賽任務有清楚的理解,對自己和全隊的力量有充分的信心,有全力以赴和爭取勝利的強烈願望。他們情緒活躍、精神飽滿,對比賽躍躍欲試;知覺的敏銳性提高,技、戰術表象十分清晰;注意力集中在即將到來的比賽上,注意範圍增大;情緒安定,精力充沛。可以感到運動員處於"鎮定的、戰鬥的、有信心的狀態。"這種狀態就是賽前戰鬥準備狀態。

　　形成"戰鬥準備狀態"的大量工作是在訓練的準備期內進行的。賽前或賽中還需作好下面的工作:

　　(1)幫助運動員建立積極的比賽動機:動機是運動員比賽活動的內驅力。運動員可能因對社會義務的認識(也叫"社會動機");個人需求和興趣(也叫"個人動機")或某種情感爲基礎都可以產生動機。教練要善於講清比賽的意義,使運動員能把社會動機與個人動機結合起來,形成積極的比賽動機。

動機要保持在適宜的水準上,才能自覺地、積極地動員機體最大的潛力投入比賽。動機過於強烈,會導致精神過度緊張,影響競技水準發揮。

(2)和運動員一起全面地分析比賽形勢:目的是爲了擺正本隊的實力地位,訂立出正確的比賽策略,樹立起以拼搏爭取優勢的信念,激發起戰鬥準備狀態。

(3)激發運動員的責任感和榮譽感:責任心和榮譽感會產生良好的動機,激發起熱情,鼓舞運動員戰勝各種困難。

激發手段要自然、靈活,要善於掌握日常生活中的"小事",曉之以理、動之以情。千萬不可搞成死板的說教。

(4)幫助運動員樹立起必勝的信念:信心是成功的基石,是戰鬥準備狀態的核心。樹立信心請考慮以下幾點:

①相信自己,相信本隊的實力;

②不要輕易地否定自己;

③不要懷疑自己的成功;

④允許自己有一定的失誤;

⑤發揮自己的潛力;

⑥從成功中尋找信心:從以往成功比賽的回想(成功的表象)到轉入現實,想像即將到來的比賽的成功(通過想像推理,建立信心優勢)。在這種自我創造的環境中使信心得到發展和延伸。

⑦多準備一些遇到問題的處理辦法即多考慮一些"怎麼辦?",在場上出現問題時不會亂,不會影響自信心。

2、比賽中常見心理障礙及調節方法

造成運動員產生心理障礙通常是實際問題或認識問題沒有得到很好的解決。因此,教練首先要分析清楚,產生心理障礙主要是哪方面的問題。然後才能有針對性地對症下藥、解決問題。下面是通常在賽前出現的心理障礙及其調節方法。

(1)對"缺乏信心"的調節方法:本方實力相對稍弱;或近來狀態不好,發揮欠佳;或因過去曾敗於對手……等原因,很可能造成運動員信心不足。可採用以下方法進行心理調節:

①學習以弱勝強的戰例,從理論上提高認識以增強信心。

②進行實力比較,看到本隊的長處,以增強信心。

③把對方的弱點找準、分析透,制定出有效的攻擊措施,以增強信心。

提示:對於缺乏信心的運動員心理調節的重點在於鼓勵。但要注意鼓實勁,不尚空談。不可提出事實上不可能的要求。

(2)對"盲目自信"的調節方法:所謂盲目自信是指過高地估計自己,因而對比賽的困難性和複雜性估計不足,不能動員自己的全部力量投入比賽,

總相信能輕易取勝或僥幸成功。可採用下列方法進行調節:

①認眞研究對手長處及抑制其長處的辦法,使隊員的信心落實。

②充分研究我隊可能遇到的困難,把困難準備作得深入人心,作得非常充分。

③特別要做好場上重點隊員的調節工作。重點人物、核心人物的心理狀態正常,則其他人也就會穩定。

提示:對盲目自信狀態的調節,重點在於用現實的對比從理論上和實際上克服運動員的盲目性,同時還要注意保護運動員的自信心。

調節工作一定要在賽前作好。若在賽中爆發出來再去作調節、控制就很困難了。

(3)對"冷漠狀態"的調節方法:冷漠狀態表現爲情緒低落,意志消沉,缺乏信心,不想比賽……等。造成這種狀態的原因可能是屢戰屢敗或關鍵球失敗或不該敗的也敗。也可能是過度疲勞或傷、病未癒。可採用以下調節方法:

①對以往的戰績作客觀的、正確的評價,不以勝敗論英雄,而以實際的進步和不足來激勵隊員,動員他們,調動他們的積極性。

②用積極的語言去鼓動隊員的爭奪勁頭,把消極情緒轉化爲積極情緒。

③敎練主動採取恢復措施,積極關心傷、病隊員治療,幫助疲勞隊員的放鬆、轉移注意,使之得到肉體的治療和心理的調節,重新振作起來。

提示:調整運動員的冷漠狀態要用激勵、鼓勵等辦法,進行批評也應是非常中肯的、恰如其份的。不可用消極的語言一味責備,更不可用刺激的語言損傷隊員的自尊心。

(4)對賽前"過度興奮、焦慮不安"狀態的心理調節方法:情緒過早地過度地興奮,心跳過速,動作忙亂,坐立不安,注意力不集中,思維混亂,焦慮不安等表現,就是賽前過度興奮、焦慮不安的心理障礙。可採用以下方法進行調節。

①採取語言提示法控制適宜的動機和期望水準。俗話說"降降溫!",使運動員冷靜下來,進入適宜的興奮狀態。

②轉移注意力。把隊員的注意力引向其他方面。如看錄影,打樸克,下棋或其他運動員感興趣的活動,讓他們暫時"忘掉比賽",使其恢復到正常心理狀態。

③放鬆練習。可在宿舍作,也可以在運動員休息室作。主要是要求隊員入靜,使神經、肌肉都得到放鬆,以緩解過份興奮的情緒。

(4)對"情緒波動"的控制:控制情緒是運動員在比賽過程中心理控制的核心。由於情緒與肌肉活動息息相關,因此,保持穩定的情緒是比賽成功的基本保證。

控制情緒的工作首先應在賽前作好。若在賽中出現情緒波動,可採用下面的方法加以控制：

①調節呼吸法：在發現自己神情慌亂時，可有意識地進行放慢節奏的腹式深呼吸。

②自我語言暗示法：場上出現情緒不穩定時，可採用積極的自我暗示："鎮定！""放鬆""現在情況很正常！"，"我感覺很好！"或暗示自己各部肌肉放鬆以穩定情緒。

③轉移注意法：教練可用語言提示，引導運動員"暫時離開"賽場，想些"題外事"，使緊張的情緒得到緩解。

④教練的行爲暗示：在運動員慌亂時，教練的言談舉止格外沉着，甚至故意放慢走路和講話的速度；在運動員情緒低沉時，教練應表現得有信心，有激情。教練的行爲與隊員的情緒恰巧相反，通過這種行爲的暗示和情緒的感染，使運動員不良情緒得到有效的控制。

（八）排球運動員選材方法及預測

1、排球運動員的最佳選材年齡

據調查近 10 多年來，奧運會冠軍隊的平均年齡在 23—25 歲之間，而培養一個奧運會冠軍級的選手或一支奧運會隊伍，大約需要 8—10 年的時間，故 13（女）—15（男）歲是選材的最佳年齡（最好是日歷年齡與生物年齡一致者）。由於影響運動員身高增長的因素比較多，故《大綱》中規定在 13 歲以前做"初選"，女孩子在 11—12 歲，男孩在 13—14 歲進行"複選"，而把最後的"精選"放在 15（女）—17（男）歲。

選材的關鍵在於"預測"，在我國排球、特別是男排亟待發展高度的今天，對運動員未來身高預測的可靠性就成爲選材成敗的中心。

2、怎樣預測未來身高？

(1)骨齡預測法：這種方法是目前較爲科學、可靠的方法，但由於需要一定的設備和專門知識，故教練需有科研人員或醫生的協助。

目前國內引用的是美國"Greulich-pyte 骨發育標準"片（簡稱 G—p 標準），不大符合我國情況。有的省已經研究了本省的標準，可參照。

(2)年齡百分比推算法：已知孩子當時的身高，按照規定的公式，可推測其未來身高。

$$H（未來身高）= \frac{S（實測當時身高）}{Z（相應年齡的百分比）} \times 100$$

例如：某女孩 13 歲，"實測當時身高"爲 1.75 公尺，其"相應年齡百分比"（見表 3—23—9）爲 94.95% ±2.5 公分，代入公式

$$H = \frac{1.75（13 歲）}{94.95} \times 100 = 1.843 公尺 ± 2.5 公分$$

預測該女孩未來身高爲 1.843 公尺 ±2.5 公分。

表 3−23−9   相應年齡百分比表

性別	11	12	13	14	15	16	17	18
男	84.5%±2.5	87.19%±2.5	91%±3	94.8%±3	96.15%±3	97.52%±2.5	98.89%±0.5	99.3%±0.5
女	87.68%±3	92%±3	94.95%±2.5	97.4%±2.5	98.75%±1	99.35%±0.5		

(引自"排球敎學訓練大綱指導書"1990 年)

若預測者爲早熟型,則應用大一歲的年齡比分比相除;若屬於晚熟型,則用小一歲的年齡百分比相除。

(3)遺傳學預測法:調查掌握運動員父母的身高,利用下列公式,可以推算孩子未來身高。

$$兒子身高 = (父高 + 母高) \times 0.545 \pm 3$$

$$女子身高 = \frac{父高 \times 1.068 + 母高}{2} \pm 3$$

(注:此公式原爲國外資料,經我國學者作了調整,基本符合我國情況。)

(4)推測法:據有研究提出"人的身高是其足長的 7 倍"。又以人體遠端先發育的理論爲根據,有人提出下面的推測公式:

$$H = \frac{13 \ 歲(女)}{15 \ 歲(男)} 時足長 \times 7 \pm 3 \ 公分。$$

由於身高受到營養狀況,健康狀況,參加運動……等多種因素的制約和影響,故敎練在選材時要綜合考慮,同時還應參照一些敎練多年積累的經驗,如尚有較大長勢的孩子頭頂尖,稚氣嫩相,肌肉線條抽長,小腿肚子位置高向上緊提等,而頭大而平圓,肩膀過早寬厚者長勢很小。

選材時,掌握孩子當時的情況固然重要,更重要的是對其發育程度的鑒別。

有關孩子的發育程度的鑒別方法及選材測試項目和參考指標詳見《排球運動員敎學訓練大綱》及敎法指導書。

(黃輔周)

二十四 手 球

手球運動起源於歐洲,1917 年開始從德國興起。原在室外,後進入室內,20 世紀 60 年代後,室外手球便爲室內手球所代替。我國和亞洲的一些國家都是在 50 年代才推展手球運動的,亞洲手球聯盟於 1976 年才成立。目前我國女子手球已進入世界先進水準的行列,男子離世界先進水準還有不少差距。

(一)手球運動訓練的主要特點和發展趨勢

1、手球運動訓練的主要特點

手球運動訓練的特點是由手球運動的特點決定的。手球運動的主要特點是:

(1)對抗性—— 比賽雙方爲完成各自的攻、防任務,切進與壓制、射門與封球、傳接與搶截,無不展開激烈的對抗,身體接觸十分頻繁。

(2)連貫性—— 進攻與防守的轉換頻繁而突然,攻、防技術自成一體,要求技術與技術之間的銜接協調連貫。

(3)集體性—— 隊員在訓練與比賽中,必須密切配合,齊心協力,在配合的基礎上,充分發揮個人的特長與作用,以達到戰勝對方的目的。

基於手球運動的特點,在手球運動訓練中,主要有如下幾個特點:

(1)在培養全面身體訓練的基礎上,加強速度、速度耐力和力量(特別是投擲力)等專項素質的訓練。

(2)在培養基本技術訓練的基礎上,加強位置技術訓練,通過對抗性訓練,提高技術與技術的銜接及其熟練運用的能力。

(3)嚴格戰術紀律,正確處理戰術配合與個人攻擊的關係。加強對抗情況下的戰術訓練,提高戰術的應變能力。

(4)加強攻勢防守訓練,以瓦解對方的進攻並爭取更多的快攻機會。

2、手球運動訓練發展的趨勢

從技、戰術的角度看,由於代表歐洲的"力量型"與代表亞洲的"技巧型"互相結合,有力地促進了手球運動技術水準的進一步發展。在手球運動訓練中,爲了適應這一變化和發展的需要,對手球運動訓練的組織實施提出了許多新的要求,並表現出以下一些新的特點和發展趨勢:

(1)力求提高訓練效率

手球運動訓練條件基本上並無差別,用較短的時間獲取同等的訓練效果,就有助於運動員(隊)早日達到更高的技術水準。因此,提高訓練效率是各國手球教練和手球科研工作者努力追求的目標。

(2)合理安排負荷量和強度

一場手球比賽的時間為 60 分鐘,雙方運動員在此單位時間裡,誰能盡快發揮其最高的競技能力,誰就有更多的機會在激烈的競爭中爭取優勢。因此,必須重視提高訓練強度。

但是,對於水準相對較低的運動員來說,循序漸進地加大負荷量仍然是提高訓練水準的一條重要途徑。所以合理安排負荷量和強度是提高訓練水準的有效措施。

(3)採用多種手段加速負荷後的恢復

手球訓練和比賽,運動員的負荷很大,各國在訓練中都十分重視恢復,將恢復的實施列入訓練計劃,以及建立恢復中心,訓練後給運動員補充基本營養素、微量元素、能源物質等等。

近幾年來,我國部分手球隊所採用的手按摩、振顫按摩、蒸氣浴等恢復手段,在消除運動員的疲勞方面收到一定的效果。

(4)加強心理訓練

在一場勢均力敵,尤其是關鍵性的比賽中,運動員能否保持心理的穩定性是高度發揮競技能力和取勝的重要因素。所以在手球訓練中除採用意念的方法外,還常通過模擬訓練的方法,提高運動員的心理承受能力、自我激勵、自我控制的能力。

(二)手球運動員的專項素質及訓練的主要方法、手段

1、手球運動員的專項素質特徵

手球比賽要求運動員在時間和空間上取得優勢,爭取主動;運動員應具備快速的奔跑能力,準確有力的射門和傳球技術,攻防對抗時的衝撞能力。其能量消耗大,ATP—CP 和糖酵解能量系統占 80％左右,負荷強度大。

手球比賽中最大強度和中等強度總在交替變化,運動員必須具有良好的移動速度、起動速度、反應速度、速度耐力、力量和靈敏等運動素質。手球運動員為完成強勁有力的射門動作,還要具有強大的投擲力和良好的彈跳力。

為提高手球運動成績,運動員必須發展的專項素質共 4 類 7 項(表 3—24—1)。

表 3—24—1

類別	一　速　度			二　力　量		三　靈　敏	四　耐　力
	1	2	3	4	5	6	7
項目	30公尺跑	對牆傳接球	三角形防守移動	手球擲遠	10級跳	障礙運球	3000公尺跑
專項特徵	移動速度	揮臂速率	防守移動速度	上肢力量	下肢力量	靈敏性	耐久力

2、專項素質測驗方法的標準化與要求

(1)30公尺跑

採用站立式起跑,不能穿跑鞋,跑2次,取其中最好成績。

(2)對牆傳接球

測驗者距牆5公尺站立,計算1分鐘連續對牆傳接球的次數。測驗者未能接住回彈的球,不計1次。如未接住球,可撿備用球繼續對牆傳球。測2次,取其中最好成績。

(3)手球擲遠

測驗者持球,在手球競賽規則規定的步數中完成擲球動作,擲球時不得超越起擲綫。投擲有效區為10公尺寬。擲3次,取其中最好成績。

(4)10級跳

測驗者立定起跳後,左右腳交換跳,丈量從起跳綫至第10次跳落點的距離。跳3次,取其中最好成績。

(5)障礙運球

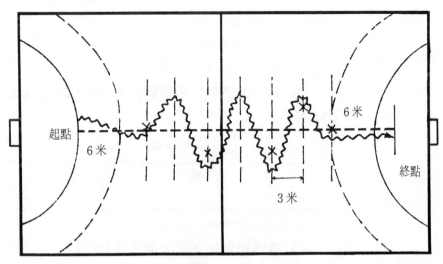

圖　3—24—1

如圖3—24—1所示:在30公尺的直綫距離內,設置7支標杆,起點到第一個標杆、最後一個標杆到終點為6公尺。其餘標杆之間的距離均為3公尺,這些標杆離假設的中軸綫1.5公尺。測驗者繞標杆運球,計算其所需

的時間。運球失控時,將球拾起並於失控的地點繼續運球前進。每人運球 2 次,取其中最好成績。

(6)3000 公尺跑

在標準田徑場的跑道上進行,一次完成。測驗者不能穿跑鞋,計算跑完全程的時間。

(7)三角形防守移動

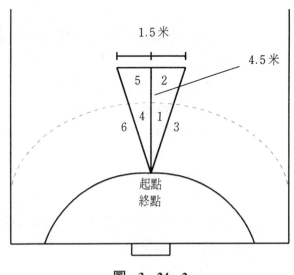

圖　3—24—2

如圖 3—24—2 所示:在球門區域的中點作一垂直於中綫的綫段(4.5 公尺),在此綫段的頂端向左、右各劃 1.5 公尺的直綫,直綫的兩端與球門區域中點連結構成兩個直角三角型作爲測驗場區。測驗者自起點按 1→6 的路綫作起動衝刺(1.4)、滑步(2.5)、交叉步(3.6)等防守腳步移動動作,計算完成 2 組移動所需的時間。測試 2 次,取其中最好成績。要求測驗者背對球門方向,變向時,必須腳觸綫段的交叉點。

3、手球專項素質測驗評分表(表 3-24-2)及綜合素質評定表(表 3-24-3)

表 3—24—3　　綜合素質評定表

等　級	優秀	良好	一般	較差
總　分	500 分以上	400—499 分	300—399 分	300 分以下

〔注〕:總分係指 7 項專項素質分值的總和。

4、專項素質的主要訓練方法和手段

(1)專項速度訓練

反覆訓練法是提高手球運動員專項速度的有效方法。專項速度訓練的主要手段有:

①各種預備姿勢的 30 公尺衝刺。隊員分散在手球場端綫後,聽教練的

表 3—24—2　手球專項素質測驗評分表

分值	30公尺跑 男	30公尺跑 女	1分鐘對牆傳接球 男	1分鐘對牆傳接球 女	手球擲遠 男	手球擲遠 女	10級跳 男	10級跳 女	30公尺障礙運球 男	30公尺障礙運球 女	3000公尺跑 男	3000公尺跑 女	三角形防守移動 男	三角形防守移動 女	評價
100	3'9	4'2	53	48	54	44	31	26	10"	10"5	11'	12'20"	12'4	13'4	
95	3'95	4'25	52	47	53	43	30.5	25.5	10"1	10"6	11'5	12'30"	12'5	13'5	優
90	4"	4'3	51	46	52	42	30	25	10"2	10"7	11'10"	12'40"	12'6	13'6	
85	4'05	4'35	50	45	51	40	29.5	24.5	10"4	10"9	11'15"	12'50"	12'7	13'7	
80	4'1	4'4	49	44	50	40	29	24	10"5	11"	11'20"	13'	12'8	13'8	
75	4'15	4'45	48	43	49	39	28.5	23.5	10"6	11"1	11'25"	13'10"	12'9	13'9	良
70	4'2	4'5	47	42	48	38	28	23	10"7	11"2	11'35"	13'20"	13'	14'	
65	4'25	4'55	46	41	47	37	27.5	22.5	10"8	11"3	11'45"	13'30"	13'1	14'1	
60	4'3	4'6	45	40	46	36	27	22	10"9	11"4	12'	13'45"	13'2	14'2	及格
55	4'35	4'65	44	39	45	35	26.5	21.5	11"	11"5	12'15"	14'	13'3	14'3	較差
50	4'4	4'7	43	38	44	34	26	21	11"1	11"6	12'30"	14'15"	13'4	14'4	
45	4'45	4'75	42	37	43	33	25.5	19.5	11"2	11"7	12'45"	14'30"	13'5	14'5	
40	4'5	4'8	41	36	42	32	25	19	11"3	11"8	13'	14'45"	13'6	14'6	差
35	4'55	4'85	40	35	41	31	24.5	18.5	11"4	11"9	13'15"	15'	13'7	14'7	
30	4'6	4'9	39	34	40	30	24	18	11"5	12"	13'30"	15'15"	13'8	14'8	
25	4'65	4'95	38	33	39	29	23.5	17.5	11"6	12'1	13'45"	15'30"	13'9	14'9	
20	4'7	5"	37	32	38	28	23	17	11"7	12'2	14'	15'45"	14'	15'	
15	4'75	5'05	36	31	37	27	22.5	16.5	11"8	12'3	14'15"	16'	14'1	15'1	
10	4'8	5'1	35	30	36	26	22	16	11"9	12'4	14'30"	16'15"	14'2	15'2	
5	4'85	5'15	34	29	35	25	21.5	15.5	12"	12'5	14'45"	16'30"	14'3	15'3	

哨音或見手勢後，以最快速度向對面的端綫衝刺。爲配合實戰需要，可採用面對或背對跑動方向從站立或俯臥、坐地、原地跳躍等預備姿勢開始。

②直綫追逐跑。隊員二列散開隊形站於端綫後，前後排相距 2 公尺，聽教練哨音後，後排隊員追趕前排隊員，並爭取在過中綫前拍觸到對手。返回時 2 人交換追逐。

③直綫運球跑動射門。隊員散開隊形站於球門區域前，看教練上舉的手勢(站於球場中央)即快速向前場直綫運球推進，並作跑步射門，往返進行練習。

④障礙運球。場地佈置與練習方法見專項素質測驗方法的標準化與要求。

⑤快速衝刺跑30公尺。採用站立式起跑,每次休息2分鐘左右。

⑥60公尺跑。採用蹲踞式起跑,每次休息3分鐘左右。

⑦100公尺跑。採用蹲踞式起跑,每次休息5分鐘左右。

⑧在郊區的公路上以電綫杆爲標誌作反覆衝刺跑。在電綫杆1—2之間作快速衝刺跑,2—3杆之間以慢跑作調整休息,依此類推,完成規定的次數。

⑨起動。如圖3—24—3所示:隊員分散在球門區域前的防守位置上,見敎練射門(視覺信號)後立即起動以最快速度跑過中綫,然後放鬆跑回到原處。

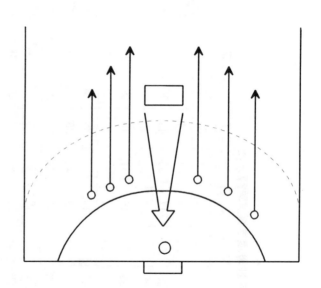

圖 3—24—3

⑩防守移動結合衝刺。練習形式基本上與上相同,隊員在防守位置上按敎練的手勢作向前、向後、向左、向右的小範圍移動,見敎練射門後立即起動以最快速度跑過中綫,臨近中綫時,注意側身轉向準備接守門員傳來的球。守門員可隨意傳球給任何一名隊員。

(2)速度耐力訓練

發展手球運動員的速度耐力可採用間歇訓練法。一般在間歇時,脈搏從30次/10秒下降到20—23次/10秒時,爲進行下次練習的適宜時間。練習的負荷強度應爲最大負荷強度的70—80％。主要練習手段有:

①徒手見綫折返跑。如圖3—24—4所示:隊員分散站在端綫後面,聽敎練的哨音或見手勢後在手球場反覆作折返跑,跑到球門區域綫的延伸綫、自由擲球綫的延伸綫、中綫……及至對面的端綫均折回原站立的端綫,全過程共計6次折回。

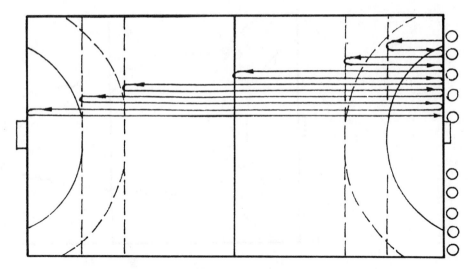

圖　3—24—4

②運球見綫折回。練習形式與①相同,但隊員要在運球中完成。如有數組隊員練習,可將折回點逐次前移,即第一次返回到原站立的端綫,第二次折回到球門區域綫的延伸綫……當第一組折回到中綫時,第二組開始練習。

③22公尺×4折返跑。在手球場兩自由擲球綫之間進行。用間歇訓練法完成5組練習。教練對每組練習規定時間的指標。

④在有追防的情況下接守門員長傳球射門。如圖3—24—5所示:A①沿着邊綫快速向前場跑動,並接守門員的長傳球射門。當A①射門時,B①向相反方向跑動並接同側守門員的長傳球射門。要求A①射門後,必須盡最大努力追防B①,追防後站於本組的排尾。依此類推。守門員只傳球,不防守球門。球門區內放置5—6個手球。

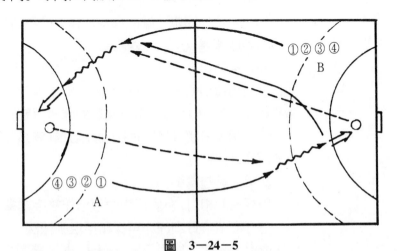

圖　3—24—5

⑤快速運球射門。如圖3—24—6所示:隊員分成AB兩組分別站在球門區域的側面,依次快速運球推進射門。當A①、B①運球過中綫時,A②、B②開始起動……依此往返進行練習。全體隊員完成射門後一起撿球。

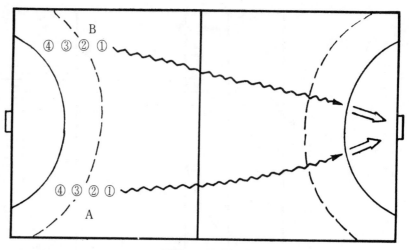

圖　3－24－6

⑥利用地形、地物作較快速度的越野跑或林間越野跑。

⑦快速登山。

⑧沙灘跑。在海灘或河灘的沙地上作各種短距離的變速跑。

⑨變速跑。在標準田徑場的跑道上，100 公尺彎道放鬆跑→100 公尺直道較快速度跑→100 公尺彎道中速跑→100 公尺直道再次較快速度跑。跑的總距離可規定爲 3000—5000 公尺。

(3)力量訓練

採用反覆訓練法。主要練習手段有：

①俯撑作各種發展上肢力量的練習爲俯臥撑；兩腳爲中心，兩手推撑轉動 180°；兩臂爲中心，兩腳蹬轉 180°等。

②俯臥，雙臂頭後屈，作頭腿兩頭翹起。

③兩人交替作"推小車"。

④利用拉伸固定一端的橡皮筋作射門模仿練習。

⑤手球擲遠、小實心球擲遠。

⑥對牆傳接球。

⑦利用特別的實心球(球體大小如手球，重量 3—4 公斤)連續對牆用力擲接球 3 分鐘(人與牆的距離視球的彈力而定)。

⑧採用多級跳、蛙跳、助跑(原地)單(雙)腳跳起摸籃圈等練習增強腿部力量，發展彈跳力。

⑨兩人跳起撞胸。

⑩兩人面相對，在側滑步中連續作雙手推掌練習。

進行專項素質訓練亦可採用循環訓練法。它可循序漸進按個人身體條件逐漸增大負荷。採用循環訓練法，安排練習內容應考慮上、下肢的交替，除徒手練習外，還可運用各種器械，以提高訓練的效果。

（三）手球技術及訓練的主要方法、手段

1、手球技術特徵

（1）完成技術動作的目的是攻破對方的防守後得分及瓦解對方的進攻，阻止其得分。

（2）比賽中完成動作受對手與同伴的影響，完成動作的外在條件比較困難，技術動作變化較多，運動員常有即興的動作表現。

（3）由於位置分工，存在着位置技術，運動員必須具有精湛的位置技術，形成"絕招"。

手球技術特徵可概括爲全面、實用和"絕招"。它是衡量手球運動員技術水準的準繩。

2、手球技術分類

手球技術大體可分爲進攻技術、防守技術和守門員技術3大類。各類技術又包括各種基本技術。

①進攻技術—移動、傳球、接球、射門、突破、運球。

②防守技術—移動、防守持球隊員、防守無球隊員、封球、打球、搶球、攔截球。

③守門員技術—站位、移動、手擋球、手臂擋球、腳腿擋球、擲球。

3、幾種主要基本技術的分析

（1）傳球技術

以手球比賽中運用最廣泛的單手肩上傳球爲例：

①鞭打動作。鞭打動作的特點是以大關節帶動小關節，由近端關節帶動遠端關節，各關節依次進行活動，每一環節的活動是在前一個環節達到最大速度上進行的。因此，揮臂顯得迅速有力。根據傳球時身體所處的狀態（原地、跑動、墊步、跳起）借助蹬地和轉體的力量，更能增大傳球的力量。

②傳球手法。是指球離手的瞬間，爲了控制球的飛行方向、路綫、速度和落點，手臂、手腕和手指的用力方法。球的傳出是人體對球體一作用力的結果。作用力點的不同，傳球的方向、路綫就不同。作用力於球的正後方，球是向前平直地飛行；作用力於球的後下方，球是向前上方沿弧綫飛行。作用力的大小、快慢，球的飛行速度也就不同。還有，手腕用力的角度、屈腕的快慢，對傳球均有影響。

③球的飛行路綫。球的飛行路綫有直球、弧綫與折綫3種。不需通過防守隊員的傳球多採用平直球；需要通過防守隊員的傳球多採用弧綫與折綫；遠距離的長傳球多採用平直球或弧綫球。

④球的落點。球的落點是指傳出的球與接球人相遇的位置。它是由球

飛行的方向、路綫和速度決定的。傳球的落點要考慮到與接球隊員的距離、接球隊員移動速度和移動方向,及其與對手的位置……。適時地讓隊友接到球,並能順暢地銜接下一個動作。要做到人到球到、人球相遇。

(2)射門技術

射門是直接得分的手段。射門技術多種多樣,技術複雜。綜合各種射門技術動作可分爲3大類。即跨步射門、跳起射門和倒地射門。射門技術包括以下幾個步驟:

①助跑。以球門爲目標,助跑有直綫、斜綫、折綫與弧綫4種。

a.直綫—— 助跑方向和射門方向一致,多用於快攻中的射門、直切射門、外圍跨步射門;

b.斜綫—助跑方向和射門方向形成一定的角度,如右手在左45°位置射門;

c.折綫—助跑方向有明顯的改變,如中鋒掩護後折回接球射門,中鋒擺脫防守接球突破射門;

d.弧綫—助跑方向與射門方向幾乎成直角,弧綫助跑時,身體應向內側傾斜,翼鋒隊員從小角度順投擲手方向跑出射門時,必須採用弧綫助跑。

在助跑過程中,一定要加強觀察判斷,以選擇最有利的攻擊時機。助跑要靈活快速而有節奏,速度能快能慢,步幅能大能小,步數能多能少。只有這樣,才能充分發揮助跑爲射門創造條件的作用。

②支撐和起跳。一般採用單腳起跳的方法,根據起跳方向的不同,分向上、向前和向側跳起3種。除單腳起跳外,亦可採用雙腳起跳(旱地拔葱),它具有快速突然的特點,使防守隊員及守門員卒不及防。

支撐是跨步射門技術中的動作。如墊步、交叉步射門中都有明顯的支撐過程。支撐動作的技術要求是:支撐腳要積極着地,腳尖稍向內扣,膝關節微屈,腿部的屈肌和伸肌都保持緊張,處於靜力狀態,以起強有力的支撐作用。

③射門。整個射門動作是由引球、發力和出手組成的,它和助跑、支撐(起跳)相連,往往在起跳的同時就開始射門引球的動作。引球有兩種方法:一種是由體前或體側直接向後引球;另一種是在體側經下向後劃弧引球。發力由身體自下而上的依次發力,速度由慢到快,形成蹬、轉、揮、甩的鞭打動作。最後通過食指、中指、無名指的用力出球,作用力在球的後中部位,減少球的旋轉,以增大球速。由於比賽的需要,作"吊射"和反彈球射門時,則作用力於球的後下部位和後上部位。

④緩衝落地。由於射門時身體產生較大的慣性衝力,就必須通過落地時的緩衝動作,使身體恢復平衡。根據射門種類的不同,也有不同的緩衝動作:

a.跨步射門的緩衝動作—— 由於反側腳的積極支撐,使身體有較大的

扭轉力和前衝力,射門出手後,身體重心勢必繼續前移,同側腳必須向前跨出一步,在落地時屈膝、收髖,以完成緩衝動作;

b.跳躍射門的緩衝動作——一般都是用起跳腳先落地,隨即另一腳向前一步落地,注意屈膝緩衝;

c.倒身射門的緩衝動作——倒身射門前衝力很大,而且身體失去了平衡,它的緩衝動作一般有俯臥式、滾翻式和滑動式3種。

(3)防守技術

防守技術分防守姿勢、站位、移動、封打搶截球等基本技術。

①防守姿勢。正確的防守姿勢應是:兩腳平行或斜向站立,腳跟微微抬起,兩腿彎屈,重心保持在兩腿之間,上體稍向前傾。兩臂提肘置於體側,隨時準備借助手臂的揮動完成各種防守動作。

②防守位置。防守隊員的位置是根據對手、球、球門三者之間的關係來決定的。無論是防守持球隊員或防守無球隊員都必須站在對手與球門之間靠球的一側。對持球隊員的防守,必須看住用力手,以自己的身體對準對方的用力手。對底線隊員的防守,必須緊貼其靠球的一側。對兩翼隊員的防守,不論對手是否持球,都應站在其內側。

③防守距離。對手離球或球門越遠,防守時可離得遠些,反之則近;對持球對手要逼近防守,球離手後立即後退捕位;對深入腹地的中鋒,不論其持球與否,均應緊逼防守。防守距離應根據對手持球、不持球以及對手與球、球門的遠近不斷在變化。

④防守移動。防守動作是在觀察判斷的基礎上,靠腳步的積極移動來實現的。防守移動是衡量防守技術水準和防守是否積極的最主要因素。

⑤封打搶截。封打搶截是展現攻擊性防守的技術。它能有效地瓦解對方的進攻,而且往往取得控球權,由被動轉為主動。但是,如不恰當地運用其中的截球、打球技術,也會影響全隊防守的整體性和防守效果,造成十分被動的局面。因此,運用時要善於隱藏自己的真實意圖,欲擒先縱,給對方造成錯覺,從而收到預期的效果。

4、手球技術訓練的主要方法和手段

手球技術訓練的方法和手段是多種多樣的,現將提高上述各類技術動作的訓練方法和手段列舉如下:

(1)傳接球

①在有干擾的情況下傳球。如圖3—24—7所示:兩人相距約4公尺,互相傳球,一名防守隊員站在兩個傳球人之間,積極移動及揮臂干擾對方傳球。只限傳平直球和反彈球,否則,判違例。防守隊員一旦觸到球即與失誤者交換位置。

②搶截球遊戲。如圖3—24—8所示:3人站成三角形,互相傳球,2名隊員在中間防守,積極干擾對方傳球和搶截球。傳球方式不限,但持球不得

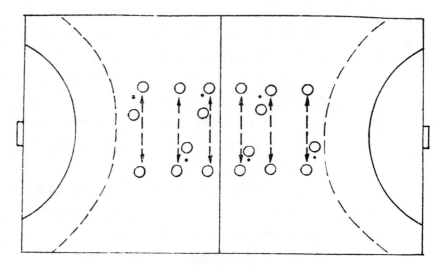

圖　3—24—7

超過3秒種。防守隊員一旦觸球或搶截到球,即與失誤者交換位置。

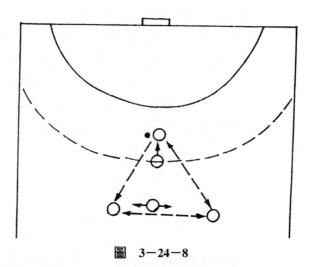

圖　3—24—8

　　③四角傳球。如圖3—24—9所示:隊員分成4組站成四角形,按逆時針(或順時針)方向連續地進行傳、接球。要求弧綫側身跑動接球,注意傳球應考慮接球隊友的移動距離,傳球後立即起動。對傳、接球技術比較熟練的運動員可同時用2個球進行。

　　④跳起"點傳"。兩人一球,面相對,一前一後站於端綫前,相距3—4公尺。持球隊員助跑向上跳起至最高點時,以手腕、手指的力量將球"點傳"給後退的同伴,後退隊員再將球遞還傳球隊員,依此反覆進行至對面端綫。返回時,兩人交換練習。

　　⑤接"硬球"。如圖3—24—10所示:兩人一組,分別在球門區側面站立,各組依次作墊步肩上傳球,至前場自由擲球綫附近墊步射門或交叉步射門。要求傳出快速有力、並適當的向接球者前方傳球,接球隊員必須起動接球(向球門方向),注意接球、傳球動作與腳步的協調配合。

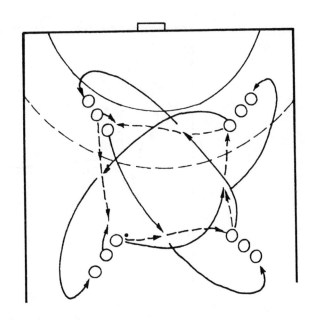

圖　3—24—9

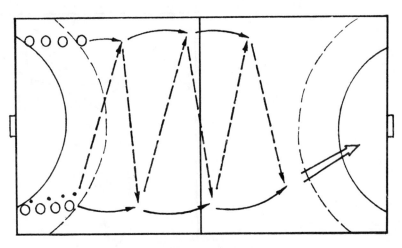

圖　3—24—10

⑥馬蹄形快速傳球。如圖 3—24—11 所示：5 名隊員面對球門站成馬蹄形隊形。按 1→7 的順序傳球。隊員在傳球與接球時，應有攻擊意識，並協調地配合腳步動作。左衛接球後，可按相反方向(7→1)自左而右地傳球。依此循環往復進行練習。

⑦向底綫傳球。如圖 3—24—12 所示：隊員分成兩組，分別站於球門區域綫前及自由擲球綫外，教練站在自由擲球綫上面對持球隊員作象徵性防守。持球者在由底綫跑出隊員擋人的瞬間作擺脫突破或起跳射門的動作，及時地以多變的傳球方式將球傳給轉身要球的同伴。要求擋人動作位置正確，切進及跳起射門的假動作逼真。傳、接球後兩人交換位置。

⑧連切、傳中及越過球門區域的傳球。如圖 3—24—13 所示：5 名隊員面對球門站成馬蹄形隊形，中鋒背對球門站在球門區域前，左鋒持球，自左

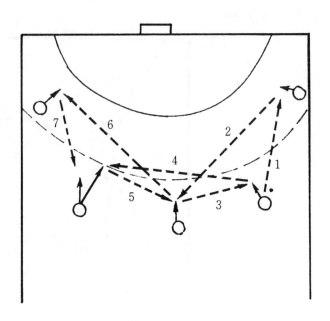

圖　3—24—11

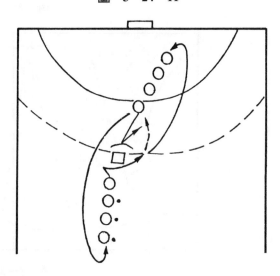

圖　3—24—12

而右作連切。持球直切時要求腳步動作快速有力,以逼眞的攻擊動作牽制對手(假設),注意傳球要準確,接球者應掌握好起動接球的時間。

　　(2)射門

　　①向上跳起肩上射門。如圖 3—24—14 所示:隊員分成兩組站於自由擲球綫外,爲便於完成長射動作,右手組站於左衞的位置,左手組站於右衞的位置。他們交互作超越 2.40 公尺標誌物(橡皮筋)的肩上射門。射門命中要求達到 30% 以上。

　　②連續交叉換位配合射門。如圖 3—24—15 所示:3 名隊員爲一組站於自由擲球綫外,中衞持球與右衞進行交叉換位配合,接着右再與左衞繼續進行交叉換位,從而達到中、長射的目的。射門命中率:不設防守 70%,

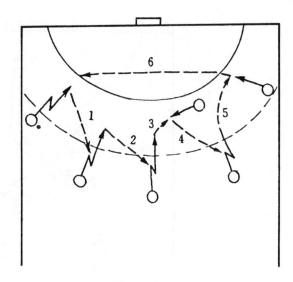

圖　3—24—13

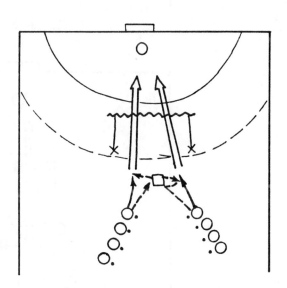

圖　3—24—14

設置防守 **50%**。

③自由球擋人配合射門。如圖 3—24—16 所示：4 名隊員為一組，其中 3 人在自由擲球綫外築成"人牆"，另一人為射手。當自由球發出後(一般採用低手傳球)，"人牆"後退達到前面擋人的作用，射手爭取在防守隊員上步之前完成肩上射門動作。射門命中率要求達到 50％以上。射手在空中亦可"點傳"給埋伏於底綫的同伴射門。

④接球墊步或交叉步射門。如圖 3—24—17 所示：隊員一路縱隊站於自由擲球綫外 4—5 公尺，除第一名隊員外，其餘隊員均持球。第一名隊員內側轉身向右前方跑出，並接身後隊員傳來的球作 9 公尺外的墊步或交叉步射門。依此左、右交互進行。要求接球、射門與腳步動作配合協調，射門命中率達到 40％。

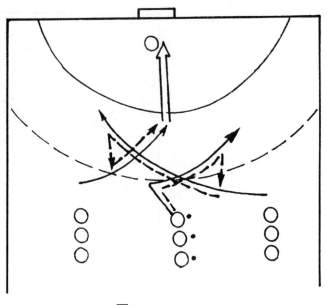

圖　3—24—15

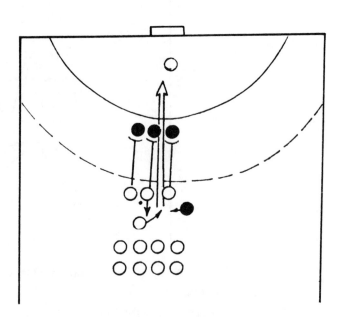

圖　3—24—16

　　⑤中鋒多球飛躍倒身射門。如圖 3—24—18 所示：兩名中鋒站於罰球
綫後,輪流擔任進攻與防守隊員。進攻者向左、右、前方擺脫防守接敎練的
傳球立即轉身作飛躍倒身射門,射門 10 次爲一組。要求隊員倒地後必須迅
速站起恢復原位。此練習由消極防守進而在向積極防守時行之。
　　⑥側翼多球小角度飛躍射門。如圖 3—24—19 所示：3 名翼鋒站於小
角度位置,在球門區域綫處設置一個盤球架或站立一名隊員作消極防守。
翼鋒接敎練的傳球後貼近防守隊員的左側或右側作飛躍倒身射門。3 人輪
流射門,每人完成 10 次射門爲一組。要求射門命中率達到 50%。

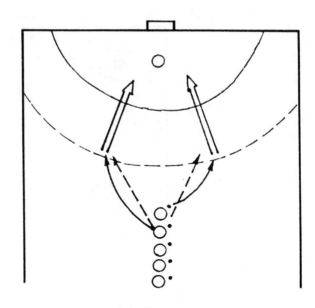

圖　3—24—17

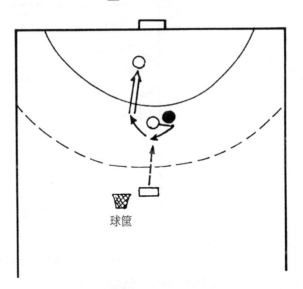

球筐

圖　3—24—18

⑦各位置隊員接球射門。如圖 3—24—20 所示：6 名隊員 3—3 隊形站位，敎練自左鋒開始按逆時針方向依次向隊員傳球，隊員接球後立即射門。各位置的射門命中率要求達到如下指標—— 翼鋒小角度飛躍倒身射門 50％，中鋒正面或側身飛躍倒身射門 70％，後衛自由擲球線外向上跳起肩上射門或墊步體側射門 40％。

⑧綜合射門。場地佈置如圖 3—24—21 所示：球門區域右側的球筐內放置 10 個手球，距球門 8 公尺、45°處設置高度為 2.40 公尺的標誌架，架上繫一橡皮筋，距球門 8 公尺的正面放置一個欄架。隊員自取筐中的球依 a →e 的順序作下列各種射門練習。

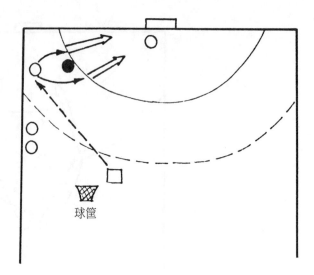

圖　3—24—19

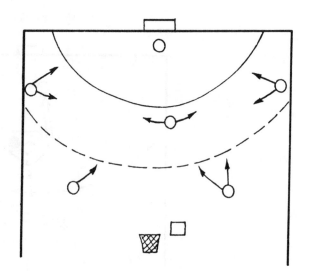

圖　3—24—20

a.小角度向前跳起射門 2 次

b.9 公尺外長射 3 次(超越橡皮筋)

c.9 公尺外體側射門 2 次(球穿過欄架)

d.底綫倒身射門 3 次

e.完成 10 次射門後,自球門區域綫向中綫衝刺。

要求總射門命中率達到 50％以上。

(3)防守

①上步與後退。如圖 3—24—22 所示:進攻隊員在自由擲球綫外互相傳球,防守隊員在對手接球的瞬間上步,做到球到人到,對手將球傳出時,立即退回球門區域綫前。爲配合防守練習,提高防守練習的質量,傳球的節奏應由慢到快、快慢配合。守門員在球門前隨球移動,練習選位。練習 2—3

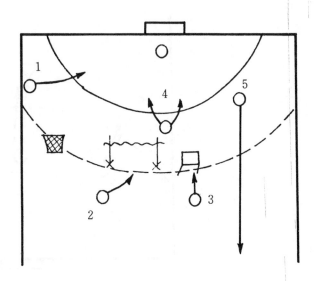

圖 3—24—21

分鐘後,進攻隊員與防守隊員交換練習。

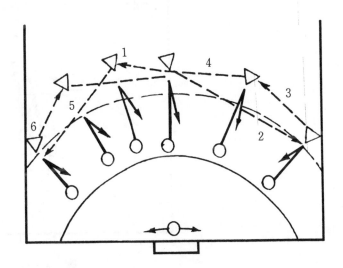

圖 3—24—22

②一對一上步封擋。如圖 3—24—23 所示:防守隊員傳球給進攻隊員後,立即起動上步封擋。進攻隊員持球做各種射門假動作(肩上、低手、側身),防守隊員在正確選位的基礎上,兩手靠攏向球伸出封擋其出球路綫。如進攻隊員切入,則盡力壓制其切入路綫。依此反覆進行,一分鐘後,兩人交換練習。

③防守射門與切入。如圖 3—24—24 所示:持球隊員在 3 公尺的"通道"上接教練的回傳球作各種跨步射門、向上跳躍射門或強行突破,防守隊員根據對手的意圖和動作相應地封球和壓制,當對手射門時,積極封球,協助守門員防守。要求防守成功率達到 50% 以上。防守一輪或防守成功 3 次後進行交換。

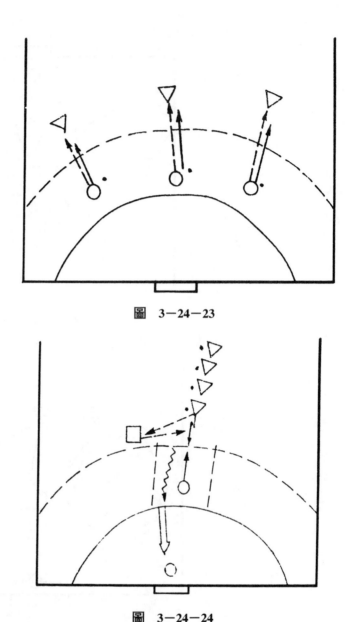

圖 3—24—23

圖 3—24—24

　　④上步壓制與後退補位的移動練習。如圖 3—24—25 所示：　接球時，②上步，③向右移動到②原來的位置。當△將球傳給△時，①上步，②向左後方退回補位……△△互相傳球(注意節奏)，①②③作 8 字形的快速腳步移動。為保證練習的質量，要求上步與後退的步伐快速靈活，並注意加強觀察、判斷，盡力做到球到人到，球去人回。

　　⑤撥運球。如圖 3—24—26 所示：進攻隊員變向運球向前場推進，防守隊員積極移動壓制對手，並伺機用手撥擊從地面反彈起來的球。當進攻隊員運球超越時，應盡力追防，並尋找機會，以內側的手撥擊從地面彈起的球。兩人往返交替進行練習。

　　⑥撥射門。如圖 3—24—27 所示：兩人一組，持球隊員在小角度作向前跳躍射門，防守隊員面對球跟隨及起跳，在雙臂向球伸出封擋射門角度的同

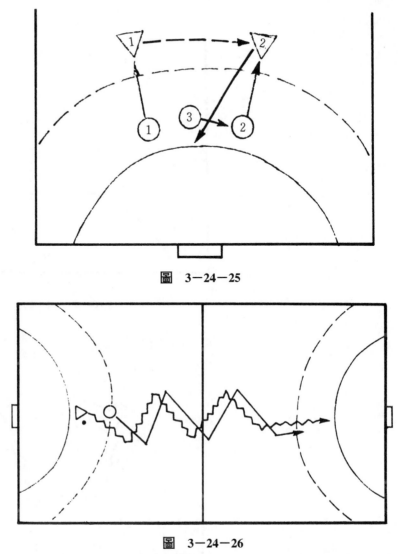

圖　3—24—25

圖　3—24—26

時,設法用內側的手撥掉對手揮擺於肩上的球。要求動作短促、準確,避免因踩綫起跳和打手犯規而被判罰 7 公尺球。

⑦跳封。如圖 3—24—28 所示:左衛與右衛站在自由擲球綫後 3—4 公尺,按左右交替的順序向敎練傳球,並立即起動接其回傳球作向上跳躍肩上射門。相應的防守隊員及居中的防守隊員作雙人封球。要求防守隊員勇敢果斷地封球,居中的防守隊員隨球積極左右移動。封球 10 次後進行交換。

⑧搶球。如圖 3—24—29 所示:兩人一組,保持攻、守的基本姿勢站於球門區域外。當守門員將敎練傳來的球擋出球門區域時(守門員有意地將球擋向攻、守隊員站立的地帶,以反彈球和滾地球爲宜),進攻隊員與防守隊員積極搶站有利位置,力爭搶先得球。爲加強實戰的氣氛,如進攻隊員得球,可作射門。搶球時,如防守隊員處於不利的位置,應根據臨場情況,採取破壞性的戰術行動。

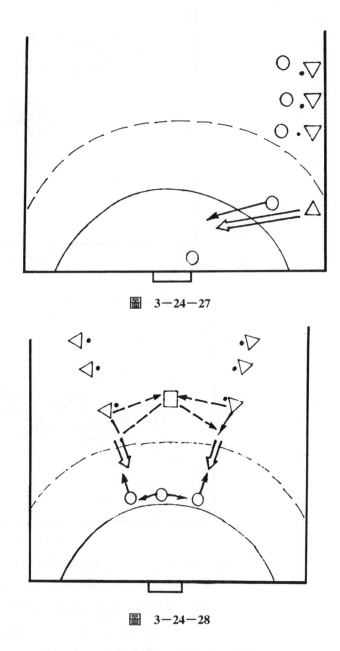

圖　3—24—27

圖　3—24—28

（四）手球戰術及訓練的主要方法、手段

1、手球戰術特徵

手球戰術的主要特徵是：

(1)對抗的激烈性。比賽中表現出來的"以我之長,攻其所短,抑彼之長,避我所短"的對抗行動,都是透過合理組織全隊力量,正確運用戰略、戰術來實現的。

(2)行動的協同性。運動員完成攻守任務都是透過集體的密切配合來完成的。

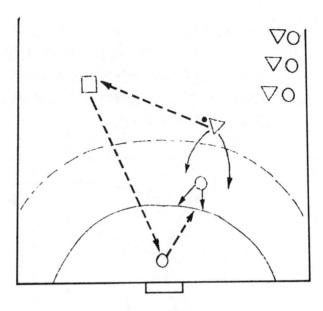

圖　3—24—29

(3)攻守的聯繫性。進攻與防守互相依存、互相影響、密切聯繫、互相轉化。

(4)戰術的靈活性。手球比賽有着較大的複雜性、機遇性和不確定性。因此,要靈活多變地運用戰術,不能局限於固定的模式而不加變化。

(5)分工的差異性。場上有守門員、翼鋒、中衛、左衛與右衛的位置分工,在此基礎上形成了攻防陣式。

2、手球戰術分類

(1)進攻戰術

①小組戰術——　破得、傳切、交叉換位、掩護。

②全隊戰術——　3—3站位、2—4站位、自由球戰術。

(2)防守戰術

①小組戰術——　包夾、交換防守、補位。

②全隊戰術

a.區域防守——　6—0、5—1、4—2、3—3、3—2—1。

b.混合防守——　5_0+1、4_0+2。

c.人盯人防守——　全場人盯人防守、半場人盯人防守、自由擲球綫人盯人防守。

3、手球戰術分析

手球比賽進攻與防守的4個階段

(1)進攻

第一階段——　反擊(長傳快攻)

守門員擋住對方的射門隨而傳球即為反擊的開始。這時兩個翼邊鋒應快速跑向前場,接守門員的長傳球射門,反擊具有較大的突然性,對方來不

及回防,因此,威脅大,成功率很高。反擊有下列形式:

①單點反擊(圖3—24—30)守門員擋住球後,適時地長傳球給全速跑向(過)中綫的翼鋒,翼鋒接球後運球射門。守門員最好傳快速有力的低弧綫球。傳球時,注意觀察對方守門員的站位及其意圖。如發現守門員站位遠離其球門,亦可直接射門。

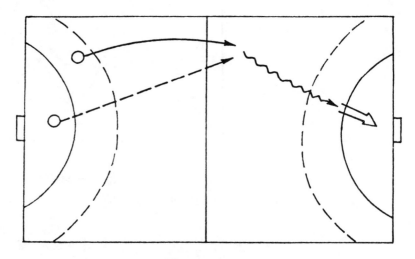

圖　3—24—30

②雙點不交叉反擊(圖3—24—31)左鋒、右鋒同時沿邊綫起動,左鋒接守門員傳球後,立即斜傳球給右鋒,由右鋒快速運球射門。用於對方有一名隊員防守或守門員跑出球門區域搶截長傳球時。

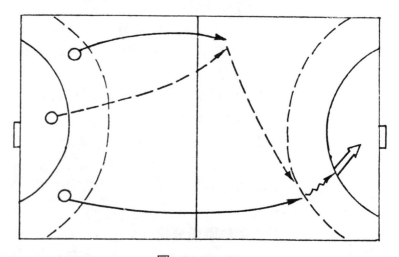

圖　3—24—31

③雙點交叉反擊(圖3—24—32)左鋒、右鋒同時沿邊綫起動,左鋒在中綫附近接守門員傳球後,立即與右鋒進行一次交叉換位配合後射門。用於對方有兩名隊員防守或迷惑其守門。

上述3種反擊配合,如守門員因對方阻撓不便直接長傳給翼鋒時,可將

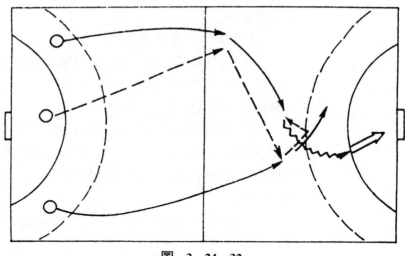

圖　3—24—32

球傳給後場作接應的同伴來完成。

第二階段—— 擴大反擊(短傳快攻)(圖 3—24—33)

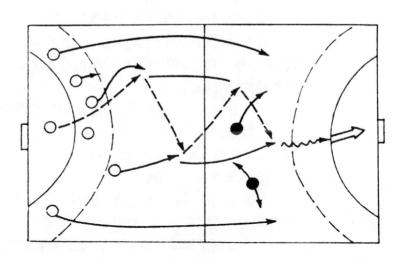

圖　3—24—33

如對方採取快速退守, 嚴密防守翼鋒時, 守門員應及時將球傳給球門區域附近的其他同伴, 由中路短傳快速推進, 仍堅持打快攻。這時兩翼鋒仍應沿着邊綫跑向前場。這樣, 既可牽制對方的防守, 又可擴大攻擊面。爲使短傳快攻具有大的威力, 可規定人、球移動的路綫, 配合應簡單、快捷, 富於實效性。

第三階段—— 組織進攻(調整進攻位置)

由於對方快速退守, 擴大反擊已難有成效, 這時, 核心隊員應發出信號, 通過控制球戰術, 如回傳、運球或換位等, 爭取人人盡快移到自己的進攻位置上去。組織進攻的過程不宜拖長, 尤其比賽時間所剩不多的決戰時刻, 更要特別注意。否則, 易被裁判員判罰延誤比賽時間而失去控球權。因此, 即便在組織進攻階段,一旦發現防守有漏洞,應果斷地展開攻擊,以取得出奇制勝的效果。

第四階段── 定位進攻

當對方已經佈防完畢而嚴陣以待時,應耐心地展開定位進攻。一場手球比賽,定位進攻與快攻的比例一般爲 4:1── 3:1。因此,重視定位進攻的訓練顯而易見是十分必要的。

一個優秀的球隊必須掌握多種戰術,以對付比賽的多變情況,這樣才能提高應變能力,爭取戰術運用的主動權。靈活運用戰術也是十分重要的,任何戰術的組織與運用,不管如何變化多端,但都離不開時間、空間和人員這 3 個因素。

時間── 具體表現在適時地掌握進攻時機或及時地進行防守部署。

空間── 正確地選擇切進地點,或恰當地採取防守佈局。

人員── 合理地組織與發揮全隊每個人的特點與作用。

(2)防守

第一階段── 回防(防守快攻)

每當進攻結束(射門或失誤),所有的隊員必須取捷徑,迅速退回到後場(可能不移至自己的防守區域),爭取在對方進入球門區域附近之前形成一個暫時的防守整體。

爲了瓦解對方的長傳快攻,先行退回的隊員應積極追防對方快快的翼鋒(一般在對方進攻的另一側);同時守門員可站位於球門區域外,這樣旣可使對方守門員放棄長傳快攻的意圖,又可以加強攔截球的威力。

第二階段── 中場爭奪

隊員在後退過程中或已退回後場,爲了阻止對方的短傳快攻,應在自己的防區內逼近對手,力爭搶截球反快攻或壓制持球隊員,製造中斷比賽的機會。守門員則應集中注意力於持球隊員和向球切入球門區附近的進攻隊員,防住他們的"冷射"和強行突破。

第三階段── 組織防守

當對方放棄快攻時,可乘機進行防守位置的調整。一般的做法是:防守持球進攻的隊員及其鄰近的同伴,應嚴密防守對方;遠離球一側相鄰的防守隊員可進行位置的調整;裁判員鳴笛中斷比賽是防守隊員調整、佔據場上位置的最佳時機。組織防守階段的防守應保持原定的防守陣式。組織防守的核心隊員往往利用這個時機向全隊發出變換防守戰術或提出重點防守對象和地區的指令。

第四階段── 防守體系

採用什麼防守體系,除根據本方隊員的條件、特點及訓練情況而定外,更爲重要的是要有針對性,根據對方的進攻戰術及其特點而變化。目的就是讓對方不能適應而陷於被動。

4、手球戰術水準的測試方法

測試手球戰術水準採用觀察法。一般透過觀看訓練、觀看比賽等方式進行。在觀察過程中有目的、有計劃地將情況按臨場技術統計的要求仔細地記錄下來。然後根據採集的數據加以分析。

測試戰術水準時，可根據需要預先設計好專門表格作臨場統計之用。這裡要特別強調一點——表格制定的合理與否，對搜集材料的全面、客觀、準確有很大影響。表3—24—4、表3—24—5是戰術統計表示例。

表3—24—4　　個人防守戰術統計表

姓名	封球	撥球	截球	搶球	聯防	漏防	自由球	警告	7公尺球

表3—24—5　　快攻戰術統計表

時間	長傳快攻			短傳快攻			放棄	備注
	成功	失敗	%	成功	失敗	%		
上半時								
下半時								
決勝期								
全　場								

記錄可用卌或正或1234……等符號。

衡量某隊戰術水準的高低，還要觀察運動員貫徹執行臨場指導的意圖、處理關鍵球及控制比賽的能力。

5、手球戰術訓練的方法和手段

手球戰術訓練方法可分爲講演法、直觀法和實踐法三種。

講演法——戰術理論課、戰術討論課、現場戰術講解。

直觀法——觀摩高水準手球隊的戰術訓練、觀摩比賽、收看比賽實況錄影。教練視情況進行簡短的提問,啓發運動員的思考,往往能收到較好的效果。

實踐法—— 讓運動員實踐各種戰術配合,常用的有:分解與完整訓練法、重覆訓練法、變換訓練法和比賽訓練法。

現將部分實用的手球戰術訓練手段列舉如下:

①一對一攻防實戰練習(見技術部分)。

②在邊側地區二對二或三對三攻防練習。

③中央三對三或四對四(均含中鋒)攻防練習。

④半場六攻五或六攻四以多打少(設置守門員)的練習。

⑤半場六對六攻防練習(設置守門員)。分別對進攻與防守提出具體要求,攻防 10 次後交換。

⑥半場六對六攻防結合反擊的練習(設置 2 個守門員)。半場攻防中,攻方得分時,繼續進攻,如進攻失敗,守方立即展開反擊,原進攻隊立即轉爲防守,雙方分別練習快攻與防守快攻的戰術。如快攻奏效,由快攻獲勝的一方,在該半場發球再作進攻。依此循環往復進行半場攻防及快攻與防守快攻的戰術訓練。

練習時,兩個球門內放置數只備用手球,供守門員發動快攻之用。

⑦全場三對三攻防分隊累積分賽(設置 2 個守門員)分 A、B 兩隊進行對抗,各隊再分成 2—3 組(3 人爲一組),比賽由中場爭球開始,如 A1 得球,A1 向 B 隊進攻,B1 防守,結束進攻後,B1 退場,B2 上場接守門員傳球展開反擊,這時 A1 轉爲防守,依此循環往復,累積 20 分爲一局。

⑧自由球攻防戰術練習。

⑨罰 7 公尺球攻防站位及搶球練習。攻防隊員各就其位,練習由裁判員鳴笛罰球開始,雙方在正確選位的基礎上積極爭搶守門員擋出的球,如罰球命中或攻方搶到球,由攻方再次罰球,由守方搶到球,則交換練習,此練習亦可穿插於半場六對六攻防中進行。教練在練習中應強調:

a.正確選位;

b.時刻有搶球的心理準備(尤其是處於球門區域正面的攻防隊員);

c.保持正確的身體姿勢。

⑩特殊情況下的戰術練習。包括開賽 5 分鐘的比賽、比賽時間終了前一分鐘戰成平手或相差一分球的比賽和適應不同裁判尺度的比賽,等等。

(五)手球比賽期間的指導及訓練安排的專項特徵

1、手球比賽對臨場指導的特殊要求

手球比賽過程中,教練不能提出暫停的要求,因此,對臨場指導工作提出了一些特殊要求。

(1)利用開賽前及半場休息時間進行戰術部署和心理狀態調整。敎練應把握關鍵問題,切忌把寶貴的時間花費在需經長時間訓練才能解決的技、戰術環節上。

(2)比賽中由於不能請求暫停,敎練可透過以下措施實施臨場指揮:

①利用換人的機會,由替補隊員將指令帶給場上隊長或有關隊員。

②利用罰7公尺球和其它中斷比賽的機會,場上隊長或核心隊員主動靠近替補席,聽取敎練的指令。利用中場開球以及組織進攻階段的短暫時間將敎練的指令明確地傳達給同伴。

③當本方處於防守階段,敎練利用全部場上隊員臨近替補席的機會,以簡單的語言或爲隊員所熟知的手勢發布指令。

(3)指揮語言是決策,而不是分析過程,敎練要充分利用平時慣用的"默契"語言、神態和手勢與隊員溝通。

(4)切忌與裁判產生對立,對裁判員判決不滿情緒的表露,除分散指導比賽的注意力外,還將波及場上比賽隊員及替補隊員的情緒。

(5)敎練指導既要激發全隊積極拼搏,又要創造和諧的氣氛。一般不輕易對隊員加以批評,更不要指責。

(6)敎練在指導中注意應變是十分重要的。要審時度勢,根據場上情況果斷作出調整戰術方案的決策,猶豫寡斷,勢必貽誤戰機。

2、比賽期間常遇到的問題及解決的主要方法

(1)根據我國各級手球比賽的慣例,參賽隊提前3天到賽區報到。抵達賽區後,敎練應爭取在正式比賽場地上進行賽前訓練,以適應燈光、地板和與比賽有關的設備。

(2)運動員賽前的心理活動往往表現得異常活躍,領隊、敎練要在了解隊員心理狀態的基礎上,有針對性地組織全隊全面地分析比賽形勢和各種利弊因素,既要充分看到我方有利條件和彼方的弱點,增強信心,又要清醒地看到我方的不足和彼方的長處,不能盲目樂觀和自信。要充分估計聯賽過程中可能遇到的困難和制定出具體有效的對策。

(3)遇到比賽受到挫折,特別是在關鍵場次的比賽中"翻船"時,隊伍的心理往往容易陷入低潮,領隊、敎練必須適時地做好全隊的心理輔導工作,調節情緒,鼓舞士氣,以積極進取的精神投入戰鬥。

(4)由於上場問題,主力隊員與非主力隊員、運動員與敎練之間難免出現矛盾,領隊、敎練應採取談心的形式,做好有關隊員的心理輔導工作。要根據本隊的目標、任務以及隊伍的實際情況,在整個比賽乃至每場比賽中,都要組織好力量,使全隊運動員的潛在力量得到充分發揮。

3、賽前和比賽期間訓練安排的主要特點

賽前是指聯賽前兩週,比賽期間是指聯賽開始到結束。其訓練安排的

主要特點如下:

(1)賽前2—3週的訓練安排至關重要。如前一階段月負荷量大,則在此階段採用逐漸減少週量的方案。如果前一階段負荷量不大,則應使負荷量在小周期之間規律性的波動。這樣可望收到較好的效果。聯賽期間則根據比賽的安排進行適度負荷量的訓練。

(2)比賽前2—3週的訓練內容側重於戰術訓練,但仍要安排適量的身體訓練及技術訓練內容。訓練中除增加練習比賽的次數外,每週的後半段安排2次訓練比賽。位置射門、罰7公尺球、守門員技術、自由球戰術是比賽期間訓練的主要內容,需經常穿插安排於各次訓練課程之中。

(3)全隊戰術訓練及練習比賽要採取主力陣容與非主力陣容(或兩種類型的陣容)對抗的形式。但在練習與比賽中,要經常替換隊員,使替補隊員與主力陣容能默契配合,以適應正式比賽的需要。訓練比賽應邀請水準相當的球隊作為對手。每次訓練比賽可提出技術指標。如得分在25分以上、失分不超過22分、失誤球不超過10次,等等。賽後安排全隊觀看比賽實況錄影進行分析與總結。

(4)賽前2—3週週訓練的負荷強度可按表3—24—5安排。

表3—24—6　　週訓練負荷強度

星期一	星期二	星期三	星期四	星期五	星期六	星期日
適度	很強	強	強	適度	很強	適度

(5)比賽期間訓練課時間不宜太長,一般為90分鐘左右。訓練內容除傳接球、位置射門、罰7公尺球外,大都安排有對策性的戰術訓練。

(六)手球訓練計劃的擬訂

手球訓練計劃有:多年訓練計劃(以4年為期);年度訓練計劃(由1—2個大周期);階段訓練計劃(由1—6月組成);週訓練計劃(由6—7天或6—13次課組成);課訓練計劃(90—150分鐘)。其中階段訓練計劃可用於賽前訓練階段和中、短期集訓。

各種訓練計劃應包括的主要內容和有關問題,可參見訓練原理篇第九題"運動訓練計劃的制訂"。現列出國家男子手球隊1990年訓練工作計劃(表3—24—6)、國家女子手球隊參加第23屆奧運會集訓計劃中的階段劃分與任務表(表3—24—7),以及國家男子手球隊週訓練計劃(表3—24—8),供擬訂計劃時參考。

表3-24-7　國家女子手球隊參加23屆奧運會集訓計劃的階段劃分與任務

日　期	地點	任　　　　務

日　期	地　點	任　　　　務
84年 3月8日 | 5月27日	上 海	1.恢復體力; 2.擬訂計劃; 3.在對抗條件下練習基本攻防動作,提高實用技術能力; 4.復習、改進舊戰術,提高戰術應變能力; 5.在恢復體力的基礎上,結合攻防技戰術訓練進一步加強對抗,提高身體素質。
5月28日 | 7月14日	北 京	1、出訪西德的技、戰術及心理準備工作:觀看錄影,了解分析對手,制定方案,確定打法; 2、進行模擬練兵,加強實戰訓練,增強對抗,加大強度和密度; 3、對已確定的戰術進行反覆強化訓練,達到比賽較熟練程度; 4、加強心理訓練,提高自覺性,反對盲目性。
	西 德	1、在西德練兵,賽練結合,爭取多打比賽,了解情況,學習技術,鍛練隊伍,適應歐洲打法; 2、在實戰中總結和改進打法,提出對歐各隊的初步作戰方案。
7月15日 | 8月11日	洛 杉 磯	1、進行適應性訓練,做好賽前調整,保證比賽時出現最佳競技狀態; 2、做好賽前各項準備工作,加強思想教育,努力克服生活中所遇到的困難; 3、集中力量,打好比賽。

表3-24-8　國家男子手球隊1990年訓練工作計劃

時期	準備期	基本期		過渡期
		第一階段(春訓與訪歐比賽)	第二階段(夏訓與亞運會比賽)	
日期	1990年1月10日—3月15日	1990年3月16日—7月5日	1990年7月6日—10月5日	1990年10月6日—10月27日
地點	南寧	秦皇島　香港　南斯拉夫	北京　朝鮮	北京
任務	1. 認真總結89年管理教育、訓練及比賽工作； 2. 在發展全面身體素質的基礎上，結合全隊、個人特點提高專項身素質； 3. 提高進攻、防守技術的運用能力； 4. 打好冬訓檢查比賽。	1. 樹雄心、立壯志、團結奮鬥，為打翻身仗作準備； 2. 參加"香港杯"比賽，力爭報名參加"南斯拉夫杯"比賽； 3. 提高技、戰術的運用能力； 4. 掌握合理的比賽節奏。	1. 進行愛國主義教育，增強使命感、責任感與緊迫感，勤學苦練，為實現亞運會"爭一保二"的目標而奮鬥； 2. 作大賽前的強化訓練，最大限度地提高運動競賽能力，在大賽中保持最佳心理狀態； 3. 出訪朝鮮。	1. 總結亞運會比賽的成功經驗與失敗教訓； 2. 進行心理調節； 3. 積極性休息。
訓練重點	1. 強化專項身體素質(速度、彈跳、投擲力)訓練，以此帶動技術的提高； 2. 加強位置射門及異側突破訓練； 3. 加強邊鋒搶角度的各種魚躍倒地射門； 4. 加強攻防與封球的訓練(半場1對1、2,3對3,4對4)； 5. 身體素質測驗與檢查比賽。 技術指標(場均)：失誤15次以下，快攻成功率70%，防守成功率55%，7公尺球70%，失分25分以下。	1. 位置射門技術：變化步伐及出手部位(多練習體側射門，低手射門)； 2. 在全力對抗的情況下，練習同側、異側突破技術； 3. 完善全隊進攻、防守戰術，比賽對攻球提出要求； 4. 提高守門員防守和一傳技術； 5. 比賽技術指標同左。	1. 加強位置技術(進攻、防守)訓練及其運用的合理性； 2. 反覆練習各種改守戰術：3—3 2—2進攻戰術，任意球戰術，3—2—1 4—2 5—0+1防守戰術，多打少戰術，快攻； 3. 不斷強化對重點隊、重點人物的防守原則和應付辦法； 4. 心理訓練：注意力，心理平衡，信心…… 5. 技術指標：待定。	1. 安排一般訓練； 2. 觀看亞運會各場比賽的實況錄影； 3. 總結(個人、全隊)。

續表 3－24－8

時期	準備期	基本期		過渡期
		第一階段（春訓與訪歐比賽）	第二階段（夏訓與亞運會比賽）	
日期	1990年1月10日—3月15日	1990年3月16日—7月5日	1990年7月6日—10月5日	1990年10月6日—10月27日
地點	南寧	秦皇島　香港　南斯拉夫	北京　朝鮮	北京
措施	1. 加強思想教育，嚴格執行各項規章制度，發揚敢打敢拚的戰鬥作風； 2. 利用輕重器械、田徑、足球和遊戲提高全面身體素質，每有3次自選自練時間（每次30分鐘）； 3. 採用循環練習法，多球練習法提高身體素質和技術； 4. 技術練習加強對抗性及實戰性； 5. 做好素質檢查比賽的動員，平日有計劃地安排各項訓練。	1. 開展評教評練活動，發揮技術小組的作用，加強鑽研技戰術的風氣； 2. 利用積鈴、實心球、聯合器械及各種跳躍練習，提高身體、上下肢動作的速率； 3. 利用多球練習，多球練習法提高射門的技巧； 4. 每次練習比賽及正式比賽，均有臨場統計和實況錄影，作為研究技術、戰術及比賽節奏的依據。	1. 加強學習，調動一切積極因素，全力投入大賽前的強化訓練； 2. 有針對性地進行訓練，對全隊及各個位置提出明確的要求； 3. 安排各種對手的模擬比賽； 4. 聘請專家數人觀察、指導訓練，為訓練及比賽出謀劃策； 5. 加強心理訓練和訓練負荷的監測工作。	1. 加強團結，開展談心活動； 2. 有組織、有計劃地進行深入細緻的總結工作（先個人，後全隊）； 3. 適當安排轉項訓練—足球、籃球和游泳等； 4. 組織有益的休閒活動。
比重	身體45% 技戰術45% 其它10%	身體30% 技戰術60% 其它10%	身體25% 技戰術65% 其它10%	訓練60% 其它40%

表 3—24—9　　國家男子手球隊週訓練工作計劃

1991 年 6 月 24 日—— 29 日

| 本周訓練重點:1.強化 3—2—1 防守及其變化;　　　　　　　　　　　本周訓練 29 時
　　　　　　　2.強化對不同防守隊形的個人、局部與整體進攻配合;
　　　　　　　3.強化攻守轉換的速度、技術,合理掌握反擊快攻的節奏;
　　　　　　　4.強化位置射門、配合射門與個人攻守連續性技術;
　　　　　　　5.培養基礎力量、爆發力、專項力量與速度耐力。 |

內容　時間　日期	早晨	上　午	下　午	晚　上
6月24日(一)		1、正常、突出防守情況下的進攻配合; 2、局部防守配合; 3、局部、整體的快攻發動與推進。	1.定位攻、守配合技術; 2.半場 6 對 6 結合反擊快攻; 3.多球位置射門技術(設防守)。	排練歌曲 (19:40—20:30)
6月25日(二)	早操	1、局部、整體防守配合(不同人員); 2、分隊全場快攻與防快攻練習(看哪隊先射進 30 次); 3.半場 6 對 6 結合反擊快攻。	1.上、下肢爆發力訓練(地下館 75 分鐘); 2.速度耐力訓練(田徑場 45 分鐘)。	參加"中心"舉辦的文藝演出 (19:00 整隊出發)
6月26日(三)		1.定位 6 對 6 綜合攻守技術; 2.分組全場對抗 30 分鐘; 3.特定時間的模擬賽:2×5 分鐘,1×3 分鐘,1×1 分鐘。	1.快攻連續擺脫分球與擺脫突破射門; 2.防守配合:壓制、交換、夾擊、補位; 3.中區 4 對 4 射門與突破(積極防守)。	文娛活動 (19:40
6月27日(四)	早操	1、5-0+1 混合防守戰術; 2、半場 6 對 6 轉全場快攻 6 對 6(連續進行); 3.守門員連續封擋不同位置的來球。	1.基礎力量訓練(地下館 75 分鐘); 2.游泳(游泳館 75 分鐘)。	黨團組織活動 (19:40—20:40)
6月28日(五)		1、半場變化防守戰術的練習; 2、強化對不同防守隊形的進攻配合; 3、特定時間的模擬賽:開賽 10 分鐘,最後 5 分鐘。	業務學習:觀看技術錄影 15:45—17:30	技術小組會議 (19:40—21:00)
6月29日(六)	早操	分組教學對抗賽	1、專項力量訓練; 2、專項速度訓練。 (手球館)	
6月30日(日)		1.配合射門、多球位置射門; 2.行進間傳、接球技術(結合快攻); 3.長傳快攻射門。	休　息	隊　會 (19:40—20:40)

上周計劃執行情況:

擬訂訓練計劃還應把握以下要點:

①教練擬訂訓練計劃時,首先是考慮實施目標的需要,但同時也要考慮到主觀、客觀條件提供的可能程度,否則就容易落空。

②擬訂訓練計劃必須了解球隊(運動員)的現狀,要為運動員所能接受。另一方面,在運動員努力下,足以促進其競技能力產生明顯的變化。

③了解全國手球年度競賽安排以及亞洲手球聯盟、國際手球聯盟競賽計

劃。國際手球聯盟每 4 年公布一次"主要活動一覽表"。敎練根據有關比賽安排擬訂本隊訓練計劃和劃分周期。

④要根據手球技術、戰術以及運動素質結構的特點和發展趨勢,確定計劃的基本原則、方法和手段。

⑤訓練場地、訓練時間、器材的數量與質量、伙食、醫療與康復等都是規劃實施運動訓練的重要物質基礎。因此,上述客觀條件在擬訂訓練計劃時必須充分予以考慮。

（李鏡綉）

二十五　桌球

(一)現代桌球運動訓練主要特點和發展趨勢

1、主要特點

(1)以技術訓練為核心,力爭主動地發球、發球搶攻和接發球的技、戰術訓練為重點。

(2)技術與戰術訓練緊密結合,沒有明確的區分。

(3)技術、戰術和身體訓練相結合。身體訓練以專項素質訓練為主。

2、發展趨勢

(1)身體、心理、技術、戰術和智力訓練相結合。1991年世界桌總科學委員會對參加41屆世界桌球錦標賽的75名運動員進行了心理訓練方面的調查,75.8%的運動員認為心理訓練是重要的,74.4%的人回答隊內有心理學專家進行指導,71.4%的人認為有心理專家指導,水準會得到提高。

(2)要求運動員具有很強的戰術針對性以及心理、生理和工具的廣泛適應能力,減少技術訓練,增加國內外比賽作為訓練手段。歐洲的許多隊甚至以頻繁參加各種比賽取代戰術訓練。

(3)專項將由技能類向技能結合體能類的方向發展,加強、加大身體訓練的比重。國外有的隊技術和身體訓練的比例為3:1。

(4)加強了現代科學技術的應用。如在訓練中採用自我錄影觀察法,運用計算機進行訓練等。

(5)訓練手段趨向以遊戲性為主,不過多採用有規律的技術訓練方法,提倡靈活、自由發揮"玩球"的練習。

(二)桌球運動的技術特徵及技、戰術訓練方法

1、技術特徵

(1)球速快。球體小而輕,飛行速度最快可達24米/秒,運動員的揮臂速度訓練後平均為0.482 ± 0.038秒。

(2)轉速高。弧圈球的最高旋轉速度可達168轉/秒。旋轉強烈的球尤其是弧圈球具有極大的"殺傷力"。

(3)旋轉種類多。變化複雜典型的旋轉就有26種(見圖3-25-1),其中包括6種基本旋轉(上旋、下旋、左旋,右旋、順旋、逆旋)和20種混合旋轉。因此,富於旋轉變化的打法(尤其是長膠粒膠皮拍和兩面不同性能球拍

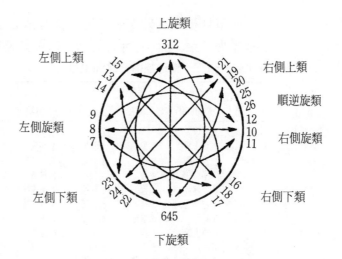

圖 3－25－1　26 種旋轉球全圖

(說明:①上旋②上逆旋③上順旋④下旋⑤下順旋⑥下逆旋⑦左旋⑧左順旋⑨左逆
旋⑩右旋⑪右逆旋⑫右順旋⑬左上⑭左上順⑮左上逆⑯右下⑰右下逆⑱右
下順⑲右上⑳右上逆㉑右上順㉒左下㉓左下順㉔左下逆㉕順旋㉖逆旋)

的打法)常常使最優秀的運動員感到棘手。

(4)技術動作高度協調、靈敏、細膩精確。全身肌肉、關節(尤其是胯、腰、肩、前臂)在擊球時高度協調,手腕、手指在擊球瞬間的動作技巧細膩、精確。手指所起的微調作用是最突出的技能特徵。

(5)技術種類多,動作結構作用差異大。主要技術已達 8 大類 81 項(表 3－25－1)。

①練習方法:在發球專用球臺上採用多球單獨發球訓練。

②注意事項和要求:發球時,前臂和手腕爆發力要強(尤其是手腕),出手要快,盡量用相似的手法發出不同旋轉、不同落點和不同速度的球,轉與不轉之間、長短落點之間的差距要大。要假想比賽情況,並注意觀察球的落點,旋轉及彈跳情況,及時總結、改進。每天保持半小時的發球練習,如要增加,則需與其它技術練習交替進行,以免受傷。

2、戰術特徵

(1)極強的針對性。戰術具有鮮明的個性特徵,且技術種類多、打法多、風格各異。由於對手的打法不同,使用的工具(球拍)不同,因而戰術必須具有極強的針對性。

(2)高級、複雜、靈活、多變。高度的快速、強烈的旋轉,多變的綫路,凶狠的力量等等因素構成了高級、複雜的戰術特徵。

(3)速戰速決。

3、技術訓練方法

(1)前三板的訓練

①發球技術訓練。發球是各種打法必備的重要技術之一,每個運動員必須掌握一至二套結合自己主要技、戰術特點的精練發球。

表 3 - 25 - 1　　桌球技術分類和項目

技術分類	發球(16項)	接發球(9項)	攻球(19項)	推擋(6項)	弧圈(16項)	削球(9項)	搓球(7項)	其它(3項)8
	反手: 1.那卡爾式 2.急下旋 3.急下旋加轉與不轉 4.左側上、下旋 5.短球 6.急上旋 正手: 7.右側上旋急球(奔球) 8.左側上、下旋 9.下旋加轉與不轉 10.抖動轉與不轉高拋式 11.側身正手左側上、下旋 12.側身正手右側上、下旋 13.側身正手發直綫急球 14.反手右側上、下旋下蹲式 15.右側上、下旋 16.左側上、下旋	1.點 2.拉 3.攻 4.撥 5.搓 6.擺短 7.推 8.削 9.撇側旋	正手: 1.長抽 2.快攻 3.快拉 4.快撥 5.快帶 6.快點 7.突擊 8.扣殺 9.殺高球 10.甩腕彈擊 11.打回頭 反手: 12.快點 13.快攻 14.快拉 15.快帶 16.突擊 17.扣殺 18.甩腕彈擊 19.攻球	反手: 1.快推 2.加力推 3.推擠 4.下旋推擋 5.減力推 正手: 6.推擋	正手 1.加轉(高吊) 2.前沖 3.側旋 4.遠臺對拉 5.近臺快拉 6.香蕉型拉球 7.拉後扣殺 反手 8.前沖 9.加轉 10.近臺快拉 11.中臺對拉 12.拉後沖側身扣	1.削加轉弧圈 2.削快拉球 3.削前沖弧圈 4.削小上旋拉球 5.削追身球 6.削輕拉球 7.削突擊球 8.削扣殺球 9.撲接近網短球	1.快搓 2.慢搓 3.搓加轉 4.搓不轉 5.擺短 6.劈長 7.搓側旋	1.倒怕 2.拱球 3.放短球

②發球後搶攻、搶拉(冲)訓練。發球搶攻(包括發球搶攻、搶拉、搶冲,有時也可強推)是比賽至關重要的戰術,應精煉兩套主要發球搶攻的戰術。一套以旋轉爲主配合落點變化,另一套以速度爲主配合落點變化。

a.練習方法:單一發球後進行定綫搶攻、搶拉和不定綫搶攻、搶拉;配套發球後進行定綫搶攻、搶拉和不定綫搶攻、搶拉。

b.注意事項和要求:單一發球或配套發球後,要求對方用固定的方法接發球至固定的落點。然後搶攻、搶拉,或讓對方用多種方法回接,可不固定落點,然後進行搶攻、搶拉。

③接發球技術訓練(可採用多球訓練):接發球是由被動力爭轉化相持或主動的關鍵性技術,有利取得更多的主動權。進攻型打法提倡用拉、攻(包括快點)、推、挑、撇的方法回接爲主,結合用快搓短球(擺球)、加轉劈長的方法回接爲輔(切忌連續用搓)。防守型打法以搓、削控制落點和旋轉變化爲主,結合搶拉或搶攻等。

a.練習方法：

專門接發球的訓練方法：二人緊密配合，一方練發球，另一方練接發球，進攻型打法應力求用搶拉、搶冲、搶攻(包括快點)、推、挑、撇的方法回接；防守型打法以搓、削回接爲主。也可搶拉或搶攻。接發球一方可要求對方固定發一種球，自己也用一種接發球的方法回接，每方輪流發 10 個球。半堂訓練課(指專門練接發球的訓練課)後，可任意發球，對方可用任意方法回接，對方也可發長、短落點或有旋轉變化的球，但不進行第三板練習。

接發球後第二、三板球的訓練方法：接發球一方面要力爭主動，另一方面應準備接得不好被對方進攻而被動時，提高接發球後第二、三板的防禦能力。因此，平時訓練在第三板後即停止，然後從頭開始練接發球。

b.注意事項和要求：練接發球時，要求判斷，手法和步法協調一致，切忌站"死"位置練。堅持多練，每天練。

(2)直板快攻打法的訓練

①正手快攻及側身正手快攻訓練

a.練習方法：可用正手單綫對攻(包括正手、側身斜綫、直綫)；正手中臺、近臺移動對攻；兩點打一點；兩斜綫對兩直綫；全臺右、中、左、右、中、右移動中正手對攻；全臺不同落點移動中正手連續攻打從對方左角或右角拉過來的弧圈球。正手、側身正手快攻不同落點等。

b.注意事項和要求：供球 60％是弧圈球，20％是快攻，20％是推擋(或快撥)；中、近臺結合，以近臺爲主；輕、中、重力量結合，以中等力量爲主；要加快前臂擺速和增大連續攻球的爆發力。

②反手推擋(配合適當的反手攻球)訓練

a.練習方法：單綫對推；推斜、直綫及中路；推擠左大角及變綫。

b.注意事項和要求：供球 2/3 是弧圈球，1/3 是推擋或攻球。要提高對付快攻和弧圈球的推擋斜、直綫和中路三個落點的變化能力。要能推出反手大角度和輕、重力量不同的球。

③推擋結合側身攻訓練

a.練習方法：對推中一方側身進攻；對推中雙方都側身進攻；推擋結合側身攻對方的快攻；推擋結合側身攻對方的弧圈。

b.注意事項和要求：訓練比重爲：1/2 推擋結合側身攻對弧圈；其餘占1/2。兩項技術動作要協調配合，緊密銜接，動作迅速。推擋→側身攻→再推擋(或反手攻)→再側身攻，必須反覆多練，但每次以 30 秒—— 1 分鐘爲宜，每節課練 30 秒－1 分鐘×10 次，有間歇。側身攻以中等力量爲主，適當結合大力扣殺。作爲單個戰術訓練，相持中應多注意不斷變換推擋的輕、重力量及落點變化；當取得側身攻的機會時，應用大力扣殺爭取得分。

④左推結合右攻並配合側身攻訓練

a.練習方法：左推、右攻、左推、側身攻有規律的來球反覆練習；對無規律的來球進行左推、右攻配合側身攻練習。

b.注意事項和要求:要求對方用推擋(或反手快攻、快撥)或側身拉弧圈球至不同落點;對方在右方拉弧圈球至不同落點。右攻時要果斷、大膽,手、腳同時到位擊球,以中等力量或發力攻球為主,結合快帶。作為戰術訓練,應集中精力側重練好攻擊對方的薄弱環節,並在取得機會時進行側身進攻。

⑤推擋→側身攻→撲正手攻和拉的訓練

這是在大範圍移動中難度較大的一項結合性技術,必須有一定時間進行專門訓練(青少年每次課練 30 秒×10 次,每次間歇 1 分鐘)。

a.練習方法:推擋(反手攻)→側身攻→撲正手攻和拉有規律的來球反覆練習;推擋(反手攻)→側身攻→撲正手攻或拉,扣無規律來球的練習。

b.注意事項和要求:推、側、撲無規律來球的練習難度大,移動範圍廣,必須有一定時間進行專門訓練(青少年每次課 30 秒×10 次,每次間歇 1 分鐘)。青少年開始打基礎時,可進行有規律的推、側、撲的練習;具有一定水準後,必須以無規律的訓練為主。這是訓練步法、判斷、反應的最佳方法,同時也是無氧訓練的一種適當方法。要突出對步法規範化的要求。作為戰術訓練,有時可有意識地將側身攻這一板的威力減少,以便對方較易變自己的正手,着重練撲正手時攻回對方的右大角,使對手難以回擊自己的反手空檔;有時在撲正手時也要練習直綫球,有意讓對手回擊自己的反手空檔,以便提高由右返左;運用反手攻球或推擋的能力。

⑥正手快點、擺短訓練

a.練習方法:正手位快點、擺短到對方不同落點;側身正手快點到對方不同落點。

b.注意事項和要求:出手要快,回擊弧綫要低。落點變化要多,並有一定旋轉(以上來球均以近網球和不出臺的下旋不太強的球為主)。

⑦正手快拉或側身快拉訓練

a.練習方法:正手快拉或側身快拉到對方不同落點;全臺移動中用正手拉上旋球至一點或不同落點;右 2/3 臺或左 2/3 臺用正手拉至對方一點或不同落點。

b.注意事項和要求:以上來球是轉與不轉的削球和兩面不同性能球拍的削球。

⑧拉中突擊結合連續扣殺訓練

a.練習方法:正手和反手位置定點練習拉中突擊結合連續扣殺;不定點練習拉中突擊結合連續扣殺。

b.注意事項和要求:拉球是基礎,要拉得穩且低,並能變化落點。突擊是在拉球的基礎上進行的,要注意掌握好拉中突擊的時機。特別要重視中等力量的突擊。要能正手連續扣殺(殺高球)。

⑨搓中突擊訓練

a.練習方法:定點搓中突擊對方不同落點。不定點搓中突擊對方不同落點(1/2臺至全臺走動中突擊轉與不轉的搓球)。

b.注意事項和要求:快攻在七十年代已經主要對付弧圈球,故攻球拍面角度大多改爲前傾(或垂直),這會增大對付下旋球(尤其是臺內短球)的難度。因此,必須堅持反覆多練,才能提高迅速調節拍面角度和發力方向的能力。要着重體會高手起板和低手起板和指關節發力的細致調節作用。

(3)直板兩面攻的訓練

①正手走動中攻下旋球訓練

a.練習方法:初學者可進行1/2臺或2/3臺正手走動中拉球的練習。高水準運動員應進行全臺正手走動中拉球的練習。

b.注意事項和要求:近臺反手搓加轉球至主練者的不同落點;近臺正、反手削轉與不轉球至主練者的不同落點。

②反手攻下旋球訓練

a.練習方法:初學者可進行反手定點攻、拉下旋球的練習。高水準運動員可進行左1/3或1/2臺走動中反手攻、拉下旋球的練習。

b.注意事項和要求:要求對方近臺反手搓球至主練者的反手;要求對方運臺正、反手削轉與不轉球至主練者的反手。

③正手走動中攻打弧圈球訓練

a.練習方法:同上:

b.注意事項和要求:要求第三者搓球給對方拉不同旋轉的弧圈球至主練者的一定落點或不定落點。

④反手攻或推擋弧圈球訓練

練習方法和要點同上。

⑤以第①、②兩項訓練相結合,可進行以正手走動中攻打下旋球爲主,或正、反手兩面拉結合側身拉的練習。

⑥以第③、④兩項訓練相結合,可進行正、反手兩面攻(或左推右攻)結合側身攻弧圈球的練習。

⑦攻上、下旋相結合的球的訓練

練習方法和要求:(有兩位陪練者,或使用發球機)第三者搓球給對方拉弧圈球結合搓球,使主練者攻上、下旋結合的來球,以提高判斷和手的調節能力。

⑧連續扣殺上旋、下旋高球訓練

練習方法和要求:對方(或發球機)在遠臺定點或不定點供上、下旋球給主練者,然後供給以上旋球不同落點爲主。偶爾結合供一板下旋高球。

(4)直、橫拍弧圈球結合快攻打法的訓練

①正、反手弧圈球訓練

a.練習方法:正手單綫拉弧圈球至對方一點(包括正手、側身斜綫);正手一點拉對方兩點和正手(側身)2/3臺拉對方兩點。正手全臺不同落點拉對方一點;反手拉、沖對方斜、直綫(進行上述練習時,要有人用快攻、推擋或拉弧圈球陪練);全臺正手不同落點拉、沖、扣對方一點。對方以削爲主或拉弧圈球(反拉)陪練。

b.注意事項和要求:中、近臺的步法移動要放在第一位反覆貫穿在練習之中。反手拉斜、直綫,旣要靈活,又要善變,切忌習慣快變綫。拉球動作要舒展而有爆發力,防止引拍幅度過大或發死力拉球,以免影響拉球和扣殺。在進行拉和沖或拉和扣的結合練習時要特別注意體會兩種不同技術動作的區別,千萬不可用一種方法擊球。

②推擋訓練

參看"左推右攻打法的訓練"中的"反手推擋訓練"

③推擋結合側身拉、沖、扣訓練

這是直拍弧圈球打法爭取主動和增強左半臺攻擊力的一項重要的結合技術。側身方法基本與快攻的推擋側身相似,應在對方擊球時球剛離拍就立即側身。在移步時,要注意邊移動邊引拍,移步完成,手臂已揮拍拉球。

④側身拉結合撲正手訓練

這是步法移動較大、難度較高的一項結合技術。由於拉弧圈球的動作比快攻大,故側身移動的範圍和造成的正手空檔也比快攻大。因此,練習時不但要在側身拉後比較主動的情況下能撲正手,同時要在側身拉後比較被動的情況下也能撲正手,這樣才能在比賽中有效地運用。

⑤反手拉結合正手拉訓練

這是弧圈球選手常用的重要結合技術。練習時,由右向左交換拉球和由右向左移位要力求快速、及時到位。否則,會造成反手拉速度快,正手拉速度慢,容易出現漏拉現象。

⑥反手拉結合側身拉練習

這也是弧圈球選手常用的重要結合技術之一。用反手拉弧圈時,必須具有較大的沖力,或角度較大,以壓住對方的反手。當對方在被動中回球到自己的左半臺時,即可使用側身正手沖得分。側身拉時,移動要及時、迅速,以充分發揮側身正手拉的威力。

(5)直、橫拍快攻結合弧圈打法的訓練

①正手攻和側身正手攻對付攻球技術的訓練

a.練習方法:單綫正手攻斜、直綫和側身正手攻斜、直綫;左 2/3 臺和右 2/3 臺跑動中連續攻對方一點;兩點打一點;兩點對點;全臺正手和側身正手攻對方一點。

b.注意事項和要求:以攻爲主,以快爲主。中近臺結合。要主動發力,少練借力攻球。

②正手攻、拉、沖和側身正手攻、拉、沖對付攻、推、拉和削球的訓練

a.練習方法:正手和側身正手攻、拉一點;正手全臺不同落點拉、冲(扣)對方一點;反手攻、拉對方兩點。

b.注意事項和要求:要求對方以推擋(快撥)和弧圈球回擊爲主,有時也可同削球手對練。攻、拉或拉、扣結合出手要快,兩種技術動作應明確區分。拉球動作不應過大,要盡量壓低弧綫,並配合不同節奏。不追求拉得特別轉,注意穩健,結合扣殺。作單個戰術練習時,應時攻時拉,時快時慢,以破壞對方正常的擊球規律。直、橫拍快攻結合弧圈打法結合技術的訓練,可參考弧圈結合快攻打法的訓練"。

③正手快帶、反手推擠或快撥結合正手反拉弧圈的訓練

a.練習方法:陪練者拉弧圈球(單面拉或正、反手兩面拉)至全臺,落點以無規律爲主。主練者以練正手(可配合側身)快帶、反手推擠或快撥爲主,適當配合正手反拉回頭。

b.注意事項和要求:堅持近臺爲主,以靈活變化斜、直綫來爭取主動。爲了適應反拉弧圈球,有時可有意退至中遠臺用正手反拉,不要求數量多,而要求拉球的質量高,以便迅速擺脫被動。在中遠臺反拉弧圈後,要迅速向前移步,回至中近臺練快帶和推擋或快撥等。

④拉球結合扣殺的訓練

a.練習方法:扣殺以力量爲主,速度比較快,往往一兩板重扣即可直接得分。扣殺的動作是自後向前向下,以上臂和腰部用力爲主,動作幅度大,發力集中,與拉弧圈有明顯的區別。有的運動員用拉球動作進行扣殺,很難發揮出力量。因此訓練時必須反覆體會兩者之間的不同動作要領。

⑤多球訓練(也適合弧圈結合快攻打法)

練習之一:拉、扣下旋球

a.練習方法:離臺用削球供球至主練者的左2/3臺或右2/3臺;離臺用無規律的削球供球至主練者的左、右兩角;練習拉、扣下旋球。

b.注意事項和要求:供球要有長、短落點和不同旋轉的變化。拉、扣先分別練,再結合練。

練習之二:正手全臺不同落點拉、扣某一點

a.練習方法:陪練者(或用多球發射機)從對面離臺1-2米處先削一個下旋球,再放一個上旋高球,也可以無規律地供給下旋球、上旋球至全臺不同落點。主練者見下旋球就拉,見上旋高球就扣,並按規定扣到臺面上的某一點。

b.注意事項和要求:迅速調節拉、扣動作,要求扣殺的命中率一般不低於70%。每次連續練習時間不超過半小時爲宜。

練習之三:搓、拉結合突擊

a.練習方法:陪練者先將下旋球供到對方,主練者搓一板後立即將球拉起;陪練者用推擋回接,主練者緊接着進行突擊或快攻,反覆進行。

　　b.注意事項和要求:先固定落點,體會和熟練動作。不固定落點供球,主練者在移動中擊球。拉球以中等力量爲主,突擊要有一定的爆發力。

　　練習之四:正、反手攻、推弧圈結合反拉弧圈

　　a.練習方法:陪練者二人各站一角拉不同旋轉和落點的球至主練者的全臺。主練者正、反手攻、推弧圈球(主要是練習控制性的右帶、左推或左撥)技術。有時可適當練習反拉弧圈球。用多球發射機供長、短、左、右各種落點的弧圈球至全臺。主練者練習方法同上。

　　b.注意事項和要求:練習應逐步加大難度。首先要求數量,逐步提高質量。

　　(6)削中反攻和攻、守結合打法的訓練

　　①正、反手穩削的訓練

　　a.練習方法:主練者用正手、反手(或中路)削到對方左 1/2 臺或右 1/2 臺,以練削得低而穩爲主,要有數量指標。陪練者拉各種弧圈球。

　　b.注意事項和要求:應採用 1 分鐘連續削數十板的練習,不能怕枯燥。以削得穩、削得低爲主,旋轉變化放在第二位。正、反手削球要不停頓地前、後、左、右移動。移動中應視來球的角度大小及長短,分別運用並步或後交叉步。削完每一板球後,要迅速還原(包括準備姿勢、身體重心和基本站位)。正、反手削近身球時,上臂要貼近上體,以便固定動作和讓位。來球角度大時,要力爭步伐到位,同時可利用腰部向側面伸展來增大擊球範圍。左、右兩側交替削球時,身體重心和步伐的變換要迅速。球拍摩擦球的一瞬間,手臂發力要集中,尤其是在削加轉弧圈球時,更要增大向下用力,以克服來球的旋轉。手指也要起調節、控制拍面角度和突然加力的作用。既要判斷來球的旋轉,又要判斷來球的方向和落點、以利適時、適度、迅速、準確地前、後、左、右移動。要避免用一種步法、一種手法和一個擊球時間去削各種不同的來球。

　　②正、反手削加轉球的訓練

　　a.練習方法:主練一方從左、右兩角削加轉對方從左或右半臺拉出的加轉弧圈球。

　　b.注意事項和要求:正、反手削球的擺速和步伐移動要快而準,以加強旋轉。注意運用上臂帶動前臂的發力方法,以加大擺速。削加轉球後,手臂、手腕的肌肉要立即放鬆,以便連續加轉削球。

　　③正、反手削不轉球的訓練

　　a.練習方法:主練者從左、右兩角將球削到對方左半臺或右半臺,對方拉前冲弧圈球。

　　b.注意事項和要求:削不轉球的外形動作要與削加轉球盡量相似。削出的球落點要長,弧綫要低。

　　④削轉與不轉結合並控制落點的球的訓練

a.練習方法:全臺對全臺,主練一方正反手削轉與不轉結合控制落點的球,陪練一方無規律拉加轉弧圈球;結合拉前冲弧圈球。

b.注意事項和要求:削轉與不轉的外部動作要力求相似,並盡量壓低弧綫。轉與不轉的削球應有命中率的要求(優秀運動員不低於60%)。旋轉變化要靈活運用,應有控制落點的意識。

⑤中路削球的訓練

a.練習方法:主練一方反手讓位貼身削球至對方全臺。陪練一方拉弧圈球,旣可在跑動中單面拉,也可用正、反手兩面拉,緊逼主練者,配合突然拉一大角度的球。

b.注意事項和要求:主練者要靈活地左、右讓位,用正、反手削拉,回球控制落點的意識要強。遇對方突然的大角度來球,要全力以赴去削球,即使無法及時跑到位,也要盡可能移動。

⑥削球結合推擋的訓練

a.練習方法:技術的關鍵是由中遠臺上近臺推擋時要突然,出其不意。因此,步法移動必須迅速、及時。推擋時應視來球情況及對方站位,靈活變化斜、直綫。比賽中大多是在削球比較主動或雙方相持時,突然上近臺推擋。

⑦搓球結合削球的訓練

a.練習方法:全臺對臺。一方拉、搓、扣,一方練搓、削配合反攻、反拉。

b.注意事項和要求:搓球時應注意旋轉變化。必須練好快搓、加轉搓和倒拍搓轉與不轉。從遠臺削球到近臺搓球時,上步要快,重心要穩定。作爲戰術訓練,當被調動到近臺時,不能只顧將球搓回,一定要有控制弧綫和落點的意識,才易爭取主動。當對方從搓轉時,要根據來球的方向,迅速向後移位削球。

⑧削球結合反攻的訓練

a.練習方法:主練者一方全臺正、反手削、攻對方1/2臺;對方用拉、攻或推擋陪練。

b.注意事項和要求:結合實戰要求,抓住一切有利時機練習反攻。一定要在削球的基礎上結合練習反攻技術。要做到正、反手都能反攻對方的拉球和推擋球。反攻要求板數多,要求不攻則已,一攻就置對方於“死”地。

⑨接突擊球和強烈前冲弧圈球的訓練

a.練習方法:主練者全臺削對方從左1/2臺或右1/2臺攻或拉過來的球,並有意識地讓對方在比較主動的情況下充分發揮突擊和拉前冲弧圈的威力,自己則在頑強抵抗中有意識地連續加轉和伺機削不轉球。

b.注意事項和要求:練習時要能連續頂住三板以上。此內容不可不練,也不可多練。

⑩削、攻、拉、擋全面結合的訓練

　　　a.練習方法：全臺對全臺，主練者主動削轉與不轉，抓住時機上近臺反攻，或擋後變綫再攻，或在中臺反拉弧圈。陪練者可任意變化拉球的落點和旋轉。主練一方先用擋球變化落點找機會進攻。對方變搓時，可搓球後再攻；對方加力拉攻時，可退臺用削球控制落點後再變擋攻。

　　　b.注意事項和要求：一次訓練課或一個階段的安排，應根據情況在綜合練習中側重練習一、二種技術（削中反攻，削中轉擋，或擋中轉削），這樣才易收效。練各種結合技術時，要注意選擇好運用時機，不能單純追求回合多。

　　⑪幾種常用而有效的多球訓練法

　　練習之一：步法訓練

　　　a.練習方法：150－200球爲一組，每課練2－3組，每組間歇休息1－2分鐘。由一人（或用多球發射機）在臺側一球接一球的拉、沖、扣不同落點，主練者將球削至規定目標。

　　　b.注意事項和要求：主練者必須每球必爭，達到每一組命中目標60%以上。採用無規律供球，供球旋轉不一定太強，但左、右角度要大，長、短落點的差距要明顯。供球難度以主練者經過努力剛剛能接觸到球爲宜。

　　練習之二：削中接突擊（或前沖）

　　　a.練習方法：一人用多球拉弧圈球，突然發力攻球（或前沖）至不同落點。開始可練有規律一拉一扣，逐步過渡到無規律拉、突結合。主練者練習削中接突擊球或前沖弧圈球。

　　　b.注意事項和要求：精力要高度集中，每組要頂住突擊球（或前沖弧圈球）30球左右；每次練習接到球的數字要有所提高。即便是無法接到的突擊球，也要全力撲救，以提高防守能力擴大防守範圍。頂回的球要力爭弧綫低、落點好。

　　練習之三：削接短球反攻

　　練習方法：一個人供給有規律和無規律的拉球和放短球至定點或不同落點。主練者在削球中迅速上前接短球，用正、反手攻不同落點。

3、大陸桌球戰術訓練法

　　三十年來，大陸桌球界創造了許多有效的訓練方法和手段，其中特別突出的有：

　　(1)模擬訓練法

　　模擬訓練是提高適應和戰勝對手能力的一種有效訓練方法。它能使運動員掌握特定的技術、戰術，並遷移到比賽中；能使運動員具有適應比賽需要的良好心理品質。模擬訓練法不僅模擬外國運動員的打法，而且要模擬比賽環境。

　　(2)多球訓練法

　　多球訓練法不僅能解決單球訓練強度、密度不易加大的難題，而且有利於基本技術的學習與鞏固，並給特長技術的多練、精練提供了保證。

(3)陪練訓練法

此法可使主練者(尤其是青少年運動員和女運動員)迅速掌握高、難、新的技、戰術,更快地提高技術水準。

(4)比賽訓練法

比賽訓練法是技、戰術訓練的重要手段之一。有計劃、按比例地運用它,對加速提高技、戰術水準有良好作用。

①檢查性比賽:每次訓練課的最後 20 分鐘同一個對手或兩個對手進行 2-3 局的計分比賽。在周末的最後一次訓練課舉行隊內比賽,或適當與外隊比賽。

②測驗性比賽:在小型公開賽中,按敎練規定的主要戰術,或運動員所掌握的技術(如發球、反手反拍攻球、弧圈球)進行比賽。

③關鍵性比賽:擂臺式比賽:在某些訓練課中安排 20-30 分鐘多人次的 1 局或 11 分球決定勝負的比賽,勝者繼續與別的隊手比賽。局末比賽:提高運動員處理關鍵球能力的一種訓練方法。敎練可規定比賽從"16:19"、"17:18"、"20:20"的分數開始,直至一方取勝爲止。

④專門性技、戰術比賽:發球搶攻、搶拉(冲)比賽。接發球比賽。拉球對削球比賽。

⑤輪換發球比賽:臨近重大比賽的前幾周,可適當安排削對削或削對削攻結合打法的選手進行比賽。比賽一開始即採用輪換發球法,以 3 局 2 勝決勝負。

⑥適應性比賽:比賽季節地點不同,氣候、時差、飲食、場地亦各不相同,比賽使用的球的彈性、硬度及球臺彈性、光滑度也有差異。賽前安排一定的適應性比賽可使運動員獲得所需的各種應變能力,在比賽中正常發揮技術水準。

4、訓練注意事項

(1)每次訓練時間不宜太長,盡量在高度興奮和精力集中的狀況下進行訓練。訓練內容要多樣化,並圍繞各種打法的主要技、戰術。一天訓練的總時間一般應控制在 4.5 小時之內,分別安排在上、下午(或晚上)。一次技、戰術訓練課以不超過 2.5 小時爲宜。每項技術訓練一般不要超過 40 分鐘,並經常適時改換訓練方法和內容,以保持新鮮感和較強的練習欲望。

(2)所有訓練法和訓練內容都必須強調和突出步法的合理性和規範性,嚴格訓練,嚴格要求。

(3)注意訓練內容的統一安排與個人計劃相結合,大難度與中,小難度的內容要穿插安排。

(4)根據本隊人數,適當安排和培養不同打法的運動員,盡可能使打法齊全。從當前國際乒壇情況看,弧圈球和快攻打法應占較大比例。

(5)快攻是我國的傳統打法,但培養優秀快攻選手比培養其他打法的選手要困難一些。訓練快攻運動員應注意:①做好選材工作,②直拍快攻選手要繼承、堅持和發展"快、準、狠、變、轉"的技術風格,高度重視速度與旋轉相結合,以速度為主;在中、近臺結合上下功夫,以近臺為主。同時必須認真致力於接發球和反手反拍攻球新技術的訓練。要重視快速、凶狠和多變的特點,技術全面,向具有全方位進攻力的方向發展。③重視訓練方法、技術和工具的不斷改進和創新。④在狠抓前三板的同時,還要注意加強三板後的基本功訓練。⑤過好弧圈關。正、反手攻打弧圈球的技術動作應從由下向上向前揮拍擊球改為前臂略提高,由上向下向前揮拍擊球。同時,應將拍面角度由後仰改成稍前傾。必須學會戰術性的反手拍攻球、拉球和彈打(擊)。⑥練要防止站位過近、動作過小,借力擊球訓練過多等傾向。⑦要不斷提高變化能力和應變能力。⑧兩面攻運動員的反手不僅要練好快攻、快點、突擊等技術,還要掌握快帶和彈擊(打)技術。⑨兩面攻運動員的反手發球搶攻、接發球搶攻和突擊下旋球(包括搓中突擊)的特長技術要繼承和發展。

　　(6)訓練弧圈球運動員應注意解決以下問題:①認真吸收歐洲弧圈技術,並結合快速特點,狠抓技術創新。②先打下一定的快攻基礎,然後再練弧圈球技術,並逐漸轉入以拉、沖為主結合扣殺的訓練,培養轉、快結合,凶中帶穩的運動員。③正手拉弧圈球要速度快、旋轉強、前三板搶拉能力強,直拍運動員在反手推擋基礎上要掌握一定的反手攻球技術。④直拍弧圈結合快攻打法,加強反手拉弧圈。a.加強步法訓練,用敏捷的步法彌補反手的不足。b.加強反手加力推和攻、拉的訓練。c.選拔身體素質好、力量強,特別是腿部力量好、腳步起動快、能吃大苦的"飛毛腿"運動員。⑤掌握拉後扣殺的技術。a.正確樹立拉、扣的意識。b.扣殺時注意調整拍面角度,減少拍面的前傾度,增加擊球時的撞擊力。c.扣殺時要充分運用大臂和腰部的力量。⑥必須練好凶、穩結合,並有旋轉變化(如強烈旋轉配合不轉的弧圈球、側旋弧圈球、香蕉型弧圈球等)、節奏變化的拉、沖技術。⑦技術全面,不能有明顯的漏洞,直、橫拍弧圈打法除練好主要技術外,還要練好相持時的正、反手中臺反拉,近臺快帶、輕、重力量推擋以及直拍由右返左時運用一板反手攻球或反拉等技術。

　　(7)由於快攻和弧圈等各種進攻型打法水準很高,因而直、橫拍削中反攻打法的運動員要削出強烈旋轉的弧圈球,就必須削很"轉"(包括不轉),當對方運用拉、扣結合和拉、吊結合的戰術時,才能及時用正、反手削擊並伺機反攻、反拉,使削球打法有新發展。攻、守結合的直拍擋、攻、削結合打法和橫拍攻、削結合打法,也要在加強旋轉、速度,節奏等變化的基礎上,認真抓好攻球、拉球和擋球等基本訓練,以具備全面攻、守技術,充分發展多變戰術的作用。

5、提高技術質量的方法

　　桌球技術質量主要包括快(速度)、準(準確和命中率)、狠(力量)、變(變化)、轉(旋轉)。由於準確和變化貫穿於快、狠、轉之中,故本文着重介紹快、狠和轉。

　　(1)加強旋轉的方法:①注意擊球時球拍的角度和擺動方向,切得要薄,以增大力臂。②加大擺速,以增加擊球力量。③以綫速度較大的球拍部位(靠近拍頭的部位)擊球,因該部位在擊球瞬間綫速度較大。④適當增加球拍摩擦球的距離。以右手執拍削下旋球爲例(削球;搓球或發下旋球),應以靠近拍面左側的部位擊球(見圖3-25-2)。如果削下旋球時用靠近拍面右側的部位擊球(見圖3-25-3),球會立即從球拍相對於地面的上沿部位滑脫,摩擦球的距離大大縮短,即使擊球瞬間的擺速較快,也難於加轉。打眞、假弧圈球的正確位置應是:拉弧圈球時,用靠近拍面右側的部位擊球(見圖3-25-4之A點);拉假弧圈球時,用靠近拍面左側的部位擊球(見圖3-25-4之B點)。

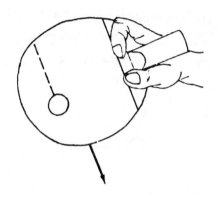 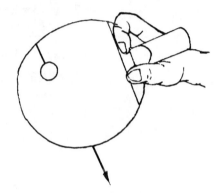

圖3-25-2　削加轉下旋球的　　圖3-25-3　削加轉下旋轉的
　　　　　　錯誤擊球部位　　　　　　　　　正確擊球部位

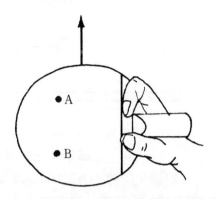

圖3-25-4　拉弧圈球的正確擊球部位(A點)

⑤用向內的擺動弧綫擊球(見圖3-25-5弧綫$\overline{A、B}$),可延長球拍摩擦球的時間,延長球拍給予球的摩擦力的作用時間,可加強旋轉。弧綫如果是向外的(見圖3-25-5弧綫$\overline{CD}$),雖以同樣擺速擊球,球的旋轉強度要差得多。⑥擊球瞬間擺速應有加速度,可增加球拍摩擦球的時間。⑦注意借用來球

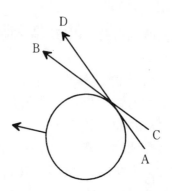

圖 3 − 25 − 5　擊球時的正確擺動弧綫($\overline{AB}$)

的旋轉。一般來說,順旋轉擊球球飛出後旋轉強度較大。⑧適當利用來球的速度,以增加拍、球之間的正壓力,避免球在拍面打滑。在回擊對方來球時,應使球拍與來球末速度的方向有較大的交角(見圖 **3 − 25 − 6**、圖 **3 − 25 − 7**。圖 **3 − 25 − 6** 是拉前冲弧圈球時的正確拍形示意圖;圖 **3 − 25 − 7** 是削球時的正確拍形示意圖)。相反,如果球拍與來球末速度的交角過小,則極易打滑或根本擦不上球(見圖 **3 − 25 − 8**)。⑨球拍正、反面性質不同,可用粘性較大的一面加強旋轉。

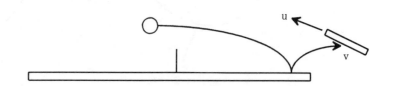

圖 3 − 25 − 6　拉前冲弧圈球時的正確拍形示意圖

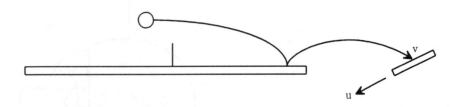

圖 3 − 25 − 7　削球時的正確拍形示意圖

　　(2)變化旋轉的方法:①旋轉強度的變化:加強旋轉的方法前文已介紹,打不轉球的方法與其相反。爲了使對方難於識別球的旋轉強度,打不轉球時一般不應使擺速明顯減慢。爲此,應選擇適當的球拍擊球位置:第一,選擇可縮短球在拍面摩擦距離的擊球位置(如圖 3 − 25 − 2 和圖 3 − 25 − 4 中的 A 點),以便使球提前出拍。第二,選擇比較靠近拍柄的位置擊球,因這裡的綫速度較小。這兩個條件相結合,圖 3 − 25 − 9 中的正點是削不轉球、

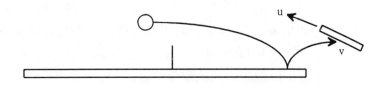

圖3－25－8　拉前冲弧圈球時的錯誤拍形示意圖

搓不轉球、發下旋不轉球的最佳擊球部位;圖3－25－10中的正點是拉假弧
圈球的最佳擊球部位。

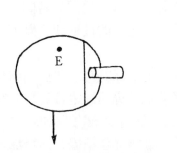

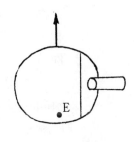

圖3－25－9　削搓或發下旋
不轉球的最佳擊球位置

圖3－25－10　拉冲或發上旋
不轉球的最佳擊球位置

②旋轉方向的變化:a.球拍向不同方向摩擦是使球產生不同旋轉的主要方
法。b.如果固定打在球的某一點上;雖球拍可向任何方向揮動,但球的旋轉
種類卻大受限制。如限定打在球的正後方或者右中部(見圖3－25－11),
只能打出圖中所示的八種典型旋轉球。可見,改變着力點是產生不同旋轉
的重要因素之一。

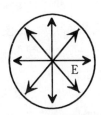

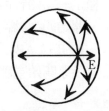

圖3－25－11　打球的某一點只能打出八種旋轉球

c.長膠粒膠皮拍的"借旋"技術啓示人們:借用來球的旋轉也可以使球產生
旋轉變化。d.高拋發球的啓示人們:借用來球速度也能影響球出拍後的旋
轉方向,造成更爲複雜的旋轉。

　　(3)增大擊球力量的方法:欲使攻球更加凶狠,主要方法有:①增大擊球
瞬間的擺速。②用球拍中下部的綫速度較大的一側擊球。③適當利用來球
原有的速度。戰術許可時,可正逆來球的方向擊球。④手臂和托拍指要在
擊球瞬間猛然發力。⑤來球較高,應以平擊球法扣殺。⑥來球低,應使球產

生必要的上旋改善球的飛行弧綫,以便大膽發力擊球。⑦選擇較高位置擊球。⑧來球較低、又欲加力擊球時,可選擇較長路綫(如斜綫)擊球。⑨注意利用來球原有的旋轉,可能條件下可採用逆旋轉擊球。

(4)提高擊球速度的方法:①減少球出拍後的飛行時間:a.壓低弧綫高度。b.選擇較高的擊球位置,以減少或消除球在上升階段所耗的時間。c.使球適當上旋,可使球下落速度加快。d.加快球的飛行速度。使球適當上旋,以造成曲度較大的弧綫,保證命中;選擇較高的擊球位置和適當壓低弧綫,以減少爲了命中而對弧綫曲度的要求,爲進一步提高球的飛行速度創造條件;增大球拍擊球瞬間的擺速。②適當減少擊球間隙時間:擊球間隙時間是指球自本方球臺彈起至擊球之間的時間。擊球時間越早,擊球間隙時間越短。攻球時宜在來球上升的後期或高點期擊球,推擋的擊球時間可稍微提前。

(5)增大擊球瞬間擺速的方法:要提高擊球力量和速度,必須增大擊球瞬間的擺速。①必須加強專項快速力量的訓練(包括腰部和上、下肢的力量訓練)。②增大擺動加速階段(球拍觸球前的揮拍階段)的揮拍力量,以增大球拍的擺動加速度。③增加球拍擺動弧綫加速階段(球拍觸球前的揮拍階段)的長度,以增加球拍擺動加速的時間。④大、前臂及大臂與上體之間的夾角在不影響下一板擊球的前提下,可適當放大一些(或不宜過小),以增加揮拍擊球時的轉動半徑。⑤在主動肌積極收縮,對抗肌放鬆,以減小其阻力。⑥在各有關部位同時達到最大主動運動速度時擊球,以使全身力量集中作用在球上。⑦合理利用球拍的重力位能。扣高球時,應將球拍充分掄到較高位置後向前下方扣擊;快攻和扣殺一般機會球時,要注意改善球拍擺動曲綫的形狀,以適當提高引拍位置。以手有微調動作的正手攻球爲例,一種是一開始就由斜下方向前上方擺動(見圖3-25-12弧綫CB);另一種是一開始的運動軌跡似水準狀態,然後逐步增加擺動的向上分量(見圖3-25-12弧綫AB)。前者一開始,就要克服重力而做功,後者只在擺動的較晚階段才開始克服重力做功。

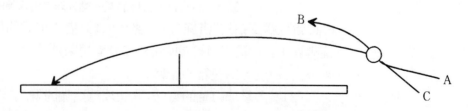

圖3-25-12　手有微調動作的正手攻球的兩種擺動弧綫

(三)專項身體訓練

1、素質特徵

(1)速度。要求的是非周期性的單個動作速度,即擊球時的擺臂速度和爲了取得適宜時機、角度迎擊來球而移動步伐及身體的速度。

(2)靈敏(靈活性)。臨場比賽隨機應變的能力,即快速反應判斷能力和動作高度協調的能力。

(3)爆發力。要求的是快速力量,如快速擺臂和甩腕的加速度。

(4)耐力。與速度、靈敏及心理素質緊密結合的專門耐力。

2、訓練方法手段

(1)專項力量訓練

①下肢力量訓練:a.綜合跳(在海綿墊或鋸末、沙土跑道上進行)、向前縱步跳、直體向前單足跨跳、左右腳變換向前跳 10-15 米遠跳×5。b.半蹲跳:5-10 米×5。c.兩足 V 形跳(即兩足先呈 V 形站立然後左足向左側跳出再跳回,換右足跳,動作相同, 方向相反:2 分鐘。d.跨步、並步結合練習(要求步幅小、頻率快)。小跳步結合大跳步加跨步(要求大跳步後連接側跨步轉髖腰)。這兩組練習可交叉進行,10 分鐘×2 爲宜。用聯合器械進行練習,30 分鐘。

②上肢力量訓練:a.輕啞鈴:臂上舉、前臂內收、外展、屈,要求快速,用力突然、組數多、時間短。b.輕啞鈴或接力棒作手腕∞繞環。c.轉腰投傳實心球(兩人或三人一組進行),10 分鐘。d.壘球(或網球)擲遠(要求主要用手腕突然發力向前方投出),10 球×3。e.扣殺半高球:在桌球臺上進行中臺連續扣殺半高球(要求用大力量扣殺, 並迅速放鬆肌肉, 還原身體重心,連續扣殺),20 球×3。

(2)專項速度訓練

①快速變換方向跑和滑跳。②各種姿勢的突然性起跑。③30 米跑。④負重 0.5 公斤快速擺臂練習,20 秒×10。⑤持輕啞鈴或鐵製球拍,快速屈前臂和前臂旋前、旋的練習。⑥一對一緊逼與擺脫遊戲。

(3)專項耐力訓練

①女子 1500 米跑,男子 3000 米跑(中速完成即可)。②變速跑(30 米快速,50 米慢速)1500 米。③5 分鐘帶球(足球)跑或運球跑(籃球)。④越野跑(一周或兩周進行一次)30 分鐘-40 分鐘(只要求計時, 不要求規定距離)。

(4)專項靈敏訓練

①單搖跳繩 30 秒×10,雙搖跳繩 30 秒×5。②蛇形穿梭跑(最好分兩

組以競賽方式進行)。③移步換球練習(15 個桌球置於與球臺高度相等的容器內,將桌球一個一個取出放入距離 2.5－3 米的另一端的容器內),要求在 25－30 秒之間完成。④前後左右移步換球練習(3×3 米的四個角放置四個容器,左、右前方的容器各放 15 個桌球,運動員站在中心點),要求在 50 秒內將球一個一個換至另外兩個空容器內。

(四)訓練計劃的制訂

1、長期訓練計劃的制訂

(1)明確目的:即必須以某項運動會(如奧運會、世界錦標賽、全運會等等)爲目標來制訂計劃。

(2)指標要求:指標一般有三種。

①全隊指標:在計劃參與的比賽中爭取 12 項冠軍或優勝的名次。

②個人指標:在計劃參與的比賽中爭取獲得某項或幾項冠軍的成績。

③技術指標:在提高主要技術和身體素質方面的具體指標。

(3)訓練內容:根據世界或國內技術發展的形勢,提出今後在技術、戰術、身體、心理、意志等方面需要解決的問題,並按照全隊各種打法分別提出不同的要求,使運動員明確努力方向,積極投入訓練。

2、劃分周期,確定指標,掌握運動員荷

(1)長期訓練計劃可根據需要劃分爲 3 或 4 個周期。在不同的周期要有計劃有步驟地解決身體、技術、戰術等各方面的關鍵問題。周期應包括訓練期(準備期)、比賽期(基本期)和休整期(過渡期)。每個周期的時間一般爲 3－4 個月。

(2)各訓練周期(階段)應達到的指標(指省市隊及其以上的優秀運動員)

①訓練期(準備期)應達到的指標

身體素質指標:

速度:男子 60 米跑 7 秒 90－8 秒 30。女子 60 米跑 8 秒 30－9 秒 50。

速度耐力:男子 20 米×10,3－3.2 秒(平均計算)。女子 20 米×10,3.2－3.5 秒(平均計算)。

力量:男子握力:持拍手 40－50 公斤。女子握力:持拍手 25－35 公斤。男子立定跳遠:2.5－2.6 米。女子立定跳遠:2－2.3 米。

靈敏:男子移步換球(15 只球),25－30 秒。女子移步換球(15 只球),30－35 秒。男子跳繩:單搖跳繩 80－110 次(30 秒),雙搖跳繩 40－50 次(30 秒)。女子跳繩:單搖跳繩 85－100 次(30 秒),雙搖跳繩 35－45 次(30 秒)。

技術指標:

發球得分率達 20%,發球搶攻得分率達 40%,接發球搶攻、搶拉得分率達 20-30%,正手 2/3 臺跑動連續攻球、拉弧圈球或削球達 60-65%,側身攻(拉)→撲正手攻(拉)→反手攻(或推)拉連續 30 秒不失誤。

②比賽期(基本期)應達到的指標

身體素質:應基本保持訓練期水準,體力充沛。

技術指標應高於訓練期:發球搶攻使用率應達 50-60%,得分率應達 60-70%;接發球搶攻、搶拉得分率應達 30-40%;對拉、對攻、削球等相持技、戰術應達每球 20-30 個回合,得分率應達 40%。

③休整期(過渡期)應達到的要求

休整期必須休假或調整 1-4 周。主要任務是休整,作身體機能、心理疲勞和傷病的檢測,及時進行恢復性訓練和治療。

(3)技術訓練的運動負荷

決定技術訓練以質量監控運動負荷較爲合適。時間不作絕對標準,只作爲一個基數。例如,技術訓練課一次安排 2-2.5 小時,在這段時間內的每項訓練內容都有達標指數,一達標即可改練下一內容,或提前結束訓練課。

(4)技術訓練與比賽的負荷強度

桌球是有氧與無氧混合供能的項目,以有氧供能爲主。因此,技術訓練的負荷強度略大於重大比賽的負荷強度即可。重大比賽的負荷強度一般是血乳酸值約處於 4.5 毫克/分子,故技術訓練的負荷強度以血乳酸值在 5 毫克/分子以下爲宜。

3、周計劃及個人計劃的制訂

(1)周計劃:根據所處訓練階段的主要任務,具體訂出技、戰術及身體訓練的比例、內容、方法手段和指標要求。安排好一周內每天的運動負荷,如小、中、大、中、小、大。精細確定統一計劃與個人計劃的比例及指標要求。

(2)個人計劃:根據全隊長期訓練計劃的要求,結合個人的實際情況,訂出個人爭取達到的指標或進度(包括思想、技術和身體諸方面)。

(五)賽期的指導

1、重視賽前適應性訓練,提高運動員對比賽對手和客觀條件(如球臺、場地、燈光、氣候、觀眾等)的適應能力。

2、加強臨賽前的模擬訓練和記分比賽。提高應戰能力和心理適應能力。

3、臨場指揮

(1)沉着冷靜,表情親切,對運動員充滿信任。語言簡練、準確,具有鼓勵性,切忌生硬、冷淡、指責、帶壓力。

(2)發現問題和解決問題要迅速、準確,大膽、果斷。

(六)選材

1、心理品質

包括神經類型、球感、興趣、意志品質、動機、反應時、注意力的集中與穩定、操作思維、空間知覺、時間知覺、記憶能力等指標。這裡只介紹神經類型、意志品質、球感和反應時。

(1)神經類型:神經類型可分為四種:興奮型、活潑型、安靜型、抑鬱型(表3-25-2)。

桌球運動員以活潑型、安靜型及其它類型的結合型為好。快攻運動員神經類型應是強── 均衡── 活潑型的。女子削球運動員以安靜型及其它類型的結合型為好。

(2)意志品質:大膽、好勝、自我控制力強,堅強、勇敢,有克服困難的勇氣和毅力,能承受挫折和抗干擾等方面的品質。

(3)球感:測試方法:對牆擊球── 將半張球臺靠牆放置,在臺面上方60厘米處的牆上劃一直徑30厘米的圓,運動員持拍將從臺面彈起的球(有一定水準的運動員可直接擊球)往圓裡打,記一分鐘擊入圓內的球數。

表3-25-2　　神經類型表

高級神經活動類型	神經過程的特性			氣 質 類 型 特 點
	強度	平衡性	靈活性	
興奮型 (膽汁質)	強	不平衡	靈活	外向、易冲動、極易處於激動狀態,精力充沛。好動、急躁,缺乏耐心,敢闖、好鬥,自尊心強,冒失,粗心;自制力差、熱情、輕率、剛腹、勇敢、主動性強,有時很頑強
活潑型 (多血質)	強	平衡	靈活	外向、活潑、樂觀,易受感動,但難持久,易淡漠,見異思遷,適應能力強,善交際,興趣廣泛,工作能力強,輕率,缺乏毅力、耐力,不善於控制自己的內心活動。
安靜型 (粘液質)	強	平衡	不靈活	內向、沉靜、緘默,不易激動,不善交往,表情含畜安祥,認真,踏實苦干,有耐心,堅韌自制力強,動作遲緩、刻板,有時淡漠,保守,不空談,善於從事有條理和持久的工作。

高級神經	神經過程的特性			氣　質　類　型　特　點
活動類型	強度	平衡性	靈活性	
抑鬱型 (抑鬱質)	弱	不平衡	不靈活	嚴重內向,平靜、不善交際冷淡,多愁善感,憂心忡忡,順從,脆弱,謹愼畏瑣、刻板、常易慌張失措和分心,情緒體驗深刻、細膩、持久,善於體察別人不易發現的問題。

(4)反應時:可採用反應時測試儀和看信號移步擊球等方法進行測定。

2、身體素質

可參照 3–25–3 提供的有關指標進行測試評定。

3、運動能力

包括技術、戰術、步法、臨場發揮、發展潛力等因素,一般通過比賽來觀察。

4、機能

包括視覺、位覺、聽覺、心肺功能等指標,可通過機能測試進行評定。

5、形態

包括身高、體重、骨盆大小、體型、足弓深度等指標,可通過體檢進行評定。

(1)身高:男運動員 1.75 米左右,女運動員 1.60 米左右。

(2)體型:以勻稱型爲宜,弧圈型運動員略高大、粗狀些,削球運動員肢體可稍長。

計算方法:體型指數 = 身高(厘米) – 體重(公斤)。凡體型指數大於100 者,體型較爲適宜。靑少年體型評定可參考父母的體型。

(3)骨盆:以骨盆較窄、不垂直者爲好。

表 3–25–3　　8–11 歲桌球運動員選材測試指標

類別	測　試　指　標	說　　　　　明
形 態	身高	這三項形態指標可以計算出派生指標體重 * 1000/身高,下肢長 B * 100/身高用於評定身材的勻稱程度
	體重	
	下肢長 B	
機能	3 分鐘臺階試驗	用於評定心功能
素 質	30 米跑	用於評定速度
	立定跳遠	用於評定下肢爆發力
	30″單搖跳繩	用於評定協調性,速度
	30″雙搖跳繩	用於評定協調性,速度
	400 米跑	用於評定耐力
	壘球擲遠	用於評定上肢爆發力

類別	測　試　指　標	說　　　　　明
心理	808 表	用於評定神經類型
	光反應	用於評定視覺敏銳度及反應速度
	綜合反應	用於評定協調性、注意力集中程度等
專項	1 分鐘對牆擊球	用於評定球感
	移步換球	用於評定步法、靈活性
應增加的指標	視手示快速變方向移動	用於評定反應速度
	雙手持棍繞環	用於評定肩關節靈活性、柔韌性
	手持小木棒作∞繞圈	用於評定腕關節靈活性
	智力測驗	用於評定智商
	骨齡測驗	用於評定生理年齡、發育狀況。

6、遺傳

通過觀察父母的體質、智力、才能、品質、愛好等，來判斷運動員在桌球運動方面的潛力。

7、思想品質

包括遵守紀律、刻苦鑽研、團結互助、尊敬師長、熱愛勞動、服從大局等。

（邱鐘惠　張惠欽）

二十六　羽球

(一)現代羽球運動的主要特點和發展趨勢

羽球運動是世界上開展廣泛,國際性競賽頻繁的體育項目之一,1992年羽球將成爲奧運會的正式項目。隨着世界羽球運動的蓬勃發展,國際羽球運動的商業化、職業化程度愈來愈高,各國羽球強手之間的競爭更加激烈。世界羽球運動技術正以新的姿態飛速向前發展。

1、羽球運動的起源和發展

羽球運動起源於英國,它是由印度的"浦那遊戲"(Poona Came)逐步演變而成的。開始從英國流傳到英聯邦各國,二十世紀初傳到了亞洲、美洲,最後傳到了非洲。

在羽球開展的最初階段,歐洲的英國、丹麥等國在比賽中一直佔着統治地位,當羽球運動傳入亞洲後,馬來西亞很快就在男子項目方面趕上了西歐,印度尼西亞繼馬來西亞後曾一度稱霸羽壇,從而使高水準的羽球運動中心由歐洲轉到了東南亞。在女子比賽項目中,美國在五十年代一度處於領先地位,而後東方的日本在女子項目中崛起,又把女子羽球運動的優勢轉到了亞洲。自六十年代起,中國羽球運動蓬勃發展,更把世界羽球運動技術水準推到了一個新的高度。

1934年國際羽球聯合會成立。目前,加入國際羽聯的會員協會已有80多個國家和地區。其主辦的比賽有:(1)湯姆斯杯賽——世界男子團體錦標賽。其創辦於1949年。(2)優霸杯賽——世界女子團體錦標賽。創辦於1957年。(3)世界羽球錦標賽——世界男女單項錦標賽。從1977年開始舉辦首屆比賽,以及各種大獎賽。

2、我國羽球運動的發展概況

羽球運動約於第一次世界大戰後(1918年)傳入中國。解放前在上海、廣州、天津、北京等城市教會辦的青年會和學校裡開始出現羽球活動。我國羽球運動的蓬勃發展是在解放以後開始的。1956年我國成立了羽球協會,並在天津首次舉行了全國羽球比賽。1964年7月,國家體委會召開了第一次全國羽球訓練工作會議,及時總結了多年羽球訓練工作的經驗,肯定成績,找出差距,明確提出了我國羽球"快、狠、準、活"的技術風格,規定了"以我爲主,以快爲主、以攻爲主"的發展方向。從而使我國的羽球技術水準攀上了世界技術高峰。

3、現代羽球運動訓練的主要發展趨勢

隨着運動競技水準的不斷提高以及競賽規則的改變,導致了優秀運動員競技能力決定因素結構的變化,促進了競賽戰術的發展。而爲了適應這些變化和發展的需要,對羽球運動訓練的組織實施提出了許多新的要求,表現如下一些新的特點:

(1)負荷內容的定向化

根據比賽的總目標和不同運動員在不同階段的具體訓練任務實施目標控制,決定負荷的內容,這就是負荷內容的定向化。

負荷內容的定向化首先表現在注意彌補自身競技能力構成中的薄弱環節。其次是隨着運動競技水準的飛速提高,促使運動員從決定競技能力的非主導因素中去挖掘潛力。如羽球運動員強調的技術全面,沒有明顯漏洞,耐力和心理品質的提高等都是具體的表現。

(2)多年訓練的程序化

在培養優秀運動員的工作中,人們越來越重視有秩序地組織多年訓練的進程,按照特定的程序安排不同訓練的任務和要求。如已經制定的羽球教學訓練大綱正是這一思想的具體實施。另外,有的羽球運動學校也爲多年訓練程序化的實施創造了良好的條件。

(3)負荷量度的個體化

現在,人們對如何根據運動員的具體情況去確定適宜的負荷,掌握負荷的增加和變化最爲關注。如對運動員血乳酸含量的測定以評定負荷量度,從而有效地控制訓練等都是其具體的體現。

(4)致力於訓練效率的提高

爲提高訓練質量和效率,普遍重視負荷量和強度交替發展,科學地組合負荷的內容和練習的手段,廣泛地採用綜合性的訓練方法。

(5)有效地控制比賽次數及比賽強度

我國女子羽球隊組成甲、乙兩套陣容,分別參加不同層次比賽就是一個很好的實例。(表3-26-1)。

(6)採用多種手段加速負荷後的恢復

(7)心理訓練的深化

如採用賽前模擬訓練,提高運動員抗干擾和自我控制能力等都被普遍採用。

(8)女子訓練的"男子化"

女子訓練中經常借鏡男子訓練的經驗,如由男選手陪練或帶練。

表 3-26-1　　中國女子羽球隊 1986 年兩套陣容參賽情況

月	日	比　賽	參賽組
12	10-16	大獎賽總決賽	李、韓等
1	21-26	日本公開賽	李、韓等
2	—	—	—
3	1-16	全英錦標賽	其它人
4	22-4/5	優霸杯決賽	李、韓等
5	24-26	香港公開賽	其它人
	18-1/6	福州公開賽	其它人
6	14-20	全國團體賽	回省
7	1-20	泰、馬、印尼公開賽	其它人
8	—	—	—
9	26-5/10	第十屆亞運會	李、韓等
10	24-27	全國單項賽	回省
11	5-9	第六屆世界杯賽	入選者

(二)羽球運動的專項特徵及能量代謝特點

1、羽球運動的專項特徵

羽球是一項隔網對抗性比賽項目。比賽中,完成動作的目的是減少主動或被動的失誤,打破對方防守得分或阻止對方得分。羽球項目的基本動作雖不多,但由於在比賽時受對手、同伴和場地等制約,實戰中技術變化較多,並有明顯的特徵。具體表現在:

(1)運動員競技能力求具體表現的相對性。

(2)比賽中進攻和防守的統一性。

(3)比賽中的時間與空間的同時效應性。

(4)對運動素質要求的全面性。

(5)臨場作戰的獨立性。

2、羽球運動的能量代謝特點

現代羽球運動技術的發展以"快"字當頭。在整場比賽中運動員要進行連續不斷地加速、變速及爆發性用力動作。根據統計,比賽中變速運動的時間段落(從發球到死球)平均為 4.6-7.7 秒,而間歇時間是激烈運動時間的一倍左右,所以,運動與間歇時間之比大約為 1:2。這種運動時間結構模式決定了比賽時的能量代謝特點是以有氧代謝為基礎,無氧和有氧代謝系統綜合供能。

羽球比賽中,磷酸原系統供能是主要的,當遇到強手時,擊球時間持續較長,這時醣酵解比例會增長,盡管其比例不高,卻也影響運動員保持高速度運動的能力。若運動員有氧能力強、有氧代謝供能的比例高,開始出現乳酸堆積的功率水準也會相應高,運動員出現疲勞的時間則延遲,因而能保持高速度運動的時間較長。這就是爲什麼羽球運動員要具備良好的有氧能力的主要原因。

(三)發展專項運動素質訓練的主要方法及手段

1、羽球運動對運動員的運動素質要求和運動素質訓練的特點

羽球運動要求運動員在具有全面而良好的運動素質的基礎上,還要具備較好的爆發力,變速能力、靈敏性和速度耐力等素質。而爆發力、速度、靈敏等素質又是以力量素質爲基礎的,因此,要重視重量訓練,特別要加強速度力量和速度耐力的訓練。運動素質訓練的方法主要有以下三種:

(1)借用其他項目的訓練方法,如長跑等。

(2)採用羽球自身技術的分解動作,如步伐。

(3)採用相近項目練習手段使其專項化,如揮網球拍等。

總之,不管採用何種訓練方法,始終都要圍繞羽球的運動特點和我們的技術風格進行訓練。訓練中要有一定的時間、負荷強度、密度、難度、活動範圍、次數、動作幅度和動作頻率等要求。

2、發展專項運動素質的主要訓練方法

羽球專項身體訓練就是採用運動方式和動作結構上與羽球運動本身動作相似的各種身體練習。

(1)發展速度及變速能力的練習

①田徑場地跑的練習

結合羽球比賽特點,採用下述各種跑法練習,如短距離衝刺跑;前進後退跑;變向跑;側身併步跑;側身交叉步跑;側身併步加跳步跑;向前併步變向跑;向後併步變向跑;側身後退跑;向前擺腿交叉步跑;蹬跨步跑;高抬腿跑;擺腿後退跑;反復跑;變速跑和繞障礙物跑等。

②羽球場地跑的練習

可採用前進後退跑;併步加跨步跑;側身併步跑;四方跑等。

③分解步法練習

主要方法有正手上網步法;反手上網步法;正反手接殺步法;後退正反拍擊球步法;殺上網步法;左右側身併步加跳步擊球步法等。

④沙坑步法和各種負荷的步法練習

其目的是通過增加負荷使訓練收到更好的效果。主要方法有兩邊接殺;全場綜合步法等。

⑤間歇性步法練習和多球練習

間歇性步法練習是指組間間歇時間相同的練習,可分爲分解步法和綜

合步法練習兩種。

多球練習可分爲單項技術和綜合技術兩種練習,其側重點有發展專項速度、速度耐力和耐力等練習。

(2)發展專項力量的練習

根據羽球技術中蹬跳步及軀體旋轉較多的特點,專項力量練習的重點是發展伸肌和旋轉肌群。

①上肢專項力量練習

主要採用壘球擲遠;羽球擲遠;繞腕練習;揮拍練習;轉臂練習等方法。其中揮拍練習可採用羽球拍或網球拍進行練習。主要採用模仿擊高遠球;扣殺球;後場反拍擊高遠球;後場反拍扣殺;抽球;平球;網前推球;挑球、撲球和體前繞8字的揮拍練習等。

②軀干專項力量練習

主要有屈伸練習;俯臥挺身練習;仰臥起坐;負重轉體;傳接球練習等。

③下肢專項力量練習

a.負重練習

主要方法有負重深蹲起;半蹲起踵;負重跨步走;負重半蹲跳等。

b.跳躍練習

主要方法有縱跳;半蹲跳;單足跳;蛙跳;立定跳遠;並腿後蹬跳;跳臺階及跳繩等。

(四)羽球運動的技術及訓練方法

1、羽球的主要技術

羽球運動技術是指運動員在羽球競賽中,能充分發揮其機體能力的合理有效地完成移動和擊球動作的方法。羽球技術分爲手法和步法兩大部分:

(1)手法

①握拍法

主要有正手握拍法;拇指點壓式反手握拍法;拇指豎貼式反式握拍法和柄端支點式反式握拍法等四種方法。

②發球

發球主要以下幾種:正拍發高遠球;正(反)拍發平高球;正(反)拍發平射球;正(反)拍發網前球;正(反)拍發追身球;假動作發球;

發球的高難動作爲雙打反拍掉頭式發球。

③高球

高球技術分爲正、反拍和頭頂三種手法。按飛行軌跡可分爲高遠球、平高球、平快球。若擊球點較低則稱爲低平位正拍高球,低手位反拍高球等。

高球的高難度動作有併步起跳正拍突擊平高球和正拍假動作擊平高球。

④吊球

吊球技術分為正、反拍和頭頂三種手法。按球的飛行速度和落點又可分為輕吊和快吊。

吊球的主要線路為正拍吊斜線球;頭頂吊斜線球;正拍吊直線球;頭頂吊直線球;反拍吊斜線球;反拍吊直線球。

吊球的高難動作有正拍突擊吊球;正拍吊球的假動作,反拍吊直線球。

⑤殺球

殺球技術分為正、反拍和頭頂三種手法。按殺球的力量不同又分為重殺、點殺。按球飛行路程的長短或落點不同分為長殺、短殺。從動作的速度看,動作突然,急速起跳殺球動作稱之為突擊殺。殺球的高難動作有頭頂突擊殺;正拍滑扳殺直線球。

⑥劈殺

劈殺可分為正拍、頭頂二種手法。主要線路有正拍劈斜線;頭頂劈斜線;正拍劈直線;頭頂劈直線和突擊劈殺。

⑦放網

放網主要有正拍放網;反拍放網;正拍低手位放網;反拍低手位放網和假動作放網。

⑧搓球

搓球主要有正拍搓球;正拍展搓;反拍收搓;反拍展搓;直搓;平搓;近網搓;遠網搓。

⑨挑球

挑球分為正、反拍兩種手法。就其飛行弧度分為高弧度和低弧度挑球。按擊球點離網的遠近分為遠網挑球和近網挑球。

⑩推球

推球分為正、反拍兩種手法。根據球飛行弧度分為平推和挑推,按擊球點離網的遠近分為遠網推和近網推。

⑪撲球

撲球主要有正、反拍撲球和魚躍撲球等。

⑫勾球

勾球主要有正拍勾球;反拍勾球;低手位正拍勾球;低手位反拍勾球;假動作勾球等。

⑬撥球

撥球分為正、反拍兩種手法。按擊球點離網的遠近分為遠網撥球和近網撥球。

⑭接吊

接吊即還擊對方的吊球技術。可以還擊放網。挑球、勾球,也可以做假動作還擊。接吊手法均與網前低手位遠網放網,挑球、勾球完全相同。

⑮接殺

接殺技術分爲正、反拍兩種手法。具體有正反拍接殺放網;正、反拍接殺挑;正、反拍接殺勾;正反拍接殺反抽等。

⑯抽球

抽球分爲正、反拍兩種手法。若擊球點較低則稱爲抽拉。在雙打中還應用半蹲抽技術。

⑰擋球

擋球主要有正、反拍擋球和低手位正、反拍擋球。

⑱封網

封網主要有正、反拍封網和頭頂封網。

(2)步法:

①步法基本功:墊步;併步;跨步;蹬步;跳步。

②後腿移動步法:後退進攻步法;後退防守步法。

③上網移動步法:上網移動步法和上網防守步法。

④兩側移動步法

⑤連貫移動步法

2、技術訓練的主要方法手段

(1)揮拍練習:模仿技術動作的各種徒手揮拍;擊掛物揮拍;靠牆糾正動作的揮拍。

(2)模擬練習:擲羽球、壘球練習等。

(3)單一技術練習:單一技術對打練習;更重反覆練習;定時定點連續練習;多球練習。

(4)多項技術組合練習

①一高一吊上網搓、勾、搓。

②高殺上網搓、勾、搓。

③吊上網。

④殺上網。

⑤特點定點練習。

⑥攻防練習。

(5)多人陪打練習

①技術一致練習(二打一)。

②增加強度練習(二打一)。

③攻防練習(二打一,三打一)。

(6)多球練習

①多球練習單一技術打各種球練習,

②多球特點組合技術練習。

③多球補短練習。

④多球強化步伐練習。

⑤多球增加強度練習。

⑥多球配合練習。

⑦綜合性練習：各種比賽,對攻,攻防練習。

3、提高擊球弧線準確性的途徑。

要調節和控制球的飛行弧線、弧度及落點,關鍵在於能夠熟練、準確地調整拍面的擊球角度,能快速地改變及控制擊球的速度。按球飛行弧度及其擊球方式歸類如下：

(1)大弧度的高遠球：對於飛行弧度較大,弧線也較長的高遠球,擊球的初速度及擊球角都要較大。可採用正拍面擊球,同時使用全身各關節的力量來提高擊球揮拍速度,擊球角通常要大於 25°,但隨着該角度的增加,要相應地增加擊球力量。

(2)擊球點較高且飛行弧線較平的球：可在揮拍速度較快的情況下,利用不同角度的斜面來調整和控制球的離拍速度,打出各種落點球,使擊球動作更具有一致性。另外,利用正拍面和充分利用揮拍速度,打出飛行距離較遠的各種落點球。

(3)擦網而過的平球：通常利用前臂、腕及手指部分發力擊球,擊球角較擊高球小。可採用正拍面仰角觸球並向前上方拉拍。

4、提高擊球力量的途徑

(1)突出快速力量訓練,同時兼顧最大力量和快速力量耐力訓練,使它們協調發展。

(2)增加加速揮拍的動作幅度。

(3)增強協調性訓練,使腿部、腰部、上臂、前臂及手腕等動作在揮拍過程中能協調發力,有效地提高擊球力量。

(4)充分利用鞭打動作,使近側端的動量能依次傳遞至遠側端、以期提高擊球力量。

(5)根據戰術要求,選取合適的站位,有利於充分發揮肌群力量揮拍,以提高擊球力量。

(五)羽球運動的戰術及訓練法

羽球運動的戰術就是運動員在比賽中,根據羽球比賽的規則,羽球運動的規律和彼此雙方的技術、身體、心理等具體情況以及臨場比賽的發展變化,有意識地運用各種技術如高吊、殺、搓、推、勾、挑、抽、撲、擋等以及以上各種技術的組合,所採取的有目的,有預見性的行動。

羽球運動的戰術主要分為單打戰術、雙打戰術和混雙戰術：

1、單打戰術

(1)幾種進攻戰術介紹

①以我為主的進攻戰術

其中主要包括發球搶攻戰術、接發球搶攻戰術，單獨技術的進攻戰術和組合技術的進攻戰術等四種。

②以路線和區域組成的進攻戰術

主要有對角路線、三角路線、攻後場正(反)拍區、後場兩邊、攻前場區等進攻戰術。

③守中反攻戰術

執行這一戰術的過程，首先是把球拉到對方的端線，控制住端線，自己迅速回到適合的位置，讓對方先殺吊，自己從守中找機會反攻。

(2)幾種單打防守戰術介紹

①反打二底線高遠球的防守戰術

②採用勾對角網前或擋直線網前或半場的防守戰術。

(3)根據對方步法、手法、身材、體態、素質、心理和戰略上的情況制定的戰術。

(4)不同打法類型運動員的主要戰術手段

①拉吊突擊型的主要戰術手段：高吊；吊上網搓推；接殺擋網對角；接吊推、放、勾，當對方回球質量不高時抓準機會進攻。

②變速突擊型的主要戰術手段：高吊；高殺(判斷搶點起跳)；吊殺；推殺(快速推殺對方底線，快速退回起跳突擊對方回的高球)；搓殺(放網後快速後退起跳突擊對方的挑球或推球)。主要特點是後退加速起跳能力強，扣殺動作小，發力好，其他與拉吊突擊相同。

③下壓進攻型的主要戰術手段：吊、劈、軟壓、點殺上網搓、搓、勾創造機會進攻；配合平高球進攻；接殺吊擋網；擋對角過渡。

④守中反攻型的主要戰術手段：高吊拉開，消耗對方，控制對方的進攻威脅；接吊推。挑對角結合勾、放網前；接殺擋對角結合反抽；當對方進攻中陷於被動回球不好時，則抓住機會反攻，反攻通常是殺吊結合；網前推撲。

2、雙打戰術

(1)基本站位法

其中包括發球、接發球方兩人的站位法。

(2)幾種雙打進攻戰術介紹

①前四拍進攻戰術

包括發球和接發球進攻戰術

②攻人戰術

a.二打一戰術。

b.攻右肩戰術。

③攻區域戰術。

其中有攻中路;直線;邊攻邊;中攻中;攻大角等戰術。

④混合戰術

其中主要有一人攻直線、一人攻對角戰術;攻直線結合攻中路戰術;殺球結合吊球戰術;短殺結合長殺;輕殺結合重殺戰術;攻弱點戰術等幾種。

⑤根據對手技術,打法、心理、持拍手和配合情況制定的戰術。

⑥幾種具體的進攻輪轉法

分別爲一般輪轉法、連續輪轉法和特殊輪轉法三種。

(3)幾種雙打防守戰術介紹

①防守技術有:挑高遠球;挑平高球;反抽平球;半蹲抽擋;擋網前球;勾對角網前球等。

②幾種雙打守中反攻戰術

分別爲挑兩邊平高球戰術;讓對方從右後場進攻,再反拉對角平高球戰術;挑對角式直線平球;直線方位的人採用半蹲對攻或反擊直線、戰術;擋勾網前逼進戰術;反抽跟進對攻戰術;打漏洞戰術等。

3、混雙戰術

(1)基本站位

①發球的基本站位,包括男子發球時的基本站位,及女子的基本站位;女子發球時的基本站位,及男子的基本站位。

②接發球的基本站位,包括男子接發球時的基本站位,及女子的基本站位;女子接發球時的基本站位,及男子的基本站位。

(2)幾種混雙進攻戰術介紹

①發球戰術

包括男、女隊員的發球戰術。

②接發球戰術

提倡"快"字當頭,以穩爲主,狠變結合,抓住女隊員的戰術主導思想。

③第三拍的回擊戰術。

④第四拍封網的分工戰術。

⑤攻女隊員戰術。

⑥攻中路戰術。

⑦殺大對角男隊員邊線的戰術。

⑧殺吊結合戰術。

⑨短殺結合長殺,重殺結合輕殺戰術。

⑩狠抓思想配合上弱點而制定的戰術。

(3)幾種混雙守中反攻戰術介紹

①挑二底線平高球戰術。

②反抽直線勾對角戰術。

③反抽對角擋直線戰術。

④擋直線、勾對角網前戰術,

4、戰術訓練的練習方法

(1)戰術球路配合練習

①固定戰術球路配合練習。

②半固定球路練習。

(2)多球練習

可根據戰術的需要,固定供球、半固定供球或無規律供球。

(3)攻防練習

攻防練習是運動員利用掌握的進攻與防守戰術,進行近於實踐的戰術訓練。它有一攻一守的戰術攻防練習;單一戰術的積極對攻練習;掌握戰術對攻守轉換,和綜合運用戰術能力的攻防練習等。

(4)多人陪打練習

多人陪打練習的方法有:二一式前後站位陪打練習;二一式左右站位陪打練習;二一式對抗攻防陪打練習;三二式前後站位陪打練習幾種。

(5)實戰練習和比賽練習

主要方法有:半場區的戰術練習;全場區對半場區的戰術練習;平時訓練課安排的戰術練習;指定戰術比賽練習;按正常計分進行的戰術練習;採用讓分的戰術練習;隊內在一定階段內安排的內部循環賽;計時計分練習;參加正式比賽。

(六)羽球多年訓練過程階段劃分及各階段訓練的主要特點

1、啟蒙教學階段

啟蒙教學階段適宜年齡男女均為 7－9 歲,訓練年限為 1－2 年。其主要任務為:

(1)培養初學者對羽球運動的興趣,形成愛好。

(2)學習主要的基本技術,初步建立主要擊球動作的基本功架。

(3)增強體質,促進身體機能、運動素質和身體形態的良好發展。

(4)促進在掌握專項技術時所需的心理品質的良好發展。

(5)學習和掌握進行初級羽球運動的基本知識。

啟蒙階段的訓練時間安排如下:

(1)時間分配

全年訓練日數：120 至 160(天)

全年訓練課時數：150 至 200(小時)

一週訓練課次數：3 至 4(次)

一次訓練課時數：1 至 1.5(小時)

(2)時數比例：

技術訓練部分：60％至 70％

身體訓練部分：30％至 40％

心理和理論知識部分根據情況掌握。

2、基礎訓練階段。

基礎訓練階段的適宜年齡男女均為 8－9 歲，訓練年限 3－5 年。主要訓練任務為：

(1)進一步培養運動員的興趣，激發參加訓練和比賽活動的強烈動機，初步建立積極向上、努力奮鬥、不斷提高運動技術水準的願望和決心。

(2)全面學習基本技術。學會發球、高球、吊球、殺球、劈球、放網、勾球、搓球、推球、挑球、撲球、撥球、接殺、接吊、平抽，平擋的擊球技術和一般的起動、移動、止動、回動步法。對各項基本技術形成比較清晰準確的動作表象。

(3)學習和掌握比賽的基本方法，培養比賽中多項基本技術的配合運用能力和基本的戰術意識。

(4)增強體質，促進運動素質和身體形態的良好發展。逐步發展專項基礎運動能力。

(5)進一步發展掌握和形成運動技術和技能時，所需要的各項心理品質，培養運動員觀察能力。

(6)學習和掌握羽球運動的基本常識。

(7)培養基本功，逐步形成專項競技能力的基礎

基礎階段訓練的時間安排如下：

(1)時間分配：

全年訓練日數：160 至 220(天)

全年訓練課時數：320 至 640(小時)

一週訓練課次數：4 至 8(次)

一次訓練課時數：1.5 至 2.5(小時)

(2)時數比例

技術訓練部分：45％至 50％

戰術訓練部分：22％至 28％

身體訓練部分：25％至 30％

心理和理論知識可在訓練課中同時進行。

3、提高階段

提高階段適宜年齡男女均爲 13－14 歲,訓練年限爲 3－5 年。主要訓練任務爲:

(1)啓發運動員樹立攀高峰的奮鬥目標和堅定信念,不斷激發和培養運動員爲國爭光的强烈動機與責任感。

(2)在正確掌握各項技術基礎上,進一步改進和提高技術動作細節。不斷發展技術的快速性、準確性、突變性、穩定性、鞏固性和靈活性變化的能力,因人而異地學習和掌握各種"高難"技術和最新發展技術。

(3)不斷提高各種戰術的實際運用能力,增强戰術意識。培養"以快爲主、以我爲主、以攻爲主"的戰術思想,使運動員具有自己制定比賽的戰術方案和根據臨場具體情况合理運用與靈活變換各種戰術的能力。

(4)不斷提高專項運動素質。使專項運動素質全面地高度發展。

(5)進一步促進在掌握和提高運動技術與技能時所需的各項心理品質的高度發展、建立各種技術的正確動作概念,培養全面、精細的專項運動觀察能力。

(6)學習和掌握羽球運動的基本理論知識和有關運動訓練的科學文化知識。初步具有運用理論知識分析和解決訓練和比賽中一些具體問題的能力。

(7)運動成績隨着技術、戰術掌握程度的提高和身體、心智能力的發展,具有逐年上升的趨向,逐步具備向運動技術最高水準衝擊的競技能力。

提高階段訓練的時數安排如下:

(1)時間分配:

全年訓練日數:240 至 280(天)

全年訓練課時數:960 至 1320(小時)

一週訓練課次數:8 至 11(次)

一次訓練課時數:2.5 至 3.5(小時)

全年理論課時數:20 至 40(小時)

(2)時數比例

技術訓練部分:34％至 40％

戰術訓練部分:27％至 34％

身體訓練部分:30％至 35％

心理訓練可在訓練課中同時進行。

4、突尖階段

突尖階段適宜年齡男子爲 18－19 歲;女子爲 17－18 歲,訓練年限 4－6 年。主要訓練任務;

(1)不斷引導運動員建立和鞏固勇攀技術高峰和爲國家不斷創造優異

成績的決心和信心。對訓練和比賽活動樹立起堅定的事業心和強烈的責任感。

(2)在熟練掌握各項技術的基礎上,發展多種特長技術,形成"絕招"。不斷克服技術上的弱點,因人而異地發展"高難"技術,力求創新,形成個人特色。

(3)形成高度發展的戰術意識和解決各種戰術任務的能力,建立全面、基本趨於完善的個人打法。

(4)進一步促進與個人打法相應的重點專項身體素質和心理品質的高度發展。

(5)培養和形成在比賽訓練中,不畏強手,勇於進取的拼鬥精神和克服困難,堅定頑強的意志品質。

(6)督促和幫助運動員掌握有關羽球運動的多方面理論知識。掌握當前國內外羽球高水準競賽的形勢和國內外強手的基本情況及個人特點,把握羽球運動的發展趨向。

突尖階段訓練的時數安排如下:

(1)時間分配

全年訓練日數:240 至 280(天)

全年訓練課時數:880 至 1210(小時)

一週訓練課次數:8 至 11(次)

一次訓練課時數:2.5 至 3(小時)

全年理論課時數:30 至 40(小時)

(2)時數比例:

技術訓練部分:27%至 34%

戰術訓練部分:34%至 40%

身體訓練部分:30%至 35%

心理訓練可結合其它訓練同時進行。

5、保持階段

主要任務為:

(1)加強思想教育,調動各方面的積極因素,繼續保持和增強對訓練和比賽工作的堅定事業心和強烈責任感。

(2)進一步挖掘技術、戰術、身體、心理等方面的內在潛力,不斷克服缺點,彌補薄弱環節,爭取在局部環節上有所突破,進一步完善打法。

(3)保持和發展與個人打法相應的重點運動素質。

(4)充分運用心理訓練和恢復性訓練手段,保持承受大運動負荷訓練的能力。

(5)充分發揮構成競技能力各因素間的代償功能,最大限度地保持高水準的競技能力。

保持階段訓練的時間安排如下：

(1)時間分配

全年訓練日數：240 至 280(天)

全年訓練課時數：720 至 900(小時)

一週訓練課次數：8 至 10(次)

一次訓練課時數：2 至 2.5(小時)

全年理論課時數：30 至 50(小時)

(2)時數比例

技術訓練部分：27％至 34％

戰術訓練部分：34％至 40％

身體訓練部分：30％至 35％

心理訓練可在訓練課時適當安排進行。

(七)羽球運動員訓練計劃及比賽期間的工作

1、年度訓練計劃

年度訓練計劃是全年訓練工作的依據，它是根據多年計劃所規定的訓練任務，上年度訓練的完成情況，以及當年訓練的要求而制定的。

年度訓練計劃必須包括以下內容：

(1)年度訓練的任務。

(2)年度訓練的分期。根據運動員的訓練水準、季節特點和重大比賽的安排等情況可劃分爲基本訓練期，競賽期和調整期。

(3)年度訓練中各期的任務和安排。

(4)年度訓練中各階段主要訓練手段、運動量和強度的安排。

(5)完成全年訓練計劃的主要措施。

(6)全年訓練工作中應有的制度。

《1985－1986 年中國女子羽球隊訓練計劃》請見附件。

2、週訓練計劃

(1)制定週訓練計劃的步驟和要求。

①根據各時期、階段和月訓練任務、運動負荷量和強度安排，確定訓練任務、運動負荷量和強度。

②根據週訓練任務、時間、特點和運動員的訓練水準決定週訓練次數。一般啓蒙階段的兒童組每週三次，少年組可 4－6 次，靑年組 8－10 次。

③根據週訓練任務，確定課的任務。根據課的任務選定訓練手段。根據運動員訓練水準和訓練節奏，確定所選手段的量和強度。

(2)制定週計劃應注意的問題

①選用的訓練手段要目的明確,針對性強,注意實效。

②技術訓練和身體訓練要安排合理,運動負荷量小、中、大要合理交換,單項技術訓練在前,綜合性有強度的技術訓練在中,輕技術訓練在後。耐力練習要安排在課的後半時。力量練習中間或以後要安排放鬆跑和快節奏跑的練習,以保持肌肉的良好彈性。

③應根據運動員的水準,訓練的任務和內容,以及量和強度的安排而有所變化。

(3)基本期的週訓練計劃

基本期的特點是訓練次數多,運動負荷量逐漸加大,可以一直加到最大限度,但訓練強度較大。運動素質訓練和基本技術訓練較多。第一天的訓練好像是一次大的準備活動,運動量較小;第二天適合改進技術,發展速度,中上運動量;第三天可以大運動量、高速度、第四天應減量,進行積極性休息的訓練;第五天可提高訓練負荷能力,用中上運動量和負荷強度。第六天可採用最大運動負荷,強度不應超過第三天即可。第七天調整休息。

(4)競賽期週計劃的安排

競賽期週計劃的特點是保持一定的運動負荷量,強度較大,戰術練習比賽多,專項身體訓練多。

3、課訓練計劃

課的方式有以下幾種:

(1)理論課

理論課是使運動員獲得羽球運動的基本理論知識和專項技術,敎法及有關訓練方面的知識。一般是以講授為主,配合課堂討論、座談和聽專題報告等。

(2)訓練課

訓練課一般分為三個部分

①準備部分:即準備活動。一般用 20－30 分鐘。準備活動又分為一般和專項活動兩部分。一般性活動是利用慢跑、拉韌帶、做各關節操使身體得到一般的活動。專項性活動是在一般性活動的基礎上直接結合專項動作的練習。包括上肢的揮拍,下肢步伐等方面。

準備活動的時間、量和強度根據具體情況而定。成年運動員要比青少年運動員量少、時間短,基本期的準備活動要比競賽期量大、時間長。天氣寒冷時要做的時間長、密度大。

②基本部分:一般為 100－120 分鐘。其任務是學習技術,改進技術,提高戰術意識,發展意志品質,進行一般身體和專項運動素質的訓練。要合理安排練習中的間隔時間,一般是 3－5 分鐘,短時間的休息能達到最好的效果。

③結束部分:大多為 5－10 分鐘。其主要任務是使運動員呼吸血液循環及神經系統的活動逐漸恢復正常狀態,可以採用調整呼吸,活動性遊戲、按摩等手段。

(3)觀摩課

觀摩課主要是通過觀摩學習先進技術和頂尖打法,在訓練中得到啓迪和幫助。

4、比賽期間的工作

(1)比賽前的訓練安排

運動員在競賽期要有計劃地參加一系列比賽。因此,這個時期的訓練任務是發展專項素質、提高專項能力、完善戰術配合、增加訓練強度。通過檢查訓練效果,提高運動成績,豐富比賽經驗,培養意志品質。

①比賽前身體訓練和技術訓練的安排

在一定量的基礎上,強度較大、密度較小。一般身體訓練減少,專項和戰術訓練增加。技術和運動素質訓練安排根據不同階段運動員水準、比賽任務而定。

②賽前運動量和強度的安排

這一期的訓練是在接近比賽的情況下進行的,運動量相對減小,強度較大,尤其是要突出實戰的強度。

③賽前安排

賽前要不斷增強運動員對比賽的信心和興趣,通過訓練和參加一些小型比賽與練習,逐步提高運動員的最佳競技狀態,同時要進行思想和作風訓練,不斷培養和提高他們對參加比賽的責任感。為了樹立信心,在賽前幾次主要訓練課和主要訓練手段上,應讓個人特長技術達到最佳發揮。

一般在賽前三週開始降量,保持專項練習,適當提高戰術訓練強度。賽前的第二週量和強度又稍有提高,賽前一週,一切練習量都要下降,實戰強度繼續提高,賽前一兩天可做專門的準備活動,對場地,氣候、比賽等情況及對手進行周密的分析研究,以便比賽能正常發揮水準。

(2)賽後調整

調整期的主要任務為:積極性休息;保持已有的身體全面發展水準;總結教學訓練工作;制訂下階段的訓練計劃,為下階段的基本訓練工作作好思想準備。

調整的時間一般為二至三週時間,對青少年運動員,一般是不降量保持全面身體素質和基本技術的訓練,對參加比賽不多的運動員可適當降低運動量,對比賽多的運動員要明顯降低運動量,並最好是改變訓練條件和方法,以達到積極性休息的目的。

(3)比賽的指導工作。

教練員臨場指揮工作的好壞,對於運動員作戰關係很大。要當好臨場指揮,教練員首先要具有正確的工作態度,並對運動員的技術狀況十分了解,才能完成幫助運動員正確執行作戰計劃,把握戰機,特別是處理好關鍵時刻戰術運用的指揮任務,同時還需要注意指揮方法,才能做好與運動員之間的協調配合。

①教練員在臨場指揮時,應態度沉着,頭腦冷靜,要從大局出發,不爲場上一分球的得失所左右,也不因運動員在場上的表現而影響自己的情緒,要集中全力指揮作戰。

②教練員的臨場指揮應努力做到發現問題和解決問題要迅速、準確、大膽果斷。反對保守求穩,猶豫不決,貽誤戰機。

③教練員臨場指揮的實施,主要靠兩個基本方法:第一是在交換位置時,對運動員進行談話的方式進行場外指導;第二是當比賽進行中,無法和運動員談話時,用及時打手勢的方式來進行指揮。這兩種方法是相輔相成的,前一種方法主要是解決帶有全局性的戰術運用問題,後一種主要是解決局部性或臨時性的戰術變化問題。有關手勢的指導含義和指揮方法,應事前與運動員共同研究,以保證比賽時的相互配合。

(八)羽球運動員的選材

1、選材的階段與方法

羽球運動員的選材過程分爲初級選材、高級選材兩個階段和普選、復選、專選、競選四個層次。

(1)初級選材階段

①普選:由業餘體校的教練或羽球專項運動學校的教師或羽球專項重點學校的體育教師負責。在小學低年級(約7－8歲)的兒童中進行普選。從身體狀況等方面進行觀察、測試和調查,擇優選入業餘體校專項試訓班或羽球專項運動學校普通班或羽球專項重點學校的羽球隊進行培訓。

②復選:由教練負責,在業餘體校專項試訓班或學校的羽球隊(約9－12歲)的兒童中進行"復選"。從身體形態、身體機能,運動素質,心理品質、智力水準,技術學習情況以及家庭狀況等方面進行觀察、測試和調查,擇優選入羽球專項提高班、高級班進行重點培訓。

(2)高級選材階段

①專選:由省(市)優秀運隊的教練負責,在約13－15歲的少年運動員中進行"專選"。根據羽球專項高水準運動員的"模型特徵"和專項運動技術發展趨勢的基本要求,從技術掌握程度、戰術掌握程度、比賽成績以及身體形態,身體機能、運動素質、心理品質、智力水準,思想狀況等方面進行觀察、測試和調查。擇優選入省(市)優秀運動隊進行專項的全面訓練。

②競選:由省(市)優秀運動隊。中國青年隊、國家集訓隊的教練負責,

在省(市)優秀運動隊(約16至19歲)的青少年運動員進行"競選"。根據運動員目前競技能力的高低和今後競技能力"突尖"的可能性大小,從比賽成績、技術、戰術、身體、心理訓練水準以及身體形態,思想狀況等方面進行觀察,測試和調查,擇優選入省(市)優秀運動隊的"突尖隊伍"或中國青年隊直至國家集訓隊進行重點訓練。

2、身體形態選材的基本內容與要求

羽球運動員身體形態的特點是,身材中等偏高,體型修長,四肢勻稱,上肢和前臂較長,手掌較大並且有力,大腿相對較短,小腿和跟腱較長,關節徑相對較小。因此,選材時要注意觀察和測量以下幾個項目:

(1)身高

(2)體型

(3)上肢和前臂的長度

(4)下肢、小腿和跟腱的長度

(5)大腿的長度

(6)關節徑的長度

3、身體機能選材的基本內容與要求

羽球運動員在身體機能方面的要求是,具有良好發展的心肺功能,視覺水準,位置感覺和重量感覺等。因此,在選材時要注意觀察和測量以下幾個項目:

(1)肺活量。

(2)運動負荷機能試驗。

(3)視力、視野。

(4)肩關節、肘關節、腕關節位置感覺。

(5)握力和重量感覺。

4、運動素質選材的基本內容與要求

羽球運動員對運動素質的要求突出在反應時,爆發力,動作速率,靈敏性和耐力等方面。因此選材時要注意觀察和測量以下幾個項目:

(1)反應時

(2)上下肢爆發力。

(3)動作效率。

(4)動作的協調性與靈敏性。

(5)耐力。

5、心理選材的基本內容與要求

普選時,在心理選材方面,可注意挑選那些對參加羽球活動具有濃厚的興趣和強烈的動機,運動感知覺好,思維敏捷、靈活,技術動作模仿能力強,自我控制能力強,富有鬥志並具有良好意志品質的兒童。

在初級選材階段,還可以對運動員進行智力測驗,氣質類型測定以及本人健康史、家庭、狀況等調查。在高級選材階段,要注意從技術、戰術、身體、心理的訓練水準和競技能力、比賽成績等方面進行選材。選材的具體標準可按照各地的具體情況和實踐經驗制訂。

下面是我國優秀羽球運動員在身體形態、機能、運動素質等方面的參考數據。爲選材時作爲參考。

表 3-26-2   我國優秀羽球運動員形態、機能、素質參考數據

指　標　項　目	男　子	女　子
身高(厘米)	175.93±4.14	166.15±3.91
體重(公斤)	66.59±3.82	56.63±2.32
上肢長/身高指數	44.2±2.0	42.7±4.0
前臂長/身高指數	16.0±0.4	15.7±0.45
手長/身高指數	10.9±0.3	10.8±0.3
肩寬/身高指數	22.5±10	22.0±0.8
骨盆寬/身高指數	15.8±1.1	17.0±0.8
小腿長＋足高/身高指數	46.46±1.96	43.59±1.78
跟腱長/身高指數	15.2±1.0	15.1±1.3
踝圍/身高指數	12.3±0.55	12.6±0.5
肺活量/身高指數	26.57±3.20	21.57±1.76
神經反應時(毫秒)	98.82±16.76	97.28±19.95
握拍手握力(公斤)	50.92±4.52	36.94±2.91

(彭美麗　陶志翔　王文教　陳福壽)

二十七　網　球

(一)網球運動的發展趨勢

1、比賽的商品化、職業化刺激網球運動的高速發展

網球重大比賽一直不允許職業球員參加,1968 年國際網聯取消了這一禁令,世界各大賽事充滿了商品色彩。當今四大比賽和不同級別的大獎賽,巡回賽、大滿貫和獨資贊助的大賽獎金額都大得驚人。在高額獎金刺激下,優秀網球選手的職業化、早期專項訓練、早期參賽……推動了網球訓練的變革和技術水準的提高。

2、比賽場地的多樣化,促進運動員的技術更加全面

瀝青混凝土塗塑硬場地,球速快,適於進攻型打法,它廣泛使用於各大賽。英國的溫布爾頓網球賽是草地球場;法國公開賽仍用砂地,還有人造草地,合成材料的地墊等新型場地。多種不同性能的場地的球速和彈跳規律不同、跑動步法和調整方式也不同,要求運動員具有廣泛的適應能力,這促進了運動員的技術更加全面。

3、各項攻防技、戰術不斷創新和發展,達到了空前的水準

在技術上,雙手反拍大大加強了反拍的攻擊力;攻擊性上旋高球現已發展爲反拍攻擊性上旋高球,提高了防反能力。魚躍截擊球技術、雙打中的撲搶網技術、用快速起跳高壓來對付攻擊性上旋高球等高難技術不斷出現。發球上網戰術在快速場地上的運用,推動着接發球破網技、戰術的發展,雙打接發球方的搶網戰術不僅在男雙而且在女雙和混雙中使用,使各項攻防技、戰術已達到空前的高水準。

4、有更多的青少年選手跨入世界水準行列、網球運動員有早期成熟的趨勢

1985 年十七歲的德國小將貝克奪得溫布頓男子單打冠軍;德國姑葛格拉芙十六歲就擠身世界前列,1987 年計分超過老將納芙拉蒂諾娃,成爲新的"網球女皇";1989 年美藉華人十六歲小將張德培奪得法國公開賽男單冠軍,震動了世界網壇。接着南斯拉夫十六歲姑娘塞萊斯脫穎而出,擊敗各國對手,榮獲 1990 年法國公開賽冠軍,1991 年又獲澳大利亞公開賽和美國公開賽冠軍,並蟬聯法國公開賽冠軍,躍居世界女子排名第一位。

(二)現代網球訓練的主要特點和發展趨向

1、重視早期科學選材與基礎訓練

由於網球技術複雜,戰術變化多,對抗日趨激烈,尤其是近年來優秀網球選手的早期成熟趨勢,選材的年齡也隨之提前。怎樣把先天條件優越的少年選拔出來提高成材率,是人們十分重視的問題。

基礎訓練階段決定着少年運動員今後提高的水準,片面地過早地追求比賽成績,都會對運動員的長遠發展帶來消極影響。國內外專家一致認爲:一旦方法不合理、練得越早、越多、錯誤定型的影響越深、則越難改正。因此,啓蒙與基礎訓練階段的訓練起着至關重要的作用。

2、多年訓練的系統性與科學合理的安排

在多年訓練過程中,各個階段目標的序列演進常常是不可逆的,每階段訓練都有各自的任務和特點而相互銜接,形成多年完整的訓練過程。縱觀網球歷屆冠軍,不論是歷史上著名選手或當代的年輕球星。其成長過程都與多年訓練的系統性和科學安排密不可分,違反這個規律不但不能攀登世界水準,而且會出現傷病或"早衰"。

3、創新、改革訓練方法、提高訓練質量與實效

網球訓練方法的改革與創新在近二、三十年有了長足的發展與進步,例如多球訓練法,多球與單球相結合的技、戰術訓練,網球發射器、電腦、錄影和高速攝影等先進科技應用於訓練和比賽,大大推動了網球訓練的科學化進程。

4、重視運動品質和心理品質的訓練

一場打滿五盤的男子單打比賽可以持續四個多小時,一場勢均力敵的女子單打比賽也要三個小時,沒有良好的運動素質根本無法勝任,也根本無法掌握當代高難的技術動作。變化莫測的戰局、多變的戰術和複雜的客觀條件不僅需要豐富的經驗,而且需要指定的心理素質和自我控制能力。因此當代的著名教練都很重視運動素質和心理素質的訓練。

5、比賽成為運動員成長的重要手段

比賽是訓練成果的檢驗,也是一種重要的訓練手段。目前,國際上各種水準,各種類型的比賽很多,從年初安排到年底,國際網聯也爲青少年積分排出名次以鼓勵他們奮發上進。不少當代球星都是在少年比賽中顯露鋒芒的少將,他們年齡雖小,但比賽經驗相當豐富,年參賽數達百場左右(指高質量的正式比賽,多是淘汰賽)。比賽與訓練合理地安排,相輔相成,是優秀網球運動員成長的重要手段。

6、女子訓練的"男子化",促進女子水準的提高

現代的女子訓練經常借鏡男子的經驗很重視運動素質的訓練,在體能與專項素質等方面有了很大的提高。不少女選手安排男子陪練,以提高訓

練的強度和難度。不少男子的訓練方法被女子採用,不少男子的高難技術女子也在學習和掌握。這些都促進了女子水準的提高。

(三)網球專項特徵及訓練的方法與手段

1、網球的專項特徵

(1)比賽時間長。一場實力相當的女子三盤、男子五盤的單打比賽,可持續三、四個小時,但間歇很多。規則規定:每盤中的單數局結束後要交換場地,並有一分三十秒的休息,每分之間可以間隔二十五秒。從表3-27-1中可看出,在不同性能的場地上淨運動時間的不同。

表 3-27-1　　比賽淨運動時間

| 球　場性　能 | 淨運動時間 % | | 間　歇　時　間　% | | | | | |
| | | | 局　內 | | 交換場地 | | 每局結束後 | |
	男	女	男	女	男	女	男	女
慢速場地	32.5%	39.1%	40%	40%	21.6%	16.6%	5.9%	4.3%
快速場地	27.5%	34.2%	44.2%	42.5%	21.6%	17.5%	6.7%	5.8%

(引自《網球技術與動態》第43期,1987年)

(2)比賽跑動量大。跑動量與打法和場地性能有關。據統計:女子單打實力相當的高水準比賽可達五千公尺,男子五盤可達六千公尺以上。隨着快速場地的廣泛使用和網前戰術的發展,比賽的跑動量有減少的逐勢,但前後跑動和跨撲、跳躍動作在增加。

(3)擊球次數多。在慢速場地上底線戰術型的對手相遇,總擊球次數可達千次以上;而在快速場地上兩名網前進攻型的選手比賽,總共擊球次數僅數百次。攻擊力與擊球次數成反比,表3-27-2為不同擊球次數在比賽上所占比例。

表 3-27-2　　不同擊球次數在比賽中所占的比例

| 球　場性　能 | 性別 | 不同擊球次數在比賽中所占的百分比(%) | | | | |
		1-2拍	3-4拍	5-7拍	8-13拍	14拍以上
慢速球場	男	22%	23%	36%	15%	4%
	女	13%	16%	35%	27%	9%
快速球場	男	45%	33%	21%	1%	—
	女	32%	25%	34%	7%	2%

(引自《網球技術與動態》第43期。1987年)

網球拍重340-425克。高水準選手發球時速可達120英里,抽球時速可達70英里以上,揮拍速度是很快的,一場比賽上千次擊球,沒有良好的爆發力和力量耐力是不能勝任的。

(4)心理品質要求高

　　網球單項比賽不允許指導,運動員每處理一拍球大部分是在重重壓力下做出的、這就要求運動員具備良好的心理品質,諸如良好的心理特定性和自我控制能力,長時間保持高度精神集中和興奮的能力,獨立思考和作戰能力等。

　　綜上所述,網球是技術、戰術與體能並重的項目,網球比賽對體能要求高,由於比賽時間長,以有氧代謝供能爲主、無氧代謝爲輔、隨着比賽的日趨激烈,無氧供能比例有增長的趨勢。因此在訓練中,必需重視有氧與無氧能力的提高。在技術、戰術和運動素質訓練水準提高的同時,要重視心理品質和個性品質的培養。

2、網球主要的基本技術分類、動作要領及訓練方法

　　(1)握拍法(以下均以右手握拍者爲例)

　　①東方式

　　a.動作要領:東方式正拍握拍法:拍面與地面垂直,即用右手掌根與拍把右上斜面貼緊,與拍底平面對齊,拇指墊握住左垂直面,食指稍離中指,食指下關節壓住拍把右垂直面,拇指與食指成"V"形,正對準拍把的2、3條線中間的平面(圖3-27-1)。

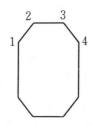

圖3-27-1 拍把的後視圖

　　東方式反拍握拍法:從正拍握拍法把手向左轉使拇指與食指成"V"形,對準第1條線上,用手掌根壓住拍把的左上斜面與拍底平面對齊,食指與其餘三個手指分開、食指下關節壓在右上斜面上,拇指貼在左垂直面上,拇指墊稍彎曲貼在左下斜面上。

　　b.使用特點:優點在於對底線正反拍各種高度的來球和各種旋轉球的打法具有廣泛的適應性。東方式反拍握拍法也常用於發球(尤其是第二發球)。缺點在於需要熟練地變換正反拍握法,尤其在網前快速截擊空中球時有時來不及變換。

　　②大陸式

　　a.動作要領:由拇指與食指形成的"V"字形對着圖1的第2條線上,手掌根部貼住上平面並與拍底平面對齊,食指與其餘三個手指稍分開,食指下關節緊貼在右上斜面上,拇指墊貼住左垂直面上。

　　b.使用特點:該握拍法可以發球,正反拍抽擊和截擊球,不用更換握拍

是它最大的優點,缺點在於正拍處理較高來球不容易上旋加力。

③西方式

a.動作要領:西方式正拍握拍法:拇指與食指間的"V"字形對準拍把的第4條線上(圖3-27-1)。手掌根貼在右下斜面:拇指壓在上部小平面上,食指下關節握住右下斜面上與拍底平面對齊。

西方式反拍握拍法:在正拍基礎上,手腕按順時針轉至拇指直伸緊壓在拍子左垂直面上,手掌根貼住左上斜面,食指下關節壓住上平面與拍底平面對齊。

b.使用特點:正拍抽擊上旋球、尤其是較高的球容易加力,但正拍處理低球比較吃力,需要更多的下蹲動作。發球、截擊球和高壓球等技術都需要更換其它的握拍法。

④其它握拍法

a.雙手反拍握拍法:一般兩只手都是東方式握拍法,右手是東方式反拍握拍法,握在球拍的拍柄端部,左手為東方式正拍握拍法,握右手的上方(左手握拍者相反)。這種握拍法的特點是對力量不足的運動員學反拍比較容易,便於對球施加上旋和發力,但缺點是對步法要求精確,伸臂夠球的距離縮短了。

b.混合握拍法:最常見的是正拍介於東方與西方之間的握拍法,即拇指與食指形成的"V"形在2、3條線中間到4線之間,它的使用特點便於正拍上旋加力攻,被不少優秀選手採用。

(2)發球

①動作要領

a.握拍法:大陸式或東方式反拍握拍法。

b.準備姿勢:站住時左腳距底線2-3公分與底線交角約30°(右區交角大、左區交角少),兩腳距約同肩寬,右腳約平行底線,兩腳連線對着發球區。左手持球輕托拍頸在腰部拍頭指向前方,左肩對網。身體重心在前腳並注意放鬆、呼吸均勻、精神集中。

c.拋球與後擺:拋球與後擺拉拍動作同步開始,拋球手拇指、食指和中指握球送向左腳前上方,拋球動作協調、平穩、球送至最高點再脫手、掌心向上,拋球的高度比擊球點略高。右手持拍自然地從下方向後上方擺起,做轉體、屈膝、展肩的後擺動作,右肘向後外展約同肩高,拍頭指向天,左側腰跨成弓形,身體重心隨着拋球開始先移向後腳然後平穩地開始前移。

d.擊球動作:右手舉拍在頭後從左肩胛骨擺下,右肘高抬拍頭指向地完成"搔背"動作。當球落到擊球點時迅速揮拍擊球,左足上蹬使手臂與身體充分伸展在最高點擊球,擊球時眼盯住擊球點使拍面觸及正確的部位(各種不同的發球觸球部位不同),小臂與手腕有一個旋內的動作,是整個揮拍最快的一瞬間,重心前移,左臂上收至胸保持身體平衡。

e.隨揮動作:擊球後保持連續的完整的向前上方伸展的隨揮動作,揮拍直至身體的左下方(美式旋轉發球在右下方),右腳跨入底線,重心完全移向前方,身體轉向前方並保持身體平衡。

②三種主要的發球方法

a.切擊發球:拋球在右側前上方,擊球的右側偏上方,使球產生右側上旋,整個揮拍動作是從右上方切削至左下方,球飛行有一個右側上旋的弧形以提高命中率。

b.平擊發球:擊球點應在身體的前上方,擊球的後上部,揮拍旋內有一個"鞭擊"的動作、發力集中,球幾乎沒有什麼旋轉,身體充分伸展可獲得最高的擊球點。

c.旋轉發球:拋球在左側前上方,後擺需要更多的後屈體動作,擊球的左後上方沿右前方擦擊,隨揮動作在身體的右側前下方,使球產生上旋轉提高命中率,球落地後跳至接球員的左側並彈跳很高造成回擊困難。

③發球主要的訓練方法

a.把站位、準備姿勢、拋球後擺,擊球動作,隨揮動作按要領做分節換仿動作的專門練習,由單一到組合的做對鏡練習(觀看自己動作),改正不合理的動作,逐步進入拋球和擊球的練習。

b.揮拍"搔背"動作的練習可用上手拋網球、拋木棒、拋舊網拍去領會動作。

c.擊球時的旋內動作可練習羽毛球學習擊打高運球和扣殺動作,對領會和掌握旋內動作大有好處。

d.在場地練習發球時,以正確合理協調的動作為前題,對成功率與攻擊性逐漸提出要求並使之統一,全力發球往往動作失控,並容易引起傷害事故。

e.在發球區內的不同落點處設立目標練習"打靶",以提高發球的命中率和準確性。

f.有接發球員對抗的發球練習,可提高發球員結合實戰的能力,鍛煉心理素質。

g.第二發球的專門練習,如在練習比賽時規定只許有一次發球等。

h.用攝像機從正面、側面和後面錄制發球動作並與正確動作進行對比,及時糾正不合理的動作。

(3)正反拍擊球

①動作要領

a.準備姿勢:面對球網,雙腳自然開立同肩寬,雙膝微屈重心落在前腳掌上,右手握拍(不必緊握),左手輕托拍頸,拍面垂直地面指向對方,精神集中注視對方來球準備還擊。

b.後擺動作:

正拍:當判斷是正拍來球時、轉肩轉髖帶動右手的後擺動作,同時右腳向右轉 90°平行底線,左腳向右斜前方上步(指關閉式步法。開放式步法左腳不上步,但要更多的轉體動作),持拍的右手向後成弧形(比擊球點略高)做後擺動作,肘部自然下垂,同時左手向前伸出保持身體平衡,後擺時重心移向右腳,後擺揮拍轉動約 180°~,最後拍頭指向後擋網。

反拍:與正拍方向相反。單手反拍左手輕托拍頸伴隨着向左轉動的動作。雙手握拍者需要更充分的轉體動作,右肩轉向左側網拄,右腳跨向左前方,反拍的後擺動作比正拍要更早完成。

c.擊球動作:從後擺進入向前揮動時緊握球拍手腕固定,正拍擊球點在左腳前方(反拍相反在右腳前方,開放式正拍在右側前方),擊球時拍頭盡量與手等高(視擊球點高低和打法而定),眼睛看準球打正拍心,重心移至前腳。

d.隨揮動作:使拍面平行於網的時間盡量長些,沿着球飛行的方向前送,身體也隨着轉向球網,揮拍在左肩前上方結束,拍頭指向天(高的切擊球除外),隨揮動作要比後擺動作大而充分,以保證擊球的穩定性。反拍與正拍相反在右側前上方結束,雙手反拍隨揮動作有兩種,一種是雙手送全程的,伸展度較小;另一種是送半程的,左手擊球後只推送一下,後半程右手單臂隨揮(這與個人習慣和擊球的難度有關)。

②四種主要的正反拍擊球方法

a.上旋球:擊球前拍頭低於球,整個揮拍動作由後下方向前上方揮動,使球產生上旋,這種球飛行弧線大,過網下降快,易於加力控制,球落地後跳得高。

b.平擊球:揮拍擊球路線向上較平緩,擊球時拍面幾乎垂直地面,擊球的正後部,用同樣的力量這種擊法速度快,球飛行路線平直,落地後衝力大,但命中率與準確性差。

c.下旋球:擊球前拍頭高於球,整個揮拍動作由後上方向前下方的揮動,使球產生下旋轉,這種球飛行路線平穩,並有向上的弧線,球落地後彈跳低。

d.側旋球(多是內側旋):擊球前的動作與平擊相似,擊球時向內側平揮動,使球產生側旋轉,這種球飛行路線呈水準向外側的弧線,落地後向外跳動。

③擊球的幾種主要練習方法

a.模擬動作練習:包括徒手模擬,揮拍練習和揮拍擊吊球(用橡皮筋上下固定中間懸挂網球或懸挂的羽毛球等)的練習,學習和體會正確動作的要領。

b.牆球練習:對牆進行正反拍擊球的練習,效率高,效果好,但在單人練習時,因距牆近、頻率快隨揮動作不易充分,可兩人或多人練習輪流打。

　　c.多球練習:可按教練要求強化動作質量和數量。但多球練習從一點送球不符合實戰規律;另外判斷送球的方向與對打判斷來球也有區別,在較高水準運動員訓練中應注意這些問題。

　　d.對練補多球的練習:對中等以上水準的運動員很適宜。練習時由教練或隊員補球,並不斷提出要求。

　　e.底線對練:有一對一或一對二的練習,有單線定位或定位跑動等方法。練習時應嚴格要求,加強配合。

　　f.底線正反拍對網前截擊的練習:方法極多,是對中高水準運動員提高正反拍技術的好方法。由於對方在網前截擊縮短了回擊時間,增加了正反拍練習的密度和難度,尤其是一打二的不定位練習被各國優秀選手採用。

　　(4)截擊球(亦稱攔網或空中球)

　　①動作要領

　　a.握拍法:大部分運動員使用大陸式握拍法,但也有使用東方式握拍法的。

　　b.準備姿勢:與正反拍擊球的姿勢相似,只是重心更低,舉拍更前,隨時準備撲擊來球。

　　c.擊球動作:後擺動作很小,拉拍一般不超過自己的身體(來球愈快,動作愈小),重心移向來球的同側腳,左手保持身體平衡,向前還擊動作簡捷而有力,擊球點在身體的側前方。一般截擊球都是下旋切擊,截擊低球時。身體重心盡量降低,使拍頭不低於手腕;中路的近身截擊以反拍較適宜,是一個閃躲迎擊的動作;遠的截擊球是用交叉步跨出迎擊,擊球後的隨球動作很小, 一般不超過中線。借助來球的衝力緊握球拍精確的迎擊。

　　②截擊球的種類

　　除了常用的一般正反拍和近身截擊外,按回擊的區域又分遠網、中場和近網截擊。因距網距離不同,回擊力量、落點與角度都不相同。截擊球也可以放輕球和挑高球,動作的突然性和隱蔽性特別重要,在觸球瞬間拍面的變化和良好的球感在起作用。還有一種抽擊式的截擊,在動作上很像底線正反拍擊球動作、當對方來球較高較慢,來得及做大的後擺動作加力完成抽擊式的截擊。

　　③截擊球的主要的訓練方法

　　a.斜牆的截擊球練習:在向後傾斜 10°－25°的斜牆上練習截擊球效果好、效率高、傾斜角度愈小球回來愈平。用可調整角度的厚木板牆代替也可。

　　b.多球的截球練習:方法很多,可按教練的要求組織練習,對正拍、反拍或近身;對運網、中場或近網等不同的截擊球進行針對性的專門練習。送球可由慢到快。由定位到不定位,密度由小到大,難度由易到難。

　　c.對練加補球的練習:一人練截擊對一人或二人底線的練習中,教練用

多球補球,即提高效率又減少多球練習時一點送球和無法練習判斷的缺點
(底線破網可練網前人的判斷)。

　　d.截擊對底線破網的練習(包括一對一和一對二的練習):以截擊球練
習為主,底線運動員練習破網並提出質量及數量上的要求。

　　e.截擊球對練:兩運動員在網前練習空中球截擊,也可一對二、二對二
或補球。

　　(5)高壓球

　　①動作要領

　　a.握拍法:與發球相同。

　　b.準備姿勢:側身對網,左腳在前右腳在後,左手高舉指向來球,右手舉
拍在頭後注視來球用側滑步調整身體位置。

　　c.擊球動作:迅速調整位置,使來球落在頭的前上方,當球落在擊球點
的上方時快速果斷擊球。高壓球多是平擊,近網擊球點可偏前,並有更多的
下扣動作,遠網擊球點可稍後,擊球動作向前方深區揮擊以防擊球觸網。

　　d.隨揮動作:與發球相似,但動作幅度較小。

　　②高壓球的種類

　　高壓球也分正拍與反拍,高水準運動員反拍很少使用,反拍高壓球由於
後擺動作無力僅能控制落點,得分率較低。另一種常見的是落地的高壓球,
當來球很高又不必爭取時間時使用,動作要領同上、低球應下蹲些。

　　③高壓球的訓練方法

　　a.羽毛球練習:羽毛球的扣殺練習對高壓球的動作掌握和步法調整很
有好處,只是球下降速度截然不同,需要判斷時間,加以調整。

　　b.斜牆的高壓球練習:在向後傾斜 25°－35°的斜牆上進行高壓球練習
效率高、效果好。

　　c.多球的高壓球練習:對各種高壓球都可以用多球組織專門的練習。

　　d.一對二的高壓球練習:一人網前練習高壓,二人在底線挑高球,教練
可以補球。

　　(6)接發球

　　①動作要領

　　a.準備姿勢:站位要根據對方的發球和自己接發球的水準和習慣、場地
快慢、戰術需要而定。大致應站在對方能發到內外角的分角線上。接第一
發球時多在底線之後,接第二發球略前。準備姿勢與截擊球準備姿勢相似,
當對方拋球時雙腳快速交替跳動,判斷來球迎前回擊。

　　b.後擺動作:根據來球速度而定。動作幅度一般介於正反拍和截擊球
之間,球速快、擺幅小、慢則來得及拉拍,轉肩帶動轉體跨步向斜前方迎擊。

　　c.擊球動作:判斷來球方向跨步向前迎擊來球,交叉步大小視來球遠近
而定。接大力平擊發球一般來不及橫向跑動,接近身球多向左側身用反拍

迎擊,有時用正拍側身搶攻需要有更快更早的動作,擊球瞬間緊握球拍看準打正球是非常重要的。擊球點在側前方。

d.隨揮動作:應有較充分的隨揮動作,但比底線正反拍擊球要小,身體重心向擊球方向前移。

②接發球的種類

有正拍和反拍之分,也可打出上旋、平擊、下旋和側旋等不同旋轉的球。根據戰術的需要,除了不同的回擊力量和落點外,也可直接運用挑高球(尤其在雙打時)放輕球和接發球破網等技術。

③接發球的主要訓練方法

a.多球的接發球練習:教練用多球發球根據運動員的接發球訓練要求進行專門的練習。爲了增加送球力量教練可站在較近的位置發球,應注意發球的角度,落點和力量盡量與發球相似。

b.與發球配合的接發球專門練習:如定位(正反拍或中路)不定位、接發球破網、搶攻第二發球、接發球隨擊上網、放輕球、雙打接發球的練習等。

c.提高接發球準確性的練習:接發球練習者接多人輪流發球,要回擊到指定區域內。

(7)挑高球

①動作要領

a.準備與後擺動作:從握拍,準備動作和後擺動作都應盡量與正反拍擊球相似,以求隱蔽來迷惑對方。但上旋挑高球的後擺手腕應有更多的後屈動作。

b.擊球動作:擊球部位在球的後下方向前上方平緩地揮擊,拍面朝上、使用一個柔和及較長的時間以控制球的高度和深度。攻擊性上旋挑高球擊球時允許拍頭低於手的位置,在能球一刹那手腕的回撥及前臂的回旋、使球拍從球的後下方向前上方做弧形擦擊、使球產生強烈上旋。要緊握球拍吃準擊球點。

c.隨揮動作:隨揮動作在另一側前上方結束,上旋挑高球比一般挑高球隨揮動作的高度略低,而且身體重心稍後。

②挑高球的主要訓練方法

a.多球的挑高球練習:按訓練要求用多球進行專門的練習,如一般挑高球的定位練習,跑動不定位的練習或上旋挑高球練習等。

b.對練中的挑高球練習:對高壓球的連續挑高球練習和截擊球結合破網的挑高球練習等,爲提高效率可以補送多球。

c.雙打挑高球的練習:按雙打戰術要求在雙上網的對手前,兩人同時練習挑高球防反技術、交替使用一般挑高球和攻擊性挑高球。

(8)放輕球

①動作要領

　　a.準備與後擺動作:與挑高球一樣,要求動作的隱蔽性和突然性,因此準備與後擺動作應盡量與正反拍擊球相似。

　　b.擊球動作:擊球時拍面要稍後傾,輕擊在球的後下部,動作柔和並延長觸球時間,靠球感有前推與上托的動作使球產生下旋轉。

　　c.隨揮動作:向擊球方向隨揮,用自然協調的動作來完成,重心向前,身體轉正。

　　②放輕球的主要訓練方法

　　a.多球練習法:教練用多球送球按要求練習放輕球,練習可從中場定位開始,逐漸增加跑動和難度。

　　b.對練中的放輕球練習:如在底線正反拍擊球練習中,一旦出現中場球要求放輕球等。

　　(9)反彈球

　　①動作要領

　　a.準備與後擺動作:兩腿分開降低重心做下蹲跨步動作、保持上身較直立的姿勢,中場反彈球的後擺動作較小,底線和運網的後擺動作較大。

　　b.擊球與隨揮動作:擊球時盡量使球拍地面平行、拍面的角度與來球的速度、旋轉和與網的距離有關,基本垂直地面做由下向前上方的揮動,中場動作較小,運網或底線則有較大的揮擊和前送動作,重心隨着向前。

　　②反彈球的主要訓練習方法

　　a.對牆練習:在正反拍擊球和截擊球對牆練習的基礎上,距牆較近做反彈球的練習。

　　b.多球練習:可單人或多人輪流練習,送球地點恰好在練習者的腳下,並變化距離和難度。

　　c.場上配合練習:如發球上網結合接輕球至上網人腳下進行反彈球和低截擊的練習。

3、網球的主要戰術分類及其訓練方法

　　(1)單打戰術

　　①網前戰術:以網前進攻爲得分的主要手段。網前戰術有以下幾種主要形式:

　　a.發球上網戰術:利用發球優勢上網搶攻得分;

　　b.隨擊上網戰術:在底線對攻相持中,一旦出現中場球,果斷隨擊上網進攻;

　　c.接發球搶攻上網戰術:尤其是當接第二發球時,搶攻或推切上網。

　　d.變換形式的上網戰術:包括偷襲上網、伺機上網和放輕球上網等戰術。

　　②底線戰術:以底線正反拍落地球爲基礎組織的戰術,有以下幾種主要形式:

a.兩面攻戰術:底線正反拍抽擊球具有強大的連續進攻能力,一旦出現中場球即可創造得分的機會。

b.側身攻戰術:多是利用正拍側身搶攻、反拍以控制落點為主或打些過渡球。

c.緊逼戰術:具有良好的落地球技術能迎擊上升球準確地控制落點,節節緊逼,一旦出現中場球則打出致命的一拍得分。

d.變換打法與節奏的戰術:長短球、上旋、削主、側旋和不同速度和高度的擊球,打亂對方擊球節奏控制場上主動權。

e.防反戰術:擅長接發球破網和連續破網反擊,判斷反應快、步法體力好,擊球準確、成功率高,能借力控制落點調動對方。

③綜合型戰術:要求技術全面、主要的關鍵技術特長突出,根據對方、場地特點及戰術需要靈活地變化,即可運用網前戰術又可改為底線戰術。此戰術底線與網前結合得好,中場球的處理與銜接合理:攻守平衡,符合"積極主動、機動靈活"的戰術原則,被各國優秀選手採用。

(2)雙打戰術

網球的雙打與單打戰術特點截然不同,雙打戰術特點是網前的爭奪,誰控制了近網的制高點誰就有更多進攻得分的機會。雙打成了發球上網對接發球破網、截擊、搶網高壓與連續破網、挑高球和空中球對攻的比賽。

①發球局戰術:多採用雙上網戰術,發球方站位如圖 3－27－2 A、B,A發球後上網與同伴站在網前進攻有利的位置,給對方接發球和回擊帶來極大的困難。即使第二發球也毫不遲疑地上網(中高水準的女子雙打也如此)。發球員的同伴乃有時搶網(多是不換位搶)但有時與 A 做全換位搶(即乃搶至右側,A 上至左側),當對方擅長接小斜線球造成發球員上網困難時,可變為同側站位如圖 3－27－3,逼接發球員變直線,但 A 的上網路線變為左前方。左區的發球戰術與右區相同,方向相反。發球員 A 發球後不上網的戰術不可取,一旦接球方得手 C、D 同時搶站網前有利位置,B 也被迫後退,使發球方處於被動地位,因此雙打發球局戰術即發球上網進攻別無選擇。

②接發球局戰術:接發球的站位有兩種:如圖 3－27－2,C、D,接球員 C的同伴 D 站在發球線附近,C 接發球一旦搶攻得手 D 能在網前搶攻,反之可以後退。另一種站位是 D 退至底線,與接球員 C 共同防守反擊。如圖 3－27－4,接發球的路線一般有這幾種:視發球方情況向定,1 小斜線,2 斜線或雙方腳下,3 回擊中路空擋,4 挑高球,5 擊直線。D 有時站至球場中線,當 C 接發球搶攻後,D 全搶網攻 B,C 接發球後上網補左區,逼發球員中場截擊變直線。

(3)戰術訓練的主要方法

①單打戰術訓練法:根據運動員的技術情況和條件,在單打戰術訓練

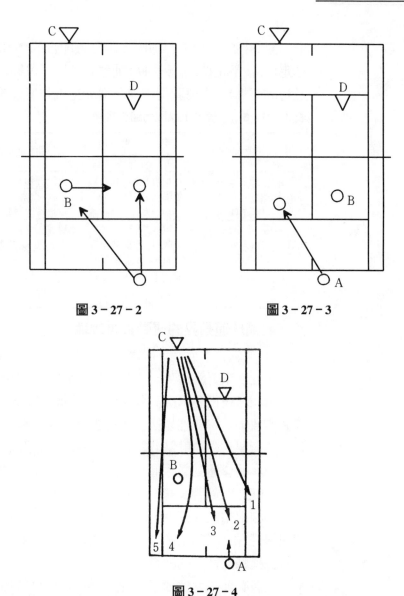

圖 3－27－2　　　　　　　圖 3－27－3

圖 3－27－4

中,無論是網前,底線或綜合型戰術中的哪一類具體戰術訓練,都可採用分類組合訓練法。現以發球上網戰術訓練爲例:發球上網戰術的運用一般由發球開始至網前截擊或高壓球結束,大多由二至四拍組成(當然也有一拍或五拍以上的,但較少),如表 3－27－3 可組織發球上網戰術用多球的方法訓練,例如一組四拍的練習:左區發球發外角,第二拍中場反拍截擊直線、第三拍近網截擊斜線,第四拍後退左側高壓球攻斜線。按發球上網戰術訓練即可以組織許多種固定路線的訓練,待有了一定基礎後,再增加對練和補球的不定位戰術訓練,隨擊上網或底線戰術同樣可以按上述方法組合練習,拍數由少至多,由簡到繁。

　　②雙打戰術訓練法:當一對雙打固定下來後可按發球局和接發球局戰術分別進行練習。上述分類組合訓練法同樣可以按雙打戰術特點組織,順序應先單人的(例如雙打發球上網的專門練習,兩名運動員輪流練習發球上

網二至四指的多球專門訓練),後雙人配合的(如搶網換位的練習等),先多球定位,後不定位,最後對練(補球對練可反覆練習戰術配合,並提出質量與數量的要求)。女雙戰術訓練爲增加對抗強度與難度可安排男子陪練。

表 3 - 27 - 3　　發球上網戰術組合訓練法

第一拍、發球	第二拍、截擊或反彈球	第三拍、截擊近網球	第四拍、高壓球
右區發球(外角,內角,中路,小斜角) 左區發球(外角、內角、中路、小斜角) 第二發球(右區左區)	正拍截擊中場(直線、斜線、中路) 反拍截擊中場(直線、斜線、中路) 反彈球,近身截擊球、撲截擊半高球,抽截擊撲擊高壓球等。	正拍近網截擊(直線、斜線、中路) 反拍近網截擊(直線、斜線、中路) 中路近身截擊近網球; 抽擊截擊高壓球	後退右側高壓球(直線、斜線、中路) 後退左側高壓球(直線、斜線,中路) 後退中路高壓球(左、右角) 落地高壓球(左、右角)

4、網球運動員的運動素質訓練

(1)柔軟性與協調性訓練

柔軟性素質應從少年學起,並在各階段保持下去。柔軟性訓練的任務是根據網球技術要求提高各關節的活動幅度,關節韌帶的伸展性,以達到最佳動作效果。協調性包括在所有練習之中,在訓練中只要不斷提高各種練習的技術要求,協調性素質就可以提高,兩者關系十分密切。

發展網球運動員柔軟性的主要部位是,腰部的轉動幅度和肩、肘、髖、腕、踝關節的靈活性。練習方法很多。簡要舉例:

①腰部柔軟性練習:如腰部繞環(要求動作協調、動作幅度大);前屈體;前屈轉體;後屈體(正後、右後屈、左後屈);左右轉體;雙人屈臂背和在肋木上做各種腰部轉動的練習等。

②肩關節柔軟性練習:如直臂後振;直臂繞環;拉肩;肋木壓肩;雙手握繩(或木棍)的直臂前後繞環;雙人壓肩、拉肩或直臂背的練習等。

③髖關節柔軟性練習:正側壓腿;擺腿(前後、左右);轉髖(正反方向動作幅度大)肋木轉體、轉髖的練習等。

④肘、腕、踝關節柔軟性練習:各部位關節的正反方向轉動,手握輕負荷的肘、腕的轉動(握球、木棒或輕啞鈴等),打羽毛球和滑冰對提高肘、腕和踝關節的柔軟性和力量都是很有效的。

(2)速度素質訓練

網球運動員的速度包括反應速度、動作速度和移動速度。速度練習應安排在運動員身心最佳、精力充沛時進行(如在力量訓練之前進行等)。移動速度的練習強度交替使用 85 - 90％的強度,練習時間一般都在 10″ - 20″左右,間歇應掌握在運動員工作能力得已恢復爲準。網球專項速度的練習方法很多,常用的有:

①短距離的往返跑(在場地上底線的往返跑);

②左右跨步和前後移動的步法練習;

③看手勢的左、右、前、後的步法練習;

④快速跳繩;

⑤高頻率小步跑等;

⑥在砂坑裡練步法(快速的可練靈活性協調性和爆發力;長時間的可提高速度耐力)對提高動作速度很有效;

⑦打羽毛球,對提高網球專項速度是一項很好的輔助練習。

(3)力量素質訓練

最大力量、快速力量和力量耐力都是網球運動員極重要的力量素質。過去網球教練對力量素質認識不足、多進行快速力量和力量耐力的訓練,對發展最大力量不夠重視,因此力量素質訓練水準較低,影響其它運動素質的提高。發展三種力量需要不同的方法、不同的負荷。

①最大力量訓練:負荷強度在 75－90％ 每組做 3－6 次,做 6－8 組、間歇 3',多發展軀幹大肌肉群的力量。例如某運動員練習背肌,槓鈴屈體提 100 公斤是他最大負荷。他在發展背肌練習時可安排:提鈴 85kg×4 做二組、90kg×3 做一組、80kg×5 做二組、75kg×6 做一組,每組間歇都是 3',視完成情況再調整次數、重量及組數。

②快速力量訓練:負荷強度 30％－50％,每組 5－10 次,動作速度用爆發式,做 3－6 組,間歇 1'-3'例某運動員練習腹肌,在下傾30°的斜板上做頭後負重仰臥起坐的最大負荷為 20 公斤,在安排他腹肌快速力量練習時,7.5kg×8 做二組,10kg×5 做一組、7.5kg×10 做二組,要求動作快,間歇 1'-3'。

③力量耐力訓練:負荷強度 25－40％,組數 4－6,每組 30 次以上,動作速度快,間歇 30″－60″。例如某運動員挺舉最大負荷是 100 公斤,在安排力量耐力的快速挺舉練習時,30kg×40 做二組、40kg×30 做二組,25kg×50 做二組,間歇 60″。

力量練習的方法很多,如負重蹲起、臥推快挺、提踵、腹背肌的練習等。還有許多發展與專項有關的小肌肉群的練習。國外教練很重視發展下肢力量的收腹跳、深蹲跳(多次多組)的練習和發展對抗肌的擊打速度的模仿性負重練習,如利用小啞鈴、橡皮筋、拉力器或加重球拍的揮拍練習。

力量訓練應全年安排,不得無故中斷,每周進行 3－4 次力量訓練,力量可獲得顯著增長。

(4)耐力素質訓練

①發展一般耐力(有氧耐力)最好的季節是年度訓練中的準備期(多是冬訓期),國內外教練常用的方法是:長跑、越野跑、變速跑和長時間跳繩等,其距離(次數)強度要求可根據運動員的訓練水準而定。

②發展專項耐力(無氧耐力)的訓練內容和方法主要是結合網球專項的練習(超過比賽量的練習比賽、多球練習、長時間一對二的破網練習、步法練習等),負荷強度為最大和次最大交替,著名網球選手博格曾說:"一場網球賽是做了上千次 10 碼距離的短跑",足見專項耐力要求之高。

5、網球運動員的心理品質訓練

網球運動員的心理素質訓練大部份可與技、戰術和身體訓練融合在一起進行,以下介紹幾種:

(1)集中注意力訓練

網球運動員在比賽中要保持長時間精神高度集中,是需要刻苦鍛煉才能獲得的。教練可根據運動員的年齡、個性、訓練水準和在集中注意力問題上存在的差距,有針對性地提出要求。如在啓蒙和基礎訓練階段常要求運動員眼睛盯住來球、全部注意力在球上,少年運動員易興奮、疲勞時精神易分散,此時安排競賽和遊戲的內容使之興奮,繼續把注意力集中在球上。有時為了強化集中注意力的訓練,尤其是在訓練的後一部分運動員體力下降時,安排一些速度快、精確度高的練習(如截擊空中球對打,在質量和數量上有特定要求),不完成不罷休。融合技、戰術訓練,經常有目的的提出要求,注意集中的能力可以提高。

(2)心理穩定性與意志品質的訓練

在技術訓練使用多球計數時,採用一種淨好球數(命中指定區為有效,失誤則扣除)和連續成功數(如規定連續成功十次,當第九次出現失誤則從零開始)的記數辦法,同時提出質量要求(如力量太小雖命中不計數也不算失誤等);在戰術三拍的組合練習中,三拍都命中為有效,第一、二拍失誤從零開始、要求完成若干組。對心理穩定性和意志品質都有很好的鍛煉效果。

(3)念動訓練與想象練習

對網球技術動作要領,結合看錄影或連續動作照片,要求運動員回憶完成動作時的感覺、揮拍的節奏、擊球點的位置,隨揮動作的完成……,有時結合徒手的模仿動作,改進提高技術質量,效果很好。

(4)模擬訓練

對比賽的條件、對手技、戰術特點的模擬等。把訓練內容與要求盡量與比賽情況相吻合,讓運動員進入"角色"去訓練,這種訓練在賽前安排二十天左右為宜。

(四)網球多年訓練階段的劃分和主要任務

1、網球多年訓練階段的劃分

多年系統訓練可分為以下幾個階段:

(1)啓蒙訓練階段:引導初學者入門。

(2)基礎訓練階段:打好競技能力的基礎。

(3)全面提高階段:全面提高競技能力。

(4)最佳競技階段:創造優異成績。

(5)競技保持階段:保持競技能力。

2、各訓練階段的適宜年齡和時限

表3-27-4是根據我國網球運動員的特點確定的多年訓練各階段的適宜年齡和訓練時限,個別超前成熟與大器晚成的例子也有,但僅屬少數。

表3-27-4　　網球多年訓練階段的適宜年齡及訓練時限

訓 練 階 段	起始年齡(歲)		訓練年限	全年訓練日數	全年訓練課總時數	一周訓練次數	一次課訓練時數
	男	女					
啓蒙訓練階段	7-9	7-9	1-2	150-200	450-600	3-5	1.5-2
基礎訓練階段	9-10	9-10	3-5	220-290	600-950	4-8	2-3
全面提高階段	13-15	13-15	3-5	250-300	1000-1600	7-11	2.5-4
最佳競技階段	18-20	17-19	4-6	270-310	1200-1700	8-11	2.5-4.5
競技保持階段	*	*	*	250-290	1000-1400	6-10	2.5-3.5

(注:"*"爲根據個人情況向定)

3、各訓練階段的主要任務

啓蒙和基礎訓練階段的任務略

(1)全面提高階段的任務

①啓發運動員樹立攀登網球技術高峰的信念,培養熱愛網球的事業心和責任感。

②在正確基本動作基礎上,進一步提高質量,發展在快速移動中的控球能力,不斷提高攻擊性和準確性,因人而異發展個人特長。

③提高戰術意識和應用能力,培養獨立作戰能力和既符合個人特長又適合當代網球發展趨勢的戰術風格。

④不斷提高運動素質水準,使專項運動素質發展滿足技、戰術提高的需要。

⑤樹立比賽中頑強拼搏的戰鬥作風,培養穩定的心理素質、自我控制能力和敏銳的觀察能力等優良品質。

⑥進一步學習理論知識,初步具有運用知識分析和解決訓練與比賽中實際問題的能力。

⑦逐步具備向網球高水準攀登的能力。

(2)最佳競技階段的任務

①樹立堅定的事業心,勇攀網球高峰。

②全面熟練地掌握各項技術,發展個人特長、形成"絕招",不斷解決技術上的薄弱環節,在技術上創新,形成獨特的技術風格。

③在熟練地掌握各種戰術基礎上,進一步發展個人特長戰術,提高質量,使之逐於完善。使攻防戰術盡量平衡,戰術意識強,經驗豐富。

④進一步提高專項身體素質和心理素質爲參加高水準比賽準備。

⑤培養並形成在訓練比賽中不怕困難。不畏強手,勇於進取的拼搏精神和堅強的意志。

⑥學習和掌握網球的有關理論知識,了解國內外動態,結合個人實踐有解決問題的能力。

(3)競技保持階段的任務

①繼續保持對網球事業的高度責任感。

②在技術、戰術、身體和心理素質上挖掘潛力、爭取在局部環節上有突破,以保持優勢。

③保持與個人打法相應的重點素質。

④運用心理和恢復性訓練手段,保持一定比例的大運動負荷量訓練和承擔比賽的體力。

⑤充分調動構成競技能力的諸因素,最大限度地保持高水準的競技能力。

(4)各訓練階段的目標

網球技術水準的提高是由多種因素促成的,因此,各訓練階段的技術、身體素質以及戰術和心理素質等方面很難用統一的指標參數去衡量,需要根據訓練對象的實際情況去考慮。但各訓練階段應有一個較明確的奮鬥目標。網球運動員劉樹華(1962 年 10 月出生)多年訓練計劃中各階段的目標及完成情況(表 3－27－5)可參考。

表 3－27－5　　劉樹華多年訓練階段的技術水準指標及完成情況

訓練階段	啓蒙訓練階段	基礎訓練階段	全面提高階段	最佳競技階段	競技保持階段
起止年份	1974－1975	1975－1978	1978－1981	1981－1986	1986－1990
年齡	12－13	13－16	16－19	19－24	24－28
時限(年)	1	3	3	5	4
指標	/	全國前八名	全國前三名	全國冠軍、亞洲冠軍	保持亞洲最高水準
實際完成情況	/	男子團體全國前八名	79 年香港分會賽單、雙打冠軍,四屆全運會男團第三,雙打亞軍 80 年南美世界青年巡回賽"咖啡杯"冠軍 81 年全國硬地雙打冠軍	82、83 年全國男子團體冠軍 83、84 年全國單打冠軍 83 年亞洲"加法爾杯"賽冠軍 82 年九屆亞運會男子單打第三名 86 年十屆亞運會男子單打第三名 男子團體,男雙亞軍	87 年東方區臺維斯杯賽,中國首次勝日本隊主力隊員 87 年全國單打亞軍,雙打亞軍 90 年十一屆亞運會,男子團體冠軍,雙打亞軍

各省市隊根據隊員的實際情況在制訂多年訓練計劃中,在各訓練階段應有較明確的技術水準指標,並有戰術、身體素質等指標。

(五)網球訓練計劃的制訂

1、全年大週期訓練計劃中各時期的任務,內容及負荷安排

全年訓練計劃應首先明確重大比賽的時間,以便安排單週期或雙和三個週期的訓練計劃。我國各省市隊根據目前國內網球賽制,一般在四月份(團體賽)和十月份(單項比賽)有兩次大賽,因此全年多安排雙週期訓練。而世界級球星要參加全年的大賽,大都安排多週期的訓練。

(1)大週期中各時期的任務和內容安排

準備期:全年單週期訓練的準備期可以長至 4－6 個月,雙週期或三週期的準備期可以遞減,但一般不少於三個月。以求得有機體各器官系統發生顯著的改變,使訓練水準得到提高,準備期一般又包含兩個小階段:

①第一小階段:以全面發展運動素質為主,技術與身體訓練約占 80%,強度不太高的內容與手段占多數,形式較多樣,有利於負荷的增加,練習賽較少,利於改進技術動作。

②第二小階段:突出網球專項技術訓練,使前一段訓練向專項技術集中,加強專項身體、戰術和心理素質的訓練,增加練習比賽。

── 競賽期:主要任務是促進競技狀態向最佳水準發展。使網球技、戰術更加完善,鞏固已掌握的技術,對動作精雕細刻,反覆熟練,以特長訓練為主,適當地彌補特短。技、戰術訓練的內容安排得細緻、扎實並有針對性,提高戰術思維和應變能力,樹立必勝信心。身體訓練以專項身體訓練為主,適當安排練習賽和熱身賽、提高心理穩定性,逐步進入最佳狀態參加比賽。

── 過渡期:主要任務是消除疲勞,積蓄力量,迎接下一週期的訓練。應安排一般性訓練或活動性休息,手段多種多樣,專項技、戰術訓練應盡量減少,內容可以是比賽中出現的不足和問題,過渡期時間的長短與比賽負荷成正比。

(2)大週期中各時期負荷的安排

準備期:

第一小階段是量和強度逐漸增大,並以量的增長為主。網球專項技術與身體訓練量逐漸加上去,大強度的內容增加得慢,主要是提高數量和密度,使訓練總負荷達到全週期的最大值。

第二小階段,負荷總量逐漸下降,但技、戰術訓練手段的對抗強度、難度逐漸增大,減少一般性練習的數量,絕大部分技術專項練習量繼續增長並保持下去。

── 競賽期:訓練總負荷比準備期略有減少。然後逐於穩定,但技、戰術訓練強度增至最高點,尤其是進入競賽階段,抓好賽前訓練,保持適當的量,其作用是擴大準備期已奠定的基礎。

—— 過渡期:保持活動性休息,達到恢復的目的。

表3-27-6爲全年雙週期訓練階段劃分的示例(假設四月十五日至二十二日參加團體賽,十一月一日至十日參加單項比賽)。

表3-27-6　　　全年雙週期訓練階段劃分示例

周　期	訓　練　期	訓　練　階　段	任　　務
第一週期 (12月1日 — 5月15日)	準備期 (12月1日-3月15日冬訓)	第一小階段(12月1日至2月10日)	根據上述要求結合實際情況安排
		第二小階段(2月11日至3月15日)	同上
	競賽期 (3月16日-4月22日)	賽前訓練(3月16日至4月14日)	同　上
		比賽(4月15日至22日)	同　上
	過渡期 (4月23日-5月15日)	—	同　上
第二週期 (5月16日 — 11月30日)	準備期 (5月16日-9月30日)	第一小階段(5月16日至7月31日)	同　上
		第二小階段(8月1日至9月30日)	同　上
	競賽期 (10月1日至11月10日)	賽前訓練(10月1日至10月31日)	同　上
		比賽(11月1日至10日)	同　上
	過渡期 (11月11日至30日)	—	同　上

2、週訓練計劃的制訂

(1)周訓練的內容安排

全年大週期各階段訓練都要通過週訓練去實施,要根據各階段的任務把技、戰術、身體和心理素質的訓練內容交替安排在週計劃中。關鍵技術和個人特長可以天天練(如發球、接發球、正反拍擊球等)。表3-27-7爲國家男子網球一隊在1989年競賽期(距比賽30天)的週訓練計劃,可供參考。

表3-27-7　　　國家男子網球一隊週訓練計劃安排(1989年)

星期	運動負荷	單元	課任務及主要訓練內容
一	中	上午	技術訓練:發球上網一接發球破網,截擊與高壓球練習,破網防反技術
		下午	戰術訓練:雙打戰術訓練
二	大	上午	技術訓練:發球一接發球練習,個人特長技術訓練
		下午	身體訓練:力量練習,專項耐力訓練
三	小	上午	技術訓練:發球一接發球練習,輔助技術個人計劃
		下午	業務學習
四	中	上午	技術訓練:發球上網一接發球破網,截擊,高壓,對破網對抗練習
		下午	戰術訓練:單打特長戰術練習。
五	大	上午	技術訓練:發球一接發球練習,破網練習,個人特長技術訓練
		下午	身體訓練:力量練習,越野跑。
六	中	上午	隊內教學比賽:單、雙打
		下午	周小結會

(2)週訓練負荷的安排

①週的課次:不同水準的運動員訓練日數與課次有很大的區別,隨着競

技水準的提高相應地增加課次,開始增加週訓練日數,後增加日訓練課數、最後基本上達到每日兩次訓練課(不包括早操),每週可達到 8－11 次課。高水準運動員每週大負荷訓練課至少要有 3－5 次,恢復課應占週訓練課的 1/4,在大負荷課間(前或後),總伴隨着相應的中負荷課的過渡和小負荷課的調節,以使周負荷有合理的節奏。

　　②週負荷的變化:一般在週七天安排中,大運動負荷週,可安排三天的大運動負荷日,利用週三或週四做小負荷的調整(如圖 3－27－5)。中運動負荷周可安排兩個大運動負荷日(圖 3－27－6)。小運動負荷周可安排一次大運動負荷日(圖 3－27－7)。

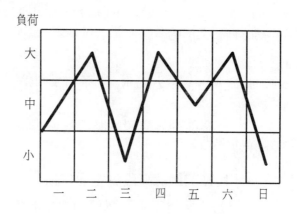

圖 3－27－5　大運動負荷週圖示

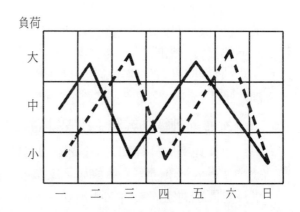

圖 3－27－6　中運動負荷週圖示

　　網球技、戰術與專項身體訓練方法對不同訓練水準運動員其負荷強度的反應是不同的,不同強度的訓練後即刻心率也是不同的,大強度爲 30 次/10″,中強度爲 25 次/10″、小強度爲 24 次/10″。在訓練中可依此比較參考。應注意的是,增加強度要有控制,不是越大越好,強度大體力消耗大、數量就應少,強度大(難度大)不容易集中注意力改進技術,因此不能只注意增加強度,還應注意改進鞏固技術,兩者要相輔相成,不同訓練水準的運動員在增

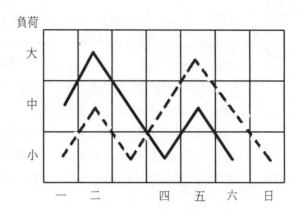

圖 3－27－7　小運動員荷週圖示

加負荷、上量的時候要考慮這一點。

（六）賽前訓練計劃的制訂

1、賽前訓練階段的時間最好要有一個月（或三週），才能進入賽前狀態。

2、賽前訓練階段的主要任務

(1)通過訓練，把已獲得的訓練水準通過各運動器官協調地發揮作用，充分表現出來。

(2)使運動員運動素質的提高與網球專項結合起來。

(3)保持良好的技術狀態，使動作更加靈活，協調、準確、球感好，熟練地掌握特長技、戰術。

(4)使運動員情緒移定，自信心強、興奮而有自控能力，有強烈的"比賽欲"。

3、賽前訓練內容和手段安排的特徵

根據比賽的條件和對手情況、如場地性能，比賽用球，比賽時間(開始、連場和最大比賽量等)，氣象與氣壓環境和對手特點等，有針對性地安排，更應注意區別對待。要增加戰術訓練比例，保持一定的技術和專項身體訓練，安排一些熱身賽。

(1)戰術訓練：以個人特長戰術訓練爲主輔助性戰術爲副、結合對手情況有針對性地練習，提高戰術質量和運用能力。對比賽可能出現的困難和問題予以充分考慮，並有具體措施和準備。戰術訓練要求明確、講實效，男陪女的練習應服從女運動員要求(男子做好"模擬對手")，安排練習賽、熱身賽要提具體戰術要求。

(2)技術訓練：以特長技術訓練爲主，個人"絕招"和關鍵技術天天練練適當彌補特短。增加對練(或對練加補球)的比例。爲了更好地結合比賽要求,可把單一技術配套組合起來練習,如發球—— 接發球、截擊球—— 破網、挑高球—— 高壓球、隨擊上網與截擊球、截擊球與高壓球等。手段結合實戰(對手)和個人特點、難度適當、使運動員處於興奮狀態,並可增強自信心。

(3)身體訓練:以專項身體訓練爲主,如專項耐力、力量和速度等、手段多樣化,使運動員即興奮又可達到訓練目的、與技、戰術訓練相應調節、保持充沛體力,注意防止傷害事故的發生。

(4)心理品質訓練:在技、戰術和身體準備充分的前題下,自信心會增強,正確地對待比賽、對手和自己、放下包袱、輕裝上陣。

(5)負荷量與負荷強度的安排特徵。訓練的負荷強度應在準備期的基礎上根據個人訓練水準在賽前訓練的前半期逐漸增加到比賽要求,但強度要有控制,要與量相配合,不要同步增加,總負荷量不要失控,以防過度疲勞,恢復性的小負荷課從占週的 1/4 左右加到 1/3,注意加強恢復措施,防止疲勞累積。

4、賽前調整時間的確定及方法

(1)賽前一週的安排特點

無氧訓練、力量和大強度的訓練,應在賽前 3－5 日進行。恢復性有氧訓練、中小強度訓練和一般性訓練在賽前 1－3 天進行。

(2)賽前調整時間的確定

賽前的全部安排都圍繞着使運動員在比賽期間能出現最佳的競技狀態進行,一般在賽前 1－3 日進行調整,總負荷量逐漸減少,降低訓練強度但仍保持一定強度。

(3)調整方法

安排熟悉比賽場地的一般性技、戰術訓練,保持體力的身體訓練,賽前一日可安排不去場地的活動性休息或休息。

網球賽前個人調整安排差異較大,應特別注意區別對待。有的運動員訓練水準高,賽前仍可保持相當強度的練習而不影響競技狀態,而有的需要較早的調整。賽前興奮程度不同,需敎練平日的觀察了解,利用測晨脈掌握超量恢復的時間,以防假像。

(七)網球比賽的臨場指導和比賽期間的訓練安排

1、網球比賽的臨場指導

網球賽規定:只有團體賽(包括單打、雙打)當單數局結束運動員交換場地,在間息的一分三十秒內可以進行場外指導。而單項比賽和其它場合都不得進行指導而網球賽大部分是單項比賽,因此,平日培養運動員的獨立思考和獨立作戰能力尤爲重要。教練在團體賽中進行臨場指導應注意以下幾點：

(1)要相信運動員。比賽靠運動員打、教練必須了解運動員，相信和依靠運動員，這是做好臨場指導的先決條件。只有教練摸透運動員的脾氣掌握每個人的特點，才能因人制宜，採取不同的方式指導。有的一點就通，有的需要細緻指點，有的忌諱較多，而有的無所禁忌。應允許運動員當機立斷，隨機應變，靈活處理各種問題。如果與場外發生分歧，可讓運動員按照自己的想法去打，如果比賽實踐證明運動員是對的，教練應勇於承認錯誤改正原來意見。若運動員錯了，應耐心敎育運動員吸取敎訓，總結經驗，這樣才能更加深教練與運動員之間的信任與配合。但有時運動員在場上精神面貌很差，或完全脫離了自己的技術風格時，必須服從場外指導及時糾正。

(2)臨場指導要沉着冷靜。教練要保持頭腦清醒，不要爲場上一分一球的得失所左右，不要受運動員情緒影響，集中全力指揮作戰，以自己鎮定的情緒去影響運動員。一般在領先時容易麻痹或保守求穩不敢打反而輸掉；有時急於求成，這時場外要及時提醒。比分落後容易氣餒失去信心，教練應及時分析是戰術問題還是思想或心理上的問題，分析有利因素找對策，鼓勵運動員奮起直追。在比分相持的緊要關頭，教練應以冷靜、從容不迫的風度、幫助運動員消除緊張情緒、克服在場上心靈亂打或考慮個人得失手軟不敢打的情況。

(3)場上發現問題要快而準、提出對策要及時而堅決。教練臨場指導要果斷，切忌保守求穩，猶疑不決，貽誤戰機，發現戰術有誤應及時改變。從落後到輸不能從頭到尾適用一套戰術，有時特長戰術和打法行不通就要大膽改用輔助戰術爭取扭轉戰局；有時臨場出現事先沒有估計到的情況正好切中對方要害，就要抓住戰機、力爭主動控制局面。

(4)臨場指導講話要少而精。當場上單數局快結束時，教練應及時小結並預見下兩局的情況，找出對策。當運動員休息時應讓運動員擦擦汗、喝點水、先聽聽運動員的想法，若運動員與教練要說的基本一致，可不必多講，若需要指點，講話應少而精，無論講什麼內容都應從鼓勵士氣出發，切忌無端指責，訓斥一通。

2、比賽期間的訓練安排

網球比賽一般都在 7－10 天左右，比賽期間的訓練任務是保持最佳競技狀態投入全部比賽，力爭創造優異成績。

(1)網球重大比賽都是先團體賽後單項賽、前後十幾天，主力隊員參賽場次多(有時單打雙打要連場)，任務重，每項比賽(尤其是淘汰賽)都是越打對手越強。需要教練根據比賽安排和隊員參賽情況有一個周密細緻的安排計劃。

(2)不同訓練水準，不同任務(主力與非主力)、不同類型(神經類型與個性的差異)的運動員,需要根據不同情況、區別對待。

(3)賽期間息安排的訓練內容應以結合個人的技、戰術特長爲主,及一些關鍵技術,同時可進一步熟悉比賽場地和環境、也可安排一些保持體力的一般性身體訓練,不宜採用大難度的手段,以使其保持熟練和滿意爲尺度。嚴格控制訓練負荷量和強度,使其賽前能完全恢復,賽期易興奮不顯疲勞,應控制。

(4)注意身體反應和訓練情緒,及時調整。因比賽情況千變萬化,而賽期訓練只是補充,要視比賽進展情況及時修訂。對老運動員或主力運動員,可多徵求本人意見。

(八)網球運動員的選材

1、網球運動員的選材條件

(1)心理條件

①熱愛網球運動,有堅定的事業心。興趣是熱愛的前奏,隨着年齡的增長,認識不斷提高,這種心理活動會形成一種觀念、從而產生對網球的事業心。

②良好的氣質。性格堅強,有一種不達目的誓不罷休的毅力,刻苦訓練,比賽勇敢、頑強,即使失敗也不氣餒。

③"比賽型"的苗子。有些兒童在比賽場合、不怕生手,不怕觀眾,不怕比賽場面,對比賽有一種特殊的膽量、甚至比賽有"超水準"的表現,在選材時應精心挑選心理穩定性好的"比賽型"苗子。

④機智清醒的頭腦。在訓練比賽中,掌握動作快,戰術意識接受能力強,賽場上表現出很強的靈活性。

⑤球感好。球感是網球運動員通過球拍對球接觸中的一種綜合知覺,這不僅是後天訓練的結果,有很大的先天因素,他們打球時不僅擊球點準確,而且在力量控制上有一種特殊的感覺。球感好是網球選材中的重要條件

(2)運動素質條件

①選肌纖維中快肌纖維比例大的運動員,他們的速度與爆發力素質好。

②協調性,柔軟性素質要好。

(3)生理條件

應挑選先天心肺功能優越的少年運動員。

(4)身體形態條件

我國網球運動員的高度,男子在1.80公尺左右,女子在1.70公尺左右。身高與四肢勻稱。

2、選材方法介紹

(1)心理選材方法通過嚴格的訓練和艱苦的比賽,觀察其表現。如嚴格刻苦的訓練可觀察熱愛網球的程度;讓運動員在困難、複雜和不利的條件下比賽,考察他克服困難的精神;比賽時頭腦是否機智、清醒、沉着、心理穩定性如何,是超水準還是發揮正常或失水準;與比他強大的對手比賽時觀察他的膽量和鬥志,勇敢拼搏精神和失敗後的忍受力,能否從中總結經驗以更刻苦的精神投入更嚴格的訓練;球感好的運動員在訓練中不難發現,他們動作都比較協調,模仿能力強、空間距離感好、能準確地調整擊球位置和時間、"吃球"準、擊球的力量和旋轉控制能力好……。

(2)運動素質選材方法

—— 速度與爆發力:測定位移速度的方法多使用短距離記時跑(如30公尺跑等),測反應速度可以通過視覺信號的起動記時跑;爆發力是測縱跳或立定跳運。這些辦法實踐證明效果較好。

表3－27－8爲天津體育學校網球班運動素質測驗評分表,可供參考。

表3－27－8　　身體表質測驗成績評分表

分數值	30公尺起動跑(秒)						100公尺跑(秒)				立定跳運(公尺)						4×8.23公尺往返跑	
	14歲		13歲		12歲		14歲		13歲		14歲		13歲		12歲		男	女
	男	女	男	女	男	女	男	女	男	女	男	女	男	女	男	女		
100	4"2	4"4	4"3	4"5	4"4	4"6	12"4	13"5	12"6	13"6	2.55	2.35	2.45	2.30	2.4	2.25	19"	20"
95	4"23	4"48	4"33	4"6	4"43	4"7	12"5	13"6	12"7	13"7	2.50	2.32	2.40	2.26	2.35	2.21	19"3	21"
90	4"25	4"55	4"35	4"7	4"45	4"8	12"6	13"7	12"8	13"8	2.45	2.29	2.35	2.22	2.30	2.17	19"5	21"3
85	4"27	4"62	4"37	4"8	4"47	4"9	12"7	13"8	12"9	13"9	2.40	2.26	2.30	2.18	2.25	2.13	19"7	21"5
80	4"3	4"7	4"4	4"9	4"5	5"0	12"8	13"9	13"	14"	2.35	2.23	2.25	2.14	2.20	2.09	20"	21"8
75	4"33	4"78	4"43	5"	4"53	5"15	12"9	14"	13"1	14"1	2.30	2.20	2.20	2.10	2.15	2.05	20"3	22"
70	4"35	4"85	4"45	5"1	4"55	5"25	13"	14"1	13"2	14"2	2.25	2.17	2.15	2.06	2.10	2.01	20"5	22"3
65	4"37	4"92	4"47	5"2	4"57	5"35	13"1	14"2	13"3	14"3	2.20	2.14	2.10	2.02	2.05	1.97	20"7	22"5
60	4"4	5"	4"5	5"3	4"6	5"5	13"2	14"3	13"4	14"4	2.15	2.11	2.05	1.98	2.00	1.93	21"	22"8
55	4"46	5"08	4"58	5"36	4"66	5"56	13"4	14"5	13"6	14"6	2.10	2.05	2.00	1.95	1.95	1.89	21"3	23"
50	4"52	5"12	4"64	5"42	4"72	5"62	13"6	14"7	13"8	14"8	2.05	2.00	1.95	1.90	1.90	1.85	21"5	23"3
45	4"59	5"18	4"70	5"48	4"78	5"68	13"8	14"	14"	15"	2.00	1.95	1.90	1.85	1.85	1.80	21"7	23"5
40	4"65	5"25	4"75	5"55	4"85	5"75	14"	14"6	14"2	15"2	1.95	1.90	1.85	1.80	1.80	1.75	22"	23"8
35	4"69	5"32	4"81	5"61	4"91	5"81	14"2	14"8	14"4	15"4	1.90	1.85	1.80	1.75	1.75	1.70	22"5	24"
30	4"77	5"37	4"87	5"65	4"97	5"87	14"4	15"	14"6	15"6	1.85	1.80	1.75	1.70	1.70	1.65	23"	24"5
25	4"83	5"42	4"93	5"73	5"03	5"93	14"6	15"3	14"8	15"8	1.80	1.75	1.70	1.65	1.65	1.60	23"5	25"
20	4"9	5"5	5"	5"8	5"1	6"	14"8	15"9	15"	16"	1.75	1.70	1.65	1.60	1.60	1.55	24"	25"5
15	4"97	5"58	5"06	5"86	5"16	6"06	15"	16"1	15"2	16"2	1.70	1.65	1.60	1.55	1.55	1.50	24"5	26"
10	5"03	5"63	5"12	5"92	5"22	6"12	15"2	16"4	15"4	16"4	1.65	1.60	1.55	1.50	1.50	1.45	25"	26"5
5	5"09	5"68	5"18	5"98	5"28	6"18	15"4	16"6	15"6	16"6	1.60	1.55	1.50	1.45	1.45	1.40	25"5	27"
1	5"15	5"75	5"25	6"05	5"35	6"25	15"6	16"7	15"8	16"8	1.55	1.50	1.45	1.40	1.40	1.35	26"	27"5

(引自:天津體校網球隊招生身體素質測驗評分表,1989年2月)

—— 柔軟性與協調性:網球運動員重要的關節有肩、肘、髖、踝和脊柱等部位,通過練習各部位的轉動,視其活動幅度大小,經過一段訓練後,可觀察完成動作的連續性,身體各部位協調配合的能力。

(3)心肺功能的選材方法

測量脈搏和呼吸頻率,觀測在靜止、運動和恢復後的變化。好的心肺功能是靜止時脈搏和呼吸頻率低,一般活動時增高不明顯,劇烈運動時頻率雖升高很多,但運動後恢復較快。

(4)身體形態的選材方法

網球運動員在身高條件上沒有特殊的要求。由於身高遺傳度最大,簡易的觀測法是了解父母的身高,在注意身高的同時應觀察四肢是否勻稱,同樣身高,體型修長(手臂長、腿長、腳手大、肩寬、腰短)為好。

(張大陸)

二十八 自由式角力

(一)專項訓練特點和發展趨勢。

1、起源和開展情況

自由式角力起源歐洲古希臘民族角力,古代奧運會就有類似自由式角力的比賽,1904年第四屆現代奧運會被列爲正式比賽項目。自由式角力運動主要特點是兩個人以各種徒手方式擒抱拌摔擠壓滾翻控制。比賽規則要求在比賽時快速主動、全面連貫、勇猛頑強。在規則允許的條件下,技術動作沒有規律的"快速"變化,以期戰勝對手。獲勝裁決、凡能使對手雙肩胛骨同時着地達一秒,即爲絕對勝利,否則全局比賽以贏分多者爲勝。

從1955年我國開展本項目以來,到1990年全國自由式角力錦標賽上,已有32個隊300多名運動員參加了比賽。截止1990年中國自由式角力隊在國際比賽中最好成績是亞運會第二名、世界自由式角力錦標賽第四名、奧運會第四名。

2、發展趨勢

(1)比賽時間逐漸縮短,比賽強度逐步加大。比賽時間從40分鐘、20分鐘、10分鐘到今天的5分鐘。比賽時運動員的心率平均170次/分以上。

(2)比賽規則規定一場比賽必須獲4個技術分以上才能取勝或誰先贏八個技術分就算獲得勝利,迫使運動員必須積極進行比賽。

(3)比賽時間短獲絕對勝利的次數明顯減少,抱雙腿和單腿的數量增加,發展這些方法的技術領域加寬。

(4)運動員比賽接觸的短暫性,使技術動作具有較單純的特點,使用複雜技術的數量減少,迫使運動員更多地使用站立技術。採用進攻戰術的運動員更有希望取得勝利。

3、訓練特點

(1)從宏觀上重視提高訓練的整體效應。就是說訓練不是從訓練時間長短上下功夫,而是在有效"訓練強度"內提高動作的質量和數量。

(2)訓練負荷量和負荷強度進一步加大,尤其重視專項訓練負荷量和負荷強度的合理安排。

(3)專項運動素質訓練更被重視,靜止力量訓練減少,符合角力用力,變化方向的速度力量受重視。

(4)重視訓練大負荷量後的恢復和營養。

(5)對技術動作訓練要求越來越全面(全方位)和精細。進攻對手身體面積範圍越來越大前後,上下、左右都能成爲進攻部位,站立和跪撐不分。所謂精細,就是一個技術動作變化多,在使用時根據對手防守、反攻變化可以衍生出許多技術動作。

(6)要求運動員有較高的理論知識基礎,理解技術,掌握技術,才能更好的運用戰術,在比賽中取勝。

(7)選材的科學性越來越受重視。

（二）專項特徵及訓練的有效方法和手段。

1、自由式角力供能特徵、專項供能的有效方法和手段以及供能能力監測的方法。

(1)自由式角力屬於無氧供能爲主的混合型。據測定比賽後運動員血乳酸值一般在 12－17 毫摩爾/升,脈搏在 120－220 次/分。

(2)發展本項運動員供能能力有效的主要的訓練方法和手段:

①大量的各種形式配合的、半對抗的、對抗的技術練習。半對抗技術練習負荷強度要求達到無氧閾強度,對抗練習負荷強度要求達到無氧閾以上強度。血乳酸分別爲 4－7 毫摩爾/升,7－12 毫摩爾/升。

②各種形式的循環練習。

③各種距離的跑。

④教學比賽、練習性比賽、技術性比賽、模擬性比賽、檢驗性比賽等。這些比賽的強度要求脈搏達到 180 次/分以上。血乳酸在 12 毫摩爾/升以上。

(3)對自由式角力供能能力監測的基本方法

①個體無氧閾值和脈搏對照定出訓練負荷強度系數。

②個人最高脈搏次數減去年齡就是個人練習時最高負荷強度,再把最高負荷強度分成等級,要求達到不同的等級負荷強度,對專項供能進行監測。

2、機能特徵及提高機能的途徑。

(1)本項目對運動員心肺功能要求很高。安靜晨脈宜在 40－50 次/分。訓練時最高能達 220 次/分。肺活量最高值在 60－70 毫升/公斤體重。

(2)提高專項機能主要途徑。主要有三種:第一是各種形式半對抗、對抗技術練習,如抱腿、抱頭頸、抱一臂、頂撞擒抱的技術。第二利用專項器材的體力結合技術的練習。如布人布袋模仿角力技術動作的各種摔翻滾的練習。第三各種距離的跑、各種形式的循環練習等。根據訓練階段、任務選擇上述的練習,以提高運動員技術熟練程度和心肺功能。

3、專項素質特徵和監測指標、辦法

(1)要求運動員專項素質是多方面的。要有舉重運動員的力量,短跑運動員的速度,中跑運動員的耐力、技巧運動員的靈敏,總之要求運動員力量大,速度快,墊上反應靈敏,各種應變能力強。

(2)必須發展的素質主要特點爲:速度力量、耐力速度,彈性柔軟和應變能力。

(3)表3-28-1所列9項素質角力(運動輔助項目),是提高運動成績必須練習的,各項指標是優秀運動員要求達到的,超過更好。

表3-28-1　　優秀運動員9項運動素質的指標參數

體重 kg	3000 公尺	800 公尺	30公尺	臥拉 kg	站立過橋翻 (次)	摔假人 (次)	抓舉 kg	立定跳遠 公尺	高翻 (次)
48	12'25"	2'30"	4"3	85	12"/10	17"/10	65	2.25	35
52	12'25"	2'20"	4"2	90	11"/10	17"/10	67	2.50	35
57	12'	2'20"	4"	95	11"/10	16"/10	70	2.60	35
62	11'50"	2'20"	4"	100	12"/10	17"/10	72.5	2.65	34
68	11'50"	2'25"	4"1	110	13"/10	18"/10	77.5	2.65	33
74	11'55"	2'25"	4"1	120	14"/10	18"/10	82.5	2.70	31
82	12'	2'35"	4"2	125	16"/10	19"/10	90	2.75	28
90	12'15"	2'35"	4"2	135	17"/10	20"/10	95	2.80	25
100	12'45"	2'45"	4"2	145	18"/10	20"/10	105	2.65	20
130	15'	3'05"	4"3	150	20"/10	20"/10	115	2.55	18

4.技術特徵、技術診斷和分析的簡易方法以及技術訓練的特殊手段和方法

(1)技術特徵

自由式角力技術動作多、實用性強,據前蘇聯專家統計自由式角力技術動作有380多個,都有其摔人的使用價值。技術動作結構較簡單但變化多,在使用時又可衍生出其他技術動作。每一個技術動作都有進攻、防守、反攻的變化。技術規律性差,運動員掌握技術多,但比賽時能使用贏分的少。

(2)技術診斷和分析的簡易方法

由於以上技術特徵,自由式角力技術診斷和分析,目前還沒有統一的標準。在訓練比賽使用,技術使用變化因人而異。一般診斷分析目前有三種方法。①在規定時間裡完成單個技術動作數量,作爲判斷運動員掌握技術動作的熟煉程度和數量的尺度。②在實戰比賽時,能使用贏分技術動作的數量,作爲判斷運動員使用技術動作的能力標準。③在實戰比賽時,使用技術動作"快、連、變","快"就是使用技術動作的速度和準確性,"連"就是使用一個技術動作接另一個技術動作連貫性,"變"就是使用一個技術動作時根據對手防守、反攻變化的速度方向的合理性,作爲判斷運動員使用技術應變能力的強弱標準。

(3)技術訓練的特殊方法和手段。

從教學上講,分分解技術練習,完整技術練習,聯合技術練習,變化技術

練習。從訓練上講,分技術動作配合練習,半對抗技術練習,對抗技術練習,再細分又可分爲單個技術動作配合練習,半對抗技術練習,對抗技術練習,如抱單腿技術配合、平對抗,對抗練習。自由技術練習,即雙方不限制使用什麼技術的練習,練習形式有自由半對抗,對抗,實戰、教學比賽等。再有專門反攻的技術練習,專門防守的技術練習。反攻時又可分反攻的反攻技術練習。比賽需要又有針對性技術練習,專門性技術練習。

5、戰術特徵、戰術水準測試辦法及戰術訓練手段

(1)戰術特徵

自由式角力比賽是在規定的時間裡,規定的場地上,用規則允許使用的技術動作想法戰勝對手,最後由裁判員裁決雙方的勝負。由於以上特點角力比賽是鬥智鬥勇鬥技術拼體力。具體到戰術的使用上可以三大類幾個形式。第一類充分利用時間戰術,其一勇猛攻進戰術,在比賽時間內猛烈進攻,讓對手沒有還手的機會,可在較短時間內取得絕對勝利。其二沉着迎戰的戰術,開始沉住氣,找機會先贏分,在比賽規定的時間內戰勝對手,其三以攻爲守的戰術,如果自己進攻技術較好防守反攻技術差,比賽時以攻爲主,一攻到底。其他還有以散手摔爲主的戰術。頂撞擒抱摔戰術、以守爲攻摔戰術等。第二大類是充分利用場地的戰術。在站立摔時,自己作圓心,讓對手走圓邊,這樣容易掌握場地的主動權,進可攻、退可守。如果自己處於跪撐防守姿勢時盡量在場地邊沿上,對手進攻時找機會出界,可以站起來從新從場地中央開始比賽,就是輸分也容易出界少輸分,就是被壓擠也容易出界不被壓雙肩着地。第三類是對付裁判員的戰術。當今裁判員能夠根據自己的判定決定比賽的命運,運動員應適應裁判員對技術場地時間一切規定要求,使自己不被罰。如最近幾年裁判員對反抱頭頸一方處罰很嚴,而對被抱者處罰很輕,這樣當自己反抱對手頭頸時,有進攻能力者,盡量快速進攻贏分,不能進攻者不反抱對手頭頸,或假進攻眞防守迷惑裁判員。

(2)戰術測試辦法

目前還沒有很好的戰術測試辦法,主要是通過敎學性、訓練性,技術性,出訪性等比賽實際檢驗後,再在大賽時使用。

(3)戰術訓練方法

自由式角力戰術訓練指導思想,積極主動、以我爲主、以攻爲主,防反兼備,一樣不鬆。戰術訓練安排貫徹在一切技術訓練之中,在平時配對訓練、教學比賽、模擬性比賽等都適當安排一些戰術思想,並給予獎評指導,再通過比賽檢驗提高。

6、心理特徵,大賽前易出現心理障礙及克服方法和手段

(1)運動員心理特徵及訓練方法

自由式角力運動員要有穩定靈活的神經類型,善戰敢勝的堅毅勇猛心

理品質。所謂穩定就是遇賽不慌不亂,按自己既定戰術已有的技術參加比賽,在比賽時,以自己爲主誘惑對手攻擊對手脆弱部位取勝。所謂"靈活"就是善於適應比賽場上的變化,應變能力強。所謂"善戰敢勝"就是對不同類型的對手善於使用不同的戰術技術戰勝對手,"堅毅勇猛"就是勝不驕敗不餒,堅持到最後。

人們的神經類型,個性心理特徵,通過訓練很難改變,但通過合理的訓練將其優點充分發揮出來是可能的。訓練方法有,其一是喂培法,學習技術和初練時,要喂要培給其良性刺激,建立起正確的技術概念和反射動作。其二是常勝法,對有發展前途的隊員,開始訓練,讓其和水準接近或稍低的隊員配對練習、比賽,使這個隊員勝多負少,培養獲勝信心。其三是克服困難法,當練到一定水準時就找更強的對手比賽訓練,讓其知道還有更困難的障礙要克服,鼓勵其好好再練。

(2)大賽前易出現的心理障礙及克服方法和手段

大賽前最易出現的心理障礙有兩類,一類是賽前緊張過度,一類厭戰情緒。賽前適度緊張是良好的心理表現,這種緊張可以調動運動員身心全部力量投入比賽,以爭取優異成績。但過度就由好事變成壞事。克服的辦法有幾種,一種是注意力轉移法,就是把運動員過度注意比賽勝負的思想,轉移到和比賽無關其他方面去,如參加輕鬆愉快的遊戲、看電影,講故事,幾個人出去散步等。一種方法叫氣功放鬆法,利用氣功調身、調息、調心達到放鬆解除運動員緊張過度目的詳細見第二篇的心理訓練部分。

厭戰情緒,對運動員賽前的厭戰情緒要調查研究具體分析,是責任心不強,是準備不夠,是怕對手過強輸了面子,還是對人對事有意見鬧情緒……不想比賽。作到對症下藥,有的放矢去解決。

大賽出現上述心理障礙的主要原因是:對比賽勝負考慮過多,想贏,怕輸,思想負擔過重而造成的,對以上心理障礙還可用技術訓練方法解決,辦法是在平時或賽前技術訓練時,讓運動員不計較勝負的結果,只想在進攻中多贏分、連續贏分,能壓雙肩着地時堅決壓雙肩着地。處於防守輸分時盡量少輸分,輸分不輸雙肩着地,這樣在訓練時就讓隊員從比賽勝負重擔下解脫出來,在比賽只想發揮自己的技術優勢,不想比賽勝負結果,讓運動養成習慣,可以部分解除運動員的緊張過度的心理。

(三)專項負荷主要特徵

1、專項負荷(量和強度)的主要指標和監測的易行方法

自由式角力訓練的方法手段很多,若計算負荷量的主要指標,應該是雙人配合練習,半對抗、對抗技術練習、實戰練習總的時間長短來計算,分日、周、月、年計算。負荷強度應該是以雙人半對抗、對抗技術練習、實戰練習,

練習時每分鐘脈搏超過 130 次以上部分來計算。如一堂訓練課,基本部分練習內容有(1)配合技術練習 10'×2,強度每分鐘脈搏 22－24 次/10"。(2)半對抗技術練習10'×2,強度要求達到脈搏 25－28 次/10"。對抗練習 6'×3,強度要求脈搏每分鐘 25－30 次/10"。計算這次課負荷量應是 58 分鐘,強度應是 38 分鐘。

監測方法是把開始訓練時每項雙人練習後的脈搏次數和三分鐘後血乳酸值都測量出來,找出個體無氧閾值,再把每項雙人技術練習後的脈搏值和血乳值制成脈搏和血乳酸值平均數對照表(表 3－28－2)。

表 3－28－2　　角力訓練脈搏和血乳酸關系

脈搏(次數/分)	130	130－165	165－175	176－180	180
血乳酸(毫摩爾/升)	2－3	3－4	4－7	7－12	12

平時訓練時把負荷強度定為六級和相應的強度百分比及相對應的脈搏次數/分(表 3－28－3)。

表 3－28－3　　角力訓練負荷強度和心率關系

強度等級	3	4	5	6	7	8
強度%	50	60	70	80	90	100
脈搏(次/10")	21－23	24－26	26－28	29－31	31－34	34 以上

定訓練計劃時,定出每項雙人練習的負荷時間,負荷強度等級,每次雙人練習後只測即刻脈搏次數,就可以監測訓練專項負荷量和強度的大小。

2、自由式角力訓練大周期中各個時期和各小周期負荷量和強度的方式方法和基本要求。

訓練中各大周期各個時期(準備期、比賽期、過渡期)的負荷量和負荷強度配合方式和基本要求,是根據不同訓練任務制定的。

(1)準備期根本任務:學習新技術動作,改善熟練原有的絕招技術動作,增長各種運動素質和提高專項運動能力。專項訓練負荷量大,負荷強度在中小基礎上逐步增加;專項訓練的比例也逐步增加。若每周安排六次專項技術訓練課,每次課雙人技術練習時間應在 35 分鐘到 50 分鐘之間,負荷強度為 50%－20%,每次練習後的脈搏在 23 次－28 次/10"之間。一周雙人技術練習時間為 210 分鐘到 300 分鐘,一個月雙人技術練習時間應達到 800 分鐘到 1200 分鐘,血乳酸值達到 3－7 毫摩爾/升。

自由式角力訓練有效負荷強度,一般地講,要達到提高技術熟煉程度又增加專項運動能力的要求其練習中脈搏應達到 25－28 次/10",要達到提高技術運用能力又增加比賽能力其練習時脈搏應達到 28－30 次/10",要達到比賽需要的強度其練習時脈搏應在 30 次以上/10"。

(2)賽前訓練和比賽期任務:提高專項比賽能力,提高比賽成績。訓練要求負荷量小,負荷強度高,訓練安排不以七天為周期,改成四天或三天為周期,若每周安排 4－6 次技術訓練課,每次課中雙人練習時間應在 20 分鐘左右,負荷強度要求達到 80－100％,每項練習中的脈搏都應在 35 次/10″以上。每周雙人對抗練習時間應在 100 分鐘左右,每月雙人對抗練習時間應在 500 分鐘左右。根據對抗技術練習中出現的技術偏差,適當安排糾正錯誤技術動作的配合練習時間。

(3)過度期的訓練任務:調整比賽期緊張的精神情緒,總結前段訓練比賽的經驗教訓,重新修定下一周期的訓練計劃。提出學習新技術動作,改革完善原有絕招的措施。用 2－3 周進行換項訓練如游泳、爬山、長跑、越野、一般力量練習等手段。並逐步恢復正常技術訓練,如果每周 6 天訓練時間,技術課應有 4－6 次,每堂課雙人技術練習應佔 40－60 分鐘,強度 50％－60％,脈搏控制在 21－26 次/10″之間。一周雙人技術練習時間達到 240～300 分鐘。

3、自由式角力訓練負荷量和負荷強度配合的方式方法和基本要求

自由式角力訓練負荷量和負荷強度配合方式方法,要服從訓練任務的需要,基本原則有兩條,其一與訓練計劃相一致,跟着訓練計劃預定的量和強度曲線走,其二負荷量大,負荷強度要低一些,負荷強度高,負荷量相對小一些。機體對訓練負荷量和負荷強度的刺激有很強的適應能力,但具體到每一個人,在一定時期內其適應能力又有一定的限度。在實施訓練時,應根據訓練對象所能承受的負荷量和負荷強度最大限度去安排日常的訓練。多年以來,人們已清楚認識到,負荷量的增加會帶來更好的訓練效果,這一增加越接近機體所能承受能力的極限效果就越明顯。教練訓練任務就是致力尋找這一負荷量的極限。與此同時,對訓練負荷量和負荷強度個體性應有足夠的重視,角力是集體訓練,個人比賽的項目,一個角力隊往往一個訓練計劃,但不能忽視角力比賽的個性原則,所以訓練負荷量和負荷強度除集體之外,還應有個體的負荷量和負荷強度的配合和要求。

(四)自由式角力賽前訓練計劃

1、大賽前階段

大賽前訓練階段,是準備期後段,大賽前的一個特殊階段。運動員常常要降體重,這個階段的訓練就顯得特別重要,最好用四周時間。理由有二,其一,機體對訓練的適應期一般需兩周,再用兩周鞏固訓練效果。其二,改變訓練性習慣為比賽性習慣,也需兩周時間,再用兩周鞏固。

2、大賽前訓練階段的主要任務

(1)把運動員的競技狀態調到最佳。

(2)把大賽中可能出現的不利因素和問題,盡量在賽前訓練中解決,使運動員作好充分思想準備。

(3)調整運動員作息制度和訓練時間,以便與比賽時的作息制度和比賽時間相一致。

(4)作好心理訓練,克服比賽中可能出現的心理障礙。

(5)降好體重,保證體力,防止傷害事故的發生。

3、大賽前訓練內容、手段、負荷量、負荷強度

大賽前訓練安排必須注意下述幾點,使運動員達到最佳競技狀態。

(1)訓練內容要精煉,訓練時間要縮短,盡量和比賽相一致。

(2)突出和比賽有密切關系的手段,如突出實戰、教學比賽,技術性比賽,模擬性比賽等。

(3)減小訓練負荷量,增加負荷強度。

(4)降體重的運動員增加跑的數量。

(5)訓練中加強個別對待,加強針對性訓練,彌補技術上的弱點。

4、大賽前調整的時間及方式和個別對待辦法

大賽前調整的時間應安排在比賽第一天向前數第五周內。調整時間三至五天,調整方式可採用換項訓練、易地訓練、積極性休息等。對降體重的隊員增加長跑,對不降體重的加強針對性技術練習,對大體重運動員適當增加力量練習。

5、大賽前訓練階段計劃實例

現列出兩份大賽前訓練階段計劃實例供參考。一份是1988年8月,蘇聯古典式角力教練為中國古典式角力集訓隊制定的一份賽前訓練計劃,雖然古典式角力和自由式角力技術上有一定區別,但訓練計劃中的手段、方法,負荷量和負荷強度大同小異可見表3-28-4。

一份是北京隊賽前訓練計劃,可見表3-28-5。

自由式角力比賽期是三天,要稱三次體重,也就是說運動員降到比賽級別要求的標準體重要保持三天時間。一般來講,自由式角力運動員的最佳體脂率應為7%-10%,不能低於5%。平時正常訓練的角力運動員體脂率在10%-15%。一般角力運動員的最大減重量應為每周1-1.5kg。可通過每天增加一小時訓練時間和從食物中減少1000千卡熱量的方法來達到減重的目的。安全合理減重的方法可用下列公式計算。① $\frac{體脂率}{100} \times \frac{體重(kg)}{1} = 總體脂(kg)$。② $\frac{減少體脂率}{實際體脂率} \times 總體脂 = 減體重(kg)$。③實際體重 - 減體重 = 最終體重。

表 3－28－4　蘇聯教練為中國集訓隊制定的賽前訓練計劃

第　一　週　任　務

	星期一	星期二	星期三	星期四	星期五	星期六	星期日
早操	1.跑 8 分鐘 2.徒手操 5 分鐘 3.提高技術 40 分鐘	同星期一	同一	同一	同一		
上（午）	1.準備活動 20 分鐘 2.墊上站立技術練習 $10' \times 4 = (10'+10')_3 + (10'+10')_3$	室外訓練站立技術練習 $10' \times 3$ 6×2	蒸汽浴按摩	1.準備活動 16' 2.墊上跪撐技術練習 $(5'+5')_4 + (3'+3')_4 + (3'+3')_4 + (2'+2')_4 + (1'+1')_4$	1.準備活動 20' 2.提高技術練習 $(5 \times 6) = (3+3)_3 + (3+3)_3 + (3'+3) + (3'+3')_4$	越野跑 $3 \times (800+800+800$ 公尺$)$	休息
下（午）	1.準備活動 20 分鐘 2.墊上跪撐技術練習 $(5'+5')_3 + (3'+3')_3 + (3'+3')_4 + (3'+3')_3 + (3'+3')_4 + (2'+2')_4$	足球 $30'+30'$	積極性休息	越野跑 $(4000$ 公尺$)_4$	速度力量練習 40' 室外	蒸汽浴按摩	休息

表 3 - 28 - 4　(續一)

	星期一	星期二	星期三	星期四	星期五	星期六	星期日
				第　一　週　任　務			
早操	散步 30'	散步 30'	1.跑 10' 2.徒手操 5' 3.專門性練習 25'	準備活動 30'	散步 30'	1.跑 8'2 2.徒手 5'	
上午	1.準備活動 15' 2.提高技術練習 4×10'=(10'+10')₂+(10'+10')₂	1.準備活動 15' 2.提高個人技術練習 10'₃+教學比賽 6₅ 3.提高跪撐技術練習 (3'+3')+練習性比賽(2'+2')₅+(1')₅	速度力量練習 35'	1.準備活動 15' 2.站立技術練習 10'₄+6'+6'+6'	1.準備活動 15' 2.站立技術練習 10'₃+練習性比賽 6₅ 3.跪撐技術練習(3+3)練習性比賽(2')+(1'+1')₅	越野跑 800×3	休息
下午	1.準備活動 15' 2.跪撐技術練習(5'+5')₄+(3'+3')+(3'+3')+(3'+3')	積極性休息	越野跑(4000公尺₄) 蒸汽浴	1.準備活動 15' 2.跪撐練習(3+3)₄+(3+3)₄+(1+1)₄ (2+2)₄+(1+1)₄	速度力量 35' 蒸汽浴	蒸汽浴	休息

表 3－28－4　（續二）

<table>
<thead>
<tr><th></th><th colspan="7">第　一　週　任　務</th></tr>
<tr><th></th><th>星期一</th><th>星期二</th><th>星期三</th><th>星期四</th><th>星期五</th><th>星期六</th><th>星期日</th></tr>
</thead>
<tbody>
<tr>
<td>早操</td>
<td>散步 30'</td>
<td>散步 30'</td>
<td>散步 30'</td>
<td>專項練習 30'</td>
<td>散步</td>
<td>散步 30'</td>
<td>專項練習 30'</td>
</tr>
<tr>
<td>上午</td>
<td>1.準備活動 20'
2.提高站立技術練習
$10'_4 + 10'_4 + 10'_4 + 10'_4$</td>
<td>1.準備活動 $15'_3$
2.提高站立技術練習
$10'_4 +$ 訓練性比賽 $6_6 + 3_3$
跪撐技術練習 $(3' + 3')_4 + (2' + 2')_4 + (2' + 2')$</td>
<td>越野跑 5000 公尺，按摩蒸汽浴</td>
<td>1.準備活動 $15'_3$
2.提高站立技術練習
$10'_5 + 6'_6 + 6'_6 + 6'_6 + 6'_6$</td>
<td>1.準備活動 $15'_3$
2.提高站立技術練習
$10'_4 +$ 跪撐技術練習 $6'_6 +$ 訓練性比賽 $(3' + 3')$ 訓練性比賽 $(1' + 1')_6 + (1' + 1')_6 + (1' + 1')_6$</td>
<td>速度力量練習 35'</td>
<td>休息</td>
</tr>
<tr>
<td>下午</td>
<td>積極性休息</td>
<td>速度力量 $35'_3$</td>
<td>休息</td>
<td>1.準備活動 $15'_3$
2.提高跪撐戰術練習
$(3' + 3')_4$ 訓練性比賽
$(2' + 2')_6 + (2' + 2')_6 + (1' + 1')_6 + (30" + 30")_6$</td>
<td>休息</td>
<td>休息</td>
<td>休息</td>
</tr>
</tbody>
</table>

表 3－28－4 （續三）

	星期一	星期二	星期三	星期四	星期五	星期六	星期日
				第　一　週　任　務			
早操	提高技術練習 25′	散步 30′	技術練習 25′	散步 30′	提高技術練習 20′	20′	
上午	越野跑 3000 公尺$_4$	1.準備活動 15′ 2.站立技術（10′+10′）$_4$ 3.跪撐技術練習（3′+3′）$_4$	籃球(15′+15′)$_5$	1.準備活動 15′ 2.站立技術練習 10′$_4$ +訓練性比賽 6′$_4$ + 跪撐(3′+3′)$_4$+(1′+1′)$_6$	1.墊上活動 15′$_3$ 2.站立技術練習 10′$_4$ +訓練性比賽 6′$_6$ + (6′)+6′$_6$	籃球(15′+15′)$_5$	休息
下午	休息	休息	蒸汽浴按摩	休息	休息	蒸汽浴按摩	休息

表 3－28－5　北京自由式角力隊賽前訓練計劃

			第 二 週 任 務				
	星期一	星期二	星期三	星期四	星期五	星期六	星期日
早操	自由練習 20'	自由練習 20'	自由練習 20'	自由練習 20'	自由練習 20'	自由練習 20'	
上午	1. 準備活動 20' 2. 自由實戰 $10'_4\times2$ 3. 糾正技術 10'，4 跪撐技術練習 $(1'\times4)_4$ $10'_4'+10'_4$，$+(30''\times4)_6$	1. 準備活動 20' 2. 搶有利把位接技術 3. 抱頭攻反 $10'_4'$ 4. 配合技術 10'	1. 準備活動 20' 2. 力爭第一個贏分 $10'_5\times2$＋練習性比賽 $6'_6$ 3. 糾正技術 6' 4. 跪撐 $1'_4\times4(30''+30'')_6$	足球 40'	1. 準備活動 20' 2. 跪撐 $(2'+2')_5$＋$(2'+2')_5(1'+1')_6$＋$((30'+30'')_6$	1. 準備活動 20' 2. 自由對抗 $10'\times2$ 3. 抱失攻反 10' 4. 糾正技術 10'	休息
下午	上肢練習 力量 跑 3000公尺	1. 自由實戰 $10'_4\times2$ 2. 抱腿攻反 $10'_6$ 3. 跪撐 $1'_6\times4$ $1'_6\times2$	蒸汽浴按摩	積極性休息	速度力量 25' 足球 35'	越野 8000公尺	休息

表 3-28-5　(續一)

	第二週任務						
	星期一	星期二	星期三	星期四	星期五	星期六	星期日
早操	自由練習 20′	自由練習 20′	自由練習 20′	自由練習 20′	自由練習 20′	自由練習 20′	
上午	1.準備活動 20′ 2.力爭第一個贏分 10$'_5$×2 糾正技術 10$'_3$	1.準備活動 20′ 2.搶有利把位接技術 10$'_5$ 3.抱腿改反 10$'_5$ 4.糾正技術 10′	教學比賽 6$'_6$+6$'_6$	足球 40′	1.準備活動 20′ 2.抱頭改反 10$'_4$ 3.撬臂抱腰 10$'_4$ 4.配合技術練習 10$'_3$	1.準備活動 20′ 2.提高站立技術練習 10$'_4$×3	休息
下午	1.準備活動 20′ 2.自由實戰 10$'_5$×2 3.蹲撐 1$'_5$×4+(30″+30″)$_6$	1.準備活動 15′ 2.第一個贏分 6$'_6$+6$'_6$+6$'_6$ 糾正技術 10′	蒸汽浴休息	蒸汽浴	速度力量 35′	休息	休息

表3-28-5　(續三)

	星期一	星期二	星期三	星期四	星期五	星期六	星期日
				第二週　任務			
早操	自由活動 20'	自由活動 20'	自由活動 20'	自由練習 20'	自由活動 20'	自由練習 20'	
上午	1. 準備活動 20' 2. 實戰 $6'_6 \times 3$ 3. 跪撐 $1'_6 \times 4 + (30'' + 30'')_6$ 4. 糾正技術 $10'_3$	1. 自己準備活動 20' 2. 提高技術 $10'_4$ + 戰術性比賽 $6'_6$ 3. 跪撐 $(1' \times 4)_5 \times 3$	1. 準備活動 15' 2. 跪撐 $(2' + 2')_4 + (2' + 2')_4 + (1' + 1')_5 + (1' + 1')_5 (30'' + 30'')_6$	足球 45'	1. 準備活動 20' 2. 抱腿對抗技術練習 $10'_5$ 3. 抱頭技術練習 $10'_5$	1. 準備活動 15' 2. 實戰 $6' \times 4$	準備比賽走
下午	力量足球	1. 實戰 $6' \times 4$ 2. 糾正技術 10'	蒸汽浴	積極性休息	1. 力量練習 2. 跑 3000公尺	越野跑 3000公尺	

表 3－28－5　（續二）

| | 第二週任務 | | | | | | |
	星期一	星期二	星期三	星期四	星期五	星期六	星期日
早操	自由活動 20'	自由活動 20'	自由練習 30'	自由活動 20'	自由練習 20'	自由練習 20'	
上午	1.準備活動 15' 2.自由對抗 $10'_4 \times$3 3.跪撐技術練習 $(1'_5 \times 4)+(30''+30'')_6$ 糾正技術 10'	1.教學比賽 $6'_7+6'_7$ 2.糾正技術 10'	1.準備活動 20' 2.自由實戰 $8'_4 \times 3$ 3.糾正技術 10'	足球 40'	1.準備活動 20' 2.提高站立技術練習 $10'_3 \times 2+10'_4$	1.準備活動 15' 2.抱頭攻反 10' 3.抱腿攻反 10' 4.把腰攻反 10'	休息
下午	1.準備活動 15' 2.實戰 $8'_6 \times 4$ 3.糾正技術 10'	1.準備活動 20' 2.跪撐技術練習 $(2'+2')_5+(2'+2')_5+(1'+1')_6+(1'+1')_6$	蒸汽浴	跑 3000公尺	速度力量 25'	越野 3000公尺	休息

6、降體重的時間及方法

按級別比賽的運動項目,降體重是共性,但因比賽期長短不同、稱體重次數不同,降體重多少,降體重的方法、時間均有所區別。

根據上述理論和減重公式,教練和隊醫可確定減重有關的事項。如運動員理想的比賽體重,保持理想體重的訓練計劃,合理的進食量,各種必須的營養素與水份以及確定降重時間等。

現時常用但不盡合理的降重方法有,穿上特制的降重服練跑,採用蒸汽浴,限進食,採用不損害體力的藥物等。降重超過 3 公斤的運動員,每年最好不要超過三次。

(五)比賽期間的指導及訓練安排

1、比賽特點及臨場指導

比賽規則規定,每個級別三天必須賽出冠亞軍,一天兩個單元的比賽,每個比賽單元,每人比賽不超過兩場,每場比賽成年五分鐘,中間沒有休息。比賽是兩人徒手面對面的擒抱拌摔擠壓滾翻,控制場面激烈。比賽時主要依靠運動員個人獨立作戰的能力,臨場指揮不起關鍵性作用。

對比賽起指導作用的主要是賽前訓練和比賽前的預備會。賽前訓練時,把比賽中可能出現的各種情況,都要加以訓練,如比賽到時出現平局的訓練,贏分不夠達到勝利要求怎麼辦,輸分時怎麼辦……。有針對對手的技術戰術、心理的模擬性訓練。

比賽時作戰的總的指導思想是;積極主動,以我為主,以攻為主,先下手為強。

賽前預備會,上主要是對每一場比賽,對自己對對手的技術戰術心理的詳細分析基礎上,並作出比賽作戰方案,比賽中發揮運動員個人技術特長戰勝對手。

2、比賽期間常遇到的問題及解決辦法

比賽期間常遇到的問題很多,總括起來有三個方面,第一是心理方面的,表現形式有,其一信心不足,總感到自己沒有準備好,解決的辦法,教練對自己運動員和他的對手作詳細的全面分析,指出自己運動員的優勢和不足,同時指出對手的優勢和不足,鼓勵運動員發揮自己的優勢,避開對手的優勢。如力大的以力勝,技術好的以技術勝。其二對比賽心理沒底,上場不知怎樣摔,解決辦法,明白告訴隊員,上場比賽以我為主,先下手為強,自己怎麼練的就怎樣摔就能取勝。"先投入戰鬥,然後見分曉"。其三是緊張過度,主要依靠心理訓練辦法解決。其四降體重後感到實力下降等。解決辦法,明確告訴隊員,這種感覺是正常現象,你的對手降體重後可能還不如你

好,鼓勵隊員,消除顧慮就能賽出好成績。其五還有怕比賽(厭惡比賽),解決辦法,調查清楚對症下藥。第二是戰術方面,其一戰術安排過於死板,沒有給隊員留有發揮主動性的餘地,解決辦法是,給隊員留有發揮主動權的餘地。其二戰術安排不全面,對比賽場上變化估計不足,如只考慮到比賽順利的一面,沒有考慮比賽場上困難的一面,解決辦法,把場上變化估計全面,第三是技術方面;其一絕招使用不上,解決的辦法,訓練時多準備兩個變換運用。其二防守不住對手的技術進攻動作,解決的辦法,賽前多調查研究,針對每一個人的進攻技術都有準備防守技術。

(六)選材特徵

自由式角力因級別多,體重、身材、身體素質差別太大,目前在選材方面還沒有統一的標準。如選48公斤級和130公斤級的,無論從靈活、力量、耐力,速度等方面,都無法統一要求。不過以下幾個方面可供選材時參考。從神經類型方面講,應選穩定靈活型,膽大不怕風險,好鬥有強烈的獲勝願望榮譽感強,有不達到目的誓不罷休的毅力。從身體素質方面有速度快、力量大,耐力好,柔軟性大又有彈性爲上等。在形態方面,四肢勻稱,上肢,上體略長重心低的較好。

選材最簡單易行的辦法有三條,第一通過各種比賽,選那些穩定反應又快,積極使用技術動作不服輸,總想贏分不願倒地的運動員。第二通過訓練,在訓練中能吃苦,而且不易受傷的運動員。第三受小傷能堅持訓練忍耐性強的人。其他還有思想品質好,遵守紀律等。

(七)多年訓練階段劃分和訓練特點

1、根據北京市四級訓練體制的要求,多年訓練過程和階段劃分及訓練特點見表3-28-6。

2、各階段訓練任務指標及標準參數

目前北京市自由式角力還沒有統一的訓練指標和標準參數。表3-28-1可作爲優秀運動隊訓練指標和參數。表3-28-7是1988年全國少年自由式角力錦標賽五項身體素質測驗成績,經過數理統計處理,可作爲二三級身體素質測驗的參數。表3-28-8是北京二級訓練運動員兩年測驗標準,可作爲三四級運動員身體素質測驗參考指標。

表 3-28-6　　　角力運動員多年訓練階段及任務

	訓　練　任　務　及　訓　練　特　點
10-13歲 基礎訓練階段	1.培養初學者對自由式角力的興趣愛好和敢於克服困難的堅強意志品質及良好的角力道德作風。 2.全面發展身體素質,重點發展速度協調、靈敏、柔軟。 3.初步掌握正確的技術二十個和一般比賽常識。 4.評價潛在能力,為進一步提高提供依據。這個階段每天訓練 1-1.5 小時。
13-15歲 初級訓練階段	1.培養從事角力運動的事業心,培養勇敢堅毅的性格及良好角力道德作風。 2.繼續提高各項身體素水準,初步提高角力運動的專項能力。 3.開始各種技術的對抗性練習,並要掌握正確技術三十個,初步學會一些摔跤比賽的戰術。 4.初步了解一些訓練常識和降體重的方法。 5.每天訓練 1.5-2 小時。
15-17歲 專項訓練階段	1.繼續培養從事角力運動的決心和堅毅的意志品質,培養勇攀角力運動成績高峰的精神 2.提高角力專項身體素質,並要求掌握四十個以上角力技術動作。 3.加強各種條件、無條件的技術對抗練習,提高專項訓練水準。 4.初步掌握一些角力戰術、訓練的常識和降體重的方法。 5.每天訓練兩小時
17-25歲 專項提高階段	1,培養勇攀角力成績高峰的精神為國爭光的榮譽心,責任感。 2.重點提高專項身體素質,並要求掌握一百個以上技術動作。 3.在專項訓練上加強各種條件無條件技術對抗練習,提高技術訓練水準和專項訓練水準。 4,進行個人絕招練習,加強個別對待,要求提高比賽成績。 5.每天訓練 4-5 個小時。
25-30歲 專項保持階段	1,繼續培養勇攀角力成績高峰的精神,為國爭光。 2.保持提高專項身體素質,加強技術熟練性,增強技術使用能力。 3.提高戰術意識,豐富比賽經驗,提高運動成績, 4.提高專項理論水準。 5.每天保持 3-4 小時訓練。

表 3-28-7　　角　力

項　目	平　均　數	標準差	人　數
100 公尺	15″52	0.44	98
1500 公尺	5′32″23	32″42	98
引體向上(個)	28.5	10.12	98
立定跳遠(公尺)	6.924	0.513	98
過頭翻	12.3/30″	4.69	98

表 3－28－8

動　作	優	良	及格	注
高　翻（個）	20	15	10	同體重
過頭翻（個）	15	12	9個	68－115公斤級
	20	16	12	36－16公斤級
技術動作（個）	40	30	25	

（八）訓練計劃（全年大週期及小週期計劃）

1、訓練計劃應包括的基本內容

(1)分析所訓運動員的起始狀態。包括訓練年限,運動成績,原訓練計劃的負荷量負荷強度,各項身體素質,身高體重,原比賽級別等。(2)確定訓練任務及成績指標。(3)根據大賽任務劃分訓練階段及確定各階段的訓練任務。(4)規劃負荷動態變化曲線。(5)選擇訓練手段(6)確定各手段負荷量度。(7)制定恢復措施及降重時間辦法。(8)規定檢查評定的方法與時間。

2、制定專項訓練計劃的程序

(1)調查測試所訓運動員的專項起始狀態。包括年齡,專項訓練年限,既往傷疾,過去比賽成績,機能狀態,過去訓練手段、負荷量、負荷強度。(2)根據全年比賽時間次數,把全年專項訓練任務及要達到成績指標,分配落實在全年訓練計劃中去。(3)根據全年重大比賽次數時間劃分訓練階段及成績指標。(4)根據比賽時間次數確定專項負荷量動態趨勢。(5)根據比賽次數時間選擇訓練手段、訓練比例。(6)根據專項訓練負荷量和強度確定恢復措施和手段。降重時間和方法。(7)檢查訓練成績及存在問題的時間及出訪計劃。

3、訓練計劃應把握的要點

(1)根據運動員起始狀態確定切實可行的訓練任務及成績指標。(2)採用的訓練手段方法符合運動員起始狀態及訓練發展規律。(3)選擇負荷量及負荷強度獲得最佳訓練效果。(4)技術訓練個別對待,因人而異。並經常創新技術動作。

4、訓練計劃格式和示例

自由式角力訓練計劃(年度)格式很多,一般原理相同,這裡就不重覆。這裡介紹訓練計劃格式和範例。

第一部分　運動學校角力班概況:

全隊14人,1975年出生的3人,1976年出生的4人,1977年出生的4人,1978年出生的5人。在今後的訓練中要不斷的吸收與調整,由於隊員在業餘體校都受過1至2年的訓練,身體條件和基本技術都有一定基礎為學生進入運動學校奠定條件訓練中的主要任務今年有市錦標賽和市教學比賽,這些學生都有比賽任務,同時輸送隊員也是本班主要任務之一。

訓練的主要任務:一做好全面身體素質訓練和基本技術訓練。二做好在一定抵抗情況下的技術練習的成功率。三適當增加力量練習。四增加專項能力(力量、速度、柔軟、靈巧、戰術)的練習。為今後的提高做好準備。

第二部分　運動員基本情況:包括姓名性別出身年月、身高體重參加訓練時間,學習成績,家庭地址,父母親身高,體重,家庭情況(人員,經濟狀況等)等(具體情況略)。

第三部分　角力班全年訓練任務及指導思想

訓練任務:

(1)做好全面身體素質訓練,以速度和力量為主為提高專項水準奠好基礎。

(2)加強在一定程度抵抗情況下的基本技術練習,提高使用動作成功率,培養完整,正確的動作概念,提高專項能力。

(3)心理素質的培養要貫穿在平時的訓練中,結合訓練實際培養運動員的戰術意識和戰術思想培養他們能較自覺的要求自己、刻苦訓練,發揮角力的十二字方針,和克服困難能吃大苦的精神與品質。

(4)完成比賽任務,多為二級輸送人材。

(5)爭取得到科訓科的支持和幫助做到科訓一體化。

指導思想:

本班同學均有1-3年的訓練基礎身體素質和運動成績,基本技術都達到一定水準,故他們今年要在對抗情況下提高動作成功率下功夫,適當增加對抗強度,增加一般力量和專項能力的練習,幾名隊員都到了輸送年齡、所以他們的訓練應該做好首先是思想建設,讓他們熱愛角力事業,準備為這光榮,艱苦的事業獻身,另外要在訓練課的質量上下功夫,只有認真上好每一節課才能較好的完成預期目的。做好文化學習:主動和文化教師配合使他們的學習有新的提高。

對新入校的隊員還要做好身體素質訓練和基本技術的培養,努力做到動作規範化。並逐步追上大同學。要培養良好的訓練作風,吃苦精神與能力為今後的訓練奠定良好基礎。

完成全年訓練計劃的措施

教練:

(1)增加事業心,熱愛本職工作,努力創造條件爭取長官支持。

(2)加強業務學習。了解國內外本專項技術,裁判規則,向有經驗的教練學習,向專業隊或自己原來的隊員學習新技術,新思想,集累資料,不斷提示自己業務水準。

(3)關心運動員成長,學習、訓練、思想並進。

(4)認真對待各項工作,訓練上勤勤肯肯,踏踏實實以身做則。

(5)努力培養學生動腦筋,能吃苦,頑強拼搏和努力進取的精神。

(6)訓練上精益求精,敢於嚴格要求,平時要嚴格管理,做好細緻思想工作,尤其是青春期的工作。及時總結經驗敎訓不斷改進工作爲體育事業多做貢獻。

運動員:

(1)嚴格要求自己、努力訓練,多動腦筋,逐漸養成吃苦耐勞和敢於拼搏的頑強精神。

(2)運動員之間加強團結、互相關心愛護,大幫小,老帶新,互幫互學。

(3)熱愛角力事業,熱愛團體,不給角力班壞形象,要添光彩,正確對待學習訓練。爭取考試取得好成績,爭做全面發展的好學生。

(4)努力完成訓練任務,完成全年訓練指標和比賽任務,努力鍛鍊自己,虛心向高水準運動員學習,克服自身缺點,不斷提高自己的運動技術水準。

(殷新喜)

二十九　古典式角力

(一)專項運動的發展和特點

1、專項運動的發展

角力是歷史最悠久的體育運動項目之一。

我國在 5000 年前的黃帝時期就有了角力。公元 10 世紀有了專門叙述角力的書籍"角力記"。公元前 3000 年的巴比倫王朝的歷史文物中,有了描繪角力的造型藝術作品。在埃及尼羅河中游的古城"列尼、那桑"的古壁畫上有了大量完整的角力技術圖。從古希臘的文學藝術作品中可以證實,角力在古希臘已經相當普及。角力是古代奧運會最受歡迎的競賽項目。公元前 284 年,在羅馬舉行了第一次職業角力比賽、古代的角力實用性強,後來規則不斷的演變,促使技術動作也不斷的改進。逐漸向安全的體育運動方向發展。

現代奧運會比賽的角力是古典式和自由式,統稱爲國際角力。

角力運動是奧運會重點項目,金牌多。我國 1984 年和 1988 年參加的兩次奧運會,均取得第四名的較好成績。在 1990 年第十一屆亞運會上,取得兩枚金牌。

2、專項運動的特點

角力運動是兩個人在一定場地內,在規則約束中的徒手直接接觸搏鬥的運動。它是相互克服不斷變化的活的阻力的競技體育。在同層次的比賽中,運動員的全面實力起着重要作用,但它的體現卻要通過技術動作作用到對手身上,這種作用是雙方的, 機會是均等的,都是在瞬間不斷變化之中作用到對手身上。因此,角力運動是一項身體直接接觸的、克服瞬間變化阻力的、具有高度應變的對抗運動。

(二)專項訓練的主要方法手段

1、專項的技術和分類

角力運動的技術可分爲兩大部分, 八個類別(圖 3－29－1。)

(1)擒抱類

正抱軀幹過胸、正抱軀幹過橋、正捧抱過橋。側抱軀幹過胸、抱臂軀幹過胸、插抱過胸、後抱軀幹過胸、後抱軀幹過橋、抱肩頸過胸、後抱肩頸過胸、圈臂抱頸過胸、反抱肩頸腋下潛入過胸、外拿臂扒腰過胸、圈雙臂過胸。

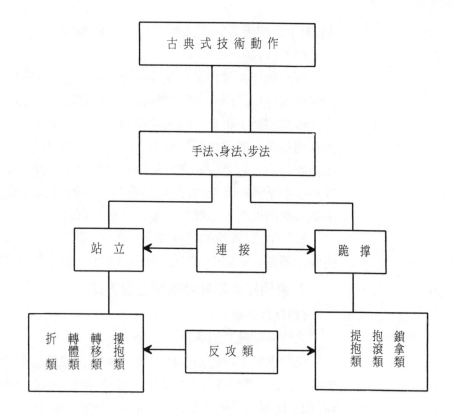

圖 3 - 29 - 1　技術分類

(2)轉移類

繞臂扒腰轉移、拿臂擠壓扒腰轉移、抱肩頸涮轉移、抱肩頸腋下潛入轉移、裡拿臂後倒轉移、外拿臂後倒轉移、雙捧左(右)涮轉移、單捧涮轉移、插抱轟轉移、插抱腋下潛入轉移、雙手抱腰後旋轉移、繞臂插腿轉移。

(3)轉體類

夾頸背、抱肩頸夾頸背、裡拿臂過臂摔、後倒背、插抱過腰摔，裡拿臂過臂摔、外拿臂後倒背、抱肩頸反向過背摔，過肩摔(俗稱揣)、圈單臂過背摔

(4)折類

正抱軀幹折、抱單臂折、抱肩頸折、抱雙臂軀幹折、腋下潛入抱腰折、抱單臂軀幹折。

(5)提抱類

騎抱腰過胸(騎抱翻)、後抱腰過胸(過橋)、側抱腰過胸、側跪抱腰過胸、反抱提過胸、跪抱肩頸提過胸。

(6)抱滾類

後抱腰滾橋、後抱胸滾橋、抱腰推臂翻、正抱肩頸滾橋、側拉臂潛腋下滾橋、反抱軀幹翻、向後圈臂抱腰滾橋。

(7)鎖拿類

裡肩下握頸翻、外肩下握頸翻、雙肩下握頸側翻、扛桿翻、扛桿拿後倒

翻、腋下拿腕壓頭側翻、側拉臂壓頸前擠側翻。

(8)反攻類

每一個技術動作都有反攻的技術和方法,因為每一個進攻的技術動作的完成過程中,都有一個最易被反攻的瞬間。如夾頸背這個技術動作,在完成上步橫腰到下裏發力的瞬間(約 0.2~0.3 秒),就是最易受反攻的時機,可採用抬頭挺髖破壞對方發力,可上步抱腰順其用力方向過胸,或是反向橫步抱腰過胸。它是在其完成最後發力前的瞬間進行反向或順向的反攻。反攻類技術是多種多樣的,而且是隨其進攻瞬間的身體狀態而決定的一個或多個方向的反攻。這就是反攻的時機,只有把握好它,反攻才能奏效。

關於站立、跪撐的各種技術動作,在國際角力聯盟發的技術錄影帶和技術動作連續分解圖中,有 208 個技術動作,比較詳盡,可參考。

2、專項技術訓練特點和主要方法

(1)技術訓練特點

①技術訓練的組合性

隨着規則不斷的演變和完善,對積極的鼓勵,對消極的懲罰,使對抗更加激烈,要求運動員具有更高更全面的身體素質,專項技術動作越來越全面,加上比賽交流的頻繁,運動員的應變能力和臨場經驗不斷豐富,在高層次的比賽中,想只用一個單個技術動作的進攻獲得成功,已是不可能的。只有在全面掌握熟練技術的基礎上,挑選不同類別的技術動作加以組合,再去熟練,而且要掌握幾套這樣的組合技術,才能在比賽中運用自如。

②不規律性

角力是沒有任何媒介,克服隨時變化阻力的直接對抗運動。一個運動員的水準高低是通過對手來表現的,沒有一定的程序。有的只是本人的力量、技術、速度、耐力、膽量和應變。比賽中每一個運動員要發揮自己的特點,還要在瞬間制服對手,所以運動員要在激烈的對抗中創造各種時機,要在平日訓練中去摸擬各種各樣不規律動作,然後把握住其專項特有的共同規律,不斷地捕捉,以提高應變能力。

(2)技術訓練的主要方法、手段

角力的技術動作是非常複雜的,每一個技術動作的完成,都是圍繞多個軸轉動的過程,有些技術動作的運用還必須具備一定部位專項力量,如過橋摔·滾橋的技術動作,其頸部力量必須達到一定的程度才能使用,否則容易受傷。提抱類的技術動作,腰腿力量不足就無法完成。有些技術動作需要利用專項器材做輔助練習。所以角力技術動作的訓練方法手段是多種多樣的,下面就較優秀運動隊的訓練方法手段介紹如下。

①配合性練習

為了提高運動員單個技術的熟練程度,速度、協調性、糾正動作的能力和熟練組合技術,必須提高專項靈活性、快速反應、速度耐力、進攻意識、應變能力等全面技術。

a.單個技術練習:體會、熟練單個技術動作的發力和發力時間,糾正和改進技術動作。

b.單個技術動作連續快速練習:要求在單位時間內完成一定次數的反覆重覆。可提高單個技術動作的使用速度,專項反應,速度耐力。

c.組合技術動作練習和快速練習:不同類別技術動作的組合、熟練。在規定的時間內重覆的快速練習,熟練組合的基礎上,提高進攻意識,技術的連接能力、快速應變能力,也是提高專項耐力的有效方法。

以上3種方法都是在規定的時間、次數、條件下,根據不同水準的運動員和任務的不同而有不同的要求。特別是個別對待,糾正某一技術動作,提高某一方面能力,效果較好。而且可以演變出上百種訓練手段。可因隊因人制宜地安排。

d.自由快速練習:主要是提高全面技術的熟練程度、應變能力、專項反應、專項耐力。不同水準的運動只可在時間、次數上提出不同的要求。

以上四種方法可以交叉安排,可因人安排,可依任務需要安排。

②不同程度對抗性練習

任何熟練的技術如不經過對抗的磨練,在比賽中是很難用上的。運動員有根據自己的身體機能對技術動作有所選擇,不同運動員選擇的技術動作也會有較大的差異。他們的選擇要在配合中組合,在各種對抗中完善熟練。

a.4~6、7~8成對抗(統稱為不同程度半對抗)。可安排同一類型技術或不同類型技術的對抗。4~6成一般是完善技術動作或組合技術時採用。7~8成一般熟練各種技術動作,完善在較高對抗強度時運用技術動作的能力、時機,提高專項力量耐力,提高技戰術結合能力。可以根據不同時期的不同任務,提出不同的條件和要求,以達到預定的目的。其訓練手段可組成幾十種。如4~6成轉移技術半對抗;4~6成轉體類技術與擒抱技術半對抱;7~8成自由半對抗;7-8成自由與擒抱對抗,如此可根據需要組成幾十種訓練手段。

b.全力對抗練習。又分條件全力對抗和自由全力對抗(也叫自由實戰)。還可條件與自由結合的全力對抗。條件對抗中可單個技術對抗,可同一類型技術對抗,可不同類型技術對抗,可組合技術對抗,根據不同時期、任務,要求組合不同的訓練手段,可收到較佳的訓練效果。

c.強對抗。嚴格來講是條件對抗,是為了提高專項力量,或耐力,或速度,或反應與應變的特定目的的訓練手段,是提高體能的良好訓練方法。如搶拿對抗、插捧對抗、搶、拿、插、搬、閃對抗,以及加入個別技術動作的要求,帶有一定的戰術要求。如作為體能訓練,可用3'~5'為一組;作為戰術訓練可用 30″～1′。總之可根據任務的不同, 在時間、要求上有所差別, 以達到訓練目的。

以上的方法手段在強度上要求是以脈搏頻率次/10″來衡量的。把各種強度的脈搏頻率次/10″定出了一個範圍。4～5 成為一般強度, 脈搏頻率為 23～25 次/10″; 7～8 成為中等強度, 脈搏頻率為 25～28 次/10″; 全力對抗為大強度, 脈搏頻率為 28～31 次/10″; 高強度搏搏頻率為 32～36 次/10″。

③輔助性練習

主要是用假人和沙袋來完成, 是進行技能練習的較好方法。它可以糾正手、身步法的錯誤, 也可以熟練某個技術動作, 或者作為專項耐力、速度、力量、發力的練習手段。如為了提高過胸摔的發力、耐力, 定出 50 次以上/5′×5 組, 如果用人來作對手, 則被摔者很難配合發力, 甚至很易受傷, 加上心理懼怕, 會使動作變形, 也達不到提高專項耐力的要求。而用假人來練習, 則可較好地完成訓練要求。

3、身體訓練的主要特點和方法手段

(1)身體訓練特點

角力是兩人直接對抗的、變化的, 在克服不規律的活的阻力中完成的, 所以對運動員的身體素質要求很高。需要舉重的力量, 短跑的速度, 體操的靈巧協調, 中長跑的耐力, 但又不是它們簡單的組合, 而是在運動中克服和自身重量相等的對手。所以角力運動員的身體素質明顯地不同於其它項目的運動員。角力運動員的力量、速度是在完成技術的過程中, 以不同軸向的轉化能力來衡量。在多年的訓練實踐中摸索出 11 項標準作為衡量評定力量、速度、耐力、堅持力的及格、良好、優秀的暫定標準(表 3 - 29 - 1), 並與國家古典角力隊部份優秀運動員的素質加以對照。

由於角力是在不斷變化中對抗, 所以對力量的要求也是多方面的; 要有一定的絕對力量, 要有爆發力, 有用力的重覆耐力, 有用力堅持的持久力, 還要為此良好的內臟功能作保證。這些方面的綜合, 稱為角力運動員的綜合實力。上面的表 3 - 29 - 1 就是以十一個方面定出個標準, 讓運動員在訓練中努力達到。

單從表 3 - 29 - 1 中某一項的要求來看, 標準並不高, 但十一項都能達到優秀卻是相當困難的。只有每次都能達到優秀, 或是 80％達到優秀, 這樣的素質才能成為技術發揮的基礎。如果某一環節太差, 則會在複雜、激烈的比賽中拖後腿, 致使優秀方面的發揮受到影響(制約)。

為了能說明綜合實力的重要性, 以及一個環節不足而影響發揮, 我們以集訓隊五名主力隊員的十一項測驗成績和標準加以對照說明, 就可看出綜合實力對角力運動員的重要性。

從表 3 - 29 - 2 中五名主力隊員的全面素質看, 在 11 項中沒有 1 人能達到 50％的優秀, 而 1 名運動員應達到 80％以上的優秀。說明我們運動員

表 3－29－1　11 項素質評定標準

級別\項目	臥推(公斤)	深蹲(公斤)	高立翻(公斤)	俯臥撑(次數)	引體向上(次數)	引體靜力(時間)	捧布人(過胸)次數/5'	兩頭起次數/30"	3000公尺跑	1000公尺跑	彎舉(公斤)(不擺動)	備注
48公斤級	+20 80公斤	+15 90公斤	+20 80公斤									
52公斤級	+20 85公斤	+15 100公斤	+20 85公斤								+10 40公斤	
57公斤級	+20 90公斤	+15 110公斤	+20 90公斤	+20 90次	+10 30次	+30" 1'20"	+20 60次/5'	+20 50次/30"	12'30"—11'40"—11'10"	3'40"—3'15"—3'		
62公斤級	+20 100公斤	+15 120公斤	+20 100公斤								+10 45公斤	
68公斤級	+20 105公斤	+15 130公斤	+20 105公斤									
74公斤級	+20 110公斤	+15 140公斤	+20 110公斤	+20 80次	+10 25次	+30" 1'10"	+20 55次/5'	+20 45次/30"				
82公斤級	+20 115公斤	+15 150公斤	+20 115公斤								+10 50公斤	
90公斤級	+20 120公斤	+15 160公斤	+20 120公斤	+20 75次	+10 20次		+20 50次/5'	+20 42次/30"	12'50"—11'30"	3'50"—3'10"	+10 60公斤	
100公斤級	+20 125公斤	+15 170公斤	+20 125公斤									
130公斤級	+20 130公斤	+15 180公斤	+20 130公斤	+20 60次	+6 10次	+20" 1'	+20 45次/5'		13'30"~12'30"	4'10"~3'50"	+10 70公斤	1.帶"＋"號的數字是良到優的增加次數、重量和時間。 2.此表數字是通過對國家古典角力隊全面測驗後綜合得出的數字。

表 1

的全面素質不高,即綜合實力較低。特別是心肺機能的用力時的持久力較差。大部份在及格和不及格之間。而這兩個方面的差距又制約了其它素質的發揮。在訓練中教練忽視,運動員不願作,又直接影響了這方面的素質。致使比賽中造成許多次遺憾。這種觀現象在全國普遍存在。

　　我們認為,角力運動只是通過專項訓練,讓具備的這些素質在一定的時間內,在對抗中溶合在複雜、多變的技術動作中表現出來,這就是為什麼各項標準不是太高,而要具備全面的優秀素質又是相當難的。

　　(2)一般身體訓練方法

　　根據角力運動只要熟練掌握複雜的技術動作和達高水準運動成績的需要出發,把一般身體素質分為:柔軟協調性、力量、速度和耐力。

表 3－29－2　主力隊員全面素質

項目＼成績	王曉成 (48公斤級) 健將	盛澤田 (57公斤級)	胡國宏 (62公斤級) 世界錦標賽第七	李大新 (82公斤級) 亞運會第二	田雷 (130公斤級) 亞洲錦標賽第三	備注
俯臥撐(次)	140次 △△△	150次 △△△	160次 △△△	135次 △△△	腕　傷	
兩頭起次/30″	55次 △	51次 △	57次 △	55次 △△	52次 △△	
引體靜力/時間	1′40″ △△△	1′9″ ×	1′25″ ×	1′12″ △	35″ ×	
撓布人次/5′	66次 △	81次 △	89次 △△△	69次 △△	48次 △	
引體向上(次)	45次 △△△	45次 △△△	52次 △△△	35次 △△	10次 △	
臥推(公斤)	95公斤 △△	95公斤 △△△	110公斤 △△	130公斤 △	腕　傷	
深蹲(公斤)	肚　傷	110公斤 △	130公斤 △	175公斤 △△△	210公斤 △△△	
高翻(公斤)	95公斤 △△△	105公斤 △△△	100公斤 △	130公斤 △△△	135公斤 △△	
彎舉(不擺動)(公斤)	45公斤 △△	50公斤 △△△	55公斤 △△△	70公斤 △△△	80公斤 △△△	
3000公尺/時間	12′40″ ×	12′ △	肚　傷	12′ △	踝　傷	
1000公尺/時間	3′20″ △△	3′10″ △△	4′50″ ×	3′15″ △△	5′ ×	
小計　優秀△△△	3	4	4	5	2	
良好△△	4	2	2	4	2	
及格△	2	4	3	2	2	
不及格×	1	1	1	0	2	

表 2

①柔軟協調性訓練

柔軟協調性訓練主要依據專項技術動作的要求，通過各種方法，提高關節活動幅度和其協調能力。通過訓練要增強關節韌帶的靈活性，提高功能肌與對抗肌之間轉換的內協調性。完成角力技術動作幅度較大的關節，主要有頸、肩腰、髖，這也是角力運動柔軟、協調的主要環節，這些關節周圍肌肉的內協調能力十分重要。因為這些關節都在一定負荷下，相互轉化或通力合作進行工作，所以角力運動員的柔軟與協調練習是在力量和速度訓練中進行的。因為它的表現是在對抗中帶有強制性質的而且都是和專項需要的。其方法有：

a.單人做橋姿擺動，擺動過頭翻或連續。

b. 負人做橋姿擺動,做橋姿推壺鈴、槓鈴。

c. 做橋姿繞頭左右轉,做橋姿右翻。

d. 站立後倒成橋姿,後倒成過頭翻。

e. 雙人側面對互握同名手快速後倒成橋姿。

f. 一人站立,一人雙手橫抱腰腹翻,反覆做橋姿。

g. 仰抱沙袋起橋姿。起橋姿左(右)滾,以上方法可在速度、次數、時間上有所不同,組成多種有目的的訓練手段。

②力量訓練

力量訓練可分成三種類型,一是絕對力量;二是速度力量;三是耐力力量。結合角力實際介紹幾種方法。

a. 絕對力量。此是角力運動的基本素質。角力的絕對力量和舉重有所不同。因為角力是和同級別體重的選手比賽,所需的絕對力量以自身重量的一倍左右為宜,而且是多方面的。一般訓練中採用的手段有:彎舉、臥推、坐推、壺鈴推、槓鈴平推、高翻、弓身提拉、臥拉、深蹲、捧拿槓鈴弓身起。其中除了彎舉、壺鈴推、平推一般都採用從最高重量的70%開始,直到最高重量,再回到80%的重量做組次數,提高絕對力量。

b. 速度力量。運用較小重量,或克服身體某部分重量的快速練習。是結合角力運動的實際發展某部份的爆發力的較好手段。如快速兩頭起、快速起坐、快速平推(槓鈴)、快速過頭翻、立定三級跳、立定跳遠、一般是在一定的較短時間內完成的最高次數。

c. 耐力力量。這種力量在角力運動中舉足輕重,是運動員取得好成績的關鍵。可把耐力力量分為重覆性、速度性和持久性三種。

重覆性力量耐力一般是克服自身重量或略高於自身重量的半倍重量為宜的反覆重覆性練習。在數量上以運動員完成一組後,休息2'～3'能繼續完成下一組練習為佳。練習的手段相當多,如引體向上,以20～30次為宜;臥推以自身體重加20～30公斤、10-12次為宜;練壺鈴上舉,48公斤級以15公斤壺鈴、20～25次為宜;52～57公斤級以20公斤壺鈴為宜。高立翻和臥推相同。15～8公尺的爬繩或爬杆,用手不用腳以兩個至三個來回為宜。能力較強的也可適當增加次數。速度性力量耐力一般是克服自身重量或略低於自身重量為宜,但需確定時間和次數要求。如高立翻在30″內完成30次至20次,(小到大級別在重量和次數上的要求可適當減少)。為了提高插棒的速度耐力,用橡皮筋,腳踩皮筋,兩手反覆快速上棒。以60～80次為宜。可結合技術動作的發力,用橡皮筋栓在不同的位置做反覆練習。一般情況下,重覆性力量耐力都可改變要求做速度性力量耐力。

持久性力量耐力是古典式角力完成攻、防反的技術動作時必須發展的能力。因在高層次比賽中對抗性、變化性、相持性都是非常激烈的,其用力的持續時間較長,但一般都是局部的。這種練習又稱為靜性耐力。如為了提高抓拿吸的持久力,做引體靜力,以 1' 到極限的要求,根據不同時期和水準定出適當的組數。還有槓鈴彎舉靜力、半蹲屈肘平舉臂負重靜力(不同級別負重不同)練握力可採用懸即靜力,可在單杠做,也可在爬繩、爬竿上做,練腹肌採用兩頭起靜力、單杠懸垂收腹靜力、負重半蹲靜力、腹臥成四點支撐靜力(雙手前伸成手、腳支撐身體懸空)。總之凡是角力運動在相持時需要持久用力的部位都可採用靜力性的持久練習,以提高持久用力的耐力水準。

以上力量的耐力性練習同時又是意志的訓練,特別是持久性力量耐力的練習對提高運動員的意志能力是非常好的方法。

③一般耐力(心肺)的訓練方法

角力運動是在有氧與無氧代謝的交替中進行的,所以對心肺機能的耐力水準要求更高。根據角力運動的需要一般採用的方法有:8000～15000公尺越野跑,田徑場上的 4000 公尺變速跑,3000 公尺、1000 公尺計時跑,800 公尺、400 公尺重覆跑,臺階反覆跑等。

④專項運動特殊訓練方法

爲了提高心肺機能、速度耐力、持久性力量耐力的綜合能力,採用圓周訓練方法、不能抱人重覆法,不同項目速接法和競賽法。根據不同訓練時期組織多種多樣的訓練手段。下面每一種方法例舉一種手段。

圓周訓練方法。墊上:左右跳躍布人、摔布人、俯臥撐、腹臥四點支撐、兩頭起;;過頭翻。各 30″,每項練完後 10″ 依次交換。可做 4～8 組。也可根據情況變換內容。

外場地:槓鈴平推、涮槓鈴片、跳繩、立臥跳、半蹲屈肘平舉負重靜力、30公尺往返跑各 30″,每項練完後 10″ 依次交換。

以上可根據訓練時期任務不同和運動水準的差異,在時間、重量、次數和項目多少上做出調整,組成不同的訓練手段。

不同種抱人重覆法。正抱人、反抱人、棒抱人、後抱人、背髖抱人。20公尺往返,練完後休息 1',再重覆做,依不同要求可 20 公尺往返後不交換,連續做完再交換,也可加長距離或提出時間要求加快速度,效果明顯不同。練耐力性的有:在 400 公尺跑道上,抗人 100 公尺、背人 100 公尺、反抱 100公尺。也是根據不同訓練時期任務和要求的不同,組成不同的抱人方法、不同的距離和不同的時間要求,其效果也是不相同的。

不同項目的連接法。爬竿(兩個來回)、蛙跳(30 公尺)、半蹲屈肘平舉負重靜力(40″)、俯臥撐(40)四項連接做不休息。可根據不同要求,在項目,距離、時間、次數做出適當的改變,組成多種訓練手段。

競賽法。分成若干組,可單項競賽,也可多項競賽,評比出第一名,主要是提高運動員的速度和競爭爭先的氣質。如分成四個小組,在墊(墊長 24公尺、寬 14 公尺),中間放四個布人。前滾翻到布人。過胸摔布人五次、後滾翻到頭,摸牆後返回跑到布人、左右跳越布人 10 次,衝刺回來擊下一人手掌。競賽法的手段很多,可在墊上,也可在外場,可一次,也可多次,根據不同訓練時期和不同要求,變換多種多樣的訓練手段。

(3)專項身體訓練方法

角力運動技術動作的運用都是在同級對手身上,對手是對抗的、變化的,要克服這樣活的阻力,必須具備一定的專項能力,而且角力運動的技術動作本身就要克服同級別對手的自身重量才能完成。我們把這種練習方法稱爲技能練習,因爲這種能力都是結合技術動作去練的。如爲了提高提抱的技術能力,採用抱提重沙袋訓練,根據不同級別,使用同體重的沙袋做反抱提起、側抱提起、騎抱提起。跪立反抱起、跪立側抱起。也可利用對手的一定防守要求,提高克服各種阻力的技能。均可在次數、重量提出不同的要求以達到提高不同技能的目的。爲了提高抱滾能力,用重沙袋左右滾橋,或人爲在沙袋上加阻力的滾橋,也可用對手的全力防守,做硬滾橋。爲提高腰腿發力和耐力,可用重布人、重沙袋做過胸摔、過橋摔。爲提高頸、腰髖和腿力,可由對手反圈頸下壓做潛抱腰抱起。爲提高轉體類技術的下裏的專項能力,可採用重布人做,也可採用把布人靠牆立的反覆做。爲提高專項技術動作的速度、反應能力,可用輕布人做,也可由對手配合快速做。總之在重量、次數、時間、速度上提出不同的要求,可提高專項力量、速度、反應和耐力。

(三)專項訓練計劃的制定

訓練計劃可分多年、全年、階段、周的訓練計劃。它們最後通過每次課的訓練加以實施。現就古典式角力集訓隊的兩年計劃綱要,第一期集訓計劃草案例舉如下,供參考。

1992 年奧運會集訓計劃總綱(摘要)

1、指導思想

比賽就如同打仗,平日訓練就要培養運動員的比賽精神。所以提出"練爲戰"作爲我們的指導思想。

2、方向

只有使專項力量、速度、耐力,不斷提高,才能保證技戰術在比賽中實施,訓練方向爲:在有效強度和高強度的訓練中,提高控制與反控制的能力;提高連接的能力;提高連續攻、防、反的能力)以及相應的力量速度和耐力。在長期的強化要求中,逐步形成比賽的技戰術和強烈的比賽意識。

3、指標

(1)技戰術:建立 3~5 個比賽的組合技術,和爲組合技術配套的戰術技術,形成較完整的技戰術體系。

(2)能力:力量、速度、耐力三項主要指標每年提高 10～15％;1990 年底－1991 年增長 15％;1991 年底－1992 年再增長 10％。

(3)1992 年奧運會奪取一塊獎牌。

4、集訓的劃分與各期主要解決的問題

奧運會集訓期的劃分以 1991 年全國錦標賽、1991 年世界錦標賽、1992 年亞洲錦標賽爲調整、補充的時間,將集訓分爲 4 期進行。

(1)1990 年底－1991 年 4 月全國錦標賽爲第一期集訓,分兩個階段進行。

①1990 年底－1991 年 2 月 20 日爲第一階段(冬訓階段)。

以提高相對力量和力量耐力、專項技能爲主。

②1991 年 2 月下旬－1991 年 4 月初爲第二階段。(賽前階段)。4 月參加亞洲錦標賽。

以提高專項耐力、技能與技術動作連接的意識和能力爲主。

(2)1991 年 4 月底－1991 年 9 月初爲第二期集訓,分兩個階段進行。

①1991 年 4 月底－1991 年 7 月底爲第一階段,以提高專項速度耐力、專項擒抱與提抱技能爲主。

②1991 年 8 月初－1991 年 9 月初爲第二階段(賽前訓練)。9 月參加世界錦標賽。

以提高技術的運用能力、連接能力和比賽意識、心理素質爲主。

(注:第二期集訓的開始有 10 天的過渡調整階段。)

(3)1991 年 10 月中－1992 年 4 月中爲第三期集訓、分兩個階段進行。

①1991 年 10 月中－1992 年 2 月中旬爲第一階段(冬訓階段)。

以提高全面身體素質的綜合實力、專項持久用力的耐力和熟練全面技術爲主。

②1992 年 2 月中－1992 年 4 月初爲第二階段(賽前訓練)(參加亞洲錦標賽、奧運資格選拔)。

以提高技能與技術動作連接的意識與能力,強化組合技術的運用和專項耐力水準爲主

(注:集訓開始有 10～15 天的調整過渡階段)。

(4)1992 年 4 月底－1992 年 7 月 20 日爲第四期集訓。分兩個階段進行。

①1992 年 4 月底－1992 年 6 月 20 日,第一階段(賽前階段)。

以提高專項技能與組合技術的連接。加強專項持久用力的耐力水準,深入掌握、改進組合的技戰術爲主。

②1992 年 6 月 21 日－1992 年 7 月 20 日,爲第二階段(比賽階段)。

強化專項速度耐力,強化組合技戰術的運用能力,提高良好心理狀態,

加強個別對待,以最高的競技狀態投入到奧運會比賽中。

5、措施

(1)制定切實可行而有效的規章制度。(略)。

(2)加強科研工作、組建科研小組。使訓練工作處於科研的監督之中。

(3)體重控制在本級別上浮 3 公斤,定爲我隊的基本隊策。

(4)組織好文化課學習,加強業務交流活動,提高訓練的透明度。挖掘全體敎練、運動員和工作人員的潛力與智力,使訓練工作處於良性循環中。

(5)把思想工作落實到實處。(略)

第一期集訓計劃草案 1990 年 12 月底－1991 年 4 月 10 日)

根據奧運會集訓計劃總綱提出的指導思想、方向、指標,第一期集訓的重點任務可分兩個階段進行。

第一階段:1990 年 12 月底－1991 年 2 月中(冬訓階段)

根據我隊運動員全面實力不平均。特別是大肌肉群的力量較弱,所以冬訓中主要解決:

(1)提高適應本級別體重重量的相對力量和耐力。

(2)提高適應對抗的專項能力,運用技術的專項技能—— 擒抱與控制的技能,變向的能力和意識。

(3)提高相互制約技術的熟練和使用時機。

根據本階段的主要任務,技術與素質的比例定爲技 4,素 6,其中專項能力訓練歸素質,專項技能訓練歸技術。

力量訓練採用的方法手段主要是重覆性力量耐力手段(表 3－29－3)。

專項能力採用重沙袋、布人或加組力的重覆性練習、速度、次數、時間的變化要求來完成。

專項技能採用重沙袋結合技術要求和克服對手活阻力的手段完成。

技術上以雙人條件半對抗交替使用,對抗性的使用,配合性的速度,次數要求,解決技術動中互爲制約的熟練和使用的時機。

周負荷曲綫採用雙峰式(圖 3－29－2)

周四下午和周六晚、周日均爲放鬆法定時間。淋浴、蒸氣浴,按摩和營養藥物作爲恢復疲勞手段,保證進入下一個訓練高潮,並通過科研小組的血、尿常規監測和血壓、脈轉的狀態保證系統訓練。

第二階段 1991 年 2 月中－1991 年 4 月 10 日。

隨着實力的提高,運動員的心理素質也在增強,在第一階段的基礎上,把體能、技術的連接孕育在專項力量耐力的提高中,以增強運動員的自信心。

本階段是迎接亞洲錦標賽的競賽期,主要解決:

(1)適應本級別體重的專項耐力。

(2)適應高強度對搶攻法的爭奪持久力。

(3)提高專項技能與技術動作連接的運用能力。

表 3－29－3　　力量訓練表(冬訓採用)

項目 ＼ 級別要求	48公斤	52公斤	57公斤	62公斤	68公斤	74公斤	82公斤	90公斤	100公斤	130公斤
高抓舉	本人體重重量 (個別人可加 5－10 公斤)				本人體重減 5 公斤 (個別人本人體重)			本人體重減 10 公斤		本人體重減 15－30公斤
負重 弓身起	本人體重重量(個別人可加 5－10 公斤)							本人體重減 5－10 公斤		本人體重減 15－30公斤
槓鈴－頭左右涮(不計槓鈴桿重)	本人體重加 5－10 公斤				本人體重(個別人加 5 公斤)					本人體重減 10－20公斤
臥 推	本人體重加 5－20 公斤									本人體重減 5－20公斤
彎舉(肚不許彎)	本人體重加 5－15 公斤							本人體重		本人體重減 10－20公斤
腹肌(肋木收腿)	20 次(一組)(收腿成腳碰肋木)									15 次
引體向上	20－15 次							15－10 次		
跳山羊	25－20 次							20－15 次		
備 注	1.每次訓練 4－8 組不等。 2.浮動重量與次數的盡量按高標準完成。 3.除規定次數項目外,其它項目次數爲 12－16 次。 4.每項練習要盡量按規定的組,次數和質量完成。如每組次數一次不能完成的,每項練習的總次數不能少。									

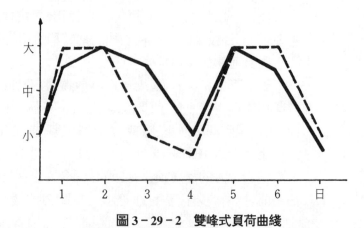

圖 3－29－2　雙峰式負荷曲綫

冬訓中實力的提高在本階段應轉化到技術運用的需要上,所以具體目標在進攻上解決:

站立：

①搶拿上步貼身的技能和突然變向發力的能力和意識。

②相互制約技術動作的攻擊速度和耐力。

跪撐：

①硬提抱、滾的技能和耐力。

②變位、變向攻擊的速度和能力。

防守上解決：

站立：

①潛抱、轉移的能力和意識── 以攻爲守的技能。

②攬、拿、提、頂技能和意識── 積極防守的技能。

跪撐：

①變向移動防守的速度和意識。

②破壞對手發力和重心的時機。

在方法手段上採用：

①以不同條件的半對抗熟練技術的連接和應變能力。在數量、速度和時間上進行不同的要求，提高專項的速度和耐力，力爭熱中巧。

②以不同形式的高強條件對抗的方法，提高專項需要的控制與反控制的技能、意識和耐力水準。

③以教學比賽、調賽和實戰的手段，提高運動員技戰術水準。

根據第二階段的任務，技術訓練與身體訓練的比例爲：技6、素4、其中高強條件對抗中控與反控的技能練習歸素質部分。

周負荷曲綫三月中旬前爲雙峰式，後爲單峰式（圖3-29-3）。

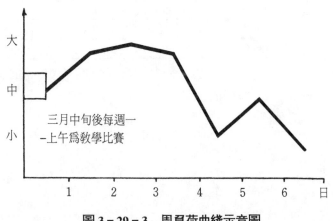

圖3-29-3　周負荷曲綫示意圖

三月中以後的訓練因強度大，持續時間較長，應與科研小組密切配合，加強個別對待，嚴格控制體重，以較佳的競技狀態參加亞洲錦標賽。

爲保證訓練不偏向，每周召開一次訓練討論會和小結會，集中大家的智慧，統一認識，跟上從嚴、從難、高強度的訓練要求。

(四)控制體重

　　經過多年訓練的摸索和比賽的試驗,以及吸收國外成功的方法和經驗,總結出平日體重爲本級別體重標準上浮3公斤爲佳。但需克服常規習慣,才能很好執行。

　　依據1990年亞運會期間部份優秀運動員身體成份測驗數據將其有關的平均數字加以歸納和計算,找出了數字根據。

　　計算方法:各級別平均淨體重(平日體重減去經測量皮下脂肪的重量),加上淨體重和合理脂肪的百分比,再加上人體正常的3公斤游離水,應等於該運動員的正常體重。

　　正常體重脂肪的百分比是個常量;不同級別的常量有所變化,分別爲5%、7%、12%、15%(表3－29－3)。

表3－29－3　　各級別身高與合理體重對照表

項目 比值 級別	各級別 平均身高	各級別平 均淨體重	合理脂肪值		合理體重		備　　注
			百分比	脂肪重		加3kg游離水	
48公斤級	155～156cm	44.5kg	百分之五	2.23kg		49.73kg	此身高爲平均身高,合理體重還要根據身高的不同有變化。
52公斤級	160～161cm	48.2kg		2.41kg		53.61kg	
57公斤級	163～164cm	54.5kg		2.725kg		60.22kg	
62公斤級	165-166cm	58.5kg		2.93kg		64.43kg	
68公斤級	169-170cm	63kg	百分之七	5kg		71.04kg	
74公斤級	173～174cm	70kg		4.9kg		77.9kg	
82公斤級	177-178cm	74kg	百分之十二	8.8kg		85.88kg	
90公斤級	179-180cm	78kg		9.36kg		90.36kg	
100公斤級	181～182cm	81.8kg	百分之十五	12.27kg		97.07kg	
130公斤級	185～186cm	89kg		13.35kg		105.35	

　　表3－29－3中的最後數字證實,平日將體重控制在3公斤內是合理的、科學的。

(林　焰)

三十 柔 道

(一)柔道運動項目的特點和發展

1、柔道運動項目的特點

柔道是兩人互相抓握着較量,要把對方摔倒。倒地後還可以繼續翻滾角鬥,並把對方的背按在墊上,或是勒絞對方的頸部,或是逼迫對方的肘關節迫使對方認輸或無法繼續比賽的一項具有制服對方特點的專門競技運動。

柔道是根據摔倒對方或是壓制住對方得分,評定勝負,或者應用關節技、勒項技制服對方直接獲勝。

2、柔道運動項目的發展

柔道是從柔術演變而來。柔術是一種格鬥的武功。1882 年日本的嘉納治五郎,博採柔術各派的精華,確定投技(立姿摔法)、寢技(地面制敵法)、擋身技(徒手或持器械格鬥的技術)三個部分的技術體系而創立了柔道。

柔道比賽按體重分級,越分越細。比賽時間越來越短,動作越來越快。規則嚴格限制消極,促使柔道向着積極主動、勇猛頑強、技術連貫的方向發展。

目前世界上柔道水準最高的是"柔道之國"——日本,日本柔道的技術特點是細膩、靈活、準確、基本功紮實,"連絡技"深厚。成爲亞洲型的柔道風格。

蘇聯的柔道自成一家,運動員實力大,他們把桑波角力、古典式角力、自由式角力和各種民族形式角力的一些技戰術、訓練方法應用於柔道。特別是投技的過後摔和寢技的關節技等技術威力大,成功率高。法國、英國、德國的柔道運動員身體條件好,並把自由式角力的技戰術應用於柔道。意大利、瑞士、澳地利、比利時、美國、古巴、加拿大、澳大利亞等國的柔道實力都很雄厚。

近幾年來我國柔道也取得了長足的進步。基本上掌握了日本型的柔道技術和訓練方法,也借鑒了歐洲型的柔道。並應用中國式角力和各民族角力的技戰術及其訓練方法,創造我國柔道的技術風格和訓練方法。

(二)現代柔道訓練的特點

1、訓練必須有陪練

柔道比賽是個人進行,而訓練必須集體進行。訓練中除一些輔助練習外,必須有體重、體型、運動素質、技術水準均不同的陪練者。

2、訓練必須長期系統進行

現代柔道技術已經達到相當高的水準。要在重大國際比賽中取得優異成績,必須進行多年的系統訓練,一般要經過 10 年左右的正規訓練才能在國際大賽中名列前茅。

3、訓練方法和手段多種多樣

柔道既有各式各樣的身體訓練方法,又有配合的和對抗的技術戰術訓練手段,它又有"連攻法"、"約定摔法"、"自由對摔"之分。還有實戰和比賽性的訓練方法。

4、訓練必須區別對待

由於運動員的天賦、才能、運動素質的發展、技戰術的掌握、心理品質的優劣,以及文化素質均存在着很大的個體差異,所以訓練必須區別對待,即使對一個運動員在不同時期根據當時的條件和任務也要採用不同的訓練手段。

5、必須進行極限負荷的訓練

(三)柔道項目的供能及機能特徵

1、柔道是以無氧代謝為主混合供能的運動項目。

因此,柔道訓練必須強調在有氧代謝的基礎上突出無氧代謝,不僅考慮持續時間,而且強度要大。

發展柔道運動員專項供能能力必須在訓練課上採用與比賽同樣或接近的時間進行訓練。應用 5－15 秒的進攻、反攻訓練是很重要的技術訓練形式,並且必須採用中等到最大強度的練習,時間必須短。採用間歇休息的 1、2、3 或 4 分鐘的反復實戰非常有益。按比賽時間進行的實戰,或超過比賽時間的實戰必須適合無氧與有氧混合代謝的要求。

監測方法是用脈搏與血乳酸對照。

2、專項機能特徵

柔道運動員的機能狀況可用心率評定。優秀柔道運動員安靜時晨脈 40－45 次/分,最高達 220 次/分。

測試練習強度可用 220 減年齡的公式,確定大致的相應年齡的最大心率。例如,20 歲的柔道運動員的最大心率為 220－20＝200 次。成年柔道運動員訓練強度一般在最大心率的 80％到 95％之間。所以 20 歲柔道運動員的訓練強度的心率在 160－190 次/分之間。

要使運動員在規定的工作時間裡達到預定的心率,並在這個水準上保持一定時間。

恢復心率決定運動員是否作第二組活動。監視間歇時或恢復的心率,通常是一組練習後測 15 秒鐘心率,確定練習心率。練習後即刻測出 1 分鐘的恢復心率(包括前 15 秒鐘測的練習心率時間)。應用下列公式和比率能夠評定運動員的機能水準

$$恢復心率 = \frac{練習心率 - 1 分鐘後的恢復心率}{10}$$

比率表

小於 2 = 劣

2－3 = 差

3－4 = 中

4－6 = 良

6 或 6 以上 = 優

如果一組活動之後的練習心率是為 180 次/分,休息 1 分鐘以後的恢復心率是 130 次/分,這個機能水準是很好的。

$$恢復心率 = \frac{180 - 130}{10 : 5}$$

訓練時間心率與休息時間心率的比率也有一定的要求。一般情況下(有個體差異)是 10″－30″ 的練習時間,心率達 180 次/分和 180 次/分以上的休息時間的比率為 1:2。30″－1′ 的練習時間,心率達 170 次/分,休息時間比率為 1:1。1′－3′ 的練習時間,心率達 160 次的休息時間的比率為 1:0.5,3′－5′ 的練習時間,心率達 150 次的休息時間的比率為 1:0.20。

(四)柔道運動員的專項運動素質及訓練

柔道運動素質的特點是兩人在直接接觸的攻守對抗中表現出力量來,要靈活地克服活的阻力。要會借力用力,善於抓住時機用力。柔道運動員的力量、速度、靈敏等素質都是在與對方的角鬥過程中表現出來,綜合稱之為"跤勁"。

1、力量素質訓練

柔道運動員的力量表現為抓得住,抱得緊,拉得動,推得開,摔起來,壓得住。以基本動作——推、拉、扭、按(壓)、提發揮力量。

(1)訓練的方法、手段

①用重器械練習,如槓鈴、壺鈴、重啞鈴等。

②用輕器械練習,如小啞鈴、橡筋等。

③與同伴練習。

(2)訓練形式

①個人徒手作

a.抓空：發展抓握力量。採用各種姿勢進行，如站立、半蹲、躺臥等。

b.自我角力：如兩手或兩腿互拉、互推、互掰，用手扳頭、扳腳，一腳踢另另一支撐腿等。

②用器械練習

③二人或多人練習

a.二人配合練習：例如抱提對方，用對方作穿腿蹲起等。

b.二人對抗練習：二人互相推、拉、頂、撞、互相反抱提、互插等。

c.搶奪物件：二人互相搶奪木棒、腰帶、實心球，多人搶奪布人等。

打及抱是發展柔道技術力量的好手段。

(3)各時期的力量訓練

①準備時期以發展絕對力量爲主。常用兩頭輕，中間重的雙塔式練習法。如圖 3-30-1，第一組從試舉最高重量的 80％ 開始，如能舉 100 公斤則從 80 公斤開始。第二組爲 85％，直到第五組舉最高重量，然後再逐漸減下來。每組能做幾次就做幾次。這種練習強度大，次數少，提高快。

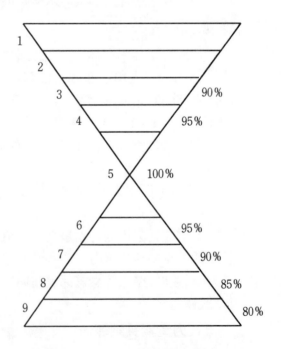

圖 3-30-1　雙塔式力量練習法

每次重量訓練課程作 2-3 次最大力量的練習，再作最高重量的 40-60％ 的練習，作 6-8 組，每組作 8-12 次。

組間有充分的休息，一般間歇 2 分鐘左右。間歇時間裡要做積極的放鬆練習。

②比賽時期的力量練習:比賽時期以發展速度力量和力量耐力爲主。

比賽前期每周 2－3 次重量訓練課程。

速度力量練習一般採用最大力量的 30－50％,每組作 6－8 次,每次作 4－6 組,組間休息約 2 分鐘。

比賽後期每周安排 1－2 次重量訓練,每次課程:1 次速度力量練習,3－5 次力量耐力練習,每周安排一次最大力量練習。

力量耐力練習要考慮一場比賽的時間和一天比賽的場數。所以每組練習男子要以 6 分鐘,女子要以 5 分鐘爲基礎。

發展力量耐力的強度較小,以能堅持多次重覆和長時間練習爲準,一般是 30－40 秒爲一組,組間的休息爲心率恢復到 120 次/分時,便可進行下一組練習。可作 4－6 組。

比賽後期安排循環力量練習(圖 3－30－2)。一般男子每組 10 項,女子每組 8 項。每次練習 34 秒,換項時間爲 6 秒,共 6 分 40 秒或 5 分 20 秒。可作如下的安排(項目和項順序可以改變)。

圖 3－30－2　循環力量練習

2、速度素質訓練

柔道主要需要反應速度和動作速度。

(1)反應速度訓練的主要手段

①利用突然發出的信號讓運動員憑視覺做出相應的動作。例如,教練手向前推,運動員向後退;手向左擺,運動員向右移動;伸出右腳,運動員用左腳踢空;右臂向前伸出,運動員徒手用右邊的過肩摔等等提高運動員看對方行動的反應能力。同時提高位移速度。

②利用觸摸運動員身體某一部位,使其憑觸覺、本體感覺作出相應的應答。

a.接觸跑:動員背向教練。教練手摸運動員身體某一部位,要運動員迅速作出規定的反應動作,並向前快跑。

b.蒙眼摔:一方或雙方的眼睛被蒙住(不能用視覺),兩人進行技術練習或實戰。這種練習要有一定技術水準才能進行。

進行反應速度練習時,給的信號要突然,且無規律,而練習時間要短,一般每組不超過 30 秒鐘,組數不應過多,間歇時間是練習的時間的 1-2 倍。

(2)動作速度訓練的主要手段

①作徒手技術動作。如作徒手揹、掃腳、抱腿等。

②拉橡筋、腰帶、滑輪作技術動作。

③摔布人

④連攻法和約定摔法練習是發展動作速度的最好手段。

⑤發展力量、耐力、協調等運動素質,促進動作速度的提高。

3、耐力素質訓練

(1)耐力訓練的主要手段

有氧耐力訓練採用長時間的徒手技術練習,持輕器械練習和連攻法練習。常安排 1500 公尺練習。柔道運動員跑 1500 公尺需 5 分鐘左右,這與一場柔道比賽的時間較接近。還要安排 3000 公尺、5000 公尺或越野跑發展有氧耐力。心率要保持在 150-170 次/分之間。有氧耐力訓練在準備時期占的比例大。

無氧耐力訓練的練習時間短,強度大,心率要在 180 次/分以上。常用手段有:

①30m、60m、100m、200m 快跑;

②30m 接觸跑或從斜坡向下跑;

③15 秒──30 秒的快速徒手技術練習;

④15 秒──30 秒的連攻法和一對多人的約定摔法;

⑤15 秒──1 分鐘的快速實戰。規定使用技術的次數。

無氧耐力訓練組間休息時間是練習時間的 2-3 倍。組數一般是 4-6 組,無氧訓練在比賽期占的比重大。

專門培養接近比賽的供能能力的主要手段有:

①變速跑:如 200 公尺快 + 200 公尺慢。連續作 10 組,或跑 3000 - 5000 公尺,中間按教練的口令忽快忽慢──沒有規律,盡量適合柔道比賽情況。

②循環練習:也可作 8-10 組,每次 40 秒鐘達到極限(圖 3-30-3)。

循環練習項目的設立要根據場地和設備條件而定。每項練習要保證質量,以最快的速度進行。技術練習或力量練習後可以進行 1-2 組。若作為

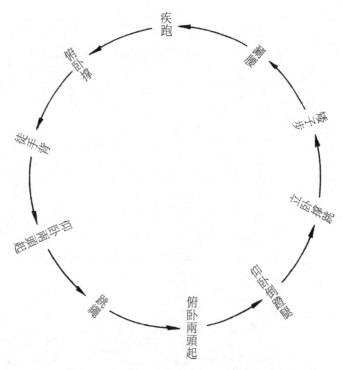

圖 3-30-3　發展無氧為主混合供能能力的循環練習

一次爲專門培養接近比賽供能能力的訓練課可作 4-6 組, 組間休息 5-6 分鐘。

③連續實戰(自由對摔):互相交換對手的實戰。規定每場的時間和場數, 並有一定的要求。

④擂台實戰:幾個人輪換同一個人實戰。規定一場實戰的時間和要求, 並規定連續摔幾場, 或者得多少分數才能結束。

4、靈敏素質訓練

(1)快跑中作各種動作。如快跑中作滾翻、徒手技術動作等。

(2)接觸跑。鍛鍊運動員的判斷、反應、速度。

(3)做遊戲, 技巧運動、球類活動(主要是籃球和足球)。

(4)徒手做各種單個技術和連絡技術。

(5)按手勢作各種技術動作。

(6)練習柔道技術是發展柔道運動員靈敏素質和協調性的最好手段。

5、柔軟素質訓練

發展柔軟素質主要用伸拉的方法。如壓腿、壓肩、劈叉、手橋、站立體前屈、甩腰、涮腰等。

靜止拉長肌肉、韌帶後, 要作活動性拉長動作。例如, 壓腿後踢腿, 壓肩後掄臂。

6、運動素質指標參數

(1)男子柔道運動員運動素質指標參數(表 3-30-1)。

(2)女子柔道運動員運動素質指標參數(表3-30-2)。

表3-30-1　　男子柔道運動員運動素質指標

項目 級別　指標	100m	1500m	立定 跳遠	臥拉	臥推	深蹲	直腿 硬拉	高翻	備註
60kg	13″	4′50″	2.50m	80	90	120	150	100	力量指標單位 爲公斤 立定跳遠指標 單位爲公尺
65kg	12″50	4′50″	2.60m	90	100	130	160	105	
71kg	12″30	5′	2.75m	95	115	150	175	110	
78kg	12″50	5′	2.70m	100	120	160	190	115	
86kg	13″10	5′20″	2.65m	105	125	170	200	120	
95kg	13″50	6′	2.50m	110	130	180	200	125	
95⁺kg	14″50	6′50″	2.50m	115	135	190	210	130	

表3-30-2　　女子柔道運動員運動素質指標

項目 級別　指標	100m	1500m	立定 跳遠	臥拉	臥推	深蹲	直腿 硬拉	高翻	備註
48kg	14′	5′20″	2.20m	65	75	100	110	65	
52kg	13″50	5′10″	2.30m	65	75	105	115	70	
56kg	13″30	4′50″	2.40m	70	80	110	125	75	
61kg	13″30	5′	2.50m	75	85	110	135	80	
66kg	14″	5′20″	2.50m	80	90	115	145	80	
72kg	14″60	5′50″	2.40m	85	95	125	150	85	
72⁺kg	15″80	6′30″	2.20m	90	100	135	160	90	

(五)柔道技術特徵和技術訓練

1、技術特徵

　　柔道既有站立摔的"投技",又有倒在墊上的"寢技"。在寢技中又有壓制技和勒頸技以及關節技。而且每個單個技術可以連結成組合技術(連絡技)。柔道技術的特點之一是,某一技術只有在一定條件下才便於使用,效果才好。對方身體成什麼姿勢便使用什麼技術。

　　柔道技術雖然豐富多彩,但是它的基本結構是有規律的,應用時必須掌握柔道技術的基本結構和技術系統。

2、技術訓練

　　(1)在技術訓練中首先要使運動員建立完整的柔道技術概念。這就要:

　　①講淸名稱:每個技術都有名稱,如"雙臂過肩摔"、"橫四方壓制"等等。

　　②說明在技術分類中屬於哪一類。從應用的姿勢來分,要講淸屬於投技還是寢技;從使用身體部位來分,是屬於手技類、腳技類、還是腰技類;從應用的普遍性來看是一般技術還是重點技術,或是得意技。使運動員明確技術的一般屬性和應用價值,並逐步掌握技術系統。

③明確動作過程

a.雙方的姿勢；

b.抓襟法及其變化——手法；

c.腳的移動——步法；

d.身體接觸部位——身法；

e.摔的方向；

f.動作節奏和爆發力；

g.結束姿勢；

h.與下一個技術的銜接。

④說明在比賽中使用的條件，同時在技術訓練中要突出重點。指出易犯錯誤和糾正方法。

(2)技術分析

柔道運動員使用每一個動作技術都要符合力學規律，下面以提出問題的形式對柔道技術進行簡易分析。

①怎樣不易倒下？

柔道運動員站立的穩定程度取決於他採取的站立姿勢——重心的高低，支撐面的大小，重心垂綫在支撐面上的位置，以及保持這個姿勢的肌肉活動狀況。

柔道運動員站立的重心一般在軀幹的下部。站立時，人體支撐面是由腳底面積和兩腳之間的面積所組成(圖4)。從圖3-30-4中可以看出，柔道運動員支撐面的大小是根據兩腳的位置而變化的。兩腳間距離小，站得高，身體重心就高，重心垂綫與支撐面邊沿的距離相對就近，重心就不易穩固。這時如對方拉動上體，身體重心就容易越出支撐面而倒下。相反，運動員兩腳距離大；站得低，重心就低，重心垂綫離支撐面邊沿的距離相對就遠，重心就比較穩固。

但是在摔的過程中兩腳放得再寬，也不能保證身體各不同方向都有很好的穩定性。例如兩腳左右開立時，前後方向不穩定，兩腳前後開立時，左右方向不穩定；兩腳前後斜方向開立時，左右斜側方向不穩定。而且兩腳過寬地分開和兩腿彎屈就會影響動作的靈活性，很難由防守轉入反攻，同時消耗體力也多。

比賽時，運動員身體稍許失去平衡就可以給對方造成進攻的機會，因此，把身體重心垂綫移向支撐面以外時應特別謹慎。向某一方向移動時，可先移動靠近那個方向的腳，這樣可以擴大支撐面，而後另一腳再靠過去(滑步)。平常不要使兩腳靠攏，或者把兩腳交叉起來，這樣會縮小支撐面，從而影響身體的穩定性。移動時，腿和腳不要抬得過高，否則一腳支撐時間長，而且重心升高，也會影響身體的穩定性。

上步、撤步向某一方向移動時，不是先移動靠近那個方向的腳(先擴大

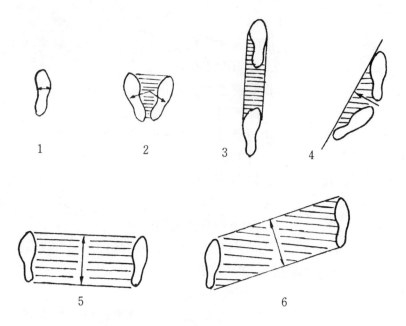

圖3-30-4　各種站立姿勢的支撐面

1.單腳站立；
2."立正"站立；
3.兩腳前後開立；
4.兩腳交叉站立；
5.兩腳左右開立；
6.兩腳前後(斜方向)開立。

引自《怎樣練習角力》人民體育出版社,1980

支撐面),應用這類步法時身體穩定性小,比較危險。但是技術熟練、身體素質好、經驗豐富的運動員,可以應用這類步法借助自己失去平衡的重力來衝撞或拉引對方,作爲準備進攻的手段。例如,使用"過肩摔"把對方向前摔出時,自己利用蹬腿和上體前傾的動作,產生衝力。這時由於身體向前而失去平衡,但是這個衝力同對方身體的重力相抵消,自己又恢復了平衡。所以防守時,要善於改變自己下肢的位置,擴大身體的支撐面,降低身體重心,轉移重心垂綫的位置;還要善於使個別肌肉群在緊張或放鬆中緩衝對方所用的力量。更重要的是,要善於抓住時機反攻。而在進攻時,要善於向對方不穩定的方向使用方法。

力量上沒有很大優勢的運動員,只憑笨勁"硬頂"是不可能獲得良好效果的。如果會用巧勁就能收到事半功倍的效果。例如,對方向我撲來,我稍微用力向側面一閃就可以改變對方用力的方向,使之失去平衡。若是能夠借勁使勁,效果就更好。例如,對方向我撲來,我再順勢一拉,對方就容易倒下。柔道中講究"以柔克剛"其道理就在於此。

②怎樣容易摔倒對方?

把對方從站立姿勢摔倒,有兩種形式:

一種是拉倒。用向下拉的力量和地面對腳的阻力(腳不向前移動)作用於對方身上,使對方倒下。這是以腳爲圓心,身長爲半徑的旋轉,是繞着支撐面邊沿旋轉倒下的。例如,"浮丟"就是把對方拉倒的。

另一種是手拉和腳絆,使對方倒下。這是兩個方向相反的力量作用於對方身體上部和下部,而使他離地倒下。例如"掃腰"就是用手向前拉對方和用腿向後別對方的腿,使之旋轉倒下的方法。

爲了便於使對方身體旋轉,正確掌握抓握和絆的部位及其用力的方向很重要。

抓握和絆的部位離對方身體重心越遠越容易使對方旋轉倒下,因爲這樣旋轉力臂長。例如使用"掃腰"時,腳掃向對方小腿比別在對方大腿上要省力。

使用進攻方法時,拉力開始就向下反而不利,因爲這個方向會使一部分力量浪費掉。因此在使用進攻方法時,不能一開始就使拉的力量向下,而要使它同對方的身體成直角。這個原則對於給對方腳底下使絆也適用。實際上,使用進攻方法時,有時甚至先向上拉再向側拉比較更有利。這樣,可以減輕對方支點上的體重,從而減少磨擦,更有助於絆倒對方。

(3)技術訓練方法、手段

技術訓練以兩人配對練習爲主,其方法以間歇訓練法和比賽訓練法爲主。

採用間歇訓練法應根據訓練任務,確定練習重覆次數、組數、強度和間歇時間。間歇的休息方式多是兩臂擺動、走動、慢跑、輕微的跳躍。禁止躺在墊子上靜止休息。每組練習內容和動作組合可以變換。但每次練習的技術應符合規格、質量,不能變樣。快速練習必須一氣呵成。爲發展無氧代謝能力,心率要達 180 次/分以上。爲培養有氧代謝能力也要達到 150－180 次/分。組間休息不等脈搏完全恢復,一般脈搏到 120－140 次/分即開始下一組的練習。

採用比賽訓練法要特別明確每次比賽的任務和要求。運動員嚴格執行規定的任務和要求以達到訓練目的。

技術訓練的主要手段:

①徒手練習

a.倒地練習(護身倒法):在正確倒法的基礎上,經常做倒法練習。特別是各個方向上的單手前迴轉倒法,除在準備活動中練習外,並在各種約定摔法中練習,在實戰中應用。提高安全倒法的技能,發展協調性。

b.徒手技術練習:提高動作速度,耐力、柔軟性、協調性和兩腳移動能力。如作"過肩摔"的"徒手揹""內腿"的挑腿。爲發展動作速度,每組做 8－12 次,間歇 20″－30″,作 3－5 組。爲提高耐力,每組在 40 次以上,間歇 2 分鐘以上,作 4－5 組。

②用器械練習:以提高手臂和步法動作爲主。

　　a.用橡筋練技術:一根或兩根橡筋(彈性越大越好),一端固定,另一端一手握2根或兩手握2根;作技術練習。也可以用柔道腰帶。

　　b.用滑輪練技術:其重量根據運動員的體重和力量之外,爲發展速度或靈活性可輕;爲發展力量可重。組數和次數視需要而定。

　　c.摔假人:其彈力大小視運動員體重和力量大小而定,練習的次數和組數亦按練習的任務而定。爲發展速度每組作15－20次。脈搏30次/10秒以上,組間休息40－60秒鐘,作3－5組。爲發展耐力每組40次以上,脈搏達25－28次/10秒,組間休息60－90秒鐘,作4－6組。

　　d.摔布人:無腿的布人便於立住,只能作手技、腹腰技、不便作腳技。有腿的布人不易站住,但便於作腿腳上的動作。布人的重量和高矮根據運動員的體重、身高和力量而定。摔布人要跟着倒下去。

　　摔布人爲發展速度每組6－8次,脈搏30次/10秒以上,組間休息40－60秒,作3－5組。爲發展耐力每組作20－30次,脈搏達25－28次/10秒,休息60－80秒,作4－6組。

　　③雙人練習:這是技術練習的重要手段,它既可全面地體會技術,又可發展專項素質。

　　a.手法練習:提高抓握和解脫技術,發展手臂力量。

　　甲、在掌握原地八個提拉動作後,結合步法靈活地作各方向的提拉。

　　乙、搶抓:有目的地先抓到對方身體某部,控制對方。互相搶抓規定的把位,如規定搶抓袖或胸襟等。先抓到就停,再重新開始,不讓對方抓住,而要先抓到對方,發展抓握速度。

　　丙、解脫抓握:先被對方抓住,解脫開對方的抓握,再抓住對方得力把位。如對方右手抓住我方右胸襟。我方撐開對方右手的抓握,隨之左手抓住對方的右袖。提高解脫和抓握能力。

　　丁、借手:對方抓住我方某一部位,我方不解脫,而抓住對方抓握手臂的衣袖或手臂,作爲底手或上手,或者迫使對方感到不便。例如對方右手抓我方右領,我方用左手向下拉壓對方右臂,借這把手進攻,或控制對方。

　　戊、搶手(不摔倒的站立實戰):雙方互相隨意搶抓對方,而不讓對方抓住,被抓住可以解脫再抓。發展手法的反應、速度和準確性,提高格檔、解脫和抓握能力。

　　手法練習要與步法、身法配合進行。

　　b.連攻法:不摔倒對方的投技練習。

　　甲、原地連攻法:受技者原地站立不動,施技者抓住得力把位施技。每組按次數或時間進行。爲發展技術力量,進行三人連攻法練習—— 施技和受技者之外,另一人拉住受技者,增加受技者的抵抗力量。

　　乙、行進連攻法。

　　▲直綫行進:受技者按規定向前、後、左、右直綫進退,行進速度有變化。

▲隨意行進:受技者隨意移動,可走直綫,亦可走弧綫。施技者根據對方的移動路綫施技,可以規定施技必須使用某個技術,也可以隨意使用技術。

連攻法練習的間歇安排可參照表3-30-3。

表3-30-3　　打達練習的間歇安排參照表

主要任務	時間和次數			脈博 (強度)	間歇時間	組數	備　註
發展速度	20″-30″			180 次/分以上	30″-50″	6-8	次數是平均數,因各種技術用的時間不同,但要按規格作。
	原地	男	22-30次				
		女	20-28次				
	行進	男	17-23次				
		女	16-22次				
發展耐力	1′-2′			160-180 次/分	1′-2′	6-8	
	原地	男	56-80次				
		女	51-80次				
	行進	男	45-65次				
		女	43-63次				
發展力量 (3人連攻法)	2′-3′			140-160 次/分	2′-3′	4-6	
		男	54-70				
		女	54-70				

高級運動員連攻法放在訓練課的前邊進行,起到準備活動作用。連攻法是技術訓練的分解法,主要是提高技術的手法、步法和身法。連攻法練習過多會破壞技術的完整性。

c.約定摔法:投技摔倒對方的配合練習。是完整技術的練習手段。

甲、原地約定摔法:受技者原地站立不移動。

▲受技者站合適的姿勢,不抓握施技者,施技者抓上對方就用技術。一人摔一人外,一人可摔數人,以加大密度和強度。

▲受技者先抓住施技者。施技者借對方的抓握把位使用技術,或者解脫開對方的抓握,再施用技術。

原地約定摔法爲增加抵抗力量可進行“三人約定摔法”。

乙、行進約定摔法:受技者不抓對方,或抓住對方移動。施技者抓住對方,或者被對方抓住,解脫開對方的抓握,並在對方移動中施技。這種練習接近於比賽實際,難度較大。

▲直綫行進

▲隨意行進

丙、搶手連攻法:雙方互相搶手。在搶抓(包括解脫)把位過程中施技。受技者的搶手仍有一定配合,以便保證施技者摔到一定次數。

約定摔法練習的間歇安排可參照(表3-30-4)

連攻法、約定摔法左右兩邊都要作。受技者可以變換站立姿勢,或高或低, 或左站姿或右站姿。移動的速度亦可變化, 或快, 或慢。間歇時間亦可調整。單位時間要完成規定的次數, 以保證強度。但要保證規格質量。連攻法可以用胸、胯撞擊對方, 如作"大外割"時, 可用胸互相撞並吐氣出聲發力, 以壯聲勢, 提高興奮性。

表 3 - 30 - 4　約定摔法練習的間歇安排

主要手段				時間和次數	脈搏(強度)	間歇時間	組數	備註
發展速度	原地	摔1人	男	20″-30″	180次以上/分	40 - 60″	4 - 6	"不倒"指施技者不隨着倒下。"倒下"指施技者隨之倒下
			女	6 - 8 次				
			男	6 - 8 次				
		摔多人	不倒	男 10 - 15 次				
				女 9 - 14 次				
			倒下	男 7 - 11 次				
				女 6 - 10 次				
	行進	摔1人	男	4 - 6 次				
			女	4 - 6 次				
發展耐力	原地	摔1人	1 - 2′		160 - 180次/分	80 - 130″	3 - 5	
			男	16 - 30 次				
			女	15 - 28 次				
		摔多人	不倒	男 26 - 44 次				
				女 25 - 42 次				
			倒下	男 20 - 36 次				
				女 18 - 34 次				
	行進	摔1人	男	12 - 20 次				
			女	10 - 18 次				
	摔布人		2 - 4′					
			男	20 - 36 次				
			女	18 - 34 次				
發展力量	摔2人(3人約定摔法)		2 - 3′		140 - 160次/分	130 - 190″	2 - 4	
			男	24 - 36 次				
			女	24 - 36 次				
搶手約定摔法			2 - 3′		160 - 180次/分	130 - 190″	2—4	
			男	18 - 25 次				
			女	18 - 25 次				

④實戰和比賽是技術訓練的主要手段

a.實戰:不完全按規則進行的比賽。

甲、自由實戰:兩人隨意對摔, 不受場地、體重限制。

乙、條件實戰:根據訓練的需要, 按照一定條件進行的實戰。可以突出訓練某一個方面。

▲限定技術:規定只許使用的技術;不許使用的技術。專門練習某個技術。

▲限定身體活動部位：規定身體某一部位使用技術。如只能左邊進攻，不許右邊進攻等。培養身體某一部位使用動作的能力。

▲規定姿勢，如只許站立用投技，倒地後就停；只許用寢技，不許站立起來摔。寢技實戰還可以規定從頭對頭、背對背、側對側開始。

▲限定單位時間使用技術次數。

▲限定場地：規定只許在場地的某個區域實戰。例如，為了練邊綫技術，專門在邊綫附近實戰。

b.比賽：比賽是檢查訓練、增長比賽經驗、交流技術、取得成績的手段。運動員要多參加比賽。教學比賽在隊內舉行，根據訓練要求，可規定特殊規則和要求。

⑤錄影法

從錄影中運動員看到自己練習的技術和比賽的情況最能認識自己，便於改正錯誤，發揚優點。

（六）戰術訓練

柔道的技術均以戰術為背景，每個技術都要有一定條件才能適用，不是主觀想怎樣用就能成功。

柔道的戰術意識是運動員在復雜、多變的比賽過程中，善於觀察對方，分析對方，判斷對方的企圖和行動，而能靈活、迅速地採取戰勝對手、有效行動的思維活動。這種意識活動要在平時訓練中培養、鍛鍊。

1、比賽常用的戰術

(1)進攻戰術

①猛攻：開始就連續使用技術動作，猛烈進攻，使對手只有防守，沒有還手的機會，在短時間內取勝，或是全場掌握主動權。

對手是經驗不足，或是體力不佳的運動員，而已方是體力充沛的運動員便於應用這種戰術。但採用這種戰術容易暴露破綻，給對方可乘之機，消耗體力快，容易疲勞，會被有經驗的運動員以逸待勞所克制。

②誘攻：先用假動作，給對方造成錯覺再真進攻。常用的手段是“聲東擊西”，造成對方的“不意”。使用假動作要引起對方的反應，結果使對方站成施技者所需要的姿勢或行動。例如，施技者先向自己拉對方，當對方向後反抗時，趁機用“大內割”或“大外割”。許多情況是左右、前後、上下配合，形成連絡技，如掃腳與“掃腰”配合、過肩摔與跪腿摔配合等等。

③以專長進攻：發揮自己的特長。

▲力量大，隨時處處與對方較勁、所謂“硬攻硬要”。

▲耐力好，與對方拼體力。

▲以得意技為主要進攻手段。要善於創造應用得意技的機會。得意技

要深厚紮實,有獨到之處。要考慮對方的防守,反攻辦法,以免被對方"堵住",或者給"送上去"被反攻。得意技應配套成龍,組成連絡技。

④穩攻:站好實戰姿勢,嚴陣以待。先試探、觀察,找出對方的弱點,選好機會進攻。

先作以守爲主的搶手,如果搶手抓到把位,而不抓牢,對方一掙就鬆手;不讓對方抓到得力把位,更不與對方摟抱在一起。避其鋒芒,挫其銳氣,使得對方無可奈何,結果對方性格急燥者常發火,展開猛烈進攻,待體力消耗盡,露出破綻,再乘隙進攻。對方意志薄弱者,進攻無效,被搶手動作蒙蔽,常失去信心,則進攻膽怯,不敢果斷地施技,掌握好時機再突然進攻。對方主動性不強者,則隨我方動作轉移。我搶手對方也搶手,我進攻對方防守。這樣我便掌握了主動權,盡量虛張聲勢,採用幅度小,不大失去身體重心平衡的動作,引誘對方東撲西逮,前後奔忙,消耗體力。當對方氣喘力竭時,再伺機進攻。

穩攻戰術適於對付實力強、技術好的對手。這種戰術需要沉着穩重的精神、深謀遠慮的智慧,不畏強手的意志。還要掌握好比賽的時間。

⑤散手攻(打游擊):施技者不讓對方抓住,而抓上對方就用。採用這種戰術,更主動一些,但必須奇襲。散手摔靈活性大,活動範圍廣,可以繞着對方轉,看到時機合適,即刻突然進攻;不合適就走。充分利用場地,站到場中央與站到場地四周(靠近邊綫),隨意轉換。還可以借對方抓握和進攻的機會進攻。力量小、動作靈活敏捷的運動員適用這種戰術。

⑥順勢進攻(反攻):借對方的動作進攻。對方拉就進,對方推就退,以柔克剛,順手牽羊。但要直來斜取,對方拉,施技者隨之而進,但進的方向偏於對方拉的方向,結果使對方拉的動作失去欲期的效果,還會失去身體重心平衡,露出可乘之機。應用這種戰術要有勇敢精神和全面技術,還要善於"聽勁"—— 憑觸覺、肌肉本體感覺判斷對方的動作和用力的方向。

(2)防守戰術:柔道比賽是由進攻和防守組成,防守只是暫時地阻止和破壞對手的進攻。最後還是爲了進攻,或是爲了保持分數領先的地位。

防守要消耗對方的體力,使其疲勞、喪失信心,精神沮喪,暴露缺點。而自己養精蓄銳,以逸待勞,發現或造成對方的錯誤,在適當的時機可以進攻或反攻。防守應該是積極的,消極的防守是假防守。

①阻礙防守:採用格擋或解脫動作,不讓對手抓住,若被抓住應用解脫動作使對方鬆把;或是抓住得力把位,堵住對方的進攻動作,使對方不便施技。採用這種戰術需要手法好,手臂力量大且有耐力。

②化解防守:應用防守技術,化解對方的進攻技術,使之不能成功。每個進攻技術均有防守辦法。應用這種戰術,要能預先判斷出對方的進攻技術,而且反應和動作要快。

③走動防守:向着對方走動的方向走動,所謂"向着走"。對方向左走

動,我隨着對方向左邊走,仍然與對方保持原來的距離,使對方不好進身,不便施技。走動時,走滑步,腳不要抬高,不要兩腳併攏,以免重心升高、支撐面縮小。

④以攻代守:積極連續進攻,使對方總是處於防守地位;對方進攻我也進攻,或反攻,使對方顧此失彼,不能全力施技。如對方右腳用掃腳,我右腳也用掃腳。這種戰術更要求判斷準確,行動迅速。

上述的戰術是就某一方面而言,在比賽中很多是綜合幾種戰術,而以其中某一種爲主。例如邊綫戰術就是合理使用場地,綜合使用攻守戰術,進攻施技時,用成功站在場內可以得分,用不成功隨之出界,對方不好反攻得分。

戰術貴在靈活。每一場比賽的戰術應有所區別,不能千篇一律,否則容易被對手摸到規律,能有計劃地防守、反攻。

2、戰術訓練方法和手段

(1)練習技術時要明確技術的應用條件。

(2)培養戰術意識。

(3)執行單一的戰術:例如,實戰時,只要求猛攻,要在單位時間內應用幾次進攻技術;只採用阻礙防守等等。

(4)與弱手實戰:爲了練習某一技戰術,使之容易成功,增強信心,專門與技術水準低或體重較小的運動員實戰。

(5)與強手實戰:爲了提高應用某一戰術的條件,加大難度。

(6)模擬比賽:了解對手後,使陪練者模擬對手進行針對性的實戰。

(7)在教學比賽中有計劃地實施戰術活動。

(8)分析實例:通過自己的比賽或觀察他人的比賽,進行戰術分析,最好邊看錄影邊分析。

(七)心理訓練

柔道運動員的心理訓練分爲一般心理訓練和比賽心理訓練。

1、一般心理訓練

任務是培養柔道運動員的性格、氣質、能力和對柔道的興趣等個性心理;發展柔道運動所需要的知覺、運動表象、想象、形象思維以及情感和意志品質等心理過程;發展意志品質。常用的訓練方法和手段是:

(1)注意集中訓練:多在訓練課開始部分進行,如作與口令相反的動作,"明七暗七"板數遊戲、想攻守技術如何作等等。

(2)意志訓練:例如,作五分鐘的立臥撐跳,長時間作徒手技術練習,車輪戰等。身體負荷接近或達到極限,再堅持下去,既練了體力、技戰術,又練了意志。

(3)念動訓練—— 過電影:在思想上完成動作。一般在安靜和放鬆的情況下進行。練習前想將要練習的技術,練習後想剛練習的技術。休息時亦可進行。

(4)入靜放鬆:作完一般放鬆活動後,仰臥在墊子上,或者正坐,自然閉目,呼吸調勻。排除一切雜念,什麼都不想,進入忘我境界。用語言暗示"我放鬆了","前額放鬆、臉部放鬆、頸放鬆……前腳掌放鬆"由上至下。再想腹下的丹田穴,作腹式呼吸。再想腰部,然後搓手、柔臉,再從前額向頭後捋下去經頸至胸直至腹下。然後睜開眼,心想"我的疲勞消除了"。這是用語言進行導引,促使精神、肌肉放鬆。

2、比賽心理訓練

任務是明確比賽任務,樹立信心;消除緊張情緒和心理障礙形成最佳競技狀態;在千變萬化的比賽情況下保持積極穩定的心理狀態。常用模擬訓練法。

(1)模擬對手實戰:在了解對手的基礎上,讓同伴模擬對手可能採用的技術戰術進行實戰。

(2)模擬比賽場面:制造接近比賽的環境場地、設備、氣候、觀眾的傾向性等等進行實戰。

3、智能訓練

柔道是兩人在直接接觸中角鬥,所以運動員特別需要觀察、分析、想像、思維等認識能力和適應對方的能力以及靈活機動地、創造性地應付戰術能力。

智能訓練貫穿全部訓練過程中,主要方法和手段是增長運動員的一段理論知識和柔道理論知識。在教學訓練中多提問,多用啓發式教法,經常分析技戰術。多比賽,作好訓練階段的總結和比賽總結。

4、柔道賽前心理障礙克服的方法

運動員賽前常出現的心理障礙是過度緊張(焦慮過度)、厭戰、對比賽沒信心和盲目自信等。

克服的方法:

①明確比賽任務,卸包袱。

②不要訂過高的指標,能在比賽中發揮平時的技術水準就算完成任務。

③對情緒過於激動的運動員進行心理放鬆。轉移注意,如散步、看電影、作遊戲等。

④對比賽信心不強者可用語言刺激,加強責任感,提高榮譽感。分析他們的優點和有利的形勢,使他看到光明的前景,增強信心。

⑤對於盲目自信者,可分析比賽形勢的嚴峻性和對手的進步情況,促使他在戰略上藐視對手,而在每場比賽中重視對手。要詳細科學地分析對手,

作好技戰術和心理準備,一切行動加強計劃性、克服盲目性。

(八)訓練後的恢復和簡易恢復措施

柔道訓練後除採用蒸汽浴、水浴、按摩、服營養藥物等措施外,常採用的有效簡易恢復方法有:

(1)慢跑;輕鬆地彈跳。

(2)倒着跑:特別要求放鬆腰部。跑動時可揮臂,如兩臂輕鬆地打直拳、擺拳等。

(3)拉韌帶。伸拉身體最累部位。如腰的負荷量大,作直腿體前屈向下壓。一腿伸直,向上勾腳尖。體前屈,放鬆小腿後群肌肉。拉韌帶先振動,然後靜止堅持 40 秒鐘效果更好。

(4)放鬆倒:站直。由頭到頸、到肩、到手臂、到胸背……到兩腳,由上到下逐步放鬆向後倒下,停 5 秒鐘,再起立重新作,連續作 2－4 次。

(5)伸拉:被放鬆者仰臥或俯臥,全身放鬆兩人或四人同時協調地伸拉被放鬆者的手腳,可以抖動。

(6)力量練習後作技術配合練習。不抵抗,只是靈活地熟練技術。

(7)作難度小而熟練的技巧練習。如滾翻、手翻、各種倒地等。

(8)作遊戲或進行時間較短的球類活動。

(9)運動員互助按摩。

(10)入靜放鬆。

各種恢復方法可以組合使用,而入靜放鬆一般放在最後進行。

(九)柔道訓練計劃

1、長期訓練計劃

省市柔道隊的多年訓練計劃多以四年一屆的全運會爲一個多年訓練週期。它分爲兩個階段——前兩年爲基本訓練階段,主要任務是進行全面身體訓練,使身體全面協調發展,掌握技、戰術,爲後一階段打好基礎;後二年爲提高階段,在前一階段的基礎上逐漸增加技、戰術訓練和專項身體訓練的比重,負荷量和強度也逐步加大。

兩個階段的年齡和訓練時限

第一階段	第二階段
男子 18－20 歲開始	20－22 歲開始
女子 17－19 歲開始	19－21 歲開始

堅持系統訓練的運動員可能參加兩屆全運會。男子由 18－22 歲到 26－28 歲;女子由 17－21 歲到 25－27 歲,個別大級別優秀運動員可以參加

三屆全運會。

2、全年訓練計劃

(1)全年訓練計劃的基本內容(見訓練原理篇)

(2)制訂全年訓練計劃的程序

①了解、分析全國各隊和主要運動員的情況。

②掌握本隊隊員的情況。

③分析訓練條件—— 教練、醫生、科研人員、醫療、恢復手段、場地設備、環境、經費等各方面的條件。

④確定訓練計劃的基本內容—— 擬出訓練計劃草案。

⑤教練和醫生、科研人員以及運動員共同研討訓練計劃草案,最後寫出訓練計劃。

⑥上交領導批准。

(3)制訂全年訓練計劃應把握的要點

①了解主要比賽,如全國錦標賽、全國冠軍賽,參賽隊的情況,信息要靈。

②根據形勢和運動員起始狀態確定確實可行的訓練任務和指標。

③選用的訓練方法符合運動員起始狀態。

④重點突出,個別對待。

⑤不僅憑經驗,還要與科研人員合作,以科學理論爲指導,爭取採用新科技手段。

⑥把訓練計劃變成運動員自覺行動。

(4)訓練大週期各時期的負荷量和強度

各時期負荷量與強度總的趨勢是,準備時期負荷量大,強度小;比賽時期是負荷量相對減少,而強度大。越臨近比賽強度越大。負荷量和強度因人而異。各時期訓練的負荷量和強度可參考表3-30-5。

表3-30-5　1人1天技術練習的負荷量和強度參照表

時期	時間和比例	強度	脈搏	備註
準備時期	100′-120′			1.時間指一名運動員淨練時間,陪練時間不計在內。2.配合與對抗是指技術練習時間的百分比。3.強度是指對抗程度。
	配合50-60%	60-80%	140-160次/分	
	對抗40-50%	70-100%	160-180次/分	
比賽時期	60′-90′			
	配合30-40%	70-90%	170-180次/分	
	對抗60-70%	90-100%	180-最高次/分	
過渡時期	20′-40′			
	配合70-80%	40-50%	130-140次/分	
	對抗20-30%	60-70%	140-160次/分	

(5)訓練計劃的幾種參考表格

①重點隊情況表(表 3-30-6)
②各級別優秀運動員情況表(表 3-30-7)
③本隊隊員情況表(表 3-30-8)
④時期劃分和各時期任務、比賽、負荷量、強度表(表 3-30-9)

表 3-30-6 重點隊情況表

隊名	最近2-3年成績	教練情況	技術特點	戰術風格	運動素質	發展趨勢	其 他

表 3-30-7 各級別優秀運動員情況

級別	姓名	隊名	名次	年齡	訓練年齡	形態機能	教練	技戰術	運動素質	心理品質	教育程度	民族	其它

表 3-30-8 一 般 情 況 表 (1)

姓名	出生年月日	骨齡	訓練年齡	教育程度	父 母 情 況				兄弟姐妹簡況	民族	備註
					職業	健康狀況	運動經歷	對子女從事柔道態度			

身 體 形 態 表 (2)

姓名	身高	體重	坐高	臂長	手長	腳長(鞋號)	肩寬	骨盆寬	胸圍	胸徑	血型	紅白肌比例	神經類型	其它

生 理 機 能 表 (3)

姓名	血壓	脈搏(晨脈)	每搏輸出量	肺活量	傷病情況	跤感	其它

運 動 素 質 表 (4)

姓名	臥推		臥拉		深蹲		直腿硬拉		高翻		引體向上		100m		1500m		立定跳遠		豎叉		其它
	現在	指標	現在	指標	現在	指標	現在	指標	現在	指標	現在	指標	現在	指標	現在	指標	現在	指標	現在	指標	

心 理 狀 況 表 (5)

姓 名	氣質	性格	興趣	自覺性	勇敢	頑強	自控力	注意力	智能	備註

技 戰 術 表 (6)

姓名	取勢	掌握技術數量		掌握技術質量	手法		得意技		跤風		應變能力	主要戰術		成績(名次)		備註
		現在	指標		現在	指標	現在	指標	現在	指標		現在	指標	現在	指標	

表 3 - 30 - 9　　時期劃分、比賽、負荷量、強度表

時 期	準 備 期		比 賽 期		過渡期	備註
	年 月 日—年 月 日		年 月 日—年 月 日			
階 段	一般準備	專門準備	賽 前	比 賽	月日－月日	
	月日－月日	月日－月日	月日－月日	月日－月日		
主要任務						
比賽						
負荷　量						
強度						
技戰術訓練%						
身體訓練%						

3、賽前訓練計劃

(1)大賽前訓練階段的時間一般是四周。

(2)大賽前訓練階段的主要任務── 培養最佳競技狀態。

①練好配套成龍的得意技,熟練 2-3 套攻守戰術。

②練出一天比賽 6-8 場的體力。

③控制好體重。

④解決比賽中可能出現的心理問題。

(3)控制體重的方法:每個人控制的幅度、方法不同。較好的辦法是:

①平時體重只許超過 2-3 公斤。

②大賽前訓練階段開始至賽前兩天,體重控制在只超過 0.5-1 公斤。賽前 1 天再降下多餘的 0.5── 1 公斤。

③降體重以訓練排汗為主,減少體內多餘的脂肪;適當控制飲食;練習時穿降重服以利排汗。訓練後穿降重服或多穿衣服(便於發熱出汗),在氣溫較高的環境中長時間慢跑。還可用蒸汽浴或熱水浴排汗。忌諱降下體重後再大吃大喝,使體重又升上去,然後再降。

④降重要滿足需要的各種營養。

⑤每天檢查體重。

(4)大賽前訓練內容、手段、負荷量和負荷強度

賽前訓練必須盡量和比賽一致。

①縮短訓練時間,減少訓練次數(與準備時期相比);減少一般身體訓練內容和全面技術訓練內容。

②增加強度:達到或超過比賽的負荷量和負荷強度。

③安排摸擬比賽。一場比賽時間可延長 1-2 分鐘,比正式比賽的最多場數多 1-2 場。比賽後的脈搏在 180 次/分以上。一場比賽過程中有時脈搏會超過 210 次/分。

④進行超過比賽時間 1-2 分鐘的速度耐力或力量耐力的循環練習。練習後脈搏要達到 190 次/分以上。

⑤默念比賽:想出主要對手,用腦子在思想上與之比賽。想的要具體、詳細。

⑥訓練手段精練重點突出。

⑦加強恢復措施,安排好空閒時間的活動。

⑧增加戰術研究活動和戰術訓練比重。

(5)適應比賽的訓練安排

①改變平時 7 天的訓練小週期為 4-5 天的訓練小週期。其中 1 天上下午進行最大強度的訓練(超過比賽的負荷強度和負荷量)。

②適應早晨過體重,上午和下午比賽,中午不休息的比賽制度。

③安排 3-5 次模擬比賽。

④盡可能在與比賽地點的海拔、氣候等條件近似的地方進行賽前訓練。

(6)大賽前調整時間的確定、方式、方法和個別對待辦法。

①大賽前第五、六周安排調整,時間爲 7－10 天。調整後即投入賽前訓練。

②調整的方式、方法多種多樣,以換項訓練爲主,負荷量不宜大減,墊上的技術練習減少,可進行游泳、划船、沙灘上跑步、爬山,長距離走路遊覽、踢足球、打籃球等。這些活動可交替進行。

③個別對待:發揮個人技、戰術和運動素質特長,加強得意技訓練。除有特殊要求外,按個人習慣的訓練方法練習。技術練習時,找配合默契的同伴練習。多個別談心,隨時從各方面了解運動員的心理活動。

4、比賽的指導和常見問題及其解決辦法。

(1)柔道比賽的指導

①柔道比賽場上千變萬化,運動員獨立作戰,教練可在場外(臨近的看臺上)指導。

②賽前準備會上詳細分析比賽形勢和當前對手的技、戰術,身體狀況和心理狀態,研究出針對性的技戰術。

③準備活動不僅把身體活動開,還要與合適的同伴進行準備好的技、戰術練習(不讓對手看到)。

④比賽中要根據場上的具體情況驗證原訂的戰術是否對頭。若是合適就強化運動員堅決貫徹執行,若與分析的情況有出入,戰術需要改變時及時給運動員指出對方的技、戰術、體力及其企圖和應答措施。例如:堵住對方哪把手,應該搶什麼把位,施用什麼技術,如何分配體力等。教練要善於看出場上雙方的變化,指導的語言要明確、具體、扼要,盡量用暗語,以防對方聽明白。

(2)比賽期間常見問題及解決辦法

①掌握的技術用不好,手腳配合不協調,不是"手到腳不到",就是"腳到手不到",或是"進身不嚴"。這是由於抵抗強烈,把技術"堵回去了"。要作適當配合練習,把破壞的動力定型理順。

②身體發僵,不講戰術,在場上蠻幹。只會用單個技術,不知"第二次進攻",甚至不敢使用技術。這是因爲經驗不足,過度緊張,需要進行心理放鬆法,轉變注意力。

臨場發揮好壞主要是信心問題,要及時分析形勢,增強敢於勝利、敢於進攻精神。

(十)柔道運動員選材

柔道運動員的選材,現在尙無定論,故無統一指標和基本參數。一般的

看法是:

1.選材階段和年齡

(1)普選 10－13 歲:普及柔道。

(2)初選 14－15 歲:挑選適合柔道人材。

(3)複選 16－17 歲:挑選有培養前途的運動員。

(4)定選 18－18 歲以上:進行專門訓練。

2、神經類型和心理特徵

靈活型及穩定型較好。

有信心、勇敢、頑強,有自控能力。

3、選材的形態、機能、素質,技戰術要求:

(1)形態:過去是長軀形精粗壯體,現在逐漸向勻稱型發展,各體重級別略有差異。

(2)機能:健康、肺活量大,無氧代謝能力強,能承擔大負荷大強度訓練,安靜時脈搏 40－48 次/1。

(3)素質:爆發力好,速度好、靈敏好、跤感好。

(4)技術:技術較全面,有得意技,手法好。

(5)戰術:靈活多樣,應變能力強,敢於拼搏。

4、選材的簡易辦法

(1)看形態:是否勻稱,摸脊柱是否正直。看腿形、足弓。

(2)測百公尺、立定跳遠、臥推、臥拉、深蹲;直腿硬拉。

(3)連續快作 3－5 個前滾翻接 3－5 個後滾翻,然後立正站穩,看平衡覺。

(4)做直立體前屈、劈腿、手橋,看柔軟性。

(5)作接觸八個部位的接觸跑。看記憶、判斷、反應和速度。

(6)徒手做基本動作,兩人配合作技術。看靈敏和協調。

(7)實戰:看勇敢,頑強精神和應變能力。看"跤感"和應用技戰術能力。

(8)訓練中看能否吃量、不易受傷。

(9)比賽中全面檢驗,特別是能否發揮出訓練水準。

(王德英)

三十一　拳　擊

(一)拳擊運動發展簡況與特點

1、發展簡況

拳擊是雙手戴上特製的柔軟手套,在一定規則的限制下,兩人相互進行擊攻與防衛的一項對抗性的,被人們稱爲“勇敢者的運動。”現代拳擊運動始於一七四三年英國人約翰·布勞敦受盛行拳擊的希臘等國的影響和啓發,考慮到比賽的安全,首先創造和使用了拳擊手套。手套的出現使拳擊運動獲得了很大發展。1904 年在美國聖路易舉行的第三屆奧林匹克運動會上被列入比賽項目。自此,拳擊成爲歷屆奧運會的傳統競賽項目。

2、兩種拳擊的區別

目前,世界上的拳擊運動有兩種組織和比賽形式,即業餘拳擊與職業拳擊。業餘拳擊運動,是以鍛鍊身體,增進健康爲目的。職業拳擊則是以謀生和獲取金錢爲目的。國際業餘拳擊聯合會有嚴格的規定,職業拳手不能參加業餘拳賽,而業餘拳手也不得參加職業拳賽。職業比賽使用的手套面積小,重量輕(6 盎司,合 170.1 克),厚度薄,比賽的回合多,時間長。業餘拳擊比賽,運動員身着背心、短褲,使用的手套大而厚,比賽三回合(每回合 3 分鐘),戴特製的頭盔。奧運會、亞運會的拳擊比賽都屬於國際業餘拳擊聯合會系統的正規比賽。

3、大陸拳擊運動發展情況

二十世紀初,拳擊運動傳入大陸,僅在沿海一帶大城市中流行,只有極少數人參加。建國初期,北京、上海等各體育學院成立後,便將拳擊納入到教學計劃中,而且成立了代表隊進行日常的正規訓練。這不僅豐富了我國拳擊運動的專業理論知識,而且培養出了大批具有教學和有一定訓練水準的教練,爲拳擊運動的發展奠定了基礎。

1953 年在天津市舉行的全國民族形式體育表演及競賽大會上,首次設置了拳擊比賽。自 1959 年暫停開展後,於 1986 年又重新正式恢復。1987 年 1 月,舉辦了全國業餘拳擊調賽。並將拳擊列入全運會的正式比賽項目。1988 年我國參加了漢城奧運會拳擊比賽,取得了 57 公斤級第七名。1990 年亞運會上,終於實現了“零的突破”,年青的白崇光獲得了 81 公斤級的冠軍,五人分別獲得了本級別的銀牌。爲我國拳擊運動的發展寫下了值得慶賀的篇章。

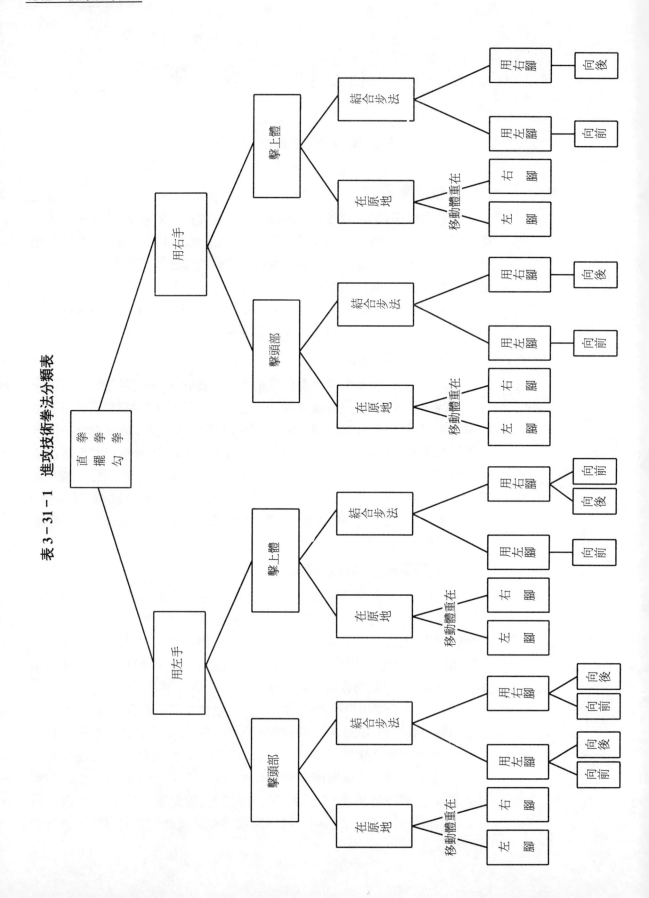

表 3－31－1　進攻技術拳法分類表

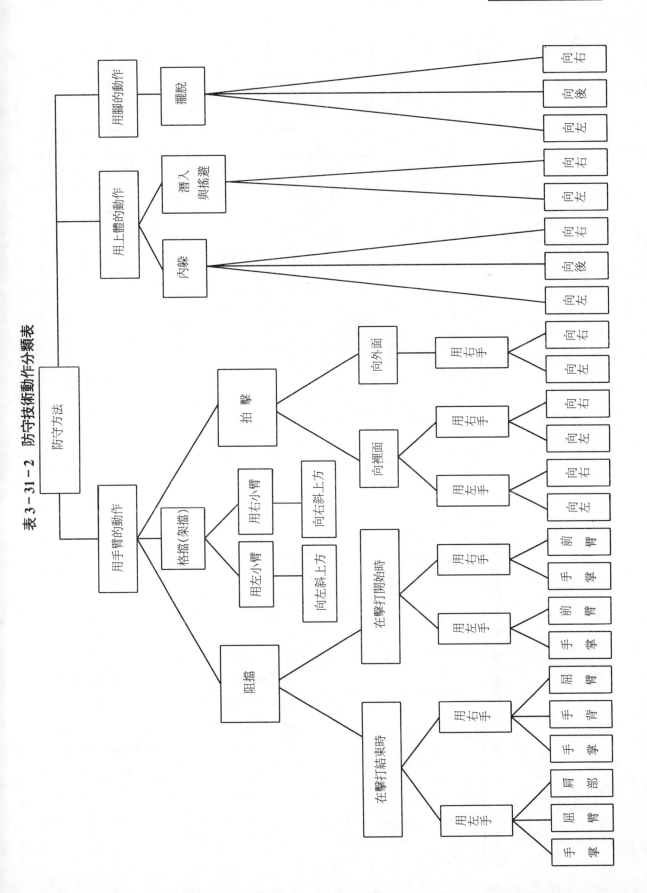

表 3 - 31 - 2　防守技術動作分類表

表3-31-3　對直、擺、勾拳擊頭、擊上體時常用的防守動作

進攻動作＼防守動作	用手的動作														用上體的動作					用腳的動作			
	阻擋（擊打結束時）						阻擋（擊打開始時）				拍擊			閃躲			潛入	退	擺脫（轉身）			
	手背		手掌	肩部	屈臂		手掌		前臂		向裡		往外	向後	向右	向左	向下向側	向後	向右		向左	
	左手	右手	右手	左肩	左臂	右臂	左手	右手	左臂	右臂	左手	右手	右手						向左	向右	向左	向右
	1	2	3	4	5	6	7	8	9	10	11	12	13	14	15	16	17	18	19	20	21	22
直拳 左直拳擊頭部	×		+	+								+	+		+	+	+	+	+	+	+	
左直拳擊上體					+													+				
右直拳擊頭部		+										+	+					+				
右直拳擊上體											+							+				
擺拳 左擺拳擊頭部			+	+						×				×	+	+	+	+	+	+	+	+
左擺拳擊上體					+				×		+					+		+				
右擺拳擊頭部				×		×	×	×		×				×			×	+				
右擺拳擊上體					×				×									+				
勾拳 左勾拳擊頭部			×											×			×	+	×	×	×	×
左勾拳擊上體																		+				
右勾拳擊頭部			×			×	×	×	×	×				×				+	×	×	×	×
右勾拳擊上體			×		×				×									+				

表 3－31－4

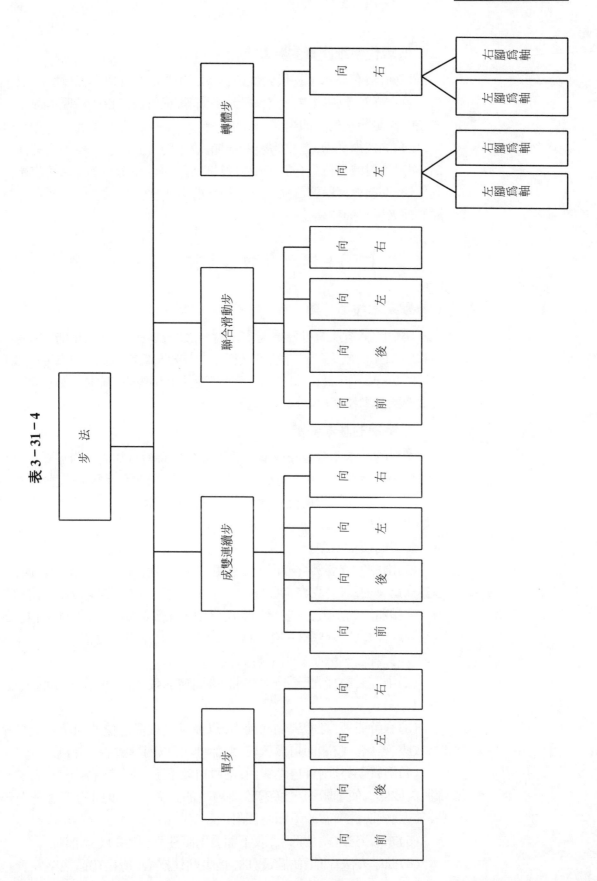

4、現代拳擊比賽的特點

目前,具有高水準和代表性的國家,如亞洲的南朝鮮、泰國、印尼、菲律賓以及世界拳擊強國古巴、原蘇聯、德國等,盡管有各自的特點與風格,但其主要特點是類同的。即:有較高的防守技能;主動進攻意識強,積極進身出拳,攻擊的技術熟練,進攻的頻率增加;攻中防,防中進攻;技術全面,戰術靈活,與對方對峙等待少;體力充沛,速度快(出拳快,連續拳攻擊速度快,防守動作快,迎擊與反擊速度快,步伐移動快,戰術變換快,進攻節奏快);具有明顯的個人風格與技術特長。

(二)拳擊運動的基本技術及練習方法

1、拳擊基本技術分類

拳擊的基本技術可分爲進攻技術拳法(表3-31-1)、和防守技術動作(表3-31-2)兩大類。在防守技術中,又分爲直拳、擺拳、勾拳擊頭部和上體時的防守動作(表3-31-3)。但無論進攻和防守,基本姿勢和步法均是很重要的基本技術(表3-31-4)。

2、拳擊的基本姿勢

拳擊的基本姿勢是完成進攻與防守行爲時最有利的動作形式。其動作方法根據手臂在前、在後的不同,分爲左拳手和右拳手兩種。左手左腿在前。右手右腿在後的稱爲右拳手。相反,右手右腿在前,左手左腿在後稱爲左拳手。一般都是以有力的手放在後面,即右拳手。現以右拳手爲例,分述基本姿勢的技術要點。

(1)兩腳站立姿勢:兩腳前後分開,左腳在前,左腳腳尖稍向內轉,以腳掌外緣抵住地,着力點在前腳掌上。右腳在後,腳尖指向前方,用前腳掌撐地。兩腳前後的距離,一般是前腳的腳跟至後腳的腳尖之間,應與自己的肩寬略同或稍寬於肩(圖3-31-1)。要切忌兩腳站在一條直綫上,以避免在做動作時,身體側倒而失去平衡。

(2)兩腿姿勢:前腿要自然彎曲,後腿彎曲較大,一般成130度左右(圖3-31-2)。

(3)軀幹姿勢:身體要側向前方,以減少受攻擊部位的面積。上體稍前傾、收腹、含胸。髖關節自然放鬆,臀部內收,以利於靈活地彈跳。

(4)兩臂姿勢:兩臂自然彎曲,兩肘自然下垂。同時兩肩下沉,背部和肩部肌肉放鬆。使拳頭的高度處於與肩平的位置上。後面的手臂彎曲要大些,靠近肋部,握拳置於下顎右側附近。

(5)頭部姿勢:頭稍低下,收下顎。兩眼注視對手的上體部位。

(6)握拳方法:四指並攏、彎曲,指尖貼住掌心,拇指彎曲後貼在食指和

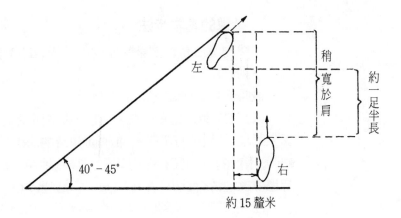

圖 3 - 31 - 1

圖 3 - 31 - 2

中指的第二指骨外側。將拳握緊後,應使"拳峰"這一平面與腕關節成垂直的狀態。使拳背表面同腕關節盡量保持一個平面(圖 3 - 31 - 3)。

圖 3 - 31 - 3

基本姿勢容易常出現錯誤有:

(1)上體與兩臂過於緊張、兩肩僵硬或一肩高一肩低;

(2)膝關節緊張。髖關節不夠自然、放鬆,臀部下坐;

(3)拳頭握得過死、兩肘外張;

(4)把收下顎變爲低頭;

(5)兩腳不能平均負擔身體和重量。

3、拳擊的基本步法

拳擊的步法是根據拳擊運動的特點,配合拳擊技術要求的一種專門的腳步移動動作。

最常使用的步法有以下十種

(1)前滑步。是使用最多,運用較爲廣泛的一種步法。向前滑步時,後腳先蹬地同時使身體前移,推動前腳沿地面向前滑動,滑步時前腳腳尖不要轉動,用前腳掌內側着地。當前腳掌着地時,後腳迅速前滑跟上、後腳跟進時也要擦地滑行,切忌在蹬地後將腳抬起,以避免形成向前邁步的現象。

(2)後滑步。前腳的腳掌做短促有力的蹬地,推動身體後移,隨即後腳掌向後滑動,前腳迅速沿地面拉回,拉回的距離應與後腳滑動的距離相同。

(3)左滑步。右腳的前腳掌用力蹬地,左腳向左橫滑動,着地後,右腳隨即向左橫滑跟上。右腳移動的距離應與左腳滑動的距離相同。

(4)右滑步。同左滑步,方向相反。

(5)衝刺步。這是突然進攻和"追擊"對手時常用的步法。這種步法與前滑步相似,只是蹬地力量較大,滑動的距離也較長。做時上體要避免前傾或後仰。在動作完成後,應保持基本姿勢不變。

(6)急退步。這與後滑步相似。做急退步時前腳要快速用力向前蹬地,身體重心隨着前腳蹬地而後移。

(7)斜進步。有左、右兩種斜進步。左斜進步—— 身體向左側前方移動時,後腳先用力蹬地,同時前腳向左斜前方滑進一步,待前腳落地後,後腳迅速跟上,身體重心在後腳蹬地時隨着前腳的滑動而前移,當後腳着地時將重心置於兩腳之間。右斜進步—— 與左斜進步相同,只是方向相反。

(8)斜退步。有向左、向右兩種斜退步。左斜退步—— 前腳用力蹬地,後腳向左側後方斜退一步,前腳迅速向後跟上。斜退步不宜移動過大。右斜退步—— 同左斜退步,方向相反。

(9)右閃步。閃步的動作雖不複雜,但需要上體的動作配合完成,是技巧性較高的一種步法。向右閃步時,以後腳前腳掌爲軸,腳跟向右側旋轉大約 45 度,身體隨着後腳旋轉突然向左側轉動。同時前腳迅速向左側後方移動一步(圖 3 - 31 - 4)。

(10)左閃步。做向左閃步時是以前腳的腳掌爲軸,身體隨腳跟突然向右轉體,右腳迅速向左側跟一步(圖 3 - 31 - 5)。

除以上幾種基本步法外,還有滑並步(向前、後、左、右),環繞步(向左、右),以及跨閃步等。

使用步法應注意不得兩腳同時離地或滑動。後滑動的移動距離應與先滑動的腳移動的距離相等;在滑步中和移動後仍要保持基本姿勢不變。

訓練步法應採用多種多樣的練習方法和手段。比如:

(1)劃一條直綫,練習者的前腳沿直綫移動;

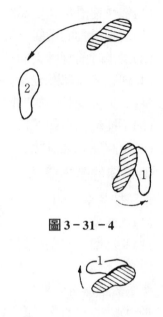

圖 3－31－4

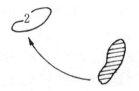

圖 3－31－5

(2)練習向左,向右的滑步時,劃一條橫綫用前腳或後腳沿綫移動;

(3)劃一個"十字",練習各個方向上的滑步動作;

(4)將各種步法編排起來練例如:向前→向左→向右→向右滑步,向前→向右→向後→向左滑步;向前滑一步→向後急退步→向左滑一步→向前急進步→向右滑一步等等。這些練習既可以滑單步(滑一步),又可以連續滑行;

(5)兩人一組的模仿練習;

(6)根據手勢或信號做滑步練習:將某種步法用某種手勢或某種信號來代替,這種方法既可熟練動作,又可以鍛鍊反應能力,而且人多,人少都可以採用;

(7)閃躲練習:把若干人編成一組,在拳擊場內或一定範圍的場地上,同時任其做各種方向的滑步,要求練習者相互間不得接觸和碰撞,以此鍛鍊靈活性,提高應變能力;

(8)綜合練習:在基本掌握各種步法的基礎上,要求練習者在滑步中配合做一些向左、向右轉體,上體前傾,後仰,以及搖擺,繞環等動作。

步法一般容易出現的錯誤是:

(1)在快速滑步時雙腳離地;

(2)兩腳滑動的距離不等,主要表現在後腳跟進的距離過大或過小。

(3)滑步時前腳腳尖向外扭,後腳腳尖向外扭轉;

(4)踝關節、膝關節及兩腿過於緊張,出現抬腳,挪腿和邁步等現象,使滑步脫節,失去滑動時的"彈性";

(5)不能輕鬆自如保持基本姿勢;

(6)兩腿在一條直綫。

4、拳擊的基本拳法

拳法按其擊打的方向可分爲:

(1)正面擊打拳法:刺拳、直拳;

(2)側面擊打拳法:擺拳、平勾拳,斜下勾拳、抛拳;

(3)由下向上擊打拳法:上勾拳、斜上勾拳、上擺拳。

拳法按距離可分爲:

長距離拳法:直拳、擺拳;

短距離拳法:勾拳(包括平勾、上勾、斜上勾、斜下勾拳)、振拳。

在這些拳法中最基本、最常用的是刺拳、直拳、擺拳和勾拳。

(1)刺拳

刺拳是前面的手臂使用的拳法。主要用於擊打對手頭部。出拳是依靠快速而短促地伸臂來完成(臂似乎末完全伸直),肩部不必隨着出拳而前伸,腰部動作也極小。用刺拳擊打時可以保持身體平衡,便於連續,快速地出拳,並以此試探對手的意圖,擾亂其進攻行動,破壞其防綫。在對手被擊中的情況下,可以接連使用其它拳法連續猛攻。

(2)直拳

直拳是指以出拳到被擊目標,拳頭是沿直綫運動的一種擊打方法。直拳的特點是速度快,動作突然,易於運用身體的力量,是一種具有較大威力與高度實用價值的拳法。也是在比賽中使用最多的一項進攻技術。直拳也分爲左、右直拳。

①左直拳

A.左直拳擊面部的動作要領:出拳時,後腳(右腳)先用力蹬地,使重心前移,同時左臂迅速向前伸直。左肩隨臂的前伸而向前探出。上體略向右轉,以加大出拳的速度和力量。左拳由放鬆半握狀態,隨着左臂前伸而內轉至掌心向下。肘關節隨着掌心的內轉向上抬起,使力量通過肩、臂,腕關節和拳峰沿一條直綫作用在被擊目標上。在後腳蹬地時,前腳(左腳)順勢向前踏出,用前腳掌的內緣着地。身體重心移到前腳上。右手隨左拳的出擊而自然前移,保護下顎和面部(圖 3-31-6)。

B.左直拳擊腹部、肋部的動作要領:由於腹部、肋部的位置較低,所以進行擊打時,必須把身體的重心降低。當距離較長需要移步時,在出拳和上

圖 3 - 31 - 6

體前傾的同時，前腳急速向前伸踏，使身體重心移到前腳上（圖 3 - 31 - 7）。

圖 3 - 31 - 7

②右直拳。

右直拳是一種力量重、威脅大，配合左直拳運用的一種最有力的拳法。

A.右直拳擊面部的動作要領：出拳時，後腳用力蹬地，腰部與上體快速有力地向左前方扭轉的同時，右臂前伸，肘關節抬起，前臂內旋，拳心向下方轉動，使拳峰、前臂、肘關節與肩成一條直綫並處在一個水準面上，身體重心移至前腳上。出拳轉體時，左臂應回收，使左手置於下顎附近做好保護動作（圖 3 - 31 - 8）。

圖 3 - 31 - 8

B.右直拳擊腹部與上體的動作要領：擊腹部與上體的動作要領與擊面部的動作要領基本相同。只是由於被擊打的位置低於面部，為此，在完成擊打動作、降低身體重心的同時,前腿膝關節彎曲以保持身體平衡(圖3-31-9)。

圖3-31-9

刺拳和直拳的訓練要在原地掌握正確的動作後。再結合步法進行練習。刺拳只做擊頭部的動作,直拳可練習擊打面部和上體。除刺拳只做前手的擊打外,練習直拳時應先練習左直拳,後練習右直拳,在分別掌握後再配合起來練習。

右直拳練習可做:

①向前衝刺步擊面部,擊上體;

②向後急退步擊面部;

③向後急退步接向前衝刺步擊面部。向後急退步時身體重心應落在右腳上,這便於迅速蹬地向前衝刺步。

在練習左、右直拳連擊時可做;

①左直拳擊面部和上體

②左直拳擊上體接右直拳擊上體或面部;

③左刺拳擊面部接右直拳擊面部等。

(3)擺拳

擺拳是一種由側面擊打對手的遠距離拳法,拳運行時呈弧形路綫。

擺拳是利用身體的側擺和轉動帶動肩、臂的擺動。擺拳因身體的大肌肉群一起用力,因而可擊出較大的力量。然而,用擺拳擊打時,身體動作與臂的擺動幅度較大,易於被對方發覺。特別在擊空的情況下,往往會失去身體平衡,暴露出自己被擊打的部位。但如能恰當地用擺拳,可給對手較大的威脅。

擺拳的打法有兩種:一種是幅度小的快速擺拳;一種是幅度較大的重擺拳。

快速擺拳。這種拳法從隱蔽的角度出發,應強調快速,而不應過於強調力量。目的是分散對手的注意力,阻礙和破壞對手的戰術,達到引拳的作用。

重擺拳(左、右手均可使用)。主要特點是身體的轉動幅度大,臂的擺度大,拳運行弧綫較長,力量較大。這種重拳往往是通過閃躲防守後或在連續進攻時,或對手有明顯漏洞而能有較大把握時才使用。

①左擺拳的動作要領及方法

左擺拳有輕、重擺拳之分。出拳前稍向左轉體,出拳時,借助身體向右轉動的力量,左拳由前方向右前方沿弧綫擺出,擊出後左臂微屈,接近目標時手腕內旋,使拳峰擊中目標。在擊打時,為避免拇指關節被碰傷,應注意使拇指關節朝上或朝下。一般在擊打較高的目標時應使拇指關節向斜上方。擊打對手腹部正側位時,上體可略向右側傾斜或向右側跨步,擊打對手面部時,為了迷惑對手,出拳前身體稍微下降,重心移置在後腳上,突然向前衝刺或魚躍進行擊打。

②右擺拳的動作要領及方法

右擺拳對右拳手者是後手拳。右擺拳的動作要領與左擺拳大致相同,只是方向相反。右擺拳出拳時,利用後腳蹬地,並借轉腰轉體的爆發力帶動右臂的揮擺,隨着出拳使身體重心移至前腳上,以加大擺速和力量。

右擺拳多與左手拳的擊打配合運用。在對手被擊中、注意力分散時,加以右擺拳擊打可以收到有威脅的效果。在對手疏於防守,或體力不支,或處於雙手護面被動的防守時,也可使用這種拳法給以重擊。

此外,還應注意在與同持右拳手的對手使用右擺拳時,由於對手身體的姿勢與角度的關系,擊打時應特別注意準確性,避免擊中對手的後腦等不合法的部位而犯規。

使用擺拳時,容易出現下列一些錯誤:

A.出拳時不是利用轉體發力,只用手臂揮擺,造成明顯的向拉臂方向外擴展過大的毛病,形成出拳前有預知的錯誤;

B.擊中目標時僅用拳頭正面接觸,沒有手腕的內旋動作,甚至有時用拳心,拳側(拳眼和拇指關節部位)接觸被擊部位而造成犯規;

C.用力過大,轉體太多,致使擊打後失去身體平衡;

D.出拳後不能將拳迅速收回進行防護;

E.擊中對手的部位不準,往往擊中後腦、肩背、後背等,而造成犯規;

F.擊打時,肘關節完全伸直,用拇指關節接觸被擊部位,容易造成肘關節與拇指關節損傷。

在擺拳訓練中,首先要注意掌握正確的動作方法,不要過早地、盲目地運用,避免形成錯誤的動作習慣。

③擺拳的主要練習方法:

A.原地徒手練習。體會發力,轉體,轉腰帶動手臂前擺等動作的要領,先做小幅度的快擺拳,再練習重擺拳。做動作時,開始不要用力,出拳時肩、臂肌肉要放鬆,注意手腕的內旋動作。

B.結合步法練習出拳。如向前衝刺步,斜進步及向右側閃步時擊左、右擺拳,在活動中掌握出拳與步法協調一致的用力和身體重心的變換,逐步掌握出拳的技巧。

C.利用打沙包進行練習。一面改進動作,一面鍛鍊擊打力量。

D.進行實戰練習,提高運用能力。

(4)勾拳

勾拳分爲平勾拳、上勾拳、斜上勾拳等。勾拳是在近身對抗中最有效的拳法,尤其是個子小,力量大的運動員,應該運用這種拳法。在接近對手時,趁對手出拳的空隙,用衝刺步貼近對手,或是在閃躲後貼近對手的同時,以勾拳還擊或連擊,會給對手以有力的打擊。勾拳也可以與長距離拳配合使用,組成連續拳擊打對手。由於勾拳擊打力量大,出拳時距離短,速度快,同時可以從左、右、上、下進行擊打,對手很難防守,還擊。

①左平勾拳。出拳前,左臂自然屈肘或借助身體其他動作使左臂屈肘(約90度)出拳時,左腳蹬地,隨之向右急速轉體(轉體不超過90度)利用腰部突然轉動的力量帶動手臂揮擺(圖3-31-10)。同時,手腕內屈,使拳心轉向自己,使拳峰擊打在對手的下顎處。

②右平勾拳。動作方法與要領略同左平勾拳。只是方向相反。右平勾拳對右拳手者是處於後面的手,因此轉體與動作的幅度比左平勾拳要大。爲了加大力量,在出拳時,右腳用力蹬地後,腳跟提起並向外轉,右膝關節內扣下壓。與左拳手(左撇子)的對手對抗時,除擊打面部外,也可以擊打腹部與肋部(圖3-31-11、12)。

圖3-31-10　　　　圖3-31-11　　　　圖3-31-12

③左斜下勾拳。一般當對手在近距離採取較低的姿勢,如潛避或雙臂護面消極防守時,便可使用這種拳法擊打其頸部側面和顎部。

左斜下勾拳的動作要領同左平勾拳,只是肘關節抬得較高,使拳向斜下方用力擊出,同時身體前傾以增大擊打力量。

④右斜下勾拳。動作要領與平勾拳相同,只是把肘關節抬高,向左斜下方擊出。(圖3-31-13)

⑤左上勾拳。由於左臂位置較高,一般不宜單獨做第一拳出擊,而多與

其它拳法配合運用。爲加大出拳的力量,出拳前可隨上體向左轉動以及身體重心下降,左臂自然地屈肘下降,以造成出拳時的有利姿勢。(見圖3-31-14)

⑥右上勾拳動作要領與左上勾拳略同,只是方向相反(圖3-31-15)。擊打時要特別注意運用右腳(後腳)的蹬地和向左轉髖,轉腰,轉體的動作。

圖3-31-13　　　　圖3-31-14　　　　圖3-31-15

5、常用的進攻拳法

在比賽中如何戰勝對手,關鍵就在於能夠合理地運用各種拳法,有效地擊中對手。拳法掌握的愈多、愈熟練,在應用時就愈得心應手。進攻時的拳法應根據對手的情況靈活運用。某一種拳法,只能在一定的條件下發揮它的作用和效力。這些條件主要有:與對手的距離;對手所持姿勢;對手暴露的空檔;對手出拳的時間、速度;對手的高矮、防守習慣,反應能力和技術特點等。

進攻的拳法按左、右,可分爲單手,雙手交替的拳法;按擊打目標可分爲擊頭部與上體;按動作方法可分爲單拳,連擊拳、連續拳和組合拳。下面列舉一些最基本的最常用的拳法:

(1)左手單拳。左刺拳擊頭部;左直拳擊頭部;左直拳擊上體;左擺拳擊頭部;左擺拳擊上體;左平勾拳擊頭部;左平勾拳擊上體;左上勾拳擊頭部;左上勾拳擊上體與擊右肋部。

(2)右手單拳。右直拳擊頭部;右直拳擊上體;右擺拳擊頭部;右擺拳擊上體;右平勾拳擊頭部;右平勾拳擊上體與左肋部;右上勾拳擊頭部與下顎;右上勾拳擊上體與左肋部。

(3)單一拳法的連擊拳。左刺拳連擊頭部;左直拳連擊頭部;左直拳擊頭部、腹部;左直拳擊腹部、頭部;左擺拳擊頭部、腹部;左平勾拳擊頭部、腹部;左平勾拳擊腹部,頭部;左直拳一、二連擊頭部接擊腹部;左直拳擊頭部、腹部、再擊頭部;左直拳擊腹部、頭部、再擊頭部;左平勾拳擊頭部、腹部、再擊頭部;右直拳擊頭部、腹部;右直拳擊腹部、頭部;右平勾拳擊頭部、腹部;右平勾拳擊腹部、頭部。

　　(4)左手單手運用各種拳法的連續拳。左刺拳擊頭部,接左直拳擊頭部;左刺拳擊頭部,接左直拳擊腹部;左刺拳擊頭部、接左擺拳擊頭部;左直拳擊頭部、接左擺拳擊頭部;左直拳擊頭部、接左平勾拳擊頭部;左直拳擊頭部、腹部、接左擺拳擊頭部;左直拳擊腹部、接左擺拳擊頭部。

　　(5)右手單手運用各種拳法的連續拳。右直拳擊腹部。接右平勾拳擊頭部;右平勾拳擊頭部,接右上勾拳擊腹部;右上勾拳擊腹部、接右平勾拳擊頭部。

　　(6)長距離運用雙手的連擊拳。左刺拳擊頭部、接右直拳擊頭部;左刺拳擊頭部、接右直拳擊腹部;左刺拳擊頭部、接左直拳擊腹部,再接右直拳擊頭部;左刺拳擊頭部、接右直拳擊腹部,再接左擺拳擊頭部;左直拳擊腹部、接右直拳擊頭部;左直拳擊頭部、接右直拳擊頭部;左直拳擊頭部、接左直拳擊腹部,再接右擺拳擊頭部;左直拳擊頭部、接右直拳擊頭部、再接左直拳擊頭部;左直拳擊頭部、接右直拳擊頭部、再接左直拳擊頭部;左直拳擊頭部、接右直拳擊腹部,再連續用左擺拳、右直拳擊頭部;左直拳擊頭部,接右直拳擊頭部,接左直拳擊腹部,再接右擺拳擊頭部;左直拳擊腹部、接右直拳擊頭部、接左擺拳擊頭部、再接右直拳擊頭部;左直拳擊腹部,接右直拳擊頭部,接左直拳擊腹部,再接右直拳擊頭部;左直拳擊腹部,接右直拳擊頭部,接左擺拳擊頭部,再接右直拳擊腹部;左擺拳擊頭部,接右直拳擊腹部,接左直拳擊頭部,再接右直拳擊腹部;左擺拳擊頭部,接右直拳擊頭部、接左直拳擊腹部,再接右直拳擊頭部;左擺拳擊頭部、接右直拳擊頭部,接左直拳擊腹部、再接右擺拳擊頭部。

　　(7)短距離運用雙手的連擊拳。左平勾拳擊頭部,接右上勾拳擊上體,再接平勾拳擊頭部;左上勾拳擊腹部,接右平勾拳擊頭部;接在平勾拳擊頭部,再接右上勾拳擊腹部;左平勾拳擊頭部,接右平勾拳擊頭部,接左平勾拳擊頭部,再接右上勾拳擊腹部;左平勾拳擊頭部,接右上勾拳擊腹部,接左上勾拳擊腹部,再接右平勾拳擊頭部。

　　(8)長短距離結合的拳法。左直拳擊頭部,接右上勾拳擊上頭部;左直拳擊頭部,接右上勾拳擊腹部;左直拳擊頭部,接右平勾拳擊頭部;左直拳擊頭部,接右直拳擊頭部,再接左上勾拳擊腹部;左直拳擊頭部,接右直拳擊頭部,再接左平勾拳擊頭部;左直拳擊腹部,接右直拳擊頭部,接左擺拳擊頭部,再接右上勾拳擊腹部;左直拳擊頭部,接右直拳擊腹部,再接右平勾拳擊頭部;左擺拳擊頭部,接右平勾拳擊頭部;左直拳擊頭部,接右直拳擊腹部,接左平勾拳擊腹部;左直拳擊頭部,接右擺拳擊頭部,接左上勾拳擊腹部,再接右平勾拳擊頭部;左直拳擊腹部,接右直拳擊頭部,接左平勾拳擊頭部,再接右上勾拳擊頭部或腹部;左擺拳擊頭部,接右直拳擊頭部,接左平勾拳擊頭部,再接右上勾拳擊腹部。

　　除了這些拳法外,還有組合拳的進攻就不再一一列舉。這些拳法如配合假動作進行,會取得更理想的效果。

6、常用的防守方法

防守技術包括阻擋、阻撓、格檔、拍擊、潛避、搖避、擺脫、封閉、貼封等方法。最基本的防守法是:

(1)左直拳擊面部的防守法

①右手阻擋。右手張開手套,掌心朝來拳方向,在下顎處用力阻擋住對手正面的擊打。

②右手拍擊格擋。用右手向左拍擊對手左手腕部,使對手來拳改變方向。

③向右側身閃。上體和頭部同時向右前側身閃。上體略向右前方傾斜,使對手來拳從左肩和頸部外側滑過。

④向左側身閃。上體和頭部同時向左前側身閃、並稍前傾和略向左側轉體、重心移至左腳,使對手來拳由頸部右側滑過。

(2)左直拳擊上體的防守法

①右肘阻擋。屈右肘(小於 90 度),上臂、前臂和肘部借助身體向左轉動的動作向左前側移動,並且貼靠在同側胸肋部,將對手來拳阻擋在自己的右肘部位。

②右手拍擊格擋。用右手掌向左下方拍擊對手左手腕,使對手來拳擊空。

(3)右直拳擊面部的防守法

①左肩阻擋。提左肩,以左肩阻擋對手正面的來拳。阻擋時收腹、含胸,右手置於下顎附近,稍向右轉體緩衝來拳的力量。

②向右側身閃。

③向左側身閃。

④向左搖避。低頭屈膝下潛,頭部和上體以下潛開始自右向左做搖避動作,使對手的來拳從頭上滑過(見圖 3-31-16、17)。

圖 3-31-16   圖 3-31-17

(4)右直拳擊上體的防守法

　　①左肘阻擋。收回左前臂、屈肘貼於左肘部,略向右轉體,重心落於後腳,使對手來拳被阻於左肘部。

　　②左前臂格擋。收回左前臂,向右轉體同時以左前臂向右下格擋對手來拳,使對手來拳擊空。

　　(5)擺拳擊面部的防守法

　　①左、右手格擋。當對手以左擺拳擊打頭部側面時,應立即用右前臂在右側格擋住對手的來拳。上臂抬起,並使之與前臂之間的夾角小於 90 度、向前翻手掌(手掌大約在耳部上方),同時略向左轉體、以增加抵擋力量。如對手用右擺拳擊打頭側面,則應立即用左手做動作相同、方向相反的格擋防守動作。

　　②向左、向右閃避。

　　(6)擺拳擊上體的防守法

　　對手以左擺拳擊打上體時,應立即屈右肘置於腹部,利用上臂、前臂和肘部阻擋對手的左擺拳。阻擋時屏氣、肌肉緊張收縮,以增加抵抗力量。

　　(7)平勾拳擊頭部的防守法

　　①手臂阻擋。當對手以左平勾拳擊打頭部側面時,應立即屈右臂抬肘(不宜過高)置於自己頭部右側阻擋住對手來拳。

　　②快速下潛閃避法。

　　(8)上勾拳擊上體的防守法、屈臂肘部阻擋。

　　(9)向後移步擺脫防守法

　　當對手用某一拳法擊打頭部或上體時,可立即向後移步或急退步擺脫對手。這是最簡單的防守法,也是比較容易掌握的防守方法。每一個防守動作,從練習時開始就應着眼於防守後便於還擊的意識與動作。

　　(10)綜合防守技術

　　當遇對手用快速的連續拳進攻時,由於速度快,要想按對方擊來的每一拳,連續,準確地運用相應的防守方法進行防守是極為困難的,因此,可採取下列一些技術方法、以做暫時的防護。

　　①屈臂防護法。兩臂彎曲置於胸前,兩前臂之間相距 10－15 公分左右,兩肘向下,兩手自然張開,手掌向內掩護面部。兩肘保護腹、胸和肋部,收下顎、含胸、收腹、兩眼從兩臂之間注視着對手的行動,根據來拳配合防護動作做恰當的移動。(圖 3－31－18)。

　　②疊臂防護法。一臂彎曲置於胸前、手心向下、前臂與地面接近平行,防護胸、腹和肋部。另一臂彎曲置於頭前,保護頭部。上下兩臂相距 15－20 公分。收腹、含胸、兩眼從兩臂間觀察對手。身體重心應側重在後腳上。根據來拳兩臂及身體相應地移動。(圖 3－31－19)

　　③肩臂防護法。身體稍向左轉,左肩上提,左前臂貼住腹部,上臂貼住肋部。右臂屈肘置於胸前、右手張開,手心向前置於下顎處,保護面部。兩

眼注視着對手行動。根據來拳做適當移動,右手做阻擋或格擋的動作,使來拳擊在左臂、左肩或右臂上(圖3-31-20)。

圖3-31-18　　　　圖3-31-19　　　　圖3-31-20

④封鎖法。乘對手欲出手時或出拳後,迅速果斷將上體貼住對手上體、頭部置於對手的頭部側面,兩前臂緊貼對手的兩臂,使其出拳受阻或不能出拳。但不得推、頂、撞、摟或抱住對手,應憑藉身體在接觸時的感覺,隨着對手的移動而進行相應的移動。

上述各項基本技術,是組成拳擊比賽擊打不可缺少的技術基礎,將這些技術熟練地掌握與運用,加以組合和變換,便形成了實戰的技能。

在技術訓練中要加強擊打和防護要害部位的訓練。拳擊比賽的規則中規定:合法的擊打部位是腰帶(一般指肚臍)以上頭部和上身的正面部位。

人的頭顱、面部、心臟、肝、脾、胃等,對人的生命和正常活動機能也均起着重要作用。如受到外力的過份刺激或受到損傷,不僅使人體的正常活動受到影響,而且直接威脅到人的生命。因此,不論在比賽中,還是在其他情況下,攻擊與保護要害部位,都有其特殊的意義。

在平時的訓練中,教練絕不能忽略對擊打和防護要害部位的要求,強調出拳時擊打部位要"準"即:一是不能擊打規則規定以外的部位而造成犯規;二是擊打對方的要害部位。這樣才能取得攻擊的效果。有時一記重拳擊中要害部位便可使對方失去戰鬥力而獲勝。要加強出拳準確的訓練,還要加強對防護技術與技能的練習。同時運用合理的手段對一些要害部位進行有意識的鍛鍊,提高對外力刺激的承受能力。要害部位有頭部(包括面部)、太陽穴、頸動脈竇、頸動脈和下頜神經等(圖3-31-21、22)。

(三)拳擊運動的戰術

1、戰術的制定

制定戰術必須首先確定戰略。戰略是全局性的作戰計劃。在與各種不同水準不同類型的對手進行比賽時,必須有一個正確的全局性的戰略思想,

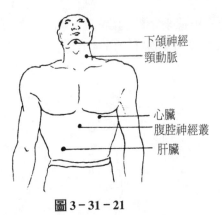
圖 3－31－21

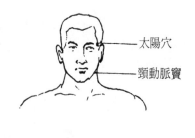
圖 3－31－22

運用不同特點的戰術進行抗爭。

　　正確的戰略思想指導着合理地運用戰術,要通過對形勢的調查研究,客觀分析、實事求是地了解對手的水準、特長、弱點、實力和可能採取的戰術與打法,再結合自己的技術、體力等情況,有針對性地制定自己在整個比賽和每場比賽中的戰術計劃。制定戰術計劃時需要考慮技術、運動素質,精神狀態,意志品質和正確的比賽指導思想等因素。

　　當了解對手的弱點後,採取眞眞假假虛虛實實的動作和方法趁其不備時突然進攻是最有效的,能迫使對手處於被動的地位。要善於隱蔽自己的行動不讓對手察覺,戰術意圖也就不易被對手猜出。還要善於從對手開始行動前瞬間的變化中,估計出對手的眞實意圖,從而準備相應的戰術。

2、比賽時每個回合採取的戰術

　　比賽只打三個回合,每個回合採取的戰術一般是:

　　(1)第一回合。首先要主動得點、得分,要在爭取優勢中進行摸底,在實力相當的情況下一般都要先摸底、視察、了解對手。不暴露自己的實力、冷靜、穩妥地打第一回合。並保存體力和實力,除非是實力相差懸殊,才在第一回合中採取決戰的戰術。

　　(2)第二回合。是比較關鍵的回合,應充分發揮自己的技術和戰術,以優勢壓倒對手,抓住機會連續進攻。但也不可急於求成,要利用對手弱點進行還擊。在這一局裡絲毫不能麻痹,力爭取得較大的優勢。

　　(3)第三回合。是比賽決定性的一局,是最後比體力,比意志,比技術和戰術的關鍵時刻,不能盲目地急於求成,要隨機應變地主動進攻,發揚拼鬥精神,直到終場。

3、針對不同的對手採取不同的戰術

　　戰術的運用不能一成不變,在比賽中要及時體現戰術上的靈活性,完整性。下面介紹幾種典型戰術:

　　(1)對身高、臂長、步法靈活、善於游擊散打的對手

　　身高、臂長的運動員一般多以長距離直拳、擺拳得點,使身材矮小的對

手不能接近自己或用腳步移動擺脫對手。對這種打法,就要採取更低的姿勢縮小自己的被打擊面,並用閃躲下潛,靈活移動位置的辦法,引其出拳落空,貼近對手後採取近距離的進攻,連續用左右勾拳還擊,遇對手降低手臂注意保護腹部時,再配合勾拳擊頭部,並配合假動作連續以短拳,輕重拳猛攻。要盡量避免與對手進行遠距離的搏鬥,抓住對手出直拳、擺拳的空隙給以有力還擊,要能近距離作戰,以己之長攻彼之短,主動占據有利的地位。

(2)對身材矮小、強壯有力、姿勢低的對手

這種對手姿勢低被擊打面積小,身材高大的運動員不容易準確有效地使用重拳或直拳。可利用身高臂長的優勢、經常用刺拳擊打和阻攔對手的接近,並主動爭取遠距離得點。也可出其不意地以連續直拳前衝頂住對手,使對手近身不得,只能被動挨打,或迫使其處於外圍,在對手被迫退到臺角低身封閃時、要由下向上地用擺拳大幅度掄擺猛烈擊打。要抓住時機,集中力量,以重拳壓住對手取得優勢。

(3)對善於單拳重擊的對手

採用這種戰術的對手往往穩紮穩打,善於轉移對手的注意力,抓住時機,發重拳而準確地擊打對手,威脅很大。對付這種對手時要謹慎細心,不可盲動或猛攻,要盡量避免對手利用習慣的條件,引誘他做出不習慣的動作,不時地改變距離和方向,迫使其抓不到機會而產生急躁情緒,失掉重拳的準確性,然後乘機得點得分。

(4)對快速連續進攻的對手

這種類型的對手往往控制不住自己,憑其素質好、速度快、進攻時連接不斷地猛衝猛打,但戰術變化少,疏於防守,這種類型的對手很難降低進攻的速度,但往往很少使用重拳。對付這類選手可用封閃防守消耗其體力、伺機反攻,用單拳、重拳反擊,使其受挫。

(5)對善於以防守還擊為主的對手

運用這種戰術的對手具有一定的技術水準,並善於觀察對手進攻的方法和尋找漏洞,以逸待勞,依靠自己防守能力強,尤其閃躲巧妙和還擊技術好等有利條件,使對手擊打落空,以便抓住時機進行還擊或反攻。對付這類對手,首先是不要暴露自己的進攻意圖,進攻拳法要多種多樣,並用假動作引誘後再進攻,使其抓不到時機,摸不到規律。當發現對手習慣採用的還擊方法以後,用假動作引誘對手用習慣的方法還擊,從而抓住時機進行擊打。另外可用散打得點或用快速移動避開對手的還擊,再突然採取連續拳的快速進攻,從不同方向進行擊打,使對手陷入被動的局面。

(6)對技術全面、基本功紮實的對手

對付這樣的對手較為困難,因此要冷靜沉着,行動要積極,戰術要多變,不使其輕易取得主動。要設法消耗其體力,挫其銳氣,並迫使他暴露弱點,選擇適當的反攻時機或破壞對手的戰術意圖。

(7)對猛攻、猛打的對手

這種對手從第一回合開始就猛拼猛打,用全力展開進攻。採用這種打法的對手,看上去很勇猛,其實並不可怕。另一種對手是體力、技術較強,企圖從開始就壓倒對手,想速戰速決。對這樣的對手、應該積極防守,運用閃躲,擺脫他的猛衝,消耗他的體力而自己應保持好體力,採取散打得點,尋找和抓住戰機,集中力量進行擊打,切忌與其蠻幹。

(8)對左拳手(左撇子)的對手

一般比賽多是右拳手對右拳手,因此碰到這樣的對手就不大習慣了。左拳手與右勢相對,雙方同一側面已被封死,而另一側面即左拳手的左面和右拳手的右面暴露出較大的被打擊面,所以雙方只有用後面有力的拳擊打對手或壓倒對手後手的出擊。對付左拳手的對手,要用右手吸引其注意力,右拳多向頭、腹部擊打連續拳,並注意多向對手右側移動自己的位置,以便使用近距離勾拳連擊,注意迫使對手的左拳難於向自己右側還擊。左拳手與右拳手在技術、戰術上有所不同,為了適應並熟悉左拳手的打法,平日訓練要專門安排與持左拳手對手的練習,專門研究對付左拳手的技術和戰術手段。總的來說,左拳手遇到右拳手的多,持左拳手有利,勢右拳手不利。目前持左拳手的拳擊運動員逐步多起來,尤其在世界高水準的比賽中更為多見,所以要重視對付勢左拳手運動員的技術與戰術訓練。

(9)對左拳手、右拳手變化運用的對手

左拳手和右拳手變化運用,使戰術有了多變性,可分散對手的注意力,打亂對手的進攻部署,這樣也可使兩臂兩腿交換用力,得到積極性休息,並保持旺盛體力,不時地以後手的重拳出擊,同時還能掩蓋自己的弱點,不被對手發現。採取變換姿勢打法的運動員逐漸多起來。對付這種打法的對手時,應在對抗中觀察其哪一種姿勢的打法更熟練,要避免與其在這更熟練姿勢情況下抗爭。另外,要在對手變換姿勢時趁其不備,出其不意擊打,使其措手不及。

(四)拳擊訓練的主要方法、手段和要求

拳擊訓練的方法手段多種多樣,現以左直拳訓練為例,介紹其訓練的程序與主要方法手段。

1、站好基本姿勢

按左直拳擊面部的動作方法做出拳動作。主要體會左拳出擊時的路綫、腳蹬地、肩臂放鬆快速前伸,身體重心前移和最後將拳握緊與手腕內旋的整個動作的完整過程。如此反復練習。

2、聽信號出拳練習

先發有規律的信號,再發無規律的信號,訓練運動員的反應能力。這種

練習主要提出速度要求,不要求用力。出拳後要保持好基本姿勢。

3、用手靶練習

透過打手靶,訓練運動員出拳的準確性,糾正錯誤動作,掌握出拳時間、距離,提高身體的協調性,出拳的速度和反應能力。開始練習時先打固定靶,按出拳的口令和信號出拳。練習的重點應放在熟習與改進動作上,要求出拳的速度,對擊打的力量要求適當。根據練習情況,教練可逐步增加練習的難度。

在打固定靶的基礎上,採用不固定靶,要求運動員一見到靶出現,便主動出擊。以此訓練出拳的反應能力。而後可在步伐移動中進行擊打訓練。以訓練運動員有目的地移動距離,加強出拳速度、步伐與出掌動作的協調配合。

4、前進出拳和在步法移動中的出拳練習

在原地做好出拳練習後,可做上一步出拳的練習。要求上步與出拳協調一致,做到"腳到拳到""拳擊中目標腳已着地",不能先邁步後出拳。

在前進出拳練習的基礎上,便可在步伐移動中做出拳練習。這種練習要運動員始終保持好實戰姿勢,假想對手存在,做向前、後、左、右滑步,速度由慢到快。這種練習是訓練運動員手腳協調配合的能力。

5、帶拳套進行各種條件下的實戰練習

先進行單一拳法練習,再練右直拳和左、右直拳的交替拳法練習,並結合防守動作進行。而後再進行對打實戰練習。

對打實戰先進行一攻一守練習,之後雙方交替攻守,再後進行自由攻守練習。實戰練習中注意要求出拳速度和拳法、步法的協調配合,以及出拳的距離,提高擊打的技術、技巧,培養實戰能力。

由於拳擊運動激烈對抗的特點,在訓練中特別要注意以下要求:

1. 要使運動員明確訓練目的,把思想品德教育與訓練緊密結合起來

思想品德教育是訓練中的重要一環。在訓練中運動員經常會出現驕傲自滿、膽怯、畏懼、妒忌報復,不認真,不尊重同伴、不冷靜、不刻苦練習等情況。只有加強訓練目的教育,從思想入手,把作風培養貫穿到技、戰術及身體訓練中去,使運動員具有堅強的意志,勇敢果斷,頑強拼搏的優良品質,才能保證訓練的順利進行。

2. 為對抗着想,從非對抗條件下着手訓練

拳擊是直接對抗性項目,訓練必須為對抗着想,使運動員掌握技術具有實戰價值。但練習中又要從非對抗條件下着手,不能急於帶手套練習,只有在非對抗條件下訓練,掌握了正確的技術並達到一定的熟練程度後,才逐步增加對抗因素,在實戰中進一步改進、提高。

3. 從易到難,從慢到快,從簡到繁、循序漸進

訓練中必須有目的、有步驟地、循序漸進的提高要求,建立起正確的動力定型,如果動作不正確,必然會影響出拳的速度和力量和各種拳法、步法的協調配合,最終會欲速而不達,到不了高水準。

4.嚴格要求動作質量,認眞糾正錯誤動作

正確動作的掌握,必須嚴格質量要求,尤其是對基本技術,要做到一絲不苟,精益求精。對運動員的動作錯誤,要及時認眞糾正,否則一旦形成錯誤的動力定型,改起來就很困難,同時還會影響其它技術的正確掌握與發揮。

5.身體、技術訓練必須與實踐相結合

運動員掌握技術,提高運動素質,就是爲了提高比賽能力,好在比賽中奪取勝利。因此訓練中必須從實戰出發。這不僅在個人練習中,而且在與同伴的配合練習中,都要加強對抗性,絕不能只是形式上的對抗,而是眞正的,全力以赴的實質性對抗。這樣才能從中發現問題,不斷改進技術和提高身體素質,掌握過硬的本領。

6.注意培養運動員的個人技術特長

教練在訓練中,要根據運動員的具體情況,充分發揮其個人特長,逐步形成帶有個人特點的技術風格,形成"絕招"。爲此教練必須充分了解運動員,有意識、有目的的加以引導,有計劃的進行培養。

(五)控制體重與減體重

由於拳擊比賽要求每個運動員只能參加自己體重所屬級別的比賽。因此,在臨賽前和比賽期間能否解決好運動員的體重問題,是直接關系到參賽資格,關系到比賽中體力、技術的運用與發揮,乃至關系到比賽成績的重要問題。所以教練對運動員如何保持好體重是一項技術性很強的工作。

通常所講的"減體重"或"降體重"應理解爲,在不影響生理機能與健康的前提下,運用合理的方法、手段、將身體組織內多餘的水份和脂肪消減掉,使體重保持在比賽需要的最合理的重量上。有的運動員不顧一切地降體重去參加較自己應有體重級別低一個級別的比賽,以爲這樣可以占"便宜",這是錯誤的觀念必須加以克服。

實踐證明在不違背生理規律的原則下,可運用下列方法來控制與減輕體重。

1.增加能量的消耗。運動員在訓練中大量出汗,減少多餘脂肪,從而減輕體重,這是比較好的方法。爲了達到這一目的,可採用適當增高室內的溫度,或在訓練中多穿些衣服(或穿着特制的降體重服)以增加排汗量。均可獲得較好的效果。

2.控制飲食。應在醫生的指導配合下進行。否則會影響與破壞新陳代謝的正常進行。

3.高溫沐浴。使用時溫度不宜過高,時間不宜過長。否則,雖然可以達到降低體重的目的,但也降低了機體的能力。

減輕體重最理想的方法是在訓練中以科學的方法,自然地消耗掉過多的脂肪與水分。此外,更爲重要的是,在比賽以外的日常訓練或休整時期,要有高度的事業心,自覺地注意和保持好體重相對的穩定。掌握體重增減的規律,堅持按質按量飲食的制度,防止體重增長。

實踐中證明在控制體重與減輕體重的問題上,應根據個人的具體情況,有計劃地,有針對性地配合日常的訓練來進行,才能達到理想的效果和預期的目的。有關這個問題還可參見本書第9篇有關內容。

(六)加強安全措施,預防運動損傷

拳擊是一項緊張、激烈,對抗性很強的運動。訓練和比賽中擊打的目標多集中於面部和上體正面部分。這些被擊打的部位,均是身體的要害部位。因此對在訓練、比賽中予防運動創傷,加強安全和防護措施,減少與避免運動損傷事故的發生,提出了更高、更嚴格的要求。

產生創傷事故的原因是多方面的,有時甚至是難以完全避免的。例如:運動員訓練程度不高,運動素質訓練不夠,防守技能差,心理狀態不佳,情緒急燥,思想不集中,膽怯猶豫、缺乏勇氣、過於緊張,睡眠不夠,疲勞未得到恢復,患病、帶傷未愈,場地、器材,設備不符合要求,訓練雙方體重差別過大,技術相差懸殊,違反規則要求,裁判經驗不足,對犯規制止不力,以及訓練組織不嚴密,訓練負荷不當,技術動作不正確,自我防護能力差,缺少醫務監督等,都是產生創傷和發生運動損傷的原因。

最常見的創傷部位是面部常常出現青眼,口鼻粘膜或粘膜下出血,皮膚擦傷,鼻骨與鼻中隔骨折,眉弓皮膚裂傷等。除此之外還常有肘關節,手指關節(尤其是拇指)、手掌、腕骨扭傷和挫傷。較爲嚴重的創傷是被擊昏和發生休克現象。

爲避免和減少上述創傷的發生,首先要提高對防止創傷發生的認識,其次是落實預防事故發生的各項措施,並力求做到經常化、規範化、制度化。

根據拳擊訓練實踐經驗,加強安全的主要措施有:

①對運動員定期進行詳細體檢。

②改善訓練條件,使用符合規則要求的場地,器材與設備。

③使用符合規則規定的拳套進行對練與實戰。

④嚴格控制實戰練習雙方體重的差別。並應在教練的掌握、指導和控制下進行。

⑤實戰或對打練習,必須按要求戴好護手繃帶、頭盔、護齒、護檔等。

⑥訓練中,特別是實戰練時應有醫生在場,並備有必須的藥品,加強醫務監督的職能與作用。

⑦對帶傷參加訓練的隊員,根據其身體狀況、承受訓練的能力,恰當地安排好練習的內容與負荷。

⑧注意保持與掌握練習場地的環境,避免對運動員的干擾。

⑨在對打和實戰訓練中,注意觀察運動員身體與心理的變化,要嚴格掌握與控制已遭重拳擊打的一方繼續遭受擊打。

⑩注意啓發、調適良好的練習情緒,使運動員能全力以赴、專心致志地投入練習。

⑪訓練或比賽前必須做好充分的準備活動。

⑫認眞做好訓練結束後的身體放鬆整理活動,積極創造訓練後消除疲勞的條件,使訓練後身體疲勞得到有效的消除。防止出現疲勞積累。

(王國均)

三十二 擊 劍

(一)擊劍運動的發展趨勢

1、擊劍運動發展的歷程

擊劍是在人類歷史發展過程中形成的。現代擊劍運動是在十五世紀左右由西班牙最早使其系列化,意大利則改進和完善了現代擊劍。最早的擊劍規則是由法國當時最有名的劍師讓·路易等人編寫的。最早鈍劍是在習武廳、擊劍廳,擊劍室以及專業學校裡,按照一定的規則進行正規訓練。1855 年開始決鬥的愛好者練習一種決鬥用劍,三棱銳劍。以後在符合現代擊劍規則下比賽而逐漸流行起來,銳劍成爲一種擊劍劍種。到 18 世紀末期,匈牙利人將騎兵的短彎刀改革爲有月牙形護手盤的軍刀,意大利人公尺塞普·拉達埃利對當時的軍刀技術作了全面概括的論述,後來被公認爲現代軍刀的創始人。至此,人們在從事現代擊劍時,便有了鈍劍、銳劍、軍刀。三種劍的區別在於它們的形狀、尺寸大小,重量和規則不同。

1896 年在雅典舉行的第一屆現代奧林匹克運動會上,就有了男子鈍劍與軍刀的比賽。1900 年在巴黎舉行的第二屆奧林匹克運動會上增加了男子銳劍比賽,1924 年在巴黎舉行的第八屆奧林匹克運動會上又增加了女子鈍劍比賽。1913 年在巴黎成立了"國際擊劍聯合會"。1936 年世界擊劍錦標賽正式舉行(由歐洲擊劍錦標賽改名),1949 年世界青年擊劍錦標賽正式舉行,1989 年世界擊劍錦標賽又增設了女子銳劍的比賽。

2、擊劍運動成績的提高取決於適應電劍的需要,不斷改進訓練方法與創新技術

擊劍是以錄取名次和奪取冠軍爲客觀標準的競技運動項目,隨着電劍的出現,技術的創新和訓練方法的改進就成爲提高成績,奪取新勝利的決定因素。

世界上原有兩個古典流派,即意大利派和法國派。它們各自代表着一個嚴密的派別,使用着不同的鈍劍和劍柄,各自表現一種獨特的擊劍風格。兩派都認爲自己是最完美的,都想壓倒對手。普通鈍劍的歷史明顯的記載了這兩派的鬥爭。意大利和法國式打法已傳遍全球。在重要的國際比賽、世界錦標賽和奧運會上都是法國或意大利人獲勝,他們取得了大部分的名次,別的國家極少能打上去。

這兩個"擊劍學派"之間有着非常清楚的界限,其區別如下:

意大利派	法國派
意大利式比較硬比較明確,積極。	法國則比較被動些。
意大利派努力創造條件,將條件強加於對方,並且準備應付任何形勢。	而法國幾乎是一種狡詐的風格,較多地依靠偵察對方的弱點,對方弱點一暴露就加以利用。
意大利運動員的動作,一般都比法國人更有力、好看。	法國運動員則謹慎些,每一個行動都要深思熟慮。
意大利運動員比較暴烈。	法國運動員是沉靜的風格,動作比較圓滑,有彈性、平穩流暢。
意大利人好像把一切都放在他們的擊劍行動裡去了,往往顯示把精力全用上了的樣子,意大利人的性格與激烈的劍術似乎溶爲一體。	而法國人呢,則保存着精力,具體情況需要用多大力量就用多大力量。
意大利人具有好戰,猛烈,但有點機械式的風格。	法國人則表現了較高的靈活性,並且比較放鬆,他們在戰術上更精一些。

他們唯一的共同點是兩派對技術要求都極嚴格。

隨着訓練的發展,有許多專家提出:雖然要考慮學派的風格,但更要考慮到運動員的個人特點,決定一個運動員的風格的是教練的理想與運動員的個性。

隨着電劍的出現,兩個學派都想尋找他們各自獨特的表現法。法國學派沒有喪失自己獨特的風格,較成功的把鈍劍運動與電動裁判器統一起來,並形成了一個被承認的理論。

在電劍發展的現階段,占統治地位的有兩個較成功的學派:法國和前蘇聯。

法國學派是古典鈍劍的繼續,而前蘇聯學派則幾乎完全不靠前人和傳統。並有所創新和具有自己獨立的體系。強調技術和戰術是同等重要;有鮮明的與他人不同的風格:穩健、快速、準確、多變;重視身體素質訓練;創造並使用了當時別的國家尚未接受的手槍柄劍。

3、我國擊劍運動的發展

我國擊劍運動是在五十年代初期逐步開展起來的。1953 年在天津舉行的全國民族體育表演賽會上作了首次擊劍表演,1956 年在北京舉行了第一次拳擊、擊劍,技巧表演比賽。從此,開始了我國擊劍的全國性比賽。1958 年在北京和瀋陽分別舉行了全國第一期教練和裁判員訓練班,爲我國擊劍運動的發展打下了良好的基礎。1974 年 5 月我國加入了國際擊劍聯合會,同年 7 月首次參加了世界擊劍錦標賽。1978 年在西班牙舉行的第廿九屆世界青年擊劍錦標賽上,我國女運動員欒菊杰獲世界青年亞軍。同年 12 月,在第八屆亞洲運動會上,我國選手獲得四塊金牌,四塊銀牌,開始衝出亞洲走向世界。1984 年在洛杉磯第廿三屆奧運會上,欒菊杰又首次奪得奧運會女子鈍劍冠軍, 我國女子鈍劍已達到世界水準, 其它劍種也正在接近世界水準。近 20 年來, 我國擊劍運動員在各種國際比賽中獲得 70 次冠軍, 其中近兩年內就奪得 25 枚金牌。90 年在北京舉行的第 11 屆亞運會上, 我們的擊劍選手奪得了 10 枚金牌中的 7 枚。91 年的世界錦標賽上, 我國女鈍, 男鈍和軍刀取得了進軍巴塞隆納奧運會的資格。

(二)擊劍運動的技術特點

　　擊劍屬於技巧性很強的重競技運動項目。在一條長 14 公尺, 寬 1.80 公尺── 2 公尺的狹長劍道上, 一對一的進行格鬥的競技運動。其特點是:技術性、戰術性強, 動作速度快、變化多, 比賽緊張激烈程度高。

　　擊劍共設有三個劍種:鈍劍、銳劍、軍刀。五個項目:男子鈍劍、女子鈍劍, 男子銳劍、女子銳劍、軍刀。擊劍是奧運會比賽項目之一, 在亞運會、奧運會和全運會等大型綜合性運動會上, 都分別進行四項或五項個人, 團體比賽。共有十塊金牌, 屬國家重點項目之一。

1、世界擊劍強國的技術特點

　　在分析擊劍技術的特點時, 首先要了解世界上幾個擊劍強國的技術特點。其中特別是法國、意大利、匈牙利、前蘇聯、西德等國家。他們積累了豐富的經驗, 在訓練方法和理論上都有自己獨特的風格, 形成了完整的體系, 各成一派。

　　(1)法國。屬於典型的古典派, 在鈍劍和銳劍方面有突出的成就。他們的風格特點是:穩健、冷靜, 對動作要求嚴格, 強調規範化動作美觀大方、舒展放鬆。在實踐中行動謹慎, 不作過敏防守, 依靠敏銳的觀察來判斷對手的意圖。多年來法國男子鈍劍、男子銳劍在世界劍壇上保持優勢地位。

　　(2)意大利。屬於緊逼進攻型。意大利派的風格積極主動、大膽潑辣, 善於運用緊逼進攻, 並在緊逼中變換戰術。他們的風格與意大利人的性格近似。他們善長於接觸武器的進攻, 在實踐中努力創造有利條件。在技術要求上非常嚴格, 難得明快、有力、戰術變化快, 善於化被動為主動。男、女鈍劍、男子銳劍、軍刀成績均較突出。

　　(3)匈牙利。也屬於古典派的一種, 風格上與法國派比較相似。強調動作放鬆, 自然、美觀, 動作規範化。比賽風格冷靜、謹慎, 也具有悠久的擊劍歷史, 是軍刀創始國之一。

　　(4)前蘇聯。是五十年代進入世界水準的, 目前是世界劍壇上成績最突出的國家。前蘇聯擊劍強調身體素質, 技術全面、動作細膩, 基本功紮實、戰術靈活多變, 重視訓練方法和理論研究。為了對付裁判上的不利因素, 強調技術過硬, 重視進攻與防守技術, 較多使用反攻技術。前蘇聯擊劍隊實力雄厚, 男、女鈍劍, 男子銳劍、軍刀的成績都很突出, 都奪取過世界冠軍。

(5)前西德。前西德擊劍運動是七十年代在技術上有明顯突破的國家,屬於實用技術派。前西德擊劍隊強調技術動作實用,熟練、快速、連貫,善於研究與運用擊劍規則和擊劍比賽規律來發展自己的技術。動作準確實用,不強調美觀。較多採用對抗刺、身體躲閃、背後刺等別人不習慣的動作。距離感和時機感極好,戰術應變能力強。近些年來在女鈍、男鈍,男銳項目上都取得過世界冠軍。

(6)中國。我國的擊劍是在博採眾長的基礎上發展起來的。在六十年代以前受前蘇聯、匈牙利的技術影響較大,七十年代以後受法國和西德的技術影響。從女鈍的發展來看,進入八十年代以來,已逐步走出了一條自己的道路,形成了自己的特點:即強調技術全面、特長突出,以大弓步交叉和交叉轉移進攻爲主。快、準、狠、變的技術風格特點。以23屆奧運會冠軍欒菊杰爲首的一批中國女鈍運動員,在世界重大比賽中,不斷取得了具有世界水準的好成績。

2、當前世界各劍種的技術特點

(1)男子鈍劍

①交鋒中主動意識強,在快速動作中配合相對速度。在賽場上運動員一舉一動都體現出積極爭奪主動權。

②在向前緊逼過程中,帶動防反技戰術。在向前進攻中主動轉移加引誘,在後退中主動抑制接轉換。

③在向後退時的轉換中,主動拉開距離,搶先接觸武器,並以有效目標線抑制對方,進行反威脅。

④主要打法:

A.運動中主動找時機

B.緊逼中強攻

C.擊劍綫轉換

⑤技術風格。積極主動,先入爲主。

A.腳下步法挑引積極

B.刺點刀

C.激烈對抗性強

(2)女子鈍劍

①強調熟練運用電鈍劍性能,掌握電劍的規律。

②實戰姿勢有所變化,上體放鬆,髖及腿要緊,重心要穩,劍尖稍高,更好的利用劍身的彈性,刺中點變化多,對抗防守增多。

③步法變化。在挑引接近對手過程中運用了彈跳步法,原地輕跳和小的前後躍步。

④在打法上,由於取消了警告綫,故大多數運動員採取搶先向前進攻,或快速拉開距離搶攻,擊打搶攻,擊劍綫抑制。高水準運動員明顯的表現出

緊逼反緊逼,先發制人與後發制人的積極打法。

　　⑤世界級高水準運動員大多數技術很全面。如德國女運動員菲奇代爾在奪取 90 年世界冠軍比賽的十劍中,攻、防、反都有。採用緊逼型打法,把自己的意圖強加給對方,上步緊逼時有兩個以上的戰術意圖。

　　(3)軍刀

　　軍刀電動裁判器從 1989 年世界擊劍錦標賽正式使用。由於電軍刀的出現,引發出了新的特點。

　　①技術全面,能攻善守,整體作戰能力強。

　　②決定性劈、刺在短時間內一氣呵成。即從準備行動到決定性勝利,一般在 4～5 秒鐘完成。

　　③進攻不易,防守更難,但進攻是主要得分手段。

　　④優先裁判權轉換,充滿着整個比賽場次。如 91 年世界擊劍錦標賽,匈牙利對蘇聯爭奪團體冠軍決賽中,匈隊 9 比 5 勝蘇聯隊。總劍數爲 110 劍,其中 47 次出現優先裁判權轉換,共 94 劍刺劈中得分,優先裁判權占總劍數的 85%。

　　⑤當代世界電軍刀的技術風格表現爲:積極主動,以攻爲主,快,狠,擾,變。

　　(4)男子銳劍

　　①積極交鋒。當代世界優秀男銳劍運動員,不論是向前打,或是後退中打,都是主動尋機交鋒,不容對手喘息。

　　②中距離不停頓的刺,擾。在決定交鋒之間,不停的威脅、引誘對手。中距離運用大量的壓、打、刺(包括假甩、假刺)。以分散對手的注意力,爲自己創造得分時機。

　　③豐富的技、戰術變化。二勝制的競賽新方法,對運動員技、戰術能力要求更高。只有掌握豐富的技戰術,才能控制場上的主動權。88 年奧運會冠軍施密特,在 90 年世錦賽對前蘇聯運動員的一場比賽中突出的表現了這方面的能力,在刺中對手的五劍中,運用了五種技戰術,獲得了這場勝利。

　　(5)女子銳劍。當前世界較強的國家是匈牙利、西德、法國,其特點是:

　　①基本功紮實,以攻爲主,配合防反。

　　②技術動作簡單、實用,挑引動作較多,干擾劍多。

　　③場上戰術轉換快,變化較多。

　　④攻擊點以軀幹爲主,手、腳爲輔。

(三)擊劍運動訓練的手段與方法

1、技術訓練的主要手段與方法

　　擊劍運動的基本技術包括持劍、握劍、立正、敬禮、實戰姿勢、步法、進攻、防守、反攻、專門技術因素等。這裡只分析主要的方法手段。

（1）實戰姿勢（圖3-32-1）。是一切戰鬥行動的準備姿勢。三個劍種的共同方法是運動員側立，面向持劍手前方，前腳尖向前，後腳與前腳垂直，兩腳間距離約同肩寬，兩膝微曲成半蹲，軀幹自然放鬆，稍含胸收腹，持劍臂微曲，不持劍臂的大臂與地面平行，小臂向上垂直，手腕、手指自然放鬆。軍刀不持劍手插腰。三個劍種的不同點是，鈍劍身體重心稍低，且稍偏前，軀幹稍前傾，後腿與地面的角度較其它劍種小，持劍臂使劍尖向斜上方。銳劍身體重心偏高，軀幹較正直，兩膝變曲比鈍劍少。持劍臂的小臂與地面平行，劍尖針對對方護手盤。軍刀身體重心偏高，在前兩劍種中間，軀幹較正直，持劍臂小臂與地面平行，劍尖指向對方頭部，護手盤月牙形向前。

圖3-32-1　實戰姿勢

（2）步法　是指在擊劍行動中下肢移動的方法。

①向前一步　由實戰姿勢翹前腳尖，擺小腿向前移動一腳掌，腳跟先着地過渡全腳掌，後腳跟上相同距離（圖3-32-2，A）。

②向後一步　由實戰姿勢提起後腳跟，後腳向後移動一腳掌距離，前腳後移同樣距離。

③向前交叉步　由實戰姿勢，後腳向前經過前腳內側交叉向前跨一大步，在前腳尖處着地，前腳接着向前跨同樣距離。

④向後交叉步　由實戰姿勢前腳向後經後腳交叉向後跨一大步，在後腳跟後約半腳掌處着地，後腳接着向後跨同樣距離。

⑤向前躍步　由實戰姿勢提前腳跟，向前擺小腿，同時後腳快速蹬地，向前跳躍一小步，兩腳同時落地。

⑥向後躍步　由實戰姿勢提後腳跟，向後擺腿同時，前腳掌蹬地，向後躍一小步，雙腳同時着地。

⑦弓步（弓箭步）　弓步是擊劍比賽中深度進攻的主要步法。由實戰姿勢翹前腳尖，擺小腿向前，同時軀幹向前，後腳跟稍蹬地，使後腳蹬直，前腳跟先着地過渡到全腳掌，使小腿與地面和大腿垂直，與後腿組成弓步姿勢。弓步回收時，先屈後腿，蹬前腳跟，軀幹後移還原成實戰姿勢。作弓步進攻

A向前一步

B弓步　　　　　C弓步回收成實戰姿勢

圖3－32－2　步法

時,應先伸持劍臂,再作腳上動作,後臂同時向後擺,保持平衡(圖 **3－32－2, B**)。

⑧衝刺步　是快速大深度進攻步法。由實戰姿勢伸出持劍臂,帶動軀幹前移。當重心超過前腳時,後腳蹬地,提膝經前腿內側交叉向前擺動,前腿同時蹬地伸直,充份展體,後腿交叉着地在前腳尖,前腳也交叉向前衝跑。

⑨組合步法　向前一步弓步,向前二步、三步弓步,向前墊步弓步,向前躍步弓步,向前一步墊步弓步,向前一步躍步弓步……,向後一步,二步、三步弓步,後躍步弓步,向後一步衝刺到步……。

(3)進攻技術(圖3－32－3)

①鈍劍　鈍劍的進攻技術是指伸直持劍臂,劍尖連續威脅對方有效部位。

A.擊劍綫　在擊劍技術中,它是具有戰術作用的攻擊技術,是抑制對方進攻的重要手段。在對方進攻之前伸直手臂,以劍尖威脅對方有效部位。

B.直刺進攻　伸直持劍臂,劍尖對準對方有效部位直接刺去。結合步法有弓步直刺,向前一步直刺、衝刺直刺等。(圖3－32－3A)。

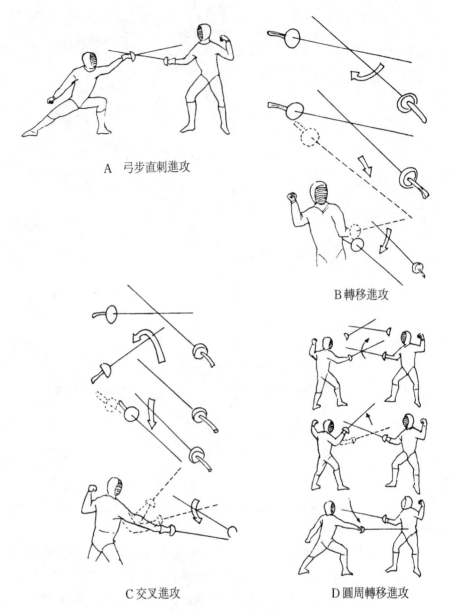

A　弓步直刺進攻

B 轉移進攻

C 交叉進攻　　　　　D 圓周轉移進攻

圖 3-32-3　進攻技術

　　C.轉移進攻　先伸出持劍臂對準對方某一部位,當對方作出防守時,迅速使劍尖繞過對方劍的根部或護手盤向另一部位刺去。有上下轉移、左右轉移,圓周轉移(圖3-32-3B)。

　　D.擊打進攻　先稍向前伸出持劍臂,轉動小臂用爆發力使劍身的中前部向對方劍的弱部或中弱部擊打,緊接着向對方暴露的部位刺去。有擊打直刺、擊打轉移刺。

　　E.壓劍進攻　稍伸持劍臂,用劍的中弱部壓住對方劍的弱部,直接向對方暴露部位刺去。

　　F.纏劍進攻　同壓劍進攻相似,但壓住對方劍後,用劍中後方有力部位纏住對方劍身中弱部位,向對方另一部位刺去。

G.滑劍進攻　與擊打進攻相似,但它與對方劍相互接觸時間較長,用力角度不是橫向,而是向前,使對方劍被強力滑動而突然被打開,控制劍尖向對方暴露部位刺去。

H.交叉進攻　先稍伸劍,使劍尖威脅對方有效部位,緊接着稍抬劍尖,使劍身繞過對方向劍尖向另一部位刺去。(圖3-32-3.C)。

I.複雜進攻　即幾個簡單進攻之間的相互組合。如擊打轉移進攻,多次轉移進攻。擊打交叉進攻,轉移壓劍接兩個轉移進攻等等。

J.相對速度進攻　這是一種利用時間差的進攻。先伸臂引起對方防守反應,隨後回收手臂稍作停頓或用晃劍錯開對方防守節奏,向對方暴露的部位刺去。

②銳劍

A.刺手和手臂

刺手及手臂上面　　伸直持劍臂,劍尖對準對方護手盤上沿刺入,同時抬高手腕,使手腕向下內收,劍尖向對方小臂上面刺去。

刺手及手臂下面　　伸出持劍臂,劍尖對準對方護手盤下沿刺入,同時壓低手腕,使手腕向上翹起,劍尖向對方小臂下面刺去。

刺手及手臂外側　　伸臂同時轉動手腕使手心向下,並稍利用小臂使手腕用力內收,劍尖從對方護手盤外沿突然加速刺去。

刺入及手臂內側　　伸出持劍臂,劍尖沿對方內沿刺入。同時手腕向內做屈腕動作,造成角度和加速度,刺中對方手及手臂內側。

B.甩劍刺手及手臂　　這是利用劍條的彈性和電動劍尖的性能來造成有利的大角度刺手及手臂的方法。方法是先向前伸臂,劍尖稍抬起,然後用手腕、手指及小臂的暴發力,使劍尖快速向下,立即用手指捏住劍柄,不讓劍身向下,造成劍尖隨彈性的彎曲向下擊中對方手臂。在劍尖擊中同時,要做短暫刺擊動作,以保證劍尖按鈕的良好接觸,銳劍中刺手上面和外側用甩劍刺較爲方便。

C.刺腿　　先伸臂用劍威脅對方軀幹部位,當劍尖接近對方護手盤時,突然使劍尖向下對準對方腿部刺去或甩劍刺。

D.刺腳　　先伸手臂用劍威脅對方軀幹部位或手臂內側,當劍尖接近對方護手盤時,突然將整個手臂和劍平行向下刺中對手的腳尖,然後迅速回收,刺腳時重心下降,使對方難於反攻。

E.刺軀幹　　用直刺或甩劍刺的方式攻擊對方軀幹部位。

F.刺頭　　用直刺或甩劍刺的方式攻擊對方護面部位。

③軍刀

A.擊劍綾　　在對方進攻前,伸直手臂,手心向下,劍尖威脅對方有效部位,然後用直刺或擺脫刺擊中對手。

B.劈頭　　伸臂使劍刃指向對方頭部,當劍尖接近對方頭部時,手指、手腕帶動前臂向對方頭部劈去,包括劈左面部,右面部。

C.正手劈(指劈對方右側)　伸臂使劍尖威脅對方有效部位。當劍尖接近目標時,手指手腕向下壓接觸對方右側,同時手腕稍做順旋斜劈後,迅速恢復實戰姿勢。

D.反手劈(指劈對方左側)　伸臂劍刃威脅對方。隨後逆旋手腕,使手心向下,當劍尖接近目標時,手指手腕帶動前臂向對方有效部位劈去。

E.直刺　伸臂同時逆旋手腕,使手心向下,劍尖向下降威脅對方有效部位,直接向對方有效部位刺去。

F.轉移劈　先伸臂使劍刃威脅對方某一部位,隨後轉動手腕變成向另一部位劈去。

G.擊打劈　先伸臂,同時用劍的中強部位去擊打對方弱部,緊接着向對方暴露的部位劈去。

(4)防守技術

防守是用武器保護自己,避免被對方擊中的方法。爲便於正確掌握防守技術,將人體軀幹的正面劃分爲兩條相互垂直的軸綫,把軀幹分爲四個部位(圖3-32-4)。靠近持劍手部位爲第三部位,同側下方爲第二部位,相鄰的上側爲第四部位,鄰側下方爲第一部位。

圖3-32-4

① 鈍劍、銳劍每個部位有兩個防守姿勢。

A.第一部位有第一、七姿勢(圖3-32-5)　第一姿勢　手心向斜下,小臂與地面平行,屈肘,手腕微曲。第七姿勢　手心向斜上,手腕內收,手臂微屈。

B.第二部位有第二、八姿勢　第二姿勢　手心向斜下偏外,手臂微曲。第八姿勢　手心向斜上,手腕較直,臂稍曲(圖3-32-6)。

C.第三部位有第三、六姿勢　第三姿勢　手心向前偏下,手腕向外屈,肘微屈。第六姿勢　手心向斜上,手腕內收,手臂彎曲不大(圖3-32-7)。

D.第四部位有第四、五姿勢　第四姿勢　手心向內偏上,手腕微屈。

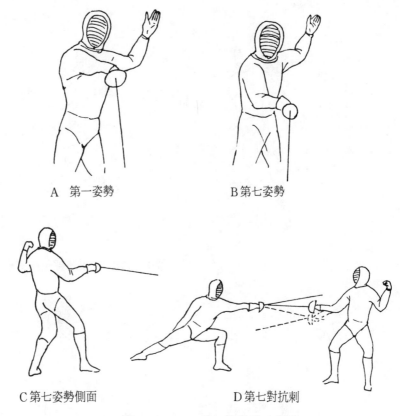

A　第一姿勢　　　　　　B第七姿勢

C第七姿勢側面　　　　　　D第七對抗刺

圖3－32－5　第一部位防守姿勢

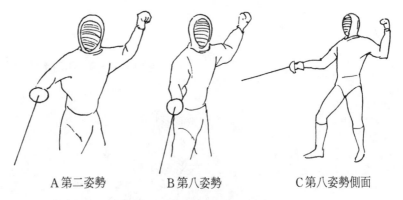

A第二姿勢　　　　B第八姿勢　　　　C第八姿勢側面

圖3－32－6　第二部位防守姿勢

第五姿勢　手心向下，手腕較直。

　　②　軍刀防守姿勢　軍刀的有效部位可分為頭部、胸腹部、腰背部、手臂部四個部位。也就是腰帶以上的所有部位(圖3－32－9)。

　　A.胸腹部防守有第一、四姿勢　第一姿勢　劍尖向內下方，手心向前上方，手臂屈成直角與地平。第四姿勢　劍尖向上偏內，手心向內偏後，手臂稍曲，下垂。

　　B.腰背部防守有第二、三姿勢。第二姿勢　劍尖向外下方，手心向外，手臂微屈，與地平。　第三姿勢　劍尖向上稍偏外，手心向內偏前，手臂稍

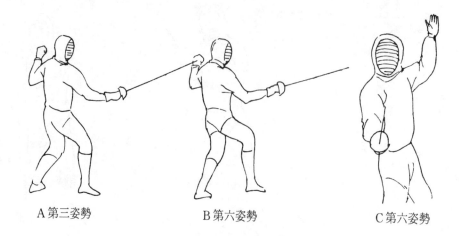

A第三姿勢　　　　　B第六姿勢　　　　　C第六姿勢

圖 3－32－7　第三部位防守姿勢

第四姿勢

圖 3－32－8　第四部位防守姿勢

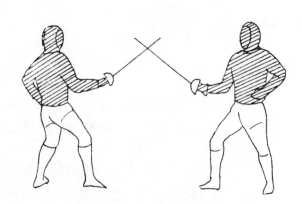

圖 3－32－9　軍刀有效部位

曲,下垂。

　　C.頭部防守有第五、六姿勢　第五姿勢　劍尖向內稍偏上,手心向前,手臂曲,劍身高舉在頭前上方。第六姿勢　劍尖向外稍偏上,手心向後,手臂曲,劍身高舉在頭前上方。

③　防守方法

A. 擊打防守　即用擊打動作打開對方的劍。鈍劍中第四、第二、第五防守多採用擊打防守,軍刀普遍採用擊打來獲得主動權。

B. 撥擋防守　即用護手盤和劍的強部控制住對方進攻的劍。還擊帶一定對抗性,銳劍多採用此種方法。

④還擊方法

A. 直接還擊　防守後立即用直刺,直劈的方法去刺、劈對方,

B. 轉移還擊　防守後採用轉移刺、劈的方法去攻擊對方暴露部位。

C. 相對速度還擊　防守後稍停頓或作交叉晃劍來錯開對方的防守節奏,攻擊其暴露部位。

D. 反還擊　即對對方的防守還擊動作再作一次防守還擊。

(5)反攻技術　在對方進攻的時間內所做的攻擊性動作為反攻技術。有三種反攻技術能獲得優先裁判權。即搶攻,對抗反攻,及時反攻。反攻的方法有:

①　原地反攻　當對方進攻時在原地突然伸臂攻擊對方。

②　下蹲反攻　在對方進攻時,突然作深蹲躲閃,同時伸臂反攻。

③　側身反攻　在對方進攻時,突然閃躲上體,造成軀幹向外側躲閃的同時出劍反攻。

④　向前反攻　是一種破壞距離的反攻。在對方準備作向前一步接弓步時,做向前破壞距離的反攻,使對方措手不及。

⑤　後退反攻　多為身體高大的人採用,當對方剛要進攻時,先快速用劍尖點刺一下再後退。

⑥　銳劍、軍刀還可以做各種反攻手臂的方法。

(6)擊劍實戰中幾個重要技術因素

①　距離感　即運動員在實戰中判斷和控制與對手之間所處距離的感覺和能力。練習方法:

A. 雙人相對的步法練習。

B. 不同距離的刺靶練習。

C. 個別課中距離變化條件下的練習。

D. 對抗性的距離練習。

E. 與不同身高,不同打法的對手實戰。

F. 條件實戰,即規定幾個條件的實戰。

②　時機感　即使自己創造和捕捉最有利的擊劍行動時間和機會的感覺和能力。練習方法:

A. 掌握對方動作規律,根據對方習慣動作或錯誤動作,來捕捉時機。

B. 用欺騙動作使對方出現自己予想的動作來創造時機。

C. 觀察和捕捉對方思想放鬆,注意力分散的時機。

D.根據信號,迅速及時的作出相應動作的練習。

E.根據對方動作節奏,進行加速或相對速度技術動作的練習。

③　劍感　即控制和支配自己武器的感覺與能力。練習方法:

A.雙人作相互擊打劍的動作。

B.一人壓劍一人盡量快速擺脫。

C.根據信號作劍的各種應答動作。

D.爭奪劍的有利交叉位置。

E.條件實戰,條件近戰和各種類型的實戰。

以上三個因素是實戰、比賽中極爲重要的技術因素,在訓練中必須予以足夠的重視。

2、身體訓練的有效手段與方法

(1)擊劍運動員身體訓練的特點

擊劍屬於對抗性很強的運動項目。每場比賽六分鐘,刺(劈)中對方五劍爲勝。在半決賽和決賽時,要採用兩勝制的比賽方法。這樣一次個人賽通常要在一天內連續打四到五輪,10－20 場才能最後取得名次。重大比賽還要加上團體賽,三到六個人相遇,每人 12－24 場比賽,體力和精力的消毫是很大的。因此,對擊劍運動員的身體素質有較高的要求。

(2)擊劍運動員的一般身體訓練　根據擊劍運動員掌握先進技術及達到高水準運動成績的需要,把身體素質分爲力量、耐力、速度、靈敏等。

①　力量訓練　擊劍運動員主要用弓步進攻,對持劍一側的腿部肌肉負荷較大。手持武器爲 500 克,要能對抗對方的攻擊,自如的控制劍身、劍尖和快速的攻擊對方,這都需要快速力量來維持和控制能力。在力量訓練時,要使局部和整體,大肌肉群和小肌肉群配合起來練。注意練習和放鬆交替進行,合理安排間隙時間。極限力量練習,開始階段,隔天練效果較好。力量素質練習要符合專項要求、常用練習方法有兩種,即克服外部阻力和克服自身體重的力量訓練方法。

A.用啞呤或槓鈴增強腿部和手臂力量。10－15 秒鐘快速斜前方推舉,10－15 次快速挺舉,負中等重量的深蹲起,半蹲跳。

B.快速俯臥撐,仰臥起坐,負重腰腹肌練習等。

②　耐力訓練　擊劍比賽每場時間雖短,但場次多,一天內要打 15－20 場,每場比賽都要隨時作出最快速攻擊,對速度耐力的要求較高。長時間比賽對運動員的內臟器官要求也很高。發展耐力素質要根據專項特點,科學安排數量、強度、重復次數、間歇時間。發展一般耐力,爲發展專項耐力打好基礎。擊劍運動員常採用 3000－4000 公尺的長距離跑來發展耐力,如欒菊杰在準備參加第 23 屆奧運會時,在技術訓練後經常要跑 8000 公尺,以增強體力。另外還採用 45 分鐘－1 個半小時的足球或籃球活動發展耐力。

③　速度訓練　擊劍比賽是相互對抗,直接用武器交鋒的運動項目。武器輕巧,交鋒距離近、速度快,既要有敏捷的反應又要有無預兆的單個快速動作。擊劍運動員在發展一般速度時常採用短跑的專門練習;小步跑,高抬腿跑,後踢腿跑,後蹬跑等,以及 30 公尺起跑,各種突變方向的短跑,30公尺－100 公尺的加速跑,反覆跑等。

④　靈敏訓練　擊劍比賽要求身體動作和戰術思維良好配合,要能快速反應和應付各種突然發生的情況,對靈敏的要求很高,能在意外的情況下完成複雜的動作。可採用各種集體遊戲,球類活動和一些專門的輔助體操。

(3)　擊劍運動員專項能力的有效訓練方法與手段。

①　對某一專項技術動作規定數量、組數,通過不同安排和要求,可達到提高速度和力量耐力的目的。

A.　用 15 個弓步轉移進攻爲一組,以最快的速度完成,效果較好,可練習 3~4 組。

B.　用雙人練習做 4、7 姿勢,2、6 姿勢的相互擊打,30 秒－1 分鐘一組,練習 3－4 組以加強手上的力量耐力。

C.　用對靶人 20 次往返衝刺,並計時間,以培養速度耐力,可做 3－4 組。

D.　從實戰姿勢開始在九公尺距離內作前後步法移動。五個往返爲一組,並記時,可做 3－4 組,以發展下肢速度力量。

②　看手勢作步法練習。　可在準備活動或素質練習時間內,進行各種聽信號,看信號的反應練習。

③　可用條件實戰增強專項速度,靈敏,用規定成功率的半場攻守練習提高專項速度,用一個隊員連續與幾個對手輪流實戰來提高專項耐力。

④　用一些專項技術動作,慢速度,多次重復,及用力時間長的練力來增強相應部位肌肉力量。如慢速度弓步,每次維持 5 秒鐘,再慢慢回收,每天做 100 次－200 次。

⑤　通過多組數,超過比賽規定時間的雙人練習,教學實戰(多場地,多裁判器),以發展專項耐久力。如每組 10－12 分,連續打六到八組,間隔休息 5 分鐘。

把以上各種手段穿插,系統的運用,可以有效的提高擊劍運動員的專項能力。爲增強實戰,比賽能力奠定良好的基礎。

(四)擊劍運動員訓練計劃的制定

1、多年訓練規劃的制定

一名優秀擊劍運動員的成長需要經過 10－12 年,如果從 10 歲開始訓練,那麼將有 4－6 年的時間將在學校和業餘體校進行訓練。其中一小部份進入省體校或擊劍學校,然後進入省、市優秀運動隊。如果從訓練的階段來劃分,一般又有分為發現和培養運動技能階段,專項基礎訓練階段,高水準運動訓練階段。

發現和培養運動技能階段,即全面發展階段,是指從學校體育教學和業餘體校訓練開始。因此,抓好學校體育及業餘體校的訓練工作,不僅是多年訓練的開始,也是選材的必經之路。業餘體校在發現有培養前途的幼苗時,即可輸送到省體校,劍校及優秀運動隊。

多年訓練規劃是通過教學、訓練大綱和競賽制度的形式加以控制。各級教練要注意與自己的訓練工作範圍相鄰層次的教學,訓練工作,使之很好銜接起來。

制定多年訓練規劃,首先要考慮競賽日程與訓練的主要任務,然後考慮運動員的具體情況,制定出多年訓練目標,確定多年規劃的時間範圍。從實際情況出發,切實可行的制定出各階段的任務。一般講,各省、市運動隊以全運會為周期,國家集訓隊以奧運會為周期,進行安排,這樣基本上是四年為一個多年訓練周期,逐年提高訓練水準。

規劃多年訓練計劃,要把訓練工作看成是一個完整的系統,不僅要考慮到多年訓練的結構特點,更重要的是要看到訓練諸多因素的相互影響。

在制定多年計劃時,要分析國內或世界擊劍的發展趨勢。根據我國的具體條件,不斷創新訓練方法,完善技術教學。

多年規劃的具體內容,是由每年的年度計劃所組成。要根據運動員的訓練水準,年齡特徵,比賽任務來確定每年的任務和安排。

2、年度訓練計劃的制定

年度訓練計劃是教練組織運動員訓練的重要文件。由於競賽條件的不同,年度訓練的特點也不同。因此,年度訓練計劃是對運動員系統訓練的重要依據。

根據不同水準運動員的特點、現狀,不同比賽任務的要求為依據來制定年度計劃。在一個年度的運動訓練過程中,可採用一個大周期或兩個大周期,即單周期或雙周期訓練過程。根據擊劍運動員參加國內外重大比賽的特點,比較適合採用雙周期的模式。

在制定年度訓練計劃時,應確定主要訓練手段,運動量安排,檢查措施,疲勞恢復等手段。要注意各個時期、階段的銜接、保持訓練的連續性,逐步提高競技能力,培養競技狀態,力求在重要的比賽中創造優異成績。

現將王××的年度訓練示例如下:

王××1986年度訓練計劃示例

(1)任務:發展一般身體素質,增強專項素質,熟練基本技術,提高戰術水準,力爭在全國青年和成年錦標賽上實現指標。

(2)指標(表 3 - 32 - 1A.B.C)

表 3 - 32 - 1A　　技術指標

姓　　名	年齡	訓練年限	85 年成績	86 年指標
王××	17	1.業餘 2 年 2.進隊 1 年	青年賽預賽第四 決賽第十	

表 3 - 32 - 1B　　一般運動素質指標

100 公尺	1500 公尺	立定跳遠 (公尺)	挺舉 (kg)	卧推 (kg)	深蹲 (kg)	縱跳 (cm)
		2.3	55	70	85	55

表 3 - 32 - 1C　　專項運動素質指標

10 秒弓步刺	10 秒啞鈴弓步刺	九公尺往返 (五次、秒)	聯合防守 (三個動作＋組秒)
16	18	23	20

(3)時期劃分(表 3 - 32 - 2)

表 3 - 32 - 2　　時期劃分和階段訓練計劃

時　期	第　一　大　周　期			第　二　大　周　期		
	準備期	基本期	過渡期	準備期	基本期	過渡期
時　　間	85.12.1~ 86.3.5	3.5~4.30	5.1~15	5.15~8.31	9.1~11.5	11.6~ 11.15
階段劃分	基本訓練 階　段	賽前訓練 比賽階段	調整階段	基本訓練 階　段	賽前訓練 和 比 賽	調整階段
主要任務	前部為全面訓練,後部為結合專項的熟練基本技術,提高技、戰術。	賽前訓練為針對性的模擬訓練,後部為比賽階段,進行調正和比賽階段。	恢復性訓練積極性轉換	同第一大周期準備期	同第一大周期基本期	同第一大周期過渡期,後部為準備進入來年冬訓
比賽安排	教學比賽 10 次,參加全國賽邀請賽各一次。	教學性比賽 8 次,上半年全國冠軍賽,和調賽。 3.8~11 4.15~25		教學性比賽 15~20 次。	教學比賽 10 次、全國青年賽、錦標賽各一次。青年賽 9.20—28 錦 標 賽 10.25—11.3	

主要方法
手段
①針對個人具體條件和戰術內容的個別課
②在教練指導下的個人練習和雙人練習
③規定條件的分解練習、組合練習、綜合練習　　同第一大周期
④規定條件的戰術練習、條件實戰、教學比賽
⑤隨時結合各個內容的心理控制、提示和要求

負荷要求		中、大、最大交替三~四小周期調整	中、大進入比賽前安排誘導和調整	小、中	同第一大周期	同第一大周期	小、中
身體	次數	42	11	8 - 10	42	20	6
素質	時數	102	33	16 - 20	126	36	12
技術	次數	82	25	4	126	52	
戰術	時數	258	75	8	378	150	
理	論	4~6	4~6	2~4	4~8	4~6	2~4
其	它	錄影,談心	談心,錄影	談心	錄影、談心	談心、錄影	談心

(4)全年負荷變化總趨勢(圖 3 - 32 - 10)

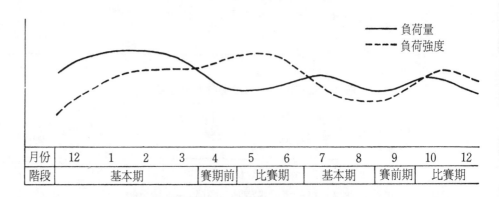

圖 3 - 32 - 10 　全年員荷總趨勢曲綫圖

(5)一般素質和專項素質全年分配:(表 3 - 32 - 3)

表 3 - 32 - 3 　　素質全年分配表

月　份	85/12	86/1	2	3	4	5	6	7	8	9	10	11
速　度	2	3	3	3	2	1	3	3	3	3	2	1
耐　力	3	4	4	3	3	1	3	4	4	3	3	1
彈　跳	2	3	3	3	2	1	2	3	3	2	2	1
力　量	2	4	4	4	2	1	2	4	4	4	2	1
靈　敏	1	2	2	2	2	1	2	2	2	2	2	1
協　調	1	2	2	2	2	1	2	2	2	2	2	1
反　應	1	1	1	1	1	1	1	1	1	1	1	1
10"弓步刺	3	4	4	4	2	1	2	4	4	4	2	1
10"啞呤弓步刺	2	3	4	4	2	1	2	3	4	2	2	1
9公尺往返	2	4	4	4	2	1	2	4	4	3	2	1
聯合防守	2	4	4	4	2	1	2	4	4	4	2	1

(注:4最多　3其次　2再次　1最少)

(6)身體訓練和技、戰術訓練(表3-32-4)：

表3-32-4　　身體訓練和技、戰術訓練比例表

月份	12	1	2	3	4	5	6	7	8	9	10	11
身體素質	40% 專項1/2		30% 專項2/3			40% 專項1/2			20% 專項1/2			80%
技術、戰術	60%		70%			60%			80%			20%

說明：

A. 北京男鈍劍組四年規劃是二年打基礎(84、85)三年見成效(86)四年出成果(87年)

B. 王××86年度訓練是見成效年,通過86年度訓練,他青年獲得第三名(全國)

C. 王××在出成果的87年,獲得青年冠軍(全國),在第六屆全運會上獲第三名。當時還屬於青年運動員。

教練　董天球

3、階段訓練計劃的制定

階段訓練計劃是指全年訓練中特定的訓練時間範圍,如多訓、夏訓或短期集訓。時間長短不一,短則兩周到四周,長則兩個月到三個月。既有階段的獨立性,又應與全年各階段緊密銜接。

階段訓練計劃見表3-32-2。

4、月訓練計劃的制定

月訓練計劃的任務,訓練負荷,都要根據年度和階段的計劃要求,及運動員的具體情況確定。一般講一個月之內不宜抓幾個重點,只宜解決一、二個運動素質或技術難點,利用四周的時間完成。

以中國男子鈍劍隊亞運會前50天訓練計劃為例：

(1)情況分析

從歷年情況看,主要對手是南韓隊,故重點分析和針對該隊進行賽前階段訓練。

①南朝鮮隊:經90年世錦賽證實,南隊為該國內三次選拔賽後組成的新陣容。

金成杓　　89年亞錦賽冠軍,90年三次選拔賽三次冠軍。

黃江素　　該國青年冠軍,左手持劍,91年世錦賽32名,南隊團體主力成員。

金永可　　91世錦賽上對法國古巴團體賽上均拿二場,以上三人可能為其男鈍主力陣容。

從世錦賽情況看,其整體戰術風格和打法特點沒有大的變化。但自去年亞錦賽後聘任了法國專家,並把隊伍拉到西德訓練,並在今年世錦賽上以9:5淘汰了實力較強的90年世錦賽團體第三名的法國隊,從而從過去團體

17一躍而為第8名,第一次進入世界大賽前8名。

南隊提出在亞運會上保五爭七的目標,男鈍劍是拿金牌的項目。對男隊的氣勢,我們應予以足夠重視和充分準備。

②中國隊:　從年齡結構和實力水準看處於明顯斷擋和青黃不接的階段。經選拔仍以去年亞錦賽的陣容組隊,南隊在去年世錦賽和亞錦賽上都重點從三個角度錄了影,並作了分析,找出了辦法,對此我們應持清醒的頭腦。

張志誠　　在世錦賽個人賽中打的不錯,但團體賽失常。

勞紹沛　　在世錦賽個人賽中打的不錯,但團體賽失常。

王和宏　　基本上反應出自己水準,但思想上放不開,信心不強。

葉　衝　　狀況不佳,發揮失常,思想上放不開,信心不強。

但從90年世錦賽的名次上看,中國在個人第21,24,48,49,66;南隊,32,55,68,72,99應該說在技戰術上我們略強於南隊。

(2)訓練任務與主要內容:

①強化個人特長,進一步提高技、戰術能力。

A.技術環節:　a.結合挑引手段,加強步法移動的主動性和靈活性,提高對前後移動或跳躍活動中對距離變化的適應和判斷。b.改進向後移動中步法的重心和後拉距離的控制,提高活動中的突然攻進和搶攻,以迅速轉換跟進的意識和能力。

B.戰術能力:　根據對手情況比採取的針對性戰術,加強其前置挑引的引誘,變化,提高上前防反和打上步欄接近,堵上前,截跟進的攻搶能力。

②提高運用真假緊迫中的戰術變化,連續交鋒與反緊迫的處理能力。

③改進個人主要薄弱環節

A.戰術指導思想:

自信頑強　　不急不燥

以我為主　　穩中求快

逼壓拉引　　防破搶斷

腳實勤動　　節奏善變

及時轉換　　果斷下劍

根據雙方全面情況分析,實力相當,勢均力敵。在爭奪分量重,關係大的每一塊金牌,賽場上必定十分激烈,氣氛緊張。因此運動員應作好超負荷的準備。

a.要有旺盛的鬥志,頑強的作風。

b.要有堅定的自信心。

c.大膽果斷,敢於出手。

(3)措施與要求

①做好技戰術的充分準備。

②加強自信心,減少緊張情緒的思想基礎。

③積極進行模擬性的訓練。

④多安排團體形式的教學比賽。

⑤注意安全,防止受傷,杜絕非戰鬥減員。

⑥密切教練與運動員配合,控制好賽前節奏,確保臨賽的最佳競技狀態。

⑦反覆觀看錄影、研究分析對手。制定針對性作戰方案,做到知己知彼,心中有數。臨場有法,不打無準備,無把握之仗。

汪××參加第十一屆亞運會賽前月訓練計劃示例:

(1)月訓練任務

①做好賽前方方面面準備,全力提高實戰因素,培養良好的競技狀態,滿懷信心迎戰亞運會大賽。

②模擬比賽中主要技、戰術,增加訓練及比賽中的對抗性、激烈性。模擬比賽對手、比賽日程、負荷,場地等,適應重大比賽。

③以我為主,以攻為主,嫻熟自己的技戰術特長,力爭發揮最佳水準。

(2)月訓練負荷(圖3-32-11)

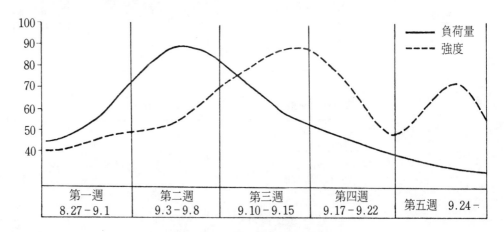

圖3-32-11　月訓練負荷圖

　　(5)週訓練計劃的制定　　週訓練計劃是落實月計劃的具體措施,要安排每天的主要內容及訓練負荷。

　　周訓練計劃舉例如下:

　　周計劃示例　(表3-32-5A.B.C.D)

表 3-32-5A.　　第一週　91年、8月27日-9月1日

週任務		一	二	三	四	五	六
1.中、大運動量訓練, 2.提高整體實踐能力 3.增加對抗性激烈性	上午	1個別上課　2條件實戰	1集體攻守	2實戰比賽　1個別上課	2條件實戰		教育比賽
	下午	1戰術訓練　2全速跑	1個別上課　2計時實戰	體訓	1戰術系列訓練　2全速跑	1個別上課　2自由實戰	長跑五千公尺

表 3-32-5B.　　第二週　91年 9.3～9.8

週任務		一	二	三	四	五	六
1.大運動量訓練 2.看錄象進一步完善作戰方案 3.精練特點專題攻關	上午	1個別上課　2實戰		教育比賽	1個別上課　2攻守練習	看錄像	教育比賽（模擬）
	下午	1戰術系列訓練　2衝跑	1個別上課　2計時實戰	1足球比賽　2素質訓練	1戰術訓練　2	1個別上課　2計時實戰	長跑五千公尺

表 3-32-5C.　　第三週　91年 9.10-9.15

週任務		一	二	三	四	五	六
1.大強度訓練 2.模擬訓練 3.實戰比賽	上午	1個別上課　2雙人刺	研討會	模擬比賽	1體訓：足球　2素質訓練		教育比賽（模擬）
	下午	戰術平刺訓練	1個別上課　2自由實戰	模擬比賽	戰術平刺訓練	1個別上課　2條件實戰	長跑五千公尺 5000m

表 3 - 32 - 5D　　第四週　91 年 9.17 - 9.22

週　任　務		一	二	三	四	五	六
1.搞好賽前偵察 2.精練個人特點 3.作好賽前心理準備 4.落實作戰方案	上午	1戰術訓練	2互射比賽	研討會	教育比賽（模擬）	個別上課	自由實戰
	下午	1個別上課　2素質訓練	1個別上課	2自由實戰	團體對抗賽	1個別上課	2計時實戰　長跑5000m

（注：汪××獲第十一屆亞運會軍刀個人、團體冠軍。）

（五）擊劍運動員的選材

擊劍運動員的選材一般從下列幾個方面進行。

1、形態　　根據擊劍運動的特點,國內外優秀運動員的身高情況見表 3 - 32 - 6。

表 3 - 32 - 6　　身高統計表

項　　目	國　　外	國　　內
男子鈍劍	1.75 公尺—1.90 公尺	1.70 公尺—1.85 公尺
女子鈍劍	1.70 公尺—1.80 公尺	1.65 公尺—1.80 公尺
男子軍刀	1.75 公尺—1.85 公尺	1.70 公尺—1.85 公尺
男子銳劍	1.75 公尺—2.00 公尺	1.75 公尺—1.90 公尺
女子銳劍	1.70 公尺—1.90 公尺	1.70 公尺—1.85 公尺

從形態看,四肢修長,體格均稱,大部份身體健壯,顯得很有力量。我國擊劍運動員從形態上與國外運動員相似,但健壯程度和力量素質顯得稍差一些。

2、運動技能　　要選撥那些靈敏性強、動作反應快,動作自然協調,暴發力好的青少年。而不是只看 30 公尺跑,立定跳遠等指標。把這些素質看作是全面發展的水準,仍有較好的參考價值,專項能力一定要在教學訓練過程中去培養,去發現。

3、身體素質　　國外青少年擊劍運動員,從 8、9 歲甚致有的從 6 歲起就在俱樂部裡從事擊劍專項訓練,但是比較多的進行身體全面發展的練習。我國擊劍運動員絕大部份是從中小學生中挑選,進入業餘體校後,即進行專項技術與一般身體訓練,大部份是從 10—12 歲開始訓練。

目前,我國少年身體素質測試指標見表 3 - 32 - 7　A、B、C。

表 3－32－7A　　13 週歲組

得分	1分鐘雙飛跳繩 (次數)		立定跳遠 (秒)		100 公尺 (秒)		800 公尺 (秒)	1500 公尺 (秒)
	男	女	男	女	男	女	女	男
10	80	80	2.34	2.00	15″1	15″6	3′8″	5′44″
8	75	75	2.30	1.98	15″3	15″9	3′12″	5′50″
7	70	70	2.25	1.96	15″6	16″2	3′16″	5′53″
6	65	65	2.21	1.94	15″9	16″4	3′20″	6′11″
5	60	60	2.16	1.92	16″1	16″7	3′24″	6′7″
4	55	55	2.12	1.90	16″4	17″0	3′27″	6′13″
3	50	50	2.08	1.87	16″6	17″3	3′31″	6′18″
2	45	45	2.03	1.84	16″9	17″6	3′35″	6′24″
1	40	40	1.99	1.81	17″3	17″8	3′39″	6′30″

表 3－32－7B　　14 週歲組

得分	1分鐘雙飛跳繩 (次數)		立定跳遠 (秒)		100 公尺 (秒)		800 公尺 (秒)	1500 公尺 (秒)
	男	女	男	女	男	女	女	男
10	85	80	2.38	2.10	14″4	15″5	3′1″	5′32″
8	80	75	2.34	2.08	14″6	15″8	3′6″	5′38″
7	75	70	2.30	2.06	14″9	16″1	3′10″	5′44″
6	70	65	2.26	2.04	15″1	16″3	3′15″	5′51″
5	65	60	2.22	2.00	15″4	16″6	3′19″	5′57″
4	60	55	2.19	1.97	15″6	16″9	3′34″	6′3″
3	55	50	2.15	1.94	15″9	17″2	3′29″	6′9″
2	50	45	2.11	1.91	16″1	17″5	3′34″	6′15″
1	45	40	2.07	1.88	16″4	17″7	3′38″	6′21″

表 3－32－7C　　15 週歲組

得分	1分鐘雙飛跳繩 (次數)		立定跳遠 (秒)		100 公尺 (秒)		800 公尺 (秒)	1500 公尺 (秒)
	男	女	男	女	男	女	女	男
10	90	85	2.45	2.20	13″7	15″5	2′57″	5′27″
8	85	80	2.41	2.18	13″9	15″8	3′1″	5′34″
7	80	75	2.37	2.16	14″2	16″1	3′6″	5′40″
6	75	70	2.34	2.14	14″4	16″3	3′10″	5′46″
5	70	65	2.30	2.12	14″6	16″6	3′15″	5′52″
4	65	60	2.26	2.10	14″9	16″9	3′19″	5′58″
3	60	55	2.22	2.08	15″1	17″2	3′24″	6′5″
2	55	50	2.18	2.05	15″4	17″5	3′29″	6′11″
1	50	45	2.15	2.01	15″6	17″7	3′34″	6′17″

4、注意遺傳因素　在選拔少年運動員時,對孩子的父、母親的身高及運動經歷要做一定的了解;另外,還要對孩子作骨齡測驗,以便了解和掌握孩子身高發展的可能性。

5、選材過程一般分為三個階段

第一階段 11～13 歲為開始學習技術階段。這一階段主要用直觀數學的方法,教練做示範,讓運動員跟着學,觀察他(她)們的接受能力,思維能力和控制能力等。

第二階段 14－16 歲為專項基礎訓練階段。在這階段中要建立正確的專項運動技能,全面打好專項身體素質基礎,培養對專項的濃厚興趣,建立高度的事業心。

第三階段 17 歲以上為競技水準的提高階段。

從運動員成長的層次分析,初選階段是在學校發現人材推薦到業餘體校,在業餘體校要經過全面發展和專項基礎訓練階段。在教學與訓練過程中發現那些起點比較高,進步快的優秀人材,推薦到省、市體校,擊劍學校,或省、市優秀運動隊進行專項訓練。

(李俊生)

三十三 射 擊

　　1896 年第一屆奧林匹克運動會就將射擊列爲正式比賽項目。至今,射擊仍是奧林匹克運動會設金牌較多的項目之一。國際射擊聯盟成立於 1921 年,現有會員一百一十多個,射擊運動是世界上開展比較普及的運動項目之一。

　　我國開展射擊活動較晚,1954 年加入國際射擊聯盟,比歐洲晚了半個世紀。但是,起點高、進步快。許海峰在洛杉磯奧運會上一聲槍響,實現了中華民族奧運會上"零"的突破,獲得了第一塊奧運會金牌。

　　射擊項目的比賽屬於間接對抗性的、單一動作結構的、周期性的、以靜力性爲主體的運動項目。只要射手固勢動作穩,瞄得準、擊發正確,(有好的槍、彈和氣候條件下)就能取得優異成績。

(一)射擊項目競技能力決定因素的分析

　　射擊項目屬於技能類表現準確性的項目。形成運動員競技能力的決定因素有七個方面,其中心理和技術具有突出的地位和決定性作用,形態、機能、素質、戰術、智能也是不可忽視的基本因素和保證因素。

1、形態特徵分析

　　(1)形態方面體型勻稱,以中體型居多

　　我國優秀射擊選手的身高、體重、胸圍和我國 22 歲青年有關形態的統計相比較,差異不大(表 3-33-1)。

　　(2)射擊不同項目選手在形態有一些具體的專項要求。如步槍選手要求臂長一點,髂骨高一些,兩臂展長等於或略超過身高。如女子步槍選手許艷華,1970 年 12 月生,身高 167cm,臂展長 170.5cm,二靑會獲兩枚金牌,全國錦標賽冠軍,十一屆亞運會女子空氣步槍冠軍,她的成績,與形態上的優勢有一定的關係。手槍選手則要求臂略短一點、手大、指長。如優秀女子手槍選手李對紅,1970 年元月生,身高 156cm,臂展長 153cm,1982 年訓練,84 年入專業隊,1987 年獲古巴、墨西哥世界杯賽冠軍,十一屆亞運會獲三面金牌。成績進步快,且相對穩定,也與形態優勢是分不開的。

表 3-33-1　　身高和體重

	身　　高 cm	體　　重 kg	胸　　圍 cm
男	173(164-179)	67.5(55-81)	91(82-98)
女	162(157-167)	55.5(45-68)	86(83-89.5)

(摘自《優秀選手機能評定手冊》P194)

2、機能素質特徵分析

射擊項目在運動素質方面具有自己的特點。

(1)靜力耐力好:選手爲了穩定身體,提高握槍的穩定性,身體各部位大肌群處於靜止用力狀態。由於比賽時間持續四個多小時,握槍幾百次(1.5－8千克),因此需要持久的耐力。(包括靜力耐力、神經系統活動耐力、視覺耐力)

(2)平衡能力和穩定性好。據"九孔穩定測試儀"測試的結果,男子射擊選手的平均穩定值爲9.11,女子爲8.42。穩定值越高越好。用紅外光點測試系統,對國家射擊隊選手進行跟踪測試的數據,可以明顯看出優秀射擊選手的穩定性好,晃動量小(表3－33－2、3)。

步槍選手在擊發前4秒內的晃動越小越好。許海峰的左右方向晃動最小,平均只有1.34公分,李金豹高低晃動平均只有0.57公分,前後晃動只有0.23公分。奧運會冠軍吳小旋的高低晃動最大只有0.12公分,世界杯冠軍李丹的高低最大晃動只有0.09公分,這充分說明射擊選手對穩定性、平衡感覺要求之高。

表3－33－2　　男子自選手槍選手紅外光點測試結果

姓　名	瞄準至擊發時間秒	擊發後保持時間秒	擊發前4秒最大晃動量(公分)			擊發前4秒平均晃動量(公分)			擊發前0.5秒最大晃動量(公分)		
			X前後	Y左右	Z上下	X前後	Y左右	Z上下	X前後	Y左右	Z上下
許海峰	6.66	4.55	1.51	2.46	3.93	0.81	1.34	2.15	0.36	0.64	0.63
王義夫	4.64	0.99	2.90	3.34	6.33	1.73	1.82	3.44	0.25	0.61	0.42
李金豹	9.99		0.60	3.01	1.17	0.23	1.61	0.57	0.20	0.81	0.30
王巨寶	5.38	1.52	1.01	4.13	1.67	0.48	2.27	0.83	0.41	0.72	0.157

(引自:盧德明等)

(3)動作協調能力強。射擊屬於技能類表現準確性項目。在動作協調上,固勢、瞄準、擊發等動作上,在時間與空間的結合上的要求極爲嚴格。因爲10分很小,如空氣步槍靶紙的10分只有0.5公分,要想槍槍命中10分,沒有姿勢動作上的高度協調一致是不行的。

(4)本體感覺能力好。射擊要求人與槍密切配合才能取得優異成績。因此,從握槍、瞄準、擊發等每一個細小的動作都需要有精細的靈敏的本體感覺。即需要很好的"槍感"。

(5)較好的視覺。射擊選手的視力,雖然不像人們想像中要求的那麼高,有些優秀選手的視力也並不算好,如奧運會冠軍許海峰的右眼視力只有0.4,優秀步槍選手張英洲,李朝陽的視力也不到1.0。但對瞄準的一致性,對立體視覺的要求也還是比較高的。

(6)心理素質好。突出表現在自控能力和排除干擾的能力強。注意力能高度集中和相對穩定。意志堅強、有韌勁、有耐性,發射果斷。

表 3-33-3　　男女步槍立射紅外光點測試穩定性參數

姓 名	瞄準時間(秒)	擊發後保持時間(秒)	擊發前 4 秒最大晃動量(公分)			擊發前 4 秒平均晃動量(公分)			擊發前 0.5 秒最大晃動量(公分)			擊發前 4 秒最大晃動角度(度)		
			X	Y	Z	X	Y	Z	X	Y	Z	Q_1	Q_2	Q_3
張秋萍	8.13	0.84	0.51	3.08	0.36	0.21	1.78	0.18	0.26	0.55	0.15	0.08	0.08	0.02
吳小旋	10.78	0.98	0.41	2.84	0.36	0.19	1.65	0.16	0.18	0.72	0.12	0.12	0.12	0.04
周丹紅	9.20		0.79	3.30	0.90	0.46	1.97	0.46	0.23	0.51	0.20	0.16	0.16	0.06
李 丹	9.77	1.20	0.38	3.88	0.37	0.21	2.20	0.15	0.13	0.49	0.09	0.09	0.10	0.02
芮 青	7.65	2.46	0.88	4.90	0.75	0.45	3.18	0.47	0.20	0.72	0.18	0.25	0.37	0.08
郭風娟	9.43	0.86	0.54	3.35	0.45	0.25	1.79	0.21	0.21	0.83	0.14	0.14	0.20	0.05
劉廣艷			0.60	2.90	0.40	0.30	1.70	0.20	0.05	0.15	0.05	0.02	0.06	0.02
張文革			0.70	5.20	0.60	0.40	3.30	0.30	0.11	0.12	0.05	0.05	0.05	0.03
張英洲	7.37	0.98	0.06	3.89	0.54	0.30	2.41	0.27	0.12	0.51	0.11	0.07	0.09	0.08
李 鋒			0.40	2.30	0.40	0.20	1.40	0.20	0.09	0.09	0.05	0.04	0.04	0.03
徐小廣			0.70	4.20	1.00	0.40	2.40	0.50	0.22	0.21	0.10	0.09	0.09	0.05
邱 波			0.30	3.21	0.46	0.12	2.09	0.16	0.05	0.08	0.04	0.02	0.035	0.015
姜 榮	5.60	0.94	1.03	6.50	0.56	0.55	3.80	0.28	0.41	0.93	0.15	0.64	0.19	0.05
李朝陽	5.60		0.60	4.71	0.54	0.28	2.80	0.25	0.14	0.80	0.19	0.15	0.19	0.05

(注:①表內的數字均爲 10 次射擊時的平均值。

②X 表示前後晃動,Y 表示左右晃動,Z 表示上下晃動,Q 表示槍縱軸轉動角度。)

3、技術特徵分析

(1)技術結構與動作程序

射擊的技術結構與動作程序表

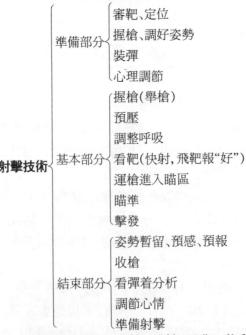

射擊項目因有步槍、手槍、飛靶、移動靶,手槍又有快射、慢射,姿勢動作差別很大,動作程度和技術結構也不完全一致。但都是先準備、調整姿勢、

調節心理、裝彈、瞄準、再擊發，最後預感、預報，信息反饋，搞好心理調節，準備再次發射。這些基本程序結構大體是一致的。

(2)主要技術環節

①穩定是創造優異成績的基礎。穩定性有兩個含義：一是晃動的範圍小，動作平穩；二是在一定的範圍內穩定時間要長。特別是在擊發瞬間晃動要小，穩定時間長，才能保證有更多的擊發時機，有良好的命中精度。

②瞄準是精確射擊的前提。要想射得準就得瞄得準，這是人人皆知的常識。但射擊項目的瞄準，也有其鮮爲人知的特殊規律。

第一，瞄準好壞不完全憑視力。視力是瞄準好的必要前提，但不是決定因素。更重要還在於維持肌肉用力的能力。

第二，視力集中在瞄準基線上比集中在靶紙瞄準點上更爲重要。瞄準基線是準星尖到照門上沿中央的一條直線。它在近處。瞄準基線上相差一公分，在靶紙上就要相差 4－5 分。因此一定要把基線看清楚，靶紙上的瞄準點寧肯模糊些，而決定不能把靶子上的瞄準點看得很清楚而瞄準基線模糊不清。這就是平時所說的"盯平正準星"、"視力回收"。

第三，瞄準的概念不應該是一個點，而應該是一個區，叫瞄準區。因爲姿勢動作穩定是相對的，晃動是絕對的。瞄準區的概念，就是在一定的範圍區域內(高級射手是 10 分或者 9 分的區域)可以大膽地在晃動中均勻不斷扣板機，避免搶瞄準點而急扣，猛扣。

第四，要樹立從動作上爭取在瞄準理想時達到自然擊發，而從思想上又不能急於在理想瞄準時急於擊發的觀念。

③擊發是影響命中精度的關鍵。擊發是指造成武器發射最後瞬間的動作。在射擊中，擊發通常是以完成扣板機動作而結束的。表面上看擊發只是一個簡單的機械動作。實踐證明，這個簡單的動作是心理與動作天衣無縫的配合，是注意力合理分配與轉移、十分複雜的綜合動作。

正確的擊發可歸納爲五條原則：

第一，正直用力的原則；

第二，單獨用力的原則；

扣板機的動作應該是食指屈肌的單獨運動，這時握槍的其它手指、維持穩定瞄準的其它部位的肌群，均處於相對靜止狀態。這種動中有靜，靜中有動、動靜結合的單獨用力的原則是射擊技術的精髓。

第三，均勻用力的原則；

第四，適時發射的原則；擊發時機一般掌握在穩定的前期或中期。

第五，半知半覺發射的原則。這不是擊發的動作，而是擊發時的心情和意識。是發射瞬間的情緒體驗。對這種體驗的各種說法也是極其豐富的。"有意識扣，無意識響"，"不知不覺地響"等等。

射擊的主要技術環節是穩、瞄、扣。固勢要穩，瞄得要準，扣得及時、正確。穩定是基礎,瞄準是前提,擊發是關鍵。

4、戰術特徵分析

射擊項目的比賽特點是各自爲戰,對手的技術、戰術變化相互影響不大。戰術的變化往往和自己的心理與技術相聯繫。在戰術應用上展現在以下六個方面:

(1)一發子彈的發射規律

每次發射的動作應規範化、模式化、程序化、"機械化",發射果斷,成功率高。這是一切高水準選手的共同特點,也是實現一切戰術變化的基礎。

(2)一組發射節奏

時間限制比較嚴格、快速射擊的項目,要果斷快打,既要充分利用時間,又要留有餘地,不能處在有超時脫靶的境地。時間要求不是很嚴的項目,要沉着果斷,穩紮穩打,也要留有餘地,不要處在趕時間的境地。

(3)完整練習的節奏

在多組發射時,要合理安排各組和各種姿勢的射擊時間,控制在一定的範圍。以便在規定時間內,從容射擊,才能取得好的成績。

(4)要有能快能慢發射速度的鍛鍊

這既是從難訓練又是戰術訓練。特別是在惡劣的氣候條件下,要善於等待時機和利用空隙,該快則快,該慢則慢,以保證精確射擊。

(5)上場順序的安排

這在分組比賽時,對保證重點、提高士氣、奪取勝利是至關重要的。上場先後順序要根據隊員的技術、心理特點安排。

(6)利用好比賽空隙

在試射與正式記分射、組與組、上半個練習與下半個練習、各種姿勢的轉換、資格賽與決賽之間的空隙要很好地利用,做好工作,進行技、戰術的指導,對成績好壞也是有很大作用的。

5、智能特徵分析

射擊選手應具備較強的思維能力、想像能力、觀察能力、分析問題及解決問題的能力。提高獨立作戰的能力和應變能力,才能取得比賽的勝利。

6、心理特徵的分析

(1)注意力的集中與穩定是獲得好成績的基礎

在比賽中要求選手要排除各種干擾,把精力集中到自己的動作上,專心致志,聚精會神,對其它事情"視而不見,聽而不聞","旁若無人",這是因爲"任何甚至是稍微注意力分散都會降低射擊效果。"

(2)提高自控能力具有特殊意義

射擊比賽由於時間長、彈數多,比賽中及間隙期間很多信息擁入,成績的起伏、對比賽結果的焦慮干擾很大。因此,要做到順利時不激動,受挫時不急燥,始終保持心平氣和、頭腦清楚、老老實實抓動作,就必須有很強的控制自己情緒和情感的能力。

(3)盡力提高知覺能力

射擊項目有步槍、手槍、快射、慢射、飛靶、移動靶等許多不同的項目。對時間知覺、空間知覺、運動知覺的需求也不相同。快射項目要求時間知覺敏感、慢射、飛靶對空間知覺要求精細。最重要的是"槍感"要好。

(4)念動訓練提高運動表象再現的能力

念動訓練就是人們所說的"過電影","過電影"時應注意內在力量的表象,使正確動作的表象清晰而準確的再現。

(5)注意特殊的意志品質的培養—— 自控性、頑強性

如果說目的性、紀律性和信心是所有運動項目的共同意志品質。那麼射擊項目的主要意志品質或特殊意志品質就是自控性和頑強性。

(6)發揚個性特點方面的穩定性、有恆性、實驗性、獨立性、自律性的優勢

(二)射擊選手比賽成績決定因素的分析

由於射擊項目的比賽條件,比賽特點,評定成績的方法不同,各種因素對比賽成績的作用又有明顯的區別。根據多年的訓練比賽實踐,影響比賽成績的因素分析如下:

1、打好訓練基礎是比賽發揮好的基礎

(1)紮實的基本技術功底。穩定功、擊發功和運槍功紮實

(2)有良好的身體素質和專項素質,適應緊張的長時間比賽的需要

(3)善於做好心理調節

(4)保持清醒的頭腦,有很強的自制力、毅力和韌勁

2、樹立正確的比賽指導思想

(1)樹立"戰略上藐視、戰術上重視"的觀點,樹立必勝的信念

(2)正確對待成功與失敗

(3)正確對待壓力和動力

(4)正確對待得與失

(5)正確對待榮譽和責備

3、全面細致做好賽前準備是比賽能否發揮的關鍵環節

(1)搞好比賽的心理定向,是做好比賽心理準備最重要的內容

心理定向的基本規律是:

① 指向比賽的過程,而不是指向比賽的結果。

② 指向比賽的動作心理準備上,而不是比賽的分數、名次上。

(2)造成和保持適宜的動機水準

①　要有適宜的求戰欲望,不能沒有,也不能過於強烈。

②　旣要重視,又要實事求是,把着眼點放在動作上。

③　造成有希望、沒有把握的心理狀態。往往期望值過高,而造成失敗。

(3)認眞安排好賽前訓練,要有控制成績的概念

旣要有從嚴從難的比賽適應性鍛鍊,又不要過多地強化分數概念。一般不打或少打完整練習。做到動作概念準確淸楚、分數概念較爲淡薄。

(4)做好槍支、子彈、服裝、器材方面的準備

(5)比賽控制的正確與否是一次具體比賽成敗的關鍵

①　做好賽前方案,開好準備會是常用的有效的方法。

②　現場指揮要果斷,簡明扼要,要求具體,要多用正誘導的語言。

③　注意培養選手獨立作戰的能力。

④　重視信息迴避,建立思想犯規的概念。要不看、不聽、不管別人的成績。

(三)射擊項目訓練的基本特點及訓練方法、手段

技術訓練、心理訓練、身體訓練、戰術訓練、智力訓練及政治思想工作構成訓練的基本內容。

1、技術訓練的特點、內容與方法

(1)搞好技術訓練就是要狠抓基本功、苦練基本功

基本功的概念就是我們常說的穩定性、持久性、協調性、一致性。概括起來可稱爲穩定功、擊發功、運槍功。

①　穩定功:要求在擊發前晃動範圍小,穩定時間長。構成據槍穩定的主要因素有:一般力量、耐力;專項力量耐力;平衡能力;各部肌群的協調能力;動作符合生物力學的規律;服裝器材的合理使用等等。

②　擊發功:要求自然、適時擊發。構成正確擊發向後運動;敢於預壓;發射時機掌握在穩定期;發射時扣板機的動作自動化。

③　運槍功:要求據槍、運槍要柔和、平穩,掌握好節奏和合理運用時間。構成運槍功的主要因素有:專項力量耐力;快速敏捷的反應能力;時間、空間的知覺覺能力;動作熟練程度和一致性。

(2)　密度射擊是提高基本功的重要手段和方法。

(3)　空槍預習與實彈射擊巧妙地結合,是練好基本功的好方法。

2、心理訓練的特點、內容和方法

心理訓練是有目的有意識地對選手施加影響的過程。隨着紀錄的不斷

提高,競爭越來越激烈,選手心理素質的重要性和心理訓練的必要性也愈顯得突出,心理訓練在整個訓練過程中的地位也愈顯得重要。

心理訓練可分爲一般的心理訓練和準備具體的比賽的心理訓練。

(1)一般心理訓練,也就是平時的心理訓練或稱長期的心理訓練。

內容可分爲五個方面:

① 培養選手比賽所需要的心理素質,意志品質,發展選手的意志力。

意志是自覺地確定目的並支配調節自己的行動,克服各種困難、實現其目的的心理過程。意志力是選手克服困難時的積極思維。

② 不斷提高心理素質,爲創造優異成績打好堅實的心理基礎。

要通過嚴格的訓練不斷培養選手的心理品質。主要是指運動和專項知覺(槍感)、平衡知覺、時間知覺、空間知覺、注意力的集中與穩定等知覺覺能力和堅韌的意志品質。

③ 苦練心理調節基本功,努力提高控制自己心理狀態的能力。

心理調節就是借助語言(包括自我暗示)和想像來控制自己的心理狀況。

心理調節的方法一般分爲三步走。第一步用自我暗示使全身從頭到腳所有肌群逐步地盡可能地放鬆。第二步就是入靜。第三是入靜以後,肌肉越放鬆,進入大腦的興奮衝動就越少,開始冷靜下來。

④ 提高心理調節的基本功,關鍵在於保持經常性的練習。

⑤ 用生物反饋的方法訓練提高技術訓練效果。首先通過反覆實踐找出選手在最佳技術狀態時的各項生理指標,然後通過心理調節達到比較理想的生理指標時再發射。九〇年第十一屆亞運會前,國家體委王惠民等同志對中國射擊隊女子手槍組進行了四個月的生物反饋訓練,提高了選手控制自己生理、心理的反饋能力,在亞運會上包攬了全部四面金牌,圓滿地完成了任務。

(2)準備具體比賽的心理訓練,也可稱爲賽前的心理訓練

根據實踐經驗,我們認爲賽前心理訓練最重要的是應抓好心理定向和意象演習這兩個環節。

①做好賽前心理定向工作。也稱之爲"賽前心理定勢"、"行爲趨勢"、"行動目標"、"比賽動機"、"比賽態度"等,即爲賽前的指導思想。正確的心理定向是根據比賽的條件、比賽的目的、任務,自己的技術、經驗來確定的。其基本原則是指向比賽過程,而不是指向結果。

搞好心理定向,要求教練有一定的心理學知識,豐富的比賽經驗和冷靜的頭腦。同時要求教練長期的做好思想工作和心理訓練的指導。形成正確的心理定向不是一朝一夕或一兩次談話就解決問題的。

②認眞搞好意象演習。 也稱之爲"精神演習""模擬訓練""想像訓練"。是一種綜合的模擬心理訓練。主要是指模擬一個具體項目比賽的全

部過程,進行想像訓練。想像動作運動的表象,同時想像處理各種情況、場面的意念活動。

意象演習的越逼眞,效果越好。

動作的運動表象要找最正確最美好的動作回憶。美國奧運會冠軍、42屆世界射擊錦標賽八枚金牌獲得者 Lanny Basham 很善於運用意象演習的方法。他在《心理上的勝利—— 駕馭思想方法》中寫到:"復述思想訓練,對射擊選手有很大益處,你沒去靶場,頭腦裡復述着在靶場所做的一切,你不需要子彈、靶紙,不需要一切設備,無需在射擊後清理靶場和槍支,這很容易,不需要花費什麼,而且任何時候都做得到……。""我的跪射成績很好,達到國家紀錄 396 分,我希望創 400 分,在訓練中我未打過 400 分。"

我形象生動地復述着第一個 100 分,接着下一個,我想像着最後十發,10 分、10 分……五個 10 分,10 分、10 分、10 分,意識着超過了國家紀錄。我復述着一句話,"好"我一定要這樣做下去,然後想像着很輕鬆地打了兩個 10 分,400 分! 我就是應該這樣做。兩個月中,我每天按着這種順序復述,在我開始復述這種方法的第一次比賽中,第一個十發 100 分,下兩個十發都是 100 分,我開始打最後一個十發的 10 分、10 分……5 個 10 分,剩下五發 10 分、10 分、10 分,我超過了國家紀錄成了現實。這時,我聽到一個聲音,"好",我一直這樣做下去! 我又打了兩個 10 分,創造了新的國家紀錄 400 分。

3、戰術訓練的內容、方法與特點

射擊項目的戰術訓練特點主要是複雜氣候條件下和決賽戰術的訓練。

(1)　在風天比賽中應掌握以下原則

第一不要怕。第二要不急不燥有耐心。第三要提前扣,果斷扣,第四要掌握好規律,利用間隙。

(2)決賽是要求速度和發射成功率的比賽,要注意掌握以下原則

第一端正決賽的指導思想。第二從嚴從難進行決賽訓練。第三講究一次發射成功率的練習方法,提高決賽的興趣和效果。第四搞好槍支子彈的準備工作,保證決賽萬無一失。

4、身體訓練的內容、方法和特點

射擊項目的身體素質訓練分爲一般身體素質和專項身體素質兩方面。

(1)一般身體素質訓練內容

①　基本體操:各類廣播體操、韵律操、啞鈴操、磚頭操、俯臥撐、拉力器、踢毽、跳繩、實心球;綜合健身器材上的各類力量訓練。

②　球類:籃球、足球、乒乓球、羽毛球、網球、撞球。

③　田徑:1500 公尺、3000 公尺、5000 公尺、越野跑、爬山。

④　游泳:蛙泳、自由泳、仰泳、蝶泳。

⑤ 游戲、自行車。

(2)專項身體素質訓練的內容

① 力量:上肢力量、握力、腕力、臂力、腰腹力量、腿部力量。舉啞鈴。槓鈴臥推。(手槍側重小臂和肱三頭肌,步槍側重左臂肱二頭肌)

②耐力:3000 公尺、5000 公尺越野跑,鍛鍊心血管和屏止呼吸的能力,肺活量的提高。(心肺功能)

③速度:通過游戲和有關心理、生理測試內容,及鍛鍊反應速度。

④平衡:閉眼單足站立,旋轉運動及各類平衡練習。

⑤柔軟性:上肢、下肢及各關節的靈活性及柔軟性練習。

⑥進行與專業技術相仿的練習。

5、射擊項目訓練負荷及其變化的特點

(1)負荷量的分類與計算

①生理負荷量的計算方法。在射擊訓練中影響負荷量的主要因素是:每天的訓練時間、舉槍次數。每次據槍的時間、武器的重量和射擊的彈數。生理負荷量的計算方法是:舉槍次數乘每次舉槍時間,這是一天的總舉槍時間;舉槍次數乘槍支重量,這是一天所舉的重量。把每天的舉槍時間和全天訓練時間相比,可表示訓練的密度。一般每天訓練 4 小時,實足舉槍時間達 2 小時者,爲 50%,就算大強度,占 30-40% 爲中等強度,占 30% 以下爲小強度。但在實際上發射子彈和不發射子彈的強度是不同的,發射大口徑子彈,小口徑子彈和氣槍彈強度也是不同的。要求成績的射擊和不要求成績的射擊的心理負荷強度是不同的。這些都難以客觀、準確地加以計算。射擊選手常用的生理負荷量、負荷強度(表 3-33-4)。

表 3-33-4　射擊選手常用的生理負荷強度分類

分類	負　荷　量			負　荷　強　度		
	大	中	小	大	中	小
每天訓練時間(分)	300	200	100	(占訓練時間的%)		
每天舉槍總時間(分) (一槍時間×次數)	150	100	50	50 以上%	40 以上%	30 以下%
每天射擊彈數(發)	100-120	80-100	50-70	120-150	100-120	80以下
每周射擊彈數(發)	600-800	400-600	300-400			
每周訓練時間(分)	1680	1200	720			
每周大負荷 訓練次數	4-5	2-3	1			

說明:1)這是在訓練過程中,教練安排運動量時的習慣做法。訓練時間、總舉槍時間、射擊彈數均可單獨標誌生理負荷量。

2)每周每天射擊彈數,低指標系數飛靶和大口徑射擊項目,高指標爲一般小口徑項目。手槍快射和空氣槍的標準還要高些。

②心理負荷量的計算方法。心理負荷的大小,對生理負荷量和強度肯

定有很大影響。因爲一場重大比賽,雖然是同樣的時間、彈數,甚至是同樣的發射時間、節奏,但對選手精力、體力的消耗與平時訓練是大不一樣的。影響的程度究竟有多大,現在還沒有確切的定量分析的標準。

中國射擊隊總敎練趙國瑞同志在 1986 年試用"特爾菲法"對心理負荷做了一次有意義的調查。他在對全國 224 名優秀的射擊、射箭選手調查後,得出如下結果:

當以平時自由體會一個完整練習的心理負荷量爲 1 時,

一般考核測驗的心理負荷爲 1.59;

重大考核和小型比賽的心理負荷爲 2.18 倍;

全國重大比賽重大比賽的選拔賽的心理負荷爲 2.85 倍;

全運會和洲際比賽的心理負荷爲 3.44 倍;

亞運會、奧運會等重大國際比賽的心理負荷爲 4.02 倍;

可以明顯看出,隨着比賽隆重程度的增加,心理負荷量亦在有規律的增加。

(2)合理安排訓練負荷,呈波浪式變化

射擊項目的運動訓練側重於改進和提高技術,應以中等負荷爲主體進行訓練。可以有較大的起伏。特別是水準達到相當高度以後,長年累月地進行緊張、單調的訓練,容易產生疲勞情緒,興奮性降低,不利於掌握技術要領。因此,間斷性訓練,對一部分老選手是可行的,對延長運動壽命是有益的。

負荷量和負荷強度的安排,要呈波浪式起伏狀態。在一個訓練周期中,通常是運動負荷量逐步加大,很快就達到高峰。然後負荷量逐步下降,負荷強度穩步上升,成交錯狀態。兩者有機結合,使選手適應能力不斷提高,承受負荷的能力不斷增強(圖 3－33－1)。

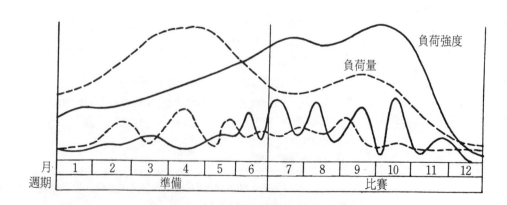

圖 3－33－1　訓練負荷及變化

(注:以 10 月份安排主要比賽爲例。引自《射箭運動敎材》,中國射箭協會 1987 年。)

在選手負荷訓練後,必然會產生精神的和體力的疲勞,要採取有力的恢復措施,使選手有一定的恢復時間,用以消除疲勞。要使下一次大運動負荷的安排,能在選手身體機能得到恢復和提高的基礎上進行。

(四)射擊項目發展的主要趨勢

(1)隨着技術水準和槍、彈質量的提高,靶紙十分直徑在逐漸縮小。如小口徑步槍靶紙十分直徑由五十年代的 20mm,1958 年縮小為 12.4mm,1989 年又縮小為 10.4mm。僅在 1989 年就有五種靶紙縮小十分直徑。空氣步槍十分直徑只 0.5mm。

(2)增加難度,縮短時間。如自由手槍慢射由三個小時縮短為二個半小時。又從二個半小時縮短為二個小時,男子氣步槍由二小時十五分縮短為二小時,又從二個小時縮短為一個小時四十五分。男子手槍速射由 10 秒、8 秒、6 秒發射五發子彈縮短為 8 秒、6 秒、4 秒發射五發子彈。獵槍彈的鉛丸由 32 克減為 28 克又減為 24 克。

(3)減少遠距離項目,增加空氣槍項目和女子項目。為了安全和有利於普及,逐漸增加了短距離的空氣槍項目。如在第 21 屆奧運會取消了三百公尺的大口徑步槍項目。22 屆以前沒有空氣槍和女子項目。23 屆增加了兩個氣步槍項目和三個女子項目。24 屆又增加了兩個空氣手槍項目。使女子的奧運會項目增加到四個。25 屆奧運會已確定 50 公尺移動靶改為 10 公尺移動靶。這樣在 13 個奧運會項目中空氣槍項目就占了五個。

(4)槍支子彈對成績的影響越來越大,要求精度越來越高。隨着科學技術的發展,槍、彈製造工藝的提高,精度越來越高,對成績的影響越來越大。如空氣步槍的世界比賽成績,在廣泛採用 Feinwerkban 600 型、601 型空氣步槍後有了大幅度的提高。因之,凡是與器械相結合的項目,除了加強科學訓練提高訓練水準,決不能忽視槍彈等物質條件的改善。

(5)競賽制度與規則的改變,大大增加了選手在比賽時的心理負荷。如奧運會要先爭得席位,成績必須達到報名標準。在 13 個奧運會項目中,資格賽後加進了決賽。決賽成績帶小數點,而且打一發公布一次成績,雖然給觀眾增加了趣味性,但大大增加了選手的心理負荷,增加了比賽的難度,使競爭更加激烈、精彩。

(6)獲世界冠軍,破世界紀錄的選手年齡有日益年輕的趨勢。七十年代初我們曾經統計過射擊世界紀錄保持者的平均年齡為 38 歲。以後不斷變化,日趨年輕。1988 年 24 屆奧運冠軍的平均年齡為 27 歲,在 13 個冠軍中有 11 個在 28 歲以下,最年輕為前蘇聯女子運動手槍冠軍 Ninor 只有 19 歲。所以射擊運動的早期專業化訓練的趨勢也越來越明顯。

(7)提高教練、選手的科學文化水準,搞好教練的培訓已成為當務之急。

(8)隨着體育運動的發展,體育的國際交往日益增多,國際比賽也日益增加。控制好比賽次數,安排好大的周期訓練,爭取提高訓練水準和提高比賽發揮能力兩不誤。根據多年的訓練經驗,國家射擊隊一年中可按雙周期進行安排。每個周期要有較長時間的準備期(2-3)個月。比賽的安排可集中一些,在比賽期間再適當安排一些基本技術訓練,才易於做到兩不誤。

（趙國瑞　　李宗權審）

三十四 射　箭

　　射箭是一項借助弓的彈力，有控制地瞄準一定的方向或目標，在一定的距離內比賽準確或遠度的體育運動項目。現代射箭運動是從二十世紀初期開展起來的，目前國際比賽項目有室內、室外、標靶射箭比賽，原野射箭比賽，地靶射箭比賽和射遠射箭比賽。

　　射箭在我國是一項傳統項目，具有悠久的歷史。但現代射箭運動，是在1959年開展起來的。目前在我國經常舉行的射箭比賽，有室外和室內標靶射箭比賽。

（一）射箭運動訓練的特點和發展趨向

　　當今世界射箭運動技術水準有了飛速發展，在男女各四個距離的比賽中（男設有30、50、70、90公尺），（女設有30、50、60、70公尺），運動成績雙局已進入到2600分以上，各國選手正在向2700分進軍。國際大賽水準高，競爭激烈，可以說每一支箭得分的多少都會直接影響名次的先後。

　　當前世界射箭的發展趨勢是，對射箭的技術動作，提出了規範性的要求，對運動員完成技術動作的一致性、穩定性、準確性和協調性都有很高的標準。對運動員肌肉力量的全面發展，用力的流暢性，鮮明的節奏感等也有很高的要求。運動員只有把握住射每支箭的程序，認真對待發射動作的每個分節，發揚拼搏精神，才有可能取得當今射箭大賽的勝利。要想達到動作的爐火純青，必須要嚴格訓練，嚴把規範關。

　　在訓練中要解決的問題是多方面的，但主要的是解決一個準字，力爭把每支箭都射進十分。因此，訓練中要求運動員動作高度規範化，動作技術概念在自己的頭腦中必須非常清楚，技術動作熟練，形成牢固的動力定型、達到自動化的程度，並能在比賽中思想情緒穩定、作風頑強，靈活自如的運用技術。所有這些因素構成了當今射箭運動的特點及技術發展的趨向。

（二）射箭運動訓練的幾點基本要求

1、一般和專項訓練有機結合

　　訓練中要根據射箭運動員的特點、水準和不同時期及階段任務，按比例把一般和專項訓練的內容結合起來。射箭運動員的訓練，是在高度集中精力的情況下，長時間的，大量重覆着那一套固定的動作，進行一些一般性內容的訓練，不僅不會影響技術的掌握，同時會起到一種調節和恢復作用，會更好地提高專項訓練的效果。

但一般訓練要適應專項的需要,反映專項的特點,並且要有重點。射箭運動的技術雖不太複雜,但動作的協調性、技巧性和穩定性要求比較高,因此除選用那些發展協調能力和柔韌性的練習外,也應重視專項力量的發展,同時要注意提高運動員心血管系統的功能。

2、週期性的安排訓練

根據我國的射箭競賽制度,每年至少有三次比賽;四月初的射箭選拔賽、六、七月的少年射箭比賽,八、九月的射箭錦標賽(室內外)。參加選拔賽進入全國 75 名的運動員,才有資格參加全國錦標賽。所以各隊對兩賽非常重視,因此在制訂訓練計劃時,多數隊都把一年分成兩個大週期(從上一年的十一月份至來年的四月份為一個大週期),包括:準備期、比賽期和過渡期。過渡期完後又轉入下一個大週期的訓練。

3、安排好運動負荷

運動負荷包括負荷量和負荷強度兩個方面。在射箭訓練中影響負荷量的主要因素是訓練的時間,拉弓的次數,射箭的支數以及運動員所用弓的磅數和射一支箭的時間節奏等。

影響負荷強度的主要因素是心理負荷的強弱,訓練的難度,動作質量以及單位時間內的密度等。或訓練的難度所占總練習時間的百分比。

射箭訓練的負荷量用下列參數來評定:

(1)用實射箭支數的總和來評定各階段的訓練負荷

(2)在靶場完成對靶射箭的數量

(3)基本姿勢訓練量(一般都以拉弓計算)

(4)完成上述工作的總時間

(5)運動員使用弓的磅數和射一支箭的時間節奏等(當然與場地器材、設備也有關系。)

訓練中負荷的增加要由小到大,逐步提高,在具體安排上要大、中、小相結合,做到有節奏的交替。射箭運動訓練負荷後的疲勞主要體現在中樞神經系統方面,並帶有一定的積累性質,初期感覺不出,別人也不容易發現,然而疲勞一旦積累和形成,在短時間內不易消除。因此要加強醫務監督、採取有效措施,防止出現這種現象。

(三)射箭運動的戰術訓練

在射箭運動中戰術和心理是緊密相連的,它們有許多共同點,但也有不同之處。戰術的作用在於把運動員已獲得的身體,技術和心理等訓練效果,在比賽中綜合運用和發揮出來,創造優異的運動成績。

射箭運動中的戰術包括以下幾部分:

(1)一支箭的節奏(2秒－3秒或3秒－4秒)。

(2)一組箭的節奏(2分半以內;即150秒)。

(3)動作的成功率(箭射入高分區的多少)。

(4)在惡劣氣候(風、雨、冷、熱、高溫)條件下發揮技術的能力。

(5)在待射時的活動安排。

(四)射箭運動的心理訓練

隨着現代競技運動技術水準的飛速發展,運動競賽日趨激烈,尤其是高水準的運動員之間,身體能力和技術水準的差異愈來愈小,而比賽中的勝負往往取決於運動員心理能力的強弱。

射箭運動員在比賽中,追求的是分數,力爭將每支箭都射進高分區。此時擔心的是怕脫靶箭。由於比賽成績的好壞,都具有一定的社會意義,使得運動員有精神動力,也有一定的精神上的壓力,所以當今的比賽,運動員具備良好的心理素質是非常必要的。

射箭比賽不同於其他項目,運動員抗干擾和自我控制的能力,對射好一支箭起着決定性的作用。在比賽激烈刺激下,不受外界條件(對手的成績,自己的成績,比賽場上其他干擾)的影響,保證心理情緒的穩定,特別是和對手處於競爭相持狀態時,能控制住自己的情緒,正常發揮自己技術水準,先戰勝自我,後才有可能戰勝他人。有人說射箭運動員取得最好成績,心理因素占70％－80％,可見心理因素在射箭中占有相當位置。

心理訓練的手段方法請參見第一、二篇有關專題

(五)射箭運動的基本技術訓練

射箭運動的基本技術,包括八個(即站立、搭箭、推弓、勾弦、舉弓與開弓、瞄準、放箭、餘姿)基本動作組成一個完整的、規範的、協調一致的,節奏鮮明的發射動作。射箭運動員在訓練有素的情況下,會形成良好的條件反射,塑造成極佳的動作動力定型,只有這樣,才能具備創造優異成績的條件。下面是射箭連續動作圖(圖3－34－1)。

1、站立姿。

站立是指射箭運動員在發射時兩腳站立的姿勢,它分為下述三種。

(1)側立式(圖3－34－2)

動作規範:身體正、穩、肩平、氣勻。

動作要點:

①兩腳開立同肩寬(站在發射線兩側)。

②體重落在兩腳間。

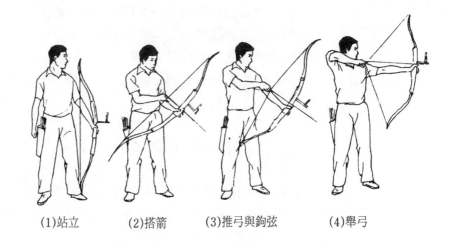

(1)站立　　　(2)搭箭　　　(3)推弓與鈎弦　　(4)舉弓

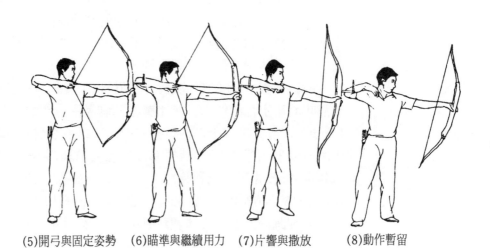

(5)開弓與固定姿勢　(6)瞄準與繼續用力　(7)片響與撒放　(8)動作暫留

圖3－34－1　射箭動作連續圖

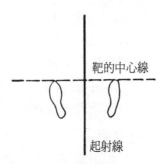

靶的中心線

起射線

圖3－34－2　傳統式(Closed Stand)

③身體垂直稍前傾。

④呼吸均勻。

訓練方法：

①對着鏡子做站立姿勢。

②身體背靠立柱站立,稍前傾。

③手負重站立練習。

④肩負重站立練習。

站立易犯錯誤和糾正方法:

①兩腳站立不穩、身體感到無力。

克服辦法:將身體位置擺正,做提踵動作重新站一站,使身體關節處於正確位置,兩腳站的紮實一些。

②身體後仰,重量移向腳跟,拉弓時會導致力量"內合"。

克服辦法:重心前傾,前腳掌用力。

③兩腳用力不等,身體產生左右傾斜,破壞了兩臂的對稱力。

克服辦法:使身體重心保持正中位。體重平均落在兩腳之上。

④呼吸:要用腹式呼吸,切忌胸式呼吸,防止重心不穩,肩部聳起。

克服辦法:多練習腹式呼吸。

(2)暴露式(圖3-34-3)

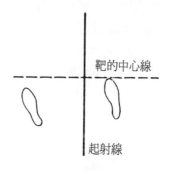

圖3-34-3　開放式(Open Stand)

動作規範:面向靶位,身體斜向站立與靶的中心綫約成45度角。

動作要點:兩腳開立同肩寬,體重落在兩腳間,上體扭轉腳不動,背肌用力軀幹正直不能偏。

訓練方法:

①斜向站住,做上體的扭轉。

②利用皮條體會身體的扭轉動作。

③直接練習。

易犯錯誤及糾正方法:

①身體向右傾斜,重心落在右腳。

克服辦法:

a.先模仿練習。

b.加負重進行練習,多次重覆。

②持弓臂用力的回縮。

(3)隱蔽式(圖3-34-4)

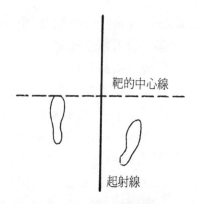

圖 3－34－4　隱蔽式（左腳稍前站法）

　　動作規範：背向靶位、身體斜向站立與靶的中心綫約成 70 度角。

　　動作要點：兩腳開立同肩寬，左腳靠近發射綫，右腳站在綫後邊，軀幹稍右轉，防止身體偏，重心保持正中位，前撐莫聳肩。

　　訓練方法：

　　①背向靶位站立，做上體扭轉。

　　②利用皮條體會動作。

　　③直接做練習。

　　易犯錯誤和糾正方法：

　　聳肩和弓弦打臂。

　　克服辦法：

　　①多練習左臂內旋前撐動作。

　　②兩手負重練習，防止肩部聳起。

　　③直接練習。

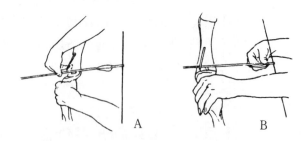

圖 3－34－5　搭箭

2、搭箭（圖 3－34－5）

　　動作規範：主羽垂直於弓把，箭尾入搭箭點，箭在箭座和彈簧片下。

　　動作要點：

　　①右手取箭腳不動，上體稍放鬆。

　　②箭尾入搭箭點羽垂直弓。

　　③箭桿放置箭座上。

易犯錯誤和糾正方法：易犯主付羽顛倒錯誤。

克服辦法：精心放置，反覆練習，不可大意。

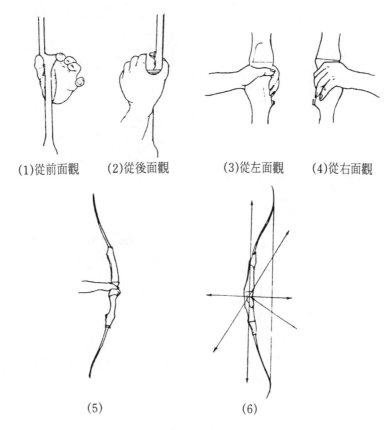

(1)從前面觀　　(2)從後面觀　　(3)從左面觀　　(4)從右面觀

(5)　　　　　　　　　　(6)

圖 3 - 34 - 6　推弓

3、推弓(圖 3 - 34 - 6)

動作規範：腕直手指伸，弓把與手接觸面積小。

動作要點：

①左臂內旋前撐(左手持弓者)手腕直。

②高低分推皆有之(分高推和低推)。

③推弓也有深和淺(分深推和淺推)。

④只需橈腕撐點一綫直，手接觸弓面積盡量小，施力集中最重要。

訓練方法：

①先在輕弓把上練習推弓動作。

②利用皮條體會推弓動作。

③直接進行推弓練習。

易犯錯誤和糾正方法：易犯手觸弓面大，推弓的力點易變動。

克服辦法：

①固定推弓點。

②修整推把處,要適合自己的手型。

③反覆練習,體會動作。

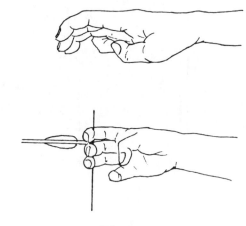

圖 3 - 34 - 7　勾弦

4、勾弦(圖 3 - 34 - 7)

動作規範:三指並攏(食指中指和無名指),用第一指關節末端彎曲處勾弦,手腕伸直。

動作要點:三指勾弦力不均(中指力量大些)箭在食指和中指的縫間,勾弦用力在手指,小臂手腕放鬆要平伸,大小拇指不參與,自然彎曲在掌心。

訓練方法:

①手指模仿勾弦動作。

②手勾弓弦輕拉,體會手指動作。

③勾弦拉輕弓。

④直接練習。

易犯錯誤及糾正方法:

①手指無力,手腕彎曲,平伸不了。

②三指彎曲太大,不利於放箭。

克服辦法:由輕負荷到重負荷進行練習。

5、舉弓、開弓、靠弦(圖 3 - 34 - 8)

動作規範:三直、一屈、一靠弦。

動作要點:

①三直(即弓垂直於地面,持弓臂直、軀幹直)。

②一屈、一靠(即勾弦臂彎屈,拉弦時手靠下頜)。

③左手持弓內旋側平舉,弓垂直於地面。

④右手三指勾弦,小臂緊靠大臂胸前屈,拉弦時緊靠下頜。

⑤緊背、胸肩平、箭平、推拉平。

(1)　　　　　　　(2)　　　　　　　　　(3)

(4)　　　　　　(5)　　　　　　　　(6)

(7)

圖 3－34－8　舉弓、開弓、靠弦

⑥轉頭瞄準對黃心。

易犯錯誤及糾正方法：易犯舉弓、開弓、靠弦離開射箭面的錯誤。

克服方法：按規範要求進行操作,不能脫離射箭面。

6、瞄準

動作規範：眼睛、準星、黃心三點形成瞄準基綫(圖 3－34－9)。

動作要點：

①用優勢眼進行瞄準,頭部要正。

②眼睛通過弓弦的一側,使準星和靶上的黃心相吻合,形成三點一綫。

③瞄準應在弓的平面進行。

④瞄準要注意"星實靶虛"。

訓練方法：

①先確定自己的優勢眼睛來瞄準。

②操練轉頭、眼、準星、黃心和弓弦形成一條直綫的練習。

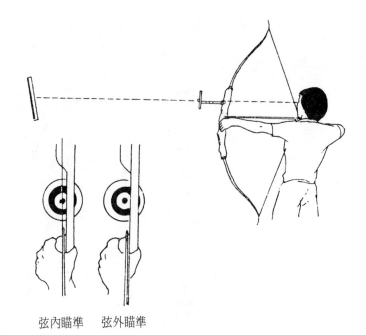

弦內瞄準　　弦外瞄準

圖 3-34-9　瞄準

③使用輕弓練習瞄準。

④直接使用正常弓練習。

　易犯錯誤及糾正方法:瞄準時易犯注意力不集中、靶實星虛,用力中斷的錯誤以及轉頭後仰等。

　克服辦法:多採用輔助練習和在輕弓上做瞄準的練習。使肌肉用力不能中斷。

7、放箭

　動作規範:速度快,背肌用力,手停放弦綫短。

　動作要點:

　①滿弓後要捕捉放箭時機,繼續加力。用深勾弦手指用滑弦方式放開。

　②推弓和拉弓產生的相反方向力要平衡、協調。

　③放箭時勾弦手和拉弓臂不動,只是弦滑離三指。

　④勾弦手離弦後小滑則停到下頷處,大滑則停到耳根處,原則是手運動路綫最短為好。

　⑤放箭動作的原動力應在後背肌群。

　⑥放箭時要做到果斷有力必須符合直綫用力原則(圖 3-34-10)。

　訓練方法:

　①前撐後拉做橫仿放箭動作。

　②利用皮條等做放箭練習。

　③拉輕弓體會放箭動作,着重體會後背肌群用力。

　易犯錯誤及糾正方法:放箭時易犯前送、下壓、內扣、外揚等鬆鬆撒錯誤。

圖 3－34－10　放箭

克服辦法：

①採用誘導性練習。

②利用皮條等物做放箭練習。

③在輕弓上做放箭練習。

④直接練習。

(1)　　　　(2)　　　　(3)　　　　(4)

圖 3－34-11　餘姿

8、暫留與收勢(圖 3－34－11)

動作規範：保留正確姿勢在兩秒左右,收弓成原站立。

動作要點：

①正確放箭姿勢不變暫留兩秒左右。

②使正確用力得到進一步加強、可以控制箭的飛行方向。

③即刻反饋小結箭射出去的質量,清醒頭腦、以利再戰。

訓練方法：

①專門練習舉弓暫留姿勢。

②開始練習時反覆做暫留動作。

③收弓使身體還原站立姿勢。

（六）射箭運動訓練計劃

訓練計劃應根據射箭運動訓練的特點規律和訓練對象的實際情況制訂。

射箭運動的訓練計劃包括:多年訓練計劃,全年訓練計劃,階段訓練計劃,周期訓練計劃。

1、多年訓練計劃

多年訓練計劃一般是指三—— 五年以上的長期計劃。根據當前我國射箭運動發展情況來看,一個射箭運動員從開始從事射箭運動到出現比較高的水準(2500分左右),一般需要三—— 六年的時間。如從十六歲左右開始正規訓練,到廿一歲期間即可達到較高水準,所以應按照這個時間來安排多年訓練計劃。高水準運動員則可以按照全運會,奧運會等四年週期安排多年訓練計劃。

射箭多年訓練一般都分為兩個大的階段。

(1)基礎訓練階段

主要任務是對初學者進行一般訓練,使他們的機體得到全面協調的發展,提高機體能力,發展各種運動素質和掌握多種技能,為從事專項運動和接受高一級訓練打下堅實的基礎。

在基礎訓練階段一般訓練占的比重要大一些。在進行專項練習時,應採取多種訓練形式,經常變換訓練的方法、手段和條件。

(2)專項提高階段

主要任務是創造個人最高運動成績,並努力保持和進一步地提高。

專項提高階段技術、戰術和心理等訓練比重要顯著增大,要把比賽作為提高訓練水準的重要手段,通過比賽發展運動員的競技能力,提高運動技巧,培養比賽的穩定性。

2、全年大週期訓練計劃

大週期訓練計劃是一系列訓練計劃中最重要的一個計劃。全年訓練週期的劃分,要依據競技狀態形成的規律,重要比賽的時間以及氣候條件等因素來考慮。全年可採用單週期和雙週期來安排。依照我國現行的競賽制度每年雖有三次比賽,但是大家都比較重視四月份的全國射箭達標賽和九月份的全國射箭錦標賽。所以安排雙週期的比較多。

無論是單週期還是雙週期,各個訓練時期的任務,安排內容和要求是一致的。一般都分為準備期,比賽期和調整期三個時期。

(1)準備期

準備期可分爲兩個階段

①第一階段,也稱全面訓練階段。

本階段爲形成競技狀態打好基礎。本階段的身體訓練應在全面發展身體素質的條件下,提高整個機體機能水準。應有目的發展一切基本身體素質—— 力量、耐力、速度、協調、柔韌等。

本階段技術訓練的基本任務是:

a.掌握和提高射箭運動基礎理論知識。可以請老師講體育運動的基礎理論課,組織運動員討論和研究射箭訓練和射箭技術方面的問題,提高運動員的智力水準。

b.改進和完善基本技術的各個方面,通過上一年度訓練情況的總結,明確對技術需要改進和完善的環節,要集中精力在這一階段使其解決。

這一階段進行基本技術訓練的方法是以分解訓練(進行基本姿勢和姿勢細節練習)和近程(3－8公尺)對草靶放箭爲主。一般情況下都不要進行綜合訓練(即在比賽射程上對環靶實射),以免干擾運動員改進和完善基本技術。

動作技能的形成和提高在一定程度上受身體素質發展水準的影響。因此,本階段不能強求技術動作的穩定性。這樣會導致技能在機能能力發展不高的情況下建立起來,而質量也不高。過早定型的技能又會限制身體素質的發展。

這階段心理訓練主要是發展道德意志品質的各個方面,如對當前訓練工作的定向,培養勤學苦練的精神,提高意志能力的一般水準等等。

這一段身體訓練占 40％,技術訓練占 60％。身體訓練中,全面身體訓練占 70％,專項身體訓練占 30％。技術訓練中,基本技術訓練占 70％,智力訓練占 30％。心理訓練融合在身體和技術訓練中。

②第二階段,也稱爲專項訓練階段。

本階段主要是爲形成競技狀態打好基礎,保證在進入比賽期形成競技狀態。這一階段的訓練具有明顯的專門化特點。一般訓練同專項訓練密切結合,着重專項運動素質發展。

這一階段的身體訓練以發展專項要求的特定的身體能力爲主。全面身體訓練還是以發展心血管系統的功能爲主,因爲要改善心血管系統的功能不是短時間能夠解決的,需要長期堅持才能見效。

這一階段的技術訓練以提高比賽所需要的技術能力爲主。在準備期的結束階段必須把取得好成績所需要的準備工作各個方面結合起來進行。

從第一階段向第二階段過渡不是突然的;要逐步進行,有一些技術上存在的問題大,第一階段如果還未解決好,硬往第二階段過渡,會做夾生飯,進入比賽期就更無法解決了。這是一種很大的浪費。

這一階段的心理訓練主要是:意志訓練,集中在發展專項比賽成功所必須的特定意志品質,克服比賽過程中將會產生的特殊心理困難的專門訓練,在本階段應得到加強。

本階段的訓練比例,身體訓練占 30%,技術訓練占 60%,智力訓練占 10%。身體訓練中全面身體訓練占 70%,專項身體訓練占 30%。技術訓練中綜合技術訓練占 40%,基本技術訓練占 40%,改進和完善基本技術占 20%。

心理訓練包括在身體和技術訓練中。

準備期時間長短要根據訓練對象不同的情況來決定,訓練水準低的運動員,時間可以適當延長。

(2)比賽期

本期的主要任務是在預定的比賽期限內達到最高的運動成績。

本時期身體訓練的任務是保持已達到的訓練水準不使其下降,這時期身體訓練還有一個作用就是對技術訓練和比賽的調整和恢復。身體訓練內容、方法和手段應是先前已經掌握了的。否則會影響訓練和比賽技術水準的發揮。

本時期技術訓練是保證專項達到盡可能完善的程度,這一方面要鞏固已掌握的技能和技巧。另一方面要在精細地磨練動作的協調性和加深專項知識的基礎上,提高在不同的比賽條件下發揮技術的能力。在訓練中要注意發揚運動員的長處,薄弱環節要力求克服,但應注意適可而止,否則反而增加運動員的心理負擔,影響取勝的信心。運動員不可能練得十全十美去參加比賽,技術上總會不同程度地存在一些問題,這不影響參加比賽,只是對這些問題要心中有數,明確產生的原因和克服的辦法。在方法上要重點抓技術的總體感覺,切忌只抓一點,在訓練方式上也不宜做大的變動,以防運動員不適應。

要調整好賽前訓練負荷,以適應比賽的需要。賽前不要採用較大的訓練量,而用積極性休息和訓練量小的"減量訓練",以期達到恢復和超量恢復的效果。

比賽期心理訓練的目的在於提高運動員的各種心理能力,增強心理穩定性,使運動員在比賽中能充分發揮身體、技術、戰術水準,奪取最後勝利。此外,還要正確對待可能發生的比賽失敗,保持良好的情緒。

心理訓練的主要內容有:

①明確比賽的任務,確定適宜的目標。

②激發良好的比賽動機,自覺動員機體的最大潛力投入比賽。

③形成最佳情緒狀態。

④增強必勝的信念。

⑤提高戰鬥意志,增強競爭性和進取心。

⑥建立賽前程序並使之習慣化。

⑦認眞分析比賽中的有利和不利因素,選擇出處理各種困難的具體辦法,不打無準備之仗。

本期的訓練比例,身體訓練占 30％,技術訓練占 55-66％,智力訓練占 10-15％。身體訓練中,全面身體訓練占 70％,專項身體訓練占 30％。技術訓練基本技術和綜合技術訓練各占一半。

心理訓練除結合身體和技術訓練進行外,也可單獨進行。

在比賽期裡不要要求運動員每一場比賽都出現最好成績,有一些不大重要的比賽可以作爲提高訓練水準的一種手段。因此,在早期比賽階段裡運動員要多練,同時不要怕參加比賽,目的不在於取勝,而在於通過比賽總結敎訓。參加這些比賽,不應使訓練計劃有很大的變動,特別是不要在比賽前過多地降低負荷,通過參加比賽,運動員可以熟悉新情況,檢查自己的能力,提高訓練水準,評價自己的訓練效果。這樣就可以對訓練計劃做必要的調整,爲後來的重要比賽做好必要的準備。

(3)過渡期

過渡期不僅要使運動員的疲勞得到消除,而且要爲下一週期的訓練積蓄力量,建立新水準的起點。所以,調整的實質是從原有基礎向新的提高的過渡,並使上下兩個週期緊密結合起來。

過渡期要對上一週期的訓練和比賽進行詳細總結,做好下週期訓練工作的準備。制訂和修改下一週期的訓練計劃。

過渡期訓練的內容以一般性訓練和多種多樣方式的積極性休息爲主,可改變練習的性質和條件,使肌肉交替工作,以利於加速恢復。

在不妨礙充分休息的情況下,根據運動員的具體情況和需要,可做一些帶有專項特徵的輔助練習和克服某些技術動作存在的缺點的專門性訓練。但這樣的訓練宜少不宜多。射箭運動員的疲勞主要是精神上的疲勞,而且都是累積性的,所以作爲射箭運動來講,調整期的主要任務是通過積極性休息,排除由於長時間訓練所累積起來的精神疲勞,爲做好下一週期的訓練創造條件。

過渡期還必須進行具有一定負荷的訓練,但採取的訓練方法要盡量和專項技術有所不同,主要是保持全面身體素質和專項身體素質不下降。如果完全停止訓練,專項力量,動作的協調能力,心血管系統的功能就會急劇下降,再恢復就要花很長的時間。

全年訓練中,大週期運動負荷安排的總趨向一般是:在準備期第一階段主要是增加負荷量,對負荷強度的要求不高,特別是對分數的要求基本上不要提。主要通過大量的基本技術訓練來提高動作的質量,爲形成競技狀態打好基礎。有分數要求的訓練應節制使用。因爲過早地,在動作質量不高的前提下練習已經掌握的比賽技術,最多只能鞏固原有水準,而會影響技術水準的進一步提高。

在準備期第二階段,在負荷量趨於穩定的基礎上逐漸增加負荷強度。

在比賽期裡負荷強度要占優勢,如果比賽期持續的時間長,在兩次比賽之間,量和強度都要有相應的變化,一般是減少強度,適當增加量,然後再減量加強度。在臨比賽之前應進行適當調整,以保證必要的恢復。

在調整期可保持一定的負荷量,不要進行有分數訓練的要求,以達到積極休息的目的。

全年訓練計劃實例附後。

3、中週期訓練計劃

訓練中週期由若干小週期組成,最小包含兩個以上小週期;通常是3－6個小週期,持續時間大約一個月左右。

訓練中週期的主要作用是控制一系列小週期積累的訓練效果,這些小週期在中週期範圍內有節奏地發展,這種節奏性的波動就是中週期結構的基礎。

中週期的安排應從訓練大週期各個時期的訓練任務出發,突出主要任務,要結合訓練的實際情況,制訂落實中週期訓練任務的措施和手段,安排好運動負荷。

中週期有以下幾種類型。

—— 基本訓練中週期

—— 預備比賽中週期

—— 比賽中週期

—— 過渡性中週期(包括恢復性小週期)

(1)基本訓練中週期。這是訓練準備期的主要中週期類型。

基本訓練中週期的運動負荷要達到相當高的水準,但不是每一個中週期都達到同樣高的水準,更不是一個比一個高地發展,而是在一個、二個快速發展訓練水準的中週期之後,緊接着一個維持已達到的水準的穩定性中週期。同時,在中週期範圍內的小週期也不是一個比一個更高地發展,而是"波動"的發展,表現出明顯地節奏,其中還應包含一個恢復性的小週期。這種安排可促使機能的適應性改造得到鞏固,否則,進一步提高運動負荷會產生障礙,而且容易造成"過渡訓練"。

(2)預備比賽中週期。這種中週期是在參加重大比賽前,爲了適應比賽的條件(賽程、競賽規程、環境條件等)和心理上的要求而專門安排的。其特點是直接模擬即將舉行的賽程安排和適應在有分數要求的條件下發揮自己技術的能力。

如果比賽地點的溫差、時差、場地條件同平時的訓練條件差異很大。那麼預備比賽的專門訓練就不止是一個中週期,甚至需要組成一個完整地訓練階段—— 通常稱爲賽前準備階段。

在這一階段,運動負荷的強度應達到比賽時負荷水準,同時,採取恢復手段來維持它,並適應賽程的作息時間。

在這一階段,還應安排一定的基本技術訓練,以彌補不足,進一步提高運動員參加比賽的信心。

對於高水準運動員參加重大比賽,預備比賽中週期能幫助運動員提高適應性,確保比賽中能力的充分發揮。

(3)比賽中週期。如果比賽時間較長,並且是連續幾次比賽,兩次比賽之間的間歇又長短不一,這就需要針對重要的,還是次要的比賽,安排有幾次比賽組成的中週期。

比賽中週期應包括1-2個賽前準備小週期,一個比賽小週期,一個賽後恢復小週期。

比賽中週期的特點是:圍繞比賽小週期安排其他小週期的訓練,運動負荷,訓練手段和方法,即要針對本次比賽任務的需要,同時要考慮到整個比賽維持競技狀態的規律,保證在重要比賽中達到最高水準。在連續幾個比賽過程中,運動員的機體,情緒各方面有可能因外部條件影響而產生變化,需要及時主動加以調整,防止由於比賽的高度興奮掩蓋了疲勞的積累,以致競技狀態過早消失。

(4)恢復中週期。在經過長時間的訓練和比賽中間以及一個大的訓練週期結束時,安排恢復中週期的訓練是十分必要的。

恢復中週期的特點是:訓練節奏緩慢地降底,通常用增加恢復性小週期的數量,同時調整作業的內容,形式和條件,以及負荷,使機體輪換休息,而不是使運動負荷劇烈下降,或完全停止訓練,這樣,訓練所獲得的效果得以維持,同時又促進恢復。

在這種中週期裡,負荷程度下降,保持一定的負荷量,以排除比賽期裡積累的疲勞,同時又保持已獲得訓練水準。全年比賽任務結束以後,過渡期持續時間比較長,恢復性中週期起着一定的過渡作用,使機體能從非常緊張地狀態和緩地過渡到下一個訓練大週期。

4、小週期訓練計劃

小週期的持續時間,一般是七天,也可以安排五天。它取決於以下各項因素:

(1)生活作息制度。小週期的持續時間,一般同星期的作息制度相一致,即符合社會生活規律,也有利於訓練。

(2)根據比賽的日程來確定小週期的時間。

(3)小週期訓練任務,作業數量,負荷量要根據各個時期的訓練任務和射箭訓練的特點來確定。

(4)負荷與恢復的個人特點是安排小週期負荷節奏必須考慮的條件。

訓練和比賽的組織是在小週期裡具體實施的。由於各階段的訓練任務不同,小週期的類型也不一樣,一般分為基本訓練小週期,比賽小週期,過渡小週期,恢復小週期。這些小週期的名稱同其訓練任務,內容相一致,運動負荷的安排也表現這一特點。

(1)基本訓練小週期。基本訓練小週期在各個訓練時期裡,運動負荷的特點有所不同。在準備期第一階段負荷量均勻增長,負荷量相當大,但強度比較小。在第二階段裡,強度應逐漸增大,負荷量與負荷強度應交替運用。進入賽前階段的基本訓練小週期,強度應占優勢。

在比賽期裡,基本訓練小週期安排在比賽間歇階段或恢復中週期內。其負荷特點是,強度占優勢,以繼續發展訓練水準。

(2)比賽小週期。比賽小週期的特點是,直接以競賽規程為模式來安排小週期的訓練節奏,以保證比賽時具有良好的適應狀態,以發揮出最好水準。根據射箭競賽規程一般正規的雙局全項比賽要四天的時間。可安排五天為一個比賽小週期(表3-34-1)。

在比賽期裡如果有若干次比賽,次要比賽和主要比賽時間很接近,那麼,次要比賽應作為主要比賽的模擬。至於一般性比賽任務,無須專門安排比賽小週期。

表3-34-1　　比賽小週期

時間	1	2	3	4	5	6	7	8	9	10	11	12	13	14	15
內容	全天訓練	全天訓練	全天訓練	上午訓練一下午恢復	休息	全天訓練	全天訓練	全天訓練	上午訓練一下午恢復	休息	上午訓練一機動	比賽	比賽	比賽	比賽

(3)過渡性小週期。安排過渡小週期的目的是使各個訓練階段。各個訓練中週期相互銜接,使各項訓練(比賽)活動的節奏不致發生紊亂。

過渡性小週期有多種形式,經常採用的是漸進性形式,為逐漸增加比賽因素的訓練,使準備期過渡到競賽期。也可以採用截然相反的形式,如預備比賽中週期最後一週,可採用同比賽小週期完全相反的形式進行訓練,用以清除賽前的緊張情緒。但它不同於恢復性小週期那樣大幅度地降低運動負荷,而是以維持已獲得的訓練水準為前提,運動負荷應比較緩慢地增加或降低。

(4)恢復小週期。在重大比賽之後,或在連續1-2個訓練負荷很大的中週期結束前,應安排一個恢復小週期。恢復小週期的主要特點是減量,增加休息。訓練內容多採用基本技術訓練和一般性身體訓練,積極促進恢復。

重大比賽後,高水準運動員的恢復小週期以積極性休息為主,只做一些一般性活動。訓練水準低的運動員,可做為數不多的基本技術訓練,並需維持一定的負荷量。

5、訓練課程計劃

射箭訓練課具有以下特點:

(1)射箭是個人運動項目,所以訓練課程應以個人訓練為基礎來組織。由於運動員存在個人差異,訓練過程中各人的發展也不一致;所以訓練應採取區別對待的方法。

(2)訓練需要解決的問題是多方面的,在一般情況下訓練課應是單一的。如專門的身體訓練課、技術、戰術訓練課等。這樣才對機體能力的發展,產生比較深遠的影響,同時也有利於安排負荷節奏。

(3)訓練課的負荷一般都達到很高的水準,但這種高水準的負荷並不意味着每次課都達到同樣的水準,而是指總的負荷水準而言,是以一個小週期或以一個中週期的負荷總量來衡量。

(4)訓練課的時間持續較長,並且在一天內常安排兩次訓練課。教練應合理地組織作業內容,掌握好負荷與間歇的節奏,還必須善於及時調節,採用有效地恢復手段,才能維持不間斷地訓練。

根據射箭技術訓練的特點,訓練課準備部分的準備活動的運動負荷可因季節不同而有所區別,但活動不宜過於激烈,以達到適宜狀態為宜。時間也不要過長。

基本部分一般都分為幾個階段,即基本姿勢練習,放箭基本功練習,綜合技術練習,(對靶實射)比賽性的練習等。練習的順序要圍繞本次課最主要任務來安排,使運動員的精力在主要階段得到發揮。

每天訓練課的主要任務,在一個乃至幾個小週期和中週期的範圍內,有一定的連續性,這種連續性並非每次課都是重覆同樣地練習和負荷,而是通過變換負荷的方法和輪換作業內容的方式來體現。例如,本階段的主要任務是完善基本技術,在上次訓練課中,安排基本姿勢和放箭基本動作的訓練只規定訓練的時間,不規定練習的數量和強度,讓運動員去從容地體會動作。下一次課重覆上次課內容練習時,則規定各項練習的次數和強度。另一次課則安排一定數量的對靶實射來檢查上兩次課的訓練效果。

基本部分的各組練習,都應有預定的對具體技術規格的要求和數據,要做到數量和質量的統一。這取決兩個方面的因素,一是制定練習參數的客觀性,這個參數應當是運動員經過努力可以達到的;二是練習組織的合理性,並善於及時調整。能否保證每一支箭的質量,是射箭技術訓練中最重要的因素,每次技術訓練課應以最好的一支箭開始,以最理想的一支箭結束。特別是每堂課的最後一支箭非常重要,它即能把最規範的動作信息儲存起來,加深對正確動作的記憶,又是下一次訓練課的新起點,只有這樣才能不斷地提高訓練水準。忽視質量要求,就達不到預期的訓練目的。

結束部分一是做整理運動,一是小結。

〔附〕:全年訓練計劃實例

某射箭集訓隊全年訓練計劃

(1)情況簡介

參加集訓的共有十二名運動員。其中有六年以上訓練年限的隊員九名,另有三名是年輕新手,只有二至三年的訓練年限。女隊水準較高,全部是運動健將,有的先後打破過世界紀錄,從總體上講和目前世界上最先進水準相比還有一定距離。男隊與世界水準相比差距較大。主要表現在運動員身體素質、基本技術、心理訓練水準等方面,尤其男隊基本技術較差,顯得更明顯。

(2)指導思想

認眞貫徹嚴格訓練,嚴格要求的方針,從嚴、從難、從實戰需要出發,採取大負荷訓練,力爭在身體素質,基本技術和心理訓練方面有較大幅度的提高,爲創造優異成績打下良好基礎。

(3)指標

根據比賽規程規定,參加比賽的運動員要有國際箭聯規定的資格標準,故要求如下:

女子:改力求一人超過 2499 分。另有一人超過 2460 分。

男子:改力求二人超過 2435 分的成績。

(4)訓練時間

從 19××年 12 月 10 日至 19××年 8 月 3 日,共 34 周,238 天。

(5)週期劃分與訓練的要點

本集訓計劃共分兩個大週期。

①第一大週期:19××年 12 月 10 日至 19××年 4 月 13 日,共 18 周,126 天。

準備期(19××年 12 月 10 日至 19××年 3 月 16 日共四周)

第一階段:(19××年 12 月 10 日至 19××年 1 月 6 日)本階段的主要任務是通過訓練逐步提高機體機能,爲獲得競技狀態創造良好的條件。因此這時期的訓練,必須使運動員的機體機能全面提高,能夠負擔不斷增長的大運動量訓練和充分發揮自己的技術水準。

技術訓練以拉弓爲主,放箭爲輔,重點改進不足的地方。

訓練比例:(每半天爲一次訓練課,每週按十次課計)技術訓練與身體訓練的比例爲 4:6,全面身體訓練與專項身體訓練的比例爲 6:4,放箭基本動作與拉弓的訓練比例爲 4:6。

第二階段:(19××年 1 月 7 日至 3 月 16 日)這一階段的身體訓練是在前一階段提高身體全面素質基礎上,逐步轉入以提高專項力量爲主的訓練。在技術訓練方面,要直接解決運動員在專項技術方面的最大能力的問題。

根據運動員基本技術上存在的問題,通過拉弓和放箭基本動作的練習手段解決,力求有新的突破。爲了加強身體素質和基本技術的訓練,本階段分兩個小階段;第一小階段從1月7日至2月24日,第二小階段從2月25日至3月16日。

訓練比例:第一小階段,技術與身體素質訓練的比例爲6:5。技術訓練主要以拉弓和放箭基本動作爲主。

第二小階段,技術與身體素質訓練比例爲7:3。

技術訓練實射與基本技術訓練的比例爲6:4。一般身體素質與專項身體素質訓練比例爲4:6。

比賽期(3月17日至4月6日,共3周)

這是一次全國性的比賽,也是奧運會的選拔賽。賽後將根據成績,對集訓隊員進行調整。因此運動員對比賽思想上都非常重視。

本時期訓練比例是技術與身體訓練比例爲7:3。技術訓練實射與基本技術的訓練比例爲6:4。一般身體訓練和專項身體訓練的比例爲5:5。

調整期(4月7日至4月13日,共1周)

選拔賽賽後進行積極性休息,促使機體在緊張的訓練和比賽後得到充分的恢復,以便迎接下階段訓練高潮。

②第二大週期(4月14日至8月3日,共16周)

準備期(4月14日至7月6日分四個階段)

第一階段:(4月14日至5月25日,共6周42天)

主要任務是爲選拔後的集訓隊員,安排出訪比賽任務,全身心的做好賽前準備。

第二階段:(5月26日至6月8日,共兩周14天)

通過訓練進一步提高機體機能,爲把運動成績再提高一步做好準備。這階段在加強全面身體訓練的同時注意提高運動員的專項素質水準。

技術訓練主要是以拉弓和放箭基本動作爲主,不論當時的技術狀況如何都要下決心,進行基本技術的訓練,並強化規範動作,爲獲得競技狀態和創造良好成績做好準備。這階段技術訓練就是抓基本功,原則上不進行實射。

訓練比例:技術與身體素質訓練的比例爲5:5。技術訓練中實射與基本技術的訓練比例爲4:6。身體訓練中一般身體訓練與專項身體訓練的比例爲6:4。

第三階段:(6月9日至6月29日,共3周21天)

這一階段的身體訓練在堅持一定的全面身體訓練的同時,重點突出專項素質的訓練。

在技術訓練方面,要進一步解決運動員在專項技術方面的最大運動能力問題,力求在前段訓練的基礎上,在基本技術方面有新的突破和提高。在這期間可安排比賽,使運動員得到鍛煉。

第四階段:(6月30日至7月6日)進行一週的積極性休息,不進行技術性的訓練,以使運動員在機體和精神上得到充分地休息,進入比賽期,參加比賽。

比賽期(從7月7日至8月3日,共4周28天)

在本期的前兩週要進行合理的大運動量的訓練,對技術訓練的要求是突出動作的一致性、穩定性和協調性,提高運動員對自己動作的信心和勇氣。並對運動員的技術狀況,身體狀況及心理狀況進行合理的調整。

為了保持競技狀態,在整個比賽期特別加強運動員的醫務監督,注意運動員的自我感覺,以便使運動員精力充沛信心十足地參加比賽。

比賽結束後,進入過渡期。

(徐開才、祖振榮)

第四篇

常見運動傷病預防和處理

本篇從教練員在訓練過程中的實用性出發，而不是從醫務人員角度出發，着重介紹常見運動創傷的防治原則、運動員常見內科疾病的預防和處理，以及過度訓練及其防治。以便教練員了解和掌握運動傷病的基本情況和預防、處理手段，更順利地進行訓練工作。

一　常見運動創傷的防治原則

運動創傷是體育訓練中經常遇到的問題。如果處理不當則嚴重影響訓練及運動成績,重者甚至縮短或結束運動壽命。因此,體育部門有關人員如領隊、醫務人員、教練員、運動員等必須重視運動創傷的防治工作,以保證體育運動的正常開展。

(一)運動創傷的特點及發生規律

運動創傷是一專門的醫學領域。它不同於工礦創傷、街道創傷等,有其自身的特點及發病規律。

1、小外傷多, 慢性傷多, 而急性傷、嚴重的傷少

據統計,運動創傷中骨折僅占 2.5%,關節脫臼占 0.5%。大量的是慢性傷,即所謂勞損性傷。例如膝關節臏骨軟骨病、臏腱腱周炎,臏骨末端病。腰部的肌肉筋膜炎,踝和肘的骨關節病等。這些傷病除少部分是由於急性外傷處理不當或訓練過早造成外,絕大部分是由於訓練安排不當,造成微細損傷逐漸積累而成。

有的運動創傷可以不影響生活及工作,但是影響訓練和成績的提高。

2、多數是專項運動引起的, 在訓練中又不斷重覆受傷動作, 因此病程長, 完全治愈較難

3、運動創傷與專項訓練有密切關係。因此發病有一定的規律

(1)損傷部位與運動項目有密切關係。例如體操運動員易傷肩、肘、腕、膝、踝、腰。吊環、高低槓、單槓等要求肩旋轉、吊肩等動作較多;跳馬、翻筋斗要求彈跳多,膝踝負擔大;下橋作軟翻腰活動幅度大;上肢支撐多,肘、腕支撐傷較多。標槍運動員的肩、肘、腰傷多。投槍時主要要求肩,肘,腰發力。鐵餅運動員易傷膝。投餅動作要求膝半蹲屈伸旋轉,每日訓練要做數百次摩仿動作。籃球、排球運動員易傷膝關節。兩者都要求膝半蹲位發力才能更有效地起跳,防守。訓練中長長處於此種姿勢。易勞損致傷。跨欄運動員易傷大腿後側肌群。

(2)運動損傷發生與人體局部解剖特點有密切關係。例如,體操運動要求肩關節承受大力量的扭轉及牽拉。而人體肩關節的肱骨頭很大, 並呈球狀。肩胛盂小而平淺, 呈盤狀, 僅靠肩周的韌帶及肩袖肌穩固關節。在承受大力牽拉、扭轉等肩袖肌負擔過大, 久之則易受傷。投鐵餅的技術要求半蹲並轉體,同時還要求膝由屈到伸。半蹲位膝關節韌帶鬆弛,關節處於不穩狀態,僅靠臏骨與股骨滑車的咬合穩定關節。這種姿勢正是生理解剖上的弱

點。技術要求伸屈扭轉,則臏股關節承重最大,久之易患臏股關節軟骨病。排球運動員半蹲防守,並要求膝處於外翻位才能起動快,向左右起動靈敏。此姿勢下外側半月板受擠壓。半月板運動是膝伸屈肢隨脛骨前後移動,旋轉時隨股骨移動。當運動員向側方起動,膝伸屈同時旋轉,半月板受擠壓狀態下受不同方向力的牽扯很易受傷。

(二)運動創傷發生的原因及預防原則

人體生理解剖特點雖然是引起外傷的因素,但並非必然要引起外傷,以下幾方面則是引起外傷的重要原因。

1、訓練水準不夠

所謂訓練水準包括:一般身體訓練;專項技術訓練;戰術訓練;心理訓練以及道德品質的培養五方面。

(1)一般身體訓練包括力量、速度、耐力與靈敏等運動素質。任何一種素質差均可引起外傷。如體操運動員肌力不足很難完成動作,關節不穩易受傷,也容易失手致傷。耐力不足易疲勞而受傷。跳馬時跑不快、跳不高而易受傷等。

(2)專項技術訓練不足,不能很好地掌握技術要領,動作錯誤則易失誤致傷。

(3)比賽時戰略戰術的失誤,易引起疲勞、精神緊張等而致傷。

(4)缺乏勇敢頑強的鬥志和堅毅果斷的品質,以及不能正確看待自己,組織性紀律性差也是造成外傷的因素。

2、不遵守訓練的科學性和衛生原則

例如沒有按教學的循序漸進性、系統性及個別對待的原則安排訓練,往往是造成創傷的原因。

沒有保護或保護不當也是重要致傷因素。尤其體操等項目更顯著。學新動作應有可靠的保護。教練員應熟練掌握每個技術動作的保護方法。運動員動作不過關,不要過早"脫保"。

場地器材、服裝等不合乎要求或損壞也是造成損傷的原因。如單、雙槓脫扣,單槓使用年代過久可發生斷裂。自行車、摩托車運動員頭盔不合乎要求等。因此教練員上課前應檢查所用設備。

3、不使用支持帶或使用不足

有傷的運動員參加訓練時,沒有使用支持帶保護。如踝關節韌帶損傷後開始參加訓練不用支持帶容易再傷。

4、不重視醫務監督

教練員與醫生合作不足。對有傷的運動員沒有根據醫生的意見安排訓

練。過早或過量訓練,或身體疲勞狀態下訓練安排不合理而致損傷。因此教練員和隊醫應經常研究運動員的身體情況,安排訓練。應定期體檢、重視多發病的檢查。加強運動員的自我監督,及時向教練員和醫生反應情況。

5、不良環境和氣候也是致傷因素

如下雨地滑、光綫不足的運動場地易致傷。氣溫高可引起中暑。天寒和潮濕,特別是肌肉韌帶僵硬活動不開,外傷率增加。因此當環境和氣候不佳時,教練員應提高警惕,及時改變訓練計劃。

(三)各項運動常見運動創傷的急救及治療原則

由於各項運動的技術要求不同,全身各關節肌肉承受的負擔也不同。因此各運動項目各有獨特的多發損傷。針對各專項運動技術研究,對預防傷病甚為重要。在治療運動創傷的過程中急救工作非常重要。它對進一步的治療有着深遠的影響。創傷初期處理不當,可使急性傷變為慢性傷,或者給以後的治療造成困難。首先接觸運動創傷急救的常常是教練員而不是醫生。因此教練員對運動損傷知識的了解以及掌握正確的初步處理方法是至關重要的。

急救的首要目的是搶救生命,其次是防止再損傷,防止傷口污染,為下一步處理創造條件。

運動員受傷後,教練員首先要注意有無昏迷和休克。如有,應先搶救休克,挽救生命。要檢查是否有傷口,有無出血。如有傷口應防止傷口污染。有出血時,應積極止血,以防休克。檢查有無神經損傷,如肢體癱瘓、神志不清等。有無呼吸困難、面色青紫等。肢體有無畸型、腫脹等。經初步檢查,大體確定什麼傷以便進一步處理。

1、皮膚損傷

(1)、皮膚擦傷。多見於徑賽及球類運動員。特點是皮膚表面受損、出血、沒有裂開,不到皮下。常呈片狀。處理關鍵是清理創面、防止感染。尤其是在地面上的擦傷往往有泥土等帶色物質嵌入。一定要清理乾淨。否則傷口愈合後這些物質留在皮內終生不掉影響美觀。因此傷後需即刻用乾淨水、最好用生理鹽水反覆衝洗。小面積皮膚擦傷時,可用2%紅汞或1-2%龍膽紫塗抹即可。暴露於空氣,乾燥結痂1-2周即愈。大面積皮膚擦傷用清潔紗布包扎後轉請醫務人員處理。

(2)皮膚撕裂傷、刺傷及切割傷。多見於徑賽、冰上、擊劍、拳擊等項目。特點是皮膚有裂口深達皮下。如頭面部皮膚被撞擊受傷,冰刀、跑鞋刺傷等。治療要點:清潔傷口、早期縫合。宜送到醫療單位處理並注射破傷風抗毒素。如傷口較小且需要繼續比賽時,可請醫生用生理鹽水清洗傷口後用腎上腺素棉球壓迫傷口止血,用粘膏或醫用皮膚粘膠封合傷口,繼續比賽。

2、軟組織挫傷

多見於籃球、足球。特點是組織受撞擊、捻挫外力,而組織未裂開的損傷。如運動員互撞引起大腿挫傷、小腿挫傷、睾丸挫傷,甚至胸及腹部挫傷等。臨床表現取決於挫傷的深淺及嚴重程度。挫傷後常引起腫脹、血腫。睾丸或腹部嚴重挫傷可出現休克。

急診處理:有休克應先治療。局部急救處理關鍵是防止進一步出血、腫脹和骨化性肌炎的發生。肢體挫傷應即刻冷敷(噴氯乙烷或敷冰決等),然後用海綿或棉花墊圍繞、再用彈力綳帶或普通綳帶加壓包扎 24～48 小時。抬高患肢休息。如已有血腫,要觀察是否發展。若嚴重影響關節功能活動或血腫繼續增大,應送醫院檢查是否需要手術清除血決,以防骨化性肌炎及關節功能障礙。睾丸挫傷應冷敷後用三角巾兜起睾丸,臥床休息。

3、肌肉肌腱和韌帶損傷

這類損傷佔運動損傷的大部分。

(1)急性損傷。體操、球類、田徑、冰上、滑雪、摩托、自行車,摔跤等均可發生。

肌肉斷裂:多發生於大腿後側肌群、小腿後側肌群、胸大肌、肱二頭肌等。肌肉完全斷裂:腫脹明顯、局部有凹陷畸型,抗阻無力。部分斷裂:是肌肉的一部分纖維斷裂。用力時可有畸型,但仍可能到連續性。一般不影響力量。但是,若瘢痕愈後攣縮,則失去正常彈性或有粘連。運動時受到牽扯產生疼痛。肌肉拉傷:指肌肉內少許纖維斷裂。沒有畸型。急性期可疼痛,但不影響力量,腫脹輕微。

肌肉斷裂急性期處理原則:

①重要的肌肉完全斷裂,應送醫院手術縫合。

②非重要的肌肉斷裂,如跖長肌,不影響運動功能。斷裂後即加壓包扎,拉長固定 3－5 天。使斷端分開,並早期活動,以免與周圍組織粘連受牽拉疼痛。

③肌肉部分斷裂,不影響肌力。要防止瘢痕愈合粘連。早期加壓包扎拉長固定 3－5 天,而後功能練習。

④肌肉拉傷:為防止腫脹,應冷敷後加壓包扎 1－2 天,以後理療、按摩,外用中藥等。

肌腱斷裂:常見有跟腱斷裂,肱二頭肌長頭腱斷裂、肱三頭肌腱斷裂、股二頭肌腱斷裂,髕腱斷裂。手伸指肌腱斷裂等。肌腱斷裂後正常輪廓消失。有壓痛,腫脹輕。所支配運動的關節自然位改變。關節主動活動喪失或減弱。為更好地恢復運動功能或運動成績,應及時手術縫合。

韌帶損傷:韌帶斷裂造成關節不穩,喪失運動能力。多見於膝內側副韌帶、踝關節外側副韌帶,手指間關節側副韌帶。韌帶損傷分為拉傷,部分斷裂及完全斷裂。韌帶是穩固關節的結構,易因反方向牽拉力致傷。傷後局部腫脹、疼痛,壓痛。做牽拉韌帶的動作疼痛、各關節不鬆弛則為拉傷。側方活動加大則為斷裂或部分斷裂。完全斷裂應急診手術縫合。部分斷裂可做外固定治療。韌帶拉傷可按摩,理療,外用中藥等保守方法。但運動初期應使用支持帶。

(2)慢性損傷。肌肉、肌腱的慢性損傷常見的有腰背肌肉筋膜炎、伸膝筋膜炎、肩袖損傷、髕腱腱圍炎、跟腱腱圍炎、脊柱棘間韌帶損傷、棘突炎、髕骨末端病、肱骨外上髁炎(網球肘)等。損傷機能是慢性勞損性傷。由慢性微細損傷積累而成。病程長,治療困難。應以預防為主。科學訓練,早期發現症狀,及時調整訓練、及時治療。醫生、教練員要密切配合併充分採用運動療法。

4、關節軟骨損傷

運動員中非常多見。如籃球、排球,體操運動員的髕骨軟骨病,足球、體操運動員的踝關節骨關節病等。關節軟骨是覆蓋骨端關節面的組織,呈光滑、潔白半透明,富有彈性。它有滑利關節、減震緩衝的功能。軟骨本身沒有血管組織,一旦損傷自身沒有修復能力,因此,治療困難。

關節軟骨的急性損傷可致軟骨骨折,剝脫、骨軟骨骨折。可發生於關節扭轉,撞擊。如體操運動員、技巧運動員的肘關節肱骨小頭軟骨和骨軟骨損傷,足球運動員距有關節軟骨損傷,髕骨軟骨和骨軟骨切綫骨折等。單純軟骨損傷除非軟骨脫落或關節鼠出現交鎖一般症狀不明顯。傷時運動員往往僅感到酸軟,而後症狀消失。大約兩周後才出現關節軟骨損傷症狀,打軟、力弱,輕度骨膜炎反應,關節輕微積液等。骨軟骨骨折往往症狀明顯。由於傷及骨,關節可有積血。關節腫脹、疼痛,抽液為血性關節液,如靜止放置片刻,有時可見較大油珠漂浮,有助診斷。X綫照像甚為重要。凡懷疑急性關節軟骨和骨軟骨損傷時應及時送往醫療單位處置。

慢性軟骨損傷:大部分系逐漸勞損微細損傷所致。一類是關節軟骨病(軟骨軟化症),如髕骨軟骨病,足球踝、肘骨關節病等。關節疼痛、支撐用力痛。如髕骨軟骨病半蹲發力,起跳、蹲起,上下坡痛。關節可腫脹積液,肌肉萎縮等。主要採用非手術治療,如理療、按摩,調整訓練。加強關節同圍肌力的練習穩固關節非常重要。久治不癒嚴重影響訓練時可手術治療。關鍵是早期發現及時預防。如每日訓練前令運動員做半蹲姿勢或慢動作蹲起。如有膝疼痛症狀即為髕骨軟骨病的星期徵象。及時調整訓練,往往症狀很快消失。另一類是剝脫性骨軟骨炎。特點是關節內骨軟骨塊剝脫,關節面缺損。如果骨軟骨塊已脫落則形成關節游離體。如少年體操運動員常見的肘關節肱骨小頭脫性骨軟骨炎,足球運動員踝關節的距骨上關節面的剝脫性骨軟骨炎。關節經常疼痛腫脹,或有交鎖症狀。X綫照像可確診。治療方法以手術為主。

5、骨骺損傷

此是兒童少年運動員的特發傷病。骨骺是兒少時期骨骼發育的組織結構。骨骺和骨干之間有骺板,成人後消失。

一類為受壓骨骺,在四肢長骨的骨端。承受體重支撐和壓力。司骨的加長生長功能。急性損傷:如腕背伸撐地傷兒少運動員可引起撓首遠端骨骺分離。受壓骨骺受傷後,如傷及血管或關節面對合不整,可發生骺板提前封合,造成該骨的生長受限,肢體短縮或發育畸型。

另一類是牽拉骨骺,系肌肉,腱的止點所在地。承受拉力,不影響肢體的生長長度。傷後也不引起肢體短縮或畸型,牽拉力可引起急性分離或折斷。若復位不好、至成人不能骨性愈合,只是纖維愈合。受大力牽拉可再傷出現疼痛。如肘肱骨內上骺骨骺分離、髂骨髂前上棘骨骺分離(如跑步撞綫時挺胸腹,大腿後踏致傷)。治療要求早期良好對合復位。

慢性骨骺損傷是同各種因素引起骨骺血循環障礙所致。以體操運動員腕撓骨遠端骨骺炎,股骨頭骨骺炎,臁骨結節骨骺炎常見。症狀以疼痛為主。若在關節端可引起滑液膜炎症狀。以保守治療為主,病程較長。治療期間調整訓練非常重要。

6、骨損傷與關節脫臼

急性骨折與關節脫臼較少見。可發生在體操、摩托、自行車、冰上、滑雪、足球等項目。一旦運動員受到較大暴力,懷疑骨折脫臼時,應按以下順序檢查急救。頭頸部損傷,要想到有無顱腦損傷、脊髓損傷。要問傷員有無四肢串麻,氣憋等感覺異常。四肢是否運動自如。若四肢有感覺運動障礙,可能有脊髓的骨折脫臼引起了神經損傷。若一時找不到醫生,千萬不要隨意搬動傷員或強令傷員站起來,這會加重損傷。教練員可以用拇指用力捏壓傷員的足趾,問其是否有感覺。若無知覺說明脊髓已完全斷裂,若有感覺說明為不全斷裂或僅受壓迫。這對醫院制定治療方案很有參考價值。因為送到醫院時間已久,這一現象就檢查不出來了。檢查僅此已足夠。凡是有脊髓損傷現象的頸部骨折脫臼的傷員。可以在原位,用雙手握住傷員頭部兩側,順頭頸方向輕輕牽拉,以利復位,防止進一步壓迫損傷脊髓。但禁用暴力。下一步搬運病人,應幾個人同時用力,保持傷員脊柱不動的姿勢,把病人抬到木板上。如系頸部損傷,應一人抱頭,輕度牽拉穩定頭頸與軀幹一起搬動。然後在頭頸兩側放置衣物墊等防止晃動。送往醫療單位進一步檢查治療。

如可疑四肢骨折脫臼,應檢查有無肢體畸型,如異常曲度,短縮,過度的旋轉、局部異常腫脹、都是骨折脫臼的徵象。有骨折時要檢查有無骨折端露出皮膚外面(開放骨折)。如是開放性骨折,千萬不要將外露的骨端還納。否則,收已污染的骨端拉入體內會引起感染。應以消毒敷料覆蓋,再搬運。

四肢骨折的傷員,應就地取材找夾板、木棒,鐵條等硬物固定骨折處,以防再移位損傷鄰近組織。固定前,肢體周圍要用棉花或海綿等保護,以防固定物壓迫組織。然後送往醫院。

骨的慢性損傷較常見。是長期微細損傷引起。特點是邊損傷邊修復。常見有小腿脛腓骨疲勞性骨膜炎和疲勞骨折,足舟狀骨疲勞骨折,脊柱椎板疲勞骨折,足跖骨疲勞性骨膜炎和疲勞骨折等。病程長、嚴重影響訓練。症狀是運動痛,尤其不能從事專項運動。局部隆起,可有腫脹、壓痛。關鍵在於預防,出現症狀及時調整訓練量。不要等到 X 綫片上出現明顯徵象再治療,爲時已晚了。

7、神經損傷

腦的急性損傷見於摩托車、自行車以及拳擊等項目。可以發生顱骨骨折、腦震盪,腦挫裂傷,顱內出血,拳擊的擊昏等。凡傷後有昏迷意識消失的過程,應視爲有腦損傷。可有頭痛、嘔吐、脈搏變慢、血壓增高、呼吸變深等症狀。也可出現瞳孔的變化,肢體麻木癱瘓。昏迷清醒後再次昏迷應視爲顱內血腫的徵兆。凡疑有急性腦損傷的運動員應及時送往醫院檢查,以防出現突然變化,來不及搶救。即便是腦震盪等輕度腦損傷,雖然治療後很快好轉,但不宜過早恢復訓練。否則長久遺有頭痛、頭暈,失眠等症狀。尤其是翻筋斗等頭朝下的動作更應恢復晚些。症狀體徵完全消失才能恢復正規訓練。在急救過程中應隨時觀察病情變化,防止休克。保暖、止痛(禁用嗎啡)。必要時應吸氧;防止誤吸。如有惡心嘔吐要禁食。保持呼吸道通暢,頭要偏向一側。運送中要觀察並記錄病情,以供醫院參考。急性脊髓損傷主要合併於脊柱的骨折脫臼。

急性周圍神經損傷:如股神經牽扯傷,可見於髖過度後伸引起,如後軟翻動作。或繼發於髂腰肌下血腫壓迫肢神經麻痹。傷後股四頭肌無力,大腿內側皮膚感覺障礙。應及時送醫院檢查。如果血腫壓迫宜手術治療。

腦的慢性損傷主要見於拳擊運動員的"拳醉"。是因頭經常受打擊,顱內小出血點積累致腦軟化引起。周圍神經的慢性損傷並不少見。如自行車運動員由於把套過硬或技術不當引起手尺神經麻痹和下肢腓總神經麻痹;射擊運動員小口徑步槍引起的尺神經麻痹;排球運動員的肩胛上神經麻痹引起的崗上、下肌萎縮症;乒乓、仰泳運動員的臂叢神經麻痹(肩過度外展徵候群)。這些都與專項訓練有關。因此單純治療很難奏效。調整訓練及改正技術爲主要手段。

8、關節滑液膜損傷

滑液膜是關節囊的內層,滑液膜有豐富的血管,滑液膜分泌滑液潤滑關節、營養軟骨、擴散熱力。

任何關節的急性損傷可引起急性創傷性滑液膜炎。關節積液、出血、腫脹。常見於膝、肘、踝等。疼痛、腫脹爲其主要症狀及體徵。關節腫脹積液則活動受限。長期積血積液可引起關節軟骨損壞。因此,關節扭傷後爲防止腫脹積液應及時冷敷並加壓包扎,制動2-3天。如已有明顯積液、積血,應及時請醫生抽出或同時衝洗,再加壓包扎。如治療不徹底就恢復訓練,往往變成慢性滑液膜炎。經久不癒。

慢性創傷性滑液膜炎,可因急性期處理不當而來,或因關節其它慢性損傷繼發引起。關節腫脹積液,滑液膜肥厚粘連。運動時較脹不適或疼痛。負荷量加大腫脹加重。久之關節鬆弛、肌肉萎縮。可以繼發關節軟骨病。調整訓練爲主要治療手段。配合理療及手法治療。在一定時期內可慢跑訓練配合治療。

9、滑囊炎

淺層滑囊炎在皮下。易因撞擊或慢性磨擦引起。如臏前滑囊炎,足球守門員的尺骨鷹嘴部皮下滑囊炎和大腿股骨大粗隆皮下滑囊炎。急性期爲積血,處理不當形成滑囊炎。因此,急性期應請醫生抽出積血積液,或同時注入強的鬆龍、加壓包扎2-3周並制動。直至滑囊消失、否則形成慢性滑囊炎久治不癒,影響訓練。

深層滑囊炎多在肌肉、腱、韌帶周圍。常爲長期慢性磨損引起。如跑跳運動員的膝內側副韌帶下滑囊炎、膝內側鵝足下滑囊炎等。大部分保守治療可愈。但一定要調整訓練。

10、創傷性休克的現場急救

休克是機體遭受強烈刺激後產生的嚴重的全身性綜合症狀。臨床上以急性周圍循環衰竭爲特徵。由於有效循環量明顯減少,以致組織缺氧,代謝紊亂,造成惡性循環。因此,必須及時糾正才能免除危險。

(1)創傷性休克常見原因

與運動損傷有關的有:①創傷性疼痛的刺激。嚴重創傷,如大的骨折、內臟損傷,劇烈疼痛等強烈刺激致反射性中樞神經抑制、血管擴張;②大量失血。人體急性失血達總血量的1/3,約1500毫升以上就可能出現症狀。如骨盆骨折、大腿骨骨折或大血管損傷破裂即可引起;③血漿滲出及吸收組織破壞的分解產物等。任何原因最後引起微循環障礙而致休克。

(2)休克的判斷

早期表現以興奮爲主。如興奮煩燥不安、脈搏快。如不注意則很快變爲精神萎靡、表情淡漠、面色蒼白、口渴,四肢發涼、氣促、冷汗、脈速無力、血壓下降等。再嚴重則發紺、昏迷。一般根據血壓、脈搏及末稍缺氧情況來判斷休克程度。

(3)休克的現場急救

①保持安靜、休息。使病人平臥。

②給予足夠的飲水或熱茶、咖啡、少量酒類,以減少口渴。

③注意保暖及防暑。

④保持呼吸道通暢。

⑤解除原因。如出血者要止血,創傷性疼痛應及時止痛。如骨折應固定包扎。

⑥給予適當的鎮靜及止痛藥。

⑦必要時給予中樞神經興奮劑。

⑧針灸或點穴:百會、關元、氣海、人中、足三里、湧泉等。

採取適當的急救措施後要及時送往醫療單位進一步處理。

(四)傷後訓練及康復訓練的原則

爲防止出現"停訓綜合症"(見運動性疾病章節),運動員傷後除非迫不得已不應完全停止訓練,但應注意以下原則:

1、停止加重損傷的訓練內容

由於運動創傷與專項技術訓練有密切關係,引起外傷的技術動作應停止或減少,以免重復受傷動作加重損傷。如有嚴重的臏骨軟骨病時,籃球運動員應減少下蹲動作及跳投。鐵餅運動員應減少旋轉發力模仿動作。

2、保持受傷局部以外的活動

盡可能訓練傷部以外的部位。如左膝關節受傷,停止左膝訓練,仍可做腰、腹、上肢及右下肢的訓練。

3、加強受傷部位周圍肌力的訓練

關節受傷後,應加強它的穩定性才能促使恢復訓練及不再受傷。加強關節周圍肌肉的訓練非常重要。例如,膝關節傷後,急性期過後即應練習靜力的股四頭肌及大腿後側肌群。通過肌肉訓練、局部血循環、淋巴循環加強,可以改進傷部營養、加速傷的愈合,有利關節的穩定性,同時對消除腫脹、防止粘連有利。

4、發展代償功能的訓練

如標槍運動員肘關節骨關節病、投槍伸肘受限,則應發展小臂、肩、腰、膝的暴發力以代償之。又如標槍運動員肩袖損傷,肩反弓動作痛,則應發展胸、腰及髖關節的反弓能力。這不僅訓練了這些部位的能力,而且減少了傷部的負擔,有利康復。

5、加強治療性訓練

如跟腱腱圍炎有腱圍粘連時,做全足慢跑訓練,由短到長,可以逐漸將粘連拉開,以利恢復。

6、開展矯形訓練

如射箭、射擊運動員,由於經常一側負重以致引起脊柱側彎甚而腰背疼。應在訓練後,做反側彎腰訓練。

7、各不同組織癒合時間與康復訓練的關係

(1)韌帶組織。一般 3 週愈合,6 週較牢固。因此:

①捩傷:1－2 日後可用粘膏支持帶固定練習。

②部分斷裂:固定 3 週後練習。

③完全斷裂:3－6 週後練習。

一般說來,膝關節因槓杆長,受力大,時間宜稍長。踝關節固定時間可稍短。

(2)肌肉與肌腱。愈合時間約 3 週。但腱組織血循環較差,需 4－6 周牢固。

①全斷裂。肌肉 3 週即可練習,腱宜稍長(如跟腱斷裂固定 3 週後可不負重做伸屈練習;5 週後部分承重;6 週後全,承重,並提踵練習;3 個月後慢跑;6 個月後才可翻筋斗和大跳。伸指肌腱斷裂要固定 6 週,否則逐漸自行延長,以致伸指無力。)

②肌肉部分斷裂。應拉長固定,一周後練習肌肉,以防止粘連。3 週後訓練。

(3)關節軟骨損傷:

①非特重區:傷後或手術後,傷口愈合可承重並伸屈練習。一個月訓練。

②持重區:無錯位的,骨軟骨骨折,固定 6 週。如已摘除骨軟骨片或軟骨損傷切除達骨者,術後兩周不負重練伸屈。4－5 週承重。半年正規訓練。

8、支持帶的使用

運動員傷後或為了預防受傷,訓練中應充分使用支持帶。

(1)支持帶的作用

①保護和穩定關節免於受傷或再傷。

②防止受傷的韌帶等組織鬆弛;

③限制肌肉、腱超常範圍的活動、使之適當休息防止再傷;

④限制關節超常範圍活動,預防慢性勞損。

(2)保護支持帶的種類及使用

制作支持帶常用的材料有粘膏、彈力繃帶、粘膏繃帶、粘膏彈力繃帶、膏藥(如虎骨膏、狗皮膏等)、各種圍腰、安息香酊劑及一般紗布繃帶等。常用的保護支持帶有以下幾種。

①手及腕部支持帶(圖 4－1－1,4－1－2,4－1－3,4－1－4)。

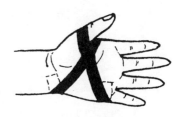

圖4-1-1　指間關節扭傷粘膏支持帶。將健指與傷指捆在一起,應用時注意兩條粘膏的位置不應防礙各關節活動。用後可以參加練習。

圖4-1-2　第一掌指關節粘膏支持帶,用於第一掌指關節扭傷,用後可參加練習。

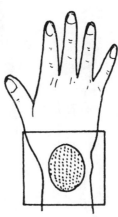

圖4-1-3　蚓狀肌挭傷支持帶。用於鉛球運動員練習用。為布製。

圖4-1-4　腕支持帶:用膏藥及繃帶制成,膏藥除有治療作用外,又起固定與限制關節活動的作用,單純繃帶固定,於練習時易產生肢端腫脹。這種支持帶多用於腕關節及尺橈關節扭傷,腕部的創傷性腱鞘炎恢復期,用後可練習腕部支撐。

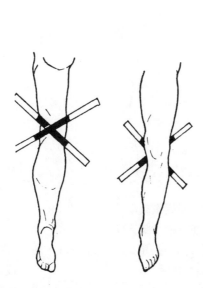
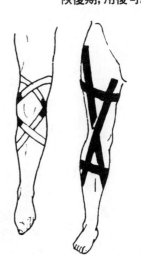
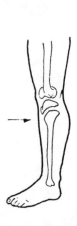

圖4-1-5　用粘膏帶制成,用於十字韌帶
　　　　　陳舊傷、股四頭肌無明顯萎縮　　圖4-1-6　用粘膏帶將膝固定於直
　　　　　的運動員,用後可參加練習或　　　　　　　　伸位,用於脛骨結節骨軟
　　　　　比賽。　　　　　　　　　　　　　　　　　　　骨炎。

②膝關節前十字韌帶陳舊斷裂的粘膏支持帶(圖4-1-5)。

③脛骨結節骨軟骨炎的粘膏支持帶:固定3至4週(圖4-1-6)

④大腿肌肉拉傷的彈力護腿:舉凡大腿肌肉拉傷,再訓練時都必需用護
腿以限制肌肉收縮的範圍,避免再傷及局部腫脹(圖4-1-7)。

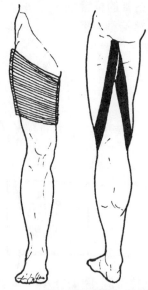

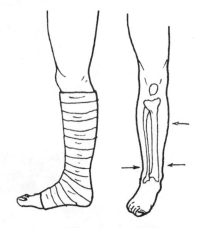

圖4-1-8　脛骨外傷性骨膜炎多見於足
　　　　　球及中國式摔跤運動員。用
　　　　　時將傷部圍以海綿圈或棉花
　　　　　圈,以粘膏固定後再以彈力
　　　　　護腿或用繃帶固定,用於比
　　　　　賽。

圖4-1-7　用於股四頭肌、半腱關膜股
　　　　　二頭肌等肌肉拉傷。

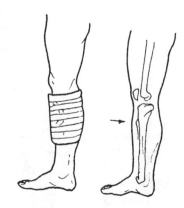

圖4-1-9　脛腓骨疲勞性骨膜炎應以粘
　　　　　膏彈力繃帶由足向小腿方向
　　　　　裹敷包扎固定。可用以治　　圖4-1-10　保護跟腱支持帶(粘膏制
　　　　　療,或用以參加練習。　　　　　　　　　成)。

　　⑤脛腓骨骨膜炎粘膏彈力繃帶(圖4-1-8,4-1-9)。

　　⑥跟腱腱圍炎或捩傷時可用粘膏帶將踝微背伸位(80°)固定,使跟腱得到保護與休息(圖4-1-10)。

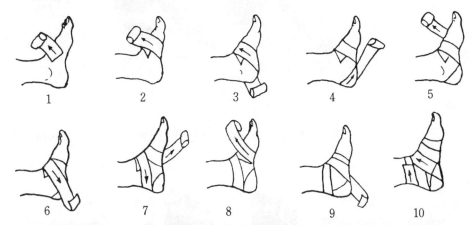

圖4-1-11　踝關節以彈力繃帶或粘膏帶支持固定,用以防止並限制踝的異常屈伸與內外翻活動,用於踝的創傷性關節炎、腱鞘炎及韌帶傷,必要時也可先用膏藥再用繃帶。

　　⑦踝關節的支持帶(圖4-1-11,4-1-12)。

圖4-1-12　距腓前韌帶損傷的粘膏支持帶。先以粘膏條將足固定於外翻位再裹以彈力繃帶。傷後再練習時用。

　　⑧足的支持帶固定法(圖4-1-13,4-1-14,4-1-15)。

　　⑨脊椎棘突骨膜炎皮圍腰保護法(圖4-1-16)。

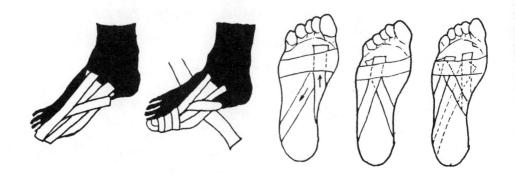

圖4-1-13　第一蹠趾關節扭傷固定法　　圖4-1-14　蹠腱膜拉傷固定保護法。
　　　　　　　　　　　　　　　　　　　　　　　　　　　先用粘膏帶,後裹繃帶。

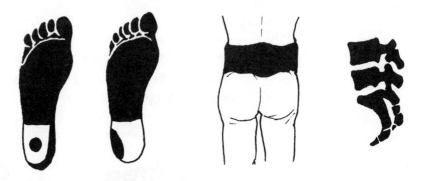

圖4-1-15　跟骨挫傷或跟下滑囊炎海　　圖4-1-16　軟皮圍腰,用於脊椎棘突骨
　　　　　　綿墊保護法。海綿的缺口　　　　　　　膜炎。
　　　　　　相當於損傷部。

9、傷後訓練,比賽能力的估計

　　傷後何時能恢復訓練和比賽,要從以下幾方面綜合分析:

　　(1)傷與專項訓練相互影響的程度。如果受傷原因與專項技術動作關係密切,或受傷部位正是專項技術要求負擔重的部位,恢復訓練、比賽時間需晚一些。與專項技術無關的傷和部位可以較早恢復訓練。

　　(2)受傷病理的輕重。嚴重傷恢復要晚。

　　(3)肌力恢復的情況。肌力恢復好,關節穩定性高,可提前恢復訓練或比賽。

　　(4)個人特點不同,因人而異。有些運動員康復能力比別人快得多。

　　(5)個人思想顧慮的程度。運動員對傷情的思想負擔及精神狀態有很大關係。擔心害怕者往往影響恢復訓練的時間。

(田得祥)

二 運動員常見內科疾病的預防和處理

在運動醫學中,運動性疾病是指運動鍛煉、訓練或比賽後出現的疾病、症候群(一組症狀)或異常現象(反應)。運動性疾病在一般情況下都能出現,可是當運動訓練或比賽不符合科學原則時更易出現。

運動性疾病,主要是內科疾病,或與內外等科都有關的邊緣性疾病。它可涉及身體內所有系統和器官。而且隨着一些新的運動項目的開展和普及,會出現某些新的運動性疾病。

還應指出的是,運動性疾病中還包括雖非一定或單純因運動訓練或比賽所引起,但卻與運動有密切關系的一些疾病或異常。

(一)過度緊張

過度緊張是指運動員在訓練或比賽時,體力負荷超過了機體的潛力而發生的生理紊亂或病理現象。它常在一次劇烈訓練或比賽後立即出現或經過短時間後發生。過度緊張多發生在訓練水準低、經驗較少的新手身上,也可發生在因傷病中斷訓練較長時間後恢復訓練的運動員身上;有時也發生在受激烈精神刺激後的高水準運動員身上。過度緊張的表現是多種多樣的。根據表現分成不同的類型。過度緊張的類型頗多,輕重程度差異很大,可涉及某一系統或幾個系統。

1、單純虛脫型

這一類型頗爲多見。多發生於短跑和中跑運動員。在劇烈訓練,特別在比賽後即刻,賽跑者出現頭暈、面色蒼白、噁心、嘔吐、大汗淋灕等現象,輕者臥床休息片刻後就會逐漸好轉,重者被迫臥床休息1-2天才能緩解。多數運動員神智清醒,能回答問題。對單純虛脫型的處理主要是臥床休息、保溫、可飲用熱水或熱咖啡。較重者可吸氧、靜脈注射葡萄糖等,以加快恢復。這一類型多見於訓練水準不高或已間歇訓練一段時間突然參加比賽的選手,預防的關鍵是遵守循序漸進的科學鍛煉原則。

2、昏厥型

這一類型的主要表現爲運動中或運動後突然出現一過性的神智喪失。清醒後訴說全身無力、頭痛、頭暈。可伴有心、肺、腦功能降低的現象。根據昏厥出現的特徵和症狀,常見以下三種類型。

(1)舉重時昏厥。舉重者作大重量挺舉時,由於胸腔及肺內壓驟然劇增,造成回心血量減少,致使心臟排血量銳減,引起短暫的腦供血不足,可見到持續 20－30 秒鐘的昏厥狀態。

(2)重力性休克。多見於徑賽運動員,尤以短跑、中跑爲多見,有時自行車和競走運動員也可見到,運動員作肢體運動時,四肢血管大量擴張,循環血量可比安靜時增加很多倍。這時依靠肌肉有節奏地收縮和舒張以及胸廓的吸引作用,血液得以返流到心臟。當運動者突然中止運動時,肌肉的收縮作用驟然停止,出現血液淤滯在下肢,造成循環血量明顯減少,血壓下降,心跳加快而心搏量減少。首先使中樞神經血液供應減少,出現腦貧血造成昏厥。

(3)強力刺激後引起昏厥。這常發生在參加重大國際性比賽的高水準運動員身上,表現爲緊張劇烈比賽後運動員突然意識喪失。例如世界著名長跑運動員克拉克於 1968 年參加 10,000 米跑比賽時,他用 29′44″8 跑完全程,獲第六名,這比他原先創造的世界紀錄慢 2′ 多。但跑後他出現深度昏迷,角膜反射消失,15 分鐘後恢復神智,但失語症持續了一個多小時。另一名英國運動員在 3000 米障礙賽跑後也發生類似現象。有的學者把運動員受到強烈刺激後發生的肌張力驟然喪失所致的無力發作(powerless attack)也放在昏厥這一類型中。最典型的例子是 1968 年墨西哥奧運會上美國跳遠世界冠軍比蒙,他跳了 8.90 米後,聽到他打破世界記錄後,他突然無力地癱在地上,這種狀態持續了幾秒鐘,其確切原因尚不清楚。有的學者認爲這可能是中樞調節機制的一過性障礙。

當運動員發生昏厥後應讓其平臥躺下,頭可稍低,迅速進行初步的檢查(脈搏、血壓、體溫、心電圖等),並除外可能的外傷後,應給予吸氧、靜脈注射高張葡萄糖 40－60 毫升,注意保暖下運送到附近醫院作進一步處理。

3、腦血管痙攣型

運動員表現爲運動中或運動後即刻出現一側肢體麻木、動作不靈活,常伴有劇烈的頭痛、惡心和嘔吐。發生腦血管痙攣的運動員是否與某些腦血管先天畸型有關,或直接與運動時腦部血液供應障礙有關,目前尚不清楚。

4、急性胃腸道症候群

運動所致的急性胃腸道症狀可以是過度緊張的一種類型。輕者是在劇烈運動後很快發生惡心、嘔吐、頭痛和頭暈、面色蒼白等症狀,經過 1－4 小時逐漸緩解,有些運動員在運動後嘔吐咖啡樣物,化驗潛血陽性,表示有上部胃腸道出血,其原因有多種。在動物實驗上已證明,肌肉活動可引起胃粘膜出血性糜爛。有的學者讓大白鼠強制游泳的實驗結果顯示,鼠胃粘膜可見出血和壞死,病變多發生在粘膜層。這種病理變化機制可以用胃局部循環障礙來解釋。激烈運動和情緒緊張使交感神經興奮占優勢,胃腸血管發生收縮,胃腸血循環量大大減少,這樣胃粘膜血管的痙攣可引起出血性糜爛。另一機制是急性應激(劇烈運動)造成胃粘膜通透性改變,最終導致應激性糜爛的改變。有些運動員原有淺表性胃炎、消化道潰瘍或胃粘膜脫垂等症,在此基礎上加上運動應激也可導致出血。應激性胃粘膜出血糜爛如反覆發生或在糜爛未愈等又加新的應激使糜爛加深成爲深層潰瘍。這樣在進行中小運動量訓練時就會出現反酸、腹痛、出血等症狀,影響正常的訓練。運動員出現急性胃腸道症候群的其他方面有待研究。

運動員發生急性胃腸道症候群,尤其發生胃出血後應暫停專項訓練,休息觀察,必要時服用止血藥物,吃流食、半流食、軟食。一般1-2周內可恢復訓練。若反覆出血,則應作安靜或運動後的胃鏡檢查,以查明原因,給予治療。

5、急性心功能不全和心肌損傷型

運動員出現運動後呼吸困難,憋氣、胸痛、心跳加快或心律不整,血壓降低等症狀。在強制大白鼠劇烈運動後,發生過度緊張的動物可出現心肌出血、水腫、炎症、心臟急性擴張等變化,而有訓練的鼠僅有輕度變化或無變化。運動後出現急性心功能不全和心肌損傷的表現甚多,有的可出現急性心力衰竭,有的爲心肌梗塞,較輕者可出現心肌缺血、心肌輕度損害。有的是運動直接所致,有的是在原有心臟病(風濕性心臟病、病毒性心肌炎、肥厚性心臟病、與凡氏綜合症,冠狀動脈先天發育畸型等)的基礎上發生的。

對運動後出現急性心功能不全者在現場應給予吸氧、心臟起搏等急救處理後,立即送往醫院作進一步搶救。

預防運動員發生過度緊張極爲重要。預防的關鍵是:1.比賽前做好運動員的身體檢查。當運動員參加集訓前或參加激烈比賽前,應進行全面深入的體格檢查,以除外各種潛在疾病(心血管系統,消化系統等)。2.遵守循序漸進的訓練原則,避免缺乏訓練者或訓練不夠者參加劇烈的比賽;避免患病時或病後初愈進行大強度的訓練和比賽;對因故中止訓練者,在恢復訓練時要從小負荷量開始,逐步增加訓練強度。3.加強訓練時的醫學觀察。尤其對新運動員和兒少運動員要注意他們在訓練場上的反應,及時調整運動量。對年老運動員的鍛鍊要重視個別對待,要堅持健身原則,不應過分追求比賽分數和成績。

(二)心律失常

運動員發生心律失常並不少見。心律失常分爲生理性和病理性兩大類。運動員發生心律失常後,應分清是生理性還是病理性。若爲生理性的就要從運動訓練量的安排、運動員的心理狀態的變化等方面去尋找和分析原因,從而作出符合運動員實際的判斷。當心律失常是病理性的,則由醫務人員去處理。

下面介紹幾種常見的運動員心律失常。

1、心動過緩

每分鐘心跳在 60 次以下稱爲心動過緩。這在運動員中非常多見。在水準較高的國家級運動員中,心動過緩可占 70－80％。因此,極大多數運動員的心動過緩是生理性的。運動員出現心動過緩的主要原因是運動訓練使心臟功能改善,管轄心跳減慢的迷走神經作用加強之故。個別訓練水準高的運動員每分鐘心跳只有 40 多次。以下情況出現心動過緩有可能是病理性的。1.當感冒後 2－3 週內,出現心慌、氣短、胸悶、無力等症狀,伴隨心動過緩和漏跳時,要作進一步檢查,以明確性質。2.年齡較大的運動員出現有不良感覺的心動過緩,而運動試驗後每分鐘心跳也不超過 90 次,則需要排除病理性的可能。

2、心動過速

當安靜狀態下每分鐘的心跳次數超過 100 次以上時稱爲心動過速。正常人在運動、興奮、飯後,受外界強力刺激後可出現心動過速。這時心動過速一般持續時間較短,多數是生理的。若運動員在安靜狀態下(停止運動二小時以上後)出現心動過速,則應愼重對待。首先要排除過度訓練、甲亢或身體內有感染竈。

3、呼吸性心律不整

是指心跳忽快忽慢,即吸氣時心跳稍快,呼氣時稍慢。這種現象常表現在心電圖上。這是一種正常的生理現象。另一種是非呼吸性竇性心律不整,這種心律不整與呼吸無關,心跳時快時慢。運動員出現明顯非呼吸性竇性心律不整常常是身體機能水準下降的一種表現,不應視爲病態。

4、期前收縮

期前收縮又稱早跳或早搏,俗稱漏跳。它是心律不整的最常見的現象之一。期前收縮根據其來源的不同可分爲室性、房性、結性、多源性等,以室性最爲多見。有的運動員安靜時出現期前收縮,運動中和運動後消失;有的運動後仍有,甚至反而增多。有的安靜時不出現期前收縮,只在運動後出現;有的運動後原先的期前收縮馬上消失,但過幾分鐘後又出現。因此不能單純根據什麼時候出現期前收縮,出現哪一種期前收縮,就確定病情的輕重。要尋找引起期前收縮的原因。運動員中出現期前收縮的原因很多,可分爲生理性和病理性兩大類。生理性原因中多見爲過度疲勞,情緒急劇波動,精神緊張,喝酒、喝咖啡,抽烟多後。病理性原因中多見爲感冒、氣管炎、感染,風濕病,心肌炎、心臟病等。但大概有 1/3 的期前收縮屬於原因不明者,即找不到引起期前收縮的生理和病理原因。這些運動員往往沒有什麼不好的自覺症狀,檢查也多正常,有些是在查體時才發現或運動員自己在偶然情況發現脈搏跳動有間歇才發現的。對這類運動員可在醫務人員和敎練員的觀察下,繼續進行運動訓練。

運動員有期前收縮時可伴有心慌,心跳間歇,常有"心跳跳到嗓子裡"的感覺,還可以有疲乏無力,胸悶、頭暈、氣短等現象。但約有 1/3 的人無任何不適感覺。

運動員出現較多的期前收縮時應進行全面的檢查,尋找發生的原因。患心臟病是極個別的,但首先應予以排除。因感冒等感染原因引起的應停止訓練和比賽,服消炎藥物後再複查,對過度疲勞引起期前收縮的運動員應適當調整運動負荷,加強心理治療,避免因對"心臟病"的恐懼而出現精神過度緊張。對情緒性引起的,應以心理治療為主,配合身體訓練活動,藥物治療效果往往不佳。當精神刺激因素消除,心律恢復正常後就可參加訓練和比賽。對因喝酒抽烟引起者應禁止烟酒。對原因不明者除努力尋找和消除可能的誘因外。在較嚴密的觀察下允許繼續參加訓練和比賽。對他們不宜完全停止運動,否則適得其反,可能使症狀更為加重。

5、房室傳導阻滯

房室傳導阻滯症是心臟傳導阻滯中最常見的一種。房室傳導阻滯是指激動自心房傳到心室的過程中受到阻滯使傳導速度減慢或受阻不能下傳。根據阻滯部位及程度不同可分為三度:第一度、第二度和第三度。

運動員中第一,二度房室傳導阻滯的常見原因有六類:

(1)迷走神經張力增高。這是由於系統訓練後迷走神經張力增高所致。其特點為房室傳導阻滯現象在心電圖上時消時現,常伴隨心動過緩。運動員健康和訓練狀況良好,各項檢查無異常。運動員中多數的房室傳導阻滯屬此原因。

(2)過度疲勞或過度緊張所致。

(3)體位性。第一度房室傳導阻滯有時與體位有關。即臥位時出現,坐位和站位時消失。

(4)屏氣性。在屏氣過程中可出現第一度房室傳導阻滯。

(5)情緒性。情緒激動,精神刺激可出現第一度房室傳導阻滯。

(6)感染性。運動員患急性上呼吸道感染後,風濕病,心肌炎時可出現第一度房室傳導阻滯。

以上六種原因中,只有第六種原因是病理性的,必須治療原發疾病後,才能消除傳導阻滯現象。

6、束支傳導阻滯

束支傳導阻滯可分為左或右,完全性或不完全性。左束支傳導阻滯少見,但病理性的可能最大。完全性右束支傳導阻滯可長期存在,也可間歇性出現。長期存在者可能為先天性的。當查出運動員有完全性右束支傳導阻滯,但無心臟病的證據時一般都可參加正常的訓練,定期進行心電圖複查。有些運動員表現耐力較差,在訓練中應予注意。不完全性右束支傳導阻滯出現的意義有四種情況:(1)屬於正常變化;(2)有右心大的可能;(3)心臟有病;(4)原因不明。極大多數運動員中出現不完全性右束支傳導阻滯對健康和訓練無不良影響。少數運動員可能有過度疲勞。

(三)運動員高血壓

高血壓是經常見到的症狀之一。臨床上主要在原發性高血壓病和腎臟、內分泌、血管疾病時見到。運動員中高血壓的常見種類有下列幾種。

1、運動性高血壓

運動性高血壓是指血壓升高與運動有直接關系者。常見以下幾種運動性高血壓。

(1)過度訓練所致高血壓。這時收縮壓和舒張壓都可超過正常血壓10－20毫米汞柱。除血壓增高外,有過度訓練的其他表現(詳見過度訓練章節)。

(2)專項訓練所致高血壓。這一類主要是力量型項目或非力量專項,在一段時期內力量訓練偏多的運動員發生。尤以投擲、舉重、健美運動員爲多見。運動性高血壓者經過治療過度訓練或調整力量訓練後,往往血壓可恢復正常。

2、青少年性高血壓

有人把年齡在21歲以下,身體發育良好(一般身材較高)的青少年中見到的高血壓稱爲青少年性高血壓。這些青少年多數參加球類運動,無過度訓練情況。他們的體格發育和各器官的功能優於同年齡人。一般無不良感覺或僅在運動量較大時有頭昏、頭痛。這類青少年高血壓常表現爲收縮壓高,可達140－160毫米汞柱,一般舒張壓不高。這種現象與性成熟期神經和內分泌的變化及心臟發育增長較快有關。一般不要禁止參加訓練,但要適當控制訓練強度,對年齡較小者限制參加比賽次數。經過合理安排運動訓練和比賽後,血壓不僅不會更高,常常降到正常水準。不需藥物治療。

3、原發性高血壓病

一般有家族高血壓史。血壓間斷地高於正常,收縮壓和舒張壓都可升高,與運動訓練無明顯關系。有時可見到眼底血管有相應的變化等。對已確診爲原發性高血壓病者一般不宜參加競技性比賽,可以參加健身體育鍛煉,生活要規律,注意勞逸結合。

由於運動員都是年輕人,當遇到血壓驟然升高,特別是舒張壓明顯高者,要除外惡性高血壓、血管性高血壓的可能性。

（四）運動性腹痛

運動性腹痛是指運動員在運動時因生理或病理原因發生腹疼,而安靜時一般不疼。運動性腹痛是運動員(尤其耐力項運動員)的常見症狀,是妨礙發揮運動潛力和提高運動成績的不利因素。

1、常見原因

(1)腹內疾病。首先是急性、慢性肝炎和肝炎後綜合症。其次是膽道疾病,包括膽石症、膽囊炎、膽管炎、膽道蛔蟲、膽道感染等。有肝膽疾病者在運動時,尤其劇烈運動,由於內臟血管收縮,缺血缺氧和新陳代謝產物的刺激,所以更易出現腹痛。

(2)腹外疾病。胸膜炎、腎結石、腹肌拉傷等引起疼痛。在腹外疾病中,以運動員的腹直肌慢性拉傷最為常見。

(3)原因不明。運動性腹疼中約有 1/3 的人其腹疼的原因不明。在這些確切原因不明的運動員中,常有某些誘發因素存在:運動時呼吸節奏不好;速度一下子加得過快;運動前吃食過多、過雜或饑餓下參加長跑;外界溫度過低等。

2、症狀和特點

運動性腹痛的部位多數發生在右上腹部,感到飩痛(絲絲拉拉痛)或膨痛。有時還可出現左上腹部或下腹部疼痛。往往具有以下的特點;

(1)運動員出現腹痛時間較久,從幾個月到幾年不等。筆者見到一例運動性腹疼最長者已持續七年。

(2)疼痛程度與運動強度成正比。一般活動量小、速度慢的運動,疼痛不明顯。隨着負荷量加大,速度加快或強度增大後疼痛加劇。

(3)有的運動員僅在比賽時出現疼痛,而平時訓練時不明顯。經放慢比賽速度,做深呼吸或按壓腹部後疼痛可減輕。少數運動員因疼痛難忍被迫中止比賽。

(4)以田徑、馬拉松跑、超馬拉松跑、公路自行車、鐵人三項等項目運動員多見。除腹痛症狀外,一般不伴隨其他特異性症狀。個別運動員腹疼時伴隨無力、胸悶、下肢發沉等症狀。

(5)用保肝藥物等治療常常無效。

3、診斷

對出現運動性腹痛的運動員要慎重對待。首先要了解腹痛的性質、部位、腹痛的出現與運動強度的關系。要除外腹內和腹外疾病引起的腹痛。為此必須作胸透、腹部超聲波檢查,肝功能化驗,膽囊檢查等。若這些檢查未見異常,再排除腹直肌損傷的可能。當初步考慮運動性腹痛僅與運動有直接關系的生理性原因時,則根據運動項目特點,分析引起腹痛的可能原因。

4、預防和治療

(1)因腹內或腹外疾病所致的腹疼,則主要根據原發疾病進行相應的治療(藥物、理療、局部封閉等)。

(2)對僅在運動時加快速度後才出現腹疼的運動員,要加強全面身體素質和專項運動技術和戰術訓練。許多觀察說明,運動員全面身體素質訓練不夠時就容易出現運動性腹痛。另外,當馬拉松跑、自行車運動員跑或騎的技術不佳,戰術應用不當(跑或騎程中力量和速度分配不當,一下子速度增加過快或過猛等)都可出現腹痛。

(3)遵守訓練的生理和衛生原則。

運動量的增加要循序漸進;激烈運動前既不要吃得過飽,又不要饑餓下參加訓練或比賽;比賽前不要吃平時不習慣的食物;要作好充分的準備活動,在冷天參加長跑或自行車比賽時,不要在身體暖和前就脫掉運動外套等。

(4)運動時要調整好動作與呼吸節奏的配合。當訓練或比賽時動作與呼吸節奏配合不好時,容易發生腹痛。

(5)運動中出現腹痛後,則可適當減慢速度,調整呼吸與動作的節奏,用手按壓疼痛的部位,這些措施常有助於緩解疼痛。若用這些辦法無效,則可服茄,阿托品等藥物。若疼痛無法制止,劇烈難忍時應中止運動。

(五)運動員貧血

運動員貧血的發生率較高。不同程度的貧血會影響運動能力,訓練後恢復和健康水準。

1、運動員貧血的診斷標準

評定貧血最簡單的指標爲血紅蛋白(Hb)。通常情況下,男性的 Hb 高於女性。運動員貧血的診斷標準國內和國外是不同的。國外標準爲:女<12.0 克/dl,男<14.0 克/dl。國內成人的標準爲:女<10.5 克,男<12.0 克。14 歲以下男女均爲<12.0 克。世界衛生組織(WHO)的標準爲女:<12 克,男<13.0 克。

國內一般成人貧血的發生率約 5%,女性高於男性。運動員也如此。兒少運動員貧血發生率可達 16%,而女少年運動員更高,可達 20%左右,由於 5 名少女運動員中就可有 1 名患貧血,所以這是一個很值得重視的問題。

運動員的 Hb 是否越高越好呢? 回答是否定的。因爲 Hb 與血液粘稠度、血球壓積有密切關系。運動時氧運輸最適宜的血球壓積在 50 - 60%

處,這時相當於 Hb16 克左右。Hb 再高,血液粘稠度會增加,這對身體也不利。

運動員貧血的發生受多種因素的影響。例如運動項目中以中長跑、體操項目貧血多見,大強度訓練易出現貧血,訓練狀態下降時易發生貧血等。這種種因素往往對青少年運動員影響較大。

2、運動員貧血的症狀

運動員貧血時常見症狀爲:乏力、頭暈、氣喘,運動能力下降。這些症狀在運動時表現得更明顯,而且與運動量大小有直接關系。例如當女運動員的 Hb 在 10~10.5 克時,一般僅在大運動量訓練時才出現症狀。當 Hb 在 9 克左右時,中等運動量就會出現症狀。當 Hb 在 8 克以下時,小運動量訓練時就會出現症狀。

3、運動員貧血的常見原因

(1)血漿稀釋引起的相對貧血。運動訓練,尤其耐力訓練可使血漿容積增加,雖然 Hb 總量也增加,但血漿容積增加大於 Hb 的增加,當激烈運動伴隨 Hb 下降後,則血漿發生稀釋更爲明顯,就會出現貧血。若能避免運動時發生這種稀釋,那麼訓練的效應就會大大提高。

(2)Hb 的再合成減少。正常情況下紅細胞的生成或再造成和損失(或破壞)之間保持動態平衡。與生成減少,損失過多後,就會發生貧血。生成紅細胞時身體必須獲得足夠的鐵、蛋白質、維生素、B12,葉酸等原料,當這些原料不足時,Hb 的再合成減少。許多資料說明,運動員容易缺鐵這是由於運動訓練時鐵需要量增加,運動可引起溶血或紅細胞破壞,鐵吸收的障礙以及鐵喪失的增加等結果。

4、運動員貧血的預防

運動員貧血經藥物治療或採取營養等措施後一般均有效果,但如何預防復發顯得更爲重要,爲此宜採取以下措施。

(1)早期發現。通過定期監測運動員 Hb 和營養狀況,盡力做到早期發現,從而採取措施,預防貧血的發展。

(2)對易發生貧血的運動員(大運動量訓練時,降體重、生長發育期和耐力項目運動員)加強營養和預防性給鐵。由於蛋白質攝入量不足易使運動員發生貧血,所以每天每公斤體重至少攝入蛋白質 1.5~2 克。預防性給鐵時可採用硫酸亞鐵片(0.3 克/片),每日補充 1-2 片,補充一段時間。也可用由豬血球粉研製成複方血片或全血球粉片(一日補鐵量爲 18.2~12.6 毫克)。

(3)糾正運動員偏食、挑食、吃零食的習慣。強調要攝入有蛋白質,鐵、維生素 C,維生素 B12 和葉酸的全面平衡的膳食。

(4)合理安排運動量和訓練強度。

5、運動員貧血的治療

(1)安排好貧血運動員的運動訓練。對已有貧血的運動員安排運動訓練的原則爲:當 Hb 低於 10 克(男)或 9 克(女)時,停止大運動量訓練,以治療爲主。待 Hb 增加後,再逐漸加量,當運動員 Hb 低於 9 克(男)或 8 克(女)時,則應停止運動訓練,集中力量進行治療。當 Hb 在 11 克(男)或 10 克(女)時可邊治療邊訓練。訓練時適當減少強度,減少長跑量。

(2)對症狀比較明顯,需要很快糾正的貧血可給予藥物治療。常用的日服藥物爲硫酸亞鐵,富血鐵,力勃隆等。當採用中藥時,由於運動員貧血多見心脾兩虛,氣血雙虧。宜服用健脾益血、補血養心之藥。

(六)運動性蛋白尿

運動員或一般健康人運動後出現一過性蛋白尿稱爲運動性蛋白尿。

1、主要特點

(1)競走、長跑後多見。

(2)年輕人發生率高　年輕運動員和中老年運動員同樣跑 5000 米或 10,000 米後,年輕運動員的運動性蛋白尿發生率高於中老年運動員。這可能與年輕人跑的速度快,身體反應大有關。

(3)一般持續時間較短,短者 3－4 小時蛋白尿就消失,長者不超過 24 小時。

(4)隨着身體適應能力的提高,再做同一運動量訓練時,尿蛋白量就減少。

(5)在氣溫較低或高原訓練時易出現蛋白尿。

2、原因

運動性蛋白尿的原因有多種說法,主要有:

(1)腎血管收縮造成缺血引起;

(2)腎小球膜滲透性改變;

(3)腎臟的一過性急性損傷。

3、診斷和鑑別診斷

當年輕人安靜時尿正常,運動後出現蛋白尿,而不伴有特異性症狀和體徵,並且這種蛋白尿在短時間內消失者要考慮,爲運動性蛋白尿。尿蛋白量的多少受多種內外因素的影響,一般無肯定的診斷意義。可是當運動量不大後出現較多的蛋白尿時,則要排除病理性蛋白尿或運動員適應能力低下的可能。

運動性蛋白尿主要應與腎炎所致的病理性蛋白尿相鑑別。後者一般在安靜時尿內就有異常,並有腎炎的其他症狀。可疑時,請醫務人員協助診斷。

對運動性蛋白尿一般無需專門的處理。對運動性蛋白尿有基本了解後,可避免思想上、精神上的負擔。

(七)運動性血尿

運動員或一般健康人在運動後能出現一般性血尿,雖經詳細檢查找不到其他原因者,這類血尿稱爲運動性血尿。

1、症狀和特點

運動員出現運動性血尿時,一般無明顯的先兆,在一次訓練或比賽後突然發現尿呈洗肉水顏色而引起注意。有的運動員因全身功能低下前往醫院看病時,才發現血尿。運動性血尿一般都有以下六個特點:(1)正在訓練的運動員在運動後驟然出現血尿,血尿的明顯程度與運動強度大小有密切關系。(2)男運動員多見,尤以長跑、跳躍後多見。(3)腎功能、血液和 X 綫等檢查都正常。(4)運動員除血尿外,不伴有特異性症狀和體徵,但可出現腰痛、無力等一般症狀。(5)大多數運動員血尿的持續時間不超過三天。(6)運動員在多年的訓練中可反覆出現血尿,但預後良好。

2、原因

運動性血尿的確切發生原因還未完全清楚。主要的有以下看法。

(1)外傷　如拳擊運動後的血尿。一部分長跑運動員在激烈的跑程中因膀胱壁受反覆的撞擊造成損傷。

(2)腎靜脈張力增高,導致紅血球漏出。如三級跳運動員的血尿。

(3)先天原因。除直接原因外,還有一些誘因易使運動員發生血尿。在眾多誘因中有二點值得提出:

①負荷量增加過大過快。尤其腰部負擔過重,跳動訓練量(蛙跳、蹲跳、向上跳、單足跳等)過大。

②身體狀況不好　有時負荷量不很大,但因運動員身體狀況不好就易誘發血尿。

3、診斷和鑑別診斷

血尿是一重要臨床症狀。泌尿系疾病,泌尿系統附近臟器疾病,全身性疾病都可以引起血尿。因此,對每例運動後血尿的運動員都應作仔細的檢查,不要把病理性血尿誤認爲運動性血尿,也不要把運動性血尿輕率地診斷爲病理性血尿,腎炎等。這兩方面都會給運動員精神上和肉體上造成痛苦。

在下出運動性血尿前,要除外病理性血尿的可能。年輕人病理性血尿主要見於腎結核、泌尿系結石、泌尿系感染和腎炎。

4、預防和治療

(1)避免突然加大運動量,要遵守循序漸進的原則。

(2)全身負荷和局部負荷要調配好。

(3)盡量減少外傷的可能(拳擊運動員要掌握正確的拳擊姿勢,長跑運動員為了避免長時間跑引起膀胱壁的損傷,宜在跑前或跑程中適當補充液體,使膀胱保持適當的充盈)。

(4)根據外界環境的變化調整好負荷量。例如初上高原訓練時,運動員易出現血尿,要注意調整好負荷量。

對運動性血尿的治療主要是消除誘因和對症治療。對出現肉眼血尿者不論有無主訴,都應暫時中止運動,進行認真檢查。對沒有什麼不良感覺的鏡下血尿運動員可採取邊檢查邊訓練的方法,盡快作出明確的診斷。對因過度訓練造成血尿的運動員可服用強壯類藥物(維生素 C、E、B_1、B_{12}等)。還可採用中藥進行治療。

(八)運動性血紅蛋白尿

運動性血紅蛋白尿又稱行軍性血紅蛋白尿。因為首先是在行軍後發現的。

1、主要特點

(1)幾乎都發生在健康男性,運動後突然出現醬油色尿而引起注意。運動後尿顏色異常一般持續 2-4 小時,因而幾乎都在運動後第一次和第二次尿時出現,第三次以後的尿顏色大多已恢復正常。

(2)大多是在直立體位下運動後發生。多數人是在長跑、競走和行軍後出現,少數是在籃球、體操、武術後出現:

(3)一般自我感覺良好,無不適,檢查時也沒有發現特殊症象。

(4)血、尿化驗有特點,血漿血紅蛋白量增加較顯著,溶血的百分率增高。尿液除上面已提到的顏色異常外,尿蛋白常在廿以上,尿潛血試驗陽性,而紅細胞少量或沒有,這是與血尿不同之處。

(5)要達到一定程度負荷量後才能誘發出血紅蛋白尿。誘發量的大小個體差異很大。少者行走 20 多分鐘或慢跑 1000 米後就可出現,多者需跑 5000 米或 10000 米以上才能誘發。在硬傷地上跑易誘發,而在草地、雪地等軟場地上跑後不易出現。

(6)有自愈傾向。一部分人出現血紅蛋白尿後,持續一段時間就會自行停止,再做同樣運動也不復發,但究竟何時自愈,為什麼能自愈不很清楚。

2、發病原因

運動性血紅蛋白尿的發病原因還未完全清楚。目前較普遍贊同的說法是:局部紅細胞受機械損傷引起的溶血。具體地說,由於足底紅細胞受跑跳或直立體位下運動的反覆機械刺激,進而造成損傷引起了局部溶血。另一些人認爲,出現血紅蛋白尿的原因與這些人血中結合球蛋白量不足或缺乏有關。

3、診斷和鑑別診斷

當一個男運動員在跑或跳較多後出現前面介紹的六個特點,這樣診斷上就不很困難了。

在鑑別診斷時,主要應與血尿、睡眠性血紅蛋白尿相區別。

4、預防和治療

(1)避免在硬場地上突然進行長時間的長跑;

(2)穿有彈性和適當的鞋進行訓練　對可疑者更要穿有彈性鞋墊的鞋。

治療措施主要有:

(1)大劑量維生素 C 治療,一般一天服 1000 毫克才可能起作用。

(2)用彈性鞋墊或泡沫塑料鞋墊進行治療。鞋墊除可作預防措施外,也可用作治療措施。用泡沫塑料鞋墊時厚度應爲 3.5—4.0 公分。

(九)運動員低熱

低熱俗稱低燒。它是靑壯年中常見症狀之一。運動員中也見到一些低熱現象,因此對其特點、原因和處理等,有一個正確了解很有必要。

1、運動員的正常體溫及低熱標準

在確定運動員是否發燒,必須先了解運動員的正常體溫範圍多大,與一般人有何區別。根據筆者對 100 名正常運動員上午和下午測定了三種不同部位(口溫、腋溫、肛溫)的結果,擬定了一個運動員低熱的體溫診斷標準。經過 20 多年臨床使用,說明這一標準是比較實用的。這一診斷標準主要有以下幾點。

(1)口溫。當口溫在 37.3℃ 以上,高度可疑有低熱;37.6℃ 以上則肯定有低熱。

(2)腋溫。當腋溫在 37.4℃ 以上,高度可疑有低熱;37.7℃ 以上則肯定有低熱。

(3)肛溫。當肛溫在 37.6℃ 以上,高度可疑有低熱;38℃ 以上則肯定有低熱。

2、運動員低熱的常見原因

(1)感染性低熱。因感染引起的低熱中,以肝膽疾病居首位,其次爲結核病和風濕病。較少見的爲身體內慢性病竈(如扁桃體炎、咽炎、鼻竇炎等)所致。感染性低熱可占總低熱原因的 40 - 50 % 。

(2)非感染性低熱。其中以植物神經功能紊亂居首位,其次為感染後熱,手術後熱,肝炎後熱等。

(3)原因不明。有的低熱運動員雖經各項檢查找不到明確的原因,把他們列為原因不明。

3、診斷

對運動員的低熱診斷常採取以下步驟。首先讓運動員記錄一周(每日上午、下午和晚上各測一次)的體溫。然後作必要的檢查。若各項檢查都正常,那就在密切觀察下,逐步恢復正常的訓練。經 2－3 個月後再作全面複查。這樣,既做到診斷及時,又不至於延誤訓練過久。對植物神經和內分泌功能紊亂引起低熱的運動員,令其長期休息,反而加重神經衰弱等各種症狀。相反,把情況向運動員解釋清楚,定期複查,參加訓練活動,有時體溫反而下降了。

4、預防和治療

對運動員低熱的預防主要抓住以下幾點。

1.合理安排運動員,防止過度訓練和過度緊張。這方面的詳細要求可參見"過度訓練"章節。

2.預防各種傳染病及感染性疾病。這裡包括預防肝炎、結核病、風濕病和上呼吸道感染。主要是講究衛生,提高身體抵抗力,隨外界溫度變化增減衣服。

3.早發現、早治療。當出現低熱後,不要抱無所謂的態度,要及早進行檢查,確定低熱的性質,並積極採取治療措施。

對運動員低熱的治療採取以下措施:

(1)治療原發疾病　例如治療過度訓練,肝膽疾病,慢性病竈等。

(2)對功能性低熱的運動員可進行全身強壯治療。包括中西醫的強壯藥物,各種加快恢復的措施(理療、按摩等)。

(十)運動性低血糖症

長時間激烈運動後,因體內血糖儲備大量消耗,可發生低血糖症。運動性低血糖症多見於長距離和超長距離的運動項目,如馬拉松跑、超馬拉松跑、鐵人三項、長距離滑冰和滑雪,自行車等運動項目。

1、原因

安靜時血糖含量為 80－120 毫克。經過長時間激烈運動後,血糖可逐漸降低。當血糖降到 50 毫克以下時,就可引起記憶力減退,驚厥甚至昏迷。為什麼首先出現腦部症狀呢? 這是因為腦組織的糖原儲備較少,僅僅是肝糖原的 6％,並且呈結合狀態,不能進行氧化利用。

比賽時情緒高度緊張或比賽前處於饑餓狀態下會引起中樞神經系統糖代謝調節的紊亂,體內胰島素分泌量增加,會加重低血糖症。所以強烈的情緒狀態、患病、賽前饑餓都是造成運動性低血糖症的重要誘因。

2、症狀

低血糖的症狀可表現為運動員感到明顯的饑餓、極度疲乏、頭暈、面色蒼白、出冷汗。較重者可出現神智模糊,說話不清,一過性精神混亂,後者可表現為賽跑運動員返身朝相反的方向跑等。檢查時可發現運動員的脈搏很快,跳動無力,呼吸短促,全身出汗,有時被迫退出比賽。

3、預防和處理

運動性低血糖症的預防工作主要注意以下三方面。

(1)有訓練的運動員才能參加長距離比賽項目。

(2)不要空腹或僅吃少量食物後就去參加長距離激烈比賽。從原則上講,既不可空腹饑餓狀態下參加比賽,又不能吃得過飽或吃不易消化的食品過多。要充分考慮原先飲食和種類、習慣、個體特點等多方面的因素,安排好賽前的飲食是重要預防環節。

(3)比賽前服用足夠的含糖食物,對預防運動性低血糖症是有用的。

對運動性低血糖症的處理:症狀較輕者可讓運動員適當減慢速度,飲用糖水或吃少量食品(超馬拉松跑比賽等)。一般症狀能很快消失。對症狀較重的運動員,應停止訓練或比賽。除口服糖水外,最好從靜脈注入葡萄糖液。此時也要注意保溫,避免着驚。症狀不緩解者,可送醫院處理。

(十一)運動性月經失調

運動性月經失調是女運動員參加訓練後的一個特殊醫學問題。隨着女子參加各項運動的人數增加引起月經失調的人數也隨之增加。近年來運動性月經失調成為令人注意的問題。

1、發生率

參加競技訓練和比賽的女運動員經常遇到的問題是月經周期紊亂、月經太多、月經過少或不來月經(閉經),統稱為運動性月經失調。據國內調查,女運動員中發生月經失調可占 27－59％,根據國外報告,六十年代時,尖子女運動員的月經失調的發生率為 10－15％,而七十年代後,月經失調的發生率一般達到 30－35％,少數報告為 70－80％,而非運動員發生月經失調一般僅為 4－5％。說明這一問題在尖子女運動員中是值得重視的。在月經失調中閉經是最常見的一種類型。閉經的發生率從 3－44％不等。一般認為,長跑、體操、芭蕾舞者閉經的發生率高於游泳、自行車等運動員。

2、月經期女運動員的表現

據調查,女運動員在月經期有以下四種表現。

(1)自我感覺正常,機能狀態和運動成績不變。這一類型運動員約占64％。

(2)月經期體力降低、可有全身症狀、表現為全身乏力、動作遲鈍、嗜睡、不想訓練。這一類型約占 23％,稱抑制型。

(3)月經期出現明顯興奮,體力良好,有時動作較僵硬,肌肉難以放鬆。這一類型約占 10％,稱興奮型。

(4)月經期出現明顯症狀、體力很差、頭痛、頭暈、腹痛等,不願訓練。這一類型約占 3－5％,稱為病理型。

根據上述情況,對第一型運動員,可讓訓練和比賽。對第二、三型者,在作好充分準備運動後,可以參加訓練和比賽。經驗說明,有些興奮型的運動員,經期運動成績比平時還要好些。對病理型者經期宜禁止訓練和比賽。

3、原因

一般認為,運動性月經失調主要原因如下。

(1)雌激素濃度低。這是運動員發生閉經的重要因素。因此當運動員年齡小、體重輕、攝入量少或降體重過多,都可造成雌激素濃度降低。

(2)運動訓練強度過大。調節月經周期的主要環節為:大腦皮層－下丘腦－腦垂體－卵巢系統。這一系統之間任何一個環節發生問題,都可出現月經失調。運動員中訓練強度過大成為一個強烈刺激,影響這一系統的功能和調節。

(3)某些疾病引起。

4、預防和處理

(1)遵守訓練的科學原則,尤其對少女運動員更應注意。

(2)合理控制體重,避免攝入量過少。對體操、長跑等運動員要避免過分控制體重。因為體脂過少是生殖功能紊亂的重要因素。

(3)控制採用提前或拖後月經來潮的方法。有的運動員為了避免在經期參加比賽,採用一些方法提前或拖後月經來潮。若多次反覆採用,易造成月經紊亂。

對月經失調運動員的治療主要是在調節運動量的基礎上,根據月經失調的種類(過多、過少或閉經)由婦科醫生處理。

(十二)運動員停訓綜合徵

運動員經多年系統訓練和比賽後,因受傷、患病等原因,一旦驟然中斷訓練,身體可產生功能紊亂,出現各種異常反應。這種狀態稱為運動員停訓綜合徵。

1、症狀

運動員停訓綜合徵的症狀可涉及各系統和器官,可以某一系統或器官的症狀爲主。植物神經功能紊亂是最常見的症狀。出現頭痛、頭暈、全身乏力、失眠、記憶力減退、思想不能集中、工作能力下降等現象,也可出現心前區不適、氣短、胸悶、心律不整等心臟血管系統的症狀;食欲不振,胃部不適,消化不良等消化系統的症狀。

停訓綜合征的表現各人不完全一樣,程度輕重也不一樣。持續時間短者幾周就過去,稍重者可持續幾個月,個別者可延續一年以上。

2、原因

運動員停訓綜合征的原因在於突然中斷訓練後,引起神經系統的改變。如中樞神經系統的興奮和抑制之間的平衡失調,植物神經功能紊亂,從而引起一系列的種種症狀。

3、預防

運動員停訓綜合征是完全可以預防的。預防的關鍵是當運動員因傷、病或其他原因中止訓練時,盡量採取逐步減少運動量的辦法,不要立即完全停止運動。如運動員因下肢急性外傷必須臥床治療時,就應盡量做些頭頸部、上肢和軀干的活動。反之,當上肢受傷後,則下肢各肌群的活動可以盡量進行。經過這樣安排後,不但可以防止停訓綜合征的出現,而且還有利於受傷部位的早期康復。

(十三)運動性中暑

中暑是夏天訓練中較多見現象。缺乏鍛鍊者在炎熱的天氣下,進行訓練或長久站立,易發生中暑。中暑易發生在天氣剛開始炎熱時,因身體對炎熱還沒有適應。此時組織訓練活動和比賽,要注意預防中暑。

1、中暑類型及防治

中暑可分爲三種類型:熱射病、日射病和熱痙攣。現分別簡述如下。

(1)熱射病。熱射病是發生在高熱環境中的一種急性疾病。爲了解其發生原因,首先要了解人體正常的體溫調節機理。在通常情況下,身體的產熱量和耗熱量是相適應的。散熱方式有傳導、輻射和蒸發三種。其中30%靠傳導,45%靠輻射,25%靠蒸發來散熱。這樣使體溫維持相對恆定。當外界溫度在35℃以上,超過了32-34℃的皮膚溫度,靠傳導和軸射散熱的方式受到障礙,此時散熱僅靠蒸發來實現。蒸發的快慢與空氣的溫度和流動速度有直接關系。當空氣濕度和溫度相當高時,空氣又不流動,這樣僅有的蒸發散熱方式,也大受影響。這時如果運動量較大,體內產熱較多,那麼熱量會積累起來,造成體溫大大升高,有時可達到 41－42％。就會嚴重影響體內生理功能,再加上高溫環境下體內水鹽代謝紊亂,就會引起熱射病。

熱射病的症狀輕重不等。輕者僅呈虛弱狀態,重者出現高熱和虛脫。一般發病急、體溫上升,脈搏和呼吸加快,重者可引起昏迷。最重者可因心力衰竭或呼吸衰竭而死亡。

治療時首先必須降溫,迅速將患者移到背陰、涼爽、通風好的地方。解開束緊的衣服,用冷水、冰或電扇吹風,給以清涼飲料或濃茶,必要時服退燒藥物。症狀嚴重者,應送往醫院診治。

預防措施主要有以下幾點:

①在炎熱天氣、缺乏訓練者不做或少做持續時間長,消耗體力大的訓練活動。譬如負重行軍,拔河比賽等,尤其在中午時刻。

②訓練時,應着淺色服裝,戴遮陰的帽子。

③室內鍛鍊時,要有良好的通風,避免人數過多相擁擠在一起。

④鍛鍊 1 小時左右,就應在陰涼處休息 10 分鐘左右,然後再繼續鍛鍊。

⑤膳食中要有足夠的糖、蛋白質和維生素。並要注意水、鹽的攝取。每日至少補充食鹽 30－50 克,可服用鹽汽水或含鹽飲料。

(2)日射病

它是因日光直接照射頭部引起身體的強烈反應。表現為呼吸和周圍循環衰竭現象。體溫升高可不明顯,症狀為頭痛、頭暈、眼花等。重者嗜睡。檢查時脈搏細、頻速、血壓降低。

治療時將患者迅速移至陰涼處,平臥休息,用冷水潑頭頸部。飲鹽水,嗅氨水,必要時給予呼吸興奮劑。

(3)熱痙攣

當氯化鈉(鹽分)喪失過多,引起肌肉興奮性增高,發生肌肉疼痛和痙攣者,稱為熱痙攣。

輕者症狀只是對稱性肌肉抽搐,重者大肌群也出現痙攣,後者呈陣發性出現。負荷較重的肢體肌肉最易發生痙攣。

治療時主要是補充食鹽和水份。當症狀較重時可靜脈注射生理鹽水。當肌肉痙攣停止後,也應繼續服些食鹽。

預防熱痙攣的辦法是在訓練前補充足夠的食鹽和水份。進行訓練時全身各肌群活動要交替進行,避免僅用單一肢體負荷。

(十四)運動性凍傷

當外界溫度過低,體內支配和控制體溫的中樞喪失作用,引起體溫調節的障礙,可引起凍傷。凍傷多見於滑冰、滑雪、冰球等冬季運動項目及登山運動。凍傷的發生除因外界溫度較低外,還與潮濕、風大、全身和局部抵抗力降低,肢體靜止不動等因素有關。

1、症狀

凍傷按輕重分爲三度。第一度稱爲紅斑級。表現爲受凍局部皮膚蒼白,有麻木感,局部紅腫,發癢和輕度疼痛。若治療及時,一般很快就好。第二度稱爲水泡級。這時除皮膚紅腫外,還出現大小不等的水泡,水泡破後流出草黃色液體。患者自覺皮膚發熱,疼痛較重。第三度稱爲壞死級。皮膚局部或肢體發生壞死,皮膚爲紫褐色,局部感覺全部消失。

運動員中的凍傷部位多見於手足遠端、鼻尖、兩耳及外生殖器。以第一度凍傷較多,第三度凍傷少見。

2、治療

發生凍傷後,要及早治療。第一度凍傷的治療方法爲患部保暖,溫水濕敷,局部摩擦,一般很快能治愈。較重時宜送醫院治療。

3、預防

(1)運動服裝和鞋襪要保暖和寬鬆。如冰鞋不能太小擠腳。

(2)冬季訓練時帶御寒用具。像手套、厚兜帶、護耳等。

(3)鞋襪要保持干燥。運動後或走路多後,潮濕後要及時更換。

(4)身體靜止不動或疲勞時,要注意保暖。如在激烈運動後,比賽間歇,比賽後都應穿上外套,這樣不僅能預防凍傷,也可預防感冒。

(5)飲食中多含些蛋白質和脂肪。

（浦鈞宗）

三 過度訓練及其防治

(一)概念

由於運動訓練安排不當引起機體內環境失去平衡而出現一系列的症狀和體徵,稱爲過度訓練綜合症。這是一種常見的運動性疾病,其臨床表現早期與神經官能症極爲相似,多爲功能性改變,晚期可以出現組織或形態學上的變化,如肌肉骨骼系統和內臟器官組織學改變。過度訓練由於受損器官(或系統)的不同,表現頗爲複雜和多樣,但多數以神經系統和心血管系統方面的症狀爲多,亦可出現內分泌功能和代謝過程紊亂。

(二)一般表現和症狀

當運動員出現感覺不好及神經系統方面的症狀,如身體乏力,有疲倦感,精神不振,無訓練欲望,甚至對訓練感到厭倦;心理上有壓抑感,缺乏動力等。這些症狀提示運動員存在過度訓練的可能。另外,運動員在性格方面與往常亦有差別,如容易激動,好發脾氣;或者反應遲鈍,對周圍事物缺乏熱情,表情淡漠,健忘,注意力不集中等。大多數過度訓練運動員有各種不同程度的睡眠障礙,如失眠,多夢,易驚醒,少數有嗜睡現象。其次爲頭痛,頭暈,記憶力減退,工作能力下降。少數運動員有耳鳴,眼脹或脫髮等。成績下降或長期不提高。

以上一系列症狀,反映了過度訓練運動員心理上的障礙和生理上的功能紊亂,往往表現爲兩者兼有的綜合症狀。

1、心血管系統方面的症狀和檢查

過度訓練運動員常常有胸悶,心慌,心跳不規則等主訴症狀。交感神經系統的過分興奮,表現出安靜時心率加快(比訓練狀況良好時有明顯增高)。晨脈比原先增加超過每分鐘 12 次以上。訓練後心率急劇加快,恢復時間延長。有些情況下,運動後心率加快並伴有心區刺痛感和呼吸急促等現象。

血壓不穩定,多數比平時略有上升。安靜時收縮壓可超過 130 毫公分汞柱,舒張壓超過 80 毫公分汞柱,個別的收縮壓在 140 毫公分汞柱以上,舒張壓超過 100 毫公分汞柱。負荷後舒張壓不變或上升者較爲常見。運動後血壓恢復延遲。可是血壓的變化要考慮到運動員原先的水準和運動項目的特點。如舉重,投擲等力量性項目運動員,安靜時血壓水準相對較高。

心電圖變化。心電圖是一種常用的和有診斷價值的指標。據統計,過度訓練運動員中心電圖有不同程度異常表現者占 67%。主要表現爲 ST 段水準下降,T波平坦,雙向或倒置。負荷試驗後 ST 段 T 波變化可更爲明顯。也有人認爲過度訓練的青少年出現 ST 段下降,並不眞正表示冠狀動脈功能不足,而是負荷不當的結果。因爲青少年的心血管系統功能不夠穩定,有些學者認爲運動員由於迷走神經張力增高及心臟生理性肥大都可導致心電圖的異常,而過度訓練運動員亦有正常心電圖。因此在診斷時要綜合考慮。據統計,過度訓練運動員心電圖出現節律失常者約占 10%,主要表現爲期前收縮。此外,尚可見到房室傳導阻滯和偶見預激症候群的心電圖。動物過度訓練模型亦證實有心電圖的異常變化。

運動試驗。對過度訓練運動員採用心血管系統聯合運動試驗是重要的客觀診斷依據。

運動方法較多,近年多採用功率自行車、跑臺、臺階試驗等。對過度訓練運動員做運動試驗時常表現爲最大工作能力的下降,最大攝氧量、無氧閾值和最大乳酸水準的降低。蘇聯學者認爲,列圖諾夫聯合機能試驗對診斷過度訓練有一定的作用。據統計,過度訓練運動員中異常反應的陽性率達60%,其中梯形反應占異常總數的 90%。其它爲緊張不全和高壓反應等。部分過度訓練運動員的血壓反應不太明顯,如負荷後脈壓差增高不顯,而脈搏頻率則顯著增高,恢復時間明顯延長。根據對過度訓練運動員心血管系統運動試驗的反應來看,負荷的形式(如原地快速跑,跑臺試驗或其它形式的運動負荷)不是主要的,只要達到足夠的負荷強度,心血管系統即可作出相應的反應。同樣可以對反應類型作出正確的判斷。

2、腦電圖變化

腦電圖檢查對過度訓練可以起到輔助診斷的作用。過度訓練運動員腦電圖可以是正常的或正常範圍的邊緣狀態。少數可出現中度異常。主要爲節律失調,圖形表現爲多律性 α 節律(無優勢節律)或 α 波不規律,慢波指數增加,各導聯可混雜有不規則的 β 或 θ 節律;有的出現爆發性的高波幅慢波,棘慢波綜合或 δ 波。過度訓練運動員的腦電圖異常發生率約占 56%。在過度呼吸試驗後,慢波波幅有增高的趨勢,此現象有助於診斷。近年來,應用腦電波功率譜分析,提高了診斷的陽性率。

但是,腦電圖正常與否並非過度訓練所特有。在所謂正常健康人的腦電檢查中亦可出現少數輕度的節律失調,一般爲 10% 左右。但有明顯的過度訓練症狀存在時,配合其它綜合檢查,則腦電圖的陽性發現就具有診斷意義。

3、血液生化方面的變化

過度訓練時,血紅蛋白、紅細胞、血球壓積可降低。說明有些過度訓練運動員可有運動性貧血。因此常需作血清鐵含量或鐵蛋白的檢查。有人報告過度訓練時,運動性貧血的出現早於晨脈的增加免疫球蛋白降低,對傳染性疾病抵抗力下降,亦是過度訓練運動員的一項陽性指標。

研究報告認爲大強度訓練可引起血漿中激素水準的變化,如睾酮水準的下降。對一些過度訓練運動員補充雄性激素後症狀明顯好轉,也證明了過度訓練時激素水準處於低谷狀態。近年來,一些學者提示用血漿游離睾酮與腎上腺皮質激素之比作爲診斷運動員過度訓練的一項有參考意義的指標。但有人提出,運動後激素水準的變化有很大個體差異。因此應該作前後對比或進行動態觀察。

過度訓練運動員在完成定量負荷時,CK(肌酸激酶)可以達到每升300單位,但在一般正常訓練條件後,在250單位以下。而在良好訓練狀態時,完成同樣的工作負荷後,CK可以達到200單位。因此,可以認爲CK增高可作爲評定過度訓練的一項有參考意義的指標。

肌肉和血液中乳酸的增加是引起肌肉工作能力下降的重要因素。但乳酸的增加與運動強度有密切關系。乳酸堆積的多少與疲勞有直接的因果聯系。但過度訓練運動員訓練時最高血乳酸水準反而降低。這是最大運動能力降低的一種表現。

4、免疫功能

過度訓練運動員一般身體抵抗力下降,免疫球蛋白降低。自然殺傷細胞下降,容易感染某些傳染病(如結核,肝炎等)。由於體質下降,有的常易發低燒,易感冒或患慢性感染病竈(如扁桃體發炎,膽囊炎等)。對氣候的突然變化,適應能力下降。所有這些都與免疫功能下降有關。因此,當運動員身體抵抗力下降,經常感染這樣或那樣的"小"病時,就應考慮到是否存在過度訓練的可能。

5、呼吸功能

過度訓練運動員呼吸系統表現爲功能下降。如五次肺活量試驗呈明顯下降的曲綫,肺通氣量減少。運動後氧債增加,最大攝氧量下降等。

6、消化系統

運動員處在過度訓練狀態時多數有食欲下降,消化不良,飽脹感。厭油膩等現象亦較多見。個別運動員伴隨有明顯的神經系統症狀時,可出現厭食,惡心等較嚴重的症狀。

7、體重的變化

過度訓練運動員由於交感神經興奮性增強,動作協調性下降,身體用力程度增加,而工作效率反而下降。過多地消耗體內能源物質,結果導致體重下降。過度訓練時,如存在食欲不振,睡眠障礙等症狀,對體重的影響就更明顯。尤其是青少年運動員在長身體的過程中,體重下降而又找不出明顯的其它原因時,結合其它症狀,應首先考慮過度訓練的可能。亦有人認爲,當體重下降幅度超過本人最好成績時體重的三十分之一以上時, 就有過度訓練的存在(人工降體重除外)。

8、肌肉疼痛

一般認爲訓練過程中常常出現肌肉疼痛, 這是訓練後的自然現象。但如持續時間較久, 出現慢性肌肉痛或肌肉持續的酸痛、痙攣和僵硬。這可能是過度訓練有另一表現, 它有可能發生肌肉軟組織微細損傷。有人認爲, 過度訓練時肌肉軟組織損傷的出現比晨脈的增高爲早。

疲勞性骨膜炎或骨折, 跟腱、髕腱周圍炎常常是局部過度負荷(Overuse)引起的。但過度訓練運動員由於鈣攝入不足, 血鈣水準下降時, 也易發生疲勞性骨折。

鑒於過度訓練臨床表現的多樣性和複雜性, 目前一般分爲交感型和副交感型兩種類型:

交感型過度訓練臨床表現有:

安靜時心率增加;

運動能力下降;

食欲下降;

訓練後恢復延遲;

易激惹和情緒不穩定;

睡眠障礙;

無訓練及比賽欲望;

安靜時血壓增高;

體位性低血壓;

訓練後血壓恢復延遲;

運動損傷發生率增加;

訓練時最高血乳酸水準降低;

最大負荷能力降低;

易感染。

副交感型過度訓練臨床表現有:

運動能力下降;

安靜時脈率降低;

訓練後心率恢復增快;

訓練時低血糖;

行爲遲緩;

訓練時血乳酸水準降低;

訓練時最高血乳酸水準降低。

目前, 運動員過度訓練的診斷主要建立在病史、自我感覺、機體反應, 同時考慮客觀檢查如心電圖, 運動機能試驗及血尿生化檢查等陽性發現。上述列舉的一系列臨床表現和症狀,將有助於過度訓練的診斷。

(三)過度訓練的原因

運動員過度訓練的原因常常是多方面的,綜合起來主要有以下幾點:

1.持續大運動量訓練或比賽,超過了人體的適應能力,缺乏必要的節奏或間歇

2.訓練內容單一,片面追求提高單項成績,缺乏全面身體素質和心理素質的訓練

3.患病情況下(如感冒、發燒、腹瀉等)繼續參加大運動量訓練或比賽。有的在高燒後1-2天即投入訓練或比賽。

4.訓練安排注意個人特點(運動年限、年齡、訓練程度等)不夠,有的從青少年組轉入成年組或由低水準組轉入高水準組訓練,缺乏個別對待,運動量增加過快。

5.沒有足夠的準備就參加比賽,或因傷病很久沒有正規練習,勉強參加比賽。

6.在一次大型比賽中,參加多項比賽或因賽後恢復不夠又繼續進行大運動量訓練。

7.冬訓轉春訓時訓練安排不當。有的運動員冬季去南方訓練,春季回北方,訓練內容未隨氣候,季節變化而有明顯調整,機體不能適應。

一般說來,在較低水準的開始訓練階段是不會出現過度訓練的。只有達到提高成績階段,特別是接近個人最高競技狀態時,出現過度訓練的可能性增加。這時,可能由於突然的大強度訓練,或由於氣候的變化,旅途的疲勞,某種精神上的創傷,疾病,營養不足等因素,導致身體素質下降,觸發過度訓練的發生。

(四)過度訓練的治療

對過度訓練運動員治療方法可遵循一些共同的原則:

1.消除病因;

2.調整訓練內容或改變訓練手段;

3.加強各種恢復措施;

4.對症治療。

訓練內容的調整或訓練方法的改變,應根據過度訓練的程度,即功能障礙嚴重的情況而定。過度訓練的早期,減少負荷量是必要的。無論是訓練的強度或量都應控制。訓練的時間要縮短,以減少運動創傷的發生機會;要減少速度性(無氧訓練)及大力量性練習,避免憋氣以減少小循環過度充血

和右心負擔,有利於整個機體的恢復。

對較嚴重的過度訓練患者,除減少負荷量外,應該完全避免大強度和大力量性練習。最好暫時停止專項練習。堅持一般性的身體訓練。對明顯厭練及對訓練環境有不良反應,甚至有反感的過度訓練運動員,改變生活環境,或進行短暫的療養也是非常必要的。

藥物治療方面主要以對症爲主,針對過度訓練運動員的主訴及所涉及的某些器官,給以對症治療。對那些嚴重的患者,激素水準比較低者,在有檢測條件下,可以給以一定劑量的激素治療。滋補藥物亦能起到一定的輔助作用。過度訓練運動員往往食欲較差,所以在藥物治療的同時,注意補充高能量易吸收的營養物質及各種微量元素和維生素等,可以促進機體的康復。

對過度訓練運動員的治療要採取綜合措施,針對每個人的具體情況採取訓練安排,藥物治療,營養補充,心理咨詢等多方面措施。

(五)過度訓練的預防

預防的重要環節是加強日常的醫務監督工作,密切觀察運動訓練中所出現的一些特殊信號;如身體抵抗力下降,容易染病;無訓練欲望;不能堅持完成訓練計劃;比賽後恢復緩慢;體重下降而無明顯的原因;貧血、睡眠不佳等等。教練員要針對不同的對象制訂出適合於各人的、適宜的、逐漸增加負荷量的一套訓練計劃,避免訓練中的單調性和突然加大負荷量的訓練日程;定期的進行身體機能檢查,早期發現訓練後恢復不佳的徵象。如夜晚口渴及液體攝入量明顯增加,睡眠障礙,晨脈增高,血紅蛋白和體重下降等,均可能提示有過度訓練的存在。當教練員發現運動員的情緒與平時有明顯不同,訓練時動作協調性差,就應引起注意,分析原因,及時進行必要的調整,避免過度訓練的發生。

預防過度訓練最好的方法除了避免或排除可能發生的原因外,及時的消除訓練後的疲勞是最積極的措施。消除疲勞的方法很多,但常用而有效的主要有:

1、睡眠

應設法保證運動員足夠的睡眠和良好的睡眠效果,必要時(如在旅途、情緒過分激動時)可以使用藥物。

2、休息

積極性休息和消極性休息二者並用。有時用積極性休息來消除精神的緊張和身體的疲勞比用消極性休息更爲理想。如較長時間的大負荷量訓練後,往往需要以積極性休息進行調整:如郊游、與弱隊進行友誼賽等。

3、營養

大運動量訓練必將消耗機體各種物質, 包括能源物質、微量元素、維生素等。被消耗的各種物質必須在運動後及時得到補充, 尤其是蛋白質對組織的修復更是必不可少的。因此, 運動員的營養是保證持續進行大負荷量訓練的物質基礎, 沒有全面的營養保證和及時的補充, 而進行大負荷量訓練, 就有可能導致過度訓練的發生。

4、其它全身性的恢復措施

(1)按摩。是行之有效的, 也是為運動員所樂於接受的一項恢復措施。

(2)水浴。常用的有

①溫水浴

②蒸氣浴或稱芬蘭浴

③其它各種水浴

(3)空氣負離子的吸入是身體恢復的措施之一。在海邊、森林或瀑布附近具有較大量的空氣負離子。市售的空氣負離子發生器亦能提供部分負離子, 有的報道它有助於疲勞的消除。

(4)體外反搏儀的使用, 被認為對心血管系統和局部疲勞有一定的消除作用。

(5)音樂。大負荷量訓練或比賽後, 選擇比較輕鬆的、適宜於個人愛好的輕音樂, 對調節緊張的體力負荷後的精神狀態有積極的恢復作用。

(6)各種恢復的心理手段。解除訓練和比賽期間的各種精神壓力, 解除個人在工作、學習、訓練以及生活等各方面的顧慮、困難和不愉快, 採用積極的心理放鬆手段, 幫助機體的恢復, 預防過度訓練的發生。

(岑浩望)

附錄：

兩岸體育專業術語對照表

P55　各種跳深：即深跳，從一定高處跳下，爲一種有效彈跳力訓練法。

P141　應激：指一般或運動時對緊急狀況之應變能力

P146　項群理論：由大陸學者田麥久所創之運動項目分類理論

P149　情報：即資訊

P279　時間跨度：指週期，即一段時間之意

P321　紐帶：即媒介橋樑之意

P329　運動員應當從小抓起，打好基礎：抓起即做起之意。

P364　40″包干：意指全部包含在內，即40秒一趟，包括訓練及休息。
　　　　例如：選手50公尺40秒包干即游30秒則尚可休息10秒一趟共計40秒

P368　自我微調的能力：指調整的能力

P371　「攻關小組」：由科研人員、教練等人員組成的專案小組。

P392　特別要突出尖子強度：意指頂尖或一流強度。

P421　跑專：即短跑專項

P432　搞突出強度的摸底：即爲了解實力所依之測驗。

P465　玻璃綱：綱即玻璃纖維之意

P465　大撓度：即材料大的變型

P466　兜：指抖或突然往上做擺動的動作

P488　文娛活動：即休閒、娛樂活動
　　　　墊球：意指低手傳球

P510　送髖：即伸髖之意

P512　念動訓練法：即意像訓練法

P513　理順思想：即端正觀念

P513　下隊科研人員：科研人員到運動訓練隊協助訓練

P538　三從一大：爲大陸所定最高訓練原則所謂三從爲從嚴、從難、從實
　　　　際，一大爲運動量大。

P556　矢量：即向量，爲力學名詞

P560　助跑貢獻率：即作用之意

P578　訓練手段優化：即精緻化、最佳化。

P580　好挖：好發揮

P586　運動員鞭打過程幾個夾角情況：大關節帶動小關節、類似打鞭子的
　　　　動作

P596　全程助跑打鞭子：打鞭子＝鞭打

P597 進行<u>文化</u>和專項理論教育：文化指理論之意

P682 賽艇：即划船

P706 皮划艇：即輕艇

P781 兒腿：即擺腿之意

P806 壺鈴：形狀類似壺之重量訓練器材，大陸地區很流行

P863 苗子：幼苗之意

P925 欄專：即跨欄項目

P1018摔角：即角力

P1184甲亢：即甲狀腺機能亢進

國立中央圖書館出版品預行編目資料

教練訓練指南＝Coaches guide to exercise
trainng／李誠志主編. -- 初版. -- 臺北市
：文史哲，民83
面；　公分
ISBN 957－547－874－6（精裝）

528.92　　　　　　　　　　83005004

教 練 訓 練 指 南

主　編　者：李　　　　　誠　　　　　志
原 出 版 者：北　京　體　育　科　學　學　會
出　版　者：文　史　哲　出　版　社
登 記 證 字 號：行 政 院 新 聞 局 局 版 臺 業 字 五 三 三 七 號
發　行　人：彭　　　　　正　　　　　雄
校　印　者：陳　　　　　和　　　　　睦
郵 政 劃 撥：一　八　〇　二　三　五　七　九　陳 和 睦 帳 戶
電　　　話：七　三　二　八　八　三　八
發　行　所：文　史　哲　出　版　社
封 面 設 計：謝　　　　　孝　　　　　德
電 腦 排 版：宇　晨　企　業　有　限　公　司
印　刷　者：文　史　哲　出　版　社
　　　　　台北市羅斯福路一段七十二巷四號
　　　　　郵撥：〇五一二八八一二彭正雄帳戶
　　　　　電話：三五一一〇二八

定價新台幣：一四〇〇元

本書經行政院新聞局同意出版字號為
新聞局局版臺陸字第一〇〇〇五九號

中 華 民 國 八 十 七 年 九 月 初 版 五 刷